中国陶瓷百年史

徐德龙题

(1911—2010)

第二版

陈帆 主编
高力明 同继锋 副主编

化学工业出版社
·北京·

本书介绍了我国从清末到现在的100年间陶瓷业从低落走向崛起、从传统走向现代、从一个手工作坊式行业走向现代工业化产业的真实历程。全书分为综合篇、产品篇、产区篇，共28章，分别记述了全国34个省（市）、自治区的陈设艺术陶瓷、日用陶瓷、建筑卫生陶瓷、工业陶瓷、砖瓦五个传统产品和陶瓷原料与辅料、陶瓷工业技术装备两大配套产品的百年发展历程。

图书在版编目（CIP）数据

中国陶瓷百年史（1911—2010）/陈帆主编．—2版．—北京：化学工业出版社，2018.2
ISBN 978-7-122-31473-4

Ⅰ．①中… Ⅱ．①陈… Ⅲ．①陶瓷工业-工业史-中国-1911—2010 Ⅳ．①F426.7

中国版本图书馆CIP数据核字（2018）第020120号

责任编辑：吕佳丽　　　　　　　　　　装帧设计：尹琳琳
责任校对：陶燕华

出版发行：化学工业出版社（北京市东城区青年湖南街13号　邮政编码100011）
印　　刷：大厂聚鑫印刷有限责任公司
装　　订：三河市胜利装订厂
889mm×1194mm　1/16　印张47$\frac{1}{2}$　字数1117千字　2018年3月北京第2版第1次印刷

购书咨询：010-64518888（传真：010-64519686）　　售后服务：010-64518899
网　　址：http://www.cip.com.cn

凡购买本书，如有缺损质量问题，本社销售中心负责调换。

定　价：198.00元　　　　　　　　　　　　　　　　　　　　版权所有　违者必究

《中国陶瓷百年史（1911—2010）》编委会

主　任　陈　帆

副主任　杨自鹏　高力明　同继锋　杨洪儒　张守智
　　　　　叶宏明　陈达谦　殷书建　周健儿　史俊棠
　　　　　史哲民　付维杰　刘桐荣　陈　衡　张　民
　　　　　吴晓东

编　委（按姓氏笔画排序）

马小鹏　马国强　王东升　王树贵　王泰安
王爱纯　王锡波　孔海发　叶少芬　叶宏明
史俊棠　史哲民　冯　斌　冯瑞阳　权宗刚
同继锋　刘　刚　刘一军　刘幼红　刘合心
刘孟涵　刘桐荣　江启龙　许学峰　许建清
李中祥　李良光　杨自鹏　杨洪儒　肖　慧
吴晓东　张　凡　张　民　张守智　张庆勐
张柏清　张锡秋　张儒岭　陈　帆　陈　环
陈　衡　陈史民　陈达谦　陈振广　陈海波
陈爱芬　苑克兴　罗　青　岳　振　岳邦仁
周健儿　郑曼云　孟树峰　赵鸿声　胡守真
胡国林　钟汝荣　费明仪　徐景维　殷书健
高力明　黄发建　黄永宽　韩克新　韩绍娟
萧　华　傅维杰　曾令可　鲍杰军　蔡宪昌

《中国陶瓷百年史(1911—2010)》编写人员

第一篇 综合篇

第一章 中国陶瓷百年概论
  陈 帆　张守智　高力明　同继锋

第二章 陶瓷工业的技术进步
  陈 帆　杨洪儒　同继锋　高力明　刘幼红　姚君瑞　李 硕　陈达谦

第三章 陶瓷教育、科技、学术、行业管理机构及媒体
  陈 帆　高力明　吴晓东　许学峰

第四章 陶瓷的对外贸易和国际合作与交流
  陈 帆　高力明　同继锋

第五章 古陶瓷研究及古代名窑的恢复与发展
  陈 帆　吴 隽　张守智　王 芬　高力明

第六章 陶瓷界知名人士
  陈 帆　高力明　同继锋

第二篇 产品篇

第七章 陈设艺术陶瓷
  张守智　史俊棠　陈 衡　秦锡麟　高力明　同继锋

第八章 日用陶瓷
  周健儿　张守智　张 民　高力明　同继锋

第九章 建筑卫生陶瓷
  史哲民　杨洪儒　陈 帆　同继锋　李中祥　岳邦仁

第十章 工业陶瓷
  陈达谦　刘桐荣　黄 勇　苗赫濯　高陇桥　郑元善　罗宏杰　黄政仁　李国荣
  董显林　李永祥　唐庆海　谢建林　叶建东　邓春林　冯 斌　蔡晓峰　任 卫
  魏美玲　钱 钟　汤 竑　董伟强　吴 萍　翟 萍　李 鹏　姚君瑞　陆 洲
  赵新生　唐 琦　肖汉宁　周义华　倪淑文

第十一章 砖瓦
  肖 慧　权宗刚　同继锋

第十二章 陶瓷原料与辅料
  殷书建　徐景维　张锡秋　张儒岑　陈爱芬　张新华　郑曼云　鞠少波
  张仲江　戴家骥

第十三章 陶瓷工业装备
  陈 帆　杨洪儒　张柏清　高力明　曾令可　胡国林　张庆勐　李良光
  许建清　冯瑞阳　同继锋

第三篇 产区篇

第十四章 江西(安徽)产区的陶瓷
  周健儿　吴大选

第十五章　江苏（上海）产区的陶瓷
　　　　　史俊棠　蒋尧基　崔昕槐　张志泉

第十六章　浙江产区的陶瓷
　　　　　叶宏明　乐梅新　曹鹤鸣　傅心甫

第十七章　广东产区（广西壮族自治区、海南）的陶瓷
　　　　　黄永宽　陈　帆　刘孟涵　邱陶亮　叶　菠　邱伟志　黄振豪　吴维山
　　　　　陈振武　杨云山　陈振广　吴明亮　陈史民　陈　衡　陈　环　胡守真
　　　　　郑　嘉　吴为明　丘昭标　许业振　詹益洲　林李存　梁梦滢　孔海发
　　　　　罗　青

第十八章　河北（北京、天津、内蒙古自治区）产区的陶瓷
　　　　　赵鸿声　刘　刚　马国强　李中祥　张庆勐　孙泰兴　王东升　岳邦仁
　　　　　李鸿凯　周桂欣　王同言

第十九章　山西产区的陶瓷
　　　　　王泰安　阎振恒　乔月亮　崔如霞　刘选民　刘春生　王玉光　郗海新

第二十章　山东产区的陶瓷
　　　　　韩克新　徐景维　李　雷　崔　刚　殷书建　司书长　钱景华　陈达谦
　　　　　钱景华　王锡波　梁文鹏

第二十一章　湖南（湖北）产区的陶瓷
　　　　　　费明仪　陈海波　张　凡　林　海　周豫鄂　姚　曦　谭友堂　梅训安

第二十二章　河南产区的陶瓷
　　　　　　王爱纯　刘金炳　刘合心　邱海波　宋志斌　杜书汉

第二十三章　福建产区的陶瓷
　　　　　　叶少芬　黄发建　洪树德　吴祖清　王则贵　李良光　曾树培　肖智勇
　　　　　　许翊从　龚世代　郑亨光　林才伟　林其粮　郑金勤　张南章　黄鹏辉
　　　　　　寇婉琼　王双季　林两进

第二十四章　西南地区（四川、重庆、云南、贵州、西藏自治区）的陶瓷
　　　　　　张　民　江啟龙　岳　振　陈　金　黄晓华　张　玲　张　力　牟长清
　　　　　　陆汝裏　马华芬　应金良　付培贵　杨清菊　杨万莲　谢玉敏　刘宏华
　　　　　　陈　梅　张　肃　王　键　周志远　程建华　翟思正　李文华　陶印华
　　　　　　张禄麒

第二十五章　西北地区（陕西、甘肃、宁夏回族自治区、青海、新疆维吾尔自治区）的陶瓷
　　　　　　马小鹏　苑克兴　孟树峰　王树贵　孙文秀

第二十六章　东北地区（辽宁、吉林、黑龙江）的陶瓷
　　　　　　韩绍娟　张家福　何觉生　张　焰　赵晓忠

第二十七章　香港陶瓷与澳门陶瓷
　　　　　　钟汝荣　陈　衡

第二十八章　台湾地区的陶瓷
　　　　　　高佩英　游德二　蔡宪昌

序言

中国是世界著名的陶瓷古国，陶瓷与人类历史文明紧密相连。30多年前，中国硅酸盐学会为了满足国内外广大读者的需求，在原国家建筑材料工业局等有关部门的支持下，发起并组织国内文物考古学界、陶瓷工艺学界和工艺美术学界等各方面的专家学者，辛勤工作数年，系统梳理和总结了从新石器时代到清代末年大约1万年间，我国浩如烟海的陶瓷历史，于1982年编辑出版了《中国陶瓷史》一书。该书的出版成为了我国陶瓷界的盛事，为我们继承和发扬对人类文化做出了卓越贡献的中国陶瓷精湛的制作技艺、悠久的历史传统和宝贵而丰富的物质文化遗产发挥了重要的作用，也为我们续写中国陶瓷的发展历史打好了基础，树立了学习的榜样。

从民国到现在（1911～2010年）的100年间，是我国陶瓷工业从弱小走向强大、从传统走向现代的历史时期。20世纪上半叶，由于当时政府的腐败，我国陶瓷业整体处于衰败阶段，但工业陶瓷、电工陶瓷、建筑卫生陶瓷等现代新兴陶瓷制造技术进入国内；自新中国成立至今的半个多世纪里，我国陶瓷工业经过了恢复、新建和加速快速发展阶段，建立了较为完整的陶瓷工业体系，陶瓷工业成为国民经济不可缺少的重要产业，主要陶瓷产品的产量跃居世界首位，成为名副其实的世界陶瓷生产和消费大国，为国民经济和城乡建设做出了重大贡献。尤其是进入21世纪以来，依靠改革开放和创新驱动，陶瓷工业发生了质的飞跃，正践行在由大变强的道路上。

大约10年前，华南理工大学陈帆教授就与我讨论以民间力量公益性质编写一本书，用来真实记载和总结这100年间我国陶瓷工业所走过的不平凡的发展历程，并要求我来写序言。我认为这对陶瓷业是一件大好事，陈教授也是我多年的好友，他为行业自我加压，挑起组织编史的重担让我感动，于是我欣然应允。此后，陈教授作为发起人，组织了陶瓷业界近百名专家学者和企业家着手编写这本《中国陶瓷百年史（1911—2010）》。期间，我与陈教授和有关编者曾多次就若干编写事宜交换意见和建议。全书定稿后，我又审阅了样稿。我认为，这本《中国陶瓷百年史（1911—2010）》忠实地记载了我国陶瓷工业从1911年到2010年的100年间从衰落走向强大、从传统走向现代的发展历程。本书综合篇、产品篇和产区篇三部分的内容翔实，值得一读，特推荐给大家。我也衷心感谢以陈教授为首的编写团队不辞辛劳、十年坚持，续写了继《中国陶瓷史》后我国近百年来的发展历史，完成了陶瓷业界30多年来的夙愿。

《中国陶瓷百年史（1911—2010）》一书的出版是我国陶瓷界的一件大事。我相信，它可以为陶瓷科研、生产、设计、教育以及文物、考古、历史研究和工艺美术等诸多方面工作者提供参考与借鉴，在实现我国由陶瓷大国走向陶瓷强国的进程中发挥作用。

原国家建筑材料工业局局长
中国硅酸盐学会第六、七届理事长

2013年10月

前言

中国是一个对世界陶瓷的起源、生产、技术、发展、陶瓷文化做出卓越贡献的国家。

20世纪是中国陶瓷发展史上一个从古老传统走向现代工业化、从低迷走向兴盛并成为世界陶瓷生产基地和研发中心时期。写一部中国陶瓷百年史，全面客观、真实系统地记录其发展历程，让哪怕是百年、几百年以后有人想了解20世纪中国陶瓷的状况，或寻找启迪时有个依据是很有必要和具有重要意义的。为此，2002年萌生编写想法，2004年联合陶瓷界的十一位知名人士发起编写倡议，2008年进入具体筹备，2009年8月1日正式起动编写工作，2014年出版，前后历经12年，一部由中国人自己编写的百年陶瓷史现在终于出版了。

本书编写出版的定位是"真实、客观、价值、权威"。本书的撰稿人是一大批不代表任何单位部门并对中国陶瓷事业充满热爱之情、有见解、有贡献、有成果的人。本书的编写思路是努力寻找中国陶瓷发展的继承、恢复与复兴、超越的脉络。本书的编写目的是试图回答20世纪中国陶瓷的发展成就，如何从一个传统的手工作坊式行业转变为一门现代化的并初步建立起较完整工业体系的制造业。本书的编排在整体构思上充分考虑到以前已有中国硅酸盐学会编《中国陶瓷史》，后有来者，所以编写的历史时段定在1911年到2010年的一百年。全书分为综合篇、产品篇、产区篇共三篇28章，力图从三维立体的角度讲出近现代中国陶瓷的故事。

借此机会，对为中国陶瓷的发明开拓做出贡献的前辈们表示怀念，对为中国陶瓷的继承和现代化做出贡献的陶瓷人表示敬意，对为支持本书的编写出版的几百位同志表示感谢。

有关本书应该说的一些话放在书的后记表述。其他所有有关本书的事，也就任由世人评说。

华南理工大学教授，中国陶瓷工业协会原副理事长
中国建筑卫生陶瓷协会原副会长，中国硅酸盐学会陶瓷分会原副理事长

陈帆

2013年10月

目录

第一篇 综合篇

第一章 中国陶瓷百年概论 ··· 003
第一节 民国时期的中国陶瓷业 ··· 003
一、主要陶瓷产区的境况 ··· 004
二、陶瓷业的进步及部分名品名人 ··· 007
第二节 中国陶瓷工业的恢复与发展 ··· 009
一、日用陶瓷工业的恢复与发展 ··· 010
二、建筑卫生陶瓷工业的恢复与发展 ··· 018
三、电工陶瓷工业的恢复与发展 ··· 020
第三节 中国陶瓷工业的现代化建设 ··· 021
一、陈设艺术陶瓷工业的现代化建设 ··· 021
二、日用陶瓷工业的现代化建设 ··· 023
三、建筑卫生陶瓷工业的现代化建设 ··· 023
四、砖瓦工业的现代化建设 ··· 025
五、工业陶瓷工业的现代化建设 ··· 026
六、陶瓷原料与辅助材料的现代化建设 ··· 027
七、陶瓷工业装备制造的现代化建设 ··· 030

第二章 陶瓷工业的技术进步 ··· 033
第一节 陶瓷原料及其加工技术与装备 ··· 033
一、原料种类与配方 ··· 033
二、原（辅）料加工技术与装备 ··· 035
第二节 陶瓷成形、干燥和施釉技术与装备 ··· 036
一、陶瓷成形技术及装备 ··· 036
二、干燥技术及装备 ··· 039
三、施釉装饰技术及装备 ··· 040
第三节 陶瓷烧成技术与窑炉 ··· 041
一、烧成技术的进步 ··· 042
二、隧道窑 ··· 043
三、辊道窑 ··· 044
四、梭式窑 ··· 045
第四节 陶瓷产品深（冷）加工技术及装备 ··· 045

目录

　　第五节　陶瓷生产管理与环境治理技术⋯⋯⋯⋯⋯⋯⋯⋯⋯⋯⋯⋯⋯⋯046
　　　　一、生产管理技术⋯⋯⋯⋯⋯⋯⋯⋯⋯⋯⋯⋯⋯⋯⋯⋯⋯⋯⋯⋯⋯046
　　　　二、环境治理技术及措施⋯⋯⋯⋯⋯⋯⋯⋯⋯⋯⋯⋯⋯⋯⋯⋯⋯⋯047
　　第六节　陶瓷产品的标准化⋯⋯⋯⋯⋯⋯⋯⋯⋯⋯⋯⋯⋯⋯⋯⋯⋯⋯⋯049
　　　　一、瓷绝缘子产品标准化⋯⋯⋯⋯⋯⋯⋯⋯⋯⋯⋯⋯⋯⋯⋯⋯⋯⋯049
　　　　二、建筑卫生陶瓷产品标准化⋯⋯⋯⋯⋯⋯⋯⋯⋯⋯⋯⋯⋯⋯⋯⋯050
　　　　三、日用陶瓷产品标准化⋯⋯⋯⋯⋯⋯⋯⋯⋯⋯⋯⋯⋯⋯⋯⋯⋯⋯051
　　　　四、工业陶瓷产品的标准化⋯⋯⋯⋯⋯⋯⋯⋯⋯⋯⋯⋯⋯⋯⋯⋯⋯051
　　第七节　中国陶瓷工业装备状况实例（20世纪80年代）⋯⋯⋯⋯⋯⋯⋯052

第三章　陶瓷教育、科技、学术、行业管理机构及媒体⋯⋯⋯⋯⋯⋯⋯056

　　第一节　陶瓷教育、人才培养与科研设计⋯⋯⋯⋯⋯⋯⋯⋯⋯⋯⋯⋯⋯056
　　　　一、中国陶瓷教育发展概述⋯⋯⋯⋯⋯⋯⋯⋯⋯⋯⋯⋯⋯⋯⋯⋯⋯056
　　　　二、主要高等院校简介⋯⋯⋯⋯⋯⋯⋯⋯⋯⋯⋯⋯⋯⋯⋯⋯⋯⋯⋯058
　　　　三、主要陶瓷科研院所简介⋯⋯⋯⋯⋯⋯⋯⋯⋯⋯⋯⋯⋯⋯⋯⋯⋯061
　　第二节　陶瓷学术团体与行业组织⋯⋯⋯⋯⋯⋯⋯⋯⋯⋯⋯⋯⋯⋯⋯⋯065
　　第三节　陶瓷媒体⋯⋯⋯⋯⋯⋯⋯⋯⋯⋯⋯⋯⋯⋯⋯⋯⋯⋯⋯⋯⋯⋯⋯067

第四章　陶瓷的对外贸易和国际合作与交流⋯⋯⋯⋯⋯⋯⋯⋯⋯⋯⋯⋯072

　　第一节　陶瓷的对外贸易⋯⋯⋯⋯⋯⋯⋯⋯⋯⋯⋯⋯⋯⋯⋯⋯⋯⋯⋯⋯072
　　　　一、陈设艺术陶瓷和日用陶瓷的对外贸易⋯⋯⋯⋯⋯⋯⋯⋯⋯⋯⋯074
　　　　二、建筑卫生陶瓷的对外贸易⋯⋯⋯⋯⋯⋯⋯⋯⋯⋯⋯⋯⋯⋯⋯⋯076
　　第二节　陶瓷的国际合作与交流⋯⋯⋯⋯⋯⋯⋯⋯⋯⋯⋯⋯⋯⋯⋯⋯⋯077
　　　　一、陶瓷技术输出与国外建厂⋯⋯⋯⋯⋯⋯⋯⋯⋯⋯⋯⋯⋯⋯⋯⋯077
　　　　二、引进现代陶瓷生产技术及成套装备⋯⋯⋯⋯⋯⋯⋯⋯⋯⋯⋯⋯078
　　　　三、陶瓷会展及国礼瓷器⋯⋯⋯⋯⋯⋯⋯⋯⋯⋯⋯⋯⋯⋯⋯⋯⋯⋯081
　　　　四、陶瓷文化节和博物馆及陶艺园（村）⋯⋯⋯⋯⋯⋯⋯⋯⋯⋯⋯085

第五章　古陶瓷研究及古代名窑的恢复与发展⋯⋯⋯⋯⋯⋯⋯⋯⋯⋯⋯088

　　第一节　古陶瓷研究⋯⋯⋯⋯⋯⋯⋯⋯⋯⋯⋯⋯⋯⋯⋯⋯⋯⋯⋯⋯⋯⋯088
　　　　一、第一阶段（1914～1930年）⋯⋯⋯⋯⋯⋯⋯⋯⋯⋯⋯⋯⋯⋯⋯088
　　　　二、第二阶段（1931～1949年）⋯⋯⋯⋯⋯⋯⋯⋯⋯⋯⋯⋯⋯⋯⋯089
　　　　三、第三阶段（1950～1982年）⋯⋯⋯⋯⋯⋯⋯⋯⋯⋯⋯⋯⋯⋯⋯089

目录

  四、第四阶段（1983～2010年）··092

 第二节 古代名窑的恢复与发展··098

  一、龙泉窑··098

  二、汝窑··099

  三、钧窑··099

  四、耀州窑··100

  五、宋代官窑··101

  六、建窑··102

  七、定窑··102

  八、磁州窑··102

  九、越窑青瓷··103

  十、婺州窑··103

  十一、登封窑··104

第六章 陶瓷界知名人士··105

第二篇 产品篇

第七章 陈设艺术陶瓷··125

 第一节 清末到民国时期主要产区的传统陶瓷与艺术··125

  一、瓷都景德镇··125

  二、唐山陶瓷··126

  三、醴陵细瓷和釉下五彩瓷··127

  四、宜兴紫砂器··127

  五、佛山石湾艺术陶器··128

  六、潮州工夫茶具与枫溪瓷塑··129

  七、德化白瓷··129

  八、淄博细瓷··130

 第二节 传统陶瓷艺术的恢复和发展··131

  一、承制"建国瓷"··132

  二、景德镇瓷业与瓷塑艺术··135

  三、醴陵釉下彩··137

  四、宜兴紫砂陶塑··138

  五、佛山石湾陶塑··138

目录

  六、潮州枫溪瓷塑 ················· 139
  七、德化瓷塑 ····················· 140
  八、淄博刻瓷艺术 ················· 140
  九、唐山新彩彩绘 ················· 141
  十、黄河澄泥砚 ··················· 141

 第三节 传统名瓷及其艺术特色 ········· 142
  一、景德镇的传统名瓷 ············· 142
  二、湖南的国宾礼品瓷 ············· 143
  三、宜兴陶瓷名品 ················· 144
  四、佛山石湾艺术陶瓷和广彩 ······· 147
  五、潮州的艺术陶瓷 ··············· 149
  六、德化白瓷 ····················· 151
  七、淄博工艺美术瓷和刻瓷 ········· 152
  八、唐山陶瓷名品 ················· 153
  九、浙江龙泉青瓷名作 ············· 155
  十、河南钧瓷 ····················· 156
  十一、秘色瓷的发现 ··············· 157

第八章 日用陶瓷 ···················· 158

 第一节 日用陶瓷行业百年概况 ········· 158
  一、景德镇百年瓷业 ··············· 159
  二、唐山百年瓷业 ················· 163
  三、现代日用陶瓷业的崛起 ········· 165

 第二节 日用陶瓷产品的分类 ··········· 166
  一、按用途和器型分类 ············· 166
  二、按质地和装饰手法分类 ········· 170

 第三节 主要产区的特色产品 ··········· 171
  一、景德镇的四大传统名瓷 ········· 171
  二、湖南产区的特色产品 ··········· 171
  三、广东产区的特色产品 ··········· 172
  四、德化产区的特色产品 ··········· 173
  五、宜兴紫砂及"五朵金花" ········· 174
  六、浙江产区的陶瓷及其特色 ······· 174
  七、唐山产区的陶瓷及其特色 ······· 175
  八、山东产区的陶瓷及其特色 ······· 176

目录

  九、其他地区的陶瓷及其特色 ································ 178

第九章　建筑卫生陶瓷 ································ 183

第一节　现代建筑卫生陶瓷工业百年概述 ················ 184
  一、现代建筑卫生陶瓷工业的起步 ···················· 184
  二、建筑卫生陶瓷工业的工业化 ······················ 186
  三、建筑卫生陶瓷工业的现代化 ······················ 188

第二节　卫生陶瓷 ·································· 193
  一、卫生陶瓷产品 ································ 193
  二、卫生陶瓷的配套件和节水型卫生洁具 ············· 199
  三、卫生陶瓷产区 ································ 200
  四、卫生陶瓷产量 ································ 202

第三节　建筑陶瓷砖 ································ 203
  一、建筑陶瓷砖产品 ······························ 203
  二、建筑陶瓷砖的产区 ···························· 205
  三、建筑陶瓷砖的产量 ···························· 207
  四、建筑陶瓷砖生产的技术进步 ···················· 208

第四节　建筑琉璃制品和陶管 ························ 211

第十章　工业陶瓷 ···································· 214

第一节　工业陶瓷百年概述 ·························· 214

第二节　化工陶瓷 ·································· 216
  一、化学反应容器与设备 ·························· 216
  二、衬里材料 ···································· 217
  三、流体输送设备 ································ 217
  四、陶瓷填料、耐腐蚀化工填料和化学瓷 ············· 218

第三节　电瓷 ······································ 218
  一、民国时期的瓷绝缘子制造业 ···················· 219
  二、高压瓷绝缘子产业的快速发展 ·················· 220
  三、超特高压与直流高压电瓷的发展 ················ 222
  四、绝缘子产品的标准化 ·························· 226

第四节　精细陶瓷 ·································· 227
  一、电子陶瓷 ···································· 227
  二、磁性陶瓷 ···································· 229

目录

　　三、透明陶瓷 230

　　四、敏感陶瓷 233

　　五、生物陶瓷 235

　　六、多孔陶瓷及无机膜制品 236

　　七、高温结构陶瓷 239

　　八、耐磨耐腐蚀陶瓷 242

　　九、导电陶瓷及制品 245

　　十、陶瓷纤维与制品 247

第十一章　砖瓦 250

第一节　1949年前的砖瓦工业 251

　　一、黏土砖 251

　　二、黏土瓦 252

第二节　1949年后的砖瓦工业 252

　　一、产品、产量与产区 252

　　二、砖瓦工业的技术进步 257

　　三、产品标准的发展 262

　　四、行业管理的变化 263

第三节　主要科研学术机构及企业 266

　　一、主要科研学术机构 266

　　二、部分生产企业 267

第十二章　陶瓷原料与辅料 268

第一节　陶瓷原料 268

　　一、陶瓷原料的开发与应用 268

　　二、陶瓷原料的加工与供应 269

　　三、主要陶瓷原料的储量分布 271

第二节　陶瓷色釉料 280

　　一、日用瓷釉上彩颜料 280

　　二、日用瓷釉下彩颜料 283

　　三、建筑陶瓷砖用釉料 285

　　四、卫生陶瓷用釉料 286

　　五、陶瓷高温色料 287

　　六、陶瓷色釉料生产工艺与装饰技术 289

目录

第三节　陶瓷的金装饰材料（贵金属制剂）…………………………………… 291
　一、金水的国产化 ……………………………………………………………… 291
　二、电光水装饰材料 …………………………………………………………… 293
　三、仿金技术的进展 …………………………………………………………… 294

第四节　陶瓷花纸 …………………………………………………………………… 294
　一、陶瓷花纸发展概况 ………………………………………………………… 294
　二、石版印刷贴花纸 …………………………………………………………… 296
　三、胶版（平版）印刷贴花纸 ………………………………………………… 296
　四、丝网印刷贴花纸 …………………………………………………………… 297

第五节　陶瓷模具和窑具 …………………………………………………………… 298
　一、陶瓷模具的种类和发展 …………………………………………………… 298
　二、陶瓷窑具的种类和发展 …………………………………………………… 299

第十三章　陶瓷工业装备 ……………………………………………………… 301

第一节　陶瓷工业装备百年概况 …………………………………………………… 301
　一、1911～1948年的陶瓷生产装备 …………………………………………… 301
　二、1949～1989年的陶瓷生产装备 …………………………………………… 303
　三、1990～2010年的陶瓷生产装备 …………………………………………… 308

第二节　三大陶瓷产业（日用、建筑卫生、电瓷）的装备 ……………………… 308
　一、日用陶瓷生产装备 ………………………………………………………… 308
　二、建筑卫生陶瓷生产装备 …………………………………………………… 315
　三、电瓷生产装备 ……………………………………………………………… 321

第三篇　产区篇

第十四章　江西（安徽）产区的陶瓷 ……………………………………… 325

第一节　江西陶瓷概况 ……………………………………………………………… 325

第二节　中国瓷都——景德镇 ……………………………………………………… 326
　一、辉煌历程 …………………………………………………………………… 328
　二、陶瓷资源 …………………………………………………………………… 329
　三、陶瓷产品 …………………………………………………………………… 332
　四、陶瓷贸易 …………………………………………………………………… 332
　五、科技发展 …………………………………………………………………… 335

目录

第三节　其他地区的陶瓷 ··· 341

　　一、高安（丰城）的建筑陶瓷 ·· 341

　　二、萍乡的工业陶瓷 ·· 342

　　三、九江陶瓷 ·· 342

　　四、井冈山陶瓷 ·· 343

第四节　江西陶瓷业的重要人物与事件 ·· 344

第五节　安徽陶瓷概况 ·· 346

第十五章　江苏（上海）产区的陶瓷 ·· 348

第一节　江苏陶瓷概况 ·· 348

第二节　宜兴产区 ·· 350

　　一、陶土资源 ·· 350

　　二、陶瓷产品 ·· 353

　　三、陶瓷古迹 ·· 367

　　四、陶瓷博物馆、专业村、产业园和陶瓷城 ··· 370

　　五、当代陶艺名人 ·· 371

第三节　江苏近代部分陶瓷企业 ··· 374

第四节　上海地区的陶瓷 ·· 378

第十六章　浙江产区的陶瓷 ·· 379

第一节　浙江日用陶器 ·· 379

　　一、绍兴陶器 ·· 380

　　二、金华陶器 ·· 380

　　三、湖州陶器 ·· 381

　　四、宁波陶器 ·· 381

　　五、紫砂陶器 ·· 381

第二节　浙江诸名窑 ··· 382

　　一、越窑及越窑青瓷 ·· 382

　　二、瓯婺诸窑 ·· 383

　　三、台州窑系 ·· 384

　　四、德清窑系 ·· 385

第三节　龙泉青瓷 ·· 386

　　一、龙泉青瓷窑场 ·· 389

目录

  二、哥窑和弟窑 ········· 389
  三、青瓷产品 ········· 391

 第四节　南宋官窑 ········· 393
  一、南宋官窑遗址 ········· 395
  二、南宋官窑的恢复 ········· 396
  三、南宋官窑研究会、博物馆和研究所 ········· 396

 第五节　浙江日用瓷器 ········· 397
  一、器皿瓷 ········· 399
  二、艺术瓷 ········· 399

 第六节　浙江建筑卫生陶瓷 ········· 403
  一、浙江建筑陶瓷砖 ········· 403
  二、浙江卫生陶瓷 ········· 404

 第七节　浙江陶瓷的海外收藏 ········· 404
  一、亚洲各国的收藏 ········· 404
  二、欧洲各国的收藏 ········· 405
  三、美国等国的收藏 ········· 405
  四、"雪拉同" ········· 406

 第八节　浙江近代部分著名陶瓷企业 ········· 406

第十七章　广东产区（广西壮族自治区、海南）的陶瓷 ········· 409

 第一节　广东陶瓷概况 ········· 409
  一、粤东陶瓷产区 ········· 411
  二、粤中陶瓷产区 ········· 415
  三、粤西陶瓷产区 ········· 419
  四、广东陶瓷科研机构、品牌及名人 ········· 419

 第二节　陈设艺术陶瓷 ········· 421
  一、石湾的陈设艺术陶瓷 ········· 421
  二、潮州的陈设艺术陶瓷 ········· 422
  三、大埔的薄胎瓷 ········· 423
  四、彩绘陈设瓷 ········· 423

 第三节　日用陶瓷 ········· 427
  一、日用陶器 ········· 427
  二、日用瓷器 ········· 428

目录

第四节　建筑卫生陶瓷 ··· 429
　　一、陶瓷墙地砖 ··· 429
　　二、卫生陶瓷 ··· 430

第五节　工业陶瓷 ··· 430

第六节　陶瓷原料与辅料 ··· 432
　　一、陶瓷原料 ··· 432
　　二、陶瓷釉料 ··· 433
　　三、陶瓷颜料 ··· 433
　　四、陶瓷花纸 ··· 434
　　五、陶瓷颜色釉 ··· 435

第七节　陶瓷技术装备 ··· 436
　　一、原料加工和坯料制备的装备 ······························· 437
　　二、全自动液压压砖机 ······································· 437
　　三、卫生洁具生产装备 ······································· 438
　　四、干燥及烧成装备 ··· 438
　　五、冷加工机械 ··· 438
　　六、装饰设备 ··· 438

第八节　广西壮族自治区陶瓷 ······································· 439

第九节　海南陶瓷 ··· 441

第十八章　河北（北京、天津、内蒙古自治区）产区的陶瓷 ··········· 443

第一节　河北陶瓷概况 ··· 443

第二节　唐山陶瓷 ··· 448
　　一、近代陶瓷工业的摇篮 ····································· 448
　　二、陶瓷工业的恢复与发展 ··································· 449
　　三、唐山的陶瓷产品 ··· 454

第三节　邯郸陶瓷 ··· 458
　　一、邯郸陶瓷与磁州窑 ······································· 458
　　二、磁州窑的装饰艺术 ······································· 460

第四节　定窑和邢窑的研究与恢复 ··································· 461
　　一、定窑的研究和恢复 ······································· 461
　　二、邢窑的研究和恢复 ······································· 461

第五节　河北陶瓷名人和部分陶瓷企业 ······························· 462

目录

  一、部分陶瓷名人 ······ 462

  二、部分陶瓷企业 ······ 465

 第六节　北京陶瓷 ······ 472

  一、故宫博物院和首都博物馆馆藏的陶瓷器 ······ 472

  二、北京的建筑琉璃制品 ······ 473

  三、北京的陶瓷企业 ······ 475

 第七节　天津陶瓷 ······ 477

 第八节　内蒙古自治区的陶瓷 ······ 478

第十九章　山西产区的陶瓷 ······ 480

 第一节　山西陶瓷百年概况 ······ 480

  一、陶瓷行业管理 ······ 480

  二、陶瓷产业发展 ······ 481

  三、陶瓷教育和著名人士 ······ 483

 第二节　山西的陶瓷资源 ······ 483

  一、大同黑砂石 ······ 484

  二、软质黏土 ······ 484

  三、长石、石英和铝土矿 ······ 484

 第三节　山西的陶瓷产品 ······ 485

  一、陶器 ······ 485

  二、瓷器 ······ 486

  三、琉璃器与珐华器 ······ 487

  四、砂器 ······ 488

  五、平定刻花瓷 ······ 489

  六、陶瓷砚台 ······ 489

  七、黑陶工艺品 ······ 490

  八、耐火材料 ······ 490

  九、其他陶瓷产品 ······ 490

 第四节　怀仁、阳城、平定陶瓷产区 ······ 491

  一、怀仁陶瓷产区 ······ 491

  二、阳城陶瓷产区 ······ 493

  三、平定产区 ······ 495

目录

第二十章　山东产区的陶瓷 496

第一节　1911～1948年的山东陶瓷 497
一、动荡中的陶瓷业 497
二、原始的生产方式 498
三、恢复与发展陈设艺术陶瓷 499

第二节　1949～1978年的山东陶瓷 500
一、恢复建设生产基地 500
二、创新工艺技术与装备 501
三、产品升级换代 501
四、推陈出新艺术陶瓷 502
五、发展工业陶瓷 504

第三节　1979～2000年的山东陶瓷 505
一、管理体制转型 505
二、开发日用陶瓷新产品 506
三、改进陶瓷生产工艺 507
四、发展艺术陶瓷 507
五、发展建筑陶瓷 509
六、开发高技术陶瓷 510
七、发展陶瓷装饰材料 511
八、扩大国际陶瓷艺术交流 512

第四节　2001～2010年的山东陶瓷 513
一、优化产业结构 513
二、实施国窑品牌战略 514
三、发展建筑陶瓷产业 515
四、发展高技术陶瓷产业 515
五、国窑名企介绍 516

第五节　陶瓷名人、科技队伍及重大考古发现 518
一、陶瓷名人 518
二、科技队伍与专业期刊 520
三、重大考古发现 521

第二十一章　湖南（湖北）产区的陶瓷 523

第一节　湖南陶瓷百年概况 523
一、清末至1948年的湖南陶瓷 524

目录

  二、湖南陶瓷业的恢复与发展 525

  三、乡镇和民营陶瓷企业的崛起 528

  四、电瓷的创立与发展 529

  五、建筑卫生陶瓷和工业陶瓷的发展 529

  六、陶瓷装备的进步 530

  七、配套产业的发展 532

 第二节　湖南陶瓷产区 533

  一、醴陵产区 533

  二、铜官产区 537

  三、洪江产区 539

  四、新化产区 542

 第三节　湖北陶瓷 543

  一、日用陶瓷 546

  二、建筑卫生陶瓷 548

  三、黄冈陶瓷窑炉产业 549

第二十二章　河南产区的陶瓷 551

 第一节　河南陶瓷百年概况 551

  一、陶瓷生产工艺、设备及投资 554

  二、科技队伍建设与科技成果 555

  三、企业重组改制、产区与管理机构 555

 第二节　河南的陈设艺术陶瓷 556

  一、钧瓷 556

  二、汝瓷 559

  三、北宋官窑 561

  四、唐三彩 562

  五、彩瓷 562

  六、当阳峪窑 563

  七、黑釉瓷 564

  八、黄河澄泥砚 565

  九、登封窑 565

  十、其他艺术陶瓷 566

 第三节　河南的日用陶瓷 568

 第四节　河南的建筑卫生陶瓷 569

目录

  一、卫生陶瓷 569
  二、建筑陶瓷 571

第二十三章 福建产区的陶瓷 573

 第一节 福建陶瓷概况 573
  一、陶瓷产品 574
  二、陶瓷原料、窑炉及机械 581

 第二节 德化陶瓷 583
  一、百年历程 583
  二、陶瓷产品 584
  三、陶瓷资源 587
  四、陶瓷装备 588
  五、陶瓷贸易 590
  六、陶瓷文化 592
  七、陶瓷古迹与收藏 595

 第三节 闽清陶瓷 596
  一、陶瓷产品 597
  二、陶瓷文化 600

 第四节 建筑卫生陶瓷 603
  一、发展概况 603
  二、建设产业集群 605
  三、技术引进和改造 608

 第五节 部分企业选介 609

第二十四章 西南地区（四川、重庆、云南、贵州、西藏自治区）的陶瓷 612

 第一节 四川陶瓷 612
  一、成都东方瓷厂 613
  二、乐山清华瓷厂 613
  三、泸州瓷厂 613
  四、四川吕艺彩陶有限公司 613
  五、威远县建筑陶瓷厂 613
  六、夹江建陶产区 614
  七、丹棱建陶产区 614

目录

第二节　重庆陶瓷 ·· 614
　　一、荣昌陶瓷 ·· 615
　　二、重庆锦晖陶瓷有限公司 ·· 616
　　三、重庆四维控股（集团）股份有限公司 ·· 616
　　四、科技与教育 ·· 617

第三节　云南陶瓷 ·· 617
　　一、陶瓷产品 ·· 619
　　二、陶瓷原料及产品供销 ·· 624
　　三、陶瓷援外工程 ·· 625
　　四、主要陶瓷产区和企业 ·· 626
　　五、陶瓷教育和陶瓷科研 ·· 631
　　六、陶瓷行业管理 ·· 632

第四节　贵州陶瓷 ·· 633
　　一、贵州的陶瓷产品 ·· 636
　　二、陶瓷教育与科技 ·· 641
　　三、贵州陶瓷名人与"贵州现象" ··· 643

第五节　西藏自治区陶瓷 ·· 644
　　一、卡若文化的陶器 ·· 644
　　二、西藏自治区的建筑陶瓷 ·· 644

第二十五章　西北地区（陕西、甘肃、宁夏回族自治区、青海、新疆维吾尔自治区）的陶瓷 ·· 645

第一节　陕西陶瓷概况 ·· 645
　　一、百年陶瓷概述 ·· 645
　　二、陶瓷原料 ·· 646
　　三、陶瓷科技与教育 ·· 647

第二节　陕西陶瓷产品 ·· 648
　　一、耀州窑及耀州青瓷 ·· 648
　　二、澄城尧头窑 ·· 652
　　三、日用陶瓷 ·· 652
　　四、卫生陶瓷与建筑陶瓷砖 ·· 654
　　五、陶瓷管 ·· 657
　　六、建筑琉璃制品 ·· 659
　　七、工业陶瓷 ·· 660

目录

　　八、现代陶艺 ······ 663

第三节　甘肃陶瓷 ······ 668

　　一、平川陶瓷 ······ 669

　　二、华亭陶瓷 ······ 670

第四节　宁夏回族自治区陶瓷 ······ 671

　　一、西夏瓷器 ······ 672

　　二、石嘴山陶瓷 ······ 673

　　三、建筑卫生陶瓷 ······ 675

第五节　青海陶瓷 ······ 675

　　一、青海彩陶 ······ 675

　　二、日用陶瓷与建筑陶瓷 ······ 676

第六节　新疆维吾尔自治区陶瓷 ······ 677

　　一、吉木萨尔县水西沟陶窑遗址 ······ 677

　　二、新疆生产建设兵团工一师陶瓷厂 ······ 677

　　三、新疆建材陶瓷厂 ······ 678

　　四、建筑陶瓷砖的生产 ······ 679

第二十六章　东北地区（辽宁、吉林、黑龙江）的陶瓷 ······ 681

第一节　辽宁陶瓷 ······ 681

　　一、辽宁陶瓷百年概况 ······ 681

　　二、辽宁的陶瓷资源 ······ 688

　　三、辽宁古陶瓷的研究和特色产品 ······ 689

　　四、辽宁主要陶瓷生产企业及科研机构 ······ 691

第二节　吉林陶瓷 ······ 700

　　一、辽金陶瓷 ······ 700

　　二、现代陶瓷生产 ······ 701

第三节　黑龙江陶瓷 ······ 701

　　一、绥棱黑陶 ······ 702

　　二、建筑卫生陶瓷 ······ 703

第二十七章　香港陶瓷与澳门陶瓷 ······ 705

第一节　香港陶瓷 ······ 705

　　一、陶瓷产业 ······ 705

　　二、陶瓷贸易 ······ 706

目录

  三、陶瓷艺术 ········ 707
  四、陶瓷文化 ········ 708
  五、部分陶瓷艺术家 ········ 708

 第二节 澳门陶瓷 ········ 709
  一、澳门与石湾陶塑的情结 ········ 710
  二、陶瓷出口与彩瓷业 ········ 710
  三、陶艺教育和陶瓷文化 ········ 711
  四、部分陶瓷艺术家 ········ 712

第二十八章 台湾地区的陶瓷 ········ 713

 第一节 台湾陶瓷发展概况 ········ 713
  一、史前陶瓷时期 ········ 714
  二、传统陶器发展时期 ········ 714
  三、石陶器发展时期 ········ 714
  四、瓷器发展时期 ········ 715

 第二节 台湾的陶瓷产品 ········ 715
  一、建筑陶瓷类 ········ 715
  二、卫生陶瓷类 ········ 716
  三、艺术陶瓷类 ········ 717
  四、台湾陶瓷工业展望 ········ 718

 第三节 著名陶瓷厂商和人物 ········ 719
  一、著名厂商 ········ 719
  二、人物介绍 ········ 723

 第四节 台湾陶瓷发展年表 ········ 724

参考文献 ········ 727

后记 ········ 733

第一篇　综合篇

中国陶瓷业的百年（1911～2010年）只是绵延上万年陶瓷史的短短一段，然而这一百年却是中国陶瓷的发展历程实现从古老到现代突破性转变的时期。1949年前的40年，政局动荡，陶瓷业处于中衰低迷状态。1978年前的30年，国家着力于经济恢复建设，陶瓷业处于恢复复兴时期，有所进步，但与先进国家同行相比，仍处于较落后的状况。1978年后的30年，由于国家实行改革开放政策，中国陶瓷业打开门户，转变体制，实行引进国产化创新发展，抓住国内外广阔的市场机遇一举成为世界传统陶瓷的生产大国和生产基地，各项技术经济指标接近或达到国际的先进水平。

本篇共分六章，综合介绍百年中国陶瓷的基本情况、技术进步、专业教育、外贸交流、考古发现和推动开拓百年中国陶瓷发展进步做出贡献的人物，让国内外人士对中国陶瓷百年的基本情况有一个较全面的了解。这一百年是源远流长的中国陶瓷从低迷走向复兴，走向现代化的又一个高峰，以前从未攀登过的高峰。

第一章　中国陶瓷百年概论

从1911～2010年的100年间，我国的陶瓷业经历了民国时期（1911～1948年）、中华人民共和国成立后的恢复与发展时期（1949～1978年）和现代化建设时期（1979～2010年）。民国时期，我国的陶瓷业整体处于萧条衰落、艰难困顿的境地。恢复与发展时期，我国基本建立了门类齐全、机构完整，满足国家建设需求的陶瓷工业体系。现代化建设时期，我国的陶瓷产量跃居世界第一，整体技术水平进入世界前列，成为世界陶瓷生产和消费大国。

第一节　民国时期的中国陶瓷业

清末到民国时期，我国处于政局动荡、战事频繁的年代。由于外有帝国主义的侵略压迫，内有封建势力的横征暴敛，以及连年不断的战争破坏，使我国的陶瓷业整体处于萧条衰落、艰难困顿的境地。到1949年前夕，瓷都景德镇的瓷业户正常开业的仅占7%，醴陵的细瓷厂仅有七家勉强维持生产，宜兴的紫砂业几乎到了绝地，唐山的陶瓷业亦奄奄一息，佛山石湾、潮州、德化、淄博等产区的陶瓷业都进入低谷。这段时期（1911～1948年）称为我国陶瓷业的中衰时期。

虽然如此，在许多仁人志士的努力下，我国的传统陶瓷技术还是取得了一些进步。景德镇的"珠山八友"把景德镇的粉彩艺术推向了一个新的高峰。醴陵瓷业由细瓷发展成为高级细瓷，创造了驰名中外的釉下五彩瓷。淄博恢复了失传多年的宋代名贵釉色茶叶末釉和雨点釉，并开始生产日用细瓷。醴陵的釉下五彩瓷，宜兴紫砂名作《寿珍掇球壶》，德化首创的捏塑《瓷梅花》、《观音》、《达摩》、《花木兰》、高陂釉上彩瓷器等作品分别荣获1915年巴拿马太平洋万国博览会金奖、特优奖，日本和英国博览会特等奖和金奖、广州艺术品展览优秀产品奖等，为我国的陶瓷业在国内外赢得了荣誉。

在洋务运动的推动下，化工陶瓷、电瓷、陶瓷釉面砖和卫生陶瓷等现代陶瓷产品、生产技术及生产装备等相继进入我国，使我国由传统的陶瓷业进入了现代陶瓷工业的起步阶段。

1916年，山东博山"日华窑业工厂"开始生产耐酸陶管和低压电瓷。1924年，唐山启新瓷厂引进德国的球磨机、泥浆泵、磁选机、电瓷压机等生产硬质瓷、理化用瓷，并开始出口。到1941年，唐山启新瓷厂开始大量生产电瓷而成为华北最大的瓷厂。同时，醴陵也开始生产医用理化瓷和电瓷，1946年开办"中国电瓷厂"，开始建立我国自己的工业陶瓷生产体系。在20世纪初，现代建筑卫生陶瓷生产技术由欧美传入我国，我国分别在唐山、温州、宜兴、沈阳、台湾等地建立了现代建筑卫生陶瓷生产工厂。

这个时期，我国陶瓷业主要分布在江西景德镇、湖南醴陵、江苏宜兴、河北唐山、山东淄博、福建德化、广东佛山石湾、广东潮州枫溪和广东大埔高陂等地区，河南为钧瓷的恢复做了一些工作，辽宁受到日本先进技术的影响建立了一批机械化陶瓷生产企业，台湾的陶瓷技术也取得了明显的进步。

一、主要陶瓷产区的境况

1. 景德镇产区

清代的康熙、雍正、乾隆三朝，为景德镇瓷业的鼎盛时期，制瓷工艺达到全国乃至世界的最高水平。鸦片战争以后，景德镇的制瓷业遭到严重摧残。从清末到民国，"千年瓷都"景德镇的瓷业从巅峰走到了低谷，陶瓷生产处于奄奄一息的境地。全镇制坯行业的厂家从1928年的1451户减至1949年前后的90余户，开烧的瓷窑从128座减至1948年的8座，彩瓷行业厂家从1452户减至1948年的367户。青花釉下五彩绘制粗劣，新彩装饰甚为粗糙，颜色釉装饰明显退步。至1949年前后，数十种名贵色釉已濒临失传。到1949年末，全镇瓷业户正常开业的仅占7%，年产粗瓷6350万件。

2. 醴陵产区

1906年，清政府拨库银创办湖南瓷业学堂和湖南瓷业公司。在湖南瓷业公司的带动下，醴陵细瓷厂不断出现，如私营的普利、改良、德昌、裕华、舜业等制瓷公司，县城的姜湾、中和（后为星火瓷厂所在地）一带成为细瓷制作中心。1913年，仅湖南瓷业公司就有职工1300余人，在长沙、湘潭、衡阳、益阳、常德等地设立了销售处。

1928年，醴陵为长沙第一纺纱厂成功制造了三连保险盒，这是湖南制造工业陶瓷的开始。1937年，抗日战争全面爆发，景德镇瓷器销路被阻，醴陵瓷业一时兴旺。1940年，醴陵有土瓷厂130余家，技工3300多人，年生产粗瓷2400万件，最盛年达4800万件。1942年，有细瓷厂112家，技工4190余人，年生产细瓷2300余万件，产品销于湘、鄂、川、豫、陕、黔、粤、桂等市场，并推销到东南亚等国家和中国香港地区。1940年，醴陵开始生产医用理化瓷和电瓷，并于1946年开办"中国电瓷厂"，逐步形成日用瓷和电瓷两大生产体系。

1944年6月，日军占领醴陵，厂房被烧，机具被毁。到1949年前夕，细瓷厂倒闭，停工达百余家，数千名工人失业，仅有7家勉强维持生产。

3. 宜兴产区

在第一次世界大战期间，宜兴陶业抓住机遇求发展，形成粗货、溪货、黑货、黄货、砂货和紫货共6个生产区。

明末清初，在南京聚宝山琉璃制品业的影响下，宜兴开始在丁蜀镇汤渡村零星生产琉璃瓦。1925年，窑户周酉叔集资在宜兴创办"华盖琉璃瓦公司"。随后五六年间，"三益琉璃瓦厂"和"开山砖瓦公司"相继开办，鼎盛时期员工达500多人。1935年，开山砖瓦公司技工刘福照在资方杨荣芳等人的资助下，创办了"陶新陶器厂"，专业生产琉璃瓦。翌年，30万件月绿釉西式瓦首次销往日本。1944年，陶新陶器厂由汤渡迁至丁山蠡墅（原宜兴建筑陶瓷厂）。1925～1946年，为宜兴琉璃制品发展的初盛时期。1936年，宜兴有龙窑76座。

1937年，日军侵华致使市场萧条，陶瓷生产每况愈下，紫砂业几乎到了断绝的绝境。抗战胜利后，窑厂虽力图恢复生产，但陶瓷生产与经营仍陷于困境，即使情况最好的1948年，年产值也不过为战前1936年的58%。

4. 唐山产区

清光绪至民国年间，唐山很多窑户和厂家请来江西景德镇，山东博山，河北彭城、宽城缸窑沟等地工匠来唐山工作，推动了唐山陶瓷的进步。1907年以后，启新公司生产了少量的杯盘、便器、面盆、瓷砖、电瓷、理化用瓷。1909年，马家沟砖厂生产了地砖、耐火材料、琉璃瓦等。

1914年，启新洋灰公司正式附设启新瓷厂，生产出中国第一件水槽等卫生陶瓷，随后生产出洗面具，并引入西方工业国家经营管理模式。1925年制出硬质瓷。1936年职工已达450人，成为华北地区最大的瓷厂。1941年批量生产电瓷，企业规模进一步扩大。

1926年，德盛、新明两厂开办了新明铁工厂，仿制进口德国机器设备，产品畅销华北、东北地区。1931～1934年间，先后获得河北省实业厅国货展览会、北京市各界提倡国货运动委员会和铁道部全国铁路沿线出产货品展览会颁发的特等、优等和超等奖状。1945年，唐山同兴铁工厂、德丰铁工厂、义顺兴铁工厂制造生产用球磨机。新明瓷厂相继发展了五个分厂，共有职工500多人，规模超过启新瓷厂，仅次于德盛瓷厂。德盛、新明两厂的生产规模和制品质量都超过了启新瓷厂。至1937年，唐山窑业兴旺，已有"北方景德镇"的称誉了。

1937年后的日本侵华战争和"三年内战"使陶瓷企业纷纷破产倒闭。至1948年，只剩下德盛、启新、新明、德顺隆、公聚成、三合义等少数几家靠创新产品艰难维持，全市88家陶瓷企业共有职工1190余名，失业率达70%以上。1948年以前，唐山的陶瓷产品主要有日用陶瓷、卫生陶瓷、电瓷、理化用瓷、陈设艺术瓷和缸盆类粗瓷等产品。

5. 淄博产区

清末民初，山东的陶瓷生产主要集中在淄博的博山和淄川。1905年，山东工艺局局长黄华（曾任淄川县长）在博山主持创办全省第一个官办窑厂"博山陶瓷工艺传习所"，改进陶瓷原料、生产设备、制作工具等，研究恢复失传多年的宋代名贵釉色茶叶末釉和雨点釉，1924年被迫停办。尽管这个官办窑厂的寿命不长，但在山东陶瓷发展史上影响深远。

1914年，日本加紧对山东的军事侵占和经济掠夺。1916年，日本人渡部逸次郎在博山建立日华窑业工厂，烧制陶管及耐火砖。1918年12月，日本人大隈信常约同华人林长民等收买该厂，成立中日合办的日华山东窑业株式会社，生产陶管、耐火砖、高低压电瓷。当时，日商还建有三益公司，生产陶管、耐火砖等。日商陶瓷工厂以先进的机械设备使当地大批窑业作坊破产。

当时，山东一些政府官员和实业界人士采用先进技术与日商企业抗衡。1919年，山东省工业试验所成立，提出改良瓷器生产的报告。1930年，山东省农矿厅同意请省政府酌量免税并筹设官场，以资振兴博山陶瓷。同年，博山陶瓷业进入最盛时期，有窑190座，窑工6000余人，产品远销东三省。1931年4月，山东省农矿厅在博山柳杭建立山东省模范窑业厂（1934年7月改名为山东省立窑业试验厂），采用机械设备和新式倒焰窑试产细瓷，产品有日用瓷、电瓷、卫生瓷等40余种，月产量6万余件，开创了山东生产日用细瓷的先河。

1937年后，日本占领淄博地区，垄断了陶瓷原料，控制了煤矿生产，直接开办窑场，强行收买山东省立窑业试验厂，成立名古屋碍子株式会社，后又改为博山窑业股份有限公司。1944年，淄博生产陶瓷的窑户增至600家，窑炉260座，主要生产黑、白釉碗及套五盆、坛、盆、缸等。

到1947年底，除淄博有窑厂生产外，其他地区大都停产。1948年，淄博市淄川区渭头河一带有20多家窑场，有缸窑、盆窑、碗窑44座。博山山头有套五盆、荷花碗、缸工碗、红泥壶及瓶、坛、罐窑140余座，产品销往全国。1949年，全省日用陶瓷产量为1849.2万件，工业陶瓷为1057t。淄博是黄河中、下游地区陶瓷生产和销售中心。

6.德化产区

鸦片战争以后的100多年间，由于列强入侵、战争连年不断，德化瓷区的瓷窑大多倒闭歇业，从业人员仅为5000余人。

民国时期，德化窑青花瓷产量减少，白瓷产品增多，釉下青花逐渐被釉上彩所代替，釉上彩装饰手法有所创新，主要有五彩、墨彩，还出现了金彩、黑花、电光、贴花等工艺。

1935年，福建省建设厅创办德化城关西校场，主要从事瓷土原料配方和陶瓷生产工艺等陶瓷新技术研究，成功研究了陶瓷生产石膏模型注浆和机压成形工艺，以及黑、蓝、赤等多种色釉及釉上彩、釉下彩颜料。

到1949年，全省仅存500多户农民兼营的瓷窑，从业人数仅2000多人。

7.广东产区

1911年前后，广东的陶瓷产地集中在粤中的佛山石湾，粤东的大埔、丰顺、饶平、潮安、揭阳等地，以佛山石湾、大埔高陂较为兴盛。

民国初年，以陶业为主的石湾共有陶窑107座，工人6万多人，产品包括日用陶瓷、陈设艺术陶瓷、园林建筑陶瓷等。1915年成立的广州裕华公司及后来成立的广东陶业公司、石湾冠华窑业等企业使石湾陶业进入了兴盛时期。

这个时期，大埔的瓷业较之明、清更为发展。一是由于大埔高陂水陆交通极其便利，溯江而上可达江西、福建，顺流而下，直通潮汕各地及汕头港；二是由于大埔地处山区，受战争影响较小。1920年，汕头镇守史刘志陆拨巨款在大埔平原镇创办"潮梅陶瓷工艺厂"，采用新式制瓷工艺生产釉下青花传统产品，推广应用陶瓷刻花工艺、雕塑工艺、石膏模注浆成形法和辘轳旋坯成形技术等。研发的釉上彩工艺，被誉为高陂新彩工艺，日后成为有特色的高陂釉上彩工艺。1929年，生产的釉上彩瓷器参加广州艺术品展览获优秀产品奖。

1937～1945年间，日本侵华战争使广东陶瓷生产基本处于停顿状态，原先从日本、联邦德国等国家进口的颜料断绝。其间，张玉史创办"河西化工厂"，研制和生产釉上西赤、莲子红、红黄、浓青、薄蓝、绀青和釉下金红、钴蓝等颜料。

抗战胜利后，全省各地的陶瓷业开始恢复。佛山石湾除了生产美术陶瓷和日用陶瓷外，还生产卫生洁具、耐酸瓷、电气陶瓷等，使石湾成为中西合璧的陶瓷产区。

民国时期，广东的陶瓷产品主要是普通瓷器和陶器，釉下青花和广彩、潮彩等。产品外销主要是我国香港市场和东南亚市场，内销主要经广州、上海等地销往各地。

1948～1949年，广东陶瓷业再度处于低谷。据1950年对石湾、枫溪、大埔、饶平四个产区的调查，共有陶瓷手工户和陶瓷商号2297户。其中，石湾陶瓷手工业户388户，商号68户；枫溪陶瓷手工户331户，商号72户；大埔陶瓷手工户1236户，饶平陶瓷手工户202户。据不完全统计，1949年全省日用陶瓷总产量为9500万件。

8.辽宁地区

辽宁近代陶瓷工业起步于20世纪初期。1909年，"满铁"成立中央试验所，内设陶瓷试验场。1918年，陶瓷试验场改名为"大华窑业公司"（现在的大连电瓷厂前身）。1922年，建设石河宏达窑业公司、东升窑、惠东窑。1923年，杜重远在奉天（沈阳）建立肇新窑业公司。1925年，海城人李泽普开创"东华窑业公司"（海城三厂前身），因技术不过关而倒闭，1935年兑给"天合隆"，改为大新窑业公司。1936年3月，伪"满洲窑业株式会社"和日本京都市"松风工业株式会社"共同投资在辽宁抚顺兴建"松风工厂"（现在的抚顺电瓷厂前身）。1931年，"九一八"事变使交通阻断，南方瓷器运输受阻，辽宁的瓷厂得到发展。1942年，建成瓦房店陶瓷厂和辽西地区的锦州陶瓷厂。

辽宁省建立的陶瓷企业的工艺设备受到日本近代工业的影响，采用了一些生产机械。在原料处理方面采用了球磨机、压滤机、挤泥机；在成形方面采用了辘轳成形机和石膏翻形。上述设备是由大连恒大铁工厂仿大华机械制造的，惠东窑的泥浆泵、压滤机是由大连日本经营的长坂铁工厂制造的。肇新窑业公司从原料到成形全套设备是在日本名古屋中央铁工厂订购的。在烧成方面均采用煤烧倒焰窑，一般在80～100m^3，后来有120m^{3}的，形式有方形和圆形的。肇新窑业初期建有4座方形倒焰窑，1931年又建成4座方形倒焰窑。各厂的设备大致相同，每厂有轮碾机1台、球磨机6台、搅泥机1台、辘轳成形机20台、倒焰窑4座，周转期为每周一次，人员多为150人左右，全厂每月烧制15～16窑产品，前后生产工序基本平衡。产品是四寸蓝边碗、四寸碟和四寸蓝花芦公碗（釉下钴蓝花面、如意与茶花）。1939年，肇新窑业采用印花、铜版印花、笔绘等釉上装饰方法，为烤花修建滚球式锦窑一条。1949年前后，辽宁的陶瓷业发展十分缓慢。

二、陶瓷业的进步及部分名品名人

1.景德镇瓷业的继承和发展

不少仁人志士为景德镇瓷业的继承和发展做出了重要贡献。一是民国初年，王琦、王大凡等人发起和组织景德镇陶瓷美术研究社，发展社员300多人，对推进景德镇瓷业的发展产生了很大影响，但在20年代初，美术研究社被北洋军阀捣毁。20年代中叶，王琦、王大凡、田鹤仙等人又重组艺术团体，称为"月圆会"，三人常在景德镇东北郊的五龙庵乘凉避暑，题诗作画，编成《雅集题诗》。在"月圆会"的基础上，王琦等人结合为"珠山八友"。在这些陶瓷艺术家们的努力下，把景德镇的粉彩艺术推向了一个新的高峰。二是1910年，由张謇、瑞徵、康特璋等人发起，在景德镇成立江西瓷业公司，并在九江、汉口、上海等地设立发行所，实行生产和流通一条龙的新方法，在开办的一二年间，"其业务蒸蒸日上"。以后，又成立了一些较大规模的民营企业，并开始采用脚踏辘轳车、手摇碎釉机、石膏模型注坯、雾吹器吹釉、贴花彩瓷等半手工、半机械化的生产操作方法，推进了瓷业的发展。

2. 醴陵的釉下五彩瓷和高级细瓷

1904年，在汉冶萍（武汉、大冶、萍乡）冶金矿业突破性发展的大背景下，湖南凤凰人熊希龄考察紧邻萍乡的醴陵瓷业后与清大学士醴陵人文俊铎上书清政府，提出在醴陵创办瓷业公司和瓷业学堂。1906年，清政府拨库银1.8万两创办湖南瓷业学堂和湖南瓷业公司。1906～1914年，醴陵瓷业广聘景德镇和日本的名师、办学堂培训人才，生产由乡村转入城镇，很快由细瓷发展成为高级细瓷，并创造了驰名中外的釉下五彩瓷。这是醴陵乃至湖南百年陶瓷史交响乐的华彩开篇。醴陵釉下五彩瓷的烧造前后不过20余年，传世作品不过400余件。故宫博物院的醴陵釉下五彩瓷仅7件，湖南省博物馆收藏的精品也不过17件。

1909～1915年，釉下五彩先后四次参加国内外赛会，在武汉劝业会、南洋劝业会、意大利都朗博览会和巴拿马太平洋万国博览会上都获得金牌奖的"扁豆双禽瓶"被国外誉为"东方陶瓷艺术的高峰"。1918年，北洋军阀张宗昌的军队破坏了湖南瓷业公司和湖南窑业实验场，使生产停顿。虽然在1920年重新启动，但由于战乱和国民贫穷，只能惨淡经营。湖南瓷业公司于1930年倒闭，釉下五彩瓷的生产也自此中断了。

3. 宜兴紫砂

1915年，紫砂产品在巴拿马太平洋万国展览会上获奖，陶瓷《三脚龙头》以质优价廉，在与德商竞争中获胜而在国内外赢得了声誉，显示了宜兴陶业于衰微中振兴的活力。1935年，由紫砂名手范鼎甫创作的紫砂雕塑《假山雄鹰》获英国伦敦国际艺术展览会金质奖，首次开创了宜兴陈设艺术陶瓷在国际大展中获最高奖项的先河。

民国年间，宜兴的制壶高手有程寿珍、俞国良、冯桂林等人，其中，程寿珍的《寿珍掇球壶》曾获巴拿马太平洋万国博览会特优奖。

4. 唐山的卫生陶瓷和陶瓷机械

1914年，启新洋灰公司正式附设启新瓷厂，生产出中国第一件水槽等卫生陶瓷，随后生产出洗面器。1941年批量生产电瓷。

1926年，德盛、新明开办了新明铁工厂，仿制进口德国的陶瓷生产机器设备，产品畅销华北、东北。1945年，唐山同兴铁工厂、德丰铁工厂、义顺兴铁工厂制造球磨机。新明瓷厂相继发展了五个分厂，共有职工500多人，规模超过启新，仅次于德盛。德盛、新明两厂的生产规模和制品质量都超过了启新瓷厂。至1937年，唐山窑业兴旺，已有"北方景德镇"的称誉了。

5. 德化瓷雕

民国期间，德化瓷雕品种得到翻新和扩大，造就了一批瓷艺大家，如瓷塑大家苏学金、许友义、苏家善、游长子、陈其泰，彩瓷大家林捷升、苏长青、孙锦春、徐曼亚、许光月等。

特别值得一提的是，苏学金首创捏塑瓷梅花荣获巴拿马太平洋万国博览会金奖；许友义的观音、达摩、花木兰等作品，先后四次在我国南京、台湾，以及日本、英国博物会上获得特等奖和金奖。1930年，他为仙游龙纪寺特制的瓷塑《五百罗汉》，形态各异，生动逼真，亦为中国瓷坛首创的珍品。

6. 河南卢（炉）钧

河南禹县神垕镇以出产钧瓷而著称。光绪七年（1881年），神垕镇卢氏兄弟开始试制仿钧，在试制过程中产生了卢（炉）钧，价值不菲，成为当时收藏家们追逐的新宠，后中途而废。光绪三十年（1904年），禹州知事曹广权组织工匠先在县署进行仿古试制，耗时三年而不成。后又在神垕镇成立瓷业公司，终因产品质量低劣，销路不广而告终。1920年，官方又在禹州创办职业学校，设陶瓷科，培养人才，企图恢复钧瓷，历经五年又不成，后迁至神垕镇改办专业陶瓷职业学校，1943年学校停办，对钧瓷的研究与恢复工作依然无所建树。1948年，神垕、郏县、新安、渑池、临汝、博爱等瓷窑仅生产一些民用粗瓷，历史名瓷早已失传。

7. 广东的砖雕、陶塑、石湾公仔及"三煲"

广东的砖雕、陶塑、石湾公仔及"三煲"盛名于中国著名的广州陈家祠、佛山祖庙等文化建筑以及海内外华侨中。

8. 台湾的琉璃瓦和工业砂轮

1901年，日人龟冈安太郎在南投设立了陶艺技术者养成所，提升了台湾陶业的技术发展。1922年，日本师傅贺本在北投设立了北投窑业社，引进了日式双辘轳烧制花瓶及旋压制碗和用釉药、窑炉的技术烧制饭碗。

1927年，莺歌地区的陈龙渊与尖山埔的陶师技术合作成功开发出琉璃瓦，这是台湾最早的琉璃瓦工厂。由于对于卫生设备的需求开始增加，传统的陶业已不仅限于生产陶罐、碗盘、花器等，而增加了日式非水洗式便器等卫生设备的生产，开启了新的生产契机。

第二次世界大战后，台湾的陶瓷业延续原来的技术及规模，并研发出自制技术。1948年11月，许自然宣布成功研制出台湾地区第一片8英寸（1英寸＝0.0254m，下同）工业砂轮，1949年更定名为"锚牌Anchor"砂轮，并获得第一届台湾出口商品展最高荣誉的优质奖。

第二节　中国陶瓷工业的恢复与发展

1949～1978年为我国陶瓷工业的恢复发展时期。20世纪50年代初期，我国在医治战争给经济带来的巨大创伤中，面临群众生活必需品有和无的矛盾，为此对陶瓷业采取了以产定销、国家财政补贴生产、计划分配的方针和以发展日用陶瓷生产为主的工作。企业所有制向集体和国营经济体制发展。为提高生产效率，降低工业成本，满足国内需求，发展出口，其生产方式从手工逐步过渡到半机械化、机械化。这一期间，我国的日用陶瓷产品主要是以满足国内人民生活需要的内销为主。最初的出口外销日用陶瓷贸易是靠我国丰富的原料资源和廉价劳动力，以单件商品结构为主和少量配套茶餐具构成的低、中档产品。1957年，以广东潮州产地为主的日用陶瓷出口，首先供应香港地区的市场，进而景德镇、唐山两大产区陶瓷通过香港转口到东南亚、中东和欧洲市场。

20世纪50年代初期开始，主管日用陶瓷业生产的轻工业部和地方政府，对传统陶瓷工业和艺术进行了一系列的恢复与发展工作。轻工业部把组织陶瓷业恢复与发展工作的重点分别放在了南方的景德镇产区和北方的唐山产区，并以这两个产区的生产带动南北方陶瓷产区的发展。

到20世纪70年代中期，以日用陶瓷为主体的中国现代陶瓷产区数量扩大，形成了江西景德镇、河北唐山与邯郸、广东佛山、潮州枫溪、山东淄博、湖南醴陵、江苏宜兴和福建德化8大产区。50年代初期，我国出口瓷换汇排在世界陶瓷生产国出口瓷第19位，到80年代上升到第6位。80年代初，我国日用陶瓷年产量已达30亿件，相当于世界陶瓷产量100亿件的三分之一。陶瓷生产扩大出口，换取外汇，在国家经济建设中发挥了重要作用。出口的主要产品为南方高温硬质瓷和北方软质瓷的餐具、咖啡具等。

自20世纪50年代起，我国的日用陶瓷、建筑卫生陶瓷和电瓷生产企业就分别划归轻工业、建材工业和机械工业系统，分别隶属于相应的主管部门，从而形成了各具特点的较为完整、独立的陶瓷工业体系的三大主流行业。这三大行业的发展与成长过程可以作为我国现代陶瓷工业发展历程的真实写照。

直到20世纪70年代，由于基础工业建设薄弱，我国陶瓷生产用的原料、辅料和窑具等还没有形成专业化分工和标准化生产，陶瓷机械和窑炉装备的制造尚附属于各行业，工业陶瓷生产也比较分散，且规模不大，还没有形成大的独立产业。企业各自走向了"大而全"、"小而全"，从原辅料粗加工开始直至烧成的生产机制，这种自给自足"一条龙"式的生产结构模式，造成了企业技术和生产管理负担过重，制约了陶瓷工艺技术和产品质量的提高。这种状况在1979年以后的陶瓷工业的飞速发展阶段才得到了根本性的改变。

本节对1949～1978年间我国陶瓷工业中的三大主流行业——日用陶瓷、建筑卫生陶瓷和电工陶瓷的工业体系的形成与发展历程进行回顾，其中对日用陶瓷行业则更是分产区加以详述。

一、日用陶瓷工业的恢复与发展

1. 景德镇产区

1949年以后，江西，尤其是景德镇的陶瓷生产很快得到了恢复与发展。在短短的十年间，先后成立了建国瓷厂、人民瓷厂、艺术瓷厂、红星瓷厂、红旗瓷厂、为民瓷厂、东风瓷厂、光明瓷厂、景兴瓷厂、宇宙瓷厂共十大国营日用瓷厂，生产电瓷的华电瓷厂、高压电瓷厂，生产建筑卫生瓷的建筑瓷厂，生产艺术瓷、陈设瓷的雕塑瓷厂、高级美术瓷厂等，使景德镇的陶瓷由小作坊为主的生产方式走向了大规模、企业化的生产道路。

20世纪60～70年代，景德镇的陶瓷生产企业得到大规模的技术改造。首先，把大部分柴窑改造为煤烧倒焰窑，又逐步改造为煤烧、烧重油、烧气的隧道窑、辊道窑。原料、成形、施釉等生产工序由手工生产为主向机械化生产过渡，从机械化的压坯机到全自动旋压机、等静压成形机。通过引进、消化吸收国外先进技术，新建了华风、玉风、"4369"等现代化高档日用瓷生产线。景德镇的日用陶瓷年出口换汇总额超过1亿美元，内销瓷也大幅度增长。景德镇建筑陶瓷厂生产的"三角"牌釉面砖在全国成了畅销品。景德镇生产的日用瓷多次在全国陶瓷质量评比会上夺魁，获奖产品独占全国的半壁江山，有的还在世界上频频获奖。形成了较为完整的、具有国内先进水平的陶瓷工业体系，生产的陶瓷产品销往全国各地并出口到国外，景德镇的陶业又一次走向辉煌，重新奠定了景德镇中国瓷都的地位。

1960年冬，景德镇市政府按照中央政府对国民经济实行"调整、巩固、充实、提高"的八字方针，陶瓷系统精简了1万名职工，并进行了企业调整和产品生产布局，明确建国瓷厂以颜色釉为重点，人民瓷厂以青花瓷为重点，艺术瓷厂以高、中级粉彩瓷为重点，陶瓷彩绘合作瓷厂以普通粉彩瓷为重点，红旗瓷厂以釉下彩瓷为重点，光明瓷厂、陶瓷合作工厂以青花玲珑瓷为重点，红星瓷厂、宇宙瓷厂以出口盘、杯、碟类瓷为重点，东风瓷厂以壶类产品为重点，为民瓷厂以出口杯碟、咖啡具瓷为重点，新华瓷厂以碗类、少数民族用瓷为重点，景兴瓷厂以内销日用瓷为重点，雕塑瓷厂专门生产雕塑瓷，华电瓷厂专门生产电瓷及配件，建新瓷厂重点研究和生产高档瓷，建筑瓷厂（现景陶瓷厂）以生产建筑卫生陶瓷为主。此后，多数瓷厂都抽调了技术水平较高的工人建立了试验组，承担本厂新产品器型、花面设计试制和生产高档礼品瓷、展览瓷、国家用瓷、大城市宾馆饭店用瓷等任务。

1964年9月，江西省瓷业公司成立，同时撤销市陶瓷工业局，并将省内主要瓷土矿划归公司统一管理。不久又成立了市技术改造指挥部。1965年，技术改造投资达593万元，为1978年以前投资最多的一年。1965年，全市技术革新蓬勃发展，革新项目达349项，创出的新品种、新花面达140多个。日用瓷产量为17402万件。

十年"文革"使景德镇的瓷业受到严重破坏，但仍取得了一定成果。主要有建成隧道窑18条，其中烧煤16条，烧油2条；建设了抚州高岭瓷土矿和柳家湾瓷石矿，改造了星庐瓷土矿；引进了一些国外先进设备；改造陶瓷工业生产厂房；为华风瓷厂和焦化煤气厂立项进行了一些前期工作。

到1978年，景德镇的日用瓷产量达到27432万件，接近1957年的历史最高水平，盈利1027万元。

2.唐山和邯郸产区

1948年底，唐山最大的瓷厂德盛窑业公司的股东已全部离去，企业瘫痪，在军管会的大力扶持下，到1949年6月，出产瓷器20t、耐火砖400t，创历史最高水平。

1949年1月，在陶瓷工会协助下，创办了唐山第一家地方国营裕丰瓷厂。

到1955年，原有25户私营企业得到改造，原有的47个自然厂合并为29个地方国营和公私合营企业，全市陶瓷行业已有国有企业3户，公私合营企业8户，总产值已占本市陶瓷行业总产值的71.08%，职工人数占全行业的72.71%，国有经济成分占据了主导地位。

1956年4月，唐山陶瓷工业公司成立，企业管理显著加强。与1951年的产量相比，1957年，日用细瓷产量增长194.5%，陶管产量增长为147%，理化瓷产量增长近50倍，电瓷产量增长101%，耐酸瓷产量增长3倍以上。日用细瓷一级品率由1952年的60%提高到80%。1956年日用瓷开始出口，1954年釉面砖和卫生瓷开始出口。

1958年成立陶瓷工业局，1962年改为市直属陶瓷公司，1965年改为河北省陶瓷公司，邯郸为分公司，1971年邯郸分出，又恢复为唐山陶瓷工业公司。

1958年1月1日，唐山陶瓷研究所成立，1966年发展成为国家重点陶瓷科技单位之一。通过对大同砂石等原料的研究利用，研究成功白玉瓷，开发了雕金、喷彩装饰，制出了花纸、金水等。到1976年，先后完成科研课题62项，设计新器型44种，研制了玉兰瓷，与唐山第一瓷厂共同研制了换代的骨灰瓷，参与了省立项的古代定窑、邢窑的研究与恢复，研制成功了瓷用颜料和金水。

1976年的大地震，唐山陶瓷工业几乎全部摧毁，但坚强的唐山陶瓷人在一个月后即恢复了生产，一年后生产达震前水平，三年后创出历史最高水平。

唐山的陶瓷机械制造业对于我国的陶瓷装备的发展做出了很大的贡献。1953年，唐山24家铁工厂公私合营，组建了唐山市建新机器厂。1958年，唐山市建新机器厂更名为唐山陶瓷建筑机械厂，成为以生产陶瓷机械的专业工厂。1964年划归原轻工业部领导，产品仍以陶瓷机械制造为主。1966年收归国有企业，定名为唐山轻工业机械厂。后经两次扩充改造，工艺装备水平、技术开发能力、管理水平和资产规模均位居国内同行业前列，年生产能力达到5300t，产品的国内市场占有率达60%，唐山生产的陶瓷机械在国内占据重要位置。

邯郸产区主要聚集在峰峰矿区的彭城镇和义井镇一带，以传统的磁州窑产品最具代表性。1945年彭城解放，政府即扶持陶瓷业恢复生产。1946年，彭城西岳家窑建立了工业制造所，开始了细瓷的研制，生产出了罗汉碗和筒子壶等产品。1954年，叶麟趾、叶麟祥在此做出了较白的细瓷。从此，彭城陶瓷走向振兴，并把义井、磁县、马头、曲周、衡水、大名等地的陶瓷生产带动起来。1954年，建成了细瓷车间，后来成为邯郸第一瓷厂。1955年2月，研究所生产出70余种仿宋瓷出口。1956年邯郸陶瓷公司成立。1957年，彭城仿宋瓷在德国莱比锡参展获奖。1959年，北京故宫博物院院长陈万里和陶瓷专家梅健鹰前来调查彭城陶瓷和指导工作。1960年细瓷大量出口，已有50万件进入国际市场。

1978年10月，在中国历史博物馆举办了中国磁州窑展览。由河北美术出版社出版了《磁州窑》陶瓷画册。美国印第安纳州那不勒斯博物馆举办了磁州窑国际讨论会和日本、英国、美国、加拿大四国收藏磁州窑作品展览。我国邮电部发行了一套《中国磁州窑》邮票6枚。

3.广东产区

1949～1978年的30年间，广东陶瓷走向了工业化生产，建立起了包括管理、科研、教育以及专业厂（如原料、瓷泥、泥釉、颜料、花纸、陶瓷机械等），形成初具规模的工业体系和以佛山石湾、潮安枫溪、大埔高陂、饶平及湛江为中心的陶瓷产区。

1952年后，大量的手工业作坊和手工业户、农户（农村的亦瓷亦农户）改造合并成公私合营工厂和生产合作社。1954年，大埔办起了广东第一个国营瓷厂——高陂机械瓷厂（后更名为赤山瓷厂），随后又兴建了国营黄塘瓷厂、华侨瓷厂，至1956年，大埔有三家国营瓷厂和26个瓷业生产社，从业人数11780人，成为广东日用瓷生产的主要生产基地。

1956年，大埔、潮安、石湾、饶平等主要产区成立手工业联社，对陶瓷企业进行管理并建立了陶瓷收购站，各县的陶瓷则由县日杂公司收购，形成了统一收购、统一销售的购销关系。1957年，全省日用陶瓷总产量38917万件，其中出口7598万件，全省陶瓷工业总产值1712万元，出口金额137.26万美元。

1958～1965年，大埔瓷区兴建了平原瓷厂、陶瓷原料厂、彩瓷工艺厂；潮州产区整合成立了潮安瓷一厂、瓷二厂、瓷三厂、美术瓷厂，兴建了华侨瓷厂、瓷四厂、潮安彩瓷厂、工业陶厂等；石湾产区兴建了石湾美术陶瓷厂，石湾日用一厂、二厂、三厂、化陶厂、耐酸陶瓷厂等。1958～1959年，潮安、大埔和石湾相继成立了陶瓷公司（或工业局）和陶瓷工业研究所。到1965年，全省陶瓷重点企业发展到70家，职工人数12860人，陶瓷总产量3.14亿件，工业总产值2477.76万元，出口8560.15万件，出口金额216万美元。

1966～1978年，各产区主要通过外贸贷款及自筹资金进行厂房扩建及窑炉的建设、推广滚压成形。以隧道窑为龙头、滚压成形与链式干燥配套使成形、烧成走向机械化和半机械化生产。全省建成隧道窑65座，增添了原料加工和成形设备。"文革"期间，广东陶瓷不但没有受到影响，反而有较大的发展，而成为中国陶瓷重要的组成部分。

1974年，广东省陶瓷工业公司成立，主管广东陶瓷的生产。

1978年，潮安瓷三厂、廉江红星瓷厂、大埔瓷厂、电白瓷厂成为省高档次的骨干企业，红星瓷厂、电白瓷厂列入原轻工业部的20个重点企业之一。潮安瓷三厂"飞燕"牌、红星瓷厂"红亭"牌、电白瓷厂"胜利鼎杯"商标获广东省著名商标。广东陶瓷进入了高档成套瓷的生产行列。1978年8月，石湾产区试制成功了我国第一块彩釉砖。广东陶瓷总产量6.01亿件，工业总产值1.35亿元，出口1.88亿件，出口金额2435万美元。广东占全国年产日用陶瓷1亿件以上13个产区中的5席，陶瓷工业总产值占全国的16%～17%、陶瓷总产量占全国的24%～25%。广东陶瓷的总产值、产量，出口多年来均居全国第一，陶瓷产品门类之多，品种之全，更为全国之冠。

4.山东产区

1948年3月，人民政府接管山东省模范窑业厂，建立第一个国营陶瓷企业，恢复细瓷、电瓷及耐火材料的生产。人民政府共扶持淄博地区404户窑厂、作坊，并恢复了生产。

1949年10月，在淄博市的淄博工矿特区专员公署设实业科，管理陶瓷行业。1956年1月淄博市窑业公司成立。1958年8月淄博市陶瓷工业局建立。1972年10月淄博市陶瓷工业公司成立。

从1949年开始，相继成立了淄川县益民窑厂、博山建华、市府建博、工新、大建、泰华、华成、大生等10处公营窑厂，1952年陆续改组为地方国营淄川窑厂和博山窑业总厂。1950年，烟台新生合记瓷厂实行公私合营，后改为地方国营，更名山东烟台瓷厂。1952年，博山鼎丰窑厂实行公私合营。

1957年10月，山年省手工业管理局投资，组建了临沂泉庄陶瓷厂（临沂瓷厂）。淄博逐步建立起博山陶瓷厂、淄川陶瓷厂、淄博工业陶瓷厂、福山陶瓷厂以及烟台瓷厂。至此，山东陶瓷工业由分散的、作坊式生产走向集中的工业化生产。

20世纪50年代，投资兴建了一批专业厂和科研教育机构。1954年，建成淄博第一个日用细瓷专厂——淄博瓷厂，随后陆续建成淄博市硅酸盐研究所、淄博电瓷厂、威海瓷厂、淄博卫生瓷厂、淄博美术陶瓷厂、淄博陶土矿、淄博陶瓷工业学校和博山陶瓷厂细瓷车间等。

1957年，山东日用陶瓷年产量15576万件，比1952年增长2.4倍，其中，淄博和临沂的产量所占份额最多。工业陶瓷年产量26000t，增长215.64%。产品除能生产一般日用陶瓷、低压电瓷和陶管外，还可生产各种细瓷、高压电瓷、耐酸陶瓷、卫生陶瓷等250余种产品。日用细瓷和美术陶瓷打入国际市场。

20世纪60～70年代，枣庄市新建枣庄陶瓷一厂、二厂、四厂、陶瓷研究所。淄博市新建了张店陶瓷厂、淄博陶瓷机械厂、淄博洪山陶瓷厂、淄博无线电瓷件厂等市属企业，并发展了60多处乡镇企业。潍坊、德州、惠民、泰安、济宁等地也新建了陶瓷企业。1971年，建立山东工业陶瓷研究所，后更名为国家建材局山东工业陶瓷研究设计院。1976年，博山煤灰砖厂成为省内第一个特种陶瓷专业生产厂，1982年更名为淄博特种陶瓷厂。

1963年，博山陶瓷厂建成了国内第一条日用陶瓷煤烧隧道窑，1964年又研制成功国内第一台日用陶瓷链式干燥机。1965年4月，原轻工业部在博山召开全国陶瓷生产技术经验交流会向全国推广。1964年，淄川陶瓷厂研制成功国内第一台大缸成形机，获国家发明三等奖。1966年建立济南瓷用花纸厂，花纸供应全省及省外陶瓷企业。1974年，山东省第一座快速自动烧成$6m^3$梭式窑在淄博市硅酸盐研究所建成。

至1978年，原料处理工序采用了颚式破碎机、轮碾机、雷蒙机、球磨机、滤泥机、真空练泥机。成形和干燥工序采用了滚压成形机、离心注浆机、压力注浆机、立式链式烘干机。首次采用聚四氟乙烯作为滚压成形机的滚头材料。采用蒸压石膏制作模型为国内首创。烟台瓷厂、淄博瓷厂还将成形、干燥、修坯、施釉各道工序组成一条生产联动线，研制出一些联动设备，如自动投泥、自动吸坯脱模等，形成了自动生产线。

1978年，全省日用陶瓷和工业陶瓷的总产量分别为25821万件和94569t，比1949年增长12.96倍和88.47倍。实现工业总产值（不变价）14000万元，比1949年增长69倍。

5.湖南醴陵产区

1949年，醴陵日用瓷产量1799万件。1951年10月，醴陵试制成功瓷用黄金水，结束了由长期依赖从国外进口的局面。

1952年，石门口的20多名制陶工人与私营陶厂组成陶器生产合作社。1956年，改造为"石门口陶器供销生产合作社"。1958年，改名为"醴陵县陶器厂"，转产日用陶和工业陶。1955年，在道姑岭的张、钟、许、凌四家自救联营组的基础上合并为"陶器生产合作社"。1956年，公私合营改造后更名为"道姑岭陶器生产合作社"。1965年，更名为"醴陵县红旗耐火耐酸陶器厂"，生产日用陶、工业陶和耐火材料等产品。这两厂在兴旺时有职工1040人，年生产工业用陶800～1000t、日用陶50万～100万件。

1954年，地方国营醴陵瓷厂成立，率先采用机械生产日用陶瓷，用煤为燃料的窑炉。同年，恢复中断20多年的釉下彩瓷生产。

1956年1月开始，全县59家细瓷厂、44家粗瓷厂、5家电瓷厂、8家陶画加工厂、31家生产合作社和185家个体手工业户合营改造成24家公私合营瓷厂、28家手工业社。同年6月，根据国务院的批复，醴陵成立了"湖南工业厅瓷器工业公司"。尔后，该公司又将上述单位全部转并为国营的31个企事业单位，共有职工9390人。很多城区细瓷厂转产出口陶瓷，醴陵后来发展成为全国陶瓷出口基地就是从这时开始的。当年，全县陶瓷产量突破1亿件，电瓷4777t，出口日用陶瓷216万件。

20世纪60年代以来，醴陵生产的工艺美术瓷和高档日用瓷等釉下五彩瓷成为国内外市场的畅销产品，醴陵逐步发展成为全国出口陶瓷主要生产基地之一。

1962年，陶瓷研究所试制成功石版印刷釉下贴花纸。1971年，群力瓷厂试制成功了丝网印刷釉下贴花纸。1963～1965年，瓷器工业公司平均每年生产日用陶瓷6188万件，其中出口3216万件生产电瓷3287t；生产工业陶瓷422t三年上缴利税2112万元。

群力瓷厂和湖南省陶瓷研究所是为政府机关和国家领导人制作礼品陶瓷的主要单位。1956年，在毛泽东主席的关怀下，国务院批准成立醴陵瓷业总公司，政府拨款800万元。1958年，成立醴陵瓷器公司和艺术瓷厂（1964年更名为群力瓷厂），恢复并扩大釉下五彩瓷的生产，成为全国最具规模的釉下五彩瓷的生产厂家。多年来，群力瓷厂承担了大量为国家领导人、中央机关和外交部烧制瓷器的任务，后又扩展到省市级政府的用瓷和礼品。

湖南省陶瓷研究所的前身是醴陵县陶瓷研究所，成立于1955年7月。1956年10月，更名为湖南省轻工业厅瓷器工业公司陶瓷研究所。主要从事日用陶瓷的应用研究和技术开发，是陶瓷用金水的全国开发和生产基地。建所以来，共取得科研成果约200项，获全国科学大会奖一项（钯金水）。研制和生产的20多种可在1400℃烧成的釉下五彩颜料在全国独树一帜，为湖南釉下五彩兴旺发达提供了物质基础。

6. 宜兴产区

1949年4月以后，宜兴陶业从衰落中迎来了振兴的曙光，著名的紫砂、均陶、青瓷、精陶、美术陶瓷、彩釉陶及琉璃制品等都得到了恢复与发展。

1956年，任淦庭、吴云根、裴石民、王寅春、朱可心、顾景舟、蒋蓉7位宜兴紫砂艺人被江苏省人民政府任命为"技艺辅导"。这些人为新中国的紫砂发展培养了许多人才，1978年以来，紫砂达到了五百年来鼎盛的兴旺时期。

1955年，我国第一套均釉蟠龙圆陶台在丁蜀镇西庄陶业生产合作社（均陶工艺厂的前身）由魏红春、赵金扬设计制作成功。到20世纪60年代初，宜兴建筑陶瓷厂、宜兴大新陶瓷厂也相继生产均釉陶台。1972年，宜兴均陶工艺厂为朝鲜金日成主席60寿辰承制均釉成套大花盆，在花盆上堆贴了朝鲜国花"木莲花"图案，与青瓷厂承制的大花盆一道，合成双璧运至朝鲜，作为国礼为金日成祝寿。

1961年，江苏省陶瓷研究所和宜兴瓷厂着手青瓷的试制工作。经过两年的摸索，终于使青瓷艺术重放光华。除了传统的刻花与浮雕点彩外的装饰手法，还增加了喷花、釉下刷花、丝网印花等多种新工艺，使古老的青瓷之花增添了动人的韵致。

1972年，精陶"化妆土"釉下装饰新工艺获得成功，使精陶绚丽多彩，美不胜收。尤以当时设计开发的精陶"化妆土"象形餐具，增加了餐具的艺术情趣和文化品位，风靡于国内星级宾馆和饭店。1973年，宜兴精陶厂的美术设计人员相清清为企业设计了"银鱼"商标，并由国家工商局注册，开创了宜兴陶瓷商标使用之先河。

1959年，丁蜀镇成立了丁山玩具厂，恢复生产陶瓷工艺品。1965年，宜兴陶瓷研究所开始研制小量动物陶瓷雕塑产品。1976年初，宜兴陶瓷公司积极开发美陶生产，建立宜兴工艺美术陶瓷厂。宜兴美术陶瓷融会紫砂的制作技艺和均釉的传统釉色于一体，产品以中、小件为主，陈设与实用并重，写实与变形并存，运用概括和夸张的造型，形成了以高温花釉为特色，以人物、动物雕塑、花釉壁画、文具、灯具见长的工艺美术陶瓷的产品体系和风格，具有东西方文化交融的显著特色，品种达上千种。

彩釉陶是宜兴陶苑绽放得较迟的一朵奇葩。20世纪60年代初，宜兴卫生陶瓷厂（现宜兴彩陶工艺厂）的技术人员通过改进原料配方，使彩陶材质具有细白、抗压、抗拉、吸水率低、结晶度高的特点，通过采用模型注浆成形，使彩陶产品规格统一，并根据不同品种施以不同釉色，使造型与釉色交相辉映，形成宜兴彩陶的雏形。1964年，该厂生产的彩釉坛罐在华东地区的轻工业产品评比中获奖，部分产品外销东南亚各国。

1925~1946年，为宜兴琉璃制品发展的初盛时期。1958年，宜兴建筑陶瓷厂应北京十大建筑工程指挥部之邀，派刘福照、王顺林、章洪大、吴德生四位技师前往北京门头沟琉璃制品厂进行技术援助，帮助恢复失传的翡翠绿釉琉璃瓦的生产，用于北京民族文化宫和军事博物馆的建设。1956~1977年，宜兴琉璃制品的生产虽然不断有所发展，但速度不快，且步履艰辛曲折，年产量一直徘徊在2万~8万件。

7.德化产区

1949年底，人民政府接管了民国官商合办的改良瓷厂，一些零星瓷商和农民开始兼管瓷业，总产量32万件。1951年9月，晋江专署在改良瓷厂旧址办起国营利民瓷厂，又办起了国营德化劳改工厂，两个工厂的总产量1.96万件。当年手工业社、组、户生产陶瓷产品28.5万件，全县产量32万件。1953年，手工业合作的陶瓷产量增加到46万件，全县总产量达到133万件。1956年2月，由几个小厂组合起来办起了公私合营的集联瓷厂（后改名"人民瓷厂"），相继办起了一些瓷业社和小瓷厂，使全县瓷业生产有了较快的发展。到1957年，手工业组织的瓷业生产年产152万件，全县瓷业总产达到1231万件。

1958年，相继办起了13个社办瓷厂，这些社办瓷厂共有职工1144人，投入生产的瓷窑有30条。到1959年，仅德化、红旗、集联3个大厂的统计，直接从事瓷业生产职工2800多人。全县拥有瓷窑55条，日用瓷产量达300万件，年产值389万余元（其中13个社办瓷厂产量187.77万件）。1965年，全县瓷业总产量达到1154万件。

明代被誉为"国际瓷坛的明珠"的象牙白瓷得到恢复发展，易名为"建白瓷"。建白瓷瓷质细腻滋润，色泽柔和洁白，微呈乳黄色，宛若象牙，在历次出口商品交易会和出国展出中，都受到好评，荣获国家优质产品证书。德化的高白度瓷是建国后德化瓷科研的新成果之一，它以88.1度的高白度被全国陶瓷界评为白瓷之冠。高白度瓷茶具、酒具、餐具、花瓶、台灯等各种工艺品，色如凝霜，釉面晶洁，胎质坚薄，为人喜爱。

"文革"时期，德化瓷业生产遭到严重的损失。1970年，全县砍掉了20多个社队瓷厂，1971年全县瓷业总产量为586.7万件。这个时期，陶瓷作品的创作题材相对单一，主要是表现一些历史人物和当代英雄及劳动生产人物的作品。但是，这一特殊的时代背景也催生了一批不计成本完成的艺术作品。从日用瓷和装饰工艺瓷来说，有各式成套的生活用品和各类装饰工艺品，精美而实用，达到了原料、构思、技巧三者完美的结合。一批从6～14寸的釉上彩绘花瓶，从造型到彩画技艺，从构图到纹样装饰，都做到浑然一体。纹饰采用手工彩绘，主要有山水、人物、花鸟、动物等题材。传统的观音瓷雕有了新的发展，品种和造型日益丰富，有建白、高白、普通白、加彩、镀金等品种。最大者达到170cm，气势磅礴；最小的仅9cm，清逸俊秀，犹如掌上明珠。

8. 艺术陶瓷

历来，陈设艺术陶瓷与日用陶瓷之间并无严格的区分，一些产区的许多企业同时生产这两类产品。因此，在介绍日用陶瓷行业时，也对一些陈设艺术陶瓷的产品及其生产有所涉及。

20世纪50年代，特别是70年代后期以来，随着国家经济和文化建设的快速发展，陈设艺术陶瓷形成了多元化的繁荣局面。同时，在古窑址的考古、古陶瓷的研究和复仿制等方面也都取得突出的成就。

在传统陶瓷艺术的恢复和发展方面，各地百花争艳，成效显著。景德镇的艺术陶瓷，醴陵的釉下五彩，宜兴紫砂器，佛山石湾陶塑，潮州枫溪瓷塑、通花，广州彩瓷，德化瓷塑，淄博刻瓷艺术，以及唐山新彩彩绘和铁结晶釉艺术瓷等技艺和产品可以作为其典型代表。

在古窑址的考古发掘、古陶瓷的研究和复仿制等方面取得了一批令人瞩目的成果。1957年，轻工业部做出了《关于恢复历史名窑的决定》，并提出首先恢复浙江龙泉窑和河南汝窑。

1959年，浙江省人民政府成立了龙泉窑恢复委员会。1960年6月，使失传300多年的龙泉青瓷在上垟龙泉瓷厂烧制成功。后组建了龙泉青瓷研究所。到20世纪80年代，形成了以上垟总厂为中心、多家分厂的现代青瓷产区。青瓷产品在国庆35周年时入选国务院紫光阁、武成殿的陈设品。

自20世纪60年代初期以来，故宫博物院、河南省文物研究所、汝州市博物馆等单位一直坚持汝窑的恢复与窑口的寻找。1988年8月，烧制成功举世瞩目的一代瑰宝《汝官瓷天青釉》，通过了由轻工业部陶瓷研究所和河南省科委共同主持的省级鉴定。同年，1988年，根据宝丰提供的清凉寺窑实物标本，经上海博物馆和河南省文物研究所复查与考古试掘，证实宝丰清凉寺窑为汝官窑的窑口，这一考古新发现是我国陶瓷工艺考古史上一项新的重要突破，解决了中国陶瓷史上的一大悬案。这一发现不仅找到了北宋五大名窑之魁的汝瓷窑口，为迄今传世的60多件北宋宫廷御用汝瓷的鉴定提供了可靠的依据，而且挖掘了大量的民用汝瓷器，品种繁多，富于装饰。更为可贵的是，该窑口是一处宋、金、元以来烧造历史延续数百年之久的重要制瓷场地，规模非常宏大，整个面积在87万平方米，而且内涵十分丰富。窑具、瓷片堆积如丘，地层堆集一般在2～3m，最厚处可达6m以上，可以窥见当时窑业的繁荣昌盛。2001年10月，汝州市承办了中国古陶瓷研究会年会暨汝州市首届国际汝瓷研讨会。2004年，国家质检总局通过了汝州市申报汝瓷原产地域产品保护。

20世纪70年代末开始，景德镇陶瓷馆率先开展了对元、明青花制瓷工艺的试验研究、仿制和复制恢复工作，在探索景德镇元、明民间瓷艺方面取得成就。为保留明清景德镇瓷艺文化，市文化局组建了古窑瓷厂，建立了景德镇陶瓷历史博物馆和宋湖田窑遗址博物馆。景德镇陶瓷考古研究所对御窑遗址持续的科学发掘研究成果被评为2003年度"全国十大考古新发现"。

在恢复龙泉窑和汝窑的同时，各地又相继开展了对钧窑、耀州窑、北宋及南宋官窑、建窑、定窑、磁州窑和越窑青瓷等古代窑址的发掘与考古工作，在对出土瓷器样品及其烧造工艺的深入研究的基础上，开展了卓有成效的复制与仿制，使这些窑口恢复了昔日的辉煌。

1914年，乘俊在《东方》杂志11卷第5期发表的"中国古瓷之研究"，揭开了我国清王朝之后古陶瓷研究的开篇。由此开端，时至今日，可把对古瓷的研究大致分为四个阶段。

1914～1930年为第一阶段，其特点为发表论文不多、专著较为丰富，但专著学术水平不高，本阶段发表的研究古陶瓷的论文约有120篇。

1931～1948年为第二阶段，研究古陶瓷的论文和著作迅速增多，学术成就较高，尤其是陈万里把现代田野考古学引入了古陶瓷的研究之中，树立了古陶瓷研究道路上的第一块里程碑。这个阶段发表的论文有110篇左右。1931年，周仁发表的第一篇古陶瓷科技研究论文，揭开了古陶瓷科技研究的先河，树立了古陶瓷研究道路上的第二块里程碑。

1950～1982年为第三阶段，这个阶段从1950年开始，到1982年中国硅酸盐协会主编的《中国陶瓷史》问世为止，特点是以周仁为首的一批科学工作者，把科学化验引入古陶瓷的研究之中，推动了古陶瓷研究的全面发展。

二、建筑卫生陶瓷工业的恢复与发展

1949年以后，随着国民经济建设规模的不断扩大和人民生活水平的不断提高，对建筑卫生陶瓷的需求量也不断增加，对产品质量和功能的要求也日益提高，使传统和新兴的各类建筑卫生陶瓷都获得了前所未有的迅猛发展。1949～1978年，我国建筑陶瓷砖和卫生陶瓷的年递增速率分别为30.74%和22.73%。1978年，我国建筑陶瓷砖和卫生陶瓷的产量分别为546万平方米和227.8万件。

1.唐山、温州等地建筑卫生陶瓷企业的恢复

1948年12月，启新瓷厂由人民政府接管，改为国有企业，恢复了原有产品的生产。1956年，启新瓷厂改为唐山陶瓷厂，成为生产卫生陶瓷的专业化工厂。1952年，德盛窑业唐山工厂改为公私合营德盛陶瓷厂。1951～1960年，国家先后拨款更新设备，扩大产量，成为我国生产建筑卫生陶瓷的又一个大厂。1955年，与唐山陶瓷厂一起承担了出口卫生陶瓷的生产任务。

1949年5月，政府派代表进驻西山窑业场，通过在政策、资金、原料、运输和税收方面的支持，使工厂迅速恢复生产。1951年，改为公私合营西山窑业厂，到1960年，经改造、扩建后发展成为西山面砖厂和西山地砖厂。

各地生产企业全面恢复生产。江苏宜兴和广东佛山市石湾镇的一些陶瓷作坊，经过合并、改造、扩建，生产有很大发展，生产技术水平明显提高。

2.建设沈阳陶瓷厂

1949年，人民政府决定在沈阳建设一座现代化大型建筑卫生陶瓷厂。建厂工作由东北

工业部企业管理局陶瓷公司主持，公司技术研究室负责设计并组织施工。1950年破土动工，1952年8月正式投产，命名为第一陶瓷厂，当年生产卫生陶瓷0.79万件。1953年，第一陶瓷厂划归重工业部领导，改名为沈阳陶瓷厂。这是我国自己设计、施工建成的第一个采用以发生炉煤气为燃料的隧道窑烧制卫生陶瓷的工厂。沈阳陶瓷厂建成和投产，为后来新建和改造其他建筑卫生陶瓷厂提供了经验和技术依据。

在此期间，我国传统的建筑陶瓷、建筑琉璃和陶管的生产相继得到恢复和发展。

3.建设和完善建筑卫生陶瓷工业工业体系

1957年，为使我国建筑卫生陶瓷工业生产布局趋于合理，原国家建材局决定除继续对老企业和手工业生产合作社进行改造、合并、扩建外，坚持自力更生，用我国自己的设计力量和国产设备筹建三个大型陶瓷企业，即北京陶瓷厂、福建漳州瓷厂和陕西咸阳陶瓷厂。

到1960年年底，全国共有12家重点建筑卫生陶瓷厂，其中，经过改造的老厂有4家，即唐山陶瓷厂、德盛陶瓷厂、温州西山面砖厂和温州西山地砖厂；由手工业生产合作社改建的新厂有4家，即海城陶瓷三厂、宜兴建筑陶瓷厂、景德镇市建筑卫生陶瓷厂和石湾建筑陶瓷厂；新建（包括在建）的工厂有4家，即沈阳陶瓷厂、北京市陶瓷厂、咸阳陶瓷厂和漳州瓷厂。

1949年以后，我国相继建立了一些与陶瓷相关的专业院校，包括山东博山窑业学校、沈阳建筑材料工业学校、北京建筑工业学院（现武汉理工大学）、洛阳建筑材料工业学校、重庆建筑材料工业专科学校和上海建筑材料工业学院。1952年9月，全国大专院校院系调整后，又在华东化工学院、华南工学院、南京工学院和天津大学开设了硅酸盐系或专业。1958年，浙江大学化工系设置了硅酸盐专业；湖南大学设置了硅酸盐工学专业；清华大学设置建筑材料与制品专业并培养研究生。1958年成立的一些隶属于轻工系统的高等院校，如北京轻工业学院（现陕西科技大学）和景德镇陶瓷学院等也都设置了硅酸盐或陶瓷专业。

新中国建筑卫生陶瓷专业的科研与设计部门是1949年3月由东北开始创建起来的。经过不断地发展，建立了建筑材料科学研究院和西北建筑设计院。同时，在有条件的重点企业中，还成立了规模不同的科研组、室、所。教育事业的发展，科研、设计机构的建立，为发展中国建筑卫生陶瓷工业提高科研、设计水平奠定了基础。到1960年，我国建筑卫生陶瓷工业的生产工艺技术和装备取得了长足地进步。

1960～1978年，是我国建筑卫生陶瓷工业曲折前进的18年。20世纪60年代初的国民经济困难时期和1966～1976年的"文革"迫使我国建筑卫生陶瓷工业两度进入低谷时期。

1957年，建设中的重点企业咸阳陶瓷厂、漳州瓷厂和一些地方所属陶瓷企业均暂时停建、缓建，一些正在改建、扩建的工厂也因缩减投资而不能按原计划进行建设。当时，许多地方的工业和民用建筑推行"干打垒"简易建筑，使建筑卫生陶瓷产品滞销，加之出口量减少，迫使不少工厂转产和停产。

"文革"期间，扩建后的景德镇市建筑卫生陶瓷厂，新建投产的咸阳陶瓷厂、漳州瓷厂生产不正常，连年亏损。1966～1972年，全国卫生陶瓷产量平均每年递减7.83%、釉面砖产量平均每年递减5.63%。

1973年1月，原国家建材局于在唐山召开了全国建筑卫生陶瓷生产会议，提出了促进建筑卫生陶瓷工业发展的一系列具体措施，对当时和以后几年建筑卫生陶瓷工业的发展起了推动作用。10月，全国建筑卫生陶瓷产品质量管理经验交流会召开，制定了《建筑卫生陶瓷产品质量管理办法（草案）》。1974年，全国建筑卫生陶瓷技术革新经验交流会召开，推广了多项行之有效的先进经验。这两次会议对恢复和发展建筑卫生陶瓷工业发挥了重要作用。

1976年7月28日，唐山大地震使唐山陶瓷厂和唐山市建筑陶瓷厂这两家骨干企业损失严重，但在震后两个月内这两个厂都迅速恢复了生产。1978年达到或超过震前生产水平。

1978年，唐山陶瓷厂生产的"唐陶"牌卫生瓷和唐山市建筑陶瓷厂生产的"三环"牌釉面砖在全国重点企业产品质量评比中均获第一名。其他许多建筑卫生陶瓷厂通过加强企业管理和革新挖潜，增加了产量，提高了产品质量。各地还新建、转产了30多家中小企业，扩大了建筑卫生陶瓷的生产能力。这批中小企业的兴建，对于缓和当时市场供需矛盾，起到了一定作用。

1978年，全国建筑陶瓷砖和卫生陶瓷的产量分别为546万平方米和227.8万件。至20世纪80年代初，全国共有国营重点建筑卫生陶瓷企业13家，中小型建筑卫生陶瓷企业96家。1979年开始，我国的建筑卫生陶瓷工业进入快速发展阶段。

三、电工陶瓷工业的恢复与发展

我国瓷绝缘子制造业始于20世纪初叶，以德国和日本技术为主生产电瓷产品。

1949年以后，高压瓷绝缘子产业进入快速发展阶段，形成以五大生产基地为骨干的瓷绝缘子工业体系，开始生产220～330kV以下的瓷绝缘子。这五大生产基地是抚顺电瓷厂、南京电瓷厂、大连电瓷厂、醴陵电瓷厂和西安高压电瓷厂。

1948年11月，人民政府接管"资源委员会中央绝缘器材公司抚顺厂"，更名为"东北电力管理总局抚顺电瓷工厂"。1951年更名为"东北工业部电器工业局电工第十厂"。1953年更名为"一机部电器工业管理局抚顺电瓷厂"。1958年下放地方管理，主要生产电站电器瓷绝缘子，包括空心瓷绝缘子、支柱瓷绝缘子等。

1949年，人民政府接管"资源委员会中央电瓷公司南京厂"，同年更名为"南京电瓷厂"，隶属于华东工业部。1953年更名为"一机部电器工业管理局南京电瓷厂"。1958年下放地方管理，主要生产空心瓷绝缘子、套管、火花塞等。

1949年，大华窑业改为远东砖碍工厂，部分生产瓷绝缘子。1951年，由东北工业部电器工业局接管，更名为"东北工业部电器工业局电工第十一厂"。1953年更名为"一机部电器工业管理局大连电瓷厂"。1958年下放地方管理，主要生产线路瓷绝缘子。

1949年，人民政府接管株洲市中华窑业厂。1950年迁往醴陵，更名为醴陵电瓷厂。1958年下放地方管理，主要生产线路瓷绝缘子。

1953年，根据中苏两国政府协议，由苏联援建中南高压电瓷厂及东北电工十厂的避雷器车间，在湖南湘潭成立高压电瓷厂筹建处。为配合西安"电工城"建设，1954年2项援建项目合并迁移，成立西安高压电瓷厂筹建处，1960年全部建成，属综合性瓷绝缘子生产企业，品种包括线路瓷绝缘子、电站电器瓷绝缘子、套管等。

除这五大生产基地外，各地在原有瓷绝缘子生产企业或制瓷企业的基础上，逐步发展起一批重点瓷绝缘子制造厂，主要包括：苏州电瓷厂、上海电瓷厂、唐山高压电瓷厂、阳泉电瓷厂、淄博电瓷厂、佛山电瓷厂、重庆电瓷厂、九江电瓷厂、萍乡电瓷厂、景德镇电瓷厂、湖南渌江电瓷厂、闽清电瓷厂、牡丹江电瓷厂、个旧电瓷厂、自贡电瓷厂、石家庄电瓷厂等，形成了全国瓷绝缘子生产的完整体系。

当时，电瓷行业隶属于第一机械工业部电器工业局（简称"一机部电工局"）。在一机部电工局的组织与领导下，对绝缘子行业的产品进行了统一设计，并以满足各种高压、超高压输配电网络和设备对绝缘子的需求为驱动，研制并生产了相应的绝缘子生产装备和产品。

1959年，电瓷行业开始主要生产技术经济指标统计分析对比交流工作。最初进入统计的企业有南京、抚顺、大连、醴陵、苏州、阳泉、九江、萍乡、景德镇等电瓷厂，西安高压电瓷厂正式投产后也纳入行业统计。统计的项目有产值、产量、职工人数、劳动生产率、产品质量（坯、瓷检验合格率）和利润等。1966～1975年，这项工作受"文革"影响而中断，但各厂的坯、瓷检验合格率质量统计交流仍在进行。

1976年，行业统计工作全面恢复，按季度、年度统计汇总，上报主管部门并分发行业各厂交流，纳入行业统计的厂家扩大到30多个，并补齐了1959年前和"文革"期间中断的统计资料。

第三节　中国陶瓷工业的现代化建设

1979年以后，随着国家改革开放的不断深入，我国的陶瓷工业整体进入快速发展时期，其特点表现为国有、集体和民营企业的调整、重组与发展加快，大量引进国外先进设备与技术，合资及外资企业迅速发展，专业配套企业迅速发展，专业研究设计队伍迅速扩大，科技创新能力明显增强，新技术、新工艺、新设备、新产品大量涌现，各类产品的产量迅速增加、质量明显提高、品种趋向齐全，产品出口和技术输出质量迅速提高，新兴产区迅速发展等。2010年前后，我国已形成完整的陈设艺术陶瓷、日用陶瓷、建筑卫生陶瓷、电工陶瓷、砖瓦及工业陶瓷等工业体系。随着传统陶瓷工业的现代化，促进了专业化的进程，由此又形成了一些新的产业，诸如陶瓷原料、坯釉料加工产业；色料及装饰材料生产产业；制模材料加工与成形模具制造产业；陶瓷机械装备制造产业及其相关配件产业；陶瓷窑炉制造产业及其相关产业等。我国已经成为世界陶瓷的生产和消费大国，并正处于由陶瓷大国迈向陶瓷强国转变的关键时期。

本节记述陈设艺术陶瓷、日用陶瓷、建筑卫生陶瓷、砖瓦、工业陶瓷、陶瓷原料与辅助材料加工、陶瓷装备制造等7个行业或产业在这一时期的发展历程。

一、陈设艺术陶瓷工业的现代化建设

陈设艺术陶瓷是指供人们陈设欣赏用的艺术陶瓷，但有时也将一些造型与装饰精美的日用陶瓷，特别是一些传世至今或出土的古陶瓷等作为陈设艺术陶瓷看待。

20世纪50年代，特别是70年代后期以来，随着国家经济和文化建设的快速发展，陈设艺术陶瓷形成了多元化的繁荣局面。同时，在古窑址的考古、古陶瓷的研究和复（仿）制等

方面也都取得突出的成就。

在传统陶瓷艺术的恢复和发展方面，各地百花争艳，成效显著。景德镇的艺术陶瓷、醴陵的釉下五彩、宜兴紫砂器、佛山石湾陶塑、潮州枫溪瓷塑、德化瓷塑、淄博刻瓷艺术，以及唐山新彩彩绘和铁结晶釉艺术瓷等技艺和产品可以作为其典型代表。

在古窑址的考古发掘、古陶瓷的研究和复（仿）制等方面取得了一批令人瞩目的成果。1957年，轻工业部做出了《关于恢复历史名窑的决定》，并提出首先恢复浙江龙泉窑和河南汝窑。

1959年，浙江省人民政府成立了龙泉窑恢复委员会。1960年6月，使失传300多年的龙泉青瓷在上垟龙泉瓷厂烧制成功。后组建了龙泉青瓷研究所。到20世纪80年代，形成了以上垟总厂为中心、多家分厂的现代青瓷产区。青瓷产品在国庆35周年时入选国务院紫光阁、武成殿的陈设品。

自20世纪60年代初期以来，故宫博物院、河南省文物研究所、汝州市博物馆等单位一直坚持汝窑的恢复与窑口的寻找。1988年8月，烧制成功举世瞩目的一代瑰宝"汝官瓷天青釉"，通过了由轻工业部陶瓷研究所和河南省科委共同主持的省级鉴定。同年，根据宝丰提供的清凉寺窑实物标本，经上海博物馆和河南省文物研究所复查与考古试掘，证实宝丰清凉寺窑为汝官窑的窑口，这一考古新发现是我国陶瓷工艺考古史上一项新的重要突破，解决了中国陶瓷史上的一大悬案。不仅找到了北宋五大名窑之魁的汝瓷窑口，为迄今传世的60多件北宋宫廷御用汝瓷的鉴定提供了可靠的依据，而且挖掘了大量的民用汝瓷器，品种繁多，更富于装饰。更为可贵的是，该窑口是一处宋、金、元以来烧造历史延续数百年之久的重要制瓷场地，规模非常宏大，整个面积在87万平方米，而且内涵十分丰富。窑具、瓷片堆积如丘，地层堆集一般在2～3米，最厚处可达6米以上。可以窥见当时窑业的繁荣昌盛。2001年10月，汝州市承办了中国古陶瓷研究会年会暨汝州市首届国际汝瓷研讨会。2004年，国家质检总局通过了汝州市申报汝瓷原产地域产品保护。

20世纪70年代末开始，景德镇陶瓷馆率先开展了对元、明青花制瓷工艺的试验研究、仿制和复制恢复工作，在探索景德镇元、明民间瓷艺方面取得成就。为保留明清景德镇瓷艺文化，市文化局组建了古窑瓷厂，建立了景德镇陶瓷历史博物馆和宋湖田窑遗址博物馆。景德镇陶瓷考古研究所对御窑遗址持续的科学发掘研究成果被评为2003年度"全国十大考古新发现"。

在恢复龙泉窑和汝窑的同时，各地又相继开展了对钧窑、耀州窑、北宋及南宋官窑、建窑、定窑、磁州窑和越窑青瓷等古代窑址的发掘与考古工作，在对出土瓷器样品及其烧造工艺的深入研究的基础上，开展了卓有成效的复制与仿制，使这些窑口恢复了昔日的辉煌。

1914年，乘俊在东方杂志11卷第5期发表的《中国古瓷之研究》，揭开了我国清王朝之后古陶瓷研究的开篇。由此开端，可把古瓷的研究分为四个阶段。1914～1930年为第一阶段，其特点为发表论文不多，专著较为丰富，但专著学术水平不高。1931～1948年为第二阶段，研究古陶瓷的论文和著作迅速增多，尤其是陈万里把现代田野考古学引入了古陶瓷的研究而树立了古陶瓷研究的第一块里程碑，周仁于1931年揭开了古陶瓷科技研究的先河，而树立了古陶瓷研究道路上的第二块里程碑。1950～1982年为第三阶段，特点是以周仁为首的一批科学工作者把科学化验引入古陶瓷的研究之中。1983～2010年为第四阶段，形成了历史上古陶瓷研究空前未有的兴盛局面，其特征为：参加研究人数之众、层次之丰富为历史高峰，出版物之多为历史空前，现代测试技术、计算机技术和传播工具开始广泛应用。

目前，古陶瓷的研究大致可以分为文献学研究、传统鉴定研究、科技研究、陶瓷考古学研究、外销瓷研究和艺术学研究等六个方面。

二、日用陶瓷工业的现代化建设

20世纪80年代初，我国日用陶瓷的年产量为30亿件，相当于世界陶瓷总产量（100亿件）的1/3，日用陶瓷的出口量从20世纪50年代初期的第19位上升到第6位。这个时期，我国日用陶瓷出口的主要产品是南方高温硬质瓷和北方低温软质瓷，以釉上平印、丝网印工艺装饰的餐具为主，出口欧美市场，代表厂家有景德镇的为民瓷厂、宇宙瓷厂、人民瓷厂，醴陵的国光瓷厂、永胜瓷厂、长沙建湘瓷厂、湘西洪江瓷厂，唐山的第一、第二瓷厂，邯郸的第一、第二瓷厂，山东淄博的博山陶瓷厂、淄博瓷厂等企业。产品质量达到国际同类产品的中档水平。与20世纪80年代共同构成我国出口日用陶瓷配套餐具产品的企业还有江苏宜兴精陶厂，山东淄博的张店陶瓷厂、江苏高淳陶瓷厂、山东临沂瓷厂、河南焦作瓷厂、广西北流瓷厂、广东石湾人民瓷厂的炻器西餐具等。

目前，我国日用陶瓷年产量约150亿件，约占世界总产量的70%，居世界首位。日用陶瓷产品的重点产区为江西省景德镇、河北唐山和邯郸、湖南省醴陵、广东佛山和潮州、山东淄博、江苏宜兴、福建德化、浙江龙泉、河南禹州（钧窑）和焦作等。近年来，发展起来的新兴产区有山东临沂、广西北流、重庆市、山西怀仁等。

我国日用陶瓷工业的产品结构也在进一步优化，形成专业化的分工，各种产品及其生产基地有景德镇、醴陵、重庆、德化、潮州、大埔、北流、怀仁的南方硬质瓷、高白瓷生产基地；以唐山、邯郸骨质瓷为代表的软质细瓷生产基地；淄博、潮州、临沂的镁质（滑石瓷）强化瓷及旅馆酒店业合约市场用瓷的生产基地；淄博、唐山、高淳、德化、焦作、潮州、北流、怀仁、临沂的炻器生产基地；宜兴、潮州、德化的精陶、中低温环保陶器生产基地和德化冠福等企业生产的高温耐热煲陶瓷生产基地。

目前，德化和潮州两个产区已成为世界西洋工艺瓷最大的生产出口基地，再现了我国历史上瓷器出口的泉州、潮州两港的"海上丝绸之路"的繁荣。

我国日用陶瓷工业正在向着专业化、集约化、市场化方向发展。德化、潮州的工艺瓷生产已基本实现了陶瓷原料的标准化、专业化、商品化。广西北流产区以三环集团为核心带动五瓷、六瓷、七瓷等重点企业发展，建立了标准化原料基地。山东硅苑新材料科技有限公司（原山东省硅酸盐研究设计院）与德国合资的淄博赛得克陶瓷颜料有限公司（现淄博福禄新型材料有限责任公司）、佛山大鸿制釉、大宇制釉、正大制釉、万兴制釉和潮州、醴陵产区等化工颜料企业已构成国内现代陶瓷业色、釉料、金水专业化生产的商品供应网络，重点产区和日用陶瓷产品生产配套的现代高档瓷装饰印刷工艺的外资、合瓷企业正在产区落户。

三、建筑卫生陶瓷工业的现代化建设

1993年，我国建筑陶瓷砖和卫生陶瓷产量双双跃居世界首位，成为世界建筑卫生陶瓷生产大国。2006年，我国建筑陶瓷砖和卫生陶瓷产品出口量同为世界第一，并出口成套技术装备，成为世界建筑卫生陶瓷出口贸易大国。2000年，我国已成为世界建筑卫生陶瓷生产基地和制造中心。目前，我国的建筑卫生陶瓷工业正处于由大国迈向强国的关键时期。

在这个快速发展阶段，我国建筑卫生陶瓷的产量大幅增加、质量明显提高、品种增多，引进了许多国外的先进设备与技术，国有、集体和民营企业的调整、重组与发展加快，合资及外资企业迅速发展，专业配套企业迅速发展，专业研究设计队伍迅速扩大，新技术、新工艺、新设备大量涌现，建设了一些产品的国产化示范线，并形成若干新兴产区，呈现一派欣欣向荣的大好局面。

1979年以后，随着工厂数量的增加、技术的进步和引进设备的投产，使我国建筑卫生陶瓷产品的产量迅速增加，质量明显提高，花色品种增多，产品结构明显优化，趋向配套化生产和销售。企业普遍推行全面质量管理制度。1987年唐陶牌系列卫生陶瓷获国家金质奖，突破全行业长期无质量金牌的局面。至1987年，制订并由国家标准局批准颁发的建筑卫生陶瓷产品和产品性能检验方法国家标准有12个。

1983年，石湾耐酸陶瓷厂（利华装饰砖厂）从意大利唯高公司引进年产40万平方米彩釉砖生产线1条，这是全国第一条成套引进的陶瓷砖生产线。可以说，自这条线投产起，我国的建陶工业开始走上现代化之路。到1986年，我国引进彩釉砖、劈开砖、琉璃瓦等各类生产线有50多条。出现了多头对外，重复引进的混乱局面。为此，国家建材局提出"联合引进，消化吸收"的方针，1987年开始，组织国内力量，通过对引进的意大利装备制造技术消化吸收，于1992年11月在四川自贡建成"年产70万平方米彩釉陶瓷墙地砖国产化示范线"，并通过国家技术验收。1992～1994年，又组织了烟台釉面砖国产化线的建设。但由于市场需求巨大，引进势头仍不止歇。据1993年统计，引进生产线或关键设备的有250多家。

1985年，湖南建筑陶瓷厂引进德国瑞德哈姆公司的燃煤气隧道窑，开启了全国卫生瓷设备引进的先河。之后，各企业又引进隧道窑、辊道窑、梭式窑，洗面器组合浇注线、坐便器组合浇注线，中、高压注浆机，喷釉机械手，旋转风筒式干燥设备，喷釉柜等设备和生产线，促进了我国卫生陶瓷生产的现代化。

到1986年年底，我国建筑卫生陶瓷行业中有80%以上的企业采取不同形式走上联合发展的道路，有跨行业（如与五金、塑料行业联合）、跨部门的联合，有不同所有制企业之间的联合，有跨地区的联合等。在这些联合体中，绝大多数都是以大企业为中心，大、中、小企业兼而有之，体现了专业化分工、社会协作和生产结构的合理性。其中，最有代表性的是佛山陶瓷工贸集团公司和唐山胜利集团公司。与此同时，乡镇企业迅速发展，中外合资企业迅速发展，民营企业迅速发展，专业配套企业迅速发展，专业研究设计队伍迅速扩大，建筑卫生陶瓷工业的体制与产业结构更趋合理。

新技术、新工艺、新设备不断涌现。在建筑陶瓷砖的生产领域，最具代表性的有低温快烧工艺及设备、喷雾干燥塔的系列化与大型化、现代干法制粉工艺技术和装备的开发和应用、国产化压机的研制和应用、墙地砖施釉设备的完善、墙地砖烧成辊道窑的开发和应用、墙地砖生产线配套设备的开发和推广等。在卫生陶瓷的生产领域，最具代表性的则有微压注浆工艺和组合浇注工艺的研制和推广、高中压注浆及低压快排水注浆技术的引进及国产化研究、机械手喷釉技术的引进及国产化研究、卫生陶瓷烧成用窑炉（隧道窑、梭式窑及辊道窑）的开发和推广等。在通用设备的研制和推广领域，最突出的成果为大型球磨机的研究与开发、油压柱塞泵的系列化等。

四、砖瓦工业的现代化建设

1949年以后，我国砖瓦工业走上了正规化、标准化的发展道路，特别是1978年以来，砖瓦业经历了产品结构的调整，新产品得到不断开发，产量增长也较快，产品品种、规格及工艺技术和装备水平均取得了明显的进步。

目前，我国烧结砖瓦包括烧结实心砖、烧结空心砖、烧结多孔砖、烧结砌块与烧结墙板等多个品种。烧结砖瓦以其自身独有的耐久性、抗变形收缩性、尺寸稳定性、居住舒适性等技术指标及各地广泛适用的使用性能，在新型墙体材料的发展中仍保持主导地位。

1952年，我国烧结砖的产量约150亿标块，1959年上升到400亿标块，1965年达到500亿标块。1978年以后，砖瓦产量快速增长。1980年砖产量2000多亿标块，1988年砖产量4687.79亿标块、瓦580.04亿片，1990年达到4700亿标块。1996年全国烧结砖瓦厂为12万户，砖的年产量首次突破了7000亿标块，成为世界上砖瓦生产企业最多、产量最大的国家。2005年，全国烧结砖的年产量已突破8000亿标块。2007年，屋面瓦的产量达600多亿片（含水泥瓦在内）。

20世纪50年代中期开始，我国新建或改建的机制砖瓦厂均使用电力，电力在砖瓦厂中得到普及应用。到70年代后期，砖瓦的生产从取土、和泥到制坯烧成的每道工序都进行技术革新，采用内燃砖、两次码烧、一次码烧等新工艺，运用挖土机、推土机、码头吊、对辊机、搅拌机、皮带机、真空和泥挤出成形机等新设备。至1990年底，全行业的劳动生产率有很大提高，其中以南汇建材厂为最高，达到人均21.84万块。

我国砖瓦工业基本实现了机械制备原料、机械成形、自然干燥、轮窑或隧道窑烧成。其中，85%以上的烧结黏土砖采用了内燃焙烧，人工干燥、隧道窑烧成及机械化码装工艺亦在大中型烧结砖厂得到广泛应用。

近年来，随着我国墙体材料制造技术的不断提高，黏土烧结砖企业的数量明显减少，企业规模显著提高。截至2010年，我国的砖瓦生产企业近7万家，从业人员600多万人，年产量约9000亿块标砖，烧结黏土砖仍占墙体屋面及道路用建筑材料总量的50%以上。建设了一大批年产6000万块以上规模的固体废弃物烧结砖生产线，最大规模已达2.5亿块/年，3000万块/年以上规模的生产线数量占新建生产线的60%以上。我国西部黏土资源丰富地区的墙体屋面及道路用建筑材料则基本仍以烧结黏土砖为主。

我国砖瓦生产原料已由原来单一的黏土发展到如今包括黏土、工业废渣、农作物秸秆、页岩、石膏、高岭土、膨润土、硅藻土、硅砂等非金属矿资源，建筑垃圾与生活垃圾、城市淤泥等城市固体废弃物等几大类数十种。

目前，我国建筑垃圾产量通常占城市垃圾总量的30%～40%，每年产生城市污泥超过1亿吨。建筑垃圾、城市污泥、生活垃圾等城市固体废弃物可以生产烧结砖瓦，但因技术、市场与投资情况等原因，目前一般生产规模较小，尚未能得到广泛普及。

目前，西安墙体材料研究设计院是我国从事墙体屋面材料制品研究设计的唯一专业科研设计院所，具备国家级工程设计甲级和工程总承包及工程咨询的甲级资质。

五、工业陶瓷工业的现代化建设

1949年以后，我国的化工陶瓷、电工陶瓷和精细陶瓷得到了快速发展，并逐步建立了我国的工业陶瓷生产体系。

1957年，江苏宜兴非金属化工机械厂组建成立，成为当时全国最大的化工陶瓷机械设备生产企业。山东淄博工业陶瓷厂、广东佛山化工机械陶瓷厂也相继扩大了化工陶瓷的产品生产，满足化学工业发展的需要。经过几十年的发展，我国的化工陶瓷的材质由陶向瓷转变，品种也不断更新与增多，生产工艺与设备也有长足的发展，由手工成形向机械成形转化，压力注浆工艺与装备的应用，窑炉由直焰窑向大型倒焰窑、高温梭式窑及隧道窑的演变以满足各种异型、大规格化工反应器的生产需求。进入20世纪90年代后期，江西萍乡大力发展工业陶瓷，逐步成为我国化工陶瓷的又一个集中产区。

1949年以后，我国逐步形成了抚顺电瓷厂、南京电瓷厂、大连电瓷厂、醴陵电瓷厂和西安高压电瓷厂等全国五大电工陶瓷生产基地。之后，又陆续建成了苏州电瓷厂、上海电瓷厂、唐山高压电瓷厂、淄博电瓷厂、佛山电瓷厂等一大批全国绝缘子、避雷器行业的骨干企业。1958～1978年间，从吸收苏联和欧美等国家的装备技术到自主更新产品结构，发展适合我国国情的产品，开始研制330～500kV产品并开拓国外市场，初步形成了我国的电瓷工业体系。1979～2010年是电瓷工业的产业结构调整期，发展了超特高压与直流高压电瓷。

20世纪80年代起，在自行研制第一套500kV产品的基础上，引进国外先进技术和制造设备，提供达到或接近国际水平的500kV产品，中低端产品开始批量出口。从20世纪90年代后期开始，在自行研制第一套500kV产品和消化吸收引进技术和装备的基础上，普遍更新技术和装备，提高了技术水平。

在我国，通常将电子陶瓷、磁性陶瓷、透明陶瓷（含红外材料）、敏感陶瓷、生物陶瓷、多孔（过滤）陶瓷及无机膜制品、高温结构陶瓷、耐磨耐腐蚀陶瓷、导电陶瓷及制品和陶瓷纤维与制品等10大类产品统称作精细陶瓷。

20世纪50年代初期，我国开始研究和生产精细陶瓷，首先在湖北宜宾开始布点生产电子结构陶瓷。60年代初，中科院上海硅酸盐研究所、电子部第12研究所及中国建筑材料科学研究院等单位相继开发了真空电子器件所涉及的各种结构陶瓷材料，并在上海、北京、山东等地投产。60年代中期，我国非氧化物结构陶瓷和功能陶瓷（如压电陶瓷等）的研究比较活跃。1968年，山东淄博电瓷厂在上海硅酸盐研究所、海军第七研究院等单位配合下，试制成功陶瓷声呐换能器和压电陶瓷产品，年生产能力可达300万件。

1986年后，国家制定的"中国高技术新材料发展概要"中的"863"计划，把高性能陶瓷材料列入新材料领域使我国精细陶瓷步入新的发展阶段。

20世纪80年代末至90年代初，许多现代陶瓷理论和工艺在精细陶瓷的制备中得到应用。其中，利用金属材料的相变理论使陶瓷材料的强度和韧性得到较大的提高；氧化锆增韧氧化物或非氧化物陶瓷新材料的出现、陶瓷材料的剪裁与设计催生了纤维（晶须）补强复相陶瓷、颗粒弥散强化、自增补强及梯度复相陶瓷等；仿生学在精细陶瓷制备工艺中得到应用，层状材料得到了较大的发展。凝胶注凝成形工艺的开发和高密度近净尺寸成形的运用，为提高陶瓷性能，降低生产成本开辟了一条新途径。清华大学研制成功的我国第一台胶态注射成形机，并成功用于多种高技术产品的开发与生产，获2005年国家技术发明二等奖。苏州中光科技发展有限公司采用双向定位、干法干压技术使光纤连接器和氧化锆陶瓷插芯生产效率明显提高，促进光纤网络的快速发展，技术处于国际领先地位。聚合物裂解转化、CVD工艺及溶胶-凝胶工艺的采用，使薄膜材料与涂层改性和特种纤维的制造成为可能（如连续BN纤维、连续SiC纤维、连续Al_2O_3纤维等）。纳米技术在陶瓷中的应用使材料性能发生根本性变化，使某些陶瓷具有超塑性或使陶瓷的烧结温度大大降低（如13nm Y-TZP粉体在1200℃下、保温1min即可达到98%的理论密度）。改变陶瓷微观结构的新型烧结设备与工艺随之产生，如自蔓延烧结与装备、微波烧结与设备及高能等离子设备等。总之，精细陶瓷的品种增加、性能提高、应用面得到空前扩展。

六、陶瓷原料与辅助材料的现代化建设

陶瓷原料主要是指用于配制陶瓷坯料和釉料用的大宗原料，而辅助材料则包括供装饰陶瓷器用的装饰材料（色料、颜色釉、贴花纸和金水等），供制造成形模具用的模具材料，以及供制造烧成时盛装或支撑制品的窑具材料。

1.陶瓷原料及其加工

20世纪60年代后，我国的陶瓷原料，特别是高岭土原料的需求量大增，无论从数量和质量上都满足不了生产快速发展的要求，企业开始争夺高岭土资源，出现了原料大调拨的局面。为了缓解资源问题，日用陶瓷行业的一些产区利用一些地方性的资源，如焦宝石、滑石等开发了焦宝石瓷、滑石质瓷和骨质瓷等新的瓷种。在研究开发骨质瓷时，开始都是采用动物骨骼，后来又研究出用人工合成骨粉替代，收到了良好的效果。

20世纪70年代末以来，我国建筑卫生陶瓷以引进国外技术为突破口开始规模化发展，在陶瓷原料开发利用方面成绩突出。充分利用当地原料，加强高乳浊釉的研究开发和应用，生产出中高档卫生瓷和釉面内墙砖；利用地方原料生产焦宝石质、叶蜡石质、滑石质内墙砖。20世纪70年代末成功开发了我国储量丰富的硅灰石、透辉石、透闪石等作为低温快烧原料的应用技术。20世纪80年代中后期，利用页岩制造陶瓷砖的技术得到应用。2004年以后，加快了卫生陶瓷、瓷质砖低温快烧原料的研究开发的步伐。在充分利用地方原料的同时，国家对"三废"利用的优惠政策也使煤矸石、粉煤灰、高炉渣、磷矿渣等工业废渣在陶瓷工业中的广泛研发应用取得明显成效。

20世纪50年代前，我国已有小型球磨机，球磨介质为鹅卵石。80年代后，陶瓷工业的大发展使适合球磨机用的天然鹅卵石已经几乎耗尽而开始使用人造球石。现在，陶瓷原料加工采用的新技术、新装备、新材料主要有黏土淘洗技术、高梯度磁选技术、振动过筛技术、容量法配料技术、高压滤泥机、大容量球磨机、氧化铝瓷球和衬板等。

广东潮州地区是我国重要的陶瓷产区，陶瓷原料由原料加工厂统一加工，统一配方，集

中加工制成泥饼，供应陶瓷厂。我国也有一些瓷区设有釉料工厂，生产釉浆供陶瓷厂使用。这种产业化生产、商品化供应的生产模式应予以推广。发展高岭土矿产资源加工产品的专业化、系列化、标准化、商品化是今后的发展方向。

2. 陶瓷用色釉料及其生产

20世纪50年代初期以后，我国逐步建立起了较为完整的釉上彩颜料研究、开发和生产体系，满足了日用陶瓷工业的发展需求。1979年以后，我国釉上丝网颜料的用量不断增加。1995年3月，山东省硅酸盐研究设计院与德国Degussa公司成立合资公司——淄博赛德克陶瓷颜料有限公司，使我国陶瓷颜料的开发和生产进入了国际化和专业化渠道。20世纪90年代末以来，广东佛山、潮州，湖南地区，以及山东淄博，河北唐山等地的陶瓷装饰颜料的研发和生产也得到了快速发展。20世纪50年代初期到70年末期，我国釉下彩颜料仍处于小规模研发和生产阶段，80年代开始得到了快速发展，建立了生产釉下彩颜料的专业色料厂家，实现了规模化和专业化的生产。20世纪90年代以后，釉下颜料的生产企业以南方的个体企业居多，尤其湖南地区以釉下五彩闻名，有多家颜料厂生产釉下颜料。

20世纪50年代末，我国建筑卫生陶瓷生产开始采用以氧化锡为乳浊剂的乳浊熔块。1966年，北京玻陶院（现中国建筑材料科学研究总院前身的一部分）与唐山建筑陶瓷厂合作研制成功"6601"锆英石熔块，使内墙砖的白度由78度提高到86度，被许多厂家一直应用到70年代末期。在这期间，温州、沈阳、唐山各面砖厂都开始生产彩色精陶釉面砖。1979年以后，我国建筑陶瓷砖用熔块的生产逐步向专业化生产方向发展。1987年，开始筹建淄博色釉料厂（后更名为淄博东方制釉有限公司）和四川成都新型建材厂（后更名后成都色釉料厂），引进国外相关设备与技术，采用小型池窑，连续熔制各种组成的熔块，主要品种有高透明熔块、锆乳白熔块及钙无光熔块等。20世纪90年代末期，丝网印刷（有釉下、釉中和釉上等）广泛应用，装饰效果极佳，尤其是滚筒印花技术的推广，推进了各种丝网印与滚筒印花色料的专业化生产。20世纪70年代中期，我国开始研制卫生陶瓷用锆英石乳浊釉，获得成功后在全国推广使用。1979年以后，有关研究院所、学校和企业纷纷试制各种新品种的卫生陶瓷釉料，新型乳浊釉料不断出现。

20世纪80年代，山东省硅酸盐研究设计院开始生产用于日用陶瓷和建筑卫生陶瓷的高温色料。1996年，淄博赛德克公司投资600万马克新建的年产700t高温色料生产线投入使用。1992年以后，国内大规模色釉料厂相继建成，使色釉料生产实现了专业化。进入21世纪以来，我国陶瓷色釉料知名品牌企业达50多家。

3. 陶瓷用花纸

20世纪50年代，我国仅有辽阳陶瓷花纸厂、济南瓷用花纸厂和景德镇瓷用化工厂三家规模较大的专业陶瓷贴花纸厂，年产量2000万张，供应国内陶瓷生产使用。

20世纪80年代末，国际上出现了新型花纸的生产工艺和新材料，即小膜花纸（亦叫水转移花纸）。现在，我国小膜花纸的年产量约为2.6亿张、占花纸全部产量的80%以上，生产花纸的厂家近500家，花纸年产量居全球首位，部分厂家质量达到或超过国际先进水平。90年代中期，花纸制版技术由照相制版、电子分色制版发展成为计算机制版。我国华光计算机等公司开发了针对花纸特点的专用制版软件，Photoshop软件得到广泛使用，计算机制版具有制版简单、快捷，易变化版面等特点。

4.陶瓷用金装饰材料

1949年以后，湖南轻工研究所和景德镇瓷用化工厂先后试制成功了陶瓷金水，结束了我国陶瓷金水依赖进口的局面。目前，装饰陶瓷用金水共有120多个品种，已形成不同含金量的系列产品。生产金水的单位已由两家发展到了现在的五家，即湖南醴陵、江西景德镇、山东淄博、河北唐山、邯郸，年产量近3t，耗用黄金约300kg。

1995年3月，德国迪高沙公司所属的全资公司——德国赛德克陶瓷颜料公司与山东硅酸盐研究院合作，成立淄博赛德克陶瓷颜料有限公司，开始了陶瓷釉上彩颜料、玻璃颜料、陶瓷釉用色料、陶瓷金水的全面研发和生产。1997年，把德国陶瓷金水、陶瓷花纸印刷金膏、玻璃花纸印刷金膏和玻璃金水的生产工艺和技术引进到我国。目前，淄博福禄新型材料有限公司是我国最大的陶瓷玻璃金水、金膏生产基地，2007年生产和销售各种金水、金膏124000瓶（每瓶50g）。

2000年以后，我国金水生产企业的结构发生了重大变化。湖南陶瓷研究所的金水、金膏生产技术逐步分散到湖南、潮州等地区的民营企业。景德镇瓷用化工厂的金水、颜料、花纸也已经由民营企业承包经营。2007年这些企业的金水、金膏产量为在240000瓶（每瓶50g）。邯郸陶瓷研究所金水生产已经关闭，唐山陶瓷研究所还在生产很少数量的金水。

5.陶瓷生产用模具及模具材料

按照材质，可把陶瓷模具分为石膏模具、塑料模具、合成石膏模具和金属模具。

目前，模具材料仍以石膏为主要原料。20世纪初期，石膏模具已按成形方法分为塑性成形模具和注浆成形模具两大类，采用的原料均为普通的半水石膏（β-半水石膏）。到50～60年代时，石膏模具材料由β-半水石膏变成α-半水石膏（又称高强石膏）。这类精加工的α-半水石膏具有吸水率低、强度高、使用寿命长等特点，适合滚压成形、高压注浆成形及母模使用。

塑料模具具有表面光滑、机械强度高、耐磨性能好、耐腐蚀性强、使用寿命长等特点。寿命可达3000～4000次以上，为普通石膏模型的10倍以上，但价格昂贵、制作工艺复杂。

20世纪80年代，我国引进等静压技术成形技术和配套用塑料模具。制作陶瓷塑料模具的材料有聚氯乙烯、聚四氟乙烯、聚氨基甲酸酯等。20世纪80年代末，我国国内也做过静压成形模具的相关的研究，合成了聚氨酯弹性体用材料，研制成功了静压成形所用的模具，但没有实现专业化生产。

80年代中期，我国引进了卫生陶瓷高压注浆的同时，引进了微孔塑料模具。初期，全部用进口材料制作。现已实现了模具材料和制作技术的国产化。

金属模具出现于20世纪60年代，用于电瓷、耐酸瓷砖的冲压成形和电瓷的热压注浆成形。70年代至今，金属模具广泛用于生产建筑陶瓷、电子陶瓷和特种陶瓷的生产，已由使用企业自制发展成为专业化工厂制造。

6. 陶瓷生产用窑具及窑具材料

20世纪50年代，在传统的黏土生料匣钵中引进了一定数量的煅烧焦宝石或矾土，使匣钵的高温性能有所提高，成形方法由手工拉坯改为刀板成形。20世纪60年代后，开发了匣钵的半干法冲压成形工艺，在间歇式窑中匣钵的使用次数可达10次以上。1963年，山东省硅酸盐研究设计院（原淄博市硅酸盐研究所）研制成功了堇青石质匣钵，使匣钵在隧道窑中的使用次数由原来的2～3次提高到70余次，很快在北方瓷区，如山东、河北、辽宁、山西、河南、内蒙古等地推广使用。到80年代，对堇青石匣钵工艺技术进行了完善，推广了匣钵的滚压成形而使堇青石匣钵的使用寿命大大提高。我国南方瓷区的烧成温度高，因而不宜使用堇青石匣钵，多采用高铝质、莫来石质、莫来石-堇青石质、碳化硅质匣钵。

1978年以后，我国大量引进国外技术，使陶瓷窑具制作水平明显提高，材质从传统的硅-铝系、硅-铝-镁系、碳-硅系材料扩展到重结晶碳化硅、氮化物结合碳化硅、电熔刚玉、电熔莫来石、电熔石英等为代表的现代窑具。窑具的成形方法也从传统的可塑、注浆成形发展成为大吨位干压成形、等静压成形等。窑具的产品结构更加丰富多彩，有以器皿为主的各类匣钵，有用于明焰烧成的各类棚板、支柱、异型托垫、仿形支架及辊道窑用的陶瓷棍棒等。

七、陶瓷工业装备制造的现代化建设

陶瓷工业装备包括陶瓷机械和陶瓷热工设备（陶瓷窑炉及干燥器）等。

1979年之前，我国大部分陶瓷机械制造厂附属于当时国内各大陶瓷公司，承担机修、专业单机制造，模仿引进机器、生产样机。主要生产企业有唐山轻工业机械厂、景德镇陶瓷机械厂、湖南轻机厂，以及分布于唐山、景德镇、湘潭、淄博、佛山、潮州、醴陵、宜兴等地的陶机厂。现在，这些企业基本由公有制改制为民营或停业或转产了，但其历史功绩是很大的。

1979年之后的30年，是中国陶瓷工业装备更新换代，大力支撑陶瓷现代化建设并成为世界陶瓷工业装备大国强国的时期。

从1979～1999年之间的20年间，我国的建筑卫生陶瓷业飞速发展，从国外引进新工艺技术与新装备进入全盛时期。意大利、日本、德国、英国等工业发达国家的装备都被引进到了中国。与此同时，国内也开展了消化、吸收和国产化的工作。这一时期工作的成果奠定了中国现代陶瓷机械装备制造和其产业形成的基础，大大推动了中国陶瓷机械装备制造产业的主产品生产由传统转变为现代化工业的进程。现在，陶瓷工业用的主要关键机械装备，如大型间歇式或连续式球磨机，高压、大流量陶瓷（刚玉质）柱塞泥浆输送泵，大型喷雾干燥塔，大吨位、超大吨位、大尺寸砖的油压、全自动压砖机，研磨、抛光机组等都已研制成功，并投入批量生产，其质量达到同类产品国际先进水平，不仅可以完全满足国内陶瓷工业的需求，而且已经出口到许多国家（包括一些发达国家）和地区。我国已经成为一个陶瓷机械装备的制造大国和出口国家，并跻身于世界陶瓷机械装备制造强国之林。

日用陶瓷的成形，传统上都是采用手工拉坯的工艺，再辅以捏塑、镶接等手段得到器物毛坯。现在则主要采用使用模具机械成形的方式。

1964年，唐山轻工业机械厂研制出我国第一台ϕ250型滚压成形机，填补了国内空白。20世纪60年代后期，我国在引进的基础上开始研究滚压成形工艺，经消化和改进，作单头机，由钢制电加热改为聚四氟乙烯塑料冷滚头，探索出模型和滚头的合适转数、适合角度，先在碗类产品成功应用，后推广到盘类等产品。70年代初全面推广滚压成形，20世纪70年代后期大量用于生产。

干压成形设备广泛应用于建筑陶瓷领域，在日用瓷生产中也有使用，但不够广泛。20世纪80年代末，醴陵国光瓷厂、景德镇瓷厂（4369瓷厂）、重庆兆峰瓷厂、深圳永丰源瓷业有限公司都先后引进了等静压成形机投入试验和生产。

1956～1960年（"一五"计划期间），随着国家156项工程的建设，我国从前苏联和民主德国引进了一大批大型的电瓷专用设备，主要包括1.7t、3.2t球磨机，轮碾机，螺旋桨泥浆搅拌机，振动筛，压滤机，真空练泥机等，主要用于满足220kV及以下各种电瓷产品的生产。之后，逐步实现了国产化，但总体水平不高。

20世纪80年代，电瓷行业开始第二次专用设备的引进。1981年，从日本引进一台M-150型（挤制螺旋直径800mm）真空练泥机，之后主要从联邦德国内兹（NECZTCH）公司引进两台立式真空练泥机、三台内外仿形修坯机、一台真空练泥机、一台榨泥机、两台卧式真空练泥机、一台瓷套切磨机和一台气流磨等。1984年，从瑞典引进一条等静压成形生产线技术，用于生产高强度棒形支柱绝缘子。与此同时，引进了两条悬式绝缘子生产线，一条成形生产线，主要设备从内兹公司引进，一条为胶装生产线，全部从日本引进。1985年，机械工业部组织并通过中国机械进出口总公司及电瓷行业的三家工厂分别从联邦德国内兹公司引进立式真空练泥机、内外仿形成形机和瓷套研磨机等三种类型、四种规格的大型电瓷机械设备。由于引进装备并进行消化吸收，从而扩大了同国外的技术交流，促进了技术的进步与提高，使得电瓷工业的发展进入了快车道。

20世纪80年代，我国开始从国外引进了一批先进的窑炉设备，同时也引进了相应的热工技术。我国的陶瓷窑炉热工理论工作者就积极投身于引进设备和技术的消化、吸收，以及后来的仿制、创新工作，对于热工技术的发展和窑炉结构、作业的进步有较大的指导意义，并产生深远的影响。在热工理论研究、技术引进与自主开发的基础上，各窑炉公司先后研制、开发出许多优秀的陶瓷工业窑炉，对一些技术问题有了更新、更深入的了解，并在窑炉制造产业界基本达成了共识。我国已经形成了初具规模、技术水平较高、配套基本齐全的陶瓷窑炉制造产业，其主要窑型－辊道窑、窑车式隧道窑和梭式窑均已达到或接近20世纪90年代国际先进水平。陶瓷窑炉制造产业形成与发展的推动力是改革开放的国策，建筑卫生陶瓷行业的大发展，国外先进装备和技术的引进。现在，我国的陶瓷窑炉制造产业不仅已经可以为国内的陶瓷（建筑卫生陶瓷、日用陶瓷、电工陶瓷、电子陶瓷等）行业提供成套的优质窑炉装备，而且还可为化工、冶金、环保等行业提供部分工业炉装备，并已具有出口这些窑炉装备的能力。

1964年，山东博山陶瓷厂制成国内第一条链式干燥机。以后迅速在全国推广，与滚压成形机配套，成为日用陶瓷生产线的重要组成部分，沿用至今。到了80年代，众多陶瓷机械厂已有了定型的链式干燥机产品。近年来，建筑卫生陶瓷行业又开发出少空气干燥器，使热风室式干燥的热耗和干燥周期大幅度降低，在行业内使用，并推广到电瓷等行业应用。

从21世纪初开始，中国的陶瓷装备和产品进入了现代工业化阶段。

陶瓷业是一个有悠久历史的遍布全球的产业，因为具有实用性、功能性、文化艺术性于一体，即便是在科学技术发达的现代仍然有旺盛的生命力。历经千年陶瓷业的三大核心技术"粉碎、成形、烧成"没有实质的变化，但产品、工艺、装备三大要素却一直在进步。即便在21世纪，陶瓷业的研究、开发、进步仍然是围绕着三大核心和三大要素而展开。

百年中国陶瓷业最大的业绩和进步是把这个行业从一门手工业推到机械化推到自动化，实现现代工业化的转变。21世纪将在这个基础上向信息化、数字化、智能化方向转变，具体表现为生产方式数字化，产品消费网络化，企业组织无边界化。

21世纪的陶瓷业受到人口和资源的制约，必定要由资源消耗环境污染型产业转变为资源互补环境保护型的产业。陶瓷工业的工艺特点具有推动转变的优势。

21世纪的陶瓷企业商业模式会产生变革：供求关系由厂商为中心变为消费者为中心；生产方式由批量生产变为个性化定制；产品方式由标准产品变为解决方案；营销方式由顾客数量争夺变为顾客价值挖掘；消费方式由物质满足变为精神享受。

当代中国陶瓷业在创新、设计、管理、品牌、会展、环境保护、清洁生产、效率效益、高端产品等方面存在的不足将在短期内得到改变。

第二章　陶瓷工业的技术进步

我国陶瓷的生产技术曾长期领先于世界各国，辉煌于清代康熙、雍正、乾隆朝，其后渐衰，逐渐被经历了工业革命的英国、德国、意大利、日本等国所超越。近百年间，在民国时期，除了一些独具特色的陈设艺术陶瓷产品在配方、成形、装饰、烧成中尚有一些诀窍性的技术外，就总体而言，在大宗产品的生产工艺、装备、管理等方面，远远落后于发达国家，在建筑卫生陶瓷、工业陶瓷领域更是如此。1949年以后的前30年，在陶瓷生产技术方面取得了巨大进步，初步建立起了陶瓷工业体系，但仍落后于发达国家。后30年，通过引进消化吸收再创新，使我国的陶瓷技术进步大大加快，实现了从传统生产向现代化生产的转变，诸多方面已从仿制走向创新，产品和生产装备从大量进口到大量出口，中国陶瓷工业生产工艺技术与装备达到或接近世界领先水平。

本章记述陶瓷生产的技术进步，侧重从原料的选用与配方、生产工艺过程技术与装备、产品标准、生产管理、专业化生产水平、资源利用、环境治理等诸方面记述我国陈设艺术陶瓷与日用陶瓷、建筑卫生陶瓷、电工陶瓷等传统陶瓷领域百年来技术进步的历程。

第一节　陶瓷原料及其加工技术与装备

一、原料种类与配方

原料的矿山开采与供应、合理使用、原料加工与配方这三项工作历来是陶瓷生产的基础，又是体现技术进步的焦点。近百年来，中国陶瓷工业的生产在上述各项的技术进步大致体现为：原料供应经历了从供应矿石到供应细料、精制料，进而向标准化供应过渡；坯料普遍从使用单一料—二元配方料—三元多元的配方料；就地取材、就地生产、合理利用原料、利用废弃料成为新的趋势。

我国陶瓷原料的矿藏大致可以长江为界来划分其地质成因与种类。长江以南属风化残余型一次性黏土矿物，由酸性和中性的铝硅酸盐岩石风化而成，有机杂质较少，是南方陶瓷产区制瓷的主要原料，采用还原焰烧成。长江以北属沉积矿物型二次迁移黏土，矿物中含有较多的钛、铁矿物杂质及有机伴生物，黏性较大，一般采用氧化焰烧成。由此，形成了我国陶瓷器"南青北白"的特色。

从日用陶瓷的配方体系来看，南方景德镇在元代以前多以单一原料——瓷石制瓷，元代以后才掺入高岭土，成为高岭土—瓷石的二元配方体系。直到20世纪上半叶，南方仍基本维持传统的高岭土—瓷石的二元配方体系。北方多采用以黏土类矿物为主，常常是用单一原料进行陶瓷生产。1949年以后，我国日用陶瓷逐渐改变了配方体系，由单元、二元系原料配方过渡到高岭土—长石—石英三元系原料配方，更加接近国际通行的配方体系，这是我国陶瓷工艺上的一个重大变化。20世纪60年代后，我国的陶瓷原料，特别是高岭土原料的需求量大增，无论从数量和质量上都满足不了生产快速发展的要求。原国家轻工业部组织动员国内相关部门共同投入人力和物力，就陶瓷原料的调查、勘探和开发利用等做了大量工作，1982年组织召开了全国陶瓷原料学术论坛。各陶瓷产区和地区大力开发地域资源。山东省硅酸盐研究设计院充分利用当地原料，先后研制和开发成功了滑石质日用细瓷、高长石质瓷、高石英质瓷等新瓷种，并突破陶瓷业只用天然原料的历史，开发了人工合成骨粉生产骨质瓷的技术。

20世纪70年代以来，我国建筑卫生陶瓷行业在原料开发利用方面成绩突出。主要成效表现在以下几个方面。一是加强高乳浊釉的研究开发和应用，以充分利用当地原料，生产出中高档卫生瓷和釉面内墙砖。二是利用地方原料生产焦宝石质、叶蜡石质、滑石质内墙砖，利用地方低质原料大青土生产卫生瓷。三是开发成功了低温快烧建筑卫生陶瓷技术，应用我国储量丰富的硅灰石、透辉石、透闪石等作为低温快烧原料生产陶瓷砖，拓展了原料的使用范围，且使釉面内墙砖的烧成温度从1280～1300℃降到1080～1100℃，逐渐替代了叶蜡石、焦宝石、滑石等成为釉面内墙砖首选原料；利用珍珠岩、硅灰石和锂云母为熔剂原料，降低卫生瓷烧成温度110～140℃。80年代中后期，利用页岩制造陶瓷砖的技术得到应用，瓷石、瓷砂、含伊利石的矿物原料等被大量用于瓷质产品的制造而使烧成温度大大降低。

1972年以前，我国电瓷配方基本上采用的是普通高压硅质瓷配方。随着电力工业的发展，电压等级不断提高，对电瓷产品的机电热性能要求越来越高，特别是在机械强度方面。在1972年，我国研制成功了高强度电瓷配方，机械强度提高为普通高压硅质瓷配方的1.5～2倍，达到了国外发达国家的同等水平，配方中大量引入铝矾土（国外使用工业氧化铝）在国际上为首创，极大地降低了生产成本。我国电瓷原材料的开发利用经过了曲折而漫长的历程。20世纪70年代末以前，原料开采方式落后，乱挖乱掘现象普遍，浪费严重，使许多矿产资源遭到破坏，在电瓷原料精加工方面更是空白。70年代末，组建了电瓷原料公司，汇同研究所、设计院以及一些电瓷厂对全国十几个省区的几十个原料矿点进行普查，为筹建大型原料加工厂奠定了基础，同时，开展了办矿建加工厂的规划设计工作。80年代初，创办了四个电瓷原料加工厂，从此填补了电瓷原料精加工的空白。

建筑陶瓷砖行业的发展速度快，原料消耗量巨大。2000年达5000万吨，2006年达1亿吨，2010年达2亿吨，约占陶瓷业原料消耗总量的90%。在充分利用地方性低质原料的同时，国家对"三废"利用的优惠政策使煤矸石、粉煤灰、高炉渣、磷矿渣等工业废渣在陶瓷砖生产中的应用取得明显成效。生产过程产生的废泥、废粉、废坯、废瓷也被普遍回用于生产，使陶瓷砖在大量消耗原料的同时，也具有了消纳部分工业废渣的功能。

20世纪90年代以来，随着科学技术的不断进步，新型添加剂的广泛使用大大改善了原料性能，使更多的非金属矿物成为可利用的陶瓷原料。

二、原（辅）料加工技术与装备

20世纪50年代前，我国的陶瓷原料均是矿山直接开采，多为以大块石料供给陶瓷厂后靠人工破碎。陶瓷生产基本上一直沿用千年来的原始生产方式。坯、釉料制备主要靠人工和畜力。在南方，有利用水力驱动的水碓粉碎瓷土，制成"不子"进厂的。在北方则仍然沿用"牛拉碾、脚踩泥"的原始生产方式。"牛拉碾"是我国古代北方陶瓷生产中典型的原料粉碎方式，延续了上千年，直到20世纪50年代后期才消失。

1916～1923年，北方的唐山和博山的一些陶瓷厂从德国、日本引进了球磨机、泥浆泵、滤泥机、磁选机、电瓷压机等专业陶瓷机械，走上了机械化之路。1926年后，唐山新明铁工厂等几家铁工厂仿制进口设备，制造出了滤泥机、球磨机及一些简单的陶瓷机械，装备当地厂家。辽宁省近代建立的陶瓷企业受到日本近代工业的影响，生产的机械化程度较高，并有恒大铁工厂等陶机制造厂。

20世纪50年代，组建成立唐山市建新机器厂、景德镇市机械厂等骨干陶机制造厂。到70～80年代，原轻工业部对各主要陶瓷产区的陶瓷机械厂进行了大规模、多次的技术改造和扩建，形成了以唐山轻工业机械厂、湖南省轻工业机械厂、景德镇陶瓷机械厂、石湾陶瓷机械厂、醴陵陶瓷机械厂、淄博陶瓷机械厂、宜兴陶瓷机械厂、营口陶瓷机械厂八家定点陶瓷机械制造企业。此外，还有一些规模小、技术力量较弱、加工设备水平一般的小型陶瓷机械制造厂家分布于唐山、景德镇、淄博、佛山、潮州、醴陵、宜兴等地。这些厂制造的陶瓷机械装备供应日用陶瓷、建筑卫生陶瓷及电瓷等行业使用。

在原料粉碎设备方面，20世纪50年代时，南方的水碓改为机碓，后与北方的地碾一起被效率更高的轮碾机所替代。为防止粉尘外逸，干式轮碾机加密封罩，后又开发出加水粉碎的湿式轮碾机。矿冶行业的颚式破碎机、细牙颚式破碎机、锤式粉碎机、对辊、悬辊式磨机（雷蒙机）等均被引用于陶瓷工业作为初、中、细碎设备。60～80年代初，形成装料量为0.05～5t的系列球磨机产品，传动方式有皮带传动、中心传动、齿圈传动等。80年代后，开发出球磨机浆位自动控制器、球磨机转数自控器、球磨机真空入磨等设备和工艺，满足了日用瓷、卫生瓷、电瓷行业制备坯釉泥浆的需求。

20世纪80年代初，磁选机、振动筛、泥浆泵、泥浆（真空）搅拌机、压滤机、真空练泥机等都已经有国产设备，但形式单一，性能不高，仅能满足陶瓷生产的一般需要。80年代及90年代初，在全国重点日用瓷产区大规模全套引进国外先进技术和装备，包括振动筛、磁选机、单缸隔膜泵、柱塞泵、压滤机、真空练泥机等，后通过消化吸收，大大提高了我国陶瓷机械厂制造原料加工设备的水平。

陶瓷砖传统的坯粉制备工艺是泥浆压滤—滤饼烘干—轮碾制粉的工艺，滤饼用风吹日晒的自然干燥或煤烧地炕干燥。1967年，温州面砖厂研制出链板干燥器，用于烘干压滤后挤出的泥条，但存在工序长、劳动强度大、粉料质量差等缺陷。70年代中后期，咸阳陶瓷研究设计院和西北建筑设计院自主开发出陶瓷工业用离心式和压力式喷雾干燥器，简化了粉料制备工艺，改善了劳动条件，大大提高了粉料质量，为陶瓷工业使用自动压砖机和等静压成形创造了条件，配套用油压陶瓷柱塞泵也于1984年通过鉴定。1980年以后，石湾陶机厂和唐山轻工业机械厂相继开发出8t、14t和15t球磨机。1984年，开发出装料12～30t的皮带式和链板式称量喂料机，与轮式装载车配合，实现了球磨机的机械化配料，开发出橡胶衬，用于15t球磨机，可以提高球磨的有效容积，有较长寿命，同时高铝瓷质的球、衬首先用于陶瓷釉料球磨机。现在，中铝球已广泛用于建筑卫生陶瓷的坯料球磨，取代了使用多年的卵石球，中铝衬也开始推广使用。后来，压力式喷雾干燥器和油压陶瓷柱塞泵实现了系列化设计和制造，PD150～3200型喷雾干燥器和YB85～140型油压柱塞泵满足了陶瓷砖工业发展的需要。从20世纪末期起，随着陶瓷砖生产线规模的不断扩大，佛山的智华、弼塘、兴达、浩丰等陶瓷机械制造企业相继开发出20～100t间歇式球磨机，配上冠菱、亿佰、明电等公司的球磨节电控制器，可软启动并节电。2006年，湖南五菱机械公司研制成功我国首台具有自主知识产权的陶瓷湿法连续球磨机。

框式搅拌机逐渐实现大型化。湖南五菱机械公司生产的国产最大的框式搅拌机直径达ϕ6790mm，以此装配的双连浆池容积可达300m³。至今，PD12000型喷塔和YB300型柱塞泵均已投产使用。另外，20世纪90年代咸阳陶瓷研究设计院开展了陶瓷墙地砖干法制粉工艺的研究，开发出多种造粒机，试验了"过湿造粒工艺"，取得一定成效。

在色釉料的细粉碎方面，开发出各类新机械，如淄博启明星新材料公司的LJM型立式搅拌磨、郑州东方机器制造公司的ZJM型搅拌磨、广州从化新科轻化设备厂的JF型印花釉料超细快速精磨机、佛山美嘉陶瓷设备公司的CX65型超细研磨机、鼎祥兴业公司的高效精细磨釉机等。

20世纪70年代末以后，我国大型矿山开始供应不同粒度的岩矿粉料，陶瓷厂家可根据需要购买粉料，按配方直接入磨球磨。新建设陶瓷厂的原料制备都是从粉料入球磨开始，商品化的原料质量稳定。江苏，广东台山、湛江，福建龙岩等地的高岭土公司先后采用引进国外设备或国产设备生产高岭土，提高了高岭土的质量。广东潮州地区的日用陶瓷、陈设艺术陶瓷、卫生陶瓷的原料实现了专业化，由原料加工厂统一加工、统一配方、集中加工制成泥饼，供应陶瓷厂，质量稳定。佛山、潮州、淄博、晋江等陶瓷产区均设有众多专业的色釉料工厂，生产成品色料、熔块、釉浆供陶瓷厂使用。陶瓷工业用的解胶剂、增塑剂等添加剂也都有专业化工厂生产。这种专业化生产、商品化、标准化供应陶瓷原辅材料的方式对近20年陶瓷工业的大发展发挥了重要作用。

第二节　陶瓷成形、干燥和施釉技术与装备

一、陶瓷成形技术及装备

直到百年前，我国陶瓷的生产一直多采用塑性成形。主要原料为黏土，加水制成具有一定塑性的泥团，用捏塑、泥条圈筑或盘筑或局部模制成形，口沿用慢轮、快轮修整而制成规整的器型，或在陶轮上采用手工拉坯的工艺，再辅以捏塑、镶接等手段得到器物毛坯。产品主要是日用陶瓷，也有建筑陶器。

近百年来，陶瓷成形则采用更多的方式，包括塑性成形、注浆成形和干压成形等，产品包括日用陶瓷、陈设艺术陶瓷、建筑卫生陶瓷、电瓷和工业陶瓷等。

1. 塑性成形技术与装备

民国时期日用陶瓷还是广泛采用手工拉坯成形，成形设备大多是一些手搅、脚踏驱动的辘轳车。以后出现用单刀的旋压成形，用铁制的模型刀将随石膏模型旋转的泥料压制出器皿形状，制品规格一致，厚薄均匀，产量很高。

20世纪50年代，日用陶瓷行业广泛使用单刀、双刀辘轳旋坯成形机。60年代，大件的陶器（如缸类）也开始采用单刀旋压成形方式。1964年，唐山轻工业机械厂研制出我国第一台$\phi 250$型滚压成形机。1965年，唐山三瓷厂引进德国滚压成形机。60年代后期，我国开发出200、254、300型滚压成形机，由单头机到双头机，由钢制电加热到聚四氟乙烯塑料冷滚头，先在碗类产品成功应用，后推广到盘类等产品，极大地提高了生产效率和产品质量。70年代初全面推广滚压成形，70年代后期大量用于生产，将单刀、双刀旋坯车改为单头、双头简易滚压成形机的占50%，各瓷厂还自制滚压机。唐山轻工业机械厂生产的滚压成形机占20%左右。1979年5月，景德镇陶瓷机械厂研制出TCS1型万能滚压成形机，并荣获1985年国家科技进步二等奖。1980年，唐山轻工业机械厂研究制成350型滚压成形机。1981年景德镇陶瓷机械厂制造出TCCC-210型转盘双头滚压成形机。1981年，山东淄川陶瓷厂研制成功大缸自动滚压成形生产线。1982年，唐山轻工业机械厂研究制成双头深杯滚压成形机。1997年，博山宝丰陶瓷机械有限公司制成椭圆形产品滚压成形机，生产鱼盘类扁平和有适当深度的椭圆汤锅，为国际首创，2002年又研制出滚头转向滑板式异形产品滚压成形机。2003年，重庆锦晖陶瓷有限公司在国内首家使用陶瓷酒瓶滚压成形技术。至此，滚压成形机成功应用于各类日用陶瓷产品。另一种可塑法成形方式为塑压成形。1975年，唐山陶瓷二厂研制成功塑压成形，现在已成为国内瓷业可塑法成形的另一种主要设备。

陶管、劈开砖、琉璃瓦、干挂空心陶瓷板等建筑陶瓷产品均采用塑性成形。20世纪70年代，西北建筑设计院和铜川建陶厂开发出陶管一次成形机，可一次成形一端带扩大段的陶管。20世纪80年代，咸阳陶瓷研究设计院和河南沁阳陶瓷厂开发出劈开砖生产技术和装备。21世纪初，山东德惠来公司生产挤压陶瓷板，采用挤出—辊压成形工艺，生产2000mm×1000mm×（3～6）mm规格的制品，节能减排效果显著。近年来，迅速发展的干挂空心陶瓷板产品，要求挤出成形机有较大的挤出压力。华泰公司采用的是意大利进口的挤出机。这种挤压成形工艺和装备具有很好的发展前景。

电瓷工业也广泛采用塑性成形。20世纪60年代，电瓷行业开发成功钢丝刀一次成形机和多轴修坯机，用于成形瓷横担、跌落式熔断器瓷件及小棒形绝缘子等。棒形绝缘子用多刀立式修坯机、立式仿形修坯机、光电程序控制的半自动棒形修坯机、直筒形大瓷套仿形修坯机等。70年代以前，由于国内只能生产$\phi 350$真空练泥机，许多大型瓷套产品只能依靠人工接坯，不但劳动强度大，而且合格率较低。1973年，国产第一台$\phi 500$真空练泥机正式投入使用，标志着电瓷整体成形的起步。21世纪初，国内已开发出$\phi 630$、$\phi 800$立式或卧式真空练泥机，电瓷整体成形走向成熟。修坯设备由人工修坯发展到纸带式光电修坯机，现已研制成功干法、湿法数控式内外仿形修坯机。为了提高棒形支柱绝缘子的质量，开发出棒形绝缘子上釉上砂机和瓷件旋转双头切割倒角机等。

2. 干压成形技术与装备

干压成形技术与装备广泛应用于建筑陶瓷砖的生产领域。20世纪20年代初，唐山引进人力丝杠压力机生产低压电瓷，以后也仿制用于压陶瓷砖。20年代至今，陶瓷用压机不断进步，从手工压机到机械杠杆式压机、双盘摩擦压机、双盘摩擦液压式压机、全自动液压机，而且压机的吨位也不断在增大。

20世纪70年代，沈阳陶瓷厂开发出30t摩擦压砖机和釉面砖压机出坯自动打边机。温州地砖厂开发出20t摩擦压砖机，装置气电联合控制器，使加压、喂料、出坯三个动作实现了自动化。东宁县建筑陶瓷厂开发出120t摩擦压砖机。北京市陶瓷厂开发出锦砖出坯码垛装置。1974～1982年，我国引进了德国的80t多工位自动压砖机，意大利的500t、650t摩擦油压压砖机和500t自动油压压砖机，日本的200t、400t、600t自动油压压砖机。通过消化吸收和改进，我国试制出200t、400t自动油压压砖机和500t摩擦油压压砖机。1980～1982年，唐山轻工机械厂制造30t和60t摩擦压砖机。1980～1984年，石湾陶瓷机械厂开发出15～300t摩擦压砖机。1989年，咸阳陶瓷研究设计院、华南理工大学、石湾陶瓷机械厂通过消化吸收SACMI的PH680压机，发出YP600型600t液压自动压砖机。

90年代至今，我国相继开发出800t、1000t、1300t、1500t、1800t、2000t、2500t、2600t、3200t、4000t、4200t、4800t、5000t、5600t、6800t、7200t、7800t自动油压压砖机，以及采用主油缸从上横梁移到动梁的先进结构、预应力缠绕机架、宽机身压机、网络压机远程监控、故障诊断和工作参数修改等，几乎彻底打破了大吨位压机由国外陶机巨头独霸的局面，使我国的压机设计制造技术走在世界前列。近十多年来，我国出现了众多专业生产压机多管二次布料机的机械厂家，使抛光砖装饰千变万化，使我国抛光砖生产技术达到世界领先水平。另外，20世纪末，江苏和福建的许多陶瓷釉面瓦厂将成形工艺从塑压改为干压，大幅度降低了产品厚度，大大提高了生产效率。

日用陶瓷的生产也有使用干压成形设备技术和装备的，但不够广泛。1986～1990年，我国日用陶瓷行业重点引进了等静压成形生产线。醴陵国光瓷厂从德国道尔斯特公司购进了两台用钢模压制干粉成形的等静压成形机。景德镇瓷厂（4369瓷厂）、重庆兆峰瓷厂、深圳永丰源瓷业有限公司都先后购进使用了这种设备。2010年5月，科达机电公司推出KDR400型日用陶瓷等静压成形机。

1984年，我国从瑞典引进等静压成形生产线，用于生产高强度棒形支柱绝缘子，改变了特高压产品无法用湿法工艺制作的现状，使常规高电压产品的过程合格率、产品的性能和质量稳定性得到较大的提高。随后，国内电瓷专用设备制造厂对等静压干法生产线所用的设备进行了国产化。至2008年，全国已有15条等静压干法生产线投产运行，8条在建，并有更多生产线在规划中。等静压干法生产线的投入使用使我国的电瓷制造水平有了质的提高。

3. 注浆成形技术与装备

注浆成形是陶瓷行业生产异型产品的主要方法。20世纪初就开始使用，其技术进步主要体现在从人工操作到机械化、自动化生产。

在日用陶瓷行业，1964年，唐山引入日本1工位注浆机。1972年试制成功300台1工位离心自动注浆、自动旋转离心注浆，模型自动输送、机械手排浆，进入脱模干燥箱，手工割口脱模起坯，每小时成形竹节壶81件，比手工提高功效1倍。1973年，唐山五瓷厂试制成功全自动注浆生产线。1974年，唐山第一瓷厂试制成功3工位自动注浆生产线。

卫生陶瓷产品全部用注浆成形。20世纪20～70年代，我国卫生陶瓷的成形采用地摊式人工抱大桶的注浆成形方式。70年代开发了压力罐式和高位槽式管道压力注浆及与之配套的管道真空回浆系统。1965～1975年，中国建筑西北设计院、中国建筑材料科学研究院和唐山陶瓷厂联合试验洗面器机械化成形联动线。70年代中期，唐山陶瓷厂和沈阳陶瓷厂开发了蹲便器一次成形新工艺。1978年，咸阳陶瓷研究设计院和唐山陶瓷厂开发出坐便器简化（一次）成形新工艺，在全国同行业推广。1983年，中国建筑材料科学研究院陶瓷所和唐山陶瓷厂开发出卫生瓷微压注浆工艺，成形17吋和20吋洗面器。同年，咸阳陶瓷研究设计院和北京陶瓷厂合作研发成功"洗面器立式浇注工艺"，这一成果是我国卫生陶瓷注浆工艺的一项重要突破，迅速在石湾建陶厂、宜兴卫陶厂、天津陶瓷厂、云冈陶瓷厂、新安陶瓷厂推广，获国家科技进步二等奖。1986年，咸阳陶瓷研究设计院、唐山陶瓷厂、唐山建筑陶瓷厂等联合开发成功卫生瓷组合浇注工艺，用于水箱、水箱盖、坐便器的生产。20世纪90年代，佛山彩洲陶瓷厂、唐山卫生陶瓷厂、佛山建华陶瓷厂等使用磁铁吸合模型分块技术和组合浇注成形工艺一次成形结构复杂的喷射虹吸式坐便器，达到国际先进的水平。1996年，咸阳陶瓷研究设计院和山东美林卫生瓷厂试验成功卫生瓷低压快排水成形工艺，每天成形6次。20世纪80～90年代，我国许多卫生瓷厂引进了德国、意大利的高压注浆机，因模型和泥浆问题，均未能正常使用。1993年，中日合资的北京东陶公司带进机械台式注浆成形机，设备由北京建材机械厂制造，此后东陶（机器）北京公司带进坐便器、洗面器和水箱的高压注浆机。2004年，唐山惠达集团引进卫生瓷高压注浆工艺技术，与贺祥机械公司合作制造了第一台高压注浆成形机，使用国产材料制作了微孔树脂模，生产坐便器、水箱、洗面器等卫生瓷，成为全国第一家自行制作高压注浆设备和模具的陶瓷企业，标志着我国卫生陶瓷成形技术与装备实现了新的突破。

二、干燥技术及装备

以前，日用陶瓷的坯体基本采用日晒、风吹的自然干燥。20世纪50年代后期，山东的日用陶瓷厂引用地炕干燥，浙江龙泉瓷厂用木炭烘房、柴烧地炕。1962年，绍兴瓷厂使用电热烘房干燥坯体、景德镇采用蒸汽烘房干燥坯体。1964年山东博山陶瓷厂制成国内第一条链式干燥机，与滚压成形机配套，之后迅速在全国推广，沿用至今。1971年浙江萧山瓷厂把隧道窑的余热作为卧式链式干燥机的热源；1975年使用立式链式快速干燥器。1976年，东北采用喷射式链式干燥器，缩短了干燥时间。20世纪80年代后，陶瓷机械厂已有了定型的链式干燥机产品和滚压成形机—链式干燥机的联合机组，如醴陵陶瓷机械厂的LD8型碗盘类坯体链式干燥机、湖南省轻工业机械厂的TCLG-W3A/W3B型杯类坯体链式干燥机、山东淄博陶瓷机械厂的LD8碗盘类坯体成形干燥线、宜兴陶机厂生产的带转盘干燥器的杯碗类坯体成形干燥联合机等，使用至今。

建筑卫生陶瓷的坯体干燥历经了自然干燥—地炕干燥—热风室式干燥—坯车隧道式干燥

的过程。20世纪70年代前，干压后的陶瓷砖坯用自然干燥或煤烧烘房干燥。70年代西北建筑设计院设计出砖坯隧道干燥器；一些工厂使用链式干燥器。80年代，引进意大利的立式和卧式辊道干燥器。因立式辊道干燥器仅适合小尺寸坯体，在我国的陶瓷砖向大规格发展过程中渐遭淘汰。1990年，中国建筑材料科学研究院和唐山轻工机械厂研制出窑下辊道干燥器，首先用于自贡建陶总厂。90年代，佛山、温州、泉州等地的陶机厂生产立式干燥器、卧式干燥器。进入21世纪后，卧式辊道干燥器由单层向多层（3～5层）发展。广东科达、摩德娜等公司开发的3～5层卧式辊道干燥器达到国际先进水平，大量供应国内外。

20世纪70年代后，我国挤压陶瓷砖（瓦、板）坯体通常采用室式或隧道式干燥器干燥。2008年，佛山辉特机械有限公司开发出微波辊道干燥器。近年来，干挂空心陶瓷板坯体采用摩德娜公司特殊设计的MRD-H型和MRD-1G4-300型5层、4层卧式辊道干燥器，效果很好。

20世纪60年代前，我国卫生陶瓷坯体的干燥基本上采用自然干燥或地炕式烘房干燥。60～70年代，普遍采用隧道窑余热干燥工艺。80年代，中国建筑西北设计院和湖南建陶厂开发出隧道式和室式干燥工艺技术与装备。广州建陶厂引进德国内兹公司的旋转风筒室式干燥器，并和中国建筑西北设计院消化吸收了此装备。90年代，广州中毅热能技术发展公司开发出全自动快速干燥室。广州机电公司和佛山鹰牌公司开发出温湿度自控室式干燥器。重庆四维陶瓷公司引进英国少空气室式干燥器。2003年，咸阳陶瓷研究设计院开发成功并推广少空气室式干燥器，在电瓷、卫生瓷、木材等行业使用，节能效果显著。

电瓷坯体干燥技术与装备的发展进程与卫生瓷相似。由于电瓷坯体厚，少空气室式干燥器的使用效果比卫生陶瓷更加突出。

近代的陶瓷坯体干燥器还充分利用了窑炉余热，大部分干燥器可不额外消耗燃料。

三、施釉装饰技术及装备

人类从制作和使用陶器的早期开始，就在陶器表面进行修饰，以求美观和更加实用，常用的装饰方式有：表面磨光、涂刷陶衣、花纹装饰等。发明了瓷器之后，常用的装饰方式有色釉和采用刻、划、镂、雕、印、贴、堆塑、彩绘等，著名的釉色有青釉、白釉、黑釉、青白釉、青花、釉里红、青花釉里红、颜色釉、三彩、釉下五彩、斗彩等。传统上，瓷器都是采用手工彩绘。按照彩绘在釉上、还是釉下，分成釉上彩和釉下彩。按照所用的颜料及手法，釉上彩又分为古彩、新彩、珐琅彩和粉彩等。现在，广泛采用贴花、喷花、丝网印花和喷墨打印等手段进行装饰。中高档日用瓷器经常附加一些贵金属装饰。而颜色釉及一些诸如雕刻、镂空、捏塑等技法则更多的是用于陈设艺术陶瓷上。

民国时期至20世纪60年代，日用陶瓷器的施釉都是手工完成。大件产品用喷釉或刷（涂）釉，一般产品的外釉用浸釉，碗盘内釉用轮釉，坛锅内釉用荡釉，先内后外，多次施釉。1958年，景德镇陶瓷研究所试制成功半自动施釉机。80年代，引进不同类型的施釉机和多色转移印花机、自动划线机等印花机械。淄博陶瓷机械厂先后研制成功陶瓷画线机、陶瓷双色画线机等。近百年中，日用陶瓷装饰用的花纸由进口到国产，生产工艺、设备、材料不断改进。目前，全国生产花纸的厂家近500家，花纸年产量居全球首位，花纸的品种齐全，已经可以完全满足日用陶瓷生产的装饰之用。全自动丝网印刷机及所用的丝网印刷陶瓷颜料、陶瓷金膏、调墨油、网布、感光胶等辅助材料都相继实现了国产化。

20世纪70年代前，我国只能用喷釉工艺生产单色陶瓷釉面砖。1972年，唐山市建筑陶瓷厂研制出图案砖手工丝网印花工艺，可套色生产多色图案砖。1981年，中国建筑材料科学研究院陶瓷所和黄石建筑陶瓷厂研制出釉面砖浇釉机组。1991年，山东工业陶瓷研究设计院和广东佛山石湾陶瓷机械厂开发出一次烧成墙地砖施釉线，包括双辊清扫机、吹风机、甩釉机、擦边机、转向机、补偿器、喷釉机、保护膜喷洒机、丝网印花机等单机和釉浆桶、射流搅拌泵、振动过滤器等供釉设备，在自贡墙地砖厂首次成功使用。1994年，山东工业陶瓷研究设计院、广东佛山石湾陶瓷机械厂和无锡建材仪器厂开发出二次烧成釉面砖施釉线，包括喂坯机、磨边机、转向机、立式清灰机、吹风机、喷水机、钟罩式淋釉机、箱式浇釉机、甩釉机、擦边机、固定剂喷洒机、补偿器、丝网印花机、摆动喷洒机等单机，在烟台新型建材厂投用。20世纪末到21世纪初，佛山美嘉、希望、伟声等国内陶机厂相继开发出大型平板丝网印花机、旋转丝网印花机、辊筒印花机等，产品出口意大利、印度、孟加拉、越南等国。进入21世纪后，仿古砖的生产促进了施釉装饰线的发展，佛山新景泰公司生产的仿古砖施釉装饰生产线除了常规施釉设备外，还配备了水刀式喷釉机、淋膜机、打点机、云彩式喷釉机、磨釉机、印胶水机、干粒机、胶辊印花机、皮带式丝网印花机等各类湿法、干法的施釉装饰设备。

2009年，陶瓷砖喷墨印花机进入我国，带来装饰技术革命性的变化，掀起了21世纪初期高端厂使用喷墨印花机、陶机厂试制喷墨印花机、色釉料厂开发印花墨水的热潮。2008年5月希望陶瓷机械设备有限公司推出中国第一台陶瓷砖喷墨打印机，2010年上海泰威公司研制出数码彩喷印花机，科达公司研制出T70型喷墨印花机，标志我国迈出了制造喷墨印花机的第一步。

直到20世纪60年代，我国卫生陶瓷一直使用人工浸釉的施釉方法。70年代逐渐被自吸式手工喷釉技术所取代。80年代开始推广压力式人工喷釉。1987年，石湾建华公司引进喷釉机械手，其后，不少企业相继引进，其中示教式喷釉机械手首先得到顺利使用。90年代，广州机电公司开发出带水浴收尘的喷釉柜设备，唐山卫生陶瓷厂和北京自动化所开发出喷釉机械手，佛山东鹏陶瓷公司引进静电喷釉线、循环线。21世纪初，唐山惠达公司开发出喷釉机械手。唐山贺祥公司开发出多种半机械化的坐便器水道浇釉机。日用陶瓷行业广泛使用的彩绘、贴花、描金、彩烧等装饰方法在潮州、佛山、唐山的卫生瓷厂也得到使用。

自20世纪50年代起，我国陆续开发出建筑卫生陶瓷用新型色釉料。现在，众多的色釉料专业生产厂的产品可满足建筑卫生陶瓷装饰的需求。

第三节　陶瓷烧成技术与窑炉

历史上，我国瓷器在康熙年间的烧成温度最高，达到1360℃。20世纪60～70年代，我国日用瓷为了赶超国外硬质瓷，追求釉面高硬度等指标，不断提高烧成温度。湖南建湘瓷厂的烧成温度超过1400℃，甚至达到1420℃。这不仅需要提高坯体配方中的氧化铝含量，增加对优质高岭土的用量需求，而且能耗太高。之后，出现逐渐降低烧成温度的趋势，并广泛开展对烧成温度较低的软质瓷，如骨质瓷等的研究与开发。

我国的瓷器向来有"南青北白"，南方烧还原焰、北方烧氧化焰的区别和传统。在1949年以后，随着高岭土-长石-石英配方体系的推广，南北方各瓷厂所用黏土原料产地不再局限于本地，为了追求不同的瓷质和釉色效果等，各地对烧成气氛的控制出现多元化的趋势。

传统上，我国日用瓷的烧成是一次完成的，而国外的许多高档瓷则是二次烧成的。二次烧成有两种方式，一种是低温素烧、高温釉烧，另一种是高温素烧（本烧）、低温釉烧。二次烧成的实现和推广对提高我国日用陶瓷的档次，达到国外高档瓷器的水平起到了积极的作用。

陶器的烧成最初是用平地堆烧或封泥烧，后发展成半地下式的横穴窑和竖穴窑。东周战国以前使用升焰窑。战国时期出现了龙窑，东汉时龙窑得到改进和提高，烧出了瓷器。宋代时，山东、陕西等地的部分半倒焰式馒头窑已用煤作燃料。元末明初时福建德化创建了阶级窑，景德镇创建了葫芦窑。明末清初时景德镇创建蛋形窑（又称镇窑）。

一、烧成技术的进步

1911～1948年间，我国日用陶瓷窑炉技术进展不大，北方地区仍以煤烧馒头窑、倒焰窑为主，南方则以烧柴的龙窑、阶级窑及景德镇蛋形窑为主。但在窑炉的设计、制造、操作和测温技术方面学习国外，引进仪表，有所进步。

1949年以后，我国陶瓷业基本实现了由传统向现代化转变，并逐步融入世界发展的潮流。日用陶瓷的烧成工艺技术、窑炉和热工技术也有了长足的进步。

20世纪50年代初，北方烧制日用陶瓷和建筑卫生陶瓷的倒焰窑技术已较成熟。1950年，唐山第一瓷厂用108m³的倒焰窑烧日用瓷。1951年，河南钧瓷厂用100m³的倒焰窑烧蓝钧瓷。1953～1960年，启新瓷厂建设烧制建筑卫生陶瓷的煤烧倒焰窑2座。1953年，景德镇开始设计倒焰窑，至1965年全市共有大容积（90～100m³）圆形倒焰窑131座，烧成能力占当时日用瓷总产量的70%左右。几乎在同一时期，浙江日用瓷也由柴烧龙窑烧成过渡到煤烧倒焰窑烧成。

20世纪50年代，我国南方地区还普遍使用龙窑等窑炉。刘振群在研究和总结龙窑优点的基础上，指出改进方向，使龙窑得以保存并继续发挥作用。浙江很多陶器厂仍沿用龙窑，到1988年，诸暨还有烧陶龙窑42座。1911～1987年，龙窑仍是广东日用陶瓷的主要烧成设备，至1987年全省仍有龙窑900余座，烧成的日用陶瓷按件数计占全省总量约70%。1987年后，广东的龙窑才逐步被倒焰窑、隧道窑等所取代。在当时的历史条件下，龙窑的改进和使用对地处山区的中小陶瓷企业具有现实的意义。

从20世纪50年代末开始至70年代初，国际上陶瓷工业的窑炉热工技术随着燃料结构的改变，即由燃煤、重油等转向天然气、液化石油气和轻油等，实现三大技术突破，一是发明和使用高速调温烧（喷）嘴，二是广泛使用新型耐火材料和隔热材料，三是采用精密自动控制系统。在此基础上，发展了以推板窑、辊道窑为连续式作业的代表窑炉，以梭式窑（又称抽屉窑）、钟罩窑（高帽窑）为间歇式作业的代表窑炉，从而使窑炉由传统的土木砖石"构筑物"变成了机电一体化、有较高技术含量的"烧成机器"。

自20世纪80年代开始，我国引进了一批先进的窑炉设备和相关的热工技术。与此同时，我国的陶瓷窑炉热工理论工作者也积极投身于引进设备和技术的消化吸收和再创新工作，在多方面取得了一大批有价值、水平较高的科技成果，对于我国热工技术的发展和窑炉结构、作业的进步具有较大的指导意义。

在现代陶瓷工业的各行业中，采用最多的窑炉是窑车式隧道窑（通常简称"隧道窑"）、辊道窑和梭式窑。因此，有人把这三种窑炉称为"三大主力窑型"。

二、隧道窑

隧道式窑炉开始是用于日用陶瓷的烤花，后来才用于上釉坯体的烧成。

1949年以后，景德镇在技术进步方面做出了显著成绩。1957年12月，由陶瓷研究所、工艺美术合作工厂建造成功第一座隧道锦窑，用于烤花。至1964年10月，全市共建成隧道锦窑24条，基本实现了彩瓷烤花隧道锦窑化。

20世纪60年代中期后，我国传统的日用陶瓷烧成窑炉逐渐被隧道窑、梭式窑等所取代。1963年，山东博山陶瓷厂研制并建成国内第一条日用陶瓷煤烧隧道窑，随后，轻工业部开始向全国推广。到70年代末，全国共建成日用陶瓷煤烧隧道窑400多条。

1950年，沈阳陶瓷厂（当时叫第一陶瓷厂）就设计使用了我国卫生陶瓷生产用第一条煤气烧成隧道窑。但直到20世纪70～80年代，我国才普遍使用煤烧明焰匣钵隧道窑烧制卫生陶瓷。1982年，河南新安县瓷厂建设了卫生陶瓷煤烧隔焰隧道窑，代替倒焰窑和明焰匣钵隧道窑，后在全国中小卫生陶瓷厂得到普遍使用。

20世纪70年代，唐山市建筑陶瓷厂研制成功釉面砖素烧煤烧隧道窑。1970年，景德镇陶瓷厂王文秀等研制成功釉面砖釉烧多孔推板窑，1975年以前烧煤，1975年后改作烧重油。

20世纪60年代，大庆油田的建成，使重油和残渣油可以作为工业燃料。20世纪60～70年代，我国的煤烧隧道窑大多经技术改造成以重油为燃料的油烧隧道窑。1965年，湖南建湘瓷厂建造了我国第一座用重油烧成日用瓷的隧道窑。1976年，景德镇宇宙瓷厂和光明瓷厂建成两座由江西省陶瓷工业公司设计的油烧隧道窑，在各瓷厂推广，到1983年全市共建油烧隧道窑17座。1970～1984年，郑州瓷厂先后建成两座以重油为燃料的隧道窑，1980年，建成一座隔焰式燃重油隧道烤花窑。

1971年，唐山陶瓷厂、中国建筑西北设计院和中国建筑材料科学研究院研究成功卫生瓷重油隔焰隧道窑，实现了无匣钵烧成。1972年，沈阳陶瓷厂建成烧残渣油小型隧道窑，用于烧成红地砖、卫生瓷。1975年，景德镇建筑陶瓷厂建成了由陕西省第一建筑设计院设计的用重油烧成的隔焰隧道窑，替代煤烧倒焰窑与煤烧隧道窑，用于釉面砖的素烧，也可替代多孔窑用齿钵装施釉素坯用于釉面砖的素釉烧。

20世纪80年代，中国建筑西北设计院设计研制出烧热煤气卫生瓷半隔焰隧道窑在大同云岗陶瓷厂投产。沈阳陶瓷厂建成重油半隔焰隧道窑。唐山建筑陶瓷厂和天津计算机厂开发出卫生瓷油烧隧道窑微机联控技术，对四条卫生瓷隧道窑的烧成温度、压力、气氛进行自动联控。

从20世纪80年代到90年代初，我国唐山、佛山、湖南、景德镇等产区陆续从德国RIEDHAMMER、日本东陶、澳大利亚GENERAL、瑞士NIRO、美国SWINDELL DRESSLER、美国BICKLEY、英国BRICESCO等公司引进了大量以洁净煤气、液化石油气或轻柴油为燃料，用微型计算机控制、新型轻质耐火材料构筑，采用高速烧嘴或脉冲烧嘴的现代隧道窑，用于生产卫生陶瓷、日用陶瓷或电瓷。经过消化吸收再创新，使我国现代隧道窑的设计、建造能力迅速发展和提升，达到国际先进水平，不仅可以基本满足国内陶瓷工业的需求，而且进入了国际市场。

三、辊道窑

辊道窑又称辊底窑，具有生产连续、烧成周期短、能耗低等特点。20世纪70年代，国外辊道窑的制造技术趋于成熟。在国内，辊道窑被首先用于日用陶瓷的烤花，以后才用于上釉坯体的烧成。

1974年，山西省闻喜县陶瓷厂建成我国第一条煤烧日用瓷烤花隔焰辊道窑。同年，辽宁省海城县陶瓷四厂建成我国第一条油烧日用瓷烤花隔焰辊道窑。1981年10月，第一台CGC32型油烧辊道烤花窑在景德镇宇宙瓷厂投产。1981年，河南焦作陶瓷三厂建成全省第一条电辊道烤花窑，1989年又改造成计算机控制的辊道烤花窑。1991年，景德镇4369工程从德国引进一座气烧釉中彩辊道窑。1994年9月，重庆兆峰有限公司从德国HEIMOSOTH公司引进的明焰无匣快烧辊道窑建成投产，扔掉了日用陶瓷行业使用了千年的匣钵。90年代后期，国内相继引进消化吸收辊道窑的技术，研制国产化辊道窑。湖北中洲窑炉公司为邯郸、高淳、淄博等地日用陶瓷厂建造的辊道窑的能耗仅是传统隧道窑的1/3左右。此后，高温日用陶瓷辊道窑在我国迅速得到了广泛应用。

辊道窑是陶瓷砖生产最适用的窑型，在所有窑型中能耗最低。1974年，沈阳陶瓷厂李廷江等自主开发出第一条烧重油的釉面砖国产辊道窑。1982年，中国建筑材料科学研究院孙琳等和黄石建筑陶瓷厂研制成功油烧双层辊道窑。80年代中后期，山东工业陶瓷研究设计院杨仲青等研发出煤电混烧辊道窑。1983年，佛山石湾利华装饰砖厂从意大利WELKO公司引进带辊道窑的年产30万平方米彩釉砖全自动生产线，1986年，中国建筑材料科学研究院陶瓷所、佛山市石湾化工陶瓷厂、佛山市陶瓷工贸集团公司设备能源部等通过引进消化吸收研制出燃重油的半隔焰辊道窑。同年，佛山市节能技术服务中心和佛山市石湾建筑陶瓷厂研制成功燃重油辊道窑的微机控制技术。1988年，新疆建材陶瓷厂自行开发出电热辊道窑，用于快烧彩釉砖。1991年，中国建筑材料科学研究院陶瓷所和唐山轻工业机械厂研制成功微机控制的FRW2000单层辊道窑，用于自贡墙地砖厂。其后，各窑炉公司大量生产陶瓷砖用辊道窑。到90年代末，辊道窑已取代了其他所有的窑型，使陶瓷砖的生产实现了烧成辊道窑化。20世纪末，辊道窑的长度最长的达400多米。2010年科达、摩德娜、中窑、鑫信等公司制造出窑宽3.0～3.2m的宽体辊道窑。现在，摩德娜、科达等公司的辊道窑已大量出口到印度、越南、泰国、印尼、美国等国家。

1990年，佛陶集团彩洲陶瓷厂引进意大利莫里公司的卫生瓷辊道窑（54m×1.4m）投产。1994年，石湾建陶厂引进卫生瓷辊道窑。2001年，河南新郑市大根陶瓷有限公司建成国产第一条78m×1.5m卫生陶瓷燃气辊道窑。近年来，新郑欧普和禹州欧亚公司先后建成90m×2.10m气烧辊道窑。河南卫生瓷辊道窑技术走在了全国的前列。

四、梭式窑

梭式窑又叫抽屉窑，属间歇式窑炉，具有容积可大可小、烧成制度灵活性大等优点而得到广泛使用。1974年，由淄博市硅酸盐研究所、淄博瓷厂、博山陶瓷厂共同设计的全国第一座以轻柴油为燃料的快速自动烧成$6m^3$梭式窑在淄博市硅酸盐研究所建成。1979年，江西省陶瓷公司自行设计建造成功全市第一座$5m^3$油烧梭式窑。1987年，景德镇窑具厂从英国阿克米-玛尔斯公司引进了一座气烧梭式窑，用于生产碳化硅棚板、薄壁人工合成莫来石质匣钵等轻质窑具。1988年，汕头特区建业陶瓷公司从日本引进了我国第一座液化气自吸式烧嘴的砖棉结构梭式窑。1991年，江西省陶瓷研究所窑炉组对汕头引进窑炉进行了消化吸收，设计出砖棉混合结构的液化气梭式窑，销往全国。

在建筑卫生陶瓷行业，梭式窑主要用于卫生陶瓷修补后的重烧和彩烧，也可用于卫生陶瓷的一次烧，一般使用气体燃料。2002年，佛山安然热工窑炉设备公司制造的$55m^3$全自动脉冲燃烧梭式窑在四川泸州兴达洁具厂使用。2004年，广东伊丽卫浴设备公司$180m^3$自动控制梭式窑投产，年产卫生陶瓷75万件。同年，潮州新高陶瓷窑炉研究所制造的$150m^3$自动控制梭式窑在潮州梦佳卫生瓷厂投产，兴中信窑炉公司在潮州建成$90m^3$梭式窑用于烧成卫生瓷。

近20多年来，我国自行设计建造的液化气梭式窑已在各地（尤其是景德镇与潮州地区）的陶瓷企业得到广泛应用，用于日用瓷、陈设艺术瓷和卫生瓷的烧成。2006年，潮州的梭式窑总容积达5万立方米，卫生瓷年产量的约90%用梭式窑烧成。

20世纪80年代初，电瓷行业从国外引进了高速烧嘴间歇式梭式窑，使电瓷的烧成条件得到极大改善。80年代中后期，我国完成了高速烧嘴间歇式梭式窑的国产化工作，燃料主要为城市煤气、发生炉煤气、天然气、液化气、重油等。目前，国内电瓷业已有上百座这种窑炉在使用。

第四节　陶瓷产品深（冷）加工技术及装备

建筑卫生陶瓷产品和精细陶瓷产品常常需要对烧成制品进行机械冷加工。建筑卫生陶瓷产品的冷加工是生产抛光砖产品和高中档卫生瓷不可或缺的工序。

20世纪80年代末，我国潮州引进意大利抛光生产线，生产出国产第一块抛光砖。随后，抛光砖成为附加值高、市场畅销的产品。一些陶瓷机械制造企业开始研制抛光线机械，供应陶瓷生产企业厂。

1992年6月，海源石材机械厂（海源自动化机械股份有限公司的前身）李良光开始进行"瓷质墙地砖镜面化研究"。1993年2月，第一条国产CMX600型瓷质墙地砖磨光生产线在福州诞生。在1993～1995年间，先后为上海、浙江、广西、广东、河北、江西等地企业提供了生产线，产品获第五届全国新产品新技术博览会金奖。1996年，科达公司开始研制墙地砖抛光线机械，2002年，开发出KPX（A）型"巨无霸"抛光线，日加工量达5000 m^2，可谓"世界之最"。2004年，科信达公司开发出具缓冲作用的抛光机新型磨头。2005年，科达公司和新中源集团联合制造出KMX纳米超洁镀膜（超洁亮）生产线。随后，科达公司推出GB系列干法磨边线和KD333抛光线；科泰公司推出一代、二代超霸单摆式刮平节能粗抛机；科信达公司推出超薄板磨抛机和剃刮式刮平定厚机；华夏中心和能匠机电公司推出节能速效陶瓷铣平机。

2010年，科达公司研制出自适应磨头技术抛釉机，世界首创T型抛釉磨块。同年，佛山能匠机械公司抛釉机弹性磨块技术获国家发明专利。此外，石湾科信达陶瓷设备公司的KYP型圆弧抛光机、佛山陶宝机械厂的连续切砖机均具特色。南京大地公司、佛山永达公司、科达公司等开发的系列水刀可完成任意复杂形状的切割，这些设备填补了国内空白。

到目前为止，我国已形成了科达、科信达等磨边抛光线机械生产的龙头企业和奔朗等磨具专业生产厂，可生产各种性能优良、具有自主知识产权的抛光砖生产工艺设备，使我国抛光砖设备制造水平达到世界领先水平。

为了提高卫生陶瓷安装面的平整度，咸阳陶瓷研究设计院设计制造出坐便器、洗面器用XMJ-B型洁具修磨机；唐山贺祥集团公司生产出HX150型平面研磨机、PY400大平面研磨机和台盆修磨机；佛山华鹏机械设备公司生产出隧道式打磨机、仿形半自动打磨机等专用机械等，促进了卫生陶瓷档次的提高。

第五节　陶瓷生产管理与环境治理技术

一、生产管理技术

我国陶瓷生产一直是采用经验管理，管理比较薄弱。20世纪80年代中期，国外独资陶瓷企业和中外合资陶瓷企业的出现，带来了全面质量管理、4S管理等国际先进的生产管理技术。此时，北京陶瓷厂从日本TOTO公司引进技术，进而与TOTO办合资企业，带进的管理文件和技术资料数以吨计。合资的北京东陶公司的管理技术在业内领先，成为标杆。

1987年，国际标准化组织（ISO）颁布了世界上第一套管理系统标准——ISO 9000族"质量管理与质量保证"标准，取得成功。1992年，我国等同采用了这套标准，然后又等同采用了1994和2000版新标准，转化为国家标准，在全国推行。我国众多陶瓷企业也参与咨询、学习、贯彻和实施GB/T 19000—ISO 9000系列标准，建立质量体系，在质量管理中实施体系文件，获得质量体系认证和产品质量认证通过，在产品质量管理得到明显提高。继1994年唐山卫生陶瓷厂首先通过9000认证后，高中端陶瓷厂基本上都通过了9000认证，而更多的陶瓷企业则尚未通过9000认证。在质量系统管理上，我国陶瓷企业有待于进一步提高。

1993年6月，国际标准化组织（ISO）成立了ISO/TC 207环境管理委员会，正式开展ISO 14000系列环境管理标准的制定工作，我国是成员国之一。1996年6月，颁布了ISO 14001：环境管理体系——规范及使用指南，这是ISO 14000系列标准中的主体标准。1996年9月，我国转换为国家推荐性标准。

2004年11月，新版ISO 14001正式发布。冠军陶瓷公司是建筑卫生陶瓷行业中首家通过ISO 14001认证。到目前为止，我国仅有30多家建筑卫生陶瓷生产企业通过认证。

我国在"十五"计划中，对节能提出了具体要求。许多陶瓷企业确定了节能目标，并实施节能规划。新中源等企业组织开展能源审核工作，通过审计工作，明确企业能源消耗结构、主要产品能源消耗指标，做出能源利用效果以及节能潜力分析，提出节能技术改造方案及建议，推进了节能工作。

21世纪初期，按照国家以信息化带动工业化，以工业化促进信息化，走新型工业化道路的要求。陶瓷行业把微机技术和信息化技术用于管理，采用微机和可编程控制器（PLC）实现装备的自控与生产过程自控。在产品研发、设计、生产控制、检测、处理等过程中，采用计算机辅助设计（CAD）、计算机辅助制造（CAM）、生产过程控制（PPC）和计算机集散控制系统（DCS）。利用信息技术促进管理，实现决策的网络化、智能化和科学化。

2002年，广州圆方计算机软件公司开发的"电子样板间"系统，可在电脑荧屏上让顾客身临其境地观看墙地砖铺设、洁具安装后的三维实景效果，得到陶瓷企业销售部门的广泛使用。2004年，佛山昊远科技公司开发的电子样板技术，能准确表达瓷砖的花纹、质感、光泽，使陶瓷企业与经销商间能瞬间完成瓷砖样板传递。2006年，科达等企业建立内部网络，实施企业资源计划（ERP），将物流、资金流、信息流这三大资源进行全面集成管理，对生产过程的各种信息以及人力资源、物资、财务、计划、销售、库存、售后服务的信息及时采集、处理、传输、存储和应用。在此基础上建设企业外部网络，建立企业形象及信息的对外宣传窗口。

电子订货（EOS）、电子支付（EPS）及物流配送等电子商务（EC或EB）也越来越广泛地应用于陶瓷的营销，逐步实现电子数据交换（EDI），并与国际接轨，使我国陶瓷业的管理技术进入信息化时代。

二、环境治理技术及措施

陶瓷业属"窑业"，其生产过程会产生粉尘、烟气、污水、废渣、噪声等环境污染。进入机械化、工业化生产时期，随着产量的提高，陶瓷生产的污染日益严重。

20世纪60年代，景德镇作坊式的陶瓷生产车间多集中在弄堂内，造成市区严重环境污染。70年代，景德镇的陶瓷生产以煤炭为主要能源，成为我国典型的煤烟污染城市。80年代初开始，景德镇采用新技术、新工艺、新设备，改变能源结构，实施技术改造综合治理环境，经过多年治理，环境状况得到根本好转。

20世纪80年代中期，市场拉动使建筑卫生陶瓷新企业大量涌现，广东、福建、浙江、山东的中小型建筑卫生陶瓷企业快速发展，许多日用陶瓷企业也转产建筑卫生陶瓷。这些企业普遍采用匣钵装烧的燃煤土窑、倒焰窑和多孔窑，造成环境污染严重。例如，福建晋江磁灶镇企业众多、烟囱林立，造成黑烟蔽天的景观。浙江温州、山东淄博也是如此。大气污染问题日益突出。1993年，泉州市政府开始对建陶企业烟尘污染进行全面治理，淘汰落后的生产工艺，以喷雾干燥制粉取代泥饼烘干打粉，以燃油辊道窑取代燃煤土窑，成效显著。

20世纪80年代，佛山的建筑卫生陶瓷产业以国企"佛山陶瓷工贸集团公司"为中心发展起来。基本采用引进和消化吸收制造的压机、辊道窑以及国内开发的大球磨机、喷雾干燥器，以轻、重柴油为燃料，环保问题尚不突出。90年代初，陶瓷砖的生产企业从石湾扩展到南庄的乡镇企业，生产技术日趋成熟，瓷砖厂的数量激增。1998年，佛山的小塘、官窑一带新增200多条民营陶瓷砖生产线。至21世纪初期，有300多个陶瓷砖厂、1000多条生产线，集中分布在佛山的石湾、南庄、三水、小塘等地，造成大气污染严重。为此，2004年，佛山政府出台和实施《陶瓷企业废气污染整治方案》。至2007年5月，禅城区在用喷塔199座，完成治理197座；窑炉改烧二段发生炉煤气、增设烟气脱硫装置，环境问题明显好转。与此同时，佛山的许多陶瓷企业迁移到清远，由于产量巨大、企业过于集中，使清远又出现了严重的环境污染。2009年，清远政府开始进行以环保改造为中心的"绿色陶都"建设，效果显著。佛山制造的陶瓷砖约60%为抛光砖，抛光工序会产生大量含废渣的废水。现均已建设了废水处理站循环处理，实现了废水的零排放。回收的大量抛光废泥则用于制造轻质陶瓷砖、免烧砖等。

1998年，山东淄博拥有各类工业窑炉1300座，大多烧煤，用于生产建筑陶瓷、日用瓷、玻璃马赛克、耐火材料等。燃煤量占全市20%，污染面达50%。1998～2000年，政府投入2亿元，限期治理煤烧窑，治理2300条窑，拆除600条，停产治理400条。2001年，投资2.92亿元，实施绿色建材工程，推行清洁燃料技术改造，拆除1000多条煤烧窑及其他落后窑炉，使窑炉尾气达标排放。2005年8月，淄川区投资1240万元，建设占地10亩，年处理能力20万吨的含酚废水集中处理厂（一期），2006年3月建成并投入使用。山东另一瓷区临沂市罗庄区于2007年6月提出年底前消除103家陶企废水污染，2010年达到污水零排放，粉尘、有害气体达标排放的清洁生产目标。

广东潮州瓷区的卫生陶瓷产量占全国总产量的35%以上，此外，还生产大量日用陶瓷和陈设艺术瓷，但其环境依然青山绿水。主要原因，一是成形用注浆和塑压法；二是采用清洁燃料，均用液化气或天然气；三是原料专业化，淘洗后经压滤成泥饼出售给陶瓷企业。但随着生产的发展，每年产生近10万吨的废瓷，成为环境污染因素。为此，广东省枫溪陶瓷研究所与潮州四通公司于2003年联手成立"潮州绿环陶瓷资源综合利用公司"，建设废瓷处理厂，将日用瓷与卫生瓷的废瓷经分类、粉碎，再制卫生瓷，可年消化废瓷2.8万吨。

2005年以来，由于环境问题，佛山、淄博、泉州等老瓷区的大量陶瓷企业外迁，催生了肇庆、河源、法库、高安、丰城、岳阳、鹤壁、阳城等新陶瓷产区的形成，这些产区都设定一定的环保门槛，且门槛越来越高，使产业转移不致成为污染转移。

我国陶瓷工业走了一条先污染、后治理之路。20世纪90年代，国家开始推行国际ISO 14000环境管理体系认证；2002年全国人大审议通过了《中华人民共和国清洁生产促进法》，并于2003年1月1日起实施；2004年5月1日起，对瓷质砖的放射性进行强制认证（3C认证）；2006年，国家环保总局制定了陶瓷砖和卫生陶瓷的《环境标志产品技术要求》，开始陶瓷的环境标志产品认证；2007年，制定《陶瓷行业清洁生产评价指标体系》，开始组织陶瓷企业清洁生产审核。目前，我国陶瓷企业的环境污染状况已得到了极大的改善，产业发展前景美好，然而要保持良好环境依然任重道远。

第六节 陶瓷产品的标准化

世界近代标准化始于18世纪末，蒸汽机和纺织机带动了大机器工业生产，促使标准化发展成为有明确目标和系统组织的社会性活动。

1931年12月，国民政府正式成立了工业标准委员会，又相继成立了一些专门标准起草委员会，但直到1944年6月才首次颁布了《等比标准数》、《标准直径》和《工业制图》三个标准。1946年，我国作为国际标准化组织发起国之一，参加了国际标准化组织。1947年3月，改组工业标准委员会，成立中央标准局。1947年6月，中央标准局共颁布171个标准，但其中没有建材类标准。

1949年10月，在中央政府政务院财政经济委员会的中央技术管理局中设立了标准规格处，专门负责工业生产和工程建设标准化工作。

1956年，我国成立了国家技术委员会标准局。1962年，国务院颁布了《工农业产品和工程建设技术标准管理办法》。1963年4月，召开了第一次全国标准计量工作会议，制定了标准化十年发展规划，确立了国家标准、部颁标准和企业标准三级标准体系。当时的标准主要是与工业生产有关的产品标准和工艺过程标准。

在百年陶瓷史中，标准化经历了从无到有，从少到多，从点到面，从低到高的发展过程。

一、瓷绝缘子产品标准化

1953年，我国开始绝缘子标准化工作。从苏联引进10项线路瓷绝缘子产品标准，包括盘形、悬式和针式等。1956年，这些标准经中央相关部委（电力、铁道和邮电等）审定，由一机部发布为部颁技术条件，编号ODD.528.000～009－56。

1961～1963年，制定的标准主要解决产品品种发展的需求，并参照采用国际标准中适应我国生产技术水平的内容。

1964年，修订标准10项。将瓷件技术要求按照高压和低压分类，制定了高压绝缘子瓷件技术条件和低压绝缘子瓷件技术条件2个国家标准；把各标准中相同的试验方法归并，单独制定试验方法国家标准。

1966～1967年，制定10kV横担、户外实心棒形支柱、电容式套管通用技术条件等4个部颁标准，1966～1968年制定陶瓷灭弧罩标准。其后至1971年，因"文革"干扰，标准制修订基本停顿。

"文革"中因绝缘子产品质量下降造成电力系统事故频发。为此，从1971年底开始，组织行业力量分线路、电站、试验方法和瓷件外观集中修订10项瓷绝缘子国家标准，1977年基本完成修订工作。

1976～1980年期间，制定和修订标准26项，其中国家标准16项，包括制定瓷材料标准。1981～1985年期间，集中对基础标准的制定和修订，解决标准上水平的问题。80年代后期至2000年，围绕积极采用国际标准的方针，再次对瓷绝缘子国家标准进行新一轮的修订。2000年以后，按照等同或修改采用国际标准的原则，再次全面修订瓷绝缘子国家标准，基本实现了国家标准体系与国际标准体系接轨。

我国是国际电工委员会（IEC）绝缘子技术委员会（TC36）及其分技术委员会的参加（P）成员，从1974年起西安电瓷研究所代表中国对口负责IEC/TC 36及其分技术委员会的工作，包括对组织讨论、提出意见、参加会议和工作组。1985年7月，原国家标准局指定西安电瓷研究所为国际电工委员会绝缘子技术委员会（IEC/TC 36）国内对口单位。

1986年底，经原国家标准局批准，成立了全国绝缘子标准化技术委员会，秘书处设在西安电瓷研究所（2009年合并进入西安高压电器研究院）。

我国绝缘子标准历经全盘照搬前苏联标准到结合我国实际，有选择地采用国际标准和国外先进标准，基本建立了我国的绝缘子标准体系，包括术语和定义、产品、瓷材料、试验方法、附件等。到2010年，共有现行瓷绝缘子及相关标准68项，其中国家标准38项、部颁标准30项。

二、建筑卫生陶瓷产品标准化

1963年，我国开始着手制定建筑卫生陶瓷专业标准。1965年，国家基本建设委员会发布了建筑卫生陶瓷领域的第一个标准《卫生陶瓷包装》（JC 75—65），打破了建筑卫生陶瓷标准的零记录。1967年，国家基本建设委员会发布了《卫生陶瓷》（JC 131～138—67）、《釉面砖》（JC 200—67）和《锦砖》（JC 201—67）等一批部颁标准。1975年，国家基本建设委员会发布了《卫生陶瓷》（JC 131—75）、《釉面砖》（JC 200—75）和《锦砖》（JC 201—75）三项部颁标准，其中《卫生陶瓷》（JC 131—75）是由河北省建筑工程局提出，唐山建筑陶瓷厂起草，代替了（JC 131～138—67）。此时，建筑卫生陶瓷专业领域只有4项部颁标准，标准化所涉及和品种只有三个。这4项标准是我国第一批建筑卫生陶瓷标准，与我国第一件卫生陶瓷和第一片陶瓷砖的产生相差了半个多世纪。至此，我国初步建立了建筑卫生陶瓷近代标准化体系。

1977～1988年，我国建筑卫生陶瓷标准化工作取得了长足的进步，标准总数由4个发展为26个，其中国家标准25个、部颁标准1个。初步构建了一个立体多方位的建筑卫生陶瓷标准化技术体系，标准化涉及纵向和横向的产业链。

1989～1998年，完成了专业领域内标准的清理整顿，把最初的部颁标准全部转化为国家标准或行业标准，把9项国家标准转化为行业标准，完善了一批方法标准，发布了第一个能耗限额标准。标准总数由26项上升为40项，其中国家标准21项。

1999～2010年，现行标准已由40项发展56项，其中国家标准36项，行业标准20项，基本完成了本专业领域的标准化体系框架的建设。建筑卫生陶瓷专业领域的标准化整体水平达到了国际先进水平。

2000年，成立专业标准化技术委员会。国家质量监督检验检疫总局批准成立了首届全国建筑卫生陶瓷标准化技术委员会TC249，秘书处设在咸阳陶瓷研究设计院。

三、日用陶瓷产品标准化

1963年，轻工业部陶瓷处组织专家学者和各主要产瓷区陶瓷公司的代表，参照捷克《日用瓷器》CSN 725510标准，结合我国陶瓷生产状况，分别制定了《日用瓷器》QB 360—64和《日用陶瓷缺陷术语》QB 361—64两项部颁标准，并于1964年颁布实施，其他产品参照这两项标准执行。从此，中国日用陶瓷有了统一的部颁标准。

1981年，国家轻工业部委托中国轻工业陶瓷研究所为日用陶瓷专业标准化技术归口单位，并批准成立了全国日用陶瓷标准化中心，全面主管我国日用陶瓷标准化工作。全国日用陶瓷标准化中心制定了日用陶瓷标准化长远规划，制定了日用陶瓷标准体系，加速标准的制定、修订。从此日用陶瓷标准化工作进入快速发展轨道。同年，全国日用陶瓷标准化中心向国家技术监督局申报了当时急需的九项日用陶瓷国家标准项目。各标准的起草单位把经由全国日用陶瓷标准化中心严格审查修改后的草案发给各产瓷区陶瓷企业、陶瓷研究所和有关的高等院校及专家广泛征求意见。1982年，轻工部主持召开了标准审定会，并同年颁布实施，填补了中国日用陶瓷无国标的空白。这九项标准是《日用陶瓷器光泽度测定方法》（GB 3295—82）、《日用陶瓷器透光度测定方法》（GB 3296—82）、《日用陶瓷器釉面维氏硬度测定方法》（GB 3297—82）、《日用陶瓷器热稳定性测定方法》（GB 3298—82）、《日用陶瓷器吸水率测定方法》（GB 3299—82）、《日用陶瓷器变形测定方法》（GB 3300—82）、《日用陶瓷器的容积、口径误差、高度误差、重量误差、缺陷尺寸的测量方法》（GB 3301—82）、《日用陶瓷器验收、包装、标志、运输储存规则》（GB 3302—82）和《日用陶瓷器缺陷术语》（GB 3303—82）（由QB362—64行业标准修改补充为国家标准）。

2008年，组建成立日用陶瓷标准化技术委员会，取代全国日用陶瓷标准化中心，其秘书处仍设在中国轻工业陶瓷研究所。全国日用陶瓷标准化技术委员会对口的国际标准化组织是ISO/TC166与食物接触的陶瓷制品、玻璃制品、玻璃陶瓷制品技术委员会及ISO/TC166/SC1与食物接触的陶瓷制品毒性物质释放分技术委员会。日用陶瓷标准化技术委员会的成立为更好地开展国内外标准化工作和争取国际标准化组织ISO/TC166的秘书处设在中国创造了条件。

2009年，按照《国民经济行业分类》（GB/T 4754—2002）的要求，全国日用陶瓷标准化技术委员会把当时归口的95项标准（其中国家标准43项，行业标准52项）进行了整理和分类，完成了标准体系表和标准体系框架等，把这95项标准依照标准的类别暂时分为基础标准、产品标准、方法标准、安全标准、节能标准等6个类别。

截至2010年，全国日用陶瓷标准化技术委员会归口日用陶瓷标准共95项，其中国家标准43项，行业标准52项。国家标准中产品标准15项、方法标准22项、基础标准3项、安全卫生标准3项；行业标准中产品标准21项、热能标准7项、方法标准24项。

四、工业陶瓷产品的标准化

1992年，国家质量技术监督局批复成立全国工业陶瓷标准化技术委员会。全国工业陶瓷标准化技术委员会是在工业陶瓷领域内从事全国标准化工作的技术性工作组织，负责工业陶瓷技术领域的标准化技术归口工作。业务上与国际标准化组织ISO/TC206对口，委员会秘书处设在山东工业陶瓷研究设计院。

1993年起，先后审议通过了《蜂窝陶瓷》、《玻璃水平钢化辊道窑用石英陶瓷辊》、《化工陶管及配件》、《排水陶管及配件》4项行业标准及《多孔陶瓷产品通用技术条件》、《工程陶瓷试验方法》、《陶管试验方法》等5项国家标准。2004～2005年审议通过了《耐温耐酸砖》、《辊道窑用陶瓷辊》2项行业标准以及《工程陶瓷弯曲强度试验方法》、《工程陶瓷压缩强度试验方法》、《工程陶瓷弹性模量试验方法》《精细陶瓷粉体颗粒尺寸分布测试用样品的制备》4项国家标准。2007～2009年，先后审议通过32项标准，其中包括《氧化锆老化性能测试方法》、《硅钼棒》、《介孔材料吸附容量检测方法》、《无机非金属材料的热分析-质谱同时联用测定方法》、《铌镁钛酸铅（PMNT）压电单晶材料》、《耐磨氧化铝球、衬砖》、《太阳能多晶硅铸锭用石英陶瓷坩埚》、《玻璃钢化辊道窑用石英陶瓷辊》、《碳化硅特种制品 反应烧结碳化硅板》、《钛酸钾（钠）陶瓷晶须》、《陶瓷晶须形貌质量检验方法》、《齿科精细陶瓷可加工性检测方法》、《氟化铅（PbF$_2$）晶体》、《高能粒子探测用掺铊碘化铯晶体》、《透光性精细陶瓷透过率透过率的测试方法》、《陶瓷金卤灯半透明氧化铝管》、《贵金属熔炼用氧化锆陶瓷》、《钨酸铅闪烁晶体》等18项行业标准。以及《耐酸砖》、《精细陶瓷线热膨胀系数试验方法》、《精细陶瓷高温弯曲强度试验方法》、《精细陶瓷断裂韧性试验方法——单边预裂纹梁法（SEPB）》、《精细陶瓷体积密度和显气孔率试验方法》、《工业陶瓷及相关术语》、《泥浆泵用金属——陶瓷缸套》、《块体陶瓷室温硬度测试方法》、《陶瓷熔块釉化学分析方法》、《精细陶瓷分类系统》、《精细陶瓷块体室温拉伸强度测试方法》、《日用氧化锆陶瓷餐刀》、《蜂窝陶瓷》、《氧化铝耐磨陶瓷复合衬板》14项国家标准。

2008年以来，在参与国际标准化工作方面取得进展。在2008年国际标准提案"Fine ceramics（advanced ceramics, advanced technical ceramics）——Test method for interfacial bonding strength of ceramic materials"获得立项，2009年组织申报2项新的国际标准提案"Fine ceramics（advanced ceramics, advanced technical ceramics）——Test method for interfacial bonding strength of ceramic materials evaluated temperature"和"Fine ceramics（advanced ceramics, advanced technical ceramics）——Test method for antimicrobial performance of semiconducting photocatalytic materials under visible light"。

2009～2010年，编制工业陶瓷标准体系表。

第七节　中国陶瓷工业装备状况实例（20世纪80年代）

20世纪中期，陶瓷工业发展水平最高的还是在经济发达国家，如美国、英国、德国、意大利、日本等国家，说明陶瓷业需要先进技术的支持。

80年代，中国日用陶瓷、建筑卫生陶瓷、电瓷生产用机械设备来源于四个方面：通用机械厂生产的，如风机、运输机等；陶瓷机械厂生产的专用机械，如球磨机、真空练泥机等；

陶瓷生产厂自制的；从国外购进的。其中包括全国20多家轻机厂和陶机厂、为陶瓷厂服务的4家设计院、附属于轻机厂或陶机厂的3家陶机研究所，从事陶机生产约15000人，其中技术人员约占2%～2.5%。专用机械年产量约12000～15000t。表2-1粗略地列出了国内主要陶瓷机械产品的现状。

表2-1 中国陶瓷机械产品状况（1984年为止）

序号	产品名称	品种数目	主要产品规格（系列）的数量	等级水平
1	球磨机	42	10 最大规格为7～8吨/次	国内一般水平
2	电磁除铁器	7	3 磁场强度<1200Gs（高斯），生产能力10t/h	国内先进水平
3	泥浆筛	7	200～220目多层不锈钢振动筛等3件	部分达到国内先进水平
4	轮碾机	10	3	有干碾机、水碾机等，一般水平
5	泥浆泵	29	3 流量0.3～9m³/h，压强2.45MPa	部分接近于引进的同类产品水平
6	螺旋搅拌机	16	桨叶最大直径750cm，最大容量10立方米/次	国内一般水平
7	压滤机	20	3 滤片最大规格φ800mm，出料含水率18%～25%，产量0.1～2吨/次	国内一般水平
8	真空练泥机	17	3 挤出螺旋最大直径800mm	个别仿型产品接近引进机的水平，其余为落后或一般水平
9	喷雾干燥机	3	3 500kgH₂O/h、1000 kgH₂O/h、2000 kgH₂O/h	国内先进或一般水平 热耗值约3762～4180 kJ/kgH₂O
10	滚压成形机	19	6 包括环、碗、盘类、品锅类、联合机等成形机	大部分为国内一般水平
11	摩擦压力机	13	6 公称压力级为15t、30t、60t、100t、160t、300t	国内一般水平
12	注浆机	4	4 管道压力注浆和立式注浆、注浆单机、注浆流水线	国内一般水平
13	干燥机	8	3	一般水平
14	石膏真空搅拌机	4	1 产量为10～16升/次，真空度<93.1kPa	国内先进水平
15	制缸机	4	4 成形直径为700～1200mm缸坯	国内一般水平
16	施釉机	3	3 面砖的喷釉、淋釉	国内一般水平
17	专用机械的其他产品还有窑车、推车器等窑炉附属机械设备、压塑成形机、抛光机、模具等共30多种			

注：本表资料来源于《中国陶瓷机械设备年鉴》、《陶瓷产品鉴定》和社会调查。

以上具体数字表明：

（1）国内陶机产品的结构分布是极不合理的。在列出的约236个品种中，原料制备机械占63.98%，成形机械占18.6%，许多产品，特别是那些发展新技术和新产品所必需的关键设备，如大吨位的粉料压力成形机、节能窑炉、彩印、装饰、包装等设备几乎是空白的。

（2）产品型号、规格重叠，各地相互模仿的多，规格系列少，新产品少。以球磨机为例，几十年来，各家生产的机都是0.5吨/次、1吨/次、1.5吨/次、2.5吨/次、3吨/次加料量几个品种，而1983年，全国各主要陶机生产厂都不约而同地生产5吨/次球磨机。我国的泥浆泵生产几十年来基本是NB系列和K系列，直到从国外引进了样机之后，才出现了一个YB系列（陶瓷柱塞泵液压传动泥浆泵），解决了低水分榨泥，压力式喷雾干燥工艺生产的泵源问题。

（3）绝大部分产品的技术水平属中低档，难以适应陶瓷厂发展新工艺、新产品、节能等对陶机产品提出的要求。

例如我国每年生产的2000多万平方米墙地砖，大部分是用30t、60t摩擦压力机成形的，产品规格少，劳动条件差，劳动强度大，效率低，因为我国还不能生产大吨位的压砖机。

（4）陶机产品的成套匹配性能差。例如，一个生产面砖的大厂扩建日产3000m^2制品产量工程。以泥料细磨一项，由于没有大型球磨机可供选样，则需20台2.5t的机，配用功率达600kW，需用500m^2以上的基建面积，即是用一个球磨机群，而改用16t机的话，则可选4台，装机容量350kW左右，基建面积缩小一半以上，也方便于管理，从中收到明显的经济效益。

（5）能耗指数大。从部分陶瓷厂的测定中知，目前各厂的能源利用率在18%以下。

（6）缺乏陶瓷机械的基础研究、测试手段和科研实验室用陶机产品。

（7）缺乏一套行之有效的产品技术性能指标标准和产品管理政策，结果是制造厂的产品卖得出，使用厂基本能用，就得过且过；产品鉴定由于缺乏科学依据和要求标准，加上参加会议的人员学术水平不高，许多时候也流于形式或走过场。

（8）忽视陶机的维修保养、技术服务的重要性，普遍存在"只用、不保、不修"的现象。

由上分析，中国的陶机生产可归纳下述状况：

（1）解决了繁重的体力劳动，为陶瓷的文明生产提供了条件。

（2）解决了"靠天吃饭"的问题，干燥机、连续窑具等的使用，使人们能按主观意志掌握生产。

（3）能生产中、低档产品的单机。装备具有国内一般水平的陶瓷厂。

（4）在国内靠近各大瓷区建立了陶瓷机械厂和轻工机械厂。

（5）有一支陶机设计制造和调试使用技术队伍，但素质不高，迫切需要新知识、新技术的学习。

日用陶瓷工业引进的有泥浆泵、压滤机、真空练泥机、泥浆筛、除铁器、液压成形机、隧道窑、施釉机、抛光机、丝网印刷机、石膏真空搅拌机等，它们分布于江西景德镇、邯郸、山东淄博、湖南等几个瓷区。

建筑卫生陶瓷工业这几年分别从日本、西德、意大利引进了各种类型的压砖机、泥浆泵、施釉自产线、包装线、辊道窑、干燥器，以及从原料到包装的整条墙地砖生产线。

电瓷工业目前主要是引进大型真空练习机。

现以建筑陶瓷业从国外引进的已经投产的一条年产30万平方米彩釉砖生产线和国产装备

起来的同等产量的生产线的基本性能进行分析比较（见表2-2）。

表2-2　国内外年产30万平方米彩釉砖生产线基本性能比较

项目		国外装配线	国内装配线
工艺流程		原料→球磨→过筛→喷雾→干燥制粉→贮料仓→自动压机→成形→辊道干燥→施釉→印花→辊道窑烧成→叠砖机→分级→包装	原料→球磨→过筛→榨泥→泥并干燥→轮碾打粉→贮料仓→手工压力成形→干燥→施釉印花→隧道窑烧成→分级→包装
占地面积		4500m²	9000～10000m²
车间布置		层次平面布置，不分车间，便于监视、管理	流通多个车间、噪声、粉尘，工艺线路长
生产周期（烧成）		烧成时间60～70min	25～40h
能耗/（kJ/kg制品）		4180	12540～16720
操作管理人员数		30	200
主要机械设备	球磨机	1～2（16t）	8（2.5t）
	制粉机	一台喷雾干燥机	需要干燥、轮碾、过筛
	压砖机/台	1～2（500～600t）	7～8台手动压砖机
	烧成窑炉	一座辊道窑（60～70min）	一座隧道窑（25～40min）
	彩印线	一条施釉自动线	手工印刷、自动施釉
产品一级率		85%以上	60%左右
产品规格		可制8寸砖	制6寸砖

表2-2表明，装备的技术水平对发展新产品、提高质量、简化工艺流程、节能减耗、实现文明生产、建立科学的管理等多方面起着重要的作用。

第三章 陶瓷教育、科技、学术、行业管理机构及媒体

本章记述了我国陶瓷教育、陶瓷科学研究、技术开发及工程应用的发展历程。重点介绍了相关的高等院校和研究设计院所；记述了我国陶瓷学术团体、行业组织的发展历程，包括相关的学会、协会及商会；记述了我国主要陶瓷媒体的发展历程，包括相关的陶瓷杂志、陶瓷报纸、陶瓷DM及陶瓷网站等。

第一节 陶瓷教育、人才培养与科研设计

陶瓷工业的发展与现代化，既离不开工艺技术和装备，更需要有一大批工艺技术人才、工业应用人才和艺术创作人才。人才的培养对于事业的继往开来和发扬光大是至关重要的。现代陶瓷人才的培养主要是通过技术教育和艺术教育达成的。本节将对百年来这两类教育机构及其专业的设置和主要的科研设计院（所）等分别进行记述。

一、中国陶瓷教育发展概述

1949年以前，我国的大学教育多是欧、美的教学制度，走的是通才教育的道路。如化学工程系只设立一个化学工程专业，它覆盖了化学方面的所有专业。特点是基础知识比较宽泛扎实，专业课程较少，以适应化学各行业人才的需求。所以，从事陶瓷行业的技术人员几乎都是化学工程系的毕业生。以后，我国的高等教育完全按照苏联的模式进行改造。1952年，范围内高等院校院系大调整，按照专业重新合并构建，成立新的院校。以江苏南京地区为例，将南京大学（原中央大学）、金陵大学和金陵女子文理学院等大专院校中的文科和理科合并到南京大学，工科合并后成立南京工学院，还将某些相关的专业合并成立了南京农学院、南京林学院、南京航空学院、南京水利学院、南京邮电学院、南京艺术学院、南京医学院和南京药学院等院校。同年，教育部和国家各有关部委确定设立硅酸盐专业的院校有南京工学院（化工系的水泥和陶瓷专业）、华南工学院（化工系的陶瓷和水泥专业）、天津大学（化工系的耐火材料专业）和华东化工学院（玻璃专业），要求当年开始招生。1954～1956年，苏联专家来华指导。1954年，培养出首批工业用瓷专修科毕业生。1958年，培养出第一届陶瓷专业本科毕业生。以后又陆续培养出一批又一批学生，这些本科生在日用陶瓷、建筑卫

陶瓷、化工陶瓷，甚至特种陶瓷等领域发挥了应有的作用。1957年，对高等教育进行调整和改革。

1961年，南京化工学院、天津大学、广东化工学院、华东化工学院、北京轻工业学院、浙江大学、湖南大学等开始编写《陶瓷工艺》、《硅酸盐物理化学》、《硅酸盐热工设备》和《硅酸盐工业机械设备》等8本教材。这是新中国成立以来首次集中全国有关院校的专业教师通力合作编写而成的第一轮统编教材，解决了有、无问题。1962年审定了《硅酸盐教学计划（草案）》，这是在苏联教学计划的基础上，结合我国的实际情况和各院校的教学经验归纳而成的统一教学计划，还制订了《硅酸盐物理化学》等五门课程的教学大纲和大纲说明书（草案），要求解决教材的质量问题。1963年，制订了编写专业教学参考书及辅导用书的规划草案，讨论了教材编审中的共性问题。这批教材直到1975年以后才陆续出版。

1966年，学校停课。1972年开始招收工农兵学员，学制三年。1977年恢复了高考制度，1982年恢复学位制度。

我国近代陶瓷教育始于湖南醴陵、江西景德镇等主要产区。

1905年，熊希龄在醴陵开办湖南官立瓷业学堂，为百年湖南陶瓷的兴旺奠定了基础。

1906年，张浩与康达合作在江西鄱阳创办中国陶业学堂，为景德镇陶瓷生产培养技术人才。1912年，成立江西省立陶业学校，1915年更名为江西省立甲种工业学校，次年设分校于景德镇，定名江西省立乙种工业学校，这是景德镇最早的陶瓷教育机构。1946年7月24日，汪璠等人筹建省立陶业专科学校。

1952年9月，全国大专院校进行院系调整，在华东化工学院、华南工学院、南京工学院和天津大学等院校设置了硅酸盐系或硅酸盐专业并对其专门化进行了划分。1958年，浙江大学化工系设置硅酸盐专业；清华大学新设置建筑材料与制品专业并开始培养研究生。1958年成立的一些隶属于轻工业系统的高等院校，如北京轻工业学院（现陕西科技大学）和景德镇陶瓷学院等也都设置了硅酸盐专业。

目前，按照国务院学位委员会关于学科的划分，原来的硅酸盐专业归入工学类材料科学与工程（一级学科）无机非金属材料专业（二级学科）。全国设置无机非金属材料专业的高等院校已有50所以上。

与此同时，全国各大陶瓷产区也先后创办了省、区级陶瓷中等专科学校及技工学校，形成了高等院校、中等专科、技术教育和多种形式的职工专业教育相结合的教学体系，为陶瓷工业的发展和现代化打下了坚实的基础。

我国陶瓷事业的恢复发展离不开前辈、老师们的不懈努力、耕耘。一代宗师们为重振瓷国，毫无保留地将他们独到的手工技术、宝贵经验、各门派技艺之长传授给下一代艺人，一代名师又将他们的积累承传给青年一代，为当代陶瓷产区培养造就了众多的名师和技艺人才，在中国现代陶瓷艺术的发展和提高过程中起到了承前启后的重要作用。

1949年后，我国发展了现代陶瓷艺术教育事业，改变了漫长历史进程中发源于农耕社会手工业时代，一直沿袭着的古老的家庭作坊条件下，父传子、师徒承传，世代相袭的教育方式。在我国现代陶瓷艺术教育系统中，最为著名的是中央工艺美术学院（现清华大学美术学院）和景德镇陶瓷学院。除了这两所院校以外，随着南北方陶瓷恢复发展和对人才的需求，四川美术学院、浙江美术学院（现中国美术学院）、广州美术学院、无锡轻工业学院、湖北美术学院、鲁迅美术学院等，也相继开办了陶瓷美术专业。与此同时，全国各大陶瓷产区，如唐山、宜兴、长沙、景德镇、广东、湘潭等也先后创办了省、区级陶瓷中专、技工学校，在结构上形成了高等陶瓷美术院系、中等陶瓷美术、技术教育和多种形式的职工专业教育相结合的教学体系。除学制专业教育外，各产区、窑口还选送艺人、业务骨干到高等院校进修和专业培训。院校培养的专业人才，为当代中国陶瓷产区宏观发展，科研、创作的人才建设上提供了资源基础，并已在中国陶瓷事业中发挥着骨干优势。

另外，德化陶瓷职业技术学校，立足于继承和发展地方瓷雕技艺传统基础，加强现代雕塑基础训练和艺术理论教学，对工艺瓷雕开发创新，提高产品工艺质量取得了显著成果，近年来受到企业和兄弟产区首肯。宜兴产区紫砂工艺厂从50年代初发展至改革开放后，多年来在紫砂艺徒培训中不断完善产、学、研一体化的教学机制，为产区职业教育树立了典范。

二、主要高等院校简介

本节简要介绍在传统陶瓷行业（陈设艺术陶瓷、日用陶瓷、建筑卫生陶瓷和电工陶瓷等）专业人才培养方面比较著名的7所高等院校。

1. 华南理工大学

华南理工大学原名华南工学院，组建于1952年。全国高等学校院系调整时期，是以中山大学工学院、华南联合大学理工学院、岭南大学理工学院工科系及专业、广东工业专科学校为基础，调入湖南大学、武昌中华大学、武汉交通学院、南昌大学、广西大学5所院校部分工科系及专业组建而成，1988年改为现名。学校办学历史悠久，作为组建基础的中山大学工学院，源于1931年成立的国立中山大学理工学院；华南联合大学理工学院由1930年成立的私立广东国民大学工学院和1940年成立的私立广州大学理工学院合并而成；岭南大学理工学院可追溯至1930年成立的岭南大学工学院；广东工业专科学校的前身是1918年成立的广东省立第一甲种工业学校，其历史可追溯至1910年清政府创办的广东工艺局。这些院校是我国南方早期培养高级工程技术人才的摇篮和民主科学思想的重要起源地。

华南理工大学作为教育部直属高校、国家首批"211工程"和"985工程"系列的重点大学，教育部批准建有研究生院的56所高校、全国34所研究生入学考试自主划线的高校之一，是我国著名的教育部直属重点大学。我国著名的陶瓷窑炉专家刘振群曾任该校校长。毕业生遍布珠江三角洲和全国各地，成为陶瓷行业发展的重要生力军。

该校的材料科学与工程学院设有高分子材料科学与工程、材料科学与工程（无机非金属材料科学与工程、建筑装饰设计与新型材料、材料化学）、电子科学与技术（电子材料与元器件）等3个本科专业，以及高分子化学与物理、材料物理与化学、材料学、材料加工工程、微电子学与固体电子学、生物医学工程等6个研究生专业和材料工程1个工程硕士专业，设有材料科学与工程、生物医学工程等2个博士学位一级学科授权点和博士后流动站。

2. 湖南大学

湖南大学是历史悠久、声誉斐然的著名大学，现为教育部直属全国重点大学，国家"211

工程"、"985工程"重点建设高校。学校起源于中国古代四大书院之一、创建于公元976年的岳麓书院。历经宋、元、明、清等时代变迁，始终保持着文化教育的连续性。1903年书院改制为湖南高等学堂，1926年正式定名湖南大学。

湖南大学材料学科起源于20世纪初期开办的矿科、窑科和机械科。1943年矿冶学部开始招收研究生。1958年设立硅酸盐工学专业、铸造专业、金属防腐专业和金属物理方向。材料科学与工程学院于2000年12月在原材料学科各专业基础上组建，现是湖南大学师资力量雄厚、科研实力强、实验条件好、学科建设领先的院系之一，是湖南大学"211工程"重点建设单位，湖南大学"985"工程项目参加单位。材料学科是湖南省重点学科。

3.南京工业大学

南京工业大学的前身可追溯到1902年建立的三江师范学堂。三江师范学堂历经两江师范学堂、南京高等师范学校、国立东南大学、国立第四中山大学、国立江苏大学、国立中央大学等历史时期，于1949年更名国立南京大学，翌年定名为南京大学。

1952年，全国高校院系调整，南京大学工学院分出，成立南京工学院。1958年化工系从南京工学院分出，建立南京化工学院。南京化工学院设有专业方向为电瓷的陶瓷专业，许多毕业生成为新中国电瓷行业的企业领导和业务骨干。1981年被国务院批准为首批具有博士、硕士学位授予权单位。1995年4月更名为南京化工大学。1998年7月由化学工业部管理划转归江苏省管理。2001年5月南京化工大学、南京建筑工程学院合并组建成南京工业大学。

南京工业大学材料科学与工程学院，渊源于有百年历史的中央大学化工系。学院拥有一级学科博士点1个，二级学科博士点8个，博士后流动站1个，硕士点5个，本科专业6个，国家级检测中心1个，省部级重点学科2个，省重点实验室、省工程研究中心、省基础实验教学示范中心（建设点）4个，专业系6个，实验中心1个，拥有一批国际先进的大型精密仪器设备，是国内著名的学科点之一，在国内外具有较高的知名度和影响力。

4.武汉理工大学

武汉理工大学是教育部直属高等学校。2000年经国务院批准，由分属于教育部、交通部、中国汽车工业总公司的武汉工业大学、武汉交通科技大学、武汉汽车工业大学三校合并组建，是一所在建材建工、交通、汽车三大行业拥有巨大影响力的著名学府。其中的武汉工业大学的前身是1958年9月由建工部组建的北京建筑工业学院。后几度搬迁，曾先后改名为湖北建筑工业学院、武汉建筑材料工业学院和武汉工业大学。

武汉理工大学是国家首批"211工程"建设的全国重点大学，是国家建设的高水平大学之一，同时还是国家"111计划"，"2011计划"（"高等学校创新能力提升计划"）高校之一。学校在新材料、硅酸盐建筑材料、光纤传感技术、新能源、交通物流、机电汽车、信息技术和资源环境技术领域建有材料复合新技术国家重点实验室、硅酸盐建筑材料国家重点实验室、光纤传感技术国家工程实验室及23个省部级重点实验室。2013年4月10日，英国《泰晤士报高等教育副刊》公布的高校排行榜上，武汉理工大学依靠它强劲的实力跻身亚洲百强。

武汉理工大学材料科学与工程学院设有材料科学与工程、无机非金属材料工程、高分子材料与工程、复合材料与工程、材料物理、材料化学、材料成形及控制工程等本科专业。在教育部第三轮全国高校学科评估排名中，材料科学与工程学科全国排名第五。

5. 景德镇陶瓷学院

我国第一所陶瓷学院——景德镇陶瓷学院是原轻工业部部属学院。1955年11月6日，文化部创办的景德镇陶瓷美术技艺学校开学。1957年5月21日，景德镇市人民政府决定成立江西省陶瓷学校。1958年6月，江西省陶瓷学校更名为景德镇陶瓷学院，专门培养高级陶瓷人才，成为当时我国最重要的陶瓷教育中心。

景德镇陶瓷学院以陶瓷学科为中心，设有陶瓷美术（含陶瓷设计、陶瓷雕塑）、陶瓷工艺、陶瓷材料、陶瓷机械、陶瓷工程等多系科的综合性学院。学院地处传统陶瓷文化产区，发展很快，自20世纪60年代起至今，为景德镇乃至我国陶瓷产区的发展，在艺术、科研、生产的人才建设上，提供了资源基础，在当代中国陶瓷事业发展中，显示出骨干优势。近年来，随着中国陶瓷产业经济的兴旺发展，景德镇陶瓷学院的办院规模在迅速扩大。20世纪80年代以后，改革开放给学院带来新的发展，目前在校本科生、研究生已过万人。仅陶瓷美术学院在校学生已发展到数千人。学院朝着多学科陶瓷大学方向发展。最近几年，学院与欧美国家、日本、韩国等多所著名大学建立校际交流关系，互派教授讲学和互送学生留学，吸收外国陶瓷教育经验，结合中国陶瓷的具体实际，逐步改革建立新的教学体系，在课程设置方面加强培养创造性思维和实践能力，陶瓷教学向传统与现代多元化方向发展。学院建立了中国国家日用建筑陶瓷工程技术研究中心，在广东佛山南庄建立了华夏建筑陶瓷研发中心，改变了产区从事科研、艺术和企业管理人员成分和素质，成为推动现代企业发展潮流的领衔人，在中国现代陶瓷与艺术的发展中发挥着主力军作用。

6. 陕西科技大学

陕西科技大学创办于1958年，时名北京轻工业学院，隶属于轻工业部。1970年内迁到陕西咸阳，改名为西北轻工业学院。1978年被国务院确定为88所全国重点大学之一。1998年划转到陕西省，实行中央与地方共建、以地方管理为主的体制，2002年更名为陕西科技大学。

陕西科技大学材料科学与工程学院于1958年创建，时称硅酸盐系，赖其芳和游恩溥分别出任系主任和硅酸盐教研室主任。专业方向为日用陶瓷、日用玻璃和日用搪瓷，是当时轻工业部属院校中日用硅酸盐专业教学、科研力量最强的院系。1993年改名为材料工程系。2001年定名为材料科学与工程学院。学院具有材料科学与工程一级学科硕士点和材料科学与工程一级学科下设的全部3个二级学科（材料学、材料物理化学、材料加工工程）研究生专业的硕士学位授予权，并可招收工程硕士、同等学力硕士研究生；材料学、材料物理与化学两个学科方向具有博士学位授予权，并设立有材料科学与工程博士后流动站。其中本科专业无机非金属材料工程专业为国家特色专业。

7. 清华大学美术学院

20世纪50年代初期，中央美术学院从北平国立艺专转为学院后，设陶瓷专业。延制陶瓷科。1956年，在周恩来总理的直接指导下，中央美术学院与浙江美术学院两个工艺美术系合并成立中央工艺美术学院（现清华大学美术学院），设置陶瓷美术设计系。当时中央美术学院陶瓷系内集中了国内和从日本、法国、美国回来的著名专家教授，如祝大年、郑可、高庄、梅建鹰和郑乃衡先生，他们带回了国外陶瓷艺术教育方面的经验，结合中国陶瓷文化传统和陶瓷发展的实际，在探索陶瓷艺术教育道路上，奠定了中国现代陶瓷艺术设计教育的基础。中央美术学院从原北京国立艺专于1950年转为学院后，1951年美院陶瓷科首届招生（54届），在教学期间，走教学与社会实践相结合的路，完成了1953年国家下达的"建国瓷"设计监制，1954年与景德镇艺人交流合作完成中国陶瓷艺术对外文化交流创作任务，在景德镇瓷艺传统恢复、促进创新发展中起到推动作用。中央美术学院陶瓷系为中央工艺美术学院和景德镇陶瓷学院的筹备、建立，培养了专业师资。

原轻工业部直属的中央工艺美术学院陶瓷系于20世纪50～60年代中期，为兄弟艺术院校筹建陶瓷美术教育专业（西安美院、厦门工艺美校、鲁迅美术学院、景德镇陶瓷学院）培养了专业进修教师，先后将本科60届至64届毕业生输送到全国各省轻工厅局任陶瓷美术干部，主管地区陶瓷美术计划管理工作和产区研究所进行创作、设计、研究，及地方校任陶瓷美术教育专业教师。80年代以前，由于我国陶瓷工业生产发展对设计专业在人才上的需求，曾把教学重点放在日用陶瓷上，坚持教学、科研、生产相结合的方向。多年来，在南北方产区景德镇、醴陵、宜兴、淄博、邯郸、唐山产区建立教学科研基地，在完成国家用瓷、设计开发中国现代旅馆业用瓷和推动产区企业发展旅馆业用瓷走向国际市场发挥了重要作用。中央工艺美术学院陶瓷系在完成专业本科、研究生、留学生教学任务的同时，为提高产区艺人、设计师的文化艺术和专业素质，自1959年开始举办全国陶瓷美术培训班，30多年来在本院和产区举办陶瓷艺术设计、陶瓷造型、陶瓷装饰、陶瓷雕塑、陶瓷工艺学与制釉，以及紫砂造型与装饰等专题培训班，培训人员超过千余人，不但在陶瓷创作设计实践中发挥了重要作用，大部分人都成为所在产区、企业的骨干力量和学术、创作的领衔人。

三、主要陶瓷科研院所简介

陶瓷科研设计机构在研究与开发新工艺、新技术、新装备、新产品等方面都有无可替代的重要作用。这里重点介绍建筑卫生陶瓷、陈设艺术与日用陶瓷、工业陶瓷（电工陶瓷、精细陶瓷）及砖瓦行业科研院所的发展历史进程及现状。

1.中国科学院上海硅酸盐研究所

上海硅酸盐研究所渊源于1928年成立的前国立中央研究院工程研究所，1959年独立建所，定名为中国科学院硅酸盐化学与工学研究所。1984年更名为中国科学院上海硅酸盐研究所。

1959年独立建所后，研究领域逐步转向无机非金属材料（新型硅酸盐材料），部署了人工晶体、特种玻璃、功能陶瓷、结构陶瓷和无机涂层等无机非金属材料研究领域，以及与材料研究密切相关的材料组成分析和性能（电学、力学、热学和显微结构）表征研究。20世纪70年代以来，又开拓了光导纤维、非晶硅薄膜和快离子导体陶瓷、信息功能材料、高性能结构陶瓷和复合材料等新领域。1999年进入中科院知识创新工程试点序列后，更加明确了上海硅酸盐研究所在科研国家队中的定位和发展目标，经过知识创新工程试点三期，科技创新能力取得跨越式发展，将成为中科院材料科技创新的核心研究所、国家与地方材料领域重大科技任务（项目）的重要承担者、特种材料及部件的重要研发者和供应者，成为新材料及成套制备技术的重要输出源头。逐渐形成了自己的独特风格和鲜明特色，成为国内外先进无机材料基础研究和应用开发领域涵盖广、有实力、有影响的综合性研究机构。

2. 中国建筑材料科学研究院陶瓷科学研究所

1954年，中国建筑材料科学研究院建立，成立陶瓷研究室，主要从事建筑卫生陶瓷的研究与开发。1959年10月，根据中央军委总参谋部的意见和原建工部的安排，开始筹建特种陶瓷研究室，1960年建立了特种陶瓷研究室（代号451），成为我国最早开展特种陶瓷研究工作的少数几个单位之一。1970年体制下放，特种陶瓷研究部分留在北京；建筑卫生陶瓷部分迁往陕西咸阳，建立陕西咸阳建筑陶瓷研究所（现改名为陕西咸阳陶瓷研究设计院）；工业陶瓷部分迁往山东淄博，建立山东工业陶瓷研究所（现改名为山东工业陶瓷研究设计院）；1971年下放到干校的科技人员陆续回到北京，成立了陶瓷与耐火材料研究所，下设特种陶瓷、建筑卫生陶瓷、机电热工、耐火材料、陶瓷冷加工和性能测试等研究室。1998年经原国家建材局批准，组建了国家建材局高性能陶瓷及精细工艺重点实验室。随着体制改革和专业发展的需要，陶瓷科学研究所近几十年来几经易名，历经陶瓷耐火材料研究所、高技术陶瓷研究所等，现名为中国建筑材料科学研究总院陶瓷科学研究院。

3. 西安电瓷研究所

1956年，在北京电气科学研究院电材室电瓷组的基础上，在南京成立了电瓷研究室。1958年5月，一机部八局通知南京电瓷研究室迁往西安，建立一机部电瓷研究所，并于1958年11月完成全部搬迁，承担行业科研、检测和技术管理任务。1961年，一机部通知电瓷研究所与西安高压电瓷厂合并，对外仍称一机部电瓷所，承担任务不变。

1985年起，西安电瓷研究所与西安高压电瓷厂分开管理，隶属西电集团公司，职责有电瓷避雷器产品及其专用设备的新材料、新技术、新产品、新工艺研究或研制，标准化、科技情报的研究及行业技术服务，绝缘子避雷器产品检测。2009年初，西安电瓷研究所的科研、新产品开发、标准化及行业技术服务职能合并入西安高压电器研究院。

西安电瓷研究所是国家绝缘子、避雷器质量监督检验中心、国际电工委员会（IEC）TC36、TC37技术委员会及其五个分技术委员会的国内技术归口单位、国家绝缘子、避雷器标准化技术委员会秘书处、中国电器工业协会绝缘子避雷器分会秘书处、中国电工技术学会电工陶瓷专业委员会秘书处。国家绝缘子避雷器质量监督检验中心是唯一国家授权的全国绝缘子和避雷器产品质检中心，是国家科委授权的科技成果鉴定检测机构和国家经贸委授权的产品型号注册单位。

西安电瓷研究所主编出版的刊物有《电瓷避雷器》、《电瓷避雷器译丛》、《绝缘子避雷器标准译文集》、《绝缘子避雷器标准化工作通讯》、《电工陶瓷学会交流会论文集》。

4. 中国轻工业陶瓷研究所

中国轻工业陶瓷研究所创建于1954年，是全国陶瓷行业唯一集技术与艺术为一体的部属专业研究所。1954年8月,景德镇政府决定组建景德镇市陶瓷试验研究所。1955年6月,江西省决定该所改为景德镇陶瓷研究所。1957年6月,划归江西省轻工业厅管理,改名为江西省轻工业厅陶瓷研究所,同年10月又改名为江西省轻工业厅景德镇陶瓷研究所。1965年2月,改名为第一轻工业部景德镇陶瓷研究所。1968年底该所被迫撤销,但保留了牌子。1969年转入景德镇市宇宙瓷厂。1972年7月江西省委批准恢复成立江西省陶瓷研究所。

1978年8月,该所重新隶属于轻工业部,改名为轻工业部陶瓷工业科学研究所,由轻工业部科学研究院直接领导。1993年更名为中国轻工总会陶瓷研究所。1999年该所并入景德镇陶瓷学院,但仍为具有法人资格地位,独立对外开放的技术开发型科学研究所。2000年10月,更名为中国轻工业陶瓷研究所。

该所主要承担和从事:日用陶瓷、特种陶瓷、艺术陶瓷、陶瓷颜料、耐火材料、窑炉机电的研究与开发;对全国陶瓷产品及其原材料质量监督抽查与委托检测;标准的制(修)订以及科技信息服务等。设有国家日用陶瓷质量监督检验中心和行业归口单位——全国日用陶瓷标准化中心、全国日用陶瓷信息中心等。

建所以来共承担国家、省、市各类科研项目400多项,其中完成国家"八五"和"九五"重点科技攻关课题12项。

5.咸阳陶瓷研究设计院

1970年,由原中国建筑材料科学研究院陶瓷一室、陶瓷原料和热工室的部分人员组建的"陶瓷二队",先后从北京和河南板桥"五七"干校来到咸阳。1973年12月,陕西省建筑材料工业局下文通知,将原"陕西省工业陶瓷厂玻璃陶瓷研究室"更名为"陕西省建筑陶瓷研究所",由省建材局直接领导,并保持受国家建委建材局所属科研单位的业务领导关系。

1974年2月,陕西省建筑陶瓷研究所向国家建委和陕西省建材局呈报了《陕西省建筑陶瓷研究所设计任务书》,拟定在陕西省咸阳市思源路建设陶瓷研究所,要求两年建成、三年收尾,进行了了生产试验区的设计、规划工作。

1975年5月,陕西省建筑材料工业局决定将"陕西省建筑陶瓷研究所"与"陕西省非金属矿研究所"合并,成立"陕西省陶瓷非金属矿研究所"。1977年10月,原国家建材局下文改名为"国家建筑材料工业局陕西陶瓷非金属矿研究所",由陕西省建材局代管。1980年,更名为建筑材料工业部咸阳陶瓷非金属矿研究所。

自1974年以来,从国家的"八五"到"十一五"计划期间,咸阳陶瓷研究设计院先后完成了一大批国家支撑项目、科技部专项项目、省部级项目、标准制订或修订项目。其中"陶瓷坯粉喷雾干燥制粉工艺中试"和"唐山陶瓷厂洗面器生产联动线"项目在1978年全国科技大会上获奖。

1985年6月10日,原国家建材局在咸阳陶瓷研究设计院建立"建筑卫生陶瓷产品质量监督检测中心"。1999年,咸阳陶瓷院从事业型转制为企业型,整体进入中国新型建筑材料(集团)公司(现为中国建筑材料集团公司)。

6.西安墙体材料研究设计院

西安墙体材料研究设计院成立于1965年7月3日,地址在西安市南郊三爻村,是以墙体屋面材料及其相关技术为研究开发对象的专业科研设计机构,原名西安砖瓦研究所,1993年改为现名。全国墙体及屋面材料质量监测中心、热能监测中心,全国塘村科技信息网,《砖瓦》杂志社,中国砖瓦工业协会生产技术部、信息部、人才培训部,以及联合国资助的中国墙体屋面材料发展中心等均设在该院内,是我国唯一专门从事砖瓦技术研究的国家级科研设计单位。

该院先后承担页岩、黏土及煤矸石、粉煤灰综合利用方面的科研和技术开发项目200多项,设计建成200多条年产1000万块～23000万块的大、中型砖瓦生产线。被国家经贸委授予"全国资源综合利用先进单位"的称号。主编出版的《砖瓦》杂志在国内外公开发行。

1999年,西安墙体材料研究设计院从事业型转制为企业型,整体进入中国新型建筑材料(集团)公司(现为中国建筑材料集团公司)。

7. 山东工业陶瓷研究设计院

山东工业陶瓷研究设计院的前身是北京建材研究院陶瓷一室,1970年9月,经国家建委批准搬迁到山东省淄博市,暂住淄博瓷厂。1971年8月,确定其研究方向是以陶瓷研究为重点并兼顾玻璃方面的研究。1971年10月7日,正式成立山东工业陶瓷研究所。

1974年2月,从淄博瓷厂搬迁张店。从1977年6月至2000年4月,先后五次更名,即国家建材总局山东工业陶瓷研究所、国家建材部山东工业陶瓷研究所、国家建材局山东工业陶瓷研究所;1985年8月经国家建材局批准更名为国家建材局山东工业陶瓷研究设计院;1999年7月整体进入中国非金属矿(集团)总公司,2000年4月经中国非金属矿(集团)总公司批准更名为山东工业陶瓷研究设计院。

2000年12月,山东工业陶瓷研究设计院作为发起人的山东中博先进材料股份有限公司在山东工商行政管理局完成注册,后该公司更名为中材高新材料股份有限公司。2004年,山东工业陶瓷研究设计院持有的中材高新股权上移,与北京中材人工晶体院战略重组,有优良资产注入中材高新,开启了改制院所发展的新篇章。

8. 中国电子科技集团公司第十二研究所

前身是成立于1957年的第二机械工业部第十局第十二研究所。1975年,划归第四机械工业部,更名为第四机械工业部一四零二研究所。1999年,更名为信息产业部电子第十二研究所。2002年,更名为中国电子科技集团公司第十二研究所。为我国电子结构陶瓷的发展做出了很大贡献,主要涉及有制瓷(75%氧化铝瓷、95%氧化铝瓷、衰减瓷、滑石瓷、镁橄榄石瓷等)、陶瓷研磨加工、陶瓷金属化工艺及机理、电镀、钎焊工艺等各个方面。1957～1958年,苏联专家先后在715厂配制了yΦ-46瓷、yΦ-53瓷等无线电陶瓷材料。1960年,该所全部采用国产原材料并用yΦ-46瓷配方进行了仿制,解决75%氧化铝瓷的制造工艺,提供给各管种所需要的75%氧化铝瓷之绝缘瓷件及超高频器件之管壳和其他装置瓷件。1963年12月,研究解决了β型滑石瓷的制造工艺,使其接近苏联BK-92瓷的技术性能指标。1964年,又以1001瓷封件为对象研究解决β型滑石瓷与可伐的气密封接工艺。同时采用重量百分比为95.9%Al_2O_3,2.19%SiO_2,1.87%CaO配方,制造出氧化铝含量大于95%,机电性能符合要求的ϕ200mm×110mm高氧化铝瓷环。1965年,用烧结粉末法解决了该所生产的A4配方95%氧化铝瓷的金属化问题,为研制的电真空器件中采用高氧化铝陶瓷制造了条件。1978～1981

年，用激光全息干涉术测定陶瓷-金属封接件的热应力。用来无接触式精确测量封接件的热应力及热应力随温度和位置的变化情况，指导制定封接件的使用规范。同时还研究掌握了95%Al_2O_3瓷活化Mo-Mn金属化法的机理和在金属化烧结过程中发生的物理化学过程，并依据这些理论合理制定了金属化工艺规范。对陶瓷的溅射金属化及其与金属封接工艺进行了研究，制作出高频率、低损耗、高导热、高尺寸精度、低温金属化的陶瓷金属化膜及其与金属的封接件等。进入21世纪年以来，在氮化物陶瓷的制备及其金属化和焊接技术、新型微波衰减材料制备技术、金刚石材料金属化及焊接技术、细晶粒低损耗氧化铝陶瓷制备及其金属化和焊接技术等方向进行了大量研究，并取得了丰硕的成果。于2002年在京郊密云经济开发区建立了生产基地，规模化生产等静压陶瓷及陶瓷金属化产品，现已形成年产15万只真空开关管管壳的生产能力。

经过50多年的发展，成为我国从事以军用真空电子器件为主的国内唯一的综合型研究所，是国内规模最大、产品研发能力最强的军用真空电子器件核心研制单位。主导产品为各类行波管、速调管、放大管、磁控管、开关管等，广泛用于各型雷达、制导、测控、电子对抗、情报侦察、通讯装备、战略武器及核试验等领域，用户遍及航空、航天、兵器、船总、电子、核工业及部队。建所以来，共取得科研成果800余项，其中获国家级科研成果奖50余项，省部级科研成果奖170余项，填补了多项国内空白，为国防和经济建设做出了重要贡献。

第二节　陶瓷学术团体与行业组织

学术团体主要是指各级、各类学会，行业组织则指各种协会和商会等。

在我国无机非金属材料科学与工程界，最重要的学术团体是中国硅酸盐学会。陶瓷分会、特种陶瓷分会等都是该学会下设的组织机构。另外，中国电工技术学会下设有电工陶瓷专业委员会，中国电子学会下设有元件专业委员会，分别覆盖工业陶瓷的一些专业领域。

在各种行业组织中，协会发挥着政府与企业之间的纽带作用，以维护本行业和会员的合法权益，为行业服务，促进行业健康发展，有时还承担着政府委托的某些行业管理职能。本节主要介绍了中国陶瓷工业协会、中国建筑卫生陶瓷协会及砖瓦工业协会，并简要地介绍中国轻工工艺品进出口商会。

1. 中国硅酸盐学会

中国硅酸盐学会是由中国硅酸盐（无机非金属材料）学科领域的科学技术工作者自愿组成并依法登记成立，具有学术性、公益性的法人社会团体，是中国科学技术协会的组成部分。其宗旨是团结广大硅酸盐科技工作者，促进科学技术的繁荣和发展，促进科学技术的普及和推广，促进科技人才的成长和提高，促进科学技术与经济的结合。中国硅酸盐学会的前身是1945年创建的中国陶学学会，1951年1月改名为中国窑业工程学会，同年10月因故停止活动。1956年12月，中国矽酸盐学会筹委会在北京成立，1959年11月在上海召开了第一次全国会员代表大会，决定定名为中国硅酸盐学会，此名称一直沿用至今。中国硅酸盐学会陶瓷分会、特种陶瓷分会是该学会下设的组织机构。

2.中国硅酸盐学会陶瓷分会

陶瓷分会是中国硅酸盐学会下设的分会中成立最早、规模最大的分会。专业范围不仅覆盖了陈设艺术与日用陶瓷、建筑卫生陶瓷、电工陶瓷，且拓展到了工业陶瓷等新兴的陶瓷领域。陶瓷分会下设有日用陶瓷、建筑卫生陶瓷、电瓷、古陶瓷、色釉料暨原辅材料、陶瓷装备、陶瓷窑炉热工、工业陶瓷、陶瓷设计艺术九个专业委员会。现在，秘书处设在景德镇陶瓷学院。

3.中国硅酸盐学会特种陶瓷分会

特种陶瓷分会是中国硅酸盐学会下设分会，始建于1980年，初期定名为中国硅酸盐学会特种陶瓷专业委员会，1996年正式更名为中国硅酸盐学会特种陶瓷分会。下设结构陶瓷、功能陶瓷、生物陶瓷、陶瓷粉体和科普教育5个专业委员会。专业范围几乎涉及了精细陶瓷的所有领域，诸如电子陶瓷、磁性陶瓷、透明陶瓷（含红外材料）、敏感陶瓷、生物陶瓷、多孔（过滤）陶瓷及无机膜制品、高温结构陶瓷、耐磨耐腐蚀陶瓷、导电陶瓷及制品、陶瓷纤维与制品。

4.中国电工技术学会电工陶瓷专业委员会

中国电工技术学会（CES，China Electro-technical Society）成立于1981年7月23日，是由以电气工程师为主体的电工科学技术工作者和电气领域中从事科研、设计、制造、应用、教学和管理等工作的单位、团体自愿组成并依法登记的社会团体法人，是中国科学技术协会的组成部分，总部设在北京。

电工陶瓷专业委员会是其下设的组织机构之一，专业领域主要是陶瓷绝缘子、避雷器等，开展电工材料与工艺、电工新技术、电工装备与电器产品的设计、制造、测试技术和电工理论的研究与开发，以及电工技术与电气产品在电力、冶金、化工、石油、交通、矿山、建筑、水工业、轻纺等系统的及其他领域中的应用研究等方面的多种形式的学会活动。

5.中国陶瓷工业协会

中国陶瓷工业协会是经民政部批准注册登记的社会团体，业务主管部门为国有资产管理委员会，在中国轻工业联合会的指导下，负责全国陶瓷行业的管理工作。协会成立于1989年9月，目前会员已逾千家。

中国陶瓷工业协会发挥政府与企业之间的纽带作用，以维护本行业和会员的合法权益，为行业服务，促进行业健康发展。中国陶瓷工业协会在制定行业规划及行规行约，开展对行业基础资料的调查、收集、整理和统计，研究行业发展方向，进行技术培训，举办专业展览，提供信息服务，推广科技成果等活动中开展工作。同时，中国陶瓷工业协会还承担着政府委托的某些行业管理职能。下设人才培训、经济技术信息、节能技术、咨询服务、陶瓷美术设计五个工作委员会和建筑卫生陶瓷、陈设艺术陶瓷、陶瓷原料及辅助材料、装饰材料、技术陶瓷、陶瓷技术装备等专业委员会。协会主办《中国陶瓷工业》杂志（国内外公开发行）和《中国陶瓷信息》报，均对会员赠阅。

6.中国建筑卫生陶瓷协会

中国建筑卫生陶瓷协会是由从事建筑陶瓷、卫生陶瓷和工业陶瓷生产及相关企业和科研设计、设备制造、教育培训、施工、内外贸等具有法人资格的企事业单位在自愿、平等和互利的基础上，不受部门、地区、所有制限制，按照国家的有关法规和政策组成的非营利性、自律性行业管理组织。经民政部登记注册，具有法人地位的全国性社会团体，接受业务主管部门国有资产管理委员会和授权委托的中国建材工业联合会指导和监督管理。

创刊于1986年的《建筑卫生陶瓷》是由中国建筑卫生陶瓷协会主办的一份专业学术交流、资讯发布的行业指导性杂志，是行业协会的窗口。

7.中国砖瓦工业协会

中国砖瓦工业协会成立于1986年7月，是经民政部批准、全国砖瓦行业唯一的国家级社团法人单位。主要任务是开展对国内外砖瓦行业基础资料的调查、收集、统计、研究，提出行业改进和发展建议；向政府反映会员的愿望和要求；推动横向经济联系，组织会员产品展览；为企业培训各类人员；发展与国外相关行业组织联系，开展国际间经济技术、管理等方面的合作与交流活动；维护会员的合法权益，调解会员纠纷，协调行业间的关系。

现有会员3783个，形成了以乡镇、建材、公安司法、煤炭、建筑、电力等部门砖瓦企业和有关科研、设计、院校等单位参加的全国较大的联合体，具有广泛的代表性。

8.中国轻工工艺品进出口商会

中国轻工工艺品进出口商会是由在中华人民共和国（大陆）境内从事轻工工艺品生产、贸易、科研、服务及相关活动的各类组织及个人自愿联合成立的自律性、全国性行业组织。业务主管单位为商务部，登记管理机关为民政部。截至2010年年底，会员总数为10000余家。下设8个职能部门和18个商品分会（协调组）承担日常工作。在职能部门中，特别值得一提的是公平贸易部，负责组织、协调国外对我轻工工艺产品采取反倾销、反补贴、保障措施、特别保障措施的应对工作，配合商务部做好磋商工作，并代表行业进行抗辩。负责组织、协调国外对我国轻工工艺产品实施贸易壁垒调查的应对工作；配合商务部公平贸易局编写轻工工艺产品的国别（地区）贸易投资环境调查报告；根据预警机制，负责跟踪国外对我轻工工艺产品采取贸易救济措施的动态，分析相关产品的出口情况，及时开展预警应对工作；代表行业对有关国家制定的贸易政策发表评论意见。这些工作在当今的国际贸易交往中尤显重要。

第三节　陶瓷媒体

中国陶瓷历史悠久、源远流长，但陶瓷媒体的出现及发展则只有约半个世纪的历史。20世纪50年代中期以前，我国一直未有陶瓷媒体的出现。时至1959年才开始出现第一份陶瓷杂志，又过了约30年才诞生了第一份陶瓷报纸。至于陶瓷网站和陶瓷DM的兴起，更只是最近十几年乃至最近几年的事情。陶瓷媒体虽然出现较晚，但其发展很快，现今已成为中国陶瓷产业链上的重要一环，成为中国陶瓷产业蓬勃发展的一个鲜明的标志。

在20世纪70和80年代，我国出版陶瓷报刊最多的地方是江西省景德镇，仅景德镇陶瓷学院就编辑出版有《中国陶瓷工业》、《中国陶瓷》、《中国陶艺》、《陶瓷学报》、《陶瓷学院报》等多份报刊，在业界有较大的影响。自90年代之后，随着现代建筑卫生陶瓷行业在广东迅猛崛起，国内出版陶瓷报刊最多的地方变成了广东佛山。近几年，佛山的陶瓷企业在举办开业庆典和新闻发布会之类的活动时，所邀请的面向社会发行的陶瓷媒体就有40家之多，其中包含了若干大众媒体的陶瓷专版专栏和为数众多的陶瓷报纸、陶瓷杂志、陶瓷网站、陶瓷DM等。由中国陶瓷工业协会佛山办事处牵头组织的中国陶瓷媒体俱乐部就设于佛山，该俱乐部成立于2007年6月。2010年10月，中国陶瓷工业协会和中国陶瓷媒体俱乐部在佛山举行第二届中国陶瓷行业优秀媒体优秀新闻表彰大会，向陶瓷媒体界颁发了众多奖项。

至2010年，活跃于行业内外的为数众多的陶瓷媒体大致可分为陶瓷杂志、陶瓷报纸、陶瓷DM及陶瓷网站4大类。

1.陶瓷杂志

我国创办时间最长的陶瓷杂志是《中国陶瓷》，其前身是由中国轻工业陶瓷研究所于1959年5月在景德镇创办的国内首份陶瓷专业刊物《陶瓷信息》，其后更名为《中国陶瓷》，是我国陶瓷行业最早公开发行的专业科技期刊。该杂志由季刊发展为月刊，从以应用为主的科技期刊发展为享有盛誉的国家级中文核心期刊。近年来，由华南理工大学材料学院、中国硅酸盐学会陶瓷分会等机构协办。

1965年，湖南省陶瓷研究所在醴陵创办了《湖南陶瓷》。该杂志曾一度更名为《陶瓷》和《陶瓷工程》，至2002年又再度更名为《陶瓷科学与艺术》。2008年由双月刊改为月刊，内页由黑白印刷改为全彩色印刷。现《陶瓷科学与艺术》由湖南陶瓷研究所的改制企业湘瓷科艺股份有限公司主办，杂志分设艺术卷、科学卷、陶瓷中国卷三大板块，分别由三批人编辑后再合为一体。

20世纪70年代初创办的《河北陶瓷》杂志，其前身为《唐山陶瓷》，1972～1978年共出版了13期，均为行业内部交流的不定期出版。1979年《河北陶瓷》办成季刊公开发行，1980年起实行国内邮发（邮发代号18-81），1992年改为自办发行，1989年正式以中国期刊身份参加全国轻工报刊会议，1991年改为双月刊。

在70年代创办的陶瓷杂志还有1973年1月由景德镇市瓷局主办的《景德镇陶瓷》、1974年由原国家建材局咸阳陶瓷研究设计院主办的建材技术《陶瓷》、1978年由山东省硅酸盐研究设计院主办的《山东陶瓷》。

《陶瓷学报》是由景德镇陶瓷学院主办的一份大型陶瓷学术期刊。创刊于1980年，刊物原名《景德镇陶瓷学院学报》，1996年更名为《陶瓷学报》。

《中国陶瓷工业》是中国陶瓷工业协会和景德镇陶瓷学院共同主办的一份陶瓷综合性专业期刊。原名《陶瓷导刊》，创刊于1990年，季刊，系中国陶瓷工业协会会刊。1995年更名为《中国陶瓷工业》，1996年经江西省新闻出版局批准改为双月刊。2000年被《中文核心期刊要目总览》收录和美国《化学文摘》（CA）收录。

由中国建筑卫生陶瓷协会主办的《中国建筑卫生陶瓷》杂志，前身为创办于1986年的《中国建陶》。在20世纪80年代创办的陶瓷杂志还有由轻工业部江西省陶瓷科技情报站于1985年创办的《陶瓷研究》季刊；另有1985年由河南省陶瓷玻璃行业管理协会创办的《河南陶瓷》杂志等一些内部交流刊物。

由广东佛陶集团佛山市陶瓷研究所于1991年创办的《佛山陶瓷》，是广东省内唯一一家国内外公开发行、国内最先以月刊形式出版的陶瓷专业杂志。现由金刚集团属下的佛山陶瓷杂志出版有限公司编辑出版。在90年代创办的陶瓷杂志还有1993年由原国家建材局山东工业陶瓷研究设计院和中国硅酸盐学会特种陶瓷分会共同在淄博创办的《现代技术陶瓷》，由原国家建材局技术情报研究所陶瓷中心于1995年在北京创办的《建陶情报》等。

进入21世纪以来，创办的较有名的有以陶城报增刊形式出版的《今日陶瓷》月刊，于2005年6月正式创刊。2009年陶城报社决定将该杂志停刊，《今日陶瓷》自此改由无极文化传播有限公司续办。

早在1963年就创刊，于2005年改由江苏省陶瓷研究所和无锡工艺职业技术学院联合主办的《江苏陶瓷》，是全国陶瓷行业综合性科技期刊之一，也是江苏省内唯一的陶瓷专业期刊。2007年12月由福建省工艺美会陶瓷艺术专委会创办的《福建陶瓷艺术》和于2008年6月由德化县工商业联合会创办的《瓷天下》杂志等，均属内部发行的陶瓷专业交流期刊。2010年1月20日，《魅浴》杂志创刊。2010年7月26日，中国陶瓷工业协会宣布在定期编辑《中国陶瓷信息简报》的基础上，推出《中国陶瓷信息简讯》杂志，该杂志为月刊。

2. 陶瓷报纸

陶瓷报纸最早出现于20世纪80年代，比陶瓷杂志的出现大约晚了30年。由于陶瓷报纸出版周期短，新闻发布的时效性强，颇受行业和企业的欢迎。陶瓷报纸的生命力，与所在地区的陶瓷行业市场化程度关系很大，近20年来佛山地区创办的近10家陶瓷报纸大部分发展良好，而其他一些产区要办一两家陶瓷报纸却往往难以为继。目前，中国陶瓷行业最具活力和影响力的报纸，几乎全部在广东佛山。

《陶城报》是中国陶瓷行业第一家，也是迄今唯一一家以自有国内统一刊号、向国外公开发行的陶瓷行业报纸。《陶城报》原为广东佛陶集团的企业报，创刊于1989年3月28日。最初为四开四版的双旬刊，新闻纸黑白套红印刷。最早持佛山市委宣传部新闻出版办公室的准印证，1990年3月27日取得广东省报刊出版许可证，1992年9月10日经国家新闻出版署批准向国内外公开发行，国内统一刊号为CN-0130Q。此后发展为半月报、旬报、周报，版面亦一再扩大。1996年11月改制为企业化管理，开始"以报养报"自己养活自己。自此《陶城报》转型为行业报，实行市场化运作，不断做大做强，号称"中国陶瓷第一报"。

《陶瓷信息》报的前身是《陶瓷行业信息报》。2000年更名为《陶瓷信息》。其办报历程可谓命一波三折，至2003年6月该报进入稳定发展时期，成为佛山陶瓷媒体中率先走向产区、走向市场并获得成功的陶瓷报纸之一。

《建材周刊》的前身是《中国资产新闻·建材周刊》，于2000年5月26日创刊。后曾改挂靠中国建设报、中华建筑报、广东科技报等，尤以成功举办多项行业性年会和论坛见长。2007年该报又创办《卫浴空间》DM杂志，专注于卫浴业的宣传报道，一度在业界小有名气。

《广东建设报·陶瓷周刊》创刊于1998年，一度是佛山陶瓷界的主要报纸之一，连续多年与中国建筑卫生陶瓷协会联手举办"中国陶瓷力量排行榜"的评选颁奖。2001年1月12日，《陶瓷周刊》正式易名为《陶博频道·陶瓷周刊》，转型为陶瓷DM。据悉该报其实早在2006年6月8日就已成功注册运营DM，最新注册号为粤工商固印广登字（2010）0003号。

《瓷都德化》前身是《德化报》，1996年3月创刊。2010年4月6日，《瓷都德化CH-35（Q）试第011号》公开发行。改版后的《瓷都德化》，推出了瓷都世界、瓷都文艺、瓷都广场三大版块，更加注重对陶瓷文化、陶瓷动态的报道。

由中国陶瓷工业协会佛山办事处于2004年创办的《佛山现在资讯》，是一开始就以DM形式出现的陶瓷媒体。还有《陶业春秋》、《今日陶瓷》、《魅浴》等亦属于DM。而在业界颇有名气的《亚洲陶瓷》杂志也是DM，目标是要"做亚洲乃至全球最具代表性的陶瓷直邮杂志"。

3.陶瓷DM

DM是英文direct mail advertising的简称，又称直邮广告、邮送广告、小报广告等，即通过邮寄、赠送等形式，将宣传品送到目标客户和消费者手中。由于DM只需经工商部门批准注册，不需解决刊号的问题，因此为数不少的陶瓷报纸、陶瓷杂志近几年陆续转以DM的形式出现。DM于1998年左右刚刚在中国出现时，被国家定名为固定形式印刷品。之后DM以其有效的针对性和可量度的准确性逐渐受到各行业青睐，一跃成为国内市场上备受瞩目的新广告媒介，近年已有愈来愈多的DM在陶瓷业界出现。

近年来，从陶瓷报纸转型为陶瓷DM的比较知名的陶瓷媒体有3家，即《东西传讯》、《建材周刊》、《陶瓷周刊》。《东西传讯》最早是挂靠四川经济日报，于2001年8月8日创办，全称《四川经济日报·东西陶瓷传讯》，由佛山市敦煌广告公司主办。2003年11月4日改版为DM，全称为《东西传讯·佛山陶瓷》。该报一直以铜版纸全彩印刷，图片效果甚为精美。

4.陶瓷网站

在中国以及中国的陶瓷业界，当1995年互联网络向社会公众开放并接入服务之后相当长一段时间里，尚未有人将网络和媒体联系在一起。由于当时网络的使用者尚很少，各个网站均未有大规模进行新闻传播活动。至1997年开始有人将互联网络称为继报纸、杂志、广播、电视之后的第五媒体，随后被约定俗成称作"第四媒体"，此后陶瓷网络媒体亦开始陆续出现。

随着互联网络的普及和技术的进步，创建一个网站或创办一家网络媒体的费用越来越低，形形色色的陶瓷网站于是大量涌现。据相关部门透露，至2010年初，仅佛山市就有网站68000个，其中专业的陶瓷网站数以百计。而在全国各地，各种各样的陶瓷网站成千上万难予统计，如仅取名"中国陶瓷网"的网络媒体就有7家之多，分布在北京、佛山、浙江、山东等各地，但网址各不相同。

在佛山产区，陶瓷网络媒体甚多且格外活跃，经常在陶瓷业界各类活动中出现的有：搜狐家居、新浪家居，搜房网、美家网、陶陶网、陶瓷网、陶瓷中国网、陶城报资讯网、中国陶瓷网、华夏陶瓷网、中洁网、中陶信网等。

陶城网（www.fstcb.com）的前身是陶城报的数字报，于1999年1月起运行，是一个依托于陶城报在行业的巨大影响力和丰富信息资源而建立起来的一个集行业资讯、营销活动、电子商务、虚拟空间等于一体的综合性陶瓷行业网站，也是业内最早出现的陶瓷网络媒体。自2009年10月以来，投入于网站的建设与升级，现陶城报资讯网已拥有一个包括网站、策划、采编、营销等专业人才的强大团队。

华夏陶瓷网（www.chinachina.net）创建于1999年年底，由国家建筑卫生陶瓷生产力促进中心、广东省建筑卫生陶瓷研究院、华夏建陶研发中心、华夏陶瓷博览城有限公司主办，华夏陶瓷电子商务有限公司负责运营。该网于2008年4月成功改版升级，推出新型B2B＋B2C＋C2C＋CLUB创新行业电子商务平台。2010年8月实现股权改造，网站面貌焕然一新。

中国陶瓷网（www.ceramicschina.com）于2002年10月18日在广东佛山正式开通。该网由中国建筑卫生陶瓷协会主办，佛山市禅城区人民政府报资建设，中国陶瓷信息中心负责运营。2006年1月1日成功改版升级，推出全新3.0版本综合商务平台。2009年再次成功改版升级，推出全新4.0版本综合商务平台。

陶瓷网（www.taoci.com）是陶瓷行业B2B2C综合服务网络平台，总部位于佛山石湾1506创意城，依托佛山市易陶科技有限公司的雄厚实力与丰富经验，拥有网络、视频、策划、客服、采编等专业团队。据悉陶瓷网的域名早在1999年12月就已注册成功，于2000年3月正式上线。2009年8月与其兄弟网站陶瓷宽频正式合并，陶瓷网第三版正式开发，客户服务中心也正式成立。2010年1月陶瓷网新版正式上线；同年4月第四版成功改版，推出《陶瓷周刊》；同年8月与百度携手合作，推出《陶问》。

中洁网（www.jieju.cn）2001年诞生于福建厦门，是国内最早的厨卫洁具行业电子商务平台，拥有庞大的数据库和浏览量，是国内最早提供视频服务的商务平台。中洁网率先采用"网络＋纸媒体＋展会"的三位一体的立体化传播体系，把网络信息有效结合到传统媒介中去，以实现厨卫、洁具行业生产厂、经销商、采购商之间网上信息的快速有效传播。

至2010年，国内各级行业协会及相关机构均设有官方网站：如中国陶瓷工业协会www.ccianet.cn，中国建筑卫生陶瓷协会www.china-china.cn，中国建筑装饰协会www.ced.com.cn，全国陶瓷文献信息中心www.ccisn.com.cn，中硅会陶瓷分会色釉料专委会www.cgpm.cc，中国陶瓷工业协会装饰材料专委会www.cciadmc.com，中国陶瓷工业协会佛山办事处www.163taoci.com等。

全国各大陶瓷产区均设有为数众多的网站，如果德镇陶瓷网www.jdztcn.com，淄博陶瓷网www.zbtcw.com，唐山陶瓷网www.tstcw.cn，浙江陶瓷网www.zjtcw.cn，高安陶瓷网www.gatcw.net，长葛陶瓷网www.cgtcw.com，河北陶瓷网www.jtaoci.com，重庆陶瓷网www.cqtcw.com等。另外，众多知名品牌陶瓷企业亦设有官方网站，如东鹏www.dongpeng.net，蒙娜丽莎www.mengnalishataoci.com，诺贝尔www.nabel.cc，科勒中国www.kohler.com.cn，宏宇www.fshongyu.com，新中源www.newzhongyuan.com，新明珠www.newpearl.com等。总之，从行业到企业，从艺术陶瓷、特种陶瓷，到建筑卫生陶瓷、陶机色釉料等，陶瓷网站成千上万，数不胜数。

第四章　陶瓷的对外贸易和国际合作与交流

据考证，远在有从西安为起点伸向西方的"陆地丝绸之路"之前，中国先民已有一条从福建、广东沿海始发，经南海印度半岛波斯湾达西亚东非的"海上丝绸之路"，其中装载出国的物品中很多就是陶瓷器。据近年打捞出水的宋代南海沉船"南海一号"所见的载物很多是青瓷器。中国陶瓷流落世界许多国家的、私人收藏馆的不计其数。所有这些都说明陶瓷是带着中国先民们的发明创造最早走出国门的物品。

近百年来，陶瓷更多的是以商品、展品、藏品、礼品、艺术品等形式成为国际合作、文化交流、贸易商品等活动的一种载体。20世纪50年代以来，通过恢复与发展，我国成为世界陶瓷生产和贸易大国。中国陶瓷及其烧造技术在全世界的传播对于人类文明的进步做出了重大贡献。

第一节　陶瓷的对外贸易

早在唐代时，中国瓷器就以新兴的商品列入国际市场之行列，东销日本、西销印度、波斯乃至于埃及等地。当时，有许多阿拉伯商人居住在广州经商，这些商人把中国的瓷器、茶叶、丝绸等商品运往西方。陆路是由新疆、中亚细亚及至波斯。海路则是由广州绕马来半岛，经印度洋到达波斯湾，以达地中海各国，如腓尼基、巴勒斯坦，以及非洲的埃及等地。

两宋时期，瓷器是我国重要的出口商品之一。宋代的对外贸易，虽然在性质上是唐代市舶贸易的继续，但其通商范围和贸易数量都大大超过唐代，南宋时为这种贸易的鼎盛时期。宋初只在广州设市舶司，后来虽在多地置司，但贸易数量仍以广州为首。北宋末期到南宋初，中国对外贸易中心逐渐由广州转移至泉州。宋代瓷器开始大量运到非洲。

元代时，泉州已成为当时世界最大的商港之一。中国的青花瓷器在元代就已经出口到世界各国。

明初社会经济的繁荣促进了手工业的显著发展，官窑、民窑瓷器的生产急剧增加。官窑生产的瓷器原本是为帝王和宫廷所享用，但也作为了外国来朝贡时的"赏赉品"。民窑生产的瓷器则全用做商品、市场销售。海外市场的销路最大、获利多，使外贸得到很大发展。明代中国瓷器的大量输出是在郑和七次下西洋之后。同时，中国瓷器遍销于阿拉伯和印度诸国。琉球人还做转贩生意，把从中国买去的瓷器转运到南洋一带换取当地土产。自1498年（明弘治10年）后，欧洲的葡萄牙人和荷兰人来到东方开始贩运瓷器。从前，中国瓷器的输出最远到波斯湾、地中海各国，现在遍及全欧洲。东行的瓷器则由南京、福州、漳州等地输往日本。明代输出的瓷器绝大部分为景德镇所产。龙泉青瓷也大量行销海外，但在海外的影响毕竟不及青花瓷器。

清代的对外贸易，仍以海运为主，且欧洲是其主要对象，国外市场有所扩张。欧洲人自发现新航线以后，西班牙人首先来中国运瓷器到欧洲和美洲。与西班牙同时参与争夺对东方贸易市场的还有葡萄牙、荷兰、英国，后来荷兰、英国占了优势。虽然欧洲在17世纪已有了自己烧造的瓷器，但还是软质瓷器，高温烧成硬质瓷还没有成功，他们使用的上等瓷器几乎都还来自中国。

17世纪后期，法国、俄罗斯等国家的王室直接到广东定做带有国徽、甲胄、纹章等装饰的瓷器，并成为欧洲各国的普遍崇尚。18世纪以后，中国还特别地产生了一个"洋瓷"行业，专与洋人互市，其瓷器"式多奇巧，岁无定样"。在装饰方面，也仿照西洋画法，描金绘彩，绚丽华耀，这就是所谓的"广彩"，一直流传至今。

清代初期到中叶，中国瓷器除在欧洲有广大的市场外，美洲、非洲、澳洲都有商人直接或间接来购买中国瓷器。在东南亚的印度尼西亚、马来西亚等地，也无处不是琳琅满目的中国瓷器。此外，中国瓷器在日本和朝鲜也热度不减，保持了明代以来的市场。

18世纪60年代，英国产业革命之后，资本主义处于上升时期。19世纪时，工厂的大规模生产已开始在欧洲其他国家和北美扩张起来。18世纪中期，欧洲各国相继烧制出硬质瓷。至19世纪，工业技术的进步使欧洲的陶瓷的生产逐渐摆脱手工方式，采用机器代替手工劳动，使陶瓷产量大大增加，产品规格划一、质量提高，成本却大幅降低，商业竞争力增强，欧洲对中国瓷器的依赖开始逐渐减少，英国、德国、法国等国的陶瓷产品在国际市场上所占比重日渐增加。20世纪初，日本的瓷器才渐露头角，但发展很快，到第二次世界大战后，日本的陶瓷已足可与英、德、法等国相抗衡。而以产瓷著称的中国瓷器出口不仅数量锐减，而且反过来逐步成为大量"洋瓷"倾销的市场。

清末时，为了挽救具有优良传统的中国瓷器受到洋瓷打击的厄运，我国的民族工商业者在清政府提倡所谓"振兴实业"的口号下，在瓷器手工业中进行了一些改革，并自1904～1910年间，先后建立了7个新式瓷厂。民国初年，一批民族工业的新式瓷厂建立，并有一定程度的发展。但这种种努力终因大势已去而无法挽救中国瓷业衰败的局面。

至20世纪20年代末到30年代初，由于"洋瓷"大肆倾销到中国市场，更将中国瓷业逼至死角。倾销到中国的洋瓷以英货、德货居多，其次为日本瓷。据统计，1930年洋瓷输入的价值为264.9万（银）两，且各年间逐年递增；1931年中国瓷器的输出的价值仅为172.1万（海关银）两，且各年间逐年递减。可见中国瓷器出口已不敌洋瓷倾销。30年代后期至40年代后期，由于连年战火，中国瓷业及其瓷器出口更是雪上加霜而跌入深渊。

虽然，在清末至民国时期，中国的日用瓷器不足以与洋瓷抗衡而居于惨败的地位，但在陈设艺术瓷方面，尤其是在仿古瓷的制作中却在客观上使中国瓷器维持了一些内外销市场，不仅不至于完全沉沦，而且在某些艺术手法、技艺上还有所进步，这十分难能可贵。

1949年以后，我国日用陶瓷和陈设艺术陶瓷的出口仍然是我国外汇的重要收入来源之一，对当时打破经济封锁、支援国家经济建设都曾起到过十分重要的作用。长期以来，我国的工业陶瓷和建筑卫生陶瓷产品则主要依赖进口。直到20世纪80～90年代以后，建筑卫生陶瓷才有大量出口，其数量超过了进口数量，并最终成为建筑卫生陶瓷的生产和出口大国。

一、陈设艺术陶瓷和日用陶瓷的对外贸易

1949年以后，随着我国陶瓷业的恢复与蓬勃发展，瓷器行销情况也发生了极大的变化，出口瓷的生产和销售网不断扩大。1956年以前，全国出口瓷器的生产仅有景德镇、汕头、佛山三个大产区（其他地区虽有出口，但无统计数字），1956年增加了唐山、醴陵、长沙、宜兴、温州等产区，1957年又增加了德化、肇新、宣化等瓷厂。至1959年全国已有9大集中陶瓷产区。

从1952年开始，我国瓷器在国际市场的份额上逐年增加。特别是1958年以后，出口数量由少而多、品种由粗而精，出口的国家和地区由16个逐渐增加到73个，出口数量已超过我国历史上的最高水平。

下面，以景德镇产区和广东产区为例，说明这一时期陈设艺术陶瓷和日用陶瓷的外销情况。

1. 景德镇产区陶瓷的外销

1950年5月1日，浮梁专区贸易公司景德镇瓷业公司成立，开展对景德镇瓷器的收购、内销及出口调拨业务。1956年5月，中国土产出口公司江西省陶瓷出口公司成立。1968年，江西省陶瓷出口公司并入江西省陶瓷销售公司，景德镇陶瓷的内、外销均由这家公司经营。

1949～1990年，景德镇陶瓷外销总量为236701万件，其中，1986年外销数量10320万件，是1949年的47倍，创汇总额48338万美元，其中，1982年外销创汇达3103万美元，是1949年的160倍。现在，外销陶瓷器型已达2000多种，花面已达700多个，远销五大洲的118个国家和地区。1949～1990年景德镇陶瓷出口经营统计情况见表4-1。

表4-1　1949～1990年景德镇陶瓷出口统计表

年份	日用瓷实际出口量/万件	日用瓷出口换汇额/万美元	年份	日用瓷实际出口量/万件	日用瓷出口换汇额/万美元
1949	220	20	1963	4299	358
1950	443	3	1964	5189	517
1951	203	14	1965	3824	612
1952	26	2	1966	4177	514
1953	8	1	1967	3385	432
1954	567	60	1968	3366	287
1955	667	70	1969	5247	524
1956	2455	276	1970	5304	503
1957	3942	487	1971	7062	908
1958	4314	559	1972	11650	1394
1959	4187	485	1973	11656	1486
1960	440	405	1974	8352	1162
1961	3008	172	1975	7797	1091
1962	2362	262	1976	5948	905

续表

年份	日用瓷实际出口量/万件	日用瓷出口换汇额/万美元	年份	日用瓷实际出口量/万件	日用瓷出口换汇额/万美元
1977	10878	1656	1984	6246	2002
1978	3904	1069	1985	7213	2005
1979	10407	2622	1986	10320	2505
1980	9304	2815	1987	10226	2606
1981	10146	3015	1988	8288	3003
1982	9995	3103	1989	8588	2701
1983	7781	2220	1990	9080	2820

注：不含陶瓷企业自销数。

2. 广东产区陶瓷的外销

早在唐代中期，广州西村、潮州生产的日用陶瓷、美术瓷等就销往东南亚诸国，甚至远销印度、波斯（伊朗）埃及等国。广东大埔、饶平的青花瓷器，广州彩瓷，潮汕彩瓷，石湾公仔，潮州佛像和观音，以及石湾"三煲"与园林陶瓷等都是著名的出口产品。

民国初年，据《大埔县志》："海外通商以来，……内产物运售海外，亦较之百十年前，激增倍蓰，由是贸易之事日加繁盛"，据《潮州志》记载："适近代南洋交通畅达、日用粗瓷大旺"。

1960年以前，广东陶瓷出口外销以日用陶瓷和美术陶瓷为主，日用瓷以单件瓷为多。1964～1978年，日用成套餐具逐渐增多。1979～2010年，特别是2001年加入世贸组织后，陶瓷出口每年都在以15%的速度增长。广东日用陶瓷（含美术瓷）主要年份出口情况及在全国陶瓷出口的比例见表4-2。

表4-2 广东主要年份日用陶瓷（含美术瓷）出口数据统计

年份	出口量/亿件	全国出口量/亿件	占全国比例/%	出口金额/亿元	全国出口金额/亿元	占全国比例/%
1957	0.7589			0.0137		
1960	0.7081	1.7	41.65	0.0102	0.065	15.7
1970	1.0666	4.46	23.91	0.0401	0.196	20.91
1978	1.8855	6.29	29.97	0.2435	0.832	29.26
1980	2.1975	8.77	25.05	0.3314	1.4	23.67
1990	9.39	12.52	74.5	1.48	3.5	42.28
2000	10.98	70.79	15.57	8.57	16.78	51
2009	36.86	97.67	37.3	12.08	32.02	32

资料来源：《广东陶瓷志》，2000年后的数据由广东省陶瓷协会提供。

2009年的广东陶瓷产品出口量比1978年增长了19.54倍，出口金额增长49.6倍。1978年以前，陶瓷出口贸易主要靠每年的二季广交会，1979年以后，除广交会外，许多外商进来了，许多企业也走出去，有些企业在境外设立销售网点。广东陶瓷走向了世界。

广东陶瓷产品出口量占全国出口量约25%～30%、出口金额20%～50%之间，说明广东陶瓷出口在全国有着举足轻重的地位。这不仅源于出口便利的地缘优势和侨乡优势，更源于广东陶瓷业的创新。

二、建筑卫生陶瓷的对外贸易

1949年我国建筑陶瓷砖的年产量为0.23万平方米，1978年达到为546万平方米，2010年为75.7566亿平方米。1981～2010年，全国建筑陶瓷砖进出口数量及进出口金额分别见表4-3。

表4-3　1981～2010年全国建筑陶瓷砖进出口数量和进出口金额

年份	进口数量/万平方米	进口金额/万美元	出口数量/万平方米	出口金额/万美元
1981		122.53		1484.86
1982		51.12		1234.99
1983		507.77		1081.01
1991		1408.6		4086.7
1992		1776.1		3593.3
1993		2755.1		2985.7
1994		3599.5		3344.5
1995		4780.44		5020.09
1996		3724.70		6883.66
1997		4859.01		7922.94
1998	704.06	2770.94	1986.97	6819.59
1999	426.37	1831.77	1786.41	5815.73
2000	319.32	1634.72	2426.22	7650.68
2001	207.80	1175.50	5312.27	15518.82
2002	183.90	1233.26	12486.14	32486.84
2003	172.31	1261.28	20647.26	52187.32
2004	172.90	1536.87	31717.81	83976.96
2005	182.10	2028.80	42072.79	120472.80
2006	218.5080	2784.9	54373.2799	170931.4
2007	312.2636	4867	59006.6284	213083
2008	295.0024	4949.0	67089.7961	271052.7
2009	282	5267	68547	286219
2010	574	7240	86720	385110

1949年全国卫生陶瓷的年产量为0.6万件，1978年达到227.8万件，2010年为17784万件。1981～2010年全国卫生陶瓷进出口数量和金额分别见表4-4。

表4-4　1981~2010年全国卫生陶瓷进出口数量和金额

年份	进口数量/万件	进口金额/万美元	出口数量/万件	出口金额/万美元
1981		248.68		298.90
1982		403.85		272.23
1983		131.14		130.76
1991		1752.8		1260.3
1992		2176.9		1591.6
1993		3907.5		455.8
1994		3986.8		340.8
1995		6017.2		451.1
1996		3680.44		661.61
1997		1633.58		1328.31
1998	38.09	1223.08	203.75	2416.65
1999	42.13	748.19	275.38	3593.63
2000	42.47	603.01	357.26	5197.48
2001	39.76	834.14	614.17	7975.97
2002	22.06	683.74	1159.77	14210.39
2003	46.40	1685.75	1805.35	21839.64
2004	23.84	1763.76	2825.20	32560.69
2005	26.84	1857.10	3884.97	47444.80
2006	31.4920	2399.5	5106.40	63534.2
2007	32.4178	2848	5525.51	73531
2008	39.1371	3229.3	5632.49	81752.6
2009	48	2904	5377	66763
2010	66	4302	5411	77897

第二节　陶瓷的国际合作与交流

一、陶瓷技术输出与国外建厂

唐代以来，中国瓷器大量运销世界各国，制瓷技术也影响到许多国家，尤以对邻近国家的影响最为显著，例如东北邻邦的朝鲜、南方的越南、泰国等。中国文化传至日本，开始以朝鲜为桥梁。至隋、唐时代，日本始有施釉之陶器。日本学习中国制瓷方法，自己烧造瓷器是在南宋时期。

在西方，埃及是最早仿造中国瓷器的。埃及在法特米王朝（969~1171年，大致相当于我国宋代时期）就开始仿造宋瓷。西亚各国的制陶技术都源出埃及，但以后因受中国瓷器的影响，又都仿制中国瓷器。伊拉克、波斯、叙利亚、土耳其等国都仿烧出瓷器。

阿拉伯人把烧瓷技术首先带入欧洲的西班牙，之后在15世纪又把制瓷方法传播到意大利，为欧洲的制瓷历史开辟了一个新的纪元。后来，意大利人把制瓷方法传遍欧洲各国，包括荷兰、法国、德国、奥地利、英国等地。德国陶瓷的制造原来自于罗马，开始只烧造各种陶器。1708年德国人研制成功硬质瓷，这是西洋仿造中国瓷器最先完全成功的案例。1710年，设窑于德累斯顿附近的迈森（Meissen）专造白瓷，出品尤佳。之后，欧洲各国相继成功地烧造出硬质瓷，从而渐渐减少了对中国瓷器的依赖。

中国瓷器及其烧造技术在全世界的传播对于人类文明的进步做出了重大贡献，应该被永久地载入史册而名垂千古。

20世纪60～70年代，我国实施了一些对外援助项目。在老挝、越南、阿尔及利亚等国援助建设了日用陶瓷工厂。

1965～1970年，云南省代表我国政府援建老挝两座年产50万件日用陶器厂和越南1座年产300万件日用瓷厂。

1972年6月，中国援建阿尔及利亚的盖尔马陶瓷厂投产。燃料采用当地生产的石油制品。燃油技术的开发应用，不仅降低了该厂的生产成本、增进了中阿两国的友谊，而且也促进了中国陶瓷窑炉的油烧技术的进步，为即将到来的烧油时代作了技术准备。

二、引进现代陶瓷生产技术及成套装备

1923年，唐山启新磁厂从德国引进陶瓷生产用设备，如球磨机、泥浆泵、磁选机、电磁压机等设备，成为中国第一家使用陶瓷进口设备的陶瓷工厂，开启了我国陶瓷生产机械化的新纪元。

1949年以后，为了建成我国的陶瓷工业体系，由国家组织引进了一些国外先进的陶瓷生产新技术，在电瓷行业引进西安高压电瓷厂，在日用陶瓷行业引进景德镇瓷厂，对推动这些行业的技术进步发挥了重要作用。1979年后，在建筑卫生陶瓷行业掀起了大规模的、持续了大约10年的现代技术、装备引进狂潮，并且有许多合资或独资公司、企业进入中国。之后，通过消化吸收和再创新，使我国成为建筑卫生陶瓷及其生产装备的生产大国和出口大国。

1. 引进西安高压电瓷厂

1953年，根据中苏两国政府协议，由前苏联援建中南高压电瓷厂及东北电工十厂的避雷器车间，在湖南湘潭成立高压电瓷厂筹建处。为配合西安"电工城"建设，1954年2项援建项目合并迁移，成立西安高压电瓷厂筹建处，1958年投入试生产，1960年全部建成，成为我国电瓷行业五大生产基地之一。该厂属综合性瓷绝缘子生产企业，生产品种包括线路瓷绝缘子、电站电器瓷绝缘子、套管等。自1978年以来，先后引进美国贝克莱窑炉公司的等温高速喷嘴抽屉窑、瑞典IFÖ公司的等静压成形制造技术及关键制造设备、德国ϕ750立式练泥机，棒形、瓷套成形全面采用数控修坯机，所有窑炉均为全自动天然气窑炉。拥有全国最大的等静压瓷套生产线，可一次成形高2.5m、直径0.8m的整体瓷套，可生产百万伏的棒形绝缘子和各类电器瓷套，拥有技术先进的高压试验站。

2001年9月,西安高压电瓷厂于以"债转股"的方式改制并更名为西安西电高压电瓷有限责任公司,隶属于中国西电集团公司。产品全部采用国家标准和IEC标准,是我国超(特)高压输配电设备配套用电瓷绝缘子产品生产、研制的主要基地,是国内有影响力的电瓷绝缘子专业生产公司。

"十一五"期间,西安西电高压电瓷有限责任公司加快了超(特)高压等高新技术电瓷绝缘子产品的开发力度,重点开发了一批交流1100kV、直流±500～±800kV等高端产品,并使交流500kV产品技术水平达到国际先进水平,使±500～±800kV高压直流产品及交流1100kV产品达到国内领先水平。

多年来,西安西电高压电瓷有限责任公司国家重点工程的建设做出了重大贡献,先后为二滩、小浪底、秦山核电站、三峡送出工程,以及国家重点示范工程青海官厅——兰州东750kV变电站、国内第一条1100kV交流输变电工程——晋东南-南阳-靳门特高压交流试验示范工程等多项国家重点输变电工程提供了大量产品,并为国内秦山、岭奥、连云港核电工程及出口巴基斯坦核电工程提供了高性能电瓷绝缘子产品。产品出口包括北美、欧洲在内的五大洲、20多个国家和地区。

2. 引进景德镇瓷厂

1955年5月,中共景德镇市委召开临时会议,研究了景德镇瓷业兴建隧道窑的问题,有人提议采用捷克式的隧道窑,并由捷克包建。会议同意这一意见,并确定正式行文报省与中央,待上级批准后实施。1958年,开始筹建由捷克斯洛伐克援建的景德镇瓷厂。1959年10月,建厂设计方案通过审查。1960年动工,但由于种种原因,施工进展缓慢,直到1965年,由捷克设计的3条现代化煤气隧道窑才由武汉第一冶金窑炉建筑公司建成。1966年11月通过验收。1969年10月,景德镇瓷厂撤销,厂址用于从东北迁来的、现昌河直升机公司的建设,部分大型设备迁入后来兴建的华风瓷厂。景德镇瓷厂的设计规模当时是远东最大的,虽然由于历史原因未能全部投产、正常运转,但它的许多设计理念及新技术、新装备,还是让处于从手工业作坊式生产正在向机械化、现代化陶瓷工业转变中的国人大开眼界,对于中国陶瓷工业的日后发展还是有不可磨灭的贡献和作用。特别是现代化煤气隧道窑是国内日用陶瓷行业的第一条用气体燃料烧成日用瓷隧道窑。它对于我国陶瓷窑炉的现代化和热工技术的进步更是有不同寻常的作用和意义。

3. 引进建筑卫生陶瓷生产技术与装备

1983年,广东佛山市石湾利华装饰砖厂引进年产30万平方米一次烧成彩釉砖生产线投产,这是国内第一条墙地砖全线引进线。从1984年开始,在短短的三年内,全国引进的生产线达60多条,中国建筑卫生陶瓷行业逐渐步入了大规模引进生产线高潮,并迎来了大型国企为主导的蓬勃发展局面。

我国建陶行业技术装备的开发是通过引进国外先进生产线和单机、国产化、自主创新、产业化几个阶段历经20年才基本完成的。到2010年中国建陶工业所用工艺技术和装备基本达到国外同行的先进水平。

这一时期,特别值得记述的是建设年产70万平方米彩釉陶瓷墙地砖国产化示范线和

YP600型液压自动压砖机的研制。

在国家"七五"重点科技攻关项目"陶瓷墙地砖技术装备引进消化吸收"引进单机制造技术的基础上，按照国家计委的要求，将消化吸收后制造的单机和国内设备配套组成"年产70万平方米彩釉陶瓷墙地砖国产化示范线"。受原国家建材局委托，中伦建筑陶瓷技术装备（联合）公司为重点攻关、开发项目的组织实施和工程技术总承包单位，建设单位为自贡建筑陶瓷总厂。

从1987年11月起，完成了对外技术谈判、引进意大利装备制造技术的合同签约、意方的技术资料交付、国内技术转化、国外设计及制造技术培训、生产图纸意方专家确认和交付生产制造厂制造、零部件及关键部件的质量控制、意方专家对制造部件确认，并在意方专家指导下完成单机组装以及出厂前性能考核等工作。"示范线"采用了大吨位球磨机、喷雾干燥制粉、全自动压机、辊道输送器、快速干燥器、多功能施釉线、装/卸载机、一次低温快烧辊道窑烧成等先进工艺和设备，其中施釉线、装/卸载机、带窑下干燥器的辊道窑在技术上有所创新，生产线的工艺技术达到了国外80年代同类生产线的水平。"示范线"以国产设备取代进口设备，全线国产化率达80%以上，社会效益和经济效益好，工艺和设备对陶瓷墙地砖厂老厂改造和新厂建设具有示范作用。这是在现代新技术引进，消化吸收进程中跨出的一大步。

1989年，由原国家建材局科技司牵头立项、咸阳陶瓷设计研究院和华南工学院联合设计、石湾陶瓷机械厂制造的YP600全自动液压压砖机的研制成功，冲破外国的垄断和制约。后来陆续发展了1000t、1680t、3200t、4280t、5000t、7800t自动压砖机。

4.外资、合资、中国台资企业的建设

改革开放后，国家对外资、合资企业在用地、税收、设备进口等方面给予相当的优惠政策，而且市场上合资企业的产品备受青睐，因此，各种各样"合资"风潮，由南而北，从广东、福建、上海周边、山东乃至各陶瓷产区蜂拥而起。外资、合资企业的进入，不仅带来了先进的装备和技术，而且带来了许多新的经营管理的理念和经验，更加带动了行业的技术进步与发展。

最早进入我国建筑卫生陶瓷业的是美国标准公司。1984年中美合资的华美洁具有限公司成立于广东清远，1987年投产。

继美标之后有众多的合资及外资企业跟进，如中国中美合资的中华陶瓷公司1988年在福建投产；中美合资的太平洋陶瓷公司1990年在上海投产；1992年内地与台湾合资诺贝尔集团有限公司在杭州余杭成立，2007年台资撤股，遂成为内地独资企业；中英合资的上海斯米克建筑陶瓷股份有限公司在1993年在上海成立；台湾亚细亚瓷砖，1993年进入中国内地在上海成立上海福祥陶瓷有限公司，2008年完成股权重组，成为内地独资企业——亚细亚集团控股有限公司；1993年台资和成集团在苏州建立生产基地，1996年点火生产，年产能卫生陶瓷250万件；1993年10月号称"制釉大王"的台湾企业家蔡宪昌，投资5000万美元，在广东三水建成广东三水大鸿制釉有限公司；中日合资的北京东陶有限公司在1994年在北京清河投产，1995年3月又成立了东陶机器（北京）有限公司；科勒（中国）投资有限公司1995年8月，成立佛山独资厂，年生产超过一百万件陶瓷，1998年科勒在北京建立了生产水龙头的独

资厂,1998年12月科勒在上海浦东星火开发区建立了生产铸铁浴缸、亚克力浴缸的独资工厂,2002年在上海成立了科勒(中国)投资有限公司作为科勒亚太区总部,2005年科勒在南昌龙头工厂顺利落成,2007年科勒在常熟建立生产橱柜产品工厂,2008年12月1日在珠海成立了科勒厨卫产品有限公司,生产不锈钢水槽及相关配件,2008年12月26日,科勒收购加枫卫浴(中山)有限公司,生产淋浴房、淋浴盆、整体浴室、蒸汽房和浴缸等产品;台资冠军建材股份有限公司1997年,在江苏省昆山市设立信益陶瓷(中国)有限公司,2002年再投资在山东蓬莱市设立信益陶瓷(蓬莱)有限公司;此外,还有现代、泛亚、罗马等一批台资企业进入上海及周边地区。处于快速成长期的中国建筑卫生陶瓷业,充分利用外资与合资企业实施的全方位的优惠政策,吸引了大量外资、外商与国内企业合作。一时间,建筑卫生陶瓷企业中外合资潮风起云涌。"八五"期间,仅佛山产区,各类外资建筑卫生陶瓷企业近百家,山东产区近50家。

三、陶瓷会展及国礼瓷器

1.国际会议及学术交流

我国的陶瓷不仅有着辉煌的历史,而且对于古陶瓷的研究也为人们所重视。古陶瓷的科学研究和古代名窑的恢复与发展、古陶瓷器的复仿制从来没有中断过,并成为我国陶瓷史中的一个重要篇章。1914年,乘俊在东方杂志11卷第5期发表的《中国古瓷之研究》,揭开了我国清王朝之后古陶瓷研究的开篇。之后,由于研究的侧重点和研究方法上的差异,出现了不同的研究方向,大致可以分为六个方面,即(1)文献学研究;(2)传统鉴定研究;(3)科技研究;(4)陶瓷考古学研究;(5)外销瓷研究;(6)艺术学研究。在这些研究方向中,尤以考古学研究、科技研究和艺术学研究最为活跃,学术著作极多,学术活动频繁。这一领域的国际会议和活动,常常成为国际合作与交流的舞台。

1957年,轻工业部在南京召开的全国轻工业厅局长会议上做出了《关于恢复历史名窑的决定》的报告,并提出首先恢复浙江龙泉窑和河南汝窑。以后又逐步恢复了钧窑、耀州窑、北宋及南宋官窑、建窑、定窑、磁州窑、越窑青瓷、婺州窑及登封窑等,并在此基础上更有所发展,使之更加发扬光大。在恢复这些古代名窑的过程中,都进行了详尽而深入的考古学研究及艺术学研究,在取得进展成果后进行鉴定,然后召开新闻发布会和国际学术讨论会或论坛,进行国际交流。有关各历代名窑的恢复与发展,将在本书的第二篇和第三篇的有关章节中再作详细的介绍。

在科技研究领域,由中国科学院上海硅酸盐研究所主办,由古陶瓷科学技术研究会组织并且得到中国国家自然科学基金会和联合国教科文组织资助的古陶瓷科学技术国际讨论会影响最大。从1982年举办以来,至今已成功连续举办了9届。从1989年第三届开始,由古陶瓷科学技术研究会把参会论文汇编成册由上海科学技术文献出版社以中文、英文形式分别出版。古陶瓷科学技术国际讨论会的举办为国内外古陶瓷研究提供了广阔的交流平台,促进了国内外古陶瓷研究的发展。

在建筑卫生陶瓷领域,咸阳陶瓷研究设计院与日本名古屋工业技术试验所合作开展的陶瓷色釉料研究项目和联合国工业发展组织同意设立的中国（建筑卫生）陶瓷发展中心为推进我国建筑卫生陶瓷工业的技术进步发挥了重要作用。

1984～1990年，咸阳陶瓷研究设计院与日本名古屋工业技术试验所合作开展了陶瓷色釉料的研究。1984～1987年（第一期）的合作研究内容为陶瓷乳白釉，包括磷乳浊釉、锡乳浊釉、高温钛白釉、钛基色釉、玻璃分相乳白釉、高锌乳白釉、钙质无光釉、锆英石超细粉乳浊釉等。1987～1990年（第二期）的合作研究内容为稀土陶瓷色釉料，包括镨黄、镨绿、氧化铝的补色、铁-锆红、硒-镉红、色标等。中方研究人员有黄艺林、于丽达、许霞、何代英，日方研究人员有金冈繁人、高岛广夫、杉山丰彦、崛内达郎。期间，每年日方派员到中国工作一个月，中方派员到日本工作两个月。该项合作研究完成研究报告和论文9篇，均在国内公开发表，增进了双方的互相了解，提高了我国建筑卫生陶瓷色釉料的研究和应用水平。

联合国工业发展组织（UNDP）作为对发展中国家的技术援助，对受援国投入资金支持，设立行业发展中心就是其中的一种方式。在中国，这项工作由原外经贸部国际技术经济交流中心负责管理。1986年，在原国家建筑材料工业局的支持下，UNDP同意"中国（建筑卫生）陶瓷发展中心"在咸阳陶瓷研究设计院设立，资助近百万美元，执行期限为四年，其中80%的费用用于人员出国培训、专家出国考察和聘请专家服务等，20%的费用用于购买仪器设备。通过这项工作，咸阳陶瓷研究设计院购置了X射线衍射仪、原子吸收分光光度计和水嘴性能综合测试仪等一批当时国际先进的仪器设备；选派21名中青年科技人员分别赴意大利、联邦德国、日本、英国、美国、捷克、土耳其等国接受技术培训4～6个月；组成5个专家考察团，分别赴联邦德国、意大利、瑞士、美国、英国、捷克、日本等进行技术考察；聘请联邦德国原料专家雷蒙、英国成形专家莫尔、意大利波伦尼亚陶瓷中心研究所所长帕莫拉里和标准专家坦纳利亚、土耳其耐火材料专家哥斯纳赛英、捷克窑炉专家米兰、色釉料专家福兰克到中心讲学并指导科研工作。这项工作的实施，明显提高了咸阳陶瓷研究设计院技术人员的素质，掌握了国外建筑卫生陶瓷行业发展的最新动态，改善了科研工作条件。出国培训归来人员对该院质检中心的发展和第一批科技实业的建设发挥了重要作用。1988年到美国接受陶瓷原料粉碎技术的同继锋培训归来后主持完成了进口超细粉碎设备（搅拌磨、振动磨）安装、调试任务，建成了我国第一条年产400t锆英石超细粉料生产线，通过原国家建筑材料工业局的验收。这条生产线的投产，为我国建筑卫生陶瓷行业推广锆英石乳浊釉做出了重要贡献。

2. 陶瓷交易会和展览会

中国进出口商品交易会即广州交易会，简称广交会，英文名为Canton Fair。创办于1957年春季，每年春秋两季在广州举办，迄今已有50余年历史，是中国目前历史最长、层次最高、规模最大、商品种类最全、到会客商最多、成交效果最好的综合性国际贸易盛会。自2007年4月第101届起，广交会由中国出口商品交易会更名为中国进出口商品交易会，由单一出口平台变为进出口双向交易平台。中国进出口商品交易会贸易方式灵活多样，除传统的看样成交外，还举办网上交易会。广交会以出口贸易为主，也做进口生意，还可以开展多种形式的经济技术合作与交流，以及商检、保险、运输、广告、咨询等业务活动。来自世界各地的客商云集广州，互通商情，增进友谊。广交会是我国日用陶瓷、陈设艺术陶瓷、建筑卫生陶瓷进出口的重要门户和窗口。

1979年，轻工业部在上海中山公园举办"全国陶瓷展览会"，这是新中国陶瓷艺术发展的汇报展示，展示了中国陶瓷艺术的水平。

1985年，轻工业部在香港举办"中国陶瓷展览会"，展示改革开放后中国陶瓷发展的概貌，展出十分成功，全国各主要产区均有参展。

中国国际陶瓷工业展览会。20世纪80年代初，意大利、日本等国家的陶瓷机械商家带着实物到广州等地摆展并推销产品。最初成一定规模的是在广州三元里的一家酒店露天场地展出，由一些代理商协办，可现场看到机器的运行操作，1989年达到一个高峰，意大利、德国、日本、英国、法国等发达国家的厂商都以实物参展了。之后的二十多年，由中国轻工联合会和中国建筑材料联合会委托其主管的中国陶瓷工业协会和中国贸促会建材分会联合或轮流一年一次在广州（也曾在北京办）主办，直至2010年还在继续。本展览会可算是中国唯一的国家级国际陶瓷工业展览会。从民办到协会办，为促进陶瓷工业的国际交流、引进先进技术与装备、产品出口、提高中国陶瓷工业化水平等起到了非常重要的作用。

20世纪50年代以来，景德镇市先后在全国各地举办陶瓷展览或选送瓷器参加展出共达100余次。1965年10月29日至11月30日，江西省瓷业公司、景德镇市手工业管理局在北京中国美术馆联合举办"景德镇瓷器展览"，共展出500多个品种3000余件展品，接待国内外观众10万人余（次），其中包括接待朝鲜、罗马尼亚、保加利亚、匈牙利、苏联、蒙古国、捷克斯洛伐克、德意志民主共和国、波兰、古巴、日本、英国、法国、意大利、美国、加拿大、西班牙、芬兰、瑞典、瑞士、丹麦、印度、荷兰、澳大利亚、新西兰等50多个国家和地区的300多批外国朋友。新华社、《人民日报》、中央人民广播电台、《工人日报》、《光明日报》、《大公报》、《北京日报》、《北京晚报》等新闻机构对这次展览作了报道，《中国建设》、《人民中国》等对也向国外作了专题报道。

1978年10月10日至11月20日，"景德镇瓷器展览"在北京北海公园举行，共接待国内外观众30万人（次）。

1984年9月24日至10月14日，"景德镇瓷器赴京汇报展览"分别在北京中国美术馆、北京工艺美术服务部等处举行，参展、参销的陶瓷产品多达1000多个品种100多万件（套），接待国内外观众50余万人（次）。

河北唐山的陶瓷曾经三次进京展览：1961年10月，唐山陶瓷第一次进京展览，汇报了唐山陶瓷自新中国成立以来取得的辉煌成就。1979年4月，唐山陶瓷第二次进京展览，汇报了唐山大地震后的生产恢复成就。1988年10月，唐山陶瓷第三次进京展览，汇报了改革开放十年来取得的成绩。

20世纪80年代以前，每年主要由国家和广东省政府从石湾、枫溪、高陂、饶平、湛江等地选送产品参加国外展出，具有地方特色的石湾陶塑、枫溪瓷塑、通花瓷、广彩、潮彩、高陂青花是必选的产品。20世纪80年代以后，国外展出由主管广东陶瓷的广东陶瓷工业公司主办展出：

1979年10月，广东省陶瓷工业公司在澳门举办《广东陶瓷艺术新作展》，展出石湾、枫溪、高陂、饶平、广彩和画家黄永玉怀念周恩来总理的青花瓷盘新作。

1980年8月8日，省陶瓷公司在新加坡举办《广东陶瓷艺术展览会》，展品三千种。

1981年10月，省陶瓷公司在联邦德国举办《广东陶瓷展览会》，十分成功。

1985年1月，省陶瓷公司组织参加在香港举办的《中国陶瓷展览会》，深受欢迎。

1986年，广东省枫溪陶瓷研究所通花系列产品荣获保加利亚普洛夫迪夫国际金质奖；潮州彩瓷总厂的《300件堆金牡丹天球瓶》荣获德国莱比锡国际博览会金奖。

1988年4月，省陶瓷公司组织赴法国土伦参加国际博览会。

3.国礼瓷器

陶瓷常常作为国礼，由我国的领导人在出访时赠送给外国领导人和组织，或赠送给来访的外国领导人。入选国礼瓷最多的是景德镇、醴陵、潮州与汕头、宜兴、淄博所产的陶瓷器。

景德镇瓷器曾代表中国陶瓷制品的高端水平和上等品质，影响着中国乃至世界瓷业的发展。1949年以后，景德镇瓷业在继承和科学总结传统技艺的基础上，不断创新与发展。20世纪50年代，试制成功的高白釉的白度达到83.45%，创中国陶瓷历史上的白釉瓷之最。

20世纪60年代后，景德镇传统制瓷工艺有新的发展。建国瓷的制作取得成功，许多传统名贵高低温色釉得到恢复，青花、青花玲珑、颜色釉、薄胎瓷、仿古瓷、彩瓷、雕塑瓷及特种工艺瓷等传统产品均赶上甚至有超过历史最高水平，其中青花红楼超万件花瓶、大件三阳开泰花瓶、大型瓷雕滴水送子观音等产品均超过历史最高水平。大件郎窑红、大型色釉瓷壁画、成套青花和青花玲珑瓷、大型薄胎瓷、具有时代气息的粉彩与古彩、凤凰衣釉、雨丝花釉、彩虹釉等新产品层出不穷。景德镇作为国内的主要产瓷区，日用瓷产量、出口瓷创汇均名列全国前茅，单件瓷创汇水平为国内最高，获国际金奖和国家金银牌的产品居全国之首，90%以上的国家外交礼品瓷均是由景德镇烧制的。景德镇仍不愧为中国的瓷都。

1907～1908年，湖南瓷业学堂研制出草青、海碧、艳黑、赭色和玛瑙红等多种釉下颜料。湖南瓷业制造公司生产出令人耳目一新的釉下五彩瓷器。釉下五彩瓷器瓷质细腻，画工精美，清新雅丽，别具一格，釉层下五彩缤纷，呈现出栩栩如生的画面，具有较高的艺术价值和使用价值，一问世就立即得到业内人士和国内外的极大关注和好评。1909～1911年，醴陵釉下五彩瓷分别参展武汉劝业会、南洋劝业会和意大利都朗国际赛会，连续获得金牌奖，醴陵瓷器开始名扬华夏，走向世界。特别值得一提的是醴陵釉下五彩瓷在1915年的世博会上荣获金牌。

醴陵釉下五彩瓷是新生的陶瓷品种，清末民初醴陵釉下五彩瓷的烧造前后不过20余年，生逢乱世，作品覆盖面不宽，精品罕见，传世作品不过400余件。故宫博物院的醴陵釉下五彩瓷仅7件，湖南省博物馆收藏的精品也不过17件。

1955年，醴陵陶瓷研究所成立。1958年，醴陵艺术瓷厂（现在的群力艺术陶瓷有限公司）成立。几十年间，这两家单位成为国家用瓷、国礼用瓷、艺术收藏品的主要生产者。

广东广州的广彩、佛山石湾的雕塑（公仔）、潮州的通花瓶等都是著名的陈设艺术陶瓷，也常入选作为国礼瓷。

1978年，在朝鲜民主主义共和国成立30周年之际，时任国务院副总理的邓小平代表中共中央、国务院把由广东省枫溪陶瓷工业研究所承制的友谊通花瓶赠金日成主席。友谊通花瓶高1.3m，重100多千克。三层结构，外层是玉兰图的镂空体，两个对称花窗，以盛开的梅花装饰，透过花窗的中层是瓷制花篮，内层是蝴蝶图案的镂空体。运用了通雕、圆雕、浮雕，装饰上运用了色土、色釉、釉上描金等综合装饰。通花瓶由叶竹青主设计，王龙才参加设计第三层，周文光等担任制作。

1986年，英女王伊丽莎白二世首次访港，港府向大埔赤山瓷厂订购专门制作的45头釉下青花餐具和20头帆船咖啡具作为香港总督送给女王的纪念品，受到女王的称赞。刘泽棉创作的陶塑《饮酒钟馗》也作为广东省政府礼品赠送英女王。

2007年3月27日，在莫斯科的克洛库国际展览中心举行的中国国家展上，国家主席胡锦涛在俄罗斯普京总统巡馆时，把深圳永丰源瓷业公司生产制作的骨质瓷8件头《帝王黄》茶具赠送给普京总统。普京总统称赞"很华贵，皇室的御用品走进了现代生活"。

宜兴的紫砂、均陶、花盆等驰名中外，享誉世界。20世纪80年代以后，均陶堆花的创新、创优更是取得了令人瞩目的成绩。1983年，均陶工艺厂生产的50套均釉陶台首次进入中南海，其中一套被安放在钓鱼台国宾馆。翌年，均陶蟠龙陶台陶凳作为景点被中国园林《燕秀园》采用，为《燕秀园》获英国利物浦国际园林节大金奖金质奖章、最佳亭子奖和最佳艺术造型永久保留奖做出了贡献。1987年，20件（套）的蟠龙陶台、全均釉陶台、均釉组合花盆等精品入选中南海紫光阁并获国务院颁发的荣誉证书。1987年和1989年，均陶产品先后获得国家质量奖评定委员会颁发的银质奖、首届国际博览会金质奖。期间，均陶产品还多次参加国际性的展览会、博览会，在国际上产生了深远的影响。1972年，宜兴均陶工艺厂为朝鲜金日成主席60寿辰承制的均釉成套大花盆作为国礼为金日成祝寿。

山东淄博等地在20世纪70年代，利用当地的资源优势，开发出了焦宝石瓷（精炻器）和滑石瓷，进入80年代以后，又相继开发出许多新的瓷种，如鲁玉瓷（高长石瓷）、高石英瓷、鲁光瓷（钠长石质瓷）、合成骨瓷、贝壳瓷等。利用这些新的瓷种制作的瓷器，不仅进入了国宴殿堂、作为国家领导人用瓷，而且还有入选国礼瓷的。另外，山东的艺术陶瓷也很有地方特色，尤其是刻瓷技艺更是一绝，已多次被选作国礼瓷。

1959年唐山制作出了中国最早的骨质瓷样品。1964年生产出我国第一套异玲形咖啡具而填补了我国高档骨瓷产品的空白。1966年生产出第一代绿骨瓷。1979年试制成功乳白色骨质瓷并于1980年建成100万件骨瓷生产线。1982年通过国家科委和轻工业部产品鉴定为"中国骨质瓷唐山为首创"。1984年"红玫瑰"牌骨瓷获国家银奖。1991年引进英国先进设备建成我国第一条年产500万件高档骨质瓷生产线。唐山骨质瓷产品相继在三次全国评比中获日用瓷唯一A级产品称号，被指定为国家50周年庆典用瓷，1997年香港回归、1999年澳门回归庆典用瓷，2010年上海世博会指定用瓷。

四、陶瓷文化节和博物馆及陶艺园（村）

中国瓷器作为文化使者，历来在中外文化交流中扮演着重要的角色。各产瓷区经常举办陶瓷节，以陶瓷搭台，为经济发展服务，促进文化交流。各古代名窑则更是以古陶瓷和古窑口作为金字招牌，建博物馆、举办陶瓷节和学术活动。现代陶艺正在风靡世界，中国的现代陶艺也方兴未艾、蒸蒸日上，各地也建立了一批陶艺村，吸引中外陶艺家和广大民众前来参加活动。中国自改革开放以来，国门打开，中外人士进出频繁进行经贸文化交流，一片升平繁荣景象。

1990年10月11～14日，"首届中国瓷都——景德镇国际陶瓷节"隆重举行，接待国内外来宾3142人，其中外宾488人，内宾2654人。

2005年11月11日，亚洲文化部长论坛暨第七届亚洲艺术节于在佛山市举行。举办的"亚洲艺术之光—中国石湾陶艺展"、"火与土的艺术——2005年南风古灶亚洲青少年陶艺创作营"活动，展示了石湾公仔博大精深的艺术魅力，22国部长共同签署的《佛山宣言》肯定了在经济全球化的进程中，文明与文化的要素在国际关系和社会发展中的重要作用，表达了"维护亚洲乃世界文化的多样性，促进亚洲文化乃至人类文化的繁荣"的共同愿望。

1. 陶瓷博物馆

在各瓷区和古代窑址所建的陶瓷博物馆中，以景德镇陶瓷馆、宜兴陶瓷博物馆、耀州窑博物馆和杭州南宋官窑博物馆最为著名。

（1）景德镇陶瓷馆　坐落在市区河西枫树山陶瓷文化博览区内，与古窑瓷厂毗邻。这里青山环抱，溪流潺潺，鸟语花香，空气清新。景德镇陶瓷馆建于1954年，珍藏古代陶瓷片数万片，古今陶瓷珍品2500余件。郭沫若亲笔题写的"景德镇陶瓷馆"六个大字镶嵌在门楼上。该馆建于建国初期，后规模不断扩大，展出内容分为"历史之部"、"新中国之部"和专题展览厅。前者以朝代为序，展出古瓷1000多件；后者按类别陈列，展出建国后收藏的陶瓷珍品1500多件。有五代的青瓷、白瓷；宋代的青白瓷；元代的青花瓷、卵白瓷、釉里红；明代的青花瓷、五彩瓷、斗彩、各类颜色釉瓷；清代的数十类精品陶瓷。现代各陶瓷工厂、陶瓷研究所和陶瓷名家的作品也都有收藏。现已成为瓷都最著名的文化旅游景点之一。

（2）中国宜兴陶瓷博物馆　位于丁蜀镇宁杭公路西侧的团山之麓，1982年正式开馆，其前身为始建于20世纪50年代末的宜兴陶瓷陈列馆，由彭冲题写馆名。中国宜兴陶瓷博物馆是一座具有中国古建筑风格的琉璃瓦大厦，依山傍坡，气势恢弘，在全国陶瓷产区的展馆中，独树一帜。馆区占地40000余平方米，展厅近4000m^2。经20多年的建设、配套和运作，馆内陈列着上万件陶瓷精品，分布于古陶、名人名作、紫砂、均陶、青瓷、精陶、美彩陶、艺术陶瓷、海内外赠品展示五大展区、22个展厅，堪称丰富的陶瓷艺术宝库，在全国各陶瓷产区的博物馆中为门类最为齐全的综合性陶瓷博物馆。

（3）耀州窑博物馆　建立在铜川市黄堡镇的耀州窑遗址之上，1994年5月23日正式建成并对外开放。主馆占地面积46000m^2，建筑面积8000m^2，陈列展览面积4800m^2，总投资1000多万元，收藏各历史时期珍贵文物50多万件（片），陈列展出耀瓷珍品1000多件，精品荟萃，品位高雅，具有极高的史学价值和研究价值。耀州窑博物馆是国家二级博物馆，国家AAA级旅游景区，全国科普教育基地，为中国古陶瓷文化旅游的典型代表。耀州窑博物馆是目前国内规模最大、序列性最强、内涵最丰富的专题性古陶瓷科学博物馆之一，集遗址遗迹展示、文物标本陈列、模拟古代制瓷工艺演示三位一体的古陶瓷遗址专题博物馆。遗址遗迹展示由"唐代三彩作坊、窑炉"，"宋代制瓷作坊，窑炉"和"金代制瓷作坊群"三个保护厅组成，直观形象地展示了该窑的生产规模和工艺流程。

耀州窑是我国历史名窑之一,唐代创烧,五代发展,北宋鼎盛,金代续烧,终于元末明初,连续烧造陶瓷的历史长达800余年耀州窑是我国历史名窑之一,其代表产品刻花青瓷"巧如范金,精比琢玉",有"北方刻花青瓷之冠"的美誉,宋代已驰名海内外。1988年耀州窑遗址被列为"全国重点文物保护单位",后来被评为二十世纪"中国百大考古发现之一"和"陕西十大考古发现之一"。

(4)杭州南宋官窑博物馆　1988年初,经国家旅游总局和浙江省人民政府批准,杭州南宋官窑博物馆在杭州乌龟山麓郊坛官窑古窑址上动工兴建,馆址为杭州玉皇山南侧施家山42号,1990年建成,1991年11月11日试开放,1992年正式对外开放。南宋官窑博物馆占地10000m^2,建筑面积3758m^2,整个馆区分展览建筑和遗址保护建筑两大部分。遗址保护建筑在山坡官窑遗址上,面积为1700m^2。展览建筑分3个展厅,一厅展示浙江历代有代表性的陶瓷文物,包括从良渚黑陶、印纹硬陶、原始青瓷到青瓷、青花瓷、色釉瓷等历代精美陶瓷器;二厅是博物馆的重点,系统介绍南宋官窑史和瓷器造型风格、胎釉特点、装饰艺术和制作工艺;三厅荟萃国内陶瓷科研、生产单位精心制作的各种仿古瓷精品。

2.陶艺园

在各地建立的陶艺园(村)中,以景德镇、宜兴及陕西富平的最有特色。

(1)景德镇的陶瓷文化创意产业园区　2009年,江西省陶瓷工业公司的所属陶瓷企业实行改制。公司以自主创新和项目带动为引擎,以发展文化创意产业和高科技陶瓷为着力点,实施两轮驱动。制定了"建立两个中心、打造五个基地、培养五个园区"的总体规划,取得初步成效。陶瓷文化创意产业方兴未艾。其中有雕塑陶瓷文化创意圈,景德镇市陶瓷就业创业孵化基地(原曙光瓷厂),珍奇御瓷研发创意园(原曙光瓷厂),红店街(原艺术瓷厂),建国陶瓷文化创意园(原建国瓷厂),景德镇市近现代陶瓷工业遗产保护区(原为民瓷厂),现代陶瓷创作人才基地(三蕾瓷用化工有限公司),乐天陶社等基地和园区。

(2)宜兴的紫砂村　明代中期伊始,宜兴丁蜀地区几乎"家家制坯,户户捶泥","衣食所需惟陶业是赖"。周边农户大多在农闲时从事紫砂壶制作,并代代相传,逐渐发展形成一种家庭手工作坊式的生产产业群,这种具有地域特征的独特文化现象,造就了许多紫砂专业村。其中最著名的有上袁紫砂村、西望紫砂村、洋渚紫砂村等。这些紫砂村曾造就了若干紫砂大师,不仅在继续生产紫砂,而且成了中外紫砂迷朝拜的去处。

(3)富平县陶艺村　陕西在拥有现代陶艺博物馆的数量、馆藏作品数量、作品反映不同国家、民族的艺术表达形式、作品透视出的制作工艺和技术的多样性等方面在国内外首屈一指。

陕西的现代陶艺主要集中在富平县陶艺村,其代表地为"富乐国际陶艺博物馆群"。现已建成开放的包括主馆(中国)、斯堪的纳维亚馆(北欧馆)、法国馆、澳新馆、美国馆、加拿大馆、意大利馆、德国馆、荷兰馆、英国馆等14个国家的陶艺馆,以及一座国际陶艺文献中心在内的庞大国际陶艺博物馆群。展出50多个国家和地区的500余位陶艺家的作品6000余件,作品的90%是陶艺家在富平利用当地材料现场构思创作的。收藏陶艺文献、杂志47种1500余册,是反映世界现代陶艺界最新创作及研究成果的前沿阵地和陶艺家们创作的"天堂"。

第五章　古陶瓷研究及古代名窑的恢复与发展

　　陶瓷是水火土相合的产物，这种将天然物质（泥土）转变为另一种有用材料或器物（陶器）的过程也是人类最早的创造性活动之一。古陶瓷除了其传承的各种人文信息外，也是人类在认识自然和改造自然过程中，发明创造的一种对后世影响意义深远的材料。

　　首先，陶器的产生和发展使人类的早期生活发生了巨大的变化，标志着一个新的时代——新石器时代的开始，也反映着人类从采集、渔猎向农业耕种、驯化为基础的生活和生产方式过渡的变化，成为人类日常生活和生产中不可缺少的用具。中国是世界最早出现陶器的古代文明中心之一，同时在古代保留下来的遗存中，陶器也最丰富。

　　尤其值得骄傲的是，早在东汉（公元25～220年）晚期，以中国越窑为代表的中国南方青釉瓷的烧制成功标志着中国陶瓷工艺发展中的一次质的飞跃。瓷器的发明创造是中华民族给世界文明发展所作的一个巨大贡献，促成了这种黏土制品从陶到瓷的质的飞跃，使之无论在质地用途，还是在艺术观赏性方面都有了极大的提高。中国瓷器在中外文化交流史上也起着举足轻重的作用，其高超的工艺技术和艺术价值成就广受赞誉，远销几乎遍及亚、非、欧、美各州，成为人们竞相追逐的对象和地位的象征。中国被世人誉为"瓷之国"，甚至因瓷而得名——"CHINA"。

　　直至今天，陶瓷依然是人类的生产和生活中不可缺少的用品和用具。陶瓷的产生和发展在人类历史的进程中起到了相当重要的作用，中国古陶瓷的研究、鉴定和恢复一直受到人们的极大关注。

第一节　古陶瓷研究

　　1914年，乘俊在东方杂志11卷第5期发表的《中国古瓷之研究》，揭开了我国清王朝之后古陶瓷研究的开篇，使从事古陶瓷研究的人士愈来愈多，围绕古陶瓷的发展发表了许多论文和专著，时至今日，大致可分为四个阶段。

一、第一阶段（1914～1930年）

　　从1914～1930年为第一阶段，研究古陶瓷的专著和论文与以前相比逐渐增多，同时现代考古学引入古陶瓷的研究而使古陶瓷的研究开始走上科学的道路。这个阶段研究的特点表现为发表论文不多、专著较为丰富，但专著学术水平不高。据杨静荣的统计和分析，本阶段发表的研究古陶瓷的论文约有120篇，其中1914～1920年只有10篇左右。

二、第二阶段（1931～1949年）

这个阶段研究古陶瓷的论文和著作迅速增多，学术成就较高。尤其是陈万里把现代田野考古学引入了古陶瓷的研究之中，对古窑址进行了实地考察，收集了大量古陶瓷标本，并对其进行排比研究，开辟了一条古陶瓷研究的新途径，把古陶瓷的研究提高到了一个崭新的阶段。这个阶段发表的论文有110篇左右。

1928年，陈万里发表了著名的"调查龙泉青瓷报告"的论文，在30年代和40年代又先后撰写了《越器图录》和《瓷器与浙江》两书，把艺术欣赏与考古学相结合，在南方青瓷史的研究方面取得了辉煌的成果。陈万里开创了陶瓷考古的先河，使古陶瓷的研究沿着科学的道路健康地发展起来，树立了古陶瓷研究道路上的第一块里程碑。

1931年，周仁发表的第一篇古陶瓷科技研究论文，揭开了古陶瓷科技研究的先河，树立了古陶瓷研究道路上的第二块里程碑。

这个时期的其他重要著作有叶麟趾的《古今中外陶瓷汇编》、江思清的《景德镇瓷业史》、吴仁敬和辛安潮合著的《中国陶瓷史》、杨啸古的《古月轩瓷考》、郭葆昌的著作《瓷器概说》等。

1933年，杨啸古的《古月轩瓷考》一书出版。作者以亲身的研究实践，对故宫博物院收藏的珐琅彩瓷器提出许多独特之见，至今仍是研究珐琅彩瓷器的参考书。

1934年，郭葆昌的《瓷器概说》一书出版。该书是为伦敦举办的中国艺术展览会中的中国瓷器展品撰写的说明，将文献与文物相结合，从魏晋到清代，着重于元、明、清的景德镇的瓷器，尤其对清康、雍、乾三朝的珐琅彩瓷器有不少独到之见。

1934年，叶麟趾的《古今中外陶瓷汇编》一书出版。书中引用了大批资料，综合了古今中外陶瓷的发展概况，是一部较为完整的世界陶瓷简史。作者推断定窑窑址在今河北曲阳，对发现定窑窑址的确切地点提供了明确的线索。书末附有包括许多近现代的窑址表，是研究近现代陶瓷史的重要参考资料。

1936年，吴仁敬、辛安潮合著的《中国陶瓷史》初版出版，以后多次再版。该书是第一部按时代叙述从古至中华民国的陶瓷发展概况的陶瓷史籍，主要以文献为主，每章附录参考书目。虽然该书在学术上没有什么独见之处，不能代表当时的最高学术水平，但毕竟是一部完整的中国陶瓷史。

1937年，江思清的《景德镇瓷业史》一书出版。作者首先提出："我国发明的瓷器，不应是古董，也并非纯系美术品、工业品，而是中国文化史的一部分。"该书结合景德镇历代政治、经济、民俗和艺术等诸多关系编写而成。虽然由于时代的种种原因，作者的研究成果不甚引人注目，但作者指出的研究方向为以后的古陶瓷研究开阔了眼界，尤其在今日古陶瓷研究向深度和广度发展时，更能发现作者的远见卓识。

此外，尚有其他的论文和专著，但基本上没有超出上述著作的研究范围。

三、第三阶段（1950～1982年）

这个阶段从1950年开始，到1982年中国硅酸盐协会主编的《中国陶瓷史》问世为止，其特点是以周仁为首的一批科学工作者，把科学化验引入古陶瓷的研究之中，使古陶瓷的研究沿着科技的道路进一步得到发展，在短短的30多年推动了古陶瓷研究的全面发展。由于研究的侧重点和研究方法上的差异，出现了不同的研究方向，大致可以分为六个方面。

1. 文献学研究

代表人物为童书业、史学通和傅振伦，组成人员多是对古代文献相当熟悉的历史学家。文献学派依据古代文献，或考订陶瓷史的文献资料，或偏重于陶瓷经济史的研究。如童书业、史学通合著的《中国瓷器史论丛》，正如作者所言："本书的特点就是尽量避免使用传世的实物资料，而主要依据文献资料来做考证。"书中最精彩的一篇是《"唐窑"考》，代表了此派的学术水平。

傅振伦是博学的历史学家，精通方志学、版本目录学、考古学等，不但依据广博的知识撰写了《中国的伟大发明——瓷器》、《明代瓷器工艺》等有关古陶瓷的专著，而且专攻陶瓷古文献，先后注释了《陶记》、《陶说》、《陶录》等书，对陶瓷文献的考订做了大量切实的研究。1955年《中国的伟大发明——瓷器》一书出版，以后多次修订再版。全书简述了三国至清代瓷器发展的概况，材料翔实，内容丰富，条理清楚，脉络清晰，对普及和提高古陶瓷的研究起到了积极作用。

此外，史学工作者在讨论资本主义萌芽问题时，有论述明清陶瓷经济史的论文，其特点也多是依据文献资料。

总之，文献派的特点是以文献资料为据研究古陶瓷的相关课题，虽然受到一定的局限，但也取得了一定的成就。

2. 传统鉴定研究

以孙瀛洲、耿宝昌为代表。研究者以前大多从事古董商业工作，后转入博物馆专门从事文物鉴定工作，直观性经验丰富，单凭各种感官上的直觉即可判断传世品的真伪。孙瀛洲题为"元明清瓷器的鉴定"的论文，耿宝昌著的《明清瓷器鉴定》讲义都是丰富经验的系统总结。后人需要继承此宝贵的实践经验，并以科学为基础加以提高。

3. 科技研究

以周仁为代表，组成人员多是从事陶瓷专业的科学工作者，如李国桢、游恩溥、刘秉成、刘可栋、张福康、李家治、陈尧成等人。他们大多参加陶瓷生产或科学实验，既有丰富的实践经验，又有系统的科学理论知识，学术成就建立在科学实验的基础上。研究成果成为古陶瓷研究的科学依据，被广泛地应用于古陶瓷研究的各个领域。

1958年，科学出版社出版了周仁等人合著的《景德镇陶瓷的研究》一书。作者们把开创的科学实验工作开始引入古陶瓷的研究。按照周仁开创的方法，科学工作者对耀州窑、钧窑及历代青花、色釉等进行了一系列的化验。研究成果既可指导传统陶瓷的生产，又可成为古陶瓷研究最有力、最科学的依据，显示出强大的生命力。但这一派往往缺乏考古方面知识和材料，需要有考古工作者的密切配合才能完成系统的科学实验工作。

4.陶瓷考古学研究

在当前的古陶瓷研究队伍中，从事陶瓷考古学研究的人员最多，成员以文物博物馆和考古工作者为主，特点是以考古资料和博物馆中的文物资料为依据，使用考古与文献相结合的双重证据法，偏重于研究陶瓷的时代、窑口和艺术欣赏。

陈万里为陶瓷考古学研究派的创始人，先后出版了《中国青瓷史略》、《宋代北方民间瓷器》、《陶枕》等专著，并发表了一系列有关窑址调查的论文，代表了当时的最高学术水平。冯先铭、叶喆民、李辉柄、李知宴、李纪贤等人继承了陈万里的传统，几乎跑遍了全国的陶瓷古窑址，公开发表窑址调查报告数十篇，在陶瓷窑口和时代的鉴定上取得了相当可观的成就。

《陕西铜川耀州窑》和《南京出土六朝青瓷》两部专著是考古专业工作者在古陶瓷研究中的重要成果。《陕西铜川耀州窑》是考古专业工作者发掘耀州窑的报告集，资料翔实，时代准确，层次分明，充分体现了陶瓷考古的科学性。《南京出土六朝青瓷》多是研究纪年墓出土的六朝青瓷，对研究六朝青瓷具有科学和历史的参考价值。

此外，各地的文博和考古工作者撰写了大量有关陶瓷窑址的调查报告，是研究古陶瓷的第一手基础材料。

陶瓷考古派人数众多，硕果累累，研究成果为进一步推动古陶瓷研究的发展奠定了坚实的基础。

1980年，中国古陶瓷研究会成立，促进了古陶瓷研究的蓬勃发展，一年一度的学术交流会达到了前所未有的兴盛局面。

5.外销瓷研究

研究对象是古陶瓷中的外销瓷，以韩槐准先生为先驱，包括一批外国专家和学者。研究人员以史学、考古和博物馆的研究人员为主，研究方法基本属于陶瓷考古学研究，也有少部分属于文献学研究。

国内外发现的外销瓷资料愈来愈多而引起学术界的高度重视，使外销瓷的研究形成一个热门的课题。1980年，中国古外销瓷研究会成立，大大促进了古外销瓷研究工作的开展。

外销瓷研究主要依据文献和考古资料，探讨中外文化交流和经济发展的相关课题，虽然外销瓷研究经历的时间不长，但成果引人注目，最有代表性的作品是日本学者三上次男先生所著的《陶瓷之路》。

6.艺术学研究

组成人员多是艺术院校和艺术研究机构中的研究人员，具有较高的艺术修养，偏重于陶瓷造型、纹饰等艺术特色的分析和研究。可分为理论研究和实践研究两个分支。

理论研究以邓白、吴山为代表。邓白所著的《略谈我国古代陶瓷的装饰艺术》和吴山所著的《中国新石器时代装饰艺术》可作为此派的代表作。《略谈我国古代陶瓷的装饰艺术》的文笔流畅，体现出作者高雅的艺术欣赏水平。《中国新石器时代装饰艺术》综合了考古发现而予以通俗介绍，并从艺术欣赏的角度讨论了新石器时代陶器的装饰艺术，体现出作者的艺术素养。此外，梅建鹰等人亦著文论述历史名窑的艺术成就。但这个学派的学术成就仅仅停留在艺术欣赏的水平之上，有待于向艺术学的深度发展，进一步上升到艺术哲学的高度，总结陶瓷艺术发展的规律和理论。

实践研究以杨永善和关宝琮为代表。他们都是从事陶瓷造型和装饰设计的设计师,具备较高的艺术欣赏能力,但他们并不以此为最终目的,而是着眼于造型和装饰的现实设计,由此决定了他们必须对历史上存在的各种陶瓷造型和装饰做深入细致的艺术学研究,以揭示陶瓷的功能效用、材料技术、形成美感诸方面的规律。

近年来,杨永善出版了《陶瓷造型基础》和《陶瓷造型设计》两本专著不但是研究陶瓷造型设计人员的必读之书,而且对研究古陶瓷的人员也是重要的参考书。

关宝琮毕业于鲁迅美术学院版画系,后一直从事陶瓷艺术设计工作,著有《中国古代陶瓷造型与装饰》(油印本)和《辽瓷艺术》,《辽瓷艺术》在研究辽瓷艺术方面有很多独特之见。

在本阶段,有几部古陶瓷研究较为重要的学术著作。

1963年,轻工业部陶瓷工业研究所编著在中国财政经济出版社出版的《中国的瓷器》,以历代名窑出现先后为序,分别论述了各个历史时期瓷业生产的特点和成就,并运用史料论证了瓷器史中的若干重大问题。虽然作者也承认"还有不少重要问题尚未论述透彻",但在当时的条件下,该书确实代表了较高的学术水平。1983年该书修订再版,由刘新园先生撰专文补述,对近20年的中国瓷器史研究进行了评述,与中国硅酸盐学会主编的《中国陶瓷史》互佐,有较高的参考价值。

1958年,文物出版社出版的蒋玄怡所著的《吉州窑》,将艺术欣赏与陶瓷考古融为一体,在内容和体例安排上均有独到之处,是研究吉州窑陶瓷艺术史的一部杰出之作。

1959年,江西省轻工业厅陶瓷研究所编著在三联书店出版的《景德镇陶瓷史稿》,资料丰富,内容翔实,从政治、经济、文化、地理等方面全面阐述了景德镇陶瓷发展的概况。到目前为止,这部书对研究景德镇陶瓷史仍是必不可少的参考书。尽管书中有些内容随考古材料的发现,需要修改订正,但这部书的学术历史地位是不能否定的。

1982年,由中国硅酸盐学会组织全国文物考古、陶瓷科学、工艺美术等方面的专家、学者进行多次讨论、合作编写而成,由文物出版社出版的《中国陶瓷史》,总结了历代陶瓷史的研究成果,概括了30余年的最新研究成果,内容充实,材料丰富,代表了当代陶瓷史研究的最高水平。尽管书中尚有一定的不足之处,有待进一步修订,但此书的问世确实是陶瓷史研究中具有划时代意义的一件大事,为今后陶瓷史研究的进一步发展创造了条件、奠定了基础。

四、第四阶段(1983～2010年)

这个阶段形成了历史上古陶瓷研究空前未有的兴盛局面,可谓百花齐放,百家争鸣。

首先,参加研究人数之多、层次之丰富是历史上从未有过的。除文博系统、考古系统及科研专业工作者外,拍卖行、现代古玩商业工作者及众多的收藏爱好者也成为了一支古陶瓷研究的生力军,尤其是以胡雁溪、高阿申等人为代表的众多收藏爱好者们发表的论文和专著已经受到学术界的高度重视。

其次,出版物之多更是历史上空前未有的。单是各种专著、图录就达200种左右,报纸的收藏版和各种收藏类的杂志更如雨后春笋，福建出版了每周一期的《收藏快报》等，为广大研究者和收藏爱好者提供了百花齐放的舞台。但水平参差不齐，其中漏洞百出、误导初学者的内容占有一定的比例。随着时代的进步，大浪淘沙，优胜劣汰，经不住历史考验的自然会被历史所淘汰。

第三是现代化的传播工具开始应用于古陶瓷的研究。电视以直观和形象的优势，在普及和宣传古陶瓷知识方面受到广大观众的欢迎。网络则以简洁、迅速、方便的形式传递着许多新的信息。

在如此兴盛的局面下，第三阶段（1950～1982年）初步形成的六个研究方向发生了明显的变化。

1.文献学研究流派的变化

单纯的文献学研究在本阶段开始走向衰败。基本没有研究者像当年童书业先生那样言必有据的研究古陶瓷，或者开始综合整理古陶瓷文献，或者针对某些专著或专人整理文献。综合整理古陶瓷文献的代表成果有熊寥先生编著的《中国陶瓷古籍集成》（江西科学出版社2000年4月第1版）、冯先铭先生编著的《中国古陶瓷文献集释》（上）（台湾艺术图书公司2000年1月第1版）。针对某些专著或专人整理文献的代表成果有张发颖先生整理的《唐英集》（1991年10月辽沈出版社出版），叶喆民先生著的《饮流斋说瓷译注》（2005年10月紫禁城出版社出版），傅振伦先生注释的《景德镇陶录》，以及欧阳深、周铁生校注，卢家明、左行培注释的《景德镇陶录》，这些均是近年来少见的整理陶瓷文献的纯学术著作，对研究古陶瓷颇有参考价值。

2.传统鉴定研究流派的发展

传统鉴定研究最大的成果是耿宝昌先生著的《明清瓷器鉴定》正式出版。此书是把耿宝昌先生于1981年5月在南京陶瓷鉴定学习班上的讲稿，几经修订补充后，由紫禁城出版社于1993年正式出版的。该书是耿宝昌先生毕生经验的总结，资料翔实、断语准确，对普及文物鉴定知识起到积极的推动作用，受到国内外的好评，学习明清瓷器鉴定，不可不读此书。较为代表性的著作还有许多。

1988年10月，童依华著的《中国历代陶瓷款识汇集》（台湾古文化研究社出版）综合了历年发表的陶瓷款识，资料翔实，增加了彩版并附明清官窑款识图录彩版，图版虽多系翻拍，但印刷质量很好，颇有参考价值。

1990年，香港市政局出版的《瓷艺与画意》是关善明先生藏品在香港展出时的图录，收录民国时期藏品165件，是研究民国陶瓷的最新成果。书前有关善明、刘新园、朱锦鸾三位先生论述民国时期陶瓷艺术成就的论文。刘新园先生调查的诸多民国时期景德镇名工匠的生平资料，内容翔实，颇有参考价值。

1991年8月，赵自强编著的《古陶瓷鉴定》（广东教育出版社出版）虽为编著，但不少内容是作者个人鉴定经验的总结，图文并茂，学习应用十分方便。

1993年7月，杨永善与杨静荣合著的《民间陶瓷》（台湾艺术图书公司）共收集现代民间陶瓷183件，全部为彩版，并有杨永善先生论述民间陶瓷的论文。此书是一部研究民间陶瓷艺术的学术著作，被台湾宋龙飞先生评价为："这是海峡两岸的中国，到目前为止，唯一的一本探讨现代传统民间陶瓷的巨著。"

1993年11月，陈德富著的《中国古陶瓷鉴定基础》（四川大学出版社出版）是作者在大学讲课的讲稿，综合各家之长，条理清楚，内容规范，特别适合初学鉴定者入门学习之用。

1993年12月，朱裕平著的《中国瓷器鉴定与欣赏》（上海古籍出版社出版）涉及由东汉至清代的瓷器，图文并茂，文笔流畅，有一定的参考价值。

1994年1月，叶佩兰主编的《古瓷辨识》（台湾艺术图书公司）收录81篇真假陶瓷对比的文章，并配彩版，图文并茂，形式新颖，对学习陶瓷鉴定颇有益处。

1994年9月，钱振宗主编的《清代瓷器赏鉴》（上海科学技术出版社）收录清代瓷器415件，图文并茂，每件瓷器辨伪鉴赏，传授鉴定知识于形象的图片资料中，断语准确，可与耿宝昌先生著的《明清瓷器鉴定》互佐。如果说耿宝昌先生著的《明清瓷器鉴定》是总结了北京琉璃厂古玩商人的传统鉴定经验，则钱振宗主编的《清代瓷器赏鉴》可视为上海古玩商人传统鉴定经验的总结。

1994年11月，冯先铭主编的《中国陶瓷》（上海古籍出版社）以叙述陶瓷史为主，并侧重各个时代陶瓷品种的鉴定，是一部实用而通俗易懂的教科书，被国家文物局指定为文物教材。

1995年10月，张浦生著的《青花瓷器鉴定》（书目文献出版社）是积作者多年经验所成，内容丰富，资料翔实，代表了目前研究青花瓷器鉴定的新水平。

2000年1月，杨静荣著的《古陶瓷鉴识》（广西师范大学出版社）本着"详人所略，略人所详"的原则，偏重介绍了古陶瓷的研究方法，"试图让读者扩大视野，博采众家之长，自己去发现真理。"

2001年8月，李辉柄著的《中国瓷器鉴定基础》（紫禁城出版社）总结了作者多年研究经验，图文并茂，具有参阅价值。

虽然传统鉴定派的研究成果显著，但也面临着飞速发展的现实社会的挑战。积累数十年的经验一旦公布于众，就像一把双刃剑，既可为收藏爱好者提供咨询，同时也为仿古人士提供了教材。近20年的实践证明，仿古人士在研究陶瓷鉴定方面表现出的认真和执著超出一般人的想象程度，高仿作品常令老师"打眼"。专业研究工作者如何面对现实、走向市场、不断更新知识，"与时俱进"，知己知彼，百战不殆是必须解决的一个现实问题。

3. 科技研究流派的发展

这个时期，科技研究流派的成果辉煌，出版了大量的论文和专著，成功连续举办了古陶瓷科学技术国际讨论会，使我国在此领域处于世界领先地位。

（1）专著出版情况　1982年，叶喆民编译的《中国古陶瓷科学浅说》在1960年第1版的基础上修订再版，增加了1949年以后30年来古陶瓷科技研究的成果，对我国陶瓷的起源、窑炉的发展均作了深入的探讨，并对钧釉、哥釉、黑釉、青花、影青与南北青瓷等瓷釉的发色与着色氧化物的关系作了系统论述，科学地证明了我国制瓷技术的辉煌成就，是一本学习古陶瓷科学知识的入门参考书。

1985年12月，李家治、陈显求、张福康、郭演仪、陈士萍等合著的《中国古代陶瓷科学技术成就》（上海科学技术出版社）共分16个专题，从物理化学和工艺技术的观点出发，应用现代实验技术，对历代南、北方陶器及各名窑瓷器胎、釉及彩的化学组成、显微结构、物理和陶瓷性能、物理化学、制作和烧成技术以及原料等方面进行了广泛的论述和研究，取得了许多极有价值的成果，突出地说明了我国古代陶瓷科学技术的丰富内容和超乎寻常的成就。建立在科学实验基础上得出的结论极具说服力，是研究古陶瓷人士必读的一本书。

1988年6月，李国桢与郭演仪合著的《中国名瓷工艺基础》（上海科学技术出版社）从工艺学的观点出发，系统介绍了我国历代各名窑瓷器的发展，工艺基础知识，包括南北方传统制瓷用原料、成形和烧成技术，青、白、颜色釉瓷的胎、釉组成、彩料的制作、成分及其显微结构，陶瓷性能，简要的制作技艺与工艺条件等，从科学技术的角度系统而扼要地对各名窑瓷器进行了总结和论述，对研究古代陶瓷的工艺很有参考价值。

1996年11月，李文杰著的《中国古代制陶工艺研究》（科学出版社出版）论述了我国古代制陶工艺的发展，是第一部系统研究我国古代制陶工艺史的专著，学术价值颇高。

1998年10月，李家治主编的《中国科学技术史·陶瓷卷》（科学出版社出版）在总结古代文献的基础上，结合近代陶瓷考古研究的成果，全面阐述了我国陶瓷的产生、发展历程，内容涉及陶器工艺技术、原始瓷工艺技术、釉的原理、瓷器的发明及其历代的技术突破。本书收录了有各时期大量的陶瓷化学成分、烧成温度等理化数据和图片资料及其分析结果，内容丰富、翔实，是对21世纪以前我国陶瓷科技考古工作的总结，是我国科学技术工作者系统总结我国古陶瓷的工艺与原理的专著，是研究科学鉴定必不可缺的参考读物。

2000年9月，张福康著的《中国古陶瓷的科学》（上海人民美术出版社）以20世纪50～90年代我国古陶瓷的科学研究工作为基础，系统地介绍了制陶术的起源、中国传统制瓷原料、科学测试方法、瓷器的发明过程、历代名窑胎釉彩的化学组成特点和演变规律、显微结构、烧造工艺、各种外观特征及其形成原因的科学解释等。全书13章，共有500多个问答题，从新石器时代到清末，涉及绝大部分名窑的著名品种，使人们对这些体现人类文明和我国古代科技发展史的历代名窑艺术品有了更加全面和深刻的认识。

2009年6月，吴隽著的《古陶瓷科技研究与鉴定》（科学出版社）系统总结和介绍了目前国内外古陶瓷科技研究中，正在或将会得到广泛应用的一些测试分析技术，包括古瓷研究中的元素组成分析技术应用、古陶瓷研究中的显微结构、物相组成分析技术应用、古陶瓷研究中的物理性能与热分析技术应用，以及其他分析测试技术在古陶瓷研究中的应用等，并且围绕古陶瓷的科技鉴定，论述了当前古陶瓷自然科技鉴定分析法之一的成分鉴定法（无损X射线荧光分析技术）。

（2）古陶瓷科学技术国际讨论会的举办情况　由中国科学院上海硅酸盐研究所主办，由古陶瓷科学技术研究会组织并且得到中国国家自然科学基金会和联合国教科文组织资助的古陶瓷科学技术国际讨论会，从1982年举办以来，至今已成功连续举办了9届。并且从1989年第三届开始，由古陶瓷科学技术研究会把参会论文汇编成册，由上海科学技术文献出版社分别以中文、英文形式出版。古陶瓷科学技术国际讨论会的举办为国内外古陶瓷研究提供了广阔的交流平台，促进了国内外古陶瓷研究的发展。

1989年（第三届）会议共收到来自中国、苏联、日本、英国、美国、韩国、泰国等国家和中国台湾和香港地区学者们的研究论文76篇。这些论文的特点包括：（1）研究对象包括了我国古代陶瓷以及西亚、朝鲜半岛和东南亚地区的古陶瓷；（2）反映了新技术，如热释光效应、电子计算机技术、静电复印X射线照相术、穆斯堡尔谱等在古陶瓷研究方面的应用；（3）学术内容开始进入较深的层次。结合当时考古的新发现对上林湖越窑的秘色瓷、建窑御用建盏、供御油滴、景德镇窑、汝窑、南宋官窑、耀州窑、广窑等瓷器的工艺和物理化学等的研究且有所深入。

1992年（第四届）会议共收到来自中国、伊朗、日本、新加坡、韩国、泰国、英国、美国等国家和中国台湾和香港地区学者们的研究论文约80篇，其中科技类论文59篇。

1995年（第五届）会议共收到来自中国、印度、日本、马来西亚、新加坡、韩国、泰国、英国、美国、越南等国家和中国香港地区学者们的研究论文约80余篇，内容涉及：（1）研究范围包括陶器、原始瓷、瓷器等的科学技术、工艺、原料、窑炉、测试方法、考古、美术、古陶瓷贸易、仿制古代名瓷的工艺技术等内容；（2）研究对象以中国为主，扩展到东亚的韩国、日本、越南、泰国、马来西亚，南亚的印度，西亚的阿拉伯地区，欧洲与中、南美洲等地区的古陶瓷；（3）论文中近四分之一是研究我国北方的耀州窑和南方的建窑，是较之历届会议中相对集中的一次。

1999年（第六届）会议共收到来自中国、印度、日本、韩国、英国、美国、俄罗斯、瑞典、越南等国家和中国香港和台湾地区学者们的研究论文97篇，涉及从旧石器时代古陶一直到各种瓷釉、彩釉和我国五大名瓷、建盏和南宋官窑、天目瓷等的最新发现和研究进展，内容范围之广、论文之多是20世纪历届会议中最丰富的一次。

2002年（第七届）会议共收到来自中国、法国、印度、日本、俄罗斯、新加坡、韩国、泰国、英国、美国、乌兹别克斯坦等国家和中国香港、台湾地区学者们的研究论文90篇，其中境外占30%，与国外和香港、台湾地区合作占7%，是历届之最。研究对象除我国古陶瓷外，还包括拉美、俄罗斯、韩国、日本、泰国、法国、乌兹别克斯坦、英国、菲律宾、墨西哥、波斯和东南亚其他地区的古陶瓷，涉及从一万年前的古陶一直到我国2001年考古十大发现的汝窑、老虎洞官窑等各种名瓷的最新研究成果和国外的一些综合性结合现代科技手段和当地瓷器与中国瓷器对比等的研究成果与最新研究进展。

2005年（第八届）会议共收到来自中国、澳大利亚、印度、日本、俄罗斯、新加坡、韩国、英国、美国、乌兹别克斯坦等国家和中国香港地区学者们的研究论文81篇，研究对象除中国古陶瓷外，还包括俄罗斯滨海州等地区、中亚（突厥）、乌兹别克斯坦、朝鲜、日本、印度、泰国、印度尼西亚、东南亚（唐代沉船）等地区发现的古陶瓷。随着科技分析方法的发展而使青花瓷和乳浊、分相釉等的研究论文所占比例大幅提高。

2009年（第九届）会议共收到来自澳大利亚、柬埔寨、中国、印度、日本、罗马尼亚、俄罗斯、新加坡、韩国、斯洛文尼亚、英国、美国、乌兹别克斯坦等国家和中国香港和台湾地区学者们的研究论文113篇论文，其中全文96篇、境外尚未完成全文的英文摘要17篇。

4.陶瓷考古学研究流派的进展

陶瓷考古学研究流派仍然是古陶瓷研究的主力军，经过几代人将近半个世纪的努力，陈万里先生开创的陶瓷考古进一步发扬光大，尤其在这个阶段的研究成果为世人瞩目。

故宫博物院把其50余年采集的窑址资料整理编目，分卷由紫禁城出版社正式出版发行，为古陶瓷研究者提供了大量第一手的资料。

1949年以来许多大专院校逐步建立的考古专业培养出来的具有专业知识的各类高级考古人才，在这个阶段发挥了重要作用，使陶瓷考古走向了更加科学化的道路。陕西耀州窑，宁夏灵武窑，南宋官窑，福建建窑，浙江龙泉窑，河北磁州窑，北京龙泉务窑，景德镇御窑厂，广西滕县窑、容县窑，河南钧窑、汝窑等地的窑址发掘，均是在这些人的主持下完成的，研究成果正式发表在各类发掘报告和专著中，准确的地层关系和造型的排比分类成为古陶瓷进一步研究的重要参考资料。

中国历史博物馆俞伟超馆长倡导建立的水下考古工作队打捞的沉船，以瓷器产品为大宗文物，为研究我国外销瓷器提供了难得的实物资料，使我国在此领域逐渐步入世界先进行列。

5.外销瓷研究流派的发展

近年来，我国古陶瓷研究者加强了对外销瓷器的研究，开始了与国外研究者的交流，关注外国古陶瓷发展的研究，成绩显著。

1989年，故宫博物院邀请日本出光美术馆举办了"陶瓷之路展"，以形象的文物资料再现了历史上东西方以陶瓷为载体的文化交流盛况。

2006年，故宫博物院举办的"瑞典藏中国瓷器展"，反映出瓷器在明、清时期外销欧洲的盛况。

在这个阶段，由中国人翻译或编写的外国陶瓷史的工作出现了一个小高潮，相继出版了由我国作者编著的介绍欧洲、日本、韩国陶瓷的专著或图录。

1991年5月，熊廖翻译的《欧洲瓷器史》由浙江美术出版社出版。

1992年12月，施永安著的《日本古陶瓷》由吉林美术出版社出版。

1995年4月，陈进海编著的《世界陶瓷艺术史》由黑龙江美术出版社出版。

2000年10月，关涛、王玉新编著的《日本陶瓷史》由辽宁画报出版社出版。

2000年12月，王玉新、关涛编著的《日本陶瓷图典》由辽宁画报出版社出版。

马文宽先生所著的《中国瓷器在非洲》是这个段外销瓷研究学派最重要的成果，是一本严肃的学术专著。

虽然这些著作大多在学术上的深度和力度尚显不足，但是已经表明了我国学者已经走出国门开始与世界交流。

6.艺术学研究流派的情况

熊廖为艺术学研究中理论研究的代表人物，虽然写出了诸如《中国陶瓷美术史》等不少专著，但面临昙花一现、后继无人的趋势，单纯的理论逐步走向理论的单纯，开始融入其他流派之中。

1986年6月吴山先生主编著的《中国工艺美术大辞典》（江苏美术出版社）和1990年10月张朋川先生著的《中国彩陶图谱》（文物出版社）既有坚实的理论基础，也开始注重实用研究，可视为艺术研究流派在这个阶段的重要成果。这个流派在实践应用方面也取得了一些进展。

1988年3月，杨永善先生编著的《陶瓷造型设计》由辽宁科学技术出版社出版，这是国内外专门论述陶瓷造型设计的唯一的一本专著，已被清华大学美术学院指定为正式教科书。

1991年12月，李葆年先生著的《塑造基础与陶瓷雕塑》（黑龙江美术出版社）主要讲述了现代陶瓷雕塑工艺，对研究古代陶瓷雕塑工艺也有重要的参考价值，可列为实践派的作品之一。

2001年1月，杨永善先生的论文集《说陶论艺》（黑龙江美术出版社）收录了作者历年发表过的论文64篇。

2004年10月，孔六庆先生著的《中国陶瓷绘画艺术史》（东南大学出版社）可作为艺术学实践研究流派的年轻继承人在陶瓷绘画艺术史方面取得的成果。

第二节　古代名窑的恢复与发展

1957年，轻工业部在南京召开的全国轻工业厅局长会议上做出了《关于恢复历史名窑的决定》，并提出首先恢复浙江龙泉窑和河南汝窑。以后又逐步恢复了钧窑、耀州窑、北宋及南宋官窑、建窑、定窑、磁州窑和越窑青瓷等，并在此基础上更有所发展，使之更加发扬光大。

一、龙泉窑

龙泉窑是继南方青瓷越窑体系的上虞、余姚"秘色瓷"和婺窑、瓯窑的发展，而成为宋代青瓷的著名产区的。南宋中期以后，成功烧制出"梅子青"、"粉青"青瓷，成为龙泉风格的代表，进入鼎盛时期。龙泉窑盛于宋元，衰于清代，前后共约七百余年，以其制瓷工艺的创造成就成为中国制瓷史上仅次于景德镇的历史名窑。

1959年，浙江省人民政府成立了龙泉窑恢复委员会，由省轻工业厅厅长翟翕武、中国科学院上海硅酸盐研究所所长周仁、轻工业部工程师李国桢、浙江美术学院教授邓白、浙江文物考古研究所朱伯谦等专家和龙泉产区老艺人李怀德、李怀川等组成工作集体，使失传300多年的名瓷在上垟龙泉瓷厂烧制成功。20世纪80年代，形成了以上垟总厂为中心、多家分厂的现代青瓷产区。青瓷产品在国庆35周年时入选为国务院紫光阁、武成殿的陈设品。

近年来，瓷艺生产规模的小型化带来了品种的多样化。手工辘轳成形的恢复提高了青瓷艺术的造型品味。燃气梭式窑的普及促成了"粉青"、"梅子青"、"仿哥"、"仿官"、"豆青"等名贵釉色的恢复和提高。当代青瓷不但再现了"紫口铁足"、"朱砂底"、"贴花"、"出筋"、"飞金"等与釉质造型融为一体的传统装饰语言，还创新、发展了哥弟窑绞胎泥纹片瓷，铁、铜着色元素绞胎和越窑风灰釉跳刀装饰等多种工艺创新作品。

当今，龙泉青瓷跨越式的进步得到了古陶瓷界和艺术界学者的高度评价。龙泉县政府把龙泉青瓷立为支柱产业，引导广大陶工立足本土文化，开发青瓷传统文化。代表人物有徐朝兴、毛正聪、夏侯文、张绍斌等。2003年，国家质检总局通过了龙泉市申报龙泉青瓷原产地域产品保护。2006年后，龙泉县提出龙泉中兴计划使龙泉青瓷进一步获得发展。

二、汝窑

汝窑是我国宋代"汝、官、钧、哥、定"五大名窑之一。从宋哲宗元祐元年（1086年）至宋徽宗崇宁五年（1106年）是汝瓷发展的鼎盛时期。北宋末年，金兵攻陷汴京（今开封），汝窑被毁，遂之失传。因汝官瓷的烧制时间短，传世佳品极其稀少，全世界现仅存60多件。

20世纪60年代初期，故宫博物院开始在河南临汝县考察。半个世纪以来，汝州市博物馆收藏了大批珍贵的汝瓷标本。

1984年，在轻工业部李国桢、故宫博物院冯先铭、耿宝昌、王莉英、李辉炳研究员的指导下，国家有关科研部门和院校与汝州市工艺美术瓷厂结合，首先在实验室对河南宝丰清凉寺出土的宋代汝瓷残片进行了全面分析，系统地研究了汝窑天青釉的呈色机理。经实验室模拟试烧成功之后进行了工业规模试验，取得了较好的结果，历时四年，烧制成功一代瑰宝"汝官瓷天青釉"。1988年8月，通过了由河南省科委和轻工业部陶瓷科学研究所共同主持的省级鉴定。

汝官窑的遗址所在一直是中外考古学者的未解之谜。1988年，根据宝丰提供的清凉寺窑实物标本，经上海博物馆和河南省文物研究所复查与考古试掘，终于证实宝丰清凉寺窑为汝官窑的窑口，解决了中国陶瓷史上的一大悬案。这个窑口位于宝丰县城西大营镇清凉寺村南河旁台地上，南北长2.5km，东西宽1km。窑址地势平坦，制瓷原料极丰，煤炭、木料、高岭土、釉药就地可取。尤其是窑址附近盛产玛瑙，为汝瓷的特殊色泽提供了丰盛的原料——玛瑙末。所烧青瓷色泽莹润，视如碧玉，有美丽的开片纹。在试掘中出土的20多件宫廷御用汝瓷的造型主要有鹅颈瓶、折肩壶、细颈小口瓶、碗、盘、洗、莲花式碗、盂、茶盏托盖器等。

宝丰县清凉寺宋汝官窑口的发现，不仅找到了北宋五大名窑之魁的汝瓷窑口，为迄今传世的60多件北宋宫廷御用汝瓷的鉴定提供了可靠的依据，而且发掘了大量的民用汝瓷器。更为可贵的是，该窑口是一处宋、金、元以来烧造历史延续数百年之久的重要制瓷场地，规模非常宏大，整个面积达87万平方米，窑具、瓷片堆积一般在2～3m，最厚处可达6m以上。

2001年10月，汝州市承办了中国古陶瓷研究会年会暨汝州市首届国际汝瓷研讨会。2004年，国家质检总局通过了汝州市申报的汝瓷原产地域产品保护。

目前，汝州已拥有以朱文立、孟玉松、陈松江主导的朱氏汝瓷厂、玉松古瓷厂、美华汝瓷厂等20余家企业。

三、钧窑

钧窑是宋代五大名窑之一。北宋徽宗（公元1101～1125年）时钧瓷成为御用珍品，在禹州市"古钧台"附近的八卦洞设窑烧造宫廷用瓷，故名"钧窑·钧瓷"。钧窑对南方产区有很大影响，如江苏宜兴的宜钧、广东石湾的广钧和江西景德镇铜红釉系的釉里红、郎窑红、祭红、钧红等都受益于钧瓷的传统工艺。

钧窑原产地在禹州神垕镇。20世纪50～70年代，有关部门对钧窑历史遗址进行了考察和重点发掘，恢复了钧瓷传统工艺并发展了当代钧瓷艺术瓷的生产。

50年代，神垕镇第一陶瓷生产合作社主任刘保平和从外地请回的钧瓷老艺人卢广东率先试验烧制钧瓷，到1956年终于试验成功，恢复了钧瓷生产，并通过上海、广州、天津、青岛口岸小量出口到日本、法国、德国等地。随后，地方国营豫兴瓷厂和公私合营豫西瓷厂也先后请回钧瓷艺人卢广文、郗杰、王喜娃、卢正兴等试烧钧瓷。1957年，轻工业部批准投资筹建钧瓷试验厂。1958年4月，建立地方国营禹县钧瓷厂，在河南省轻工业厅李志伊等工程技术人员指导下，进一步开展对传统钧瓷的试验研究，以煤为燃料，在倒焰窑中用还原焰烧成了窑变钧瓷。

1961年，河南省成立恢复古陶瓷委员会，对"月白"、"钧红"、"钧花"、"天青"等名贵釉色的研制取得了新的突破。

20世纪60年代初中国科学院上海硅酸盐研究所、70年代中期山东淄博陶瓷研究所分别对宋元时期的钧窑进行系统研究证实，钧釉是一种典型的二液分相釉。这是历史上第一次以科学方法证实了钧瓷釉产生浮光的真正原因，解开了"钧不成对"、"窑变无双"、"入窑一色、出窑万彩"的钧瓷特色之谜。钧瓷工艺不但在艺术上有特殊地位，而且也是科学史上的一个伟大创举。70年代后，钧瓷烧制工艺有了较大提高，传统钧瓷生产进一步发展。

1991年，禹州市钧瓷研究所成立。2003年，国家质检总局通过了禹州市申报钧瓷原产地域产品保护。

目前，禹州市钧瓷生产企业已达80余家。钧瓷研究所、孔家窑已成为禹州经济的一个新增长点。代表人物有中国工艺美术大师刘富安和中国陶瓷艺术大师晋佩章等。

四、耀州窑

耀州窑是宋代北方青瓷具有代表性的民窑，窑址在现在的铜川市。铜川属于古雍州，旧称同官，隶耀州辖治，故称耀州窑。耀州陶瓷创烧于唐，烧造白瓷、黑瓷、青瓷、红绿彩、唐三彩，几乎囊括了唐代制造陶瓷工艺之大成。五代青瓷趋多，并首次出现为皇家官府专用的"官"字款瓷。宋代因倒焰式马蹄窑燃煤技术在此率先成功，推进了以铜川黄堡镇为中心窑场、周围八十里范围内的立地坡、上店、陈炉镇、塔坡、玉华村等作坊群窑业的发展，主产刻、印花青瓷，曾进贡皇家，又远销外洋，达到全盛时期。元时遭到兵火毁灭，黄堡镇南北沿河十里窑场毁于一旦。后世唯有陈炉镇民间黑釉、化妆土铁锈花、蓝花瓷延续下来，青瓷均废。

1951年，陈万里先生考察河南修武当阳峪窑时，在村头破败不堪的窑神庙前发现了立于宋代崇宁四年（公元1105年）的"德应侯百灵翁之庙记"碑。1953年，北京广安门外基建工地出土一批刻花青瓷，故宫博物院作了现场调查处理。1954年8月19日，陕西彬县的拾柴孩子张留留和村民强夏季在山洪过后的洪龙河岸上，发现了54件十分完整的青瓷窖藏。1959年3月，陕西省考古研究所所长王家广先生针对当时耀州瓷的三大发现，派该所泾水队队长唐金裕率队赴铜川，收获瓷器和标本八万余件片，于1965年出版了《陕西铜川耀州窑》专著。

1974～1977年，李国桢等在铜川苦研三秋，使失传800余年的耀州窑青瓷得以恢复。在地方政府的重视下，黄堡镇遗址建立了保护区，并建立了耀州窑博物馆。

1988年初，耀州窑址被国务院确定为全国文物重点保护单位。

2004年，中国陶瓷工业协会向文化部申请将耀州窑列入国家非物质文化遗产保护工程得到批准。"耀州窑传统工艺"被文化部确定为"中国民族民间文化保护工程"全国首批18个项目中唯一的陶瓷类国家试点项目。

2006年，国务院第18号文件颁布"耀州窑陶瓷烧制技艺"为"第一批国家级非物质文化遗产"，现任铜川市陶瓷研究所所长的孟树锋大师为"最具有代表性、权威性、影响力的传承人"。

目前，耀瓷生产有铜川市陶瓷研究所、陈炉陶瓷厂、市艺术陶瓷厂、文物复制厂和数家民营作坊。

五、宋代官窑

宋朝有两个官窑，一是北宋"汴京官窑"，另一是南宋官窑。北宋官窑于徽宗时期（1111～1125年间）设在宋京都汴京（今开封），由于地理情况原因至今未发现窑址。南宋高宗迁都杭州，在修内司设窑，后又在乌龟山一带设"郊坛下官窑"。郊坛下南宋官窑遗址在20世纪初被发现，50年代浙江省文物管理委员会对窑址进行初步小规模试掘，80年代中期，中国社会科学院考古研究所与浙江省文物考古研究所进行规模较大的发掘，发现龙窑和作坊遗址。1992年在郊坛下官窑遗址建立了南宋官窑博物馆。

南宋官窑将青瓷烧制工艺中的釉面开裂作为装饰手段加以发挥，构成疏密有致的宽窄纹片，并涂以浓茶汤和没食子等高单宁含量的液汁，形成"金丝铁线"，自成天趣，树立了我国青瓷纹片质美的典范。南宋官窑的青瓷器保存者甚少，现北京故宫博物院、南京博物院、上海博物馆和浙江省文物考古所等有少量珍藏。

南宋官窑青瓷器的制作技艺随着南宋王朝的消亡而失传，古籍文献均没有记载。20世纪60年代初，浙江省轻工业厅翟翕武提出恢复杭州南宋官窑的生产。1963年，省轻工业厅和浙江美术学院共同编制了"恢复杭州南宋官窑研究项目"，报请省科委立项。1964年初，浙江美术学院邓白与工艺美术系师生到乌龟山实地考察，收集郊坛下南宋官窑的遗物和实物；叶宏明负责生产工艺、邓白等负责产品设计、曹鹤鸣负责组织联系；在浙江美术学院内建造了一座$1m^3$的小型试验倒焰窑，开展研究和仿制南宋官窑瓷器。同年9月，试制出一批仿南宋官窑青瓷样品，后因"文革"冲击使试制被迫停止。

1971年底，省一轻局继续开展"恢复南宋官窑项目"的研究。1973年，浙江省科学技术局拨款5万元，试制继续在浙江美术学院进行，另建$3m^3$倒焰窑。同年6月，叶宏明与萧山瓷厂厂长边坤永、副厂长富顺贤和蒋介权等在萧山瓷厂也继续恢复南宋官窑青瓷的仿制。1976年，萧山瓷厂仿制成功官窑青灰釉青瓷和月白釉青瓷。1978年7月，省轻工业局在萧山瓷厂召开了仿南宋官窑青瓷鉴定会。同年，浙江美术学院高建新、李松柴、陈松贤、冯罗铮等也研制成功南宋官窑青瓷。1981年，杭州瓷厂（由萧山瓷厂改名）仿制成功粉青釉官窑青瓷。1987年，叶宏明和杭州瓷厂边坤永、叶国珍等研制成功金丝开片官窑青瓷；叶宏明、边坤永等人研制成功官窑莹青丝纹片釉瓷。1991年，叶宏明、叶国珍、边坤永等完成的仿制南宋官窑项目获国家发明二等奖。2003年，叶宏明、叶国珍、杨辉等完成的纳米氧化铝改性官窑青瓷研究成果获浙江省科学技术一等奖。

1981年，国家投资研制恢复北宋官窑，在开封市设立研究单位。期间，河南钧瓷名艺人卢正兴应聘去开封工艺美术试验厂参加试验，经过4年的努力，于1984年试验成功，使失传800余年的官窑重放异彩，产品通过专家鉴定。

六、建窑

建窑是宋代名窑，窑址在福建省建阳县境内，以烧造黑釉茶盏著称于世。建盏胎重如铁，釉色绀黑，斑纹变幻而自然，名贵品种有兔毫、油滴、鹧鸪斑、曜变等。宋朝斗茶风气盛行，建盏为首选用器。皇室曾将建盏作为御前赐茶专用茶盏。建窑兴盛于北宋，至元代即已衰落乃至废绝，至今工艺已失传700多年。日本称建盏为天目茶碗，举办茶道时天目茶碗代表最高级别的茶具。

1979年，在中央工艺美术学院陶瓷系主任梅健鹰教授的倡导下，福建省轻工业研究所与建阳陶瓷厂对建窑兔毫釉品种进行恢复研究，1981年通过成果鉴定。1983年，南平第二瓷厂研制成功银油滴。1988年，南平美术陶瓷厂开发出釉面呈黄色晶点的油滴系列产品。

近年来，南坪星辰天目陶瓷研究所成功仿制银兔毫，创新出虹彩天目。1994年，福建省轻工业研究所李达工艺师成功恢复了国际陶瓷界公认的宋建窑绝世珍品鹧鸪斑（即建窑国宝级油滴）建盏，作品鹧鸪斑建盏分别被国务院紫光阁、北京故宫博物院和国家珍宝馆馆藏。

对宋建窑液液分相釉的科学探索开辟了我国当代陶瓷科学与艺术研究的新的领域。

七、定窑

定窑在河北省曲阳县，因曲阳古代属定州管辖，故称定窑，所产瓷器称"定瓷"。定瓷的烧制始于唐，兴于北宋，衰落于元代。在宋代五大名窑中，唯有定瓷是白瓷，其他均为青瓷。定瓷的特点是胎质紧密、细腻，釉色透明、柔润媲玉，此外还有紫定、黑定等诸色。定瓷生产鼎盛时期在北宋政和、宣和年间，宋金之战，定窑毁于战火。定窑在生产史上成功发明了"覆烧工艺"，是中国北方烧造瓷器影响深远的一个窑系。

1972年，时任日本首相的田中角荣访华时向周恩来总理问及定瓷情况。1975年，国家拨专款成立了保定地区工艺美术定瓷厂和曲阳定窑瓷厂，但因各种原因没能坚持下来就相继转产。

1986年，陈文增被选为曲阳县定瓷厂（原地区厂）的厂长。1988年，在河北省建华玻璃厂创建定瓷车间，使定瓷产品逐渐形成系列。1992年7月，陈文增、和焕、蔺占献等六人创建曲阳定瓷有限公司，使定瓷科研与生产进入了发展时期，恢复发掘生产逐步进入正轨。30余年来，陈文增等人已写成《定瓷工艺秘要》、《定瓷工艺美术研究》、《定瓷史话》等多种书籍和论文。2004年5月，陈文增著述的45万字《定瓷研究》一书出版。

八、磁州窑

河北省邯郸是自北宋以来一直是中国北方民窑——磁州窑系的中心。磁州窑因其主要窑场位于磁州而得名。磁州窑陶瓷以黑釉和施用化妆土为基本特征，主要以白地黑花、刻划花、铁锈花装饰艺术为特点，突破了宋代五大名窑单色釉的局限，将中国传统绘画、书法艺术与制瓷工艺相结合，开拓了中国北方瓷绘艺术的美学新境界，并为之后的元青花、彩瓷的发展开辟了道路。

20世纪50年代初，彭城镇成立中国第一个磁州窑陶瓷研究所，在陶瓷专家叶麟祥、叶广成的组织下，集中老艺人吴兴骧等人开始了恢复工作。50年代中期，以中央工艺美术学院陶瓷系主任梅健鹰教授为指导的师生班组，磁州窑陶瓷研究所所长与叶广成协作，在学习磁州窑艺术传统、研究生产工艺和技法的基础上开发创新作品。为恢复发扬磁州窑的艺术传统，叶广成所长先后将工艺美院李允忠、魏之愈、刘珂，河北省轻校姚国元、任双合、韩修竹、段天纯等调进产区，与磁州窑艺人科研人员丁德、刘忠鸿、魏洪斌、佟步章等于60年代末至80年代在陶瓷研究所和中国磁州艺术陶瓷厂，组建磁州窑艺术与科研创作集体，在系统研究总结磁州窑艺术与工艺传统的基础上，首创邯郸花釉，研究刻花，发展了磁州窑装饰艺术，带动了近代北方唐山、淄博产区花釉艺术瓷的发展，并为20世纪80年代我国环境工程陶瓷——壁画工艺发展奠定了工艺基础。80年代，邯郸市磁州窑研究会成立。随后，磁州窑艺术家刘立忠、闫保山、孙秀清等在长年研究磁州窑深厚功底的基础上新作不断涌现。峰峰矿区成立了磁州窑文化艺术研究会，开发了盐店遗址，成立了磁州窑博物馆。

1996年，磁州窑遗址被国务院公布为全国重点文物保护单位。

九、越窑青瓷

越窑青瓷器盛于唐、五代，衰落于北宋末年，失传近千年。越窑青瓷遗物遍及世界各地，制瓷技术对各国陶瓷业的发展具有深远影响。越窑主要窑场在浙江余姚、慈溪、上虞一带。唐代称越州窑，简称越窑。越窑青瓷是全国最早出现的瓷器，迄今约有1900多年的历史。

1981年，浙江省轻工业厅下达了《仿越窑青瓷研究》的项目，由上虞陶瓷厂承担试制任务。为此，上虞陶瓷厂专门成立了仿越窑青瓷研究小组，在上虞县文物管理所和故宫博物院，上海、南京、浙江、江苏等地博物院（馆）的支持下，1983年10月，终于成功恢复了越窑青瓷的生产，项目通过省级技术鉴定。产品除内销外，还销往日本、欧美、东南亚诸国和中国香港等地区，受到普遍赞赏和喜爱。

到1995年，已仿制出从汉代到宋代各个历史时期的越窑青瓷代表作品有四系罐、鸡头壶、羊尊、蛙盂、辟邪、羽觞、羊形插座、扁壶、熊足砚、龟水注、龙柄凤头壶、香熏、鼎式炉、虎子、虎枕、碗、盘、盏等50多个品种。蛙形水盂的蛙头仰首，四肢似在水中游，形象逼真。鸡头壶的头与把手相对，实用美观。插烛照明狮形烛台威武之态，含有"辟邪"之意。跪地仰视青瓷羊象征吉祥如意。羽觞是饮酒之器。青瓷羊、狮形烛台已被编入《中国陶瓷》（画册）丛书《越窑》分册。此外，还创作、研制出了花钵、九连盘餐具等现代产品。

十、婺州窑

婺州窑开始烧造的年代在东汉或更早，窑场主要分布在今浙江中部的金华地区，产地主要集中在金华、武义、东阳和义乌等地，因古时金华为婺州，这一地区的窑址统称为婺州窑。西汉时期，婺州的窑场不断增加，规模庞大。东汉中晚期开始出现真正意义上的成熟瓷器。六朝时婺州窑得到很大发展，唐宋鼎盛，元明渐衰。自汉至明，婺州窑窑址数量之多，生产年代之长，在我国瓷窑历史中是罕见的。婺州窑具有三个世界之最，一是三国时创造了釉下褐彩装饰技术，为我国乃至世界最先发明的彩瓷；二是西晋末期发明了化妆土装饰工艺，为我国陶瓷工艺史上最早运用化妆土美化胎体的技术；三是唐代创烧成功乳浊釉窑变瓷，比"钧窑"至少早一百年。

婺州窑的研究与恢复的历史很短。2004年，陈新华主持并成立了金华婺州窑陶瓷研究所。2007年，金华婺州窑陶瓷研究所提出的"传统婺州窑工艺技术的研究与开发利用"被列入浙江省重点科技项目。2007年9月，由金华市文化广电新闻出版局、金华市婺文化研究会和金华市少儿图书馆共同组织的"陈新华传统婺州窑烧造工艺认证会"在金华召开，与会专家一致认为，陈新华烧造的器物造型、釉色、装饰、烧造工艺等传承了婺州窑的精髓，在发扬传统婺州窑工艺技术上既有传承又有新的突破，对婺州窑的传承和发展做出了积极贡献，会上签发了对陈新华传统婺州窑烧造工艺的认证书。

2009年8月，方益进创办的金华市古婺窑火陶瓷文化有限公司被良渚博物院确定为良渚文化陶瓷类产品及其系列开发、生产独家合作商之后，所开发的古婺窑火玉青瓷为特色的良渚文化陶瓷系列产品成为了良渚博物院中最受参观者喜爱的纪念品。之后，又先后和浙江省博物馆、西湖博物馆达成了陶瓷类衍生品开发合作意向，并与台湾高雄陶瓷艺术家刘钦莹建立技术合作。

2009年12月，由金华市婺文化研究会与金华市陈新华陶瓷研究所共同主办的金华市婺文化研究会第四届婺文化理论研讨会暨2009年年会，与"婺州窑传承与发展"学术研讨会与浙江省青瓷精品展活动在金华举行，会上呈送了《武义婺州窑文化村可行性报告》，内容包括三个方面：一是筹办婺州古瓷博物馆，保护和宣传婺州古瓷；二是筹建武义婺州窑陶瓷研究所，定期举办陶瓷文化研讨会；三是恢复婺州古瓷武义窑的生产，期望为婺州窑带来更为广阔的发展空间。

近年来，婺州窑的复仿品频频获奖，但产业发展规模小、研究队伍力量弱。目前，金华地区也只有两三家单位在研究、制作婺州窑瓷。

十一、登封窑

登封窑是中国宋代著名民间瓷窑，窑址在今河南省登封县曲河镇，又称曲河窑。登封窑始烧于唐代晚期，北宋为繁盛时期，终烧于元代。主要品种均以白釉为地，有白釉绿彩、白釉刻花、白釉珍珠地划花、白釉剔花和白地黑花等，以珍珠地划花最具特色。主要器型有碗、瓶、罐、壶、灯、枕，以瓶最为突出，次为枕。现存故宫博物院的珍珠地刻划花双虎瓶、日本出光美术馆的白地刻划花执壶均为登封窑的代表作。

20世纪90年代以来，嵩山古陶瓷研究学会对登封窑进行了大量的实地调查、勘探和研究。2006年底，嵩山古陶瓷研究学会开始登封窑的研究与恢复工作。2008年10月，中国"登封窑"古陶瓷复仿制品鉴定会在河南登封召开，陶瓷专家对复仿的登封窑珍珠地刻划花、白地刻划花、嵩山钧瓷等产品给予了肯定，认为复仿制品从器型、胎色、釉质到装饰效果都达到了宋代同类标本的水平，体现出了宋瓷淡雅、沉静、秀美的特征，具有较高的艺术价值。

2010年9月，登封窑的技艺人员在首届中国（国际）汝瓷文化节展示了他们的制瓷与装饰技艺，吸引了大批陶瓷工作者的观摩和赞赏。

第六章　陶瓷界知名人士

中国陶瓷百年来的成就是一批热爱中国陶瓷的人士和劳动者造就的。为了记住在继承复兴开拓中国陶瓷事业，特别是在组织管理、科技创新、产品生产、专著出版、作品创作、人才培养等领域中做出独特的，难以替代的，有重大和重要的贡献的，在国内外陶瓷界有一定影响的人士，除书中各章节已经介绍的人物之外，特设陶瓷界知名人士一章。

本章所列的陶瓷界知名人士的产生过程是，2013年初由主编提出"推荐的基本参考条件和范围"并组织有关人员讨论通过，再由主编在陶城报公开发布了关于征询《中国陶瓷百年史》名人名单的公告，最后把征集到的名单整理后经征询部分编委意见之后确定的。主要列出百年来特别是近半个世纪以来的部分（不是全部）知名人士并作简介，以此表示对他们的尊重和敬意。

张浩（1876～1954），字犀侯，江西新建人（祖籍云南昆明），我国近现代陶瓷工业的先驱、陶瓷教育的开拓者。1901年，作为江西省第一批赴日本留学生考入日本东京高等工业学校攻读窑业。1906年回国，与实业家康达合作创办江西瓷业公司，以新技术制造和改良产品，并在鄱阳高门创办中国陶业学堂。1912年，任江西省立陶业学校首任校长，为江西南昌、九江、景德镇、萍乡、赣州、乐平等县市以及广西、广东、湖南、湖北、河北、山东、青海、新疆等省区培养了大批陶瓷科技人才。1938年任江西陶业管理局局长，后推荐汪璠出任萍乡瓷厂厂长和江西省立陶业学校校长，支持把江西省立陶业学校升格为江西省立陶业专科学校，培养陶瓷高级人才，开创了我国近现代陶瓷高等教育的先河。

周仁（1892～1973），江苏南京人。冶金学家、陶瓷学家，中国古陶瓷科学研究工作的带头人，中国科学院学部委员。1915年获美国康奈尔大学硕士学位，同年回国。新中国成立后，历任中国科学院冶金陶瓷研究所所长、上海冶金研究所所长兼上海硅酸盐研究所所长、中国科学院华东分院副院长、上海科技大学校长、中国金属学会理事长、上海硅酸盐学会理事长等职。20世纪20年代，率先进行中国古陶瓷科学技术的研究工作。建国后，研究景德镇瓷器、龙泉青瓷和黄河流域的古代陶器，著有《景德镇陶瓷的研究》等。1956年，与赖其芳、王涛、时钧、游恩溥、李国桢等提议创建矽（硅）酸盐学会，被选为常务理事，并在上海创办了第一个有关硅酸盐专业的学术刊物——《矽酸盐》，为中国早期学术团体和学术刊物的创始人之一。献身教育工作，培养了大批科技人才。

杜重远（1898～1943），辽宁开原人。爱国实业家。1917年留学日本，1923年回国后在沈阳开设肇庆窑业公司，曾任辽宁商务总会会长。"九一八"事件后积极投入抗日救亡运动，曾以记者身份在湘、鄂、川、赣、沪等地活动从事抗日救国运动。参与筹办《生活日报》。1939年任新疆学院院长，后创办宣传新思想的刊物《光芒》。1911年，考入省立两级师范附属中学。1917年，考取官费留学日本，入东京藏前高等工业学校窑业科。1922年春，被推选为回国代表，辗转沈阳、北平、天津等地，看到千疮百孔的中国，痛心疾首，发下了"实业救国"的宏愿。1923年在沈阳城北小二台子创办了我国第一个机器制陶工厂——肇新窑业公司，开创了东北陶器用机器制造的先河。1927年，把制陶工厂改建为瓷器厂，亲自下车间试验示范，研制成功制瓷技术，发展成为我国民族资本经营规模最大的一家窑业工厂。1929年，当选奉天省（今辽宁省）总商会副会长，并兼任张学良东北边防军司令长官公署秘书，协助处理对日外交问题。与此同时，与友人组织东北国民外交协会，促进了东北各地抗日运动。1931年"九一八"事变后，遭日本关东军通缉被迫移居北平。同年9月27日，参加东北民众抗日救国会，被推选为常务理事兼政治部副部长。1940年，被软禁在家。1940年5月18日被盛世才逮捕，1944年6月被秘密杀害。1949年后，中共中央曾专门派考察团到新疆寻找其遗骨未果。1986年，其著述结集为《杜重远文集》出版。

赖其芳（1899～1985），福建武平人。玻璃、陶瓷学家，教育家。中国硅酸盐学会的前身——中国陶学会的创始人之一，历任中国陶学会理事长、中国硅酸盐学会副理事长、《硅酸盐学报》副主编等职。1928年在美国匹兹堡大学获博士学位。1930年回国，任南京中央试验所窑业试验室主任，1934年任上海中央研究院工程研究所研究员。建国后，担任上海工业试验所陶工组主任，进行化学瓷、工业瓷的研究工作。1954年，为中德技术合作提供资料，总结了景德镇的制瓷技术。1956年对景德镇瓷器、浙江龙泉青瓷生产的恢复进行研究和指导。1956年起先后任轻工业部硅酸盐工业科学研究所和玻璃搪瓷工业科学研究所所长。1958年任北京轻工业学院硅酸盐系主任。毕生从事科学研究，重视应用技术的研究发展，为我国硅酸盐学科的学术繁荣，为培养我国硅酸盐行业的高级专门人才做出了重大贡献。

张光（1901～1995），湖南长沙人。教授，陶瓷学家，教育家。1924年毕业于清华学校，1929年获美国马萨诸塞理工学院化学工程硕士学位。回国后，曾任湖南大学教授、化学系主任，宜宾电瓷厂工程师、厂长。建国后，历任南昌大学教授，华南工学院教授、重化工系和无机材料科学与工程系主任、材料科学与工程研究所副所长。创设华南工学院无线电陶瓷专业，致力于陶瓷科学与工程方面的研究。著有《陶瓷工艺学》。

邓白（1906～2003），广东东莞人。教授，著名工艺美术教育家，美术理论家，中国书画家，陶瓷艺术家，古瓷艺术研究专家，工笔花鸟画家，艺术学科博士生导师。1926年入广州市立美术学校学习，1929年在中央大学艺术系学习，1940年任重庆中央大学助教，1942年后任国立艺专讲师、副教授。新中国成立后为中央美术学院华东分院工艺美术系副教授、原浙江美术学院工艺美术系主任。兼任中国美术家协会理事、浙江美协副主席、浙江省文联理事等职。1962年，协助浙江省轻工业厅恢复龙泉青瓷生产，在自建的小窑中成功地烧制了仿南宋官窑青瓷，从事恢复郊坛窑科研工作。曾参与修复杭州灵隐寺大雄宝殿释迦牟尼造像和北京人民大会堂浙江厅设计工作。著有《浙江民间工艺选集》、《略谈》《古代陶瓷装饰艺术》、《龙泉青瓷艺术成就》、《中国陶瓷美术史纲》等。工笔花鸟画代表作有北京人民大会堂浙江厅的《和平春色》、广东厅的《岭南丹荔》等。参加《中国陶瓷史》的编写。撰写的《略谈我国当代陶瓷的装饰艺术》和在古陶瓷国际研讨会上的学术报告《中国古陶瓷的艺术成就》掀开了研究中国当代陶瓷装饰及其演变规律的序幕。

汪璠（1905～1990），字筱禅，江西乐平人。我国现代陶瓷工业的先驱、陶瓷高等教育的开拓者、日用陶瓷现代化的探索者。少年时就读于九江同文书院和上海麦伦书院。1925～1930年在日本东京工业大学攻读窑业。回国后在江西省立陶业学校任教。1934年任国民政府实业部中央工业试验所技士。1936年把日本学者近藤清治博士的《陶瓷工业》译为中文由商务印书馆出版，是我国第一部陶瓷译著。1938年任江西陶瓷管理局工务科科长，旋即奉命创办萍乡瓷厂。1944年任江西陶业学校校长。1946年7月，在庐山受到蒋介石召见，委托设计、制作分送盟邦的国礼瓷，并为英国女王伊丽莎白新婚设计、制作一套高贵华丽的中国瓷器餐具，深得女王青睐，使瓷都景德镇声名大振。1947年创办我国第一所陶瓷高等学校——江西省立陶业专科学校，任校长兼教授。1954年调湘潭电器制造学校，创办我国第一个电瓷制造专业。1956年创办郑州机器制造学校，设立我国第一个磨料磨具专业。1957年作为技术总负责人创办郑州瓷厂，国内第一家从国外全线引进日用陶瓷生产线。曾任河南省陶瓷学会名誉理事长。著有《陶瓷釉彩》《陶瓷分论》《电瓷制造工艺》《陶瓷原料及实验法》等专著，为我国陶瓷事业做出了重要贡献。

游恩溥（1913～1999），湖南株洲人。教授，教育家，陶瓷学家。1936年毕业于燕京大学，1945年赴美国西屋公司电瓷厂实习3年。回国后在南京中央电瓷公司任襄理、技术处长等职。新中国成立后，先后在上海窑厂任厂长，华东化工局、南平水泥厂、福建工业厅设计公司、上海硅酸盐研究所任厂长、工程师等职。1958年调往北京轻工业学院任硅酸盐教研室主任，1970年随学院迁往陕西咸阳的西北轻工业学院（今陕西科技大学），并晋升为教授。曾任中国硅酸盐学会第一、二、三届副秘书长、《硅酸盐学报》第一届编委、陕西省科协第二届委员。先后两次主编了高校通用教材《陶瓷工艺学》，合编了《英汉玻璃陶瓷词汇》，翻译了《德国的工业陶瓷》等著作。为轻工院校硅酸盐学科的创立和发展做了大量开拓性工作，培养了大批科技人才，并积极参与组织指导中国硅酸盐学会的学术活动和学报工作，为我国陶瓷科学和工业的发展做出了重大贡献。

刘秉诚（1915～1996），天津人。陶瓷学家，教授级高级工程师。曾任沈阳一新窑业公司常务董事、经理。1949年后，历任沈阳市企业局工程师、轻工业部一轻局陶瓷处工程师。第一、第三届中国硅酸盐学会理事，《硅酸盐学报》第一届编委会委员，《瓷器》杂志编委。建国初期研制成功耐酸砖灰，20世纪50年代从事柴窑改煤窑、倒焰窑改隧道窑、无烟煤发生煤气等工作。著有《我国陶瓷的起源及其发展》、《有关陶质机械生产工艺的问题》、《陶瓷工程论丛》等，并参与编写《中国大百科全书》中的《日用陶瓷、窑炉》部分。为我国陶瓷事业发展及人才培养做出了重大贡献。

顾景舟（1915～1996），江苏省宜兴人。原名景洲，别称曼希、瘦萍、武陵逸人、荆南山樵。自号壶叟、老萍。宜兴紫砂名艺人，中国美术家协会会员，中国工艺美术大师，被海内外誉为"壶艺泰斗"。曾任江苏省政府"技术辅导"、宜兴紫砂厂技术研究室副主任和技术股副股长，宜兴紫砂研究所所长等职。1975年起，对宋代紫砂窑址进行了认真细致的考证，对紫砂陶的历史沿革、名人传记、古陶鉴定做了大量的研究和资料收集工作，建立"紫砂特艺班"，奠定了紫砂技术水平跃上新台阶的基础。1985年担任宜兴紫砂研究所所长后，将紫砂艺术从商品化宣传上升到艺术品的文化层次。亲自设计指导一批紫砂精品，参加全国性的展评活动，促使"方圆"牌高级紫砂茶具被国家评定为"金质奖"。作品为海内外各大博物馆、文物馆收藏。著有《紫砂陶史概论》、《宜兴紫砂珍赏》等。

梅健鹰（1916～1990），广东台山人。陶瓷工艺美术家，教育家。1943年在重庆中央大学艺术系毕业后到美国纽约哥伦比亚大学读研究生。回国后曾任中央美术学院讲师、中央工艺美术学院副教授，后定居美国。在各地名窑创作各种不同风格的陶瓷作品。著有《色彩原理及其在陶瓷上的应用》，参加《中国陶瓷史》的编写。

刘传（1916～2000），广东佛山人。陶瓷工艺美术家、中国工艺美术大师。曾任中国美术家协会理事、中国工艺美术学会理事、广东省工艺美术学会顾问、佛山市文联副主席、佛山市美术家协会主席等职，石湾陶艺一代宗师。传世杰作有"铁拐李"、"钟馗"、"达摩"、水浒人物等，以炉火纯青的技艺，表现了除暴安良、扶正祛邪的民族精神，思想性和艺术性高度统一。20世纪60年代总结出富有创见的陶艺理论，提出"宜起不宜止，宜藏不露"；"十浊一清，十清一浊"；"奇而不怪，丑而不陋"等美学原则。1979年被授予国家"中国工艺美术大师"荣誉称号。1983年和1985年分别在澳门举办了个人的作品展。1992年，他从艺63周年举办了"刘传陶塑艺术研讨会"。

李国桢（1917～2000），河南郏县人。陶瓷学家。1944年毕业于西北大学，毕业后师从赖其芳先生，在重庆中央工业试验所工作，抗战胜利后随所迁往上海。建国后，先后在华东工业部上海工业实验所、轻工业部上海工业试验所、轻工业部轻工业局陶瓷处、景德镇轻工业部陶瓷科学研究所、陕西轻工业科学研究所、轻工业部科学技术研究院担任总工程师等职。运用现代科技手段对传统陶瓷进行深入研究，使景德镇陶瓷从原料成分、配方比例、加工成形、烧成气氛到成品，建立起了完整科学的现代技术体系，恢复了名贵釉色数十种。1974年，主持对宋代耀州窑瓷胎、釉的化学分析与显微结构、胎的烧结温度、釉的加热熔融状态及釉的分光反射率等进行系统的对比试验，得出了呈色机理和工艺路线。前后调整胎、釉配方50多个，试烧30多次，历经三载，终于使失传800余年的耀州青瓷重放异彩。主要著作有《中国名瓷工艺基础》等，并参编《中国陶瓷史》。对南北各个时期的窑系所的科研成果进行总结，使一些重要窑口和名贵瓷种得以恢复和发展。对培养陶瓷科研队伍，为中国现代陶瓷业的发展做出了重大贡献。

严东生（1918～），上海人。著名化学家、无机非金属材料科学家，中国科学院院士、中国工程院院士。1949年获美国伊利诺依大学陶瓷学博士学位，1950年回国。历任中国科学院硅酸盐化学与工学研究所副所长、所长，中国科学院上海分院副院长、中国科学院副院长，中国硅酸盐学会理事长等职。长期从事高温陶瓷及无机非金属新材料的探索研究。20世纪60年代，他根据国际科学技术发展和国民经济建设的需要，及时调整科研方向，把主要从事传统硅酸盐材料的研究调整为新型无机非金属材料的研究，开辟了人工晶体、功能陶瓷、高温结构材料、特种玻璃、无机涂层材料等新的研究领域，特别是突出了高温结构材料及其复合材料的研究工作。在此领域，他及其合作者研制成功一种新型的碳石英纤维复合材料，成功应用于航天事业，为此荣获1981年国家科技发明一等奖。后来，又进一步开拓了纳米级陶瓷材料的研究工作，并取得较大进展。

杜海清（1918～2008），湖南长沙人。1945年毕业于浙江大学化工专业。曾任职于湘潭机电专科学校，1963年进入湖南大学，先后担任化工系副教授、教授、博士生导师、系主任等职，享受国务院政府特殊津贴专家。曾兼任中国硅酸盐学会理事，湖南省硅酸盐学会理事长，中国化学学会理事，湖南省化学化工学会副理事长等。陶瓷科学家、热工专家、教育家，我国电瓷工业的创基人之一。他致力于超高压输变电用高强度、高绝缘陶瓷材料的物理化学原理、关键工艺技术、材料结构与性能的相互关系及其在高负荷和高电场强度下破坏机理等方面的研究。著有《热工学及陶瓷厂热工设备》、《陶瓷釉彩》、《工业陶瓷》、《电瓷生产热工设备》等7部专著。承担国家"七五"重大技术装备科技攻关课题和国家自然科学基金课题等多项国家和部省课题，先后获国家科技进步三等奖1项、部省科技进步二、三等奖各3项。在国内外学术刊物上发表科技论文80余篇、培养博士生8名、硕士生24名。

田运钧（1915～2008），湖南省大庸人。1941～1947年，历任资源委员会中央电瓷厂沅陵分厂任甲种实习员、技术员兼制造部主管，衡阳分厂助理工程师兼制造部主管，宜宾分厂助理工程师兼制造部主管，贵阳分厂助理工程师兼工务科长，抚顺分厂副工程师兼工务科长、代理厂长，上海总处副工程师等职。1949年以后，历任湖南军官中华实业厂工程师兼技术科长、湖南电瓷厂工程师兼技术科长、湖南耐火材料厂筹备处工程师兼技术科长、湖南省工业厅工业试验所任工程师兼试验组组长、南京电瓷厂工程师兼中央实验室主任、北京电机部电器科学研究院工程师兼电瓷专业研究组长并评为中央级高级工程师、第一机械工业部七局电瓷研究室任副主任、西安电瓷研究所高级工程师等职。曾兼任全国电工陶瓷专业委员会委员、全国陶瓷专业委员会委员兼学组副组长、陕西省硅酸盐学会常务理事兼陶瓷专业委员会主任委员等职。为我国电工陶瓷的发展做出重要贡献。

殷向午（1918～2007），江苏无锡人。教授级高级工程师，陶瓷学家、电瓷专家。1948年获美国密歇根大学研究院电机硕士学位，曾任资源委员会中央电瓷厂宜宾分厂副总工程师。建国后，历任南京电瓷厂厂长、总工程师兼南京大学副教授，第一机械工业部七局、八局技术处副处长，西安高压电瓷厂副厂长、总工程师，西安电力机械制造公司副总工程师，中国电工技术学会第一、二届理事，中国电机工程学会第二、三届理事，中国硅酸盐学会第一～三届理事。曾负责全国第一次电瓷行业产品统一设计，试制成功110～500kV电瓷产品及超高压输电的电瓷产品。

刘联宝（1918～　），河北丰南县人。1938年考入当时在重庆的中央大学化学系，1942年获学士学位。1945年赴美国留学，就读于纽约州立大学陶瓷学院，1947年获得玻璃专业硕士学位。1948年在宾州大学一边作研究助教一边攻读博士学位。1950年回国，积极投身于国家的建设事业。后来一直在现中国电子科技集团公司第十二研究所工作，从20世纪60年代初开始相继研制成功了真空电子器件所涉及的各种结构陶瓷材料，包括滑石瓷、镁橄榄石瓷、75%氧化铝瓷、95%氧化铝瓷、99%氧化铝瓷、99%氧化铍瓷，能够批量化地生产出各种性能优越、形状复杂、尺寸精良的陶瓷零件，满足了研制微波电子管的需要。为我国电子结构陶瓷工业的发展奠定了坚实的基础并做出了重要贡献。

黄乃良（1919～2004），江西萍乡县人。1942年毕业于浙江大学机电系。1947年～1948

年在美国西屋电气公司工作。教授级高级工程师、中国工程建设勘察设计大师、我国电瓷行业的重要奠基人之一。曾任机械部第七设计研究院科长、主任工程师、副总工程师等职务。曾负责主持电瓷、绝缘材料行业多项国家重点工程和三十多个骨干企业的新厂建设、老厂技术改造工作。多次出国考察，参加技术谈判，主持技术引进和重大设备进口工作。主持参与利用国外贷款引进技术与设备的南京电瓷总厂火花塞分厂项目，成为我国最大的火花塞生产与出口企业，获国家优秀设计金奖和国家科学技术进步三等奖。受机械工业部委托，多次主持和参加编制我国电瓷、绝缘材料行业近期和远期发展规划、产业政策研究，国外电瓷、避雷器行业水平研究等资料。提出多项重大原则和具有重大参考价值的政策性建议，为我国电瓷行业的发展和技术进步做出了卓越贡献。

殷之文（1919～2006），江苏吴县人。材料科学家，中国开发锆钛酸铅压电陶瓷的首创者、中国无机材料学科的学术带头人和奠基人之一。1993年当选为中国科学院院士。曾任中国科学院上海硅酸盐研究所研究员、学术委员会主任。1942年毕业于云南大学采矿冶金系，1948年获美国密苏里大学冶金系硕士学位，同年9月转入伊利诺大学攻读陶瓷工程。1950年获美国伊利诺大学陶瓷工程系硕士学位，1950年回国。1951年调入上海中国科学院，任冶金陶瓷研究所副研究员。1954年起，为配合西安高压电瓷厂建厂和其他电瓷老厂改进生产，从事高压电瓷研究并取得成功，1956年，获国家科技发明二等奖。1957年任上海中科院冶金陶瓷所硅酸盐研究室研究员、研究室副主任。1959年任硅酸盐研究所玻璃和功能陶瓷两个研究室主任。1960年，研究成功广播电台应用的高频绝缘陶瓷，获国家科技发明二等奖。1978年获全国科技大会重大成果奖，并任硅酸盐研究所副所长兼学术委员会主任。1983年从事无机材料特别是晶体材料（闪烁晶体）的研究开发，重点与诺贝尔奖获得者丁肇中教授合作锗酸铋（BGO）晶体的开发生产，保质保量地提前完成了西欧核研究中心L3组委托的为制造电磁量能器所需的1.2万只无缺陷、大尺寸BGO晶体，在国际上获得很高声誉。在国内外学术刊物上发表论文70余篇。1986年，被聘为美国宾州大学材料研究所客座教授、《硅酸盐学报》等多家学报编委、顾问委员会常任主任、国际机构代表。

李家治（1919～），安徽合肥人。研究员，国际陶瓷科学院院士，古陶瓷和玻璃材料专家。毕业于上海大同大学，1951年以来，在中国科学院上海硅酸盐研究所及其前身——中国科学院工学实验馆历任助理研究员、副研究员、研究员等职。兼任上海市特种光纤重点实验室学术委员会副主任、中国科技考古学会常务理事、《中国科学技术史》编委、北京故宫博物院古陶瓷研究中心客座研究员等职。长期从事中国古代陶瓷工艺发展过程及其胎、釉的物理化学基础和非晶态物理化学与特种玻璃材料方面研究工作，在中国古陶瓷工艺发展、中国古陶瓷化学组成变化规律和历代名瓷釉的形成机理研究等方面具有很深造诣。在玻璃非晶态、光导纤维研究等方面成果丰硕。他和合作者荣获2个国家自然科学奖和多个国家科技进步奖。编著的《中国古代陶瓷科学技术成就》一书获全国优秀图书一等奖。

刘可栋（1920～2007），辽宁铁岭人。高级工程师。1945年毕业于日本东京工业大学。1945～1981年，历任沈阳生产管理局技术员、唐山陶瓷厂工程师、唐山陶瓷研究所工程师、唐山陶瓷工业公司总工程师。1982年后历任河北省第一轻工业局总工程师、技术顾问。兼任中国硅酸盐学会理事，河北省轻工协会常务副理事长、河北省硅酸盐学会副理事长、《河北陶瓷》总编辑、河北省科协常委等职。在唐山工作期间，主持试制成功硬质理化学用瓷，在卫生洁具生产中变两次烧为一次烧成，应用坯、釉膨胀系数匹配原理解决面砖生产技术等问题。1954年、1956年分别合译出版《陶瓷器化学》、《窑炉》及《釉及色料》。参加了《陶瓷技术手册》、《日用陶瓷窑炉译文集》、《西双版纳制瓷工艺科学考察总结》的编写、编译工作。著有《倒焰式窑炉设计》、《匣钵》等。主持定窑和邢窑两大古代名窑、河北陶瓷原料普查及工业应用等项科研工作。定窑研究成果获河北省科技进步一等奖。

冯先铭（1921～1993），湖北武汉人。古陶瓷鉴定和研究专家。1942～1943年就读于北平辅仁大学西语系。1947年供职于北京故宫博物院，1956年以后专门从事陶瓷艺术的研究，任陶瓷组组长，1978年在研究室工作，历任研究室副主任、研究员。1983年应聘去香港中文大学艺术系讲授中国陶瓷史，受聘为该校永久荣誉客座教授。著有《龙泉青瓷》、《定窑》、《青白瓷》、《中国古陶瓷论文集》、《古陶瓷鉴真》、《中国古陶瓷文献集释》、《中国陶瓷史》、《中国陶瓷》、《故宫博物院藏中国古代窑址标本》、《故宫博物院藏 清盛世瓷选粹》、《中国古陶瓷图典》等。兼任国家文物委员会委员、国家文物鉴定委员会委员、中国古陶瓷研究会、中国古外销陶瓷研究会长、陶瓷美术协会常务理事、中国考古学会理事等。

沈惠基（1921～1987），上海市南市区人。1962年11月～1978年9月任淄博硅酸盐研究所所长，后任山东省一轻厅总工程师。开辟了我国利用当地原料研制开发高档日用细瓷新材质、新瓷种的成功之路，是山东陶瓷科技进步的奠基人。研制成功高热稳定性匣钵、滑石质日用细瓷。"滑石质日用细瓷"项目于1983年4月获国家发明三等奖，1978年3月出席全国科学大会，获全国先进科技工作者称号。培养了一大批陶瓷行业的科研骨干，成为我国陶瓷行业科研开发的重要力量。

岑银（1921～2000），广东省南海人。曾任石湾陶瓷工业局技术股长、陶瓷工业公司副经理，为佛山陶瓷工业引进先进技术设备、国产化及培养人才做出重要贡献。

刘振群（1922～2007），江西临川人。教授，陶瓷窑炉热工专家，教育家，全国教育系统劳动模范，享受国务院政府特殊津贴专家，五星级"粤陶之子"。1945年毕业于中正大学化工系并留校任教。1952年全国高校院系调整调入华南工学院，1961年任教授。1981年任华南工学院副院长（代院长），1982年任院长。1988年华南工学院更名为华南理工大学，任校长至1991年12月。从事高校教学工作50年，教学经验丰富，学术造诣精深，为祖国培养了大批陶瓷专业人才。20世纪50年代起，在从事教学工作的同时，还一直从事硅酸盐工业窑炉热工的研究，科研成果卓著。对陶瓷龙窑的研究和考证，为解决国内考古学家和陶瓷工艺学家长期争论的问题找出了一条途径，将我国瓷的起源时间提早了几百年。首次提出的整套窑炉热工理论，为建立中国式的现代化陶瓷工业窑炉体系开创出一条新路。他在20世纪80年代提出陶瓷窑炉"辊道化、煤气化、轻型化、自动化"的发展方向，极大地促进了我国陶瓷窑炉产业水平的提高。曾任国家教委科技委材料学科组成员、广东省科协副主席等。荣获国家科技进步奖三等奖。兼任中国硅酸盐学会陶瓷专委会副主任、广东硅酸盐学会副理事长、广东省科协副主席等职务。在广东乃至全国陶瓷业界享有崇高的声誉，为中国陶瓷事业发展和进步做出重大贡献。

陈守成（1922～2007），辽宁省辽阳县人。1945～1946年任北京大学工学院电机系助教。1947～1949年，历任资源委员会中央电瓷公司抚顺厂工务员、南京厂工务员。1949～1956年，历任南京电瓷厂技术员、技术科副科长、技术科科长、工程师。1956年以后。历任西安高压电瓷厂工程师、西安电瓷研究所任主管工程师、四室主任、副总工程师、技术顾问等职。主编《电机工程手册》第27篇（绝缘子）和第28篇（避雷器）、10个高压电瓷国标及2个高压避雷器部标的第一版。主持研究我国"限流式火花间隙避雷器"、革新"保护旋转电机避雷器"，110kV、220kV、330kV、500kV电站型及500kV线路型避雷器，油浸纸电容式套管系列，以及胶纸电容式长尾及短尾套管系列等。为我国电工陶瓷的发展做出重要贡献。

刘康时（1925～　），江西永新人。中国著名陶瓷专家、教育家。1948年毕业于中山大学化工系，1955年以后一直任教于华南理工大学（前华南工学院），1981年晋升教授。一直从事陶瓷专业教学与科研。主编的《陶瓷工艺原理》作为本科全国陶瓷专业试用教材，为开创生物陶瓷研究做出贡献。

陈锦康（1925～1986），江苏泰兴人。曾任中国硅酸盐学会副秘书长，陶瓷专业委员会副主任、中国古陶瓷研究会与中国古代外销陶瓷研究会副会长，长期担任轻工业部轻工业局陶瓷处处长。20世纪70年代，组织编写《日用陶瓷工业手册》，组织创作和摄制《祭红》、《瓷国明珠》等记载和宣传我国陶瓷工业的影片，在国内外产生了良好影响。1978年后，在病床上汇编了陶瓷行业40个单位约20万字的改革经验，积极呼吁成立中国陶瓷学会与建立中国陶瓷馆。

宋嵩（1928～2011），广东梅县人。陶瓷教育家，热工窑炉专家。清华大学本科毕业，1952年在南开大学获硕士学位后在天津大学任教。毕生从事陶瓷热工窑炉的教育和研究工作，著作有《热工测试技术及研究方法》、《陶瓷窑炉热工分析与模拟》及大学教材等专著6本，发表学术论文数十篇。在陶瓷窑炉热工理论研究，特别是数值模拟研究方面，进行了开创性的工作，取得了系列成果，推动了中国陶瓷窑炉热工技术的发展和技术进步。

盛厚兴（1928～2002），湖南长沙人。高级工程师。1950年毕业于湖南省立高级工业学校，后在东北建筑材料综合研究所工作。1956年，从东北建筑材料综合研究所来到中国建材院，先后参与组建了建筑卫生陶瓷、特种陶瓷、耐火材料专业研究室。曾任中国建筑材料科学研究院陶瓷研究所总工程师、所长等职。兼任中国硅酸盐学会建筑卫生陶瓷专业委员会第一、第二届主任委员、第三届荣誉主任委员。一直在建筑卫生陶瓷工业技术领域从事科研、技术管理工作。先后开展了生产工艺、原料、色料、釉料、泥浆、粉料、废渣利用、低温快速烧成及装备、机械成形、微压快速成形、隔焰隧道窑、建筑陶瓷辊道窑等技术及装备的研究、开发、推广、应用，取得了多项科研成果。先后主持完成"唐山陶瓷厂卫生陶瓷技改工程"项目、"建筑卫生陶瓷低温快速烧成的原料及相应的工艺装备研究"荣获1978年全国科学大会奖。设计制造的多功能陶瓷釉面砖浇釉机组获得1982年建材部科技进步三等奖。著有《现代建筑卫生陶瓷工程师手册》等。为我国建筑卫生陶瓷工业技术进步做出了重大贡献。

吴晓东（1928～），安徽省合肥人。中国著名陶瓷专家，教育家。南京化工学院教授，毕生为陶瓷教育服务，著有《陶瓷工艺学》等。

杨文宪（1930～），河南郑州人。20世纪70～80年代在江西景德镇工作，对当年景德镇陶瓷产区柴改煤窑炉改造、淄博陶瓷厂的中国第一条隧道窑烧成日用瓷投产成功、结晶釉与铜红釉的最早开发、河南巩县白瓷青花的研究、中国陶瓷与东欧陶瓷界技术交流和技术装备引进等做出重要贡献。

敖镜秋（1931～2002），江西清江（今樟树市）人。中国轻工业陶瓷研究所教授级高级工程师。1956年毕业于四川大学。负责完成的主要项目有激光形变检出装置、陶瓷产品热稳定性测试仪、窑炉自控系统研制、谷壳（原料及燃料）保温砖的研制、电磁灶陶瓷面板的研制、造纸机用陶瓷耐磨件的研制、高耐热高化学稳定高强度高温坩埚的研制、陶瓷原料精选坯料精制工艺技术的研究、锆增韧氧化铝陶瓷的应用研究等。

潘玉芳（1931～），祖籍山东潍坊。高级工程师。历任唐山陶瓷厂厂长、唐山胜利陶瓷集团公司董事长、总经理，是唐山建筑卫生陶瓷工业的恢复、发展和改革历程的主要参与者和领导者之一，为"唐陶"牌卫生陶瓷、"三环"牌釉面砖获得国家级质量奖和唐山陶瓷工业的发展做出了重要贡献。

姚玉桂（1932～1994），江苏人。教授级高级工程师，国家级设计大师。1955年毕业于华南化工学院硅酸盐专业，后在建材部建材设计院工作，1958年后调到西北建筑设研究院工作，历任西北建筑设研究院建材所总工程师、西北建筑设研究院副总工程师。兼任国家建材局第二届科学技术委员会委员、陕西省硅酸盐学会理事、华南工学院外聘博士生导师。1994年飞机失事遇难。一直从事陶瓷工业窑炉的研究和设计工作。主持完成了多项科研和工程设计及建设工作。参加了我国第一座卫生瓷隔焰隧道窑的研究、设计、试验及测试工作；主持设计了我国第一条高温隧道窑（72m焙烧99瓷、1750℃）等项目，荣获1978全国科学大会奖及全国建材科技大会奖、陕西省科学大会奖等。为中国陶瓷工业热工装备的现代化做出了重大贡献。

张守智（1932～），河北平泉人。教授，陶瓷工艺美术家。1954年中央美术学院工艺美术系陶瓷专业毕业，后入研究班学习。1956年任教于中央工艺美术学院陶瓷美术系，任副教授、教授、系副主任。并入清华大学后，为美术学院陶瓷艺术系教授。自20世纪50年代开始，参加国家庆典用瓷"建国瓷"和"钓鱼台国宾馆用瓷"、外交部的"中国驻外使馆用瓷"、"人民大会堂国宴瓷"的设计和监制。参加20世纪70年代的外交部"国礼瓷"，国庆三十五周年"国庆瓷"，2002年国务院"紫光阁用瓷"、陈列瓷及礼品瓷的设计和监制工作。2009年，参与建国60周年大庆特贡瓷的督造工作。作品《高长石质鲁玉餐具》获全国陶瓷美术创作设计评比一等奖、《紫砂咖啡具》获全国评比二等奖、《紫砂堤方茶具》在国际小型陶瓷展获荣誉奖、紫砂《曲壶》获全国陶瓷创作一等奖、《硬质瓷牡丹配套餐具》获国家质量金奖。曾任中国陶瓷工业协会顾问、中国陶瓷创作设计评比评委、中国陶瓷艺术大师评委、中国工艺美术大师评委、中国工艺美术馆艺术委员会委员、文化部文化市场发展中心评估委员会委员等职。1992年荣获国务院授予的"为中国文化艺术事业做出突出贡献"荣誉称号。2007年获中国陶瓷工业协会授予"中国陶瓷行业终身成就奖"。

郭景坤（1933～），广东新会人。1958年毕业于上海复旦大学，中国科学院院士，国际陶瓷科学院院士，陶瓷材料科学家，曾任中国科学院上海硅酸盐研究所所长，中国硅酸盐学会副理事长，上海硅酸盐学会理事长，上海古陶瓷研究学会理事长等职。20世纪60年代，从事高铝氧高频绝缘瓷与金属的真空气密封接研究，在研究陶瓷/金属封接机理的基础上提出的活化钼锰金属化方法，适合于多种氧化物陶瓷及蓝宝石单晶与金属的封接，提出的铂金属化法适合于酸碱环境中应用。70年代起从事陶瓷材料的强化与增韧研究，提出的纤维补强陶瓷基复合材料在我国空间技术上得到应用。80年代末期，从事多相复合陶瓷及陶瓷发动机材料的研究。90年代从事纳米陶瓷、高性能陶瓷及其超微结构研究，参加组织中国第一台有陶瓷部件的柴油发动机的研究开发工作。发表论文360余篇，与他人合著、编、译书和会议文集14本，培养博士生和招收博士后50余名。荣获国家技术发明奖一等奖、二等奖等。

王东升（1933～），河北玉田人。一直从事建筑陶瓷的技术开发及技术管理工作，曾任唐山市建筑陶瓷厂总工程师，是我国建筑陶瓷领域的著名专家。1951年参加工作，开始在唐山新明窑业厂从事釉面砖的研发工作，1953年企业合营后在唐山明华窑业公司工作。1958年参加组建唐山陶瓷研究所的工作。1963年历任德胜窑业公司工程师、技术科副科长。1967年后任唐山市建筑陶瓷厂副总工程师、总工程师。是获得国家银质奖的"三环"牌釉面砖的创始人之一，为我国建筑陶瓷的技术进步做出重要贡献。

叶宏明（1933～），福建莆田人。1958年毕业于天津大学，中国陶瓷工艺大师，国家级有突出贡献的专家。1959年成功恢复龙泉粉青釉、梅子青釉弟窑，完成北京人民大会堂国庆十周年的200件龙泉花瓶、100套青瓷茶具及餐具等用瓷任务。1960年试制成功青瓷开光、青瓷堆釉和高150cm的青瓷大花瓶。1963年成功烧制哥窑青瓷。1978年，南宋官窑仿制品成功问世。2012年成功破解"秘色瓷"的秘密，使失传1100多年的秘色瓷重现人间。发表专著4部、论文70多篇，多次参加组织和主持国内外陶瓷学术会议，作品陈列于中南海紫光阁，收藏于中国历史博物馆，多件作品作为国礼先后赠送日本、英国、美国、德国、前苏联、意大利、澳大利亚、法国、新加坡、印度尼西亚、东南亚诸多国家领导人。获国际金银质奖六项，国家发明二、三等奖和国家科学进步二等奖各一项，省、部级科技成果奖28项。在我国古代名窑——弟窑、哥窑、南宋官窑及越窑的恢复与发展中做出了突出贡献。

张锡秋（1934～），广东南海市人。教授级高级工程师。1955年华南工学院硅酸盐专业毕业，分配至轻工部硅酸盐研究所。1958年入莫斯科门捷列夫化工学院陶瓷和耐火材料教研室学习、1962年获前苏联科学技术副博士学位。回国后任轻工业部科技司处长。1972年组织解决全国日用陶瓷铅、镉溶出量超标的问题，并开发出"釉中彩"、新型彩烤辊道窑，出版《陶瓷餐具铅毒及其消除技术》一书。20世纪70～80年代，组织了优质日用陶瓷原料普查工作及骨质瓷的开发和生产工作，出版《高岭土》一书。2009年发表了"从古到今——回眸近代中国日用陶瓷六十年"一文。为我国日用陶瓷的技术进步做出重要贡献。

李龙土（1935～），福建省南安市人。无机非金属材料专家。1958年毕业于清华大学。现任清华大学材料科学与工程系教授，新型陶瓷与精细工艺国家重点实验室学术委员会主任。1997年当选为中国工程院院士。长期从事无机非金属材料（功能陶瓷）的教学与科研工作。主持和参加研制成功一系列具有优异性能的铁电压电陶瓷材料，提出对产业化有指导意义的技术路线，开拓了高性能铁电压电陶瓷实现低温烧结的新途径，发明了低烧多层压电陶瓷变压器并推广应用。领导课题组在弛豫铁电陶瓷、压电超声马达、复合特性半导体陶瓷等领域进行开创性研究。作为"国家863计划八五重大项目"负责人，主持和参加研制成功高性能低烧多层陶瓷电容器，成果转化取得显著效益，对"国家863计划重大项目"的实施及高技术产业化做出了重大贡献。获国家技术发明二等奖、三等奖和部级科技进步一等奖、二等奖共十余项。发表论文300余篇。获授权专利20余项。

陈海波（1935～），湖南醴陵人。高级工程师，享受国务院政府特殊津贴专家。原在中南大学任教，1974年调入湖南省陶瓷研究所，历任副所长、所长。主要从事陶瓷原料研究开发和科技体制改革与管理。任所长期间，研究所共取得科研成果133项（其中获国家和省部级以上奖励62项），瓷用黄金水的质量与销量连续保持全国第一，陶瓷研究向高科技工程陶瓷领域拓展，一批批国家用瓷、邓小平等领导人出访用礼品瓷等不断问世，实现利税居全国同行业之首。

陈帆（1936～），广东省揭西县人。教授，陶瓷装备专家，陶瓷工程专家。毕业于华南工学院并留校任教，现华南理工大学教授。曾同时担任中国陶瓷工业协会副会长、中国建筑卫生陶瓷协会副会长、中国硅酸盐学会陶瓷分会副理事长，北京中伦陶瓷联合总公司董事长兼总经理，佛山陶瓷工贸集团公司顾问、广东蒙娜丽莎新型材料集团有限公司顾问等职。中国陶瓷工业协会终身成就奖、国家科技进步奖三等奖、广东"粤陶之子"获得者。一直致力于陶瓷产业的教学、科研、设计、生产、著作出版、先进技术与装备的引进消化和国产化工作，为中国陶瓷从传统向现代工业化的转变发挥了重要作用。倡建陶瓷机械学组、专业委员会，在国家重点大学本科开设并主编《陶瓷机械与设备》课程，首次主编《中国陶瓷机械设备年鉴》，主导喷雾干燥器、全自动液压成型机等许多现代陶瓷工业关键装备的国产化开发，长期主持许多创新装备的鉴定，是中国现代陶瓷技术装备开发的主要奠基人。自21世纪始，倡导中国陶瓷板材的研究开发应用及至产业化，处于世界领先地位，是中国陶瓷板材的开拓者。为中国陶瓷工业现代化做出重大贡献。

周棣华（1936～），广东南海人。曾任佛山陶瓷工贸集团公司总经理、广东佛陶集团股份有限公司董事长、广东"粤陶之子"四星勋章获得者。任职期间的20世纪末，使陶瓷工贸集团公司成为中国陶瓷界改革开放、从传统向现代化转变的一面旗帜，被称为"企业创新改革的领头雁"。为中国建筑卫生陶瓷的现代化发展做出重要贡献。

杜祥荣（1936～），山东省淄博市淄川区人。历任淄博市硅酸盐研究所副所长、所长，兼任山东省陶瓷公司副总工程师。主持完成的高长石质精细瓷（鲁玉瓷）于1983年4月获国家技术发明三等奖。主持研制的"高石英质日用细瓷"于1987年获国家技术发明三等奖，

1987年在南斯拉夫萨格勒布第十五届发明国际博览会上获金牌奖。是我国卓有成就的陶瓷专家。

张典奎（1936～），广东省揭东人。曾任广东省枫溪陶瓷工业研究所所长，在潮州飞天燕瓷土矿的开发利用、潮州窑研究、现代窑炉设计应用、陶瓷喷丝头研究、稀土色釉料的研究等领域成果丰硕。

江东亮（1937～），安徽省歙县人。无机陶瓷材料专家。1960年毕业于南京化工学院（现为南京工业大学）。中国科学院上海硅酸盐研究所研究员，博士生导师。兼任中国材料学会副理事长。1992年入选国际陶瓷学院院士。2001年当选为中国工程院院士。他长期从事无机陶瓷材料的研究工作。主持和完成了致密微晶氧化铝陶瓷及机械密封件的研究，成功地装备了东风型系列火箭推进剂加注系统；开发了氧化铝耐热混凝土浇灌料，为30万吨合成氨装置提供了关键材料，经济效益显著；开发成功第二代氧化铝和第三代碳化硅端面密封环材料，广泛应用于石油泵、化工泵，取得了较好的社会和经济效益；提出开展复相陶瓷研究，得到国内外广泛重视，成为陶瓷研究的主要方向之一；首创高温等静压氮化表面改性工艺，使材料的强度和韧性比相应的单相材料分别提高80%和100%。他发表学术论文180余篇，著作2本，申请专利10项。获国家三等奖1项，部级一等奖1项，二等奖6项，及上海市和国家科学技术大会奖等10项。

黄勇（1937～），福建人。清华大学教授。1962年毕业于清华大学并留校工作，曾任清华大学材料科学与工程系主任、清华大学材料科学与工程研究院常务副院长、第六和第七届国家自然科学基金委员会学科评审组成员、S-863计划软课题专家组成员、中国硅酸盐学会常务理事和特种陶瓷分会理事长、《硅酸盐学报》主编等。长期从事无机非金属材料的教学与科研工作，在先进陶瓷的组成结构与性能以及高性能陶瓷的制备科学、陶瓷的强化与韧化机理等方面有精深的研究。先后荣获国家技术发明二等奖1项，省部级发明和科技进步奖9项。编写各种教材、专著、手册共计16种。

郑曼云（1937～），浙江镇海人。教授级高级工程师，中国陶瓷色釉料著名专家。1960年毕业于南京化工学院，从事陶瓷颜料及色釉料研究近30年。研制成功钒系高温颜料，把色泥卫生洁具改为色釉洁具，是我国生产出的第一套色釉卫生洁具。负责研制的"锆银红颜料、硅钕紫颜料及其应用"获1985年国家科技进步三等奖。"高档卫生瓷用深棕、海军蓝、绛红系列颜料及应用"获建材部1990年科技进步二等奖。"卫生间配套用标准色板"获部1992年科技进步三等奖。曾任全国颜色标准化技术委员会委员。

张立同（1938～），辽宁省海城市人。航空航天材料专家。1961年毕业于西北工业大学材料加工系，现任西北工业大学教授、博士生导师，超高温复合材料实验室学术委员会主任。1989～1991年在美国NASA空间结构材料商业发展中心做高级访问学者。1986年国务院授予"有突出贡献专家称号"，1995年当选为中国工程院院士。从事航空航天高温陶瓷及其复合材料研究，在氮化硅结合碳化硅、自增韧碳化硅、定向自生共晶硼化物复合材料、硅碳氮纳米吸波材料及连续纤维增韧钡长石复相玻璃陶瓷复合材料等方面均取得新突破。特别在连续纤维增韧碳化硅陶瓷基复合材料及其制造技术方面，打破国际封锁，建立了具有我国自主知识产权的制造技术与设备体系，多种构件成功通过验证，获2004年国家技术发明一等奖，授权国家发明专利12项。在近净形熔模铸造技术基础及其专用高温陶瓷材料与应用方面，解决了多项重大技术关键，先后主持国家和部委级重大和重点项目30余项，获国家科技进步一、二、三等奖共四项，省部级二等以上奖15项，获准发明专利5项，发表论文200余篇。创建了超高温复合材料实验室。

陈达谦（1938～），浙江天台人。1960年毕业于南京化工学院。教授级高级工程师，中国工业陶瓷著名专家。曾任山东工业陶瓷研究设计院总工程师、院长，国家建筑材料科技教育委员会委员，全国工业陶瓷标准化技术委员会主任委员等职。主持氧化铝、钛酸铝及纤维复合材料等10余项科学研究，其中DT型多级陶瓷耐酸泵属国内首创，获建材部科技进步三等奖。

张庆勋（1938～），河北省深县人。曾任轻工业部唐山轻工业机械厂总工程师，中国陶瓷装备专业委员会创建人之一。为中国陶瓷装备的国产化、陶瓷工业的机械化现代化做出重要贡献。

何觉生（1938～），江苏省无锡人。曾任辽宁省硅酸盐研究所所长，为东北地区硅酸盐工业的发展做出重要贡献。

郑元善（1939～），福建仙游县人。1965年南京化工学院硅酸盐专业研究生毕业，教授级高级工程师。1968起在中国建筑材料科学研究总院工作。曾任中国建筑材料科学研究院陶瓷研究所所长、国家建材局科技教育委员会委员、中国硅酸盐学会特陶分会副理事长、国家"七五科技攻关"高温结构陶瓷及陶瓷发动机的研究课题专家组成员等职。长期从事特种陶瓷的科研工作，主持和参加完成国家科研项目十多项。获部级科技进步二等奖和三等奖各一项。

陈衡（1939～），广东揭阳人。曾任广东陶瓷协会会长、广东陶瓷工业公司副总经理等，对广东陶瓷、潮州陶瓷、广东陈设艺术陶瓷的发展做出重要贡献。

张儒岭（1939～），山东省聊城市人。教授级高级工程师。1984～1998年任山东省硅酸盐研究设计院院长，长期从事科研和科研管理工作，取得多项成果。主持研制的"堇青石轻质骨料耐火材料"获国家发明四等奖，"滑石质日用细瓷"项目获省科学大会奖、国家发明三等奖、比利时布鲁塞尔第36届尤里卡世界发明博览会金奖。主持研制的"人工合成骨粉及制瓷（骨质瓷）技术"获省科技进步一等奖、国家发明专利、国家发明二等奖、杜邦技术创新奖。获国家发明专利6项，省（部）级科技进步奖6项，在省级以上刊物发表论文和专著30余篇。2007年获中国陶瓷行业终身贡献奖。

李中祥（1939～），江西省泰和县人。教授级高级工程师。1963年毕业于景德镇陶瓷学院艺术系。历任唐山胜利陶瓷集团公司中心实验室主任、开发科长、副总工程师和总工程师。主持开发了"7301"、"7901"高档配套卫生洁具、漩涡虹吸式联体消音坐便器、台式洗面器、喷射虹吸式坐便器、自动冲洗挂式小便器等系列高档卫生洁具，为改变我国卫生陶瓷行业"老八件"的落后面貌，实现全面的产品升级和更新换代做出了重要贡献。著作《洁具造型》于20世纪80年代在同行业中产生了广泛的影响。是中国卫生陶瓷著名专家。

刘合心（1939～），河南荥阳人。高级工程师，河南省建筑卫生陶瓷会长。1962年毕业于西北大学。历任中国建筑材料科学研究院技术员，咸阳陶瓷研究设计院工程师、情报室主任，河南建材研究设计院高级工程师、副总工程等职。组织编译《喷雾干燥手册》、《国外化工陶瓷》等。2000年至今任河南省建筑卫生陶瓷协会会长。

吴道基（1939～），广东揭阳市人。曾任潮州陶瓷工业公司总经理，在陶瓷窑炉改造与技术进步领域成绩显著，为发展潮州陶瓷工业做出重要贡献。

史哲民（1940～），浙江鄞县人。1963年毕业于南京化工学院。曾在中国建材院陶瓷所从事卫生陶瓷研究开发。历任国家建材局技改处处长、科技处处长、副巡视员、国家建材工业科技教育委员会常委兼建筑卫生陶瓷专业委员会主任、中国硅酸盐学会陶瓷分会副理事长等职。

何锡伶（1940～），广东揭西人。曾任佛山市陶瓷研究所所长，主持研究成功陶瓷辊道窑用氧化铝陶瓷辊棒，为中国全面实现辊道窑国产化，陶瓷生产普遍使用节能窑炉，促进窑炉技术进步做出重要贡献。

高力明（1941～），河北巨鹿人。教授，1963年毕业于北京轻工业学院硅酸盐工学专业并留校任教。1970年后一直在西北轻工业学院任教，两次出任材料工程系主任。曾任《硅酸盐学报》第二、第三、第四届编委会编委，中国硅酸盐学会陶瓷分会副理事长兼窑炉热工专业委员会主任等职。长期从事陶瓷窑炉热工的教学与研究，主要研究方向为窑炉结构与节能研究、计算机在材料科学与工程中的应用研究、陶瓷原料标准化及综合利用研究和中国古陶瓷研究等。承担国家自然科学基金资助项目、国家科技攻关项目及省部级科研项目多项。重要成果和贡献：发现了烧成用隧道窑窑车衬砌在周期性传热过程中的"背衬效应"并给出了一组窑车衬砌热技术特性指标，提出了"元配料"的概念及配方计算问题的广义杠杆规则，在我国古陶瓷研究领域中第一个引进了"计算机考古学"等。培养硕士生16名、博士生2名。发表科技论文50余篇。

秦锡麟（1942～），江西省南昌市人，陶瓷艺术家和教育家，教授，中国工艺美术大师。1964年毕业于景德镇陶瓷学院美术系，曾任江西省陶瓷研究所所长、景德镇陶瓷学院院长、《中国陶艺》和《陶瓷学报》杂志主编、中国轻工联合会副会长、中国陶瓷工业协会副理事长、中国工艺美术学会副理事长、联合国教科文组织国际陶艺学会会员、中国美术家协会陶瓷专业委员会委员、江西省文化艺术联合会副主席、景德镇市文化艺术联合会名誉主席、中国工艺美术大师评审委员会评委、中国陶瓷艺术评审委员会主任委员等职是韩国京畿大学名誉博士、芬兰赫尔辛基设计艺术大学博士生导师。一直从事陶瓷艺术创作和教学工作年，作品新颖、大方、豪放、凝重，独树一帜，具有浓郁的时代风貌和东方艺术特色，分别被大英博物馆、中国历史博物馆、中国工艺美术馆等国内外博物馆、美术馆收藏。对中国陶瓷教育、人才培养、日用瓷与陈设艺术瓷艺术设计等多个领域做出贡献，是国内外著名的陶瓷教育家和艺术家。

杨洪儒（1943～），上海人。教授级高级工程师，1965年毕业于北京建筑工业学院。历任咸阳陶瓷研究设计院副院长兼总工程师，北京中伦陶瓷总公司副总经理兼总工程师，中国硅酸盐学会陶瓷分会副理事长，国家建材工业科技教育委员会陶瓷专委会副主任等职。主要从事建筑卫生陶瓷工艺装备的研究开发，主持的主要项目有"陶瓷坯粉离心喷雾干燥工艺"、"景德镇陶瓷厂压力喷雾干燥器"、"2000型压力喷雾干燥器"、"油压陶瓷柱塞泵"、"墙地砖干法制粉工艺装备"等。发表科技论文30余篇。参编《喷雾干燥手册》、《现代建筑卫生陶瓷工程师手册》、《建筑材料词典》、《中国材料工程大典》、《新型建筑材料与施工技术问答——建筑卫生陶瓷》。

蔡宪昌（1944～），台湾省台中县生人，祖籍福建省。1992年在广东省三水创建广东三水大鸿制釉有限公司，是国内首家外资专业制釉企业，对促进中国陶瓷色釉料业的技术进步和现代化做出重要贡献。处世格言是："一生热爱陶瓷。使命：赋予泥土新生命，善尽企业责任！行业责任！社会责任！"。

曾令可（1944～），广东揭阳人。华南理工大学教授，博士生导师，享受国务院政府特殊津贴专家。1969年毕业于华南工学院并留校任教。对中国现代陶瓷窑炉开发、热工理论研究、人才培养做出重要贡献。

甘智和（1945～），上海人。曾任国家建筑材料工业局科技司司长、国家经贸委副秘书长。任期间积极推进中国建筑卫生陶瓷工业的技术装备引进与国产化，对中国建筑卫生陶瓷的现代化做出重要贡献。

岳邦仁（1945～），北京市人，教授级高级工程师，卫生陶瓷专家。1968年毕业于北京建筑材料工业学院。1970～1988年在唐山陶瓷厂工作，历任技术员、实验室主任、副总工程师。1988年调入北京市陶瓷厂，历任北京市陶瓷厂副厂长、北京东陶有限公司副总经理、东陶机器（北京）有限公司的副总经理、北京金隅集团总工程师、中国硅酸盐学会常务理事、北京市硅酸盐学会理事长、中国建材行业联合会科技委员等职。主要从事卫生陶瓷生产的技术及管理工作。

刘默涵（1946～），广东番禺人。曾任广东石湾建筑陶瓷厂厂长，为中国建筑卫生陶瓷生产由传统转向现代做出重要贡献。著有《刘传》、《石湾公仔》、《石湾窑精粹》等。

詹培明（1948～），广东潮州人。深圳斯高达公司创建人，企业家，陶瓷装饰艺术专家，传统与创新，独树一帜。格言是："陶瓷是科学和艺术，陶瓷外观装饰更是科学和艺术。"

罗明照（1948～），广东省佛山市人。高级工程师。曾任佛山陶瓷机械厂厂长、恒力泰股份有限公司董事长，使广东恒力泰企业成为世界最大的陶瓷自动压砖机生产企业。是陶瓷压砖机国家标准的起草人之一。

萧华（1949～），广东南海人。广东蒙娜丽莎新型材料集团有限公司董事长。21世纪初，投资建成世界上第一条大规格建筑陶瓷薄板生产线，使中国陶瓷板材的开发应用处于世界前列，是中国陶瓷板的开拓者。同时是一位窑炉专家，在创建创新型、文化型、资源节约与环境友好型企业成绩卓著。

庞润流（1949～），广东佛山张槎人。广东鹰牌陶瓷集团有限公司的创始人，曾任董事长兼总经理。当年，广东鹰牌陶瓷集团有限公司做出最大规格的瓷质抛光砖（1000mm×1000mm）且在引进国外先进技术装备、大展厅（馆）布置、联网销售、多品种开发、品牌建设、国外上市、参加意大利博罗尼亚国际陶瓷展等方面非常成功。他的信念是："致力于创造中国的高品质。"

史俊棠（1950～），江苏宜兴市丁蜀镇人。现任宜兴陶瓷协会会长。历任宜兴紫砂工艺二厂厂长、宜兴陶瓷公司副总经理、宜兴市计经委副主任、宜兴市经贸局副局长等职，兼任上海紫砂协会理事长、中国工艺美术协会常务理事、宜兴陶瓷（紫砂）文化研究会会长、中国陶瓷工业协会副理事长等职。积极推进宜兴紫砂的继承发展。著有《当代宜兴陶艺名家集》、《紫砂春秋》、《宜兴紫砂陶》、《永远的陶都》、《宜兴陶瓷史》等。

周健儿（1952～），江苏省苏州市人。教授、博士，现任景德镇陶瓷学院院长、中国硅酸盐学会陶瓷分会理事长，《中国陶瓷工业》主编，《中国陶瓷》编委会主任，《硅酸盐学报》、《人工晶体学报》编委会委员等职。1979年毕业于景德镇陶瓷学院并留校任教，一直从事陶瓷科学的教学与科研工作。主持国家和省部科技项目多项，或国家科学技术进步二等奖一项、省部级科技进步奖多项。自论"持之以恒的谦学，坚韧不拔的追求，脚踏实地的坚守，豁达宽厚的包容"。

王迎军（1954～），河北唐县人。博士，教授，博士生导师。1978年毕业于华南理工大学无机非金属材料专业（本科），1981年获华南理工大学无机非金属材料专业硕士学位、1997年获无机非金属材料专业博士学位。现任华南理工大学校长。主要从事生物医学材料、高性能陶瓷及其复合材料的教学与科研工作。主持并完成国家"863"项目、国家支撑计划重点项目、国家自然科学基金重点项目及省部级重点、重大科技项目等60余项。所研究的骨组织多级仿生关键技术、再生修复与功能重建生物应答机理研究等获教育部自然科学一等奖、广东省科技发明一等奖等10余项奖励。发表论文200余篇，出版专著2本。培养博士研究生46名，硕士研究生43名。兼任中国生物材料委员会副主席、中国生物医学工程学会生物材料分会理事长、国际生物材料科学与工程院FELLOW、国家"973"重大基础研究项目首席科学家、中国建筑材料高等教育学会副理事长、教育部中国教育和科研计算机网管理委员会成员等。

黄发建（1954～），福建省德化县人。曾任福建省德化县副县长，主管陶瓷工业，为继承和发展德化陶瓷做出重要贡献。

王爱纯（1954～），河南济源市人。1982年元月毕业于西北轻工业学院陶瓷专业，高级工程师、高级工艺美术师。历任河南省硅酸盐学会陶瓷专业委员会主任、河南省陶瓷玻璃行业管理协会会长、中国陶瓷工业协会副理事长、河南省古陶瓷研究所所长等职。一直从事陶瓷的研究及行业管理工作。发表"打造汝窑文化品牌，再创汝窑历史辉煌"、"试论陶瓷造型的审美情趣"、"试论宽体辊道窑的优势、问题及对策"等论文。积极致力于汝窑、钧窑等历史名窑的振兴，对推动中原历史名瓷的传承与创新并走向世界做出了重要贡献。

张民（1954～），四川人。重庆锦辉陶瓷企业创建人、企业家、日用陶瓷专家、行业管理专家。在日用陶瓷的新工艺、新装备、新技术和新产品等领域有很多首创和重要贡献。

孟树峰（1955～），陕西铜川人，陶瓷世家。中国工艺美术大师、中国陶瓷艺术大师、国家"耀州窑陶瓷烧制技艺唯一具有代表性、权威性、影响力的传承人"、联合国教科文组织"一级民间工艺美术家"、中国工艺美术学会常务理事、中国陶瓷工业协会常务理事，享受国务院特殊津贴专家，现任陕西省铜川市陶瓷研究所所长。

1980年毕业于景德镇陶瓷学院，长期从事耀州窑的挖掘、开发和设计，恢复完善了失传千年的耀州青瓷和铜川民间瓷，开创了铜川陶瓷的一代新风，奠定了耀瓷技艺的理论基础与发展方向。作品严谨深邃而清秀飘逸，有雄浑豪放的西部特色和诚善睿智的个性灵韵，许多作品被国家级博物馆、团体、个人收藏。著有《孟树锋耀州青瓷作品集》和《秦人刻木》等。

韩绍绢（1955～），辽宁沈阳人。教授级高级工程师，国防科技工业有突出贡献中青年专家。现任辽宁省轻工科学研究院院长。1982年毕业于大连轻工业学院（现大连工业大学）硅酸盐专业，主要负责人先后承担多项国家和省部级科研项目，获省部级科技进步奖共16项，发表论文20余篇。在把工业陶瓷转向军工产品方面成果丰硕。

叶德林（1956～），广东南海人。广东新明珠陶瓷集团有限公司的创建人、董事长，中国建筑材料联合会副会长。他既是企业家又是创业者和创新者，短短的十几年建成了世界上最大的建筑卫生陶瓷企业。

同继锋（1958～），陕西华县人。教授级高级工程师。历任咸阳陶瓷研究设计院副院长、中国建筑材料科学研究院高技术陶瓷所所长、科技处处长、中国建筑材料集团公司副总工程师兼科技管理部主任等职，并兼任中国硅酸盐学会理事、陶瓷分会副理事长兼建筑卫生陶瓷专业委员会主任委员，国家建材工业科技教育委员会常委兼建筑卫生陶瓷专业委员会主任委员等。1982年毕业于华南理工大学，长期从事建筑材料研究开发、技术管理和政策研究工作。于1989年主持建成中国第一条年产400t陶瓷釉料用锆英砂超细粉生产线。著有《现代建筑卫生陶瓷工程师手册》、《建筑卫生陶瓷》、《现代建筑卫生陶瓷技术手册》、《绿色建材及建材绿色化》、《建材工业技术经济学》等。

肖慧（1958～），湖北武汉人。教授级高级工程师、砖瓦行业著名专家。现任中国建材集团所属西安墙体材料研究设计院院长，中国硅酸盐学会房建材料分会烧结制品专业委员会主任委员，中国砖瓦工业协会副会长。1982年毕业武汉工业大学，长期从事墙体材料工业技术研究开发与设计工作。作为主要完成人承担的"全煤矸石空心砖生产工艺及装备的开发研究"课题获国家科技进步二等奖，主持开发的宽断面一次码烧节能型隧道窑在本行业被广泛应用。

殷书建（1960～），山东省威海市人。研究员。1998年任山东省硅酸盐研究设计院院长，2001年任山东硅苑新材料科技股份有限公司董事长、总经理。主持科研项目10多项。组织开发了"中华龙"系列国宴用瓷，被誉为"当代国瓷"。组织建成国家工业陶瓷工程技术研究中心、工程陶瓷制备技术国家地方联合工程研究中心等3个国家级及8个省级产学研平台，以先进的技术成果辐射带动行业。他的格言是："只要善于思考，不断创新，才能实现你梦想中的人生轨迹。"

尹彦征（1960～），湖南长沙人。高级工程师、中国红瓷器发明人、湖南省工艺美术大师、中国工艺美术协会美术陶瓷分会副主席、中国陶瓷工业协会常务理事、中国硅酸盐学会陶瓷分会理事、湖南省工艺美术协会常务副理事长、湖南省陶瓷行业协会副主席。1982年毕业于湖南师范大学化学系分析化学专业。1984～1996年在湖南省分析测试所从事中国红瓷器的研究。1996年7月创办长沙大红陶瓷发展有限责任公司，担任董事长兼总经理，公司生产规模年产5000多件，7大类，300多个品种。2002年中国红瓷器制造技术通过湖南省科技厅组织的专家鉴定，技术水平居国际领先。2003年中国红瓷器制造技术由国家科技部、国家保密局审定为国家秘密技术。产品被认定为高新技术产品、国家重点新产品。

鲍杰军（1962～），江西景德镇人。管理学博士，在陶瓷教育、陶瓷技术装备、陶瓷生产、陶瓷企业管理等多个领域均有建树和贡献。著有《中国智式》，对中国建陶的发展有精辟的论述。自论是："学陶瓷，爱陶瓷，陶瓷成就了我。"

李良光（1962～），福建省福州人。福建海源自动化机械股份有限公司的创建人，著名企业家、技术专家。自主创新的"海源压机"享誉业界，为20世纪中国三大陶瓷机械企业之一。

陈环（1962～），广西北海人。1983年毕业于华南理工大学无机非金属材料系，历任广东佛山陶瓷集团公司职业中专学校教师，深圳南域陶瓷有限公司总经理，广东陶瓷协会副会长，现任广东陶瓷协会会长。

苏同强（1962～），山东省淄博市博山区人。现为淄博华光陶瓷科技文化有限公司董事长。他带领的团队研制开发了天然矿物骨质瓷、抗菌陶瓷、无铅陶瓷、华青瓷等，获得国家发明专利和著作权35项，首批国家重点保护的民族品牌。获全国十大跨世纪杰出人才称号。

刘嘉喜（1963～），广东电白人。曾任佛山陶瓷工贸集团建华陶瓷厂副厂长。任美国科勒洁具公司中国公司的总经理二十年，对引进高品牌陶瓷洁具有特别贡献。

边程（1964～），辽宁省沈阳人。现任广东科达机电股份有限公司董事长兼总经理、中国轻工业联合会副会长、中国陶瓷行业优秀企业家、中国优秀民营科技企业家。为发展中国陶瓷技术装备现代化做出重要贡献。

谢岳荣（1964～），广东潮阳人，"箭牌"企业创建人，是当代中国建筑卫生陶瓷界富有自主开拓创新精神的企业家和陶瓷专家，格言是："把握机会，不断进取"。

刘权辉（1966～），广东饶平人。从饶平建厂到深圳创建当代中国最大最有影响力的"永丰源"日用瓷生产企业，建成"深圳瓷谷"。他的格言是："把中国陶瓷做回祖先雄风。"

第二篇　产品篇

　　进入21世纪的中国陶瓷业达到一个新境界：一是全球性；二是产品实现现代工业化生产；三是传统陶瓷业开始转型，成为众多行业中的一门无机材料制造业。

　　近现代的各国陶瓷制造业的产品通常按用途分为五类：陈设艺术陶瓷、日用陶瓷、建筑卫生陶瓷、工业或特种陶瓷、砖瓦等，此外与陶瓷生产紧密相连的原辅料、生产装备也包括在陶瓷行业内，因而统称为行业七大产品。

　　本篇共七章，分别记述中国陶瓷业七大产品的生产开发情况和达到的水平。

第七章 陈设艺术陶瓷

陈设艺术陶瓷也称作陈设美术陶瓷或艺术陶瓷，通常是指供人们陈设、欣赏用的艺术陶瓷，但有时也将一些造型与装饰精美的日用陶瓷，特别是一些传世至今或出土的古陶瓷等也作为陈设艺术陶瓷看待。现代陶艺作品大多可归入陈设艺术陶瓷的门类。陈设艺术陶瓷是陶瓷艺术中的一朵奇葩，但它的内涵与外延却比较宽泛。本章按照传统意义下所包括的范围，介绍了主要瓷区的一些名瓷、名品及它们的艺术特色，以飨读者。由于历史的原因，一些出土和存世的古陶瓷器物，以及它们的复仿制品，大多数都属于陈设艺术陶瓷。特别是20世纪50年代以后，在政府的主导下，一些著名的古代陶瓷窑口得到恢复与发展，其名瓷的复制、仿制也颇多建树，但因在第五章中对此已有比较详细完整的介绍，故这里不再赘述。

第一节 清末到民国时期主要产区的传统陶瓷与艺术

清末到民国时期，我国的陶瓷业进一步萧条衰落，处于艰难困顿的境地。这段时期是我国陶瓷业的中衰时期，陶瓷业总体上一蹶不振，但在走向近代陶瓷工业的历程上还是艰难地走出了几步，而在传统陶瓷与艺术的方面，特别是一些陈设艺术陶瓷的继承和发展上也还是取得了一些进步。下面，就按一些主要的传统陶瓷产地进行简要的回顾和介绍。

一、瓷都景德镇

1910年（宣统二年），御窑厂为东西陵烧造了一批供器，多为白釉素瓷，制作精良。同年，成立景德镇瓷业公司，本部设于景德镇，分厂设于鄱阳，在分厂中建有中国陶业学堂，培养新的技艺人员，并拟用机械制瓷、煤窑烧瓷。1911年后，因款源中断，分厂倒闭，中国陶业学堂改为江西省立。清代后期，虽然景德镇的瓷业日渐萧条，但瓷坛上仍涌现了一批优秀人才，他们中的代表人物有朱琰、寂园叟、陈国治、王廷佑、金品卿、李裕元、李之衡和鄢儒珍等。

清末到民国时期，景德镇瓷业的基本状况表现为三个方面。一是生产规模减少。据统计，1928年，全镇制坯行业（包括圆器、琢器）开工的厂家共有1451户，到1949年前后已减至90余户；开烧的瓷窑（包括柴窑、槎窑）共有128座，到1947年减至90座，至1948年更减至8座；全镇彩瓷行业开工的厂家（俗称"红店"）共有1452户，到1948年已减至367户。二是陶瓷装饰有所退步。虽然这时在某些装饰及造型上有一定创新，但总体装饰却较前大为退步。青花装饰日渐繁琐；釉下五彩绘制粗劣，颜色种类也少，常见的仅有大绿、浅绿、深碧、茶色等几种；青花玲珑瓷器的产量大大减少；粉彩装饰虽被保留而继承下来，但一直没有显著的提高和发展；新彩装饰甚为粗糙；颜色釉装饰更是一年不如一年。至1949前后，数十种名贵色釉已濒临失传；瓷雕大都"加彩繁琐，几乎饰满全身"，"缺乏富有内心活动的动势变化"。三是厂房设备依然简陋。这一时期瓷业的生产条件几乎没有什么改善，厂房、设备均与清代大体相同，十分简陋。

民国初年，王琦、王大凡等人发起和组织景德镇陶瓷美术研究社，发展社员300多人，多次举办书画观展会，出版会刊20册，对继承和发展景德镇陶瓷传统艺术产生了很大影响。但在20世纪20年代初，这个陶瓷美术研究社被北洋军阀孙传芳的部下刘玉堤捣毁了。20世纪20年代中叶，王琦、王大凡、田鹤仙等人又重组艺术团体，取"花好、月圆、人寿"之意而称"月圆会"。后又在"月圆会"的基础上，王琦等人结合为"珠山八友"。珠山是景德镇的象征，八友是这些致身于景德镇陶瓷艺术复兴画家们志同道合的雅称。

到20世纪50年代初期，景德镇全镇人口为11万余人，其中瓷业工人1万余人，连同家属在内共5万余人，约占城镇人口的一半。全镇共有瓷业户2496家，正常开业的仅占7%，绝大部分处于停工或半停工状态，失业和半失业的瓷业工人近万人。

二、唐山陶瓷

清光绪至民国年间，唐山很多窑户和厂家广招人才，请来江西景德镇、山东博山、河北彭城、宽城缸窑沟等地工匠来唐山工作。当地的民间艺人也不断转入陶瓷谋业，发展了化妆土白瓷和彩瓷，推动了唐山陶瓷的进步。

1892年前后，田鹤群（1862～1926年）的作坊做出唐山最早的白瓷。后在其子田子丰（1894～1946年）协助下工作，通过考察景德镇等地，购买实物标本和图书资料，悉心研究，精益求精，作品主要有仿古瓷和孤品配对、鼻烟壶、烟具装饰具等，多为国内外人士收藏，但终因囿于技术只能"传子不传女"的封建思想束缚，田子丰过世后技术失传。

1926年，德盛、新明两厂开办了新明铁工厂，仿制启新瓷厂进口的德国机器设备，造出了轮碾粉碎机、成形机轮、搅泥机、滤泥机、球磨机、压砖机等，装备当地厂家。又从各地聘请人才，如从景德镇招聘彩绘技师配制色料和传授彩绘技术，以倒焰窑取代老式直焰窑；在天津专设了经营销售部门，产品畅销华北、东北地区。1931～1934年间，先后获得河北省实业厅国货展览会、北京市各界提倡国货运动委员会和铁道部全国铁路沿线出产货品展览会颁发的特等、优等、超等奖状。德盛、新明两厂瓷业的发展促进了唐山其他陶瓷企业的发展，从而出现了多家新的陶瓷窑业公司。许多手工作坊也逐步向近代工业管理演变和过渡。至1937年，唐山窑业兴旺，已有"北方景德镇"的称誉了。

1937年7月，日本侵华使唐山陶瓷等民族经济遭到重创。1945年的内战使陶瓷企业纷纷破产，至1948年12月，唐山陶瓷业已奄奄一息，只剩下德盛、启新、新明、德顺隆、公聚成、三合义等少数几家靠创新产品艰难维持，全市88户陶瓷企业共有职工1190余名，失业者达70%以上。

三、醴陵细瓷和釉下五彩瓷

1905年，湖南瓷业制造公司在醴陵成立，熊希龄任公司总经理，文俊铎任学堂监督，聘请日本技师和景德镇技术工人，引进日本先进的生产工艺和设备。次年，瓷业公司所辖瓷厂生产细瓷，开启了醴陵由粗瓷生产到细瓷开发的新纪元。同时，研制出独具特色的醴陵釉下五彩瓷。

醴陵釉下彩高白硬质瓷是在长沙窑的基础上创造发展的高温多色釉下彩绘，早期被称为"釉下五彩"。釉下五彩的创始是随着醴陵瓷业从粗瓷到细瓷的生产发展过程中成熟的。据《醴陵县志》记载，醴陵制瓷始于18世纪初（清雍正七年），开始只烧造以碗类为大宗的民间青花瓷。1906年（清光绪三十二年）开始生产细瓷。釉下彩工艺是在传统民间瓷器釉下褐绿彩、土墨绘的基础上，运用金属氧化物和天然矿物制成颜色稳定的釉下绿、赭石、黑色，用黄金等贵金属制成玛瑙红色和青花料蓝色，始称釉下彩，确为当时难能可贵的装饰工艺。1907～1914年间，醴陵釉下五彩瓷作品曾分别荣获国内南洋劝业会和国际巴拿马世界博览会一等金质奖。从此，醴陵瓷器开始名扬华夏，走向世界。清末民初醴陵釉下五彩瓷的烧造前后不过20余年，生逢乱世，作品覆盖面不宽，精品罕见，传世作品不过400余件。故宫博物院的醴陵釉下五彩瓷仅7件，湖南省博物院收藏的精品也不过17件。

在湖南瓷业公司的带动下，细瓷厂不断出现，县城的姜湾、中和一带成为细瓷制作中心。1913年，仅湖南瓷业公司就有职工1300余人，在长沙、湘潭、衡阳、益阳、常德等地设立了销售处。

1918年，北洋军阀张宗昌的军队破坏了湖南瓷业公司和湖南窑业实验场，使生产停顿。1920年重新启动，但由于用人不当、决策失误，湖南瓷业公司于1930年倒闭，釉下五彩瓷的生产也自此中断。

1937年，景德镇瓷器销路被阻，醴陵瓷业一时又兴旺起来。1942年，有细瓷厂112家，技工4190余人，年生产细瓷2300余万件，产品销往湘、鄂、川、豫、陕、黔、粤、桂等市场，并推销到我国香港地区和南洋（东南亚等国家）。

1944年6月，日军占领了醴陵，厂房被烧，机具被毁。后又战乱频仍，到1949年，细瓷厂倒闭和停工达百余家，数千工人失业，仅有七家勉强维持生产。

四、宜兴紫砂器

宜兴是著名的阳羡茶产区，伴随着茶文化之品茗风尚的发展，自16世纪起，紫砂壶开始成为明清两朝以来茶史上最为理想的注茶器。17世纪末至18世纪初期，宜兴紫砂壶与茶叶一同输往欧洲，被称为"红色瓷器"，其壶式被当地陶匠争相模仿，带动了欧洲红茶茶具的发展。中国茶风东渡，又促进了日本茶道的盛行。清代宜兴紫砂技术传授到日本常滑市，对"常滑烧"煎茶茶具"急须"产业的确立和发展起到了典范作用。

1811～1816年（嘉庆十六年至二十一年），时任溧阳县宰的西泠八家之一的陈鸿寿（1768～1822年）来宜兴，直接与紫砂高手杨彭年合作设计了18个款式的茶具，后人称之为"曼生十八式"。当时就有"壶随字贵，字随壶传"的说法。这种艺术风格一直影响到今天，而且更有发展。这时期，杨彭年之妹杨凤年是紫砂史上第一位女性制壶高手，代表作品有《风卷葵》、《竹段壶》。邵大亨是与杨彭年几乎同时代的一位影响巨大的制壶巨匠，当时就有一壶千金之说，代表作品有《龙头八卦束竹壶》、《大亨掇球壶》、《仿鼓壶》等。

清代末期，紫砂高手黄玉麟的代表作品有《鱼化龙》、《斗方壶》等。民国年间宜兴的制壶高手有程寿珍、俞国良、冯桂林等人，其中程寿珍的《寿珍掇球壶》曾获1915年在美国旧金山举办的巴拿马国际赛会特优奖。

抗战期间，紫砂市场萧条，紫砂业几乎到了断绝的绝境。1949年以后，紫砂行业才得以恢复和发展。

五、佛山石湾艺术陶器

清代末至民国初时，石湾陶业分为三十六行，其中属艺术陶器的有花盆行、古玩行、白釉行和甄釉行，这4行生产艺术陶器的员工为2000多人，作品为人们所关注，其中尤以陶塑人物、动物及微塑山公等更具艺术价值。

花盆行堂名"陶艺"，以生产园林建筑用琉璃瓦、装饰构件及艺术陈设瓷为主，主要品种有各类陶塑人物脊、花脊、大花盆、鱼缸、龙鸡缸等。古玩行又称公仔行，主要产品有案头美术陶，如人物，动物，各类小型陈设器皿，文房用品，点缀盆景的微塑山公（亭台楼阁、小人物、小动物）。白釉行主要产品为小件美术陶瓷器皿，如花瓶、水仙盆、痰盂、花壶、枕头、水洗、笔筒等。甄釉行的产品以祭祀用的礼器为主，多施以酱红釉，品种有香炉、壁炉、烛台、扑满（存钱罐）、尾灯、瑞狮等。

民国时期，石湾出现了一些新兴资本主义的因素。1915年成立的广州裕华公司（又称广州裕华真记公司）、1920年广州刘坚桥组建的广东陶业公司及石湾冠华窑等都是资本雄厚、人才济济的新型企业。裕华真记公司聘请当时石湾最有名的民间艺人陈谓岩、潘玉书、廖坚等主持陶瓷雕塑，又邀请广彩名家刘群兴、画家黄鼎萍、神明胄、高剑华主持陶瓷彩绘。人才荟萃促进了石湾陶瓷艺术水平的提高，特别是陶塑人物在传统石湾公仔生动传神、浑厚朴拙特色的基础上，吸收了西方雕塑解剖比例精确的长处，风格更加严谨，创作题材突破了明清时期神仙道佛的局限，更贴近生活，如当代人物孙中山等造像，形神兼备，彩绘则融汇中西，锐意创新，在岭南画派影响下把写实的山川胜意、花鸟虫鱼再现于陶器装饰中，清新亮丽，典雅堂皇。

民国时期，石湾产生了一批陶塑名家。在人物雕塑方面，陈谓岩严谨优雅，题材广泛；潘玉书潇洒细腻，擅塑仕女；刘佐朝幽默诙谐，善于表现市井风情，这些都在中国陶瓷史上占有重要位置。动物陶塑则有擅塑猫和鸭子的黄炳，擅塑水牛的霍津及廖荣、区卞、区乾等。这些名家把石湾陶塑艺术推向了一个新的高峰。

这时的艺术陶器制作技术也有新的发展。采用石膏制模注浆成形工艺，提高了工效。釉料的配制采用金属氧化物化工原料，改变了传统的以植物灰为主的局限，使釉色更加绚丽多姿。

20世纪20年代是石湾陶艺的兴旺时期。从民国时古玩行成为石湾陶业的大行头以来，由于收藏家的关注和作品艺术品位的提升，石湾公仔逐渐打开了国内外市场，甚至远销美洲等地。但到了30年代中期，由于日本、欧洲等外国瓷器逐渐占据中国市场，使石湾的艺术品市场不断萎缩，产品结构发生了新的变化。由于西洋建筑风格的竞争，过去风靡粤、港及东南亚的陶瓷花脊失去了大片市场，而案头摆设的人物、动物陶塑后来居上。

1938年10月，日寇入侵，石湾沦陷，店铺、工场大半被炸毁，陶工纷纷逃往粤西、粤北。全石湾经营陶瓷业作坊仅剩十余家，开工龙窑仅有两座，经济一片破败衰落。

抗战胜利后，经济逐渐恢复。古玩行人员从战前近600人增至千人以上。海外订单猛增，许多商号为应付外销粗制滥造，严重影响了声誉。

据佛山市石湾镇《石湾陶瓷工业（手工业）1936~1959年基本情况》记载，1949年陶业户为300户，人口为2834人，产量为1000万件。

六、潮州工夫茶具与枫溪瓷塑

中国茶史记载，明代潮州人已将茶文化推进到尽善尽美的境地，形成了工夫茶的鼎盛期，与之相得益彰的工夫茶具亦由此闻名于世，当时有名的好壶是孟臣罐（壶）。孟臣是江苏宜兴的一位做壶名师，当时潮州制作手拉坯茶壶受到宜兴壶式的影响，壶底都要刻上"孟臣"二字，故孟臣罐也成为当时有名的上品好壶。潮州工夫茶壶的制作工艺与宜兴壶不同，潮州工夫茶壶采用手拉坯成形，特点是泥壶坯体极薄，"朱泥"（亦称红泥）泥色最好，泥质细腻柔润不含砂，可塑性强，造型简约大方。工艺之精表现为空壶漂放水面四平八稳，人称"水平壶"。手工拉坯茶壶的精巧制作、造型多样独特，配有3~4个茶杯，人多时也不增杯，长者或客人先用。这种茶文化体现了潮州人的谦让品德。茶具有内外都是红色的，也有外部是红色、内上乳浊白釉的。茶船（盛废水用的茶具座体）通常是红陶的，茶船外边一般都有刻花装饰，整套茶具古色古香，别有情趣。陶质工夫茶具一般都是小作坊生产。枫溪地区以手拉坯制壶出名的老字号为"源兴炳记"，为吴英武创建于清代道光二十七年（1847年），世代相传，至今已是第五代传人。

枫溪瓷塑以塑为主，彩塑结合，以生动传神、线条优美、色彩清新为其特色。瓷塑技法多样，雕、塑、刻、划、印、贴交叉应用，以淡彩和色土、色釉装饰见长，人物肌肤多不施釉，以保持头、面、手、脚精细清晰，使它与服饰在质上有所区别。清中晚期以后，彩塑流行。如《釉下五彩人物壁灯》（吴如同发号）、《粉彩立观音》（金顺彩庄）、《白釉人物头像挂壁》（陶真玉）、《米黄釉寿星立像》（韩江埔仕盛）等彩绘和色釉装饰呈现明清时期的装饰特点。民国时期，枫溪瓷塑的产品多为佛道、仙道、西方三圣、观音、弥勒佛、麻姑，吉祥寓意福、禄、寿，童子仙桃、渔翁钓鲤及马、牛、羊、狮等动物瓷塑。作品多以写实为主，塑贴结合，满彩或施以古铜等传统色釉，主要商号有"章和合"、"韩江埔仕盛"、"潮磁"、"吴同如发"、"陶真玉"、"和记"等，产品多供外销。

七、德化白瓷

民国时期，德化的白瓷产品增多，青花瓷产量减少，釉下青花逐渐被釉上彩所代替，釉上彩装饰手法有所创新，主要有五彩、墨彩，还出现了金彩、黑花、电光、贴花等工艺。已发现德化有55处民国时期建造的窑场。

1934年,福建省建设厅在德化设改良瓷场,引进球磨机、练泥机、辘轳车等机械设备,研制釉上彩绘颜料、电力用瓷、瓷砖和坩埚、漏斗等化工用瓷。改用石膏模型注浆和机压成形新工艺。瓷的胎质、釉色、装饰工艺独具特色,在器物上留下了这一时期独有的制作、烧成工艺痕迹,为后世提供了辨识鉴定的依据。

这时,德化瓷雕品种也得到翻新和扩大,造就了一批瓷艺大家,如瓷塑大家苏学金、许友义、苏家善、游长子、陈其泰,彩瓷大家林捷升、苏长青、孙锦春、徐曼亚、许光月等。

抗战期间,德化瓷业陷入艰难困境。一些有识之士努力呼吁政府支持,通过开办陶瓷职业学校及陶瓷改良厂,建设厂房和实习工厂,成立民窑合作组织,进行多种科学研究实验,特别是实验瓷厂的实验品和自创彩料在市场上销售后,使产品在彩绘与式样上有了很大改观。

八、淄博细瓷

清末民初,山东的陶瓷生产主要集中在淄博的博山和淄川。淄博是黄河中下游地区陶瓷生产和销售中心。

1905年(清光绪三十一年),山东工艺局局长黄华(曾任淄川县长)在博山主持创办了全省第一个官办窑厂"博山陶瓷工艺传习所",先在博山北岭租窑试产,后由山东巡抚衙门拨库银二万两用作开办费,在博山下河建立窑厂。通过在本地招聘能工巧匠和从江西景德镇聘请多名制瓷工人到博山传授技艺,使陶瓷原料、生产设备、制作工具等都有所改进,并且研究恢复了在本地失传多年的宋代名贵釉色茶叶末釉和雨点釉。本地工匠陈希龄恢复茶叶末釉,侯相会恢复雨点瓷。1914年,博山陶瓷工艺传习所更名为瓷业公司,但因经营不善,连年亏累。而后,通过收购瓷业公司设备和财产使公司由官办转变为商办,1924年因亏损过多被迫停办。尽管这个官办窑厂的寿命不长,但山东博山从此掌握了利用当地原料生产日用细瓷的工艺,在这里工作过的工匠分散到各地后都成了陶瓷业的生产能手和技术骨干。

1916年以后,日本加紧对山东的军事侵占和经济掠夺,对陶瓷业进行经济渗透与扩张,在博山建立了日华窑业工厂等陶瓷工厂。这些日商工厂以先进的机械设备进行生产,一方面使当地大批窑业作坊破产,同时也刺激了山东民族陶瓷工业的发展。在"洋瓷"的刺激下,山东一些政府官员和实业界人士主张采用先进技术生产新式瓷器以与日商企业抗衡。1919年,山东省工业试验所成立,两次派员到淄博进行窑业调查,提出改良瓷器生产的报告。1930年,山东省农矿厅工商促进委员会第五次常务会议通过《博山县政府拟呈提倡陶瓷器、琉璃、土洋瓦等工业计划书》,同意请省政府酌量免税并筹设官场,以资振兴博山陶瓷。这一年,博山陶瓷业进入最盛时期,有窑190座,窑工6000余人,产值近100万元,产品远销东北三省。1931年4月,山东省农矿厅筹款3.4万元在博山柳杭原玻璃公司旧址建立山东省模范窑业厂(1934年7月改名山东省立窑业试验厂),采用机械设备和新式倒焰窑试产细瓷(时称"透明瓷"),产品有日用瓷、电瓷、卫生瓷等约40余种,月产量6万余件。这是山东首次生产日用细瓷。

1937年,日本占领淄博地区后,垄断了焦宝石等陶瓷原料,控制了煤矿生产。日伪当局采取收买、强占等手段，直接开办窑场，以伪币（联银券）100万元强行收买山东省立窑业试验厂，成立名古屋碍子株式会社，后又改为博山窑业股份有限公司。日伪时期，由于南北交通不畅，景德镇瓷器货源断绝，加之日商对陶瓷工业大量投资使产量有所增加。1944年，淄博生产陶瓷的窑户增至600家，窑炉260座，主要生产黑、白釉碗及套五盆、坛、盆、缸等。

1923～1945年，陶瓷业集中的淄博博山地区发生了三次大水灾，最大的一次是1945年7月25日的水灾，造成百余家窑厂的设备及房屋被冲毁，300人遇难。

到1947年年底，除淄博有窑厂生产外，其他地区大都停产。1948年，淄博市淄川区渭头河一带有顺和、德圣、三亩园、新生、福兴、西信、大成等20多家窑场，有缸窑、盆窑、碗窑44座。博山山头有套五盆、荷花碗、缸工碗、红泥壶及瓶、坛、罐窑约有140余座，产品销往全国。

第二节 传统陶瓷艺术的恢复和发展

20世纪50年代初期开始，各级政府对传统陶瓷工业和艺术进行了一系列的恢复与发展工作。这些工作主要包括召回老艺人、关爱老艺人，安排生活就业、提供作坊组织恢复生产，传授技艺、培养艺徒；恢复传统产区和古代名窑的生产技艺，弘扬传统文化；在沿袭传统师徒传承教育基础上，发展现代陶瓷美术教育事业、培养专业人才、提高艺术创作设计人员的文化艺术素质；建立陶瓷研究机构，加强专家、艺人和科技人员的结合，开展科学研究，用现代科技手段对传统陶瓷进行科学总结，按照时代生活需要，开发新材质、新工艺和新产品；组织创作设计展览、评比和学术交流；开展对中国传统产区和现代民间陶瓷的调研，并组织国内外文化与贸易交流等工作，推动了我国陶瓷业的发展。

国家轻工业部按照历史上形成的中国陶瓷"南青北白"瓷系，即南方硬质瓷系、北方软质瓷系的近代陶瓷生产分布形成的状况，把陶瓷业恢复与发展工作的重点分别放在了南方的景德镇产区和北方的唐山产区，并以这两个产区的生产带动南北方陶瓷产区的发展。景德镇产区的特点是以手工业生产方式为中心，集我国传统艺术瓷之大成。唐山产区的特点是已有近代陶瓷工业基础、半机械化生产日用陶瓷、建筑卫生陶瓷的规模较大。与此同时，广东省的佛山石湾和潮州汕头、福建省的德化、湖南省的醴陵、江苏省的宜兴、山东省的淄博及浙江省的龙泉、河南省的钧窑等相继得到了恢复和发展。

在各产区生产的恢复与发展中，景德镇制瓷传统手工技艺的传播及唐山陶瓷机械化生产工艺的推广发挥了重要作用。唐山、醴陵等产区先后派团组赴景德镇学习青花、粉彩、雕镶装饰等工艺，并在此基础上组建产区研究机构和艺术室，丰富和发展了唐山新彩、喷彩刷花装饰传统工艺和醴陵传统的高温釉下彩工艺与装饰风格，推进了我国陶瓷产区的日用陶瓷从手工业走机械化大生产，并恢复了大量的传统陈设艺术陶瓷的制作技艺，为我国陶瓷业的快速发展打下了坚实的基础。

1953年12月，文化部在北京劳动人民文化宫举行全国民间美术工艺展览，这是新中国成立以来首次举行的全国性工艺美术展览，景德镇、石湾、宜兴、德化、唐山、醴陵、邯郸等产区和钧窑、建窑等的作品参展，观众达18万人次。刘少奇、朱德、周恩来等领导参观了展览。《人民日报》发表了题为"巩固民间美术工艺的成就"的文章。展会首次组织产区艺人来京参加观摩会议，陶瓷窑口的代表有石湾的刘传、宜兴的朱可心、建窑的向逢春和钧窑的沈明阳等。

1954年，文化部与景德镇政府组织中央美术学院陶瓷科（专业）师生，同景德镇艺术瓷行业的诸门派、风格著名艺人和名工约百余人聚集一堂，交流、探索恢复名瓷技艺与传统艺术，开始了新中国成立后的首次艺术瓷创作与交流活动。与此同时，文化部还调拨了故宫博物院典藏的景德镇历史名瓷近千件作品，作为恢复瓷艺的参照品。这项活动历时一年，研制、烧成名瓷数百件，参加了首届"中华人民共和国工艺美术展览会"，后来还分别赴前苏联、印度、东欧十国进行对外文化交流。主要作品有：景德镇珠山八友刘雨岑的粉彩《水点桃花》、王步的青花釉里红《葡萄大盘》、曾龙生的瓷雕《观音》、祝大年的釉里红《鸡冠花大盘》、高庄与陈东瓜合作研制的乌金釉《蝴蝶盘》、青瓷窑变花釉《葡萄果盘》、段茂发的古彩《荷花梅瓶》、王锡良的《采茶捕蝶盘》、张松茂的粉彩《牡丹瓶》等。并以此为基础建立了景德镇陶瓷馆。

1957年9月，首届全国工艺美术艺人代表大会在北京召开，提出了"保护、发展、提高"的方针和"适用、经济、美观"的生产原则，为陶瓷事业的发展指明了方向。

1959年10月，为庆祝新中国成立十周年，国家轻工业部在北京故宫午门举办了全国陶瓷美术展览。本次展览展出了由中央工艺美术学院、全国各陶瓷产区、陶瓷名窑及艺术院校共同参与设计制作的北京人民大会堂等十大建筑工程使用的建筑琉璃制品（石湾、铜官、宜兴和北京琉璃厂烧造）、陈设艺术陶瓷和日用陶瓷等千余件（套）富有产区、窑口地方风格的代表性产品，展示了新中国陶瓷业在经过恢复与发展后取得的阶段性丰硕成果。

1964年，国庆十五周年人民大会堂国宴庆典用瓷选用了由湖南优质高岭土"球土"原料制成的硬质"高白瓷"材质和"高温釉下五彩"蓝彩装饰工艺产品，由醴陵群力瓷厂生产。此后，承制人民大会堂、国宾馆及驻外使馆的国家用瓷的生产任务，分别是在景德镇轻工业部陶瓷研究所完成的长石质釉"高白釉瓷"和醴陵湖南陶瓷研究所完成的球土"高白瓷"等科研成果的基础上，由景德镇红旗瓷厂和醴陵的群力瓷厂承担完成的。国家用瓷的设计、科研的生产推动了我国南方产区景德镇、醴陵、潮州、德化等陶瓷产区的瓷器向优质高档化方向的发展。

一、承制"建国瓷"

"建国瓷"是于1953年由我国自己设计和生产的国宴瓷，方案由时任中央人民政府政务院总理周恩来审定，责成文化部和轻工业部承办，由中央美术学院设计、景德镇组织生产。建国瓷作为国家庆典用瓷，20世纪50年代用于国庆节、国际劳动节、建军节、全国人民代表大会、中国人民政治协商会议等活动。因国宴宾客数量与宴请场地空间配比需要，在1959年人民大会堂五千人宴会厅建成之前，庆典国宴均同时在中南海怀仁堂、北京饭店、新侨饭店宴会厅三地分别举办。

1952年，郭沫若先生向当时的中央人民政府政务院总理周恩来提出制作烧造建国瓷的建议。同年，政务院机关事务管理局参事室下达了由文化部文化局局长郑振铎组织承制建国瓷国宴用瓷的任务。为此，1952年，文化部文化局成立了建国瓷制作委员会，文化部文化局局长郑振铎任委员会主任，中国历史博物馆筹备组沈从文、中央美术学院张仃教授等任委员。同年，郑振铎局长向周恩来总理汇报了建国瓷的计划方案，提出了用景德镇传统硬质瓷，以雍正青花斗彩工艺做中餐具，用康熙青花工艺做西餐具的国宴瓷的初步意见。

建国瓷委员会将建国瓷的设计任务交给了中央美术学院工艺美术系。1953年初，学院成立了建国瓷设计委员会，工艺美术系主任张仃先生指定陶瓷科主任祝大年教授负责建国瓷的设计组织，配合轻工部派驻景德镇建国瓷的监制工作。参加建国瓷设计的陶瓷科教授有祝大年、高庄、郑可、梅健鹰，讲师郑乃衡，以及工艺系教授庞薰琹、雷圭元、徐振鹏等。陶瓷科51班（54届）二年级学生施于人、齐国瑞、金宝陞和张守智四人的学习转入建国瓷，配合教授完成建国瓷的设计辅助工作，从事资料收集整理，传统宫廷宴餐具、宾馆饭店西餐具的测绘、国宴配套餐具造型装饰制图，赴景德镇建国瓷定型监制实习等工作。在建国瓷的设计中，委员会还聘请了中国工笔画家陈大章、门允华、翁珍庆等人绘制国宴配套餐具的装饰图案。

为确保建国瓷设计的艺术和工艺质量，国家调拨了故宫博物院的明清瓷器珍品，文化部建国瓷委员会还收集采购古陶瓷器物供设计和制作参考。郑振铎先生将珍藏绝版本的大英博物馆藏中国瓷器六大部书籍捐赠给了设计委员会，沈从文先生也为设计提供了许多宫廷壁纸手绘散点折枝花资料。

建国瓷的设计本着"古为今用，洋为中用"的精神，对传统中餐和西餐宴会用瓷器的结构与功能做了大量分析调研。首先，由祝大年教授带领陶瓷科师生在王府井八面槽的北京翠华楼饭庄，对沿用的清代宫廷餐具"万寿无疆"（黄地满花粉彩、景德镇制瓷）进行规格尺寸和容量分析，明确了设计按照中南海怀仁堂举办国宴的适用标准，去掉旧式中餐讲摆、华而不实的繁琐配套观念，吸收西餐餐具用餐实惠、分食等优点，对传统宴会用的餐具结构、部分餐具尺寸、规格、容量进行了调整。对接近的盘碗类器皿和容器进行简化结构、一器多用，以方便服务和用餐。1953年，国宴瓷餐具结构体系确立，为1959年国庆10周年人民大会堂国宴瓷的设计奠定了基础。

在随后的三个多月的时间内，对建国瓷的设计方案经过几番审稿，确定国宴瓷的中餐盘碗类造型选定为传统正德式、西餐盘类造型，延用折边式，加上中、西餐具的茶具、咖啡具、酒具、调味具、汤锅、汁斗、高脚果盘等器皿的造型近八十种。中餐具装饰设计选定为釉下青花加釉上古彩的斗彩牡丹纹边饰，西餐具装饰选定为釉下青花海棠纹边饰。国宴瓷的中餐具、西餐具的全套设计造型结构图和装饰彩绘效果图经设计委员会审定后，提交建国瓷制作委员会通过。

1953年，建国瓷的试制与生产由文化部下达给瓷都景德镇承制，承制工作由时任景德镇市委书记赵渊、市长尹明负责，指派市手工业局组织景德镇手工业联合生产合作社承办，配合在景德镇设立的建国瓷制作委员会景德镇分会落实国家任务的完成。景德镇建国瓷制作委员会办公室的办公地址设在市中心御窑区大苏家弄一号，办公室主任是潘庸炳，秘书是李道伦，干事是付德辛等。文化部派驻景德镇的代表是综合司田庄处长、蔡德春技术员和中央美术学院郑乃衡先生。

20世纪50年代,景德镇陶瓷的生产是手工方式。1953年,建国瓷的国宴餐具的生产全部是用手工练泥、成形、彩绘的方式进行的。瓷器材质沿用了中国传统高温硬质瓷灰釉系,景德镇窑用松柴以还原焰烧成。成形分别采用手工拉坯圆器、琢器和雕镶工艺。中餐具以釉下青花与釉上古彩手绘、柴窑本烧和木炭红炉彩烤工艺制作;西餐具以釉下手绘青花、柴窑本烧工艺制作。为确保分散在各处的几十个窑户餐具手工拉坯的规格尺寸与图纸要求一致,1953年暑期,中央美术学院陶瓷科教授祝大年、郑可、高庄、梅健鹰,陶瓷科秘书梁任生,本科生施于人、齐国瑞、金宝陞、张守智和进修生高永坚等一行共10人,赴景德镇各窑户作坊,按图纸设计的规格尺寸,监制餐具坯体成形的定型工作,并保持手工绘制餐具画面的一致性。为此,采取了以下几点措施:(1)由国瓷办通过当地瓷业生产合作社、工会、商会邀请瓷艺高深的艺人"珠山八友"等一代名家,选定由王步、吴龙发、聂杏生指导釉下青花绘瓷工艺,由刘雨岑、段茂发指导釉上斗彩的古彩彩绘工艺,配合工艺家郑乃衡先生监制建国瓷彩绘工艺。(2)邀请当地经验丰富、技艺纯熟的艺人按设计绘制样稿图纸,然后铅印发给彩绘艺人,按明清时代瓷器手工业分工形成的釉下青花勾线、分水,釉上斗彩添色工序进行餐具彩绘。(3)由当地政府动员窑户交出并汇集绘制青花用的珍贵彩料——"珠明料",再由瓷艺家重新调配,统一磨料后使用,以保证青花彩的工艺质量。

第一套建国瓷中西餐具样品烧成后,景德镇政府立即派专人护送到文化部建国瓷制作委员会。郑振铎局长随即指派艾志成处长、姜思忠先生和祝大年教授去政务院把建国瓷的样品送请周总理审查。在得到总理的肯定后,1953年建国瓷国宴餐具正式投入生产。

1953年春节前,周恩来总理在前门外肉市胡同全聚德烤鸭店(当时的全聚德店店址)亲自接见和宴请了中央美术学院陶瓷科参加建国瓷设计与监制工作的教师祝大年、高庄、郑可、梅健鹰、郑乃衡和学生施于人、齐国瑞、金宝陞、张守智。周总理勉励大家为新中国陶瓷的发展办好陶瓷艺术教育事业,让师生们终生难忘。

建国瓷是建国后首次由国家组织领导,从中央到地方产区的一个大型系统陶瓷工程,是20世纪50年代以来中国陶瓷恢复发展的里程碑和盛事,也是新中国第一代专家和景德镇陶瓷艺人成功结合的成果。景德镇传统手工制瓷技艺与艺术的恢复与发展也是在此基础上开始的。

在实施建国瓷承制工程的过程中,景德镇政府组织失散艺人归队,出资安排艺人们的生活和工作,提供作坊组织生产,使艺人们安心工作和传授技艺,不但提高了艺人们的技艺素质,并在完成生产任务后组建了建国瓷厂。1954年,景德镇建立了国内首家陶瓷研究所,所长为潘庸柄。20世纪50年代中期,景德镇陶瓷研究所会同景德镇陶瓷公司,专设了国家用瓷生产办公室,主任为张松涛,负责承接、组织国家用瓷——钓鱼台国宾馆、中国驻外使馆、党中央、国务院、人民大会堂、中央军委和北京、上海、广州等十大饭店的用瓷任务。国家用瓷促进了景德镇瓷业的恢复和发展,推进了陶瓷研究所,建国、艺术、人民、红旗、为民、宇宙、光明、雕塑等十大瓷厂的科技创新和生产发展,也为我国改革开放后兴起的旅馆业活跃市场用瓷的发展奠定了坚实的基础。

在承制建国瓷期间,还试验成功用煤烧还原焰烧成长石质硬质白瓷。当时,为保护森林资源,上级提出"以煤代柴"生产陶瓷的指示,景德镇政府按照上级指示精神,安排在1953

年正在筹备中的景德镇陶瓷研究所的黎浩亭工程师带领万师傅试验用煤窑（小方窑）烧制长石质硬质白瓷。这时，中央美术学院陶瓷科（专业）的一些学生正在祝大年教授的带领下在景德镇监制建国瓷。祝大年教授指派学生张守智和进修生高永坚二人带着市政府介绍信，于1953年"五一国际劳动节"骑着自行车前去婺源联系煤源，在当地民兵的帮助下，把煤用担子送到公路边，再用手推车把煤送到景德镇。中央美术学院51班（五四届陶瓷科）四名学生参加了试验用煤烧还原焰烧成长石质硬质白瓷的工作，试验取得成功。

二、景德镇瓷业与瓷塑艺术

1. 景德镇瓷业

20世纪50年代，景德镇的陶瓷工业在全国首先得到了恢复和发展。一方面依靠以八大名家为代表的一代著名艺人、老工人总结传统的制瓷技术和宝贵经验；另一方面组织地方科技人员会同国内科学研究单位的技术力量——中国科学院上海冶金陶瓷研究所古陶瓷研究组、轻工业部硅酸盐研究所和景德镇陶瓷研究所合作，致力于传统名瓷的研究、恢复和发展，从科技角度对传统名瓷系统地进行了科学总结，集中科研攻关，首次用现代科研手段，系统总结传统名贵高温色釉成果，完成国家级关于中德、中波等11个国家的科学技术合作协定使命。与此同时，从景德镇所用典型原料及古瓷标本的研究入手，对景德镇瓷器制作工艺和坯、釉质量进行了科学研究和总结，使景德镇瓷器恢复到清康熙、乾隆时期的历史水平。在此基础上，以景德镇研究所一代名师、由地方政府命名的陶瓷美术家王步、刘雨岑、陆云山、王锡良、张松茂、汪桂英、戴荣华、李雨苍等瓷艺家群体，设计并以传统手工成形和彩绘青花、古彩、粉彩的外交部钓鱼台国宾馆首批用瓷、国家礼品瓷和中国驻外使馆用瓷。这一时期的作品代表了景德镇传统陶瓷恢复发展中的新高峰（20世纪70年代毛泽东用瓷的研制也是在此基础上完成的）。

20世纪50年代中期，景德镇相继组建了以高温颜色釉和青花装饰工艺为主体的建国瓷厂，以釉上粉古彩、新彩装饰工艺为主体的艺术瓷厂和以传统彩瓷雕塑风格著称的雕塑瓷厂。当时，为继承传统名贵瓷器烧制工艺，国家特批保留了两座以松柴为燃料、已有两百年烧造历史的古代镇窑在建国瓷厂继续沿用。

1959年初，国家下达了建国十周年庆典人民大会堂国宴用瓷的设计与制作任务。这批国宴用瓷的设计由中央工艺美术学院陶瓷系主任梅健鹰教授和教师张守智组织辅导，60届、61届学生完成青花牡丹纹饰设计方案。设计方案由首都十大建筑设计评审委员会郭沫若、梁思成等集体审定，根据人民大会堂宴会厅多功能会堂对餐具的功能要求，首次开创了中西餐具组合配套的综合设计，为70年代后发展兴起的我国现代旅馆业用瓷提供了范例。这套用瓷选用了景德镇人民瓷厂硬质青白釉材质、青花装饰、油烧窑炉烧成工艺完成生产制作。

20世纪70年代末开始，景德镇陶瓷馆馆长甄丽、陈孟龙会同研究室黄云鹏等研究员，建立试验研究室，率先开展了对元、明青花制瓷工艺的试验研究、仿制和复制工作。在探索景德镇元、明民间瓷艺方面取得的成就获得社会各界赞誉。为保留明清景德镇瓷艺文化，市文化局组建了古窑瓷厂，建立了景德镇陶瓷历史博物馆和宋代湖田窑遗址博物馆。景德镇陶瓷考古研究所以刘新元所长为首的景德镇古陶瓷研究专家们开展了对御窑遗址持续的科学发掘研究工作，取得多项重大发掘、考证和研究成果，被评为2003年度"全国十大考古新发现"。2004年，在景德镇建镇千年之际，为弘扬景德镇陶瓷文化在中国陶瓷发展史上的贡献，始建于明代洪武二年（公元1364年）的珠山御窑遗址得到了恢复和保护。

20世纪90年代，景德镇陶瓷艺术与科研事业得到了进一步的发展。相继建立了省级、市级的陶瓷研究所，以秦锡麟所长、熊钢如所长、雕塑瓷厂刘远长厂长为主导的，以王锡良、张松茂、施于人、周国桢等资深瓷艺家领衔组成的当代景德镇瓷艺家群体，在深入探索元明时期以来景德镇制瓷工艺成就，吸收景德镇民窑瓷艺传统文化内涵，深入探索现代绘画艺术理念的基础上，拓展了景德镇现代传统瓷艺的艺术风格，在表现形式和工艺模式方面都取得了突破性的进展。当代景德镇瓷艺正从固有传统程式化装饰模式向着多元化、个性化风格迅速转变。

近20年来，以邓希平为代表的瓷釉艺术家，在传统高温颜色釉的基础上，发展创造了宝石红、火焰红、稀土变色釉、羽毛花釉、凤凰衣釉、彩虹釉等新品种。"秘色瓷"研究取得了突破性进展。瓷艺装饰、青花釉里红发色稳定。出现了多种瓷艺材质、釉彩的装饰工艺及艺术表现空间的相互交融，开拓了综合装饰（综合彩）、陈设艺术陶瓷、环境工程陶瓷、瓷艺壁画等新领域，使景德镇传统艺术陶瓷从室内架上艺术走向了人们现代生活的大环境空间。近期，景德镇陶瓷学院朱乐耕教授在音乐艺术领域以瓷材质表现环境空间的创举成果喜人。

景德镇瓷艺家群体实力雄厚、人才辈出，获中国工艺美术大师和中国陶瓷艺术大师荣誉称号的人数均居全国之首，他们是王锡良、杨厚兴、秦锡麟、张松茂、王恩怀、王隆夫、李进、唐自强、嵇锡贵、刘远长、戴荣华、熊钢如、张育贤、徐庆庚、汪桂英、陆如、熊汉中、涂金水、戚培才、曾维开、刘平、舒惠娟、陆军等。

近年来，随着经济体制转变、商品经济活跃、企业所有制多元化的发展，加快了景德镇传统手工瓷艺制作工艺的恢复和发展。从为博物馆仿制的典藏历史名窑作品看，无论在胎质、釉色、造型和装饰工艺上都达到了相当高的水准。在发展当今瓷艺上，"高仿瓷"技艺与珍贵经验仍将是表现造型与装饰艺术的经得起时间考验和社会认同的艺术语言。在众多小型企业和作坊中，瓷器手工业发展不但非常活跃，特别是近年来外来务工人员在参与瓷业的制造中，对传统制瓷工艺在成形和烧制方面的进步做出了贡献。例如，大件制器和烧成工艺，双人、六人合手拉坯成形的高5.5m瓶等技艺真是难能可贵。

半个多世纪以来，景德镇陶瓷传统艺术的传承与发展所走过的路，大体上也代表了我国其他传统陶瓷产区传承与发展的历程。从20世纪50年代开始，我国陶瓷业确实得到了充分的恢复和发展，既有经验也有教训，在发展中也有曲折。在开始恢复阶段，在企业技术改造过程中，对传统手工艺术陶瓷的生产依照量产日用陶瓷模式建制，使得企业规模过大，生产方式上逐渐以注浆和机械成形工艺代替手工辘轳、雕镶、印坯成形等，致使有些传统陶瓷生产中的一些手工技艺失传。20世纪90年代，雕塑瓷厂瓷雕艺术家刘远长厂长，率先引进澳大利亚间歇式燃气窑炉，后经省陶瓷研究所进行消化吸收和推广普及，使得景德镇的陈设艺术瓷从几十年来依照量产模式、隧道窑固定温度、升温曲线和烧成气氛的束缚中解放了出来，给了陈设艺术陶瓷的个性发展空间。目前，这种做法已在全国陈设艺术陶瓷行业得到了推广和普及。

2. 景德镇的瓷塑艺术

中国陶瓷雕塑是优秀的传统文化之一，与民族文化、宗教文化息息相关，与民间文艺、民间工艺——泥塑、石雕、砖刻、木雕等一脉相承，无论从思想观念还是题材内容，都是中国传统思想、传统文化的直接反映，因此，深深地印上了"华夏"的印记，并以其强烈的民族风格，鲜明的地方特色而生生不息，代代相传，不断发展、创新、前进。

景德镇早期的瓷塑艺术见于南宋湖田窑，后经明清两代的不断发展而渐趋成熟，形成了艳丽华贵、雅俗共赏的艺术特色。早年曾拜德化瓷名人张进奎为师的艺人游子长深得何派（朝宗）技艺精华，清末民国初来到景德镇定居后，把何派造型技艺与景德镇的技法相结合，对景德镇瓷塑艺术产生了明显影响。随着新彩的兴起与广泛采用，景德镇的堆、塑、捏、镂技法又有了新的发展。民国初期，景德镇著名的艺人还有曾龙升、徐顺元、蔡寿生、杨梅生和蔡金台等。曾龙升创作的《孙中山》塑像在1932年入选美国芝加哥国际博览会。徐顺元是镂雕代表人物，创作作品《龙舟》、《花筛》等，融镂雕、捏塑于一体，成为景德镇陶瓷雕塑一绝。

20世纪50年代以来，中央美术学院的教学坚持与工农相结合的方针，雕塑系师生和泥塑家张景佑（泥人张）先后两次来景德镇体验生活，进行创作交流，与艺人结合创作了《工农联盟》、《光荣参军》、《刘胡兰》、《采茶舞》等，并曾入选世界青年联欢节展出。中央美术学院、四川美术学院、浙江美术学院和景德镇陶瓷学院先后为景德镇培养输送了一批批新型艺术人才，成为瓷塑艺术队伍的骨干力量。瓷塑名家曾龙升、曾山东父子的《站云观音》、《木兰从军》、《西游记》等作品，充分体现了重彩精工、艳丽华贵的风格。

20世纪70年代以来，景德镇的人物瓷塑更加注重艺术手法和表现形式的多样化以及与工艺材质的综合运用。康家钟的《胖娃娃》，斗彩装饰清新雅致。姚永康的《自喻》等珐翠釉瓷塑，更强化了造型豪放。周国桢的动物雕塑特别注重形象特征与表现形式的联系，并充分发挥材质返朴自然的特点，独具风格。刘远长的《达摩面壁》从汉代陶俑中汲取精华，以减法及釉质装饰，力求题材与形式的协调统一。当代景德镇传统的镂雕、捏塑工艺已经十分成熟，如唐自强的《六鹤同春》、涂金水的《洛神赋》、杨苏明的《菊》等，都体现出精湛的技艺和中国传统的宫廷艺术风格。

三、醴陵釉下彩

由于蕴藏丰富的优质制瓷原料，湖南省成为20世纪50年代后新兴的南方硬质瓷日用陶瓷生产和出口基地，传统产区有醴陵产区、唐代长沙窑的故地——铜官和界牌产区及长沙建湘、洪江等厂。湖南产区的艺术传统以湖南省陶瓷研究所、群力瓷厂的高温釉下彩名冠于天下。

自20世纪50年代起，在现代陶瓷基础工业原料、釉料、色料综合科研与专业化生产的基础上，醴陵釉下彩瓷的恢复与发展取得了质的飞跃。以湖南省陶瓷研究所为核心，在釉下高温色料取得的成果是把釉下彩料发展成为合成基础颜料，包括红、橙黄、绿、蓝、茶褐、黑、白共7个色系、25个原色，可调配成一百余种不同色相的复色彩料。把这些彩料运用于硬质瓷的长石釉、还原气氛烧成，可在1200～1400℃内稳定呈色，烧成范围宽。目前，这个高温釉下多色绘料在国际同行中处于领先地位。

釉下彩的高白度硬质瓷是利用我国制瓷原料资源品质优良的条件，以精选石英、长石和球土作原料，经1400℃高温烧成，胎质坚硬、细腻、洁白、（半）透明。这种瓷质配以绚丽的五彩及素雅闪翠的蓝彩，呈现出绿白、蓝灰、红灰的淡彩，尤显高雅。1964年（建国15周年），醴陵的《兰海棠餐具》被选为人民大会堂庆典用瓷。《兰海棠餐具》与1974年新北京饭店用瓷"牡丹纹饰餐具"荣获了1979年国家经济建设委员会首次授予的质量金牌奖。

自20世纪60年代以来，随着醴陵釉下彩瓷艺术的发展成熟，醴陵群力瓷厂成为釉下高档艺术瓷和日用瓷的国家用瓷生产厂。湖南省陶瓷研究所不仅是醴陵釉下彩瓷的科研基地，也是醴陵釉下彩艺术瓷的创作中心。在研究所和瓷厂艺术室集中了十多位50年代受教于釉下五彩一代宗师吴寿祺、唐汉初、孙根生老师的艺术家，他们是中国工艺美术大师邓文科、高级工艺美术师林家湖、李小年、丁华汉、熊声贵、余华、唐锡怀、邓景渊、陈扬龙、易炳宣、李日铭等。这批艺术家先后为醴陵现代釉下彩瓷艺耕耘了数十载，各自创作的不同风格的代表性作品为醴陵釉下彩瓷创新争得了荣誉，为醴陵瓷艺在文化与经济交流中做出了贡献。

四、宜兴紫砂陶塑

1949年以后，一代宗师任淦庭、裴石民、吴云根、王寅春、顾景舟、朱可心、蒋蓉等为重振紫砂，在坚持保护紫砂传统手工技艺，发展紫砂生活陶瓷主流的正确方向下，恢复生产，招收艺徒。自20世纪50年代起，成功地探索和完善了一条紫砂职业教育与生产、科研相结合的"教、产、研"一体化的产业机制，使紫砂壶业代代相传。

宜兴紫砂陶塑的兴起与发展是在20世纪50年代之后，当时的宜兴紫砂工艺厂建立了雕塑生产组。1958年，从中央工艺美术学院全国工艺美术培训进修回厂的徐秀棠在宜兴紫砂工艺厂研究室，创业开拓了紫砂雕塑事业，与紫砂雕塑创作人员储立之共建紫砂雕塑车间。1979年以后，徐秀棠大师相继在宜兴紫砂工艺二厂建立了紫砂雕塑工作室及以紫砂陶塑为主的长乐弘陶艺公司。50多年来，徐秀棠为宜兴紫砂现代陶塑培养了一大批中、青年艺术家，作品也广为国内同行所称道。徐秀棠的代表作品有60年代的《西游记》、70年代的《萧翼赚兰亭》、《青梅煮酒论英雄》，80年代的《坐八怪》、《鉴真和尚》，现代的《供春学艺》、《始陶异僧》等。当代紫砂艺术的代表人物主要有徐汉棠、徐秀棠、谭泉海、吕尧臣、汪寅仙、李昌鸿、周桂珍、何道洪、鲍志强、古邵培、曹亚麟等。

五、佛山石湾陶塑

广东佛山石湾以陶塑闻名，在粤语流行的地方，人们都把石湾陶塑昵称为"石湾公仔"。清末民国初是石湾陶塑发展的兴盛期。

20世纪50年代，石湾陶塑艺术进入了发展繁荣的新时期。时任广州市长的朱光指派广州人民美术社雕塑艺术家高永坚、尹积昌、谭惕以石湾为创作实践基地，进行石湾陶塑艺术的恢复发展工作。以刘传为代表的新一代名家为石湾陶塑的继承和发展做出了贡献。

1958年，地方国营石湾美术陶瓷厂聘请擅长人物塑造的刘传大师为技术顾问，带出了庄稼、刘泽棉、廖洪标等名家。曾良继承了区乾的动物雕塑，擅长山公、亭宇的廖坚培养了一批微塑艺术接班人。霍日增会同吴灶生、梁华甫专门从事红釉等新釉彩的工艺研究。龙窑世家蒙湛师傅改造窑灶（炉），使"同庆灶"成为石湾唯一专门烧造"公仔"的窑灶（炉）。美术陶瓷厂还引进院校专业人才梅文鼎等，把企业发展成为产、学、研一体，以专业生产石湾公仔为主体的美术陶瓷基地。

20世纪60年代以来，石湾陶塑在继承传统技艺的基础上，吸收现代雕塑技法之长，融会贯通，以塑为主，釉塑结合，力求创新，使地方风格和个性化更为突出。中青年作者的代表作有《喜悦》、《塔吉克姑娘》、《移山造田》、《试针》、《铁人王进喜》等，刘传等老一辈艺术家也创作出了《举杯邀明月》、《关汉卿》、《屈原》、《解诗》等历史题材作品。1975年，北京中国美术馆举行了"广东石湾美术陶瓷展"，展出作品600余件，集中反映了这个时期的艺术创作成就。

1978年以来，石湾当代名家的代表作有，庄稼的《杜甫》、《贞观之治》，曾良的《猎隼》、《回眸》，廖洪标的《释迦牟尼》，刘泽棉的《东坡赏荔》、《石上罗汉》，黄松坚的《持扇仕女》，梅文鼎的石湾陶塑《环艺系列》，刘炳的《五禽戏》，潘柏林的《回娘家》，钟汝荣的《爷孙俩》，封为民的《普贤菩萨》和曾力的《老翁》等。

六、潮州枫溪瓷塑

潮州枫溪以瓷塑艺术、通花镂雕、捏塑艺术而出名。广东枫溪瓷塑采用本地飞天燕山的白瓷土，其质地细腻，洁而坚实。瓷塑人物造型中肌肤、头、面部不施釉，成瓷后略加淡彩，形成神态生动、简练和谐、清新明快的地方风格。

20世纪50年代是枫溪瓷塑的恢复时期，主要产品有中外人物瓷塑、各式通花瓶、瓷花、盆景、动物等近千种。50年代末，潮安县陶瓷公司和广东省枫溪陶瓷研究所相继成立，对枫溪瓷塑技艺的挖掘、继承和创新发展发挥了主导作用。

老艺人林鸿禧是枫溪承前启后的瓷塑名家。50年代后成长起来的艺人有林鸿禧、王龙才、吴德立、佘刚旭等。林鸿禧的瓷塑作品《十五贯》于1959年在全国工艺美术展览会上获一等奖，并在《人民画报》刊出照片。作品《十五贯》在枫溪瓷塑艺术创作中起着里程碑的作用。

60年代，代表作有林鸿禧的《思凡》、《眠曲》、《听琴》，郑才守的《天女散花》，吴承华的《小白兔》、《双鹿》等。

70年代到80年代，枫溪陶瓷研究所的陈钟鸣大师在枫溪瓷塑艺术创作中起着标杆式的作用，代表作品有《金陵十二钗》、《绣》、《知音》、《黛玉葬花》、《清泉》、《出水芙蓉》、《琴声传知音》等。

王龙才的《秋菊通花瓶》体现了枫溪通花艺术的风格特色，镂雕《白玉通花瓶》于1982年荣获保加利亚国际博览会金奖。

90年代以来，枫溪瓷塑的创作向多元化的方向发展，许多艺人办起了个人工作室。代表人物有吴为明、吴维潮、丁培强、吴映钊、陈震等。

七、德化瓷塑

较早在海内外产生广泛影响的中国瓷塑艺术当属明代德化窑的瓷塑，尤以何朝宗的神佛塑像最具代表性。德化瓷塑一般不作加彩装饰，充分体现出了瓷质滋润晶莹、宛如脂玉的美感，所塑的观音、罗汉、仙佛人物更显得慈祥与圣洁。德化瓷塑采用本地特产的白瓷土（龙岩土）为原料，国人称为"象牙白"，欧洲人则直呼为"中国白"。德化瓷塑、捏、雕、刻、镂、堆、接、修八字技艺经过历代艺人的继承和发展，形成了德化瓷塑精工细刻、线条圆润、疏密均匀、柔和典雅的风格特色。

民国时期，德化瓷塑艺人以苏学金、许友义的技艺最精。1915年，苏学金的作品《瓷梅花》入选巴拿马万国博览会并荣获优质奖。许友义的《观音》、《达摩》、《木兰》等作品曾先后在英国、日本的国际展览会上四次获金奖。1930年，许氏三兄弟完成了龙纪寺《五百罗汉》瓷塑群像大型工程。

20世纪80年代以后，德化瓷塑在继承传统艺术风格的同时有了新的发展。当代德化瓷塑保持着明清以来的传统风格特色，从中仍能清晰地看到明代何朝宗的影响。当代大师许兴泰的《渡海观音》和苏清河的《坐岩观音》等力作体现了与前代名家一脉相承的风格；杨剑民的《维纳斯影灯》，柯宏荣、陈桂玉的《妙玉》、《广陵散》等新作代表了德化瓷塑的发展方向。

当今，德化瓷塑大量出口欧美等150多个国家和地区，深受各界人士青睐。

八、淄博刻瓷艺术

在近代淄博陶瓷艺术的发展中，形成产区特色和生产规模的是淄博刻瓷艺术。

刻瓷艺术巧用陶瓷造型与釉面的特长，通过锤击刀凿的变幻来表现线条笔墨和情趣神韵，将高超的陶瓷制作技术与娴熟的书法绘画艺术恰到好处地结合在一起，作品层出不穷。早期的手法主要是单线勾勒，虽清秀高雅，但很难表现出画面的虚实层次。后来，逐渐将中国画讲究的笔墨、气韵、空灵和西洋画的点、线、面，黑、白、灰巧妙地融于刻瓷技法之中，使作品既保持了"如折钗股，如屋漏痕，如虫蛀木"的金石韵味，又具有笔墨妙趣。刻瓷艺人还把刻瓷与油画、版画等艺术形式有机地结合起来，拓宽了刻瓷艺术领域，创作出大量的佳作。

刻瓷艺术源于商周金文、秦汉石文、剥玉。1902年（清光绪二十八年），顺天府陈壁奉旨承办工艺学堂，特设刻瓷一科，名艺匠华法为导师，高徒有陈之光、朱友麟等。1949年，北京市为保护刻瓷艺术传统，特聘陈之光、朱友麟两位老艺人为市工艺美术研究所研究员。

20世纪70年代，在山东省政府的支持下，对刻瓷艺术进行挖掘和研究，以张明文、李梓源、罗晓东、冯乃江等为代表的一批大师使刻瓷艺术得到了迅速发展。1975年，淄博瓷厂派张明文和青工刘瑞云到青岛工艺美术研究所向石可教授学习刻瓷，拉开了淄博刻瓷的序幕。

1977年初，张明文刻制的毛主席诗词等画面瓷瓶被外交部作为国家礼品；作品《咏梅》等被外交部选中，一次订货300件。1978年，淄博瓷厂成立刻瓷班组。1980年，张明文在美国、德国、新加坡等国家和中国香港地区进行刻瓷艺术表演，代表作品有《无端夜半东风起》和《秋色》等。1990年，张明文微刻作品《论语》后被香港收藏家吴明远先生收藏。

1975年，山东博山陶瓷厂开始研制刻瓷产品，1978年接受订货，1981年成立刻瓷组，作品有瓷板、花瓶、挂盘、文具等。冯乃江的平面刻瓷伟人像惟妙惟肖而成为绝活，代表作有浮雕刻瓷《寒雀图》，喷堆结合《玉兰花》、《仙境》、《别有洞天》等。王长永研制成功了乌金釉刻瓷、刻釉与刻瓷结合新工艺。纪荣福研制成功了刻瓷与新彩结合新工艺。1980年，冯乃江、纪荣福分别赴日本、墨西哥作刻瓷表演。

20世纪80年代起，淄博刻瓷作品多次获奖。获奖作品有《鲁翠瓷餐具画面》、《论语》、《兰花颂》、《石宝寨》、《畅想曲》等。1982年，李梓源的鲁青瓷刻瓷文具在德国慕尼黑第三十四届国际博览会上获金奖，这是自1949年以来中国陶瓷艺术品在国际博览会中获得的第一枚金牌。

20世纪70年代，邓颖超把金日成肖像刻瓷盘作为国礼赠送给金日成，之后，淄博刻瓷艺术品成为贵重礼品。罗晓东、沈松龄、孙兆宝、李秋峰、王一君经常接受作为国家礼品的肖像刻瓷任务，为许多国家的元首和名人制作了肖像刻瓷。

2003年，中国陶瓷工业协会淄博刻瓷艺术研究会成立，为刻瓷艺术的学术交流、展评提供了更好的平台。

九、唐山新彩彩绘

唐山产区以新彩彩绘著名。20世纪50年代，以一代宗师杨印斋为代表的老艺人，发展了新彩艺术，推出了以刷花喷彩工艺为特色的新彩瓷种，代表作品有《金鱼》、《白猫》等。

"彩虹系列"新彩在骨质瓷餐具装饰中有所发展。以唐山工艺美术厂、淄博美术陶瓷厂和邯郸美术陶瓷厂等的产品为代表，刘来源、孟祥龙、朱一圭等大师主持的生产与艺术院校合作创作的花釉壁画环境陶瓷艺术成为一个时期的代表。

十、黄河澄泥砚

黄河澄泥砚是我国历史上的四大名砚之一，与端砚、歙砚、洮砚齐名，其制作技艺被国务院公布为国家级非物质文化遗产。唐代是澄泥砚发展的成熟期。唐宋后被皇家列为贡品。后因石砚兴起而逐步失传。

1986年，蔺永茂、蔺涛父子开始研制和恢复绛州澄泥砚，使"绛州澄泥砚"重放异彩。1988年，张存生和王玲夫妇研制成功澄泥砚并获国家专利。

现在，山西新绛、定襄，河南郑州惠济区、焦作市孟州、洛阳新安县、三门峡陕县等地都有不少生产工厂和作坊生产澄泥砚。

第三节　传统名瓷及其艺术特色

一、景德镇的传统名瓷

景德镇的传统名瓷包括青花瓷、粉彩瓷、颜色釉瓷和青花玲珑瓷。

1. 青花瓷

青花瓷又称白地青花瓷器，用含氧化钴的钴矿为原料，在陶瓷坯体上描绘纹饰，再施一层透明釉，经高温还原焰一次烧成而制成。目前，发现最早的青花瓷标本是唐代的。成熟的青花瓷器出现在元代，明代青花成为瓷器的主流，清康熙时发展到了顶峰。从元代开始，青花瓷便成了中国陶瓷装饰的一大主要装饰形式，特别是到了明代青花成为中国陶瓷出口外销的主流，畅流世界各地。景德镇之所以闻名于世，正是因为这千年"盛烧不衰、永放不败"的青花艺术。

20世纪50年代以后，景德镇的青花瓷多次在国内外获奖，并多次当作国礼赠送给国外领导人。至今，青花仍是景德镇陶瓷艺术家常用制作陶艺作品的主要手段。

2. 粉彩瓷

粉彩初创于康熙晚期，盛烧于雍正、乾隆时期，是清代瓷业生产的一个主要品种。景德镇的许多瓷厂直到现在仍继续生产粉彩产品。

粉彩是景德镇窑在五彩的基础上及珐琅彩的影响下创制成功的一种彩瓷。其独特之处是在彩绘时加入一种白色的彩料"玻璃白"。"玻璃白"具有乳浊效果，经过"玻璃白"粉化的各种彩料，在烧成的白釉瓷器的釉面上绘画，经第二次烧烤而成。用料与绘画渲染技法紧密结合，使烧制成瓷的图案呈现出一种粉润的感觉，故称"粉彩"。粉彩是景德镇陶工们的一项创举，博得了"东方艺术明珠"的美称。

3. 颜色釉瓷

景德镇的颜色釉瓷，釉色五彩缤纷，晶莹夺目，被誉为"人造宝石"。红釉光艳华丽，青釉素洁雅致，黄釉明朗清晰，花釉斑驳古雅。结晶釉更是变化无穷，爆发出大小不一的晶花，花团锦簇，光芒四射，艺术效果之妙难以形容。

颜色釉瓷源于商代的青黄釉彩瓷，汉末至晋初发展出青色釉瓷。唐代创制三彩（黄、绿、紫）陶。元以后，钧窑衰落，已不再烧，值得庆幸的是被景德镇继承下来。宋代时，景德镇集名窑技艺之大成，继承并发扬了钧窑烧制钧红的技艺，烧制出钧红釉瓷，才使这一中华瑰宝没有失传，一直延续至今。从明朝开始，景德镇瓷工继钧红之后，在总结前期烧制铜红釉的基础上，又创造了另一种高温铜红釉——祭红（即积红）。祭红妖而不艳，红中微紫，色泽深沉而又安定，釉中无龟裂纹理，是颜色釉瓷中的珍品。清代时，主持御窑厂工作的江西巡抚郎廷极，组织景德镇制瓷工成功烧制出另外一种别具一格的红釉瓷器，人们把这种瓷器以他的姓氏命名为"郎窑红"。

1949年以后，景德镇在继承传统品种的基础上，又发展和创制出三阳开泰、羽毛花釉、凤凰衣釉、彩虹釉、变色釉等近60多个色釉新品种。目前，景德镇年产颜色釉瓷1000多万件，销往全国各地，并出口到100多个国家和地区。

4.青花玲珑瓷

在瓷坯上的玲珑眼中填入釉料，配上青花装饰，入窑烧制而成。它具有灵巧、明澈、透剔，特别高雅秀洁，被国外称为"镶玻璃的瓷器"。

玲珑瓷是明永乐年间在镂空工艺的基础上创造和发展起来的，已有500多年的历史。用刀片在坯胎上雕镂出许多有规则的点点米粒状"米通"（即玲珑眼），然后多次施釉填平通花洞，入窑烧制而成。烧成后，这些洞眼成半透明的亮孔，十分美观。清代时，瓷工又把青花和玲珑巧妙地结合成一体，形成了青花玲珑瓷。碧绿透明的玲珑和色呈翠蓝的青花互为衬托，相映生辉，给人以一种特殊的美感。

1949年以后，青花玲珑瓷得到了迅速发展。产品除中西餐具、茶具、咖啡具、文具等日用瓷外，还精制成各种花瓶、各式灯具等陈设瓷。近几年来，更发展成为彩色玲珑、薄胎玲珑皮灯等非常精美的工艺美术瓷。玲珑眼的形状也已从传统的米粒状发展到月牙状、流线状、圆珠状、菱角状、多角状等多种规则、不规则的形状。有时还与"半刀泥"相结合，组成各种图案。玲珑眼的釉色也由原来单一的碧绿色发展成为红、黄、绿、蓝交相辉映的五彩玲珑，更丰富和增强了玲珑瓷的表现力和艺术魅力。

二、湖南的国宾礼品瓷

1958年，成立醴陵瓷器公司和艺术瓷厂（1964年更名为群力瓷厂），恢复并扩大釉下五彩瓷的生产，成为全国最具规模的釉下五彩瓷的生产厂家。数十年来，群力瓷厂承担了大量为国家领导人、中央机关和外交部烧制瓷器的任务，后又扩展到省市级政府的用瓷和礼品。釉下五彩瓷因其浓厚的官府背景与渊源，被人们誉为"官窑"、"国瓷"。

1958年开始，群力瓷厂为毛泽东主席生产胜利杯等生活用具达1500余件。1959年，在国庆十周年时为首都军事博物馆、民族文化宫和工人体育馆生产专用瓷。1964年，在国庆十五周年时为人民大会堂生产国宴用瓷。1974年，为毛泽东主席设计制作专用瓷，即"毛瓷"，为20世纪最荣耀的中国名瓷。1978年，为邓小平制作赠送日本裕仁天皇的文具。1986年，为邓小平制作赠送英国首相撒切尔夫人的彩盘。1998年，为江泽民主席制作赠送美国总统克林顿的红山茶咖啡具。2001年，再制"毛瓷"成功。2004年，为政治局常委制作"常委杯"。

1958～1976年，湖南省陶瓷研究所为毛泽东主席制作了生活用瓷1500余件。20世纪60～80年代多次为周恩来、邓小平、王震等国家领导人和国家机关制作高级礼品瓷，有松树盖杯、罗汉茶具、腰鼓茶具、《观沧海》挂盘、蓝釉荷花大瓶等。1997年底，有11件作品入选中南海紫光阁陈列；1999年，有五件作品被国家工艺美术馆珍藏。2003年5月，成功再制1915年"巴拿马金奖瓷"——釉下五彩扁豆双禽瓷瓶，被政府指定为专用礼品。

三、宜兴陶瓷名品

这里重点介绍被称为陶都"五朵金花"的紫砂、均陶、青瓷、精陶和美彩陶。

1. 宜兴紫砂名器

紫砂以茶具为主要代表，兼有花瓶、花盆、文房雅玩和雕塑等品类，集陶文化、茶文化、诗词、书法、绘画、篆刻、雕塑诸艺术于一体而成为具有浓郁中国元素的东方艺术珍品。清末，紫砂高手黄玉麟的代表作品有《鱼化龙》、《斗方壶》等。民国年间，宜兴的制壶高手有程寿珍、俞国良、冯桂林等人，其中，程寿珍的"寿珍掇球壶"曾获1915年美国旧金山巴拿马国际博览会特优奖。宜兴紫砂器1926年获美国费城万国博览会特等奖，1930年获比利时国际博览会银奖，1932年获美国芝加哥世界博览会优秀奖，1935年获英国伦敦国际艺术展览金质奖，1984年获德国莱比锡国季春季博览会金奖，1989年获中国北京首届国际博览会金奖等。

20世纪80年代起，自宜兴紫砂参加第一届全国陶瓷艺术创新设计评比以来，至今已连续参评八届，历届都取得骄人的成就，有多件新品评上金奖、银奖，在陶瓷界引人注目。宜兴紫砂的文化品位和文化魅力正在不断上升，已成为文化宜兴的一块"老字号"金字招牌和城市名片。2006年，"宜兴紫砂陶制作技艺"列入第一批国家非物质文化遗产名录。2007年，"宜兴紫砂"被国家行政管理总局批准为"地理标志证明商标"。

2. 宜兴均陶

宜兴均陶始于宋，自明代开始盛行。烧造这类产品的窑址在丁蜀镇西南的均山一带，故称均窑，烧造的器物则称均陶、宜均、均釉。明代时宜均以"欧窑"著称，清代时"葛窑"驰誉海外。

宜兴均陶于浑朴中见妍丽，富有独特的民族风格和丰厚的民俗情趣，素以形制端重、釉色浑厚宜人而著称于世。均釉是其一绝，以"红若胭脂、青若葱翠、紫若艳黑"三色为基本釉色，细分有均蓝、均红、锆白、墨绿、淡蓝、古铜、茄花紫、金星釉等数十种，典型的天青、均蓝、芸豆不灰不暗，不躁不跳，与园林的环境和植物的色彩相协调。尤以"灰中有蓝晕，艳若蝴蝶花"的灰蓝釉弥足珍贵。特别是均蓝的"窑变"如星若花，萤声中外，在国际博览会获得极高的赞誉，在日本更有"海参釉"之美誉，给人以"夕阳紫翠忽成岚"的特殊美感。此外，均陶堆花装饰堪称"冠绝一时，独步千秋"。

1983年，宜兴均陶工艺厂生产的50套均釉陶台首次进入中南海，其中一套被安放在紫光阁庭院。翌年，均陶蟠龙陶台、陶凳作为景点被中国园林"燕秀园"采用，后获英国利物浦国际园林节大金奖金质奖章、最佳亭子奖和最佳艺术造型永久保留奖。1987年，20件（套）的蟠龙陶台、全均釉陶台、均釉组合花盆等精品入选中南海紫光阁并获国务院颁发的荣誉证书。1987年和1989年，均陶产品先后获得国家质量奖评定委员会颁发的银质奖、首届国际博览会金质奖。

3.宜兴青瓷

始于西周、三国魏晋南北朝时，宜兴青瓷的制作日臻完美而进入了成熟阶段。五代以后，由于缺乏瓷土等多种原因，宜兴青瓷生产一度衰败失传。

1961年，在江苏省陶瓷研究所的大力支持下，宜兴瓷厂着手青瓷的试制工作。经过两年的摸索，终于使青瓷艺术重放光华。装饰手法除了传统的刻花与浮雕点彩以外，还增加了喷花、釉下刷花、丝网印花等多种新工艺，使古老的青瓷之花增添了动人的韵致。

20世纪80年代后，韩美林、王则坚等一批著名的艺术家纷纷来宜兴青瓷厂进行创作。在他们的带动下，青瓷艺人将绘画、雕塑等多种艺术元素融合到青瓷创作中，大大拓宽了青瓷作品的表现力，从而使宜兴的青瓷作品在全国频频获奖，且有30件青瓷工艺品被中南海收藏。以飞天挂盘、纹片蟹盘、蟠龙挂盘为主的系列挂盘，以活环灵童、纹片釉老寿星、滴水观音为主的特艺系列产品，以纹片蝶纹壶、东坡提梁壶、万寿梅蝶提梁壶为主的茶具问世以后立刻走俏海外，远销54个国家和地区，被海外誉为"东方的蓝宝石"。

2003年，陈氏兄弟创办的宜兴市中远青瓷厂继续青瓷生产。2007年5月，金帆陶瓷公司致力于恢复青瓷生产，组建宜兴市碧玉青瓷有限公司。2010年，张荣法创办宜兴翠云青瓷有限公司。目前，已成功生产出各类瓶、尊、签筒、文具、蟹篓、人物雕塑等传统产品和创新作品180多个品种，呈现了传统宜兴青瓷"青中泛蓝"的釉色及"窑变"、"斑花"等独特装饰。宜兴青瓷二度焕发青春，重现其迷人风采。

4.宜兴精陶

宜兴精陶始于20世纪60年代初，现已发展成为宜兴日用陶瓷中的一个大类品种而蜚声中外。1961年，江苏省轻化工业厅分管陶瓷的副厅长陆荫指示宜兴陶瓷公司，要在传统日用陶的基础上大力发展日用精陶这一新门类。是年，位于丁蜀镇塍里村宁杭公路段东侧的宜兴工业陶瓷厂承担了试制精陶的课题任务，分批派员赴浙江温州西山日用精陶厂考察和培训。1963年年底，在学习和仿制西山日用精陶厂石灰质软质精陶的基础上，通过改进配方，在国内首先试制成功硬质精陶，工厂遂定名为宜兴日用精陶厂。1964年，首次出口加拿大30多万件精陶餐具和茶具。

1972年，精陶"化妆土"釉下装饰新工艺获得成功，突破了精陶原先单一的白色基调和釉上贴花的传统工艺。该新工艺是在坯体上喷涂一层"化妆土"色料（主要有海蓝、粉红、艳黑、黛青、天青、豆青、柠檬黄、苹果绿诸色）入窑素烧，再施以透明釉料釉烧，使产品更显色彩缤纷，晶莹夺目。1986年10月下旬，英国女王伊丽莎白二世访问上海时，上海市政府在上海工业展览馆举行的盛大欢迎宴会使用了由锦江饭店配备的精陶象形餐具，女王说："我到过许多国家，也用过金、银餐具，像这种陶制的象形餐具还是第一次见到，非常好，很精美。"

江苏省工艺美术大师徐安碧是宜兴精陶艺术的领军人物，他成功开创了宜兴精陶从一般日用品向高雅艺术品提升的先河，首创了精陶刻、绘、堆、填等多种装饰技法，形成独特的工艺风格而自成一派，被誉为"敢攀陶艺最高标准的艺人"，作品多次在市、省和全国展评中获奖，有的被博物馆收藏，有的成为国家礼品。1993年，为原国家主席杨尚昆刻制的一件书法挂盘得到杨主席亲笔题字，表示感谢并勉励："安碧同志留念，艺海无尽"。1996年，为宜兴蜀古紫砂厂设计的紫砂陶板组画《迎回归》获得国务院港澳事务办公室批准，作为迎接香港回归的礼品。1997年11月11日，在"全国十大能工巧匠"颁奖大会上，为党和国家领导人表演精陶书画单刀雕刻技艺达28分钟，大大超过了原来规定的8分钟时间。坐落在宜兴精陶股份有限公司的"集艺斋"是观赏徐安碧精陶艺术品的佳绝之处，接待中外陶艺家和四方游客。

5. 宜兴美彩陶

美彩陶是美术陶和彩釉陶的统称。宜兴美术陶瓷又称陈设艺术陶瓷，是宜兴陶瓷的传统产品之一，历史悠久，源远流长。1935年，由紫砂名手范鼎甫创作的紫砂雕塑假山雄鹰获英国伦敦国际艺术展览会金质奖，首开宜兴陈设艺术陶瓷在国际大展中获最高奖项的先河。1949年以后，宜兴的美术陶瓷的生产得到恢复与发展。宜兴美术陶瓷融会紫砂的制作技艺和均釉的传统釉色于一体，产品以中、小件为主，陈设与实用并重，写实与变形并存，运用概括和夸张的造型，形成了以高温花釉为特色，以人物、动物雕塑、花釉壁画、文具、灯具见长的工艺美术陶瓷的产品体系和风格，具有东西方文化交融的显著特色，品种达上千种。宜兴工艺美术陶瓷厂生产的六方花瓶、中椭圆花盆、冰花釉羚羊酒具等产品先后通过广州交易会出口到香港和澳大利亚。1979年，《雪花釉双羊》在全国美术陶瓷生产桂林会议上获优秀作品奖。随后，产品外销到日本、沙特阿拉伯。1982年，研制成功高温花釉壁画，为南京火车站贵宾室承制56m²的大型壁画《建康行》。后为北京图书馆制作的紫砂壁画《源远长流》由4000块面砖组成、面积达144m²，为国内外第一幅用紫砂陶材料制作的施以美陶无光釉的特大型壁画。1983年，"双艺牌"产品被评为江苏省优质产品，"仿动物皮毛釉"获江苏省轻工科技成果奖，《八猴》陶塑参加了民主德国莱比锡国际博览会。"双艺牌"花釉陶瓷壁画为轻工部优质产品。1985年后，美陶厂的产品已有动物雕塑、人物雕塑、瓷砖壁画、文具灯具、日用器皿、仿古陈设、艺术花盆等400多个品种，其中，《文成公主进藏》和《雪花釉大绵羊》分别获得国家轻工部行业评比优胜奖和全国陶瓷行业评比优胜奖，88个美陶品种出口美国费城佛兰西公司而成为全国同行业中首次向欧美国家出口陈设艺术陶产品的厂家。宜兴美术陶瓷被海内外赞誉为"穿美丽衣裳的陶器"。

花釉是一种陶瓷艺术釉，有虎皮釉、鹿皮釉、雪花釉、金砂釉、仿古釉等40多种，用在动物或人物雕塑上使作品更加栩栩如生。用雪花釉装饰的北极熊、绵羊、熊猫等白生生，毛茸茸，纯洁无瑕，分外可爱。宜兴工艺美术陶瓷厂研制的秦镜釉，在日光下金光闪烁，雍容华贵，摆在室内却是银光晶莹，光可鉴人，填补了我国陶瓷釉料史上的一项空白。

宜兴彩釉陶瓷是宜兴陶苑绽放的一朵奇葩。随着"宜兴窑"的兴盛，早在千年之前就可制作红釉陶罐。1948年，宜兴就有专门生产彩陶的作坊，年产量逾万件。1955年10月，建立宜兴建华陶瓷厂，以生产彩陶为主，后改名为宜兴卫生陶瓷厂。20世纪60年代初，宜兴卫生陶瓷厂使彩陶材质具有细白、抗压、抗拉、吸水率低、结晶度高的特点，通过采用模型注浆成形，使彩陶产品规格统一，并根据不同品种施以不同釉色，使造型与釉色交相辉映，形成宜兴彩陶的特色。1964年，生产的彩釉坛罐在华东地区的轻工业产品评比中获奖，部分产品外销东南亚各国。1984年，定名为宜兴彩陶工艺厂。

20世纪80和90年代，以宜兴彩陶工艺厂研究所所长邱玉林为代表的一批设计师，在宜兴传统釉陶的基础上，经过30年的不展探索，在彩釉陶的造型与装饰上闯出了一条新路而使现代艺术彩陶越过了传统日用品的高墙，登上艺术殿堂，成为雅俗共赏的一支艺术奇葩，代表作品有《望月瓶》、《同一首歌》、《希望》等。

彩釉陶的釉色十分丰富，有蓝如天、碧似海、红如霞、黑如墨等20多种单色釉，还有50多种变幻莫测的复色釉。代表性的彩釉装饰有无光釉、玉珠釉、流挂釉、渐变釉、复色釉等多种装饰手法。以复色釉为例，在高温炉火中，流淌的彩釉形成自然的山水状，气象千万，美不胜收。这种复色釉装饰的瓶器摆在案头，真有"室有山林绿，人同天地春，丛山数百里，尽收眼底中"的妙趣。

宜兴彩陶工艺厂先后有20多件（套）新品在轻工业部和省同行评比中获奖，其中，落地衣架被评为江苏省优质产品，"艺萃"牌花瓶台灯被评为轻工业部优质产品，《古韵釉陶》获第二届中国工艺美术大师精品展金奖，《沉默系列》获第三届中国工艺美术大师精品博览会金奖。产品远销日本、美国、德国、俄罗斯及东南亚等20个国家和地区。艺术彩陶已成为陶都艺苑中令人瞩目的"陶艺新花"。

四、佛山石湾艺术陶瓷和广彩

1. 佛山石湾艺术陶瓷

石湾在民国时期产生了一批陶塑名家。在人物雕塑方面，陈谓岩严谨优雅、题材广泛；潘玉书潇洒细腻，擅塑仕女；刘佐朝幽默诙谐，善于表现市井风情，这些都在中国陶瓷史上占有重要位置。动物陶塑则有擅塑猫和鸭子的黄炳，善塑水牛的霍津以及廖荣、区卞、区乾等。他们把石湾陶塑艺术推向了一个新的高峰。

20世纪20年代是石湾陶艺的兴旺时期。从民国时古玩行成为石湾陶业的大行头以来，由于收藏家的关注和作品艺术品位的提升，石湾公仔打开了国内外市场，甚至远销美洲等地。

1949年以后，政府十分关心石湾陶艺的发展。广州市政府组建的"南方美术服务社"设立石湾陶塑组，聘请刘传主持，又选派著名雕塑家尹积昌、高永坚、谭畅等参与。刘传聘请已回家务农的区乾加盟。1952～1965年，经过恢复抢救，使石湾陶艺实现了从古老传统工艺迈向当代陶塑艺术的发展时期。

1954年，庄稼的《七仙女》参加莫斯科世界青年作品展。1955年，曾良的《子母鹿》和《神仙鱼》参加全国青年美术展获文化部奖章。1958年，刘传为中国历史博物馆创作高2米的陶塑《屈原》，郭沫若提供了屈原生平资料，文化部副部长郑振铎提供了战国时期楚人的服饰图案。作品的成功塑造获得各方好评。"文革"时期，陶艺创作仍有新作问世，以八个样板戏为内容和《白毛女》、《红灯记》、《红色娘子军》、《雷锋》、《白求恩》、《欧阳海》等英雄人物，反映了那个特定历史时期的风貌和时代的烙印。

1979年，刘传作品《钟馗捉鬼》获全国工艺美术展一等奖。1983年，石湾美术陶瓷厂的陶塑人物获全国金质奖。1984年，在庆祝建国35周年举行的第六届全国美展上，庄稼创作的《贞观之治——唐太宗》被评为优秀作品同时被中国美术馆收藏。《庄稼善塑仕女》独树一帧,《四大美人》、《芭蕾之诗》等堪称石湾当代仕女陶塑的经典。1984年,梅文鼎与青年陶艺家曾力、曾鹏的《石湾现代陶艺展》在广州、佛山、香港、澳门和北京中国美术馆展出8回,引起美术界的轰动。

刘泽棉20世纪80年代创作的《十八罗汉》、《水浒108将》(合作),开创了石湾陶艺系列人物的先河。塑造的当代人物肖像《周恩来》、《邓小平》、《张大千》等形神毕肖。廖洪标的作品《借问酒家何处有》曾参展日本"筑波国际博览会"。《释迦牟尼》先后获全国陶瓷艺术展览一等奖,中国工艺美术品百花奖一等奖。黄松坚的作品《春夏秋冬》获全国首届工艺美术大师作品暨工艺美术精品博览会金奖。1990年刘炳的作品《小禅师》在中国工艺百花奖优秀新产品评比中获一等奖。

2004年潘柏林的作品《绿色的怀念》获全国传统陶瓷艺术创新大赛金奖。

石湾陶艺家在新的世纪,坚持弘扬传统,大步走向未来。传统的风格在当前仍是创作的主流,但又不断突破传统的题材和手法,开拓新的领域,进行多元化的探索,使陶艺作品走出案头,迈进公共环境艺术的广阔天地并取得了可喜的成果。石湾陶艺一定能在走向世界中自我发展,自我完善,创造更灿烂的未来。

2. 广彩

"广彩"是广州地区釉上彩瓷的简称。源于明末清初,康熙、雍正年间景德镇釉上彩绘艺术与广州烧青(烧瓷珐琅)结合,为早期的广彩。乾隆年间,从广州民间艺术吸收营养,并受外来艺术的影响,在中西文化相交汇的历史背景下产生的外销釉上彩瓷器成为外国宫廷的贵族用瓷。

广彩的艺术特色是绚丽多彩、金碧辉煌。用色浓重,料厚色艳,对比强烈。以红、绿、黑、金为主色,多作平涂渲染。起初使用的金料为乳金,1830年以后,随着金水的传入而使用化学金水。广彩彩绘技法有描线、填色、织金、斗彩等工序。纹样多用黑线勾勒,笔法流畅,线条工整。前人曾题词"彩笔为针,丹青作线,纵横勾织针针见,不须缎锦绣春图,瓷花飞上银瓷面"。把它比作彩色斑斓的织锦,以此赞美广州釉上彩瓷的高超艺术。

广彩人物的表现形式有折色人物和长行人物两种。折色人物是以黑色描绘人物、景物,在其表面施以所需色彩。长行人物是中西结合的产物,采用西方扫描画法,用颜色先平涂在瓷面上,根据扫描法表现衣服的纹路。

通常,广彩折色和长行技法交替使用,使人物形象精彩生动,色彩更加丰富。广彩的花卉表现通常由花卉、果蔬、鸟雀、蝴蝶、昆虫共同组成,充分表现岭南特色,并以牡丹、荷花、菊花、梅花等名花入画。

抗日战争时期,广彩艺人流落香港、澳门等地,1949年后艺人又从港、澳返回广州。1956年重建"广州彩瓷加工厂",1957年易名为"广州织金彩瓷工艺厂"。之后,广彩艺术有了较大的发展,烤花炉的热源由木炭改为电源,并采用了可控硅控制的电烤花窑。1964年,自制成功广彩颜料,使颜料从进口转为采用国产,确保了传统风格和产品质量。1984年,又研制成功耐酸和低铅溶出量颜料,达到20世纪80年代国际铅溶出量标准,为广彩日用产品扩大国际市场创造了条件。

在继承传统的基础上,广州织金彩瓷工艺厂在传统基础上不断创新,创作了一批优秀作品，200多种产品获全国优秀奖、优质奖。1985年，在广州举办了"广彩创建三百年"纪念展览。广彩大师赵国垣创作的《大观园》是广彩的代表作之一。中国工艺美术大师赵国垣、余培锡，中国陶瓷艺术大师司徒宁是广彩的代表人物。

五、潮州的艺术陶瓷

潮州艺术陶瓷包括瓷塑人物、动物，通花瓶及瓷花，各式平面彩绘花瓶，实用与欣赏相结合的日用器皿，文房四宝，花盆、鱼缸、鼓墩、壁挂、吊件、花插，祭拜用的香炉、烛台等，以枫溪瓷塑、通花瓷、潮彩陈设瓷而驰名。

枫溪瓷塑以塑为主，彩塑结合，以生动传神、线条优美、色彩清新为其特色。瓷塑技法多样，雕、塑、刻、划、印、贴交叉应用，以淡彩和色土、色釉装饰见长，人物肌肤多不施釉，以保持头、面、手、脚精细清晰，并使它与服饰在质上有所区别。

民国时期的枫溪瓷塑，主要产品多为佛道、仙道、西方三圣、观音、弥勒佛、麻姑，吉祥寓意福、禄、寿，童子仙桃、渔翁钓鲤（寓得利图）及马、牛、羊、狮等动物瓷塑。作品多以写实为主，塑贴结合，满彩或施以古铜等传统色釉。

20世纪60年代，枫溪瓷塑孕育了新的风格，到80年代风格逐趋成熟，具有我国南方的地方色彩，在我国瓷林中独树一帜。

1959年，枫溪研究所瓷塑艺人林鸿禧根据昆剧《十五贯》的剧中场景，创作瓷塑况钟访鼠《十五贯》作品，在庆祝建国十周年的全国工艺美术展览会上，受到周恩来总理的肯定和行家的好评，并获一等奖。在《人民画报》等报刊出，轰动一时。

1959～1965年是枫溪瓷塑创作的繁荣期。林鸿禧的《西游记》、《柴房会》、《芦林会》、《桃花过渡》、《杨子良讨亲》、《思凡》、《眠曲》，郑才守的《天女散花》，陈钟鸣的《听琴》，陈钟鸣、吴承华的群塑《报喜队》，吴承华的《小白兔》、《双鹿》，吴德立的《王昭君》、《蔡文姬》及变形动物《双鹤》、《凤凰》，卢茂钊的《赏梅》等均获得好评。

1973年，潮安县陶瓷公司在北京举办枫溪陶瓷展，展出瓷塑人物、动物、通花瓷及日用餐具3000多件，得到专家和广大观众的赞誉——枫溪陶瓷素雅、清新，具有地方特色。

林鸿禧的《对弈》、《八仙》，陈钟鸣的《金陵十二钗》、《黛玉葬花》、《清泉》、《出水芙蓉》、《琴声传知音》，吴维潮的《八仙过海》、《李清照》，现代题材《江南好》、《秀美江南》、《李白》，丁培强的《李清照》、《文姬编著》，吴映钊的《奔月》、《天桥云裳》，郑奕林的《四大天王》、《少林弟子》等在全国评比中名列前茅。

20世纪90年代以来，枫溪瓷塑的创作向多元化的方向发展。吴维潮的《儿时的回忆》、《青花瓷系列》，陈震的《中国娃》系列、《母与子》系列、《新仕女》系列、表现古代人物的《醉八仙》、《弈》等分别被中国美术馆、中国历史博物馆、钓鱼台国宾馆、广东民间工艺博物馆收藏。

通花瓷器是潮州枫溪一种具有地方特色的雕贴镂空产品。早期的通花瓷产品"天字坛"是1934年由吴显炽所作。通花之名来自潮汕抽纱一种钩织的镂空产品。枫溪通花瓷是由吸收民间艺术而发展成为纤秀精致艺术品的。20世纪50年代，吴庆的《蟹篮通花》，王龙才的《麒麟通花》、《鹦鹉通花》，柯锦全的《双鳄鱼通花》等使通花瓷更具陈设性。60年代，枫溪陶瓷研究所的《玫瑰通花瓶》、《寄菊通花瓶》以其玲珑精巧、素雅清新的艺术风格登上了大雅之堂。70年代，枫溪通花瓷有了飞跃的发展。

1973年，枫溪陶瓷研究所试制成功1.3m梅雀通花瓶，为大通花瓶的研制成功解决了生产难题。1978年，枫溪陶瓷研究所承制1.3m三层《友谊通花瓶》，由邓小平代表国家送给朝鲜金日成主席。该花瓶外层是玉兰图案花的镂空体，对称两个花窗，以盛开的梅花装饰，中层是瓷制百花篮，内层是立雕的蝴蝶。运用了通雕、圆雕、浮雕、色土、色釉、釉上描金等综合装饰，庄重精致，富丽堂皇，从造型设计、坯釉配方到工艺制作都有新的突破，把通花瓶的制作技术提高到了一个新的水平。

1981年，王龙才的《春色瓷塑大花篮》，瓷篮高1.2m，通体镂空，满盛欣欣向荣、争奇斗艳的各种瓷花，花瓣薄如纸，花蕊细如丝，陈列于北京人民大会堂广东厅。叶竹青的《丹凤朝阳大花篮》，设计巧妙，制作精良，千百朵瓷花盛开在瓷篮之上，八只绚丽的凤凰环绕花篮四周飞舞，显得辉煌壮观。1982年，枫溪陶瓷研究所制作、陈钟鸣设计的4m巨型《双龙戏珠》通花屏风，先后在新加坡、加拿大展出，被誉为"代表中国工艺美术的登峰造极之作"。1983年，美术瓷厂陈荣隆创作的《二号龙灯球》，配以旋转的龙灯，别有情趣。1986年，枫溪陶瓷研究所"通雕花瓶"荣获保加利亚普洛夫迪夫国际博览会金质奖。

2008年，潮州市威达陶瓷制作有限公司开发了高速喷砂陶瓷镂空技术，生产效率比传统手工"雕通"高100倍以上，使部分镂空类的产品得以工业化生产。

瓷花与通花是枫溪陶瓷的一对孪生姐妹艺术，瓷花与通花各有千秋，相得益彰。瓷花在工艺制作上用特种工艺，精选着色瓷泥，一瓣一瓣地捏制成各种瓷花，把千姿百态的瓷花巧妙地结合在一起，制成花篮、盆景或寄贴在挂盘、壁挂、通花瓶上。瓷花的品种已从原来单一的菊花发展到桃、梅、杏、牡丹、玫瑰、芍药等80余种。瓷花白如玉，薄如纸，细如丝，经过色土装饰或手彩、喷彩，烤烧之后，宛若鲜花，足以乱真。有"花魁"之称的王龙才，创作了许多瓷花珍品。

潮彩是潮汕地区传统釉上彩的统称，是在古彩、粉彩的技法基础上采用新彩颜料的又一品类。潮彩吸收潮州金漆画、潮绣、木雕等民间姐妹艺术的养分，博采众长，融会贯通，题材广泛，以自然界的山水、花鸟、龙凤、走兽、禽畜、虫鱼等为主要题材。

以前，潮州陶瓷的彩绘是各生产作坊自产自彩。清末民初，出现了单纯彩瓷的行业潮州彩瓷的生产作坊称彩馆或彩庄。潮州彩瓷馆（庄）不生产白地瓷，靠购入白瓷进行釉上彩彩绘加工。1910年（清宣统二年），潮彩精品随潮州木雕、潮州花灯、潮绣等展品在南京举办的"南洋第一次劝业会"上展出，彩瓷著名艺人廖集秋彩绘的1.2尺《百鸟朝凤四季盘》及许云秋、谢庭祥的釉上彩人物盘、碗等产品均获奖。随后，这些作品被选送到巴拿马太平洋万国博览会展出，引起旅美人士的关注而使潮州彩瓷饮誉海内外。

民国时期，潮彩用色渐趋丰富多彩，主要是因为1911年始有外国色料进口。彩馆的产品称为"洋彩"。1935年前后，潮州张若眉开始生产釉上彩颜料桃红、宝石红、浓青、二绿、艳黑等20多个品种，称为新彩颜料，烧成温度600～800℃。彩瓷颜料的研究成功和生产推动了潮彩的发展。

20世纪70～80年代是潮彩创作的繁荣时期。1976年12月，枫溪陶瓷研究所吸收罗马尼亚堆线描金装饰工艺，结合潮彩的装饰特点，研究成功"釉上堆彩"新工艺。在堆料

（硅、铝、硼低熔点粉末体）加黏合剂，用简便的工具在白胎瓷器上堆成凸起状透明花纹图样，在720～760℃烤烧，再进行釉上彩绘、描金，再经800℃左右彩烧，形成有堆有彩的工艺而称为"釉上堆彩"。叶竹青的《花开富贵》和《舞》两件作品典雅、华丽、大方。由陈仰忠主持设计、潮州市彩瓷总厂制作的《300件堆金牡丹瓶》获1986年国际博览会金奖。

中国陶瓷艺术大师吴为明的《江南春》花瓶，采用高温颜色釉彩绘，使传统艺术与现代文明相结合，为潮州彩瓷的发展创出了新路。

中国陶瓷艺术大师蔡秋权的《观海图》灯笼瓶、《暗香》圆瓶作品清新、格调高雅，具有浓郁的装饰效果。吴淑云的《鸟语》、《秋韵》挂盘及《春满人间》、《满园春色》等瓶类作品，工细精巧、雅俗共赏、别开生面而受欢迎。蔡禧平的《看万山红遍》、杨光远的《秋趣》，以金红为颜料，描绘山川和秋意，得到行家好评。

进入21世纪以来，潮州产区创制了一批巨型的挂盘和瓷板画，引人瞩目。全福陶瓷实业公司制作直径2.15m、高温烧成的瓷盘《儒圣图》、《清明上河图》。江南陶瓷公司制作的100.80m×1.28m浮雕壁画《五百罗汉图》，展示潮州瓷区烧制技术和高超的彩瓷实力。陈仰忠的《洛神赋》由12块纹片釉大瓷板组成，采用黑白相间纹理的变化作为衬托，通过精致的彩绘，使画面人物，美丽而古韵，别具风格。

六、德化白瓷

1949年以后，在明代时被誉为"国际瓷坛的明珠"的象牙白瓷得到恢复发展，易名为"建白瓷"。复产成功的建白瓷，瓷质细腻滋润，色泽柔和洁白，微呈乳黄色，宛若象牙。德化高白度瓷，也是建国后德化瓷科研的新成果之一，它以88.1度的高白度被全国陶瓷界评为白瓷之冠。高白度瓷制作的茶具、酒具、餐具、花瓶、台灯等各种工艺品，色如凝霜，釉面莹洁，胎质坚薄，为人喜爱。

1977年以来，德化新开发的瓷种还有宝石黄、白玉瓷、珍珠瓷、紫砂陶、白炻器等。主要产品包括各种传统与现代人物、动物、植物瓷雕、花瓶、花插、花篮、花盆、灯具、挂盘、香炉、烛台等艺术瓷数千种。

进入21世纪以来，德化形成传统瓷雕、西洋工艺瓷、日用瓷等齐头并进的陶瓷产业结构，又相继开发出红壤陶、黑陶、釉下彩精陶、夜光陶瓷等新瓷种。限于篇幅，这里只重点介绍高白瓷和建白瓷。

高白瓷即高白度瓷，与建白瓷、艺术瓷雕合称德化瓷中的三朵金花。高白瓷采选本地优质高岭土等原材料，经精细加工配制，以高温还原烧成，瓷质釉色纯净细腻，高洁无瑕，雪白高雅，冰肌玉骨，犹如雪冻霜凝。1958年由德化瓷厂研制成功的高白瓷，经省科研部门测定，白度高达88.1度，超过当时国内白度最高纪录82度的湖南建湘和国际上白度最高纪录84度的联邦德国瓷。高白瓷不含铅，适用性广泛，可应用于高级日用瓷和高档艺术瓷，尤其是高级薄胎瓷，愈显典雅高贵。1960年4月，全国出口瓷参观团留言有"薄如纸，白如玉，万里无云"，"瓷质冠居全国"之赞。1965年，全国陶瓷会议评为"白度冠居全国第一"。

建白瓷古称白建、象牙白。萌芽于宋元，驰誉于明代，延续至清初。瓷色白中闪黄，宛如象牙，同时又因烧成过程中不同温度、气氛、保温等条件的影响，产生纯白如乳，白中闪红等多种瓷色，而国内外根据其不同瓷质釉色，分别赋予猪油白、乳油白、奶油白、珍珠白、天鹅绒白、虾须白等雅称。建白瓷质地纯洁细腻致密，釉色优美柔和，整体滑腻若脂，温润似玉，莹明如镜，凝重典雅，享有"国际瓷坛明珠"的殊誉，并被推为中国白瓷的代表，称为"中国白"。清代中期烧制技术失传，至1965年，省陶瓷研究所在德化瓷厂试制基础上，才研究恢复成功，由德化瓷厂正式投产，并改为今名"建白瓷"。建白瓷历来大多应用于瓷观音等瓷雕艺术瓷和花瓶、香炉等陈设瓷。现经配方及成形，烧成等的工艺技术改进，已成功应用于烧制高级成套中、西餐具，茶具，酒具，咖啡具，先后被选为国家礼品瓷，人民大会堂、钓鱼台国宾馆用瓷。

七、淄博工艺美术瓷和刻瓷

1. 工艺美术名瓷

1959年国庆十周年前夕，淄博瓷厂生产的釉下《青花大花钵》进入北京人民大会堂山东厅。10月1日，釉下《青花大花钵》在人民大会堂迎接贵宾。从这一年开始，淄博陶瓷掀开了生产国家用瓷的辉煌一页。

1963年，由陈贻谟设计的《竹节盖杯》被周恩来总理作为国礼赠送给索马里国家元首。1979年，杨玉芳创作的瓷塑《宝琴》台灯被选为邓小平访美礼品。1982年，高级工艺美术师朱一圭创作20寸立粉彩陶《竹鸡》挂盘被邓小平访问美国作为礼品送给众、参两院。1989年，焦方吉赴布基纳法索援助，先后为布基纳法索设计了近百种造型与画面，为布基纳法索总统马里创作收藏品、礼品，备受马里总统赞赏。

1990年，山东省人民政府将淄川陶瓷厂生产的两对3m高特大盘龙花瓶，捐赠第十一届亚洲运动会。陈贻谟创作的雕塑《衡》、《张飞》、《浑天瓶》、《浮雕龙盘》等百件陶艺作品在美国、日本、泰国等十几个国家展出，作品《衡》被中国历史博物馆收藏，《浮雕龙盘》被中国美术珍宝馆收藏。1991年，淄川陶瓷厂生产的一对3m高特大盘龙花瓶，被中南海国务院事务局选中，在中南海礼堂前展示。淄川陶瓷厂青年艺人郑玉奎设计创作《浮雕盘龙戏水壶》（高1.8m，直径1.35m），属罕见作品，被中国陶瓷馆收藏。1995年，乔希儒为江泽民同志出访欧洲七国时，设计书斋文具，作为国礼赠送。1997年6月，华光集团向北京人民大会堂捐赠一对巨型花瓶——香港回归瓶，摆放在香港厅内。

2. 刻瓷艺术名品

1977年春，张明文刻制的毛主席诗词等画面瓷瓶，被外交部礼宾司选中5只作为国家礼品送给外国元首。1980年，淄博刻瓷艺人马林刻制的金日成肖像刻盘被邓颖超访问朝鲜时作为国礼送给金日成。1981年，马林刻制的周恩来总理标准像及《东渡》坐盘被邓颖超收藏。冯乃江创作的浮雕刻瓷挂盘《六鹤同春》、《寒雀图》，堆雕刻盘《玉兰花》等作品多次被国家领导人选为国家礼品赠送外国元首。纪荣福创作的刻瓷《鹰》等作品多次被国家领导人选为国家礼品赠送外国元首。1984年，冯乃藻、冯乃江、马林为党和国家领导人及外交部等部门制作了大批礼品用于赠送泰国国王、英国首相、尼日利亚总统等。1983年，张明文刻制的大型瓷版画《展翅重霄》被外交部作为国礼赠送给伊朗国王。同年，张明文创作的青釉盘《天女散花》，被外交部赠送给巴拿马总统。1990年，张明文微刻"论语"鲁青瓷五头文具，被霍英东收藏。微雕刻瓷"论语"、刻瓷作品《兰花颂》，"山川"牌刻瓷作品，《石宝寨》、《畅想曲》刻瓷作品被国内外收藏家收藏。1992年，李梓源在北京中国革命历史博物馆中央大厅举办李梓源刻瓷艺术展。先后有百余件作品作为国家礼品赠与外国元首和友好人士。刘永强为来自28个国家的驻华文化使节作刻瓷表演，波兰文化使节看到为斯里兰卡总统镌刻的肖像时，连声赞叹。这件作品被山东省人民政府作为礼品赠予总统本人。1996年，刘永强历时三年，刻制出《清明上河图》。用刻瓷这一艺术形式再现的《清明上河图》在我国尚属首创。《清明上河图》曾被北京故宫博物院收藏。刘永强刻制《二战风云人物》，将毛泽东、周恩来、斯大林、罗斯福、丘吉尔五位伟人绘刻得栩栩如生，被中国陶瓷馆收藏。1998年，李梓源创作的作品《宝琴赏梅》、《李清照》、《芭蕉小鸟》的图片被收入《中国现代美术全集》，作为国家礼品多次赠与外国元首和外国友人。李梓源刻瓷盘《东篱秋色》被国务委员宋健访问日本时赠送给日本天皇。

1999年，沈松龄为毛泽东、邓小平、江泽民等党和国家领导人刻制肖像，把三代领导人的大智和胸怀表现得淋漓尽致。1999年10月，罗晓东为江泽民主席创作赠送柬埔寨国王西哈努克和夫人刻瓷肖像。1999～2002年，崔思烈为外交部绘制14英寸中国长城画盘，作为国礼赠给100多个国家离任大使。2000年，罗晓东为韩国、突尼斯、摩洛哥、尼日利亚等国家元首刻制瓷盘肖像，外交部礼宾司颁发了荣誉证书。沈松龄为萨马兰奇刻制肖像，北京奥组委作为国家礼品赠与萨马兰奇，萨马兰奇感到神奇，非常满意，特回信沈松龄表示感谢。沈松龄还多次创作国家礼品赠予外国元首。2002年，张明文首创了薄胎瓷刻瓷艺术。在一个高14.5英寸、直径3.5英寸、壁厚不足1mm的六楞薄胎瓷瓶和一圆形薄胎瓷瓶上刻出了红楼梦十二金钗。并微刻史湘云咏海棠诗一首，取名"再现红楼"，人称"刻瓷精粹，琢玉之作"。

2004年，山东省陶瓷艺术大师张新中，为国家主席胡锦涛等党和国家领导人刻制肖像。2006年，张新中为委内瑞拉、法国、古巴、苏丹、委内瑞拉等几十位国家的元首和政要刻制肖像，作为国礼赠送外国元首和重要人物。李秋峰为国家主席胡锦涛刻制肖像，为美国、日本、法国等国家元首刻制肖像，国家有关部门作为国礼赠送外国元首和重要人物。华光陶瓷创作了大量的艺术作品，先后被中国国家博物馆、故宫博物院、中国美术馆、清华大学美术学院、中国工艺美术馆、中国陶瓷工业协会、中国红十字基金会、芝加哥富地博物馆、美国芝加哥政府、悉尼Powerhouse博物馆、堪培拉艺术博物馆、澳大利亚国家艺术馆、Shepparton艺术画廊等收藏。

八、唐山陶瓷名品

唐山陶瓷名品主要包括白玉瓷、骨质瓷、玉兰瓷、白兰瓷和铁结晶釉艺术瓷。

1. 白玉瓷

1964年，唐山陶瓷研究所在轻工业部专家的指导下开始试制"赶日瓷"，定名为"白玉瓷"。唐山陶瓷研究所改变了北方常用的氧化焰烧成方式，采用还原焰，使用了唐山陶瓷公司设计组设计的新器型、新画面，制品达到了日本则武牌瓷器的水平，当年在广交会上受到外商的好评。1984年，美国总统里根访华的答谢宴会上，使用了三瓷厂应急生产的冰淇淋杯，并特请该厂厂长赴宴。1989年，白玉瓷获国家质量银牌奖。1991～1993年，白玉瓷产品多次在全国日用瓷质量检测获总分第一。

2. 骨质瓷

骨质瓷亦称骨灰瓷、骨瓷，是瓷器家族中的精品。1959年，唐山陶瓷研究所进行了利用鲸鱼骨研制骨灰瓷的探讨性实验。1960年唐山陶瓷研究所又进行了利用猪骨研制骨灰瓷的试验取得成功。1964年，唐山第一瓷厂研制生产出了中国第一套异玲形咖啡具，填补了中国高档骨瓷产品的空白。1965年，第一瓷厂投产唐山第一代绿骨瓷。1966年出口40套橄榄形咖啡具。1974年注册品牌"绿宝石"并以"庆典"牌商标出口。1975年部级鉴定，使制品再上了一个台阶。1978年，轻工业部下达了"高级成套瓷工艺技术及设备的研究——骨灰瓷中试"项目，陶瓷公司由李鸿凯、林铁良、金秀萍、王淑英、王贺勤等人开始此项工作。1976年唐山大地震使研究中断。1979年，在陶瓷研究所的配合下，第一瓷厂研制出新一代骨瓷，瓷质洁白，启用商标"红玫瑰"牌。1991年，第一瓷厂成为轻工业部样板工程第一名，相继三次在全国评比中获日用瓷唯一A级产品称号，被指定特制了国家50周年庆典用瓷，1997年为香港回归、1999年为澳门回归制作了特区庆典用瓷，2010年上海世博会指定用瓷。唐山的骨质瓷生产已从专业车间、分厂发展为独立的瓷厂和公司。如今，唐山骨质瓷在世界骨质瓷生产领域已占有重要地位。

3. 玉兰瓷

1980年，玉兰瓷由唐山陶瓷研究所试制成功，被誉为"脂润霜凝浴芙蓉，玉肌冰肤洁无瑕"。玉兰瓷刻坯瓶灯的灯罩壁薄如纸，在灯光照明下美丽的画面立即呈现，关灯之后画面隐去，深受人们喜爱。装饰方法是利用刻坯与堆填技术造成瓷面不同厚薄，因而对灯光透过出现不同明暗而显示画面。另一种装饰方法是内外画相结合，如《听琴》的两个人物，一个在外表，另一个在里层，关灯时内画不显画面，开灯后即隐约画中了，很有情趣。游鱼的内外画结合亦有异曲同工之妙。玉兰瓷釉中引入稀土，还可做成美丽的变色釉，在不同光源照射下能发出灰紫红黄蓝等六七种不同的色光。任何白瓷施用变色釉都无法超越玉兰瓷的艳丽。玉兰瓷受到全国科学大会的表彰。

4. 白兰瓷

白兰瓷是1984年在玉兰瓷厂推广玉兰瓷过程中产生的衍生瓷种。由于生产玉兰瓷的生产受到原料滑石来源的限制，技术人员调整了配方，制出了近似玉兰瓷的一个新瓷种，观感柔和细腻、档次更高，被称为"白兰瓷"。白兰瓷餐饮用具玲珑雅致，占领了国内市场，被世人称为唐山日用细瓷的四朵金花之一。

5.铁结晶釉艺术瓷

在唐山的艺术釉品种中,铁红金圈结晶釉是最为突出的一个,属天目釉系列。天目釉是宋代名瓷,以黑釉、棕釉为多。最为名贵的是曜变天目。斑驳的晶花周围有一圈耀眼的晕色光环,其釉层晶斑厚度约为 0.1μm,因受光产生虹彩干涉色,从不同角度可见霓虹般的灿烂。日本收存的三件曜变天目器物均被定为国宝级文物,若干年才向世人展出一次。20世纪70年代,唐山陶瓷研究所开展结晶釉研究工作。1976年,曾研究出了铁红金圈结晶釉,后列入轻工业部科研计划,清华大学介入工作,试验获得成功,被专家认定具有曜变特征,获国家科技金龙发明奖、国家发明四等奖、中国发明协会金奖。作品被中南海收藏,在香港展出时被誉为"可遇不可求的国宝"。

如今,唐山已有多家研制出铁红结晶釉作品,其中以玉春瓷艺的成就最著名,制品包括铁红金圈结晶在内的曜变天目和各色多种晶型的系列制品,前无古人,美不胜收。葵花黄、金星、金银圈、金钱花、铁锈花、玫瑰红、三色环等釉晶花大者直径超过50mm,变化万千,耐人寻味。历史上虽然偶然出现过,今天可以用科学手段和工艺数据控制,使之不断丰富。铁结晶釉艺术瓷代表了当代天目釉的研究水平。

九、浙江龙泉青瓷名作

几十年来,龙泉青瓷荣获国家、省(部)、国际博览会等的优秀作品有220余件(套),主要有以下代表作品。

1979年,获部优产品奖18件作品。邓白的《七号大双牡丹瓶》,叶宏明、李怀德的《凤鸣壶》,高建新的《坐岩观音》、《一号弥陀》、《三足熏炉》,李怀德的《大穿耳方口瓶》、《新龙虎瓶》、《特大开棠八角瓶》,杨永祥的《八仙像》,徐朝兴的《七线尊》、《特大牡丹瓶》、《阴花天球瓶》,夏侯文的《大众瓶》,冯罗铮的《大梅瓶》,林调元的《四号梅花玉壶春瓶》,韩江渔的《四头双龙》茶具等。李怀德、徐朝兴的《哥窑》51cm迎宾挂盘,产品典雅、端庄,纹片匀称,粉青釉色滋润,被誉为当代"国宝"。

1980年,毛松林、李怀德、徐朝兴等的龙泉窑1.3m迎春大花瓶,产品既保持传统艺术特色,又体现当今时代气息,工艺技术达到当代国内先进水平,获省优质产品奖和国家经委金龙奖,并送北京人民大会堂浙江厅陈列。1992年有2件产品由省人民政府选送日本静冈县作为浙江与静冈缔结友好关系十周年纪念品,陈列于日本静冈县博物馆。

1982年,韩江渔的九头蝴蝶茶具获全国陶瓷美术设计一等奖。毛松林的45头金鱼西餐具获全国陶瓷美术设计一等奖,产品制作采用传统浮雕工艺,施以梅子青釉色,使之釉层厚处葱翠碧绿,釉层薄处青中带白,微露白筋,盘面滋润夺目,被专家们誉为"艺术瓷日用化的代表之作"。

1986年,徐朝兴的龙泉窑33头云凤组合餐具获全国陶瓷美术设计一等奖,日用瓷总分第一,摆在桌上既是实用餐具,又似一朵朵美丽的青色荷花,造型新颖别致,为日用瓷艺术化开辟了一条新路。毛正聪、叶宏明的《哥窑》61cm大挂盘获全国陶瓷美术设计评比一等奖,总分第一名,产品造型规整、古朴、庄重、典雅、大方,冰裂纹与水波纹混合装饰,内外纹片景象自然，釉色晶莹无瑕。后毛正聪又制作70cm《牛纹哥窑》大挂盘，创哥窑挂盘大件之最。毛正聪的《哥窑》30cm腾龙艺术挂盘，作品以冰裂纹、鱼子纹的自然纹片为题材，采用"象形开片"技术和手法，烧制组合成一条纹片细小而又活生生的飞腾蛟龙，富有艺术感和自然感，由省人民政府赠送邓小平收藏。

1992年6月，毛正聪、杨亚人（国务院办公厅）设计、卢伟孙制作的哥窑7寸艺术挂盘，造型以哥窑纹片瓷为基础，装饰紫光阁建筑图案和"中南海纪念"5个清晰富有纪念意义的字，被时任国务院秘书长罗干审批定为国家赠送外宾的礼品瓷。

1994年，卢伟孙的《冬的思绪》获全国陶瓷工艺美术设计一等奖。作者寻求青、白的和谐统一，将不同的原料泥绞胎进行手拉坯成形，然后施以青白结合瓷釉，取得较为理想的艺术效果。这一作品从胎釉配方，加工成形，造型装饰都突破传统，是青瓷艺术发展的一种新的探索。

毛正聪、张守智（中央美术学院）、郭春田（省日用轻工业公司）、杨永祥等设计的紫光阁陈设瓷，有紫光盘、紫光瓶、朱雀瓶、武成尊、蒜式瓶、大小鲜花钵等8个品种51件，并有瓶、盘垫5件，被选入紫光阁陈列。夏侯文的《哥弟生辉》——色胎绘画瓷盘，是用不同的胎料、釉料首创的色胎绘画艺术瓷盘。

十、河南钧瓷

1956年10月，仿宋蓝钧，有桃尊、观音瓶、穿带瓶等产品获得成功，经上海、广东、青岛口岸订货2000件，销往苏联、日本、印度、法国、德国等38个国家和地区。

1964年，周总理参加日内瓦国际会议，把钧瓷作为礼品赠送有关国家领导人。

1978年，邓小平访问日本，选用钧瓷《狩耳尊》作为国礼赠送日本首相大平正芳。

1984年，禹县国营瓷厂、禹县钧瓷工艺美术一厂、禹县钧瓷工艺二厂的钧瓷分别在国家工商局注册为"宝光"、"宇宙"、"瑰宝"牌。同年3月，禹县国营瓷厂的"宝光"牌钧瓷被评为轻工业部优质产品。9月，禹县钧瓷工艺美术一厂的"宇宙牌"钧瓷和禹县钧瓷工艺二厂的"瑰宝"牌钧瓷双双荣获中国工艺美术百花奖金杯奖。

1997年6月，"中国钧瓷珍品展"在日本举行。同年，由禹州市钧瓷研究所烧制的特大钧瓷珍品《豫象送宝》作为河南省人民政府迎香港回归的贺礼被安放在香港会展中心。

2004年10月，中国工艺美术大师刘富安受韩国总统金泳三邀请，赴韩国进行陶艺交流并举办展览，并将钧瓷《益兽瓶》赠与金泳三。

2001年9月，禹州市金阳钧窑"华夏钧鼎"烧制成功，制品高230厘米、直径150厘米、重150千克，成为当时最大的钧瓷作品。

2003年，晋佩章被国家评为中国陶瓷艺术大师，被河南省评为河南省钧瓷艺术特级大师，并被尊称为"钧瓷泰斗"。同年7月"钧瓷原产地域产品保护"获国家质量监督总局批准。

2004年，禹州市人民政府举办了首届河南省"中国钧瓷"精品展，评选出钧瓷珍品90件，精品636件，实现了自20世纪50年代以来，恢复钧瓷生产以后，由权威机构进行的首次钧瓷级别评定。

2007年，禹州御钧斋文化有限公司创制的钧瓷"九龙宝鼎"被收入大世界吉尼斯纪录（鼎高1.36m，口径1.03m）。

十一、秘色瓷的发现

"秘色"一名最早见于唐代诗人陆龟蒙的《秘色越器》诗中，诗云："九秋风露越窑开，夺得千峰翠色来。好向中宵盛沆瀣，共嵇中散斗遗杯"。可见"秘色"瓷最初是指唐代越窑青瓷中的精品，"秘色"似应指稀见的颜色，是当时赞誉越窑瓷器釉色之美而演变成越窑釉色的专有名称。

据文献记载，相传五代时吴越国王钱镠命令烧造瓷器专供钱氏宫廷所用，并入贡中原朝廷，庶民不得使用，故称越窑瓷为"秘色瓷"。周辉的《清波杂志》云："越上秘色器，钱氏有国日，供奉之物，不得臣下用，故曰秘色"。对此，赵麟的《候鲭录》、赵彦卫的《云麓漫钞》、曾梃的《高斋漫录》及嘉泰《会稽志》等书都提出异议，认为"秘色"唐代已有而非始于吴越钱氏。关于"秘色"究竟指何种颜色，以前人们对此众说纷纭。

1987年4月，陕西省考古工作者在扶风县法门寺塔唐代地宫，发掘出13件越窑青瓷器，在记录法门寺皇室供奉器物的物账上，这批瓷器的确记载为"瓷秘色"，从而使人们进一步认识了"秘色瓷"。地宫中发现的13件宫廷专用瓷，是世界上发现有碑文记载证实的最早、最精美的宫廷瓷器。这批"秘色瓷"除两件为青黄色外，其余釉面青碧，晶莹润泽，有如湖面一般清澈碧绿。法门寺"秘色瓷"的出土，证实"秘色瓷"是晚唐时开始烧造，五代时达到高峰。

出土的典型的秘色瓷质地细腻，原料的处理精细，多呈灰或浅灰色，胎壁较薄，表面光滑，器型规整，施釉均匀。从釉色来说，五代早期仍以黄为主，滋润光泽，呈半透明状；但青绿的比重较晚唐有所增加。其后便以青绿为主，黄色则不多见。

秘色瓷就是越窑青瓷中的极品。陕西的唐墓里曾出土过八棱瓶，故宫的学者在越窑的遗址也采集到八棱瓶。杭州的吴越国钱氏墓群，出土的秘色瓷更丰富，更精美，釉色更青幽。法门寺出土的秘色瓷，还有一件贴着金银箔装饰的盘子，行话叫做金银平托。在古代，金和玉被看作最高级的材质，把瓷器烧成玉色，又在上面加饰金银，这种器物的地位可想而知。

这些秘色瓷器的发现在我国陶瓷史考古上具有突破性的意义，为鉴定秘色瓷的时代和特点提供了标准器。

第八章　日用陶瓷

世界陶瓷的生产，在传统手工作坊式年代时期，东方胜西方，而在工业革命后，欧洲、日本等国家开始使用机械化，西方超越东方。民国时期，一些民族工商业者在"振兴实业"的口号下进行改革，创办了一些新式陶瓷厂，取得一些进步。景德镇瓷业公司和湖南瓷业公司是其中比较突出的两家。1949年后的三四十年间，我国的陶瓷企业以国营为主，政府对陶瓷业进行组合、改造、恢复、振兴及发展，引进国外先进技术与装备，初步建立起了较为完善的工业生产体系。20世纪末到21世纪初，通过国营改制民营、市场开放，使我国日用陶瓷生产达到或接近世界先进水平，成为世界上最大的日用陶瓷生产和消费国。

第一节　日用陶瓷行业百年概况

清末到民国时期，我国的陶瓷业处于萧条衰落、艰难困顿的境地。到1949年下半年，瓷都景德镇的瓷业户正常开业的仅占7%，绝大部分处于停工或半停工状态。唐山的陶瓷业已奄奄一息，业主和职工苦不堪言。醴陵的细瓷厂倒闭和停工达百余家，仅有七家勉强维持生产。宜兴的紫砂艺人们无壶可做，无窑可烧，紫砂业几乎到了断绝的绝境。佛山石湾陶艺行业在陷入了新的危机。潮州、德化、淄博等产区的瓷业都进入低谷。

20世纪50年代初期开始，政府把组织陶瓷业的恢复与发展工作的重点分别放在了南方的景德镇产区和北方的唐山产区，并以这两个产区的生产分别带动南北方陶瓷产区的发展。中国陶瓷的特点是"南青北白"，即南方白里泛青的硬质瓷系、北方白里微泛黄的软质瓷系是近代陶瓷生产分布形成的现状。我国传统陶瓷近代延续下来的产区主要有江西省的景德镇、广东省的佛山石湾和潮州大埔、福建省的德化、湖南省的醴陵、江苏省的宜兴、河北省的唐山、山东省的淄博，以及浙江省的龙泉、河南省的禹县等。景德镇和唐山可以作为"南青北白"的代表产地。而且，景德镇产区的特点是以手工业生产方式为主，集我国传统艺术瓷之大成。唐山产区的特点是已有近代陶瓷工业基础、半机械化生产日用陶瓷、建筑卫生陶瓷的规模较大。景德镇制瓷传统手工技艺的传播及唐山陶瓷机械化生产工艺的推广发挥了重要作用，推进了我国陶瓷产区的日用陶瓷从手工业走机械化大生产，为我国陶瓷业的快速发展打下了坚实的基础。

本节以景德镇和唐山为例，从不同的地域特点和发展过程记述百年来中国陶瓷的变迁。

一、景德镇百年瓷业

景德镇是中外著名的瓷都,制瓷历史长达两千余年。至唐、五代时,景德镇的陶瓷业开始名扬天下。宋代时景德镇跻身于名窑之林。元代时景德镇的制瓷原料进化为"高岭土-瓷石的二元配方"。元末,成功烧造的卵白瓷、青花瓷、釉里红瓷,为我国陶瓷艺术的发展开辟了一条新的途径。自元代开始至明清,历代皇帝都派员到景德镇监制宫廷用瓷,设瓷局、置御窑。明末清初,景德镇成为全国制瓷业的中心。清乾隆之后,景德镇瓷器生产从巅峰开始走下坡路,特别是鸦片战争之后,景德镇的瓷业生产受到严重摧残,延续500多年之久的御器厂也寿终正寝。

清末到民国时期,景德镇的瓷业处于萧条衰落的境地,瓷业的出路为有识者所忧虑,人们寄希望于兴办近代陶瓷实业以挽回颓势,以走改良道路来获得瓷业的振兴。

1904～1910年,我国先后建立了7个以近代方式生产的瓷厂。兴建在景德镇的江西瓷业公司就是其中之一。江西瓷业公司成立于1910年,在开办之初的一二年间,采取新式的组织形式和管理方法,赢利有所增加,取得了某些成效。但是,由于原来计划的设置分销处和更新生产设备、采取机器制造等始终没能实现,导致发展举步维艰。

第一次世界大战期间,"景德镇瓷业公司渐次扩大,于艰难缔造之中,粗能立足"。产品也很精良,"几与前清之御瓷媲美",在海内外享有很高声誉,并在巴拿马赛会上获得优等奖牌。

抗日战争期间,景德镇多次遭受日寇飞机轰炸,坯坊、窑房等均遭受严重破坏,整个瓷业生产陷入低谷,全镇瓷窑能烧的只有33座,处于奄奄一息的境地。

到1949年时,景德镇全镇人口为11万余人,其中瓷业工人1.22万人,连同家属在内共5万余人,占城镇人口的近一半。全市共有私营瓷厂2496家,每厂平均不足5人,其中规模最大的余鼎顺瓷厂也只有工人137人,最小的厂家仅有1～2人。正常开业的仅占7%,绝大部分处于停工或半停工状态,年产量仅6350万件。

20世纪50年代初期以来,景德镇的陶瓷业经历迅速恢复、调整与曲折发展、快速发展、困难与突破以及转型创新发展5个过程。

1. 陶瓷业的迅速恢复(20世纪50～60年代)

到1952年,景德镇陶的陶瓷业生产基本得到恢复。从事陶瓷业的职工人数达到14755人,失业工人基本得到安置,年产量已增至9022万件。

1951～1954年,政府引导私营企业分批进行联营,把13个老合营瓷厂和6个新合营瓷厂合并,组建了裕民瓷厂、国光瓷厂、华光瓷厂、民光瓷厂、新和瓷厂、华电瓷厂等10个公私合营瓷厂。1958年7月,又把10个合营瓷厂和10个瓷业生产合作社合并为10个大型瓷厂,转为地方国营,为促进和推动瓷业的发展发挥了作用。主要的技术进步表现为:一是开发了烧煤技术,加速了"以煤代柴"的进程,建成简易和正规倒焰煤窑133座;二是研制出适应煤窑烧成的新配方,提高了釉面白度;三是技术改造和"双革"取得了显著成效;四是建成了耐火材料厂,1958年耐火材料厂建成后生产耐火砖18913t,为煤窑建设提供了坚实的物质保证;五是建成了陶瓷机械厂,为实现瓷业机械化创造了条件;六是扩充了瓷用化工厂,为发展陶瓷装饰开辟了新的途径等。

2. 调整与曲折发展（60～70年代）

1960年冬，景德镇陶瓷系统精简1万名职工，使职工总数降到1957年的水平。与此同时，在陶瓷系统进行较为科学合理的企业调整和产品生产布局。从1963年开始，陶瓷产品质量提高，成本下降。

1965年，投资技术改造费用593万元，先后从国外引进榨泥机、鱼盘注浆机、送浆机、振动筛、打样机和缩样机等。全市完成技术革新项目达349项，创出的新品种、新花面达140多个。职工总数为19334人，比1960年减少51%；日用瓷产量为17402万件，比1960年增长46%；劳动生产率为3534元，比1960年增长92.6%；盈利455万元，比1960年增长93%；出口瓷为8002万件，比1960年增长43.0%。

这里特别要提到的是景德镇瓷厂被拆除一事。景德镇瓷厂于1957年9月筹建，由捷克设计，共投资2729万元，是远东规模最大的瓷厂。1966年投产后一直亏损。1969年9月底，上级下令拆除景德镇瓷厂，在原址建设直升机制造厂。厂里的1573名职工中除87人调往南昌洪都机械厂外，其余的人员和设备均被分到了各瓷厂。这对全国陶瓷工业来说是一个不可弥补的损失。

这期间，景德镇的陶瓷技术改造仍取得了一定成果。其一，共建隧道窑18条，其中烧煤窑16条，烧油窑2条；其二，建设了抚州高岭瓷土矿和柳家湾瓷石矿，改造了星庐瓷土矿；其三，引进国外先进设备18台，其中，原料精制设备7台，成形设备4台；其四，改造陶瓷工业生产厂房10.6万平方米；其五，为华风瓷厂和焦化煤气厂立项进行了一些前期工作。

3. 快速发展（70年代后期～90年代初期）

1978年，景德镇的日用瓷产量达到27432万件，接近1957年的历史最高水平，盈利1027万元。

1979年8月，政府批准成立高档瓷会战指挥部。这次会战是以轻工业部陶瓷研究所为中心，以宇宙瓷厂、玉风瓷厂为基地，主要生产高档成套日用瓷，即能够在欧美市场上竞争的餐具、咖啡具。从矿山开采到原料精制，从制作 α-石膏到制作 α-石膏模型，从制作莫来石匣钵到等静压成形、真空脱泡注浆等均进行了一系列的试验，并在轻工业部陶瓷研究所建了一座小型高温抽屉式窑烧制瓷器。全市各瓷厂紧密配合，终于研制、生产出了符合要求的产品。这次会战，总结出了一套成功经验并探索出了新的路子。

1979年，陶瓷业的出口换汇总额达到2815万美元，比上年增长7.4%，平均每件瓷换汇额达30美分，比上年增长20%，创历史最高水平。1982年，日用瓷一级品率达63.5%，出口瓷合格率达72.3%，实现利润达1724万元，出口创汇达3104万美元，为历史高高水平。

到1990年，全市共有个体陶瓷工业户414户，从业人员2356人；个体陶瓷商业户312户，从业人员676人；百人和百万资产以上的私营陶瓷企业两家，其中合资企业一家。景德镇陶瓷个体户和陶瓷私营企业在国民经济中已起到了积极的补充作用。从1949年到1990年，景德镇陶瓷工业的发展统计数据如下：

1949年，全市陶瓷行业的职工为1.22万人，到1990年增至7.23万人，为1949年的5.9倍。

1951年，全市陶瓷行业的固定资产原值仅278万元，到1990年已增至2.27亿元，为1951年的81.7倍。

1949年，全市日用瓷产量为6350万件，至1990年已增至3.65亿件，增长4.7倍。其中1979～1990年的12年间，年平均产量达3亿件，比前30年的年平均产量增长67%。更为可喜的是这些年来，青花瓷和青花玲珑瓷在日用瓷中所占的比例越来越大，而且在青花瓷中，成套瓷所占的比例也越来越大。1978年青花瓷成套瓷产量仅占青花瓷总产量的13%，而且大都为小饭具之类的产品，到1990年，青花成套瓷在整个青花瓷产量中所占的比重已增至55%，而且大都为54头成套餐具。

1949年，全市日用陶瓷产值仅852万元，到1990年已增至2.8亿元，增长31.9倍。其中1979～1990年的12年，年平均产值达2.4亿元，比前30年的年平均值增长2.4倍。

1990年，陶瓷系统的实现利润已达1498万元，比1950年增长114倍。其中1979～1990年的12年，年平均利润达2000万元，比前30年的年平均利润增长5倍。陶瓷系统缴纳税金1498万元，比1950年增加477.8倍。

到1990年，景德镇生产的陶瓷品种已增至20个大类，250个系列，2000多个器型，5000多个画面。陶瓷产品有1项获国际发明奖，13项获国际金奖，3项获国家发明奖，11项获国家金奖，10项获国家银奖，52项获轻工业优质产品称号，113项获江西省优质产品称号。制瓷工艺不断进步，从采掘到运输，从加工到精制，已基本实现机械化。

到1990年，内销量已增至2.14亿件，比1978年增长22.3%，比1949年增长3.5倍。1990年，出口量已达1.36亿件，比1978年增长30%，比1949年增长56.8倍；陶瓷出口创汇已达2820万美元，比1978年增长60%，比1949年增长140倍。

1949年后，景德镇陆续建立了一批陶瓷科研机构，并已形成一个纵横交错的陶瓷科研体系。1978年以来，景德镇陶瓷行业先后获国家科技进步奖3项，全国优秀新产品金龙奖41项，全国陶瓷美术设计奖17项，全国旅游产品奖3项，冶金部科技成果奖1项，轻工业部科技成果奖19项，江西省科技成果奖65项，江西省科技成果推广奖3项等。江西省陶瓷工业公司还获得了国家授予的稀土应用先进单位光荣称号。

2010年，景德镇除设有陶瓷学院、陶瓷职工大学、陶瓷学校、陶瓷技工学校外，各制瓷工厂还设立了职工业余文化技术学校，从而构成了一个完整的职工教育培训网络。1979年全系统初级以上职称的科技人员仅有146人，至1988年已增加到1406人，增长8.6倍。1949年前后，景德镇陶瓷工人80%以上属文盲、半文盲，70%以上的工人具有初中以上文化程度。景德镇已形成配套完整的陶瓷工业体系，并成为我国出口瓷、内销瓷和国家用瓷的重要生产基地。

4.瓷业的困难与突破（90年代）

进入20世纪90年代之后，景德镇陶瓷工业面临着新的困难。造成这种困难局面的主要原因是原燃材料涨价、市场竞争加剧、历史包袱沉重、企业经营机制难以真正适应市场经济运行和发展的要求等。同时，产品结构上过分倚重日用陶瓷，只注重设备的添置改造而忽视了产品的更新换代，只强调国有陶瓷企业的主体地位，对于个体私营陶瓷的发展扶持力度不够，没有抓住转换企业经营机制这个关键等。但在企业技术改造和制瓷技艺的创新发展中仍取得一些明显的成绩：

一是对日用瓷的传统生产工艺技术进行了一场革命。采用了坯料喷雾造粒，等静压干压成形、热滚头阴、阳模滚压的塑性成形和高压注浆成形，全自动施釉，二次烧成，釉中彩装饰等现代化制瓷工艺。这标志着景德镇日用瓷生产技术已达到当代国际先进水平。

二是增加了高档瓷产品。通过技术改造，高档瓷生产能力达到2600万件。采用釉中彩装饰工艺彻底解决了铅镉溶出问题，提高了国际市场的竞争力。

三是大幅度提高了陶瓷生产的技术装备水平。"八五"期间，共引进国外先进的主要生产设备49台套，使一些企业技术装备水平一下跨越了20～30年，形成了三条具有当代世界先进水平的高档瓷生产线。

四是产品开发获得了创新发展。"八五"时期，景德镇日用陶瓷工业系统研制和开发了大量的新产品、新器型、新花面。光明瓷厂开发出的96头（件）强化瓷品种和青花玲珑9头咖啡具产品获省科技进步三等奖；宇宙瓷厂研制的"澳棱"厚胎瓷系列产品出口澳大利亚；东风瓷厂开发的"水点桃花"15头咖啡具受到俄罗斯客商的欢迎；红旗瓷厂的"白川枝莲"系列产品和为民瓷厂的高档茶、咖啡具等产品已形成批量生产；景德镇陶瓷工业公司组织力量对1990年首届陶瓷节以来的日用瓷获奖样品进行试产，于1995年底前开发出16个系列，31个品种，53个花面，733套（件）造型别致、花面新颖的新产品。

5. 21世纪的转型创新发展

进入21世纪后，景德镇日用陶瓷工业着力完成了三件事。一是把装备和技术水平较高的为民瓷厂技改分厂、红星瓷厂技改分厂、光明瓷厂技改分厂和高档窑具厂组建成按照现代企业制度要求运行的瓷都——景德镇日用陶瓷的标志性"旗舰"大型企业；二是把原国有十大瓷厂按照企业的不同具体情况，因厂制宜，科学合理规划，寻求突破口和新的发展模式；三是建立景德镇市陶瓷工业园区，引入国内外一流的日用陶瓷现代化企业，形成新的战略高地。

（1）组建景德镇陶瓷股份有限公司　景德镇陶瓷股份有限公司始建于1996年，是国内设备一流、工艺技术一流、管理水平一流、投资规模最大的国有大型现代化日用陶瓷生产企业。公司把世界先进的制瓷技术与景德镇的传统工艺完美融合。在原料配制上采用比重容量法，把欧洲先进的三元配方与景德镇传统制瓷有机结合，坯料采用瓷石质三元配方，球磨加工工艺，喷雾干燥造粒技术，使产品达到了高白度、高光泽度、高透光度。产品成形采用最先进的等静压干压技术，并采用自动施釉新技术。烧成采用低温素烧、高温釉烧的二次烧成工艺，使产品合格率达99%以上。装饰采用釉中彩装饰及高温快速烤花技术。公司开发的新产品如"木棉花"、"蓝草"、"牵牛花"品牌和"汉式"、"韩式"造型系列的中西餐具走俏市场；还推出了"古典园林"、"吉祥如意"、"APEC会议用瓷——绿金富贵"、"国宴瓷"、"蓝金牡丹"等系列国家用瓷。抗菌釉中彩高级细瓷、高级乳白炻瓷等则填补了国内空白。为美国前总统乔治·布什钻石婚庆60周年制作的一批纪念瓷被美国白宫收藏。公司的"红叶"品牌陶瓷先后被评为景德镇十大名牌产品、江西省首批名牌产品、江西省轻工名牌产品、江西省重点保护产品、"中国名牌"产品、"国家免检"产品，江西省著名商标。

（2）江西省陶瓷工业公司的转型之路和文化之旅　2009年，江西省陶瓷工业公司的所属陶瓷企业实行改制。公司制定了"建立两个中心、打造五个基地、培养五个园区"的总体规划，实施后已取得初步成效。其中最具代表性的有：雕塑陶瓷创意园、陶瓷就业创业孵化基地（原曙光瓷厂）、珍奇御瓷研发创意园（原曙光瓷厂）、红店街（原艺术瓷厂）、建国陶瓷文化创意园（原建国瓷厂）、近现代陶瓷工业遗产保护区（原为民瓷厂）、现代陶瓷创作人才基地（三蕾瓷用化工有限公司）、晓雷花纸公司、东泰瓷厂、顺玉瓷厂（原红光瓷厂）、福万利陶瓷有限公司（原人民瓷厂）、远景瓷业有限公司（原红旗瓷厂）、乐天陶社，等等。

（3）景德镇市陶瓷工业园区　新开辟的景德镇市陶瓷工业园区有众多的日用陶瓷生产企业，比较著名的有望龙陶瓷有限公司、三雄陶瓷有限公司、隆祥陶瓷有限公司、吕艺陶瓷有限公司、宝瓷林瓷业有限公司等。

二、唐山百年瓷业

唐山虽然烧制陶器的历史悠久，但由于地处中原与东北之间的走廊地带，历史上环境不够稳定，致使陶瓷业发展十分缓慢。明永乐前后，江淮和晋鲁移民带来的新技术使唐山有了粗瓷制作根基，形成了以东西缸窑为中心的规模生产。清光绪年间进而有了施化妆土的白瓷。1892年前后，田鹤群（1862～1926年）的作坊做出唐山最早的白瓷。

光绪至民国年间，唐山很多窑户和厂家请来江西景德镇、山东博山、河北彭城、宽城缸窑沟等地工匠来唐山工作。当地的民间艺人也不断转入陶瓷业谋生，从而推动了唐山陶瓷的进步，发展了化妆土白瓷和彩瓷，手工托货品种也丰富起来。

早在明嘉靖年间创办的陶瓷局于1875年在生产缸盆的基础上，为天津大沽造船工业等生产了缸砖、耐火材料，成为唐山首家资本主义陶瓷企业。1878年，开滦煤矿在唐山成立；1879年唐山有了中国最早的铁路；1889年有了启新洋灰公司（当时叫细绵土厂），生产了中国第一袋水泥。1907年以后，启新公司即附设了小型的瓷厂、缸管厂、花砖厂，利用水泥厂老厂弃置设备，生产小量杯盘、便器、面盆、瓷砖、电瓷、理化用瓷。1909年，建立马家沟砖厂，生产地砖、耐火材料、琉璃瓦等。

一百多年来，唐山的陶瓷工业经历了分散独自经营、从小到大，从手工作坊发展和转变为窑厂、公司和集团公司的发展历程，并成为我国北方沿海的最大瓷区之一。

1914年，启新洋灰公司正式附设启新瓷厂，交由德国工程师汉斯·昆德管理，用原有的电力和水泥厂弃置的原料加工设备和化验设备，使用石膏模型，生产出中国第一件卫生陶瓷，并引入西方工业国家经营管理模式。当时一件高压电瓷价值几吨煤炭，大型耐酸瓷更是价值几十吨煤。陶瓷生产获利颇多，但瓷质不够好，人称"洋灰瓷"。1923年，由德国引进球磨机、泥浆泵、磁选机、电瓷压机。1924年，启新瓷厂与洋灰公司脱钩，于1925年制出硬质瓷。1927年生产且目标注"德国制造"的地砖、墙砖和理化瓷出口。1935年，启新瓷厂由敖特·昆德独资经营，卫生陶瓷销往香港等地。1936年，启新瓷厂职工已达450人，成为华北最大的瓷厂。1941年生产大量电瓷，企业规模进一步扩大。

1926年，德盛、新明两厂开办了新明铁工厂，仿制启新瓷厂进口的德国机器设备，造出了轮碾粉碎机、成形机轮（辘轳）、搅泥机（练泥机）、滤泥机、球磨机、压砖机等，装备当地厂家。又从各地聘请人才，如从景德镇招聘彩绘技师配制色料和传授彩绘技术。以倒焰窑取代老式直焰窑。在天津专设了经营销售部门，产品畅销华北、东北。1931～1934年间，先后获得河北省实业厅国货展览会、北京市各界提倡国货运动委员会和铁道部全国铁路沿线出产货品展览会颁发的特等奖、优等奖、超等奖。

经营兴旺的新明瓷厂，相继发展了五个分厂，共有职工500多人，规模超过启新瓷厂，仅次于德盛厂。具有大学毕业学历的厂长秦幼泉著有《幼泉陶成记》一书，是唐山最早的陶瓷专著，第一次将唐山制瓷过程进行详细描述。

德盛、新明两厂的生产规模和制品质量都超过了启新瓷厂，其经营经验在地方推广，促进了唐山其他陶瓷企业的发展，从而出现了多家新的陶瓷窑业公司。许多手工作坊也逐步向近代工业管理演变和过渡。至1937年，唐山窑业兴旺，已有"北方景德镇"的称誉了。这足以证明唐山在我国近代陶瓷工业发展中所起的重要作用。

至1948年12月，唐山陶瓷业已奄奄一息，只剩下德盛、启新、新明、德顺隆、公聚成、三合义等少数几家靠创新产品艰难维持，全市88户陶瓷企业共有职工1190余名，失业者达70%以上。此时，唐山最大的瓷厂德盛窑业公司的股东已全部离去，企业瘫痪。政府给德盛窑业公司贷款和煤炭，使企业得以复产。1949年，政府继续扶持，使企业的资金得到周转，职工人数增加，工人生产积极性空前提高。到1949年6月，出产瓷器20t、耐火砖400t，创历史最高水平。启新瓷厂是唐山最早收归国有的瓷厂。

1949年1月，地方政府租赁了一家旧厂房，创办了唐山第一家地方国营裕丰瓷厂。对贯彻政府的工商业政策，稳定地方私营中小企业经营思想，发展解放区经济起到了积极作用。

1950年9月16日，东陶成义记与北京一家建筑公司协商成立了唐山陶瓷业第一家公私合营企业。1951年，新明的四家瓷厂实行了公私合营，其后三合义、德盛、德顺隆也于1951年和1952年相继实行了公私合营。1953年4月，东陶成义记和新明又联合组成了资金最多、规模最大的公私合营企业。这时实行了8小时工作制和劳动保险、建立福利设施。1953年12月，德顺局并入公私合营德顺隆窑业厂。到1955年，原有25户私营企业得到改造，原有的47个自然厂合并为29个地方国营和公私合营企业，全市陶瓷行业已有国有企业3户，公私合营企业8户，总产值已占全国行业总产值的71.08%，职工人数占全行业的72.71%，国营经济成分占据了主导地位。

1956年4月，唐山陶瓷工业公司成立。以1951年产量为100%，1957年的日用细瓷产量为194.5%、陶瓷管为247%。理化用瓷增长50倍，电瓷为201%，耐酸瓷增长4倍以上。日用细瓷一级率由1952年的60%提高到80%。1956年日用瓷开始出口，1954年釉面砖和卫生瓷开始出口。据8种可比产品成本统计，1957年产品成本比1953降低了16%～64%，五年给国家上缴利润等于国家投资的5倍以上。1958年成立陶瓷工业局，1962年改为市直属陶瓷公司，1965年改为河北省陶瓷公司，邯郸为分公司。1971年邯郸分出，又恢复为唐山陶瓷工业公司。

1949～1966年，唐山瓷业初步建立起了以建筑卫生陶瓷、日用（出口）细瓷、日用粗瓷、工业理化瓷、高低压电瓷、陈设美术及与陶瓷业相关的石粉、花纸、机械为一体的、门类较齐全的综合性的陶瓷工业生产体系，成为当时全国陶瓷行业学习的榜样。唐山陶瓷行业的一些技术进步和创新成果，不仅为陶瓷工业的进一步发展创造了条件，而且推广到全国，影响深远。

在众多的技术进步和创新成果中，特别值得提到的有：控制火焰烧窑法、自行研制成功的电动制缸机、开发利用大同土和其他原料、发明喷彩和雕金装饰技艺等。在唐山的日用陶瓷产品中，还涌现了以白玉瓷、骨质瓷、玉兰瓷、白兰瓷及铁结晶釉艺术瓷为代表的一大批名品。

1961年10月2日到月底，唐山市在北京劳动人民文化宫举办了"唐山市陶瓷展览会"，展现唐山陶瓷取得的辉煌成绩。展览会接待观众达61600多人，并接待了朝鲜、越南、荷兰、比利时、捷克斯洛伐克、德意志民主共和国等国家的外宾。朱德委员长亲笔题词："充分发挥你们在资源和技术方面的有利条件，生产更好的生活和工业用瓷，满足内销和出口的需求，成为第二个景德镇。"这次展览的规模与影响之大、规格之高以及展出时间之长，在唐山陶瓷历史上都是空前的，也是首都历届陶瓷展览所未有的。这是唐山陶瓷在北京的第一次展览，使唐山陶瓷接受了一次全国性的大检阅。之后，唐山陶瓷又曾两次进京展览。第二次进京展览在北京中山公园举行，反映了唐山陶瓷地震后从废墟中再次崛起的满园春色，让人振奋。第三次进京展览在中国革命历史博物馆举行，反映了改革开放十年来，唐山陶瓷又走上了一个新的台阶，面向国内外市场，推动外向型经济迈出新步伐。三次进京展览，向国家和全国人民汇报和展示了唐山陶瓷工业的成就，也显示了其历史的发展进程。

1976年7月28日，震惊中外的唐山大地震使其陶瓷工业遭受毁灭性的破坏。唐山陶瓷公司96%的厂房建筑被震坏、92%的窑炉和43%的机械设备受损，固定资产及流动资金损失多达3854万元，占原有资产总值的63.08%。震后，唐山陶瓷职工在极端困难的情况下开始了恢复建设，仅仅一个月之后，部分陶瓷厂就恢复了生产。到1978年，唐山陶瓷工业的生产能力基本达到了震前水平。唐山陶瓷人弘扬"公而忘私、患难与共、百折不挠、勇往直前"的抗震精神，建起了一座新的北方陶瓷之城。

1979年以来是唐山陶瓷工业发展的一个鼎盛时期。2005年6月，由11家卫生陶瓷和日用陶瓷企业共同发起的唐山市陶瓷协会成立，对扩大唐山市陶瓷企业对外联系与交流，规范行业发展，提高企业市场竞争力具有重要意义。

自20世纪90年代中期开始，唐山的民营卫生陶瓷企业迅速崛起和壮大，出现了一批民营企业。进入21世纪，唐山的陶瓷继续以新的姿态在继续前行。

始创于1998年的唐山中国陶瓷博览会，至今已举办了十二届。博览会规模不断扩大，影响日益增长，成果逐年递增。在第六届唐山中国陶瓷博览会开幕仪式上，中国轻工业联合会和中国陶瓷工业协会共同授予唐山"中国北方瓷都"的称号。第七届唐山中国陶瓷博览会开幕仪式上，国家科技部批准唐山建设"国家火炬计划陶瓷材料产业基地"。第八届唐山中国陶瓷博览会开幕式上，中国五矿化工进出口商会授予唐山"中国建材（唐山建筑卫生陶瓷）出口基地"。

目前，促进环渤海经济圈的快速发展，把河北建设成沿海强省，把唐山建设为科学发展示范区，以及"国十条"、出口退税率上调、保增长扩内需等一系列利好政策措施的出台，都为唐山陶瓷工业实现新发展提供了新的良机。

三、现代日用陶瓷业的崛起

景德镇和唐山百年日用瓷业概况有一定代表性，但总体上靠国家的支持处于复兴境况，短期内出现小高峰,到20世纪末体制改变,又快速从高峰走向低谷。直到21世纪初,我国日用瓷业才出现转折性的改变,成为有能力参加国际竞争的陶瓷制造大国。凭借的驱动力是:体制改革、引进先进工艺技术与装备、引资与合资办厂、开放的国内外市场及陶瓷业实现现代化的带动。到2010年,我国日用瓷生产基本实现现代工业化,干法等静压成形、辊道窑无匣钵裸烧、全自动施釉修坯等当代世界生产日用陶瓷的先进技术与装备得到广泛应用,生产出高档成套餐具,产品的市场占有率迅速扩大。

第二节　日用陶瓷产品的分类

日用陶瓷是指日常生活用的陶瓷器皿,包括饮食用具、贮盛物品用具、厨房用具及日常生活中使用的其他陶瓷器具。日用陶瓷可以按其用途和器型进行产品门类的划分,也可以按其材料质地进行分类,还可以按其装饰手法分类。

通常把专供陈列观赏用的陶瓷艺术制品,如挂盘、花瓶、神佛人物雕塑、瓷板画、薄胎瓷等称作陈设美术陶瓷。这类陶瓷中,还包括一些古瓷、园林的盆景、精美的花盆及属于日用陶瓷范围的某些高级精细品种。日用陶瓷与陈设美术陶瓷之间的界限区分并不是很严格的。特别是在按装饰手法进行分类时,有些产品常常是跨类的。但从工艺技术的角度来进行产品门类的讨论时,本章对陶瓷的装饰手法,尤其是颜色釉等问题给予了较多的关注,并作了较为详尽的介绍。

一、按用途和器型分类

景德镇日用陶瓷的门类之齐全、器型之多样是世界少见的。因此,本节以景德镇的日用瓷的产品门类和器型作为代表来说明这方面的情况。至于一些厨房用具的陶制炊具等品种,会在本章后面的地方特色中再补充加以介绍。

据1990年统计,景德镇日用陶瓷的品种有13个大类,232个系列,1662个品种,1万个画面。到2010年底,虽然有增有减,但总体上没有太大的变化,大体可分为饮食用瓷、贮盛用瓷、配套用瓷和其他用瓷四大类。

1.饮食用瓷

包括碗类产品、盘碟类产品、杯类产品和壶类产品。

(1)碗类产品　碗是景德镇日用瓷中的大宗产品,历史长,品种多,器形规整,画面多样。据实物调查,商代就出现(原始)青瓷碗,汉时有黄釉碗,唐时有玉璧形圈足碗,五代时有葵口碗,宋代有薄唇斗笠碗、鼓腹碗,元代有青花高足碗、薄唇碗,明代不仅有青花碗,还有红、黄等色釉的正德碗、官碗等。清代以来,碗的式样更多,画面也更发展了,形状有莲子式、栗子式、帽式不等,装饰有粉彩、古彩、青花和玲珑多样。

1949年后，碗类品种有很大发展。不仅继续生产人们喜爱的正德碗、罗汉碗、锅碗等传统产品，而且发展了许多新的品种，如苏联碗、英碗、大众碗、庆兴碗等。目前，主要生产的碗类产品有斗碗、莲子碗、馨口碗、罗汉碗、荷莲碗、鲜花碗、可器碗、釜钟碗、水碗、皮碗、英碗、折边碗、正德碗、苏联碗、大众碗、四方碗、八角碗等36种。每种产品之中，又可分为"品碗、顶碗、二碗、大碗、工碗、汤碗、饭碗"或"大号、二号、三号、四号、五号"或"5寸、6寸、7寸、8寸、9寸"等不同的规格。又有青花、玲珑、色釉、新彩、粉彩等不同的装饰方法。还有山水、人物、花鸟、珍禽瑞兽或各种图案不同的装饰画面。每一种碗中，一般都有几个甚至10多个品种。这10多个品种中，又有100多个或200多个甚至更多的装饰方法和装饰画面。目前，景德镇经常生产的碗类就有31个系列、197个品种。

（2）盘、碟类产品　盘、碟也是日用瓷中的大宗产品，主要用于装盛菜肴、点心等。据考古资料显示，江西在距今五千至四千年的新石器时代晚期的文化遗址中就发掘出陶器盘类。商代陶窑遗址——鹰潭角山窑遗址出土三足盘。据实物考查，景德镇的盘类生产始于五代。至宋时有圆口盘、葵口折腰盘。元代还生产有青花釉黑红装饰的大圆盘。明清以来生产盘类以7寸、8寸者居多，超过一尺的较少，但品种有所增加。1949年后，盘类传统产品继续生产，也有不少创新产品。用途上有点心盘、茶盘、果盘、鱼盘、鹅盘等；形状上有斗沿、撇沿、正圆、椭圆、圆口、平、凫、荷口、凸凹边纹等。盘的装饰方法和画面与碗类同。现在，主要生产的品种有各式圆盘、平盘、汤盘、锅盘、鱼盘、折边盘、水果盘和茶盘、秋叶盘和带盖的合盘等。这些品种按盘口直径分成从5寸至20寸以上的若干系列品种。目前，经常生产的盘类有29个系列、180多个品种。

与盘形状相类似的产品还有碟。碟与盘的区别仅在于规格大小，口径5寸以上者为盘，5寸以下者为碟。碟类产品有月心碟、圆口碟、荷口碟、正德碟等15个品种，这些碟既可单独使用，又可用作碗、杯底托配套使用。在生产中，小盘、圆盘生产较易，大盘、椭圆形等异形盘类生产较难。

（3）杯类产品　杯子作为人们饮茶、饮酒及盛装其他物品的容器，造型很多，形状各异。唐代以前景德镇就生产茶杯，到宋代时有茶盏、托杯，元明时有压手杯、马蹄杯、方斗杯及胎质很薄的卵膜杯。清代品种更多，甚为著名的有御用九龙杯。

20世纪50年代以来，景德镇的茶杯、酒杯品种有很大发展，除继承保留金瓜茶杯、大矮水筒、竹节水筒等传统品种外，还开发出金菊茶杯、玉兰茶杯、白玉茶杯和新颖别致的咖啡杯、啤酒杯等。70年代初，美国时任总统尼克松访华，景德镇为民瓷厂特制一种专为接待尼克松使用的金菊茶杯，此后这种茶杯被称为"尼克松杯"，一直流传到现在。80年代时，日本啤酒公司选购景德镇市艺术瓷厂手工绘制的重工描金粉彩麒麟啤酒杯作为销售奖品。90年代时，大量生产的杯类产品还有：金钟杯、正德杯、竹节杯、花篮杯、高足杯、石榴杯、金瓜杯、中山水筒等共15个系列、120多个品种。有的杯有柄有盖、有的有柄无盖、有的无柄无盖。另外，还有一种传统的茶杯，俗称马蹄饭具，此种茶杯质地轻巧，有盖有托但无柄。杯类的装饰方法和画面多种多样。与杯相似的是盅，在习惯上一般大者为杯，小者为盅。日常生产的有江盅、耳盅、酒盅等52个品种。

（4）壶类产品　景德镇产壶，在原始青瓷中，就有茧形壶、蒜头壶。此后历代有执壶、鸡首壶、提壶、瓜棱壶、葫芦壶、温酒壶、僧帽壶、多穆壶，还有茶壶、酒壶、油壶、便壶（溺器）、睡壶等。

20世纪50年代以后，壶类除提梁壶、柚子壶等传统品种继续生产外，还发展了四合壶、气球壶、桃壶等许多新品种。这些品种有高、中、矮、扁、圆、方、棱和上大下小、下大上小等各种形状的造型，有山水、人物、花鸟、粉彩描金等各种装饰。90年代时，日常生产的壶有：柿果壶、百合壶、莲子壶、苞米壶、宜兴壶、酱醋壶、花篮壶、玉带壶、鹰嘴壶、猫壶、狗壶及各式咖啡壶、酒壶等20个系列200多个品种。

80年代以来，景德镇市东风瓷厂手工精制各式小茶壶上百个品种，轻盈精巧，古色古香，销售量很大。其中仿清代上层人物中风靡一时的鼻烟壶，小巧精致，深受人们欢迎。

2. 贮盛用瓷

包括坛类产品、罐类产品、缸类产品和钵类产品。

（1）坛类产品　坛为盛装物品的容器，既是日用瓷，又是陈设瓷，还是工业用瓷。早在夏商时期江西就生产原始瓷坛，唐宋时产天字坛。20世纪50年代后，景德镇日常生产的品种有天字坛、冬瓜坛、宝珠坛、腰鼓坛、花鼓坛、鸡心坛、喜字坛等，以及工业用的球磨坛等，共有11个系列、68个品种。这些坛普遍有盖，且装饰有青花、新彩的花鸟虫鱼、山水、人物等画面。其中传统产品喜字坛、冬瓜坛成为农村农民结婚不可缺少的用瓷。

（2）罐类产品　罐也是盛物容器，生产历史很早，品种有双唇罐、桥形系罐、四系罐、六系罐、敛口罐，卷沿罐和影青莲瓣盖罐等。1949年后，景德镇罐类生产品种更多，一般分为有盖和无盖两种。有盖的为参罐、饭罐；无盖的为鸟餐罐、墨水罐、洗笔罐等。装饰方法有青花、釉里红等。90年代生产的品种有30余个，装饰画面有山水、花草、鸟兽、人物，寥寥数笔，明快简练，别具风格。

（3）缸类产品　缸为大小不一的容器。景德镇生产缸的历史较早，宋代有盖缸，明清时有龙缸、鱼缸。缸的生产难度大，数量很少。20世纪50年代后，缸的产量和品种大增，特别是成形工艺的革新使合格率不断提高。日常生产的品种有各种规格的莲子缸、鱼缸。1000件规格的大莲子缸，可以养鱼，可以堆叠假山。鱼缸可以盛物。其他小型的还有糖缸、烟灰缸。装饰有青花、粉彩等方法，画面以山水、花鸟、人物居多。

（4）钵类产品　钵为大小不一的盛物容器。景德镇生产钵的历史很长，历代有擂钵、花钵等品种，既可作陈设品，又可作日用品。20世纪50年代后，瓷钵生产较多，特别是随着人民生产水平的提高，各种式样的花钵广泛发展。品种有石榴花钵，金钟花钵，马兰花钵，四方、六方、八角形花钵等。花钵底下并配有钵托，此外还生产盐钵、水钵、擂钵、香炉钵等共40多个品种。装饰有青花、颜色釉、新彩、粉彩，画面极为丰富。

3. 配套用瓷

包括餐具、茶具、咖啡具。

配套用瓷是按照人们的生活习惯和需要，将碗、盘、匙、碟、壶、杯等日用瓷组配而成套使用的陶瓷器。景德镇的配套瓷具主要有餐具、文具和茶、咖啡具等。套具大多为高、中档瓷，整体和谐，使用方便；其质地和釉面色泽一致，器型规整，形成系列，彩饰高雅，色调和谐，配备齐全实用。

（1）餐具　宋代称餐具为宴具，明代称筵具，多为皇室贵族所用。20世纪50年代后，随着人民生活的改善，餐具进入千家万户。有1人用、2人用、4人用、6人用、10人用组合配套；还有简便餐具、宴席餐具、新婚餐具、儿童餐具、航空用餐具、少数民族用餐具、象形餐具、国宴餐具等。

20世纪50年代以来，景德镇一直承担着为北京钓鱼台国宾馆、人民大会堂和国家驻外使馆特制成套餐具的任务。80年代后，餐具装饰方法和器型、画面都在不断更新。景德镇的青花梧桐山水和影青餐具、水晶刻花西餐具、青花玲珑西餐具、粉彩餐具、米卡莎新彩餐具等先后获得国家和轻工业部的奖励，有的还获得国际大奖。景德镇主要生产的中餐具有20头（件）、45头、92头，多的达200～300头；西餐具有20头、45头、92头，多的有192头，共240余种。

文具在清代就很盛行，但没有组合，大多是单件。20世纪50年代后，文具有一定数量的发展。其组合方法一般以笔筒、笔架、笔洗、花插、印泥盒和水罐6件组成，名曰6头（件）文具。在6头基数上增减的，则按实际件数呼名，一般有4头、5头、6头、7头等文具。文具的装饰有青花、青花玲珑、粉彩、新彩，还有堆雕、浮雕和颜色釉等种类，绘制都很精巧，材质也很优良。

（2）茶具、咖啡具　早在隋代，景德镇瓷器就有4杯或2杯共1盘托的简单组合茶具。清代有1杯1盖1托3件组成的盖碗，还有马蹄饭具，也是3件组成。20世纪50年代后，随着人民生活水平的提高，茶具得到广泛发展。其组配方法，一般由壶、壶托、杯、盘组成，有9件、10件、15件、18件、22件不等。以后随着饮用咖啡者增多，咖啡具的需求大增。在茶具中只需增加奶盅、糖缸即成咖啡具。陶瓷厂的生产一般是茶具、咖啡具混合组合。茶具、咖啡具的装饰大都采用新彩，即贴花镶金边者居多。

4.其他用瓷

在日用瓷中，除上述三大类外，还有一些"匙"、"筒"之类的单件品种，体积虽小或数量不多，但又不可缺少。

"匙"即汤匙，也叫调羹、汤瓢。因为以前在生产时用泥针顶住烧成，故又称针匙。日常生产的有饭匙、汤匙、参匙。这3种的每种中均有各种型号、规格。

"筒"为长深的圆柱形的大小不等的盛物容器，既是日用瓷，又是陈设瓷。现在生产的有帽筒、箭筒、毛筒、筷子筒、香烟筒、胡椒筒、牙签筒等10余个品种。

品锅为盛汤容器，在配套的餐具中是不可缺少的品种，也可单独使用。品锅由一锅一盖组成。造型上大下小，翻口厚沿，两边有耳，便于端动，并有各种规格，装饰各异。

饭古状如篮球，上面有盖，口大内敛，腹鼓里面宽深，便于盛物，且很美观。装饰的方法画花鸟者居多，并饰以金边，常为新婚家庭购买。饭古规格型号不多，仅有3个品种。

瓷珠坐垫有各种规格，可以串通编织坐垫、靠垫、通风凉爽。

其他产品也有很多。洗：笔洗、笔海，为文具配套产品。盂：痰盂、水盂等10余品种。炉：香炉、檀香炉、酒炉。斗：鸡汁斗、酒斗、船形汁斗、香蕉汁斗等10余品种。架：笔架、筷架等，规格有10余种。盒：印泥盒、皂盒、胭脂盒、果盒、油盒、颜料盒等10余种。

二、按质地和装饰手法分类

1. 按质地分类

日用陶瓷按其胎体特征，主要是吸水率、透光性、胎体及其断面性状、敲击时发声的特点等分为陶器和瓷器两大类。

陶器的吸水率一般大于3%，胎体不透光，未玻化或玻化程度差，结构不致密，断面粗糙。敲击时声音沉浊。瓷器的吸水率一般不大于3%，胎体有一定的透光性，玻化程度高，结构致密、细腻，断面呈石状或贝壳状。敲击时声音清脆。

陶器与瓷器的差别主要是由于所选用的原料及配方不同、烧成温度的高低所致。瓷器因原料选用及制作工艺精细、配方适宜、烧成温度高，使得胎体接近或完全烧结，故致密、细腻且吸水率低。

陶器和瓷器又可各自按其一些特征作进一步的细分类。

陶器按其特征又可分为粗陶器、普通陶器和细陶器。粗陶器的吸水率一般大于15%，不施釉，制作粗糙。普通陶器的吸水率一般不大于12%，断面颗粒较粗，气孔较大，表面施釉，制作不够精细。细陶器的吸水率一般不大于15%，断面颗粒细，气孔较小，结构均匀，施釉或不施釉，制作精细。

瓷器则按其特征可分为炻瓷器、普通瓷器和细瓷器。炻瓷器的吸水率一般不大于3%，透光性差，通常胎体较厚，呈色，断面呈石状，制作较精细。普通瓷器的吸水率一般不大于1%，有一定的透光性，断面呈石状或贝壳状，制作较精细。细瓷器的吸水率一般不大于0.5%，透光性好，断面细腻，呈贝壳状，制作精细。

国家标准《日用陶瓷分类》（GB 5001—1985）是1985年制定、公布，并开始实施的。随着时间的推移和科学技术的进步，其中的某些规定已显得不够严谨。该标准目前已在修订之中。

除了上面对陶瓷器的基本分类以外，还可以根据瓷胎的组成系统或某些突出的性能对一些瓷种给予新的命名，如焦宝石瓷、滑石质瓷、高石英瓷、高长石瓷、贝壳瓷，以及高强度瓷、微波炉专用瓷、耐热炊具，等等。对于这些新瓷种，将在本章地方特色中作介绍。

2. 按装饰手法分类

陶瓷是一种实用和观赏并重，科学与艺术相结合的产品。一件陶瓷制品，不仅要具有由工艺技术决定的材质，使之耐用，而且需有通过装饰艺术赋予的造型与纹饰，使之美观。装饰对于陶瓷器来讲，也是一个重要的特征，反映出许多时代和地域特点。因此，也可以按其装饰手法对日用陶瓷进行划类。

陶器是伴随人类进入定居生活和农耕生产而出现的。陶器从一开始产生，就与美术结下了姻缘。早期的陶器就已经有端庄规整的造型，而且加上了各种纹饰和彩绘。同时，它还和铜器、漆器、金银器等各种工艺美术之间有密切的联系和相互影响。这一点在后来瓷器艺术的表现上更加丰富与多样。

各个朝代受到原料和燃料的开发利用、陶瓷工艺技术的进步与限制，以及审美观念的影响，在陶瓷器物的装饰上都有鲜明的时代特征。从新石器时代早期陶器的出现，商、周时期釉陶、印纹硬陶和原始瓷的烧制成功，汉、晋时期青釉瓷的发明，隋、唐时期白釉瓷的突破，到宋、元、明、清时期的颜色釉瓷、彩绘瓷和雕塑陶瓷的辉煌成就，无不打上了鲜明的时代印记。

宋代重视釉色而轻视胎质，到了明清两代，对瓷器才逐渐确立了"洁白"、"致密"、"半透明"的质量要求，并成为现代对瓷器的比较一致公认的审美观。这些都是陶瓷器时代特征的最好例证。

由于中国南北方人民的生产、生活习惯不同，加上气候、陶瓷原料和燃料、生产工艺技术等的不同，南北方的陶瓷生产工艺和产品都有很大差异，从而形成强烈的地方风格与特色。南方以景德镇地区为代表，自元代以后，直到明清都是采用高岭土加瓷石的二元配方，用松柴作燃料，在镇窑中用还原焰快速烧成。瓷胎白里泛青，器型比较轻薄灵巧。装饰则以釉下青花、釉上粉彩、颜色釉、青花玲珑等最为著名。举世公认景德镇产的瓷器"白如玉、明如镜、薄如纸、声如磬"。而北方则多采用二次沉积黏土，配以石英、长石成瓷。烧窑的燃料使用煤炭，用氧化焰烧成，烧成周期较长，因而使瓷胎的透光性较低。另外，因北方人的生活习惯喜食面食和肉食，需要的器型较大。为了减少坯体变形，又趋于加厚胎体，从而形成北方瓷器的浑厚凝重的造型风格和外观特色。北方瓷器在装饰手法上也形成了迥异于南方瓷器的，比较粗犷的特有风格。由此，才使我国的陶瓷生产工艺、产品和文化上呈现出绚烂多彩、百花争艳的繁荣景象。

陶瓷器物上的装饰种类及其手法极其繁多，发展也极为迅速。许多产瓷区都对各自的产品的装饰品种及手法作为地方特色大力加以宣传和推介。汇集各产瓷区的特色，可以看到我国日用陶瓷在工艺技术和艺术特色的概貌。本章的后半部分比较详细地介绍南北方各地和主要产瓷区产品的地方特色。

第三节　主要产区的特色产品

一、景德镇的四大传统名瓷

景德镇的四大传统名瓷是青花瓷、粉彩瓷、颜色釉瓷和青花玲珑瓷。详见第七章陈设艺术陶瓷中的第三节传统名瓷及其艺术特色。

二、湖南产区的特色产品

1.釉下五彩瓷

详见第七章陈设艺术陶瓷中的第一节清末到民国时期主要产区的传统陶瓷与艺术。

2.中温颜色釉炻瓷

20世纪末至21世纪初，湖南陶瓷一改高温硬质瓷的一统天下，除洪江、界牌和醴陵的少部分企业仍然生产外，中温颜色釉炻瓷占据了主导地位，生产厂主要集中在醴陵、铜官等地，产品主要销往欧美等地。这种产品质地坚硬、抗冲击力强、热稳定性好、不含铅镉等有毒物质，适应于高温蒸煮和机械洗涤，是餐厅、酒店、家庭用瓷，主要产品有餐具、酒具、茶具、咖啡具等多个系列品种。这是由醴陵当地的瓷土特别适合制造中温颜色釉炻瓷且成本较低所致。这些中温色釉瓷的（炻瓷）企业经济效益明显，致使醴陵色釉炻瓷居国内外之冠。20世纪80年代，醴陵嘉树瓷厂开始生产中温颜色釉炻瓷并且很快蔓延，先后有华联、港鹏、楚华、流星潭、雨润、泉兴、泰丰、天博、新世纪、仙凤、国华、国兴、国荣、惠通等几十家企业开始生产中温颜色釉炻瓷，龙头企业是以嘉树瓷厂为基础发展起来的湖南华联瓷业有限公司。湖南华联瓷业有限公司拥有员工7500余名，年生产能力1亿件，是湖南省规模最大、经济实力最强的日用陶瓷生产企业。湖南铜官星光炻瓷厂于1978年在国内最早转产出口炻瓷并首家进入美国市场，2004年生产能力达3000万件，是铜官陶瓷行业的"龙头"企业。

三、广东产区的特色产品

1. 日用陶器

早期广东的日用陶器大体生产一些盆、罐、壶等盛器，以后逐步发展到制作碗、碟、炉、罐、烛台、花瓶、花钵、缸、餐具、茶具等不同的品种，但大部分属于普通陶器制品。石湾产区从古至今均以烧陶名扬四方。潮州产区的紫砂陶器亦颇负盛名。

广东日用陶器的传统产品有"三煲"（茶煲、饭煲、粥煲）、"三缸"（米缸、糖缸、水缸）和陶钵、陶盆、花盆等一百多个规格、品种，出口产品占有一定的比例。自20世纪50年代以来，潮州、大埔产区逐步发展细陶器，主要产品有工夫茶具、文具等，产品古朴纯真。

1978以来，随着对外贸易的发展，日用细陶器的需求量日益增大，日用陶器生产企业发展迅速，主要产品为茶具类和餐具类。在生产工艺上，改变了过去陶器粗做的习惯，把制瓷工艺广泛用于陶器生产，产品在1000℃左右烧成。

釉中彩日用陶器就是在陶坯上施以白色或浅色的色土，经烘干后进行彩绘、填色，再施透明白釉后再入窑烧成而制得的一种陶器。这种产品由于陶质返璞归真、装饰丰富多彩，既有精细的装饰，更多的是豪放、自由的装饰，且当陶器破损后，容易风化而回归自然，属环保产品，备受市场接受。潮州陶瓷产区的荣利宝陶瓷有限公司，潮安桐宇陶瓷制作公司等为生产日用陶器较成功的代表企业。

陶质工夫茶具是潮汕人惯用的一种茶具，历史悠久。茶壶可分为手工拉坯和注浆成形两种。陶质工夫茶具一般都是小作坊生产，讲究精致和艺术。中国陶艺大师章燕明、省级工艺大师吴瑞深、章燕城、谢华等是著名的工夫茶具制造大师。

2. 日用瓷器

1911～1957年，广东主要以生产粗瓷和普通瓷器为主，品种主要有碗、盘、杯、壶、汤匙等，大部分为单件产品。

1958年，广东省各瓷区开始生产成套日用细瓷器，20世纪60年代全面铺开。70年代后期，潮安三瓷厂、廉江红星瓷厂、电白瓷厂等发展成为高档细瓷的生产骨干企业。90年代以来，成套日用细瓷的生产有了飞跃的发展，除了长石质瓷质外，开发了高白瓷、骨质瓷、强化瓷、镁质瓷、白云瓷等。1979～2010年，广东日用陶瓷生产有了较大的发展，潮州成为广东省日用陶瓷的主要产区。1992年，潮州规模以上企业日用陶瓷年产量超过27亿件，占全省的80%以上。另外，大埔高陂、光德、桃源、洲瑞，湛江廉江，广州番禺，深圳观澜等地都有一定规模的日用瓷生产企业。

日用陶瓷的装饰以纯色（白色或浅黄）为主体色，釉上彩、釉下彩、釉中彩各有风格，丰富的颜色釉产品更增添了日用陶瓷的风采。个性化日用陶瓷琳琅满面，艺术釉在日用陶瓷的装饰发挥得淋漓尽致。总的来说，日用陶瓷向装饰化、美术化方向发展以充分体现人文情怀。

1958年以来，广东的釉下青花成套餐具、釉中彩中西餐成套餐具、骨质瓷成套餐具和颜色釉成套餐具等具有鲜明特色的日用成套陶瓷餐具生产得到了迅速的发展。

釉下青花是大埔高陂的传统产品。1959年国庆十周年时，大埔赤山瓷厂给北京十大建筑中的华侨大厦和北京火车站提供了青花成套餐具。1963年，大埔陶瓷研究所和赤山瓷厂共同完成了为人民大会堂提供92头青花中餐具的任务。

1959年，饶平产区的青花深盘被选为国务院接待外宾用餐具。1961年，饶平新丰瓷厂生产的128头釉下青花瓷器被选为人民大会堂广东厅的陈列品。

1964年，潮安三瓷厂生产的"飞燕牌"餐具在国内外享有盛誉，1965～1980年成为潮州日用陶瓷的品牌产品。

20世纪80年代，石湾人民瓷厂、潮州市炻瓷厂生产炻瓷餐具、咖啡具、杯类等产品。90年代后，炻瓷发展较快，主要产品有炻瓷餐具、茶具、电饭煲内胆、电炖盅、花插等产品。

1997年，潮州陶瓷产区的金鹿陶瓷公司开始开发骨质瓷，现在潮州陶瓷产区已有骨质瓷泥的专门加工厂，生产企业也逐年增多，潮州市松发陶瓷有限公司、广东长城股份有限公司、广东顺祥陶瓷有限公司、广东伟业陶瓷实业有限公司等为代表企业。2007年3月，潮州市松发陶瓷有限公司生产的"胜利杯"骨质瓷中餐具被选为人民大会堂宴会厅专用餐具。

2004年，深圳永丰源实业公司开发出暖色调的红色、黄色骨质瓷成套日用瓷餐具，被客商称为"红得晶莹透亮，喜气洋洋"。2007年，在莫斯科洛库斯国际展览中心举行的中国国家展上，被时任俄罗斯总统的普京称誉为"响当当的中国货。"

广东的日用陶瓷品种有中餐具、西餐具、咖啡具、茶具、宾馆酒店用瓷，满足微波炉、电磁灶使用的日用陶瓷、耐热陶瓷都已实现工业生产并投放市场。

四、德化产区的特色产品

福建省德化县陶瓷业历史悠久，宋元时期就有质地优良的白釉瓷器销往世界各地。德化的"象牙白"、"中国白"是我国白瓷的代表。郑和下西洋所带的瓷器中就有"德化瓷"。

20世纪80年代以来，德化陶瓷产业集群是福建省重点培育的产业集群之一，已形成了传统瓷雕、西洋工艺瓷、日用瓷等1万多个出口品种的陶瓷产业格局。

2003年，德化荣膺"中国瓷都·德化"荣誉称号。2008年10月，德化县日用工艺陶瓷产业集群被授予"2008年中国百佳产业集群"称号。2010年,德化陶瓷业出口日用陶瓷6402批次,货值1.23亿美元,出口额首次突破1亿美元。

五、宜兴紫砂及"五朵金花"

紫砂是宜兴最具代表性的产品。除了紫砂,宜兴还有许多特色产品,诸如世称"五朵金花"的均陶、青瓷、精陶和美彩陶等。详见第七章陈设艺术陶瓷中的第三节传统名瓷及其艺术特色。

六、浙江产区的陶瓷及其特色

浙江的日用陶器按质地不同可分为粗陶、细陶、精陶等类型;日用瓷器则以龙泉青瓷最为著名。

1.日用陶器

(1)粗陶器和普陶器产品 粗陶器,是一种坯体质地较粗的产品,具有耐酸、耐碱、耐盐、耐热的性能。品种有缸、坛、甏、盆、钵、罐和砂锅等。普陶器产品质地坚硬,一般内外施釉(紫砂陶除外),少数器物表面有花纹。浙江的粗陶器和普陶器产品生产主要集中在绍兴、诸暨等地。

缸类产品是日用陶器的大宗产品,主要用于装水、贮粮、腌菜、制酱、浸种、存放饲料等,产品规格按容水量分,有25kg以下,25kg、50kg、100kg、150kg、200kg、250kg、500kg等规格。最大的缸是长兴清明山陶器厂生产的"千斤缸"。缸的造型规格因产地条件和传统习惯而不同,浙江一般以容水350kg、250kg缸和笔筒形缸最为畅销。

坛罐类产品均是生产和日常生活常用的容器,品种很多,造型按各地习惯而异。浙江把坛又称为瓮。坛的造型、口径一般较小,装物品后易于封口,便于运输。按用途可分为酒坛、腐乳坛、榨菜坛、腌菜坛、泡菜坛、酱油坛等。诸暨以酒坛最有特色。诸暨酒坛具有胎质细,釉层厚,小口大肚易于密封,贮酒不渗漏,久藏不走味、不变质,挥发少等优点。诸暨酒坛以优质陶土用独特工艺加工而成,适宜长期存放黄酒,能使坛内黄酒中的氨基酸等多种营养成分保持正常,使陈年绍兴老酒保持色、香、味俱佳的效果,素有"绍兴老酒诸暨坛"之说。诸暨的优质陶土贮量丰富,为酒坛的主要产区,素有"陶窝"之称。

砂锅类产品煨煮食物有烂、香、嫩的特色,比金属器皿煮的食物色味均好,用砂锅煎熬中药不会起化学作用。砂锅的不足之处是不能炒菜、干烧,烧煮食物不能断水,冷热急变易炸裂等。

(2)细陶器产品 细陶器包括陈设陶、美术陶,具有泥质细腻、釉面光亮、工艺精致等特点。细陶与粗陶的原料选择、淘洗、练泥、成形、干燥、施釉、烧制等工艺过程基本相同,但制作精细程度大不一样。细陶原料配有一定量的长石、石英等,胎质较细,而粗陶胎质较粗,气孔率高;细陶用色料艺术釉,颜色鲜艳,而粗陶施普通釉,色泽单调;细陶装饰采用画、刻、贴花、雕刻、釉绘等装饰工艺,而普陶很少有装饰。细陶产品的品种主要有坛、罐、壶、盘、杯和各式花瓶、花盆、动物雕塑、花缸等。

（3）精陶产品　精陶18世纪初起源于英国，19世纪初生产技术传到欧洲大陆各国，1913年日本开始精陶生产。精陶也是一种细陶器，但因近代从国外传入，故人们常常将之单列为一类。1937年，吴百亨在温州创办西山陶瓷厂，1939年更名为温州西山瓷器厂，开始利用当地原料生产日用精陶，产品为日用餐具和釉面砖。这是我国最早生产的日用精陶，登记注册商标是西山牌。据统计，1942～1945年间，温州西山瓷器厂月产碗1万只、菜盘6万只、茶杯和痰盂各2000只、汤匙900筒，花色品种增至数百种，质量良好，有的产品足可取代舶来品。1945年，西山瓷器厂更名为西山窑业厂，后因负债过多而破产。1949年5月，在温州市人民政府的支持下，调拨物资支援西山窑业厂而恢复生产。1951年，西山窑业厂实行了公私合营，生产国内市场需要的精陶菜盘，企业面貌改观，生产规模扩大，职工增至1512人。江苏、河南、湖南、广东、辽宁、山东等地陶瓷厂纷纷到西山窑业厂学习生产日用精陶产品的经验，从工艺、技术、装备、质量标准和企业管理等方面均得到了帮助。1957年，温州西山牌精陶盘子获浙江省人民政府二等奖。1959年，温州西山日用陶瓷厂建立，生产日用精陶。进入60年代后，温州西山日用陶瓷厂扩大生产规模，开发花色精陶盘子，生产平盘、汤盘、饭盘、餐具和茶具等系列产品，精陶盘有5～12英寸、14英寸、18英寸、20英寸等10余个规格，色泽有白色和花色（金边釉上贴花、金边釉下彩、手工绘画等），生产进入黄金时期，经济效益为全省陶瓷行业之首。

2.日用瓷器

浙江的日用瓷器以龙泉青瓷最为著名。1950年以后的几十年间，龙泉各瓷厂和青瓷研究所充分利用当地得天独厚的天然瓷土原料，采用机械化和传统工艺相结合的生产方式，引进和吸收国内外先进烧成技术，使青瓷产品在造型、装饰、釉色、工艺诸方面均有较大创新，在花色品种上更是百花齐放，丰富多彩。到1995年，产品有陈设艺术瓷、仿古瓷、礼品瓷、旅游瓷、包装容器瓷、成套日用瓷、成套酒具、茶具和文具瓷及各式灯具装饰瓷等2000多个品种，其中哥窑青瓷艺术陈设瓷类200余种，弟窑青瓷人物、动物300余种，花瓶类200余种，花罐花盘100余种，壶类100余种，碗类100余种，杯、盅、碟100余种，成套餐具、茶具、酒具、咖啡具和文房用具等30余种，缸、坛、罐、锅、钵、筒、匙等杂件400余种。

近年，龙泉青瓷更涌现出许多新的品种，如青瓷釉下彩、薄胎青瓷、青瓷玲珑、哥窑象形开片瓷，令人目不暇接、美不胜收。

七、唐山产区的陶瓷及其特色

1949年以来，唐山日用陶瓷行业发明的喷彩和雕金等装饰技艺推广到全国，影响深远。在唐山的日用陶瓷产品中，还涌现了以白玉瓷、骨质瓷、玉兰瓷、白兰瓷及铁结晶釉艺术瓷为代表的一大批名品，很有特色。

1.喷彩

喷彩源于刷花和吹花。1948年以前，唐山德盛、德顺隆等瓷厂已利用喷枪"吹缸"的喷彩装饰，工艺手段尚较简单。1948年后借鉴了搪瓷、热水瓶的装饰工艺，使用空气压缩机、喷枪、喷笔，采用铜片、铅皮镂刻后敲成需要的曲面，分成若干层次的分色套版，依次将颜色喷于瓷面。使用刻纸法，则是揭一次纸喷一次色，层次分明，规格统一，颜色深浅变化自然，形象逼真。20世纪60～70年代，喷彩技术走向成熟。由于喷彩装饰细腻有致，表现瓜果、花卉、猫狗鸡雏动物、风景、人物都能淋漓尽致，生产效率高于手彩。此外，釉中彩喷彩、釉下彩喷彩和用于艺术陈设瓷的喷彩装饰都有更为广阔的应用前景。唐山的日用瓷、艺术瓷喷彩作品多次在全国陶瓷美术评比中夺魁。刘振甲的喷彩艺术瓷盘《碧水鱼乐》刊登于《中国现代美术全集》。

2. 雕金

陶瓷采用金饰早已有之，但在出现金水之前，是用金粉涂画，成本昂贵，金色不亮且不能使金饰长时间固着于瓷面。用化学工业方法将黄金制成适于描绘的金水，烤后虽然亮丽，但仍不能与瓷体很好地结合，容易磨蚀。1950年，孙海峰借鉴画玻璃镜子的经验，用氢氟酸腐蚀釉面，再将金饰直接画在不光洁的瓷面上，取得金饰稳固耐磨的效果。因腐蚀工艺具有雕刻的效果，因此称为"雕金"。20世纪60年代已有批量制品出口，进入世界高端市场。之后，唐山、湖南、山东、邯郸等地相继研制了黄金水、白金水供应国内所需。结合白金水的使用，有了金银错、明暗金等多种不同的装饰方法。雕金作品曾参加了国内外许多重大展览，为古老的中国陶瓷争得了许多新的荣誉。之后，唐山又将这项技术推向各地。

3. 白玉瓷、骨质瓷、玉兰瓷、白兰瓷及铁结晶釉艺术瓷

详见第七章陈设艺术陶瓷中的第三节传统名瓷及其艺术特色。

八、山东产区的陶瓷及其特色

山东陶瓷在历史上属民窑系列，产品多为碗、盘、盆、壶、罐、瓶、枕等日用之物，产品分两大类。一类是以黑、酱、青、老鸹翎釉为代表的单色釉产品。产品造型粗笨，以瓮、罐、盆、坛等大件为主；另一类是以淄博青花、红绿彩等为代表的彩绘产品，其中的套五盆，生产了近半个世纪，广受人们欢迎。

20世纪50年代初期，山东日用陶瓷产品仍以大缸、罐、坛、盆、碗、盘等陶器、粗瓷器和普通瓷器为主。后来，相继研制成功精炻器、滑石质日用细瓷、高长石瓷（鲁玉瓷）、高石英瓷、钠长石质瓷（鲁光瓷）、合成骨瓷、贝壳瓷等。

1. 套五盆

1936年以前，淄博生产的各种盆类多为黑釉盆。1936年杨瑞符在山头经营"双合窑"，受福山套二蓝盆的启发，仿搪瓷盆样式，试制白釉彩瓷套二盆。用打泥团手轮陶模制坯，在坯体上先上化妆土，再施釉。画盆颜料用大火红、绿、蓝三色。为了增加窑炉的装量，由套三、套四改为套五。套五盆是很实用的器具，且物美价廉，所以销路很广，产量逐年增加。1948年为3万套。1949年以后改为机械生产，最高年产量为122万套。套五盆自1938年生产，至1987年停产，经历了半个世纪。

2.精炻器

1975年，淄博瓷厂以当地储量丰富的焦宝石为主要原料研制精细炻器，1976年获得成功并批量生产并进入国际市场。"精细炻器"属于炻瓷，因工艺精细、质地较佳，故有此商品名。其产品坯体呈奶油黄色，性能与瓷器基本一致，故又称奶油黄色瓷，商标为"昆仑"牌。"昆仑"牌细炻器胎质坚致，釉面光润，色泽悦目，尤以宽红色边和咖啡色边花图案著名。产品有15头至45头成套餐具、咖啡具、茶具，还有牛奶杯及挂、座盘等。1977年后，年产量2000万件，其中80%出口，销往美国、澳大利亚等40个国家和中国香港地区。1980，1984年两次获国家优质产品银质奖。

精炻器生产工艺与瓷器基本相同，烧成温度1260～1350℃。采用高温釉一次烧成，也可用低温釉两次烧成，一般用氧化焰，多用阳模滚压或注浆成形，装饰方法为釉上彩或釉下彩。

20世纪80～90年代，年产量分别为3亿件和5亿件，21世纪初年产量达6亿件以上，占山年陶瓷产区日用陶瓷产量60%以上。

3.滑石瓷

1972年，淄博市陶瓷工业公司组织淄博市硅酸盐研究所、淄博瓷厂和博山陶瓷厂开始滑石瓷技术攻关会战，于1977年研制成功滑石质日用细瓷，为山东发展高档日用细瓷开了先河。

滑石瓷具有强度高、透光性好、白度高和瓷质细腻等优点，呈色洁白，取名"乳白瓷"（后又称"镁质强化瓷"）。在白瓷坯料中加入少量的稀土元素（锆、铈等）可制得釉面光亮、色调淡雅的象牙黄瓷。在釉料中加适量的氧化铁，用重还原烧成可制得色调明快、淡青色的青瓷，称为鲁青瓷。这三种瓷均达到高级日用细瓷部颁标准，填补了国内空白。

20世纪90年代末，滑石瓷在全国几个主要产区推广应用。2006年后，由于该瓷种材质以滑石为主要原料，而滑石属镁质、强度高、釉面光润，市场上也称名为镁质强化瓷。

4.高长石瓷（鲁玉瓷）

由山东省硅酸盐研究设计院研制成功，具有瓷质细腻、半透明度好、釉面光润、变形小等特点，填补国内空白。1980年6月通过省级技术鉴定。1981年2月获轻工业部重大科技成果三等奖。1983年4月获国家发明三等奖。

5.高石英瓷

山东省硅酸盐研究设计院研制成功。采用二次烧成工艺，产品具有机械强度高、透明性好、瓷质细腻、性能优良等特点。1982年获山东省科技成果二等奖。1983年10月获轻工业部科技成果二等奖。1987年获国家发明三等奖。同年，在南斯拉夫萨格勒布第15届国际发明博览会上获金牌奖。

6.鲁光瓷

鲁光瓷是一种钠长石质的高级日用细瓷，是山东省硅酸盐研究设计院进一步利用当地原料的成功范例。利用淄博储量丰富的彭阳瓷石（即钠长石、石英岩）为主体原料，突破了钠长石一般不用作瓷器坯体主熔剂的传统观念，采用近似高长石质瓷的工艺研制而成。产品各项理化指标均达到或超过《高级日用细瓷器》(GB 4003—83) 的要求。1991年完成并在淄博工业陶瓷厂工业试验。1992年5月通过山东省科委技术鉴定。1993年获山东省科技进步一等奖。1994年获第八届全国发明博览会金牌奖。

7. 合成骨质瓷

1995年起，山东省硅酸盐研究设计院开始用当地天然原料和部分工业原料进行人工合成骨粉及其制瓷技术的研究，1998年在国内首次研制成功人工合成骨粉——羟基磷酸钙及其制瓷工艺并获山东省科技进步一等奖，1999年11月获国家发明二等奖，这是当时我国陶瓷材质研究项目的最高奖项。2000年在山东、江西、河北等地10多家企业推广应用。

8. 贝壳瓷

由山东珍贝瓷业有限公司研制成功。用贝壳砂为主要原料，辅以长石、石英、黏土等，采用二次烧成工艺。贝壳瓷产品的白度、透明度、热稳定性和机械强度等指标达到高档瓷器标准。2000年获国家技术发明二等奖。

九、其他地区的陶瓷及其特色

日用陶瓷是生活必需品，是人们须臾不能离开的。因此，陶瓷业及其工厂、作坊除了大规模地集中于以上八大产区之外，还遍布祖国的大江南北、长城内外。广袤的东北、西北和西南，都星罗棋布地分布着许许多多、规模大小不一的陶瓷工厂和作坊。由于地域、民族的生活习惯和文化传统的不同，以及各地的原料、燃料和工艺的差异，造成陶瓷产品在材质、器型、装饰等方面的多样性，颇具地域和民族特色。即使在一些中原地区，如河南等地，也还有一些与以上八大产区不同的特色产品。另外，这些地区的日用陶瓷特色产品，许多本身就可以被当作是一件艺术品，将之归入陈设艺术陶瓷。下面，仅对八大产区以外的其他地区的特色日用陶瓷，暨部分陈设艺术陶瓷产品作一简介，概以补全。

1. 河南地区的陶瓷及其特色

河南陶瓷也是中国陶瓷一枝艳丽的奇葩。北宋时期是河南陶瓷发展的最高峰，全国的五大名窑"汝、钧、官、哥、定"中，有三个即汝窑、钧窑和北宋官窑在河南境内。这一时期全省各地官窑四起，民窑林立。产品以造型秀美，工艺精湛，胎质坚硬，釉色美丽著称，反映出极高的艺术品位和独特的时代风韵，表现了河南陶瓷的独特地位。

唐三彩是我国唐代著名的陶器。所谓"三彩"是指在这种陶器上施以黄、绿、蓝三种不同的釉色做基调，经过入窑烧制、呈现复杂窑变形成的产品。这是河南唐代的陶瓷工匠们，在继承汉代绿、黄等单色釉陶的基础上发展创造的多种颜色、低温铅釉陶器。因创制于唐代，故称唐三彩。唐代是我国陶瓷工业蓬勃发展的时期，河南各地的窑口相继兴起。根据对全省窑址的调查和发掘判断，唐三彩不仅种类繁多、造型丰满，而且釉色艳丽，各具特色，并形成了不同的窑变。

1949年以后，河南的著名古代名窑——汝窑、钧窑和北宋官窑的考古研究、名瓷恢复及复仿制都取得了为世人称道的成就。唐三彩以及当阳峪窑、登封窑、黄河澄泥砚等也得到恢复和发展。

而在现代日用陶瓷产品中，河南在全国陶瓷业中较有名声的产品为精陶、炻瓷及紫砂等。

1964年，巩县陶瓷厂、禹县国营瓷厂接受中南局委托担任精陶出口的试验任务，经过一年奋斗试制成功，于1966年转为生产出口精陶。1966年和1967年，焦作市陶瓷厂和洛阳陶瓷厂也分别完成了精陶产品的试制工作，为河南省陶瓷产品出口增加了新的品种。1970年，巩县、禹县国营瓷厂的"飞鸽"牌和"地球"牌精陶成为全国精陶产品出口的知名品牌。1981年以后，巩县陶瓷厂继续精陶产品的生产和出口，成为全国生产出口精陶产品的三个厂家之一，年生产能力300万件。

炻瓷又称炻器，是烧结至玻化的、不透明的、具有任意颜色的陶瓷器皿，其质地介于陶与瓷之间的地位，吸水度≤5%。特点是胎质较厚、机械强度高、热稳定性能好，釉层耐刀具刻画。20世纪70～80年代，炻瓷餐具在国外发展很快。大多数宾馆、饭店采用洗碗机清洗餐具，由于炻瓷的机械强度高，热性能好，很适合宾馆、饭店的机械化洗涤，国际市场需要激增，且售价也比细瓷稍高。发展炻瓷产品出口是河南陶瓷产品出口的一次机遇。

1974年，禹县钧瓷一厂在省内首家开始生产炻瓷。由于河南省的陶土资源含铝量高等特点，炻瓷产品发展很快。到1987年，全省已有禹县钧瓷一厂、禹县国营瓷厂、焦作陶瓷一厂、焦作陶瓷三厂、宜阳陶瓷先后投入炻瓷生产，并发展成为省陶瓷产品出口的又一主要品种，并成为河南出口的拳头产品。1987年，全省炻瓷生产能力已达3500万件，其中出口达2300万件，年创汇500多万美金，主要出口成套炻瓷餐具、茶具等，尤其是焦作陶瓷三厂的42头"蝴蝶"牌餐具和焦作陶瓷一厂的24头"三阳"牌餐具在欧美市场很受欢迎。1990年，河南的炻瓷产业发展到了顶峰，以后开始逐步衰落。2010年，修武瓷厂（后改为焦作市陶瓷四厂）继续维持炻瓷生产。

1979年，宝丰县瓷厂从江苏省宜兴市聘请师傅，利用当地发现的适宜生产紫砂的原料，试制成功紫砂产品，为河南省的陶瓷产品又增加了一个新的品种。宝丰汝州一带的紫砂原料丰富，储存量在亿吨以上。宝丰县瓷厂更名为宝丰紫砂工艺美术厂，紫砂产品有茶具、花盆、花瓶、笔筒、餐具、人物雕塑等127个品种，其中茶具、花盆、餐具被评为省优秀产品，并有批量出口。

2.东北地区的陶瓷及其特色

东北地区的辽宁（简称辽）、吉林（简称吉）和黑龙江（简称黑）三省，常称东三省。过去，东北地区的陶瓷作坊和工厂主要生产砖瓦、缸、盆等陶瓷，这与东北地区寒冷气候环境和人们的生活习惯有关。缸用于冬天渍酸菜，瓦盆（不上釉气孔率高）用于饭菜的保温，后来才逐渐生产普通陶瓷（即粗瓷蓝边碗）。20世纪初，东北地区的现代陶瓷业开始起步，且主要集中在辽宁的沈阳、大连、抚顺、海城、锦州等地。20世纪下半叶，辽宁成为我国工业陶瓷（特别是电瓷）、建筑卫生陶瓷的生产与研发重要基地。而在陈设艺术陶瓷和日用陶瓷方面，辽瓷，特别是辽三彩在历史上是有它的地位的，值得回顾和介绍。

辽宁陶瓷（简称辽瓷）是我国古代北方契丹族在吸收中原文化和汉族传统制瓷技艺的基

础上，结合本民族固有文化传统和生活习俗，充分利用当地黏土资源而生产和发展起来的，在艺术上具有浓郁的地方特色和鲜明的民族风格，素以淳朴、饱满、奔放着称。鸡冠壶（又称皮囊壶、马蹬壶）、鸡腿坛、长颈瓶、辽三彩海棠印花长盘、印花方碟等是比较典型的器物，都显示出造型别致和构思精巧的特色。这些散发着草原芳香，富有形式美的作品反映了古代契丹民族的社会经济、手工业生产和艺术发展状况。从这些作品既能看到古代辽瓷艺术的独特风格，又能看出契丹族同其他民族文化艺术交流的源流。

为了繁荣和发展传统的辽瓷艺术，设计和研制具有时代感、民族风格和地方特色的新辽瓷，辽宁省硅酸盐研究所承担了"辽瓷新品种"研究项目，进行了有关辽瓷文史、传统造型与装饰技艺的研究，系统整理和编绘了《辽代陶瓷的器型与纹饰图录》、《辽瓷艺术》等文献资料。研究所坚持"古为今用"和"推陈出新"的方针，在继承传统基础上，努力探索符合新时代要求的新工艺。在辽瓷新品种的设计上以实用陈设艺术瓷为主，如花插、花钵、花瓶、台灯座、文具及茶具和酒具等。在架上陈设小型陶瓷雕塑的设计上，考虑到了北方游牧民族所喜爱的动物题材装饰技艺，吸取了五代、北宋时代的陶瓷造型、纹饰的表现手法，侧重于器物造型和釉彩装饰的表现，力求反映辽瓷传统艺术中的统一、单纯、生动、饱满的特点，开创了辽瓷艺术发展的新局面。

在日用陶瓷的器型创新中，值得一提的是辽宁海城的荷口盘、锦州的英碗和锦荣碗。这些器型颇具北方工艺的艺术特色。

海城荷口盘的工艺特点是荷口凸凹大、波浪起伏；盘体折边处线条明显、棱角分明；石膏模型设计带假边，坯体干燥收缩时假边与盘体自行脱开；产品美观。

锦州英碗的特点是高足刻底，装饰贴花，金边，隔热好拿，立体感强。锦荣碗的特点是碗底直径大、高度低，刻底浅，稳定性好，装饰用模型凹刻图案，外面挂粉红釉。碗体与底足有一线条连接，加之长石含量高透明度好，整体甚是美观。

3. 西北地区的陶瓷及其特色

西北地区包括陕西、甘肃、青海、宁夏和新疆。其中的陕西是中华民族及华夏文化的重要发祥地之一，是我国较早制作、使用陶器、瓷器、琉璃制品的地区，陕西的陶瓷业在西北地区是较为发达的，并曾对南北方的一些窑口产生过重要影响。

我国是瓷器的故乡。在以青瓷主导的我国早期瓷业发展的历史长河中，孕育出不少南北名窑，而耀州窑便是其中的佼佼者。从广义上讲，耀州窑是包括陕西、河南、广东、广西诸多窑场在内的一个庞大窑系，被称为"耀州窑系"。从狭义上讲，耀州窑是指陕西省铜川市境内的主要窑场，中心窑址在铜川市黄堡镇，以及周围的塔坡、立地坡、上店村、陈炉镇、玉华村和旬邑县的安仁村等窑址。铜川属于古雍州，旧称同官，隶耀州辖治，故称耀州窑。唐代在陕西关中北部创烧了耀州窑，历经五代、宋代、金元，之后逐渐衰落。耀州窑器物以青瓷为主，还荟萃了黑瓷、花瓷、黑釉彩瓷、绞胎瓷、唐三彩等一些瓷种。在铜川发现并保存至今的"德应侯碑"，不仅详细地记述了陶瓷生产的工艺流程，而且随着它的流传，被敕封为德应侯的黄堡镇的土神和山神，也成为北方几省陶工们供奉的"窑神"。1988年初，国务院把耀州窑址列为全国文物重点保护单位。1994年后，铜川市在黄堡镇建起了宏伟的耀州窑博物馆和多个遗址保护大厅，其规模在国内的同类展馆中亦是不多见的。

宋代耀州窑制瓷的突出成就之一就是使刻花装饰工艺得到高度发展，不仅纹饰题材多种多样，而且刀锋犀利，线条流畅，令人爱不释手。耀州窑刻花装饰不仅雄冠北方，在宋代刻花装饰技艺上也是首屈一指的。它把北方先民浑厚奔放的品质意识融入半干坯施刀的刻花工艺中，与器型、釉色配合得相得益彰，走出了自己窑口的风格，并创造了中国青瓷的有又一个高峰。

1949年以后，对耀州窑的考古研究和古窑口的恢复、发展等方面进展甚大，成绩斐然。1974年，李国桢带领技术人员下到铜川市陈炉陶瓷厂，历时三载，至1977年终于使失传800年之久的耀州青瓷重放异彩。此成果获1978年陕西省科学技术奖。之后，耀州瓷恢复生产，产品不仅有陈设艺术陶瓷，而且还开发了一批实用的日用陶瓷，现有规模不等的耀州瓷复仿制企业二十几家。其中，陈炉陶瓷厂是耀州瓷最大的生产基地。

此外，1942年创建的延安新华陶瓷厂的历程，则成为中国陶瓷业的一段"红色记忆"而被永久地载入史册。

陕西在拥有现代陶艺博物馆的数量、馆藏作品数量，作品反映不同国家、民族的艺术表达形式，作品透视出的制作工艺和技术的多样性等方面在国内是走在前列的。陕西的现代陶艺主要集中在富平县陶艺村，其代表地为"富乐国际陶艺博物馆群"。

4.西南地区的陶瓷及其特色

西南地区包括四川、重庆、云南、贵州和西藏。在西南地区，川渝的陶瓷业比较发达，滇黔的陶瓷也有特色。由于历史原因，川渝的百年陶瓷史可以合并记述。

四川陶瓷的百年，1948年以前，四川省内基本没有成规模的陶瓷企业，只有分布于民间的手工作坊。就地取材，制造粗瓷或陶器，但产品很有特色，主要产品有川渝民众喜爱的碗、泡菜坛、水缸、杯子、砂锅、炖锅、盖碗茶具（由茶碗、茶盖和茶船组成，在巴蜀各个茶馆里面十分普遍），以及少量盘子和茶杯等。另外，还有酿酒用大陶坛（最大的可以装2t酒）和照明用的灯盏等。1949年以后，为了满足四川重庆人民生活和生产建设需求，重点组建了几个稍具规模的日用陶瓷厂，即重庆陶瓷厂（现在的重庆锦晖陶瓷）、成都东方瓷厂、乐山清华瓷厂和泸州瓷厂等，但在1980年后，这些厂除重庆瓷厂外都逐步退出。

重庆荣昌陶器历史悠久，优质陶土资源丰富，开采简便，是县内陶业发展的一个重要条件。荣昌陶器既有实用价值，又有欣赏价值。所产泡菜坛几乎就是一件工艺品，闻名遐迩，远销四方。素烧的"泥精货"具有天然的优美色泽，古朴典雅。"釉子货"则以各种色釉装饰，晶莹光泽，造型美观，朴实稳重，轮廓优美，大方朴素，具有民族风格。

清光绪时期荣昌陶器的釉有朱砂、西绿、黄丹、红丹、白玉各色。1950年以后有不同程度的提高，并研制成功黑釉、沙金釉、条纹釉及蓝、绿、紫金酱、赭红、鳝黄、茄紫、虎纹等各色钧釉，在陶器的制釉技术上有很大的进步。

荣昌陶器装饰的风格，是在继承传统的基础上逐步发展形成的，特别是1950年以后，更有显著的发展和提高。装饰方法有刻花、点花、贴花、雕填、粑花、镂空、喷釉、素烧、色釉等11种。其中的釉下装饰，富有写意的国画手法，具有浓厚的民族特色。

重庆锦辉陶瓷有限公司自20世纪80年代末从德国引进了等静压成形设备、燃气高温无匣明焰快烧辊道窑等日用陶瓷生产的关键装备，生产出高档硬质瓷器，成为日用陶瓷行业"八五"技改样板企业。1995年以后，开始相继研究开发"釉中彩"、钓鱼台国宾馆专用"国宴瓷"和"国礼瓷"以及超强低温强化瓷产品等。2003年，在国内第一家完成陶瓷酒瓶滚压成形技术，占据了国内高档酒瓶市场的领导地位，生产郎酒的"红花郎"、"青花郎"，五粮液的"金碧盛宴"，茅台的"1680"、"世纪经典"、"汉酱"，剑南春的"东方红"，沱牌的"舍得"等酒瓶，几乎囊括了所有的高端品牌。

云南华宁陶器已有600年的生产历史。20世纪80年代初，华宁陶器重新绽放异彩，传统手工生产工艺得到继续挖掘和继承，新的工艺和新的产品不断涌现。形成以青砖青瓦、琉璃瓦为代表的建筑陶系列产品；以普洱茶具等为主的生活日用陶系列；以花盆、陈设花瓶为代表的工艺美术陶系列产品，包括日用陶瓷、古建筑陶瓷、建筑卫生陶瓷、工艺美术陶瓷、陶瓷装修材料等五大类700余种产品，创建了一批知名的品牌。

华宁陶是一种高温釉陶，它最突出的成就便是五彩斑斓、五光十色的颜色釉，普遍采用窑变和开片装饰手段。颜色釉以月白釉、绿釉、酱釉、蓝釉、黑釉、红釉（紫金釉）、粉青釉、青白釉、豆青釉、黄釉等为主。彩釉主要是以酱釉、绿釉、白釉三种釉水施在一件器物，当地称为"三彩"。窑变为高温釉，主要是仿宋代钧窑的效果。开片是仿制哥窑、官窑开片的效果。

云南陶瓷制品用于建筑、装饰、陈设及铅锌矿冶炼用铅锌罐等其他陶瓷古已有之，然用于工业工程则始于近代。1938年，一平浪盐矿引卤工程采用东川密陀僧（黄丹）上釉陶瓷砌建，长为21.5km，特点是耐腐蚀，已沿用半个世纪。为云南陶瓷用于工业工程之开端。

特别值得一提的是，云南的氧化钴（碗花）的开发利用。云南钴土矿分布几乎遍布全省。元代时就有开采，清末时江西人在宣威设碗花行，就地收购，运往江西作青花色料，称为云南珠明料，为青料中之上乘。20世纪50年代，富源县前进炼焦厂向农民收购钴矿进行提炼，年产量曾达5t。60年代后，彩绘多改用工业氧化钴，珠明料用量减少，所需之青花色料一般由企业自行配制。1982年，云南省科委拨款4万元，由省工艺美术研究所开展"云南珠明料生产青花色料"课题的研究，1985年通过省级鉴定，1986年获轻工业部科技进步三等奖。

贵州的美术陶器的生产主要集中在平塘县的牙舟镇。据记载，牙舟陶器的生产已有600多年的历史。近年来，牙舟美术陶器多次在国内外参展，并多次获奖。

贵州的日用陶瓷产品包括各类陶器、瓷器等。陶器集中在黔陶、贞丰地区，瓷器生产主要集中在贵阳地区。1972～1976年，贵阳瓷厂生产的气球壶、企身杯碟、15头大理石釉贵玉咖啡具等细瓷出口到伊朗、伊拉克和南非等国，年出口细瓷近100万件。

第九章 建筑卫生陶瓷

通常将用于建筑工程、建筑装饰和卫生设施的陶瓷制品通称为建筑卫生陶瓷。建筑卫生陶瓷产品包括建筑陶瓷砖（内墙砖、外墙砖、地砖、陶瓷板等），陶瓷洁具，建筑琉璃及陶管等。

随着科学技术和社会经济的发展，建筑卫生陶瓷的品种、花色越来越多，性能越来越好，应用范围越来越广，对于美化城乡建筑，改善人民居住条件都起着重要作用。

我国生产和应用建筑卫生陶瓷历史可追溯到3700多年前的商代。最早的建筑陶瓷是用作下水道的陶管。到战国时代，陶管增加了三通管、直角弯头、三角形和五角形大型陶管，人们还发明由集水池、漏斗、弯头、三通管和套接直管等组成的水道网，用于长距离输送净水和排泄废水，陶管发展得更加完善。西周初期，创制了屋顶陶瓦，品种有板瓦、筒瓦、瓦当和瓦钉等。战国时期，创始了墙地贴面陶砖、大型空心砖、栏杆砖和陶井等。墙地贴面陶砖，为方形或长方形的小型薄胎砖，用于镶贴地面和墙面，同期还创制了一种断面为"几"字形的花砖和长方形凹槽砖，也用于装饰壁面，镶贴比前者更牢固。大型空心砖长达1米多，每边壁厚为2～3cm，稳重结实，平整美观，主要用于大型建筑物的踏步和台阶。栏杆砖是两面刻有兽纹的板形砖，用于砌筑建筑物的栏杆。陶井圈又称陶井甃，是一种陶制圆圈形产品，直径60～100cm，高30～50cm，一圈一圈地叠置起来可构成一个井筒，用作水井的内壁，可防止水井坍塌，又保持井水清洁。墙体砖大约始于秦代，粗陶砖用于砌墙。所谓"秦砖汉瓦"，是表明建筑陶器在秦代获得了巨大的发展，无论制品质量和花色品种，还是生产技术和生产规模，都比战国时期有显著进步和扩大。陶砖类产品增创了五棱砖、曲尺形砖、楔形砖和子母砖等。

秦代以后，特别是西汉时期，在战国时期所创空心砖的基础上，发展了画像空心砖。砖面上拍印出题材广泛、内容丰富、构图简练、形象生动、线条健劲的纹饰图样，使单纯作为建筑材料的空心砖晋升为富有艺术价值的陶质工艺品。

汉代创制了低温铅釉陶质"虎子"（男用夜壶），三国时期又创制了青瓷质"虎子"和"唾器"，可算作是我国和世界上最早的陶瓷卫生器具。

东晋时期创造了用多块砖拼成一幅画面的印花砖，南朝时进一步发展为用数十块甚至百余块砖组成一幅大画面的印花砖，用于装饰墙面，又称壁画砖。

建筑琉璃制品出现于战国时期，隋唐时更为流行，明清时期发展到最高峰。明代的琉璃制作，以山西地区最为兴盛，主要制品有照壁用砖件、塔用砖件、瓦类、屋脊、鸱吻、琉璃兽、香炉等，这些制品分黄、绿、紫、蓝诸色。广东的建筑琉璃生产主要集中在佛山市石湾镇，盛于明代，素有"石湾瓦甲天下"之誉。体现石湾建筑琉璃特色的建筑物有广州的镇海楼和佛山的祖庙。泰国、缅甸、新加坡、柬埔寨等国的古庙宇建筑，也都大量使用了石湾的建筑琉璃制品。江苏建筑琉璃制品的生产始于清代，宜兴地区为主要产地，产品有板瓦、筒瓦、滴水、花窗、竹节栏杆、龙头飞吻和屋脊、饰物等。

进入20世纪的中国建筑卫生陶瓷的主流与进步，就是在带有深厚中华文化的传统建陶的基础上引入欧美现代生产工艺技术与装备，实行工业化生产；产品的多样性、功能性、文化艺术性丰富了；配套更为完善，由行业发展成产业；由传统走向现代化、国际化。其经历分为三个阶段：1911～1948年为现代建筑卫生陶瓷工业的起步阶段，1949～1978年为工业化发展阶段，1979～2010年为现代化发展阶段。从1949～2010年，我国已建成完整的建筑卫生陶瓷工业体系。2010年，中国建筑陶瓷砖年产量为75亿平方米、卫生陶瓷产量为1.77亿件，中国成为世界建筑卫生陶瓷生产基地和制造中心。

第一节　现代建筑卫生陶瓷工业百年概述

一、现代建筑卫生陶瓷工业的起步

1911～1948年，为我国现代建陶工业的起步阶段。20世纪初，一批民族实业家分别在唐山、上海、温州、宜兴等地建立了现代建筑卫生陶瓷生产工厂。1949年，年产卫生陶瓷6000件、陶瓷墙地砖2310m^2，产量可谓寥寥无几。本节重点介绍20世纪初期我国最早建立的现代模式的、曾对我国建筑卫生陶瓷工业发展产生过重要影响和作出较大贡献的几家工厂。

1. 唐山启新瓷厂

建于1914年，是国内第一家现代卫生陶瓷厂。1840年鸦片战争以后，随着外国文化、资本和技术的输入，我国少数城市出现了高层建筑物，现代建筑卫生陶瓷也开始在我国应用。1906年，周缉之、李希明等人在唐山创办启新洋灰公司。1914年，启新洋灰有限股份公司理事会决议在原"细绵土厂旧址"建立瓷厂，聘请德国人汉斯·昆德兼管制瓷技术，雇工30多人，先后制作日用瓷、小缸砖、红铺地砖，陶瓷生产初具规模。1921年职工发展到百余人，产品又增加了低压电瓷，瓢式脸盆及水箱、槽子等卫生陶瓷。1922年聘德国技师魏克指教工人用器械之法制瓷。1923年间，从德国引进陶瓷生产用的设备，如轮碾机、球磨机、泥浆泵、磁选机等设备，成为我国第一个使用进口设备的陶瓷工厂。1924年7月，瓷厂与洋灰公司脱钩定名为启新瓷厂。第二次世界大战爆发后，因国外原料断绝，启新瓷厂开始改用中国原料进行生产，产品销往上海、广州、香港地区和新加坡、马来西亚等国。1942～1943年，工厂扩建，职工达到400人。1945年抗日战争胜利后，该厂由国民党政府接管，派李进之（李希明之子）为厂长，欧特·昆德（汉斯·昆德之子）留用，任副厂长兼技师，产品仍以卫生陶瓷和铺地砖为主。1948年，生产陷于停顿。后由人民政府接管。

2.浙江泰山砖瓦股份有限公司

建于1921年，是国内第一家无釉外墙砖厂。20世纪20年代初期，资本主义工商业在上海开始兴起，推动了建筑业的发展。1921年，中国第一批赴美学习硅酸盐工艺的技术人员回国后，在浙江嘉善地区开办了泰山砖瓦股份有限公司。两年后，该公司在上海建立了二分厂。1926年，二分厂试制成功无釉陶瓷外墙砖——泰山牌毛面砖，厚度仅15mm（当时从国外进口的陶瓷外墙砖厚25mm）。这种产品不仅成为了当时上海的国际饭店、锦江饭店和上海大厦等高层建筑的外墙装饰材料，而且远销国外。仅几年时间，该厂获利100多万两白银，并取得为期10年的专利权。

3.温州西山窑业场

1939年开办，是国内第一家釉面砖厂。日本发动侵华战争后，泰山砖瓦股份有限公司上海二分厂和益中瓷厂、兴业瓷厂等企业均告停产，部分技术人员流落温州。1939年，温州民族实业家吴伯亨延聘上海的技术人员开办西山窑业场，1943年正式投产，主要产品有釉面砖、铺地砖等。后来，由于洋货倾销和国民党政府货币贬值，工厂负债累累，于1949年初宣告停产。

4.德盛窑业股份有限公司

前身为1930年2月由民族资本家秦幼林投资创办的德盛窑业唐山工厂，当时只有工人百余名，主要生产日用陶瓷、耐火砖、大缸、缸管，产品商标为"得胜"牌（引自厂名"德盛"的字音，意为取得胜利）。1934～1936年，工人增至600名，除生产日用陶瓷外，还生产耐火材料，并开始试制脸盆、便器等卫生陶瓷产品，成为华北一带最大的陶瓷生产厂家。1943年改名为"德盛窑业股份有限公司"，工人增至1500名，年产日用陶瓷800吨，耐火砖等2.1万吨，成为20世纪40年代全国最大的陶瓷厂家。后因连年战事，工厂日渐衰落，生产停滞不前。1948年唐山解放前夕，工厂已濒临倒闭。

5.琉璃制品工厂和作坊

我国山西省的建筑琉璃制品生产，在明清时期曾盛极一时。重修北京故宫和沈阳故宫时，都是从山西省太原、介休、阳城、河津调派琉璃匠人去制作琉璃。但在20世纪初期的20多年间，山西境内的建筑琉璃已声消迹敛，偶有作坊，也不过是匠人据以糊口罢了。

在此期间，江苏宜兴的琉璃制品有所发展。1925年，江苏宜兴鼎山葛姓窑户为苏州宝恩寺烧造成功金黄色琉璃瓦。鼎蜀镇出现了一个开山琉璃瓦厂，由零星制作形成专业生产，年产制品2万件，品种有琉璃瓦、龙头、龙尾式屋脊等。1933年，宜兴汤渡的周姓与上海杨姓合资开办三益琉璃厂，生产琉璃板瓦、筒瓦、花槛、滴水、花窗、竹节栏杆、龙头飞吻和屋脊饰物等。1935年，宜兴人刘福照又在鼎蜀镇开办陶新陶器厂，按客户来样制作琉璃制品。这些工厂都历时不长，偶露峥嵘，生产技术也很落后，仅靠手捏板拍。各地的陶管生产也一度兴旺，后渐趋凋零。

其他地区，如广东、湖南、北京、陕西、河南、山东、黑龙江等地，也都有以作坊式生产琉璃制品的。

二、建筑卫生陶瓷工业的工业化

1950～1978年，我国初步建成建筑卫生陶瓷工业体系，实现了工业化。这期间，主要采取了两项措施，一是恢复生产和老厂改造，二是企业合并和新厂建设。

1948年12月，启新瓷厂由人民政府接管，改为国有企业，很快恢复了原有产品的生产。在国民经济三年恢复时期，人民政府拨款49万元，改建、新建生产设施和工人新村，改善了劳动条件和生活环境，使生产迅速发展，到1952年，卫生陶瓷年产量达5.74万件。从1953年到1960年，国家先后拨给启新瓷厂143万元进行扩建，先后拆除了原来分散、矮小的厂房，重建了原料、成形车间，增建倒焰窑11座，工厂占地面积扩大为6.57万平方米。1955年，改名为唐山陶瓷厂，成为生产卫生陶瓷的专业化工厂。1960年，建工部玻璃陶瓷工业研究院和该厂共同研制出红、黄、蓝、绿、黑5种色釉，开始了彩色卫生陶瓷的生产。

德盛窑业唐山工厂在此期间也迅速恢复生产。1952年，德盛窑业唐山工厂改为公私合营德盛陶瓷厂，生产卫生陶瓷4.01万件。1952年启新、德盛两厂的合计产量为9.75万件，是1949年全国卫生陶瓷产量的16倍。从1951年到1960年，国家先后给德盛陶瓷厂拨款504.5万元，新建生产车间，添置设备，增建倒焰窑43座，成为我国生产建筑卫生陶瓷的又一个大厂。1955年，德盛陶瓷厂与唐山陶瓷厂一起承担了出口卫生陶瓷的生产任务。

1949年5月，人民政府派代表进驻西山窑业场，通过在政策、资金、原料、运输和税收方面的支持，使工厂迅速恢复生产。1951年，改为公私合营西山窑业厂，人民政府通过投资扶植、协助原厂主解决债务问题，使生产很快发展，1952年生产釉面砖1.46万平方米，锦砖0.53万平方米。从1951年到1960年，温州西山窑业厂经改造、扩建后发展成为西山面砖厂和西山地砖厂。

各地生产企业全面恢复生产。江苏宜兴、广东佛山市石湾镇的一些陶瓷作坊，经过合并、改造、扩建，生产有很大发展，生产技术水平明显提高。

1948年，东北人民政府关注建筑卫生陶瓷工业的发展，开始筹组窑业公司。从黑龙江省鸡西来到吉林省，并从九台县陶瓷厂（生产日用瓷）抽调20多名人员，组成筹建处。1949年3月，这些人员迁至沈阳，随后组建研究所并参与筹建第一陶瓷厂。1949年，东北人民政府决定在沈阳建设一座现代化大型建筑卫生陶瓷厂，建厂工作由东北工业部企业管理局陶瓷公司主持，公司技术研究室负责设计，并组织施工。1950年破土动工，1952年8月正式投产，命名为第一陶瓷厂，当年生产卫生陶瓷0.79万件。1953年，第一陶瓷厂划归重工业部领导，改名为沈阳陶瓷厂。这是我国自己设计、施工建成的第一个采用以发生炉煤气为燃料的隧道窑烧制卫生陶瓷的工厂。沈阳陶瓷厂的建成和投产，为后来新建和改造其他建筑卫生陶瓷厂提供了经验和技术依据。

国营海城陶瓷三厂的前身是始建于1924年的大新窑业厂，只能生产日用粗瓷，1949年以后，经过转产、改建和扩建后生产建筑陶瓷砖，之后以生产出口锦砖而著称。

中国传统的建筑陶瓷、建筑琉璃和陶管的生产也相继得到恢复和发展。

1956年，宜兴的23家作坊通过联营、公私合营，成立了陶新陶器厂，后改名为国营宜兴建筑陶瓷厂，生产发展很快，1960年建筑琉璃和陶管产量达3万多件、60多个品种。

1956年4月，以十几家陶瓷合作社为基础组建了国营石湾建筑陶瓷厂，1957年7月正式投产，生产陶质花盆、琉璃瓦和少量陶质卫生洁具。

1958年，由小型作坊组建的景德镇市第二陶瓷手工业生产合作社转为国营，并与景德镇市十五瓷厂、十六瓷厂合并。1960年，景德镇市建筑陶瓷厂由国家投资扩建并改名为景德镇市建筑卫生陶瓷厂，生产卫生陶瓷3.30万件、釉面砖1.58万平方米、锦砖2.47万平方米。

1957年，为使建筑卫生陶瓷工业生产布局趋于合理，国家建筑材料工业部决定除继续对老企业和手工业生产合作社进行改造、合并、扩建外，在自力更生基础上，用我国自己的设计和设备再筹建三个大型企业，即北京陶瓷厂、福建漳州瓷厂和陕西咸阳陶瓷厂。

北京陶瓷厂隶属于北京建材公司，始建于1958年，1959年正式投产，生产蹲便器、小便器、高水箱和返水弯4种卫生陶瓷产品，当年生产卫生陶瓷1600件。1960年增至8种产品，产量3.7万件。之后，北京陶瓷厂还生产外墙砖、日用瓷、化工瓷、高低压电瓷和无线电陶瓷元件等多种产品，是一家以生产建筑卫生陶瓷为主的综合性陶瓷企业。

福建漳州瓷厂隶属于福建省龙溪地区建材公司，建于1958年，在三年困难时期中停建，1962年开始生产日用瓷，1964年建成一条15万平方米的釉面砖生产线，1965年正式投产。

陕西咸阳陶瓷厂隶属于陕西省建材公司，1957年经国家计委批准建设，1958年开始筹建，1962～1964年在国民经济调整中停建，1965～1966年复建并投入生产。主要产品有卫生陶瓷、釉面内外墙砖和大型饰面板等建筑卫生陶瓷产品，耐酸砖、耐酸环、耐酸水泥等化工陶瓷产品，Al_2O_3、含锆成分的刚玉等各类工业配件瓷等，是我国西北地区第一家以生产建筑卫生陶瓷为主的综合性陶瓷企业。

到1960年底，全国12个重点建筑卫生陶瓷厂的简况和布局见表9-1。

表9-1　1960年12家大中型建筑卫生陶瓷厂简况

类型	所在省市	工厂名称	主要产品
经过改造的老厂	河北省 河北省 浙江省 浙江省	唐山陶瓷厂 德盛陶瓷厂 温州西山面砖厂 温州西山地砖厂	卫生瓷、暖气片、外墙砖、地砖 卫生瓷、锦砖、暖气片 釉面砖 地砖（锦砖）
由手工业生产合作社改建的新厂	辽宁省 江苏省 江西省 广东省	海城陶瓷三厂 宜兴建筑陶瓷厂 景德镇市建筑卫生陶瓷厂 石湾建筑陶瓷厂	釉面砖、锦砖、耐酸砖 建筑琉璃 卫生瓷、釉面砖 建筑琉璃、卫生瓷、锦砖
新建的工厂	辽宁省 北京市 陕西省 福建省	沈阳陶瓷厂 北京市陶瓷厂 咸阳陶瓷厂（当时尚未建成） 漳州瓷厂（当时尚未建成）	卫生瓷、外墙砖、地砖、暖气片 卫生瓷、锦砖

1960年，全国建筑卫生陶瓷的生产发展缓慢。1972年前后，北京、上海、广州等地兴建几项大工程，许多新建的工厂、学校迫切需要卫生陶瓷和釉面砖，除供外销外，其计划产量仅能满足国内需要的10%左右。为解决供需矛盾，1973年1月，国家建筑材料工业局在唐山召开了全国建筑卫生陶瓷生产会议，制定了发展规划，落实了生产计划，提出了促进建筑卫生陶瓷工业发展的一系列具体措施。这是一次具有转折意义的会议，对当时和以后几年建筑卫生陶瓷工业的发展起了推动作用。

1973年10月，全国建筑卫生陶瓷产品质量管理经验交流会召开，制定了《建筑卫生陶瓷产品质量管理办法（草案）》。1974年，全国建筑卫生陶瓷技术革新经验交流会召开，推广了多项行之有效的先进经验。在这两次会议推动下，各企业加强产品质量管理，逐步恢复和建立了各种规章制度，并广泛开展了技术革新活动。原料湿法粉碎、管道注浆和"架子化"作业法、便器简化成形等新工艺和新技术，在全国得以迅速推广。

1973年唐山会议后，各地新建和恢复生产的中小型建筑卫生陶瓷厂有30多家。1974年和1975年，老企业新建烧制卫生陶瓷的隔焰隧道窑8条。1975年，为了解决卫生陶瓷配套所需的五金件，唐山市建筑陶瓷厂新建年产5万套件的五金件车间。1976年7月28日唐山发生大地震，唐山陶瓷厂和唐山市建筑陶瓷厂两家骨干企业损失严重，但在震后两个月内这两个厂都迅速恢复了生产，1978年达到或超过震前生产水平。1978年，唐山陶瓷厂生产的"唐陶"牌卫生瓷和唐山市建筑陶瓷厂生产的"三环"牌釉面砖，在全国重点企业产品质量评比中均获第一名。其他许多建筑卫生陶瓷厂通过加强企业管理和革新挖潜，也增加了产量，提高了产品质量。

到1978年，全国生产建筑卫生陶瓷的企业已有44家，其中重点工厂13家，职工人数为1.5万人。卫生陶瓷年产量达227.8万件，比1960年增加61%；釉面砖达到356.7万平方米，比1960年增加4.7倍；外墙砖和地砖的年产量达到189.06万平方米，比1960年增加3.9倍（见表9-2）。

表9-2　1978年全国13家国营重点建筑卫生陶瓷企业

序号	企业名称	主要产品	其他产品
1	唐山陶瓷厂	卫生陶瓷	
2	唐山市建筑陶瓷厂	卫生陶瓷、釉面砖、墙地砖、铜配件	
3	温州面砖厂	釉面砖	卫生陶瓷
4	温州地砖厂	墙地砖	
5	海城陶瓷三厂	墙地砖	釉面砖
6	沈阳陶瓷厂	卫生陶瓷、釉面砖、墙地砖	高温管、特陶、刚玉制品
7	景德镇陶瓷厂	釉面砖	卫生陶瓷
8	北京市陶瓷厂	卫生陶瓷、墙地砖	
9	石湾建筑陶瓷厂	卫生陶瓷、墙地砖	彩釉砖
10	辽源市建筑陶瓷厂	釉面砖、墙地砖、耐酸砖	
11	漳州建筑瓷厂	釉面砖	
12	咸阳陶瓷厂	卫生陶瓷、釉面砖耐酸砖	
13	东宁县建筑陶瓷一厂	墙地砖	

三、建筑卫生陶瓷工业的现代化

1979～2010年，我国建筑卫生陶瓷工业取得飞速发展，建成完整的工业体系，基本实现了现代化。

1. 萌芽发育，欣欣向荣

1983年，广东佛山市石湾利华装饰砖厂引进年产30万平方米一次烧成彩釉砖生产线投产。该项目从意大利引进生产线装备、工艺技术、产品开发、人才培养，是国内第一条墙地砖全线引进线。从1984年开始，在短短的三年内，全国引进的生产线达60多条，中国建筑卫生陶瓷行业逐渐步入了大规模引进生产线高潮，并迎来了大型国企为主导的蓬勃发展局面。

1987年1月24日，以石湾镇为中心，原佛山市陶瓷工业公司将管辖的石湾各陶瓷厂和为其服务的相关企业共计41家企业按照中央深化企业改革的精神，合并成立了我国陶瓷行业首家企业集团——佛山市陶瓷工贸集团公司（简称佛陶集团），成为全国最大的建陶生产企业。该公司是全国第一家独立核算、自主经营、自负盈亏的陶瓷工贸综合企业集团，为中国各大瓷区树立了榜样。位于改革开放前沿阵地的佛陶集团，依靠"天时、地利、人和"的优势，通过引进国外先进生产线迅速发展壮大，短短几年就奠定了在我国建陶行业的龙头地位。

根据国家建材局统计，1986年，全国卫生陶瓷年产量达到949万件，釉面砖达到4879万平方米，外墙砖和地砖达到3121万平方米。

1983年，国家建材局组织沈阳、唐山、景德镇等地工厂有关人员，在北京举办为期一年的卫生陶瓷造型设计研究班，对卫生陶瓷的内在功能和外观造型、色调进行研究，培养了设计人员，推动了新产品的开发。1986年，卫生陶瓷产品坐便器中除原有的冲落式、虹吸式、冲落虹吸式外，还增加了喷射虹吸式、漩涡虹吸式、节水型卫生洁具及配件等新产品。洗面器有方形、圆形、椭圆形、悬挂式、立柱式、台式等多种规格，色调有粉红、翠绿、天蓝、浅灰及流行色等8种，产品已应用于国内宾馆、住宅建筑中。至1987年，我国的建筑陶瓷已有1000多个品种。1978年，佛山石湾的工厂率先推出我国第一块彩釉地砖，1989年佛山市石湾耐酸陶瓷厂研制成仿花岗石彩釉砖，1989年石湾瓷厂引进日本自动化生产线生产高档彩釉马赛克，1989年石湾工业陶瓷厂斥资300多万美元引进60万平方米瓷质耐磨地砖生产线，1990年广东潮州彩釉砖厂和中国建筑材料科学研究院高技术陶瓷所研制成仿锦高级地砖，佛山市石湾化工陶瓷厂研制成大型瓷质彩胎砖。1990年佛山市石湾钻石陶瓷厂推出由四片拼成一个花色款色的彩釉砖，花色丰富，能有不同图案组合，产品风靡一时，1991年开始在全国流行。1993年佛山海鸥、冠珠、环球等陶瓷厂推出耐磨砖，新中源、西樵等陶瓷厂推出水晶砖，一跃成为行业新秀。

这一时期，特别要记述对我国建筑陶瓷的国产化现代化发展有重要影响的两件大事：（1）中伦建筑陶瓷技术装备联合公司（下简称中伦公司）的成立与"年产70万平方米陶瓷彩釉墙地砖国产化示范线"项目的建成；（2）我国第一台全自动液压压砖机（YP600型）与15t大型球磨机的自主研发成功。

中伦公司于1987年12月10日在北京成立，当时挂靠原国家建材局。图9-1是成立时刊载于人民日报的广告，可以清楚地看到公司的组建、简介和业务。公司的历史性作用与贡献在于由国家主管部门指导建筑陶瓷业的发展，承接建设国产化的生产线，安排了二百几十位工程技术人员到国外考察培训和国内项目的国产化设计工作。

图9-1　1987年12月10日中伦公司成立，在人民日报刊登的广告

年产70万平方米陶瓷彩釉墙地砖国产化示范线建在四川自贡建筑陶瓷总厂，设计单位是杭州新型建筑材料设计院，1989年11月24日破土动工，1991年1月全线试运行，1992年11月30日通过国家技术验收。国产化示范线引进消化吸收合同设备及工程设计分工明细表见表9-3。

表9-3　国产化示范线引进消化吸收合同设备及工程设计分工明细表

序号	设备名称	设计转换单位	加工制造厂	技术引进国及公司
1	800t液压压砖机、喂料装备、模具、冷却系统	北京工业大学	北京建材机械厂	意大利唯高工公司
2	辊道干燥器（87.38m）、出坯机、装窑机组、出窑机组、辊道窑（78.81m）	中国建筑材料科学研究院	唐山轻工业机械厂	意大利唯高工公司
3	施釉线（71.5m）、丝网印刷机	山东工业陶瓷研究设计院	佛山石湾陶瓷机械厂	意大利纳撒蒂公司
4	辊道输送装置、推车线、储坯车、装载机、卸载机	咸阳陶瓷研究设计院、山东工业陶瓷研究设计院	漳河建材机械厂	意大利唯高工公司、意大利纳撒蒂公司
5	500t摩擦液压压砖机、模具、立式干燥器、二段辊道窑	朝阳重型机器厂研究所、咸阳陶瓷研究设计院、中国建筑材料科学研究院	朝阳重型机器厂、漳河建材机械厂、唐山轻工业、机械厂、宜兴陶瓷机械厂、襄樊辊道窑厂	意大利唯高工公司

全自动液压压砖机和大型球磨机研发项目是1989年由原国家建材局牵头立项、咸阳陶瓷研究设计院与华南理工大学联合设计、石湾陶瓷机械厂与唐山轻机厂生产制造。两机于1993年研发成功投产，打破了建筑陶瓷关键装备外国对中国的垄断，引发了成套陶瓷技术装备的

国产化开发，自此中国的建筑陶瓷技术装备生产走上世界大国的地位。其中陈帆、刘存福、杨洪儒等人做出了杰出贡献。

2. 快速发展，实现跨越

自20世纪90年代开始，中国建筑卫生陶瓷工业得到快速发展，产区形成"三山二江一海"格局。并且随着陶机、原辅色釉料、窑炉等配套产业的蓬勃发展，产业综合配套初具雏形，新技术、新工艺、新产品不断涌现，市场化程度提高。

1993年，我国建筑陶瓷砖和卫生陶瓷产量双双跃居世界首位，中国初步奠定了建筑卫生陶瓷生产大国的地位。2003年，全国有10家建筑陶瓷砖企业产品、2家卫生陶瓷企业产品获政府授予中国名牌。2006年我国陶瓷砖和卫生陶瓷产品出口量同为世界第一，并出口成套技术装备，使中国成为世界建筑卫生陶瓷出口贸易大国。

3. 高歌猛进，凸显风范

20世纪90年代中期至2010年，中国建筑卫生陶瓷工业得到飞速发展。在这一阶段，市场化程度迅速提高，"改制"成为行业发展的一个关键词，国有企业日渐式微，乡镇集体企业在经历短暂辉煌之后趋于沉寂，民营企业全面崛起并逐渐占据了行业主导地位，同时掀起了以国产装备为依托的新一轮建设高潮。

产量的剧增使建筑卫生陶瓷产品市场由短缺逆转为过剩，市场竞争随之加剧，价格战此起彼伏，行业开始告别暴利时代。在巨大的竞争压力下，企业的品质和品牌意识进一步增强，并开始面临低成本与差异化经营的战略抉择。

进入21世纪后，从2003年开始，建筑卫生陶瓷进入大转移、大发展阶段。全国各地形成了30余个各具特色的产业区域（集群），生产企业超过6000家。2010年，全国建筑陶瓷砖产量超过75亿平方米，卫生陶瓷产量超过1.7亿件，全行业工业总产值和利税总额分别超过4000亿元和320亿元。一批有实力、规模大、竞争力较强的大企业（企业集团）快速成长。

作为建筑材料主要产品的建筑卫生陶瓷的管理从属于建材工业管理。1949年11月～1956年5月先后隶属于重工业部的建筑器材工业局、基本建设局筹备组、建筑材料工业管理局；1956年5月～1970年6月先后隶属于国务院建筑材料工业部、建筑工程部、筑材料工业部；1970年7月～1975年9月先后隶属于国家基本建设委员会建筑材料工业组、建筑材料工业局；1975年9月～1979年4月隶属于国家经济委员会国家建筑材料工业总局；1979年4月～1982年5月隶属于国务院建筑材料工业部；1982年5月～1984年8月隶属于国家经济贸易委员会的国家建筑材料工业局；1984年8月～1994年1月为国务院直属机构——国家建筑材料工业局；1994年1月～2000年3月隶属于国家经济贸易委员会国家建筑材料工业局。2000年3月，中央机构改革，十大工业部门撤销，国家建筑材料工业局撤销，组建成立中国建筑材料工业协会，2007年7月更名为中国建筑材料联合会。建材工业的教育体系和科研设计体系的发展详见第一篇第三章。

（1）民营企业的发展　1992年，广东佛山跨东平河的石南大桥通车，原为渔桑甘蔗农业的南庄乡镇在短短一两年时间，建成200多条大规模的建陶生产线。在这场镇比镇、村比村、集体学国企私企赶集体，大家互相学习、互相模仿、"近亲繁殖"的热潮中，佛山开始形成了生产模式相似、产业高度集中的庞大建陶企业群体。与此同时，广东的改革开放、佛山建陶行业的发展经验也成为内地和其他产区的学习榜样。

随着南庄及周边乡镇集体建陶企业的建设，专业技术人才的缺乏，拥有一定专业知识和技能的原佛陶集团的技术人才成了"香饽饽"，被高薪聘请到新建企业的重要岗位。早在20世纪90年代初期，佛陶集团就出现一批"星期天工程师"。他们利用业余时间到周边的建陶企业，尤其是一河之隔的南庄企业做技术服务，把佛陶集团先进的生产工艺和技术不断传播推广，扶持了一大批新建企业的成长。此间，国有企业的经济效益大面积下滑，走上了一条难以挽回的衰落之路；一批民营企业如鹰牌、东鹏、新中源、新明珠、金舵等却在良好的内外部市场环境中迅速发展壮大，成为佛山乃至全国建陶行业的中坚力量。

在此阶段，福建建陶企业大力推行股份合作制改革，引导企业进行增资扩股、联合兼并、资产重组，逐步降低国有资产的比例，增强企业自主经营的权力，最终实现了"国退民进"，并迅速形成了一批集团公司和产值超亿元的骨干企业。改革春风由南向北，受大环境的影响，山东、唐山及内地其他建筑卫生陶瓷企业的民营化改制步伐要相对滞后一些。与陶企民营化同步的还有陶瓷机械、色釉原辅材料、窑炉、科技公司及专业媒体，如广东科达机电股份有限公司、佛山市恒力泰机械有限公司、福建海源自动化机械股份有限公司、佛山市大宇新型材料有限公司，以及华夏陶瓷博览城、陶城报。虽然不少国有企业不断通过加强企业内部管理来提高经济效益，但终究在市场竞争中日显颓势，与迅速崛起的民营企业形成两种体制，一衰一盛的鲜明对比。进入20世纪90年代中后期，民营企业成为了中国建筑卫生陶瓷业的主力军。

（2）合资及外资企业的发展　改革开放，国家对外资、合资企业在用地、税收、设备进口等方面给予相当的优惠政策，而且市场上合资企业的产品备受青睐，因此，各种各样"合资"风潮，由南而北，从广东、福建、上海周边、山东乃至各陶瓷产区蜂拥而起。

最早进入我国建筑卫生陶瓷业的是美国标准公司。1984年中美合资的华美洁具有限公司成立于广东清远，1987年投产。1994年1月，天津美标陶瓷有限公司成立，1995年11月正式投产。1995年，在奉贤成立上海美标陶瓷有限公司。2002年12月，在广东江门成立江门美标显浩水暖器材有限公司。2002年，美标将亚太总部从香港迁至上海。2009年7月，美标亚太成为INAX下设子公司。

继美标公司之后，有众多合资及外资企业跟进，如中国中美合资的中华陶瓷公司1988年在福建投产；中美合资的太平洋陶瓷公司1990年在上海投产；1992年内地与台湾地区合资诺贝尔集团有限公司在杭州余杭成立，2007年台资撤股，遂成为内地独资企业；中英合资的上海斯米克建筑陶瓷股份有限公司于1993年在上海成立；台湾亚细亚瓷砖，1993年进入中国内地在上海成立上海福祥陶瓷有限公司，2008年完成股权重组，成为内地独资企业——亚细亚集团控股有限公司；1993年台资和成集团在苏州建立生产基地，1996年点火生产，年产能卫生陶瓷250万件；1993年10月号称"制釉大王"的台湾企业家蔡宪昌，投资5000万美元，在广东三水建成广东三水大鸿制釉有限公司；中日合资的北京东陶有限公司于1994年在北京清河投产，1995年3月又成立了东陶机器（北京）有限公司；科勒（中国）投资有限公司于1995年8月，成立佛山独资厂，年生产超过一百万件陶瓷，1998年科勒在北京建立了生产水龙头的独资厂，1998年12月科勒在上海浦东星火开发区建立了生产铸铁浴缸、亚克力浴缸的独资工厂，2002年在上海成立了科勒（中国）投资有限公司作为科勒亚太区总部，2005年科勒在南昌龙头工厂顺利落成，2007年科勒在常熟建立生产橱柜产品工厂，2008年12月1日在珠海成立了科勒厨卫产品有限公司，生产不锈钢水槽及相关配件，2008年12月26日，科勒收购加枫卫浴（中山）有限公司，生产淋浴房、淋浴盆、整体浴室、蒸汽房和浴缸等产品；台资冠军建材股份有限公司于1997年，在江苏省昆山市设立信益陶瓷（中国）有限公司，2002年再投资在山东蓬莱市设立信益陶瓷（蓬莱）有限公司；此外，还有现代、泛亚、罗马等一批台资企业进入上海及周边地区。处于快速成长期的中国建筑卫生陶瓷业，充分利用外资与合资企业实施的全方位的优惠政策，吸引了大量外资、外商与国内企业合作。一时间，建筑卫生陶瓷企业中外合资潮风起云涌。"八五"期间，仅佛山产区，各类外资建筑卫生陶瓷企业近百家，山东产区近50家。

第二节 卫生陶瓷

建筑卫生陶瓷工业体系的建立，促成了20世纪末中国建筑卫生陶瓷产业的大发展，世界卫生陶瓷生产的先进国家无一不在中国合资或独资建厂。广东、河南、河北、湖北、福建、湖南、上海、山东、广西壮族自治区、重庆、北京、四川、天津等14个省、自治区、市都有卫生洁具生产厂，其中前三位的广东、河南、河北三产区合计产量占全国总产量的81.05%，卫生陶瓷产量由1949年的6000件增长为2010年的17784万件，成为世界最大的卫生陶瓷生产和消费大国。

一、卫生陶瓷产品

1.卫生陶瓷的"老八件"

1949年之前，我国的卫生陶瓷产品名称前常冠以"首供地区"的名称，如香港式洗面器、福州式坐便器、天津式洗面器等。另外，还有在产品名称前，冠以"用途"的，如铁路墙角脸盆、工厂用脸盆、医院用水槽、厨房用水槽等。1934年启新陶瓷厂的产品目录见表9-4。

表9-4 1934年启新陶瓷厂的产品目录

产品名称	产品名称	产品名称	产品名称
大天津式洗面盆	铁路墙角脸盆	浦江式恭桶	奉天式蹲式恭桶
小天津式洗面盆	长方盆	天津式恭桶	低水箱
上海式洗面盆	工厂用脸盆	北平式恭桶	角便池
唐山式洗面盆	哈尔滨式洗面盆	宁波式恭桶	平便器（池）
大号香港式洗面盆	医院用水槽	芜湖式恭桶	高水箱
小号香港式洗面盆	厨房用大、小号水槽	福州式恭桶	滤水器（大、中、小）
杭州式洗面盆	基隆式恭桶	汉口式恭桶	锦州式蹲式恭桶
滦县式洗面盆	孟买式恭桶	大沽式蹲式恭桶	淋水器
青岛式洗面盆		吴淞式蹲式恭桶	

注：恭桶——坐便器；蹲式恭桶——蹲便器；角便池——墙角小便器；平便器（池）——小便器。

20世纪60年代以前，我国的卫生陶瓷产品以满足国内订货和出口所需，尚无大型成套洁具，业内通常用"老八件"来概括卫生陶瓷的产品。所谓"老八件"，即洗面器、坐便器、低水箱、蹲便器、返水弯、高水箱、小便器和洗涤槽等。图9-2～图9-11未标注单位为mm。

港式洗面盆（老八件之一（A））。悬挂式洗面盆，用三角铁支架安装在墙壁上，见图9-2。

英式洗面盆（老八件之一（B））。悬挂式洗面盆，用三角铁支架安装在墙壁上，见图9-3。

福州式坐便器（坐3）（老八件之二），见图9-4。

和丰式蹲便器（蹲3）（老八件之三），见图9-5。

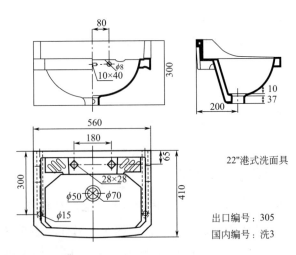

22"港式洗面具

出口编号：305
国内编号：洗3

图9-2 港式洗面盆（老八件之一（A））

第九章 建筑卫生陶瓷

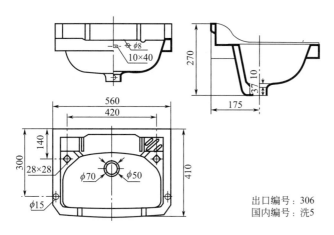
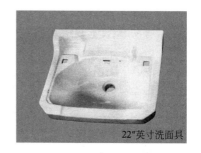

图9-3 英式洗面盆（老八件之一（B））

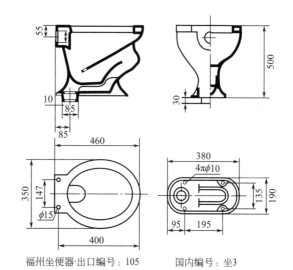

图9-4 福州式坐便器（坐3）（老八件之二）

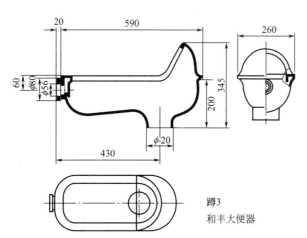

图9-5 和丰式蹲便器（蹲3）（老八件之三）

195

低水箱（与福州式坐便器配套用，老八件之四），见图9-6。

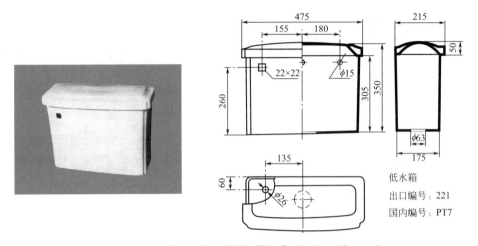

图9-6　低水箱（与福州式坐便器配套用，老八件之四）

返水弯（与坐便器配套用，也与蹲便器配套用，老八件之五），见图9-7。

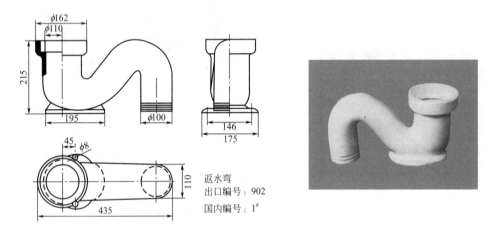

图9-7　返水弯（与坐便器配套用、也与蹲便器配套用，老八件之五）

高水箱（老八件之六），也叫吊水箱。与蹲便器配套使用，安装在蹲便器后墙上方，距地高度1.8m，见图9-8。

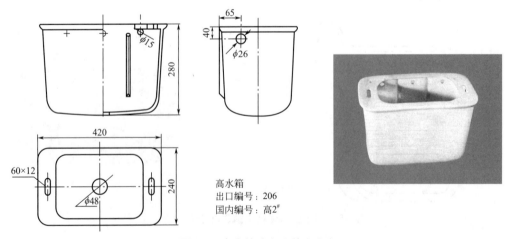

图9-8　高水箱（老八件之六）

洗涤槽（老八件之七），也叫水槽，有不同的规格尺寸。见图9-9。

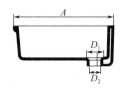
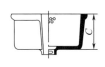
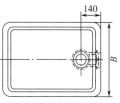

国内编号：1#,3#
出口编号：502 506

编号	出口号	名称	A	B	C	D_1	D_2
卷8#	516	16″×12″×6″卷槽	410	310	150	70	50
卷7#	514	20″×14″×6″卷槽	510	360	150	70	50
卷4#	512	24″×16″×6″卷槽	610	410	150	100	65
卷6#	510	24″×18″×6″卷槽	610	460	150	100	65
卷5#	508	16″×12″×8″卷槽	410	310	200	70	50
卷3#	506	20″×14″×8″卷槽	510	360	200	70	50
卷2#	504	24″×16″×8″卷槽	610	410	200	100	65
卷1#	502	24″×18″×8″卷槽	610	460	200	100	65

图9-9 洗涤槽（老八件之七）

平面小便器及小便器返水弯下水管（老八件之八），见图9-10。

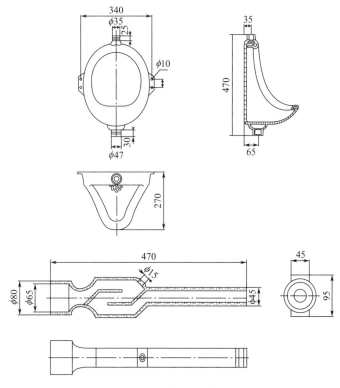

图9-10 小便器（老八件之八）

此外，还有两种特殊产品。一件是火车车厢专用洗手角盆，这是唐山陶瓷厂独家生产的专供产品，现在几乎不用了。另一件是平面蹲便器，分小平蹲和大平蹲两种。广东地区比较多用这种蹲式大便器，便于在厕所冲凉。这种蹲式便器与北方的和丰式蹲便器一直共存。火车车厢专用角盆（唐山陶瓷厂独家生产）与小平蹲便器见图9-11。

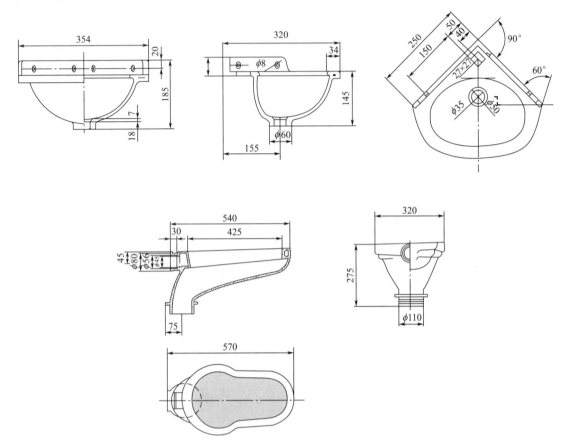

图9-11 火车用角盆（上）与小平蹲便器（下）

2.成套卫生洁具

20世纪60年代初，现：北京建筑大学（原：北京建工学院）李树德老师设计了"6201"、"6202"两个大套卫生洁具（含脸盆、盆柱、坐便器、低水箱、妇洗器共五个单件，也叫"五件套"），由唐山陶瓷厂和唐山建陶厂进行试制和生产，开启了唐山卫生陶瓷中国人自己设计、开发的新篇章。其后，唐山陶瓷厂和唐山建筑陶瓷厂在70年代开发成功的"7201"、"7203"成套洁具，70年代开发成功的"8301"、"8302"、"8403"、"8501"等成套洁具，体现了我国在洁具成套方面取得了巨大的进步。到了20世纪末，中国卫生陶瓷企业设计生产成套卫生洁具已经很普遍了。

2000年，中国加入世贸组织，出口猛增，推动了成套洁具和新产品的开发。除TOTO、科勒、美标、和成、乐家等三资企业外，惠达、鹰牌、四维、东鹏、箭牌、梦牌、华丽、恒洁等众多企业开发了许多成套洁具和新产品。洗面器有台式盆、双联盆、艺术盆、柜盆等。坐便器有冲落式、喷射虹吸式、漩涡虹吸式等，且多为节水型连体式坐便器，还有智能型坐便器等。

二、卫生陶瓷的配套件和节水型卫生洁具

1. 卫生陶瓷的配套件

1986年,江苏省张家港市卫生设备厂开发出坐便器塑料低水箱配件。该配件采用ABS工程塑料制成,特点是:进水部分采用浮球式进水阀,具有消声、防倒虹吸和水位调节等功能;排水部分采用翻板式结构,平面封水密封性能好。

1988年,咸阳陶瓷研究设计院和天津通用机械厂开发出低噪声低水箱配件。这是一种新型结构XTDOIA低噪声的低水箱配件,具有先进的螺旋管消声装置,用于高、中档卫生洁具配套选用。产品各项性能数据达到国标要求,噪声平均值为48.6dB,解决了我国低水箱配件长期漏水、噪声高的问题。

1989年,咸阳陶瓷研究设计院、沈阳陶瓷研究所、沈阳长城塑料厂、安徽繁昌水暖洁具厂研制成功节水型蹲便器。特点是利用破坏虹吸的方法实现配件的大小便分挡供水、用塑料代替部分橡胶改善了封水阀的柔软性、两挡水箱配件(6升/次、3升/次)。

20世纪80年代,唐山陶瓷厂、唐山建筑陶瓷厂、唐山建华陶瓷厂、唐山第四塑料厂等单位联合开发卫生间配套技术,实现卫生间配套。创新点是:陶瓷件与配套件的线型协调、色调统一,规格尺寸相吻合;卫生间整体布局合理,达到了舒适性和实用性的统一;节能、节水效果显著;整体技术指标达到国际同类产品先进水平。符合三星级及以上宾馆卫生间的设计和实用要求。

此后,业内还开展了高档配套卫生间的选优、评等和制订标准等工作。

2. 节水型卫生洁具

1986年唐山陶瓷厂研制成功"坐27"成套节水型卫生洁具。该产品采用注浆粘接新工艺,第一次使用瓷件内安放塑料三通式分水器,配用两挡水箱配件,冲洗用水量6升/次以下。

1987年,唐山市建筑陶瓷厂和中国建筑西北设计院研制成功节水型卫生洁具及配件。坐便器采取一次成形,挡板不粘接,两挡水箱配件(9升/次、4.5升/次)。

1987年,唐山市建筑陶瓷厂和唐山工业自动化研究所开发出红外感应自动冲水小便器。该产品将红外线遥感技术应用于卫生洁具,使用后能实现自动冲洗,冲水量为1.2~2.0升/次,达到当时同类产品国际水平,适用于中、高档宾馆、饭店以及高档公寓。

20世纪90年代,广东鹰牌陶瓷公司等相继研发出节水(冲落式)连体坐便器等。

1999年修订的卫生陶瓷国家标准中将一般虹吸式、冲落式坐便器用水量降到不大于9升/次,并首次提出"节水型坐便器每次冲洗用水量不大于6升/次"。

1999年12月,国家经贸委、技监局、建设部、国家建材局下发通知中规定"自2000年12月1日起,在大中城市新建住宅中,禁止使用一次冲水量在9升/次以上的便器,推广使用一次冲水量为6升/次的坐便器"。

2002年10月1日,"节水型生活用水器具"行业标准实施(包括便器、便器冲洗阀、水嘴、淋浴器、洗衣机)。

2002年，国家评选出的10个节水名牌坐便器为：CW894连体坐便器（东陶机器）、SIDNEY系列坐便器（乐家（南海）公司）、C4283T等连体坐便器（和成）、C-103P连体坐便器（惠达）、CS690喷射虹吸坐便器（宏延卫浴）、CP-1433连体坐便器（吉事多卫浴）、MC108连体坐便器（美林）、1205MD连体坐便器（上海佳欣）、WSHB321虹吸连体坐便器（东鹏）、GD210坐便器（四维）。

2005年修订，2006年5月1日实施的"卫生陶瓷"国家标准中规定了普通型坐便器（含喷射虹吸式和漩涡虹吸式）、蹲便器、小便器的用水量分别为9升/次、11升/次、5升/次，除节水型坐便器用水量为6升/次条款外，新增了节水型蹲便器和小便器的用水量为8升/次、3升/次的条款。

3.治理"马桶漏水"问题

1986年8月30日，第一机械工业部沈鸿副部长在经济日报一版发表致轻工业部部长于珍的题为"关于质量问题一封信"的文章，文中涉及"马桶漏水"问题。所谓"马桶漏水"并非陶瓷坐便器裂缝漏水，而是便器中的水箱排水阀关闭不严造成系统内滴、漏，这不但造成水资源的浪费，还影响人们晚间休息。由于"马桶漏水"问题涉及千家万户，因此引起了全国上下的热评和广泛关注。其实在文章发表之前，国家建材局已组织研究开发新型节水低水箱配件，1986年10月，符合低水箱新国家标准（草案）的新型节水低水箱配件研制成功。1987年12月15日，国家计划委员会、国家经济委员会、城乡建设环境保护部、轻工业部、国家建筑材料工业局联合发布"关于改造城市房屋卫生洁具的通知"，要求发展节水型便器及配件生产，加强对卫生陶瓷及配件产品的质量管理，加快节水型便器及配件的推广。国家建材局组织科研院所和企业研制成功了沈鸿副部长发明的克漏阀和各种新型节水低水箱配件（翻板式、翻球式、虹吸式、压力式等），同时开发出了9升/次冲洗水的卫生陶瓷节水坐便器（原标准13升/次冲洗水）。1988年10月28日，国家建筑材料工业局、建设部联合发布"关于淘汰坐便器老式低水箱配件推荐新产品的通知"。1991年国家计划委员会、国家建筑材料工业局、建设部、轻工业部、国家技术监督局、国家工商行政管理局联合印发《关于推广应用新型房屋卫生洁具和配件的规定》的通知。1992年4月17日，建设部第17号令发市"城市房屋便器水箱应用监督管理办法"，要求加强对房屋便器水箱和配件产品生产、销售以及设计、施工、安装、使用等全过程的监督管理。1993年5月7日，国家建筑材料工业局、建设部联合发布《卫生洁具配件定点生产管理办法》的通知。在一大批新型节水水箱配件开发上市后，国家建材局组织全国统一封样检测，确保产品符合国家标准。这时，卫生陶瓷和配件国家标准的修订工作业已完成，广泛普及、推广陶瓷便器与水箱配件配套的条件日趋成熟。国家建材局及时提出基础配套工作要求"统一标准，定向配套，集中订货，分别发货，售后服务"。至此，通过调整产品结构、开发新型水箱配件，制定国家标准、加强质量管理，多部门协作制定配套法规，点面结合逐步推广下，治理"马桶漏水"工作取得了初步成效。

三、卫生陶瓷产区

我国卫生陶瓷的生产始于唐山。1949年以前，我国卫生陶瓷主要产自唐山启新瓷厂和唐山德盛窑业股份有限公司这两家企业。

1950年至20世纪60年代初，卫生陶瓷主要产自六省一市的八个企业，分别是经改造的老厂——河北省唐山陶瓷厂、唐山市建筑陶瓷厂；由手工业生产合作社改建的新厂——江西省景德镇市建筑卫生陶瓷厂、广东省石湾建筑陶瓷厂；新建的工厂——辽宁省沈阳陶瓷厂、北京市陶瓷厂、陕西省咸阳陶瓷厂和福建省漳州瓷厂。

1990年产量1783万件，1993年产量3441万件，当时的主要产区"三山一南"（唐山、佛山、博山、河南）。之后，广东和河南逐渐跃前，河北减速，山东下滑。至2010年，以佛山和潮州、长葛、唐山为代表的广东、河南、河北三产区卫生陶瓷产量占全国产量的81.05%。

1.广东产区

2010年卫生陶瓷产量6773万件，卫生陶瓷生产基地主要分布在佛山、潮州、清远、中山等地。

佛山是中国乃至世界最大的建筑卫生陶瓷产区。卫生陶瓷规模以上企业有百余家，卫生陶瓷品牌在业内有一定优势，有国际品牌科勒、美标、乐家，本土品牌从早期的彩洲、钻石、丹丽、鹰牌到目前的箭牌、法恩莎、东鹏、益高、尚高、浪鲸、英皇等。

潮州是近10年发展最快、最具活力的陶瓷产区。陶瓷产品年产销超300亿元，出口8亿多美元，是目前全国最大的陶瓷出口产区。上规模的卫生陶瓷业已达500多家，以中小企业为主，卫生陶瓷产能号称有4800万件，产值60亿元。与卫生洁配套的原料、色釉料、模具、配件、纸箱等企业300多家。目前已培育出恒洁、澳丽泰、欧美尔、梦佳、法恩斯、建厦、金厦等知名企业和品牌。潮州产区物流发达，出口便利，产品以外销为主，外销量高达80%。

2.河南产区

2010年产量5320万件，位居全国第二。生产基地主要分布在许昌市（长葛、禹州）、郑州市（新郑）、洛阳市（新安）、漯河市等地。2010年，长葛共有卫生陶瓷74家，生产线96条，产能约4500万件。主要企业金惠达、恒尔、远东、蓝鲸等。

3.河北产区

唐山产区号称"北方瓷都"。20世纪80年代是唐山陶瓷生产发展的鼎盛时期，卫生陶瓷占据国内市场的一大半。目前，唐山产区拥有规模以上卫生陶瓷企业40余家，其中重点大中型企业近十家，包括唐山惠达陶瓷集团有限公司、唐山市丰华陶瓷有限公司、梦牌瓷业、唐山华丽陶瓷有限公司、唐山华天成陶瓷制品有限公司、中陶实业有限公司、唐山卫陶有限公司、唐山德盛陶瓷公司、唐山远威陶瓷制造有限公司等。

4.其他产区

广东、河南、河北三个主要产区2010年产量合计14413万件，占全国总产量的81.05%，其他产区合计产量仅为3370万件。2010年全国主要省（市、区）卫生陶瓷产量及排名见表9-5。

表9-5　2010年全国主要省（市、自治区）卫生陶瓷产量及排名

排名	地区	产量/万件	排名	地区	产量/万件
1	广东	6773	8	山东	312
2	河南	5320	9	广西	233
3	河北	2320	10	重庆	205
4	湖北	993	11	北京	170
5	福建	517	12	四川	68
6	湖南	433	13	天津	55
7	上海	331	14	江苏	53
	全国				17784

四、卫生陶瓷产量

1949～2010年全国卫生陶瓷产量和1981～2010年全国卫生陶瓷进出口数量和进出口金额分别见表9-6、表9-7。

表9-6　1949～2010年全国卫生陶瓷产量　　　　　　　　　　单位：万件

年份	产量	年份	产量	年份	产量	年份	产量
1949年	0.6	1965年	111.4	1981年	476.8	1997年	5409
1950年	4.9	1966年	124.2	1982年	546	1998年	5145
1951年	10.8	1967年	69.3	1983年	807	1999年	4618
1952年	34.2	1968年	33.6	1984年	731.8	2000年	3362
1953年	46.6	1969年	60.8	1985年	775.3	2001年	3428
1954年	61.3	1970年	61.3	1986年	949	2002年	3733
1955年	46.6	1971年	59.5	1987年	1186	2003年	4499
1956年	36.5	1972年	66.7	1988年	1355	2004年	7500
1957年	53.4	1973年	105.5	1989年	1799	2005年	9200
1958年	79.9	1974年	146.5	1990年	1783	2006年	11500
1959年	102.9	1975年	222.1	1991年	1890	2007年	14311
1960年	141.1	1976年	202.4	1992年	2533	2008年	15400
1961年	109.5	1977年	242.0	1993年	3341	2009年	15690
1962年	49.2	1978年	227.8	1994年	4145	2010年	17784
1963年	51.4	1979年	237.4	1995年	5448		
1964年	71.2	1980年	291.8	1996年	5492		

表9-7 1981～2010年全国卫生陶瓷进出口数量和进出口金额

年份	进口数量/万件	进口金额/万美元	出口数量/万件	出口金额/万美元
1981年		248.68		298.90
1982年		403.85		272.23
1983年		131.14		130.76
1991年		1752.8		1260.3
1992年		2176.9		1591.6
1993年		3907.5		455.8
1994年		3986.8		340.8
1995年		6017.2		451.1
1996年		3680.44		661.61
1997年		1633.58		1328.31
1998年	38.09	1223.08	203.75	2416.65
1999年	42.13	748.19	275.38	3593.63
2000年	42.47	603.01	357.26	5197.48
2001年	39.76	834.14	614.17	7975.97
2002年	22.06	683.74	1159.77	14210.39
2003年	46.40	1685.75	1805.35	21839.64
2004年	23.84	1763.76	2825.20	32560.69
2005年	26.84	1857.10	3884.97	47444.80
2006年	31.4920	2399.5	5106.40	63534.2
2007年	32.4178	2848	5525.51	73531
2008年	39.1371	3229.3	5632.49	81752.6
2009年	48	2904	5377	66763
2010年	66	4302	5411	77897

第三节 建筑陶瓷砖

我国百年建筑陶瓷砖的演变可概括为：一是全面实现现代工业化生产；二是产品品种繁多、花色千变万化，仿石、仿木纹等装饰达到乱真的程度，陶瓷板成为新型产品而引领世界；三是生产规模年产量由20世纪初的2000多平方米到21世纪初期的近百亿平方米，成为世界最大的建筑陶瓷砖生产基地；四是产区几经变迁，形成以佛山为中心广布全国的格局；五是产品和现代生产装备由净进口国到出口大国，产品贸易国际化遍及全球。

一、建筑陶瓷砖产品

1978年以前，我国建筑陶瓷砖产品主要是152mm×152mm、108mm×108mm内墙陶瓷砖、二丁挂外墙陶瓷砖、瓷质马赛克等，品种、规格十分简单。进入21世纪，中国的建筑陶瓷砖产品与西方发达国家的产品相比已是难分伯仲，各有千秋。

1954年，温州西山窑业厂试制成功黑色釉面砖；20世纪70年代，沈阳陶瓷厂研制成功石光色釉面砖、虹彩釉图案砖、金砂釉图案砖、喷花图案砖；中国建筑西北设计院开发出红地砖。1978年，石湾化工陶瓷厂生产出彩釉地砖；1988年，咸阳陶瓷研究设计院开发成功了湿式挤压成形的劈开砖生产工艺成套技术，产品分施釉和不施釉两大类，生产能力（10～30）万平方米/年，烧成温度小于1200摄氏度，产品合格率＞90%，在河南沁阳、江西彭泽等地推广应用；1989年，佛山市石湾耐酸陶瓷厂开发出400mm×400mm大型彩釉砖，产品有茶色云雾状砖、印花图案砖和彩色花岗石彩砖三个品种，240mm×60mm、200mm×200mm、300mm×300mm、400mm×400mm仿花岗石彩釉砖，花色品种多达十多种。石湾瓷厂引进日本自动化生产线生产高档彩釉马赛克；1990年，中国建筑材料科学研究院陶瓷所研制出炻质高级地砖，与广东潮州彩釉砖厂研制成功仿锦高级地砖；广西平南县陶瓷厂研制出防潮黑地砖；佛山市石湾工业陶瓷厂研制出快烧玻化砖、大型瓷质彩胎砖；佛山市石湾钻石陶瓷厂推出由四片拼成一个花色款色的彩釉砖，规格多为300mm×300mm，产品风靡一时，1991年开始全国流行；1993年，广东新中源陶瓷有限公司推出水晶砖，一跃成为行业新秀；佛山冠珠、海鸥、环球等陶瓷厂相继推出耐磨砖、斑点耐磨砖和斑点耐磨抛光砖，规格有300mm×300mm、400mm×400mm、500mm×500mm等；1996年，广东鹰牌陶瓷、东鹏陶瓷、佛山市金舵陶瓷有限公司等推出渗花砖，后来许多砖的花色都以渗花砖为基础；1998年，广东东鹏陶瓷股份有限公司推出渗花砖中最负盛名的"金花米黄"，风靡全行业；1999年，广东蒙娜丽莎陶瓷有限公司推出经典产品《雪花白》，开创了国内超白产品的先河，引发行业的白色风暴；2000年前后，广东新明珠陶瓷、新中源陶瓷、佛山市嘉俊陶瓷、佛山市金舵陶瓷有限公司等相继推出多管布料的幻彩砖；佛山市嘉俊陶瓷有限公司生产的《珍珠白》产品甚为紧俏；2001年，佛山欧神诺陶瓷股份有限公司推出的雨花宝石很受欢迎；台资企业亚细亚集团控股有限公司、深圳鹏丽陶瓷公司、佛山市嘉俊陶瓷有限公司、广东欧文莱陶瓷有限公司相继推出的微粉砖而大受欢迎；诺贝尔公司研制出无锆超白砖；鹰牌、东鹏、斯米克等公司研制出仿石砖；2003年，广东鹰牌陶瓷集团有限公司推出一款"微粉+渗花"的产品——"巴洛克"；后众多企业跟进，产品名称各不相同，如《意大利米黄》、《殿堂石》、《海宝石》等；山东德惠来装饰瓷板有限公司研制开发出《薄斯美》纤维陶瓷装饰板，产品填补国内空白；2004年，上海斯米克建筑陶瓷股份有限公司推出仿石材的《大峡谷》，成为中国第一家生产岩石类产品的企业；其后，其他公司推出的《昆仑石》、《板岩》和《火烧岩》、《凹凸面板岩》、《砂岩石》都是此类产品；佛山欧神诺陶瓷股份有限公司推出聚晶微粉类产品——"析晶玉，其后，其他公司推出的《凌云石》、《金玉满堂》、《满天星》、《幸运星》（也有归为微晶钻的）都属此类产品；2005年，佛山欧神诺陶瓷股份有限公司推出"析晶玉＋超洁亮"产品——"冰川99"；其后，各式各样的"洁亮"蜂拥而至；咸阳陶瓷研究设计院和山东工业陶瓷研究设计开发成功透水陶瓷砖；2006年，仿古砖由崛起转而开始盛行；佛山金意陶陶瓷有限公司的金属釉产品和《楼兰陶瓷》的木纹砖最为出名；2007年，可谓"聚晶微粉年"，除了欧神诺、欧文莱、升华、金舵、博德等厂的聚晶微粉类产品外，广东汇亚陶瓷推出的《倾国倾城》、广东鹰牌陶瓷的《珊瑚石》和佛山市卓远陶瓷的《冰河世纪》、佛山市南海升华陶瓷的《琥珀玉石》等均受到市场好评。2008年年初，广东东鹏陶瓷股份有限公司研制成功无洞洞石——纳福娜无洞洞石；广东博德精工建材公司推出"精工玉石五代"祥云系列；杭州诺贝尔公司开发出深色系列微晶玻璃陶瓷复合砖和炫彩玻璃马赛克陶质复合砖；福建华泰集团获得国家"十一五"科技支撑计划支持，推出干挂空心陶瓷板。杭州诺贝尔集团公司在业内首先推出数码喷墨印刷陶瓷砖产品。值得重点记述的是：2007年，广东蒙娜丽莎陶瓷有限公司推出新型大规格建筑陶瓷薄板，板厚3.0～5.5mm，长×宽为1800mm×900mm，每平方米重8～12千克，获得国家"十一五"科技支撑计划支持，2009年，瓷质超薄陶瓷板入选"建国六十周年成就展"，是建筑卫生陶瓷行业唯一入选的产品。

2010年，广东东鹏陶瓷股份有限公司推出第三代洞石——至尊洞石、木纹洞石，以及一种抛光玻化釉面砖——梦幻玉石；佛山欧神诺陶瓷股份有限公司推出铂金系列玻化砖，成为业内"技术奢华主义"的典型代表；2010年3月30日，金牌亚洲陶瓷公司推出3D数码喷墨立体砖而成为广东陶企中最早推出喷墨印刷产品的企业。

二、建筑陶瓷砖的产区

1949年以后，在国民经济三年恢复时期，政府帮助唐山陶瓷厂、唐山市建筑陶瓷厂、温州面砖厂及海城陶瓷三厂等恢复生产和扩建改造。同时，建设了沈阳陶瓷厂、石湾建筑陶瓷厂。1957年，全国具有一定规模的建筑陶瓷厂有6家。1958年，在北京、江西景德镇、陕西咸阳和福建漳州又新建四个建筑陶瓷厂。除西南区以外，各大区至少有一个规模较大的建筑陶瓷厂。1959～1983年，国家未再建新厂，而是每年拨款用于老厂的技术改造和扩建，地方和集体兴建了不少中小型企业。1983年，全国各类建筑卫生陶瓷厂共计300多家，生产建筑陶瓷砖2020万平方米（其中：釉面砖1280万平方米、墙地砖740万平方米），而13家重点建筑卫生陶瓷企业中，5大企业的陶瓷砖产量667.36万平方米（唐山市建筑陶瓷厂175.82万平方米、沈阳陶瓷厂164.15万平方米、景德镇陶瓷厂181.61万平方米、石湾建筑陶瓷厂86.33万平方米、温州面砖厂59.45万平方米），约占当年全国建筑陶瓷砖总产量的三分之一。

1.20世纪90年代，形成"三山两江一海"的新区格局

20世纪80年代以后，我国逐步形成了若干建筑陶瓷产业集群，除佛山、博山（淄博）、唐山三大建陶产业集群之外，尚有温州、宜兴地区。20世纪90年代，业内用"三山两江一海"（佛山、唐山、博山、晋江、夹江、上海及周边地区）来描述我国的建陶产业的格局。佛山、博山（淄博）的建筑陶瓷砖保持着前两位的位置，而唐山的卫生陶瓷仍为行业前列，福建晋江及四川夹江在20世纪90年代全面崛起，上海及周边的一些合资品牌开始占领建筑陶瓷砖的高端市场，昔日建筑陶瓷砖龙头的唐山市建筑陶瓷厂、沈阳陶瓷厂、景德镇陶瓷厂、温州面砖厂等开始落伍，温州地区的建陶产业逐步消失，宜兴地区留下来主要是琉璃瓦和西瓦。

上海是中国现代建筑陶瓷的发祥地。1926年，泰山砖瓦股份有限公司上海二分厂试制成功无釉陶瓷外墙砖——泰山牌毛面砖。20世纪90年代初，一批包括斯米克、亚细亚、长谷、冠军、现代、泛亚、诺贝尔、罗马等合资、台资企业进入上海及周边的江苏、浙江地区，形

成产能约1亿平方米的规模。这些企业资本雄厚、管理科学、技术先进、起点高，在当时远领先于其他产区的建陶企业，使其在以后的发展中占据市场高端，并最终成为我国建陶行业最具竞争力的产区之一。

2. 建筑陶瓷砖产业转移促进了产业的新格局

陶瓷业是一个资源型和劳动力密集型的产业，需要十分重视环境保护。一个地方有几家陶瓷厂环境问题可能不大，但当大规模扩展，矿产资源、人力环境、空间土地等问题必然突显，从而引发产业布局的变动。以佛山产区为例，早期的工厂分布在石湾河（东平河）东北岸一片山冈上，1980年开始向周边（特别是南庄镇）扩展，1990年后向省内的清远、高要、河源、肇庆等地扩展。2000年后，佛山的许多企业搬迁到广西壮族自治区、四川、湖南、河北、辽宁等地办厂，佛山原有建筑陶瓷厂约350家，2010年留存约45家。此后，福建、上海、山东等地一些陶瓷企业加入了转移和扩张的行列，带动了全国建陶产业的均衡发展，形成了产业的新格局。

我国建筑陶瓷砖的四大产业群是以佛山为中心的广东地区，以晋江和闽清为中心的福建地区，以淄博和临沂为中心的山东地区和以夹江为中心的四川地区，2010年这四大产业群的陶瓷砖产量占全国总产量的72.65%。新兴陶瓷砖产区遍及各地，主要有江西高安、景德镇、丰城，辽宁法库、建平，湖北当阳、蕲春，河南鹤壁、内黄，河北高邑，广西北流，陕西咸阳、宝鸡，山西阳城，新疆米泉，安徽淮北、宿县，湖南岳阳、衡阳，内蒙古鄂尔多斯以及云南易门等。2010年全国主要省（市、区）建筑陶瓷砖产量排名见表9-8。

表9-8 2010年全国主要省、自治区、直辖市建筑陶瓷砖产量排名

排名	地区	产量/万平方米	排名	地区	产量/万平方米
1	广东	213812	14	贵州	5328
2	福建	155233	15	山西	4566
3	山东	109583	16	新疆维吾尔自治区	4475
4	四川	71723	17	安徽	4194
5	江西	48355	18	湖南	4179
6	辽宁	39546	19	云南	3997
7	湖北	17464	20	宁夏回族自治区	2383
8	河南	16746	21	内蒙古自治区	1599
9	河北	13730	22	江苏	1520
10	广西壮族自治区	11956	23	上海市	1451
11	陕西	11030	24	吉林	933
12	重庆市	10202	25	甘肃	565
13	浙江	7599	26	青海	209
			全国		757566

三、建筑陶瓷砖的产量

建筑陶瓷砖年产量1949年为2310平方米，1960年为211万平方米，1978年为546万平方米，2010年为75.7566亿平方米。

1949～2010年全国建筑陶瓷砖产量和1981～2010年全国建筑陶瓷砖进出口数量及进出口金额分别见表9-9、表9-10。

表9-9 1949～2010年全国建筑陶瓷砖产量统计表　　　　单位：万平方米

年份	产量	年份	产量	年份	产量	年份	产量
1949年	0.23	1965年	260	1981年	1990	1997年	184200
1950年	0.13	1966年	336	1982年	1948	1998年	159400
1951年	2.80	1967年	271	1983年	2020	1999年	94612
1952年	12	1968年	183	1984年	2906	2000年	201900
1953年	15	1969年	283	1985年	5641	2001年	196000
1954年	28	1970年	300	1986年	8000	2002年	186800
1955年	44	1971年	299	1987年	9811	2003年	238800
1956年	54	1972年	322	1988年	11684	2004年	296200
1957年	82	1973年	347	1989年	12902	2005年	350000
1958年	162	1974年	318	1990年	17920	2006年	420000
1959年	228	1975年	362	1991年	22718	2007年	500995
1960年	211	1976年	345	1992年	31151	2008年	567000
1961年	124	1977年	418	1993年	53283	2009年	642700
1962年	96	1978年	546	1994年	95867	2010年	757566
1963年	97	1979年	727	1995年	158410		
1964年	163	1980年	1178	1996年	135700		

表9-10 1981～2010年全国建筑陶瓷砖进出口数量和进出口金额

年份	进口数量/万平方米	进口金额/万美元	出口数量/万平方米	出口金额/万美元
1981年		122.53		1484.86
1982年		51.12		1234.99
1983年		507.77		1081.01
1991年		1408.6		4086.7
1992年		1776.1		3593.3
1993年		2755.1		2985.7
1994年		3599.5		3344.5
1995年		4780.44		5020.09
1996年		3724.70		6883.66
1997年		4859.01		7922.94

续表

年份	进口数量/万平方米	进口金额/万美元	出口数量/万平方米	出口金额/万美元
1998年	704.06	2770.94	1986.97	6819.59
1999年	426.37	1831.77	1786.41	5815.73
2000年	319.32	1634.72	2426.22	7650.68
2001年	207.80	1175.50	5312.27	15518.82
2002年	183.90	1233.26	12486.14	32486.84
2003年	172.31	1261.28	20647.26	52187.32
2004年	172.90	1536.87	31717.81	83976.96
2005年	182.10	2028.80	42072.79	120472.80
2006年	218.5080	2784.9	54373.2799	170931.4
2007年	312.2636	4867	59006.6284	213083
2008年	295.0024	4949.0	67089.7961	271052.7
2009年	282	5267	68547	286219
2010年	574	7240	86720	385110

四、建筑陶瓷砖生产的技术进步

1.原料

（1）低温快烧原料　1979年，唐山建筑陶瓷厂、中国科学院地质研究所、中国建筑材料科学研究院陶瓷所、湖北非金属矿地质公司联合开发成功硅灰石釉面砖生产技术。1980年，中国建筑材料科学研究院陶瓷所和湖北省襄樊市建筑陶瓷厂研制成功硅灰石釉面砖。1983年，中国建筑材料科学研究院陶瓷所和黄石建陶厂研制成功硅灰石釉面砖。1984年，咸阳陶瓷研究设计院和黄石瓷器厂研制成功低温烧成透闪石质釉面砖。1985年9月以来，中国建筑材料科学研究院陶瓷所、咸阳陶瓷研究设计院、山东工业陶瓷研究设计院等相继研制成功透辉石低温快烧釉面砖。1986年，中国建筑材料科学研究院陶瓷所研制出叶蜡石质釉面砖、霞石正长岩釉面砖。

（2）低质原料　1978～1981年，中国建筑材料科学研究院陶瓷所完成在北京南郊农场建筑陶瓷厂进行磷渣釉面砖中试线的完善工作，建成一条年产6万平方米的磷渣釉面砖生产线。1980～1982年，温州市陶瓷科研所利用温州化肥厂明矾石废渣（赤泥）和磷矿渣作原料试制成功明矾石废渣釉面砖。浙江瑞安县建材公司研制出明矾石氨浸渣和磷矿渣釉面砖。1981～1982年，南京化工学院、江苏省六含县铸石厂、江苏省建材研究院研制出了以劣质黏土、水淬慢冷预烧磷矿渣、粉煤灰等工业废渣及石英砂、废素坯等为坯料，采用高遮盖力的无铅硼、锆乳浊釉的劣质料低温快烧釉面砖。1985年，中国建筑材料科学研究院陶瓷所研制了水淬磷渣釉面砖。1988年，中国建筑材料科学研究院陶瓷所和淄川双凤建陶厂研制出红砂土釉面砖。1989年，沈阳陶瓷厂研制成功天然着色矿物制造黄釉面砖。中国建筑材料科学研究院陶瓷所和淄川双凤建陶厂研制出页岩地砖。20世纪80年代，海城陶瓷三厂研制出废匣钵料米黄色外墙砖。

2.技术装备的现代化

技术装备的现代化是现代工业化生产的保证。我国建陶行业技术装备的开发是通过引进国外先进生产线和单机、国产化、自主创新、产业化几个阶段历经20年才基本完成的。到2010年中国建陶工业所用工艺技术和装备基本达到国外同行的先进水平。详见第二篇产品篇中的第十三章陶瓷装备。

3.工艺技术的进步

1973年，沈阳陶瓷厂研制成功9m长单层釉烧辊道窑，经过改进得到普遍推广，为发展低温一次快速烧成新工艺创造了条件。此后，大小不等的各式辊道窑相继研制成功，并逐步推广应用。

1974年，华南工学院与沈阳陶瓷厂合作，完成了黏土质釉面砖低温一次快速烧成坯、釉配方研究的中间试验。中国建筑材料科学研究院先后与北京陶瓷厂、襄樊建筑陶瓷厂、黄石建筑陶瓷厂合作，进行了磷矿渣、硅灰石、叶蜡石低温快烧面砖生产工艺与配套设备的研究工作，并获得成功。

1978～1993年期间，许多院所、企业在建筑陶瓷砖的低温快烧工艺设备上做了大量研究开发。1978年，沈阳陶瓷厂、中国建筑材料科学研究院、华南工学院、中国建筑西北设计院等联合研制出釉面砖一次低温快烧工艺和技术。温州陶瓷科研所研制出釉面砖一次低温快烧技术。1979年，唐山建筑陶瓷厂、中国科学院地质研究所、中国建筑材料科学研究院陶瓷所、湖北非金属矿地质公司联合开发成功硅灰石釉面砖生产技术。1980年，中国建筑材料科学研究院陶瓷所和湖北省襄樊市建筑陶瓷厂研制成功硅灰石釉面砖。1981～1982年，南京化工学院、江苏省六含县铸石厂、江苏省建材研究院研制出了劣质料低温快烧釉面砖。1982年，中国建筑材料科学研究院和黄石建筑陶瓷厂研制成功双层辊道窑。1983年，中国建筑材料科学研究院陶瓷所和黄石建陶厂研制成功硅灰石釉面砖。1984年，咸阳陶瓷研究设计院和黄石瓷器厂研制成功低温烧成透闪石质釉面砖。1985年9月以来，中国建筑材料科学研究院陶瓷所、成阳陶瓷研究设计院、山东工业陶瓷研究设计院等相继研制成功透辉石低温快烧釉面砖。1986年，中国建筑材料科学研究院陶瓷所研制出叶蜡石质釉面砖。1986年，中国建筑材料科学研究院陶瓷所研制出霞石正长岩釉面砖。1986年，中国建筑材料科学研究院陶瓷所、佛山市石湾化工陶瓷厂、佛山市陶瓷工贸集团公司设备能源部等研制出燃重油半隔焰辊道窑（窑长52.14m、烧成周期60～90min）。1986年，佛山市节能技术服务中心和佛山市石湾建筑陶瓷厂研制成功燃重油辊道窑的微机控制技术。1988年，新疆建材陶瓷厂自行开发出电热辊道窑（快烧彩釉砖烧成周期50～80min）。1989年，唐山市建筑陶瓷厂和中国科学院地质研究所研制成功釉面砖一次低温快烧技术。佛山地区也研制成功釉面砖一次低温快烧工艺技术。1990年，华南理工大学和石湾化工陶瓷厂研制成功燃重油辊道窑的微机控制技术。1991年，中国建筑材料科学研究院陶瓷所和唐山轻工业机械厂通过引进消化吸收研制成功FRW2000单层辊道窑等。低温快烧建筑陶瓷砖的工艺设备日趋成熟。低温快烧工艺与一次烧成结合，使我国外墙砖、地砖的生产技术提高到了一个新阶段。

4. 工程设计

1970～1982年，中国建筑西北设计院完成景德镇陶瓷厂年产60万平方米釉面砖车间（二线、三线）的工程设计。1980年，该院又完成沈阳陶瓷厂年产15万平方米红地砖车间（干法）的工程设计。

1988～1992年，由中伦建筑陶瓷技术装备联合公司总承包，杭州新材料设计研究院完成工程设计，与国家"七五"攻关相结合，北京工业大学、中国建筑材料科学研究院陶瓷所、山东工业陶瓷研究设计院、咸阳陶瓷研究设计院、北京建材机械厂、唐山轻工业机械厂、湖北省襄樊重型机械厂、佛山石湾陶瓷机械厂等单位联合消化、吸收完成四川自贡年产70万平方米彩釉墙地砖生产线的工程设计和建设。为实现我国陶瓷墙地砖工艺技术装备的现代化和国产化，我国共引进了21项装备制造技术，其中由意大利唯高工业公司提供、由我国消化吸收的技术有：HYDRA800型全液压自动压砖机，ARIETE 2000型摩擦液压压砖机，从压机到立式干燥器的输送装置，立式干燥器的补偿器，RB4立式干燥器，立式干燥器出口的输送线，压机出口的辊道输送装置，连接处的辊道输送装置，辊道干燥器的装出坯机，窑下辊道干燥器，装载机、储存车、卸载机、装窑机组，辊道窑、二段辊道窑，卸窑机组。另外，由意大利纳撒蒂公司提供、由我国消化吸收的技术有：丝网印刷机，一次和二次烧成用的施釉线，装载机、储存车、卸载机。四川自贡年产70万平方米彩釉陶瓷墙地砖生产从原料破碎至粉料制备则完全由国内配套，选用我国自行研究、设计、制造（或部分仿制）的称量喂料机，大型球磨机、柱塞泵以及喷雾干燥塔等。在四川自贡建成了年产70万平方米一次烧成陶瓷彩釉墙地砖示范生产线，全部技术装备均由国内提供。主要技术经济指标：年产量70万平方米，日产量2000m^2，产品名称为一次烧成陶瓷彩釉墙地砖，产品规格100mm×200mm×7mm、200mm×200mm×8mm、300mm×200mm×9mm、300mm×300mm×9mm，产品平均重量18kg/m^2，产品烧成温度＜1150℃、烧成周期55min，产品吸水率为3%～6%、抗折强度为22MPa，其他性能符合欧洲产品质量标准EN177的要求。

1988年，咸阳陶瓷研究设计院自行研制和设计的沁阳年产30万平方米劈开砖生产线建成。劈开砖是用湿式挤压成形方法所生产的墙地砖，关键技术为坯釉配方及挤压工艺，主要设备有挤泥机、切条机、切坯机、施釉机、劈砖机及隧道窑。产品分施釉和不施釉两大类，可以挤出各种燕尾槽背纹，铺贴牢固。特点是工艺简单、投资少，适用于地方性中小厂。该工艺在河南沁阳、江西彭泽等地应用，生产运行正常。主要技术经济指标：生产能力10～30万平方米/年，烧成温度＜1200℃（一次烧成），产品合格率大于90%，产品外观及理化性能符合国家标准。

5.陶瓷板材开发

这里要特别记述陶瓷板材的开发。陶瓷板材成功使用陶瓷原料和工艺技术实现现代工业化生产大规格尺寸的陶瓷板状产品，20世纪末首先出现在欧洲。陶瓷板材是20世纪陶瓷业的一个重要创新成果，为节能降耗和开拓用途领域提供了一条新路。中国第一条年产50万平方米湿法陶质板示范生产线于2005年在山东淄博德惠来装饰陶瓷有限公司建成。中国第一条干法陶瓷板生产线于2008年由广东蒙娜丽莎新型材料集团有限公司投资兴建。有两个主产品，大规格瓷质薄板［900mm×1800mm×（3～5.5）mm］和利用工业废渣做的轻质板［1000mm×2000mm×（12～20）mm］。2009年，国家产品标准《陶瓷板》（GB/T 23266—2009）和《建筑陶瓷薄板应用技术规程》（JGJ/T 172—2009）分别发布实施。广东蒙娜丽莎新型材料集团有限公司集团公司是两个文件的主编单位之一。2010年杭州钱塘江畔130m高的医药生物大厦选用的幕墙就是陶瓷板材，是世界首例。中国陶瓷板生产的工艺技术、装备、产品已达到世界领先水平。

第四节　建筑琉璃制品和陶管

1949年后，我国传统的建筑琉璃和陶管的生产也相继得到恢复和发展。1956年，宜兴的23家作坊通过联营、公私合营，成立了陶新陶器厂，后又改名为国营宜兴建筑陶瓷厂，生产发展很快。1960年，建筑琉璃和陶管产量达3万多件，60多个品种。1956年4月，以10多家陶瓷合作社为基础组建成立了国营石湾建筑陶瓷厂，1957年7月正式投产，生产琉璃瓦、陶质花盆和少量陶质卫生洁具。

1978年之后，传统的建筑琉璃和陶管也有很大发展。据全国7家主要建筑琉璃制品厂统计，1980年建筑琉璃产品总产量约为328万件，到1986年达到1890万件，年产量增加4.76倍。由于产品畅销，经济效益显著，1978年以后，各地兴建了一批小厂。据不完全统计，北京市有11家，陕西省12家，山西省11家，山东省6家新建厂。建筑琉璃制品的釉色有金黄、铬绿、孔雀蓝、大火黄、棕、玫瑰红、黑色、白色等30余种。

1978年，宜兴建筑陶瓷厂建筑琉璃制品产量为11.14万件，到1986年产量达到260万件，产品有1～4号筒瓦、各种异型脊瓦、多种花窗、栏杆、重檐和单檐花亭和8m高的蟠龙灯柱等，生产设备也有了进步，建成了隧道窑，并用自动控制调节器控制烧成。

湖南省铜官县第六陶瓷厂是生产建筑琉璃的专门工厂，1978年产值为49.42万元，1986年达到232.00万元，增长3.69倍，年产能力达到200万件，花色品种达60多种，80%的产品出口东南亚、欧美、日本等30多个国家和地区。

1985年，陕西铜川建筑陶瓷厂陶管车间生产工业陶管1.22万吨。

1986年，广东石湾的建筑琉璃产品已有200多个品种。山西郝庄琉璃制品厂和河津琉璃工艺厂的年产能力各达到90万件，年产值接近200万元，产品内销7个省、10多个市，外销3大洲、10多个国家和地区。山东淄博工业陶瓷厂陶管车间的年产量达到0.76万吨。

1980～1986年，全国七家主要琉璃制品厂产量统计见表9-11。

表9-11 1980～1986年全国七家主要琉璃制品厂产量统计　　　　　　　　　　　　　单位：t

厂名 \ 年份	1980	1983	1984	1985	1986	瓦类占总产量的百分比/%
广东石湾建筑陶瓷厂	154	410	403	656.75	577	60
广东石湾美术陶瓷厂	—	132	234	324.41	310.6	75
江苏宜兴建筑陶瓷厂	23	—	157	199	260	96
北京琉璃厂	47	—	—	70	170	75
湖南铜官琉璃厂	74	—	—	200	193	70
山西太原琉璃厂	10	13	26	53	60	40
山西河津琉璃厂	20	53	—	63	30	80
合计	328	608	820	1566.16	1600.6	71

　　1979年以来，建筑琉璃制品同其他建筑材料一样得到发扬光大，新技术、新工艺、新产品不断涌现。20世纪90年代，建筑琉璃制造工艺有了突飞猛进。建筑琉璃采用陶瓷砖干压法压制成形，生产效率大为提高，极大地满足了建筑市场日益增长的需求。

　　我国建筑琉璃制品的消费群体主要集中在大中城市的园林、古建筑、寺庙、高档别墅、城市楼房顶的装饰上。随着城镇化建设和社会主义新农村建设的不断推进，消费群体发生了较大变化，原有的消费群体主要集中地域被打破，消费需求几乎遍及全国各地，除原消费群体仍保持旺盛需求外，农家新舍、住宅小区的园林建设都有相当大的需求，因此建筑琉璃制品的需求量逐年递增。

　　建筑琉璃制品产业发展迅速，出现了从未有过的良好势头。2007～2008年，产品主营业务收入达到约30亿～35亿元。同比增长40%，工业产品销售率比2006～2007年同期增长了0.5%，2009年增长了0.6%。建筑琉璃制品产业国际化步伐加快，产品出口明显增加，主要销往美国、德国、日本、希腊、瑞士、印度、东南亚、欧洲、俄罗斯等国家和地区。2007年1～12月份，出口增加20%～30%。据统计，2010年，我国的建筑琉璃制品生产企业有500多家，遍布全国各地，产量为30亿件，销售额为40亿元以上。

　　我国建筑琉璃制品生产企业主要分布在福建、江苏、北京、山东、天津、河北、江西、河南、湖北、湖南、广东、山西、陕西等省市，其中以福建晋江、山东淄博、江苏宜兴等地较为集中。

1.晋江产区

　　福建晋江是全国陶瓷外墙砖最大的产业基地，并有大小琉璃瓦企业80家左右，产品则基本上占据了全国建筑琉璃制品市场的半壁江山，被列为国家星火区域性支柱产业，晋江成为全国四大建筑陶瓷生产基地之一。

2.宜兴产区

　　宜兴的建筑琉璃制品企业一度发展到400家左右，为我国的园林古建筑建设作出了巨大贡献。据该市统计，2008年整治关闭100多家落后的琉璃瓦企业。目前，宜兴市仍有200多家琉璃瓦企业，包括一些作坊式的小企业。

3. 江西产区

江西的琉璃制品企业集中分布在高安、景德镇。据不完全统计，江西有20家企业，25条生产线，日产能力250万件，传统琉璃瓦厂家10多家，日生产能力15万片。高安有琉璃制品厂家10多家，约15条生产线，日生产能力150万片左右。景德镇有4家瓷质琉璃瓦企业，包括景德镇卡地克建陶有限公司、景德镇梦特香陶瓷有限公司、景德镇圣泰陶瓷有限公司、景德镇金翔陶瓷有限公司，共8条瓷质琉璃瓦生产线。景德镇瓷质琉璃瓦产品销量占全国瓷质琉璃瓦产品销量的50%。

4. 山东产区

山东产区琉璃制品主要集中在淄博、临沂两地，青岛和潍坊等地也有少量企业。产品以中高档为主，主要产品有传统琉璃瓦、炻质陶瓷瓦，传统的居多，大多数产品质量较好。大大小小各类企业60多家，100多条生产线，日生产能力150万片左右。

5. 四川夹江产区

规模化生产企业有四川新万兴瓷业有限公司2条生产线，年产5000万片；夹江县华宸瓷业公司1条生产线，年产300多万平方米；四川米兰诺陶瓷有限公司1条生产线，年产5000万片。

6. 湖北产区

琉璃瓦产业是湖北安陆的新兴产业，目前已发展成为安陆的支柱产业之一。全市琉璃瓦企业达到17家35条生产线，日生产能力达40多万片，主要销往河南、安徽、湖南等省。

20世纪70～80年代，山东工业陶瓷研究设计院开发出高强度陶管工艺和配方。中国建筑西北设计院、铜川建陶厂开发出陶管一次成形机。宜兴生产一次烧成琉璃制品，引进日本琉璃生产线。90年代，琉璃瓦用半干压压制成形，生产效率大大提高，而陶管被逐渐淘汰。

建筑琉璃制品的发展趋势是：开发出独具特色的产品，促使产品实用性与装饰性兼备，种类丰富、花色品种多样，扩大销路，开拓市场，推动琉璃制品工业进一步发展。采用新工艺、新装备，实现半自动化、全自动化生产方式，全面提高质量档次，降低成本，以提高市场竞争力。

第十章　工业陶瓷

把陶瓷真正有目的地用于各个工业部门也只有百年的历史。随着高铝瓷土等原料在制瓷工艺的应用、制造工艺的发展、高温技术的进步以及为适应其他工业发展的需求，主要利用陶瓷耐酸、耐碱、耐腐蚀性，电绝缘性能及电磁、光学、机械、生物及化学等卓越性能而制成的一批新型的工业陶瓷制品逐步发展起来。由于工业陶瓷的用途十分广泛，在某些领域中起到不可替代的作用，逐步发展成为相对独立的工业分支。

第一节　工业陶瓷百年概述

在清末洋务运动的催生下，日本、德国等工业发达国家的技术人员，利用我国的资源（原料与燃煤等），引进各种陶瓷加工设备到我国建厂，生产化工陶瓷器和电瓷绝缘件。

1916年起，日本人在山东博山开办"日华窑业工厂"，生产耐酸陶管和低压电瓷。

1923年，河北唐山启新瓷厂引进德国的球磨机、泥浆泵、磁选机、电瓷压机等，于1924年生产硬质瓷、理化用瓷，产品均标有"德国制造"的标记，开始出口。

1936年，辽宁抚顺新建的"松风工厂"生产低压电瓷和少量3500V高压电瓷和保险丝具。同年，上海全新陶瓷厂迁至苏州后开始生产电瓷产品。

1937年12月，建成了我国电瓷工业发展史上第一个高压电瓷厂——中华电瓷制造厂。

1938年，唐山第十瓷厂的前身公聚成瓷厂开始生产理化用瓷。

1941年，启新瓷厂开始大量生产电瓷而成为华北最大的瓷厂。

同时，湖南醴陵也开始生产医用理化瓷和电瓷，1946年开办中国电瓷厂，逐步建立了我国自己的工业陶瓷生产体系。

1949年以后，我国的化工陶瓷、电瓷、精细陶瓷等工业陶瓷随着国家工业的发展而得到发展。

1. 化工陶瓷

1957年，江苏宜兴非金属化工机械厂组建成立，成为当时全国最大的化工陶瓷机械设备生产企业。山东淄博工业陶瓷厂、广东佛山化工机械陶瓷厂也相继扩大了化工陶的产品生产，满足化学工业发展的需要。经过几十年的发展，我国的化工陶材质向化工瓷转变，品种也不断更新与增多，生产工艺与设备也有长足的发展，由手工成形向机械成形转化。压力注浆工艺与装备的应用，窑炉由直焰窑向大型倒焰窑、高温梭式窑及隧道窑的演变以满足各种异型、大规格化工反应器的生产需求。进入20世纪90年代后期，江西萍乡大力发展工业陶瓷，逐步成为我国化工陶瓷的又一个集中产区。

2. 电瓷

20世纪50年代，前苏联援建西安高压电瓷厂和各骨干厂学习苏联技术为主线并逐步形成了西安高压电瓷厂、抚顺电瓷厂、南京电瓷厂、大连电瓷厂和醴陵电瓷厂等全国五大瓷厂企业。随后，陆续建成了苏州电瓷厂、上海电瓷厂、唐山高压电瓷厂、淄博电瓷厂、佛山电瓷厂等一大批全国电瓷避雷器行业的骨干企业。

1958～1978年间，从吸收前苏联和欧美等国技术到自主更新产品结构，发展适合我国国情的产品，开始研制330～500kV产品并开拓国外市场，初步形成了我国的电瓷工业体系；

20世纪80年代起，在自行研制第一套500kV产品的基础上，引进国外先进技术和制造设备，提供达到或接近国际水平的500kV产品，整体技术水平和质量水平相应提高，中低端产品开始批量出口。90年代后期开始，在自行研制第一套500kV产品和消化吸收引进技术和装备的基础上，普遍更新技术和装备，提高生产技术水平，至21世纪初先后研制发展AC750kV/1000kV和DC800kV电压等级产品，达到国际先进水平。同时，国有企业改制、民营企业涌现、国外著名企业落户我国，使我国瓷绝缘子制造能力大大增强，2010年瓷绝缘子实际生产量达到35万吨左右，出口量大幅度增加，已成为世界绝缘子制造大国。

3. 精细陶瓷

20世纪50年代初期，我国开始研究和生产精细陶瓷，首先在湖北宜宾布点电子结构陶瓷。60年代初，中科院上海硅酸盐研究所、电子部12研究所及中国建筑材料科学研究院等单位相继开发了真空电子器件所涉及的各种结构陶瓷材料并在上海、北京、山东等地投产，满足了电子工业和核工业发展的要求。60年代中期，我国非氧化物结构陶瓷和功能陶瓷（如压电陶瓷等）的研究比较活跃。1968年，山东淄博瓷厂在上海硅酸盐研究所、海军第七研究院等单位配合下，试制成功的陶瓷声呐换能器；压电陶瓷产品的年生产能力可达300万件。

经过近20多年尤其是1986年后，国家制定的"中国高技术新材料发展概要"中的863计划，把高性能陶瓷材料列入新材料领域，把高性能、低温烧结多层陶瓷电容器（MLC）列为重点功能陶瓷，把以SiC、Si_3N_4等非氧化物基的复相陶瓷、高性能莫来石陶瓷、微晶氧化锆陶瓷及C/C、C/SiC、SiC纤维/LAS玻璃陶瓷等特种无机复合材料等列为重点结构陶瓷，使我国精细陶瓷步入新的发展阶段。

20世纪80年代末至90年代初，许多现代陶瓷理论和工艺在精细陶瓷的制备中得到应用。利用金属材料的相变理论使陶瓷材料的强度和韧性得到较大的提高。氧化锆增韧氧化物或非氧化物陶瓷新材料的出现、陶瓷材料的剪裁与设计催生了纤维（晶须）补强复相陶瓷、颗粒弥散强化、自增补强及梯度复相陶瓷等。仿生学在精细陶瓷制备工艺中得到应用，层状材料得到了较大的发展。凝胶注凝成形工艺的开发和高密度近净尺寸成形的运用，为提高陶瓷性能、降低生产成本开辟了一条新途径。清华大学研制成功的我国第一台胶态注射成形机并成功用于多种高技术产品的开发与生产，获2005年国家技术发明二奖。苏州中光科技发展有限公司采用双向定位、干法干压技术使光纤连接器和氧化锆陶瓷插芯生产效率明显提高，促进光纤网络的快速发展,技术处于国际领先地位。聚合物裂解转化、CVD工艺及溶胶—凝胶工艺的采用,使薄膜材料与涂层改性和特种纤维的制造成为可能。纳米技术在陶瓷中的应用使材料性能发生根本性变化,使某些陶瓷具有超塑性或使陶瓷的烧结温度大大降低。改变陶瓷微观结构的新型烧结设备与工艺随之产生等。总之,精细陶瓷的品种增加、性能提高、应用面得到空前扩展。

精细陶瓷今后的发展方向是:①材料进一步低维化,微观上从微米、亚微米、纳米再向光电子材料与器件发展;宏观上从体材料向薄膜、纤维材料发展。②精细陶瓷与金属或有机材料的复合化。③陶瓷材料的智能化。④陶瓷材料环保化和环境友好型陶瓷新材料的开发等。

第二节 化工陶瓷

化工陶瓷是随着现代工业的发展应运而生的陶瓷产品,是化学工业中一种重要的非金属耐腐蚀材料,广泛地应用于石油化工、化肥、制药、造纸、冶炼、化纤和电镀等行业中。化工陶瓷的使用温度一般在15~100℃,温差不宜大于50℃。属脆性材料,缺点是冲击韧度和抗张强度低、缺乏延展性、抗冲击强度差、急冷热性能差等,但由于原料供应方便,加工成本较低廉且性能可靠,所以成为现代化学工业中不可或缺的防腐蚀材料。

化工陶瓷产品按品种可分为:化学反应设备,包括耐酸陶瓷容器(如贮酸坛、皿口计量反应坛、高位槽、电解槽和真空过滤器等)和耐酸陶瓷塔(如吸收塔、反应塔、回收塔和干燥塔等);衬里材料,包括耐酸砖和耐温耐酸砖;流体输送设备(如耐酸管道、泵、阀、风机和喷射器等);耐腐蚀化工填料(如拉西环、矩鞍环等)和化学瓷(如蒸发皿、坩埚等)四大类。

我国化工陶瓷的主要产区有广东佛山、山东淄博、河北唐山、陕西咸阳、铜川、江西萍乡、山西阳泉、江苏宜兴、辽宁沈阳等。

一、化学反应容器与设备

包括耐酸陶瓷容器(如贮酸坛、皿口计量反应坛、高位槽、电解槽和真空过滤器等)和耐酸陶瓷塔(如吸收塔、反应塔、回收塔和干燥塔等)。此类制品一般体积大、坯体厚、相接附件多,普遍采用细炻质瓷,制品气孔率<3%,多施以盐釉或黏土-石灰质釉。盐釉具有操作简单、成本低廉、釉层坚固结实与坯体结合紧密、热稳定性和化学稳定性较好且不易开裂等优点而得到普遍采用。

1949年以后,我国陆续试制成功各种贮液容器和各种化工反应塔并应用于化学工业中。1957年,上海天源化工厂的一个陶瓷车间迁址宜兴,组建成立江苏宜兴非金属化工机械厂,为当时国内最大的化工陶瓷机械设备生产企业。主要生产各种化工反应塔、罐等,品种齐全。同时,山东淄博、广东佛山等地的企业也开始扩产,但以小型容器为主。

随着玻璃纤维增强树脂复合材料(玻璃钢)、工程塑料及特种不锈钢材料的发展与应用,大型陶瓷反应塔等容器处于被淘汰的境地，各企业开始开发上述材料无法取代的新产品制备陶瓷质化工反应容器。

二、衬里材料

包括耐酸砖和耐温耐酸砖。20世纪60年代，在东北沈阳、河北唐山、陕西咸阳、广东佛山及山西阳泉等地均开始生产耐酸砖。产品分标型砖，板砖，耐酸砖等。板砖的规格一般为100mm×100mm×（15～30）mm至150mm×150mm×（15～30）mm。

耐酸砖坯料由黏土、长石、石英等矿物配制而成，多采用半干压成形，隧道干燥器生坯干燥。耐酸砖的烧成温度一般在1200～1280℃之间，表面除可施黏土-长石釉外，还可施盐釉。

1975年，咸阳陶瓷厂和咸阳陶瓷研究所合作，研制并建成我国建陶行业第一座离心喷雾干燥塔，用于耐酸砖生产中的坯料制备，于1978年10月获得全国科技大会奖。1976年，咸阳陶瓷厂生产的耐酸砖制品在毛主席纪念堂的建设中被选用。1987年由山东工陶院起草的耐酸砖国家标准（GB/T 84—88～87）通过审议。1991年，耐酸耐温砖行业标准（JC/T 424—91）通过审议。1990年，中国建筑卫生陶瓷协会耐酸陶瓷制品专业委员会成立。

三、流体输送设备

包括耐酸管道、泵、阀、风机和喷射器等。

1. 管道

化工陶瓷输送设备中最早被选用的陶瓷件，一般采用塑性挤压成形工艺。在20世纪20年代，山东淄博等地企业开始采用手工辊压后再粘结的工艺生产直管，而后又开发出简单的异型管。20世纪50年代中期，试制成功第一代挤管机开始半机械化生产化工陶管。20世纪80年代初，开始半干法挤出成形工艺连续化生产。1982～1984年，山东工陶院起草的"化工陶瓷及配件"行业标准（JC/T 705—84）通过审议。

2. 陶瓷耐酸泵

接触流体的泵体部件主要包括叶轮、泵体和泵盖等几大件组成。20世纪60年代，在"以陶代钢"的政策引导下，瓷质化工泵、真空泵等研制成功并投入批量生产。宜兴化机厂是生产单级单吸陶瓷离心泵较早的企业。70年代山东淄博也开始生产。当时的材质是普通硬质瓷。均用铸铁或其他材料制成外壳，将瓷件泵体或泵盖进行铠装。

20世纪70年代中期，国家建材局下达了由陕西咸阳陶瓷研究设计院和山东工业陶瓷研究设计院分别承担两种新型单级或多级陶瓷耐酸泵的任务。材质采用含70%以上氧化铝量的刚玉—莫来石质，试制成功后在江苏宜兴、江西萍乡等企业得到应用与推广。

20世纪90年代，氮化硅、碳化硅和高纯氧化铝等材质在泵体中得到应用，使泵体耐腐蚀性能等得到提高。

21世纪初，北京金海虹氮化硅有限公司（BGR）以氮化硅结合碳化硅为材质，制造各种形状复杂的陶瓷工件，耐磨性是高级耐磨合金钢（$Cr_{15}Mo_3$）的3.13倍。

3.耐酸陶瓷阀

按结构形式可把耐酸陶瓷阀门分为截止阀、隔膜阀、各种旋塞和铠装平面阀等。20世纪50年代，宜兴化机厂等单位研制成功旋塞式阀门。20世纪70年代，北京建材研究院会同天津调节阀厂、上海自动化仪表研究所等单位研制出刚玉瓷衬里气动防腐调节阀、平面六通阀、气动刚玉瓷隔膜阀等。21世纪初，山东华星环保集团公司山东华星高技术陶瓷所生产出各种阀门的陶瓷芯。

四、陶瓷填料、耐腐蚀化工填料和化学瓷

陶瓷化工填料的主要原料是天然高岭石、陶石、长石等。耐腐蚀化工填料包括拉西环、矩鞍环等。陶瓷化工填料的体积小、形状复杂，一般均采用挤压成形工艺生产。主要品种有拉西环、矩鞍环、异鞍环、鲍尔环、阶梯环、波纹环等。在江西萍乡、山东淄博等地均有许多企业生产。随着塑料填料制品的开发，陶瓷化工填料的市场大幅度缩小。

化学瓷包括蒸发皿、坩埚等。河北唐山是国内生产化学瓷较早的产区。早在1925年，启新洋灰公司附设的启新瓷厂试制成功硬质瓷。1927年，标注"德国制造"的理化瓷开始出口。成立于1938年的唐山公聚成瓷厂在1966年与其他七家瓷厂合营后组建了唐山第十瓷厂，生产"铁锚牌"理化用瓷，共八大类，440个规格的品种。其中，皿类产量占全国需求量的90%。铁锚牌埚、皿类产品年出口量达70万种，在国外享有很高的声誉。

化学瓷制品多用注浆法成形，国内生产燃烧管已采用挤制法成形，制得的管壁厚度均匀、规形一致。坩埚和蒸发皿类制品要求器壁较薄，使用面光滑，需要在成形过程中严格控制料浆的流动性、坯料干燥强度和坯件厚度。化学瓷制品多采用浸釉法施釉，应特别注意控制釉浆密度和釉层厚度，偏厚的釉层会明显降低热稳定性。

第三节　电瓷

"电瓷"是瓷绝缘子的俗称，属于电工陶瓷的一部分，用于处在不同电位的电气设备或导体的电气绝缘和机械固定，有时兼做电器组件的容器，是构成输配电系统及电器设备的重要组成部分。瓷绝缘子在运行中受到各种负荷的综合作用，具有机械强度、电气绝缘强度、耐热及温度激变、耐气候等各种性能和可靠性等要求。

瓷绝缘子的分类：按其承受的电压种类分为交流系统用绝缘子和直流系统用绝缘子；按其承受的电压高低分为高压（额定电压高于1kV）绝缘子和低压（额定电压等于或低于1kV）绝缘子；按其主绝缘介质击穿可能性分为A型绝缘子（绝缘介质的最小击穿距离大于等于干闪络距离的一半）和B型绝缘子（绝缘介质的最小击穿距离小于干闪络距离的一半）；典型高压瓷绝缘子按用途和结构分类见表10-1。

表 10-1 典型高压瓷绝缘子按用途和结构分类

类别名称	线路绝缘子			电站、电器绝缘子		
用途	架空电力线路、电气化铁道牵引线路			电站和电器		
结构	针式	盘形悬式	蝶式	隔板支柱	针式支柱	套管
可击穿型（B型）						
结构	线路柱式	长棒形	横担	棒形支柱		空心绝缘子
不可击穿型（A型）						

一、民国时期的瓷绝缘子制造业

1.以德日技术为主生产的电瓷产品

（1）启新瓷厂　1914年河北唐山启新洋灰公司正式附设启新瓷厂。1925年后采用人力丝杠压力机压制低压电瓷。1943年大量生产电瓷。

（2）博山日华株式会社　1918年成立，生产低压电瓷，主要产品是用作照明和电讯布线的绝缘子和瓷管等。1931年，山东省模范窑业厂开办，产品有220～3300V低、高压绝缘子、瓷壶线路套管、夹板等。1946年3月，恢复山东省立窑业试验厂生产电瓷。1948年3月，模范窑业厂改名为鲁丰瓷窑厂，恢复电瓷生产。

（3）松风工厂　1936年3月，辽宁抚顺兴建"松风工厂"，生产低压电瓷和少量3500V高压电瓷产品以及保险丝具。1946年，改名为"中央绝缘电器公司抚顺厂"，1948年生产绝缘子、高低压特殊瓷件、保险丝具等。1948年11月改名为"抚顺电瓷工厂"。

2.我国瓷绝缘子产业的雏形

（1）南京电瓷厂　1937年12月，中央电瓷制造厂（国民政府投资）在长沙黄土岭建成投产，这是我国的第一个高压电瓷厂，年生产能力约300t。"抗战"期间，被迫先后迁至沅陵、衡阳、贵阳等地，断续维持小批零星生产。1939年10月，总部迁往重庆并决定在四川宜宾建立分厂。1942年3月宜宾厂建成投产，年生产能力约500t，主要产品增加了悬式绝缘子、拉紧绝缘子、跌开式保险丝具等。1946年，总部及宜宾厂部分技术管理骨干迁往南京燕子矶筹建新厂，改名为中央电瓷公司，统辖南京、抚顺、宜宾三个工厂。1948年4月南京厂建成投产，年生产能力约300t。

（2）红叶企业公司陶瓷厂和华美电瓷厂　1936年，由私营实业家叶萌三以重金收购，并将工厂搬迁到苏州浒墅关镇下塘，购地2万平方米，生产电瓷产品。1948年起，与大华造纸合并，更名为红叶企业公司陶瓷厂。

1942年，上海华美电器厂（1937年在上海江苏路创建）扩大改组，把工厂迁移到苏州横塘镇晋源桥西南，更名为华美实业股份有限公司苏州制造厂，购地十余亩，开展制造电瓷产品的前期实验工作。1945年，更名为华美瓷电器材厂股份有限公司，建造倒焰圆窑两座并购置制泥和成形设备。1947年批量制造各种通讯瓷绝缘子、蝶式绝缘子、八角拉紧绝缘子、支柱绝缘子和瓷管等低压电瓷。1959年，红叶企业公司陶瓷厂和华美瓷电器材厂股份有限公司于合并为苏州电瓷厂。

另外，20世纪初，江西景德镇和萍乡业已生产瓷绝缘子及低压电瓷产品。

二、高压瓷绝缘子产业的快速发展

1949～1978年是我国高压瓷绝缘子产业的快速发展时期。

1.建立"五大"电瓷厂

（1）抚顺电瓷厂　1948年11月，"中央绝缘器材公司抚顺厂"，更名为"东北电力管理总局抚顺电瓷工厂"；1951年更名为"东北工业部电器工业局电工第十厂"；1953年更名为"一机部电器工业管理局抚顺电瓷厂"；1958年下放地方管理，主要生产电站电器瓷绝缘子。

（2）南京电瓷厂　1949年，"中央电瓷公司南京厂"更名为"南京电瓷厂"；1953年更名为"一机部电器工业管理局南京电瓷厂"；1958年下放地方管理，主要生产空心瓷绝缘子、套管、火花塞等。

（3）大连电瓷厂　1949年，大连大华窑业改为远东砖碍工厂，部分生产瓷绝缘子；1951年更名为"东北工业部电器工业局电工第十一厂"，专门生产瓷绝缘子；1953年更名为"一机部电器工业管理局大连电瓷厂"；1958年下放地方管理，主要生产线路瓷绝缘子。

（4）醴陵电瓷厂　1950年，株洲市中华窑业厂迁往醴陵，改名为醴陵电瓷厂；1958年下放地方管理，主要生产线路瓷绝缘子。

（5）西安高压电瓷厂　1953年，根据中苏两国政府协议，由苏联援建中南高压电瓷厂及东北电工十厂的避雷器车间，在湖南湘潭成立高压电瓷厂筹建处。为配合西安"电工城"建设，1954年2项援建项目合并迁移，成立西安高压电瓷厂筹建处，1958年投入试生产，1960年全部建成，属综合性瓷绝缘子生产企业，品种包括线路瓷绝缘子、电站电器瓷绝缘子、套管等。

除上述五大基地外，各地在原有瓷绝缘子生产企业或制瓷企业的基础上，逐步发展起一批重点瓷绝缘子制造厂，如，苏州电瓷厂、上海电瓷厂、唐山高压电瓷厂、阳泉电瓷厂、淄博电瓷厂、佛山电瓷厂、重庆电瓷厂、九江电瓷厂、萍乡电瓷厂、景德镇电瓷厂、湖南渌江电瓷厂、闽清电瓷厂、牡丹江电瓷厂、个旧电瓷厂、自贡电瓷厂、石家庄电瓷厂等。形成了全国瓷绝缘子工业体系。

2.绝缘子产品统一设计

1954年，从苏联引进技术后，一机部组织抚顺、大连、南京、醴陵电瓷厂联合组成电瓷统一设计组在南京首次统一设计，确定了12个系列的145个品种。1959年进行了高压线路和电站绝缘子统一设计。1960年为配合开发三峡水利枢纽工程的需要，统一设计了220kV、330kV、500kV油纸电容式变压器套管和330kV电容式穿墙套管。1962～1963年，西安变压器厂、沈阳变压器厂、上海电机厂、南京电瓷厂、西安高压电瓷厂、抚顺电瓷厂、西安电瓷研究所联合对35kV及以下变压器套管统一设计，并同时开展了针式、悬式、针式支柱、户内外支柱、户内外穿墙套管等88个品种的选型设计。1963年开展了低压电瓷产品选型设计。1967年统一设计了6个品种7个规格盘形悬式绝缘子，最高机械强度等级300kN。1972年开展了10～110kV全瓷和胶装式瓷横担绝缘子统一设计，并组织进行了试制和试验。1973年开展户内支柱、户外棒形支柱、户内外穿墙套管共4个系列56个品种统一设计，并组织试制和试验，至1975年完成图样定稿。1974年再次对17个品种35kV及以下变压器瓷套进行统一设计，4种110kV及220kV少油断路器瓷套选型设计，盘形悬式绝缘子二次统一设计并全国各厂试制和集中试验（1980年定型，1981年完成图样），胶纸电容式套管统一设计（1976年完成图样设计）。1976年开展7个系列32个品种35个规格统一设计及全国试制和集中试验。80年代初产品标准修改时又进行了变压器瓷套管和棒形支柱绝缘子的设计选型。到1985年，当时的43个系列产品中有32个进行了统一设计。

3.绝缘子产品

从20世纪60年代中期到70年代，产品开发以满足于1971年建成的刘家峡—天水—关中330kV高压输电线路建设需要为目标，重点产品包括空气断路器用高强度空心瓷绝缘子、棒形支柱瓷绝缘子、高机械强度等级盘形悬式瓷绝缘子、电容式套管等。

（1）空心瓷绝缘子　抚顺电瓷厂、南京电瓷厂、西安高压电瓷厂分别制成330kV及以下变压器和电流及电压互感器用空心瓷绝缘子和34.5kV、44kV和66kV变压器用空心瓷绝缘子及750kV电缆终端盒用空心瓷绝缘子和高强度空气断路器用空心瓷绝缘子等。

（2）支柱瓷绝缘子　西安高压电瓷厂、抚顺电瓷厂、南京电瓷厂分别制成了330kV及以下棒形支柱瓷绝缘子、220kV及以下棒形支柱瓷绝缘子及110kV及以下实心棒形支柱等。

（3）套管　南京电瓷厂、西安高压电瓷厂、抚顺电瓷厂分别制成了330kV/800A及以下油纸电容式穿墙套管、330kV/1200A及以下油纸电容式短尾变压器套管、330kV及以下变压器、穿墙套管和20kV母线穿墙套管和6～35kV户内外穿墙套管等。

（4）线路绝缘子　大连电瓷厂、苏州电瓷厂、西安高压电瓷厂、醴陵电瓷厂分别制成了300kN及以下盘形悬式瓷绝缘子，盘形悬式瓷绝缘子，铁道棒形瓷绝缘子，半导体釉瓷绝缘子，220kV及以下瓷横担等。

1949～1977年电瓷行业主要生产技术经济指标见表10-2。

表10-2　1949～1977年电瓷行业主要生产技术经济指标

项目	1949年	1952年	1957年	1960年	1966年	1972年	1977年
职工人数/人	1346	3322	8257	26334	19048	27554	28337
工业总产值/万元	397.2	1144.4	4206.9	21023.3	15215.7	25357.8	20826.6
高压电瓷产量/t	588	7286	15256.4	57555.8	43054	62053.3	52791.7
低压电瓷产量/t	344	2363.1	13567.6	22895.9	35261.4	24709.1	22524.9
避雷器产量/只	—	19098	25409	321786	274175	586596	348313
利润总额/万元	26	600	1053	4229.3	3346.9	7507.2	4219.8
全员劳动生产率/(元/人)	2395	2928	4331	6785	6789	9203	7349
固定资产原值/万元	—	—	2675.8	8320.5	12144.6	16453.8	20723.7
固定资产净值/万元	—	—	1778.3	6511.1	8795.6	10605.4	11266.6

三、超特高压与直流高压电瓷的发展

1979～2010年是电瓷工业的产业结构调整期，超特高压与直流高压电瓷得到发展。

1978年编制电瓷行业八年（1978～1985年）发展规划，主要目标是研制发展生产500～750kV电瓷产品，研究应用大型瓷套和棒形等制造新工艺，1985年达到电力工业新增发电设备装机配套的要求。

1983～1984年，编制电瓷行业"七五"规划及2000年设想；1990年、1995年编制了绝缘子避雷器行业"八五"、"九五"发展规划，提出发展产品品种、提高产品质量和可靠性、增加高档次产品产量，满足国家500kV电网主网架建设的需要等目标。

2000年，编制了绝缘子避雷器行业"十五"发展规划，确定了发展高电压等级、高机械强度产品，主导企业达到竞争规模，力争在2010年成为电瓷避雷器主要生产国等目标；2005年编制了绝缘子避雷器行业"十一五"发展规划，提出绝缘子避雷器行业坚持以市场为导向，经济效益为中心，科学技术为先导，强调产品结构调整，提高产品的技术含量和档次，满足我国电力发展目标需求的发展战略；2010年编制了绝缘子避雷器行业"十二五"发展规划，确定的总体目标是：突破套管、空心瓷绝缘子、圆柱头悬式瓷绝缘子产品的技术瓶颈，提高产品价值，强化市场管理，规范市场行为，发挥市场的导向作用，鼓励企业间实现以资产为纽带的联合，逐步提高市场集中度，以夯实技术为基础，实现企业由大转强。

1. 特高压瓷绝缘子产品的发展

（1）500kV电压等级瓷绝缘子　改革开放初期，绝缘子产品开发的主要任务是研制交流500kV电压等级产品，以满足500kV辽-锦段建设对配套输变电设备的需要。1979年，西安高压电瓷厂、西安电瓷研究所、抚顺电瓷厂、南京电瓷厂、大连电瓷厂、醴陵电瓷厂研制的产品陆续通过鉴定。2006年，大连电瓷有限公司420kN和550kN双伞型、三伞型盘形悬式瓷绝缘子通过鉴定。2006年中国第一根特高压穿墙套管在南京电气（集团）有限公司诞生。

（2）750kV瓷绝缘子　21世纪初，官亭-兰州东750kV示范工程以及以后的西北地区750kV输电网架建设为绝缘子产品发展提供了难得的机遇。2002年年底和2003年年初，唐山高压电瓷有限公司和西安双佳高压电瓷电器有限公司800kV支柱瓷绝缘子分别通过鉴定；2004年大连电瓷有限公司400kN和530kN盘形悬式瓷绝缘子通过鉴定；2005年西安西电高压电瓷有限责任公司750kV电容式套管完成样机试制；2006年抚顺电瓷制造公司750kV SF6断路器用空心瓷绝缘子通过验收。

（3）交流1000kV和直流800kV特高压用瓷绝缘子　2006年西安双佳高压电瓷电器有限公司和西安西电高压电瓷有限责任公司联合研制的1100kV户外棒形支柱瓷绝缘子通过鉴定；2007年南京电气（集团）有限公司1100kV变压器套管通过鉴定；2008年唐山电瓷有限公司1100kV及±800kV棒形支柱绝缘子通过鉴定；2008年西安西电高压电瓷有限责任公司1100kV变压器/电抗器套管通过鉴定；2008年抚顺电瓷制造公司±800kV棒形支柱绝缘子中标向家坝——上海直流工程；2009年西安西电高压套管有限公司提供的1100kV变压器/电抗器套管、西安西电高压电瓷有限责任公司和抚顺电瓷制造公司提供的棒形支柱瓷绝缘子通过国家级验收；2009年大连电瓷有限公司直流盘形悬式瓷绝缘子通过鉴定；2010年西安西电高压电瓷有限责任公司建成高度12.5m等温高速无机粘接窑炉，并成功焙烧800kV和1100kV产品。"十一五"期间，针对我国特高压工程用瓷绝缘子产品开展了大量的研究和产品试制，使产品结构和档次有了质的变化。

（4）空心瓷绝缘子　空心瓷绝缘子制造企业以西安西电高压电瓷有限责任公司、醴陵市华鑫电瓷电器有限公司、抚顺高科电瓷电气制造有限公司、抚顺电瓷制造公司等企业为代表，除研制并生产变压器、电抗器、电容器、避雷器等各类电器用产品外，20世纪80年代以来重点发展各类断路器用承受内压力产品，以耐污秽、高机械强度、高可靠性、高电压等级为产品发展目标。

棒形支柱瓷绝缘子制造企业以西安西电高压电瓷有限责任公司、唐山高压电瓷有限公司、抚顺电瓷制造有限公司、河南省中联红星电瓷有限责任公司、苏州电瓷厂有限公司等企业为代表，20世纪80年代以来重点发展母线支柱、操作支柱产品，以耐污秽、高机械强度、高可靠性、高电压等级为产品发展目标。

（5）盘形悬式瓷绝缘子　盘形悬式瓷绝缘子制造企业以大连电瓷集团股份有限公司、NGK唐山电瓷有限公司、苏州电瓷厂有限公司、内蒙古精诚高压绝缘子有限责任公司等企业为代表，20世纪80年代以来重点以大吨位、高可靠性、低劣化率为产品发展方向。

（6）复合绝缘子和玻璃绝缘子对瓷绝缘子产业的影响　复合绝缘子（主要指用硅橡胶等聚合物材料作为外绝缘的绝缘子）作为新一代绝缘结构，从20世纪80年代中期以来得到长足发展。这种绝缘子有着瓷和玻璃绝缘子无法比拟的优点——制成的产品体积小、重量轻、制造工艺简单、耐污性能好等。硅橡胶复合绝缘子的耐污性能来源于其具有憎水性，这种憎水性在特定条件下短暂丧失后可以得到恢复，并且在绝缘子表面积污后能够迁移到污层表面。我国因为地域广阔，不少地区存在污秽严重等问题，是世界上复合绝缘子发展最快的国家。另外，浇注环氧树脂、层压塑料等有机绝缘材料也广泛用于户内电气绝缘结构。20世纪80年代初，我国电气化铁道接触网就批量使用以硅橡胶伞套为外绝缘的复合绝缘子，用以解决隧道等恶劣环境下的电气绝缘问题。复合绝缘子产品有从欧洲国家进口，也有自行生产，但因伞套材料劣化和界面处理欠佳很快就退出了市场。国内复合绝缘子正式研发始于20世纪80年代中期，到2010年，国内具有一定规模的复合绝缘子生产厂商20余家，年销售收入30多亿元，产品覆盖所有电压等级及机械强度等级，在新建线路上的使用量接近50%，电站电器上的使用量15%以上，并快速增长。

钢化玻璃材料主要用于制造盘形悬式绝缘子，其特点是制造工艺相对简单，便于大批量生产，使用中零值自爆，不需要定期零值检测。南京电瓷厂玻璃绝缘子研制和小批生产始于60年代初，1976年和1977年分别试制成功160kV和210kV产品，1992年引进意大利钢化玻璃绝缘子自动化生产线 2010年形成了全球（单体）最大玻璃绝缘子生产基地。钢化玻璃绝缘子发展初期因玻璃件自爆率偏高限制了其推广。2003～2010年，随着制造工艺的成熟和用户逐步接受，国内钢化玻璃绝缘子发展迅猛，2010年国内共有10座钢化玻璃熔制炉，19条玻璃件成形线，年产能3800万片。

复合绝缘子和玻璃绝缘子的发展不可避免地对一统天下的瓷绝缘子市场造成了极大冲击，尤其是线路绝缘子。虽因总量大幅度增长，2010年瓷绝缘子实际生产量仍达到30万吨以上，但瓷绝缘子在绝缘子总量中所占的比重不断缩小是不争的事实，面临产业安全带来的结构调整。

改革开放以来到2004年，我国高压电瓷年产量基本维持在10万吨左右。20世纪90年代起，虽然复合绝缘子和玻璃绝缘子的使用份额在逐年增长，但因需求总量增大，高压电瓷产量仍无大的变化；2005年以后，受国内电力工业的超常规需求拉动，高压电瓷产量急剧增长。1979～2010年绝缘子避雷器行业各年度主要经济指标见表10-3。

表10-3　1979～2010年绝缘子避雷器行业主要经济指标统计

年份	现价销售产值/万元	利润总额/万元	从业人数/人	劳动生产率/（元/人）	高压电瓷产量/t
1979年	29090	6327	30294	9603	81165
1985年	40898	7314	44556	9179	109191
1986年	39290	6485	35465	11079	80756
1987年	42986	6037	39083	10999	80190
1988年	48329	4477	43302	11161	89469
1989年	51764	3581	44525	11625	88934
1990年	50971	560	42380	12027	85028
1991年	81032	878	39475	20528	82088
1992年	95213	1633	37475	25400	96879
1993年	130136	5037	38556	30430	111371
1994年	156055	4788	38266	36016	109829
1995年	158893	4081	36010	37376	97148
1996年	114280	-2138	34768	32737	80500
1997年	133614	4016	33673	41150	62861

续表

年份	现价销售产值/万元	利润总额/万元	从业人数/人	劳动生产率/（元/人）	高压电瓷产量/t
1998年	145945	9153	31322	50702	94912
1999年	165665	−1012	32117	55771	116408
2000年	173171	3164	28711	68074	121528
2001年	152762	−46	25501	73469	104941
2002年	149343	−3	21041	88363	90521
2003年	146164	−1222	20015	26301（增加值）	96865
2004年	194880	799	17601	32298（增加值）	102972
2005年	216836	14263	13472	55538（增加值）	122968
2006年	289836	24987	16188	62167（增加值）	164128
2007年	439814	53546	18041	74157（增加值）	187199
2008年	743035	73548	25989	77551（增加值）	226639
2009年	812004	76451	27113	86613（增加值）	321541
2010年	800000	30000			约300000

注：数据来源于各年度绝缘子避雷器行业统计资料汇编。2010年为估计数据。

2. 企业改革与主导产品

目前，我国现有瓷绝缘子制造企业百家左右。2000年以后绝大多数完成了企业改制，转化为股份制的民营企业，仍为国有或国有控股的企业只有西安西电高压电瓷有限责任公司、上海电瓷厂。

中国西电集团对其所属公司进行整合，将西安双佳高压电瓷电器有限公司并入西安西电高压电瓷有限责任公司，专业生产支柱和空心瓷绝缘子。

按照企业所在城市规划的要求，随着企业改制、整合，瓷绝缘子制造业中的许多企业都进行了迁建。行业主要骨干企业中抚顺电瓷制造有限公司、大连电瓷集团股份有限公司、苏州电瓷厂有限公司、重庆鸽牌电瓷有限公司、唐山高压电瓷有限公司、湖南华联火炬电瓷电器有限公司已完成或正在迁建。迁建后企业的技术装备能力、发展空间都得到了加强。

继苏州电瓷厂有限公司于2003年10月成为上市公司创元科技股份有限公司（投资控股型企业）的控股子公司后，中国西电电气股份有限公司于2010年1月在上海证券交易所成功挂牌上市，西安西电高压电瓷有限责任公司为中国西电电气股份有限公司的子公司；2010年，大连电瓷集团股份有限公司上市筹备工作已经就绪，同年，上市公司创元科技以收购方式入股抚顺高科电气制造有限公司。

日本NGK公司1998年建立NGK唐山电瓷有限公司，专业生产线路瓷绝缘子；2007年建立NGK苏州电瓷有限公司，主要生产套管、空心瓷绝缘子。PPC公司2005年建立无锡工厂，专业生产长棒形瓷绝缘子。德国西门子控股的沈阳传奇电气有限公司专门生产电容式套管，包括油浸纸电容式套管和胶浸纸电容式套管。瓷绝缘子主导产品的生产能力见表10-4。

表10-4 瓷绝缘子主导产品生产能力

序号	主导产品	生产能力	代性生产企业
1	110kV及以上棒形支柱瓷绝缘子	60万只以上	西安西电高压电瓷有限责任公司 唐山高压电瓷有限公司 抚顺电瓷制造有限公司 河南省中联红星电瓷有限责任公司 苏州电瓷厂有限公司
2	110kV及以上空心瓷绝缘子	50万只左右	西安西电高压电瓷有限责任公司 醴陵市华鑫电瓷电器有限公司 抚顺高科电瓷电气制造有限公司 抚顺电瓷制造有限公司
3	盘形悬式瓷绝缘子	2000万片左右	大连电瓷集团股份有限公司 NGK唐山电瓷有限公司 苏州电瓷厂有限公司 内蒙古精诚高压绝缘子有限责任公司
4	长棒形瓷绝缘子	约6万只元件	PPC公司无锡工厂
5	套管	约3万只	南京电气（集团）有限公司 西安西电高压套管有限公司 沈阳传奇电气有限公司

四、绝缘子产品的标准化

我国绝缘子标准化工作始于1953年从原前苏联引进10项线路瓷绝缘子产品标准，包括盘形悬式和针式等。这些标准1956年经中央相关部委（电力、铁道和邮电等）审定，由一机部发布为部颁技术条件，编号ODD.528.000～009－56。

1961～1963年制定的标准主要解决产品品种发展的急需，并参照采用国际标准中适应我国生产技术水平的内容，逐步提高标准水平。

1964年，修订标准10项；将瓷件技术要求按照高压和低压分类，制定了高压绝缘子瓷件技术条件和低压绝缘子瓷件技术条件2个国家标准；把各标准中相同的试验方法归并，单独制定试验方法国家标准。

1966～1967年，10kV横担、户外实心棒形支柱、电容式套管通用技术条件等4个部标准，1976～1968年制定陶瓷灭弧罩标准。其后至1971年，因"文革"干扰，标准制修订基本停顿。

1971年底开始，组织行业力量分线路、电站、试验方法和瓷件外观集中修订10项瓷绝缘子国家标准，1977年基本结束。

1976～1980年期间，制订、修订标准26项，其中国家标准16项，包括制定瓷材料标准。1981～1985年期间，主要集中对基础标准的制修订，解决标准上水平的问题。80年代后期至2000年，围绕积极采用国际标准的方针，再次对瓷绝缘子国家标准进行新一轮的修订。2000年以后，按照等同或修改采用国际标准的原则再次全面修订瓷绝缘子国家标准，基本实现了国家标准体系和国际标准体系接轨。

我国绝缘子标准历经全盘照搬前苏联标准到结合我国实际有选择地采用国际标准和国外先进标准，到2010年，共有现行瓷绝缘子及相关标准68项，包括术语和定义、产品、瓷材料、试验方法、附件等，基本建立了我国的绝缘子标准体系。

第四节 精细陶瓷

一、电子陶瓷

1. 电子结构陶瓷（装置瓷）

电子结构陶瓷主要指电子元器件用陶瓷零件，常用形状有圆环、圆筒、基片、夹持杆及各种绝缘支撑用瓷件。

1949年以前，我国电子结构陶瓷的品种和数量极少。电子结构陶瓷工厂隶属于国民政府中央资源委员会，先后在东北抚顺及湖南沅陵建厂。1939年，迁到四川宜宾称为中央电瓷有限公司宜宾电瓷厂，主要生产电力电瓷并开始集中和规模化的生产我国电子结构陶瓷，但品种、数量极少。

1949～1978年，我国电子结构陶瓷的品种和数量逐步增加。1949年后开始筹建799厂，从20世纪50年代末到60世纪初，经过四次大改建，799厂由1949年的几百人的中小企业发展成为拥有4000多人的国内大型电子结构陶瓷的骨干企业，并先后援建或创建了多个工厂，包括国营715厂、宝鸡4401厂、仁寿4431厂以及众多地方无线电器材厂。当时主要产品以镁质瓷为主，尤其以滑石质最为普遍，也有少量75%氧化铝瓷。除上述厂外，早期生产单位还有北京798厂、上海无线电一厂、上海飞星特种陶瓷厂、电子部第12研究所，其中宜宾799厂是我国生产电子结构陶瓷最早和品种最多的单位。

1964年，电子部第12研究所等单位研制成功95%～99.5% Al_2O_3（半透明）瓷，率先在国内完成鉴定并实现了产业化，20世纪70年代先后在北京、上海、杭州、长沙等地举行95% Al_2O_3 陶瓷及其金属化技术学习班、交流会，在全国进行推广和应用。95% Al_2O_3 瓷至今仍是该瓷种中产量最大、品种最多、应用最广的产品。

1978～2010年，微电子技术中的集成电路用基片蓬勃发展。20世纪70至80年代初，799等厂Ⅲ、Ⅳ、Ⅴ级料的电子结构陶瓷年产达1亿只，同时开发了96%BeO陶瓷生产双列直插式集成电路封装外壳（最早厂家），年产量达300万只以上；96%氧化铍陶瓷生产金属化基片年产量达2000万件以上。与此同时，中国建筑材料科学研究院陶瓷科研所为配合"两弹一星"和军工配套的需要，和咸阳陶瓷厂合作，于1970年至1980年间，生产纯度≥99.9% Al_2O_3 的绝缘瓷件238万件、纯度≥97% Al_2O_3 的双列直插管壳65万件等，1980年5月，收到中共中央，国务院，中央军委的贺电。进入20世纪90年代后，湖南新化成为全国电子陶瓷工业的生产基地之一。1997年，鑫星电陶公司鑫星电子陶瓷有限责任公司拥有六条陶瓷金属化生产线和温控器系列生产，主要产品为陶瓷金属化放电管陶瓷、温控器系列陶瓷等，成为我国最大的出口厂家。

1980年，我国开始采用流延工艺生产99%以上氧化铝陶瓷基片。目前，国内 Al_2O_3 基片主要生产厂为潮州三环集团和浙江横田集团新纳电子有限公司。BeO基片主要生产厂为宜宾799厂和上海飞星特种陶瓷厂。AlN基片的主要研发和生产单位是中国电子科技集团公司第43和13研究所以及珠海奥科清华电子陶瓷有限公司等。

2000年，淄博博航电子陶瓷责任有限公司采用水基注凝成形新工艺、高温隧道窑烧成、进行各种后处理后各种性能达到要求的高精度氧化铝基片生产技术，产品主要用于聚焦电位器、厚膜电路等中，年生产能力30万平方米。下面，介绍目前国内较大几家电子元件企业。

（1）潮州三环（集团）股份有限公司是全国最大的电子元件、先进技术陶瓷产业基地之一，主要产品为陶瓷基片、光通讯陶瓷元件、多层片式陶瓷电容器、电阻器、固定电阻器用陶瓷基体、GTM（new）、LED陶瓷基座（new）、SMD陶瓷封装（new）等。前身是创建于1970年的潮州市无线电元件一厂，1989年改为地方国营潮州市无线电瓷件厂，1992年实施股份制改造，1999年成为员工控股的企业。

（2）珠海粤科京华（原粤科清华）电子陶瓷有限公司是广东省科技创业投资公司、广东省科技风险投资有限公司和清华大学三方共同出资建立的集科研、开发、生产和营销于一体的高科技成果转化示范企业。成立于1999年4月29日。主要产品为高性能氧化铝陶瓷基板、高温共烧陶瓷发热元件（HTCC）和多层陶瓷封装及相关陶瓷金属化产品。

（3）横店集团浙江英洛华电子有限公司，（原横店集团新纳电子有限公司）是一家专业生产电子陶瓷基板的集生产、经营、科研和产品开发为一体的省级高新技术企业，是国内最大的电子陶瓷生产厂家之一。主要生产片式电阻陶瓷基板、混合集成电路陶瓷基板、聚焦电位器陶瓷基板，年生产能力25万平方米。

（4）南通恒盛精细陶瓷有限公司（南通玉蝶电子陶瓷有限公司）系生产无线电陶瓷的省定点企业，主要生产以氧化铝为基体的各类氧化铝陶瓷、纺织陶瓷、电子陶瓷、电力陶瓷、增韧耐磨陶瓷、混合集成电路基片、金属化陶瓷、光敏电阻瓷件、传感器瓷件、温控器瓷件等。年产各类陶瓷零件3000万件。

2.电子功能陶瓷

近几十年来，电子功能陶瓷在新材料探索、现有材料潜在功能开发、材料和器件一体化以及新型器件的开发等方面都取得了突出的进展，成为材料科学和工程中最活跃的领域之一，是现代微电子技术、光电技术、计算机技术、激光技术等许多高技术领域的重要基础材料。

（1）电容电阻陶瓷　20世纪60年代初，研制成功$MgO\text{-}La_2O_3\text{-}TiO_2$（MLT）体系高频电容器陶瓷，取代原有的电容器陶瓷，在上海、成都、西安、淄博等无线电厂组织生产。

1986年9月，研制成功多层陶瓷电容器（MLC），由流延成形的介电膜和金属印刷内电极共烧成块而成，又称独石电容器。研制成功三种MLC瓷料（X7R262L，Z5U5021L，C0G600L），粉体特征、电性能和中温烧结MLC电容器均达到美国公司同类产品的性能，工厂中试的X7R262L瓷料和MLC电容器性能达到相似水平。

（2）压电陶瓷　1960年前后，中国科学院上海硅酸盐研究所瞄准国际上钙钛矿结构压电陶瓷的研究和生产热点，在国内率先开展了钛酸钡（$BaTiO_3$）和锆钛酸铅（$Pb(Zr,Ti)O_3$，PZT）压电陶瓷材料的研究。1964年研制成功含锂钛酸钡陶瓷材料、性能指标与美国1964年发布的PZT-4和PZT-5水平相近的换能器用PZT压电陶瓷，到实际应用。

1966年，山东淄博瓷厂承接中国科学院上海硅酸盐研究所的研究成果，1967年开始生产压电陶瓷。1969年，山东省国防工办与淄博市国防工办共同投资在该厂成立压电陶瓷车间，

1970年压电陶瓷产品的生产能力达300万件。1972年该车间迁移博山,成立淄博市无线电瓷件厂。2002年,重组更名为淄博市宁海电子陶瓷有限公司。主要产品有压电陶瓷器件和超声清洗两大系列。

1978年,中国科学院上海硅酸盐研究所开始结合功率超声燃油乳化装置的研制,对已有的陶瓷进行改性,获得了一种功率密度高、稳定性好的压电陶瓷材料,并在功率超声燃油乳化装置中得到应用。

从20世纪70年代初期,我国开展含铋层状结构压电陶瓷和钨青铜结构压电陶瓷-铌酸钡钠陶瓷等无铅压电陶瓷材料的研究工作。1973年,开展了非钙钛矿结构无铅铁电压电陶瓷的研究工作,研制的钨青铜结构铌酸锶钡钠铁电陶瓷分别试制成功465kHz、915kHz和1.5MHz三种中频窄带陶瓷滤波器,性能良好。1985年,又开展了非铅系铌酸钠锂基(LNN)压电陶瓷材料研究,利用其中的LNN-20材料试制成功37MHz和10.7MHz声表面波滤波器,在电视和调频广播应用中取得很好效果。1978年前后,正式开展含铋层状结构压电陶瓷的研究,最终确定综合性能良好的$Bi_4SrTi_4O_{15}$(BST)为典型组成材料。1983年对BST陶瓷压电进行材料和元件的推广生产。

21世纪初,山东硅苑新材料科技股份公司下属的淄博百灵功能陶瓷有限公司开始生产压电陶瓷瓷件。产品品种有大功率发射型压电陶瓷材料、中功率发射型压电陶瓷材料、接收型压电陶瓷。

(3)热释电陶瓷 20世纪80年代以来,我国开展了热释电陶瓷的研究。王永龄领导的研究小组发现,PZT95/5型铁电陶瓷在室温附近具有较高的热释电系数。80年代末,经过改性的PZT热释电陶瓷在红外探测器中获得实际应用。90年代初,利用PZT热释电陶瓷研制非制冷焦平面探测器成功实现成像。近年来,又开发出钛酸锶钡热释电陶瓷,同时解决了一系列关键技术问题,研制出大尺寸的热释电陶瓷材料,可望获得实际应用。

二、磁性陶瓷

1.铁氧体磁性陶瓷

磁性陶瓷主要指铁氧体。铁氧体是一大类非金属磁性材料,是以氧化铁为主要组分的复合氧化物,这些材料存在于各种广泛的晶体结构及组成范围。按结晶状态可分为单晶和多晶铁氧体。根据外加磁场和磁化情况分为软磁铁氧体、硬磁铁氧体、旋磁铁氧体、矩磁铁氧体、压磁铁氧体等。按铁氧体的晶体结构可分为尖晶石型MFe_2O_4、磁铅石型$MFe_{12}O_{19}$、石榴石型$R_3Fe_5O_{12}$三类。广义的铁氧体则泛指铁族或过渡族金属的磁化物。

公元前三世纪,利用磁石在地球磁场中南北取向的原理,我国发明了对世界文明有影响的指南针(司南)。古时候的磁石就是磁铁矿,主要组成是Fe_3O_4,这是自然界中天然存在的铁氧体。

1878年,首次人工合成了锰-铁磁性氧化物。20世纪初,日本、荷兰等国才对铁氧体的磁性和结构进行了系统的研究。1932年制成了钴铁氧体。20世纪40年代,尖晶石型的软磁铁氧体得到迅速的发展而进入了工业生产的规模。1948年,在反铁磁性理论的基础上建立了亚铁磁性理论，这是对铁氧体磁性从感性到理性认识的一次重要飞跃。

20世纪50年代是铁氧体开始发展的时期。1952年，制成了磁铅石型的永磁铁氧体，1956年在此晶系中发展出平面型的超高频铁氧体，同年又发现了稀土族的石榴石型铁氧体，从而奠定了尖晶石型、磁铅石型、石榴石型三大晶系三足鼎立的局面。

我国也相继开始了铁氧体材料的研发和批量生产。1970年，淄博工业陶瓷厂研制成功硬磁铁氧体，当年产量达20.41万件。1977年研制成功磁铅石型钡铁氧体，主要用作电动扬声器电声器件。1981年产量194.5万件。淄博无线电十三厂亦生产磁性瓷，1985年产量达300万件。目前，我国铁氧体材料生产厂家已有500家左右，其中以中小型企业为主，未来尚具有很大的发展空间。

2.稀土永磁材料

1969年，我国开始研究稀土永磁材料。1976年后，稀土永磁材料的研究和生产取得较大发展。1983年，发展了第二代稀土永磁钕-铁-硼使我国科学家的研究处于国际前沿。1990年，北京大学杨应昌院士研究成功了具有自主知识产权的$ThMn_{12}$结构的钕-铁-氮永磁材料。

1993年，三环公司分别引进日本住友特殊金属公司和美国通用汽车公司专利技术，成为国内第一家拥有钕铁硼产品销售专利许可权的企业。后来，中科三环、北京京磁、银纳金科、宁波韵升和安泰科技也获得专利许可权。2002年，淄博华光股份公司投资建设了淄博华光永磁材料有限公司，生产钕铁硼产品，引进美国技术后产品广泛用于计算机和家用电器行业，产品80%以上出口。

1997～2007年，我国烧结钕-铁-硼产量保持快速增长，平均年增长率30%。2008年由于金融危机的影响，钕铁硼产量下降4%，约为4.6万吨，占全球产量的78%。

1997～2007年，全球黏结钕铁硼年均增长率为10%，而我国平均年增长率达32%。2008年亦增加3%左右，全球黏结钕铁硼产量为0.52万吨，而我国即有0.31万吨，约占全球产量的60%。

近年来，我国稀土永磁产品已经从中低端发展到中高端，产品已进入音圈电机、核磁共振、汽车助力转向等高端磁体为主要应用领域。北京地区以北京大学、清华大学、北京科技大学、北京航空航天大学等高校和国家磁学实验室、钢铁研究总院、有色金属研究总院及北京航空材料研究院所为主体，以中科三环、钢铁研究总院、安泰科技、银纳金科和北京京磁等为生产基地的研究、中试、生产一体化的新格局。

三、透明陶瓷

1.透明氧化铝陶瓷

20世纪60年代中期，中科院上海硅酸盐研究所在我国最早研究透明Al_2O_3陶瓷。其后，清华大学、中国建筑材料科学研究院也开展了透明Al_2O_3陶瓷的研究，分别取得阶段成果。

1974年国庆前夕，轻工部与北京市联合组织清华大学、北京灯泡厂、中国建筑材料科学研究院、中国建研院、北京灯具厂和北京路灯队等单位把我国自主研发生产的透明陶瓷高压钠灯安装在东长安街上,成为我国第一条装备上第三代高效节能新光源的示范性街道。

随后,轻工部决定在全国大力推广应用透明陶瓷高压钠灯,委托清华大学将透明Al_2O_3陶瓷高压钠灯管的生产技术转让给北京大华陶瓷厂、沈阳玻璃实验厂(后改名为沈阳玻璃研究院)和上海凯旋玻璃厂等,要求这几个工厂向北京灯泡厂、沈阳华光灯泡厂和上海亚明灯泡厂提供透明陶瓷灯管来进行高压钠灯的生产。在其后的两三年间,高压钠灯在北京、上海、沈阳、武汉等几个大城市开始批量应用。

清华大学、北京灯泡厂、北京大华陶瓷厂、沈阳玻璃实验厂、沈阳华光灯泡厂和上海亚明泡灯厂等单位由于在研发与应用透明陶瓷高压钠灯所做出的贡献而共同荣获1978年第一届全国科学大会奖。

20世纪80年代,透明陶瓷与高压钠灯的主要生产厂家有北京大华陶瓷厂、沈阳玻璃试验厂、上海亚明-菲利浦、南京电子管厂、北京灯泡厂和沈阳华光灯泡厂等。

20世纪90年代以后,巨大的市场需求和技术设备的国产化促进了我国透明陶瓷和高压钠灯产业的迅猛发展。21世纪的头几年间,全国很快从原来的几只生产厂发展成为十几个生产厂,生产能力从每年不到1000万只迅速扩展到3000多万只,占全球产量的1/4以上。沈阳玻璃实验厂(现名沈阳玻璃研究院)就年产600百万~700百万只,成为国内规模最大的透明Al_2O_3陶瓷生产企业。我国已成为世界上少数几个高压钠灯的生产与应用大国之一。

2.透明镁铝尖晶石陶瓷

透明镁铝尖晶石陶瓷($MgAl_2O_4$)不仅在0.3~5.5μm波段范围具有良好的光学透过率,而且具有耐高温、耐磨、耐腐蚀和高绝缘等特点,特别适于导弹头罩的应用。

20世纪90年代初,中国中材人工晶体研究院开始研制透明镁铝尖晶石陶瓷,采用热压法或常压烧结结合热等静压处理等工艺技术制备出光学透明尖晶石陶瓷,达到国际先进水平。

目前,透明镁铝尖晶石陶瓷整流罩的尺寸可达到直径200mm、平板尺寸可达到200mm×300mm并成功地实现批量生产。制品与国内多个军工重要武器型号配套。在民用领域也开发了重要的用途。"宽波段透明多晶尖晶石窗口材料的研制"项目获2001年度国防科学技术三等奖。

3.透明激光陶瓷

最早的激光器采用红宝石单晶作为基质。20世纪70年代,掺钕的钇铝石榴石(Nd:YAG)单晶使激光技术得到更大发展,是目前性能最好、用途最广的激光材料。

21世纪初,中科院上海硅酸盐研究所、北京人工晶体研究院、上海大学和东北大学等十分重视透明激光陶瓷的研发。2006年,中科院上海硅酸盐研究所成功制备出高质量的透明激光陶瓷,国内首次实现了Nd:YAG透明陶瓷的激光输出,使我国成为少数几个掌握Nd:YAG透明激光陶瓷制备技术并成功实现激光输出的国家之一。2007年,上海大学研制出拥有自主知识产权的透明激光陶瓷——Yb:$Y_2-2XLa_2XO_3$,首次实现了连续激光输出。目前,透明陶瓷激光输出倾斜效率达到52%,初步实现了高效激光输出。

4. 透红外陶瓷材料

目前，应用较普遍的透红外陶瓷材料有氟化镁陶瓷、氟化钙陶瓷和硫化锌、硒化锌材料。

（1）氟化物透红外陶瓷 20世纪70年代，山东福山陶瓷厂与中科院上海硅酸盐研究所、技术物理研究所协作开始研制透红外陶瓷材料。1971年，开始生产热压氟化镁、氟化钙等陶瓷材料。在上海硅酸盐研究所的协作下，生产出响尾蛇导弹整流罩器件所需的透红外陶瓷材料。同时，进行研究和生产的单位还有北京玻璃研究院、北京人工晶体研究院、中科院长春精密光学机械研究所和上海光学精密机械研究所等。至今，北京玻璃研究院还在继续批量生产，年产量可达吨级水平。

（2）硫化锌与硒化锌材料 20世纪80年代末，我国开始研制热压ZnS，主要是为军工服务。热压法是目前国内制备ZnS比较成熟的方法。热压ZnSe产品的质量不能满足要求，不管是在国内还是国外一直没有大量实用化。

从20世纪90年代中期开始采用H_2S模式和H_2Se模式的CVD法制备硫化锌和硒化锌材料。1995年，西北工业大学报道采用Zn和H_2S为原料制备出CVD ZnS。1999年，西安交通大学采用Zn和H_2S为原料制备出了CVD ZnS。北京有色研究总院研究了H_2S模式CVD ZnS的制备，以及热等静压工艺处理对其显微结构和性能的影响。目前，国内H_2S模式CVD ZnS的制备已初步进入产业化阶段，可提供中等尺寸的ZnS产品，但产量和稳定性还有待提高。在H_2Se模式化学气相沉积ZnSe的研究方面国内进展始终不大，目前只有北京有色研究总院进行研究。国内只有中材北京人工晶体研究院研制采用S模式和Se模式的CVD工艺进行硫化锌和硒化锌的制备，其中在ZnS的研制方面取得了较大的进展。

5. 红外辐射材料

（1）高红外辐射材料与陶瓷 1974年，中科院上海硅酸盐研究所开始研究和推广红外辐射涂料，先后研究成功了HS、HY、HE、HK、KS、HT 6种系列具有选择性辐射性能的红外辐射涂料，可涂在陶瓷和金属上。

20世纪80年代，淄博市新材料所研制的中高温远红外涂料应用于生产，在新疆克拉玛依油田"重整加氢"炉和山东铝厂等单位中高温炉内壁喷涂该涂料后节能15%～20%以上。用该涂料制成的红外辐射加热器件用于中低温加热干燥消毒设备中，比原来的真空法干燥节电62%，干燥能力提高22.5倍。

20世纪90年代，红外涂料环绕着以提高使用温度和延长寿命为主要目标，达到更好地节能减耗效果。纳米粉体技术在红外涂料中得到广泛应用。利用工业废渣制备红外辐射涂料可降低涂料成本。

（2）红外陶瓷隐身涂料 20世纪80年代，我国开始研究红外隐身涂料，90年代末期成熟并开始工程应用。对于发动机等高温高发射率的目标主要是降低目标涂层的红外发射率。对于成像探测主要是通过调整目标涂层的红外发射率，形成热图迷彩分割，使其与背景辐射一致从而达到红外隐身的目的。国内研究红外隐身涂料比较成熟的单位有兵器工业53所、兵器工业59所、总装备部工程兵技术研究所、山东工陶院等。

四、敏感陶瓷

半导体敏感陶瓷是指电导率为 $10^{-6} \sim 10^{-5}$ S/m，且随电压、温度、气氛、湿度、光照等外界环境条件变化而显著改变的一类陶瓷，主要包括电压敏感的压敏、热敏、气敏、湿敏和光敏陶瓷等。广泛应用于通讯技术、汽车电子、家用电器、航空航天等工业和国防工业等领域。

1. 压敏陶瓷

早期发现 SiC 陶瓷材料具有压敏特性并获得应用，但这类材料的电阻非线性系数比较小。随后，国际上相继发现了主晶相为 ZnO、$BaTiO_3$、Fe_2O_3、SnO_2、$SrTiO_3$ 等具有压敏特性。

1968 年，松下公司发现了 ZnO 压敏陶瓷。至 1988 年，日本已 100% 采用 ZnO 压敏陶瓷制造避雷器。欧洲的西门子、ABB 等公司在该领域都具有很高的研究水平和产业化规模。目前，应用最广、性能最好的是 ZnO 压敏半导体陶瓷。

1975～1976 年，西安电瓷研究所和西安电瓷厂开始研究 ZnO 压敏陶瓷。1979 年，西安电瓷研究所、西安电瓷厂和怃顺电瓷厂（一所二厂）进一步合作，推进了我国压敏陶瓷研究和初步应用，我国开始批量生产 ZnO 压敏陶瓷。20 世纪 80 年代，华东化工学院、上海科技大学、上海电瓷厂、中国科学院上海硅酸盐研究所、西安交通大学、清华大学、华中科技大学、华南理工大学等相继从事这类研究。

目前，我国有许多产生企业从事氧化锌高压压敏电阻片及避雷器等输变电设备产品的研发、生产和销售。欧洲的绝大部分知名企业均在我国建立独资公司，产品返销欧洲。广东风华高新科技集团有限公司、河南金冠、广东顺络等企业在低电压电子产品中应用的多层片式压敏陶瓷方面都有很好的研发和生产基础。

近年来，中国科学院上海硅酸盐研究所、四川大学、华南理工大学、西安电子科技大学、上海大学、山东大学等承担国家和地方项目，解决了一系列生产问题而提高了企业的经济效益。

2. 热敏陶瓷

从 20 世纪 60 年代开始，我国开展了对正温度系数（PTC）热敏电阻的科研并逐步发展到了生产。1990 年，国家科委组织科研院所和企业对 PTC 热敏电阻及应用器件进行攻关，使 PTC 热敏电阻进入快速发展时期，到目前已形成多个年产 5000 万只的骨干大厂，分布在山东、广东、浙江、四川、湖北、江苏等地，部分产品质量已达到或接近国外著名公司同类产品的水平，部分产品已出口日本、美国、印度、韩国等国家。

热敏陶瓷电阻器一般可分为正温度系数（PTC）和负温度系数（NTC）两类。PTC 热敏陶瓷电阻器是以 $BaTiO_3$ 或 $BaTiO_3$ 固溶体为主晶相的半导体陶瓷元件。在某一特定的温度范围内，阻值随温度的增加而急剧增加，表现出所谓的 PTC 效应。

在 PTC 陶瓷材料学及其制备工艺学的研究方面，中国科学院上海硅酸盐研究所、中国科学院沈阳金属所、电子工业部 715 厂、华中理工大学（现华中科技大学）、清华大学、西安交通大学、上海大学等在国内起步较早，已形成多项技术专利和学术专著，在国内广泛推广生产及其应用。20世纪90年代，华南理工大学开始研究汽车空调用PTC加热器。近年来，陕西科技大学开始进行$BaTiO_3$基PTC陶瓷的半导化研究。上海硅酸盐研究所、天津大学、聊城大学、中南大学、陕西科技大学、上海大学、桂林电子技术大学等都开展了相关的研究，使我国的热敏陶瓷研究进入了一个新的研究与应用阶段。

3.气敏陶瓷

常见的气敏半导体陶瓷材料的气敏特性都是由于表面物理吸附、化学吸附或物理化学吸附引起表面能态发生改变从而导致材料电导率的变化。气敏材料主要有SnO_2系、Fe_2O_3系、V_2O_3系、V_2O_5系、ZrO_2系、NiO系、CoO系及稀土过渡金属氧化物系。SnO_2气敏传感器至今仍是应用最广和性能最优的一种。选择纳米级材料可以大幅度提高SnO_2气敏陶瓷传感器的气敏性能。ZrO_2氧敏传感器在汽车的应用近年来取得了很多进展。开发和使用TiO_2和CoO＋MgO系陶瓷氧敏传感检测汽车排气比用ZrO_2氧气敏传感器更适用。采用集成电路工艺把超微粒薄膜集成在硅衬底上，制成对还原性气体灵敏度很高的气敏元件是一种很有发展前途的新型半导体气敏传感器。

目前，我国也有许多厂家生产气敏陶瓷元件，气敏元件传感器已列为国家重点支持发展的产品。据行业协会统计，1998年全国气敏元件总产量已超过600万只。

4.湿敏陶瓷

20世纪60年代初期，我国开始研究湿敏传感器，到70年代末80年代初，普遍引起重视并投入了相当力量。起步较早的单位有：中国建筑科学院空气调节研究所、中国科学院上海硅酸盐研究所、西安交通大学、天津大学、中国科学院新疆物理研究所等。主要研究对象是半导体陶瓷类湿敏传感器。目前主要使用电阻式陶瓷湿敏传感器。最近对致密型湿敏材料的研究取得了一些进展。

湿敏陶瓷是具有当环境温度变化而电性质相应变化的一类材料，大部分是利用微孔吸附水分与晶粒表面作用使电导发生变化制成湿敏传感器。常见湿敏陶瓷有$MgCr_2O_4$-TiO_2系、$SiNa_2O$-V_2O_5系、ZnO-Li_2O-V_2O_5系、ZnO-Cr_2O_3系、Fe_2O_3、Fe_3O_4、Ni_2O_3等。近年来，ABO_3型材料的研究对湿敏陶瓷的发展和制作湿敏传感器有很大推进。

5.光敏陶瓷

在光的照射下，半导体陶瓷的一些电性质会发生变化。陶瓷电特性的不同及光子能量的差异可能产生光电导效应，也可能产生伏特效应。利用这些效应可以制造光敏电阻和光电池。典型的产生光电导效应的光敏陶瓷有CdS、CdSe等；典型的产生光生伏特效应的光敏陶瓷有Cu_2S-CdS、CdTe-CdS等。Cu_2S-CdS陶瓷太阳能电池虽在转换效率方面比不上硅太阳能电池，但成本低，而且耐辐射能力比硅太阳能电池强，因此适宜在空间或地面某些特殊装置中用作小功率电源，尤其在我国西部地区广漠无垠的沙漠或草原上，利用其丰富的日照条件，解决部分用电电源是很有前途的，但是Cu_2S-CdS陶瓷太阳能电池存在转换效率不高和易于老化的缺点，需要进一步研究解决。CdTe-CdS陶瓷太阳能电池是一种厚膜型电池，采用厚膜工艺生产过程易于自动化、成本低，是一种很有前途的陶瓷太阳能电池。

五、生物陶瓷

20世纪70年代，我国开始生物陶瓷的研究和应用。从最初的生物惰性陶瓷到生物活性陶瓷，直到现在正在研究之中的具有生物应答特性的功能仿生型生物陶瓷材料，经历了从无到有的发展历程过程。

1.生物惰性陶瓷

始于20世纪70年代的生物陶瓷研究首先是从生物惰性氧化物材料（如氧化铝、氧化锆陶瓷以及热解碳等）开始的。70年代末，武汉理工大学在氧化铝质生物陶瓷的实验室研究方面取得较大进展。1979年，沈阳军区解放军203医院成功完成的国内第一例纯刚玉-双杯式人工髋关节表面置换术揭开了我国生物陶瓷应用的序幕。随后，成功制成的全髋关节氧化铝质生物陶瓷在武汉同济医科大学进行了近30例临床应用取得成功。这项成果于1985年获国家科技进步三等奖。

20世纪60年代，沈阳金属所、兰州碳素厂、吉林碳素厂开始进行碳质人工心脏瓣膜和碳质人工骨、人工关节和人工齿根的研究与生产，1979年将碳质材料应用于临床。1984年，吉林碳素厂研究所与吉林市第一人民医院合作，应用碳-钛组合式人工骨植入33例、碳质人工股骨头表面置换7例、碳质肱骨头3例等均收到较满意效果。

我国于1974年以后进行玻璃陶瓷用于人工关节的研究，并以Ag为晶核剂，生成了以$Li_2O \cdot SiO_2$为主晶相和少量SiO_2、$\beta\text{-}Li_2O$、Al_2O_3为晶体的玻璃陶瓷材料。另外，我国也对$SiO_2\text{-}Al_2O_3\text{-}MgO\text{-}TiO_2\text{-}CaF_2$系列玻璃陶瓷进行了大量的研究。

2.生物微晶玻璃和生物活性陶瓷

（1）生物活性微晶玻璃（玻璃陶瓷）　20世纪80年代，华西医科大学、浙江大学、华东理工大学、西北轻工业学院、大连轻工业学院及上海硅酸盐研究所等院所开始研究生物活性微晶玻璃陶瓷，为我国生物活性玻璃的研究奠定了坚实的基础。2000年以后，华南理工大学、同济大学和上海硅酸盐研究所等在新型生物活性玻璃研究方面取得了长足进展。目前已开发了数种用于皮肤难愈创面修复的生物活性玻璃粉剂、膏剂和贴剂，在皮肤烧伤、外伤、褥疮、糖尿病性溃疡、麻风病溃疡等方面的治疗取得良好效果。

（2）生物活性陶瓷与制品　生物活性陶瓷材料的组成中含有能够通过人体正常的新陈代谢途径进行置换的钙和磷等元素，或含有能与人体组织发生键合的羟基等基团。研究并应用较多的生物活性陶瓷是羟基磷灰石（hydroxyl-apatite，HA）。

1982年，我国人工合成了羟基磷灰石材料。四川大学、武汉工业大学、山东工业陶瓷研究设计院、华南理工大学、上海硅酸盐研究所、北京市口腔医学研究所等单位都成功地研制了羟基磷灰石陶瓷，并进行了大量临床应用研究。

1986～1996年期间，山东工业陶瓷研究院在生物活性陶瓷材料及制品开发中取得了重要突破进展。研制的羟基磷灰石植入陶瓷牙、羟基磷灰石陶瓷人造骨、复方羟基磷灰石糊剂、生物活性骨水泥、羟基磷灰石陶瓷耳听骨、下颌骨、多孔生物陶瓷镶块等系列制品在山东六大城市近百家医院成功应用500余例。

20世纪90年代以来，武汉工业大学（现武汉理工大学）在磷酸三钙陶瓷的制备及应用方面做了大量工作，并生产出磷酸钙系列人工骨产品。20世纪90年代，华南理工大学成功研制出具有可调控降解性能、高生物活性、良好皮肤急慢性创伤愈合的新型陶瓷。

四川大学生物材料工程研究中心研究发现，磷酸钙陶瓷具有骨诱导能力使磷酸钙陶瓷具有骨诱导性的科学理论在国际上逐渐得到认可，同时为具有骨诱导性的磷酸钙生物材料的临床应用提供了实验的依据，并为研制拥有自主知识产权的骨诱导性骨修复材料奠定了基础。

3. 结构仿生型生物陶瓷复合材料

2002年，Hench教授在"Science"上撰文提出第三代生物医学材料的理念，认为第三代生物医学材料将能够在分子水平上激发特定的细胞响应，亦即具有细胞和基因激活作用。清华大学、华南理工大学、四川大学、华东理工大学、上海硅酸盐研究所等单位在这一方向开展了卓有成效的研究工作。华南理工大学的"仿生功能化与个性化的骨组织修复体"研究成果获得了2010年第38届日内瓦国际发明展银奖，使我国生物陶瓷的研制水平跻身于世界先进行列。

目前，初步形成的生物陶瓷产业化机构或公司有：国家生物医学材料工程技术研究中心（四川大学）、武汉理工大学生物材料与工程研究中心、上海贝奥路生物材料有限公司、上海倍尔康生物医学科技有限公司、武汉华威生物材料工程有限公司，以及上海瑞邦生物材料有限公司、湖南共创骨生物工程材料有限公司、武汉国安科技有限公司、武汉和瑞康商贸有限公司等。

六、多孔陶瓷及无机膜制品

1. 多孔陶瓷过滤元件

多孔陶瓷是一种以耐火原料（如刚玉质、石英质、硅藻土质等）为骨料、配以结合剂、造孔剂等，成形后经高温烧成的陶瓷过滤材料。结构内部包含大量、贯通的可控孔径的微细气孔，具有气孔分布均匀、透气性好、耐高温、高压、耐腐蚀等特性。广泛用于气-气、气-固、液-固分离等领域，可作为分离、过滤、布气和消声元件使用。

1949～1978年是多孔陶瓷制品的起步生产与发展时期。20世纪50年代初，沈阳的东北工业部建筑材料工业管理局技术研究室和沈阳陶瓷厂开始研制和试生产多孔陶瓷。主要品种有陶瓷砂滤棒（$\phi 70mm \times 500mm \times 15mm$）和多孔陶瓷板（$500mm \times 250mm \times 25mm$）。后来，在北京成立的重工业部建筑材料工业管理局建筑材料工业试验所继续进行"在液体中分散气体所用的多孔质窑业制品通风管的研究"和"水泥及粉状物料压缩空气输送斜槽和料仓用多孔板（气化板）试验"。

进入60年代后，中国建筑材料科学研究院继续进行多孔陶瓷制品的研究，推广至北京陶瓷厂生产，后因其他材质的汽车滤芯的替代而停产。

70年代初，山东工业陶瓷研究所继续开展大型微孔陶瓷管的试制、咸阳陶瓷厂生产的刚玉质管状和板状多孔陶瓷制品得到广泛应用。1978年，山东工陶所得"蜡灌注法生产大规格多孔陶瓷管"和咸阳陶瓷厂的"刚玉质陶瓷制品"分别获全国科技大会奖。同时，天津过滤器厂、天津陶瓷厂、北京市陶瓷厂、唐山陶瓷厂、大连耐火材料厂、苏州日用瓷厂、沈阳陶瓷厂、江西萍乡瓷厂、景德镇人民瓷厂等企业也相继生产板状或管状多孔陶瓷制品。

1978年后，多孔陶瓷的制作工艺多样化、产品标准化，并向整机发展，材质更多，应用领域更广泛。

1990年起，山东工陶院开始起草制订多孔陶瓷制品的相关标准。主要有《多孔陶瓷产品通用技术标准》（GB/T 16533—1996）、《多孔陶瓷压缩强度试验方法》（GB/T 1964—1996）、《多孔陶瓷弯曲强度试验方法》（GB/T 1965—1996）、《多孔陶瓷孔道直径试验方法》（GB/T 1967—1996）、《多孔陶瓷渗透率试验方法》（GB/T 1969—1996）及《多孔陶瓷耐酸、耐碱性能试验方法》（GB/T 1970—1996）等。

20世纪90年代以后，多孔陶瓷制品在滤盘加压过滤机中的应用开创了多孔陶瓷在动态机械中应用开辟了一条新途径，在冶金选矿中得到应用。其他过滤设备在制酒行业过滤与脱碳及医疗卫生部门洗涤等工段中发挥了效用。江苏宜兴非金属化工机械厂有限公司、宜兴陶瓷研究所、山东工陶院、河北省沧县陶瓷厂是主要的研究和生产单位。

2. 陶瓷膜材料与制品

20世纪80年代末期，我国开始研究陶瓷膜材料，90年代取得进展。南京工业大学、天津大学、四川联合大学、中国科技大学、东北大学、中科院上海硅酸盐研究所、成都有机化学研究所、山东工陶院、宜兴非金属化工机械厂有限公司、湖南湘瓷科艺股份有限公司等相继开展这方面研究和开发。南京工业大学的"无机陶瓷微滤膜成套装置与应用技术"填补了陶瓷膜系统产品的国内空白。

1999年，南京工业大学与上市公司皖维高新联合成立了皖维久吾高科技发展有限公司，2000年进行股份制改制后成立江苏久吾高科技股份有限公司，现已发展成为一个生产无机陶瓷膜及膜分离成套应用系统的大型专业化高新技术企业。主要生产品种有：膜元件系统（含单通道、19通道、37通道等5种规格），膜组件系列（包括1芯、7芯、19芯和37芯四种产品）以及系统组装成套设备。

2005年，中材高新过滤陶瓷部用陶瓷纤维与多孔陶瓷复合材料制成过滤元件再组合成集清洗过滤、再生和自动控制于一体的高性能热气体除尘装置，用于洁净煤燃烧发电系统（PEBC和IGCC发电系统等）和其他高温气体净化中。

目前，陶瓷膜的主要材质有Al_2O_3膜、SiO_2膜、TiO_2膜和ZrO_2膜等。

3. 泡沫陶瓷制品

泡沫陶瓷是一种低密度（0.25～0.65g/cm³）、高气孔率（60%～90%）、大比表面积、耐高温、耐化学侵蚀，且具有三维网络骨架结构的新型工业陶瓷制品，广泛用于高温熔体的过滤介质、催化剂载体、布气材料及化工反应塔、吸收塔中的填料等。

1985年，山东工陶院开始研究和开发堇青石质、高铝质泡沫陶瓷。

20世纪90年代以后，江苏省陶瓷研究所、北京科技大学、重庆渝西化工厂、山东工陶院、济南圣泉集团股份有限公司、佛山市非特新材料有限公司、丹阳市大海过滤器材有限公司、广东省佛陶集团金刚新材料有限公司、苏州佳鑫陶瓷新材料有限公司、山东硅苑新材料科技股份有限公司等单位分别先后开发大型泡沫陶瓷过滤器、增加新材质、组织和扩大泡沫陶瓷的生产。新材质有用于钢铁过滤的氧化铝泡沫陶瓷、部分稳定ZrO_2泡沫陶瓷等。圣泉集团股份有限公司先后开发了FCF-1（铸钢用）、FCF-2（铸铁用）和FCF-3（铸铝和有色合金用）三种类型产品，2007年建成年产1万立方米的泡沫陶瓷过滤器生产线。2008年，泰安市岱峰新材料有限公司自行开发了氧化镁质泡沫陶瓷并建成年产5万片100mm×100mm过滤片的生产线，用于镁合金铸件过滤。山东理工大学开发了用凝胶注模成形技术制备耐温ZrB_2-Al_2O_3质泡沫陶瓷的为新工艺。

2001年，山东工陶院起草制订了《泡沫陶瓷过滤器》（JC/T 859—2001）行业标准。

4.蜂窝陶瓷制品

20世纪50年代末期，中科院上海硅酸盐研究所开始采用热压注工艺生产红外陶瓷辐射板。60年代初，北京玻陶研究院用该工艺完成了"陶瓷质煤气红外辐射器的研究"，使蜂窝陶瓷在陶瓷坯体干燥中发挥效用。

1977年，山东工陶院采用注浆工艺试制"反渗透动力膜系统用蜂窝状多孔陶瓷支撑件"获得成功。1983年，采用挤出工艺开展汽车尾气净化用挤出蜂窝陶瓷载体的研制。北京工业大学与大华陶瓷厂合作，采用蜡压注工艺生产董青石质尾气净化用多孔陶瓷获得成功，1990年年产量达3万件。

山东工陶院承担了国家"七五"科技攻关项目"壁流式蜂窝陶瓷滤芯的研制"；"八五"至"九五"期间，进行了挤出工艺生产蜂窝陶瓷中试，达到连续化生产的水平；1998年起草制订了《蜂窝陶瓷》（JC/T 686—1998）行业标准。

20世纪80年代中期，宜兴非金属化工机械厂有限公司与上海硅酸盐所等单位合作开始用挤出工艺生产蜂窝陶瓷制品，生产能力达600万升/年。

进入21世纪后，江西萍乡市元创蜂窝陶瓷制造有限公司、江西省科兴特种陶瓷有限公司、江西省三元环保陶瓷有限公司和萍乡市博鑫精细陶瓷有限公司等单位也开始生产蜂窝陶瓷，产品主要用于工业废气处理等体系中的催化剂载体。

从21世纪开始，采用了把催化剂材料直接制成蜂窝陶瓷体用于脱硝环保工程。2004年，成都东方凯特瑞环保催化剂有限公司开始从德国等购置设备，2006年投产，产量达6000立方米/年左右。浙江瑞基催化科技有限公司聘请德国、日本等国专家，建设2万立方米/年的生产线。重庆中电投远达工程有限公司和青岛电力华拓环保有限公司分别引进美国和韩国技术，建立生产能力为8000～10000m^3的生产线。

2010年10月30日，在由江苏省江都市人民政府在北京举行的新成果新产品发布会上，由峰业电力环保集团旗下的江苏万佳电力环保有限公司与华北电力大学合作攻关的我国首个火力发电厂燃煤锅炉用高科技蜂窝式SCR脱硝陶瓷催化剂产品正式推向市场，各项参数性能和指标均达到或超过国外同类产品水平，结束了此类脱硝催化剂完全依赖进口的局面。

七、高温结构陶瓷

1. 高温陶瓷保护管

高温陶瓷保护管主要用于电炉发热体保护、热电偶保护、电绝缘管等，材质有高铝瓷、刚玉瓷、氧化镁等。20世纪50年代初，中国科学院上海硅酸盐研究所开始研制和生产氧化铝高温陶瓷保护管。60年代中期，北京建材研究院开展高温保护管的试验。同时，沈阳陶瓷厂、唐山第十瓷厂等单位开始大批量生产各种规格的氧化铝保护管。80年代以后，我国开始开发和生产氧化镁质高温保护管。目前，我国自己生产的各类陶瓷高温保护管可基本满足国民经济发展的需要。

2. 陶瓷辊棒

陶瓷辊棒是陶瓷辊道窑的重要部件材质有刚玉-莫来石质、熔融石英质、反应烧结碳化硅质、再结晶碳化硅质等。

（1）刚玉-莫来石质陶瓷辊棒　1983年，广东省佛山市石湾耐酸陶瓷厂从意大利引进国内第一条辊道窑生产陶瓷墙地砖获得成功。1984年，佛山市陶瓷研究所于开始立项研发陶瓷辊棒。1986年，佛山市陶瓷研究所研制成功用冷等静压成形工艺生产刚玉-莫来石质陶瓷辊棒技术，用该技术生产的陶瓷辊棒被注册为"金刚牌"，一举打破了窑炉辊棒长期依赖进口的局面。

1985～1986年，山东工陶院和淄博华岩工业陶瓷集团公司相继开发了堇青石-莫来石质陶瓷辊棒。1988年，山东工陶院起草制定了《辊道窑用陶瓷辊》（JC/T 413—1988）行业标准，后更新为JC/T 413—2005。

（2）熔融石英辊棒　1988年，山东工业陶瓷研究院采用国内独创的注浆成形技术和动态注凝成形技术开发出玻璃水平钢化炉用精细熔融石英耐火辊、金属带材热处理炉用精细熔融石英耐火空心辊等产品，获1997年得国家科技进步三等奖，使我国成为世界上第三个能够自行生产这类产品的国家。

法资维苏威赛路珂陶瓷（苏州）有限公司、苏州创新陶瓷有限公司、天津金耀特色陶瓷有限责任公司等相继建厂生产石英辊棒。

（3）碳化硅陶瓷辊棒及精细窑具　20世纪80年代，机械部郑州三磨研究所博爱高温材料厂开始生产氮化硅结合碳化硅窑具，用作窑炉的棚板、隔焰板、高温高速喷嘴、冶金炉内衬、铝电解槽内衬等而取代黏土结合碳化硅窑具。郑州市窑神窑具有限公司、淄博恒世科技发展有限公司、连云港云昌特种耐火材料有限公司等企业也生产这类产品。

1995年，沈阳星光技术陶瓷有限公司、潍坊华美精细技术陶瓷有限公司和唐山福赛特精细技术陶瓷有限公司相继成立，制造高级碳化硅窑具，广泛用于日用陶瓷、卫生陶瓷、电子陶瓷辊道窑的高温烧成带，标志着我国碳化硅窑具的制造步入了全新的发展阶段。

3. 陶瓷发动机部件

1986～1990年（"七五"）期间，在国家科委的组织下，中科院上海硅酸盐研究所、清华大学、山东工陶院、中国建筑材料科学研究院等数十个单位协同攻关,研制成一系列陶瓷发动机用关键零部件,包括活塞顶盖、涡轮转子、气门、电热塞、摇臂镶块、排气管等。把活塞顶灯陶瓷部件装配成发动机,不仅顺利通过了台架试验,而且在大型公共汽车上完成了上海至北京间的往返装车路试,使我国成为世界上少数几个有能力进行陶瓷发动机装车路试的国家之一。这种由陶瓷部件装配的发动机,燃油效率高,无需水冷却系统,特别适用于沙漠地区等恶劣环境。1994年5月底,在上海召开的第五次发动机用陶瓷材料及部件国际讨论会,广泛地反映了我国在高温结构陶瓷领域的成就以及它们在发动机上的应用。

4.陶瓷坩埚

(1)熔融石英陶瓷坩埚　熔融石英陶瓷坩埚是太阳能电池用多晶硅铸锭炉的关键部件,作为装载多晶硅原料的容器要在1500℃以上的高温下连续工作50h以上。

21世纪初,山东工业陶瓷研究院是国内最早掌握光伏太阳能多晶硅铸锭用精细熔融石英耐火坩埚制备及工业化生产技术的单位,也是世界上第四家掌握该生产技术的单位。2004年,光伏太阳能多晶硅铸锭用精细熔融石英耐火坩埚获国家级重点新产品称号。随后,完成了720mm×720mm方形坩埚的试制。2007年,江西中材太阳能新材料有限公司建成年产20万支石英坩埚生产线,主要品种有:1100mm×1100mm×550mm等8种规格。

1995年9月,原锦州155厂石英坩埚分厂(现属法国圣戈班公司)委托秦皇岛玻璃工业设计院研制和开发ϕ152～355mm(6～14英寸)高纯度电弧离心石英坩埚的生产设备和工艺技术。在消化吸收引进的日本东芝公司同等规模石英坩埚生产线的基础上,于1996年研制出具有日本东芝公司水平的石英坩埚生产线,联合试车一次成功。1996年10月,又开始研制开发ϕ355～508mm(14～20英寸)大直径高纯度电弧离心石英坩埚的生产设备和工艺技术,建成生产能力2万支/年的电弧坩埚生产线,1997年底联合试车一次成功。产品填补国内空白,技术达到国际先进水平,1998年被评为国家级新产品。

(2)氧化铝陶瓷坩埚　氧化铝陶瓷坩埚用于各种实验室金属、非金属样品分析及熔料,是烧制彩电粉、荧光粉、稀土材料、贵金属材料、焙烧高、中低陶瓷电容器、NTC、PTC、压电陶瓷及钴酸锂,锰酸锂粉末的最佳焙烧容器。根据使用要求,常用的规格形状的产品有弧形氧化铝刚玉坩埚、方形氧化铝刚玉坩埚、长方形氧化铝陶瓷刚玉坩埚、圆柱形陶瓷刚玉坩埚、氧化铝刚玉管及各种异形氧化铝陶瓷坩埚等。

(3)氧化锆坩埚　氧化锆坩埚纯度可达到99.9%、密度为6.00g/cm^3、最高使用温度为2200℃,主要用在熔炼贵金属如铂金、钯金、铑等高温晶体粉末,是理想的实验高温耐火制品。

(4)碳化硅坩埚　碳化硅坩埚以反应烧结碳化硅、再结晶碳化硅、氮化硅结合碳化硅为主要材质,可应用于冶金、化工、玻璃等领域的各种粉体烧结和金属冶炼及造纸行业的脱水元件以及各种研磨件。

(5)氮化硅坩埚　氮化硅坩埚是采用冷等静压(CIP)素坯成形,再进行机械加工至准确尺寸,然后放入高温反应烧结炉进行反应烧结制成。最高耐温可达1400℃,特别适用于太阳能新能源和生物新材料领域的高纯冶炼,目前有外径120mm、内径110mm、高150mm的圆柱形氮化硅坩埚。

(6) 钛酸铝坩埚与升液管　钛酸铝（Al_2TiO_5）的熔点为1860℃，选择适宜的稳定剂可制出膨胀系数趋于零的材料，是迄今发现的唯一高熔点、低膨胀系数，且具有实用性的陶瓷材料。1989年，山东工陶院开始研究钛酸铝陶瓷材料。2000年，批量生产钛酸铝升液管。钛酸铝升液管主要用于汽车铝合金轮毂的高温压力浇注成形时的升液管。河北石家庄、淄博泰晟工贸公司亦有生产。

(7) 氧化镁陶瓷坩埚　氧化镁陶瓷坩埚的材质为高纯氧化镁，广泛应用于有色、航空、精密铸造及高能磁性材料等行业，是中频炉，高频感应炉最理想的盛钢熔融容器。最高使用温度1800~2300℃。

5.陶瓷天线罩和火箭喷管

(1) 陶瓷天线罩　陶瓷天线罩是保护导弹导引头天线在恶劣环境下能正常工作的一种装置，直接影响导弹的制导精度。天线罩材料经历了氧化铝陶瓷、微晶玻璃、石英陶瓷、陶瓷基复合材料的发展路径，并逐步向宽频带、多模通讯与精确制导方向发展。

① 氧化铝陶瓷天线罩　氧化铝是最早应用于天线罩的单一氧化物陶瓷，成功地用于麻雀Ⅲ导弹和响尾蛇导弹。20世纪60年代中期，北京建材研究院及咸阳陶瓷厂等单位开始研究氧化铝陶瓷雷达天线罩。目前，氮化硼（BN）改性氧化铝复相陶瓷的研究取得了良好效果，弥散的BN颗粒显著地改善了氧化铝陶瓷的脆性而获得了较好的抗热冲击性能。

② 微晶玻璃（玻璃陶瓷）天线罩　微晶玻璃是美国康宁公司为配合美国海军"小猎犬"导弹计划于1955~1956年生产的以TiO_2为晶核的Mg-Al-Si系微晶玻璃（牌号9606）。20世纪70年代，中科院上海硅酸盐研究所开始研制的3-3微晶玻璃是国内第一种高温天线罩材料，成功用作超音速中低空防空导弹天线罩。后在上海玻璃钢研究所批量生产。

③ 熔融石英陶瓷和石英纤维织物增强石英复合材料天线罩　20世纪末，上海玻璃钢研究所和山东工陶院分别采用泥浆浇注或凝胶注工艺制备熔融石英陶瓷天线罩。同时，航天材料与工艺研究所及山东工陶院等单位开发了一种用于制作天线罩的熔融石英纤维增强氧化硅材料。航天材料及工艺研究所、山东工业陶瓷研究设计院等单位采用石英纤维织物浸渍硅溶胶工艺研制的石英纤维增强二氧化硅基复合材料，已在型号上应用。

④ 氮化硅天线罩　20世纪70年代起，氮化硅材料受到高度重视。在开发耐高温、宽频带、低瞄准误差天线罩方面研究以氮化硅为基本组成的陶瓷基复合材料天线罩是西方发达国家的主要目标之一。

21世纪初，天津大学以国产纳米氮化硅粉体为主要原料，通过选用合适的堇青石和锂辉石作为烧结助剂，在以流动的高纯氮气作为控制气氛的条件下，最佳烧结温度为1550℃，制备出介电常数为4~5，介电损耗为0.005~0.007，抗弯强度为160MPa的天线罩材料并重点研究材料的烧结机理。国内其他单位也正处于试制阶段。

国防科技大学采用PIP工艺制备了石英纤维增强氮化硅/氮化物陶瓷。西北工业大学采用CVI工艺设计了一种与纤维预制体具有类似孔隙结构的团聚颗粒预制体（由氮化硅粉末和树脂乙醇溶液或硅溶胶团聚成形制得）。

⑤ 氮化硼体系　氮化硼陶瓷具有比氮化硅陶瓷更好的热稳定性和更低的介电常数、介电损耗，是为数不多的分解温度能达到3000℃的化合物之一，而且在很宽的温度范围内具有

极好的热性能和电性能的稳定性，但机械强度偏低，抗雨蚀性不足，难以制成较大形状的坯件，目前尚未在天线罩上得到真正应用，主要用作一种天线窗介电防热材料。哈尔滨工业大学有人研究了BN颗粒增强熔石英高温介电材料。山东工业陶瓷研究设计院研究了高性能透波Si_3N_4-BN基陶瓷复合材料，BN含量30%、室温抗弯强度160MPa、弹性模量为99GPa、介电常数为4.0左右。

⑥ 磷酸盐体系 在航天透波材料领域获得实际应用的主要是硅质纤维增强磷酸铝、磷酸铬及磷酸铬铝复合材料，用于透波天线罩材料的磷酸盐的分子结构式为Me（H_2P）·Me（H_2P）（Me为+3价金属离子）。磷酸盐复合材料的制备工艺为纤维织物预处理、磷酸盐真空浸渍、在1～1.5MPa压力和150～200℃条件下固化。复合固化后的复合材料在1200℃以下的物理性能良好。这类材料在巡航导弹、反导型、战术型导弹及航天飞机上获得了应用。目前，我国正处于试制阶段。

（2）火箭喷管 西北工业大学利用碳纤维增强碳化硅（C/SiC）复合材料制成的陶瓷喷管与现有钛合金、铌合金金属喷管相比具有更高的使用温度、更好的抗氧化抗热震性能、非常低的密度，在液体火箭发动机领域具有广阔的应用前景。中国国防科技大学采用先驱体浸渍裂解工艺制备的C/SiC陶瓷喷管表现出结构强度好、内外表面光洁、型面尺寸精确稳定、抗氧化性能好、抗冲刷能力强、低温气密性高、工作寿命长等诸多优点，产品综合性能达到同类产品的国际先进水平。目前，C/SiC陶瓷喷管已实现小批量生产，现有产品种类达10余种，交付产品数量200余台，产品交付合格率达100%。

八、耐磨耐腐蚀陶瓷

1. 陶瓷刀具

（1）工业陶瓷刀具 20世纪50年代，我国开始研究与开发工业陶瓷刀具并在生产中得到应用。目前，我国从事工业陶瓷刀具的科研和生产企业有30多家，生产20多个品种的氧化铝基陶瓷（占总量的2/3）、10多个品种的氮化硅基陶瓷（占1/3），带孔和不带孔刀片的生产能力也很强。其中，重庆利特高新技术陶瓷有限公司、清华方大、山东工业大学、北京天龙、重庆渝伦及湖南长沙工程陶瓷公司生产的刀片性能已达到与国外同类产品水平且有一些具有我国特色的产品，如陶瓷与硬质合金的复合刀片、梯度功能陶瓷刀片、纳米金属陶瓷刀片等。目前，我国刀具市场上的工业陶瓷刀具绝对数量仅占1%～3%，但已在机械、冶金、矿山、汽车、拖拉机、轴承、水泵、交通、能源、精密仪器、航空航天等20多个行业的几百家工厂推广应用。第一汽车制造厂、第二汽车制造厂和石家庄水泵厂等单位用陶瓷刀具切削难加工材料，一汽含硼和含磷汽车缸套的加工已实现了全部陶瓷刀具化。宝钢的轧辊和轴承加工使用陶瓷刀具切削淬硬钢件及精密铸件。

① 氧化铝基陶瓷刀具 20世纪50年代，我国开始研制和推广应用Al_2O_3陶瓷刀具。1953年起，南京电瓷厂与中科院上海冶金陶瓷所开始研究氧化铝陶瓷刀具。后来上海、南京、唐山的工厂也投入生产，在上海、东北一些工厂推广使用。60年代中期，成都工具研究所研制出以MgO或以MgO+Fe为添加剂的Al_2O_3陶瓷刀具，在成都量具刃具厂应用效果良好。

70年代后期到80年代，国内许多单位开发碳化物或碳氮化物和Al_2O_3复合材料。1979年，成都工具研究所研制成功热压Al_2O_3＋TiC复合陶瓷刀具，在一些轧辊厂加工冷硬铸铁轧辊取得良好效果。1980年以后，山东工业大学（现山东大学）、济南市冶金研究所和中南矿冶学院等单位先后研制成功热压复合Al_2O_3＋TiC陶瓷刀具，用于精车、半精车、精铣淬硬钢和高硬合金、白口铸铁等难加工材料的加工。

80年代从事复合Al_2O_3陶瓷刀具生产的主要单位有成都工具研究所、湖南冷水江陶瓷工具厂和济南冶金所等。湖南冷水江陶瓷厂年产约20余万片是当时国内最大的陶瓷刀具生产厂家。

90年代初，陕西机械学院推出Al_2O_3＋（W，Ti）C＋金属、Al_2O_3＋TiC＋金属和Al_2O_3＋TiCN＋金属共三个体系、四种牌号的复合陶瓷刀具并形成一定规模的生产和应用。90年代以来，国内不少单位进行过ZrO_2增韧Al_2O_3陶瓷刀具和SiC晶须增韧Al_2O_3陶瓷刀具的研究，取得一定的成果，但未能形成规模生产与应用。

② 氮化硅基陶瓷刀具　1975～1977年，清华大学探索采用Si_3N_4陶瓷作为金属切削刀具取得成功，在国际上率先实现了用热压Si_3N_4陶瓷刀具对多种难加工材料（冷硬铸铁、淬硬钢、热解石墨和玻璃钢等）进行多种工序（车、铣、螺纹车削和丝杠挑扣等）的加工和生产应用。

70年代后期，清华大学又利用硬质相弥散强化、单相固溶体和晶界玻璃相结晶化的协同作用来提高Si_3N_4陶瓷刀具材料的硬度，减少甚至消除高温性能差的晶界玻璃相。首钢、武钢等几十家企业用复合Si_3N_4陶瓷刀具加工冷硬铸铁轧辊，切削效率提高3～7倍，节省工时和用电50%～80%。

90年代以来，国家科委，国家经贸委和国家计委分别把复合Si_3N_4陶瓷刀具项目列为"国家重点攻关项目"、"国家级产学研工程高技术产业化项目"和"国家高技术产业化示范工程"。清华大学和相关企业进行产业化技术及关键设备的研究，先后研制成功1600℃双炉体大型自动化氮化炉、2000℃双炉体双工位自动化热压炉、经济型自动化周边磨床以及用先进的热等静压技术生产复杂形状的陶瓷刀具，解决了从原料到最终产品的工业化生产技术。清华大学将复合Si_3N_4陶瓷刀具的生产技术转让给北京紫光方大高技术陶瓷有限公司、湖南冷水江陶瓷工具厂等企业进行生产。

氮化硅基陶瓷刀具已在冶金、水泵、矿山机械、汽车、军工、轴承等十几个行业上千家企业应用，给国家带来很大的经济效益和社会效益。

（2）日用陶瓷刀具　日用陶瓷刀具刀身采用氧化锆陶瓷。日用陶瓷刀具的产品款式很多，手柄可采用ABS塑料、陶瓷、橡胶、原木、彩木、竹子等流行材料。我国主要生产日用陶瓷刀具的企业有重庆利特高新技术有限公司、广东东方锆业有限公司、佛山市陶瓷研究所有限公司、山东硅苑、中材高新博航电子陶瓷有限责任公司等。

2.耐磨球与衬

（1）氧化铝球与衬　1977年，山东工陶院与山东电力试验所、济南肉联厂等单位采用注浆工艺生产的75%氧化铝耐磨衬片在煤粉鼓风机叶片上使用取得良好效果，比锰钢质叶片的耐磨性提高4倍。20世纪90年代开始，中博先进材料股份公司、广东特高特陶瓷有限公司、郑州梦达结构陶瓷实业有限公司、山东奥克罗拉集团公司、山东东瓷科技有限公司（原名淄博联兴特种瓷业有限公司）、连云港中奥铝业有限公司等单位先后开发并大批量生产75%～99%微晶氧化铝耐磨球与衬砖。氧化铝球径一般在$\phi 2\sim 60mm$左右。各厂生产规模为92或95系列均为万吨左右，最大可达3.5万吨，75系列产品规模较大，最大可达5万吨以上。

（2）氧化锆耐磨球与制品　一般采用加5wt%氧化钇＋95wt%氧化锆混合料制成。淄博华创工程陶瓷有限公司利用脱硅锆（锆英石）生产耐磨球。同时，青岛康恩达先进陶瓷公司（属美资企业）、东营市五环高技术陶瓷有限公司等生产的高韧、高强部分稳定氧化锆陶瓷在石油、采油泵、球阀、隔膜泵球衬等方面得到应用。

（3）氮化硅轴承球　1991～1995年期间，山东工陶院承担了国家科技攻关项目"氮化硅轴承球的研制与开发"；1997年，开展了"80万粒轴承毛坯球制备技术及精球批量生产技术"的开发；2001年，在山东工陶院内开始建设900万粒精密轴承球生产线，后迁移至北京中材高新人工晶体研究院内继续完善相关工艺装备，采用喷雾干燥造粒、等静压成形、气氛压力炉烧结后进行精加工，轴承球的精度可达G5～G10水平，能满足高速运转对轴承球的要求。同时上海材料研究所等也生产氮化硅轴承球。

3.密封件与润滑材料

（1）密封件　目前，适于制造陶瓷密封件的材料有氧化铝、氧化锆、氮化硅、碳化硅、碳化钨及其他们的复合材料。国内密封件材料已形成一定的生产能力与规模，可生产制造各种材质的陶瓷密封件。陶瓷水龙头密封阀片是20世纪90年代在我国出现的，是陶瓷密封件中用量最大、最具有代表性的产品，常用材料是刚玉陶瓷。产品执行标准《陶瓷片密封水嘴》（GB/T 18145—2000）。目前，福建、浙江等地均有大批量生产。

（2）润滑陶瓷材料

① 润滑陶瓷　高性能陶瓷润滑和密封材料具有耐高温、耐化学腐蚀、耐磨损、机械强度高、润滑性能良好等优点，在航空、航天、原子能、微电子等领域具有广阔的应用前景。近年来，中科院兰州化学物理研究所通过对晶粒尺寸和增强相成分与结构的精确控制以及合理的摩擦学设计，将纳米陶瓷与陶瓷润滑技术成功结合起来，采用热压烧结工艺备具有优异力学和摩擦学性能的陶瓷及其复合材料。

② 润滑油陶瓷添加剂　随着现代机械设备的工况条件（载荷、速度、温度等）的提高，润滑油中原有的减摩剂和抗磨剂已不能完全满足减摩抗磨性能要求。20世纪90年代以来，发现由于某些纳米陶瓷材料的独特结构使其具有特殊的摩擦学性能，以这些纳米陶瓷粒子制成的纳米润滑油添加剂可使润滑油的减摩抗磨性能得到大幅度提高，为润滑领域中长期未能解决的难题开辟了新的解决途径。

我国对纳米陶瓷粒子作为润滑油添加剂的研究还处于起步阶段，目前，将纳米陶瓷粉体制作成纳米陶瓷润滑油添加剂的有许多种类，如含有低浓度氮化硅（Si_3N_4）纳米陶瓷粒子的分散溶液（纳米陶瓷粒子质量分数小于3%），再将纳米陶瓷添加剂加入PAO类基础油中。此外，由羟基硅酸铝、氧化物催化剂及其他添加剂等构成的复杂组分，以1%的比例与石蜡混合成添加剂成品。

4.纺织瓷件与拉丝模

目前,纺织陶瓷零件大致分为三类,即摩擦盘、导纱件和切线器具。摩擦盘可调节纱线速度、张力、弹性、韧性等其他变形特性。切线器具常见于自动络筒机风门剪刀与张力剪刀等。导纱件名目繁多,用途广泛,形状复杂。导纱件分为一般导纱件和特殊导纱件。一般导纱件又分为棒形、管形、偏口形、滚筒形、环形、孔眼形、掺合嘴、止捻器等系列。特殊导纱件分为盘孔形、飞碟形、槽柱形、月牙形、枫叶形、弯管、螺旋管、退捻管、捻结室腔等系列。

据不完全统计,纺织陶瓷材料有4大类、数十种。Al_2O_3瓷、TiO_2瓷、Al_2O_3-ZrO_2瓷和ZrO_2瓷。其中Al_2O_3瓷品种最多,95瓷直到99瓷、微晶刚玉瓷、铬刚玉瓷(也叫红瓷)、锆刚玉瓷、硼刚玉瓷、钇刚玉瓷等。TiO_2瓷又分为奶油色瓷、蓝黑色瓷、棕色瓷等。

我国纺织瓷件的生产企业主要集中在江苏省和浙江省。主要生产企业有宜兴市前锦特陶科技有限公司、浙江省德清县国泰纺织瓷件厂,苏州市中天化纤纺织瓷件厂、中环集团苏州市诚昌精细陶瓷有限公司、泰荣特种陶瓷厂等。

5.造纸行业用陶瓷耐磨部件

自1966年以来,山东硅苑开始研制和生产造纸工业中刚玉瓷件近40余年,开发的主要产品有:陶瓷成形板,全陶瓷三片刮水板、外嵌陶瓷刮水板、全陶瓷五片刮水板、单片脱水板、水腿湿吸箱面板、低真空湿吸箱面板、真空吸水箱面板、毛布及方型毛布吸水箱、成形器、加压靴、高浓陶瓷除砂器、除砂嘴及各种陶瓷耐磨部件等。材质以氧化铝质(适合低、中速造纸机)和氧化锆增韧氧化铝质(适合1800～2000m/min及2000～2500m/min中、高速造纸机中)。湖南湘瓷科艺股份有限公司亦生产造纸机用脱水元件。

九、导电陶瓷及制品

1.碳化硅发热元件

1955年,沈阳铸造研究所、北京钢铁研究院、第四砂轮厂、第一砂轮厂等单位联合组成实验组开始研究碳化硅电热元件的制备工艺技术,1957年研制成功,1958年在山东进行工业性批量生产。到目前为止,已有30余家工厂生产碳化硅电热元件,主要有山东淄博生建八三厂、泰兴高热电热元件有限公司、山东省潍北硅碳棒厂、郑州嵩山电热元件有限公司等。1987年成立的郑州嵩山电热元件有限公司是世界三大高温电热元件生产厂商之一,主要从事碳化硅电热元件和二硅化钼电热元件的研究和生产。

长期以来,国内硅碳棒热端的生产工艺一直停留在反应埋烧老工艺。近几年来,开始采用重结晶工艺。我国硅碳棒执行标准《碳化硅特种制品 硅碳棒》(JB/T 3980—2008)。

2.二硅化钼发热元件

1961～1965年,中国建筑材料科学研究院开始研究二硅化钼及其制品。20世纪70年代初期,上海电机玻璃纤维总厂开始小批量生产并推向市场。1987年,天津硅酸盐研究所和上海硅酸盐研究所研制成功质量较高的硅钼棒。

1998年，我国开始专门研究高品质硅钼电热元件，2000年研制出性能基本达到国外同类产品水平的硅钼电热元件并成功地解决了形状单一的问题，形成了5种规格型号的系列产品。嵩山高温元件电炉厂首先建厂生产，是目前我国最大的$MoSi_2$生产厂。其他生产单位有上海常兴、康泰、彩兴高温元件厂，上海试验电容器厂，苏州高温元件厂，唐山九博高温元件厂，烟台火炬超高温材料研制有限公司，当城高温元件厂，四川广元高温元件厂等。

3.硼化钛与导电氮化硼

1979年，中国建筑材料科学研究院陶瓷研究所开始研究$BN-TiB_2$导电复合陶瓷，经过中间试验和推广应用，1984年推广到山东青州东方特种陶瓷有限公司（原青州铝箔总公司特钢分厂）和淄博嘉昌特种材料有限公司（原淄博特种陶瓷厂），先后生产出BN、TiB_2粉末及二者复合而成的导电氮化硼制品。2003年后，青州东方特陶有限公司的主导产品导电陶瓷蒸发舟年销售40万支，居同行业之首。此外，潍坊博鸣凯股份公司、青州龙基物特陶新材料有限公司、潍坊邦佳特种材料有限公司和淄博鹏程特种陶瓷厂等亦生产导电氮化硼。

1988年10月，兰江冶炼厂和中南工业大学开始进行以氧化物为原料，以炭粉为还原剂，利用高温电阻炉直接合成硼化钛的工业性试验，并于1989年5月8日生产出第一炉近10kg硼化钛粉，开始了国内的硼化钛的工业化生产，建成月产500kg硼化钛的生产线。冶金工业部西南地质勘查局成都西南冶金新材料开发公司工业化生产TiB_2粉末并已申请国家专利。

4.氧化锆导电陶瓷

1971年，冶金部钢铁研究总院在国内首先研制成功以铂铑作引线的氧化锆质发热元件；1973年，又在国内外首先成功地采用了以铬酸锶镧代替铂铑作引线体的氧化锆质发热元件。多年来，该产品广泛应用于各种形式的高温电炉，1988年获国际发明展览会金奖。从1985年起，氧化锆质发热元件先后出口美国、瑞典、日本等国，用元件组装的超高温电炉也已开始出口。

20世纪70年代初，我国开始研究和开发钢水直接快速定氧传感器技术，80年代初开始研制稳定氧化锆材料并取得大量成果。现在，浙江乐清仪表元件厂、石家庄市万利鑫工贸有限公司等单位已批量生产氧化锆基钢水快速定氧传感器。

烟道气氧传感器、汽车尾气传感器等ZrO_2氧传感器已经被广泛使用，成为固体电解质真正商业化的典范。主要的生产单位包括中国科学院上海硅酸盐研究所、南京分析仪器厂、南京化工研究院、沈阳陶瓷厂、洛阳耐火材料研究院等。

固体氧化物燃料电池（SOFC）是以ZrO_2等导电陶瓷为隔膜，采用全固态设计的一种燃料电池，在欧美、日本等发达国家均是能源领域重点支持的对象。20世纪90年代，中国科学院上海硅酸盐研究所的燃料电池课题组开始研究固态氧化物燃料电池，承担了国家科技部和中国科学院联合下达的固态氧化物燃料电池"九五"攻关任务，1999年3月成功组装和运行了一个电解质膜面积为40mm×40mm的含十个单体的SOFC电池堆。2001年3月，组装和运行了由80个面积为100mm×100mm的单体组成的电池堆,最大输出功率810W,是迄今为止国内运行的最大功率的电池堆。

5. β-Al_2O_3导电陶瓷

中国科学院上海硅酸盐研究所是国内主要的β-Al_2O_3陶瓷研制单位,多年来,对从原料到陶瓷、从组成到显微结构、从制备工艺到各种特性等进行一系列系统深入的研究,具备制备各种规格、具有良好性能的各种β-Al_2O_3陶瓷制品,性能达到国际先进水平。

6.铬酸镧发热元件

铬酸镧发热元件可用于录相机磁头铁氧体单晶的制备、宝石变色处理等,是目前最好的陶瓷电热元件之一。包头稀土研究院和山东大学联合研制的铬酸镧电热元件使用寿命可达2000h以上,性能和日本元件相当。包头稀土院在20世纪80年代初期研制完成了哑铃形铬酸镧发热材料的工作,并通过了部级技术鉴定,在1995~1996年研制开发成功了铬酸镧等直径发热元件。我国目前只有包头稀土研究院能生产铬酸镧电热元件。

十、陶瓷纤维与制品

1.硅酸铝纤维(含高铝纤维)与制品

硅酸铝纤维与制品是一种轻质、隔热、耐温的绝热材料。20世纪70年代,我国的陶瓷纤维工业开始起步,唐山第十瓷厂等企业利用烧矾土与废耐火砖分别粉碎后按一定比较配合、熔融喷吹、水选清渣制成各种毡等制品。80年代初,山东淄博、河南巩县等利用当地原料制造硅酸铝纤维与制品。

1985年,我国先后从美国CE公司、B.W公司及Ferro公司引进4条耐火(陶瓷)纤维针刺毯生产线,推动了陶瓷纤维制品的应用技术发展。

1986年,国家经委、冶金部在南京铜井耐火纤维厂、湖北襄沙化工厂等单位组织了电阻法电丝成纤"干法针刺制毯"的引进线的消化吸收。1987年,又组织了电阻法喷吹成纤"干法针刺毯"引进线的消化吸收。这两项工作均由冶金部马鞍山钢铁设计研究院承担。

1991年12月,山东沂源节能材料厂(现改为山东鲁阳股份有限公司)建成一条CBC-1型耐火纤维针刺毯生产线投产成功,至1997年共建成7条生产线,1998年又建成CBC-II连熔连甩生产线1条,真空成形、真空吸滤生产线4条。目前,鲁阳公司的生产能力已达15万吨,成为亚洲最大的硅酸铝纤维及制品的生产基地,并跻身于世界陶瓷纤维行业三强的行列。

20世纪80年代中后期,我国开始生产晶体纤维(含97%Al_2O_3或莫来石质纤维等)。陕县电器厂引进美国技术生产氧化铝含量大于95%的晶体纤维,年产量为100吨/年。90年代,杭州宏达晶体纤维有限公司、浙江欧诗漫集团保温晶体纤维厂等相继自主开发莫来石晶体纤维。目前,产量分别300吨/年和500吨/年左右。

2. 石英纤维及制品

1958～1960年，湖北沙市石英玻璃厂（现为湖北菲利华石英玻璃股份有限公司）采用氧-乙炔火焰加热拉制成第一根石英纤维；1976年以氢氧火焰为热源试制出直径为20μm的石英纤维；1980年试制成功直径为7～10μm的石英纤维；1987年采用氢氧火焰喷吹工艺生产出超细无渣球的石英棉。经过30多年的发展，先后开发出石英纤维纱、定长石英纤维丝、超细石英纤维丝、空心石英纤维、石英棉、石英纤维布、石英纤维薄带、石英纤维缝线、石英纤维套管等10多个品种的石英纤维制品。目前，湖北菲利华石英玻璃股份有限公司是国内唯一能提供连续纤维供编织石英纤维体的生产企业。经过有关部门采用2.5D或三维多向等编织工艺编织制成各种所需形状的纤维产编织体，可制成石英纤维-陶瓷基复合材料、石英纤维-树脂基复合材料，用做透波-隔热-承载一体化的结构件，在航空、航天、冶金行业中发挥重大作用。

3. 碳化硅纤维与晶须

20世纪80年代中期，长沙国防科技大学等单位进行了连续SiC纤维的研制，首先合成聚合物——聚碳硅烷，然后经过熔融纺丝成纤，再经过不熔化处理与高温烧成制得连续SiC纤维。目前，国防科技大学是国内唯一可小批量连续生产SiC纤维的单位。

碳化硅晶须是指直径0.2～1.5μm、长度10～40μm之间的一种低密度、高熔点、高强度、高硬度、低热膨胀系数、化学稳定性好的单晶微晶材料，广泛用于增强陶瓷基、金属基的复合材料的制造。20世纪90年代，中国矿业大学、攀枝花钢铁研究院、四川联合大学等单位对碳化硅晶须进行了大量研究。一般以稻壳为原料，在催化剂的作用下制成SiC晶须。21世纪初，徐州宏武纳米材料有限公司、西安众鑫特种材料有限公司等单位才开始形成一定的生产能力。2002年，徐州宏武纳米材料有限公司开始生产各种纳米粉体，其中β-SiC（W）有2种规格，即纳米级和微米级2种晶须，生产能力为500～600千克/月。

4. ZrO_2纤维与布膜

ZrO_2纤维具有熔点高（2715℃）、导热率低［＜2.4W/（m·K）］的特点，是氧化或惰性气氛下最佳的高温隔热材料。

1979年，山东工陶院开始用前驱体工艺制备ZrO_2纸、毡等制品；1987年开始小批量生产ZrO_2纤维毡，成功地用于微波加热炉和1800℃高温电炉中的隔热材料；1995年，列入军工攻关项目并研制卫星电池用ZrO_2纤维布膜；2001～2005年期间，通过改进工艺等使ZrO_2布膜的强度、吸碱率等主要技术指标达到美国同类产品的水平并开始在电池中试用和寿命考核试验。

2000年，山东大学化学所开始用溶胶-凝胶工艺进行定长ZrO_2纤维的研制和ZrO_2纤维的研究。同时，山东大学晶体研究所采用含锆聚丙烯材料，用甩丝成纤工艺制备ZrO_2纤维，申报专利和成果转化工作，现已形成小批量生产能力。

5. 连续氮化硼纤维

在惰性或氨气氛下，氮化硼可以在2800℃下使用，是良好的热导体和电绝缘材料。纤维材料可以用作金属线陶瓷复合材料中的增强剂,具有改善其他性能(如抗热震性学)的特点。

1978年,山东工陶院开始采用化学转化法制备定长氮化硼纤维;1986年后开始承担国家"863"项目——氮化硼纤维工艺改进和性能提高研究,使定长氮化硼纤维的主要性能达到国外同类产品的水平。2003年开始进行连续氮化硼纤维的研制,先后解决了B_2O_3纤维的吸潮、氮化工艺参数的调整及进行高温热拉伸处理后,使连续氮化硼纤维的抗拉强度、弹性模量均达到国外先进国家的生产水平,连续纤维的总长度可达510m,可供编织氮化硼纤维制品使用。2006年,山东工陶院开展连续氮化硼纤维的编织和氮化硼编织体与氮化硅复合的试验工作。2009~2010年,进行连续氮化硼纤维的扩大产量等工作以满足工业部门的需求。

第十一章　砖瓦

世界上发现最早的土坯砖已有九千多年到一万年的历史了（约旦河流域，《圣经》里提到的城市Jericho城下发现的土坯砖）。我国早在7300多年前的新石器时代，就开始在建筑上使用"红烧土块"，这就是我国烧结砖的最早原始形态。距今6400年的大溪文化时期，就出现了专门烧制"红烧土块"的坡窑。四川三星堆遗址发现的烧土墁块，已有6000多年的历史。距今5500年时期，烧结砖开始应用于建筑，先民们使用"红烧陶块"建造墙基、进壁、铺筑公共广场等。现代形体概念上的烧结砖出现于距今5000年左右的江南良渚文化时期，那时出现了原始形态的砖体居室建筑。后来，距今4100年前，我国出现用"还原法"烧制的青砖，奠定了一直流传至今的秦砖汉瓦时代砖瓦发展的基础，形成万里长城、秦兵马俑、阿房宫、唐宋与明清建筑等大量中国独特的古建筑风格。

3900多年前制作精美的筒瓦和槽型板瓦就已丰腴黄河流域（甘肃）的齐家文化建筑屋宇，成为世界上最早的屋面瓦。3600年前的商代早期，"轮制法"就普遍用于了瓦的制造中。近年来，我国考古工作者在陕西岐山和西安的西周遗址中，发现了我国较早时期的瓦和土坯。当时瓦的制法是，首先把泥料制成圆筒形的陶坯，然后剖开筒坯，再放进窑中烧造。由于最初的制瓦技术低下，产量有限，生产的瓦只用于屋脊上。西周中、晚期时，在制作板瓦的基础上又产生了筒瓦。筒瓦是覆在两行板瓦之间的半圆形瓦，有些筒瓦的前端还带有瓦挡。瓦挡是屋檐前面筒瓦的瓦头。筒瓦有了瓦头，可以防止风雨侵蚀屋檐。战国时期，我国制瓦业有了较快发展，不仅瓦的质量有所提高，而且增加了大型瓦、护脊瓦、护墙瓦等品种，整个房屋的顶部都可以用瓦来覆盖。唐宋以后，瓦更是被人们广泛使用，当时一些宫殿、寺院等建筑物，有用各种各样颜色的琉璃瓦覆顶，既美观适用，又体现了中国建筑艺术的特色。

从人们赖以生存的条件上讲，砖瓦产品曾与粮食、布匹占有同样的地位。在华夏文化的发展历程中，砖瓦产品的出现推动了从蛮荒走向文明。战国时期，我国出现了现代意义的砖瓦，大约有方形砖、曲形砖和空心砖。方形砖的用法和我们现在的陶瓷砖相似，主要用于室内屋壁下部周围，也可用它来铺地。曲形砖的形状很像木匠用的曲尺，用途是包镶台阶，对于土筑台阶有加固装饰作用。空心砖长 100～150cm，多为长方形扁平状，表面印有花纹，用于砌基或放在建筑物前，代替石阶使用。东汉时已出现拱壳砖，这时的拱壳砖四面都有榫卯互相连接，砖的上平面为素面而稍大，下面有纹饰而稍小，前面有凸榫，后面有凹卯，砌筑时借助模板使榫卯相联结而成单券。20世纪70年代，我国研制的拱壳砖曾用在农村住宅建筑上，也建造了一批房屋，但由于当时没有及时总结和推广，所以没有坚持生产和使用。

西周瓦当及瓦当装饰纹的发明，将烧结砖瓦的装饰艺术推向了新台阶。4100多年前的青砖上就带有各种纹饰；3900多年前的瓦表面也有遁古绳纹等。春秋晚期或战国初（距今约

2400～2550年）中国便出现了画像砖，秦汉（距今约1800～2330年）时期发展到了鼎盛；秦汉时期的瓦当装饰艺术历来被作为艺术中的瑰宝，至今仍闪烁着光辉。北魏平城（距今约1600～1700年）时期又出现了琉璃瓦和表面被打磨的、漆黑发亮的烧结砖瓦产品，也许从那时起中国就有了皇宫铺地专用的最早形制的"金砖"。隋、唐时期的烧结砖瓦装饰艺术进一步发展，出现了闻名后世的青棍砖（可惜其制作方法已经失传）。早在1000多年前的五代时期，中国就有了窑后砖雕作品，并施加彩绘，艺术水平之高，令后人赞叹。宋（金）、元、明、清时期的烧结砖瓦装饰艺术从皇家宫廷惠泽民间，极大地丰富了中华古建筑文化。无论是西"陕商"，南"徽帮"，北"晋贾"的居室文化建筑群，也无论是北京的四合院府第乃至聚族而居村落山寨，其屋上的砖雕作品构图新颖，刀工传神，工艺精湛，记述着天地万物共生共荣，民间传说，悲欢离合，道德文章，充满着中华文化活的灵魂，表现出深厚的文化底蕴，古韵犹存。

第一节　1949年前的砖瓦工业

1840年第一次鸦片战争开始后，中国许多爱国知识分子抓住近代"国中之国"新开商埠城市的建设的契机，在大连、上海、南京等通商口岸开始办起了引进西欧技术的机制砖瓦厂。据《上海建筑材料工业志》记载，早在20世纪20年代，上海就生产非承重空心砖，逐步形成13个品种、36个规模的系列产品，先后用于百老汇大厦、国际饭店、汉弥登大厦、永安公司等著名西式建筑，并销往杭州、南京、青岛等沿海新兴城市，还打入了新加坡等南洋国际市场。可以说，当时我国制砖技术与西方处于同一水平上。但好景不长，日本侵华战争、内战使许多新技术沉溺沧海，拉大了与国外制砖技术的差距。特别是第二次世界大战后，世界工业复兴，中国砖瓦民族工业至少落后国外20多年。

一、黏土砖

1949年前，我国砖瓦的品种、规格是由砖瓦厂按照客户的要求生产的，主要有青砖、红砖两种。当时的大中砖瓦厂都比较注重产品规格的开发，黏土实心砖的通用规格有229mm×111mm×51mm等5种。

我国近代空心砖及空心砌块的生产始于20世纪20年代后期。1934年，商务印书馆出版的《日用百科全书》第十六编的物产制造品类中，首次将砖瓦作为一个独立的工业制造部门列出。书中记载，在1930年前后，国内就有四家砖瓦厂生产着空心砖，如上海大中砖瓦厂、上海比商义品砖场、苏州砖瓦厂、武汉阜城砖瓦厂。当时，生产规模最大工厂的年产量已得到了4000万块砖。

我国近代建筑物墙体上使用空心砖最早出于上海。上海机制砖瓦创业初期，产品批量小，样式多。上海的砖瓦企业在与国内外同行的激烈竞争中，逐步发展，创立名牌，赢得声誉。1932年，振苏砖瓦厂开始生产非承重空心砖，生产的320mm×310mm×260mm 8孔砖的孔洞率为49.60%、235mm×235mm×200mm 6孔砖的孔洞率达到57%。抗日战争爆发后，空心砖的生产于20世纪30年代晚期而停止。

二、黏土瓦

黏土瓦包括普通瓦和异型瓦。普通瓦的主要产品有平瓦、脊瓦、蝴蝶瓦，有青、红两种颜色。20世纪初，上海瑞和砖瓦厂开始用机器制造红平瓦。1930年，大中砖瓦厂也开始生产红平瓦。这时的机制红平瓦质地细致密实，平整光洁，色泽均匀，击之有金属声。建筑工人在屋面铺摊施工，在瓦面上行走，无一破损。大、中厂生产的瓦分为一号至三号3种，最大的一号瓦的尺寸为406mm×254mm。脊瓦分为一号、二号两种，大的一号脊瓦尺寸为457.2mm×203.2mm。大中砖瓦厂每台瓦机每班产量为5000张，轮窑日产量为5000张。上海建造的花园洋房及西欧格调的建筑大都使用红平瓦。农房屋面大都使用青色蝴蝶瓦。20世纪40年代中叶，中国砖瓦厂股份有限公司第四厂以生产"象牌"平瓦著名，规格为345mm×210mm，年产量30万～35万张，产品远销东南亚。

随着西式建筑物的兴起，我国砖瓦业也陆续开始生产西班牙瓦、苏湾瓦、古式筒瓦（盖瓦、底瓦）、英国式弯瓦、青龙滴水瓦等异型黏土瓦。大中砖瓦厂生产的异型黏土瓦的品种有29种。1933年，大中砖瓦厂为南汇县建造中山堂生产出一套仿古圆筒瓦和相配套的龙头檐瓦与花边滴水瓦，引起客商关注而打开市场，其古式圆筒瓦普遍使用于沪、杭、宁地区的园林建筑、古典建筑等工程。1934年，混凝土空心砌块用于延安路居民住宅。

第二节　1949年后的砖瓦工业

1949年以前，我国烧结砖瓦生产的整体技术水平较为落后，大多使用的是黏土、页岩等较为易处理的原料，工艺技术水平简单，设备技术含量极低，属于粗放式的作坊式生产，较国外发达国家技术水平落后至少40年。1949年以后，砖瓦工业走上了正规化、标准化的发展道路，特别是1978年以来，砖瓦业经历了产品结构大调整，新产品不断得到开发，产量增长也较快。

一、产品、产量与产区

建国初期，国内居民居住条件极差，大多城市居民住宅面积小，设施简陋。北方的"大杂院"、南方的"亭子间"等，十分拥挤杂乱，屋子小的给人以压迫感。广大农村多为土坯房、破窑洞、茅草房。房屋破旧，年久失修，岌岌可危。随着政府加强城市劳动者和城市贫民的住宅建设，大量建造工人新村，实施对工矿区和上海等大城市棚户区、简屋区的住房重点改造。如北京市就规划建设百万庄机关住宅，苹果园、陶然亭、夕照寺等工人新村。上海市对277处棚户区改造，由1000多万平方米增加到2000多万平方米，1959年已达到3000多万平方米。出现了中国有史以来第一个住宅建设高峰。这一时期我国烧结砖产量从1952年不到150亿标块上升到1959年的400亿标块，1965年达到500亿标块。1988年全国砖产量就达到了4687.79亿块、瓦580.04亿片。

1990年比1980年翻了一番,达到4700万标块。1996年时全国烧结砖瓦厂发展到了12万户。砖的年产量也首次突破了7000亿块(折普通砖),成为了世界上砖瓦生产企业最多、产量最大的国家。全国规模产量在1000万块以下的小砖厂占76%,年产量1000万~3000万标块的砖厂占20%,年产3000万标块以上的大型砖厂仅占4%。从装备上看,采用真空挤出方式的占25%。非真空挤出的占75%。窑炉设备,采用人工干燥、隧道窑焙烧只占1%,人工干燥轮窑烧成占9%,靠露天晾晒自然干燥、轮窑焙烧的占90%。其中有20%左右的是简易作坊式的地沟窑或无顶轮窑生产。

2005年,砖的年产量又突破了8000亿块,这是改革开放初期的8倍多。屋面瓦的年产量也从1985年的305亿片增加到了2007年的600多亿片(含水泥瓦在内)。

近年来,随着墙体材料制造技术的不断发展,黏土烧结砖企业的数量明显减少,已经由原来的12万家减少到了7万家,企业规模显著提高。现在3000万块/年以上规模的生产线数量占新建生产线的60%以上。近年来,我国修建了一大批自动化程度较高的年产6000万块以上规模的固体废弃物烧结砖生产线,规模最大的已达到2.5亿块/年烧结砖生产线。不仅节约了成本,达到了规模效益,而且实现了生产的自动化。截至2010年,我国现有近7万家砖瓦生产企业,从业人员600多万人,其中绝大多数为临时工,年产总量约9000亿多块标砖,烧结黏土砖仍占墙体屋面及道路用建筑材料总量的50%以上,是墙体屋面及道路用建筑材料的主体。我国西部黏土资源丰富地区的墙体屋面及道路用建筑材料基本仍以烧结黏土砖为主。表11-1为我国自改革开放后到2007年的砖产量。

表11-1 我国1977~2007年的砖产量统计表

年份	产量/亿块	年份	产量/亿块	年份	产量/亿块
1977年	1000	1992年	5200	2002年	7200
1982年	2000	1994年	6150	2003年	7500
1984年	2400	1996年	7050	2004年	7800
1986年	3800	1998年	6850	2005年	8000
1988年	4400	2000年	7100	2006年	8000
1990年	4800	2001年	7102	2007年	8000

1.黏土实心砖

1953年,国家建筑材料工业部颁发普通黏土砖标准(试行)草案。1958年,国家建筑工程部颁发普通黏土砖质量暂行标准,规定普通黏土砖的标准为长240mm、宽115mm、厚53mm。

2.承重多孔砖

1955年,我国开始研制承重多孔砖。由原建工部建筑科学研究院和北京市建材局窦店砖瓦厂合作研制,在北京窦店砖瓦厂进行。自从1958年提出墙体材料改革后,各地先后都开始了承重多孔砖的研制工作。

1960年,上海市民用设计院和大中砖瓦厂协作试制成功一批规格为240mm×240mm×115mm的三孔承重黏土空心砖,用于上海海运局卫生学校三四层教学楼等建筑,这是上海生产并实际使用最早的承重黏土空心砖。由于当时没有组织专家进行技术鉴定，也没有着手解决在建筑施工中的配套问题，这一技术成果未能推广使用。1961年，国家压缩基本建设，哈尔滨市小土砖窑开始"下马"，部分国营砖厂也相继停产。

1963年起，上海、北京、江苏、广东、西安等地纷纷开始研制并小批量生产承重多孔砖。1963年10月，按上海市建工局副局长郝光的要求，由振苏砖瓦厂厂长张旺根带队，赴北京学习窦店砖瓦厂研制承重黏土空心砖的经验。回厂后，制定的"承重黏土空心砖试制方案"获得市建工局的批准。翌年，上海市第一建材工业公司和上海市建筑科学研究所合作，组织周一鹏、葛德三、朱桓铭、陈参等技术人员去振苏砖瓦厂，与该厂人员一起研制承重黏土空心砖，先后试生产20圆孔和21条孔承重多孔黏土砖32万块，并与上海市第四建筑工程公司、上海市规划建筑设计院、上海市城市建设局、同济大学协作，使用于打浦路东、瞿溪路北一幢5层住宅，建筑面积为2064m²。这种多孔砖的砌体轴心受压强度比设计规范规定的高20%左右，墙体自重比实心砖减轻17%，节省原料20%以上。

1964年10月，在湖南长沙市召开了全国承重多孔砖经验交流会。1965年，已扩展到了17个省、市研制并生产承重多孔砖，承重多孔砖的规格呈现出多样化，有30多种。

自20世纪60年代中期开始，承重多孔砖在我国各地均得到了非常快的发展。上海、江苏、西安、四川、广东等省市发展较快。1975年，四川省多孔砖（部分为空心砖）产量占全省砖总产量的56%。1963～1965年国民经济调整时期，哈市砖瓦业在调整中重新开始发展。至1965年底，全市（不包括呼兰、阿城）砖瓦厂有17家，职工近5000人；生产砖瓦全部实行机械化，并开始推广内燃烧砖的新工艺。在这一时期，砖瓦制造业已成为哈市建材业的主要行业之一。

1965年，上海市建筑科学研究所、上海市第一建材工业公司振苏砖瓦厂、上海市第七建筑工程公司在240mm×115mm×90mm多孔砖的基础上，研制190mm×190mm×90mm（副规格190mm×90mm×90mm）43孔承重砖，试生产77万块，在漕溪路建造建筑面积为4318m²的两幢三层住宅，在芷江西路建造1.2万平方米住宅，1966年12月由上海市建筑工程局组织鉴定。从1966年开始，上海大中砖瓦厂全部生产承重黏土空心砖，成为上海第一家空心化制砖厂。

60年代后期，由于当时建筑用"三材"（钢材、木材、水泥）比较缺乏，南京市首先研制成功了拱壳砖建造的屋顶结构式房子（当时人们把这种楼面和屋顶建筑结构形式称为"干打垒"）。当时把拱壳砖称为拱壳空心砖，主要用途是砌筑拱形屋顶和楼板，是一种结构材料，因此，应归类到多孔砖的范围。当时，国内各地生产的多孔拱壳砖规格品种有十多种，长度有90mm、120mm、135mm、160mm、190mm、220mm、240mm等，宽度有90mm、105mm、120mm、160mm等，厚度有60mm、70mm、80mm、95mm、115mm、120mm、135mm等。到1980年，振苏砖瓦厂累计生产43孔承重砖1782.4万块（折合190mm×90mm×90mm砖）；1981年起停止生产。

经过50多年曲折而又漫长的发展，在承重多孔砖的生产和使用方面积累了很多经验和教训。1976年唐山地震后，社会上出现了多孔砖（空心砖）不抗震的说法，使多孔砖的发展和推广应用工作受到了一定的影响。1979～1983年，原西安砖瓦研究所、陕西建筑科学研究所和西安冶金建筑工程学院结构实验室联合，对多孔砖墙体的抗震性能进行了全面的研究，结果表明多孔砖墙体的抗震性能优于实心砖墙体。1982年，原国家建工总局下达"抗震区空心砖承重结构住宅建筑的研究"课题，由中国建筑西北设计院等单位承担，1984年，完成了砖型选择和设计、生产、施工工艺及大量的实验研究及分析，并进行了六层建筑工程的试点，均取得非常好的效果，使多孔砖的生产和应用回到了正常的轨道。

现代的拱壳砖首先起源于意大利，在多孔砖的上部一角制成钩状，使每块砖或一层砖都可以挂在已施工的部分壳体上。用拱壳砖建造的圆形拱屋面跨度可达45m，而屋面厚度仅250mm，当采用双曲线波形拱时，跨度还能加大。这类产品配用钢筋后可砌成圆形或者椭圆形的穹顶及顶部平面为四边形或多边形的壳体屋面，也可以砌成多种曲线形式的壳体屋面。但是，用这类产品建设的建筑物的防水、隔热保温需采取另外的措施解决。地震区和有强烈震动的建筑物，在未采取有效措施前也不宜采用。

3.空心砖

1949年以后，我国恢复了空心砖的生产。上海大中砖瓦厂生产的空心砖曾用于上海中苏友好大厦、上海延安饭店、北京的高等院校建设及武汉等小学三层教学楼、工业师范学校、南汇仓库等建筑上应用，并作为代表中华人民共和国建筑材料的新产品到东欧国家及蒙古国参展。

1964年，上海振苏砖瓦厂重新生产240mm×200mm×115mm和300mm×200mm×115mm两种3孔砖，第二种3孔砖销路较好，空洞率为35%～40%，抗压强度为40kg/cm^2，1965年投入大批量生产。

1970年，原江苏省昆山县红光砖瓦厂试制成功了"楼板砖"和"模板砖"，并建成了试验性建筑物。南京原新宁砖瓦厂曾生产多种规格的非承重模数空心砖及空心砌块，主要规格有190mm×190mm×190mm、290mm×290mm×150mm、290mm×190mm×90mm、190mm×190mm×140mm、190mm×90mm×140mm等，并在南京火车站、南京大桥饭店、金陵饭店等重要建筑中成功应用。

1975年在全国《水平孔承重黏土空心砖及预应力配筋黏土空心砖楼板》研究，通过鉴定。1980年左右，对当时国际流行的新技术——"空心条板砖"（采用软挤出成形，板长1800mm，宽600mm，厚120mm）取得突破，并在干燥和焙烧上也取得成功，烧成了近百块样砖。

20世纪70年代后期到90年代初，各地研制的非承重空心砖规模品种非常多，孔形的设计、排列及数量等更是多种多样，有的在尺寸上按现在的概念属于砌块范围。这一时期，非承重空心砖发展较好的地区有辽宁、陕西、江苏（南京市等）、黑龙江哈尔滨市、天津市、上海市、北京市、安徽、内蒙古自治区（包头市）、四川、广东、甘肃等地区，生产的规模品种有190mm×190mm×190mm、240mm×240mm×115mm、460mm×235mm×115mm、240mm×175mm×115mm、270mm×140mm×140mm、240mm×240mm×120mm、300mm×200mm×115mm、300mm×240mm×100mm、360mm×240mm×120mm、300mm×240mm×90mm等30多种。

1981年，随着高层建筑和框架建筑的快速增加，原西安砖瓦研究所及时开展了240mm×115mm×240mm水平孔非承重空心砖的试制和试点建筑的应用研究，取得圆满成功。这一规格不仅改变了建筑设计模数及施工操作的习惯，在用于水平孔砌筑时，由于两端侧上各有一排小孔，有一定面积的抹灰挂灰面，侧面竖向且很容易挂灰勾缝。此外，这样的砖墙也能够承受膨胀螺栓的拉力。所以，直到今天，这一规格的非承重空心砖在全国很多地方得到了广泛应用，且在国内各地出现了许多不同孔型的变体。

进入21世纪后，浙江特拉建材有限公司率先引进西欧先进的空心砖及空心砌块生产线，所用原材料为页岩，生产的品种规格有290mm×240mm×190mm、290mm×240mm×115mm、290mm×240mm×90mm三种及相应的辅助配套规格。2009年，新疆城建集团公司又投巨资，建成世界上规模最大的烧结保温空心砌块生产线，产品热工性能好、大体积、低密度，主规格为365mm×240mm×190mm，成为目前烧结砖瓦工业发展的方向。

4. 异型黏土砖、陶土吸声砖和大青砖等

（1）异型黏土砖　为满足建筑业的特殊需要，砖瓦厂也生产一些异型黏土砖。上海大中砖瓦厂生产砌筑圆柱的半圆实心黏土砖和棱形、梯形的非承重空心砖。1990年2月，根据上海国际高尔夫球乡村俱乐部有限公司的需要，大中砖瓦厂生产205mm×97.5mm×40mm的异型黏土实心砖70万块。同年，又生产190mm×90mm×57mm 10孔异型承重黏土空心砖300万块，出口韩国。

（2）陶土吸声砖　陶土吸声砖是由黏土砖瓦颗粒和水玻璃、碳酸钙为原料制成的块状多孔吸声材料，具有耐腐蚀，抗化学侵蚀稳定性好，有较高的耐火度和耐水性，可承重等特点，高频噪声的吸声系数可达50%以上。规格有380mm×240mm×80mm等6种。

1971年9月，上海市建工局为708工程试制吸声砖的任务，由上海市第一建材工业公司、大中砖瓦厂、上海市建筑科学研究所联合组成8人研制小组，对配方做了60多次试验，对干燥、焙烧温度进行310多次试验，对生产工艺作20多次改进，终于试制成功。

1972年，陶土吸声砖投入小批量生产，在708工程、高桥热电厂等几十家军工科研、厂矿企业使用，尤其在高温、高速气流排放、中高频工业噪声和潮湿的环境中取得良好效果。

（3）大青砖　1984年，上海浦南砖瓦厂为建造上海淀山湖大观园，研制成功能开片开条的仿古产品大青砖。这种大青砖通体全青，没有杂色，密实度高，切割后周边完整，规格为420mm×420mm×55mm。还为上海市园林工程公司研制生产1125mm×1125mm×120mm的特大规格大青砖2525块。上海浦南砖瓦厂的部分大青砖出口国外，用于建造中国式园林。

（4）灰砂砖　长江口有丰富的粉砂资源，在长兴岛地区的蕴藏量为4500万吨以上。1984年，同济大学受上海市建委委托，研制成功150号灰砂砖，1986年6月通过鉴定。此后，在宝山区长兴岛新建年产能力为5000万块灰砂砖的长兴建筑材料厂，1991年正式投产，当年产量为746万块。

（5）混凝土空心砌块　1984年，上海石英玻璃厂引进年产14.3万立方米的美国哥伦比亚公司MSO型混凝土空心砌块生产线（后改属上海硅酸盐制品厂）。1985年，金山县吕巷砌块材料厂建成投产，采用国产成形机，年产空心砌块1.7万立方米。1986年，上海市住宅建设总公司与宝山区蕰塘乡工业公司联营，引进年产7.3万立方米的意大利罗莎科美达公司辛雪斯混凝土空心砌块生产线，建成上海住宅混凝土砌块厂。同年，南汇县坦直乡工业公司引进年产7.3万立方米砌块的意大利罗莎科美达公司V-6TRIPLA砌块成形机，成立南汇建筑砌块厂。三条引进生产线均于1987年建成投产。由于混凝土空心砌块的生产成本较高，售价高于黏土砖，影响了这一新型墙体材料的推广和使用。1987～1990年，住宅混凝土砌块厂仅生

产2.28万立方米，其他厂一直处于停顿状态。

5.普通瓦和异形瓦

（1）普通瓦 1953年3月17日，华东建筑工程部规定，黏土平瓦的试制标准尺寸为400mm×240mm，黏土脊瓦毛长≥300mm、宽≥180mm。

20世纪60年代起，新建民用房屋大量推广钢筋混凝土结构屋面，黏土瓦的需求量大幅度减少。自1973年，上海市建筑工程局所属砖瓦厂陆续停止生产平瓦，至1984年全部停止生产。但农村房屋仍以瓦屋面为主，并因蝴蝶瓦屋面绝热效果好而多用蝴蝶瓦。

1982年，上海浦南砖瓦厂试制成功波形瓦，又称双曲波形瓦，具有民族传统色彩，主要原料是普通黏土和一般陶土，规格为150mm×150mm×8mm，用于龙柏饭店等建筑。

（2）异形瓦 1949年以后，除为某些工程少量生产一些异型瓦以外，异型瓦的生产基本停产。1990年，大中砖瓦厂为中外合资上海高尔夫球乡村俱乐部度假村生产1.69万张苏弯瓦和圆筒脊瓦，规格分别为275mm×170mm、310mm×190mm。1951～1974年上海市县属以上砖瓦厂平瓦产量统计见表11-2。1975～1990年上海市各种黏土瓦产量统计表见表11-3。

表11-2 1951～1974年上海市县属以上砖瓦厂平瓦产量统计   单位：万张

年份	产量	年份	产量	年份	产量	年份	产量
1951年	478	1957年	1861	1963年	831	1969年	376
1952年	810	1958年	2277	1964年	482	1970年	498
1953年	978	1959年	2726	1965年	594	1971年	349
1954年	908	1960年	1225	1966年	705	1972年	491
1955年	811	1961年	667	1967年	677	1973年	512
1956年	1319	1962年	1041	1968年	416	1974年	387

表11-3 1975～1990年上海市各种黏土瓦产量统计表   单位：万张

年份	产量	年份	产量	年份	产量	年份	产量
1975年	9746	1979年	24063	1983年	15641	1987年	11300
1976年	8611	1980年	16901	1984年	15289	1988年	11070
1977年	11500	1981年	17111	1985年	8505	1989年	4894
1978年	17132	1982年	18363	1986年	7700	1990年	12622

二、砖瓦工业的技术进步

1.原料种类的变化

目前，我国烧结砖瓦包括烧结实心砖、烧结空心砖、烧结多孔砖、烧结砌块与烧结墙板等多个品种。然而，烧结砖瓦以其自身独有的耐久性、抗变形收缩性、尺寸稳定性、居住舒适性等技术指标及各地广泛适用的使用性能，在新型墙体材料发展中仍保持主导地位。

砖瓦工业的发展不仅使产品的种类发生了较大变化,而且也带动了原料种类的变化。我国砖瓦生产原料已由原来的黏土发展到黏土、工业废渣、农作物秸秆、页岩、石膏、高岭土、膨润土、硅藻土、硅砂等非金属矿资源,建筑垃圾与生活垃圾、城市淤泥等城市固体废弃物等几大类数十种原料。目前我国生产墙体材料用原料、储量与用途见表11-4。

表11-4 目前我国生产墙体材料用原料、储量与用途

种类	名称	储量/亿吨	年产量/万吨	国内分布	主要产品
非金属矿	黏土	—	—	全国各地	烧结制品
	页岩	—	—	全国各省市	烧结制品
	高岭土	190	5000	全国六大区21个省、市	烧结制品
	硅藻土	10	50000	东部地区和云南、四川	用于烧结制品的造孔剂材料
工业废渣	粉煤灰	50	16000	全国各地	烧结制品
	煤矸石	45	25000	全国各煤矿区	烧结制品
	赤泥	20	1000	全国各地铝厂	烧结制品
	金属尾矿	80	30000	各金属矿区	烧结制品为主
城市废弃物	建筑垃圾	—	0.5	全国各地	烧结制品与非烧结制品
	生活垃圾	60	1.5	全国各地	
	城市淤泥	—	1.0	全国各地	烧结制品

黏土岩是一种含有大量黏土矿物的沉积岩。疏松未固结者称为黏土,固结成岩者称为泥岩和页岩。各地砖瓦黏土资源分布不均,西部地区黏土资源丰富、东部地区则较少,特别是几万年以来形成的世界上最大的黄土高原拥有丰富的砖瓦黏土矿资源,几千年以来,黏土仍是我国生产烧结砖的主要原料。按照我国现有黏土砖的产量计算,年产5000亿块黏土砖需消耗黏土1.0亿吨。

属非金属矿的高岭土分布广泛,遍布全国六大区21个省市和自治区,但又相对集中,大部分低品位的高岭土是生产烧结墙体材料的主要原料。

工业废渣包括粉煤灰、煤矸石、赤泥、脱硫石膏、尾矿、磷矿渣与磷石膏等。目前,我国建材工业每年利用各类固体废弃物4亿吨左右,约占全国工业部门固体废弃物利用总量的80%,其中新型墙体材料综合利用各种矿渣3.6亿吨。

据统计,目前我国建筑垃圾产量通常占城市垃圾总量的30%～40%,每年产生城市污泥超过1亿吨。建筑垃圾、城市污泥、生活垃圾等城市固体废弃物可以生产烧结砖瓦,但因技术、市场与投资情况等原因,目前一般生产规模较小,未能得到广泛普及。

2.工艺技术的进步

直到19世纪末,我国砖瓦的生产一直采用传统的手工方式。从原料制备、坯体成形、干燥前后的搬运、装窑、烧窑和出窑等全部依靠人力。首先传入我国的西方砖瓦生产技术装备是圆窑和轮窑,因轮窑产量高、能耗低,采用轮窑的渐多。西方建筑用平瓦的瓦坯必须使用机械压制。

1923年,上海振苏砖瓦厂初建时的制砖全部采用人工,制瓦除制坯(包括轧泥条)用人

力驱动机械外也全部用人工。1932年建成的新制砖车间的制坯开始用人力机械。1948年增建的制坯车间用柴油机驱动制坯机,其余仍全部用人工。随着砖瓦生产的发展,和泥与制砖等工序逐渐采用蒸汽机、柴油机驱动的机械。1949年以前,只有大中砖瓦厂的生产使用电力。

1949年以后,我国砖瓦工业的生产技术迅速发展。20世纪50年代中期开始,新建或改建的机制砖瓦厂均使用电力,电力在砖瓦厂中得到普及应用。

1952年1月,上海振苏砖瓦厂的机械化程度为3.8%、半机械化程度为15.4%,其余为手工。其后,搅拌、输送、架板、切坯等采用机械化。到1960年年底,全厂的机械化程度达18.8%、半机械化程度达50.4%、手工30.8%。到70年代后期,砖瓦的生产从取土、和泥到制坯烧成的每道工序都进行技术革新,采用内燃砖、两次码烧、一次码烧等新工艺,运用挖土机、推土机、码头吊、对辊机、搅拌机、皮带机、真空和泥挤出成形机等新设备,大大提高了砖瓦的生产效率。至1990年年底,上海振苏砖瓦厂等企业制砖的机械化和半机械化程度均有较大提高。全行业的劳动生产率也有很大提高,其中以南汇建材厂为最高,达到人均21.84万块。

(1)采土 20世纪前,均用铁锹挖土,肩扛人挑。以后,一些大型砖瓦厂使用木制四轮车运土。50年代初,振苏砖瓦厂首先采用铁轨翻斗车运泥。1959年,上海推广北京窑店砖瓦厂的经验,使用土车滑道、卷扬机、挖土机、抓土机等工具,做到了"挖土不用锹,土车自己跑"。

近年来,砖瓦的原料主要采用荒坡山土、掺入淤泥及各类固体废弃物等。由于原料比单纯田土的波动范围大,因而采掘及制备方式因各地的土质差异和产品要求不一而不尽相同。通常原料的开采多采用推土机、多斗挖掘机、铲运机和挖掘机等。需要对原料采用剔除杂质、自然风化、闷料困存等加工处理。为了改善物料的某些技术性能,通常采用包括粉碎、混合、搅拌、陈化、碾练等机械处理手段,以满足制造烧结砖物料塑性指数7~15,收缩率小于6%,干燥敏感系数小于1的工艺要求。目前,我国烧结砖厂基本实现了机械采供土及采用两道对破碎、两道搅拌、混匀的原料制备方法,大部分企业已实现粉碎、搅拌、混匀、陈化、碾练等系列原料的制备方法。

(2)制坯 传统的制坯是用手工将泥块用力摔实,放入木模中压实、刮平、脱模后加盖戳记而成。制瓦坯时还要用蚕蛹油或蚕蛹油与少许柴油的混合油涂在坯体上,再入模加压而成。

1897年(清光绪二十三年),上海浦东砖瓦厂从国外引进1台小型制砖机,首先采用机械制砖。1900年(清光绪二十六年)成立的瑞和砖瓦厂使用人力压瓦机和人力压砖机。1920年成立的中华第一窑工场从日本引进1台中型制砖机。1928年,大华铁工厂开始生产制砖机,机械制砖得以普及。一些企业还配备搅拌机、磨泥机等设备,提高了坯体的密实度。1968年,上海研制成功第一代真空制砖机,可使用劣质原料泥生产高强度空心砖。

瓦坯的生产也经历了从人工向机械化发展的过程。1963年,上海研制成功单杆操纵式电动摩擦轮压瓦机,班产量由5000张提高到1.2万张。1972年,上海浦南砖瓦厂研制成功自动循环翻板六角模压瓦机,瓦坯生产摆脱了人工拉模的繁重体力劳动。

近年来,烧结砖的生产普遍采用机械塑性成形,机械塑性成形可分为软塑、半硬塑和硬塑挤出成形。通常软塑挤出成形的含水率(干基)大于19%,半硬塑挤出成形的含水率(干基)为16%~19%,硬塑挤出成形的含水率(干基)小于16%。软塑挤出成形工艺通常适应于二次码烧生产工艺，最常用的塑性挤出机有JKR50/45-2.0，许用挤出机压力2.0MPa，真空度0.092 MPa。半硬塑和硬塑挤出成形通常适应于一次码烧生产工艺，最常用的半硬塑挤出机有JKB60/55-3.0，许用挤出机压力3.0MPa，真空度0.092MPa。硬塑挤出机目前应用较多的有JKY75/70-4.0，许用挤出机压力4.0MPa，真空度0.092MPa。

（3）干燥　坯体的干燥经历了自然干燥与人工干燥两个发展阶段。传统砖瓦企业采用自然干燥。不同产品采用不同的码坯形式，通过花坯、翻坯，使坯体在阳光和风力的自然条件下逐渐干燥。上海振苏砖瓦厂总结出自然干燥要"三勤"（勤揭、勤盖、勤检查）、"三先三后"（先放夜风，后放白风；先放背风，后放上风；先放局部，后放全风）的操作经验，还流传着"春天不放西南风，秋天不放东北风，初冬放风胆要大，夏天不放毒太阳。"的顺口溜。

1918年，义品砖瓦厂（比法合资）配备间一组歇式烘房，这是上海第一家采用人工干燥的砖瓦厂。1920年，中华第一窑业工场建设约500m²的链式人工干燥室，这是上海民族工业中第一家采用人工干燥的砖瓦厂。1931年，大中砖瓦厂在建造34门轮窑时，同时配套建造了1座自然通风与利用轮窑余热相结合的瓦坯干燥房，这是上海砖瓦史上的一个创新。1957年，吴泾砖瓦四厂建成人工干燥室，利用窑炉余热烘干砖坯。1971年，大中砖瓦厂建成12条65m隧道式人工干燥室，每条可容纳干燥车42辆，干燥周期16h。从此，人工干燥房在上海市属砖瓦厂普遍推广，改变了砖瓦生产冬季停产的局面。

目前，人工干燥工艺已普遍得到采用，主要采用隧道式干燥室和干燥洞式干燥室，室式干燥室及吊篮干燥工艺很少应用。新型热风旋风式干燥室也开始得到应用，其干燥分为单层干燥和多层干燥，通常干燥后的坯体含水率不大于6%。

（4）焙烧　传统的砖瓦焙烧使用土窑。土窑分圆形与方形两种，生产方式为间歇性的，大的土窑一次焙烧7万～8万块标准砖，小的只能烧1万～2万块标准砖，焙烧周期约1周。土窑每万块砖的标准耗煤2.5吨左右。

1897年（清光绪二十三年），上海浦东砖瓦厂建设1座18门轮窑，这是上海地区的第一座轮窑。轮窑可循环连续焙烧，生产效率高，耗煤低，余热可利用。从此，轮窑成为上海砖瓦企业的首选窑炉。1923年，上海振苏砖瓦厂建成36门轮窑。1931年，大中砖瓦厂建成34门哈夫式轮窑。轮窑的规模及产量进一步扩大。

1959年，上海振苏砖瓦厂建成1座中断面隧道窑。该窑为通道式，半成品砖坯码垛和成品出窑均在窑外作业，大大改善了劳动条件，被称为"两次码烧"。同年，新建的月浦砖瓦厂也全部采用这种较为先进的隧道窑。此后，这一技术广为推广。

1975年5月，大中砖瓦厂建成1座0.64m×1.21m×116.58m的一次码烧试验窑，只需人工或机械将湿坯码上窑车，然后进入人工干燥室与隧道窑一体化的窑炉焙烧，这种"一次码烧"工艺比"两次码烧"少码一次砖坯而节省劳力。1978年6月，大中砖瓦厂建成8条0.76m×1.73m×107.94m的一次码烧生产线，采用码坯机，提高了机械化程度，但由于设计、施工上的缺陷，1990年该生产线于停产。与此同时，川沙砖瓦厂在总结大中砖瓦厂"一次码烧"经验的基础上，建设一条一次码烧生产线获得成功。1978年，川沙砖瓦厂八五砖的年产量从1977年的1600万块提高到4323万块，1990年的产量达到5276万块。

内燃砖是把额定的部分燃料均匀掺入原料泥中，再进行成形、干燥、焙烧而制成的砖。

内燃砖的生产技术是焙烧技术的一个创新,但其发现纯属偶然。1957年,大中砖瓦厂使用肥黏土制砖,砖有裂缝,就用在轮窑中烧过的煤渣(俗称"二煤")掺入原料泥中,以降低其塑性,结果掺入"二煤"烧成的砖虽然没有了裂缝,却成了过火的"面包砖",说明掺入的煤渣在烧砖过程中仍然可以燃烧供热,但当时的这个现象未引起重视。1958年,江苏无锡砖瓦厂烧窑大组长樊达明到大中砖瓦厂探亲访友、交流经验,了解到在砖坯中掺用煤渣能发热烧净的情况,回厂后通过进行系统的试验和总结而取得成功。1959年夏,江苏省工业厅在无锡召开全省砖瓦工业大会予以肯定和推广内燃砖。上海市建材工业公司在得到内燃砖的信息后,于1959年派谭乐伦到月浦厂试行用煤渣生产内燃砖获得成功,通过系统总结后,参加了1961年秋由建材部和北京市建材局在窦店砖瓦厂召开的内燃砖交流会。从此,内燃砖生产工艺技术开始得到推广。

目前,砖瓦焙烧普遍采用隧道窑,部分企业仍采用轮窑。大多数隧道窑一般长100～150m、断面宽2.5～3.6m,且多为拱顶结构。新型4.6m、6.9m、10.2m的平吊顶宽断面隧道窑采用耐热混凝土平顶。机械码窑、隧道窑烧成、机械手、自动化加煤及喷煤粉装置、窑温自动控制及记录系统技术等已在行业逐步得到推广。目前,具有代表性的生产工艺流程见图11-1。

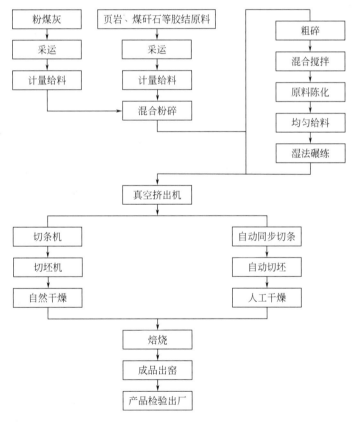

图11-1 典型的砖瓦生产工艺流程

3.机械装备的技术进步

近年来,我国砖瓦工业在新设备、新工艺方面取得了长足的进步,基本实现了机械制备原料、机械成形、自然干燥、轮窑或隧道窑焙烧。其中，85%以上的烧结黏土砖采用了内燃焙烧，人工干燥、隧道窑焙烧及机械化码装工艺亦在大中型烧结砖厂得到广泛应用。行业的整体装备水平和工艺水平显著提高。

墙体材料工业的科技进步显著。一批墙体材料发展的技术瓶颈问题取得重大突破，一批具有自主知识产权的技术、产品和装备蓬勃发展。20世纪末期，我国砖瓦行业研制生产出JZK70/70-25（小时生产能力25000～30600块）、JZK75Y-35型大型挤砖机和配套设备，JZK60/60、50/45等不同型号的挤砖机和配套设备，湿式轮碾机，切、码、运设备和自动上（下）架机组系统等设备，填补了国内空白。研发成功平吊顶宽断面隧道焙烧窑，先后有3.3m、4.6m、6.9m、10.2m平吊顶宽断面隧道焙烧窑炉投入正常运行。节能技术（干燥余热利用技术、焙烧窑炉密封技术、焙烧窑炉保温技术、干燥室保温密封技术、电机无功就地补偿技术、电机变频调速技术、节能风机技术、节能真空技术、内掺燃料均匀供给技术、窑门密封技术、窑炉节能测试技术等）已广泛推广应用。"节能新型干燥室热风旋风送风"及"微波"干燥技术、全煤矸石砖厂余热发电技术等也日趋成熟并开始得到应用。墙体材料空心化工艺技术及生产装备的大型化、规模化、生产过程的自动化使劳动生产率大幅度提高。一大批机械化自动化程度高、技术先进、生产规模大、产品空心化程度高、质量好、综合利用废渣的墙体材料生产线投产。我国砖瓦工业的生产规模有了较快发展，产品质量有了较大提高，产品品种、规格都有了明显的进步。有力促进了我国墙体材料工业的发展和整个墙体材料工业产业结构的优化升级。

三、产品标准的发展

1953年3月17日，华东建筑工程部规定，黏土平瓦的试制标准尺寸为400mm×240mm，黏土脊瓦毛长≥300mm，宽≥180mm。2007年颁布的现行国家标准《烧结瓦》（GB/T 21149—2007）规定，根据形状将烧结瓦分为平瓦、脊瓦、三曲瓦、双筒瓦、鱼鳞瓦、牛舌瓦、板瓦、筒瓦、滴水瓦、沟头瓦、J形瓦、S形瓦、波形瓦和其他异型瓦及配件共13类。

1963年，南京首先推出240mm×115mm×90mm承重多孔砖，采用190mm×190mm×90mm的主规格及190mm×90mm×90mm的配砖修建了南京火车站建筑群，其中包括候车大厅、站台建筑、旅馆、饭店住宅等，都是用模数多孔砖（190mm）墙承重。1965年1月13日，由上海市建筑工程局组织通过鉴定，应用范围暂为一般民用和工业建筑中避潮层以上的承重墙，在大偏心受压砌体、薄壳结构和防震结构中暂不采用。鉴定会后颁布执行的企业标准"承重空心黏土砖（沪Q/JGI—5—65）"规定，这种砖的孔型为20孔，圆孔直径20mm，砖长240mm、宽115mm、厚90mm，强度分别为200、150、100三种标号。

20世纪70年代，南京原新宁砖瓦厂正式生产2MS（190mm×190mm×90mm）、1MS（190mm×90mm×90mm）的模数多孔砖，建成南京大桥饭店，1～4层为290mm厚墙，5～8层为190mm厚墙。1975年，部颁标准《承重黏土空心砖》（JC 196—75）中，把190mm×190mm×90mm多孔砖定名为KM1（承重空心模数砖一号），后来有KM2（190mm×90mm×90mm）型。在《承重空心砖》（JC 196—75）标准（按现在的概念应为多孔砖）中，把这种规格的多孔砖定名为KP1型后，至今许多地方仍然称这种规格的多孔砖为

KP1型，砖的高度仍采用1M的标志尺寸。

20世纪80年代后期，中国建筑标准设计研究所魏松年高级工程师再次提出发展模数空心砖的建议。1996～1999年，中国建筑标准设计研究所与北京房山区阎村镇砖瓦厂合作，把建筑模数的概念应用到承重多孔砖的生产，并生产出模数系列承重多孔砖，用于建设北京燕化集团公司40多万平方米的住宅建筑，效果很好。这一成功经验已在国内许多地方得到实施及应用。

在我国长达半个多世纪的多孔砖发展过程中，各地根据当地的需要生产了其他规格的多孔砖，如240mm×180mm×115mm、240mm×175mm×115mm、240mm×115mm×115mm等规格。从我国承重多孔砖的孔形发展来看，有相当部分厂家生产的是圆形孔，孔洞数多为17孔、19孔、20孔、22孔、26孔五种形式，也有圆形孔与矩形孔、椭圆孔（抓孔）相结合的孔形。考虑到多孔砖的隔热保温性能，在现行标准中规定了圆形孔只能是合格品后，很多生产厂家也都转产矩形条状孔了。矩形孔的孔洞数有21孔、27孔、28孔、30孔、33孔、36孔、47孔等。也有生产横竖交错排列的矩形孔，孔洞数为36孔。有的地区过去生产过菱形孔的，孔洞数为48孔，但现在这类孔形基本上不生产了。

四、行业管理的变化

1949年以前，我国的砖瓦厂都是按照市场需求，自产自销，产品价格由供需双方商定，各砖瓦厂对开发新产品、产品质量和企业信誉较为重视。如20世纪30年代中期，为开拓国际市场，大中砖瓦厂在曾两次送产品到莱比锡国际博览会展出，还有少量产品销往东南亚国家。抗战胜利后，产品价格一度由同业公会议定。1949年以后，各砖瓦厂的经营活动执行上级计划，产品价格由国家物价部门确定，一般都盈利。20世纪80年代后期，全国各地砖瓦货源不断增加，乡办砖瓦厂因实行计件工资，就近取材，生产成本低，利润高而得到迅速发展，而国营砖瓦厂因各种原因经济效益急剧下降，到1990年出现全面亏损。随后，国营砖瓦厂陆续退出市场。1963～1990年上海市属5家砖瓦厂的利润见表11-5。

表11-5　1963～1990年上海市属5家砖瓦厂的利润　　　　单位：万元

厂别	1963年	1965年	1966年	1967年	1971年	1977年	1986年	1987年	1988年	1989年	1990年
振苏	74.3	59.4	47.4	−6.2	3.2	10.6	508.0	403.0	403.0	285.0	−2.0
大中	29.0	23.9	29.8	20.7	43.2	39.0	532.0	410.0	418.0	147.0	4.0
浦南	11.3	9.8	25.2	7.9	−7.2	20.1	243.0	158.0	139.0	65.0	−94.0
大新	5.8	17.8	16.1	−23.5	−18.2	—	92.0	1.0	5.0	5.0	−212.0
崇明	7.5	17.7	20.3	8.6	7.7	12.1	128.0	98.0	105.0	30.0	−38.0

1.黏土资源管理

1949年以前，私营砖瓦厂都用自有土地供给土源。1949年以后，大多数厂的自备土源紧缺。

按20世纪80年代末期红砖生产能力，上海市的黏土资源可供市第一、第三、第四、第五、第六、第七、第八、第九、第十、第十一制砖厂使用300～400年。但在发展制砖业的同时，上海市第二制砖厂、瓦厂，哈尔滨市房地局制砖厂以及阿城、呼兰等地的乡镇砖瓦厂由于砂质黏土困乏，他们或从农村买土，或就地掘田取土，出现了掘地毁田现象并日益严重。据有关统计资料，50年代哈尔滨焙烧砖瓦每年毁田约400亩，其中耕地约占200亩。

1957年5月，大中砖瓦厂对利用浦江泥（简称浦泥）制砖进行探索试验。1958～1962年，上海市建科所在砖瓦四厂和月浦砖瓦厂试验用纯浦泥制砖，有的砖强度达到75号但不稳定。1963～1964年，上海市建材工业公司、上海市建科所抽调专人组成小组，采取真空练泥成形设备制成砖坯，在振苏砖瓦厂烧成，砖的标号达到75～100，证实浦泥可以制砖，后在浦南砖瓦厂建成浦泥制砖车间。1974年，通过中间试验，对砂性浦泥选用板框机压滤脱水，对黏性浦泥选用自然摊放脱水，解决了浦泥含水过大的问题，后因制砖成本太高而中止。1969年，上海市第一建材工业公司调查淀山湖的黏土资源，制订在淀山湖围坝建立取土基地的方案。1971年，经上海市革委会综合计划组批准，与青浦县商定，改为结合疏浚航道挖土方案，建造一艘150m³/h的链斗挖泥船及配套的抛锚船、生活船和基地设施。1975年，为保护淀山湖鱼场而不宜挖泥，使这一方案搁浅，挖泥船等设施转让给昆山县交通局。20世纪70～80年代，上海兴起农田水利建设的热潮，加上挖养鱼塘，为上海砖瓦生产增添了新的土源。至90年代，上海市属砖瓦厂中除振苏砖瓦厂尚存少量自备原料土外，其余厂自备土都已挖尽，向市内外收购原料土。乡办砖瓦厂的原料土主要是通过收购，有的实行向买砖户收购等额的原料土才配售砖瓦的措施，有的结合整治河道和罱泥积肥，把河泥置换出农田的下层泥土用于烧砖。1979年以后，原料土的价格逐年上升。1979年，上海市属砖瓦厂每吨原料土的收购价为1.61元，1980年为1.78元，1981～1985年为2.12元，1986年为2.15元，1987年为2.28元，1988年为2.72元，1989年为3.33元，1990年为3.18～4.20元。

2. 销售管理

1949年以前，各砖瓦厂都自营销售，一般在市区设立营业机构，并派人到长乐同羽泰、升平楼、一乐天、青莲阁等茶楼捕捉市场信息，推销砖瓦。1931年，砖瓦盛销时，上海周边的6家砖瓦厂和苏南地区的砖瓦厂共产瓦824万张（其中上海787万张）、砖1.1亿块（其中上海8230万块），砖瓦总产值212.4万元（其中上海170.6万元），约88%销往上海，其余销往南京等地。20世纪50年代初期，几家大砖瓦厂的产品由国家收购，公私合营后，产品由主管部门包销。1984年计划体制改革，企业自销比重逐年增加。1987年，销售业务全部下放给各砖瓦厂。20世纪50年代兴办起来的县属砖瓦厂的销售体制与大砖厂相同。乡办砖瓦厂的产品以供应本乡需要为主，并实行向建房户预收砖瓦款的预销业务。

3. 价格管理

1949年以前，砖瓦价格受供求状况影响很大。1931年，上海砖瓦盛销，机制砖每万块售白银120两。1935年，上海建筑业萧条，砖价由原来每万块120～130元降为53元。抗战和解放战争时期的砖瓦价格波动不定。1952年1月，实行砖瓦价格统一定价。

1931年，机制砖每万块约白银120两，空心砖每万块白银650～770两。每方136块的红瓦约白银800两，每方210块的青瓦约白银550两。

1933年，红砖每万块100两，二眼空心砖每万块230两，三眼空心砖每万块550两，四眼空心砖每万块900～1550两，六眼空心砖每万块650两，红平瓦每万块420两，青平瓦每万块500两，脊瓦每万块840两。

1934年，实心砖每万块112～180元，大中瓦每万块630元，西班牙瓦每万块520元，英式弯瓦每万块400元，脊瓦每万块1260元。1935年，新三号砖每万块53元。

县、乡、村办砖瓦厂产品价格自定。上海市川沙砖瓦厂的出厂价（万块一等品），1970年前八五砖290元、平瓦1300元，1970年八五砖255元、平瓦1280元，1980年4月九五砖407元、八五砖273元、平瓦1371元，1983年3月九五砖442元、八五砖293元、平瓦1398元。1952～1988年上海砖瓦价格表见表11-6。

表11-6　1952～1988年上海砖瓦价格表　　　　　　　　　　单位：元/万块

砖的类型		年份	1952年	1961年	1965年	1974年	1981年	1983年	1985年	1988年	1990年
标砖	24mm×11.5mm×5.3mm	一等	305	360	360	380	380	530	800	800	800
		二等	259	304	304	335	335	477	720	720	720
		三等	197	230	230	280	280	372	600	600	600
承重多孔砖	24mm×11.5mm×9mm	一等	—	—	612	612	612	938	1360	1632	1632
		二等	—	—	517	517	517	844	1224	1469	1469
		三等	—	—	452	452	452	700	1020	1224	1224
非承重空心砖	30mm×20mm×11.5mm	一等	—	—	—	2209	2791	3313	4900	5390	5390
		二等	—	—	—	1865	2485	2982	4410	4851	4851
		三等	—	—	—	1411	1933	1988	2940	3234	3234

4.节煤、节土和利用废渣工作

推广内燃砖可以利用可燃废渣作为内燃燃料，平均每块砖利用废渣的热能情况为：统一砖2424kJ，即每万块统一砖可少用标煤829kg；240多孔砖3135 kJ，折合每万块统一砖可少用标煤630kg；190多孔砖为2299 kJ，折合每万块统一砖可少用标煤747kg；三孔非承重空心砖为10450 kJ，折合每万块统一砖可少用标煤757kg。

据有关统计资料，20世纪50年代哈尔滨焙烧砖瓦每年毁田约400亩，其中耕地约占200亩。为了节土保田、造福后代，60年代起，许多砖瓦制造企业开始利用工业的废料或生活中废物替代部分黏土作焙烧砖瓦的原料。60年代初，市第一、第二、第三制砖厂学习借鉴外地经验，试用废炉灰渣掺和黏土作砖瓦原料，取得成功。1967年，利用炉灰渣掺和黏土焙烧红砖工艺，在哈尔滨市国营砖瓦制造厂全面推广。至1990年，废炉灰成为焙烧砖瓦原料之一。

1961～1990年，振苏厂生产各种黏土砖按体积折合统一砖为35.14万块，共掺用废渣55.90万吨。每万块1.59t，按热量折合标煤23.96万吨，平均每万块统一砖节约（由废渣供热）标煤682kg和黏土910kg。大中砖瓦厂平均每块统一砖利用废渣热能为2090 kJ，每万块统一砖可少用标煤714kg和黏土1036kg。按以上两厂的资料计算，1975～1990年，上海市生产黏土砖总量折合统一砖为480.69亿块，共利用废渣764.6万～841.2万吨，节约原煤折合标煤327.8万～343.2万吨和黏土436.8万～498万吨，少占用农田约1232～1405亩。

第三节　主要科研学术机构及企业

一、主要科研学术机构

1.西安墙体材料研究设计院

建于1965年，原名西安砖瓦研究所，曾隶属于国家建筑材料工业部、国家建筑材料工业局，1993年更名为西安墙体材料研究设计院。1999年科研院所改制，进入中国建筑材料集团公司。全国墙体屋面及道路用建筑材料标准化技术委员会、国家建材工业墙体屋面材料质量监督检验测试中心、国家建材工业墙体屋面材料节能评价检测中心、中国墙体屋面材料发展中心等机构均设在该院，为推动行业的技术进步发挥了积极作用。

2.全国墙体屋面及道路用建筑材料标准化技术委员会

2005年11月10日批准成立（国标委计划[2005]90号文件），标准化技术委员会编号为SAC/TC 285。国家标准化管理委员会委托中国建筑材料联合会，领导全国墙体屋面及道路用建筑材料标准化技术委员会，并按照《全国专业标准化技术委员会章程》及国家标准委有关规定对标委会进行业务指导。专业范围是负责墙体屋面材料（包括砌墙砖、砌块、建筑墙板、屋面瓦等）和道路用建筑材料（包括路面砖、植草砖、路缘石、广场砖、触感引道路面砖）等领域国家标准制修订工作。

3.全国墙材科技信息网

1976年，在原国家科委支持下，原国家建筑材料工业局批准组建的行业专业技术信息组织，属建材行业16家专业网络组织之一。

4.《砖瓦》杂志

是面向国内外公开发行的中国墙体屋面材料行业的权威杂志，全国建材系列核心期刊。1971年2月为《砖瓦工业情报》。1973年1月根据国家建委建材工业局批示，改名为《砖瓦工业》；11月全国建材技术情报工作座谈会通过了《建材技术刊物分工协作办法》等文件，决定从1974年起编辑出版《建材技术》刊物《砖瓦》等分册（双月刊），建议成立《建材技术》编委会。1974年1月《砖瓦工业》正式定名为《建材技术·砖瓦》双月刊，编辑、出版、发行工作在建材技术编辑委员会统一领导下进行；12月，第一次《建材技术》编辑工作座谈会在京召开。由国家建委、建材研究院、情报标准所和各专业分册主管业务的领导组成了《建材技术》编辑委员会。发行量7000册。1975年2月《砖瓦》改为季刊。全年4期，定价2元。

同年6月,《砖瓦》编辑组成员单位协调会议在江苏省昆山县红光砖瓦厂召开,成立了由主编单位陕西省砖瓦研究所和成员单位四川省建筑材料工业局生产处、湖南省建筑材料工业局地材处、陕西省第一建筑设计院五室、江苏省建筑科学研究院、北京窦店砖瓦厂、兰州沙井驿砖瓦厂、辽宁省丹东红砖厂等单位组成的《砖瓦》编辑组。1978年12月国家科委以(78)国科发条字430号文件批准,同意《建材技术》十一个专业分册为"限国内发行"刊物。《砖瓦》由内部发行改为限国内发行。发行量8200册。1989年5月经上级批准,《砖瓦》读者服务部成立;同年6月《砖瓦》编委会第6次工作会议在四川省广元市召开,会议建议加强国际间交流,组织召开国际砖瓦会议。1991年5月国家建材局建材法字(1991)第15号文件批准:全国性建材科技期刊《砖瓦》编辑部更名为《砖瓦》杂志社。1996年1月起,《砖瓦》开始自办发行。1999年1月,《砖瓦》恢复邮局公开发行,邮发代号:52-37。

5. 国家建筑材料工业墙体屋面材料质量监督检验测试中心

成立于1985年。先后8次通过国家级计量认证及机构审查认可,2002年4月通过国家实验室认证认可,后又多次通过国家实验室转换认可(CNAS NO.L1438)。承担承重砖、空心砖和空心砌块、烧结、混凝土及其他各类屋面瓦、各类新型墙板等全部墙体屋面材料及道路广场砖的国家级产品质量监督检测中心,同时也成为墙材行业的各类原材料物理化学性能与放射性分析检测中心及窑炉设备热工测试中心的综合性检测机构及质量信息咨询机构。先后承担了国家监督抽查、国家专项抽查、国家统一检查、行业性检查、优质产品复查及地方性委托检查,还承担新产品鉴定检验、仲裁检验和大量委托检验等。为本行业组织技术培训近百次,制订、修订国家及行业标准近40项次,编写各类教材10多种。

二、部分生产企业

1. 浙江特拉建材有限公司

成立于2004年,坐落在长江三角洲中心地带的浙北长兴县小浦镇工业园区。由旅居葡萄牙、西班牙、意大利、荷兰等国的十位爱国华人华侨共同投资,是生产页岩烧结空心砌块的外商独资企业。主要产品为页岩空心砌块。引进欧洲最先进的全自动化页岩烧结空心砌块生产线,拥有全世界最大的程控宽截面隧道窑,全长140m,宽12m。年产量为2.5亿块标准砖页岩烧结空心砌块。

2. 山眉县砖瓦机械集群西阳泉南庄煤炭集团

是目前国内自动化程度最高、规模最大的生产块煤矸石砖企业。

3. 陕西眉县砖瓦机械产业集群

起源于20世纪70年代。包含的企业有宝深集团公司、皇城集团公司、眉县秦岭建材机械厂、眉县建材设备制造厂、眉县恒升机械厂、眉县京成建材机械有限公司等20多家砖瓦机械制造和配件生产企业。

第十二章　陶瓷原料与辅料

本章重点介绍我国在陶瓷原料、陶瓷色釉料、陶瓷的金装饰材料、陶瓷花纸及陶瓷模具和窑具材料百年来的技术进步、品种开发及应用历程。

第一节　陶瓷原料

我国陆地幅员宽广，南北东西分处于亚热带、温带、寒带的不同地域，出现了多种地质矿物成形环境。据20世纪我国地质科学专家的论断，我国陶瓷原料大致可以长江为界，判定非再生陶瓷矿物原料的地质成因，并决定其矿物类别与陶瓷产业的相互关联性。

国内地质专家大致认同，长江以南属风化残余型一次性黏土矿物，是由酸性和中性的铝硅酸盐岩石风化而成，生成了高岭石、瓷石等，矿物混合体含有一定数量的铁、钛等矿物杂质，并有云母类矿物伴生，有机杂质较少，矿物晶体颗粒度一般较粗，色泽较润白，是南方制瓷的主要原料。基于此类原料的特殊组分，辅以相应的工艺技术，采用还原焰烧成，就形成了南方瓷胎较薄、透光度高、色泽白里泛青等特点。长江以北属沉积矿物型二次迁移黏土，矿床赋存于石炭二叠纪煤系地壳内，矿物中含有较多的钛、铁矿物杂质及有机伴生物，黏性较大，一般采用氧化焰烧成，瓷胎白里泛黄，与南方瓷存有明显的区别。为此，在我国漫长的历史岁月中，以原料区域特性、不同地域文化和各地不同的技术工艺就形成了南北方各具盛名的多种瓷种。景德镇的青花玲珑，福建德化的猪油白瓷、建瓯瓷，宜兴紫砂陶，北方唐山、淄博大件粗瓷黑陶等造就了我国多品种陶瓷的"万花园"，至今为世人所羡慕。

一、陶瓷原料的开发与应用

随着人类文明的进步，人们对陶瓷的需求不断变化，从古代的精神贡品逐步进入家庭成为日常消费用品，其用量越来越大。陶瓷原料属于非再生矿物资源，作为产业的上游产品，基础地位尤显重要。

20世纪初叶到50年代以前，战乱不断，我国陶瓷工业同其他工业一样都十分落后，陶瓷原料的也供应十分粗犷。原料直接从矿山运至作坊内使用，南方仍维持古老的瓷石-高岭土系列二元系配方，北方采用以黏土类矿物为主，几乎是单一原料进行陶瓷生产，生产方式十分落后，基本是手工家庭作坊式生产。

1949年以后，我国的陶瓷工业才得到发展。经过3年国民经济恢复期开始步入计划增长期。1955年后通过全面实行社会主义改造、工业化和规模化的企业改造而使陶瓷产量不断增加，对陶瓷原料的需求量也随之增加，我国陶瓷产业也逐渐改变了原料配方体系，由单元、二元系原料配方逐渐过渡到高岭土-长石-石英三元系原料配方，实现了相当于国际原料配方体系，这是我国陶瓷工艺上的一大进步。

20世纪60年代后，我国的陶瓷原料，特别是高岭土原料的需求量大增，无论从数量和质量上都满足不了生产快速发展的要求。企业争夺高岭土资源，出现了西土东搬、南土北运的原料大调拨局面。在此期间，原轻工业部组织、动员国内相关部门共同投入人力、物力，就陶瓷原料的调查、勘探和开发利用等做了大量工作，并于1982年11月在湖南衡山组织召开了全国陶瓷原料学术论坛。光明日报对此十分关注，并发表了"科技人员为四化建设献计献策"的专门报道，此次会议为我国陶瓷产业使用矿物资源的科学论证做出了积极评价。

按照会议精神，各陶瓷产区和地区大力开发地域资源，为地区产业发展提供物质基础。山东省硅酸盐研究设计院充分利用当地原料，先后研制成功了滑石质日用细瓷、高长石质瓷、高石英质瓷及人工合成骨粉制瓷技术，实现了我国软质瓷的研发和生产起步。与此同时，各瓷区根据国际市场需要，利用当地原料研制开发了高强度、厚胎旅馆瓷（行业称为炻器），取得很好的经济效益。

20世纪70年代末以来，我国建筑卫生陶瓷以引进国外技术为突破口开始规模化发展，在陶瓷原料开发利用方面成绩突出。为了充分利用当地原料，加强高乳浊釉的研究开发和应用，生产出中高档卫生瓷和釉面内墙砖。利用地方原料生产焦宝石质、叶蜡石质、滑石质内墙砖。在国家的支持下，于70年代末开发成功了我国储量丰富的硅灰石、透辉石、透闪石等作为低温快烧原料的应用技术，不仅拓展了原料使用范围，而且使釉面内墙砖的烧成温度从1280～1300℃降到1080～1100℃，烧成周期从几十小时降到几十分钟，逐渐替代了叶蜡石、焦宝石、滑石等成为釉面内墙砖首选原料，节能效果显著。80年代中后期，利用页岩制造陶瓷砖的技术得到应用。2004年9月由中国硅酸盐学会陶瓷分会建筑卫生陶瓷专委会在广东佛山主办了专题研讨会，加快了卫生陶瓷、瓷质砖低温快烧原料的研究开发的步伐，瓷石、瓷砂、含伊利石的矿物原料等被大量用于瓷质产品的制造中而使烧成温度大大降低，卫生陶瓷的烧成温度从1280～1300℃降到1180～1200℃。在充分利用地方原料的同时，国家对"三废"利用的优惠政策也使煤矸石、粉煤灰、高炉渣、磷矿渣等工业废渣在陶瓷工业的广泛研发应用取得明显成效。

20世纪90年代以来，随着科学技术的不断进步，陶瓷制造装备性能不断提高，新型添加剂的广泛使用而大大地改善了原料性能，使更多的非金属矿物成为可利用的陶瓷原料。

纵观我国开发利用陶瓷原料的历史，从单元、二元系配方发展到三元系配方，陶瓷原料的利用技术水平不断提高，不仅大大开拓了原料的使用范围和提高了原料的使用效率，而且创造出了许多陶瓷的新品种，促进和保证了我国陶瓷产业的可持续发展。

二、陶瓷原料的加工与供应

20世纪50年代前，我国的陶瓷原料都是矿山直接开采，多以大块石料供给陶瓷厂后靠人工破碎。50年代开始，陶瓷企业开始用电动单轮石碾，后发展成双轮石碾，粉尘极大。50年代末，采用封闭式石碾，并加除尘设备。60年代初，把干碾改为湿碾，粉尘大大降低，劳动环境得到改善。

20世纪50年代前，我国已有小型球磨机，球磨介质为鹅卵石。80年代后，陶瓷工业的大发展使适合球磨机用的天然鹅卵石已经几乎耗尽而开始使用人造球石。现在，陶瓷原料加工采用的新技术、新装备、新材料主要有黏土淘洗技术、高梯度磁选技术、振动过筛技术、容量法配料技术、高压滤泥机、大容量（吨位）球磨机、氧化铝瓷球和衬板等。

南方高岭土多为砂质，含有大量石英、长石等各种硬质砂砾，一般在矿山开采时经多次沉淀得到淘洗后的高岭土，从而提高了可塑性和干燥强度。20世纪50年代后期，矿山开始采用水簸机淘洗高岭土，后经压滤机脱水，可连续作业，提高了产量，降低了劳动强度。沉淀下来的砂砾由矿山统一处理，可作为路基材料。软质黏土和达到一定细度的硬质料经配料一起入球磨机细碎。石英块硬度大，人工不易敲碎，陶瓷厂大多采用煅烧后急冷的方式进行预处理，以便于破碎。

20世纪90年代以后，我国建筑卫生陶瓷行业跨入了持续高速发展的时期，技术进步的步伐加快，生产线规模迅速扩大，国产的25t、30t、40t、50t乃至100t间歇式球磨机，4000型、6000型、10000型喷雾干燥塔，ϕ200mm、ϕ250mm、ϕ300mm型陶瓷柱塞式泥浆泵等均已得到广泛应用，湿法制粉工艺得到很大完善。国产连续式球磨机也已开发成功，研究开发了陶瓷砖干法制粉工艺技术和多种型号的造粒机、"过湿造粒"带流化床干燥的全套工艺设备，有望成为节能减排的重要技术得以推广应用。

陶瓷粉料和泥浆、釉浆的除铁设备，有了长足的进步，泥浆搅拌机也趋大型化，直径ϕ6790mm框式搅拌机、高速搅拌机、螺杆泵、新型无堵塞离心泥浆泵、高强永磁滚筒、全自动高强粉料除铁机、高强釉浆连续除铁机等设备均已实现了国产化和得到广泛应用。

20世纪70年代末以后，我国大型矿山开始供应不同粒度的岩矿粉料，陶瓷厂家可根据需要购买粉料，按配方直接入磨球磨。新建陶瓷厂的原料制备都是从粉料入球磨开始，商品化的原料质量稳定。黏土原料是提高陶瓷产品的档次的关键因素之一，但我国没有实现高岭土加工的专业化而制约了陶瓷产业的发展。进入90年代后，原江苏高岭土公司引进机械设备，建立了我国第一家年产超过10万吨的中国高岭土公司，实现了高岭土的精细加工和分级销售。此后，广东台山高岭土有限公司引进设备生产球黏土，广东湛江高岭土公司引进国外设备生产高级高岭土，福建龙岩高岭土公司主要采用国产设备生产高岭土，主要供应国内陶瓷企业。

广东潮州地区是我国重要的陶瓷产区，陶瓷原料丰富、处理方式独特，陶瓷企业集中，多为中小企业，陶瓷原料由原料加工厂统一加工，统一配方，集中加工制成泥饼，供应陶瓷厂。我国也有一些瓷区设有釉料工厂，生产釉浆供陶瓷厂使用。这种产业化生产、商品化供应的生产模式应予以推广。

我国是世界上少数几个非金属矿资源丰富的国家之一，但起步较晚，直到20世纪50年代才初步形成产业，经过近20年的快速发展，初步形成工业生产体系，但仍处于初级阶段。存在的主要问题包括工艺技术装备落后，机械化程度低，产品加工程度低，市场单一，企业规模较小、处于资源密集型、粗放经营状态。虽然有几个大型机械化程度较高的高岭土公司，但大多数矿山技术装备落后，更有许多小矿延续60年代前的个体、家庭式开采经营，质量不能保证，整个开采业的资源浪费和生态破坏现象极为严重。我国高岭土矿资源利用率仅为30%，而发达国家高岭土矿资源利用率可达70%。发展高岭土矿产资源加工产品的专业化、系列化、标准化、商品化是今后的发展方向。

三、主要陶瓷原料的储量分布

陶瓷生产应用的资源丰富，品种繁多，大致可分为塑性原料、瘠性原料和熔剂性原料三大类，包括高岭土-石英-长石三元系陶瓷坯料的绝大部分原料。

1.高岭土

我国高岭土资源储量丰富，使用历史悠久，但长期以来一直处于无标准的作坊生产方式。欧洲大陆在17世纪初就确认了中国高岭土在瓷器生产中的作用和地位，但1924年的丹麦哥本哈根国际陶瓷会议上却将捷克赛特莱茨产的高岭土定为鉴别高岭土的标准，让国人感到遗憾。值得庆幸的是在命名矿物名称上仍然保留中国原产地"高岭"之名。

根据《高岭土矿地质勘探规范》矿床规模划分标准，我国矿石储量大于2000万吨的特大型矿有江苏吴县观山矿（3421.1万吨）、福建龙岩东宫下西矿（5172万吨）、江西贵溪县上祝矿（2843.7万吨）、江西兴国县上垄矿（2167.4万吨）、广东茂名山阁矿（28633.3万吨）、广东茂名大同矿（5661万吨）、广西合浦县十字路北风塘矿（5294.1万吨）、广西十字路区庞屋矿（2578.1万吨）和陕西府谷县海则庙段寨矿（35105万吨）、陕西府谷县沙川沟矿（2012.7万吨）共10处，矿石储量为500万～2000万吨的大型矿有25处，矿石储量为100万～500万吨的中型矿有62处，矿石储量小于100万吨的小型矿有111处。我国部分地区高岭土的化学成分见表12-1。

表12-1 我国部分地区高龄土的化学成分　　单位：%

产地	SiO_2	Al_2O_3	Fe_2O_3	CaO	MgO	K_2O	Na_2O	TiO_2	灼减
苏州一号土	46.12	39.68	0.22	0.26	0.17	—	—		13.45
苏州二号土	46.42	38.96	0.22	0.38	痕量	—	痕量		14.4
江西临川高岭土	46.57	36.29	0.17	1.03	0.27		1.57		14.64
江西明砂高岭土	50.61	34.92	0.64	0.42	0.06	0.97	2.7		9.90
江西星子高岭土	50.73	35.32	1.59	微量	微量	1.0	0.78		12.21
山西大同砂石	43.94	38.78	0.17	0.14	0.51			微量	15.9
河北唐山碱石	44.92	39.03	0.65	0.97	0.08			0.72	14.27
辽宁紫木节	40.86	37.15	1.94	0.45	0.13				19.53
四川叙永土	42.1	40.95	0.23	2.41	0.34	0.04			14.57
南京栖霞山高岭土	40.31	35.65	1.12	0.49	0.12	0.35	0.40		21.58
山西阳泉土	47.01	35.06	0.28	2.79	0.32				11.80
贵州大方高岭土	43.36	35.40	0.50						17.55
云南山县高岭土	43.96	39.88	0.24	0.10	0.25	0.24			15.40

续表

产地	SiO_2	Al_2O_3	Fe_2O_3	CaO	MgO	K_2O	Na_2O	TiO_2	灼减
广东电白高岭土	47.0	36.16	0.36	0.35	0.11	2.9			13.23
山西介休土	44.6	37.03	0.64	0.90	0.31				13.28
安徽淮南紫木节	42.47	32.66	0.72	1.96	0.81		0.23	1.34	19.27
广东中山紫马岭土	45.49	39.59	0.25	0.45	0.20	0.39			15.45
广东中山金钟土	45.33	39.11	0.89	0.22	0.32	0.50			13.88
福建福州白泥	52.24	38.29	0.47	1.1	1.12				5.84

我国原生高岭土矿体分布为：广东省的潮安、南海、大浦、清远、廉江（占30%），陕西的铜川、府谷（占26%），福建的德化、龙岩等地（占11%），江西的星子、景德镇、贵溪、临川（占7.7%），广西的北海（占7.6%），湖南的衡阳、界牌、醴陵等地（占5.4%），江苏的宜兴（占3.7%），此外，山西的太原、大同，山东的博山、临沂、潍坊，河北的磁县、唐山、井径，河南的禹县等也都有不少储量，其中以广东茂名、福建龙岩、广西合浦、江苏苏州的较好。江苏苏州的青山和吴县的两个矿点均在地下坑道采掘，这是世界高岭土采矿极为罕见的矿点。

我国20世纪30年代、80年代末及21世纪初期全国高岭土产量、储量统计表分别见表12-2、表12-3、表12-4。

表12-2 我国20世纪30年代高岭土产量统计表　　　　　　单位：万吨

年份	1929年	1930年	1931年	1932年	1933年	1934年	1935年	1936年	1937年	1938年	1939年	1940年	1941年	1942年
产量	78.6	77.8	75.2	86.3	94.4	96.5	65	70	58	30	30	30	35	35

表12-3 我国20世纪80年代末国内高岭土主要产区的产量　　　　　　单位：万吨

地区	商品量	国有企业	集体、个体企业
江苏	27.57	19.93	7.64
湖南	24.47	10.97	13.50
广东	17.72	3.02	14.70
福建	12.00	0.95	11.05
江西	3.20	2.75	0.45
山西	17.35	2.00	15.15
合计	102.31	39.62	62.69

表12-4 21世纪初期全国主要省份高岭土储量和产量　　　　　　单位：万吨

地区	矿山储量	年生产量	地区	矿山储量	年生产量
内蒙古自治区	447.4		安徽	52.3	1
河北	1181.5	11	山东	120.1	15
辽宁	1239.3	4.5	浙江	2471.6	29
吉林	1957.8	4	江西	6779.0	8
黑龙江	3532.0		福建	7204.5	13
江苏	11597.0	68			

1978年以后，我国陶瓷工业快速发展，高岭土的使用量骤增，国营高岭土企业的产量已不能满足市场需求，于是形成国家、集体和个体全民开矿的局面。虽然产量满足了市场需求，但也造成了资源严重浪费，环境遭到严重破坏的问题。

1989年，国家能源部要求中国煤炭加工利用协会专题研究在煤田采掘过程中共生煤系高岭土、耐火黏土及膨润土等资源的综合利用问题，使这类资源得到了很好利用。我国煤系高岭岩的储量、产量见表12-5。

表12-5　21世纪初期全国主要省份煤系高岭岩储量和产量　　　　单位：万吨

地区	矿山储量	年产量
北京市	1146.2	1
内蒙古自治区	38521.6	8
山西	5亿＋30956.1	9
河北	3250.5	0.6
辽宁	6671.9	62
吉林	5149.4	2.5
江苏	228.0	15
安徽	5691.8	4
山东	49129.0	4.2
浙江	18820.0	0.5
河南	20380.0	4
广东	1387.2	7
海南	500.0	2
广西	75.2	3
总计	5亿＋164969.8	122.8

2. 瓷石

瓷石在我国陶瓷发展历史上占有重要的地位。瓷石是以石英和绢云母为主体的岩矿。因含有构成瓷坯的基本组分，元代之前的瓷坯就是用单一瓷石制成的。时至今日，瓷石仍是陶瓷原料家族中重要的成员。因含有一定量的钾、钠，在制瓷配方中瓷石常代替长石起熔剂作用。

我国南方的瓷石矿以江西和湖南储量最多，湖南醴陵马泥沟的储量达到1亿吨，广东、福建、浙江和安徽的地质储量也十分丰富。我国北方的瓷石矿床储量巨大，主要集中在河北、山西和山东一带，其中一些矿产可使用成百或上千年。根据最新资料报道，在江西弋阳大源岭——来尤岗瓷石矿勘探到全国最大的优质瓷石矿，预测远景资源量达17亿吨。这一资源优势为我国陶瓷工业的持续发展打下了坚实基础。我国南方主要瓷石原料的化学成分见表12-6。

表 12-6　我国南方瓷区主要瓷石化学成分　　　　　　　　　　　单位：%

产地	SiO₂	Al₂O₃	CaO	MgO	K₂O	Na₂O	Fe₂O₃	TiO₂	MnO	P₂O₅	灼减	总量
安徽祁门瓷石（不子）	73.05	15.61	1.82	0.34	3.75	0.58	0.56	0.09	0.02		3.87	99.69
（精泥）	69.93	17.65	2.11	0.4	4.61	0.54	0.66	0.07	0.01		4.31	100.29
江西南岗瓷石	74.25	16.93	0.87	0.36	3.15	0.3	0.62	0.09	—		3.68	
江西三宝蓬瓷石	73.7	15.34	0.7	0.16	4.13	3.79	0.7	—	0.04		1.13	99.69
江西青树下釉果	74.85	14.66	1.52	0.21	3.11	2.39	1.3		0.14		2.28	100.46
江西屋柱榕釉果	74.43	14.64	1.97	0.16	2.9	2.38	0.62	0.06	0.02		2.85	100.03
浙江坞头瓷石	71.82	17.41	—	0.22	3.87	0.28	1.21	—	0.08		4.66	99.55
浙江毛家山瓷石（风化）	71.82	18.31	—	0.2	4.18	0.21	0.58		0.05		4.34	99.69
（未风化）	76.6	15.33	0.14	0.66	4.8	0.2	0.54	痕	0.07		2.16	100.5
浙江源底瓷石	76.11	14.9	0.6	0.03	1.85	0.7	1.05	痕	0.04		4.65	99.93
浙江大窑瓷石	71.66	17.96	0.01	0.22	2.13	0.16	1.45		0.02		6.06	99.67
浙江岭根瓷石	74.95	16.21	—	0.16	3.04	0.25	0.81		0.03		4.69	100.14
（淘洗后）	71.64	18.98	0.26	0.15	3.24	0.25	0.51	0.1	0.03		5.53	100.69
浙江上虞瓷石	79.28	12.71	0.02	0.07	4.33	0.8	0.57	—	0.05		2.7	100.53
龙泉窑址发掘元代用瓷石	75.91	13.92	0.19	0.21	3.2	0.19	1.58	0.39	0.04	0.03	5.01	100.67
明代用瓷石	81.57	12.29	0.07	0.08	1.12	0.05	0.67		0.04	0.02	4.87	100.78
福建德化四班瓷石	75.91	15.3	0.04	0.05	2.51	0.05	0.62	0.1	0.06		4.85	99.49
福建宝美瓷石	78.61	12.95	0.07	0.07	5.89	0.16	0.31	0.09	0.07		2.3	100.52

3. 硅质原料

硅质原料是指以 SiO_2 为主体成分的岩石或砂质原料。我国硅质资源丰富，主要集中在中南，其次是华东、西北、东北、华北，而西南地区较少。硅质原料是陶瓷坯体中主要成分之一，在配料中的用量为20%～40%，仅次于高岭土。不同矿物类型的硅质原料赋予陶瓷坯体不同的物理化学性质而受到陶瓷企业的特别关注。我国硅质原料的储量、年产量见表12-7，常用石英的化学成分见表12-8。

表 12-7　全国硅质原料的储量和年产量　　　　　　　　　　　单位：万吨

地区	矿山储量	年产量
内蒙古自治区	11692	72
河北	5595	49
辽宁	20193	107
吉林	3148	15

续表

地区	矿山储量	年产量
江苏	8309	25
安徽	7875.25	62.4
山东	23091	78
浙江	10045	65
总计	89948.25	473

表12-8 我国常用石英的化学组成　　　　单位：%

产地	SiO_2	Al_2O_3	Fe_2O_3	CaO	MgO	K_2O	Na_2O	TiO_2	灼减
山东泰安	99.48	0.36	0.10						0.03
江苏宿迁	91.90	4.64	0.21	0.2	0.10	—	—	—	0.24
江西景德镇	98.24								
江西星子县	97.95	0.58	0.19	0.33	0.63	痕	0.44		0.29
湖南湘潭	95.31	1.98	0.26	0.39	0.40	—	—		1.74
北京	99.02	0.024							
河南铁门	98.94	0.41	0.19	痕	痕	—			—
山西闻喜	98.05	—	0.1	—					
山西五台	98.71	0.65	0.16						
陕西凤县	97.0	1.41	—	—					—
辽宁大石桥	99.28	0.10	0.21	0.03					
内蒙古包头	98.08	0.84	0.34	0.19					
广东中山张家道	99.02	—	0.065	—				—	
广东桑浦山	99.53	0.19		痕	0.04	—		—	
广西	99.24		1.02						
四川青山	98.89	1.03	0.032	0.17					
贵州贵阳	98.23	0.18	0.02						微量
云南昆明	97.07		0.56						
新疆尾亚	98.40	0.18	0.8						

4.长石类原料

长石类原料包括钾长石、钠长石和钙长石，钾长石多用于坯料，钠长石和钙长石则多用于釉料。我国的长石主要集中在江西、湖南，其次是山西、河北、河南、内蒙古自治区、山东等地。长石原料的代用品很多，如微晶花岗石、霞石正常岩和多种形状的瓷石等。我国长石类原料的储量和年产量见表12-9，部分产区长石的化学组成见表12-10。

表 12-9 我国长石类原料的储量和年产量 单位：万吨

产地	矿山储量	年产量
山西	74.5	
北京	23.2	
辽宁	46	
江西	40	3.5
山东	36	1.5
福建	80.7	
湖南	42590	38.8
湖北	940.1	4.5
广东	263	
总计	44093.7	48.3

表 12-10 我国部分产区长石的化学组成 单位：%

产地	SiO_2	Al_2O_3	Fe_2O_3	CaO	MgO	K_2O	Na_2O	TiO_2	灼减
河北山海关	66.35	19.66	0.17	0.39	0.1	10.71	2.66		
河北秦皇岛	65.86	19.88	0.21	0.17	0.39	10.29			
河北唐山	66.74		0.3		0.45	7.68	0.98		
辽宁海城	65.08	19.52	0.24	0.61		14.22			0.21
山东莱芜	64.71	23.26	0.45	0.6		10.87			0.6
山西忻县	65.66	18.38	0.17			13.37	2.64		0.33
山西闻喜	64.62	19.98	0.17	0.62	0.32	8.72	4.51	0.26	0.35
内蒙古包头	66.86	20.12	0.18	0.7	0.1	10.41	1.12		
湖南平江	65.76	18.91	0.14	0.25	0.14	13.5			0.5
湖南春冲	73.04	16.04	0.01	0.25	0.07	微量	9.47		0.84
湖南望城	63.41	19.18	0.17	0.36	痕	13.79	2.36		0.46
湖南白石峰	64.52	19.65	0.12	0.46	0.24	9.5	3.6		0.52
江苏东济	65.21	20.61	0.1	0.35	0.27	14.42			
广东揭阳	63.19	21.77	0.44	0.48	0.3	12.76	0.42		1.47
广西	62.96	20.49	0.09			13.38	1.97		
四川旺苍	67.77	17.21	0.25	0.54	0.17	13.92		微量	0.54
甘肃张家川	70.08	15.41	0.39			12.13			0.6
新疆尾亚	64.61	18.59	0.39			9.91	4.25		0.5

5.滑石

滑石用作烧造传统陶瓷过程中的助熔剂或矿化剂，用量较少。滑石是高频滑石瓷的主体原料（在配料中占80%左右），但这种瓷件的体积通常都很小，滑石总体用量不多。滑石资源在陶瓷工业的应用没有引起人们的关注。20世纪70年代以后，山东硅酸盐研究设计院、淄博瓷厂和博山陶瓷厂研制成功了"滑石质日用细瓷"，滑石用量为70%～75%，使山东盛产的滑石资源在陶瓷工业得到大量应用。现在，滑石质日用细瓷已由山东扩大到河北、广东、广西等主要瓷区，生产厂家近百余家。80年代后，滑石也普遍用于生产堇青石匣钵，用量大增。在陶瓷砖方面，为了在超白瓷质砖的生产中不添加锆英石，广东蒙娜丽莎材料公司和杭州诺贝尔陶瓷公司相继开发出了添加滑石的镁质瓷配方。因此，滑石原料引起了人们的关注。我国主要滑石产地、储量和年产量见表12-11。

表12-11 我国主要滑石产地、储量和年产量统计表　　　　　　　　　　　单位：万吨

省份	储量	年产量
辽宁	12721.34	76
吉林	516.8	3
山东	6485.5	60
江西	9863.5	25
广东	610.0	5
广西	6921.77	71
四川	73.5	5
总计	37192.34	245

注：我国滑石储量已超过高岭土储量36614万吨。

2009年，江西最新勘探表明，江西上饶高品位黑滑石储量达10亿吨以上，这种黑滑石经煅烧后白度可达95%。

6.硅灰石

硅灰石（化学式$CaO \cdot SiO_2$）是偏硅酸钙类矿物，不含有机物和结晶水，干燥和烧成收缩很小，膨胀系数仅为$6.7 \times 10^{-6}/℃$，因此，适合快速烧成，特别适合建筑卫生陶瓷的生产。20世纪80年代后，硅灰石广泛使用于建筑卫生陶瓷的生产。我国硅灰石资源储量丰富，仅次于印度居世界第二位。1975年已探明产地31处，储量约13265万吨。我国硅灰石资源分布情况见表12-12。

表12-12 我国硅灰石储量和年产量统计表　　　　　　　　　　　单位：万吨

省份	储量	年产量
辽宁	1870	87
吉林	16835.8	24.5
江苏	67.5	2

续表

省份	储量	年产量
安徽	147.2	0.5
浙江	532.14	3
江西	1689.4	1
湖北	9.6	3
广东	136.9	
云南	2392.8	
青海	1341.9	6
新疆	200	6
总计	25248.94	121

7. 石膏

石膏（化学式 $CaSO_4 \cdot 2H_2O$）是一种软质矿物，化学成分为二水硫酸钙，经不同加工工艺可形成 α-半水石膏、β-半水石膏两种石膏晶体，在陶瓷工业中用于制作陶瓷成形模具。石膏是陶瓷工业的辅助材料，但对陶瓷产品的质量却起着重要作用，是陶瓷工业重要的材料之一。我国石膏原料的储量和年产量统计见表12-13。

表12-13　我国石膏原料的储量和年产量统计表　　　　　　　单位：万吨

地区	储量	年产量
重庆	729424.5	
内蒙古	8000.0	30
山西	12068.2	30
河北	740000	45
辽宁	3803.8	
吉林	2299.0	
江苏	1025460.0	450
山东	5708105.5	220
湖南	2169450.0	110
安徽	4625.3	15
总计	10403311.4	900

8. 骨粉及人工合成骨粉

骨粉及人工合成骨粉是生产骨质瓷的主要原料。18世纪英国人发明了骨质瓷，经过200多年的生产实践已在全球广泛生产和应用，是国际公认的高档日用细瓷。20世纪70年代，唐山在我国开始生产骨质瓷，到20世纪末，骨质瓷已在我国主要瓷区推广，特别在广东、山东、河北等省居多。

我国早期生产骨质瓷所用的原料都是动物骨粉。我国地域宽广，各地区采用的骨粉有牛骨、猪骨、鱼骨等，加上加工工艺不尽相同，使原料性能差异很大，导致产品理化性能指标波动较大，严重影响了我国骨质瓷的发展。为此，20世纪末，山东省硅酸盐研究设计院应用山东淄博盛产的含钙和磷的天然原料，经过人工合成的办法，研制成功了人工合成骨粉及其制瓷技术，合成骨粉的纯度和性能指标远远超过天然骨粉，且其性能稳定，为发展我国的骨质瓷作出了重要贡献，研究成果荣获1999年国家发明二等奖。现在，人工合成骨粉产品已在山东工业化生产了近10年，产品供应到潮州、唐山等地。天然骨粉和人工合成骨粉的化学成分及性能对比分别见表12-14、表12-15。

表12-14　天然骨粉和人工合成骨粉的化学成分比较　　单位：%

类别	SiO_2	Al_2O_3	Fe_2O_3	TiO_2	CaO	MgO	K_2O	Na_2O	P_2O_5	灼减
英国标准骨粉	0.5	0.2	0.01	0.01	56	0.52	0.1	0.86	40.5	0.92
中国天然骨粉	1.5	0.2	0.32		54.67			0.67	42.3	0.3
人工合成骨粉	0.4	0.71	0.16		58	0.41			40	

表12-15　合成骨粉与天然骨粉的性能对比

类别	钙磷比（Ca/P）	晶相组成	粒度	纯度	塑性
动物骨粉	1.67～1.85	主晶相：羟基磷灰石　次晶相：碳酸钙	<25μm，90%	94%	良
合成骨粉	1.50～1.67	主晶相：羟基磷灰石　次晶相：磷酸三钙	<10μm，95%	98%	优

9.陶瓷添加剂

陶瓷添加剂是在陶瓷生产过程中为满足工艺和性能要求所添加的各种化学添加物的通称。陶瓷添加剂有解凝（稀释、减水）、缓凝、促凝、增塑（强）、塑化、黏合、悬浮、润滑、除泡、助磨、防腐、憎水、脱模等作用。

1949年前，我国陶瓷生产几乎不用添加剂，坯、釉性能靠加入天然矿物调节，调节作用较小。20世纪50年代，陶瓷添加剂主要是碱和水玻璃等无机盐类，对调节泥浆的流动性起了一定的作用。进入60～70年代，把有机、复合、纤维等作为添加剂引入坯、釉料中而使料浆性能得到很大的改善。80年代以来，随着陶瓷工业的快速发展，陶瓷添加剂在陶瓷工业中的作用越来越引起人们的重视，品种也越来越多，除了无机物、有机物外，还研发了二者的复合物及衍生物，应用范围越来越广，遍及日用陶瓷、建筑卫生陶瓷、耐火材料、高技术陶瓷等众多领域，对提高陶瓷产品质量和性能有重要作用。

2010年，国家发展与改革委员会首次发布国家标准《陶瓷添加剂》，对规范陶瓷添加剂的生产和使用发挥了重要作用。陶瓷添加剂的应用和对各种新型添加剂的研究开发已成为陶瓷工业领域的一个重要课题。

第二节 陶瓷色釉料

我国陶瓷颜料的生产与陶瓷本身同样有着悠久的辉煌历史。商周时就有青黄釉的器具，唐代的唐三彩，宋代的铜红釉，元明清的乌金、祭红、钧蓝等窑变艺术釉等驰名中外。

在过去的一百年间，我国陶瓷色釉料产业与陶瓷工业一样，经历了衰落、恢复、快速发展的不同阶段，现已发展成为世界陶瓷色釉料的生产和消费大国。

一、日用瓷釉上彩颜料

1911～1949年间，我国的陶瓷工业陷入了停滞不前或奄奄一息的境地，更谈不上陶瓷装饰颜料体系的发展。这个时期，"洋彩"传入我国，使我国逐步成为陶瓷釉上彩颜料的进口国。20世纪50年代初期以后，我国逐步建立起了较为完整的釉上彩颜料研究、开发和生产体系，满足了日用陶瓷工业的发展需求。

清末民初，陶瓷釉上颜料从德国、日本等国传入我国，当时被称作"洋彩"。洋彩传入我国时，山东淄博博山就曾有人仿制过，但没有成功。在江西景德镇地区，由于当时传统装饰方法（如粉彩）已高度成熟，洋彩的装饰技法没有得到认可，也没引起重视。20世纪20～30年代，景德镇开始有少数艺人探索洋彩的表现方法；1932年山东模范窑业厂投产后从天津购买日本颜料生产釉上彩瓷。到40～50年代时，逐渐形成了具有我国民族特色和地域特色的新的装饰形式。醴陵湖南瓷业公司引进日本技术，研制成功了西赤、洋红、绀青、草青、红黄、薄黄、艳黑等几种颜色。"抗战"时期，醴陵以制造颜料为业者4家，生产的釉上颜料除供本地外，还销往江西和广东等省。但当时颜料的发展相对于陶瓷的发展滞后，几家手工作坊散布在全国各地，如景德镇的粉彩颜料作坊，广东、湖南、河北唐山等地的新彩颜料作坊，广州的广彩颜料作坊等，为陶瓷的装饰提供颜料，远远不能满足陶瓷装饰生产的需求。至50年代初期，我国的釉上彩颜料大部分依靠进口。

1952年初，山东淄博博山人孙兆厚与当地的陶瓷商合伙试制釉上新彩颜料，开办艺新颜料厂，试制出洋赤、叶绿等色料，但因质量不佳，无人购买，加之资金困难而停业。当年9月，孙兆厚又与夏侯聘卿和石志水三人集资购买原艺新颜料厂的资产，重新成立德记艺新陶瓷颜料厂，生产釉上新彩颜料，注册商标为"红光"牌，当年生产出赤红、薄黄两种产品共125kg，颇受欢迎，翌年产量达1.2t，随后又开发出川色、草青、艳黑、海碧等新品种，除当地销售外，还远销景德镇等地。

1955年，江西省景德镇市建成了我国第一个生产陶瓷装饰材料的专业性工厂，专门生产"洋彩"颜料、金水及陶瓷贴花纸，结束了洋彩长期依赖进口的局面，把"洋彩"正式更名为"新彩"。新彩是用含铁、铜、锰、锑、铬等氧化物的矿物为原料，经高温煅烧成各种色彩的熔块，再配以低温釉面附着剂（熔剂）研磨而成。由于新彩的颜料种类多，色彩丰富，烧成温度范围宽，烧成前后色相变化不大，呈色稳定，各种颜料之间可以互相调配，相对传统的釉上彩绘方法如古彩、粉彩的操作工艺简单、便利，很快在全国各大瓷区得到广泛推广应用。同年，湖南省陶瓷研究所成立，并设置了颜料研究室，开发出特西赤、浓黄、深蓝、蓝绿、辣椒红等十多个新品种。

1956年，山东淄博的德记艺新陶瓷颜料厂和在茂地方工业社合并，成立了博山区陶瓷颜料生产合作组，人员增加到10人，当年产量增加到4.3t。1957年，品种发展到20种，产量为6t，产值10万元，产品除销售本地区外，还已供应到广东、甘肃、河南、黑龙江、辽宁、河北、福建、四川等13个省、32个县的陶瓷厂和花纸厂。

1958年，淄博市硅酸盐研究所、唐山陶瓷研究所、邯郸陶瓷研究所相继成立，并均设有专门的颜料研究室。淄博市硅酸盐研究所合并了原博山区陶瓷颜料生产合作组，颜料产量快速增长，1960年的产量已达20t，产值50余万元，并增加了孔雀绿、绀青、辣椒红及玛瑙红、桃红、金红系列颜料共30余种。

1964年，第一轻工业部组织上海硅酸盐研究所、淄博硅酸盐研究所、广东枫溪陶瓷研究所、景德镇瓷用原料化工厂、潮安颜料厂等五个单位，在淄博硅酸盐研究所对我国生产的宝石红、桃红、绿、蓝、黄、黑等6种釉上颜料进行赶超国际水平的技术攻关会战。经过近一年的努力，研制成功新一代宝石红、桃红、深绿、深黄、深黑、深蓝釉上平印颜料。同时，改革了金红颜料的工艺配方，试制成功并投产了中、浅色宝石红，使淄博的釉上颜料品种扩大到40余种，行销全国13个省83个厂家。1967年，唐山陶瓷研究所成立了颜料生产组，生产铁红、草青、薄黄、川色、浓黄、海碧、艳黑、硒红、赭色、灰色、白色、橄榄绿等釉上颜料。这时用于颜料印刷的油性连接料对颜料的润湿性能差，颜料只能用于先印连接料后揩干粉颜料的印刷工艺。

这里，以山东淄博硅酸盐研究所为重点，介绍日用瓷釉上彩颜料的研发和应用。

自20世纪70年代开始，我国开发出了用于平印油墨的合成树脂连接料，使调墨印刷成为可能。这种将颜料和连接料先调成油墨后再一起印刷的工艺方法，解决了由于揩干粉颜料而造成的粉尘污染，改善了操作环境，但颜料颗粒较粗、硬度高、密度大，又多呈碱性，在印刷过程中需要不断用水润湿版面而造成了颜料水化，使许多颜料不能适应这种工艺的要求。为此，淄博市硅酸盐研究所承担了轻工业部下达的"研制调墨颜料"的任务，于1972年研制成功15种调墨印刷釉上贴花纸颜料，翌年研制成功7种调墨印刷釉上花纸颜料。1974年，唐山陶瓷研究所扩建成生产颜料基地，年产颜料10t。除金红等少数品种外，基本上满足了河北省内花纸企业的需要。

1974年，淄博市硅酸盐研究所试制成功深红、中红、桃红、粉红、黄色、蓝色、深绿、浅绿、暗绿、青色、铁红、赭石、豆茶、灰色、黑色、白色16种釉上丝网颜料。1977年，提炼出紫色、奶黄、蓝色、绿色、黑色、赭石、紫蓝、白色、硒红、镉黄共十种，由该基本色可以调配出由浅到深的各种系列的颜色，为各系列颜料的品种设置打下了基础。1978年，基本色颜料正式投产，形成了釉上平印颜料、网印颜料两大系列产品，年产量50多吨，使淄博市硅酸盐研究所成为全国陶瓷颜料研究和生产的基地。1977年，研制出红、黄、蓝、绿、灰、黑等11个高温快烧颜料新品种。高温快烧颜料是指彩烧温度比一般釉上彩高（约为1060～1250℃）、彩烧时间短（约90～120min），在高温快烧条件下出现釉中彩效果的颜料，又称"釉中彩"。由于这些高温快烧颜料的颜色较浅，只能用于丝网印刷花纸和手绘，不能适应平印调墨印刷要求，彩烧后釉中效果不明显、颜料组成中仍含有铅的化合物等一系列问题。为此，1979年，该所又研制成功无铅金红（深、中、浅）、锆铁红、粉红、锰红、深黄、柠檬黄、赭石、栗色、海蓝、天蓝、钴蓝、紫罗兰、深绿、蓝绿、草绿、白色、蓝灰、黑色、深灰等21种高温快烧颜料。1978年以后，研制成功24个低膨胀陶瓷釉上丝网颜料新品种，解决了湖南、江西硬质瓷釉上出现的开裂问题，随后发展到37个品种并完全替代了原有的丝网颜料系列，对提高我国出口陶瓷的装饰水平发挥了积极作用，荣获1993年国家科技进步二等奖。

20世纪80年代，我国高抗蚀平印颜料的研发和应用取得明显进步。到80年代中期，高抗蚀平印颜料成功替代了原有的平印颜料。1985年，淄博市硅酸盐研究所形成了拥有60多个主要品种、年产100多吨的陶瓷釉上颜料生产基地，产品供应国内22个省、市13家花纸厂和130多个陶瓷企业，其中金红颜料占全国总产量的60%。80年代后期，炻器、二次烧成的高级日用细瓷的产销不断增加，必须开发与之配套的低温高抗蚀彩烧颜料。1987年，淄博硅酸盐研究所承担了山东省第一轻工业厅下达的"低温高抗蚀陶瓷釉上颜料的研究"项目，1989年，淄博硅酸盐研究所（更名为山东省硅酸盐研究设计院）开发成功17个品种并投产，到1990年全部完成了24个品种的开发。与此同时，开发了青色、黄色、红色和黑色用于四色印刷颜料，满足了电子分色技术在陶瓷花纸上的应用，推进了四色印刷花纸的发展。低温系列颜料的烤烧温度比第一代丝网颜料降低50℃，节约彩烤能耗10%～12%，该技术1993年获国家发明专利，1999年获国家级新产品称号并获山东省科技进步二等奖。

1992年初，美国开始实施新的FDA标准，对陶瓷餐具中铅的溶出限量由原来的7.0×10^{-6}减少到3.0×10^{-6}，使我国许多陶瓷产品因铅溶出量超标而不能进入美国市场。中国工艺品进出口总公司及山东省陶瓷公司于1992年初分别下达了紧急通知，要求立即采取有效措施，确保我国陶瓷产品的铅（镉）溶出量控制在FDA新标准允许的范围内。山东省硅酸盐研究设计院成立了专题项目组，经过近八个月的奋战，研制成功了一种陶瓷耐酸罩层，使铅溶出量降低50%，解决了出口瓷超标的燃眉之急，很快得到了市场认可，而且性能优于当时进口的英国产品11C8罩层，解决了国外产品的膨胀系数大，颜料龟裂和铁红、金红颜料罩印后变色严重的技术难点，价格仅是进口产品的三分之一，替代了进口产品，为国家节约了大量外汇，每年产量达100t，直接经济效益500万元，利税175万元。1993年获山东省一轻厅优秀新产品一等奖，1994年获山东省科技进步三等奖。

1995年3月，山东省硅酸盐研究设计院与德国Degussa公司成立合资公司——淄博赛德克陶瓷颜料有限公司，使我国陶瓷颜料的开发和生产进入了国际化和专业化渠道。

1998年3月，山东省硅酸盐研究设计院承担的国家"九五"重点攻关项目"无铅无镉陶瓷釉上颜料"通过国家鉴定，项目形成26个品种并进行了小规模试产，1999年获国家发明专利并获山东省第一轻工业厅科技进步一等奖。

随着国际市场对降低日用陶瓷铅、镉溶出量的要求愈来愈高，对陶瓷颜料提出了低铅，甚至无铅的要求。2001～2003年的3年间，无铅颜料市场扩大，淄博赛德克陶瓷颜料有限公司适时推出了无铅金属光泽颜料，产量从最初的每年几吨逐年增加，2009年为20t。2004年8月，淄博赛德克陶瓷颜料有限公司改名为淄博福禄新型材料有限责任公司。2006～2007年间，该公司开发的21个无铅高温快烧颜料品种陆续投放市场。

2008年初，美国加州再次修订Prop.65，规定陶瓷外部装饰用颜料粉末中铅含量小于

600×10^{-6}。这意味着生产颜料的原材料、工艺过程、使用颜料的花纸厂及终端客户陶瓷厂的所有操作过程必须与含铅产品分开。2008年的下半年，淄博福禄新型材料有限责任公司抓住时机，结合市场新的需求，在对已有无铅颜料进行改进的同时，研制了20多个新品种，确保了生产的无铅颜料完全符合加州标准，第二年销售量达10t。目前，正在开发粉末中铅的含量低于100×10^{-6}的颜料。从淄博市硅酸盐研究所、山东硅酸盐研究所、淄博赛德克陶瓷颜料有限公司到现在的淄博福禄新型材料有限公司的陶瓷颜料的研发和生产一直走在全国前列。

20世纪90年代末以来，广东佛山、潮州，湖南地区及山东淄博、河北唐山等地的陶瓷装饰颜料的研发和生产也得到了快速发展，北方主要有淄博长虹和淄博华为公司，南方主要有台湾淞江。另外，国外公司的颜料也被引进，主要有日本井泽、英国壮信万丰和德国贺力氏。我国日用陶瓷颜料市场的高峰需求量为1500t左右。

二、日用瓷釉下彩颜料

瓷器釉下彩绘包括青花、釉里红和釉下五彩。三者都是釉下装饰工艺，但使用的色料不同，装饰的技法也不完全一样，形成了各自的特点。

釉下颜料一是需经高温烧成，可选择的颜色品种少，有些鲜艳的红色、绿色无法得到；二是受陶瓷釉料组成的影响，发色稳定性差；三是烧成后由于受高温釉的侵蚀，精细画面难以实现。这给陶瓷厂的规模化生产带来难度。

1949年以前，我国釉下合成颜料的发展一直较为缓慢。20世纪50年代初期到70年末期，我国釉下彩颜料仍处于小规模研发和生产阶段，80年代开始得到了快速发展，建立了生产釉下彩颜料的专业色料厂家，实现了规模化和专业化的生产。

清代以前，我国的釉下颜料是用含有钴、铬、铜、锰等着色元素的天然矿物与釉料配兑而成，多用于单色彩绘。如景德镇的青花料是用朱明料（钴土矿物原料）和其他原料配合而成。民国以后，德国、日本的陶瓷釉下合成颜料相继传入我国，山东淄博博山一带的窑厂开始用进口合成颜料生产釉下彩瓷，把红色称为磁红、蓝色称为磁蓝，专供瓷器印花和手绘。1935年，淄博博山山头希新昌窑厂王希曾试制成功釉下大火红，不久，冯延增用红矾钾为原料试制成功大火绿。从此，开始生产陶瓷釉下合成颜料供应当地窑户。醴陵湖南瓷业制造公司也引进日本技术，研制成功玛瑙红、海碧、草绿、艳黑、赭色等五种釉下颜料。其他地方也有釉下颜料作坊，但因受技术和化工原料所限，直到1949年，我国的釉下合成颜料的发展一直缓慢。

釉下五彩瓷始创于清朝末年，是在唐代长沙铜官窑的高温釉下彩绘装饰艺术、宋代磁州窑的黑褐彩绘，以及元、明、清的青花、釉里红的基础上发展和创制出的一种多色釉下彩绘瓷，是我国陶瓷发展史上的又一个新成就。釉下五彩瓷一问世就受到国内外人士的一致欢迎。1907～1912年间，釉下五彩瓷曾经两次参加世界博览会，均获得一等金牌奖章。醴陵釉下五彩瓷的三个主要特点是：无毒、耐酸、耐碱、耐磨损，永不褪色；画面平滑光亮、晶莹润泽、清雅明快，具有饱满的水分感；纹样五彩缤纷，艳而不俗，淡而有神，色彩变化丰富。

釉下五彩的基础颜料是用各金属氧化物或它们的盐类为着色剂掺合一定量的硅酸盐原料

所制成的。釉下五彩颜料（尤其是复合色料）的组成，除着色金属化合物外，还掺有大量的无色矿物（如石英、长石等），以提高彩料的明亮度，降低饱和艳度。经釉层覆盖和高温烧成后，色彩显得格外调和、雅致、温柔，即使使用红与绿等量相配，也不会产生强烈的刺激，运用淡彩或多色装饰容易获得清雅、富丽、和谐的艺术效果。

1949年时，淄博地区仅有大火红和大火绿两个釉下颜料品种。1953年，淄博专区实业公司窑业总厂山头分厂画盆工许永昌以氧化铁、氧化钴、氧化锡为原料试制成功黑色高温颜料，时称"磁黑"。1955年以后，使用的进口釉下颜料逐年减少。1959年，淄博市硅酸盐研究所通过对传统产品大火红、大火绿、大火蓝的研究改进后开始批量生产，产品除供山东省外还远销河北、山西等省。20世纪60年代后期停产。

20世纪70年代以后，随着滑石质细瓷的出现，淄博瓷厂陆续试制成功釉下锆白、海蓝、浅绿、深绿、茶色等品种。湖南省陶瓷研究所陆续开发成功浅绿、水绿、钛黄、娇黄、橘黄、桃红、锰红、海蓝、青松绿、苔绿、艳黑、白色、茶色等十余种釉下颜料的品种，除大红外，各种基础色料品种齐全，其中以李建升和陶梅春技师研制的海蓝、桃红、青松绿等颜料发色效果最好，达到国际先进水平。

20世纪90年代以后，釉下颜料的生产企业以南方的个体企业居多，尤其湖南地区以釉下五彩闻名，有多家颜料厂生产釉下颜料。还有潮州通泰化工、福建圣泉制釉、东莞金义发等全国各地的小颜料厂生产，年需求总量可超过100t。目前，没有哪个企业在釉下颜料的生产中占主导地位。根据陶瓷种类不同，釉下彩颜料可分为陶器用釉下彩颜料、炻器用釉下彩颜料和瓷器用釉下彩颜料三种。

1. 陶器用釉下彩颜料

广东潮州，福建德化、泉州，广东番禺等地有很多陶瓷厂家大量生产的一种出口轻质瓷（俗称白云瓷）是一种以白云石为主要坯体成分的陶器。在江苏宜兴、高淳等地大量生产的一种白色轻质陶器通常被称为精陶。轻质陶器通常采用釉下彩手绘工艺，使用的颜色有两种来源，一种是台湾一些公司生产的低温釉下彩颜料，这种颜色可直接加水、手绘油混合后手绘；另一种做法是使用陶瓷釉用色料加低温熔剂、黏土等按一定比例混合、球磨细后供手绘使用。这两种颜料在各陶瓷厂均有使用。釉下彩手绘装饰陶器的特点是材质未成瓷，可在自然环境下风化，不污染环境；装饰颜色在釉下，无铅、镉等有毒元素溶出；烧成温度低，烧成周期短，节约能源；颜色鲜艳丰富，图案漂亮；手绘装饰，每个产品均不相同，各具艺术特色等。目前，国内市场的产品主要为台资和外资色料企业生产的釉下彩颜料，如德国福禄的"春天时代"系列、南海万兴的白云陶釉下彩系列等。

2. 炻器用釉下彩颜料

釉下彩手绘装饰炻器的主要生产厂家集中在河南、山西、河北等部分地区也有少量生产，产品主要供出口，所用颜料通常是采用高温色料加熔剂球磨混合制得，也有直接使用专门的高温釉下彩颜料的。但后者价格比前者高，很少使用。目前市场上专门生产炻器釉下彩颜料的厂家很少，大多都是色料厂商供货。

3.瓷器用釉下彩颜料

根据瓷器烧成方法的不同，瓷器用釉下彩颜料可分为一次烧成与两次烧成两种。把颜色手绘在瓷器生坯上，上透明釉后与坯体一起高温烧成称为一次烧成。在工业生产上，一次烧成所用的釉下彩颜料通常为高温色料，多用作界边和简单色彩绘，而艺术瓷的生产则多用专门的高温釉下彩颜料，如景德镇的青花、醴陵的釉下五彩等。对于骨质瓷、镁质强化瓷等采用高温素烧、低温釉烧（两次烧成）的高档瓷多使用专门的釉中彩颜料来进行手绘，如淄博福禄公司的釉中彩、釉下彩系列颜料。

三、建筑陶瓷砖用釉料

建筑陶瓷砖可分为釉面砖、彩釉砖（内墙与地砖）、锦砖（马赛克）等。除锦砖外，表面装饰以熔块釉为主。

1939年，浙江西山陶业首先在国内生产出精陶釉面砖。采用含铁量少的原料制白坯，后施以含一定量铅的透明熔块为主的釉料。熔块都是各建陶厂自行采用坩埚来熔制。

20世纪50年代末，我国开始采用以氧化锡为乳浊剂的乳浊熔块，但存在价高、对烧成气氛敏感的缺陷。1966年，国家建材局北京玻陶研究院与唐山建筑陶瓷厂合作研制成功"6601"锆英石熔块，使内墙砖的白度由78度提高到86度，扩大了坯用原料的使用范围，性能稳定，被许多厂家一直应用到70年代末期。在这期间，温州、沈阳、唐山各面砖厂都开始生产彩色精陶釉面砖。

1978年以后，我国建筑陶瓷砖用熔块生产逐步向专业化生产方向发展。1983年，国家建材局组织相关人员去意大利考察色釉料生产情况，开始筹划熔块的专业化生产。1987年，开始筹建淄博色釉料厂和成都色釉料厂，引进国外相关设备与技术，采用小型池窑连续熔制熔块，主要品种有高透明熔块、锆乳白熔块及钙无光熔块等，产量均为10000吨/年。1984年，山东工业陶瓷研究设计院研制成功含钛乳浊釉，代替有一定放射性的锆乳浊釉，釉面白度高、烧成温度低，在山东文登陶瓷厂投产取得成功。1985年，含钛乳浊釉与银红、钕紫釉一起荣获国家科技进步奖三等奖。

1992年5月，由国家建材局提议、中国硅酸盐学会主持召开了"全国陶瓷釉料研讨会"，进一步推动了建筑卫生陶瓷用色釉料专业化的进程。随后，各地相继成立了色釉料厂，釉料品种繁多，满足了各建陶生产厂的要求。

我国一些著名的色釉料企业均有熔块和成品釉的生产线。熔块的主要品种有：各种透明熔块、乳白熔块、光泽熔块、无光或亚光熔块、含铅熔块和无铅熔块、高膨胀系数熔块和低膨胀系数熔块等。成品釉的主要品种有：各种透明光泽釉、乳白光泽釉、无光成品釉、高耐磨无光成品釉、乳白无光釉等。近些年，一些厂家推出微晶玻璃熔块，以供应陶瓷厂生产微晶玻璃板和微晶玻璃—陶瓷复合板。我国的熔块和成品釉不仅能满足国内要求，并有大量出口。

这期间，各生产厂和研究院所纷纷研制出各种装饰釉。主要品种有金晶绿釉，结晶釉（能使结晶定点定位），金属光泽釉（有金色、银色、黑色），变色釉（能在不同光源照射下呈现不同的颜色,在阳光下呈红紫色、日光灯下呈青色泛紫、高压钠灯下呈橙红色、钠灯下呈蓝绿色),珠光釉(加入不同色彩的珠光色料可呈现各种色的柔软细腻的丝光状釉面),虹彩釉,纹理釉,大理石釉,硒镉红大红面砖釉(用硒镉红熔块)及抗菌面砖釉(抗菌效果99.9%)等。

20世纪90年代末期,丝网印刷(有釉下、釉中和釉上等)广泛应用,装饰效果极佳,尤其是辊筒印花技术的推广,推进了各种丝网印与辊筒印花色料的专业化生产。在此期间,在全瓷抛光砖上出现了一种新的装饰方法——渗花釉,即把液体渗花色料(目前已有黄、各种蓝、绿、橙等色)直接通过丝网与生坯接触,在毛细管作用下由表面渗入坯体内部,经过 1190~1210℃烧成,抛光后瓷砖表面彩纹清晰可见,装饰效果奇特,明显优于斑点装饰。

随着陶瓷行业特别是建筑陶瓷的迅猛发展,我国的陶瓷色釉料企业的技术水平得到快速进步与提升,以知名品牌的色釉企业为代表,自主创新能力不断提高,相继开发出一系列满足市场需求的高技术含量、高附加值的新产品。主要有瑭虹制釉、金意陶及冠星等企业开发的全抛釉熔块可用于生产釉下彩抛光磨砂瓷砖、釉下彩超硬度超耐磨防滑亚光仿古砖等,成为仿古砖创新的亮点。道氏制釉开发的"抛金"系列之"炫光"系列、"极光"系列展示了金属与陶瓷结合抛光钢板纹理清晰的炫目光泽,把金属釉的传统概念向前推进了一大步。大鸿制釉开发的皮纹釉仿古砖系列,突破了过去需要立体模具才能产生的皮纹褶皱效果,使用丝网印刷就能产生出皮革的质感,具有复古、典雅、时尚的家居装饰风格。佛山龙舟陶瓷科技公司与西班牙专业研发机构合作开发出与国际水平同步的金属釉,推进了我国仿古砖的升级换代。康立泰釉料公司开发的金壁墙砖系列,营造出金碧辉煌的装饰效果,满足了了中东、东南亚等地客商的特殊需要;釉中彩仿古砖釉面下的裂纹线条酷似天然石材,装饰效果独特。佛山明可丽尔陶瓷科技有限公司开发成功发光陶瓷、发光玻璃釉料及其相关产品,对我国陶瓷市场地位的提升有着积极的促进作用等。

四、卫生陶瓷用釉料

20世纪50年代末期以前,我国生产的现代卫生陶瓷均采用透明釉。50年代末,我国开始采用进口氧化锡生产乳白卫生陶瓷釉。60年代中期,建材工业部北京玻陶研究院与唐山陶瓷厂试验用国产氧化锡生产乳白卫生陶瓷釉,但因成本太高,且易受烧成气氛影响等原因,而开始研制锆英石乳浊釉,通过添加磷酸盐,解决了锆英石釉黏度高、表面不平滑、白度不够高等缺陷而获得成功,在全国推广使用,釉料成本为氧化锡釉的1/5,白度达81度。

与此同时,我国开始研制彩色卫生陶瓷。把锰红或钴蓝色料加到坯泥中制成粉红与蓝色坯体、施透明釉、烧制成彩色卫生陶瓷,但成本高、品种少,仅勉强满足消费者的需求。1964年,国家建材工业部北京玻陶研究院完成了"铬铝红、锡钒黄、锆钒黄、锆钒蓝陶瓷色料的研制及其在釉中呈色的研究"项目,研究结果在中国硅酸盐学会年会上进行了交流。为了使这项成果尽快应用于生产,1965年,建材部科教局决定由部、院、厂三结合进行技术攻关。整个工作分为三步:第一步,项目人员吃住在厂,工厂建设小型倒焰窑,探索合理的烧成制度以烧制出合格的色料;第二步,为了确保产品的釉色一致,把长期采用的浸釉工艺改为喷釉工艺,通过在釉中加不同有机色剂的方法,练习保证产品釉层的均匀性;第三步,采用定位装烧各种色瓷的方法，解决人工烧煤倒焰窑上下温差很大的问题，使各窑烧出来的产品基本呈色一致。1966年，生产出了我国首批粉红、黄、绿、天蓝四种色彩的彩色卫生陶瓷产品，为国内首创，接近国际水平。为了保证质量，由唐陶、唐建陶分别生产其中的两种色彩卫生陶瓷以满足出口需求。

1978年以后，有关研究院所、学校和企业纷纷试制成功各种新的卫生陶瓷釉料。石家庄市工艺瓷厂试制成功无锌透明釉、浙江建筑卫生陶瓷厂试制成骨灰乳白釉、唐山建陶厂研制出硅灰石磷锆乳白釉、咸阳陶瓷厂试制成半锆乳白釉、山东工陶院研制出铈锆乳浊油、咸阳陶瓷研究所研制成功不加锆英石乳浊剂的高锌乳浊釉等。

随着我国大量高级宾馆的兴建与改造，需要大量与之配套相应的卫生陶瓷，而我国的卫生陶瓷工厂仅能生产几种颜色的卫生陶瓷，国家被迫耗用大量外汇进口成套卫生间。1984年，国家经委下达技术开发计划，委托原国家建材局组织由山东工陶院负责其中彩色卫生瓷的研究工作。1985年，开始进行高档卫生瓷用深棕、海军蓝、绛红系列颜料的试制及其在釉中的呈色研究，试制了十种颜料并陆续在唐山越河陶瓷厂、北京陶瓷厂、唐山陶瓷厂等稳定地生产出深棕、浅棕、深黄棕、褐棕、巧克力棕、海军蓝、深灰蓝、绛红（为译名，后定名为玛瑙红）、雪青等十多种呈现当时国际流行色的卫生陶瓷，1988年7月通过部级鉴定。

1989年，山东工陶院根据国家科委"七五"科技攻关计划及国家建材局（1987）建材生字［114号文］的要求，起草并制订了《卫生间配套用标准色板》专业标准和制作出实物标样，提供了60种颜色的陶瓷色度标样及色度测试数据，并提供制作标准色板的釉式及所用色料名称及加入量，为各陶瓷厂生产统一颜色的产品提供了方便，通过了标准化研究所的验收。1990年经国家建材局批准，发布编号为"JBW06-1-1"。但由于各种原因而没有达到所有产品必须符合色标色差范围的预期目的。

20世纪90年代初期，研究成功多种陶瓷低温快烧釉料。同时，由于国内色釉料专业化工厂的兴建，各卫生陶瓷厂，尤其是新建厂都改变自己的生产模式，直接采购适合自己生产需要的釉料，使卫生陶瓷表面质量得到大幅度的提高。

20世纪90年代，随着专业化色釉料厂的大批建立，色釉料品种不断增加，质量不断提高，使我国卫生陶瓷的颜色更加丰富多彩，釉面质量大幅度提高，有的还采用更加华丽的釉上彩装饰。1998年，广东佛陶集团试制成功灭菌釉卫生陶瓷、四川陶瓷厂试制成抗菌陶瓷。1999年，山东美林陶瓷技术开发中心与中国科学院、中国建筑材料科学研究院一起采用稀土抗菌复合材料研究成具有智能抗菌作用的高档卫生陶瓷，2001年又推出表面超光滑且具有离子功能和保健功能的"智能型"系列卫生洁具。

五、陶瓷高温色料

高温色料是陶瓷颜色釉的着色剂，属于晶体着色色釉，与传统的离子着色色釉（如典型的青釉和名贵的铜红釉）相比，对气氛和烧成温度的敏感性较小。1949年以前，我国直接用于日用瓷、建筑卫生陶瓷制品上的色料很少。20世纪50年代以后，我国陶瓷用高温色料逐步得到了广泛使用。按用途可分为日用陶瓷用高温色料和建筑卫生陶瓷用高温色料。

1957年，建材部北京玻陶研究院黄先修等人研制出彩色釉面砖及可用于卫生陶瓷的色料，1961年进行"铬铝红、锡钒黄、锆钒黄、锆钒蓝色料的试制及其在釉中呈色研究"，1964年在硅酸盐学会上交流，1965年由部、厂、院三结合攻关试制出我国首批彩色卫生陶瓷，从此色料开始应用于卫生陶瓷的生产。沈阳陶瓷厂、唐山建陶厂等都研制及少量生产了一些色料，如紫红（Cr-Sn）、蓝绿色（Co-Cr-Zn）、黑色（Mn-Fe-Co-Cr）、黄色（Cr-Fi-Sb）、粉红（Mn-Al）、鲜蓝（Al-Co-Zn）、红棕（Fe-Cr-Zn）等，主要用于本厂生产彩色釉面砖。

20世纪60年代，我国发现大量的稀土金属矿，在全国开展了稀土金属应用开发的热潮，各陶瓷厂先后研制出锆镨黄、锆镨绿和锆铈镨黄等色料。1973年，唐山陶瓷厂与唐山建陶厂的稀土颜色釉产品投产，成本低于乳白釉，经济效益明显。

20世纪80年代，山东省硅酸盐研究设计院开始生产用于日用陶瓷和建筑卫生陶瓷的高温色料，主要有镨黄、钒蓝、棕色系列。80年代后期，随着出口欧美的炻器产品从单一的白色釉逐渐转向各种不同的颜色釉，对完善高温色料的品种和发色稳定性提出更高要求。90年代初，开发成功铬锡红、宝蓝、暗绿、无钴黑色等，使整个色系达到十几个品种，产量达到近百吨。1996年，与德国Degussa公司合资成立的淄博赛德克公司投资600万马克新建的年产700t高温色料生产线投入使用，年产量逐年上升，客户遍及全国各地的中、高端日用瓷厂。

1978年，佛山石湾化工陶瓷厂研制出我国第一块彩釉砖，规格为100mm×200mm。1983年，佛山石湾耐酸陶瓷厂主办的利华装饰砖厂从意大利唯高公司率先引进了我国第一条年产30万平方米的彩釉砖自动化生产线投产。1985年，佛山石湾建国陶瓷厂从意大利引进年产90万平方米釉面砖生产线投产。从此，色釉料开始大规模应用于建筑陶瓷产品的生产，但当时国内尚没有规模化的色釉料专业化企业。20世纪80年代末，引进国外技术的淄博色釉料厂和成都色釉料厂分别在山东、四川建成投产。

1980年，山东工陶院研究开发建筑卫生陶瓷新色料，首先开展了"锆银红、硅钕紫两种新色料的试制及其应用"。绍兴瓷厂研制成功铝钕紫变色色料，但必须使用化学纯的氧化钕，否则釉面会出现棕色点，项目人员利用当时稀土厂大量提纯氧化镨后的富钕氧化物废矿，试制成功硅钕紫变色色料。1983年，这两种色料通过了部级鉴定，均为国内首创。

1988年7月，山东工陶院完成的"高档卫生瓷用深棕、海军蓝、绛红系列颜料的试制及其在釉中呈色研究"项目通过部级鉴定，项目研制出10种呈现当时国际流行色的色料，并应用于卫生瓷生产。

1992年全国陶瓷色釉科研讨会后，很多大规模色釉料厂相继建成，使色釉料生产不再附属于建陶工厂而成为专业化生产厂。当时的主要色釉料生产厂有广东三水大鸿制釉有限公司、广东万兴无机颜料有限公司、淄博福禄新型材料有限公司、江苏拜富色釉料有限公司、佛山大宇新型材料有限公司等。

进入21世纪以来，我国陶瓷色釉料知名品牌企业达50多家。佛山、潮州两大色釉料产区占全国产销值的70%以上，是目前世界上最大的色釉料生产和出口基地。传统色釉料、高温包裹色料、辊印色料已经进入成熟稳定的发展阶段。

由广东三水大鸿制釉有限公司主导起草的《建筑卫生陶瓷用色釉料》系列标准于2010年11月1日起正式实施。

我国的陶瓷色料产业经历了成长期和高速发展期，现已进入稳步发展和成熟期。我国已成为全球最大的色釉料生产国、消费国和出口国。

六、陶瓷色釉料生产工艺与装饰技术

我国陶瓷装饰用色料和釉料产业基本上摆脱了20世纪80年代以前大部分由陶瓷生产厂家自行生产、自给自足的模式，从20世纪90年代起，作为一个独立的产业从陶瓷生产厂家中分离出来，开始进入专业化生产的轨道，成为陶瓷制品生产厂家的原辅材料供应商和陶瓷色料的专业生产厂家。据统计，2003年我国拥有规模化的陶瓷色料、釉料生产厂家300多家，每年生产各种釉用色料6万～7万吨、坯用色料10万～12万吨。

近年来，我国陶瓷色料产品的品种、产量和质量都有了长足的进步，产品除满足国内市场外，还远销到欧洲、亚洲、南美洲等地。我国已成为世界上最大的色釉料生产国和出口国，包裹红、锆铁红、宝石红、镨黄等色料及微晶熔块等主要装饰原料产品已占据世界最大的市场份额。

我国色釉料企业的分布大体为广东—华东（上海、浙江、江苏、江西东部、福建）—山东三点一线布局。广东最为集中，分为佛山、潮州两大产区，佛山作为我国乃至世界的第一大陶瓷产区，色釉料企业最为密集。目前，佛山的主要色釉料企业有大鸿制釉、万兴颜料、中冠制釉、大宇制釉、正大制釉、瑭虹制釉、道氏色釉、山羽科技、康立泰颜料、金鹰颜料、昂泰制釉、三水精博等近20家，约占全国色釉料产量的50%。潮州产区的色釉料产量约占全国的15%。华东五省的色釉料主要企业有上海的一品颜料、江苏的拜富色料、浙江杭州的美高色釉、江西的科华色釉、汇丰色釉及江苏的科绿化工、福建的圣泉等。山东淄博作为我国仅次于佛山的陶瓷产区，中小型色釉企业比较密集，产业规模颇为可观，主要企业有淄博福禄、华瑞科技等。河南的科海近年来强势崛起。

2007年以来，江西建陶业迅速崛起，佛山的知名色釉料企业先后在高安等地建立了生产基地，推动了江西陶瓷色釉料产业的快速发展。国内其他省区也还分布不少色釉料企业，但规模较小，分布相对松散，未能形成强势产业集群。

我国色料生产技术取得了明显的进步。在原料的质量控制方面，从过去的粗放型发展到现在的批量检验和控制，对合成用矿物原料和化工原料进行化学组成、颗粒组成的例行检验，尽可能采用标准化原料。混合和细磨的工艺和技术设备明显提高，配合料的混合和细磨广泛采用了诸如立式双螺旋锥形混合机、卧式螺节混合机和无重力混合机、立式和卧式搅拌磨、振动式混合机V形高效混合机及二维和三维运动混合机等设备。在烧成窑炉方面，除了以梭式窑和推板窑、窑车式隧道窑为主之外，还采用了辊道窑，近两年开始出现色料合成专用的回转窑。色料的细磨除了传统的高速粉碎机等细磨设备外，采用了气流磨、湿法搅拌磨等先进设备。在脱水、干燥工艺上，除了采用传统的压滤脱水、离心脱水、室式干燥外，也采用了连续式脱水-干燥联合生产线。对成品色料普遍采用了预均化混合处理。有的骨干企业还开展了对色料结构测试、单元操作创新等基础工作，并对色料的化学组成、颗粒组成、矿物组成、微观形貌等进行深入研究。

我国陶瓷色釉料的发展随着陶瓷工业的迅猛发展而发生着日新月异的变化。在新型陶瓷色釉料的研究和开发中，不断推出新品种应用于仿古砖、陶瓷锦砖等领域，新型陶瓷装饰材料有仿金属色料、相干色料、仿金属釉、虹彩釉、反应釉、各种熔块、干粒、液体色料、渗花釉等。在装饰手法上，吸收了日用陶瓷和艺术陶瓷的装饰手法以及印刷行业的技法，如手彩、釉中彩、釉下彩、丝网印花、滚筒印花、喷墨印刷等。陶瓷砖施釉线上装备的国产装饰机械有各种规格的皮带式、升降式丝网印花机、辊筒印花机等。仿石瓷质抛光砖生产中装饰用的各类多管布料、二次布料机及"魔术师布料系统"均颇有中国特色。卫生陶瓷引用了日用陶瓷描金、贴花、彩绘再彩烧的装饰技术使产品更显华贵。这里重点介绍速溶色料、滚筒印花色料、喷墨印刷色料和相干色料。

1. 速溶色料

20世纪90年代末，淄博赛德克公司开始在我国推广德国的速溶色料，包括搪瓷、陶瓷砖、卫生陶瓷和炻器等几个系列。由于速溶色料在釉浆中很容易分散，可以冲破装大磨的局限，使生产很容易从一种颜色转到另一种颜色，使及时生产成为可能，可以满足小批量、多花色的生产需求。目前，广东佛山地区的很多色釉料企业均已可以生产速溶色料。

2. 滚筒色料

丝网印花是建筑陶瓷砖装饰的第一次技术革命，滚筒印花则是第二次技术革命。辊筒印花的特点是使瓷砖印花更精细，纹理随机性强且更清晰自然，仿真效果好，层次感强，但对色料的细度、分散性、耐酸耐碱性要求较严格。目前，国内大部分的建筑陶瓷厂都使用滚筒印花工艺。在大规格瓷砖的生产中滚筒印花技术得到了广泛的应用。

3. 喷墨打印色料

1997年，美国福禄公司发明陶瓷喷墨印花技术，陶瓷装饰喷墨打印色料有红、黄、蓝、黑四原色油墨，采用更精细的高分散性纳米陶瓷色料和特殊的印油制成。目前，陶瓷喷墨印花技术在意大利等国已被广泛应用。

2009年以前，西方国家对我国禁售陶瓷喷墨打印设备以及墨水。天津大学、南昌航空工业学院、陕西科技大学、大连理工大学、中国地质大学、华南理工大学等纷纷开始研究和开发喷墨打印用陶瓷墨水。2009年以后，意大利向我国解禁陶瓷喷墨印花技术。2010年，诺贝尔、斯米克、冠军等华东企业纷纷推出喷墨技术产品。2010年初，诺贝尔采用意大利Kerajet数码喷墨印刷系统率先在我国推出数码系列产品。

在2010年广州国际陶瓷工业展览会上，广东科达机电股份有限公司、佛山市希望陶瓷机械设备有限公司把数码喷墨印刷机作为该届陶瓷工业展的主要推荐产品。

4. 相干色料

陶瓷用相干色料的基本特点是随着观察者观察角度和光源入射角度的变化，其颜色也随之变化，从而产生生动的、迷彩的视觉效果。这种色料主要是通过用钛或铁盐覆盖在云母鳞片基体上或覆盖在硅或氧化铝鳞片基体上制成的。为了避免鳞片的溶解，目前主要用于低温三次烧陶瓷制品的装饰上。最近已开发出用于1100～1200℃烧成温度下装饰的陶瓷相干色料。陶瓷用相干色料及干涉色色釉已作为精品进入市场并已开始商业运行。

第三节　陶瓷的金装饰材料（贵金属制剂）

金水是陶瓷器物的重要装饰材料。我国是世界上最早使用黄金装饰瓷器的国家。明代开始在瓷器上着金，清代则用金粉代替金箔。将金箔切裁成图样贴在器物上煅烧使之紧附于釉面上，这就是所谓的贴金，因耗金量甚大，当时只用于皇宫用瓷。后发展到将金箔研磨成金粉，调入媒染剂（如硼砂、红粉等），用笔彩绘到瓷器上后在700～850℃煅烧，再用玛瑙棒或细砂摩擦使之发光，但耗金量还是很大，当时还不能普遍采用。

1830年，德国人居恩发明了金水。1890年，德国迪高沙公司在金有机化合物中，加入少量有机树脂铑，解决了有机金在灼烧时金膜易龟裂、不能成连续光亮金膜的难题。用这种方式装饰陶瓷时，烧成后的金膜厚度仅0.1μm，不到本金装饰的1/10，可手工装饰亦可机械绘制，用金量少、使用方便。此后，世界各国相继用金水来装饰陶瓷制品。20世纪30年代，我国开始用金水装饰陶瓷，至1949年，金水全部靠国外进口，多为德国和日本所产。

1949年以后，湖南轻工研究所和景德镇瓷用化工厂先后试制成功了陶瓷金水，结束了我国陶瓷金水依赖进口的局面。目前，生产金水的单位已由最初的两家发展到了现在的五家，即湖南醴陵、江西景德镇、山东淄博、河北唐山、邯郸，年产量近3t，耗用黄金约300kg。装饰陶瓷用金水共有120多个品种，产品含金量一般为12%，11%，10%，9%，8%，最低含量为5.5%，已形成系列产品。

国内外对装饰陶瓷用金水尚无统一的分类方法。按烧后有无光泽可分为有光金、磨光金、无光金三大类。按烧后色泽可分为黄金水、钯金水、铂金水、柠檬金水、电光水等。按装饰方法可分为手绘用金水、机械描绘用金水、网印用金水、戳印用金水、喷涂用金水等。按装饰对象可分为瓷用金水、精陶用金水、玻璃用金水、搪瓷用金水等。

一、金水的国产化

1951年10月，湖南的喻科盈、欧阳迪凡首先研制成功亮金水。1954年，景德镇研究成功了陶瓷用金水。之后，我国又相继研制成功了玻璃金水、银水等新产品。湖南用松节油作硫化香胶合成有机硫化物金膏。江西利用当地盛产的优质樟脑油和松节油合成金膏。在溶剂方面都采用了价廉的樟脑油、松节油、硝基苯、氯仿、环己酮等。在填充剂方面大都采用松香或松香的再加工制品，铋、铬有机化合物都是用松香加热制备的松脂酸盐。树脂铑采用硫化树脂铑。金水含量采用含量较高的12.5%这一标准。从整体上来讲，属于前苏联杜列夫化工厂的生产工艺，产品性能可基本满足出口陶瓷金装饰的要求，但与国外产品相比还存在金水稳定性差、沉淀率高、黄金利用率低和硝基苯毒性大等缺陷。

1961年年初，轻工业部用我国粉彩技术与东德交换贵金属制剂制造工艺技术（有光铂、有光银）并发至各陶瓷产区研究所，使技术人员开阔了眼界。1965年，轻工业部组织科技人员翻译了世界上一些国家的专利，以"日用陶瓷国外发明专利资料专辑"形式发往各瓷区。轻工业部以实施研究课题的形式鼓励金水生产单位进行新产品开发。湖南陶瓷研究所开展了"提高金水质量和增加金水新品种研究"、"黄金水生产技术及低含量金水研究"、"磨光金、无光金制剂的研究"。山东省硅酸盐研究所开展了"金水降铑代铑的研究"。各金水生产单位根据生产实际，进行了许多自选课题的研究。湖南省陶瓷研究所开展了"紫红电光水的研究"，江西景德镇瓷用化工厂开展的"柠檬黄电光水的研究"、"含钍金水的研究"。山东硅酸盐研究所开展了"无苯陶瓷金水的研究"、"稀土陶瓷金水的研究"、"镍铂银水和无金铂水的研究"，河北邯郸陶瓷研究所开展了"高温磨光金的研究"等。其间，轻工业部分别在景德镇、汕头、醴陵等地召开了金水、颜料、花纸技术座谈会，开展了行业评比等活动，推动了我国金水的研究和生产。

1980年，轻工业部组织湖南省陶瓷研究所、山东省硅酸盐研究所、景德镇瓷用化工厂起草了轻工业部金水行业标准，以后又经过了两次修订。

1995年3月，德国迪高沙公司所属的全资公司——德国赛德克陶瓷颜料公司与山东硅酸盐研究院合作，成立淄博赛德克陶瓷颜料有限公司，开始了陶瓷釉上彩颜料、玻璃颜料、陶瓷釉用色料、陶瓷金水的全面研发和生产。1997年，淄博赛德克陶瓷颜料有限公司将德国金水的生产工艺和技术引进到我国。在广东的潮州地区，淄博赛德克公司生产的金水基本取代了德国、英国的同类金水产品。同时，该公司将德国的陶瓷花纸印刷金膏、玻璃花纸印刷金膏和玻璃金水引进到我国市场，极大地丰富和提高了我国陶瓷、玻璃制品的装饰花色和水平以及出口竞争力。目前，淄博福禄新型材料有限公司是我国最大的陶瓷玻璃金水金膏生产基地，2007年生产和销售各种金水金膏124000瓶（每瓶50g）。

2000年以后，我国金水生产企业的结构发生了重大变化。2001年，湖南陶瓷研究所在国内首先研发成功具有自主知识产权的小膜陶瓷花纸金膏，基本满足国内市场的要求。随后，湖南陶瓷研究所的金水、金膏生产技术逐步分散到湖南、潮州等地区的民营企业。现在，湖南陶瓷研究所的金水、金膏生产车间已经由民营企业承包经营；景德镇瓷用化工厂的金水、颜料、花纸也已经由民营企业承包经营。2007年，这些企业的金水、金膏产量为在240000瓶（每瓶50g）。邯郸陶瓷研究所金水生产已经关闭，唐山陶瓷研究所还在生产很少数量的金水。

2002年，淄博福禄新型材料有限公司将德国的陶瓷印刷金膏技术引入我国。同年，德国贺力士（Heraeme）公司在上海贺力士分公司生产玻璃金水，随后又生产玻璃金膏。现在，我国国产金水、金膏产品性能和产量在满足陶瓷、玻璃制品装饰的使用要求外，还出口到东盟国家，中东、南亚等地区。

这里，重点介绍湖南金水、山东金水、江西金水和河北金水的发展历程。

1. 湖南金水

从1953年开始，湖南省陶瓷研究所就开始金水的研制和生产，是我国首家金水研制和生产单位，占全国金水用量约70%～80%的份额，是我国金水企业中的领军企业。湖南金水可分为三代。20世纪50年代首创的瓷用亮金水为第一代，改变了我国金水需要依赖进口的局面。20世纪70年代，研制出加入硝化棉的薄膜金水，可称为第二代金水，解决了大膜的冲金问题。80年代，承担轻工业部的"提高金水质量和增加新品种的研究"项目，联合上海有机化学所、兰州涂料研究所，开发成功两种热固性醇酸树脂，配制出CG3/10%金水，可称为第三代金水，具有沉淀少、不冲金、金色亮度好等特点。20世纪80年代至90年代中期，湖南省陶瓷研究所的金水产量和质量一直保持全国的领先水平。1993年，金水的产量达到12万瓶

（每瓶50g）。肖建昆、张振业等是我国知名的金水专家。

50多年来，湖南省陶瓷研究所把技术推广到山东淄博、河北唐山、邯郸等地区，培养了一大批金水技术人员，为我国陶瓷的金装饰产业的发展做出了重要贡献。

2. 山东金水

1961年，山东省硅酸盐研究设计院研制成功陶瓷金水，因黄金指标未能纳入国家计划故没有正式生产，仅为小批量试产。1971年，轻工业部批准山东省硅酸盐研究设计院为国家金水定点生产单位，承担山东出口陶瓷和部分细瓷所需金水的生产供应任务，陶瓷金水最高年产量2万余瓶（每瓶50g）。20世纪70年代，相继研制成功"无苯陶瓷金水"和铂金水、钯金水和铂金水、蓝电光水等，其中"无苯陶瓷金水"和铂金水与1978年获得全国科学大会奖。80年代，联合济南花纸厂共同完成磨光金和大膜金花纸的研究项目；研究成功树脂型磨光金和金粉型磨光金、戳用金水、稀土金水；研制出氯金酸、氯化银、碳酸银等并规模化生产。

1993年10月，完成了第二代金水的研究，解决了化学稳定性不高等问题。同期，进行了无金镍铂水的研究。

3. 江西金水

20世纪50年代初，魏忠汉、查鹏研制成功江西"三蕾"牌陶瓷金水；1955年实现规模化生产，实现了国产化的目标，使江西陶瓷用上了自己生产的金水。金水产量从几百瓶到最高年产量达5万瓶（每瓶50g），成为我国金水的重要生产基地。杜海清教授在《陶瓷釉彩》一书中，介绍了五种制作金水的方法，对国产金水的研究开发具有指导意义。

4. 河北金水

1958年，唐山陶瓷研究所开始研制陶瓷金水，1963年开始中试，1968年首先小批量生产。1970年，经轻工业部批准投产陶瓷金水，负责河北省出口陶瓷金水的供应任务，使北方瓷区金水实现了自给，改变了长期依赖进口的局面。20世纪80年代，研制成功钯金水。金水年产量最高达到近万瓶。唐山地震后，河北金水供应困难，邯郸市陶瓷研究所开始组织金水生产，后经轻工业部批准承担供应河北省用金水任务。1978年，邯郸陶瓷研究所研究成功高温磨光金。邯郸金水产量只有数千瓶，进入21世纪后逐渐退出市场。

二、电光水装饰材料

1952年，山东研制成功电光水，由博山在茂地方工业社进行生产，主要销往博山当地。1956年，博山在茂地方工业社与艺新陶瓷颜料厂合并成立了博山陶瓷颜料合作社，年产量约40kg。1958年，博山陶瓷颜料合作社并入淄博市硅酸盐研究所后改进了电光水的生产工艺。1976年，又研制成功蓝电光水、紫红电光水等，最高年产量120kg。

20世纪50年代，景德镇瓷用化工厂生产电光水；90年代研制成功玻璃电光水，年产量约10t。

21世纪初，我国南方地区大量使用镜面效果的电光膏，用于装饰三次烧或多次烧的腰线砖或墙砖,年消耗量约为20～30t。现在,随着墙地砖产品结构的变化,需求数量逐渐减少。

三、仿金技术的进展

多年来,人们一直在寻找代金材料或仿金技术,试图不用黄金而获得完全类似黄金外观的装饰。下面介绍几种目前国内仿金材料的发展状况。

1. 用廉价的贵金属代金

过去,有不少专利介绍用其他贵金属装饰陶瓷制品,但均不能产生金色效果。山东省硅酸盐研究设计院发现,钯、银在合适的比例范围内虽可以出现金色现象,钯、银总重量大约在5%、钯含量在4%～5%、银含量在1%,虽然成本会有降低,但装饰效果不理想。

2. 钛仿金膜

在470nm附近氮化钛产生吸收产生黄金同样的金黄颜色。以化学气相沉积法(CVD)和物理气相沉积法(PVD)在陶瓷制品上生产TiN膜已成为陶瓷仿金装饰的重要方法。但由于设备、形状、工艺等原因,这一技术只适合小件陶瓷制品或全涂的工艺制品等。

3. 云母代金

1981年以来,很多专利提出用云母染色代金技术可装饰陶瓷制品,但只能得到无光金效果,很难获得亮金,因价格便宜,方法简单,作为建筑陶瓷金装饰也许更有前途。陶瓷代金技术仍任重而道远。

第四节　陶瓷花纸

我国的陶瓷生产一直采用手工绘画装饰,生产和使用陶瓷花纸的历史还不到一百年。根据使用方式可把陶瓷花纸分为釉下花纸、釉中花纸、釉上花纸。根据印刷方式可把陶瓷花纸分为凹版印刷花纸、石版印刷花纸、胶(平)版印刷花纸和丝网印刷花纸。

一、陶瓷花纸发展概况

20世纪20年代末,曾留学日本学习美术和印刷术的原商务印书馆绘图部主任顾德润与他人合资创办上海锦华贴花印刷公司,专营印贴花纸,用于搪瓷、陶瓷、玻璃、五金、木器等的贴花。30年代时,上海的搪瓷工业蓬勃兴起,对贴花纸的需求量极大,带动了国产贴花纸印刷工业的发展。上海锦华贴花印刷公司恰逢其时,生意如日中天。

早期的釉下彩贴花纸采用凹版印刷,色料品种较少,主要是用钴矿土的氧化钴适当调配其他色料呈蓝色调,多为单色印刷。凹印贴花纸的制作工艺是先把颜料同联结料调制成水性墨,用凹版印在薄棉纸上,将棉纸的印刷墨面贴在未上釉的瓷坯上,从棉纸的背面润水使印墨转移而吸附在瓷坯上,然后上釉入窑烤烧,经过1250～1300℃的烧制使棉纸完全碳化燃烧变成气体逸出,颜料同陶瓷融为一体显示出青蓝色的图纹,制成釉下彩青花瓷。这种凹印贴花纸虽然颜色单调,但颜料中不含铅且在釉下,对人体无害而一直受到人们喜爱。凹版印刷只能在一张薄棉纸上印一种颜色,并且印刷图案不够精细,因此只能在部分釉下彩装饰中使用。

1932年,上海锦华贴花印刷厂毁于日本发动的淞沪之战。1933年,顾德润在康元制罐厂设立瓷花部,除继续印制搪瓷贴花纸外,还印刷陶瓷贴花纸,产品行销江西景德镇等地。在这之前,由于我国不能自产陶瓷贴花纸,所需的贴花纸要高价向日本、德国等国订购。康元厂制罐厂印制的贴花纸以价廉物美的绝对优势有力地抵制了日、德洋货的倾销。1937年,日本的侵略战火再次烧毁了康元制罐厂。

1932年,山东省立模范窑业厂也开始自产釉下贴花纸,生产分为制版、配料、印刷三道工序。印刷方法为雕版凹印,工艺简单。手工滚压制成,当地亦称压花花纸,既可直接贴到上釉后的生坯上,也可先贴到坯上后再上一层釉。初始主要印制单色(蓝)画面,后发展到可套印3～4色,画面常以花鸟等为主,日产近800张,全部供应当地窑厂。20世纪30～40年代,山东的陶瓷花纸生产时断时续,1947年全部停产。

20世纪50年代初,上海的贴花纸印刷厂迁到瓷都景德镇,同时,一些陶瓷产地也相继建立了陶瓷贴花纸印刷厂。

20世纪50年代,我国仅有济南瓷用花纸厂、辽阳陶瓷花纸厂和景德镇瓷用化工厂三家规模较大的专业陶瓷贴花纸厂,年产量2000万张,供应国内陶瓷生产使用。

济南瓷用花纸厂是由济南公私合营新中印刷厂发展起来的,1958年成立贴花纸试验小组,当年试验成功并投入生产,至年底共生产釉上花纸50万张。1959年成立陶瓷贴花纸车间,形成年产200万张花纸的生产规模,产品除少量供应淄博地区外,主要供应湖南、河南、河北等省。1966年1月1日,陶瓷贴花纸车间从该厂分出而成立济南瓷用花纸厂。

20世纪80年代末,国际上出现了新型花纸生产工艺和新材料,即小膜花纸(亦叫水转移花纸)。纸张选用透水性好的纸,纸面涂布植物淀粉和树脂胶形成易溶于水的胶面,在胶面上印刷颜料油墨,油墨干燥后,再印一层以聚丙烯酸酯为主要成分的"膜"。特点是可塑性好、适宜中高档和复杂器型的陶瓷产品贴花,贴花时不易破碎、花纸利用率高,底纸一次性使用,纸面干净,印刷时出现瑕疵的机会少,在合适的湿度和温度匹配下套色准确。小膜花纸得到广泛应用。我国小膜花纸的年产量约为2.6亿张、占花纸全部产量的80%以上,花纸的厂家近500家,花纸年产量居全球首位,部分厂家质量达到或超过国际先进水平。

90年代中期,随着计算机技术的普及,花纸制版技术由照相制版、电子分色制版发展成为计算机制版。华光计算机公司等开发了针对花纸特点的专用制版软件,Photoshop软件得到广泛使用,计算机制版具有制版简单、快捷、易变化版面等特点。

陶瓷贴花纸产业形成了国有、集体、个体竞相发展之势。到1993年,山东省生产陶瓷贴花纸的厂家有36家,年生产能力5000万张,实际生产4200万张,拥有1200多个花色品种,供应全国16个省市300多家出口瓷厂用。济南瓷用花纸厂拥有国内唯一的一条小膜花纸生产线，年产量占全省的70%、全国的1/4。

21世纪初，深圳花纸行业得到了快速发展。深圳金明威花纸集团公司鼎盛时共有全自动丝网印刷机24台，花纸产量超过1500万张/年。深圳斯达高花纸公司和深圳隆达花纸公司生产的陶瓷四色花纸质量达到国际先进水平。深圳恒佳花纸公司的精细挂网陶瓷餐具花纸技术特色明显。国内著名的企业还有潮州三元陶瓷集团花纸公司、济南众诚花纸公司、邯郸融源花纸公司、淄博美图花纸公司生产、张家港港红花纸公司等。

近年来，陶瓷贴花纸新产品有：新型环保无铅颜料装饰——高温快烧装饰效果花纸和釉上颜料和凹陷效果颜料结合花纸、用于釉上无铅颜料浮雕花纸，以及一次烧印刷贵金属制剂花纸和阴阳金/浮雕金花纸等。

二、石版印刷贴花纸

20世纪50年代以前，我国没有平印机。50～60年代我国一直以石版印刷为主。

石版印刷技术起源于德国，是平版印刷技术的原始方式。石版印刷是在尺寸约250mm×300mm的一种特殊大理石平滑表面上，分别勾勒出设计稿中涉及的颜色轮廓，然后采用勾线、涂平、圈点等不同手法在石版上绘制印版。早期的石版印刷是把纸张放在印版上，通过人工加压而将图文油墨转印到纸上，后经过改进，形成机械石印装置，比手工加压转印更加清晰，但印版还是笨重的石块。

20世纪50～60年代初，我国花纸印刷使用石版印刷工艺，石印机来自上海，纸张是类似中国画裱糊的特殊纸。这种特殊纸由基纸和面纸两部分组成，基纸是120g左右的全木浆板纸，面纸是17g全木浆拷贝纸，用糨糊将面纸裱糊在基纸上，然后在面纸上涂布（使用一种涂布纸机）阿拉伯树胶，烘干压平后成为胶面纸。印刷用油墨是用亚麻仁油、干燥油和分散剂调配而成（俗称凡立水）。印完凡立水以后，不等印迹干固，立即在印迹上撒颜料粉，让颜料粉颗粒粘着在图纹印迹上（俗称揩粉）。待第一色印刷墨迹完全干固后，再进行第二色印刷，以此类推，直至多色套印完全为止。不同版面涂布不同的油墨，按版面不同，依次印刷，按工艺要求将不同的粉末颜料倒在不同的纸上进行擦涂，颜料呈干粉状，擦涂后会粘在印迹上，形成图案。这种擦粉工艺最初由人工完成，在印好油墨的花纸上倒上所需的颜料，用棉棒轻轻地擦粉，颜料被黏合在纸上。这种工艺对画面中的线条、网点色块实地表现准确，对颜料的细度要求也不太严格，致命的缺点是操作中的粉尘对环境的污染、对工人易造成严重的铅中毒。这种工艺完全手工操作，一台石版印刷机需要十几个擦粉工人。擦粉花纸的清晰度高，在欧洲应用了很多年。随着对设备的技术改进，擦粉工序逐步实现了机械化操作。我国限于当时的条件限制，花纸工人铅中毒问题很严重而急需改进花纸的印刷工艺。

三、胶版（平版）印刷贴花纸

20世纪60年代，随着胶印技术的发展，我国的陶瓷贴花纸印刷逐渐由石印过渡到胶印，这是花纸行业发展史上的里程碑。胶印机用锌版取代了笨重的石版，印刷速度大幅提高，图案更加清晰。陶瓷颜料混入亚麻仁油和干燥油，用三辊研磨机制成颜料油墨，彻底解决了陶瓷颜料粉尘对印刷工人的危害。由于胶印花纸的颜料层非常薄，需用石版印刷机在花纸图案表面上印一层亚麻仁油，此工艺一直沿用到70年代中期。石版印油的版面要比图案略大，花纸上的亚麻仁油烤烧后会在画面图案四周留有残留物，影响画面图案的美感。花纸印"油"最后一道工序就是揭花，工人用竹片将原来裱的面纸从基纸上揭下来，基纸循环利用。时至今日，该工序还不能实现机械化操作。

70年代中期，我国花纸行业推出聚乙烯醇缩丁醛（PVAC）薄膜花纸，就是在原来的基纸上覆一层塑料薄膜，再使用涂布机覆上聚乙烯醇缩丁醛薄膜，然后再印刷颜料油墨，这种花纸也叫"大膜花纸"。大膜花纸具有成本低、适合中低档陶瓷装饰的优点，但可塑性差、易破碎、不适合复杂器型陶瓷产品的贴花装饰，且基纸反复使用使纸面比较脏，容易造成花面缺色现象，以及需要揭花工序而占用大量人力。

20世纪60年代末至70年代，我国的胶版印刷贴花纸年产量达到1亿张左右。济南瓷用花纸厂、景德镇瓷用化工厂、辽阳陶瓷花纸厂是我国花纸行业的领军企业，花纸产量占国内总产量的70%以上。

70年代初，济南花纸厂在国内率先试制成功大薄膜花纸调墨印刷新工艺，用合成树脂调制陶瓷贴花平印颜料油墨使印刷适性明显改进，改变了颜料油墨与亚麻仁油分别施印工艺。济南陶瓷贴花纸厂被轻工业部和外贸部确定为日用陶瓷釉上贴花纸重点生产厂，并先后从日本、瑞典引进印刷机、制版设备8台，成为当时国内最大的陶瓷贴花纸生产厂家，产量和质量连续多年稳居同行业之首。

随着我国陶瓷行业的发展，我国陶瓷贴花印刷行业进一步扩大，约有花纸厂近20家，主要分布在山东济南、江西景德镇、辽宁辽阳、湖南长沙、河北唐山、广东汕头、河北邯郸和江苏无锡等地。

四、丝网印刷贴花纸

20世纪70～80年代初，随着网版印刷技术的推广，贴花纸印刷由平版印刷逐渐转向丝网版印刷。丝网印刷的最大特点是印版用纤维织物做成，有植物纤维、人造纤维、金属丝等材料。纤维织物被固定在框架上，涂布感光材料通过曝光、显影将要印刷的画面显示在网版上，出现漏空和填实两种效果，在刮刀的压力作用下，网版上面的颜料油墨穿过漏空处转移到承印物（纸张）上。丝网印刷花纸的优点是墨量充盈、印刷颜料层厚、烤烧后颜料的光泽度好、色差小，缺点是墨量大小由人工操作调控而容易造成颜色印刷厚薄的差异。

济南花纸厂于1966年最先开始丝网印刷花纸的试验。1978年，在全国率先引进日本樱井公司生产的全自动丝网印刷机，开创了我国丝网印刷陶瓷花纸的新时代。之后，我国先后自日本、瑞典引进全自动丝网印刷机近百台，但丝网印刷花纸所需要的陶瓷颜料主要由德国Degussa公司和英国的Johnson Matthey公司进口。

20世纪80年代，上海印机行业开始制作各种型号的全自动丝网印刷机。山东省硅酸盐研究设计院等相继开发成功各种陶瓷颜料和玻璃颜料等，结束了我国花纸厂进口陶瓷颜料的局面。

1993年3月，山东省硅酸盐研究设计院和德国赛德克陶瓷颜料公司成立了我国第一家陶瓷装饰材料的合资生产企业——淄博赛德克陶瓷颜料有限公司（2004年更名为淄博福禄新型材料有限责任公司），生产具有世界领先水平的丝网印刷陶瓷颜料、玻璃颜料和陶瓷金膏、玻璃金膏等产品。与此同时，调墨油、网布、感光胶等辅助材料也相继实现国产化。

目前，我国花纸行业拥有丝网印刷机超过千台，是世界上丝网印刷机数量最多的国家。

第五节 陶瓷模具和窑具

通常把模具、窑具和陶瓷的主体原料统称为"基础材料"。随着陶瓷工业的发展，对陶瓷制品的要求越来越高，对模具和窑具的质量和品种提出了更高要求。

一、陶瓷模具的种类和发展

早在新石器晚期，陶器的生产就开始使用模具。最初的模具是以天然器物或陶瓷制成。汉代至宋、元时期，日用器皿的嘴、把、顶等已普遍用陶模印坯制作，器物上的花纹和浮雕也是用陶模压成。明清时仍用陶质模具。民国以后开始用石膏制作模具。1949年以后，随着我国工业的发展，模具的材质和制作工艺得到快速发展。按照材质，可把陶瓷模具分为石膏模具、塑料模具、合成石膏模具和金属模具。

1. 石膏模具

目前，石膏仍为模具材料的主要原料。20世纪初期，石膏模具按成形方法分为塑性成形模具和注浆成形模具两大类，原料均为普通的半水石膏（β-半水石膏）。半水石膏是把二水石膏（天然生石膏，化学式$CaSO_4 \cdot 2H_2O$）经粉碎后在常压下加热脱水制备而成。把半水石膏调水成浆，在母模中水化、凝固、脱模干燥成为模具。到50～60年代时，石膏模具材料由β-半水石膏变成α-半水石膏（又称高强石膏）。α-半水石膏是把二水石膏在2～3kg/cm²的高压釜加热、经200～240℃的蒸汽干燥后再粉碎而制成的模具材料。α-半水石膏具有吸水率低、强度高、使用寿命长等特点，适合滚压成形、高压注浆成形及母模使用。常用模具添加剂种类和名称见表12-16。

表12-16 常用模具添加剂的种类和名称

种类	添加剂名称
增强剂	蜜胺甲醛树脂、酚醛树脂、蜜胺树脂、聚氯化乙烯、腐殖酸钠、液体桃胶等
促凝剂	硫酸钾、硫酸钠、铵盐；硝酸钾、硝酸钠；碳酸钾、硼酸钾等
缓凝剂	硼砂、明胶、尿素、腐殖酸钠、单宁酸钠、三聚磷酸盐

2. 塑料模具

塑料模具具有表面光滑、机械强度高、耐磨性能好、耐腐蚀性强、使用寿命长等特点。

寿命可达3000～4000次以上，为普通石膏模型的10倍以上，但价格昂贵、制作工艺复杂。

20世纪80年代，我国引进等静压成形技术和配套用塑料模具。制作陶瓷塑料模具的材料有聚氯乙烯、聚四氟乙烯、聚氨基甲酸酯等。80年代末，我国开始静压成形模具的相关研究，合成了聚氨酯弹性体用材料，研制成功了静压成形所用的模具，但没有实现专业化生产。现在或更长一段时间内，我国陶瓷模具材料仍以石膏质模具为主。

同时，我国卫生陶瓷工业引进高压注浆成形技术装备和微孔塑料模具。欧洲的模具采用聚酯树脂、日本的模具采用环氧树脂，使用寿命可达2万～3万次。我国在"八五"期间开始开发这些技术，实现了高压注浆用微孔塑料模具材料的国产化。现已应用于卫生陶瓷的生产。

3.合成石膏模具

20世纪80年代，山东曾用化工厂的废料进行合成石膏的试验，并通过了省级鉴定，但没有工业化生产。另外，也有人进行过无机填料模具的试验。

4.金属模具

金属模具出现于20世纪60年代，用于电瓷、耐酸瓷砖的冲压成形和电瓷的热压注浆成形。70年代至今，金属模具广泛用于生产建筑陶瓷、电瓷和特种陶瓷的生产，金属模具由使用企业自制发展成为专业化模具公司生产。1978年，山东研制成功大缸成形机，模具材料为铝质。

二、陶瓷窑具的种类和发展

最早烧制陶瓷时使用的窑具是由泥条和垫板制成。汉代以后种类增多，南北朝以后窑具多达一二十种。按用途可分为垫具和产品间隔具，垫具又称垫柱，有实心垫柱和空心垫柱，用耐火黏土制成，装烧产品时，安放在窑台上，其顶端放置坯体。间隔具主要用于叠烧产品，用带有支钉和环状垫圈（饼）的间隔具将产品隔开。到北宋后开始使用匣钵装烧产品，匣钵成为窑具家族的主要成员。最早的匣钵是用耐火黏土、手工拉坯制成。明清以后在用料、品种和制作工艺有所改进。民国期间，淄博地区所用的匣钵已基本成圆筒形，按大小和用途分为"垄子"和"笼盆"两件，用料也更加丰富多样，成形已用陶车成形，匣钵的使用次数为2～5次，平均每窑的破损率在20%左右。在山东博山地区，已出现了窑具专业作坊。

1949年以后，随着陶瓷工业的发展，窑具从材质到制作工艺都有了很大的发展。20世纪50年代，在传统的黏土生料匣钵中引进了一定数量的煅烧焦宝石或矾土，使匣钵的高温性能有所提高，成形方法由手工拉坯改为刀板成形。60年代后，开发了匣钵的半干法冲压成形工艺，在间歇式窑中匣钵的使用次数可达10次以上。1963年，我国第一条日用陶瓷煤烧隧道窑在山东博山陶瓷厂建成，但使用的ϕ300mm的匣钵在窑中运行的一次破损率为70%。为此，淄博市硅酸盐研究所研制成功了堇青石质匣钵，使匣钵在隧道窑中的使用次数由原来的2～3次提高到70余次，为日用瓷隧道窑的推广提供了保证。堇青石质匣钵具有膨胀系数小、热稳定性好等特点，非常适合北方瓷区使用，很快在山东、河北、辽宁、山西、河南、内蒙古自治区等地推广使用。到80年代，对堇青石匣钵工艺技术进行了完善，特别又推广了匣钵的滚压成形而使堇青石匣钵的使用寿命大大提高。山东博山陶瓷厂使用滚压成形5英寸碗匣钵的使用次数可达300～400次，8～10英寸盘用匣钵的平均使用次数为80～100次。我国南方瓷区的烧成温度高，因而不宜使用堇青石匣钵，多采用高铝质、莫来石质、莫来石-堇青石质、碳化硅质匣钵。

1978年以后，我国陶瓷窑具制作水平明显提高。材质从传统的硅-铝系、硅-铝-镁系、碳-硅系材料扩展到重结晶碳化硅、氮化物结合碳化硅、电熔刚玉、电熔莫来石、电熔石英等为代表的现代窑具。窑具的成形方法也从传统的可塑、注浆成形发展成为大吨位干压成形、等静压成形等。燃料结构的改变和新型窑炉的出现以及陶瓷种类的增多，使窑具的产品结构更加丰富多彩，有以器皿为主的各类匣钵，有用于明焰烧成的各类棚板、支柱、异型托垫、仿形支架以及辊道窑用的陶瓷棍棒等。目前，我国窑具材料的生产技术已经能满足日用陶瓷、建筑卫生陶瓷行业的生产需求。

第十三章　陶瓷工业装备

世界陶瓷的发展历程中有一个事实，生产的核心工艺技术"粉碎、成形、烧成"千百年来一直没有本质性的改变，然而陶瓷产品和生产装备两大项却是一直在变化中在进步中。陶瓷产品追求更好的潮流性、实用性、功能性、文化艺术性；陶瓷装备追求更好地满足机械化、自动化、智能化、环境保护等生产要求。

从传统意义上讲，陶瓷生产装备包括陶瓷机械设备、陶瓷窑炉两大部分。在作坊式、机械化半机械化生产的年代，两部分是分开的；在现代工业化生产的年代，两部分走向一体化。所以本章的陶瓷生产装备将机械设备、窑炉及被引入使用的各种元件或装置集中在一处。这也是中国陶瓷工业百年的重要技术进步。

纵观中国陶瓷百年装备史有两条清晰的轨迹：陶瓷装备的开发与发展路线，装备是跟着工艺技术走的，工艺技术是跟着产品走的，产品是跟着市场走的；陶瓷装备开发与使用前七十年北方超前南方，后三十年南方超过北方。

中国陶瓷百年最大的变化和进步之一就是实现生产装备的国产化。21世纪的陶瓷装备业也必然会伴随着陶瓷制造业的兴盛而成为中国一个不可忽视的新兴制造业。

第一节　陶瓷工业装备百年概况

依据史实，中国陶瓷装备的百年发展历程大概可划分为三个阶段或时期，即1911～1948年时期、1949～1989年时期和1990～2010年时期。

一、1911～1948年的陶瓷生产装备

1911～1948年时期，我国几乎没有专业化的陶瓷机械生产厂，生产使用工具、机构、简单机械，窑炉是就地砌筑的，全国的日用陶瓷、陈设艺术陶瓷、园林建筑瓷生产基本上保持着原始的、传统的生产方式。其间有进步意义的是唐山、淄博、景德镇等地开始使用从国外引进的或是本地铁工厂制作的球磨机、泥浆泵、滤泥机（压滤机）、磁选机、电瓷压力机及窑炉设计、测试仪表、石膏模等，可以看作是中国陶瓷装备工业的萌芽、陶瓷生产工业化的起步。

所谓传统生产方式就是原料粉碎主要靠手锤敲打、人力舂捣、水碓和畜力拉碾，练泥依靠人力畜力踩踏，干燥靠风吹日晒，成形使用手工拉坯、泥条盘筑这类最古老的传统操作方

法，陶轮（辘轳车）用手摇或脚踏驱动。烧成在南方地区以柴烧龙窑、阶级窑及景德镇蛋形窑为主，北方地区以煤烧馒头窑、倒焰窑为主。

1. 江西景德镇的陶瓷生产装备

明末清初，景德镇窑工在龙窑和葫芦窑的基础上创建了蛋形窑，并一直沿用到20世纪50年代初。蛋形窑以松柴为燃料，一次可装烧10～15t日用瓷。景德镇的蛋形窑集我国历代南北瓷窑之大成，使景德镇瓷器在世界独领风骚数百年，并对国外陶瓷窑炉的发展产生了重要影响。

1910年，官僚资本的江西瓷业公司成立。原料制作主要靠水碓、石碾、石臼和人工淘洗、桶装太阳晒、手搓脚踩的方式精制。成形设备大多是一些手搅、脚踏驱动的辘轳车，手工拉坯、手工雕琢。烧成主要用柴烧的搓窑、蛋形窑（镇窑）及简易的圆形窑包（类似馒头窑）。清末民初，景德镇先后派人到日本等国学习，引进煤窑窑炉设计及烧成技术、新法选矿及粉碎技术、机械练泥、成形及吹釉技术、石膏的使用及注浆成形技术等。直至1949年前，景德镇的陶瓷业基本上还是手工作坊式的生产。

2. 河北唐山的陶瓷生产装备

1914年，启新瓷厂使用原料加工机械、化验设备和石膏模型，生产出我国第一件卫生陶瓷。20年代初，用人力丝杠压力机压制低压电瓷。1923年，由德国引进球磨机、泥浆泵、磁选机、电瓷压机等。1926年，德盛、新明两厂开办了新明铁工厂，制造出轮碾粉碎机、球磨机、搅泥机、滤泥机、成形机轮、压砖机等，开启了中国陶瓷机械国产化制造的先河。1933年，唐山铁路机车车辆厂为陶瓷厂制作了直径360mm的滤泥机。1937年，各厂普遍使用电力取代柴油机。40年代，使用磁铁对泥浆原料除铁、过120目筛。1945年，唐山的同兴铁工厂已能制造球磨机，以后，德丰、义顺兴等铁工厂也能制造简单的陶瓷机械。

传统的窑炉是旧式馒头窑，属于直焰窑或称半倒焰窑。1920年，启新瓷厂首先采用长方形倒焰窑。1927年，新明瓷厂建成了3座长方形倒焰窑。1936年，德盛瓷厂采用光学高温计测量窑温。20世纪40年代倒焰窑已普遍应用，容积一般为$50m^3$左右。1949年在彭城建成第一座倒焰窑后，馒头窑开始被逐步淘汰。1949年，德顺隆瓷厂首先使用热电偶测窑温。早期的匣钵均为手工打制，20世纪30年代亦可用人工压机压制。

3. 山东的陶瓷生产装备

1916年，日本人渡部逸次郎在博山建立日华窑业工厂，烧制陶管及耐火砖。1931年4月，山东省农矿厅在博山建立山东省模范窑业厂，采用机械设备和新式倒焰窑试产细瓷，产品有日用瓷、电瓷、卫生瓷等约40余种。1931年，博山山头裕业公司曾将手摇石轮改为以蒸汽机为动力的机械传动方式。1944年，淄博生产陶瓷的窑户增至600家，窑炉260座。尽管如此，但1949年前，整个山东陶瓷业的主体仍然沿用"牛拉碾、脚踩泥、成形手拉坯、干燥靠太阳、烧成用圆窑、草屋作厂房"的原始生产方式。

淄博馒头窑是我国北方古代陶瓷窑炉的代表之一，因外形似馒头而得名，是在卧式窑的基础上逐渐形成的间歇式窑，经历了由烧柴到烧煤的转变，根据燃料和产品的特点，逐渐形成了后来窑口的定制。1948年，淄博有馒头窑200多座。

4.其他瓷区的陶瓷生产装备

民国时期，广东的陶瓷烧成用龙窑。龙窑数千年而经久不衰。现作为旅游景点的石湾南风古灶为明代修筑，历经数百年，至今仍能烧出优质的陶瓷产品。

龙窑是浙江古代窑炉的代表作，沿袭数千年。1951年，龙泉县有窑场51座。1926年，浙江泰山砖瓦股份有限公司上海二分厂试制成功无釉陶瓷外墙砖——泰山牌毛面砖。1939年，温州民族实业家吴伯亨开办西山窑业场，1943年正式投产，生产釉面砖、铺地砖等，使用的都是国产设备。

山西有代表性的民窑榆次窑在孟家井村。用堆形横焰窑（基本同倒焰窑）一次烧成。1918年，山西工业试验所窑业部建设细瓷窑，1923年试制成功日用细瓷，窑业部有倒焰窑一座。1933年，西北实业公司在太原建设西北窑厂，以烧制耐火材料为主，兼作日用细瓷，主要烧成设备为倒焰窑。

辽宁建立的陶瓷企业受到日本工业的影响，使用一些机械生产。原料处理用球磨机、压滤机、挤泥机，成形使用辘轳成形机和石膏翻型。有些设备是由大连恒大铁工厂仿大华机械制造的。惠东窑的泥浆泵、压滤机是由大连日本经营的长坂铁工厂制造的。沈阳肇新窑业公司从原料到成形全套设备是在日本名古屋中央铁工厂订购的。烧成均使用煤烧倒焰窑，有方形和圆形的。肇新窑业初期建有4座方形倒焰窑，1931年又建成4座共8座方形倒焰窑。各厂的设备大致相同，每厂有轮碾机1台、球磨机6台、压滤机1台、辘轳成形机20台、倒焰窑4座，周转期为每周一次。全厂每月烧成15～16窑产品，前后生产工序基本平衡。

二、1949～1989年的陶瓷生产装备

1949年以后，我国处于经济恢复建设时期，80年代始又是国家实行改革开放政策初期，陶瓷工业生产装备的发展主要表现为组建陶瓷机械厂，建立专业窑炉公司，购买引进国外较先进的装备以及国产化，为实现陶瓷装备生产大国强国打基础。

1.组建陶瓷机械厂

承接从民国过来的陶瓷业，初期是将大大小小分散的私人作坊或小厂组成有一定分工的联社、合作社、公私合营厂，后改造为国营厂。20世纪50～70年代，国家在各个陶瓷产区相继组建的国营陶瓷机械制造厂、机修厂也是从分散的个体户改造过来的。

（1）唐山轻工业机械厂　1953年，唐山24家铁工厂经公私合营组建了唐山市公私合营建新机器厂，确定以陶瓷机械制造为主要任务，试制成功了双缸泥浆泵、大型滤泥机、轮碾机、搅泥机、缸轮机等，产品供应唐山市并销往华北、东北、西南、华中各地，使唐山的陶瓷机械在国内占据重要位置。1958年，唐山市建新机器厂更名为唐山市公私合营陶瓷建筑机械厂；1964年，唐山市公私合营陶瓷建筑机械厂，成为轻工业部直属企业，更名为公私合营唐山陶瓷机械厂；1966年，更名为国营唐山轻工业机械厂。后两次扩充改造使管理素质和国家资产规模均位居国内同行业前列，年生产能力达到5300t，产品国内市场占有率达60%。

1986年，唐山轻工业机械厂迁到丰润。1993年的主要经济指标达到历史最高水平，成为行业百强企业之一。20世纪末，由于体制转变而退出。

（2）景德镇陶瓷机械厂　1951年12月，景德镇市人民政府以李同兴机器厂为基础筹备成立了人民铁工厂。李同兴机器厂是始建于1936年的一家私营粮食加工机械内部修理厂。1957年，景德镇市机器修配手工业生产合作社并入人民铁工厂，人民铁工厂更名为景德镇市机械厂。1959年4月至5月，景德镇市寿安八井炼铁厂、景德镇市五金机械厂、浮梁县机械厂相继并入景德镇市机械厂，开始以生产陶瓷机械为主的试制并成批生产。1964年10月，被轻工部批准为部属陶瓷机械定点厂并更名为景德镇陶瓷机械厂。

（3）八家定点陶瓷机械制造企业　20世纪60～80年代，轻工业部还支持在部分省区建立了另外6家定点陶瓷机械厂，形成既合作又竞争的局面。它们是唐山轻工业机械厂、景德镇陶瓷机械厂、湖南省轻工业机械厂、石湾陶瓷机械厂、醴陵陶瓷机械厂、淄博陶瓷机械厂、宜兴陶瓷机械厂、营口陶瓷机械厂共八家。这些厂的大部分附属于当时各大陶瓷公司，承担机修、单机制造、进口样机仿造等任务。

（4）陶瓷机修厂　除定点厂外，还有一批附属于各陶瓷公司或大型企业的机械分厂或机修厂。虽然规模小、技术力量较弱、加工设备一般，但灵活且成本低，直接为产区服务起到十分有效的作用。如沈阳陶瓷厂的机械分厂，曾开发喷雾干燥器、陶瓷泥浆泵等；唐山陶瓷公司的唐山机修厂造出的压塑成形机、推车机、滚压成形机很有名；广东潮州公司、大埔公司的机修厂对促进当地的陶瓷生产机械化起很好的作用。

总之，20世纪80年代是国有陶瓷机械制造厂机修厂最辉煌的发展时期。

2.建立专业窑炉公司

20世纪80年代初期，湖北黄冈和景德镇、佛山等产区出现了众多的专业窑炉公司。湖北黄冈的陶瓷窑炉制造业和华夏窑炉工业（集团）公司就是在这一时期创建并在此后的三十多年形成世界有名的窑炉产业集群。自此以后，就地砌筑窑炉的状况发生了转折性的改变，窑炉由传统的设备转变进化成可移动任由安装拆迁的装备了。

2009年，黄冈市有窑炉企业60余家，具有国家一级窑炉资质的1家，国家二级窑炉资质的30多家，并设有科研设计中心、窑炉工程技术中心，在开发拥有自主知识产权并实现产业化方面走在全国同行业的前列。黄冈窑炉企业先后共承建日用陶瓷、建筑卫生陶瓷、电瓷及玻璃、冶金、新型建材、化工、环保等行业10000多项窑炉工程，共出口窑炉500余座，业务遍及全国33个省（市、自治区），产品出口亚洲、非洲、美洲、大洋洲等二十多个国家，同美国、德国、英国、日本、波兰、意大利、澳大利亚等国家和地区有着长期技术合作和业务往来。经中国建筑卫生陶瓷工业协会调查论证，黄冈窑炉企业在国内陶瓷窑炉界所占市场份额达50%以上，市场占有率居国内同行业首位。2008年，全市窑炉企业年总产值突破30亿元，实现利税1亿多元。2008年3月28日，经黄冈市民政局批准，黄冈市窑炉工业协会成立，湖北华夏窑炉工业（集团）公司董事长王旺林任会长，拥有会员企业60家，理事25人，常务理事19人。

3. 技术装备的引进和国产化

1978年以前，各陶瓷生产厂所使用的装备的绝大多数是国产的，其中只有少量进口的。自1978年国家实施改革开放政策以后，陶瓷行业是国内各行业中从国外进口装备最活跃的。引进装备，促进中国陶瓷业向现代工业化转变成为中国陶瓷发展史一个很特殊的阶段，故以记之。

（1）日用陶瓷生产装备的引进　20世纪60年代初，轻工部提出并实施了以提高白度、半透明度、釉面硬度、光泽度及热稳定性五大指标的高档陶瓷研制目标，并于1965年在河北唐山第三瓷厂（白玉瓷厂）、湖南醴陵永胜瓷厂、江西景德镇为民瓷厂全套引进国外技术和设备，包括从联邦德国引进的滚压成形机，从日本引进的压力注浆机和泥浆真空处理设备、链式干燥机、烤花窑、隧道窑，从英国引进的鱼盘成形机等，建成了三个年产500万件的高档瓷样板厂，初步在日用陶瓷行业树立了机械化和连续化生产的示范样板。1964年，唐山引进日本一工位注浆成形机。唐山花纸厂从德国引进丝网印刷机。1965～1966年，景德镇先后从国外引进包括压滤机、鱼盘注浆机、送浆机、振动筛、打样机和缩样机等9台设备。

1981～1985年，我国引进的重点是各种单机，主要机械有振动筛、磁选机、单缸隔膜泵、柱塞泵、压滤机、真空练泥机、转盘滚压成形机、固定工作台单、双头点头式滚压成形机等。

1986～1990年，我国引进的重点是自动生产线和等静压成形生产线，目的是建几个样板厂，提高出口瓷的档次。在此期间，唐山第一瓷厂引进英国全套骨灰瓷生产线、景德镇陶瓷股份有限公司引进德国全套硬质瓷生产线、广东石湾人民瓷厂和景德镇光明瓷厂分别引进日本全套炻器生产线。另外，四川重庆瓷厂引进了德国全套硬质瓷生产线。这五条生产线在90年代初期陆续投产，全部是二次烧成、机械化生产，成为我国日用陶瓷行业高档化和自动化生产的样板企业。1986年，湖南省建湘瓷厂从英国SE公司引进C型6号、7号两条盘类成形干燥生产线。1988年，景德镇市对为民瓷厂进行的技术改造是景德镇自1949年以来首次从联邦德国引进成套制瓷技术和设备的大型技改工程，投入4369万元（故俗称4369工程），从联邦德国耐茨（Netzsch）公司引进等静压成形生产线、注浆成形生产线、2条使用焦化煤气烧成的隧道窑。1988年9月开始设计、1989年9月动工兴建、1991年6月竣工投料试车、9月20日素烧和釉烧隧道窑同时点火、10月25日生产出第一批合格产品，一次投产成功。1994年9月，重庆瓷厂从德国汉索夫（Heimsoth）公司引进的明焰无匣快烧辊道窑建成投产。

在辅助材料方面，四川、山东和广东产瓷区分别引进色釉料生产线，为现代化生产配套提供了条件。景德镇高档窑具厂引进法国诺顿公司的全套碳化硅窑具生产线。景德镇石膏模具厂、厦门丸福石膏有限公司等引进技术和装备生产高质量石膏粉。

据不完全统计，自20世纪60年代以来，我国各主要陶瓷产区从日本、捷克、联邦德国、英国、意大利等国进口的原料精制、成形、装饰、石膏加工等日用陶瓷生产装备共125种201台，其中成形机械48台、作业线7条、原料精制设备111台、精坯加工设备8台、烧成设备4台、彩绘设备3台、其他设备27台，基本形成了种类较为齐全的日用陶瓷工艺和装备的引进体系。

20世纪80年代以来，我国通过引进国产化的日用陶瓷生产装备有22个品种，其中原料加工设备10个、成形设备10个、辅助材料生产设备2个。引进消化吸收再创新样机中的国产化率近于100%,大大提高了我国日用陶瓷机械设备的整体水平。

(2) 建筑陶瓷生产装备的引进　20世纪50～70年代建立的各类陶瓷机械厂都归轻工业部管理,建筑材料工业部下属的建筑卫生陶瓷厂所需的轮碾机、球磨机、压滤机、练泥机、泥浆泵、磁选机等原料加工设备和窑炉顶车机等窑炉机械一般都从轻工业部所属的陶瓷机械厂购买,颚式破碎机从矿山机械厂购买,专业性强的成形、施釉等设备往往作为非标准设备由设计院设计或陶瓷厂自行设计,自行加工或外协加工。窑炉请设计院设计,请冶金、化工系统的安装公司砌筑安装。

80年代中期后以来,唐山轻工业机械厂和石湾陶瓷机械厂转产建陶机械。据不完全统计,1990年,我国专业生产陶瓷机械的厂家已达60多家,从业职工15000人。

1974年,沈阳陶瓷厂引进2台联邦德国道尔斯特(Dorst)公司的自动压砖机,开国内墙地砖设备引进之先河。1978年以后,建筑材料工业部组织了多批建筑卫生陶瓷考察团到国外考察。此时,北方的建陶业引进在全国领先,引进的都是建材部的骨干企业。这时南方广东石湾的建陶业开始崛起,许多日用陶瓷厂和工业陶瓷厂转产陶瓷砖。

1983年,佛山石湾利华装饰砖厂从意大利唯高(Welko)公司引进年产30万平方米彩釉砖自动生产线,并于1984年5月投产成功,生产100mm×200mm～300mm×300mm规格的彩釉砖,揭开了我国建陶工业与现代化、国际化接轨的序幕。从此,全国各地纷纷掀起了从国外引进墙地砖生产线和生产线关键装备的热潮。1986年佛山石湾工业陶瓷厂从日本引进一条彩釉锦砖(彩釉马赛克)自动化生产线。1987年佛山石湾美术陶瓷厂从日本引进一条年产500万件的琉璃瓦生产线,生产日式与西式琉璃瓦。1989年,佛山石湾陶瓷工贸集团公司、日本乐华株式会社、香港圆方国际有限公司三方建成铺石砖(广场砖)生产线,开始生产被称为广场砖的仿石砖。同年,石湾瓷厂从日本引进的日产2000m^2彩釉锦砖生产线也正式投产。从1984年开始短短3年内,全国引进建筑陶瓷生产线达60多条。来自意大利、德国、西班牙、日本等国的全自动压砖机、辊道窑、施釉线、印花机等关键设备被大量引进。

1987年12月10日,由19个国营单位联合组建的"中伦建筑陶瓷技术装备联合公司"在北京宣告成立,挂靠国家建材局,陈帆教授任董事长。中伦公司建立的意义在于:实行授权联合引进,减少重复引进带来的经济损失;出国培训培养了二百位以上工程师专业技术人才;在四川自贡建陶总厂建设"一次烧成年产70万平方米彩釉陶瓷墙地砖国产化示范线"。1992年11月6日,该示范线通过国家技术验收。1992～1994年,原国家建材局又组织了烟台新型建材厂"二次烧成年产100万平方米陶瓷釉面砖国产化生产线"的建设。

至20世纪90年代中期,全国约有400多家企业引进了墙地砖生产线或关键设备,包括自动压砖机2700多台、辊道窑400多座。

(3) 卫生陶瓷装备的引进　1985年,湖南建筑陶瓷厂引进1条德国瑞德哈姆(Riedhammer)公司的燃煤气隧道窑(65m×2.1m×0.75m),开全国卫生陶瓷设备引进之先河。1987年,唐山陶瓷厂引进德国耐茨公司的洗面器组合浇注线投产。1987年,广东佛山陶瓷集团石湾建华陶瓷厂在国内首次全线引进德国的年产30万件卫生陶瓷生产线投产。这条生产线的成功投产为我国卫生陶瓷生产的现代化发挥了重要作用。其后,我国大量引进卫生陶瓷生产装备,到90年代中期，国外卫生陶瓷工业最先进的中高压注浆机、喷釉机械手、少空气干燥器、梭式窑、卫生瓷辊道窑等国内均有引进。

（4）电瓷生产装备的引进　1949年前后，我国在电瓷专用设备的制造方面几乎是空白。1949年后至70年代末，我国电瓷行业获得了迅速发展。至70年代末我国电瓷生产家已有上百家，高压电瓷的年生产能力达到8万多吨，电瓷产品的电压等级可以做到220～330kV。并积极研发500kV及以上的成套产品。

1956～1960年，我国从苏联和民主德国（Thuriugia厂）引进了一大批大型电瓷专用装备，主要包括1.7t、3.2t球磨机、轮碾机、螺旋桨泥浆搅拌机、振动筛、压滤机、真空练泥机等。主要用于满足220kV及以下各种电瓷产品的生产。

1981年，从日本石川时铁工所引进一台M-150型（挤制螺旋直径800mm）真空练泥机，之后主要从联邦德国耐茨公司引进两台VIPW750DV立式真空练泥机（末端螺旋直径为1000mm），两台内外仿形修坯机，一台NVPP500真空练泥机，一台SKT3型榨泥机，两台VPP750卧式真空练泥机，一台FA33llA瓷套切磨机和一台气流磨（1.2t/h）等。

1984年，从瑞典引进一条等静压成形生产线技术，用于生产高强度棒形支柱绝缘子。主要设备包括：喷雾干燥器（道尔斯特公司制造）及两台高压双缸隔膜泵，两台自动控制干法修坯机（联邦德国蔡德勒厂出品），一套粉尘收集系统，一台Quintus冷等静压机（瑞典ASEA公司制造），一台棒形绝缘子双头切割机（可加工坯件尺寸为外径450mm、长度1700mm）。与此同时，引进了两条悬式绝缘子生产线，一条成形生产线，主要设备从联邦德国内茨公司引进；一条为胶装生产线，设备从日本引进。同期，抚顺电瓷厂、西安电瓷厂也引进干法电瓷生产装备。

1985年，在机械工业部组织下，分别从联邦德国内茨公司引进立式真空练泥机、内外仿形成形机和瓷套研磨机等三种类型、四种规格的大型电瓷机械设备共6台。

1978～1990年陶瓷行业最有意义和成功的引进项目列于表13-1。

表13-1　1978～1990年间陶瓷行业最有意义和成功的引进项目

序号	项目内容	意义效果评述
1	1983年广东石湾利华厂引进投产年产30万平方米一次烧成地砖生产线	此项目从意大利引进生产线装备、工艺技术、产品开发、人才培养，是中国第一条墙地砖全线引进线。为中国墙地砖生产步入现代化开创新局面。自此之后，掀起持续十年的引进高潮
2	1987年广东佛山佛陶集团建华厂引进的年产30万件卫生洁具生产线	此线的引进投产成功为中国陶瓷卫生洁具生产的现代化起重要作用，特别是组合浇注线代替了传统的地摊式注浆，使用机械手自动施釉，隧道窑明焰烧成技术等，此后全国普遍采用
3	80年代末～90年代中景德镇、重庆引进的日用陶瓷生产线	此二线各有侧重点。等静压成形、自动施釉、辊道窑素烧和釉烧等技术工艺和装备使用获得成功，对中国高级日用瓷生产的现代化开创局面有重大意义
4	80年代末等静压成形技术在电瓷生产的引进和使用	为中国高压电瓷生产使用新工艺技术与装备开创先例
5	80年代末以来在四川、山东、广东引进的色釉料生产技术	为提高制品表面装饰和质量水平、现代化生产配套提供条件

续表

序号	项目内容	意义效果评述
6	80年代末期以来,国外多家陶瓷企业(公司)在中国境内投资办厂(机制的引进)	总的情况是敢于进入中国办厂的公司的产品水平、技术工艺水平是比较高的,起到竞争促进作用,也培养了一大批中国技术人才
7	滚压成形机、全自动液压压砖机、陶瓷柱塞泵、辊道窑、水刀切割机、抛光机等单机引进项目	1.作为研发样机; 2.解决生产线配套; 3.技术交流

三、1990～2010年的陶瓷生产装备

这一时期是中国陶瓷业全面从传统转向现代化发展实现陶瓷大国走向强国的阶段,主要标志是:

(1) 以建筑卫生陶瓷生产装备为龙头,实现各种产品生产装备的国产化,打破了外国对中国现代化装备的垄断,并出口参与国际市场竞争;

(2) 以广东科达机电企业、广东恒力泰企业、福建海源企业等为代表的三百多家陶瓷机械与窑炉企业崛起并在佛山形成装备产业集群;

(3) 20世纪掀起的陶瓷装备引进热潮回落,重视技术引进和创新;

(4) 陶瓷装备生产研究开发全部民营化;佛山市成为世界两大陶瓷装备生产基地和研究开发中心之一。

至此,中国陶瓷装备业成为中国陶瓷整个大产业中的重要组成部分。中国陶瓷装备的百年发展历程就是沿着这条从手工工具—机械化—工业化—现代工业化—新型现代制造业的过程。

第二节 三大陶瓷产业(日用、建筑卫生、电瓷)的装备

在陶瓷工业中,从规模、产量等方面来讲,日用陶瓷、建筑卫生陶瓷和电瓷最大,本节重点记述这三大产业的装备发展历程。

一、日用陶瓷生产装备

1. 原料坯料加工装备

(1) 粉碎装备 20世纪50年代初期,景德镇所用的瓷用原料总量占70%以上的瓷石的粉碎靠水碓。水轮车最大的装碓16支,最小的装4支。1954年起,开始改用机碓,以柴油机发电为动力,后改为以电为动力。机碓至今在潮州的一些原料加工厂中还有使用,与淘洗沉淀池、压滤机联用,生产泥饼,是一种半机械化的间歇式粉碎设备,需人工拌料与装出料。

1954年，唐山市建新机器厂试制成功LN1120×300型轮碾机，以取代地碾，用于硬质料中碎，小时产量8t，配铁轮（用于粗陶、耐火材料）或石轮（用于细瓷、电瓷）。后又开发出LN1700×450型水碾机。轮碾机分为轮转式和盘转式两种。

1968年开始，唐山轻工业机械厂制造出QM球磨机系列产品。其中QM2100×2100型（装料量2.5t）球磨机，1983年获国家金龙奖。1984年，研究成功QM2700×2700型球磨机，取代QM2700×2800型，装料量5t，装橡胶衬时可装料6t，皮带制动器。

（2）泥浆精选装置　1958年后，陶瓷生产企业已普遍使用国产的磁选机、振动筛。

（3）真空练泥机　1958年，景德镇市机械厂试制成功真空练泥机。1962年，唐山市建新机器厂（唐山轻工业机械厂前身）试制成功160型真空练泥机。1979年，经改进后更名为60真空练泥机。1980年代初，生产出ϕ260A型、ϕ260B型（不锈钢叶）真空练泥机。1980年代中期，生产出ϕ350型（与泥接触部为不锈钢）真空练泥机和适用于电瓷的ZLX-350型真空练泥机。1979～1981年，景德镇陶瓷机械厂二厂设计制造出TCMD250型单轴卧式真空练泥机；1983年2月，设计制造出TCMS320A型三轴卧式真空练泥机，每小时可练泥5～6t。1983年10月，景德镇冶金机械厂制造出双轴练泥、两次抽真空的新型练泥机，到目前为止，该机是日用陶瓷泥料的主要精制设备。

（4）泥浆泵　1953年，唐山市建新机器厂开发出NB125型电动立式双缸泥浆泵，沿用至今。1960年4月，景德镇陶瓷机械厂开发成功TCK100型双缸隔膜泵。1979～1981年，景德镇陶瓷机械厂二厂设计制造出TCRD100型单缸泥浆泵。1983年，景德镇陶瓷机械厂试制成功TCB-250型单缸送浆泵。

（5）泥浆（真空）搅拌机　1966年，唐山轻工业机械厂制成ϕ200型～ϕ750型泥浆螺旋搅拌机系列产品。1980年，景德镇陶瓷机械厂设计制造出TCEJ～300型泥浆真空搅拌机，使用性能很好。

（6）压滤机（滤泥机、泥浆脱水设备）　1950年代初，大多数小日用瓷厂都是把泥浆放布袋内扎口手工挤压脱水的。1955年10月，景德镇市华光瓷厂创制出第一台木质脚踏压饼机，比手工制饼提高工效30%。1955年，唐山市建新机器厂试制成功YL735型压滤机。1977年，景德镇陶机厂试制成功TCYL650型压滤机。80年代，湖南轻机厂成功开发TCYL75K型压滤机。1982年，唐山轻工业机械厂研究制成ϕ800型液压滤泥机。

（7）真空练泥机。自古以来，为了将原料混合均匀，并使泥料有很好的可塑性，需靠人力或畜力反复搓揉、捏练成熟泥。直到现在，一些陶艺制作用泥也还用着这种方法。进入机械化时代后，使用的装备就是练泥机，带抽真空的则称真空练泥机。真空练泥机在电瓷、日用瓷、工业瓷生产中普遍使用，并且是关键装备。中国早期用的练泥机很多要从德国、日本等国进口，现在已经实现国产化。郑州电缆厂曾为国内真空练泥机生产的最大厂家。

经过改进的成形方式可将真空练泥机还是建筑陶瓷板、劈开砖等产品生产用的关键挤制成形装备。

2.成形机械

沿用千百年的传统成形法是手塑、拉坯、注浆、干压等，属手工作业。现代都已采用机械成形，按其成成形机械分为四大类：粉料压力成形机、塑性成形机、注浆成形机和特种成形机等。

自古以来，制作大缸都是手工操作，靠体力和技巧。1954年唐山制缸职工使用电动转轮、石膏模具和大型刀板，采用帆布袋移坯等做法由陶瓷生产合作社开始研制电动制缸机，1955年获得成功，同年经轻工业部组织鉴定定型。1956年，唐山市建新机器厂制造。

1963年，山东淄川陶瓷厂研制成功大缸刀板成形机，实现了大件陶瓷产品机械化成形。

1966年，唐山轻工业机械厂、唐山陶瓷公司、山东陶瓷公司、宜兴陶瓷公司联合设计、试制成功了ZHG1000型制缸机。用来成形直径1000mm以下、高1000mm的大缸。

20世纪50年代，日用陶瓷行业使用单刀、双刀辘轳旋坯成形机。1953年8月，景德镇市人民铁工厂（景德镇陶瓷机械厂的前身）试制成功第一部脚踏旋坯车并在建国瓷厂投入使用，1958年景德镇红星瓷厂制成双刀自动刮坯机。1961年7月，此设备经轻工业部鉴定被认定为国内制瓷的先进设备之一，在全国制瓷行业中推广。1965年2月，浙江龙泉瓷厂研制成功全省第一台半自动双刀循环瓷碗挖底机，在全省陶瓷行业推广使用。此外，龙泉瓷厂还研制成功"往复式活动压坯刀架"、"修瓶口用刀"等。

我国滚压成形机研制生产起步于20世纪60年代，自70年代开始逐步在日用瓷生产厂中推广使用。滚压成形机少数从德国进口，大部分是唐山轻工业机械厂等十多家生产供应的。景德镇陶瓷机械厂研发成功的TCS1型万能成形机荣获1985年国家科技进步二等奖。

博山宝丰陶瓷机械有限公司1997年制成椭圆形产品滚压成形机，生产鱼盘类扁平和有适当深度的椭圆汤锅，在国际上也属首创。2002年制成滚头转向滑板式异形产品滚压成形机。2010年制成机械升降滚压成形机，获实用新型专利。

2003年，重庆锦晖陶瓷有限公司第一家完成陶瓷酒瓶滚压成形技术，并获得国家专利和"尤利卡"国际发明金奖。

1954年，唐山开始使用压力注浆。20世纪60年代初，试制成功真空脱气、管道压力注浆、管道回浆工艺。1964年引入日本1工位注浆机。1972年试制成功300台1工位离心自动注浆、自动旋转离心注浆、模型自动输送、机械手倒浆，进入脱模干燥箱，手工割口脱模起坯，效果良好。每小时成形竹节壶81件，比手工提高功效1倍。1973年，唐山五瓷厂试制成功全自动注浆生产线。1974年，唐山第一瓷厂试制成功三工位自动注浆生产线，1976年地震损毁。

利用粉料压力成形生产日用陶瓷在20世纪末已取得成功并有专利产品。景德镇、唐山、重庆、深圳等产区的企业从德国进口等静压成形机28台以上。

3. 干燥设备

50年代后期，山东瓷厂引用地炕干燥，浙江龙泉瓷厂用木炭烘房、柴烧地炕干燥。1962年，绍兴瓷厂使用电热烘房干燥；景德镇采用蒸气烘房干燥。

1964年，山东博山陶瓷厂研制成功国内第一条链式干燥机，后迅速在全国推广，与滚压成形机配套，成为日用陶瓷生产线的重要组成部分，沿用至今。

1966年，河南郑州瓷厂及东北的陶瓷厂开始使用链式干燥机。1971年，浙江萧山瓷厂将隧道窑的余热作为卧式链式干燥机的热源；1975年厂使用立式链式快速干燥器。1976年，东北采用喷射式链式干燥器。

1980年以后，众多的陶瓷机械厂已有了定型的链式干燥机产品及滚压成形机—链式干燥机的联合机组。如醴陵陶瓷机械厂的LD8型碗盘类坯体链式干燥机、湖南省轻工业机械厂的TCLG-W3A/W3B型杯类坯体链式干燥机、山东淄博陶瓷机械厂的LD8碗盘类坯体成形干燥线、宜兴陶机厂生产的代转盘干燥器的杯碗类坯体成形干燥联合机等。至今，链式干燥机还是日用陶瓷的主流干燥设备。

4.施釉装饰机械

日用陶瓷生产施釉传统是全用手工，分为浸釉、飘釉、喷釉。1958年，景德镇陶瓷研究所试制成功半自动施釉机。

1980年代前后，博山陶瓷厂研制六工位单色丝网印刷机。淄博陶瓷机械厂先后研制成功陶瓷画线机、陶瓷双色画线机等，将画线由手工改为机械。随后，引进了多色转移印花机，自动划线机等国外先进的印花机械。

5.窑炉

（1）龙窑、阶级窑和景德镇窑　20世纪50年代，我国南方还普遍使用龙窑。刘振群教授在研究和总结龙窑优点的基础上，指出改进方向，使得龙窑得以保存并继续发挥作用。

1911～1987年，龙窑是广东日用陶瓷的主要烧成设备。据《广东陶瓷志》记载，至1987年全省仍有龙窑900余座。烧成的日用陶瓷按件数计占全省总量约70%。广东的龙窑在使用中还不断改进，1960年，石湾产区以煤代柴，降低生产成本，提高产品质量。1962～1964年，潮安产区对龙窑的结构进行改革，窑的坡度为10°左右，烟囱由1.7m改为7m，加大了窑体尺寸（长32m、宽2.2m、高2.2m）。采用料垛密码装烧方法，窑尾挡火板设置不同的开启度。改革后的龙窑既能烧1280℃的氧化焰，也能烧1350℃高温的还原焰，为细瓷的发展起了重要作用。1973年，大埔上漳瓷厂对原来陡、矮、小的龙窑进行改革，改为低坡、较高、较大的结构，对投柴孔和烟囱都进行了调整。1975年，大埔澄坑瓷厂横戈子车间改革后的龙窑产品一级品率为86%、出口合格率92%。1995年后，广东的龙窑才完全被倒焰窑、隧道窑及梭式窑等所取代。

阶级窑是由龙窑逐步改进而来的，以福建德化地区出现最早，也最著名，大约在明代首创于中国福建德化，故又称为德化窑。最初形式为宋代的分室龙窑，至明代演变为一个个单独的窑室。一窑约有5～7室。因此在烧同样一窑陶器制品时，燃料消耗相对较少。因窑内多呈正压，较易控制窑内还原气氛，制品的烧制质量比龙窑好，但结构比龙窑复杂。

景德镇窑，简称镇窑，因外形似半个鸭蛋倒扣，故又名鸭蛋窑、蛋形窑，为明末清初在龙窑、葫芦窑的基础上创制。因历史上景德镇烧窑主要燃料是松木，故也称柴窑。清代最盛时有300多座镇窑。镇窑代表了中国传统制瓷窑炉营造技艺的最高水平。在控制烧成气氛和瓷器质量，以及燃料消耗等方面，镇窑均较龙窑、阶级窑和近代倒焰窑等为优。20世纪50年代以后，经过国家的特别批准，在景德镇只保留了2座柴烧镇窑。现在，景德镇的陶瓷业也都采用了新型的现代化窑炉。

（2）倒焰窑　20世纪50年代初，北方烧制日用陶瓷的倒焰窑技术已较成熟。1950年，唐山第一瓷厂已用108m³的倒焰窑烧日用瓷。1951年，河南钧瓷厂用100m³的倒焰窑烧蓝钧瓷。

在南方的景德镇，1953年，留日工程师邹如圭带领一些人开始设计倒焰窑，1954年在当时的建国瓷厂分厂建起了两座60m³的方形煤烧倒焰窑，当年10月试烧，效果不理想。1955年，在宇宙瓷厂重建了一组圆形煤烧倒焰窑，效果比方窑好些，但产品质量仍不如柴窑，经调整配方才使制品烧成缺陷逐步减少。1957年，在第二制瓷合作社（今景德镇建筑陶瓷厂）和第四瓷厂（今新华瓷厂）各建一座93m³的圆形倒焰窑，一举试烧成功。1958年全市共有196座简易煤烧倒焰窑，其烧成能力已达全市总产量的一半。由于简易煤烧窑烧成质量不稳定、能耗大，从1963年始，景德镇市花了3年时间逐步把简易煤烧窑改建成正规的圆形倒焰窑。至1965年，全市共计有131座大容积（90～100m³）圆形倒焰窑，烧成能力占当时日用瓷总产量的70%。景德镇终于实现了以煤代柴烧瓷，改变了景德镇千百年用柴烧瓷的历史。

1957年，绍兴瓷厂参照江西景德镇窑炉图纸，建造了浙江第一座96m³煤烧倒焰窑，1963年11月和1964年6月，省轻工业厅组织全省主要日用陶瓷生产企业工程技术人员去山东、河北、湖南、江西等全国著名陶瓷产地参观学习烧窑技术和质量责任制的经验，还拨款在全省新建9座60m3倒焰窑。1964年7月，省轻工业厅在绍兴瓷厂举办全省陶瓷烧成技术培训班（为期1个月），邀请景德镇陶瓷专家讲授并现场技术指导，促进了绍兴瓷厂日用普瓷质量提高，使产品一等品率从50%提高到65%以上。同年10月，省轻工业厅抽调绍兴、龙泉、兰溪、宁波（段塘）、余姚、上虞等日用瓷厂的8名技术骨干组成浙江省陶瓷热工组，去上述各厂（除绍兴）进行推广指导，通过3个月的工作，解决了长期存在的瓷器起泡、发黄和烟熏等病疵，使各厂的日用瓷烧成一等品率普遍提高，烧成时间从40h缩短到24h左右，节煤20%以上，并总结出一套符合浙江日用瓷原料性能的烧成制度。至此，浙江日用瓷由柴烧龙窑过渡到煤烧倒焰窑烧成。

20世纪50年代，我国进入现代陶瓷窑炉的起步阶段，倒焰窑逐步改烧柴为烧煤，用匣钵、明焰窑烧成。由于产量较低、能耗较大、劳动条件差和强度大，20世纪60年代中期后，传统的倒焰窑逐渐被隧道窑、辊道窑和梭式窑等新型现代窑炉所取代。

（3）隧道窑

① 煤烧隧道窑　1957年12月，由景德镇陶研所、工艺美术合作工厂建造的我国第一座烤花隧道锦窑试烧成功。至1964年10月，景德镇全市共建成隧道锦窑24条，基本实现了彩瓷烤花隧道锦窑化。1963年，山东博山陶瓷厂研制并建成国内第一条日用陶瓷本烧用煤烧隧道窑，实现了产品烧成的连续化生产。随后轻工业部开始向全国推广，全国各产区相继仿效。到20世纪70年代末，全国共建成日用瓷煤烧隧道窑400多条。

② 油烧隧道窑　20世纪60年代，大庆油田的建成，使我国陶瓷窑炉开始烧重油和残渣油。20世纪60～70年代，我国的煤烧隧道窑大多经技术改造成以重油为燃料的油烧隧道窑。1965年，湖南建湘瓷厂建造了我国第一条用重油烧成日用瓷的隧道窑。1976年，景德镇宇宙瓷厂和光明瓷厂建成两条由江西省陶瓷工业公司设计的油烧隧道窑，烧成合格率为95%，后在各大瓷厂推广，到1983年全市各大瓷厂共建成油烧隧道窑17条。1970～1984年，郑州瓷厂先后建成两条以重油为燃料的隧道窑进行半成品的烧成。1980年，郑州瓷厂又建成了一条隔焰式燃重油隧道烤花窑。

③ 气烧隧道窑　1960年，由原捷克斯洛伐克援建的景德镇瓷厂建设的3条气烧隧道窑（其中一条为全长54m的气烧烤花隧道锦窑）由外方设计、武汉第一冶金窑炉公司承建，1965

年投产。这些窑是当时我国第一批烧成日用瓷的气烧隧道窑。主窑长97m（有效长94.4m）、窑内宽1.5m，窑道截面1.75m²，窑内容车47辆，采用山西省大同烟煤块转化发生炉煤气作燃料，一次烧成，最高烧成温度1350℃，推车时间为40分钟/车，年产日用瓷800万件（1700吨瓷/年）。

1980年代中期，为改善城市环境，景德镇市实施了以煤气烧瓷代替煤烧和油烧的工作。1984年，景德镇华风瓷厂参照由捷克援建的气烧隧道窑，安装了两台重型煤气发生炉，成功自建气烧隧道窑并成功投产。国家在"七五"（1986～1990年）期间投巨资在景德镇兴建了焦化煤气厂，提供各瓷厂用煤气烧瓷。各瓷厂纷纷将煤烧、油烧隧道窑改建成气烧隧道窑。1986年，景德镇陶瓷工业设计研究院设计的第一条焦炉煤气隧道窑在红星瓷厂建成，产品质量提高，能耗大幅度下降，随后，红光、景兴、新华、建国、艺术、红旗等国有瓷厂相继建成焦炉煤气隧道窑，实现了景德镇隧道窑从煤、油为燃料向以煤气为燃料的能源变革。

1987年，景德镇光明瓷厂从原联邦德国瑞德哈姆公司引进一条82m燃焦化煤气的隧道窑，用于一次烧成青花玲珑瓷，1988年投产。

1988年，景德镇市对为民瓷厂进行技术改造（即4369工程），从联邦德国引进成套制瓷技术和设备，其中包括2条焦化煤气隧道窑（分别用于素烧和釉烧），1991年投产。

1990年，河南焦作陶瓷一厂、三厂先后由煤烧隧道窑，改造成用发生炉煤气为燃料的隧道窑。

从20世纪80年代到90年代初，我国唐山、佛山、湖南、景德镇等产区分别从德国、日本、澳大利亚、瑞士、美国、英国等国家引进了大量轻型窑体、以洁净煤气或轻柴油为燃料、用微型计算机控制、采用高速烧嘴或脉冲烧嘴的现代气烧隧道窑，用于生产卫生陶瓷、日用陶瓷或电瓷，经过消化吸收再创新后，使我国隧道窑的设计与建造迈上了一个新的台阶。

1994年，由景德镇陶瓷工业设计研究院江国良为首的设计组设计的现代气烧隧道窑在光明瓷厂建造并投产，技术指标与产品质量均达到了引进窑的水平。此后，这种窑分别在为民瓷厂、红星瓷厂等建造并投入使用。

2008年，江西宁冈恒华瓷厂引进一条天然气日用瓷隧道窑，填补了江西省内天然气烧日用瓷的空白。

（4）辊道窑　在日用陶瓷行业，辊道窑首先用于烤花，以后才用于上釉坯体的烧成。

陶瓷烤花原用铁笼弹子式隧道锦窑，改为用半自动式辊道烤花窑后，1条32m长的半自动式辊道烤花窑，比1条老式烤花窑的产量提高2倍，同时省油1/3，省电1/2，烤出的瓷器花面色泽一致。

1974年，山西省闻喜县陶瓷厂建成我国第一条煤烧日用瓷烤花隔焰辊道窑。同年，辽宁省海城县陶瓷四厂建成我国第一条油烧日用瓷烤花隔焰辊道窑。

1981年10月24日CGC32型油烧辊道烤花窑在景德镇宇宙瓷厂安装投产，此后，又吸收国外经验，完成辊道窑自动进窑出窑装置。此项目具有20世纪80年代国际先进水平，曾向全国推广。

随后，景德镇光明瓷厂研制出微机控制的燃油辊道烤花窑。至1990年年底，景德镇乃至江西省全省各大型瓷厂全部采用辊道窑烤花。

1981年，河南焦作陶瓷三厂建成全省第一条电辊道烤花窑，1989年又建成采用计算机控制的辊道烤花窑。

1991年，景德镇4369工程从德国引进一条气烧釉中彩辊道窑，次年在红星瓷厂翻版建造成功。

1994年9月，重庆兆峰有限公司从德国汉索夫公司引进的明焰无匣快烧辊道窑建成投产，当年的产量即达到设计产量600万件。

20世纪90年代后期，国内相继消化吸收引进辊道窑的技术，研制国产化辊道窑。如湖北中洲窑炉公司为邯郸、高淳、淄博等地的日用陶瓷厂建造的辊道窑的单位产品能耗仅是传统隧道窑的1/3左右。此后，高温日用陶瓷辊道窑在我国得到了迅速发展。

（5）梭式窑　梭式窑又叫抽屉窑，属于间歇式窑炉，具有装卸作业在窑外进行，劳动条件大为改善，烧成质量较高，且容积可大可小、烧成制度灵活、造价较低、占地少、基建投资少、投产时间短、见效快等优点，因而虽然梭式窑热耗高于隧道窑，但梭式窑还是在一些领域得到越来越多的使用。采用纤维质窑体材料、轻质窑具和清洁燃料后，梭式窑的热耗有大幅下降。

1974年，由淄博市硅酸盐研究所、淄博瓷厂、博山陶瓷厂共同设计的全国第一座以轻柴油为燃料的快速自动烧成6m³梭式窑在淄博市硅酸盐研究所建成。

1979年，江西省陶瓷公司决定使用国家下拨的300万元技改经费建设一座高档瓷工厂（今玉风瓷厂），在油烧隧道窑的基础上，自行设计建造成功全市第一座5m³油烧梭式窑。该抽屉窑的最高烧成温度1300℃，还原焰烧成，烧成时间11～12h，燃耗为450kg油/窑，烧成合格率达99%以上。其后，各日用瓷厂也陆续建立了多座油烧梭式窑，用于小批量产品的生产或新产品的试制。

1987年，景德镇窑具厂从英国阿克米·玛尔斯公司引进了一座气烧梭式窑，用于生产碳化硅棚板、薄壁人工合成莫来石质匣钵等轻质窑具，为景德镇现代窑炉的节能做出了贡献。

1988年，广东汕头特区建业陶瓷公司从日本引进了我国第一座液化气自吸式烧嘴的砖棉结构梭式窑，采用碳化硅棚板、莫来石立柱、无匣钵烧成，适用于多品种产品的烧成。1990年，特区建业陶瓷公司和潮州陶瓷公司率先经消化吸收后在粤东瓷区推广这种窑炉。1991年，江西省陶瓷研究所以杨圣雄、李猛为首的窑炉组（后改名为海泰窑炉公司）对汕头引进的窑炉进行了测绘，并结合我国材料的实际，次年设计出砖棉结构的液化气梭式窑，销往全国各产瓷区。自吸式烧嘴液化气梭式窑的窑内气流与倒焰窑相似，能自动维持窑内水平温度场的均匀性，窑内温度场均匀，以其优良的烧成质量、较显著的节能效果、合理的结构、小的占地面积、较低的建窑费用和烧成工艺调节灵活等优点受陶瓷企业尤其是小型企业的青睐。

1992年，景德镇雕塑瓷厂从澳大利亚通用窑业公司引进6.5m³全纤维液化气梭式窑，该窑采用文丘里管的自吸式烧嘴，无需使用风机，窑内可容窑车2辆，用棚板全裸烧，烧出的陈设艺术陶瓷质量超过倒焰窑。

近20年来，我国自行设计建造的液化气梭式窑已在各地（尤其是景德镇与潮州地区）遍地开花，被小型民营陶瓷企业广泛用于日用瓷与陈设艺术陶瓷的烧成。

二、建筑卫生陶瓷生产装备

1.原料坯料加工装备

（1）大型球磨机　自1980年后，中国的建筑陶瓷厂几乎全部选用国产8～100吨位的湿法间歇式双电机皮带传统使用高铝陶瓷内衬和高铝研磨体的球磨机。1984年，唐山轻工业机械厂和广东石湾陶瓷机械厂开发出与大型球机配套的自动称量喂料机并投入生产，型号有WLJ-20型、HGZ-30型、WL/12型、WL/2lQ型等。

2006年，湖南五菱机械公司与咸阳陶瓷研究设计院、中南大学、湘潭大学合作研制成功TCLM3015型连续式球磨机，产品出口土耳其、印度、伊朗等。

同时，淄博启明星新材料公司开发的LJM型立式搅拌磨、郑州东方机器制造公司的ZJM型搅拌磨、广州从化新科轻化设备厂的JF型印花釉料超细快速精磨机、佛山美嘉陶瓷设备公司的CX65型超细研磨机、鼎祥兴业公司的高效精细磨釉机等则广泛用于色釉料的细粉碎，提高了色釉料的制备效率和水平。

（2）振动筛　20世纪80年代，唐山轻工机械厂和石湾陶瓷机械厂分别开发出双层振动筛、圆形振动筛等并投入生产。

（3）陶瓷柱塞泵　1979年，咸阳陶瓷非金属矿研究所和景德镇陶瓷厂合作研制出YB85型陶瓷柱塞泵，由沈阳陶瓷厂机加工车间加工，用于景德镇陶瓷厂1000型压力式喷雾干燥塔。1981年，中国建筑西北设计院开发出NB-140型油压陶瓷柱塞泥浆泵，由唐山轻工机械厂加工。

1984年，咸阳陶瓷研究设计院研制出变功率油压柱塞泥浆泵，压力可在0.2～2.0MPa范围内无级调节。后又相继开发成功YB110、YB120、YB140、YB200、YB250、YB300型油压陶瓷柱塞泥浆泵，由该院机械厂生产，在建陶、日用瓷、电瓷等行业广泛使用。2009年开发出YB400型油压陶瓷柱塞泥浆泵，用于矿业。

（4）喷雾干燥制粉工艺设备　喷雾干燥制粉工艺设备，通常简称为喷雾干燥器或喷雾干燥塔。该设备主要用于制备建筑墙地成形用颗粒状坯粉。喷雾干燥按其泥浆喷出的方式，分为离心式、压力式和气流式。三种方式都曾经试验和使用过，现在多采用压力式。

20世纪60年代末期，中国建筑材料科学研究院、中国建筑西北设计院和唐山等地的重点企业都开展了离心式和压力式喷雾干燥装置的研制探索工作。

1972年，咸阳陶瓷非金属矿研究所与咸阳陶瓷厂合作完成离心式喷雾干燥装置的小型试验，1975年，离心式1000型的喷雾干燥装备在咸阳陶瓷厂试验成功。1976年，中国建筑西北设计院开发的离心式1000型喷雾干燥装备在沈阳陶瓷厂投入使用。1977年，中国建筑西北设计院开发的压力式400型喷雾干燥装置在唐山建筑陶瓷厂投入使用。"喷雾干燥法制备陶瓷坯粉的工艺和装备"科技成果荣获1978年全国科学大会奖。1979年，咸阳陶瓷研究设计院和景德镇陶瓷厂合作开发的1000型压力式喷雾干燥器投产使用。

1981～1984年，由咸阳陶瓷研究设计院和华南理工大学联合研制、唐山轻工业机械厂制造PD型压力式150～3200喷雾干燥成套装备，包括150、300、500、1000、1500、2000、2500、3200等型号。1983年后我国自主建设的建筑陶瓷生产线中，绝大多数选用这个系列的喷雾干燥器，一直沿用至今，有力地支持我国墙地砖生产的高速发展。主要研究设计人员有陈帆、杨洪儒、刘存福、田流芳、张惠灵等。

（5）干法制粉工艺设备　干法制粉主要用于制备陶瓷墙地砖的成形粉料。原拟代替喷雾干燥法制坯粉而节约能源，但一直未能推广使用。

2. 成形机械

（1）粉料压力成形机（全自动液压压砖机、等静压粉料压力成形机）　1953年，温州西山窑业厂研制成功摩擦轮压机。

20世纪70～80年代，沈阳陶瓷厂、北京市陶瓷厂、温州地砖厂、东宁县建筑陶瓷厂等企业先后开发出20～200t摩擦压砖机。

1980～1984年，唐山轻工业机械厂、石湾陶瓷机械厂相继开发制造出15t、30t、60t、100t、160t、300t摩擦压砖机。80年代，中国建筑西北设计院和北京建材机械厂开发出400t自动油压压砖机。

1989年，中国建筑西北设计院和四川国营东风电机厂研制成功MY500（500t）摩擦油压压砖机。

1989年，咸阳陶瓷研究设计院、华南理工大学、石湾陶瓷机械厂联合开发出YP600型液压自动压砖机，为全面开发自动压砖机系列产品并走出国门参加国际竞争开了头。

1990年，朝阳重型机械厂开发出ARIETE-2000型500t摩擦液压压砖机。北京工业大学和北京建材机械厂开发出HYDRA800型800t全自动液压压砖机。

1995年12月，福建海源机械厂开发出1000t自动液压压砖机。之后，佛陶陶机总厂、唐山轻工业机械厂、福建海源机械厂、力泰陶机厂、科达机电公司也先后开发生产出1000t、1200t、1600t、YP1680、3200t自动液压压砖机。

2002年，科达机电公司推出了新一代预应力钢丝缠绕结构的KD4800型压机，可以通过网络对压机实现远程监控、故障诊断和工作参数修改。2003年，力泰公司推出了预应力钢丝缠绕结构的YP5000型压机新产品。

2003～2010年，广东科达机电股份有限公司广东恒力泰公司开发生产出从3200～7800t全球最大吨位的自动液压压砖机。2003年广东科达机电股份有限公司还生产6800t陶瓷板材自动成形机。

据不完全统计，20世纪80～90年代，国内开发制造压砖机的厂家还有湖南省轻工机械厂、雅安川西机械厂等十多家。在压砖机制造业中，佛山力泰陶瓷机械公司、福州海源陶瓷机械公司、科达机电公司三家为这个领域的引领企业。

国产压砖机高水平开发，为中国建筑陶瓷的强大起了保证作用。李良光、卢勤、严国兴、刘存福、冯瑞阳、韦峰山、许建清、陈帆等人为此做出很大努力和贡献。

（2）塑性成形机　塑性成形工艺在日用陶瓷、电瓷、陶瓷板、陶瓷管等产品生产用得较多。在建筑陶瓷生产中，应用较多的塑性成形设备是各类挤出机、挤管机等。

20世纪70年代，中国建筑西北设计院和铜川建陶厂开发出陶管一次成形机。

20世纪80年代，咸阳陶瓷厂、杭州瓷厂等引进日本挤出—辊压成形陶瓷板生产线五条，产品规格为300mm×600mm。咸阳陶瓷研究设计院和沁阳陶瓷厂开发出劈开砖生产技术和装备。石湾美陶厂、襄樊建陶厂、南湖渠陶瓷厂分别引进了劈开砖生产技术和装备。

（3）注浆成形设备　注浆成形方法在传统陶瓷生产中历史悠久，应用普遍，特别是做异形产品。中国实现机械化现代化的注浆成形生产起步1980年之后，其历程如下。

20世纪50～70年代，我国卫生陶瓷的成形基本上采用地摊式人工抱大桶注浆成形、压力罐式管道注浆成形工艺、高位槽式管道注浆成形工艺。

1964年，中国建筑材料科学研究院、中国建筑西北设计院与唐山陶瓷厂合作，开展了"卫生陶瓷样板生产线"科研项目。其中包括洗面器注浆成形联动线，因设备复杂，使用机动性差，未能成功使用。

1984年，咸阳陶瓷研究设计院在北京陶瓷厂开发成功洗面器立式浇注新工艺，研制出洗面器立式浇注成形设备。20～50套/组，每天每班浇注2次，生产能力为40～50件/（人·班）。所用设备简单，结构紧凑，容易加工和安装，对陶瓷泥浆的适应范围较宽，占地面积小，模型寿命长，劳动强度低，生产效率高，产品质量好。该工艺设备的开发成功是我国卫生陶瓷成形工艺的一项重要突破，获国家科技进步二等奖。

1986年，咸阳陶瓷研究设计院进一步与唐山陶瓷厂、唐山建筑陶瓷厂等联合开发成功卫生瓷组合浇注工艺。该工艺的主要成果包括水箱、水箱盖、坐便器等组合浇注成形所需的装备（成形机、供浆、供气等系统）。采用这套技术实现了冲落式坐便器的组合浇注成形。坐便器10～28套/组；水箱10套/单元，5～7单元/组；水箱盖80～100套/组，人班产量提高1～3倍。1984～1990年，咸阳陶瓷研究设计院在石湾建陶厂、宜兴卫陶厂、天津陶瓷厂、云岗陶瓷厂、新安陶瓷厂等厂成功推广卫生瓷组合浇注工艺。唐山轻工业机械厂、大佟庄陶机厂、九江船舶公司、广州机电公司等均投入了卫生瓷组合浇注生产线设备的制造。

20世纪90年代，随着磁铁吸合式组合石膏模型技术的发展，佛山彩洲厂、建华厂、唐卫陶等厂使用组合浇注生产线一次成形喷射虹吸式坐便器取得成功，突破了复杂的组合模具的设计和制造技术，该技术达国际先进水平。

20世纪90年代，唐山陶瓷厂引进英国卫生瓷中压注浆生产工艺设备。佛山鹰牌、石湾建陶、东陶北京、北京兆峰等引进卫生瓷高压注浆生产工艺设备。咸阳陶瓷研究设计院、中国建筑材料科学研究总院和佛山鹰牌等消化吸收卫生瓷高压注浆生产工艺设备。

1993年中日合资的北京东陶公司带进机械台式注浆成形机技术，设备由北京建材机械厂制造。此后东陶（机器）北京公司带进坐便器、洗面器和水箱的高压注浆机。

1996年，咸阳陶瓷研究设计院和山东美林卫生瓷厂合作开发出卫生瓷低压快排水成形工艺，制造出带排水管网的石膏模型，配上真空泵，其生产线可每天成形6次。

2008年，唐山惠达集团公司与贺祥机械公司合作开发成功并使用自己开发的高压注浆机及微孔树脂模生产坐便器、水箱、洗面器等卫生瓷。这标志着我国卫生陶瓷成形技术装备实现了新的突破。

3. 干燥设备

20世纪50～60年代，建筑卫生陶瓷的坯体干燥基本采用自然干燥或烘房干燥。70年代时，使用隧道干燥器或链式干燥器。80年代时，陶瓷砖生产引进意大利的立式和卧式辊道干燥器，卫生陶瓷生产引进了带旋转风筒的室式干燥器。

1990年，中国建筑材料科学研究总院和唐山轻工业机械厂研制出窑下干燥器，可充分利用上层窑炉余热。后来，咸阳陶瓷研究设计院，温州、泉州的陶机厂，广东新欧等公司生产立式干燥器、卧式干燥器、多层卧式干燥器等。

进入21世纪后，广东科达、摩德娜等公司开发出3～5层卧式辊道干燥器，大量供应国内外的建筑陶瓷生产厂。咸阳陶瓷研究设计院开发成功的少空气干燥器，成功适用于卫生陶瓷和电瓷的生产。

2000年以前，挤压成形的陶瓷砖（瓦、板）坯通常采用室式或隧道式干燥器进行干燥。2008年，佛山辉特机械有限公司开发出微波辊道干燥器。近年来，干挂空心陶瓷板的坯体多采用摩德娜公司的MRD-H型和MRD-1G4-300型5层、4层卧式辊道干燥器，效果良好。

4.烧成工艺与窑炉

（1）烧成工艺和技术　1973年，沈阳陶瓷厂研制成功9m长单层釉烧辊道窑，经过改进得到普遍推广为发展低温一次快速烧成新工艺创造了条件。此后，大小不等的各式辊道窑相继研制成功，并逐步推广应用。

1974年，华南工学院与沈阳陶瓷厂合作，完成了黏土质釉面砖低温一次快速烧成坯、釉配方研究的中间试验。中国建筑材料科学研究总院先后与北京陶瓷厂、襄樊建筑陶瓷厂、黄石建筑陶瓷厂合作，进行了磷矿渣、硅灰石、叶蜡石低温快烧面砖生产工艺与配套设备的研究工作，并获得成功。

1978～1993年期间，许多院所、企业在陶瓷砖的低温块烧工艺设备上做了大量研究开发。1978年，沈阳陶瓷厂、中国建筑材料科学研究总院、华南工学院、中国建筑西北设计院等联合研制出釉面砖一次低温快烧工艺和技术。温州陶瓷科研所研制出釉面砖一次低温快烧技术。1979年，唐山建筑陶瓷厂、中国科学院地质研究所、中国建材院陶瓷所、湖北非金属矿地质公司联合开发成功硅灰石釉面砖生产技术。1980年，中国建材院陶瓷所和湖北省襄樊市建筑陶瓷厂研制成功硅灰石釉面砖。1981～1982年，南京化工学院、江苏省六合县铸石厂、江苏省建材研究院研制出了劣质料低温快烧釉面砖。1983年，中国建材院陶瓷所和黄石建陶厂研制成功硅灰石釉面砖。1984年，咸阳陶瓷研究设计院和黄石瓷器厂研制成功低温烧成透闪石质釉面砖。1986年，中国建材院陶瓷所研制出叶蜡石质釉面砖和霞石正长岩釉面砖。1989年，唐山市建筑陶瓷厂和中国科学院地质研究所研制成功釉面砖一次低温快烧技术。佛山地区也研制成功釉面砖一次低温快烧工艺技术。低温快烧陶瓷砖的工艺和设备日趋成熟。低温快烧工艺与一次烧成结合，使我国外墙砖、地砖的生产技术提高到了一个新阶段。

（2）烧成窑炉　目前，窑车式隧道窑（通常简称隧道窑）、辊道窑及梭式窑已成为我国生产各种陶瓷产品的三大主力窑型。

①隧道窑　隧道窑主要用于烧成日用陶瓷、卫生陶瓷和电瓷的大宗产品。1970年，景德镇陶瓷厂研制成功釉面砖釉烧多孔推板窑，3层、12孔，隔焰，釉坯装于齿钵中，用自动顶钵机分层依次顶进。这种多孔推板窑为釉面砖的生产做出了较大贡献。1971年，唐山陶瓷厂、中国建筑西北设计院和中国建筑材料科学研究院研究成功油烧隔焰隧道窑，实现了卫生陶瓷的无匣钵烧成。1970～1980年，唐山市建筑陶瓷厂研制成功釉面砖素烧隧道窑（煤改油）。温州面砖厂研制成功釉面砖釉烧电热隧道窑。唐山市建筑陶瓷厂研制成功半隔焰隧道窑。景

德镇建筑陶瓷厂建成了由陕西省第一建筑设计院设计的用重油烧成的隔焰隧道窑，替代了原来的煤烧倒焰窑与煤烧隧道窑，用于釉面砖的素烧。1987年，中国建筑西北设计院和西安高压电瓷研究所开发成功61m釉面砖素烧煤气隧道窑。佛山市陶瓷工贸集团公司和佛山日陶二厂通过消化吸收研制出94m釉面砖素烧煤气隧道窑。1990年代初，陶瓷砖素烧和釉烧用的窑车式、推板式隧道窑迅速被各窑炉公司制造的辊道窑所取代。

② 辊道窑　辊道窑主要用于陶瓷墙地砖的烧成，近年来辊道窑也开始用于卫生陶瓷和日用陶瓷的烧成。1974年，沈阳陶瓷厂开发出快烧釉面砖辊道窑。1980年代，山东工业陶瓷研究设计院研发出煤电混烧辊道窑，得到广泛推广应用。1982年，中国建材院陶瓷所和黄石建筑陶瓷厂研制成功油烧双层辊道窑。1986年，中国建材院陶瓷所、佛山市石湾化工陶瓷厂、佛山市陶瓷工贸集团公司设备能源部等制出燃重油半隔焰辊道窑，佛山市节能技术服务中心和佛山市石湾建筑陶瓷厂研制成功燃重油辊道窑的微机控制技术，这种窑在佛山地区推广应用达20多条。1988年，新疆建材陶瓷厂自行开发出电热辊道窑（快烧彩釉砖）。1990年，华南理工大学和石湾化工陶瓷广研制成功燃重油辊道窑的微机控制技术。1991年，中国建材院陶瓷所和唐山轻工业机械厂研制成功FRW2000单层辊道窑，用于四川自贡墙地砖厂。1992年，景德镇华峰瓷厂从德国汉索夫公司引进82m烧轻柴油的明焰辊道窑用于生产墙地砖。其后，我国各窑炉公司大量生产陶瓷砖用辊道窑，单窑产量提高的需求使辊道窑向宽体发展。21世纪初期，陶瓷砖用辊道窑的内宽达3.0~3.2m，窑最长达400多米。2003年，佛山鑫信窑炉设备公司制造的3.05m×130m宽体辊道窑，砖日产7000m^2。2005年，福建协进集团肇庆工厂建造号称当时全国最长的辊道窑点火，窑长288m，日产内墙砖2万平方米。2006年，佛山陶火节能科技（窑炉）公司为湖北大地陶瓷公司设计制造的宽2.7m，长211.2m的双层辊道窑投产，日产二次烧内墙砖2.4万平方米。2010年，摩德娜公司的3.05m×149m宽体辊道窑在越南皇家陶瓷企业投产，日产砖8000m^2。科达公司推出内宽2.85~3.1m的宽体辊道窑。摩德娜公司推出MDC型2.9m×235m的双层宽体辊道窑，日产内墙砖1.8万平方米；MFC型3.05m×282m宽体辊道窑，日产800mm×800mm抛光砖1.8万平方米。

③ 梭式窑　梭式窑又称抽屉窑，主要用于陈设艺术陶瓷和一些大型、异型电瓷产品的烧成，以及卫生陶瓷的重烧和彩烤。近年来，也有用梭式窑烧成（一次烧）卫生陶瓷的。

20世纪80、90年代，我国不少卫生陶瓷厂引进了德国、意大利、日本的梭式窑，国内的许多窑炉公司消化吸收，制造系列梭式窑产品。

在潮州等地，因梭式窑采用陶瓷纤维毡的窑墙、窑顶、窑车及碳化硅轻质窑具，用自吸式烧嘴和清洁气体燃料，能耗不高、结构简单、造价低廉（相对隧道窑）、生产灵活机动，可不安排夜班，也大量用于卫生陶瓷的一次烧。

2006年，佛山恒动力陶机公司制造的200m^3超大型梭式窑在佛山投产。同年潮州的卫生陶瓷梭式窑总容积达5万立方米，卫生瓷年产能可达5000万件。

（3）窑具和耐火材料　窑具主要包括各种棚板、支架（座）、横梁及匣钵等。辊棒对于辊道窑的重要性，更是无须多言。窑具和耐火材料是砌筑窑炉和保证烧成作业正常运行的重要辅助材料。近30多年来，我国的窑具和耐火材料的生产及其应用，也有长足的进步。

1970~1980年，海城陶瓷三厂研制出耐火混凝土整体窑车车面。1982年，咸阳陶瓷研究设计院开发出釉面砖快烧窑具（绿泥石）。1985~1990年，佛山市陶瓷工贸集团公司陶瓷研究所研制成功陶瓷辊棒制造技术，利用国产原料和设备、采用冷等静压成形新工艺，用吊装烧成，研制成功辊道窑用的大规格陶瓷辊棒系列新产品，填补了国内空白，适用于各种不同规格的辊道窑。1990年，辽宁省建筑材料科学研究所研制成功绿泥石制锦砖钵具。1991年，中国建材院耐火所研究出SiC耐火大板。

5. 施釉装饰技术和装备

20世纪50～60年代，我国只能用喷釉技术生产单色陶瓷釉面砖。1954年，温州西山窑业厂试制成功喷釉机，代替了手工施釉。

1972年，唐山市建筑陶瓷厂研制出图案砖丝网印花新工艺，手工操作可套色。1981年，中国建材院陶瓷所和黄石建筑陶瓷厂研制出釉面砖浇釉机组，与人工浸釉相比，生产效率提高7～8倍。

1991年，山东工业陶瓷研究设计院和广东佛山石湾陶瓷机械厂开发成功一次烧成墙地砖施釉线，由佛山石湾陶瓷机械厂制造，在四川自贡墙地砖厂首次成功使用。全线采用组合式安装，单机驱动，无级调速，自动化操作。该院与湖北省襄樊重型机械厂联合开发成功装卸载机，在湖北省襄樊重型机械厂投产。该院与无锡建材仪器厂一起研制出丝网印刷机。

1994年山东工业陶瓷研究设计院、广东佛山石湾陶瓷机械厂和无锡建材仪器厂开发成功二次烧成釉面砖施釉线，并在烟台新型建材厂投入使用。

20世纪末到21世纪初，我国引进了意大利System等公司生产的旋转丝网印花机，辊筒印花机等装饰机械，用于釉面墙地砖的装饰。之后，我国的陶机厂也开始制造这类机械，佛山美嘉、希望等陶机厂成为其中的佼佼者。2004年，佛山伟声陶机厂制造的气动升降超大型皮带式丝网印花机出口意大利、印度、孟加拉、越南等国。新型干法施釉的釉料国内已有许多熔块色料厂生产，各种干法施釉机也已国产化。21世纪仿古砖的生产促进了施釉装饰线的发展。

2009年，国外制造的陶瓷砖喷墨印花机进入中国，掀起了使用喷墨印花机、陶机厂消化试制喷墨印花机、色釉料厂开发印花墨水的热潮。2010年，佛山希望陶机厂、上海泰威企业等推出了数码打印机。

卫生陶瓷的施釉，从20世纪50年代的人工浸釉发展到70年代的自动式手工喷釉、80年代的压力式人工喷釉。1987年以后，石湾建华陶瓷厂、鹰牌陶瓷集团公司等相继引进了喷釉机械手。21世纪初，唐山惠达陶瓷公司开始使用国产的喷釉机械手。

6. 冷加工（磨抛）机械

建筑墙地砖烧成后，常常还需进行一些冷加工。冷加工主要解决产品的切割、刮平、磨边、研磨和抛光等工艺需要。

1992年，唐山轻工业机械厂开发出瓷辊磨光机。广东科达机电公司开发出陶瓷磨边机。1993年2月，福建海源公司开发出国产第一条比较完整的CMX600型瓷质墙地砖磨光生产线。1994年12月后，广东科达机电公司、广东科信达公司、科泰公司、南京大地水刀公司、佛山永达水刀公司等企业先后研制成功陶瓷砖刮平机、瓷质砖抛光机、"巨无霸"抛光线、干法磨边线、圆弧抛光机、水刀、陶瓷薄板抛光机等产品，其中不乏世界领先。

在卫生陶瓷方面，咸阳陶瓷研究设计院、唐山贺祥、佛山华鹏等开发出各种型号的洁具修磨机，用于加工卫生陶瓷的安装面。

7. 自动拣选和包装机械

2000年以前，我国陶瓷砖的制造企业极少安装拣选包装线。进入21世纪以后，由于人工成本上升，促使一些陶机厂开始开发拣选包装设备。2002年，上海多变量智能系统有限公司开发出陶瓷砖坯厚自动激光测量系统，可测0～50mm，分辨率0.01mm。2005年，科达公司展出墙地砖自动检测分砖线，可测陶瓷砖的尺寸、大小头、平面度、对角线，每天测8000～20000m^2。用吸盘上下砖，分类自动叠砖，打印报表。2006年，佛山衣路华包装器材经营部开发瓷砖打包机，同年，科信达公司推出自动检测线。2007年，科达公司推出自动拣选包装线；佛山兰桥机械设备公司推出陶瓷智能分级包装线。2010年，科达公司推出大规格砖自动包装线。

三、电瓷生产装备

1. 原料加工机械

电瓷工业用的球磨、筛分、除铁、压滤、练泥等设备均与日用陶瓷工业类同。随着绝缘子、套管产品直径的加大，从1973年至本世纪初，陆续开发了挤出螺旋直径500mm、630mm和800mm的真空练泥机。现在国产真空练泥机已经形成系列（包括不锈钢型），以挤出螺旋直径表征，最大已为1100mm，正在研制1250mm产品。

2. 成形机械

1960年代，电瓷行业开展技术革新和"双革四化"活动。在此期间，在电瓷行业成形围绕减轻体力劳动强度，改变成形落后面貌为目的，开展了技术革新活动。其中，开发成功的有一次成形机钢丝刀成形机、多轴修坯机，用来成形瓷横担、跌落式熔断器瓷件及小棒形绝缘子等，棒形绝缘子用多刀立式修坯机、立式仿形修坯机、光电程序控制的半自动棒形修坯机、直筒形大瓷套仿形修坯机等。以上设备皆以切削成形方法为主。

开发悬式绝缘子成形机是这个时期的主攻目标之一。机械部确定郑州电缆厂承担电瓷专用设备的制造任务。郑州电缆厂先后制造了一大批小型和中型真空练泥机，取代60年代仿制的真空练泥机。之后，又制造了立式仿形修坯机、冷压成形机、棒形绝缘子切割机和球磨机等。20世纪80年代中期至90年代，是电瓷产品向超高压发展和满足超高压输变电工程需要的时期，也是新中国成立以来大量电瓷生产装备进口的时期。

3. 干燥设备

电瓷坯体的干燥技术与装备的发展进程与卫生陶瓷相似。大型产品通常采用间歇式烘房干燥。小型产品通常采用隧道式烘房和链式烘房干燥。用蒸汽通入散热器加热空气进行干燥，也有采用工频电干燥工艺和设备的。由于电瓷的坯体厚重，近年来，用于卫生陶瓷坯体干燥的少空气室式干燥器在电瓷坯体的干燥得到推广使用。

4. 窑炉

20世纪初至1949年前，电瓷的烧成是在馒头窑或倒焰窑中进行的。

20世纪50～60年代，在苏联等国家的援助下，我国陶瓷行业先后兴建了一批气烧隧道窑。"一五"期间，由苏联援建我国156项重点建设项目中就包括气烧隧道窑项目。1953年筹建的西安高压电瓷厂（现西安西电高压电瓷有限责任公司）建设的烧成高压电瓷和避雷器的气烧隧道窑于1959年投产。

1964年，刘振群提出了"稀码理论"，并以此理论解决了西安高压电瓷厂苏联专家多年来未能解决的隧道窑烧成技术难题，并向苏联索赔，挽回了我国的经济损失。

1980年后，全国各瓷厂纷纷从国外引进现代间歇窑。1984年，西安高压电瓷厂通过"中技公司"从美国Bickler公司引进一座$64m^3$用高速烧嘴烧重油的梭式窑，1985年施工，1986年8月完成调试，9月初投入正式生产，当年获益。南京电瓷厂和醴陵电瓷厂也引进了梭式窑。

景德镇电瓷电器公司在"七五"期间从联邦德国Wistra公司引进了一座有效容积为$82m^3$的煤气梭式窑，于1991年成功投产，产品合格率为99%以上。

1985年，上海无线电一厂与景德镇九九九厂同时从日本引进了CK-1-5型全纤维电热钟罩窑，用于6.5MC压电陶瓷生产，当年投产成功，合格率在99%以上，此后仿制设计建造也获得了成功。

第三篇　产区篇

本篇包括15章，分别记载我国23个省、5个自治区、4个直辖市和2个特别行政区百年陶瓷的生产开发应用历程。

纵观中国陶瓷生产史，有三大特点：一是自古以来几乎是有人类活动的地方必有陶器或瓷器生产，只是规模大小、产品种类、达到的水平有所差异；二是历代的产地随资源、经济发展水平和人类居住环境变化而变迁；三是到了现代，传统加上科技进步促成陶瓷业的新格局。本书的产区篇史实完全印证了上面的论断。

所以，产区篇记述的实质上就是中国各省市区或地区一个世纪以来陶瓷的生产、产品、技术工艺与装备、贸易与交流、应用、陶瓷文化等的变迁史。

第十四章 江西（安徽）产区的陶瓷

江西省，简称赣。因公元733年唐玄宗设江南西道而得省名，又因为江西省最大河流为赣江而得简称。江西东邻浙江、福建，南连广东，西靠湖南，北毗湖北、安徽而共接长江。境内除北部较为平坦外，东西南部三面环山，中部丘陵起伏，成为一个整体向鄱阳湖倾斜而往北开口的巨大盆地。

江西陶瓷的生产历史悠久，以"千年瓷都"——景德镇为代表的陶瓷生产多年来一直在全国处于领先地位。近百年来，江西陶瓷走过了一条衰败、恢复与发展及飞跃发展的不平凡之路。如今，江西抓住全国陶瓷产业大转移的大好时机，形成了萍乡—高安（丰城）—景德镇—九江的陶瓷产业带，建立起了江西新的陶瓷生产大格局，即高安（丰城）的建筑陶瓷、萍乡的工业陶瓷等。景德镇则以其丰厚的陶瓷文化历史底蕴，走艺术瓷、日用瓷、高技术陶瓷、建陶等多元化协调发展之路，打造成为国家级陶瓷产业基地。

本章对安徽陶瓷也作了简述。

第一节 江西陶瓷概况

江西拥有得天独厚和丰富的陶瓷原料资源，瓷石、高岭土、石英、长石、滑石、石灰石等几乎分布全省各地。目前，江西已探明高岭土资源的有浮梁、吉安、瑞金、泰和、遂川、广昌、安源、宜春、分宜、万载等县。贮藏有瓷石、瓷土的有吉安、万安、金溪、抚州、靖安、东乡、横峰、宜丰、都昌、安福（含锂瓷土）等县。贮藏有石英石或石英砂的有宜春、万安、崇仁、上饶、横峰、弋阳、都昌、新建等县。星子、黎川、安义等县既有高岭土、瓷土资源，还有长石、石英。江西地区的滑石资源主要集中在上饶、永丰、广丰一带。

以景德镇地区出产的高岭土品质最优，用其生产的景德镇瓷器曾代表中国陶瓷制品的高端水平和上等品质，影响着中国乃至世界瓷业的发展。现在，国际上通用的高岭土学名（Kaolin）就是来源于景德镇北部山区鹅湖镇高岭村边的高岭山。至今，景德镇柳家湾矿、三宝瓷土矿、大洲瓷土矿等仍在为景德镇陶瓷的生产提供原料。江西的陶瓷资源丰富，陶瓷生产分布也较广。

自1911年到21世纪初的百年间，江西的陶瓷产业随着全国政治、经济大局的变动，经历了继承、衰落、复兴、低谷和振兴的起伏式发展历程。

1911～1949年间，除瓷业集中的景德镇外，赣西的萍乡地区、赣南的吉安地区、赣北的九江地区、赣东的抚州地区等许多乡镇均有作坊式陶瓷生产，用当地资源，生产一些坛、罐、碗、碟之类的低档日用陶瓷。

1949年以后，以景德镇为代表的江西陶瓷，在短短的十年间，先后成立了建国瓷厂、人民瓷厂、艺术瓷厂、红星瓷厂、红旗瓷厂、为民瓷厂、东风瓷厂、光明瓷厂、景兴瓷厂、宇宙瓷厂等十大国营日用瓷厂；生产电瓷的华电瓷厂、高压电瓷厂；生产建筑卫生瓷的建筑瓷厂；生产陈设艺术瓷的雕塑瓷厂、高级美术瓷厂等。

在20世纪60～70年代，主要的技术进步成效是为把大部分的柴窑过渡到煤烧倒焰窑，又逐步将倒焰窑改造为煤烧、烧重油、烧气的隧道窑、辊道窑；由手工生产向机械化自动化生产过渡；引进国外先进技术和国产化开发；华风、玉风、4369等企业建成现代化的高档日用瓷生产线等。

与此同时，萍乡地区由生产低档日用瓷向生产电瓷等转变。20世纪70年代年代，辉煌之时的萍乡湘东区的陶瓷企业达174家，工业陶瓷总产量占全国市场份额的70%以上。

1980年，高安八景日用瓷厂建成当地第一条釉面砖生产线投产，其他各瓷厂也纷纷转产陶瓷砖。到90年代中期，高安有20多家建筑陶瓷厂，占江西省釉面砖产量的二分之一，约占全国总产量的10%。

20世纪90年代中后期，景德镇陶瓷经历了从国有到民营企业的转变，曾经显赫半个世纪的景德镇十大国营瓷厂转制，民营陶瓷业成为瓷都振兴陶瓷产业的主力。

21世纪初，由于许多沿海地区进行产业结构调整，江西利用其陶瓷资源丰富、制瓷历史悠久、紧邻东部地区之优势，在高安、丰城、萍乡、景德镇、九江等区域建立了五大陶瓷工业园，引资100亿元。江西陶瓷业又一次走向复兴之路，成为新世纪中国日用瓷、陈设艺术瓷、建筑陶瓷、电瓷的主要产区。

第二节　中国瓷都——景德镇

景德镇市位于江西省东北部，东邻安徽省休宁县和江西婺源县、德兴县，南连江西万年县、弋阳县，西靠波阳县，北及东北同安徽省东至县和祁门县毗连。著名旅游胜地庐山、龙虎山、三清山、黄山、九华山环绕其间，鄱阳湖、千岛湖互映左右，名山胜水拥出瓷城。

景德镇是一座有着1600多年历史的古镇。春秋时为楚所辖，山高林密，人烟稀少。秦统一全国后，分天下为36郡，景德镇属九江郡番县。汉改隶属豫章郡鄱阳县。三国时属吴地。东晋起开始设镇，名新平镇。唐武德四平，就镇设县，称新平县。唐开元四年更名为新昌县，县治设于距镇10km的旧城，镇为县辖，因镇在县南（一说在昌江之南），故改名昌南镇，亦名陶阳镇。唐天宝元年，改新昌县为浮梁县，镇仍为县辖。宋景德年间，宋真宗赵恒命昌南进御瓷，底书"景德年制"四字，因瓷器精美，天下咸称景德镇瓷器，于是昌南之名淹没，景德镇之名一直沿用至今。明清时景德镇瓷业发达，贸易昌盛，与湖北汉口、河南朱仙、广东佛山并称为中国四大名镇。

景德镇制瓷历史悠久，所产瓷器有"白如玉、明如镜、薄如纸、声如磬"之美称。千百年来，景德镇因瓷器而名扬四海，瓷器因景德镇而身价倍增。郭沫若诗云："中华向号瓷之国,瓷业高峰在此都。"景德镇是举世闻名的瓷都。

汉代时,景德镇人就靠山筑窑,伐木为薪,开始了陶器的烧造。三国、两晋、南北朝时期,北方长期战乱,南方相对稳定,北人大规模南迁,南方经济有明显的进步。到南北朝时的陈朝,景德镇制瓷业长足进展,史书称景德镇"水土宜陶",镇瓷"自陈以来名天下"。

隋唐开始,制瓷工人掌握了用高火度烧造瓷器的方法和配方,所制瓷器色泽素润,"莹缜如玉",质地坚固,被誉为"假玉器"。唐武德四年,唐高祖曾下诏"制瓷进御"。

宋代制瓷工艺更有新的提高。瓷器洁白不疵,釉面晶莹,尤以影青为代表作。此时的景德镇瓷器在胎质、造型、釉色、制作等方面都进入了兴盛时期,西方人称之为"瓷器成功的时代"。景德镇作为瓷都地位,实际上是在宋代奠定的。

元代时,官方在景德镇设置"浮梁瓷局"。其时镇内不仅有官办"枢府"窑,而且民窑也增至300座。元代烧造的青花白瓷和青花釉里红被誉为"人间瑰宝"。青花瓷的出现,结束了我国瓷器以单色釉为主的局面,把瓷器装饰推进到釉下彩的新时代,形成了鲜明的中国瓷器之特色。

明洪武二年,朝廷在景德镇设"御窑厂"。其时镇内有官窑58座,民窑达数百座,"昼间白烟掩盖天空,夜则红焰烧天",足见其生产规模之宏大。明中叶以后,制瓷技艺高超,产品精美,为天下窑器之所聚。

清代时,尤其是康熙、雍正、乾隆三朝,为景德镇瓷业的鼎盛时期。镇内人口逾十万,瓷业发达,商贾如云,有"绝妙花瓷动四方,廿里长街半窑户"之说,制瓷工艺达全国最高水平,创造了闻名遐迩的古彩、粉彩、珐琅彩和各种名贵色釉。但鸦片战争以后,景德镇的制瓷业遭到严重摧残,到1949年末,大部分瓷厂、瓷窑都已停工,开工的只占7.8%,年产量仅有粗瓷6350万件。

20世纪50年代以后,景德镇的制瓷工艺、装备和生产规模都发生了很大的变化。原料粉碎从水碓粉碎发展到雷蒙机和球磨机粉碎,原料精制从脚踩练泥进化到真空练泥,成形从手工拉坯、太阳干燥发展到滚压成形、链式干燥等,几十年间从国外引进先进设备123台(套),生产厂家从当初的2000多个极为分散的手工作坊发展到50多个日用瓷生产工厂,其中大中型出口瓷生产工厂15家,从"草鞋码头"的破烂摊子逐步形成了包括地质勘探、矿山开采、原料加工、石膏模具、窑具、窑炉、陶瓷机械、耐火材料、瓷用化工、内外销售、陶瓷科研、陶瓷教育等较完整的国内外罕见的陶瓷工业体系和科工贸体系,推动了陶瓷生产的迅速发展。到1990年,年产日用陶瓷3.65亿件。陶瓷工业总产值年平均增长8.7%。许多失传的产品得到恢复,而且创造了一批新产品。1949~1990年,陶瓷工业累计完成利税7.32亿元(其中利润累计3.44亿元),为国家创汇5.01亿美元。景德镇作为国内的主要产瓷区,日用瓷产量、出口瓷创汇均名列全国前茅,单件瓷创汇水平为国内最高,获国际金奖和国家金银牌的产品居全国之首,90%以上的国家外交礼品瓷均是由景德镇烧制的。景德镇仍不愧为中国的瓷都。

进入21世纪后,景德镇采取招商引资,建立陶瓷科技园等一系列措施,使日用瓷的科技和生产迎来了新的历史发展时期。河北新东升集团、福建冠福家居用品股份有限公司、唐山华庭陶瓷有限公司、上海玛格隆特骨质瓷有限公司、潮州新伟成实业有限公司、景德镇望龙陶瓷有限公司、台资企业景德镇法蓝瓷实业有限公司等加盟入驻,集合30家以上技术先进的高档日用陶瓷制造企业，投资33亿元，占地1609亩，新建厂房约100万平方米，建设年产5亿件以上高档日用陶瓷生产线。

一、辉煌历程

景德镇瓷业曾创造了辉煌的成就。自五代景德镇瓷业初具规模后，瓷业工人不断总结积累制瓷经验，并随着北窑制瓷技术的南传，景德镇汇国内各大名窑技术之长，聚各大名窑之成就，使瓷器烧造取得辉煌成就。经测试，五代时景德镇烧造白瓷的白度达70度以上，吸水率、透光度均达到现代瓷器标准，瓷质在当时居全国首位。

宋代时，景德镇瓷业的装烧工艺从五代时的支撑物支烧发展到装匣烧成，所产青白瓷（亦称影青瓷）体薄、质细腻，色泽白里泛青，温润如玉，有"琼玫饶玉"之称。元蒋祈《陶记》中载："埏埴之器，洁白不疵，故鬻于他所，皆有饶玉之称，其视真定红磁、龙泉青秘相竞奇矣。"明宋应星《天工开物·陶埏》中也有"有素肌玉骨之象"的记载。青白瓷品种有杯、碗、盘、执壶、碟、盏等日用瓷，还有化妆用具、祭器、明器、弈具、博具和瓷雕等多种。装饰有刻花、雕花、镂花、堆塑、印花等。产品造型清秀典雅，纹饰题材丰富生动精致。景德镇成为当时全国著名的青白瓷产区，形成宋代规模巨大的青白瓷体系。当代陶瓷史学家称："瓷器由半透明釉发展到半透明胎，这是中国瓷器发展过程中的第三个飞跃，景德镇宋代青白瓷首先产生了这个飞跃。"

元、明、清三代，景德镇瓷器一直是中国陶瓷技艺水平最高的产品。元代，景德镇瓷业进入了一个创新时期。在制胎原料上，开创了瓷石加高岭土的"二元配方"法，从而提高了瓷器烧成温度，减少了焙烧过程中器物的变形，为烧造大型器物奠定了基础。在装饰方法上，成功地创烧出青花、釉里红以及卵白釉、蓝釉等颜色釉，并采用画花、印花、雕花等技法，使中国瓷器装饰技术进入一个崭新的时代。

明代，景德镇制瓷工种分工更细化，工艺流程趋于细微。据《天工开物》记载："共计一坯工力，过手七十二，方克成器"。同时制瓷除普遍采用元代创制的"二元配方"及釉灰外，施釉与成形方法也进一步改进。根据瓷器形状，采用了荡釉、蘸釉、浇釉、吹釉等多种施釉方法。始用"二次印坯"、"二次利坯"法的成形方法，并创造了吊线装坯、一匣多器、涩圈迭烧法和并列仰烧法等。产品质量进一步提高，瓷器装饰新品种不断涌现。明永乐、宣德时烧制成功甜白釉瓷，是单色釉瓷发展的一大进步；创制的祭红釉瓷成为陶瓷苑中的瑰宝；黄釉青花、霁兰釉白花、孔雀绿釉、浅黄釉、仿哥釉、仿汝釉、黑釉等诸多新品种层出不穷，瓷器装饰进入五彩缤纷的新时期。成化时的景德镇瓷器制作精巧、色料精美，釉上彩流行，斗彩彩绘工致，色彩艳丽；施彩技法多样，有点彩、复彩、染彩、加彩、填彩等多种，产品精妙可人，历被海内外赞赏。正德时的五彩、素三彩、矾红彩，嘉靖至万历朝的五彩等彩瓷，均是深受欢迎的著名产品。"有明一代，至精至美之瓷，莫不出于景德镇"。

清代时，景德镇瓷业在全面继承明代技术、品种的基础上不断创新与发展，尤其是康熙、雍正、乾隆三朝的制瓷技艺、装饰水平达到登峰造极的地步。康熙时的青花幽靓雅致、优美大方，五彩纹样丰富，色彩透明雅丽。珐琅彩是康熙、雍正、乾隆三朝名贵的宫廷御瓷。粉彩是在珐琅彩基础上发展的新品种，给人以"彩之有彩，粉润清逸"的美感。薄胎瓷达到"纯乎见釉，几乎不见胎骨"的地步。仿历代名窑生产的仿古瓷达到几可乱真的程度，且超过历代名窑技术水平。青花玲珑细致精巧，青莹剔透；象生瓷雕造型优美，形神兼备，栩栩如生；镂空转心瓶、转颈瓶、瓷胎仿漆等特种工艺瓷制作精细，巧夺天工；各种高、低温颜色釉五光十色，品种丰富多彩，质量纯精；其中，郎窑红、豇豆红、祭红、钧红等名贵颜色釉均为举世瞩目之珍品。景德镇瓷业在长期的生产发展中，集历代名窑之大成，形成了自己独特的"品种繁多、造型优美、装饰丰富、技法多样"的传统技艺和"白如玉、明如镜、薄如纸、声如磬"的风格。在清末至民国的瓷业中衰时期，与洋瓷倾销国内的抗衡中，景德镇传统产品仍获得海内外的欢迎与赞誉，产品供不应求。

民国时，尽管由于连年战争而使景德镇瓷业日渐衰弱，但制瓷技术及瓷器装饰艺术仍有新的发展。制瓷开始采用脚踏辘轳车、手动碎釉机、石膏模型的铸坯法、雾吹器的吹釉法等新工艺。传统产品青花瓷器质洁白晶莹，花色流畅典雅。瓷雕制作精巧，生动传神。其中，徐播生创制的"龙船"瓷雕将画、刻、塑、镂、捏等多种技法融为一体，把瓷质镂空技术推向一个新的高峰，曾一时轰动国内外陶瓷界。"珠山八友"新流派推动了景德镇瓷器装饰技术的发展，其中，"珠山八友"之一王大凡创立的"落地粉彩"技法别具一格，是为继承与发扬传统工艺美术探索过程中所取得的新的艺术成果。人称"青花大王"的王步把水墨画中的写意技法与青花技法相结合，以豪迈奔放的气概、简朴雄浑的笔墨，为花鸟传神创造了明清以来的新风格。

1949年以后，景德镇瓷业在继承和科学总结传统技艺的基础上，不断创新与发展。20世纪50年代，试制成功的高白釉的白度达到83.45%，创中国陶瓷历史上的白釉瓷之最；试制成功的瓷用金水改变过去一直仿造进口的局面，填补了中国陶瓷工业的一项空白。

20世纪60年代后，景德镇传统制瓷工艺有新的发展。建国瓷的制作取得成功，许多传统名贵高低温色釉得到恢复，青花、青花玲珑、颜色釉、薄胎瓷、仿古瓷、彩瓷、雕塑瓷及特种工艺瓷等传统产品均赶上甚至有超过历史最高水平，其中青花红楼超万件花瓶、大件三阳开泰花瓶、大型瓷雕滴水送子观音等产品均超过历史最高水平。大件郎窑红、大型色釉瓷壁画、成套青花和青花玲珑瓷、大型薄胎瓷、具有时代气息的粉彩与古彩、凤凰衣釉、雨丝花釉、彩虹釉等新产品层出不穷。日用瓷向高档瓷、成套和系列化发展。

1983年，在全国陶瓷评比中，景德镇瓷器的10个大类产品就有7个被评为全国第一。1984年，景德镇人民瓷厂生产的青花梧桐45头西餐具分别在民主德国的莱比锡、捷克的布尔诺、波兰的波滋南3个国际博览会上连获3枚国际金牌。

二、陶瓷资源

1.陶瓷原料

1949年以来，政府先后投资改建、扩建和新建了一批制瓷原料生产基地。

（1）扩建浮东瓷石矿　浮东瓷石矿位于景德镇市浮梁县瑶里乡境内，开采历史甚久，以青树下的瓷石为最佳。浮东瓷石亦称釉果，可用于制作石灰质釉，主要作为工艺美术瓷的釉用原料。

（2）投资改建浮南瓷土矿　浮南瓷土矿位于距市22km的湘湖乡东流村。该矿于1873年开始开采。现在这里的瓷石已接近采完，但在其附近的坳岭又发现有瓷石矿藏，已开始开采。1952～2010年市陶瓷原料总厂瓷石（瓷土）产量统计表见表14-1。

表14-1　1952～2010年市陶瓷原料总厂瓷石（瓷土）产量统计表　　　单位：t

年份	产量	年份	产量	年份	产量
1952	3472	1972	32943	1992	89675
1953	3906	1973	33003	1993	88650
1954	4964	1974	27874	1994	71560
1955	6459	1975	27531	1955	45680
1956	3403	1976	23588	1996	39690
1957	11172	1977	30217	1997	25400
1958	10605	1978	40026	1998	32560
1959	27918	1979	37155	1999	28780
1960	29146	1980	38911	2000	29650
1961	13367	1987	41450	2001	39750
1962	10530	1982	40041	2002	36630
1963	12507	1983	41959	2003	38600
1964	17871	1984	46701	2004	48650
1965	17261	1985	50999	2005	57840
1966	16541	1986	85000	2006	58960
1967	9905	1987	91430	2007	63100
1968	10128	1988	98540	2008	69870
1969	11578	1989	96335	2009	94580
1970	21860	1990	103570	2010	139650
1971	29785	1991	85640		

（3）投资兴办余干瓷石矿　1953年1月，景德镇市投资在余干县梅港乡境内建设余干县瓷土制造厂，隶属于景德镇市瓷土厂，后属江西省陶瓷工业公司。1953～1990年该矿共产瓷石31.3万吨。

（4）投资改造三宝蓬瓷石矿　三宝蓬瓷石矿位于距市区近10km的竟成乡三宝蓬村，开采历史悠久。1949年后，江西省陶瓷工业公司原料总厂在此设立了三宝蓬矿区并投资进行改造，年开采瓷石6000t，加工瓷土2000t。三宝蓬瓷土是制作大件产品不可缺少的原料之一。制作大件产品时，坯料加入中三宝蓬瓷土可防止产品的"过缸"（发裂）。

其他投资改造的还有陈湾瓷石矿、星芦矿、大洲瓷土矿、枫源瓷土矿、抚州瓷土矿、柳家湾瓷石矿、宁村瓷石矿等。

2.燃料

景德镇日用陶瓷的烧成历来都是以薪柴为燃料。自景德镇窑出现后，对燃料的要求提高。由于镇窑的头大腹大，膛内宽泽，火力强，温度高，故要求以富含油脂的松柴为燃料，且要求用松树枢干锯、劈成三开的柴片。松枝松叶供烧粗瓷槎窑使用。1949年后，景德镇日用陶瓷的烧成仍沿用以松柴为燃料的柴窑和以杂柴残松树枝叶为燃料的槎窑，当时有镇窑83座，槎窑8座。

1950年以后，景德镇陶瓷工业使用燃料经历了煤炭、重油、煤气、焦化煤气、天然气等阶段。特别是使用天然气等干净气体燃料之后，景德镇的自然环境得到保护和改善。

3.辅助材料

（1）匣钵　最初的匣钵用原料是黄土、白土和田土，均产自当地。1949年前，匣钵由私营匣钵户手工生产，供应瓷厂使用。1949年后，景德镇把匣钵生产者组织起来，成立专业匣钵厂。1980年改名为景德镇窑具厂。其生产方式逐步由手工改为用机械粉碎原料、机械练泥、钢模成形、辘轳成形并利用窑炉烧成。20世纪80年代以来，制匣原料逐步向熔融石英-黏土质匣钵、细颗粒匣钵方向发展。1985年，景德镇窑具厂年产匣钵29379t。其中大器匣钵10829t（21万担）、小器匣钵18450t（22.5万担）、碳化硅匣钵100t。至1990年，熔融石英-黏土质匣钵已大量生产，保证了景德镇陶瓷企业的生产需求。到90年代初，随着煤气烧瓷的发展，景德镇新华瓷厂实验无匣烧瓷成功，以棚板加支柱组成窑车，把坯体裸装在车内进行烧成，烧成合格率95%以上，外观质量亦优于同窑匣装烧成同类产品。

（2）彩绘原料及颜料

① 金水　以黄金等贵重制成的液体颜料，施于瓷器上经600～900℃烘烤，形成金光闪烁的色面，使瓷器堂皇华丽。除黄金水外，还有白色金水及各色电光水。1949年前，景德镇所用的金水均从德国、英国进口。1953年，景德镇试制成功出第一瓶金水，同年，组建景德镇瓷用原料化工厂，大批量生产金水。1958年研制出多色电光水，1970年研制出白色金水、亮光金水、磨光金水等系列品种。这些品种的色泽、寿命、附着力等性能均达到部颁标准，产量由年产数百瓶发展到年产10万瓶。

② 彩绘颜料　分为釉上、釉中和釉下彩绘颜料，每个单色有多系列色调品种。据民国《江西通志稿》记载，景德镇瓷器釉下颜料国内产多由云南、赣州、吉安等地运入，国外产则由日本输入，一般系从瓷商带进直接售于瓷厂或红店。釉上颜料除由日本进口外，景德镇亦有粉彩颜料生产小作坊专业制作。据1928年调查，景德镇有颜料制作厂商9户，其中8户为婺源人，1户为高安人，其他不知制作，也不允许制作。1949年后，景德镇先后组成公私合营颜料厂和手工业颜料合作社，1957年相继并入市瓷用原料化工厂。市瓷用原料化工厂专业生产与供应瓷饰颜料，1985年生产颜料74t，1986年为80t，至1990年产量达95t。颜料一般都是由色基（单一或多种金属有色氧化物）和熔剂（玻璃熔块）组成。

③ 新彩颜料　1949年前，大部分从德国、日本进口。20世纪50年代初期，沿袭传统方式生产，用砖炉煅烧、手工舂料、手工磨研和过筛。1956年后，市瓷用化工厂改进生产工艺并开发出新产品。1980年，研制成功釉上丝网雪白颜料，达到国际先进水平。1981年，研制成功珠光彩色颜料，装饰高档瓷器，销往欧美国家。1989年，采用微电脑控制、自动电子秤配料、自动吊篮隧道炉煅烧，实现了颜料生产自动化，品种和质量均达到国内外先进水平。

④ 花纸　清末民初时，江西省瓷业公司鄱阳分厂附设的中国陶业学堂首先采用花纸，以后传到景德镇各彩绘红店。但是，当时花纸系上海从联邦德国引进技术和颜料用石印进行生

产。20世纪50年代初期,景德镇市陶瓷美术工艺社研制成功花纸,但生产量小,远远满足不了瓷业生产的需要。1957年,经中央和地方政府批准,把上海的两家贴花纸厂迁往景德镇,并入景德镇市瓷用原料化工厂。景德镇的花纸生产逐步从手工向机械化、自动化方向发展,产品种类日益增多。同年,生产出的凹版青花花纸为大批量生产釉下青花瓷器开辟了新路。1971年生产聚乙烯醇缩丁醛薄膜花纸。1978年生产丝网平印花纸,以后又生产腐蚀金贴花纸、彩金贴花纸、丝网釉下青花贴花纸等,品种达200多种,不仅满足了景德镇瓷业生产的需求,还支持全省乃至全国各产瓷区。1982年在全国陶瓷花纸设计评比中荣获4个一等奖,名列全国同行第一。1987年在全国花纸评比会上,平印、丝印、平丝结合印的3项中夺得2项第一名。

⑤ 石膏 20世纪50年代初期以前,石膏仅用于翻制注浆模型、雕塑模型,用量很少,石膏的粉碎和煅炒都靠手工。从50年代后期起,手工成形逐步被机械压坯取代,石膏的用量迅速增长。这时的石膏粉的加工均由各瓷厂自己完成,但由于炒制温度不均匀,颗粒较粗而影响模型的品质,并且加工石膏多在居民住宅区进行,污染严重,群众意见很大。后来,曾一度从上海购买加工好的石膏粉,但又因价格和运输等问题而终止。1970年,在景德镇瓷厂石膏车间的基础上组建了一个石膏模具厂,专门从事瓷用石膏的加工与供应。各瓷厂所需石膏粉均从此厂购买。随后,石膏模具厂从国外引进设备,使加工石膏的种类多、质量提高,受到用户欢迎。直至90年代末,该厂生产的石膏粉除供应本市各瓷厂外,还销往本省各地及湖北、安徽、广东及浙江等地。

三、陶瓷产品

1.日用陶瓷

据1990年统计,景德镇市日用陶瓷的品种有13个大类,232个系列,1662个品种,1万个画面。到2010年年底,虽然有增有减,但总体上没有太大的变化。陶瓷产品的品种大体可分为四大类:饮食用瓷、贮盛用瓷、配套用瓷和其他用瓷。详见第八章日用陶瓷中的第二节日用陶瓷产品的分类。

2.四大传统名瓷

景德镇的四大传统名瓷是青花瓷、粉彩瓷、颜色釉瓷和青花玲珑瓷。详见第七章陈设艺术陶瓷中的第三节传统名瓷及其艺术特色。

四、陶瓷贸易

1949年以来,随着陶瓷工业的日益繁荣,陶瓷销售、陶瓷包装有了相应的发展。从1949年7月开始,景德镇的瓷器大都由浮梁专区贸易公司和景德镇市贸易公司负责购销。1950年5月,成立国营景德镇瓷业公司,成立后不久,该公司便将收购来的1万余担(300万件)瓷器运往芜湖、南京一带进行销售。与此同时,分别在南京、无锡各设了一个中心推销小组。设于南京的中心推销小组负责在芜湖、南京、镇江等地开展推销活动;设于无锡的中心推销小组负责在常州、无锡、苏州、南通等地开展推销活动。接着,又分别与上海、南京、镇江、常州、无锡、苏州、南通等地建立了瓷器调拨、代销等业务关系。此后，又分别与汉口、重庆、北京、天津、广州、河南、甘肃、陕西、新疆、青海等省、市建立了业务联系。经过半年多的努力，景德镇瓷器在国内的传统市场不仅基本得到恢复，而且还开辟了一些新的市场。1950年，景德镇瓷的内销量已达324208担（1026万件），比1949年增长62%。1951年后，该公司又先后派人参加了中国贸易会议、华东物资交流会、华南物资交流会、华北物资交流会等一系列会议和订货会，先后签订6批供货合同或协议。到1952年，景德镇瓷器已基本销往国内各省。

1953年，国家开始实行"一五"计划，随着私营企业逐步转为公私合营企业或生产合作社，对陶瓷内销的业务机构也进行了适当调整。1955年9月，浮梁专区贸易公司景德镇瓷业公司改成了全国供销会议，通过召开会议，全国各地签订了大批的订货合同、合约及协议。1957年，全市陶瓷内销量比1949年增长了3倍多。到1958年，内销量已达753310担（22599万件），为9年来内销数量最多的一年。由于"大跃进"时一味追求产值，大力发展工业用瓷，致使1959年日用陶瓷内销量比1958年下降20%以上。1961年，贯彻中央提出的"调整、巩固、充实、提高"的方针，到1962年，全市日用瓷产量得以回升。1962年起，先后采取了许多有效措施推进日用陶瓷的销售。一是分别在北京、辽宁等地举办瓷器订货会。二是把陶瓷的计量单位由"担"改成"件"，符合全国同行业计量的统一口径。三是反复派人赴全国各地进行调查，征求意见，摸清行情。1964年内销瓷销量已达8459万件。十年"文革"使景德镇的陶瓷生产和销售处于低谷。1967年，内销陶瓷为7932万件，比1966年下降了25%。1967年后内销数量仍继续下降。1976年以后，景德镇陶瓷的内销市场逐年扩大，现已遍及全国城乡。1986年后，随着国有体制向民营转变，内销量下降。1949～1990年景德镇陶瓷内销统计情况见表14-2。

表14-2 1949～1990年景德镇陶瓷内销统计表　　　　单位：万件

年份	内销数量	年份	内销数量	年份	内销数量
1949	32	1963	6323	1977	8506
1950	415	1964	7948	1978	10803
1951	2416	1965	9207	1979	10829
1952	4351	1966	10497	1980	13779
1953	5579	1967	9362	1981	13585
1954	14301	1968	9187	1982	12139
1955	15540	1969	7773	1983	11074
1956	19688	1970	11073	1984	11914
1957	20943	1971	13145	1985	11282
1958	25639	1972	9406	1986	11261
1959	11166	1973	9264	1987	9596
1960	6002	1974	7349	1988	8233
1961	3694	1975	9546	1989	5441
1962	6685	1976	7708	1990	4909

注：不含陶瓷企业自销数。

20世纪50年代以来，景德镇市先后在全国各地举办陶瓷展览或选送瓷器参加展出共达一百余次。1965年10月29日至11月30日，江西省瓷业公司、景德镇市手工业管理局在北京中国美术馆联合举办"景德镇瓷器展览"，共展出500多个品种，3000余件展品，接待国内外观众10万余人（次），其中包括接待朝鲜、罗马尼亚、保加利亚、匈牙利、苏联、蒙古国、捷克斯洛伐克、民主德国、波兰、古巴、日本、英国、法国、意大利、美国、加拿大、西班牙、芬兰、瑞典、瑞士、丹麦、印度、荷兰、澳大利亚、新西兰等50多个国家和地区的300多批外国朋友。新华社、《人民日报》、中央人民广播电台、《工人日报》、《光明日报》、《大公报》、《北京日报》、《北京晚报》等新闻机构对这次展览作了报道，《中国建设》、《人民中国》等对也向国外作了专题报道。

1978年10月10日至11月20日，"景德镇瓷器展览"在北京北海公园举行，共接待国内外观众30万人（次）。新华社、《人民日报》、中央人民广播台、《光明日报》、《人民中国》、《人民画报》、《北京日报》先后对这次展览作了报道。中央新闻电影制片厂还将这次展览拍成了彩色电影专题片。

1984年9月24日至10月14日，"景德镇瓷器赴京汇报展览"分别在北京中国美术馆、北京工艺美术服务部等处举行，参展、参销的陶瓷产品多达1000多个品种，100多万件（套），接待国内外观众50余万人（次）。

1990年10月11日至14日，"首届中国瓷都——景德镇国际陶瓷节"隆重举行，接待国内外来宾3142人，其中外宾488人，内宾2654人。

1950年5月1日，浮梁专区贸易公司景德镇瓷业公司成立，开展对景德镇瓷器的收购、内销及出口调拨业务。1956年5月，中国土产出口公司江西省陶瓷出口公司成立。1968年，江西省陶瓷出口公司并入江西省陶瓷销售公司，景德镇陶瓷的内、外销均由这家公司经营。1949~1990年，景德镇陶瓷外销总量为236701万件，其中，1986年外销数量10320万件，是1949年的47倍。创汇总额48338万美元，其中，1982年外销创汇达3103万美元，是1949年的160倍。现在，外销陶瓷器型已达2000多种，花面已达700多个，远销五大洲的118个国家和地区。1949~1990年景德镇陶瓷出口经营统计情况见表14-3。

表14-3　1949~1990年景德镇陶瓷出口统计表

年份	日用瓷实际出口量/万件	日用瓷出口换汇额/万美元	年份	日用瓷实际出口量/万件	日用瓷出口换汇额/万美元
1949	220	20	1958	4314	559
1950	443	3	1959	4187	485
1951	203	14	1960	440	405
1952	26	2	1961	3008	172
1953	8	1	1962	2362	262
1954	567	60	1963	4299	358
1955	667	70	1964	5189	517
1956	2455	276	1965	3824	612
1957	3942	487	1966	4177	514

续表

年份	日用瓷实际出口量/万件	日用瓷出口换汇额/万美元	年份	日用瓷实际出口量/万件	日用瓷出口换汇额/万美元
1967	3385	432	1979	10407	2622
1968	3366	287	1980	9304	2815
1969	5247	524	1981	10146	3015
1970	5304	503	1982	9995	3103
1971	7062	908	1983	7781	2220
1972	11650	1394	1984	6246	2002
1973	11656	1486	1985	7213	2005
1974	8352	1162	1986	10320	2505
1975	7797	1091	1987	10226	2606
1976	5948	905	1988	8288	3003
1977	10878	1656	1989	8588	2701
1978	3904	1069	1990	9080	2820

注：不含陶瓷企业自销数。

景德镇日用陶瓷企业出口销售的主要渠道江西省陶瓷进出口公司，也有部分通过海关自主出口。据不完全统计，2008～2010年，经景德镇海关出口的日用陶瓷的出口金额分别是2300万美元、1500万美元和1700万美元。1991～2010年景德镇陶瓷出口情况见表14-4。

表14-4 1991～2010年景德镇陶瓷出口统计表

年份	日用瓷实际出口量/万件	日用瓷出口换汇额/万美元	年份	日用瓷实际出口量/万件	日用瓷出口换汇额/万美元
1991	10083	3104	2001	2604	903
1992	9055	2349	2002	4030	1483
1993	6313	2022	2003	4834	1937
1994	6369	2208	2004	1907	1079
1995	4387	1200	2005	2321	1550
1996	3191	1107	2006	2490	1971
1997	2901	1157	2007	2628	2003
1998	2735	1207	2008	3217	2507
1999	3152	1226	2009	3926	3278
2000	3558	1229	2010	5688	4785

五、科技发展

1.陶瓷教育

1906年，张浩与康达合作在鄱阳创办"中国陶业学堂"，为景德镇陶瓷生产培养技术人才。1912年，江西省立陶业学校成立，1915年更名为江西省立甲种工业学校，次年设分校于景德镇，定名江西省立乙种工业学校，这是景德镇最早的陶瓷教育机构。1946年7月24日，校长汪璠筹建省立陶业专科学校。

1955年11月6日，中央文化部创办的景德镇陶瓷美术技艺学校开学。1957年5月21日，景德镇政府决定成立江西省陶瓷学校，由时任市委书记赵渊兼任校长，胡怀陵担任副校长。1958年6月28日，江西省人民委员会决定，江西省陶瓷学校更名为景德镇陶瓷学院，专门培养高级陶瓷人才，成为当时中国最重要的陶瓷教育中心。1968年12月28日，景德镇陶瓷学院被撤销。1975年12月30日，经国务院批准，恢复景德镇陶瓷学院，当年面向全国招生。现在，景德镇陶瓷学院已发展成为以陶瓷工科为主体，文学、艺术、经济、管理兼备，体系完整，专业人才集中的多学科的陶瓷高等教育学府。

1954年8月1日，景德镇陶瓷研究所成立。1957年6月28日，景德镇陶瓷研究所划归江西省轻工业厅管理，改名为江西省轻工业厅陶瓷研究所。1965年2月，中国科学院上海硅酸盐研究所陶瓷室迁并景德镇陶瓷研究所，改名为第一轻工业部景德镇陶瓷研究所。1968年12月，第一轻工业部景德镇陶瓷研究所被撤销。1978年8月10日，轻工业部决定，恢复景德镇陶瓷研究所，更名为轻工业部陶瓷工业科学研究所，重新隶属于轻工业部，由轻工业部科学研究院直接领导。1995年，随着轻工业部改为中国轻工总会，轻工业部陶瓷工业科学研究所更名为中国轻工总会陶瓷研究所。该所以应用研究为主，基础研究为辅，主要从事日用陶瓷、特种陶瓷、艺术、陶瓷、耐火材料、窑炉机电、陶瓷颜料的研究与开发；全国陶瓷产品及其原材料质量监督抽查与委托检测；标准的制（修）订以及科技信息服务等，为景德镇乃至全国的陶瓷技术进步做出贡献。

2.技术进步

（1）革新生产工艺　1953年，景德镇市第四瓷厂试验成功并推广了铁板补炉法、流水作业法、双手沾釉法、混水促釉法、双笔画坯法、木机灌泥法、碱水配釉法、底心蜡印法等新技术和新工艺，使生产效率得到极大提高。1955年12月25日，第九瓷厂试制成功注浆机，开创了景德镇陶瓷机械注浆的先河。1956年3月4日，景德镇试验瓷厂采用注浆方法先后制出了100件花瓶、100件暗花莲子瓶等50余种造型复杂的美术瓷。1959年5月4日，宇宙瓷厂建成两组土洋结合的大型水簸池，每天精制原料3万千克；5月7日，宇宙瓷厂试制成功电动木质打砖机，工效比手工操作提高7倍；6月3日，景德镇陶瓷研究所研制成功采用腐蚀法装饰的瓷器；7月21日，建国瓷厂采用注浆法制作天青釉堆花产品获得成功，生产效率比手工操作提高15倍。1965年7月15日，东风瓷厂研制成功琢器注浆成形机械化新工艺。1979年8月，景德镇市红旗瓷厂发明的BTW工艺获国家发明4等奖。

（2）开发新产品　1953年4月20日，景德镇市瓷用化工厂生产出第一瓶瓷用金水。1958年7月25日，市第九瓷厂试制成功高级耐酸瓷，耐酸性达99.3%；7月26日，陶瓷研究所成功地烧制出玉青釉、豆绿釉，经鉴定色釉超过历史最高水平。1959年4月28日，瓷用化工厂试制成功瓷用磨光金水；10月4日，景德镇市化工厂试制成功瓷用颜料镉硒红；11月4日，景德镇陶瓷研究所试制成功高温黄釉；12月14日，又研制成功高温黑釉。1962年9月14日，建国瓷厂试制成功颜色釉堆雕。1986年，景德镇建国瓷厂用新研制的大件郎红釉新配方并用替代燃料（液化气）烧出了红宝石一样晶莹透亮的郎窑红，该工艺技术于1986年5月15日荣获国家科学技术进步三等奖。1987年8月，陶瓷窑具厂的熔融石英-黏土匣钵、光明瓷厂的青花彩色玲珑或45头清香西餐具、瓷用化工厂的陶瓷釉上低温丝印颜料和雕塑瓷厂的夜光釉瓷雕荣获全国轻工业优秀新产品奖。1990年1月初，在全国轻工新产品评展会上，景德镇陶瓷企业申报参评的8项陶瓷新产品全部获奖，其中稀土青釉白花瓷等5项获全国轻工优秀新产品奖；同年8月6日，器高55cm、径围140cm的千件釉下彩特大薄胎皮灯在红旗瓷厂烧制成功。

（3）研制和推广新设备　20世纪50年代初期，景德镇仅有一家规模极小的私营李同兴铁工厂，但并不生产陶瓷机械。50年代中期，李同兴铁工厂实行公私合营，更名为景德镇市铁工厂。1958年，景德镇市铁工厂扩建为国营景德镇市机械厂，1962年更名为景德镇市陶瓷机械厂。1979年以前仅生产5种陶瓷机械。1979年后产品向小批量，多品种发展。1986年后品种日渐增多，生产的品种已达60多个。1990年全年共生产各类机械506台。到90年代初，全厂职工993人，拥有各类设备142台，其中金属切削机床102台，锻压设备13台。产品不仅销于本市，而且销往全国各地。该厂曾被列为国家机械工业委员会和轻工业部的重点企业之一，属全国陶瓷专用设备技术归口单位和标准化中心站。

1953年8月20日，市人民铁工厂（景德镇陶瓷机械厂的前身）试制成功第一部脚踏旋坯车并在建国瓷厂投入使用。1955年10月29日，景德镇市华光瓷厂创制出第一台木质脚踏压饼机，比手工制饼提高工效30%。1958年7月24日，市机械厂试制成功第一台真空练泥机；12月30日，红星瓷厂试制成功第一台双刀自动剐坯机，1961年7月，此设备经轻工业部鉴定被认定为国内制瓷的先进设备之一，在全国制瓷行业中推广。1980年8月，由景德镇陶瓷厂和陕西建筑陶瓷研究所联合设计、研制的国内陶瓷业第一座1000型压力式喷雾干燥塔在景德镇陶瓷厂试产成功。1990年，700型旋转振动筛等3项新设备荣获全国轻工新产品奖。

（4）主要技改工程　20世纪50～60年代，景德镇主要是对老厂进行改建、设备更新，同时新建了一批机械化的工厂。1956年6月1日，第一座采用机械化加工瓷土的瓷土厂破土兴建。1957年8月10日，景德镇政府决定拨款33万元，用于瓷用化工厂、建国瓷厂的新建与改建。1958年，政府决定引进捷克的技术与设备，兴建现代化的景德镇瓷厂。与此同时，在全市范围内陶瓷厂进行了以煤烧倒焰窑代替柴烧的镇窑改造工程。

1976年以后，国家对景德镇陶瓷业的现代化工作十分重视，从"七五"到"九五"期间，先后投入大量资金对国有大型陶瓷企业进行技术改造，并从国外引进设备与技术。主要的技改工程有，20世纪80年代的"300万工程"（即玉风瓷厂）；90年代的"4386"工程（景德镇陶瓷股份有限公司）；景德镇光明瓷厂引进气烧隧道窑、窑具厂引进气烧梭式窑等工程；引进全套设备建立的景德镇建筑卫生陶瓷厂工程等。

3.陶瓷窑炉

景德镇的陶瓷窑炉主要有蛋形窑、槎窑、方（圆）形煤窑、隧道窑、梭式窑和彩绘烤花窑炉等。

（1）蛋形窑　又称镇窑，为景德镇窑工所创，故名为景德镇窑，简称镇窑，又习惯称柴窑。始创于元，盛行于明，此后一直成为景德镇烧瓷的主要窑炉。镇窑身长18～20m，窑室内最高处为5.4～6m,最宽处为4.2～5m,容积160～200m³。因窑室高大宽长,容积较大,除官办和大型企业主的产品装烧外,一般中小企业主则是搭窑烧坯(俗称搭坯户),也有专营烧的业主(俗称烧窑户)。镇窑烧瓷分工极细,窑厂有把庄(技师)统一指挥烧成技术,下游技工、普工及辅助工,另有管事人员,负责财务及总务事宜,还有满窑工,专门负责窑内下部,匣钵柱的排列、加高、窑店专门负责筑砖和修理窑炉。镇窑室内前后温差大。断定瓷器是否烧成,全凭把庄师傅的眼睛和经验,察看火焰颜色和掌握烧成时间。20世纪50年代初期,景德镇仍沿袭镇窑烧瓷。但因镇窑使用松柴做燃料,随着陶瓷生产的发展,松柴已满足不了需要,于是采取煤柴混烧办法,但未获成功。60年代中期,煤窑烧瓷成功,使用600余年的镇窑被煤窑所替代。

(2)槎窑　又名狮子窑。因其形状似狮子头,烟囱似狮子尾而得名。始于何时,无以查考,估计是在龙窑、阶级窑的基础上演变而来。槎窑由窑身、烟囱、护墙及望火孔等部分组成。窑的构造与布局同蛋形窑大致相似,长度规模稍小些。窑房的总面积一般为800m²左右,窑炉长度一般为28m左右,跨度一般为11m左右,外檐高一般为5.5m左右。窑炉(包括窑岭)所占面积约为窑房总面积的1/3。槎窑专烧灰可器(渣胎碗)一类粗瓷,燃料用松枝、松叶、杂草及茅草等。烧成温度在1190～1300℃之间,低于蛋形窑。

(3)方、圆形煤窑　清宣统二年(1910年),江西省瓷业公司附设的中国陶业学堂建造煤窑烧瓷未获成功。1943年,江西萍乡瓷厂建倒焰煤烧方窑一座,烧瓷成功。1955年,景德镇建国瓷厂第一分厂建方形倒焰煤窑6座,1956年烧瓷成功。1957年,景德镇第四瓷厂和第二制瓷合作社建圆形倒焰窑一座,试烧成功。至1965年,景德镇建方、圆形煤窑131座,承担当年70%日用瓷的烧成。

(4)隧道窑　20世纪60年代,景德镇瓷厂从国外引进一条烧煤气隧道窑,焙烧坯件系用窑车装载、轨道运输,装烧、冷却、出窑等操作工序连续、生产周期短、产量大、品质高,实现了瓷器烧成的机械化和自动化。但投产不久,因受"文革"影响,企业被撤销,窑亦被拆毁。1996年,景德镇光明瓷厂依靠景德镇瓷业的技术力量,建成一条83m长的烧煤气隧道窑,具有引进隧道窑的优点。此后,景德镇各大瓷厂分别自建隧道窑烧瓷。1976年,景德镇宇宙瓷厂和光明瓷厂率先建造油烧隧道窑。此后,景德镇各大瓷厂相继兴建油烧隧道窑。1986年后,景德镇又建造以煤气为燃料的气烧隧道窑。1988年7月,红星瓷厂焦化煤气隧道窑调试烧瓷成功。至90年代末,景德镇市共建煤、油、气烧隧道窑31条。

(5)梭式窑　梭式窑以液化石油气、煤气和轻柴油为燃料,体积小、投资少、安装简便,适宜小型陶瓷企业使用。20世纪90年代末,市雕塑瓷厂从澳大利亚引进一座梭式窑。随后,各陶瓷科研所相继开发出各种梭式窑,在景德镇乡镇陶瓷企业、个体瓷户以及全省各地小型瓷企得到普遍使用。

4.水资源的利用

昌江是景德镇的主要河流,发源于安徽祁门大洪山,流至鄱阳县与乐安江汇合成鄱江后再注入鄱阳湖直通长江。昌江全长182km,其较大的支流有东河、西河、南河、北河(又名小北港河)。东河发源于皖赣边界的白石桥南侧山地,从凤凰嘴入昌江,主河全长53km,集水面积610km²。南河源出婺源县五花尖的南麓,河水由东向西,然后南行,注入玉田水库,经南安入昌江，河长68km，集水面积为593km²。西河起自皖赣交界的分水岭西侧，自北向南流，注入昌江，河长55km，集水面积490km²。北河有东西二支，西支合诸水南流至古潭与东支河水合为北河，再南下杨村入昌江，主河全长74km。四大支流常年水量均匀充沛，清澈透底，可通木船竹筏。除上述较大的支流外，还有50多条小支流形成纵横的河网。

景德镇有众多的河流和丰富的水资源。境内河流纵横交错，从四面八方汇集市区，形成便利发达的交通运输网络。千百年来，这些河流为原燃料的运进和瓷器的输出提供了方便。同时，丰富的水资源也为瓷业生产提供了充足的工业用水。此外，水资源还有一个作为动力的特殊作用，古代制瓷矿石全靠人工粉碎，所耗人力甚多，后来劳动人民充分利用水落差作动力，在一些支流上安装起水轮车和水碓，用以粉碎瓷石，制作瓷土、釉果。这种水轮车，最大的装碓达16支，最小的也装有4支。以前在浮梁的瑶里、三宝蓬、湖田、兰田、东流、寿溪坞等处沿河都有水碓装置。据记载，当地原有水轮车约600余部，有水碓4700余支，最盛时超过6000支。每当春夏水发，车轮旋转，水碓翻腾，可谓"重重水碓夹江开，未雨殷传数里雷"，长期以来，蔚为奇观。

水碓有三种，大的叫"缭车"，建在大河和主要支流两旁；中等的叫"下脚龙"，建在大水沟两旁；小的叫"鼓儿"，建在小溪两旁。

水碓的厂房分碓棚和摊棚两部分。碓棚是水碓舂矿石的地方；摊棚是淘洗、制不（不：读成dún）、晾干的场所。所谓棚，因都是茅草房，结构简单，四面无墙壁，屋檐低矮，只有2m左右。建缭车的碓棚面积约90m²，摊棚很大，面积约300m²。下脚龙和鼓儿的碓棚和摊棚有的连在一起，有的分开，面积也有大有小，一般在200～250m²。

碓棚是把矿石粉碎后进行制不的场所，主要设备如下。

（1）淘塘：面积2m²左右，以青砖垫底，四周用砖砌成矮墙，高约1m，底部为坡形，靠淀塘一侧深约1m，另一侧约50cm。

（2）淀塘：面积约9m²，深约80cm，与淘塘一墙相隔，半腰处有一小洞，泥浆从淘塘经小洞注入此塘。泥浆澄清后，水又经小洞回流到淘塘。祁门矿区则用直径2m，深1m的大木桶淘洗泥浆。

（3）干塘：只有鼓儿碓设干塘，面积3～4m²不等，深约1m。缭车碓和下脚龙碓不设干塘，满棚摊开半干湿的泥浆堆，让其自然干燥。摊棚也因此得名。

（4）桌子：制不（不：读成"墩"，即为长方形的原料块）专用桌，长约2m，宽约40cm，高约70cm，也有80cm的，桌面厚约7cm。

（5）盒子：制不专用木盒，呈"井"字形，后面一根木料是活动的，可以脱落。内空20cm×14cm×5cm，下面的木板另配，面积稍大于盒子，后面有一柄。

（6）吸水砖：加速干燥的青砖。

（7）货架：晾干不子的架子，以横木作挡，四面不用板。长约2.5m、高约1.4m，分5层，每层高约27cm。数量根据厂的大小而定。

其他有八磅、四磅、一磅铁锤各一只，铁淘耙一把，铁板耙一把，另有土箕、木勺、钢丝弓等。

碓户向矿主购买矿石后，用独轮车运到河边，再用船运到水碓边。下脚龙碓和鼓儿碓多设在水沟旁，用独轮车将矿石又从河边运到碓旁边。

东河和南河在春夏期间水满，秋冬水浅，所以船运必须在前两个季节进行。里村有一叫方起的碓户，秋季需要矿石，因水浅，雇来好几个竹排装矿石。竹排吃水浅，便于航行，却引发了船帮的讼诉。浮梁县法院裁定：碓户雇请船只或竹排任其自由，不受限制。此后，装运矿石四季皆有。

装来的矿石倒在河边或沟边，让水冲刷淤泥，之后，用八磅铁锤打碎，再用一磅铁锤敲成鸡蛋般大小的石块，然后倒进碓臼。碎石舂成细末后，双手抱住碓脑，挂在预先吊好的绳索或蔑环上，用铁勺将粉末舀起，过筛倒进淘塘。

当取了已臼细末，淘塘就加水，用铁耙来回搅动，搅成糨糊状后，用木勺舀到淀塘里。淀塘里的泥浆约沉淀6h后，放开隔墙半腰的洞孔，淀塘里上面的清水回流到淘塘，再用木勺将泥浆舀到干塘，或者舀到清扫后四周用泥巴作拦坝的地下，让其自然干燥。泥干燥到可以成堆而不下沉时，便可制不。

制不时，先将湿泥搬到桌上，堆成小堆，另将托把托着木盒放在桌上，抓一把干粉末，撒在盒子内空和四角，再抓一团泥，揉成圆状用力搭在盒子里，再用手拍紧，然后用钢丝弓锯掉余泥，盖上碓户牌号印，退开盒子后面的活挡子，取下盒子，托板托上湿泥坯，侧着放在货架的吸水砖上，一块不子便制成了。

缭车碓车身大，动力足，碓臼多，在雨水均匀时，每车年产量可达14万块。但对水源要求特别高，故建造得比较少。下脚龙碓对自然条件的要求适中，建造最多，每车年产量约5万块。鼓儿碓虽然造价不高，但动力有限，每车年产量只有2万块。这三种碓的建造，使大小河流和水沟的水力资源得到充分利用，既降低了加工成本，又保证了景德镇产瓷原料的供给。但也受到自然条件的限制，雨水好的年份可生产九个月，遇到干旱则不到半年。

碓户雇工的不多，资本大的每碓也只有2～4人。受雇者又多为半工半农，即又在碓棚生产，又在自己家里种田。工资按件核算，每一小万块（即1万斤，计2500块，每块2kg）可挣干谷5石（每石65kg），包括伙食以及过节、过年的酒菜在内，一年可挣干谷40石，可舂成大米4500余斤。

碓户与白土行（即牙行）一般都有固定的买卖关系，称为"宾主"，成品由白土行经销，并送货上门。有的碓户则直接售给窑户。

5.环境污染及治理

江西陶瓷生产主要污染源和污染物情况见表14-5。

表14-5　陶瓷生产主要污染源和污染物

主要类型	主要污染源	主要污染物
矿山原料	坑道掘进、采场 原料粉碎 高岭土生产 原料精加工	陶瓷粉尘、噪声 陶瓷粉尘、噪声 陶瓷废水、尾砂 陶瓷粉尘、陶瓷废水、含铁泥浆水、尾砂、噪声、干燥塔废水
原料车间	精制工序 搅拌池卸料口 高梯度除铁 球磨机、振动筛、双缸泵	陶瓷泥浆水（含油废水） 陶瓷粉尘 含铁泥浆水 噪声

续表

主要类型	主要污染源	主要污染物
成形车间	磨、挖、利坯 冲洗地面、洗釉缸 石膏制模 注浆	陶瓷粉尘 陶瓷废水 石膏废水、硫黄气 陶瓷废水
烧成车间	装坯工序 烧成工序 窑炉风机	陶瓷粉尘、废匣钵、瓷片 窑炉废气高温及热辐射 噪声
彩绘车间	磨瓷工序 烤花工序	陶瓷粉尘 窑炉废气高温及热辐射
化工厂	制版工序 试验室 颜料工序 球磨机进卸料口 熔炉 粉碎 漂洗 金水工序 胶印工序 釉下花纸	含铬废水、有害气体 酸碱废水、含铬废水、有害气体 重金属粉尘 铅烟、铅蒸气 铅等重金属粉尘 含硫酸根、铬酸根离子废水 HNO_3、HCl、NO气体 铬酸废水 含铅废水

据江西省陶瓷工业公司1979年的统计，公司所属企业共有煤烧圆窑120座，煤烧隧道窑12座，煤烧烘房205条，锅炉38台。在不足5km²的老市区，树立着大小烟囱302根。公司年耗煤量30万吨，年产生煤烟23.3亿立方米，烟尘7000t，足见景德镇市大气污染的严重。

经过十多年不懈的努力，在治理最严重的煤烟气污染方面取得了良好的效果，改善了景德镇的环境状况，其中最有效果的改变能源结构，使用干净能源，使窑炉日排放烟气量下降88%，窑炉日排放烟尘量下降49倍，日排放二氧化硫量下降22.8倍，大气环境质量取得根本性改变。

第三节　其他地区的陶瓷

一、高安（丰城）的建筑陶瓷

高安位于江西省中部偏西北，政区形状如同一只蝴蝶，镶嵌在赣中大地。大约六千多年前，高安为古三苗活动之地，夏、商、周时地属"扬州之域"，春秋、战国时先后归属吴、越、楚，秦属九江郡。汉高祖六年（公元前201年），设建县，属豫章郡，是高安第一次设立县级行政单位，管辖范围含现在的高安、上高、宜丰、万载四县及樟树市的一部分。平帝元始四年改为多聚县，东汉恢复建成旧名。唐武德五年（622年），因避太子名讳改建成为高安。历经唐、宋、元、明、清，先后作为州、郡、路、府等治所。1993年撤县设市。

高安生产陶瓷的历史悠久，源远流长。据《高安文物志》记载，宋代时，高安就生产陶瓷。高安有矿产资源30余种，有"五土六石"之说，"五土"为瓷土、耐火土、高岭土、红砖土、保温土；"六石"为石灰石、大理石、花岗石、石英石、青石和红石。石灰石、大理石、花岗石等储量达10亿立方米，瓷土、耐火土的储量在3亿立方米以上。高安的瓷土原料分布广泛，质量上乘，黄沙、新街、太阳、灰埠、汪家、兰坊、荷岭等乡镇均发现瓷土矿；瓷土的二氧化硅含量普遍高于60%，三氧化二铝含量为20%左右，三氧化二铁含量为0.79%～4%左右，对高安发展建筑陶瓷提供了良好的条件。

1978年秋天，八景日用瓷厂在高安建起了一条釉面砖生产线，经过一年零七个月的试制，1980年1月，高安终于产生出第一片釉面砖，实现了建筑陶瓷砖"零"的突破。不到3年，高安先后办起了灰埠、新街、独城等5家釉面砖陶瓷厂。之后的30年间，直到2010年，高安举全市之力，发展建筑陶瓷产业。其规划的建筑陶瓷产业基地总面积为30km^2，2012年的规划年陶瓷砖产量达6.5亿平方米。

丰城与高安同属宜春市，有"煤海粮仓"之称，陶瓷制造历史悠久，资源丰富。2008年建省级丰城精品陶瓷产业基地。截至2010年，基地引进了上海斯米克、广东东鹏、广东唯美等企业办厂。丰城将成为江西一个建筑陶瓷生产基地。

二、萍乡的工业陶瓷

萍乡市位于江西西部的赣湘交界处，是江西的西大门，素有"湘赣通衢"、"吴楚咽喉"之称，是镶嵌在赣西大地上一颗璀璨的明珠。公元267年，设立萍乡县，归属三国时的吴国，1960年设专区辖市，1970年改为省辖市。

矿业是萍乡的重要产业之一，已建成煤炭、建材、陶瓷、钢铁四大矿业体系。

萍乡自古就有生产陶瓷坛、罐、碗、碟等的历史。20世纪50年代以来，电瓷是陶瓷工业主体，70年代，湘东区的陶瓷生产达到辉煌时期，企业174家，产品品种上千种，广泛用于石化、化工、化肥、冶金、建材、电力等国民经济的基础行业，工业陶瓷总产量占全国市场份额的70%以上。

2006年5月，成立萍乡工业陶瓷产业基地，总体规划面积21.5km^2，分三期实施。

萍乡地区的工业陶瓷产品主要有两大类，一类是工业电瓷，如绝缘子、配电用各种开关等，生产厂家集中在芦溪；另一类是化工陶瓷，如瓷球、瓷环等，集中在湘东区。至2010年，全市共有电瓷生产企业81家，化工陶瓷企业250家。

三、九江陶瓷

九江是江西的北部门户，全境东西长270km，南北宽140km，总面积1.88万平方公里，占江西省总面积的11.3%，其中市区面积为90.14km^2。境内有风景秀丽的庐山和中国最大的淡水湖泊——鄱阳湖生态水域。

九江地处江南古陆成矿带与长江中下游成矿带交汇地段，目前已发现的非金属矿有高岭土、石灰石、石英砂、大理石、花岗石等，其中星子高岭为景德镇制瓷所用。

1980年，修水开始生产高温耐热陶瓷。目前，修水康顺高耐热陶瓷集团公司已成为全国耐热日用陶瓷的主要生产企业之一。修水昌盛高耐热瓷制品有限公司除生产高耐热瓷外，还生产异型蜂窝陶瓷。2010年，新中英的陶瓷项目落户修水县工业园太阳升项目区，总投资8亿元，占地面积673亩，分三期建设8条建筑陶瓷自动化生产线。

进入21世纪后，九江的陶瓷业向功能陶瓷等新型材料方向发展。2006年，美国菲蓝国际集团（FAIRLANDINC）投资九江，成立九江菲蓝高新材料有限公司，生产的系列混凝土防护剂及系列石材、陶瓷、砖瓦、石膏及石膏板、木材等有机硅防水保护剂，已广泛应用在机械、电子、建筑、化工及农业领域。

近几年来，九江抓住机遇，主动对接沿海产业转移，使一批有实力的陶瓷企业纷纷落户九江。例如，2007年，由杭州诺贝尔集团有限公司和香港宏诚股份有限公司共同投资建设的九江诺贝尔陶瓷有限公司落户城东港区，签约投资额15亿元，建设16条抛光砖生产线，产能为7000万平方米/年。投资6.8亿元的江西安拿度瓷业项目落户永修。投资1亿元的康顺高档耐热瓷项目落户修水。投资5亿元的维鑫陶瓷项目落户星子。一大批陶瓷企业的入驻并相继投产，使九江迅速成为江西省陶瓷生产的重要基地之一。

四、井冈山陶瓷

井冈山位于江西省西南部，地处湘赣两省交界的罗霄山脉中段，东边江西泰和、遂川两县，南邻湖南炎陵县，西靠湖南茶陵县，北接江西永新县，是江西省西南的门户，也是中国革命的根据地。

井冈山所在的吉安市有创烧于唐代晚期的吉州窑。吉州窑位于吉安县永和镇，经五代、北宋，在南宋时期达到顶峰，终烧于元末，有1200多年的历史。20世纪50年代，由于当地陶瓷原料资源丰富，又开始了日用陶瓷生产。井冈山的支柱产业是旅游业，唯一的工业是陶瓷产业。1970年创办社办企业红光瓷厂，1978年转为地方国营企业宁冈县会师瓷厂，1996年会师瓷厂拆分为宁冈恒华瓷厂和会师瓷厂，1998年恒华瓷厂改制成为私营企业恒华陶瓷。

虽然陶瓷企业为井冈山上缴的税赋不多，但对解决就业的贡献大，当地政府希望做大陶瓷产业。2006年，当地政府规划3000亩的陶瓷产业园。

2008年5月，恒华瓷厂落户园区，引进一条天然气日用瓷隧道窑，填补了江西省内天然气烧日用瓷的空白；2009年2月，又成功引进全自动淋釉生产线，取代了原有手工作业线。恒华陶瓷在改制后的10年时间建成了3个分厂、10条生产线，年总产量上亿件。2005年的时候只有一条生产线的映山红陶瓷是一家由国有企业转制发展起来的民营企业，目前拥有7条生产线，生产52头、38头配套产品。1996年12月，龙市镇将原龙江瓷厂扩改建为井冈山市园林陶瓷厂，主要生产琉璃瓦建筑装饰材料，把现有两条生产线扩大，实现了满负荷生产，年产值达1000万元。

2010年，陶瓷工业园区已聚集陶瓷生产及配套企业19家，有20条日用陶瓷生产线，年产量7.8亿件，年总产值6个多亿，从业人员1.5万，固定资产投资累计超过5亿元，罗汉汤碗和釉下彩系列日用陶瓷产品已分别占据了全国市场份额的60%、50%。革命老区利用自身的资源优势发展陶瓷工业，正在打造又一个全国日用陶瓷产业基地。

第四节　江西陶瓷业的重要人物与事件

1906年，张浩与康达合作在鄱阳创办"中国陶业学堂"，培养景德镇的陶艺人才。

1910年，官商合营的江西瓷业公司成立。本厂设在景德镇，分厂设在鄱阳，并在九江、汉口、上海设立分销处。同年，景德镇为东西陵烧制了一批供器、爵、罐、盘、碗等瓷器。1921年，鄱阳分厂倒闭，申、汉等地分销处停业。

1912年，江西省立陶业学校成立，1915年更名为江西省立甲种工业学校，次年，设分校于景德镇，定名江西省立乙种工业学校。这是景德镇最早的陶瓷教育机构。1920年，江西省立乙种工业学校停办。

1912年，王琦与吴蔼生、汪野亭等人组织"瓷业美术研究社"，开展陶瓷技艺研究活动。

1915年，在巴拿马国际博览会上，大瓷板"富贵寿考"获金质奖章。

1922年，景德镇陶瓷美术界300余人自发组成了一个群众性科研团体——景德镇陶瓷研究社。

1928年中秋节，瓷绘名家王琦、王大凡、邓碧珊、徐仲南、汪野亭、程意亭、田鹤仙、刘雨岑（一说无田、刘，而有何许人、毕伯涛），在景德镇文明酒楼组织"珠山八友月圆会"，约定每月15日集会，论画品著。王大凡有诗记此事："道义相交信有因，珠山结社图新。羽毛山水梅与作，花卉鱼虫草与人。画法唯宗南北派，作风不让东西邻。""聊将此幅留鸿爪，每全月圆会一轮。""月圆会"的活动直至1935年停止。这8年里，珠山八友把用中国传统绘画技法装饰瓷器的技艺创新发展而形成新的流派，对近现代景德镇彩瓷具有较大影响，珠山八友也因此名扬中外。

1929年，景德镇陶务局成立。1930年，景德镇陶务局并入省立工业试验所。

1931年，创办浮梁县立饰瓷科职业学校。

1934年11月，江西陶业管理局成立（设在景德镇），1938年，由景德镇迁往萍乡。

1934年12月，《陶业日报》创刊，1940年停刊。

1939年11月，日军飞机多次对景德镇狂轰滥炸，炸毁大批坯房、窑房。

1944年，江西省立陶瓷职业学校由萍乡迁至景德镇。

1949年4月29日，中国人民解放军进入景德镇并接管景德镇政权。5月4日，中华人民共和国景德镇市人民政府成立。

1950年4月15日，地方国营景德镇市建国瓷业公司成立；5月4日，国营景德镇市瓷业公司成立；5月14日，景德镇市瓷业工会成立。1952年10月27日，景德镇市建国瓷业公司更名为景德镇市建国瓷厂；同日，景德镇市瓷业公司更名为江西省贸易公司景德镇瓷业公司。

1951年4月6日，私营裕民陶瓷生产股份有限公司成立；5月10日，景德镇市成立国光、大器匣、小器匣、裕民、建中5家私联营企业。8月12日，浮梁专区景德镇窑柴公司成立。9月3日，景德镇市陶瓷生产合作社成立。

1953年4月22日，景德镇市陶瓷生产管理局成立。5月10日，景德镇市瓷器手工业生产合作社成立。6月，景德镇市陶瓷生产管理局更名为景德镇市工业局，主管陶瓷工业，兼管其他工业。

1954年1月1日，景德镇陶瓷馆（馆址在今防疫站）开幕，馆内陈列景德镇历代陶瓷共4000余件。

1954年8月1日，景德镇陶瓷研究所成立。

1955年5月16日，景德镇市人民委员会批准34户私营瓷厂实行公私合营，至12月6日，市内共组建了16个陶瓷生产合作社，13个画瓷合作社和7个画瓷小组，至1956年1月18日，景德镇市陶瓷企业全部实行了公私合营。

1955年11月6日，中央文化部创办的景德镇陶瓷美术技艺学校开学。

1955年5月28日，中共景德镇市委召开临时会议，研究了景德镇瓷厂兴建烧瓷隧道窑的问题，有人提议兴建捷克式的隧道窑，并由捷克斯洛伐克包建。会议同意这一意见，并确定正式行文报省与中央，待上级批准后实施。1966年11月15日，发生炉煤气隧道窑在景德镇瓷厂竣工，经验收，证明该窑质量达到国家要求。1969年10月14日，景德镇市革命委员会按照程世清的意见决定撤销景德镇瓷厂，造成巨大损失。

1956年2月19日，江西省陶瓷工业公司成立。

1958年5月21日，中共景德镇市委决定成立江西省陶瓷专科学校，同时决定由时任市委书记赵渊兼任校长，胡怀陵担任副校长。5月29日，江西景德镇陶瓷专科学校成立。6月28日，江西省人民委员会决定，江西陶瓷学校改为景德镇陶瓷学院。1968年12月28日，江西省革命委员会下文撤销景德镇陶瓷学院和陶瓷研究所。1975年12月30日，国务院批准恢复景德镇陶瓷学院，面向全国招生。

1958年8月2日，景德镇市建成第一座倒焰式煤窑。自1954年开展"以煤代柴"试验，至1962年年底，全市共新建各类煤窑200多座，除保留10多座柴窑外，已基本实现了瓷器烧炼煤窑化，改变了一千多年来景德镇以松柴烧炼瓷器的状况。

1959年11月30日，江西省人民委员会公布景德镇市杨梅亭古窑遗址、景德镇市湖古窑遗址等为省级文物保护单位。1982年，湖田古瓷窑遗址被中华人民共和国国务院列为第二批全国重点文物保护单位。

1964年11月1日，江西省瓷业公司成立。

1972年7月27日，恢复江西省陶瓷工业科学研究所，行政上受省轻工业厅、景德镇市革命委员会双重领导。1978年8月10日，江西省陶瓷工业科学研究所改为轻工业部陶瓷工业科学研究所，受轻工业部与省、市领导。

1975年，为毛泽东制作"毛瓷"。

1979年9月30日，景德镇市人民瓷厂生产的"长青"牌青花瓷和建国瓷厂生产的"珠光"牌高温色釉陈设瓷分别获1979年国家优品金奖和银奖。

1980年8月7日，由景德镇陶瓷厂和陕西建筑陶研所联合设计、研制的1000型压力式喷雾干燥塔在景德镇陶瓷厂试产成功，该塔为国内陶瓷业中的第一座。

1980年12月18日，中共景德镇市委召开常委会议，研究高档瓷生产问题，决定自即日起成立国营景德镇市玉风瓷厂，主要负责生产高档配套瓷。12月30日，成立江西省陶瓷工业公司科学技术中心试验所。同日，成立江西省陶瓷工业公司工艺美术研究所。

1980年9月30日，艺术瓷厂的"福寿"牌粉彩瓷获国家优质产品金质奖章。1981年9月

30日,光明瓷厂、红光瓷厂的青花玲珑瓷获国家金奖。

1982年12月,景德镇市陶考古工作者在景德镇明代御器厂故址发掘、清理出明代残瓷窑1座,清理官窑废瓷堆积7处,共出土永乐、宣德时期的官窑遗弃的废瓷片数吨。1987年至1988年初,景市陶瓷考古工作者在珠山发掘、清理出了大量极其珍贵的明成化官窑遗弃的废瓷片。这次发掘被认为是"新中国成立以来最大的陶瓷考古发现"。

1983年,景德镇使用江西丰富的稀土资源,研制成功高温稀土花釉——彩虹釉,这是世界制瓷史上的一个新创举,为此获得了国家发明奖和第三十九届尤里卡国际发明金奖,发明人邓希平因此获得比利时王国的骑士勋章。

1984年6月16日,人民瓷厂的青花梧桐45头西餐具在捷克斯洛伐克布尔诺十五届消费品国际博览会上荣获金奖。6月19日,人民瓷厂的青花梧桐45头餐具在波兰波兹南50届国际博览会上荣获金奖。6月28日,《人民日报》等6家报纸、中央电视台等7家电台、电视台分别报道了青花梧桐西餐具连续获奖的消息。

1985年6月20日,红星瓷厂煤气窑工程正式动工。

1985年8月9日,光明瓷厂厂长徐志军代表该厂与联邦德国雷德哈姆公司在北京签订引进设备的合同,以206万马克引进一条煤气隧道窑。1988年11月3日,光明瓷厂从联邦德国引进的煤气隧道窑开始安装。

1986年3月20日,光明瓷厂的45头青花玲珑西餐具在莱比锡国际博览会上荣获金质奖。

1986年12月4日,为民瓷厂技术改造工程(即"4369"工程)被国家计委和轻工业部列为"江西省陶瓷工业公司出口瓷基地技术改造工程"中的重点工程。

1987年1月16日,景德镇市焦化煤气厂投产,1988年12月28日,焦化煤气厂顺利地为红星瓷厂隧道窑输送了煤气,景德镇市开始了陶瓷烧成煤气化的转变。

1990年10月11～14日,景德镇市举办第一届"中国瓷都——景德镇国际陶瓷节"。

2003年12月5日,国家科技部批准以景德镇陶瓷学院为依托单位,组建国家日用及建筑陶瓷工程技术研究中心,并于2008年3月获得优秀评价正式通过国家科技部验收命名。

2004年,举办"景德镇千年庆典"及第一届"景德镇国际陶瓷博览会"。

2007年12月14日,高安市举行了江西省建筑陶瓷产业基地的授牌仪式。2008年,高安市隆重举行"中国建筑陶瓷产业基地"命名暨授牌仪式,标志着高安建筑陶瓷产业基地成为我国建筑陶瓷行业第一个"中国建筑陶瓷产业基地",也是全国建筑陶瓷十分重要的生产基地之一。

第五节 安徽陶瓷概况

安徽省位于我国东南部,是我国东部襟江近海的内陆省份,简称"皖"。境内山河秀丽、物产丰富、稻香鱼肥、江河密布。五大淡水湖中的巢湖横卧江淮中部,素为长江下游、淮河两岸的"鱼米之乡"。

安徽制陶瓷历史较早。唐朝安徽绩溪霞涧窑青瓷就较有名气。当时,南方青瓷兴盛,以浙江越窑为代表，到晚唐五代时达到顶峰。这也带动了周边地区一些地方性的窑口，纷纷学习越窑的工艺技术，甚至连造型也大致相同，形成了一个庞大的"越窑系"。当时皖南的一些窑口也属于这个范畴，绩溪霞涧窑就是其中之一。在皖北的萧县白土镇境内就发现唐宋瓷窑遗址20多处，北宋年间该县共有各类瓷窑72座。然而安徽向来是农业大省，加上离瓷都景德镇较近，元、明以后安徽的瓷窑就陆续迁往江西景德镇。此后，安徽的陶瓷生产基本停留在为当地农村生产砖瓦、陶罐、粗瓷等。陶瓷生产规模小，企业布局分散，主要分布在安徽省的六安、霍山、巢湖、淮北、宿松、宣城等地。

1950年在安徽省中部偏北的淮南市八公山区建淮南瓷厂，属轻工系统，生产砖瓦、耐火材料、电瓷、火花塞、日用瓷。1979年生产釉面砖和卫生洁具。1987年釉面砖年产量为120万平方米，卫生洁具30万件，日用瓷1500万件，耐火材料5000t，职工3700人，技术人员100名，是当年省先进企业，也是省里最大的国有陶瓷企业，国内有名的陶瓷企业。

20世纪90年代以后，随着城镇建设需求的不断加大，建筑陶瓷企业应运而生，产品主要为中低档墙地砖，主要销售市场是本省的县级及县级以下的市场。

进入21世纪后，在淮北及其周边地区发现有丰富的瓷土、瓷石资源，适合大规模发展中低档陶瓷产品，加上新农村建设对建材的需要，建筑陶瓷的生产开始在淮北地区得到较大发展。

地处淮北的烈山区一直致力于发展建筑陶瓷产业。2003年，建立淮北烈山陶瓷工业园，园区内有美康、粤州、新生活、嘉美、中博、惠而浦和伯爵等7家陶瓷企业，9条生产线，年产3000万平方米中低档墙地砖，产值约3.2亿元，产品主要为内墙砖和地砖，销往省内和周边地区。目前，惠而浦陶瓷是园区内产量最大的企业，拥有2条现代化的大型陶瓷生产线，以生产墙地砖为主，日产量达到24000m^2。

此外，在六安地区分布有御石陶瓷、大华陶瓷、新腾飞陶瓷3家企业、6条生产线，主要生产仿古砖和西瓦。其中，位于霍山经济开发区的安徽御石陶瓷有限公司是一家专业生产各类高档仿古砖的企业，拥有4条现代化陶瓷生产线，自2006年6月份运营以来，产品80%畅销到欧洲、美洲、中东等国外市场。另外，在安庆宿松县、巢湖和宣城市有3家陶瓷企业，主要生产西瓦和卫生洁具。

位于安徽省北部，苏、鲁、豫、皖四省交界处的萧县，陶瓷原料丰富，储量达40多亿吨。2010年8月，安徽省委、省政府批准在该县原有的陶瓷工业园的基础上建设安徽省陶瓷产业园，并把安徽省陶瓷产业园作为皖江城市带承接产业转移示范区进行扶持。为此，连霍与合徐高速交汇处，规划萧县陶瓷产业园，规划面积10km^2。园区先后引进广东正冠陶瓷、福建万兴、龙津陶瓷、华凯瓦业等多家企业建设陶瓷生产线60条，投资规模近50亿元。2010年，已有6条生产线建成投产。龙津陶瓷生产的高档渗花超洁亮抛光瓷砖的各项指标均符合国家标准。

安徽有黄山、九华山、天柱山等名山，还有长江、淮河、新安江和全国五大淡水湖之一的巢湖，安徽把发展现代农业和旅游业放在首位，而在工业方面实现与苏浙沪的无缝对接，发展成为苏浙沪大工业配套的加工制造业的基地，对环境保护不利的陶瓷产业在安徽的发展，也只能是充分利用当地资源，以基本满足本省市场需要为原则。

第十五章　江苏（上海）产区的陶瓷

江苏省位于我国大陆东部沿海中心、长江下游，东濒黄海，东南与浙江和上海毗邻，西接安徽，北接山东，地势平坦，河渠纵横，湖泊众多，交通便利，陶瓷原料资源丰富，具有发展陶瓷生产的良好条件。

江苏陶瓷产区具有鲜明的陶瓷文化特色，是以宜兴陶瓷为代表的产区。宜兴紫砂、高淳日用瓷、宜兴耐火砖是当代江苏三大主要产品。"陶都"宜兴灿烂的陶瓷文化和精湛的陶瓷艺术驰名中外。

第一节　江苏陶瓷概况

江苏的陶瓷原料矿产资源丰富。主要有高岭土、陶土、耐火黏土、瓷石、长石、石英、蓝晶石、白云石、膨润土、硅灰石等，分布于苏州、宜兴、溧阳、溧水、江宁、高淳、句容、南京、六和、铜山、无锡、丹徒、新沂、赣榆、东海、沭阳、泗洪、宿迁、睢宁等市县。据20世纪50年代中期至1987年的勘探，全省陶瓷原料矿产资源总量为595106.15万吨。

江苏的陶瓷生产历史悠久。在邳县、新沂、沭阳、淮安、连云港、宜兴、吴县和南京等地出土的距今6000多年的制陶工具以及红陶、灰陶、黑陶、白陶、彩陶等陶器遗存表明，早在新石器时代，江苏的陶器生产已有一定的规模和水平。殷商和西周时，江苏出现了印纹硬陶和原始瓷器。春秋战国时，陶器品种增多，使用轮制成形。汉代时江苏陶瓷的烧造技艺有明显进步，宜兴"南山窑"制陶技艺日趋成熟，受浙江影响，宜兴开始烧造青瓷。两晋、南北朝时，宜兴成为当时国内烧造青瓷的主要产地之一。中唐以后，江苏陶瓷业得到长足发展。五代时期，受越窑崛起和原料局限等原因，江苏青瓷渐趋衰落，终至失传。宋代时，江苏宜兴的日用陶器兴起，初创紫砂陶器，为明清的发展奠定了基础。明代时，江苏陶业盛极一时。明代初期，为适应都城南京建设的需要，南京、苏州等地出现烧造建筑陶器的大窑厂；中期，宜兴成为江苏陶器生产的集中地，"宜兴窑"、"欧窑"和"蜀山窑"成为三大名窑闻名于世；明正德以后，紫砂陶器成为陶园中独放异彩的瑰丽奇葩。清代的康熙、雍正、乾隆三朝，江苏陶业更有了长足的进步，日用陶器品种增多，堆花装饰工艺已趋成熟，造型愈益新奇，格调纯朴、浑厚、雅致；欧窑的均陶远销海外；紫砂形成独特的艺术风格，许多珍品成为名器。

近百年，特别是20世纪的70～90年代，除了传统的紫砂陶、均釉陶和日用陶器外，恢复和发展了青瓷、细瓷、炻器、精陶、色釉陶、美术陶瓷、仿古陶瓷、工业陶瓷和建筑卫生陶瓷等，江苏成为我国生产陶瓷的重要省份之一。

20世纪初，江苏陶业有一段时间抓住机遇求得发展。仅宜兴丁蜀镇一带几乎"家家捣泥，户户制坯"，"衣食所需惟陶业是赖"。由于一些大窑户各怀绝技，产品各具特色，宜兴形成粗货、溪货、黑货、砂货、黄货五个生产区，其中属于砂货的紫砂产品曾于1915年巴拿马国际博览会上获奖。陶瓷三脚龙头以质优价廉，在与德商竞争中获胜而在国内外赢得了声誉，显示了宜兴陶业于衰微中振兴的活力。

1936年，宜兴一地有龙窑76座。上海、杭州、烟台、武汉等地设有经销江苏陶器的门店约80家。江苏陶器在长江下游各省几乎无家不备，其销量之大可与瓷都景德镇瓷器比肩。1937年，日寇发动侵华战争，江苏各地的窑场、窑厂大半倒闭毁损，陶工纷纷失业，陶瓷生产每况愈下。1938～1944年间，全省陶瓷年产量仅为战前的45%。

1949～1952年，政府统一组织原材料的采购和分配，实行陶瓷产品的分产联销或联产联销，整顿和恢复了陶瓷业的秩序。从1954年起，通过互助合作和公私合营，全行业的社会主义改造，江苏陶瓷进入发展时期。与此同时，在南京、苏州、徐州等地扩建了一批陶瓷企业。到1957年，全省陶瓷工业总产值为2076万元，比1949年增长11.14倍。

1958年以后，宜兴、南京、苏州、无锡、江阴、镇江、扬州、南通、铜山、邳县、泗洪、高淳等地先后新建和扩建了一批工业陶瓷和日用陶瓷企业，并创办了陶瓷机械设备、窑具耐火材料及釉料配置等专业工厂，初步形成以国营企业为主体的陶瓷工业体系。到1966年，全省陶瓷工业总产值为7609万元，比1957年增长2.67倍。

20世纪50年代开始进行窑炉改造，发展倒焰窑；60年代中期起推广隧道窑，逐步实现了由柴窑向煤窑发展的技术改造，结束了千百年来以松柴为燃料烧制陶瓷的漫长历史。1969年，南京电瓷厂在全省率先采用煤气烧成，开创了江苏用洁净燃料烧造陶瓷的历史。70年代到80年代初期，省内各陶瓷企业先后采用了隧道窑、辊道窑、推板窑、梭式窑（抽屉窑）等热工装备，原料的开采和制备实现了机械化。滚压成形、注浆成形、链式干燥、窑炉余热利用、喷雾干燥等技术得到普遍采用。

从20世纪50年代后期起，相继创办了江苏省陶瓷研究所、南京火花塞研究所、徐州陶瓷研究所、高岭土公司研究所等。江苏省陶瓷研究所研制的无铅贴花纸、高温釉中彩当时居国内领先水平，并成功设计国内第一条陶瓷杯生产流水线。原宜兴陶瓷工业学校、各企业兴办的陶瓷职工学校以及省内外各高等院校的相关专业为江苏陶瓷行业培养了大批工程技术人员。

1979年和1982年，相继成立了江苏省陶瓷出口部和江苏省陶瓷工业公司，实行工贸合一的经营管理体制。1987年，全省陶瓷工业总产值为4.9亿元，比1978年增长158%；在全国各陶瓷产区中工业总产值居第5位，利润排第4位，出口交货值居第6位，日用陶瓷产量、出口量、出口创汇均为第8位。

1979～1987年，生产出五光十色的普通陶瓷、彩釉陶器、均釉陶器和紫砂陶器，恢复失传数百年的青瓷生产，发展了精陶、细瓷和炻器，发展了工艺美术陶瓷、园林陶瓷、建筑卫生陶瓷，以及化工、电工、纺织、电子陶瓷等工业陶瓷，成为国内门类齐全、品种繁多的陶瓷产区。1987年，全省有各类陶瓷产品20多大类、10000多个品种，隧道窑为主的各式窑炉202座，生产流水线百余条；陶瓷系统有各类科技人员2000余名。

紫砂陶器是宜兴名扬天下的特产。1980～1987年，仅宜兴紫砂工艺厂就出口紫砂陶器398多万件，外贸交货额1800万元。

进入20世纪末21世纪初，大规模发展传统陶瓷已经不是江苏的优势，陶瓷业进入调整并缓慢发展阶段，宜兴紫砂、高淳日用瓷、宜兴耐火砖（材料）成为三大名品。

第二节　宜兴产区

宜兴制陶始于7300年之前，宜兴因悠久的陶瓷历史、灿烂的陶瓷文化、精湛的陶瓷艺术而享有"陶都"的誉称。西南的丘陵山区，风光秀丽、景色迷人，包容了溶洞奇观、竹海胜景、茶园绿洲，并蕴藏了得天独厚的陶土资源。早在新石器时期，宜兴的先民们就开始制作陶器，迄今未曾中断。

宜兴陶瓷产品门类齐全，有赏用兼优的各式精美的茶、餐、酒具，有鲜艳夺目的园林建筑陶瓷，有传统的缸、坛、盆、罐，又有新颖别致的艺术陈设陶瓷，还有工业陶瓷、电子电器陶瓷、特种耐火材料等。宜兴陶瓷的高峰期，曾拥有陶瓷企业800多家，从业人员逾10万。"陶都"成为宜兴市的"名片"，在经济、社会的发展中发挥了积极作用，放大与提升了宜兴在国内外的知名度和影响力。

2006年5月，"宜兴紫砂陶制作技艺"成为国家首批非物质文化遗产，"千年陶都"始终传唱着绵延不绝的陶之颂歌。2006年10月，国际陶艺学会和美国中华陶艺学会还分别授予宜兴"世界制壶中心"和"世界茶壶之都"的荣誉。2007年6月，"宜兴紫砂"被国家工商行政管理总局批准为地理标志证明商标，这株宜兴陶苑的名花已经带着"五色土"的芳香走向世界。

一、陶土资源

宜兴的丘陵山区面积为600多平方千米，占全市总面积的35.5%。山势一般在海拔二三百米，高峰在五百米左右，高山多为石英岩构成，低丘多为石灰岩层。山腹中蕴含了丰富和得天独厚的陶土矿产资源，为宜兴陶瓷产业的形成与兴旺提供了物质保证。宜兴丰富的陶土资源催生了陶瓷产业7000多年悠久的历史和厚重的文化积淀。

宜兴陶土矿产资源品种多样，按性能和用途，大致可分为甲泥、白泥、嫩泥、紫砂泥、瓷石、小红泥与紫红泥等几种类型。矿区主要分布在丁蜀镇的黄龙山、青龙山、香山、南山、兰后、涧坞和张渚镇的杨店、西门、柏山、平泉、茗岭、深洞和宜兴林场。

早在明清时，少量专题著作中就有对宜兴陶土矿产资源探究的记述，如"嫩泥出赵庄山"、"天青泥出蠡墅"、"老泥出团山"、"白泥出大潮山"（大潮山，一名"南山"）、"蜀山黄黑二土皆可陶"等。

1925年，当时的中央地矿局曾派专业人员对丁蜀地区的紫砂陶土原料进行过一次地质普查，得出了"紫泥产于南山、黄龙山"，"红泥产于黄龙山、南山"，"绿泥产于青龙山"的结论。

1955年，宜兴县采矿公司成立，筹建陶土原料化验室。1962～1966年，江苏省地质局第六队对宜兴丁蜀镇附近的黄龙山、南山、白泥矿区进行了较为系统的矿产地质普查，并重点对黄龙山甲泥矿进行了勘探。1966年，江苏省宜兴陶瓷公司地质队成立，全面展开以找矿为中心的陶土原料地质普查勘探工作。自1976年起，宜兴陶瓷公司又专门组建了陶瓷原料科普小组，对宜兴地区55个重点陶土矿床（点）进行了深入全面的调查研究，成效显著。

20世纪70年代发现了小红泥和紫红泥。1983年，华东地区黏土矿业工作者曾对丁蜀镇的黄龙山甲泥和紫砂泥进行实地考察。1984年10月，在青龙山下发现了储量达500余万吨的优质青龙甲泥，其中可露天开采约40余万吨（同时发现一定数量的优质紫砂泥）。1987年10月，在北京召开的石灰系地层国际会议的部分代表专程到丁蜀镇对宜兴紫砂泥黏土矿进行考察。到1990年底，宜兴境内已发现各类陶土矿床（点）102处，其中，甲泥矿28处、白泥矿36处、嫩泥矿21处、紫红泥和小红泥土12处、瓷石（土）矿5处。

1. 甲泥

甲泥是一种藏量最多、产于粉砂岩泥和细砂岩之间的矿泥，当地称为"夹泥"，按习惯称为"甲泥"，是生产日用粗细陶（缸、盆、罐、瓮等）、均陶、园林陶和美彩陶等的重要原料。甲泥属粉砂质黏土与泥岩，外观呈致密块状或土状，干燥时有些黏结并略有滑感，用水浸之不膨胀。甲泥的外观颜色有紫、紫红、蓝青、灰蓝、浅灰和浅黄绿等，有的底色上常杂有黄绿、灰白等斑点，因而，矿工们常常按外观颜色命名为"白麻子"、"红麻子"、"蓝青泥"、"红皮龙泥"和"乌泥"等俗称。也有按甲泥出产矿口称为"本山甲"（产于黄龙山）、"青龙甲"（产于青龙山）、"东山甲"、"西山甲"、"涧众甲"等。

黄龙山甲泥的矿区位于宜兴丁蜀镇西北，是由黄龙山、青龙山和台西村三个矿段组成的综合性大型陶土矿床，B＋C＋D级储量2700多万吨，是本山甲泥、东山甲泥、西山甲泥、紫砂泥、红泥和绿泥的主要产区。矿体赋存于泥盆系上统五通组和石灰系下统高骊山组地层中，呈层状产出，层位稳定，主矿体厚度变化不大。

1990年统计，宜兴地区有甲泥矿28处，探明储量6738.61万吨，已开采471.21万吨，保有储量6267.40万吨。其中，紫砂泥探明储量和保有储量均为90余万吨。

2. 紫砂泥

紫砂泥是夹于甲泥矿土中的细薄夹层，因氧化铁含量较甲泥高，烧成后呈现紫色或紫褐色，是制作紫砂陶器的重要原料，又称为"岩中岩"、"泥中泥"。紫砂泥是甲泥矿土中的一种特殊类型的黏土。从广义上讲，紫砂泥是紫泥、红泥（亦称"朱砂泥"）和绿泥（古称"团山泥"）这三种制作紫砂陶器专用泥料的总称。由于这三种泥料的矿区、矿层分布不同，烧成气氛和烧成温度稍有变化，则烧后的色泽变化多端，耐人寻味，妙不可言。古时把紫砂泥亦称"天青泥"或"青泥"，因此，在1949年前当地陶业界常把紫砂行业称为"青泥业"。

紫砂泥大多是从开采出来的甲泥矿土中精选出来的。紫砂泥原矿呈深紫、暗紫红色，为粉砂黏土质结构，块状，具球形灰黄色斑（俗称"鸡心"），并含细碎光亮的白云母片。紫砂泥的品种很多，有紫泥、底槽青和乌泥等。其中，以底槽青为贵，是紫泥中的上佳泥料。底槽青中又有老、中、嫩三种。现今，有一种紫砂泥原矿的色泽为天蓝青色，烧后呈黯肝色，是紫泥的一个品种，是龙骨上的一个夹层，较嫩而已。黄龙山所产的紫砂泥按矿土色泽有不同的名称。

紫砂泥主要产于宜兴市丁蜀镇北的黄龙山矿区、黄龙村矿区和青龙山矿区。该矿区全长3000余米、宽（深）约450m。紫砂泥矿体呈透镜体，因是甲泥矿土中的夹层，形态较复杂，厚度、层位很不稳定，连续性也差，大多是单孔单体见矿，无一定变化规律。

3. 红泥

红泥的矿土呈橙黄色，古时称红泥为"石黄泥"（即"未触风日的石骨"）。红泥深埋于嫩泥矿土的底层，产量很少。由于含铁量的不同，烧成后呈朱泥色、朱砂紫和海棠红等色泽。用红泥烧制的紫砂器称为"朱泥壶"或"朱泥器"。日本人因很喜爱这种紫砂的颜色而统称我国的紫砂器为"朱泥器"。红泥的烧成收缩率明显大于紫泥，因此，不宜做大件制品，仅适宜做中小件紫砂陶器。红泥原产于丁蜀镇川埠西山和赵庄山。近年，在黄龙山也发现了少量红泥，夹杂于黄石的夹层中，工艺性能与原来的红泥有明显差别。可塑性、触变性、干燥和烧成收缩与紫泥大致相同，烧成温度也较高，宜于打片镶接成形而做一些稍大的紫砂器皿。

4. 绿泥

绿泥因刚开采出来的矿泥略带青灰色而得名，古时称为"团山泥"。团山位于黄龙山和青龙山北侧的交界处。绿泥是紫泥矿层中的夹脂，产于龙骨与黑墩头矿层之间，矿体中氧化铁含量较紫泥少，且以铁的离子状态为主，故自然状态呈暗绿色，颜色稍浅，表面有油脂状光泽，属于一种完全解理的矿物。在氧化气氛中烧成，呈现深沉典雅的米黄色。因矿土中石英含量较高，故颜色稍浅。现今，绿泥与红泥一样，产量已十分稀少，常常把稀少的绿泥和红泥用作化妆土。

小红泥和紫红泥是近年来新开发的两种陶瓷原料。小红泥的外观呈黄绿、土黄色，属粉砂质黏土岩。紫红泥呈紫红色，属粉砂质泥岩。二者均是制作日用细陶器（酒坛）和建筑园林陶的原料之一。

嫩泥的主要成分为水云母、高岭石、多水高岭石、石英，杂质成分有铁质及云母碎屑。因风化程度较好，颗粒细，具有较好的可塑性与结合能力，成形性能及干坯强度良好，是制作日用陶常用的结合黏土。宜兴地区的嫩泥矿区或矿点有：香山、红庙、柏山、石柱头、九里山以及湖父桥北等21处，探明储量444.29万吨，已开采116万吨，保有储量328.29万吨。

白泥的主要成分为水云母、叶蜡石、高岭石、石英及云母碎屑等，是制作砂锅、水罐等细陶产品的主要原料。至1990年，宜兴境内已发现白泥矿36处，探明储量538.74万吨，已开采162.79万吨，保有储量375.95万吨。南山白泥矿区位于宜兴丁蜀镇南3km处，宁杭公路经过矿区北侧，水陆运输方便，由3～4个白泥矿体组成，矿体呈层状，赋存于泥盆系上统五通组中段及下段石英砂岩中，矿体厚度一般为2～3m，最厚可达7m，最薄0.3～0.5m，C＋D级储量100多万吨。

二、陶瓷产品

典雅古朴、工艺精湛的紫砂，苍翠欲滴、如冰似玉的青瓷，绚丽多彩、端庄凝重的均陶，胎质坚致、美观耐用的精陶和釉色斑斓、风姿绰约的美彩陶，被誉为宜兴陶瓷艺术的"五朵金花"。宜兴艺术陶瓷，将陶艺的"精、巧、新、奇、美"融为一体，特色鲜明，各臻其妙，独步千秋，饮誉海内外。此外，宜兴还是我国建筑园林陶瓷、工业陶瓷、特种耐火材料的著名产地。

1. 紫砂

紫砂发端于北宋，兴盛于明清，鼎盛于当代。作为陶中瑰宝的宜兴紫砂已成为中华民族文化的杰出代表之一。

紫砂是宜兴陶工以当地独产的紫砂土为单一原料、经手工拍打成形、在窑炉内经1100℃烧制而成的一种无釉细陶。紫砂以茶具为主要代表，兼有花瓶、花盆、文房雅玩和雕塑等品类，集陶文化、茶文化、诗词、书法、绘画、篆刻、雕塑诸艺术于一体而成为具有浓郁中国元素的东方艺术珍品。

独特的紫砂陶土是宜兴紫砂区别于其他陶瓷的根本特征。紫砂陶土是大自然赐予宜兴人的天然资源，主要出产于宜兴市丁蜀镇北郊的黄龙山、青龙山、赵庄一带。紫砂土的色调以紫为主，另有红、绿、黄等三种自然色泽，含铁量高于其他陶土，不需要和其他原料调配即可制陶，三种色泽的自然矿生泥在艺人们手中互相调配、千变万化而呈万紫千红，人们习惯称它为"五色土"。

紫砂矿源深藏在几十米、甚至几百米的山腹地层下面，开采时夹在甲泥中间，从几斤甲泥中才能选出一二斤好的紫砂泥，古人称之为"岩中岩"、"泥中泥"，十分珍稀。紫砂泥具有类似砂的透气性和具备手工制陶需要的可塑性。用紫砂泥制成的各种茶壶的表面能产生一种如美玉般怡人的晕光，收藏家称之为"包浆"。

生活中的陶文化和茶文化的自然交融是产生紫砂艺术的历史文化背景。在7000多年前的新石器时期，宜兴的先民们开始烧造陶器，历经数千年薪火不断。

历史上，江南宜兴又是著名的茶叶产区，更是文人荟萃之地，积淀深厚的陶文化和优越的茶文化在人们日常生活中自然交融。到了北宋初年，宜兴陶工发现了功能特殊的紫砂陶土以后，就自然而然地产生了紫砂陶。

宜兴紫砂是手工成形的一种既有日用功能又有观赏性、可供把玩的特种工艺陶，有着强烈的地域文化特征和手工制作的工艺特色，独特的成形制作工艺让世界陶艺界为之倾倒。

在机械化尚未形成时，世界各地原始的制陶方法有捏塑法、泥条盘筑法、拉坯成形法等。宜兴有着7000多年的制陶历史，其间也用过上述类似的方法制陶，但陶工的祖先在多年的摸索和实践中逐步发明了一种独有的手工制陶法——片筑法，这也是宜兴对中国乃至世界陶瓷艺术的一大贡献。

片筑法是先把陶泥放在木制的专用工具（泥凳）上，用另一种木制工具（搭只）把陶泥捶打成片后，再把"泥片"根据所制陶器的形体所需尺寸裁切，或围成圆形，或切成方块，再拍打镶接成坯体的一种工艺方法。用这种方法制成的陶坯"泥门紧"，坯体成品率高，烧成时不易变形。宜兴紫砂艺人根据祖先传下的方法进行细化后，形成了一种特殊的工艺技法——打泥片、围身筒、拍打成形法，并成为一种传统，祖祖辈辈代代相传，沿袭至今。

最初的紫砂壶以实用为主，后来由于文人墨客的参与，紫砂茶具的造型逐步兼顾艺术欣赏的要求。赏、用完美结合是紫砂茶具的艺术特征。古朴典雅既是历代制壶艺人遵循的法则，也是紫砂壶艺区别于其他工艺品的造型特征。数百年来，紫砂艺人广泛吸收中华文化和传统民间工艺的精华，有机地融入到自己的造型艺术中来，使紫砂壶的造型千姿百态，成为独特的陶瓷艺术品。

紫砂壶大致可归纳为"三形"、"三态"。学院派的"三形"是指几何形、自然形、筋纹形，而紫砂圈内人士则分别称为"光货"、"花货"、"筋瓢货"，几何形即光货，自然形即花货，筋纹形就是筋瓢货。"三态"则是指动态、静态、动静互寓态。紫砂壶具有生命的活力及鲜明的艺术个性，有的浑厚如秦汉壮士，有的端庄如燕赵佳人，有的妩媚如吴越姝丽，显露出藏在紫砂壶骨子里的神与韵，也折射出紫砂壶制作者的学与品。

明代中期是宜兴紫砂成熟发展和较为繁荣的时期，而真正引起社会的普遍重视和赞赏则是在明末清初之际。明末江阴人周高起所著的《阳羡茗壶系》一书篇首就说："近百年来，壶黜银锡及闽豫瓷。而尚宜兴陶。"反映出从明代中叶到明末的近百年历史中，宜兴紫砂壶已经驰誉全国，越来越受到人们的珍视。

至明正德年间（1506～1521年），宜兴紫砂不仅日益兴盛，而且涌现出不少民间艺人，其中，供春是把紫砂工艺推至一个崭新的境界而成为紫砂历史上最早的著名艺人。吴梅鼎在《阳羡茗壶赋》中赞美道："彼新奇兮万变，师造化兮元功。信陶壶之鼻祖，亦天下之良工。"在嘉靖到隆庆年间，继供春而起的紫砂名人有董翰、赵梁、时鹏和元畅4人，并称为"茗壶四大家"。这些名家均以作品造型的艺术化而取胜。同期的壶艺名人还有李茂林，他善制小圆壶，精美朴雅，可与供春壶媲美。到万历年间，名匠辈出，以时大彬、李仲芳、徐友泉三大名家为代表，各立门户，争奇斗艳。紫砂工艺也逐步形成独立的工艺体系而进入百品竞新的勃兴时期，产品也从茶具逐步向文房雅玩等陈设工艺发展。之后，壶艺风格日益趋向精工巧妍。

外国人把宜兴出产的紫砂器称为"红色瓷器"、"朱泥器"。17世纪，葡萄牙商人把紫砂器输入欧洲备受欢迎。从此，欧洲人源源不断地从我国订购朱泥器，甚至在法国还出现赝品。德国人约翰·佛烈德利希·色特格尔还仿制成功"红色瓷器"，并于1708年写了一篇文章《朱泥瓷》，足见紫砂的声誉之隆。《明代陶瓷之时代情形》一书中指出："宜兴输往欧洲的陶瓷数量极为可观，出口到欧洲，深得欧人的爱好。"当时，紫砂壶销往英、法、德、意等国，称为"西洋生意"。1935年，在中国艺术伦敦国际展览会上曾展出英国人维德收藏的时大彬壶、陈鸣远壶以及清乾隆时的陈觐侯制红砂觚式瓶、陈滋伟制梅式笔架等。

明清时期传入日本的宜兴紫砂壶很多。1874年，日本人奥兰田编著的《茗壶图录》里收集了32件名贵紫砂壶图片资料，其中有明万历年间（1618年）李仲芳所制的壶、明陈和之的壶、清初（1667年）陈鸣远的仿鼓壶、清嘉庆二十三年（1818年）的梨皮泥壶等。奥兰田认为，阳羡砂壶"名于天下"，而且"争购竞求不惜百金、二百金，必获而后已"。日本人尤其重视煎茶的小茶壶，凡刻有惠孟臣、陈鸣远、陈曼生等名字的都备受珍爱。

除了紫砂壶之外，从清乾隆年间传入日本的紫砂花盆的数量也很可观。据武内猛马和村田圭司编著的《盆栽钵和水盘》一书所述，各式紫砂花盆为数不少，主要品种有红泥长方圆角盆、朱泥绘画长方盆、红泥长方四角内凹盆、梨皮泥长方袋式盆等，有的还分别刻有"寄石山房"、"荆溪水石山人"等铭款。这些花盆有着广阔的市场，受到盆栽爱好者的喜欢。

在日本的万延、文久时代（1860～1863年），有个名叫平野忠司的日本贵族鼓励日本人在常滑市仿制"朱泥器"。明治十年（1878年），日本人鲤江高须派人到宜兴，聘请紫砂艺人金士恒到日本常滑市传授紫砂陶制作技艺，并由鲤江方寿、杉江寿门、伊奈长涛3人跟随学艺。从此，日本把这些类似紫砂器的产品称为"常滑烧"，同时，把金士恒视为鼻祖，至今供奉着他的画像。

此外，宜兴紫砂还大量出口印度尼西亚、菲律宾、新加坡、马来西亚等国，称为"南洋生意"。有的销往印度、越南、老挝、泰国、柬埔寨等国。紫砂的对外贸易，促进了中外文化交流。

清代康熙年间的陈鸣远是紫砂史上又一代表人物，他把自然界中的花、草、鱼、虫等物态与紫砂茶具相结合，创造了影响巨大的紫砂花器流派而名载史册。

清代嘉庆年间，时任溧阳县宰的西泠八家之一的陈鸿寿来宜兴，直接与紫砂高手杨彭年合作设计了18种款式的茶具，后人称之为"曼生十八式"。他在紫砂壶上镌刻书法、绘画，首开紫砂与中国书画结合的先河，使紫砂茶具更加人文化、艺术化。这在当时就有"壶随字贵、字随壶传"的说法。这种艺术风格一直影响到今天，而且更有发展。这时期，杨彭年之妹杨凤年是紫砂史上第一位女性制壶高手，代表作品有《风卷葵》、《竹段壶》，现藏于宜兴陶瓷博物馆。

邵大亨是与杨彭年几乎同时代的一位影响巨大的制壶巨匠，他擅长光素器，造型浑厚大度，工艺精湛，在当时就有一壶千金之说，代表作品有现藏南京博物院的《龙头八卦壶》和藏于宜兴陶瓷博物馆的《大亨掇球壶》、《仿鼓壶》等。

清末，紫砂高手黄玉麟的代表作品有《鱼化龙》、《斗方壶》等。

民国时期，宜兴的制壶高手有程寿珍、俞国良、冯桂林等人，其中，程寿珍的"寿珍掇球壶"曾获巴拿马国际博览会特优奖。

在抗战期间，由于日军侵略致使紫砂市场萧条，艺人们无壶可做，无窑可烧，紫砂业几乎到了断绝的绝境。

1949年以后，紫砂行业才得以保护和发展。1956年，任淦庭、吴云根、裴石民、王寅春、朱可心、顾景舟、蒋蓉等7位宜兴紫砂艺人被江苏省人民政府任命为"技艺辅导"。这些人为新中国的紫砂发展培养了许多人才，当今诸多大师、高级工艺师均出自他们门下。

1978年以来，紫砂达到了五百年来鼎盛的兴旺时期。起初，宜兴紫砂成为与台湾同胞联谊乡情、弘扬中华传统文化、促进两岸统一的"亲情大使"，在港、澳、台地区掀起了宣传紫砂文化、收藏紫砂的热潮。之后，许多紫砂艺人频频到美国、英国、日本、马来西亚、新加坡等国家讲学、交流紫砂文化与陶艺，提高了紫砂的国际品位和地位，在宣传中华文化的同时，也宣传了宜兴的历史和今天的发展成就。被评为中国工艺美术大师的紫砂界10位艺人是：顾景舟、蒋蓉、汪寅仙、吕尧臣、徐秀棠、谭泉海、李昌鸿、鲍志强、顾绍培、周桂珍。当今，紫砂艺人队伍日益壮大，拥有中高级技术职称的紫砂陶艺家逾千人。

宜兴紫砂有着荣耀的历史，世界许多著名的博物馆，如大英博物馆、美国华盛顿国家博物馆、比利时皇家博物馆等都有收藏。1915年获美国巴拿马国际赛会金奖，1926年获美国费城艺术博览会金奖，1930年获比利时国际博览会银奖，1932年获美国芝加哥世界博览会特别优秀奖，1935年获英国伦敦国际艺术展览金奖，1984年获德国莱比锡国际春季博览会金奖，1989年获中国北京首届国际博览会金奖等。

20世纪80年代起，自宜兴紫砂参加第一届全国陶瓷艺术创新设计评比以来，至今已连续参评八届，历届都有多件新品评上金奖、银奖而取得骄人的成就，在陶瓷界引人注目。

宜兴紫砂的文化品位和文化魅力正在不断上升，已成为文化宜兴的一块"老字号"金字招牌和城市名片。2006年，"宜兴紫砂陶制作技艺"列入第一批国家非物质文化遗产名录。2007年，"宜兴紫砂"被国家工商行政管理总局批准为"地理标志证明商标"。

2. 均陶

宜兴均陶的生产始于宋代，是在日用粗陶的基础上，通过釉料配方变化，经窑变而形成的一个独特品种。1935年，曾获英国伦敦博览会奖章的一件"宋钧窑天蓝窑变深紫蟠桃核笔洗"的展评加注说明指出"原名仿宜兴均窑里蚌式洗"。该作品原是北宋宫廷陈设使用的贡品，现藏于北京故宫博物院。宋代名窑都仿宜兴均陶款式，可见宜兴均陶在宋代已颇负盛名，这也是迄今宜兴均陶发端北宋的佐证。宜兴均陶至明代开始盛行。烧造这类产品的窑址在丁蜀镇西南的均山一带，故称均窑，又称均陶、宜均、均釉。

宜兴均陶于浑朴中见妍整，富有独特的民族风格和丰厚的民俗情趣，素以形制端重、釉色浑厚宜人而著称于世。均釉是其一绝，以"红若胭脂、青若葱翠、紫若艳黑"三色为基本釉色，细分有均蓝、均红、锆白、墨绿、淡蓝、古铜、茄花紫、金星釉等数十种，典型的天青、均蓝、云豆不灰不暗，不躁不跳，与园林的环境和植物的色彩相协调。尤以"灰中有蓝晕，艳若蝴蝶花"的灰蓝釉弥足珍贵。特别是均蓝的"窑变"如星若花，蜚声中外，在国际博览会获得极高的赞誉，在日本更有"海参釉"之美誉，给人以"夕阳紫翠忽成岚"的特殊美感。

烧造均陶产品最成功的窑场是明代嘉靖至万历年间欧子明的"欧窑"，产品有"花盘奁架诸器"以及瓶、盂、尊、钵等，名声享誉日本。当时，还有一位烧制均陶的高手，作品有宜均窑笔洗，红褐色胎，内有淡紫色开片釉，不署真实姓名，用"爱闲老人手制"款，作品曾流传英国及西欧各国。

清雍正年间，均陶产品开始进入皇室，艺术品位可与景德镇瓷器相颉颃。2007年4月，北京故宫举办的"故宫博物院藏宜兴紫砂展"同时展出了明代以来的数十件"宜均"作品，多为罕见之器，风格绝伦，为"均釉"作品进入皇室的直接证据。清乾隆、嘉庆年间，丁山的葛明祥（1736～1811年）、葛源祥（1742～1820年）兄弟俩，是继承欧子明之后烧制宜均的著名艺人，制品以火钵、花盆、花瓶和水盂为最多，釉彩丰富，均釉独特，色泽蓝晕，比欧窑大有进步，世称"葛窑"。日本人最为推崇，查验制品底铭"葛明祥"、"葛源祥"款识才予重金收购。清同治至民国年间，最著名艺人魏忠明（1869～1922年）是第一个制作均釉出口花盆的艺人，他的花盆式样新颖美观，所创新的菊、梅、葵诸式花朵口沿花盆，花边匀称，形制完美；其阴阳抽角花盆，都加贴花画面；其京钟大花盆，气势宏大；各式水底、口线，都用不同款样装饰，逗人喜爱，并善刀工，雕刻细腻。他所制花盆全由日商包销,日商还赠以"万宝顺"印戳,曾获南京工艺赛会金奖章。稍后的均陶名人有鲍明亮、戈根大、彭再生、秦根林、秦根三、诸葛伯勋、贺阿初诸辈,他们在延续传统的基础上,大量制作仿古产品,并不断创作新产品,形成了各自的绝技和专长。其间,花盆类产品造型最常见的有四方、六方、阳文抽角以及菊花式、梅花式和宫灯式等。1910年(清宣统二年),一件高1.6m的均釉大瓶获得南洋劝业会奖状。从20世纪30年代开始,日本政府采取提高均陶进口关税的限制政策,致使宜兴均陶出口遭受打击而一蹶不振。

1949年以后,均陶生产得到恢复和发展。1955年,我国第一套均釉蟠龙圆陶台在丁蜀镇西庄陶业生产合作社(均陶工艺厂最早前身)由魏红春、赵金扬设计制作成功。到20世纪60年代初,宜兴建筑陶瓷厂、宜兴大新陶瓷厂也相继生产均釉陶台,销势十分看好。1972年,宜兴均陶工艺厂为朝鲜金日成主席60寿辰承制均釉成套大花盆,在花盆上堆贴了朝鲜国花"木莲花"图案,与青瓷厂承制的大花盆一道,合成双璧送运朝鲜,作为国礼为金日成祝寿。

均陶产品以釉色瑰丽多彩而闻名,与之相匹配的贴花装饰技法在明代后期开始形成,发展成为宜均的特色。现存于宜兴陶瓷博物馆的《龙头荷花缸》就是早期平贴技法的代表作,作品周身外表贴有牡丹、茶花、菊花、梅花,寓意吉祥平安。至清末民初,艺人们一直沿用细浆色泥,先搓成条状,再用大拇指在坯体外层,分别以捻、捺、贴、揿、撕、搨等动作,或手抹、或垒叠,浓淡深浅,疏密曲直,扭动自如,首尾相称,细微处再用竹、木制的小工具进行加工点缀,可构思堆贴名山大川、奇花异草,亦可设计堆贴飞禽走兽、古装戏文,无不争奇斗艳、栩栩如生。

均陶贴花名人杨耀生(1910~2005年)是武进湟里人,幼时念过私塾,自小嗜古文,喜书画,学艺灵犀自通,16岁时由族人介绍到丁山窑场,拜民国时期贴花第一高手葛保林(1889~1930年)为师,终成葛师高足。杨耀生贴花从不在坯体上打草图,因坯制宜去构思题材,精巧娴熟,一挥而就。早在20世纪30~40年代,执窑场牛耳、专做南洋生意的大窑户"葛德和"就以贴花陶器享誉海外,出口至新加坡、印度尼西亚等地的金鱼缸、花洋缸,大多得力于杨耀生的贴花技艺。杨耀生的贴龙缸掌握了"牛头鹿角蛇身体,鸡爪鱼鳞虾眼睛"的要诀,展示了形体的玉韵感,拇指老茧也被用来渲染画面,他左右手都能贴花,左右开弓贴出两条对称的龙,基本功无人能企及。50年代中期,杨耀生进宜兴大新陶瓷厂,技艺得到更好施展。1959年,国庆十周年前夕,南洋烟草公司向丁山订购数十对贴花大花盆,由成形高手秦牛大制作,杨耀生和贴花好手谈金荣合作贴花,每件贴一对和平鸽,中间一颗红星,一株虬枝挺拔的青松,寓意祖国万岁。产品运抵北京,南洋代表看后十分赞赏,称赞水平一流。现存宜兴陶瓷博物馆的杨耀生代表作是一件容量为500kg的荷花缸,为1976年杨耀生66岁所做,缸为墩圆形,口沿下贴有一圈10cm高的回纹,缸面有6组圆形构图,分别贴有鸡、鹿、狮、鹤、鹰、熊猫,把不同生灵在大自然的习性表现得活灵活现,圆外贴松、竹、梅、牡丹、芍药、月季等花卉,间或有锦鸡栖息枝头,画面采用白、红、绿三色泥色为贴花原料,施以老黄釉烧成,整体色彩自然相宜,浓淡有致,为杨氏晚年绝唱,已属仅存硕果。在20世纪50~60年代,杨耀生多次被评为宜兴县先进生产者,宣传他的事迹材料都冠以贴花"状元"的美名而成为宜兴陶业界家喻户晓的人物。

20世纪50~60年代,一批老艺人通过言传身教而培养出新一代承古创新传人,为均陶堆花工艺的赓续起到了重要作用。70年代初,为了与宜兴精陶餐茶具花纸贴花有所区分,均陶贴花易名为堆花，沿用至今。

20世纪80年代以后，均陶堆花的创新、创优更是取得了令人瞩目的成绩。1983年，均陶工艺厂生产的50套均釉陶台首次进入中南海，其中一套被安放在钓鱼台国宾馆。翌年，均陶蟠龙陶台陶凳作为景点被中国园林"燕秀园"采用，"燕秀园"获英国利物浦国际园林节大金奖、最佳亭子奖和最佳艺术造型永久保留奖。1987年，20件（套）的蟠龙陶台、全均釉陶台、均釉组合花盆等精品入选中南海紫光阁并获国务院颁发的荣誉证书。1987年和1989年，均陶产品先后获得国家质量奖评定委员会颁发的银奖、首届国际博览会金奖。其间，均陶产品还多次参加国际性的展览会、博览会，在国际上产生了深远的影响。

目前，宜兴均陶堆花艺苑中的领军人物李守才、方卫明等在技艺的研究和探索上，都取得了重要成果，为弘扬陶文化作出了贡献。

3.青瓷

宜兴地区春秋战国时期的几何印纹硬陶和原始青瓷的残片几乎到处可见，特别是在丁蜀镇附近汤渡至湖父的画溪河沿岸，以及塘头、转山头、白坭场、周墓墩的多处古墓中，均有发现。考古发现，这些陶瓷大多采用陶轮拉坯，形制规整，美观大方。大型陶罐已采用手工拍打成形，坯外压制多种纹饰，反映了工艺技术的显著进步。宜兴地区很可能是当时南方原始青瓷和几何印纹硬陶的主要产地之一。

古窑址普查发现，在丁蜀镇及其附近有汉代的窑场多处，窑炉达16座之多，大部分汉窑分布在延绵4千米的南山北麓，有狮子墩窑、龙丫窑、馒西窑、马臀窑、顺庆寺窑等，东汉时期宜兴的窑业已具相当规模。汉代南山群窑中的代表性产品为釉陶器，也有烧灰陶和红陶。器型以壶、罐、瓮为主，纹饰为方格纹、窗棂纹、蕉叶纹、水波纹等。大多数瓮罐类产品呈手工打片成形。当时陶工的成形技术日趋熟练，烧制陶器已成为专门的手工业。宜兴地区东汉釉陶的普遍烧制为后来宜兴青瓷的兴起创造了条件，对于由陶到瓷的过渡具有重要意义。

1959年4月，在丁蜀镇汤渡附近发现2处六朝青瓷窑址，后来又在南山北麓相继发现3处六朝青瓷窑遗址，出土的产品以日用青瓷为主。在三国两晋时期，宜兴南山窑烧造出具有一定质量的青瓷器，器形丰满匀称，造型比较成熟。1976年，南京博物院发掘了宜兴涧众唐代龙窑，这是科学发掘的年代较早的古龙窑。窑长为28.4m，窑墙宽度中段为2.65m，窑梢为2.3m，窑高1.5m。窑床坡度平缓。主要烧制青瓷碗、盆、盘、碟、瓶等产品，釉色有浅青、青绿、花绿、翠青等，釉层较好，晶莹润泽。至晚唐五代，宜兴青瓷的烧制中心已经转移到宜兴城西南的归径棚山、武真堂一带，方圆十余里均有窑址分布，废品和窑具堆积层厚达1m以上，窑场生产规模相当可观，延续的时间较长。

三国两晋南北朝时，宜兴青瓷的制作日臻完美而进入了成熟阶段。1976年，宜兴周处家族墓周墓墩中出土的辟邪器、香熏等都是距今1700多年前的"晋窑"烧制，制作十分精美，其中，青瓷神兽尊神态逼真，釉质润泽，是南京博物院10件国宝级文物之一，也是江苏省10件国宝级陶瓷文物之一。

宜兴青瓷的烧制对南方青瓷的兴盛具有一定的影响。新西兰路易·艾黎先生在《瓷国游历记》中说："有些专家认为，浙江北部从德清直到绍兴是著名的越窑变迁的路线，我则认为很可能越窑的起点应该是德清以北不远的宜兴。"到了唐代，精美的青瓷制品更是名满天下。"九秋风露越窑开，夺得千峰翠色来。"那夺得千峰翠色的青瓷通过丝绸之路，走出国门，深得欧洲人的喜爱。

五代以后，由于缺乏瓷土等多种原因，宜兴青瓷生产一度衰败失传。

1961年，在江苏省陶瓷研究所的大力支持下，宜兴瓷厂着手青瓷的恢复与试制工作。经过两年的摸索，终于使青瓷艺术重放光华。千姿百态的花瓶、花盆、灯具、酒具、文具、茶具、咖啡具、烟具、玩具、雕塑陈设品，琳琅满目，令人目不暇接。有的釉色青中泛蓝，有的蓝中透青，犹如千峰翠色，显得清新高雅；有的在青翠欲滴的釉面上，用"飞红"的手法醒目地点缀上一两滴嫣红，犹如在碧玉上镶嵌鲜艳的红宝石，显得雍容华贵。传统的百圾碎遍体布满纹路，有的纵横交错，称"鱼子纹"；有的重叠如冰，称"冰裂纹"，显得浑厚古朴，具有明显的"哥窑"风格。未曾涂釉的底座，裸露着黑色或褐红色，犹如"铁足"，口角边缘呈紫色，故名为"紫口铁足"。通体豆青、天青、粉青、黛青、灰青、蓝青、翠青、梅子青、橄榄青、川白、鳝鱼黄、鳖裙等釉面上布满着错综自如的褐色釉碎纹路，与紫口铁足互相映衬，越发显出青瓷的凝重端丽。窑变釉青中幻出嫣红，红中透出姹紫，色调丰富，变幻莫测，使釉彩绚丽华美，美不胜收。除了传统的刻花与浮雕点彩外的装饰手法，还增加了喷花、釉下刷花、丝网印花等多种新工艺，使古老的青瓷之花更增添了动人的韵致。

20世纪80年代后，韩美林、王则坚等一批著名的艺术家纷纷来宜兴青瓷厂进行创作，在他们的带动下，青瓷艺人将绘画、雕塑等多种艺术元素融合到青瓷创作中，大大拓宽了青瓷作品的表现力，从而使宜兴的青瓷作品在全国频频获奖，且有30件青瓷工艺品被中南海收藏。以飞天挂盘、纹片蟹盘、蟠龙挂盘为主的系列挂盘，以活环灵童、纹片釉老寿星、滴水观音为主的特艺系列产品，以纹片蝶纹壶、东坡提梁壶、万寿梅蝶提梁壶为主的茶具问世以后立刻走俏海外，远销54个国家和地区，被海外誉为"东方的蓝宝石"。

20世纪90年代末，宜兴青瓷有所萎缩。2003年，陈氏兄弟创办的宜兴市中远青瓷厂继续青瓷生产。2007年5月，金帆陶瓷公司致力于恢复青瓷生产，把石榴瓶、蟠龙瓶、铁龙瓶、大蟹篓、方梅签筒、一捆竹笔筒等20多个品种模型全部回收集中，把残缺不全的象耳牡丹瓶、丹凤朝阳瓶、福寿瓶等30多个模型进行修复，把个人家中的藏品如早期由中央工艺美院郑可教授工作室设计的七仙女以及高工吴克强设计的孙悟空三打白骨精、哪吒闹海、象尊等近10个品种临摹还原。同时，又与景德镇陶瓷学院来公司实习的应届大学生一起选择题材，创新出鹤颈牡丹瓶、风云屏、窑变情侣、雕塑踏雪寻梅、福娃葫芦等20多个品种，为青瓷成功复产创造了条件。目前，已成功生产出各类瓶、尊、签筒、文具、蟹篓、人物雕塑等传统产品和创新作品180多个品种，呈现了传统宜兴青瓷"青中泛蓝"的釉色以及"窑变"、"斑花"等独特装饰。宜兴青瓷《梅开二度》，再现其迷人风采。

4.精陶

精陶是一种精致的陶器，制作工艺十分严格。先把成形后的坯件经1200℃高温素烧成陶、施以透明釉后再经1080℃低温釉烧，如需贴花装饰，再经800℃烤花。精陶兼有瓷的莹润细洁与陶的坚韧耐用，外观洁白无瑕，晶莹夺目，酷似细瓷，胎体呈多孔状，吸水率为8%～12%，耐急热急冷性能和抗冲击强度优于瓷器，适宜机械化洗涤，具有质地轻、耐磨、耐腐、抗冲击，呈色稳定，花面永不褪色、不含铅等优点。产品包括装饰艳丽的成套茶具、造型丰润的刻花咖啡具、古雅大方的彩绘花瓶、文化意韵的挂盘、形象逼真的雕塑陈设件，以及案头随用的各种台灯座、烟缸、衣钩等上千个品种。可谓千姿百态，撩人情愫。

1973年，宜兴精陶厂的美术设计人员相清清为企业设计了"银鱼"商标，商标图案简洁流畅，淡蓝色的太湖"波纹"与欢跃的太湖"银鱼"和谐得体，静中寓动，展示了宜兴精陶的地域特色，并由国家工商局注册。从此，"银鱼"牌商标在宜兴精陶产品上正式使用，开创了宜兴陶瓷商标使用之先河。1998年以来，"银鱼"牌商标被连续评为江苏省著名商标。2005年，"银鱼"牌精陶餐具被评为中国名牌产品。

1972年，精陶"化妆土"釉下装饰新工艺获得成功。在坯体上喷涂一层"化妆土"色料（主要有海蓝、粉红、艳黑、黛青、天青、豆青、柠檬黄、苹果绿诸色）入窑素烧，再施以透明釉后釉烧，使产品更显色彩缤纷、晶莹夺目。"化妆土"产品在烧成前的坯体、烧成后的成品均可作复合装饰，举凡清刻、描彩、镶嵌、填金、釉上加彩、丝网印花等不同装饰，使精陶绚丽多彩，美不胜收。尤以当时设计开发的精陶"化妆土"象形餐具，增加了餐具的艺术情趣和文化品位，种类有龟、田螺、水牛、绵羊、螃蟹、鲤鱼等动物形态以及白菜、橘子、寿桃、南瓜、莲蓬等蔬果形象，同时还配套了如意、黄瓜、蛟龙、白藕、鲤鱼跃浪等筷架，适用于餐桌每人一份，小巧玲珑、逗人喜爱，风靡于国内星级宾馆和饭店。1986年10月下旬，英国女王伊丽莎白二世访问上海时，上海市政府在上海工业展览馆举行的盛大欢迎宴会上使用了由锦江饭店配备的精陶象形餐具，女王说："我到过许多国家，也用过金、银餐具，像这种陶制的象形餐具还是第一次见到，非常好，很精美。"

5. 美彩陶

美彩陶是美术陶和彩釉陶的统称。

（1）美术陶瓷　1953年，苏南行政公署文管会在宜兴城镇开掘周墓墩（周处衣冠冢）时，发掘距今已1700余年西晋时期的宜兴古陶瓷92件，其中"青瓷神兽尊"、"谷仓罐"、"辟邪水注"、"鸡首壶"等工艺之精，国内罕见。"青瓷神兽尊"作为国家一级文物而藏于南京博物院。

1935年，由紫砂名手范鼎甫创作的紫砂雕塑假山雄鹰获英国伦敦国际艺术展览会金奖，首开宜兴陈设艺术陶瓷在国际大展中获最高奖项的先河。

1949年以后，宜兴的美术陶瓷的生产得到恢复与发展。1959年，丁蜀镇成立了丁山玩具厂，恢复生产陶瓷工艺品。1965年，宜兴陶瓷研究所开始研制小量动物陶瓷雕塑产品，生产渐有起色。1976年初，宜兴陶瓷公司积极开发美陶产品，建立宜兴工艺美术陶瓷厂。宜兴美术陶瓷融会紫砂的制作技艺和均釉的传统釉色于一体，产品以中、小件为主，陈设与实用并重，写实与变形并存，运用概括和夸张的造型，形成了以高温花釉为特色，以人物、动物雕塑、花釉壁画、文具、灯具见长的工艺美术陶瓷的产品体系和风格，具有东西方文化交融的显著特色，品种达上千种。

（2）彩釉陶　彩釉陶是宜兴陶苑绽放得较迟的一朵奇葩。20世纪60年代初，宜兴卫生陶瓷厂（现宜兴彩陶工艺厂）的技术人员通过改进原料配方，使彩陶材质具有细白、抗压、抗拉、吸水率低、结晶度高的特点，通过采用模型注浆成形，使彩陶产品规格统一，并根据不同品种施以不同釉色，使造型与釉色交相辉映，形成宜兴彩陶的雏形。1964年，该厂生产的彩釉坛罐在华东地区的轻工业产品评比中获奖，部分产品外销东南亚各国。

20世纪80～90年代，以宜兴彩陶工艺厂研究所所长邱玉林为代表的一批设计师，在宜兴传统釉陶的基础上，经过30年的不断探索，在彩釉陶的造型与装饰上创出了一条新路，使现代艺术彩陶越过传统日用品的高墙，登上了艺术殿堂，成为雅俗共赏的一支艺术奇葩。

在彩釉陶的造型方面，突破了圆雕形的传统瓶体，把几何形、流线形、异体形、抽象形作为主攻方向，力求在造型上标新立异，让造型动起来、活起来。如"望月瓶"是个双翼瓶，瓶形随底座与椭圆形瓶口向左右伸展，显得雄浑有气魄。上有羽状饰，似翱翔云天之鹰。瓶器圆中套圆，大圆、凹圆、凸圆，顶部挖一圆透亮如日，侧伴新月如钩。似乎是宇宙的缩写，令人浮想联翩。又如艺术彩陶瓶《同一首歌》，器型没有传统的头、肩、颈、腹等明显特点，造型构思按2/4拍音乐指挥手势挥动的轨迹进行模拟设计，形体线条曲折连接，构成了形体的互动重叠，突破了传统单一轮廓线造型的理念，创造了抽象雕塑瓶体，上大下小，视觉轻灵。所有弧线动势照应，节奏有律，富有动感。作品给人的感受是气势遒劲，酣畅激越，仿佛形在动、神在舞、情在歌、心在唱，相同的旋律，相同的追求，共唱岁月人生，同创如歌岁月，令人慷慨振奋，荡气回肠。

在彩釉陶的装饰方面，从多种艺术形式中汲取精华，融进了现代装饰的理念，脱开了就装饰而装饰的窠臼，以形定饰，以饰助形，采用画花、刻花、印花、喷花、点彩、化妆土、挂釉填刻等多种方法，使作品有文化内涵，有鲜明主题，形神兼备，雅俗共赏。如艺术彩陶瓶《希望》，采用色泥渐变的装饰手法，根据泥的色彩，由亮处、暗处、中间色，层层递增，形成沐浴在曙光之中的远山近峦。在此背景上，用刻刀刻画出一棵抽象的大树和几只扑翅飞腾的小鸟。这是大自然的缩写，是融入作者情怀的具有全新思维的独特创造。整个画面既有国画的意境，又有剪纸的韵味，一派朝气蓬勃，充满了生机和活力。细细品味，但见金色的曙光之中，群山醒来了，青枝绿叶在舒展，小鸟在歌唱，生命的液汁在枝叶间涌动，新的希望在向世间万物招手，大自然的生灵又开始了新的一天的憧憬，给人以美好的遐思和无穷的意韵。

彩釉陶的釉色十分丰富，有蓝如天、碧似海、红如霞、黑如墨等20多种单色釉，还有50多种变幻莫测的复色釉。代表性的彩釉装饰有绘釉、无光釉、玉珠釉、流挂釉、渐变釉、复色釉等多种装饰手法。以复色釉为例，在高温炉火中，流淌的彩釉形成自然的山水状，气象万千，美不胜收。这种复色釉装饰的瓶器摆在案头，真有"室有山林绿，人同天地春，丛山数百里，尽收眼底中"的妙处。

彩陶厂不断开发新材质、新品种，形成坛罐、花瓶、灯具、衣架、挂盘、花盆花架、器皿及人物、动物雕塑八大类数千个品种，既有形态逼真的仿真产品，又有含蓄夸张的艺术变形产品。先后有20多件（套）新品在轻工业部和省同行评比中获奖，其中，落地衣架被评为江苏省优质产品，"艺萃"牌花瓶台灯被评为轻工业部优质产品，《古韵釉陶》获第二届中国工艺美术大师精品展金奖，《沉默系列》获第三届中国工艺美术大师精品博览会金奖。产品远销日本、美国、德国、俄罗斯及东南亚等20个国家和地区。艺术彩陶已成为陶都艺苑中令人瞩目的"陶艺新花"。

6. 建筑园林陶瓷

宜兴建筑园林陶瓷是艺术与实用相结合的一种特色陶瓷产品，是陶瓷艺术宝库中的一颗璀璨的明珠，已有400余年的生产历史，主要品种有琉璃瓦、路灯柱、花盆、亭子、陶台、陶凳、壁画等，广泛应用于寺庙古刹、古典建筑、私家园林、城市花园、现代宾馆的建设，以营造古色古香的氛围。

（1）**琉璃制品** 我国生产琉璃制品的历史源远流长。北魏时开始用于屋面装饰，后逐步发展，到明清时已遍及全国各地。明末清初，在南京聚宝山琉璃制品业的影响下，宜兴开始在丁蜀镇汤渡零星生产琉璃瓦。当时为家庭手工作坊的生产方式，采用泥拍、辘轳转盘等工具成形，一个工人日产瓦坯30多张，釉色有橘黄和铬绿两种，产品主要用于一些古建筑及庙宇的修缮工程。

辛亥革命后，宜兴琉璃瓦生产的规模逐渐扩大。至1925年，窑户周酉叔集资首家在宜兴创办"华盖琉璃瓦公司"，标志着宜兴琉璃瓦的生产方式由家庭手工作坊转为工厂生产。随后五六年间，"三益琉璃瓦厂"和"开山砖瓦公司"相继开办，生产规模进一步扩大，鼎盛时期，员工达500多人。

1935年，开山砖瓦公司技工刘福照在资方杨荣芳等人的资助下，另起炉灶、租建厂房、招收工人，创办"陶新陶器厂"，专业生产琉璃瓦，产品上印有厂名和"福"字戳记。翌年，30万件月绿釉西式瓦首次销往日本，用于"华新银行大厦"的建设。1944年，陶新陶瓷厂由汤渡迁至丁山蠡墅（原宜兴建筑陶瓷厂前身）。当年，采用上海搪瓷厂的一种化工原料，结合传统工艺配方，研制成功"金星绿"釉料，使用在一批西式瓦产品销往台湾，用于台北银行大厦的建设，获得极佳声誉。1946年，该产品获江苏省首届陶瓷产品展览会一等奖。

1925～1946年，为宜兴琉璃制品发展的初盛时期。

1956年，陶新陶器厂实行公私合营，更名为"宜兴建筑陶瓷厂"。1958年，应北京十大建筑工程指挥部之邀，该厂派刘福照、王顺林、章洪大、吴德生四位技师前往北京门头沟琉璃制品厂进行技术援助，帮助恢复失传的翡翠绿釉琉璃瓦的生产，用于北京民族文化宫和军事博物馆的建设。

1956～1977年，宜兴琉璃制品的生产虽然不断有所发展，但速度不快，且步履艰辛曲折，年产量一直徘徊在2万～8万件。

1977年以后，随着国家建筑和旅游业的迅速发展，对琉璃制品的需求量激增。宜兴建筑陶瓷厂抓住有利时机，三年内投资300多万元用于技改，大幅度提高产量和质量，1978年的年产量达11.4万件，1984年的年产量增至171万件，平均年增产率为45.8%。与此同时，相继开发成功用于园林点缀的陶瓷龙亭、琉璃壁画等新产品。1982年，陶瓷《九龙壁》获轻工部优秀奖。1983年，开始使用"园林"牌注册商标。

1985年5月，宜兴首家乡镇企业——茗岭建筑陶瓷二厂建成投产，结束了宜兴建筑陶瓷厂连续保持近30年独家生产经营的局面。随后的四五年间，相继有十几家建筑陶瓷厂投产且发展较快，呈异军突起之势。与此同时，宜兴陶瓷公司也加快琉璃制品的发展步伐，扩大生产规模。至2007年，宜兴地区已有琉璃瓦生产厂家300多家，成为国内最大的琉璃制品生产基地。

20世纪80年代，宜兴均陶工艺厂制作的均釉堆花龙亭等园林陶瓷新品，端庄高雅、韵致清绝，参加英国利物浦国际园林节，取得骄人的成果，荣获了大金奖、最佳亭子奖和最佳艺术造型永久保留奖。说明宜兴建筑园林陶瓷在国际上已经炫示出独有的艺术魅力。

宜兴的琉璃制品已形成6个系列、400多个品种。6个系列一是琉璃瓦系列，包括筒瓦、平板瓦、S瓦、西式瓦、空芯瓦、波形瓦等；二是屋脊走兽系列，包括各式回纹、走兽、翘角等；三是花窗栏杆系列，包括菱形、海棠、双眼等；四是龙亭系列，包括四方亭、伞亭、六角亭、重檐亭等；五是浮雕壁画系列；六是路灯柱系列。产品多次荣获省、部优质称号及国际博览会金银奖。釉色已发展到玫红、孔雀蓝、金黄、瓦灰等30余种。产品在国内的销售范围已遍及除西藏以外的各省市区，并销往美国、英国、俄罗斯、日本、马来西亚、澳大利亚等十多个国家和地区。产品在北京图书馆、钓鱼台国宾馆12号楼、中国驻喀麦隆大使馆等，以及深圳的一些度假村及杭州、福州的一些公园建造的亭台楼阁及浮雕壁画得到广泛应用。

（2）花盆　花盆是宜兴建筑园林陶瓷中的重点产品，包括红泥花盆、白泥花盆、仿古花盆等2000多个品种，尤以紫砂花盆和均陶花盆最为著名。

明代时，宜兴花盆就已成为宫廷皇室、达官贵人、巨商富贾和文人墨客风雅生活中的组成部分，用之栽花植树，将户外自然景物移至室内，起到美化环境、陶冶情操、修身养性的作用。北京故宫博物院珍藏有明清时代的宜兴陶瓷花盆。

宜兴陶瓷花盆的功能主要有两大类，一类是供于几桌、案头，用作摆设玩摩和观赏，都以小件为主。另一类用于盆栽、盆设，种植各种造型的树木花卉，称之为"花木盆景"，还有一种是置放奇磊灵石，成山水风景格式，叫做"水石盆景"或"山水盆景"。陶瓷花盆与盆栽艺术的互相依托、互相映衬，构成一道独特的风景，清新隽永、高洁雅达。

紫砂花盆集雕塑、造型、书画于一体，以盆衬景，气韵非凡，令人赏心悦目。20世纪50～60年代，中国工艺美术大师徐汉棠所制的百余种款式的紫砂花盆，深受海派盆艺家的喜爱，在上海被誉为"汉棠盆"。1972年，宜兴均陶工艺厂为朝鲜金日成主席60寿辰承制的均釉成套大花盆作为国礼为金日成祝寿。苏州已故盆艺大师周瘦鹃先生曾珍藏了许多宜兴陶瓷古盆，他说："有一个既饶画意又富诗情的好盆景，用作窗明几净的清供，给你观赏，就会不知不觉地把一切烦虑、疲劳全部忘却，仿佛飘飘然置身于大自然的怀抱里，作卧游，作神游，真是心上莲花朵朵开了。"

经过数百年来的传承、发展、开拓、创新，宜兴陶瓷花盆的生产已是盛况空前，各类花盆生产企业达200多家。2007年，销售额超过6亿元。

7.建筑卫生陶瓷

（1）墙地砖　1930年，宜兴三益玻璃公司、开山砖瓦公司开始生产无釉外墙砖。1964年，宜兴丁山耐火材料厂生产毛面砖、劈开砖和彩釉砖，规格达几十种。1966年，宜兴丁山面砖厂生产100mm×100mm白色釉面砖。1978年以后，宜兴生产墙地砖的企业主要有宜兴张泽面砖厂、宜兴市墙地砖厂、宜兴红旗陶瓷厂、宜兴建筑陶瓷厂、宜兴县锦砖厂等。20世纪80～90年代，宜兴约有20多家企业生产墙地砖。

（2）陶管　1956年下半年，宜兴新陶陶器场试制成功陶管。以制缸泥料为原料，分别采用泥片转筒法（直形管）和石膏模印坯法（弯管）成形，内施嫩红釉、外施泥浆釉。1958年起，逐步使用挤压成形与手工镶接喇叭头相结合的制作方法。1962年，宜兴西庄陶业合作社生产农村用排灌陶管。1973年起，应用隧道窑烧成陶管。20世纪80年代后，宜兴生产陶管的企业主要有宜兴红旗陶瓷厂、宜兴建筑陶瓷厂、宜兴正新陶瓷厂等。产品销往本省各地以及浙江、上海、四川等省市。后来，陶管市场逐步萎缩并被淘汰。

（3）卫生陶瓷　1946年，宜兴高大昌陶器工场参照进口产品式样，仿制成功坐便器、水箱和洗面盆，开启了江苏生产现代卫生陶瓷的历史，随后又有三四家窑户相继生产，最高年产量5000多件，产品主要销往上海、南京等城市。1955年，宜兴高大昌陶器工场实行公私合营，建立宜兴建华陶瓷厂并派人去唐山学习。1959年，政府投资宜兴建华陶瓷厂生产卫生陶瓷并更名为宜兴卫生陶瓷厂。1976年宜兴卫生陶瓷厂建成年产5万件卫生陶瓷生产线，1984年扩建年产10万件卫生陶瓷和年产3000套中高档卫生洁具的二期工程项目，1987年又扩建年产15万件卫生陶瓷的三期扩建工程，节水型坐便器荣获省优秀新产品金牛奖，产品行销上海、浙江、安徽、广东等地。

8. 工业陶瓷及特种耐火制品

宜兴是我国最早生产工业陶瓷的地区之一。1928～1939年间，随着化工、电力和纺织工业的发展，宜兴窑场出现烧制工业陶瓷的窑户，当时的产品有面砖、管道、干燥塔、储酸罐、瓷夹板等20多个品种。1950～1956年，宜兴化工陶瓷的制作技术有所发展，宜兴陶业实验工场首创"哈夫镶接法"，用于制作大型化工陶瓷容器，提高功效50%。1959年，国家在宜兴、南京、苏州等地新建或扩建工业陶瓷企业，宜兴的工业陶瓷生产进一步扩大。经过多年的发展，宜兴已建立起工业陶瓷相对完整的科研和生产体系。

按照应用范围，可大体把工业陶瓷分为化工陶瓷、电工陶瓷、纺织陶瓷、电子陶瓷等门类，加上特种耐火制品共5大门类。目前，宜兴全市共有工业陶瓷生产企业280多家，总产值30多亿元，占宜兴陶瓷经济总量的50%以上。

（1）化工陶瓷　1928年，宜兴丁山窑户葛沐春雇人试制化工陶瓷面砖、管道。至1932年，先后制成面砖、干燥塔、储酸罐等10多种产品。1933～1935年因人员流失、设备简陋等而陷于停顿。1936～1946年宜兴化工陶瓷陆续恢复生产。1947～1949年因原料、燃料价格飞涨而中断生产。1951年设立宜兴陶业实验工场，主要生产真空过滤器、储酸方缸等化工陶瓷，1953～1956年产品开始向大型、异形、特型发展。1957年，成立国营宜兴化工陶瓷厂和筹建宜兴陶瓷机械厂。1964年，宜兴化工陶瓷厂年产500t耐酸耐温砖生产线投产。1981～1984年，宜兴非金属化工机械厂试制成功化工陶瓷塔的更新换代产品——铠装陶瓷塔；1986年试制成功堇青石薄壁蜂窝陶瓷载体。

宜兴的化工陶瓷可分为器具类和机械类两大类、2000多个品种。器具类包括容器、管道、旋塞、填料、隔膜阀、嵌装塔、耐酸耐温砖、蜂窝陶瓷载体等，机械类包括清液泵、砂浆泵、真空泵、鼓风机、气流粉碎机等，广泛应用于化工、石油、矿山、冶金、造纸、食品、环保、医药等20余个行业。

宜兴非金属化工机械厂是我国化工陶瓷的主要生产企业，近几年投放市场的HTG型全自动陶瓷过滤机，集机电、超声、自动化控制于一体，采用独创的新型梯度微孔陶瓷作为过滤介质，是矿山和冶炼行业固液分离的重大技术创新，填补了我国物料脱水技术的空白。生产的耐酸耐温砖的耐酸、耐磨、抗渗透及冷热激变性能达到国际领先水平，使150～200m³纸浆蒸煮锅的使用寿命从6年提高到12年。开发成功堇青石薄壁蜂窝陶瓷载体及其专用设备，顺利实现200孔/平方英寸、600孔/平方英寸两种规格载体的生产，制作的汽车净化消声器具有气体阻力小、几何面积大的特点，CO的最高净化率达到94.2%，HC的最高净化率达到88.6%，噪声降低5dB，使用寿命大于5万千米，综合性能达到国内先进水平。

宜兴海登皇格精细陶瓷有限公司是英国摩根坩埚集团在中国的独资公司，主要生产1.3～4m熔融石英辊棒作为传输辊道，广泛应用于安全钢化玻璃、PDP等行业。

中日合资宜兴清新粉体机械有限公司引进日本技术，开发超微高精度分级机、高精度加料机、无污染颚式破碎机，基本形成气流粉碎机分级机、副机各2个系列20多个规格品种，设备的分级细度达到0.1μm，产品销往全国20多个省、市、自治区，并出口日本、泰国、马来西亚、伊朗等国和我国台湾地区。

江苏锡阳研磨科技有限公司生产的0.4～6mm陶瓷微珠，是非金属矿行业生产重碳酸钙、高岭土必需的一种磨介质，年产量为3000～5000t，先后被国家科委、江苏省命名为"国家重点新产品"、"江苏省高新技术产品"。产品出口销往英国、美国、德国、瑞典、挪威、芬兰以及意大利等国。

（2）电工陶瓷　电工陶瓷是指电力或电器上使用的陶瓷绝缘体。1936年，宜兴窑户崔鹤鸣与人合股在宜兴创办鹤鸣窑业厂，主要生产电炉板、电炉盘、电炉螺丝梗等，产品销往上海、南京等地，这是江苏省的第一家低压电瓷厂。1937～1938年，增加了瓷夹板、瓷插座、先令葫芦等产品。1953～1957年建立公私合营鹤鸣陶瓷厂，主要生产电瓷先令和低压开关。1961～1966年，宜兴大新陶瓷厂建立工业陶瓷车间开始生产灭弧罩，年产约10万件。1977年后，宜兴大新陶瓷厂工业陶瓷车间划出，建立宜兴电器陶瓷研究所，重点开发灭弧罩等电器陶瓷产品。

江苏省陶瓷研究所研制的PTC陶瓷基片在冰箱、彩电等家用电器中得到广泛应用；其工程陶瓷分公司生产的PTC陶瓷产量约计1000万片，基本形成系列配套格局，质量指标达到国际同类产品的先进水平。

宜兴市丰峰陶瓷有限公司生产的氧化铝、氧化镁、堇青石、高频滑石陶瓷等，广泛用于电器壳体绝缘、温控、热保护、电加热、微波点火等各种电器。陶瓷金属化产品具有封接强度高、气密性好等特点，用于制作高、低压真空开关，可控硅元件，电位器基板、集成电路基板、制冷片基板，以及陶瓷加热片等。

（3）纺织陶瓷　纺织陶瓷通常可分为瓷件、瓷辊两大类。瓷件类产品在棉、麻、毛、化学纤维、琉璃纤维的生产中用作分丝、导丝部件，瓷辊类产品主要用作牵伸、定型、导丝及脱水部件。

1935年以前，日本纺织瓷件充斥我国市场。1936年，宜兴鹤鸣窑业厂利用本地原料试制成功导丝瓷件，年产量约1000件，后因日军侵华，纺织业凋敝被迫停产。1970年以后，宜兴非金属化工机械厂开始生产纺织瓷件；宜兴电子器件厂生产纺织陶瓷喷头和陶瓷喷丝板等产品。

1974年以前，我国的瓷辊从日本进口每只9000美元。1975年，国家把试制瓷辊的任务交给宜兴非金属化工机械厂。1974～1977年，完成瓷辊成形设备的试制和投产；1978年，解决了瓷辊研磨、抛光等技术问题；1980年6月，YC-201瓷辊通过纺织工业部鉴定。1981年以后，宜兴非金属化工机械厂在国家支持下，逐步完善瓷辊的生产技术和生产线，瓷辊规格达到30多种，产品先后获省、化工部科技成果奖和优质产品奖。瓷辊的硬度、表面粗糙度、耐腐、耐磨、耐热、耐压等性能达到国际先进水平，是我国石油化工企业瓷辊的主要配套供应企业。

鑫宇特种精细陶瓷厂和伊特陶瓷有限公司是生产氧化铝精细陶瓷及其部件的骨干企业。产品包括3600孔、7500孔纺织陶瓷喷头，18孔、39孔、300孔、400孔陶瓷喷丝板，可提高丝干断裂强度15.8%，代替白金和不锈钢产品，可大幅度降低生产成本。

江苏省陶瓷研究所研制成功的化纤精纺陶瓷摩擦片是涤纶牵伸加弹机上假捻器中的主要零件，是决定涤纶丝最终质量的关键零件，具有强度高、耐磨损、使用寿命长和白粉沉积少等特点，适用于高速精纺涤纶粗旦丝。产品在淮阴涤纶长丝厂、金山石化总厂涤纶厂、常州合成纤维厂等单位得到广泛使用，主要性能指标达到国际同类产品水平。

另外，杜塞拉姆工程陶瓷有限公司、星光陶瓷有限公司、丰峰陶瓷有限公司、查林纺配专件厂、佳丰瓷件厂、兴丰瓷件厂主要生产氧化钛、氧化锆、氧化铝等导丝瓷件，产品包括6大门类1000多个规格品种。

据统计，宜兴全市共有纺织瓷件生产企业30余家，重点为国内纺织行业引进的高速纺织机、空气变形机、加捻机、气流纺织机、喷气织机和剑杆织机等设备提供配套瓷件，产品销往全国19个省、市、自治区并有部分出口。

（4）电子陶瓷　电子陶瓷是指电子元、器件和各类电子装置的陶瓷件，可分功能陶瓷和结构陶瓷两大类。

1970年，宜兴多晶硅、单晶硅会战小组与浙江大学、上海电子科学研究所合作，试制成功多晶硅陶瓷、低电阻和高电阻单晶硅。1971年，会战小组扩建为宜兴半导体厂。1973年4月，第四机械工业部投资宜兴半导体厂，要求与中国科学院上海硅酸盐研究所等合作研制集成电路封装外壳；8月，研制成功集成电路封装外壳并通过第四机械工业部鉴定验收；年底，更名为宜兴电子器件厂，建成集成电路封装外壳专业生产线，为国内第一家生产陶瓷管壳的专业厂家，开启了宜兴生产电子陶瓷的历史。

2010年，宜兴共有电子陶瓷生产企业11家，产品包括陶瓷电容器、集成电路封装外壳、压电滤波器、陶瓷热敏电阻和装置瓷等，广泛应用于国防、航天、电子、通讯、机械、化工等领域。

宜兴吉泰电子有限公司、华威微电子有限公司等6家合资或民营电子陶瓷企业已具备较强的产品研制、开发、设计和批量生产能力，产品主要包括微波电路陶瓷外壳、陶瓷密封载体、陶瓷双列直插外壳、陶瓷扁平外壳、陶瓷针栅陈列外壳、陶瓷无引线片式载体外壳等，特种异形陶瓷元器件包括异形外壳、连接件、发热件等。

钟山微电子封装有限公司是信息产业部定点的科研生产基地，主要产品有多层母板陶瓷基片、霍尔电路陶瓷外壳、混合电路陶瓷外壳等，多次完成国家重点工程配套任务，受到中央军委、国务院、信息产业部及国防科工局的嘉奖和表扬。

鑫宇特种精细陶瓷厂和伊特陶瓷有限公司生产的电子陶瓷、耐磨内衬陶瓷以及半导体器件用陶瓷外壳等产品远销意大利、美国、英国、南非、日本等国家。

（5）特种耐火制品　1965年，宜兴丁山耐火器材厂为适应用户需要，开发了高铝、刚玉、碳化硅等材质30多个品种的耐火制品。1971年后，产量进一步扩大，质量不断提高。1978年建立厂办研究所，开发系列新产品，产品销往全国各地。1981年后，相继开发成功堇青石窑具、炼焦用缸砖、高温莫来石绝热砖、再结晶电熔AZS耐火制品以及低蓄热窑车砖等。

宜兴特种耐火制品大体可分为冶金用耐火材料、高温窑炉用耐火材料和实验室及工业用电阻炉耐火材料共3大系列，约有生产企业200余家。

无锡南方耐火材料有限公司承担的国家"八五"、"九五"重点耐火材料科技攻关项目"连铸用铝碳、铝锆生产线"、"不吹氩防堵塞浸入式水口"分别通过国家冶金局组织的科技成果鉴定。随后开发成功的"连铸用高耐蚀水口"，"钢包透气砖"，"高强、高效新型铁沟浇注料"，"高耐磨长寿命滑板"等系列产品分别被认定为国家级新产品、江苏省高新技术产品，并被列入国家火炬计划项目及国家技术创新项目。

宜兴龙峰耐火有限公司先后成功开发高铝、刚玉、碳化硅等材质耐火制品计30多个品种。堇青石窑具耐火材料和炼焦用缸砖项目分别通过省级鉴定。近几年，开发成功的高温莫来石质绝热砖、再烧结电熔AZS耐火制品、低蓄热窑车砖等产品的性能优良，取代进口。

鑫宇特种精细陶瓷厂生产的氩弧焊陶瓷喷嘴、陶瓷焊接垫以及其他陶瓷焊接配件的性能优良，被广泛应用于造船、桥梁制造和重型机械等工业领域的各种焊接，甚至高电流场合。宜兴市兴峰瓷件厂生产的莫来石陶瓷产品的耐热、抗蠕变、抗热冲击性能良好，广泛应用于高温行业。

三、陶瓷古迹

1. 骆驼墩新石器时代文化遗址

宜兴的骆驼墩是大汉岭下的一个覆盘形大台地，在台地的斜坡上散布着不少夹砂红陶残器。在台地发掘的新石器时代陶器遗存有夹砂红陶罐、陶鼎、板釜、陶钵等。这些陶器的原料采自地表红假土之类的易熔性黏土，经淘洗除杂质或掺入适量的砂粒调练后，用手工捏制、1000℃以下温度烧成。由于窑炉构造简单，封闭不严，陶土中的氧化铁在烧成后以高价铁的氧化物形式存在，成品大部分呈现红色或者红褐色，吸水率、气孔率均较高。陶器遗存经考证距今约7000年。骆驼墩遗址的发掘不但把宜兴的制陶史向前推进了2000多年，并被中国社会科学院评为2002年全国六大考古新发现之一，而且被考古界公认为"骆驼墩文化类型"，填补了太湖西部史前考古学文化的空白。2006年5月被国务院列为全国重点文物保护单位。

2. 大水潭古代紫砂矿遗址

丁蜀镇黄龙山南麓的大水潭原来是一个开掘紫砂泥的宕口，因挖通泉眼，激流喷涌成为水潭。周边怪石嶙峋，杂树丛生，迂回的曲径建有长廊、凉亭，花木扶疏，摇曳生姿。依山而立的大型紫砂雕塑"始陶异僧"宝相庄严、神态逼真，生动阐释了民间流传的"五色富贵土"的传说，其背景——紫砂壁画"陶源图"形象地解读了古代陶土的开掘以及陶器的制作过程，具有强烈的视觉效果。

五色富贵土的传说：古时候，有一异僧行经村落，向村人高呼："卖富贵土……"。大家以为这是僧人用癫话诳人，纷纷嗤笑他。僧人不以为忤，又高呼："贵不欲买，买富如何？"于是引导村叟跟他上黄龙山，指点一处洞穴，村人发掘，果然挖得一种五色缤纷的宝土。从此以后，丁蜀一带的村民都来挖掘这山间的"富贵土"，烧造紫砂陶。

3. 西晋青瓷古窑址

西晋青瓷窑址坐落于丁蜀镇周家村小窑墩，占地面积50余平方米，窑具和碗、罐、碟等青瓷残片遗存较多。1983年，被宜兴县人民政府公布为县级文物保护单位。2006年，被国务院列为全国文物保护单位。

4. 涧众唐代青瓷龙窑遗址

涧众青瓷龙窑建于唐代中晚期，地处丁蜀镇洑东涧众村，是经过南京博物院发掘考证的龙窑遗址。窑身残长28.4m，窑头宽度2.3m，中段宽度2.65m，窑高1.5m，窑体容积80余立方米。窑址两侧的窑具及青瓷残器堆积极为丰富。窑具有筒形、盆形、饼形、喇叭形数种，青瓷残器有碗、盆、罐、盘、碟等，也有少量瓶、炉等工艺品。

1971年，江苏省文化局拨款建造了护墙及窑头遮雨棚。1982年，由江苏省人民政府公布为省级文物保护单位。2006年，被国务院列为全国文物保护单位。通过行政区划变更，涧众村易名陶渊村，并在古窑遗址建造陈列室，展示唐代龙窑的有关图片、资料及窑具、青瓷遗存。

5. 元帆遗址

元帆遗址位于距丁蜀镇约2km的元帆村之北的分洪河南岸，凤凰河与南深河的交汇处，遗址范围较大，长达40余米，遗存比较丰富，而且有早、中、晚期的区别。如陶器中的腰檐釜、鸡冠形把或牛鼻式耳的罐应是"马家浜类型"的文化特征。镂孔白衣黑陶豆和花瓣形圈足灰陶鼎是"崧泽类型"的文化特征。鱼鳍形鼎足和三角形石刀等则是"良渚类型"的文化特征。对元帆遗址出土的晚期陶器的理化测定说明，这些陶器的胎质疏松，机械强度不高，其烧成温度在1000℃左右。

6. 前墅明代龙窑

丁蜀镇前墅村的明代龙窑是宜兴市保存下来的唯一活着的古龙窑，至今仍以传统方法烧制日用陶器，2006年被国务院列为全国文物保护单位。龙窑全长43.4m，头北尾南，头低尾高。窑背为半圆筒形，两侧设有42对间隔均匀、投塞松柴的"鳞眼洞"。窑下端最狭处0.75m，自下而上，渐高渐阔延伸。窑身西侧设有5个窑门，上沿呈拱形。窑上方建有窑棚，可堆放松柴，方便窑工操作。窑头盖平房2间，作"预热炉"炉房用。平均每月动烧一次，品种有壶、盆、瓮、罐、紫砂器等。

7.前进窑

前进窑坐落在丁蜀镇白宕茅庵山南坡，隶属宜兴均陶工艺厂，是宜兴市内现存规模最大、最完整的龙窑。窑长为90m，有鳞眼洞76对。1985年，被宜兴县人民政府公布为县级文物保护单位。2006年5月，被国务院列为全国重点文物保护单位。

8.蜀山古南街

丁蜀镇的蜀山是一个古镇，相传北宋大文学家苏东坡晚年曾择居于此，登山远眺，遥想故乡四川眉山风景称："此山似蜀"，于是古镇由此而得名。

历史上的蜀山古镇曾是紫砂陶器的重要产地和丁蜀地区的水陆交通码头，十分繁荣，不少文人墨客到此并留下诗词题咏。蜀山古南街是宜兴市仅存且保存完好的明清建筑老街。1996年被列为市级文物保护单位。

古南街背靠蜀山，濒临蠡河，具有典型的江南水乡风貌。西起横跨蠡河的蜀山大桥，东至黄泥场，长约380m，街道宽仅二三米，路面全为天紫石石条铺筑，用料900余块。沿街房屋均为两层楼的砖木结构，楼下都是长踏板木门店铺，楼上为住房，楼窗都是短木方格窗扇。街道两侧商号鳞次栉比，约有陶器行、票友社、洋龙宫、茶馆店、饭馆、米行、药店、诊所、百货、杂货等六七十家。

古南街的文化积淀很深。杨彭年、杨凤年、范大生、任淦庭、吴云根、王寅春、朱可心、顾景舟、蒋蓉、徐汉棠、徐秀棠等紫砂大师们或出生、或宅居于此，现在可访其旧宅。民国时期的紫砂同业公会、江苏省陶校、江苏省立陶业工厂曾在此挂牌营业。这些富有地域文脉特色的资源已成为宜兴陶瓷文化旅游的亮点。

9.东坡书院

2002年由丁蜀镇政府花巨资整修，江苏省文物保护单位，陶都旅游文化景点。大门的横匾"东坡书院"四字由中国书法家协会原主席启功先生书写。进门后只见绿树成荫，湖石玲珑，右侧有"石牛池"，"牛"身上刻有"饮水思源"，是学子们游玩之地。正屋前有泮池、石桥。池水清澈，由蜀山山涧水流淌积聚。穿过正屋，修缮后的飨堂左侧是碑廊，里面陈列了二十余方碑刻。碑中的苏东坡手书《楚颂帖》是宋元丰七年十月二日写下的名帖："吾来阳羡，船入荆溪，意思豁然，如惬生平之欲。逝将归老，殆是前缘。王逸少云，我卒当以乐死，殆非虚言。吾性好种植，能手自接果木，尤好栽橘。阳羡在洞庭上，柑橘栽至易得。当买一小园，种柑橘三百本。屈原作《橘颂》，吾园若成，当作一亭，名曰之楚颂"。记录了苏东坡"买田阳羡吾将老，从初只为溪山好"的心境和意愿。

"十年归梦寄西风，此去真为田舍翁。剩觅蜀冈新井水，要携香味过江东"。苏东坡卜居阳羡的愿望，由买田筑室于蜀山南麓而成为千古绝唱。从宋时的东坡草堂，到明代的东坡祠堂，至清朝的东坡书院，并作为当地的最高学府，走出了一批又一批栋梁之才。历代文人雅士总带着崇敬的心情瞻仰东坡书院。明代南京太常少卿夏瑄就在诗中写道："誉望隆一时，文彩凌千古。儒风变南夷，化雨沾东鲁。晚卜阳羡居，而与烟霞伍。悠悠楚颂亭，渺渺潇湘浦"。而清初著名的宜兴籍词家陈维崧在《满庭芳·蜀山谒东坡书院》中作了更为动人的景物描写："水拍晴桥，山衔春店，飞花落絮悠飏。打鱼放鸭，四月好年光。此地林峦绝胜，家家足，碧涧幽篁。斜坡上，碎瓴败甓，零乱补围墙。鸣榔，思往事，峨嵋仙客，曾驻吾乡。荛溪山千载，姓氏犹香。今日紫姑圣女，喧村赛，画鼓明妆。残碑在，独怜野草，渐没古祠堂。"

飨堂、讲堂等是书院的主要建筑。飨堂里高2.4m的紫砂"苏东坡立像"由中国工艺美术大师徐秀棠雕塑而成。两侧墙上的紫砂陶板壁画描述了苏东坡在宜兴的传闻和轶事。庭院里传说中的银桂、金桂已由新栽的二棵桂花树替代。"东坡买田处"、"讲堂"、"似蜀堂"等匾额历经风霜，依旧显示它的分量。恰如郭沫若先生题咏的诗句："东坡居士曾居此，朝夕常思返蜀山，深幸我来千载后，欣看质变数年间……"。

东坡书院陈列了苏东坡的生平简历和他在宜兴的轶闻传说，介绍东坡学子中的名人事迹。计划创办东坡文化艺术学校，开设书画陶艺作品展厅等。

2006年5月，"宜兴紫砂陶制作技艺"成为国家首批非物质文化遗产；10月，国际陶艺学会授予"宜兴——世界制壶中心"的匾牌。"千年陶都"始终传唱着绵延不绝的陶之颂歌。尤其是宜兴紫砂出类拔萃，不仅是陶都宜兴的"金色"名片，而且列入了全国首批非物质文化遗产名录。2007年6月，"宜兴紫砂"被国家工商行政管理总局批准为地理标志证明商标。国际陶艺学会和美国中华陶艺学会还分别授予宜兴"世界制壶中心"和"世界茶壶之都"的荣誉。这株宜兴陶苑的名花已经带着"五色土"的芳香走向世界。

四、陶瓷博物馆、专业村、产业园和陶瓷城

1. 中国宜兴陶瓷博物馆

中国宜兴陶瓷博物馆位于丁蜀镇宁杭公路西侧的团山之麓，1982年正式开馆，其前身为始建于20世纪50年代末的宜兴陶瓷陈列馆，由彭冲题写馆名。

中国宜兴陶瓷博物馆是一座具有中国古建筑风格的琉璃瓦大厦，依山傍坡，气势恢宏，在全国陶瓷产区的展馆中，独树一帜。馆区占地4万余平方米，展厅近4000m^2。经20多年的建设、配套和运作，馆内陈列着上万件陶瓷精品，分布于古陶、名人名作、紫砂、均陶、青瓷、精陶、美彩陶、艺术陶瓷、海内外赠品展示五大展区22个展厅，堪称丰富的陶瓷艺术宝库，在全国各陶瓷产区的博物馆中为门类最为齐全的综合性陶瓷博物馆。

2. 紫砂专业村

明代中期伊始，宜兴丁蜀地区几乎"家家制坯，户户捶泥"，"衣食所需惟陶业是赖"。周边农户大多在农闲时从事紫砂壶制作，并代代相传，逐渐发展形成一种家庭手工作坊式的生产产业群，这种具有地域特征的独特文化现象，造就了紫砂专业村。

（1）紫砂村　紫砂村原名上袁村，又名上岸村，村民在务农之外兼做紫砂茶具。1992年，上袁村易名紫砂村。村口坐落着新建的宜兴紫砂艺术馆，内藏明清、民国至当代的形制装饰毕智穷工、怡人心目的各式壶作。全村有300余家个体紫砂作坊，村民几乎家家都和紫砂相关，户户都是榜上有名。被海内外誉为"中国紫砂第一村"。

该村见诸史册的紫砂名艺人有陈信卿、惠孟臣、陈子畦、陈鸣远、陈汉文、邵旭茂、邵

友兰、吴阿坤、邵友廷、赵松亭、程寿珍、王寅春、顾景舟、陈福寿、沈小鹿、沈小虎、唐凤芝等，其中称得上"一代宗师"的就有五六位，顾景舟则被紫砂界尊为当代"壶艺泰斗"。据民间流传，明代紫砂名家时大彬以及清末至民国初年的壶家妙手黄玉麟也曾客居上袁村制壶。

（2）西望紫砂村 西望村位于丁蜀镇蜀山东麓，紫砂陶作坊始于明、盛于清，涌现了范章恩、范鼎甫、范静安、范大生（锦甫）、范占、范林源等名家，其中，范鼎甫技艺出众，力作《一捧鹰》在1935年伦敦国际艺术博览会上获金奖章；范大生师从范鼎甫，善制《合棱》、《鱼化龙》等壶，声誉卓著。1988年，宜兴紫砂工艺二厂在西望村建立分厂，组织个体作坊人员，集中生产紫砂茶具销往国内外。2005年，范大生之后范伟群，引进韩国资金组建范家壶庄陶瓷艺术有限公司，年外贸出口值5000多万元。2008年，范家壶庄一举获得承制东盟博览会国礼的殊荣，承制的《和平》、《团结》、《平等》、《合作》、《共进》、《和谐》、《和顺》、《繁荣》、《丰硕》、《共享》、《持续》等壶蕴含了中国东盟博览会"团结共进、平等合作、和谐发展"的主题精神，获得主办方的高度肯定。紫砂新秀范泽锋接手村办老企业"爱宜公司"后，积极开发新工艺、新产品，为紫砂这一传统产业注入了新的活力。

（3）洋渚紫砂村 洋渚村原名湖洋渚，是唯一由宜兴市政府命名的陶瓷村，先后荣获"江苏省卫生村"、"江苏省电话小康村"、"无锡市名村"、"无锡市工业明星村"、"无锡市新农村建设示范村"、"宜兴市文明村"、"工农业先进村"等荣誉称号。

明清时期，洋渚村开始制陶，制品以夜壶、白罐、白锅为主。民国初年，该村出现紫砂壶手工作坊，《鱼化龙》壶是当时的代表性作品。

3.江苏宜兴陶瓷产业园区

1993年12月经江苏省人民政府批准为省级开发区，面积3.8km^2，其范围东至陶都路、南至通蜀路、西至104国道、北至湖光路。2000年，改由宜兴环保科技工业园管理。

4.中国陶都陶瓷城

中国陶都陶瓷城坐落在丁蜀镇。2006年10月28日，中国陶都陶瓷城一期规划建设在丁蜀镇开工奠基，2007年10月竣工，2008年11月26日开业运营。是2007年宜兴市、无锡市、江苏省政府"十一五"重点工程项目之一，总体规划用地总面积66.8万平方米，总建筑面积58万平方米，总投资10亿元。

五、当代陶艺名人

任淦庭（1889～1968），字缶硕，名干庭，号石溪、聋人、大聋、漱石、左碗道人、左民。紫砂陶刻名艺人，是紫砂陶刻技艺全面的民间工艺大师。"渔舟听莺"和"腊梅喜鹊"被南京博物院收藏。

裴石民（1892～1977），原名德铭、云庆，宜兴蜀山人，紫砂名艺人。1938年，裴石民回乡在蜀山大桥下北厂开设石民陶器店，自做自卖，其间他模仿陈鸣远的作品甚多，精工细作，几可乱真，遂有"陈鸣远第二"之称。因练就了驾驭各种形款紫砂器的能力，除了茶壶以外，文房雅玩、杯盘炉鼎、花盆假山、花果小件等均有所创，形态各异，风格多样。

裴石民曾有两次惊人之举，第一次是宜兴名士储南强在苏州冷摊上发现明代正德年间的《供春壶》，壶盖由后人黄玉麟所配，经黄宾虹考证，此盖与原盖不相符，遂由裴石民重新配盖。新中国成立后，储南强将此壶献给了国家，现收藏在中国历史博物馆。第二次是为明代圣思桃杯配杯托，现珍藏于南京博物院。这两个配件都与主体协调匹配，反映了高超的捏塑技艺和设计理念。其后，又为清代陈曼生所制的紫砂生栗子配上一个熟栗，与原件辉映成趣。

代表作还有《串顶秦钟壶》、《双圈名鼎壶》、《菊蕾壶》、《莲心茶具》、《素身圆裙壶》、《金蟾水盂》、《田螺水盂》、《葫芦水盂》、《松段水盂》、《百果水盂》、《金龟水盂》等，每种式样至多只制作五六件，少则两三件，以高雅大方的风格，在紫砂艺苑中别树一帜。

吴云根（1892～1969），宜兴蜀山南街人，原名芝莱。紫砂名艺人。吴云根制作的《提梁弧菱壶》、《双色竹段壶》、《大型竹提》、《传炉壶》、《线云壶》、《合菱壶》等，曾多次参加国内外陶艺大展，声名远播。

王寅春（1897～1977），祖籍江苏镇江，父辈定居宜兴川埠上袁村，紫砂名艺人。多次承制国家礼品，如《十三头咖啡茶具》、《五头梅花周盘茶具》、《玉笠壶》、《圆条壶》、《八方盅形壶》、《六方菱花壶》、《纹井壶》等。

朱可心（1904～1986），原名朱凯长，自取《可心》名，寓意《虚心者，可师也》，《山中一杯水，可清天地心》。宜兴蜀山人，紫砂名艺人。《云龙壶》、《竹段壶》、《松鼠葡萄壶》、《报春壶》、《翠蝶壶》、《三友壶》等为其杰作。20世纪50年代初创作的《圆松竹梅壶》为南京博物院收藏。上海人民美术出版社出版了《朱可心紫砂陶艺百年纪念》专集。

顾景舟（1915～1996），原名景洲，早年别称曼晞、瘦萍、武陵逸人、荆南山樵，晚年自号壶叟、老萍，出生于宜兴川埠乡上袁村的一个紫砂陶世家。1956年被江苏省人民政府任命为技术辅导（造壶）、中国工艺美术大师。被称为"紫砂泰斗"、"一代宗师"。少年时就读于蜀山东坡书院，随校长吕梅笙研修古文。18岁时随祖母邵氏习陶从艺。两年后，其父请储铭至家授紫砂技艺，仅两年，技艺非凡，让人刮目相看，跻身于壶艺名家之列。

20世纪30年代，应上海古董商郎玉书之聘到上海仿制历代名作，有机会接触到许多明清两代名家的传世精品。仿制的明代时大彬的《高僧帽壶》、供春的《供春壶》、清代陈鸣远的《龙把凤嘴壶》、《竹笋水盂》以及邵大亨的《扁仿鼓壶》、《仿大亨壶》等，造型端庄、施艺严谨，细部刻画尤精到，无论在技艺上、泥色上都远远超过历史原作，分别为故宫博物院、南京博物院收藏。

顾景舟紫砂技艺全面掌握了一整套从选矿、泥料配制、烧成到成品加工的工艺知识，对造型研究独到，形成独特的成形技法。作品风格多样，"花货"、"光货"俱佳，"方器"、"圆器"俱优。一生中创作了数十个品种，代表壶型有雪华壶、汉云壶、上新桥壶、此乐壶、如意仿鼓壶、与高庄教授合作的提璧茶具等。其中，提璧茶具被国务院定为中南海紫光阁的陈设，1979年邓颖超访问日本时作为国礼，赠送给日本首相。

20世纪40年代，在上海结识了许多书画名流，如江寒汀、吴湖帆、唐云等人，视野大开，艺术格调和创作思想也有所突破。50年代，又与一些著名文学家、艺术家和教授交友、切磋、借鉴，如傅抱石、亚明、高庄、刘汝醴、孙文林等。在陶瓷工艺学、美学、书法、绘画、金石等方面拥有广博的学识，在紫砂陶艺界独领风骚。

1987年，在第二届亚洲艺术节期间，带领高海庚、徐秀棠为香港茶具收藏家罗桂祥先生收藏的两百余件紫砂器作过鉴定，并开展紫砂陶艺讲座，给许多国家的学者及鉴赏家留下深刻的印象。20世纪70年代至90年代初，自撰或与他人合作撰写发表了《宜兴紫砂工艺陶》、《宜兴紫砂壶艺概要》、《壶艺的形神气》、《简谈宜兴紫砂陶艺鉴赏》等9篇论文；主编《宜兴紫砂珍赏》，由香港三联书店出版发行。1992年，成为中国美术家协会会员，1995年，被聘为江苏省文史研究馆馆员。2004年，徐秀棠大师专为其编著的《紫砂泰斗顾景舟》、《景舟壶艺流别录》由上海古籍出版社出版。

蒋蓉（1919～2008），别号林凤，出生于宜兴川埠乡潜洛村的一个紫砂工艺世家。1956年被江苏省人民政府任命为"技术辅导"（造壶）、研究员级高级工艺美术师、中国工艺美术大师。2007年获"中国工艺美术终身成就奖"。

徐汉棠（1932～），生于宜兴蜀山南街紫砂世家。研究员级高级工艺美术师、中国工艺美术大师（造壶）、宜兴盆景协会名誉会长、江苏工艺美术学会陶瓷专委会顾问。2006年荣获"中国工艺美术终身成就奖"。

徐秀棠（1937～），生于蜀山紫砂世家。高级工艺美术师、中国工艺美术大师（陶塑）。作品有《坐八怪》、《雪舟学画》、《丙寅大吉》、《不朽的生命》、《萧翼赚兰亭》、《刘海戏金蟾》、《鉴真和晁衡》、《龙生九子》、《始陶异僧》、《饮中八仙》，《始陶异僧》、《陶源图》紫砂壁画、东坡先生立像等，编著有《中国紫砂》、《宜兴紫砂珍赏》、《紫砂泰斗顾景舟》、《景舟壶艺流别录》等。

谭泉海（1939～），字石泉，室号"陶逸轩"，生于宜兴和桥镇。研究员级高级工艺美术师、中国工艺美术大师（陶刻）、中国陶瓷艺术大师。特大挂盘《松鹰》、《群马》为故宫博物院收藏，特大芝麻砂扁方瓶《雪雁》为澳大利亚收藏家收藏，装饰雕刻的《紫砂百寿瓶》获德国莱比锡国际博览1979年会金奖。

汪寅仙（1943～），出生于丁山小桥南。1956年进蜀山陶业合作社，始师从吴云根，后转师朱可心，还先后受教于裴石民、王寅春、蒋蓉等名师，并得到顾景舟的指导。光货、筋囊货均有相当造诣，尤擅花货创作。光货作品《曲壶》（与张守智合作）、《鱼龙壶》、《水利壶》（与徐秀棠合作）、《玉炉壶》、《浣纱童子壶》，花货作品《南瓜壶》、《梅桩壶》、《岁寒三友壶》均为杰作。发表论文有《宜兴紫砂陶》、《紫砂花货的造型艺术及工艺技法》、《曲壶的设计》（与张守智合作）等。作品被多家博物馆收藏。1993年被授予"中国工艺美术大师"称号。

吕尧臣（1940～），生于宜兴高塍。18岁时师从著名艺人吴云根，后又得到朱可心、顾景舟先生的指导，不断临摹历代名家作品。作品古朴新颖，严谨工致中见巧思，别出心裁，手法富于变化，追求整体的艺术效果和典雅的装饰意趣，形成了个人独特的风格。1993年被授予"中国工艺美术大师"称号。

李昌鸿（1937～），生于宜兴丁蜀。高级工艺美术师。1959年考入宜兴紫砂工艺厂，师从顾景舟，先后创作了《化石纹饰》、《印纹装饰》、《绞泥装饰》等紫砂器。1984年与夫人沈蘧华合作的《竹简茶具》在德国莱比锡国际博览会上荣获金奖。1993年创办宜兴鸿成陶艺有限公司（现改为宜兴昌华陶艺有限公司）。发表研究论文20余篇，与师傅顾景舟及徐秀棠一起编写了《宜兴紫砂珍赏》等。2007年被授予"中国工艺美术大师"称号。

周桂珍（1943～），生于宜兴丁蜀。高级工艺美术师。1958年入宜兴紫砂工艺厂，师从王寅春，并得到顾景舟指导。作品达到"工极而韵，紫玉蕴光"的艺术境界。先后创作了《掇圆壶》、《半月壶》、《如意壶》、《登柏寿壶》等名作。作品"曼生提梁壶"被中南海紫光阁、南京博物院收藏。2007年被授予"中国工艺美术大师"称号。

鲍志强（1946～），生于宜兴丁蜀。高级工艺美术师。宜兴方圆紫砂工艺有限公司副总经理兼研究所所长。师从谈尧坤、诸葛勋、范泽林、吴云根、任淦庭等。主要作品有《桂林春早》、《墨梅》、《鼻烟壶》、《富贵茶具》等。2003年中国画报社出版了《中国当代陶艺名家·鲍志强作品集》。2007年被授予"中国工艺美术大师"称号。

顾绍培（1945～），生于宜兴丁蜀镇，先后师从潘春芳、陈福渊、顾景舟。主要作品有《双福百寿瓶》、《仰宇提梁壶》、《十六竹千筒》、《特大百寿瓶》、《高风亮节壶》等，其中《十六竹千筒》、《特大百寿瓶》被中南海紫光阁永久收藏。曾先后担任紫砂研究所副所长、宜兴紫砂工艺厂副总工艺师、宜兴锦达陶艺有限公司总工艺师、宜兴方圆紫砂工艺有限公司副总工艺师。2007年被授予"中国工艺美术大师"称号。

何道洪（1943～），生于宜兴丁蜀。高级工艺美术师。1958年进宜兴紫砂工艺厂，师从王寅春、裴石民。代表作有《嵌泥秦古壶》、《韵乐壶》、《神珠壶》、《玉牛壶》、《思源壶》、《三结义壶》、《四季如意壶》等。《绿大型紫砂竹提壶》入选中南海紫光阁珍藏。2000年1月出版专著《珍壶藻鉴》。2003年被授予"中国陶瓷艺术大师"称号。

第三节　江苏近代部分陶瓷企业

1. 南京电瓷总厂

位于南京燕子矶，全民所有制企业，国家大型骨干企业。前身为1936年9月由当时的国民政府在湖南长沙设立的"中央电瓷制造厂"筹委会。1937年12月，中央电瓷制造厂投产，注册商标为"雷电"牌，主要生产各类绝缘子以及瓷夹板、瓷插座、先令葫芦等，年产量300～400吨。1938～1944年，中央电瓷制造厂历经战乱，先后在湖南沅陵、衡阳，四川宜宾建立分厂。1946年6月，中央电瓷制造厂迁到南京燕子矶筹建新厂。1947～1948年，中央电瓷制造厂以及衡阳分厂的全部设备、宜宾分厂的部分设备运抵南京安装投产。1949年12月，中央电瓷制造厂更名为南京电瓷厂，后又易名南京电瓷总厂。至1978年，已发展成为初具规模的大型综合性电瓷制造企业，职工4283人，国家重点企业之一，专业生产高压电瓷、钢化玻璃绝缘子、高压隔离开关、高压互感器、耦合电容器、高低压熔断器、火花塞、电热塞、高能点火装置等10大类、56个系列、1383个品种规格，其中4114火花塞、110kV油纸电容式变压器套管荣获国家银奖。被第一机械工业部命名为"电瓷行业标兵企业"。1987年，生产高压电瓷7066.4t、火花塞2251.8万只，产品出口美国、英国、日本等国。直到今日，南京电瓷总厂仍是我国最大的电瓷厂之一。

2. 中国高岭土公司

位于苏州市浒墅关镇，原名苏州瓷土公司，成立于1955年，全民所有制企业。注册商标为"阳山"牌，生产技术和装备居同行业之首，生产的高岭土产品有手选、机选、粉料三大系列40多个品种，广泛应用于日用陶瓷、建筑卫生陶瓷、陈设艺术陶瓷、电瓷，以及电子、造纸、搪瓷、耐火材料、石油催化剂等30多个行业。1985年，刮刀涂布瓷土和搪瓷特号瓷土荣获江苏省优秀新产品奖；焙烧瓷土荣获国家经委金龙奖。1987年获国家二级企业称号。

3. 宜兴电子器件厂

位于宜兴丁蜀镇。前身为宜兴半导体厂，成立于1971年，主要生产单晶硅、多晶硅、晶体管和精细陶瓷各类装置零部件产品。1973年，受第四机械工业部委托，研制成功集成电路双列直插式陶瓷封装管壳，通过部级验收，填补了国内空白，并建成国内第一条年产120万件陶瓷管壳生产线，更名为宜兴电子器件厂。1978年荣获"江苏省先进企业"称号。1982年被电子工业部定为骨干企业。1986年研制成功组装多层布线陶瓷母板，1987年研制并生产压电陶瓷蜂鸣片产品，被电子工业部评为"彩电国产化工作先进单位"。

4. 高淳陶瓷厂

创办于1958年10月，位于高淳县东南古城乡秀山，全民所有制企业，隶属高淳县工业局。建厂初期，以生产日用陶器为主，曾试制少量工业用陶及耐火砖，1958年生产日用陶器10万件。1962年生产日用陶器29.5万件、工业陶瓷247.5t、耐火砖1066t。1963年企业精简后，生产发展缓慢。1969年，江苏省冶金局投资30万元，为无锡太湖耐火器材厂生产大量耐火黏土材料。1978年以后，江苏省轻工业局投资改造，形成年产600万～800万件日用陶器的生产能力。1979年研制成功利用本地秀山焦宝石制造炻器的技术。1983年出口茶具、咖啡具、餐具等炻器产品23万件。"玉泉"牌炻器荣获省优质产品。1986年筹资改造，形成年产炻器产品2000万件的生产能力，成为江苏省陶瓷出口骨干企业。1987年，共有职工777名，出口炻器1200万件。

5. 宜兴紫砂工艺厂

位于宜兴丁蜀镇，县办集体企业，隶属宜兴陶瓷公司，主要生产茶壶、茶具、文具、餐具、花盆、雕塑等紫砂产品，是宜兴紫砂陶的重点生产和出口企业。前身为创办于1954年的宜兴紫砂工场，1956年恢复紫砂工艺陶生产。1958年与蜀山等地的陶器专业合作社合并为宜兴紫砂工艺厂。1963年，更名为宜兴紫砂工艺合作工厂。1966年后，生产急剧下降，直到1973年生产才逐渐转好。1979年紫砂陶器荣获国家银奖。1982年，受香港紫砂茶壶销路良好的影响，大量生产200ml高档茶壶。1983年"方圆"牌高级紫砂茶具荣获国家金奖。1984年，紫砂"百寿瓶"、"竹筒茶具"在前民主德国莱比锡国际博览会上荣获金奖。产品远销国内外。

6. 宜兴均陶工艺厂

位于宜兴丁蜀镇，县办集体企业，隶属宜兴陶瓷公司，是国内园林陶瓷的主要生产企业。前身为由50多个陶器小作坊合作的"陶一社"，当时，拥有宜兴陶瓷产区最大的一座龙窑，主要生产粗陶大缸、花绿缸、盆、砂锅等产品。1958～1961年转产工业陶瓷，兼产部分耐火材料。1962年以后，大缸、酒坛等日用陶器的生产规模日益扩大。20世纪70年代后，均陶产量不断扩大，品种不断增加，出口量逐渐增多。到1987年，主要生产均釉园林陶、日用陶、工业陶3大类及工艺美术、建筑陶等1000多个品种。均陶园林陶荣获国家银奖，产品畅销国内外。

7. 宜兴彩陶工艺厂

位于宜兴丁蜀镇，全民所有制企业，隶属宜兴陶瓷公司，专业生产彩釉工艺陶产品。1955年建厂，原名宜兴建华陶瓷厂，以生产日用粗陶为主。1958年生产卫生陶瓷，更名宜兴卫生陶瓷厂。20世纪60年代初期，研究成功彩釉工艺陶并有少量出口。1966年，更名宜兴红卫陶瓷厂。1979年生产日用陶瓷200万件。80年代，不断开发新材质、新产品，形成坛罐、花瓶、灯具、衣架、挂盘、花盆花架、器皿及人物及动物雕塑8大类数千个品种，先后有20件（套）新产品在国内评比中获奖，其中，落地衣架荣获江苏省优质产品，"艺萃"花瓶灯台荣获轻工部优质产品。1984年，更名为宜兴彩陶工艺厂。

8. 宜兴精陶厂

位于宜兴丁蜀镇，全民所有制企业，隶属宜兴陶瓷公司，专业生产精陶、炻器产品，是宜兴陶瓷产区的骨干企业之一。1958年2月创办，以生产工业陶瓷为主，1961年正式命名为宜兴工业陶瓷厂。1963年，试制成功长石质精陶，填补了我国日用陶瓷的空白。1964年开始出口精陶西餐具。1965年，停止生产工业陶瓷，更名为宜兴日用精陶厂。20世纪70年代，通过技术改造，产品质量不断提高，色泽鲜艳，风格独特。1980年更名为宜兴精陶厂。80年代，相继开发多种新产品，先后有20余件（套）产品在国内获奖。其中精陶"15头宜泉咖啡具"被北京故宫博物院收藏。1987年，被评为省级先进企业，产品畅销50多个国家和地区。

9. 宜兴青瓷厂

位于宜兴丁蜀镇，全民所有制企业，隶属宜兴陶瓷公司。前身为1956年公私合营时的"鹤鸣陶瓷厂"，起初主要生产泥龙头和低压电瓷。1958年更名为"宜兴耐火电瓷厂"。1959年开始生产普瓷饭碗。1960年更名为"宜兴电瓷厂"。1961年，与省陶瓷研究所合作承担省轻工厅下达的"宜兴青瓷的恢复试制及其工艺研究"科研项目，研制成功青釉着色剂，后又研究成功青瓷工艺，青瓷品种不断增加。1965年，青瓷产量达20万件，其中出口9.9万件。后经多次技术改造，到1976年，普瓷年产量达1000万件，青瓷产量为82万件。1980年，企业荣获省政府颁发的"大庆式企业"称号。"光明"牌泥龙头被评为省优质产品。1982年，"碧玉"牌青瓷被评为省优质产品。1985年，"碧玉"牌青瓷系列花瓶台灯荣获"轻工业部优质产品"称号。1987年7月，24件青瓷被选为中南海紫光阁陈设品。1987年6月，更名为宜兴青瓷厂。是年，共有职工1167名，年产普瓷1428万件，青瓷183.31万件、33万打。

10.宜兴建筑陶瓷厂

位于宜兴丁蜀镇，隶属宜兴陶瓷公司，是江苏省内较早生产建筑陶瓷的全民制企业。前身为1956年在新陶陶器厂基础上组建的公私合营新陶陶器厂，主要生产粗陶和琉璃瓦等。1959年更名为宜兴建筑陶瓷一厂。1966年易名为宜兴建筑陶瓷厂。1967～1969年琉璃瓦生产中断。1972～1978年，经三次投资进行技术改造后，产量不断提高。1980年以后，发展建筑陶，压缩日用陶。1987年，生产建筑陶瓷261万件、日用陶器18.33万件，荣获国家"二级企业"称号。

11.江阴面砖厂

位于江阴申港镇，成立于1974年，为镇办集体企业。主要生产白色陶质釉面砖和各种色釉砖，产品销往江苏、上海等地，并少量出口美国和东南亚各国。1987年，生产釉面砖41.3万平方米，产品荣获全国同行业质量评比优秀奖。

12.无锡县花纸厂

位于无锡市西郊惠山脚下，1956年11月建厂，是轻工业部陶瓷花纸的定点生产厂。建厂初期为景德镇加工陶瓷贴花纸。1958年因景德镇陶瓷贴花纸自给自足后转产金属、木器等贴花纸。1972年，与江苏省陶瓷研究所合作恢复陶瓷花纸生产。至1973年共有11种画面的陶瓷花纸投入批量生产。1975年形成年产100万张花纸的生产能力。1982年，产量为272万张，花面300多种，用户遍及国内16个省市50多家企业。

13.苏州日用陶瓷厂

位于苏州市横塘镇，隶属于苏州市轻工业局。建于1958年，原名苏州美术陶瓷厂，以生产小动物等美术瓷为主。1958年底，由江苏省轻工业厅投资30万元，改造生产日用陶瓷。1959年秋更名为苏州日用陶瓷厂。1964年，细瓷开始出口。20世纪70～80年代初，年产量达到550万件，出口合格率达到71%，成为江苏省出口瓷器的主要厂家之一。主要品种有咖啡杯碟、成套餐具、茶具及工艺美术瓷。其中"雪梅"牌单杯碟、"虎丘"牌砂滤棒荣获1985年"江苏省优质产品"称号，青玉堆塑艺术瓷荣获1983年江苏省工艺美术百花奖。1987年，年产日用陶瓷1250万件，其中出口557万件。

14.宜兴丁山耐火器材厂

位于宜兴丁蜀镇，建于1958年，由丁山龙陶厂、协建耐火厂、荣建耐火厂等5家小厂合并而成，隶属宜兴陶瓷公司。建厂初期，主要生产黏土质普通耐火砖，年产量4288t。1965年，开发成功高铝、刚玉、碳化硅4种材质30多个品种的耐火制品。1971年，产品采用冶金部部颁标准。1978年建立厂办研究所，年产量1.39万吨。1981～1983年，堇青石窑具耐火材料和炼焦用缸砖通过省级鉴定。1984年，耐火材料制品出口阿曼，同年，与轻工业部玻璃搪瓷研究所联合研制成功高温莫来石质绝热砖和再烧结电熔AZS耐火制品，1986年、1987年，产品分别替代美国、日本进口产品，1987年年产量达到2.2万吨。产品销往全国各地。

第四节 上海地区的陶瓷

上海市毗邻浙江和江苏两省，是中国最大的工商业城市、金融中心、港口，国际化都会。上海与陶瓷的维系着重于三方面：制造陶瓷、使用陶瓷、展览（商贸）陶瓷。

中国现代陶瓷砖生产始于20世纪20年代的上海，由上海泰山砖瓦有限公司最早生产的"泰山"牌外墙砖用于上海国际饭店、锦江饭店、上海大厦等处，还出口海外。上海又是最早进口使用现代工业生产陶瓷制品的城市，如同济大学早期建筑使用的瓷砖很多是从国外进口的。

20世纪末，国家改革开放政策与广阔的国内陶瓷消费市场造就了一个以上海为中心的华东现代建筑卫生陶瓷产业集群，包括了当地的斯米克、亚细亚等企业，昆山的冠军、合成、罗马等企业，杭州的诺贝尔企业。华东集群相对于国内其他集群的特点是不追求太大的规模和数量而重质量，布局不太集中而分散，价值取向高起点、高定位、高标准、高品牌、高品位。集群的总年产量在1亿～2亿平方米，但对产品开发和市场影响力很大。

上海是大都市，每年消费的陶瓷产品数量很大，加上从上海港出口，形成华东的陶瓷大市场。相当长时间以来，上海人只用华东各产区的产品，其他产区的产品较难进来。21世纪初开始改变，一因本土产品进展缓慢，二因外埠产品的竞争。

上海还是中国陶瓷展览会三大举办地点之一（另两地是广州、北京）。

第十六章 浙江产区的陶瓷

浙江省位于中国东南沿海，太湖以南，东海之滨。春秋时为越国地，战国时为楚国地，秦时属会稽及闽中等郡，唐分置浙江东西二道，宋置浙东浙西两路，清始称浙江省。境内丘陵、低山、江河广布，地势自西南向东北倾斜。造就了浙江先民7000年前始有陶器，3000年前始有原始瓷，2000年前有瓷器，有"世界瓷器始中国，中国瓷器始会稽"之说。唐代的越窑、瓯窑、婺窑、德清窑，宋代的龙泉哥窑、弟窑、官窑，闻名古今。浙江青瓷享誉中外。

第一节 浙江日用陶器

约在7000年前，浙江余姚河姆渡和嘉兴马家浜、桐乡罗家角等地的制陶术已相当发达，以后，又出现了湖州邱城、余杭吴家埠等崧泽文化和余杭良渚、嘉兴雀幕桥等良渚文化的陶器。后经夏、商、周、秦代的印纹硬陶、原始瓷，到东汉时发明瓷器，陶器生产一直延续至今。

1749年（清乾隆十四年），安吉县北乡月山"曾有宁波人从事窑业者百余家，生产缸甓，货畅利厚"。1774年（清乾隆三十九年），武康县二都出缸，大小不一，用以盛酒、酱，远近闻名。武康、长兴等县有烧制陶缸、酒坛的陶窑，大宗酒坛为酒商购用。乾隆年间，奉化大桥西圃村村民建窑制陶，年产大缸600只以及众多的日用小陶件。后制陶业发展，西圃、畸山成为该县两个主要陶器产地。1859年（清咸丰九年），象山县已有缸窑11处，其中昌国的通益厂规模最大，盈时有陶工100余人，草房160间，岁利10万金，产品销售县内外。

1917年，诸暨县有缸业3家，年产酒坛2.2万只、缸1.61万只、茶瓶0.68万只。1922年，鄞县横溪烧制陶器50万件。1926年，奉化畸山、西圃陶业兴旺，有两大集散地。1931年，诸暨安平乡缸业每年运销于绍兴不下十余万金。1933年，诸暨全县有缸坛窑21座，窑工2000余人，年产酒坛约17万只，大部分销往绍兴；长兴有陶窑4座，年产缸10万只，长兴缸窑村烧制的陶缸，在普桥港码头装筏沿合溪运销杭州、湖州、嘉兴、苏州、常州、绍兴和上海等地，村民以开采陶土、制陶器、烧陶窑和筏运缸为主要生计；武康有陶窑2座，产砂缸。1936年，奉化有陶业作坊276个，从业人员420人，产陶器134万件，产品销往新昌、慈溪和舟山等地；镇海县穿山陶瓷厂烧制酒坛等陶器。1937年，平阳县凤巢陶器公司建立。1941年，平阳县村民集资900股计资金4300银元，创办缸窑陶器合作社，有社员72人，年产陶器5万只。1946年，该合作社烧制耐酸坛销往上海、南京等地。当年，陶业公司、合作社开始衰落，到1948年时解体为个人作坊。

一、绍兴陶器

1949年，绍兴地区仅存诸暨应家山、天罗车和嵊县等3座龙窑烧陶。1950年，嵊县复兴窑厂9名职工率先恢复生产。1951年，诸暨应家山等7座窑厂先后复产。1953年诸暨安平农业生产合作社建窑。1956年2月，诸暨以安平私营陶业为基础建立诸暨白门陶业生产合作社，有社员231人；1957年3月，该社派10名窑工去宜兴学习建窑、制坯、上釉等生产技艺，学艺回厂当年建成全省第一座煤烧陶器窑。随后，绍兴县陶瓷厂（漓渚，二轻集体），地方国营绍兴坛厂（湖塘，粮食局主管），绍兴县陶器厂（亭山，县工交局主管），绍兴日用陶瓷厂（亭山，手工业科组建），富盛陶业生产合作社相继建成投产。1958年4月，诸暨白门陶业生产合作社转为国营诸暨陶器厂，扩大规模，职工增至469人。1961年，诸暨陶器厂改名国营诸暨陶器一厂，增加投资，建龙窑，置练泥机、粉碎机、柴油机等设备。是年，诸暨安平陶器厂转为国营诸暨陶器二厂。是年，绍兴地区生产酒坛46.7万只。1962年，烧坛龙窑由25座减到11座，职工人数也大为减少。1963年，产量、产值又开始回升。1965年，全区生产酒坛26万只。

1978年，诸暨县乡镇及联户办陶业窑厂兴起，产量猛增。1988年，诸暨有陶窑42座，年可烧酒坛约431万只，耗松柴3.13万吨、陶土8.4万吨、原煤5443吨，占用和耗用耕地600亩以上。

1989年底，绍兴市有酒坛专业生产陶器厂42家，龙窑48座，年生产一级品25千克装酒坛（称绍坛）179万只，5～10千克装小酒坛5万只，二、三级品坛及圆口坛（俗称腐乳坛）、榨菜坛等261万只，职工2049人，固定资产净值276.4万元，机械设备198台（套），年提供出口优质包装坛100多万只。产品除供应本市外，还远销天津、广西、湖南、湖北、江西、江苏及省内杭州、嘉兴、萧山、慈溪等地。

二、金华陶器

1951年，武义县14家个体制陶户组成了大华陶器合营厂，主要烧制缸、坛、钵等粗陶器；1956年，大华陶器合营厂更名为武义陶器厂；1957年，陶器合作社并入，新建100米龙窑，生产能力增加到年产35万件；1969年，年产达到48万件，并调整产品结构，增加了玻璃钢瓦、彩色地砖等产品；1986年，设制坯、供料、窑炉、玻璃纤维、花砖共5个车间，陶器等产品的生产得到了恢复与发展。

1954年，汤溪县建立了汤溪县陶器合作社；1958年，陶器合作社转为地方国营汤溪县陶器厂；1960年，汤溪县陶器厂并入金华陶瓷厂；1962年10月，改为金华古方陶器合作社；1964年，改为金华县联社陶器合作工厂，进行技术革新，创建机械化生产，发展彩陶新品种；1970年，恢复陶器生产。1973年，金华陶器厂试制婺窑艺术装饰特色彩陶，使用化妆土开发具有民族风格的彩陶产品，市场试销，反映较好。1975年4月，轻工业部和省第二轻工业局投资47.5万元进行技术改造，使设计能力提高到年产美术陶器45万件，并新建多孔窑和淘漂、成形车间，开发彩陶产品；1982年，开发和生产彩陶和稀土彩陶产品；1986年起，国家经委、轻工业部连续数年下达"陶瓷稀土工艺台灯、加饭酒陶罐"的生产科研项目，该厂如期完成工艺彩陶任务。

1954年，兰溪陈茂隆、晋兴协等4家陶瓷商号和徐晋泰绥记陶厂合并建成兰溪建华陶瓷合营处，同年筹建建华陶瓷厂。1957年，兰溪女埠镇陶厂、伍家圩陶厂为建华陶瓷合营处的制陶分厂。1958年1月，制陶分厂单独建立兰溪陶厂，生产日用陶器和美术陶器。

1950年前后，义乌县义亭区缸窑、何店、杭畴3个村有陶窑34处，主要产品有缸、钵等。1951年，该县的失业陶工集资建立了工联、工友、工群、友联等窑厂，烧制陶器。1956年10月，义乌县协和、裕民、利民、益民4家窑厂合并，建立公私合营义乌陶器厂。1958年10月，义乌陶器生产合作工厂等3家并入该厂，转为地方国营义乌陶器厂。1970年，义乌陶器厂建成全省第一条68米隧道窑投产，进出窑均实现了机械化，产品有缸、瓮、罐、钵、坛。1985年，开发新产品，增加工艺美术陶，彩釉砖获省轻工业厅优秀"四新"产品奖。1990年，调整产品结构，开发仿古琉璃瓦，产品新颖，求购者络绎不绝。

三、湖州陶器

1950年后，安吉县皈山、南北湖的陶窑生产日用陶器。1966年后，安吉县皈山、南北湖办起了陶瓷厂。1985年，皈山陶瓷厂停止了陶器生产而改产釉面砖。

1951年6月，建立大众制缸厂。1952年，改为地方国营长兴光耀陶器厂，这是湖州市办起的第一个国营陶器厂，生产酒坛、缸、鬶等产品，销往浙南、江苏、上海等地。1959年，长兴县雉城新建地方国营长兴清明山陶器厂（后改名为长兴陶器厂），次年投产，为湖州市第二家国营陶器厂。1959年，德清陶瓷厂建立，生产缸、坛、砂锅、陶碗等日用陶器；1980年，停止生产日用陶器而改产建筑陶器。

1990年，湖州市除国营陶器厂外，还有10家乡村陶器厂，主要生产日用陶器，其中长兴槐坎陶器厂规模较大，年生产酒坛、鬶65万只。

四、宁波陶器

1955年，奉化个体制陶户组成了锦屏、畸山两家陶器合作社。1956年，奉化戴兴记陶器厂转为公私合营厂；1958年，戴兴记陶器厂与锦屏陶器社合并，组建为地方国营奉化陶器厂（后改为奉化第一陶器厂）；畸山陶器社改为地方国营奉化畸山陶器厂（后改为奉化第二陶器厂）。是年，这两个陶器厂生产日用陶器124.45万件，成为宁波市日用陶器的骨干企业。1959年，镇海县穿山建立砖瓦陶器厂；1978年，改名为镇海砖陶厂；1982年，陶器生产停止。1976年，奉化第一、第二陶器厂进行技术改造，增添机械设备，结束了练泥靠脚踏、牛踩生产陶器的历史。1980年，奉化制陶企业增加到8家，大缸产品销售到上海、天津等地。1987年后，奉化两家陶器厂的日用陶器产量日益减少，建筑陶器和紫砂产品的产量增加。

五、紫砂陶器

自北宋江苏宜兴出现紫砂器，经明清两代的发展，宜兴紫砂器独步于天下。1949年以后，浙江的长兴和嵊县等地也开发出紫砂陶器。

长兴与宜兴接壤，山水相连，地下紫砂矿泥同出一脉。1973年后，长兴、嵊县、奉化等厂相继建造占地少、投资省的多孔窑烧制紫砂陶器。1982年，嵊县紫砂厂袁恩等改革多孔窑，解决了紫砂产品剥裂和发黄的问题。此后，浙江各紫砂厂相继建设隧道窑，坯装在匣钵内、以1200℃高温烧成，色泽纯正，光润温雅，成品率高。

浙江紫砂陶器品种有茶壶，配套茶具、酒具、咖啡具、餐具、文具及花盆、雕塑件、装饰工艺品等几十类品种，2000余种规格。产品造型风格既借鉴了宜兴紫砂陶器的传统风格，又融入了浙江古今陶瓷艺术的韵味。

硫酸坛等产品是诸暨、绍兴、奉化、兰溪和缙云等县陶器厂生产的特种陶器产品。1958年，诸暨陶器一厂试制成功陶器硫酸坛和硫酸塔。1960～1962年，缙云陶瓷厂和奉化第一陶器厂分别生产耐酸坛、硫酸坛、纯碱坛。1970年，诸暨枫桥乐山竹器社改产耐酸陶容器；1972年派人到江西、广东学习烧制硫酸坛的技术，易名为诸暨硫酸坛厂；翌年生产硫酸坛近8万只，质量提高，供不应求；1979年生产的硫酸坛16万余只，创历史最高纪录。1984年，兰溪陶厂生产耐酸坛，产品除供应省内外，还远销上海、苏州、常州、无锡、安徽、河南等地。20世纪80年代以后，体积轻巧而不易破损的特种塑料容器兴起，使得硫酸坛产量逐年下降，后终于被淘汰。

第二节　浙江诸名窑

越窑、东瓯窑、婺州窑、德清窑等是浙江历史上有名的各具特色的窑系。

一、越窑及越窑青瓷

越窑主要窑场在余姚、慈溪、上虞一带，唐代通常以所在州命名瓷窑，故名越州窑，简称越窑。越窑青瓷是全国最早出现的瓷器，迄今约有1900多年的历史。越窑青瓷器具有很高的实用、艺术、欣赏价值，但宋代中期后停产失传近千年。

越窑瓷器生产创自东汉中晚期，盛于唐、五代，衰落于北宋末年，生产时间长达近千年。越窑青瓷在东汉及至隋唐已由陶瓷之路输出海外，遗物遍及世界各地，制瓷技术对各国陶瓷业的发展具有深远影响。1981年，上虞陶瓷厂恢复了越窑青瓷生产，产品销售国内外。

1981年，浙江省轻工业厅下达了《仿越窑青瓷研究》的项目，由上虞陶瓷厂（朱尧臣副厂长）承担试制任务。1983年10月，该项目通过省级技术鉴定，产品除内销外，还销往日本、欧美、东南亚诸国和香港等地，曾多次参加世界博览会。另外，绍兴瓷厂也对越窑青瓷进行了仿制，如把仿制东晋的羽觞作为了一年一度兰亭书会"曲水流觞"的专用酒具，且出口日本。

到1995年止，已仿制出从汉代到宋代各个历史时期的越窑青瓷代表作品有四系罐、鸡头壶、羊尊、蛙盂、辟邪、羽觞、羊形插座、扁壶、熊足砚、龟水注、龙柄凤头壶、香熏、鼎式炉、虎子、虎枕、碗、盘、盏等50多个品种。蛙形水盂的蛙头昂首，四肢似在水中游，形象逼真。鸡头壶的头与把手相对，实用美观。插烛照明狮形烛台的威武之态，含有"辟邪"之意。跪地仰视的青瓷羊象征"吉祥如意"。羽觞是饮酒之器。青瓷羊、狮形烛台已被编入《中国陶瓷》（画册）丛书《越窑》分册。同时，还创制出了花钵、九连盘餐具等现代产品。

二、瓯婺诸窑

1. 东瓯窑系

东瓯窑在今浙江温州地区（古称东瓯），东瓯窑简称为瓯窑。瓯窑青瓷创于东汉晚期，成熟于两晋，唐、五代和北宋有所发展，南宋至元初衰落，前后延续约1300年。

已查明历代瓯窑窑址有200余处，分布在永嘉、瑞安、苍南、乐清、泰顺、文成和瓯海等地。其中以东汉永嘉箬㘰窑址、东晋永嘉夏甓山窑址、南朝瓯海山窑底角窑址、唐五代苍南盛陶窑群、宋代乐清县呑碗窑山窑、南宋温州鹿城乌岩庙窑最具代表性。

东汉永嘉箬㘰窑址主要生产青瓷，胎质白中泛灰，致密坚硬，釉色呈青灰和青黄两种。1958年，文物调查时发现此窑；1985年，文物普查时核实烧造时间为东汉。

东晋永嘉夏甓山窑址主要产品的釉色以淡青为主，釉层匀净透明，世称"缥瓷"。褐彩使用普遍，约占标本总数的30%强，为瓯窑重要窑址之一。1958年，文物调查时发现；1985年，文物普查核实，为研究东晋"缥瓷"提供了实物依据。

南朝瓯海山窑底角窑址位于三樟㘰村。发现于1984年，产品胎厚致密，多施淡青釉，均匀滋润。器壁刻画莲瓣纹，器盖刻画荷叶纹，采用明火叠烧。为瓯窑系已发现的唯一南朝窑址。

唐五代苍南盛陶窑群主要产品以素面为主，胎质坚细，釉色有淡青釉和酱褐釉。永嘉县启灶山窑址位于罗溪启灶坟山南麓，产品胎骨细密，釉色淡青或青中泛绿为主，釉面有开片。五代、北宋温州西山、杨府山窑，以青瓷为主，兼烧黑釉瓷。

宋代乐清县呑碗窑山窑的产品釉色以青白为主，薄而匀净，细腻致密。普潘岭山窑以褐彩青釉为主，釉层薄而透明，胎釉结合紧密，褐彩使用广泛，装饰题材、形式与风格新颖独特。

南宋温州鹿城乌岩庙窑属西山窑址群，器物施以粉青或青中泛绿色釉。产品以青瓷为主，胎质粗疏，釉层薄而失透，少数产品制作精致，造型小巧。

瓯窑瓷器以内销为主，在唐、五代时开始外销。宋元时温州、乐清、瑞安、苍南、文成等县均有外销瓷器的窑，外销产品以碗、盘为主。碗多敞口弧壁、下腹较肥胖，内底弧鼓而大于外足径，器底特厚。元代外销瓷器比宋代增加。元朝窑址在永嘉县桥头附近，产品有碗、盘、罐、炉、盂、盏、水注、器盖及高足杯等，以碗、盘为主，这些窑场是适应外销而兴建的。

2. 婺州窑系

婺州窑在今浙江金华、衢州地区。秦汉时属会稽郡，东吴时归东阳郡。621年（唐武德四年）置婺州。686年（唐垂拱二年）婺、衢各设州治。唐代通常以所在州命名瓷窑，故名为"婺州窑"，简称"婺窑"。

婺州窑创建于东汉晚期，盛于唐宋，衰于元末明初，置窑历史约1300年，最早记载见于唐代，主要窑场在东阳、金华、武义、义乌、永康、兰溪、浦江、龙游、衢县、江山、常山等县。20世纪50年代以来，文物管理部门对婺州窑各遗址进行多次调查，发现古窑址有600余处，形成了一个较大规模的婺州瓷窑群。

以前认为越窑和瓯窑仅仅是浙江东汉晚期生产瓷器较早的窑系。近年来，通过文物普查，在龙游、金华、兰溪、东阳、义乌等地发现的东汉以后窑址的瓷器生产规模均较大。同时，在龙游、武义、永康、东阳、金华、兰溪等地古墓出土大批东汉以后的瓷器系婺州窑产品。六朝时期是婺州窑业处于承前启后的阶段，著名的窑址有三国武义县芦北乡管湖窑、东晋金华塘雅乡五铢堂窑等，并从金华、武义、衢州、龙游、义乌等地六朝墓中出土大批的青瓷器。隋唐时，龙游方坦窑、衢县上叶窑开始烧造乳浊釉瓷。唐宋时期为婺州窑的鼎盛时期，在金华、衢州地区所属各县均有窑址群体发现。元代时婺州窑的品种、质量均较以前有所提高，日用用瓷应用极为普遍，还成为对外贸易的大宗商品。明代时婺州窑走向衰落。

婺州窑创制成功的乳浊釉瓷是对中国陶瓷业发展的贡献，但乳浊釉瓷的发展和提高相当缓慢。河南钧窑生产乳浊釉瓷的时代虽较迟，但无论是在器物造型设计，还是釉料配制等工艺技术方面均超过婺州窑乳浊釉瓷器，而婺州窑乳浊釉瓷的生产则自生自灭，直到20世纪80年代才被浙江省的考古界和陶瓷界所发现。

自三国以来，婺州窑的制瓷工艺不断改进和提高，产品销至江苏、福建等地，唐宋时婺州窑场分布在东阳、金华、兰溪、武义、永康、江山等县而成为浙江青瓷的主要产地之一，青瓷特别销往江南沿海一带、乃至全国，有些产品还出口国外。

三、台州窑系

台州先秦时为瓯越地。公元前85年（西汉始元二年）改东瓯乡置回浦县。619年（唐武德二年）置台州至今。台州青瓷窑址的历史记载甚缺。1949年以后，经过10多年的文物普查和复查，发现古窑址70多处，产品造型、釉色、装饰等工艺独具一格，形成台州窑系，成为独立于其他窑系之外的浙江名窑之一。

台州窑青瓷创于东汉晚期，盛于唐和五代，衰于南宋。东汉晚期后，灵江畔临海溪口乡岙里坑、鲶鱼坑口和路桥桐屿茅草山早期的台州窑烧制青瓷，完全脱离了原始青瓷。胎坯以瓷土为原料，高温焙烧，吸水率低，胎骨坚硬呈灰白色，击之声铿锵；胎釉结合紧密，釉面平整均匀，达到现代瓷化的水平。

1956年黄岩秀岭水库发掘的汉建初六年纪年墓和1990年发掘的临海黄土岭东汉大墓出土的五管瓶、双耳罐、碗、钵、洗、盂等，为早期台州窑的青瓷。

三国、两晋、南北朝时，台州窑烧制青瓷技术趋于成熟，瓷业繁荣，造型技巧和釉色工艺有突破性进展。唐、五代、北宋时期，台州窑的青瓷生产在数量、质量、品种上达到顶峰。五代、北宋时期是台州窑的昌盛时期，窑址分布在天台、仙居、三门、临海、黄岩、温岭等地，以临海许市窑镂孔装饰最为著名，黄岩沙埠窑群刻画花纹繁多闻名于世，仙居后墩头、埠头和温岭南窑山窑址生产明器，褐彩绘画有浓郁的民俗气息，独具风格。南宋以后趋于衰落。

台州窑陶瓷产品除供应当地外，还通过海运大量销售海内外。三国东吴遣将率军从章安浮海至夷洲（现我国台湾）及宣洲（日本）时，第一次把台州窑青瓷产品带到我国台湾和日本。据传，唐代高僧鉴真和尚第四次东渡日本时曾带去大量台州窑青瓷器。南宋时，许多日人随僧道元至天台山、明州等地求法时把陶瓷烧造技术带回日本。1988年，在三门湾海底打捞上来的200多件青瓷（属外销瓷）均是宋元时期台州窑海外贸易的佐证。

唐宋时期，台州窑的制瓷工艺有三方面的突破：一是釉色突破，除黄鳝青和黄鳝黄两色外，主要是翠青和叶青，釉汁细腻滋润，似冰如玉。同时增加了酱色釉、褐色釉、乳浊釉、紫青色百圾碎等新品种。二是花纹装饰，刻画花的数量、质量、工艺水平明显提高，超过了以前任何一个时期。三是产品有较大变化，除人们日常生活用瓷外，大量生产明器（冥器）和供器。

20世纪70年代，菲律宾Babuzahcc Biahc群岛出土晚唐至北宋青瓷碟，怡吉戈省出土晚唐至北宋青瓷壶，苏洛出土晚唐至北宋青瓷碗等。以上5件青瓷标本由菲律宾友人赠送给南京博物院珍藏，其中3件刻画花碗是台州窑产品（黄岩沙埠，晚唐至北宋）。

1994年，国际文化考察团到台州古陶瓷文化考察时，日本大宰府文化委员会田中克子博士带来了从日本京都市御室仁和寺丹堂遗址出土的青瓷粉盒、宁治市净沙寺遗址出土的青瓷执壶、京都市七条唐桥西寺遗址出土的青瓷灯盏、京都市上京区北野虎出土的青瓷碗等4件实物照片，经学术交流与台州窑产品实物对照比较，中日双方学者一致确认这4件青瓷为晚唐至北宋黄岩沙埠窑的产品，从此，找到了他们在中国的产地。

四、德清窑系

德清位于杭嘉湖平原西端，三国时属吴兴郡。742年（唐天宝元年）始名德清，沿用至今。德清窑生产黑釉瓷、青瓷，始于东汉晚期，盛于东晋南北朝，衰微于隋唐时期。德清窑是历史名窑，但生产历史未见文献记载。浙江各地瓷窑以州定名始于唐代，德清窑在隋唐间衰落，不见于文献记载也不是偶然。

1956年5月，德清县初级中学在城东焦山建造校舍时，发现堆积层很厚的瓷片和窑具，经浙江省文物管理委员会（下称省文管会）调查确定是古窑遗址，并在县城周围焦山、城山和小马山发现晋代青瓷、黑釉瓷兼烧窑址，后又在丁山发现遗址。这次德清窑黑釉瓷的发现引起了中外学术界的极大兴趣，评价很高。

1974年，余杭县大陆果园与馒头山又发现德清窑系窑址两处，产品种类、风格、年代与德清县城周围窑址相同，突破了德清窑局限于德清县城周围的说法。之后，在上虞县和鄞县等地相继发现汉代越窑生产青瓷、黑釉瓷窑址，推翻了德清窑最早生产黑釉瓷的定论。

1983年，德清县博物馆通过文物普查证明，德清窑自东汉创建直到唐代，瓷业生产延续不断，是浙江北部自成体系、历史悠久的重要瓷窑。

德清窑从东汉晚期开始，隋唐间结束，约500余年，由于黑釉瓷深受人们的喜爱，产品运销浙江、江苏、四川等地，甚至输送到国外。

德清窑的鼎盛时期，瓷业中心东移到今德清县城，同时向南扩展到今余杭市。此期的德清窑兼烧青瓷和黑釉瓷，以生产黑釉瓷为主。德清窑的黑釉瓷器上曾经出现珍贵的铁结晶釉，被称为"栉目釉"。

德清窑的品种有碗、碟、盘、钵、耳杯、盘口壶、鸡头壶、香炉、盆、罐、唾壶、虎子、灯和盏托等，造型简朴，注重实用。盒、筒形罐、盘口壶和鸡头壶等，都配制器盖，盖口密合，更适合于盛放食物；碗底大、腹深、口部微敛，比之西晋时越窑、瓯窑的口大、腹浅、底小的碗，容量增加，放置平稳；用于饮茶的盏，则配备浅盘形盏托，在当时是一种新型茶具。

第三节 龙泉青瓷

龙泉位于浙江省西南隅瓯江上游，地方偏僻，山岭连绵，溪流纵横，瓷土资源丰富，森林茂盛，烧瓷所需原料和燃料充足。古代劳动人民利用龙泉等地丰富的自然资源，烧制出闻名中外的龙泉青瓷。龙泉窑开创于西晋，盛于宋元，衰微于清代。1958年以后，龙泉青瓷得到了恢复与发展。龙泉青瓷在中国陶瓷史上占有重要的地位。

东汉中晚期，浙江上虞越窑由原始瓷烧制成功瓷器，三国、晋代后，浙江瓷业蓬勃发展。越窑形成庞大的瓷业体系，瓯窑、婺窑均有较大发展。龙泉、丽水等地受瓷业发展的影响，晋代开始烧制青瓷。

297年（西晋元康七年）纪年墓出土的盘口壶和碗，器形虽与越窑相同，但纹饰与越窑、婺窑不同。南朝时，丽水吕步坑杜山已建窑烧制青瓷。唐代时，龙泉县松源乡（今庆元县竹口镇）的竹口、黄坛窑等地已建窑烧制青瓷。五代时，龙泉窑烧制青瓷工艺尚未形成自己的艺术风格，制品一般多受越窑和瓯窑、婺窑的影响。

960～1127年（北宋）前期，龙泉窑出现越、瓯、婺3种不同风格的产品，工艺技巧不高，尚处在一定规模生产阶段，产量少，质量不及越窑和瓯窑。北宋中晚期时，龙泉窑淡青色瓷器已不见，代之生产青中带黄的瓷器。窑场显著增加，成形、烧成等制瓷工艺技术水平明显提高，器物式样较前丰富。北宋晚期时，龙泉窑的制品质量开始超过越窑，列为宋代五大名窑之一。1127～1279年（南宋）时，龙泉青瓷的生产进入鼎盛时期，形成规模很大的瓷业系统。生产地点有龙泉大窑、金村、溪口、梧桐口、安仁、安福、武溪等，遂昌湖山镇，云和县梓坊及泰顺、文成、永嘉3县，总计瓷窑达260余处，形成了规模庞大的瓷窑系统，其中大窑、金村两地的窑场最多、最密，质量最优。龙泉已成为南宋全国最大的陶瓷制造中心。

1280～1368年（元代）时，青瓷生产规模继续扩大，产品品种增多，器形增大，瓷窑迅速增加。庆元县的瓷窑增至10处，从龙泉东部到云和、丽水瓯江两岸、松溪上游、瓯江下游，新窑林立。永嘉县的蒋岙、朱涂，武义县境内均有烧制龙泉青瓷的窑场。此时龙泉瓷窑系统已发展到330多处，大窑村在龙泉窑系中的工艺造诣仍是最高和最著名的。元代后期，青瓷器胎骨逐渐转厚且较粗糙，多数瓷窑在坯体成形以后未经很好修整，釉层减薄，器物釉色青中泛黄，造型也不及以前优美。

1368～1644年（明代）时，龙泉青瓷在全国瓷业生产中还占相当比重。明初时，产品仍供奉皇宫、贵人之用。1436～1449年（明正统年间），龙泉出现规模巨大的顾氏窑场，尚能生产一些精品，烧制大型器物。1465～1505年（明成化、弘治年间），景德镇青花瓷兴起，龙泉窑迅速衰落，加之明朝实行海禁，青瓷外销量锐减，大窑村、金村等地停烧，大白岸至安仁口一带瓷窑改烧民间用瓷，造型、烧制都不如前，窑数减至160多处。

清代中叶，龙泉仅八都、瀑云埠头村和青溪孙坑村等地尚存70余座窑，产品胎质粗糙，釉色青中泛黄。大窑附近孙坑村范姓窑家传技艺烧制龙泉青瓷，延至民国初期。盛极几个朝代的龙泉青瓷趋于凋零。

清朝末至民国初，日本、德国、美国先后有人到龙泉搜罗古青瓷器，国内大批古董商纷纷而来，引发龙泉挖掘古窑址和盗掘古墓之风盛行，也激发一批民间艺人烧制仿古青瓷。1935年，宝溪乡乡长陈佐汉仿制白胎青瓷牡丹瓶、凤耳瓶等70余件，送往南京中央实业部，翌年蒋介石题一方"艺精陶仿"匾。抗战前夕，龙泉民间艺人张高乐、张高礼、龚庆芳兄弟、陈佐汉等数家作坊仿制宋代青瓷。抗战后期，龙泉瓷业手工业者以八都一带最多。1943年9月，陈佐汉发起成立了龙泉县八都区瓷业改进研究会，有38家窑业主入会，推选陈佐汉、毛仁等7人为常务委员，会址设在上垟鸿业行内，曾制定"瓷业计划"上报省建设厅，后复文谓此会作地方学术团体，直属县府管理。1944年8月统计，八都有瓷窑作坊34家，工人300余人，烧制瓷器多数为蓝花碗，少量仿制古龙泉窑青瓷器。1946年9月，瓷业改进研究会改名为"龙泉瓷业同业公会"。

1950年，龙泉青瓷恢复生产。陈佐汉仿制"云鹤盘"等3件仿古青瓷器，通过外交部门送往苏联，作为赠送斯大林70诞辰贺礼。此时，宝溪乡一带民间窑坊虽能仿制古龙泉青瓷，但人数不多，工艺落后，成品率低，釉色优劣不稳。1951年，龙泉县有窑场51座，其中私营窑41座、供销社窑1座、工农合营窑3座、其他6座，当年产量495万余件。1954年，县人民政府派赖自强、陈如初为公方代表，建立龙泉瓷业生产合作社，内设青瓷仿古小组。1955年，除部分私营瓷业窑场合并建立联营瓷厂外，其余均参加了瓷业生产合作社。

1956年6月，龙泉瓷业全行业实行社会主义改造，建立公私合营龙泉瓷厂。期间，老艺人李怀川照老法试制青瓷鬲式炉等。随后，张高文、张高岳、张照坤、龚庆平、李怀德等老艺人小规模仿制龙泉青瓷。10月间，轻工业部在北京召开全国第二次陶瓷专业会议，龙泉选派老艺人李怀川携带青瓷太白尊、双连环瓶、百圾梅瓶等5件样品参加评比，会上评选出全国18件美术陈列瓷器，有2件龙泉青瓷入选。专家鉴定认为龙泉青瓷"造型古朴，型仿得像，有宋瓷的作风，色彩均匀，釉亦熔化得好，但制作工艺不大细致"。会议期间，轻工业部领导专门向李怀川询问了龙泉青瓷的生产恢复情况。

1957年6月，公私合营龙泉瓷厂和其他窑场合并，改名为地方国营龙泉瓷器总厂，下设上垟、木岱、木岱口、半边月、八都共5家分厂，国家投资75万元，用于扩大生产规模。是年，龙泉仿古青瓷荣获浙江省人民委员会二等奖。1958年初，周恩来总理从外事部门获悉，有位援华专家回国前提出要一件"雪拉同"（龙泉青瓷器）而未能得到满足，立即指示轻工业部主持工作的党组书记、第一副部长宋乃德，要尽快恢复濒临绝迹的龙泉青瓷。宋乃德把恢复龙泉青瓷的任务交给在京开会的浙江省轻工业厅厅长翟翕武。同年，轻工业部在南京召开全国轻工业工作会议，浙江省轻工业厅轻工业生产技术处李田处长参会，会议期间，部长助理李人凤传达了周恩来总理关于恢复历史名窑龙泉青瓷的指示，轻工业部作出了"关于恢复历史名窑的决定"并成立了中国历史名窑恢复委员会。10月，翟翕武带领技术员叶宏明翻山越岭、跋山涉水，在闽浙两省交界处的宝溪村找到了龙泉青瓷艺人李怀德，经耐心交谈，说服了李怀德参与烧制龙泉青瓷器。

1959年1月，翟翕武邀请中国科学院上海硅酸盐研究所、轻工业部轻工业局和硅酸盐研究所、浙江省文物管理委员会、浙江美术学院等部门的教授、专家、学者召开座谈会，讨论恢复龙泉青瓷。期间，成立了中国历史名窑恢复委员会浙江分会，翟翕武为会长、周仁为副会长，同时还成立了浙江省龙泉青瓷恢复委员会。会议期间，省长周建人专程到会看望了周仁等科学家。中央美术学院、北京故宫博物院、北京钢铁学院、河北工学院、浙江大学、浙江省地质局等单位亦派人参与工作。5月，浙江省轻工业厅在温州召开全省陶瓷专业会议，翟翕武提出要大力发展龙泉青瓷，把古代优良传统风格同现代科学密切结合，从单纯仿古中解脱出来，为现实生活、为人民群众需要服务。会后，翟翕武与叶宏明（省轻工业厅）、邓白（浙江美术学院）、王秀芳（浙江大学）、牟永抗（浙江省文物管理委员会）等参加龙泉瓷厂召开的老艺人座谈会。邓白作了"为大力恢复和发展龙泉青瓷而努力"的讲话，提出要"继承传统风格"，不要"依样画葫芦"，要有"创新"精神。牟永抗介绍了龙泉青瓷的发展历史。翟翕武对龙泉窑的生产和发展规划作了说明，提出"一青（瓷）二白（瓷），青白结合，推陈出新，古为今用"的龙泉青瓷生产方针。为此，省轻工业厅拨款80万元，建立龙泉青瓷生产车间，兴建倒焰窑，选派人员去景德镇陶瓷学院学习。同年，北京正在建设"十大建筑"，浙江省龙泉瓷器总厂承接了为全国人大常委会宴会厅提供茶具、餐具、花瓶、花盘等日用瓷和装饰用瓷的任务。

1960年初，在浙江省龙泉青瓷恢复委员会的统一安排下，全面系统地开展了龙泉窑的考古发掘的科学测定，并对生产工艺、历史演变和恢复发展等工作进行了调研。期间，中国科学院华东分院周仁院长同李家治、郭演仪、张福康等科研人员数次去龙泉古窑址进行勘察，为恢复龙泉青瓷技术做出了贡献。1960年6月，叶宏明、李国桢、赖自强等完成了龙泉青瓷的胎釉配方、生产工艺、新产品开发研究和试制，烧制出了梅子青、粉青、豆青、月白等釉色的"北京人民大会堂用瓷"，达到宋代龙泉青瓷水平。这批青瓷器包括具有传统风格和时代特色的全套餐具和茶具、传统龙泉窑装饰瓷器，有新创作的青白结合、青瓷堆花、青瓷开光、动物雕塑等产品，还有历史上未曾有过的高1.50m、直径0.6m的青瓷大花瓶。这批科技成果分别荣获1979年浙江省科学大会科技成果一等奖和二等奖。2001年，又荣获国家科技进步二等奖。

1963年6月，浙江省轻工业厅和省科委在杭州联合召开了龙泉青瓷科学研究总结工作会议，会议由周建人省长主持。会议确定由省轻工业厅、省文管会、故宫博物院负责选编《龙泉青瓷》图录。1966年，《龙泉青瓷》图录由文物出版社出版。同时，省轻工业厅收集汇编了论文集《龙泉青瓷研究》，周建人题写了书名。1980年，对《龙泉青瓷研究》进行了重新审理、修订和编纂，又请沙孟海题写了书名，1989年12月，由文物出版社出版发行。

1985年，由轻工业部投资540万元在龙泉县龙渊镇环城西路新建的龙泉艺术瓷厂建成投产。1985年2月，撤销龙泉瓷器总厂，分为龙泉瓷厂，龙泉瓷器一、二、三厂和龙泉青瓷研究所,隶属龙泉县工业局管理,实行独立核算、自负盈亏。同年,建立龙泉青瓷经销公司。从1950年到1985年的30余年,浙江省轻工业厅及地方先后贷款、投资1600万元,对龙泉青瓷进行了技术改造,促进了龙泉青瓷的发展。

1990年后,龙泉瓷业经历了几年低谷徘徊,到1994年底,龙泉市瓷业共有国有瓷厂(龙泉瓷厂,龙泉艺术瓷厂和龙泉瓷器一厂、二厂、三厂),青瓷研究所,经销公司(后改为瓷器五厂)等7家,乡镇和集体企业32家,个体私营企业40家。龙泉市八都镇仿宋哥窑瓷厂以股份形式建制,生产经营规模逐渐扩大。龙泉市华兴青瓷有限公司集生产、经营、销售为一体,以产品入股形式,联合徐氏青瓷厂、艺锋瓷厂、精美瓷厂等14家私营企业入股,成为全市最大的青瓷股份制产销企业。

1995年,龙泉青瓷研究所以市场为导向,以科研促质量,开发新品种,重点开发了高级礼品瓷、工艺美术瓷、市场热销仿古双管瓶、九曲瓶、弦纹瓶和釉下彩白竹杯、松鹤杯、红梅杯等,深受国内外市场欢迎,产品70%以上销往国际市场。

2002年,叶宏明被中共中央组织部、宣传部,中华人民共和国人事部、科学技术部联合评选为"杰出专业技术人才";2003年,又荣获浙江省人民政府颁发的浙江省科学技术重大贡献奖。

2006年以后,龙泉县委提出龙泉中兴计划,使龙泉青瓷进一步获得发展。

一、龙泉青瓷窑场

(1)大窑古窑址 大窑在距龙泉县城南42.5km的琉华山下,明代前称琉田,与小梅镇、查田镇各距7.5km。1950年后,文物考古部门对龙泉窑系古窑遗址进行了深入调查。1961年,浙江省人民政府公布大窑青瓷古窑址为第一批省级重点文物保护单位。1988年,被国务院列为全国重点文物保护单位。

(2)金村古窑址 金村离大窑村250km,古窑址分布在金村、后坑、溪东等3个自然村和庆元县的上垟村等地。1960年,政府组织专家、教授和科研人员对金村窑址进行了全面调查,重点对大窑坪16号古窑址进行了发掘。

(3)源口青瓷古窑址 在龙泉城东双平乡源口村西北约3千米处,土名杉茂林。1980年,省文物考古所发掘了创建于宋、元代的青瓷生产的重要窑场。这是迄今龙泉考古发掘获得最完整资料的窑场。1989年,浙江省人民政府将该窑址定为省级文物保护单位。

二、哥窑和弟窑

从南宋龙泉窑址遗存的大量瓷片分析,当时龙泉青瓷有两种不同风格、原料又各具特色的哥窑青瓷和弟窑青瓷。

明代中期以来,论述龙泉窑时常以"哥窑"、"弟窑"称之。哥窑列入宋代名窑的最早记载见于1428年(明代宣德三年)的《宣德鼎彝谱》:"内库所藏柴、汝、官、哥、钧、定各窑器皿,款式典雅者,写图进呈。"1561年(明嘉靖四十年)印行的《浙江通志》记载:"龙泉小梅镇琉华山下即琉田,居民多以陶为业。相传旧有章生一、生二兄弟,二人未详何时人,主琉田窑,造青器,精美冠绝当世,兄曰哥窑,弟曰生二窑。"1566年(明嘉靖四十五年),郎瑛所著的《七修类稿续稿》说:"哥窑与龙泉窑皆出处州龙泉县,南宋时,有章生一、生二兄弟,各主一窑,生一所陶者为哥窑,以兄故也,生二所陶者为龙泉,以地名也。"明嘉靖后,很多古籍书对龙泉"哥窑"、"弟窑"青瓷和章氏兄弟均有记载。南宋杭州官窑和龙泉哥窑,证之实物,确有许多共同点,难分"官"、"哥"。哥窑之名早于南宋官窑,在北宋末年就有"汝、官、哥、钧、定"五大名窑之称。至今专烧哥窑的早期窑址尚未发现,但在龙泉大窑的新亭、杉树连山、亭后山、溪口瓦窑、骷髅湾、李家山等窑场,有白胎无纹片弟窑青瓷和黑胎有开片哥窑青瓷兼烧,溪口瓦窑以黑胎哥窑青瓷为主,其他窑以白胎弟窑青瓷为主。南宋哥窑青瓷生产数量不多,故无独立窑场。弟窑青瓷是以越窑及瓯窑的工艺技术,用当地白色高岭土为原料,精工细作制成薄胎厚釉青瓷器。哥窑是以婺窑工艺技术为基础,用当地紫金土为原料,施以化妆土,使青色纯化,创制釉面开片运用于装饰,发展成为纹片艺术瓷。

1944年,徐渊若在《哥窑与弟窑》一书中说:"陈佐汉曾见一哥窑器角上刻'绍兴三年文省祭器'。"哥窑青瓷早于金绍兴三年(1133年)以前已存在。哥窑和弟窑的艺术特色,自五代至北宋百余年历史的创造而形成,这是古代劳动人民的智慧结晶,经几代人集体创造的技术精华,绝不是某几个人所能独创。章生一、生二兄弟是其中名师巧匠,或是家庭作坊、联办手工业中有成就的窑业主。有人认为哥窑、弟窑的命名本身值得怀疑,从文献材料看是后人根据前人传闻演绎而来的。其实,哥窑、弟窑并不是独立窑系,而是龙泉窑系中的两个著名品种,命名仅是对两个名瓷的称呼。黑胎青瓷为哥窑青瓷,白胎青瓷为弟窑青瓷,简称为"哥窑"和"弟窑"。

1.哥窑青瓷和弟窑青瓷

龙泉哥窑青瓷具有两大特点。一个特点是胎骨多数似黑铁(通常叫"铁骨"),釉层饱满,釉面具有纹片,有大小开片,亦称文武片,有冰裂纹、蟹爪纹、牛毛纹、流水纹、鱼子纹和百圾碎等。纹片碎路或疏或密,纵横交错,不规则又在规则之中,通常称为"碎瓷"或"碎纹釉"。另一个特点是胎"紫口铁足",因骨灰黑,底脚露胎,胎足如铁,器物边缘薄釉处隐现紫色,与釉面的纹片相衬托,显得古色古香。黑胎青瓷造型规整,釉厚胎薄,清奇雅淡,古风朴朴,风韵别致,堪称瓷中珍品。

龙泉弟窑青瓷的特点是白胎厚釉,釉层丰润,釉色青碧,光泽柔和,晶莹滋润,可与翠玉媲美。釉面无纹片,釉色有粉青、梅子青、月白、豆青、蟹壳青、淡蓝、灰黄等不同色调,而以粉青、梅子青为最佳。粉青釉的色调是一种淡淡的湖绿色,由于釉层丰厚,外观显得青翠碧绿,釉面莹彻,似胜于翡翠。弟窑青瓷以棱线处微露白痕出筋和脚呈朱砂色,与青翠似美玉的釉面相衬托,增添无限美感。龙泉弟窑青瓷的造型端巧工整,优雅精致,秀丽挺拔,器形大方,磊落不俗,活泼多姿,使其与优美的青瓷釉互相辉映,相得益彰。弟窑青瓷花色品种较多,有餐具、茶具、文具、陈设用具。弟窑青瓷"青如玉、明如镜、声如磬",被誉为"青瓷之花"。

2. 龙泉哥窑与杭州官窑

南宋时为保证皇室、官僚和豪富阶层大量用瓷的需要，在龙泉大窑、溪口、瓦窑坪等派官监制哥窑青瓷，作为宫廷用瓷的补充。这类哥窑青瓷的品种、造型、釉色等与同期杭州官窑相似，但制瓷技法不同。南宋官窑沿用北宋官窑的制瓷传统，以高岭土和长石等为制瓷原料，配用杭州紫金土成瓷。而哥窑沿用龙泉制瓷传统，采用龙泉瓷石为原料，配用龙泉紫金土成瓷。二者内在成分实有差别，一是官窑和哥窑胎都含有较高的氧化铝，但官窑胎氧化硅含量较哥窑多，而氧化铝含量较哥窑少，官窑釉的氧化钾和氧化钠含量较少；二是哥窑产品多为黑胎、紫口铁足（在还原焰中烧成），官窑产品虽有黑胎或灰褐色胎，但也有红褐色，甚至是红色的胎，这是由胎的氧化亚铁和氧化铁含量的比例不同所致；三是官窑和哥窑原料不同、胎釉的热膨胀系数差值不同，官窑釉面纹片以冰裂纹等大纹片为主，而哥窑以小纹片为主，百圾碎是哥窑的主要特征之一；四是官窑釉色以粉青或月白色较多，而哥窑以蟹壳青居多，釉色较为灰暗；五是官窑在早期采用5颗、7颗或更多的窑钉托烧，哥窑较少用支钉形窑具，而采用垫饼托烧；六是官窑器物如香炉多为削足，而哥窑多为圆足。同时，哥窑还有民用产品，但这类产品厚胎薄釉，釉色灰暗，比官窑相差甚远。

三、青瓷产品

西晋至南朝开创时期，龙泉青瓷产品是灰胎青黄釉，造型简单，制作粗糙，质量不及同期其他窑产品。五代时期继承越窑传统风格，也受瓯窑、婺窑的影响，产品种类不多，胎骨较薄，花纹粗放，构图简洁，釉层薄、色淡、绿中泛黄。北宋早期的产品，淡青色釉，胎灰白，壁薄而坚硬，通体施淡青釉，釉层透明，表面光滑。

北宋中晚期时，龙泉窑的淡青釉瓷器转向青黄釉瓷器，龙泉窑业初具规模，常见的制品有碗、盘、钵、盆、罐、瓶和执壶等饮食器皿，造型稳重、古朴大方。南宋时龙泉青瓷已具独特风格，品种丰富，花纹少见，专以造型取胜，釉层透明晶莹，釉色青翠，日常生活用瓷应有尽有，并新增大量仿制古代铜器、玉器的琮式瓶、贯耳瓶、鬲式炉等，适应南宋皇室陈设用瓷的需要。就胎釉特征，白胎青瓷通称龙泉窑瓷器，占总产量的90%以上。瓷器胎质细洁坚密，白中泛青色。器形有碗、洗、盒、盅、碟、杯、瓶、炉、壶、渣斗、罐、盂、水注、笔筒、笔格、灯盏、鸟盏、塑像、棋子等。造型突破前期格局，创造活泼、柔和、明快、匀称的形式。釉色晶莹，釉层丰厚见长，尤其是粉青色釉层，色泽鲜艳滋润。黑胎青瓷一般和白胎瓷同窑兼烧，器形有碗、盘、杯、壶、盆、洗、瓶、觚、盂、盒、五管灯、豆形灯及各式香炉等。开片优雅，制作规整。元代青瓷器除继承南宋传统，还创制出高足杯、菱花盘、束颈碗、环耳瓶、凤尾尊、荷叶盖罐等新品种和大件产品，如1米高的花瓶和口径60厘米的瓷盘、42厘米口径的大碗，青瓷倾向大而厚重，烧瓷技术进一步提高。元代还继承了三国时期青瓷褐色点彩的方法，在碗、盘、杯、壶和器盖上装饰点点有规律的褐彩，也用褐色釉书写文字。龙泉大窑、岭脚、庆元竹口和丽水宝定等元代瓷窑碗、盘有八思巴文，说明龙泉窑在元代的瓷业中仍占有相当重要的地位。

明代时，龙泉青瓷品种逐步减少，装饰花口形状基本未见，造型也大不如前，胎骨逐渐转厚，胎面比较粗糙，釉层减薄，釉色青中泛黄，也偶有烧制印有"顾氏"铭文的大件器物。

1950～1995年，龙泉瓷器各厂和青瓷研究所充分利用当地得天独厚的天然瓷土原料，采用机械化和传统工艺相结合的生产方式，引进和吸收国内外先进烧成技术，使青瓷产品在造型、装饰、釉色、工艺诸方面均有较大创新，在花色品种上更是百花齐放、丰富多彩。到1995年，产品有陈设艺术瓷、仿古瓷、礼品瓷、旅游瓷、包装容器瓷、成套日用瓷、成套酒具、茶具和文具瓷及各式灯具装饰瓷等2000多个品种，其中哥窑青瓷艺术陈设瓷类200余种，弟窑青瓷人物、动物300余种，花瓶类200余种，花罐花盘100余种，壶类100余种，碗类100余种，杯、盅、碟100余种，成套餐具、茶具、酒具、咖啡具和文房用具等30余种，缸、坛、罐、锅、钵、筒、匙等杂件400余种。

1976～1995年，龙泉青瓷荣获国家、省（部）、国际博览会等的优秀产品的作品有220余件（套）。主要代表作品有：

1979年，获部优产品奖18件作品。邓白的《七号大双牡丹瓶》，叶宏明、李怀德的《凤鸣壶》，高建新的《坐岩观音》、《一号弥陀》、《三足熏炉》，李怀德的《大穿耳方口瓶》、《新龙虎瓶》、《特大开棠八角瓶》，杨永祥的《八仙像》，徐朝兴的《七线尊》、《特大牡丹瓶》、《阴花天球瓶》，夏候文的《大众瓶》，冯罗铮的《大梅瓶》，林调元的《四号梅花玉壶春瓶》，韩江渔的《四头双龙》茶具。李怀德、徐朝兴的哥窑51cm迎宾挂盘，产品典雅、端庄，纹片匀称，粉青釉色滋润，被誉为当代国宝。

1980年，毛松林、李怀德、徐朝兴等的龙泉窑1.3m《迎春大花瓶》，产品既保持传统艺术特色，又体现当今时代气息，工艺技术达到当代国内先进水平，获省优质产品奖和国家经委金龙奖，并送北京人民大会堂浙江厅陈列。1992年有2件产品由省人民政府选送日本静冈县作为浙江与静冈缔结友好关系十周年纪念品，陈列于日本静冈县博物馆。

1982年，韩江渔的《九头蝴蝶》茶具获全国陶瓷美术设计一等奖。

1982年，毛松林的45头《金鱼西》餐具获全国陶瓷美术设计一等奖，产品制作采用传统浮雕工艺，施以梅子青釉色，使之釉厚处葱翠碧绿，釉白处青中带白，微露白筋，盘面滋润夺目，被专家们誉为"艺术瓷日用化的代表之作"。

1986年，徐朝兴的龙泉窑33头云凤组合餐具获全国陶瓷美术设计一等奖，日用瓷总分第一，摆在桌上既是实用餐具，又似一朵朵美丽的青色荷花，造型新颖别致，为日用瓷艺术化开辟了一条新路。

1986年，毛正聪、叶宏明的哥窑61cm大挂盘获全国陶瓷美术设计评比一等奖，总分第一名，产品造型规整、古朴、庄重、典雅、大方，冰裂纹与水波纹混合装饰，内外纹片景象自然，釉色晶莹无瑕。后毛正聪又制作70cm牛纹哥窑大挂盘，创哥窑挂盘大件之最。毛正聪的哥窑30cm腾龙艺术挂盘，作品以冰裂纹、鱼子纹的自然纹片为题材，采用"象形开片"技术和手法，烧制组合成一条纹片细小而又活生生的飞腾蛟龙，富有艺术感和自然感，由省人民政府赠送邓小平收藏。

1992年6月，毛正聪、杨亚人（国务院办公厅）设计，卢伟孙制作的哥窑7寸艺术挂盘，造型以哥窑纹片瓷为基础，装饰紫光阁建筑图案和"中南海纪念"5个清晰富有纪念意义的字，被时任国务院秘书长的罗干审批定为国家赠送外宾的礼品瓷。

1994年，卢伟孙的《冬的思绪》获全国陶瓷工艺美术设计一等奖。作者寻求青、灰白的和谐统一，将不同的原料泥绞胎进行手拉坯成形，然后施以青白结合瓷釉，取得较为理想的艺术效果。这一作品从胎釉配方，加工成形，造型装饰都突破传统，是青瓷艺术发展的一种新的探索。

毛正聪、张守智（中央工艺美术学院）、郭春田（浙江省日用轻工业公司）、杨永祥等设计的紫光阁陈设瓷，有紫光盘、紫光瓶、朱雀瓶、武成尊、蒜式瓶、大小鲜花钵等8个品种51件，并有瓶、盘垫5件，被选入紫光阁陈列。夏候文的《哥弟生辉》——色胎绘画瓷盘，是用不同的胎料、釉料首创的色胎绘画艺术瓷盘。

龙泉青瓷新品包括青瓷釉下彩、薄胎青瓷、青瓷玲珑和哥窑象形开片瓷等。

（1）青瓷釉下彩 青瓷釉下彩是在半成品坯体上绘以彩色图案，然后施以青釉烧制而成。既保持了青瓷釉色传统风格，又具有釉下彩（不含铅、画面清晰、润泽、耐腐蚀、不褪色）的特点，其中黑、白、海蓝色料清晰，具有较好的装饰效果，适用于龙泉窑日用瓷和陈设瓷生产。十余年来，青瓷釉下彩茶杯销售量达1500余万件，产品盛销不衰。

（2）薄胎青瓷 1979年，开发成功碗、杯、盘、碟、茶具、酒具、工艺花瓶等30多个品种的薄胎青釉产品。经测定，薄胎青瓷与传统青瓷相比，减轻重量25%～35%，节省原料30%～40%，增加容量10%～20%，降低燃耗5%～8%，减少运输费用。以薄胎青瓷线条杯为例，杯体装饰线条浅浮雕，内施白釉，外浸青釉，烧成后透光度强，里面深浅的纹饰更显优雅美观。薄胎青瓷的试制成功，打破了龙泉青瓷笨重不能薄轻的观念。国内外市场普遍反映良好。

（3）青瓷玲珑 1973年春，龙泉青瓷研究所李怀德等人带领"青瓷玲珑"课题组，通过学习江西、广东玲珑镂空经验，从选矿开始研制玲珑瓷所需的胎料、釉料新配方，经两年的反复试制，试制成功并投入批量生产青瓷玲珑产品，当年参加广州出口贸易商品会，迎来大批客商争相订货。青瓷玲珑分日用瓷和艺术瓷两大类，日用瓷有餐具、茶具、酒具40多个品种，艺术瓷有各类花瓶、装饰物等。已成为龙泉青瓷外销出口的拳头产品。

（4）哥窑象形开片瓷 1973年，叶宏明、李怀德、曹鹤鸣和韩江渔合作研制哥窑象形开片瓷。经一年多的研究试验，烧制成功大小不一的各式象形开片艺术挂盘和花瓶等新品种，其纹片有冰裂纹、流水纹、鳝血纹等，其纹片形象或龙，或虎，或凤，呈现出各种图案，形成自然天成之美，具有独特的艺术魅力，使古老的龙泉青瓷产品达到新的高度。1978年，象形开片瓷10件艺术品由轻工业部访英代表团赠送英国国会。1981年，翟翕武副省长访问美国时把哥窑象形开片艺术瓷作为重点礼品赠送美国国会。

第四节　南宋官窑

宋代瓷窑有官窑与民窑之分。北宋和南宋宫廷所需瓷器由官办瓷窑生产，这种官办瓷窑简称为官窑。宋代官窑有北宋、南宋之别。北宋皇室在汴京建立官窑。宋室南渡，定都临安（今杭州），"袭旧京遗制"，建立修内司、郊坛下官窑（下称郊坛官窑），通称杭州南宋官窑。

南宋灭亡后，官窑被毁，技艺失传，约有100余件杭州南宋官窑青瓷散落在世界各地，传世珍品寥若晨星。20世纪60年代初，杭州开始探索仿制南宋官窑青瓷。1978年，在萧山瓷厂设南宋官窑研究所和生产车间。1985年，郊坛官窑遗址全面考古发掘。1988年6月，中国官窑研究会成立。1990年，杭州南宋官窑博物馆建成。

从宋到明、清的历代文献多有宋代官窑的记载。杭州南宋官窑的修内司、郊坛窑址的最早记载见于南宋顾文荐的《负暄杂录》和叶寘的《坦斋笔衡》，两书文字记载基本相同。据《负暄杂谈》说："宣政间，京师自置烧造，名曰官窑。中兴渡江，有邵成章提举后苑，号邵局。袭旧徽宗遗制（《坦斋笔衡》作'袭旧京遗制'），置窑于修内司，造青器，名内窑。澄泥为范，极其精致，油色莹澈，为世所珍。后郊下（《坦斋笔衡》作'郊坛下'）别立新窑，亦曰官窑。比旧窑（《坦斋笔衡》作'比之内窑'）大不侔矣。"据云，《负暄杂录》、《坦斋笔衡》两文均佚。陶宗仪在《辍耕录》卷29"窑器"条引录宋代叶寘《坦斋笔衡》有关修内司窑的记载。至于具体谈及南宋修内司官窑烧造地点，最早见于明代高濂《遵生八笺》一书："官窑品格，大率与哥窑相同。色取粉青为上，月白次之，油灰色，色之下也。纹取冰裂、鳝血为上，梅花片墨纹次之，细碎纹，纹之下也。""所谓官窑者，烧于修内司中，为官家造也。窑在杭之凤凰山下，其土紫，故呈色如铁。时云紫口铁足。"根据记载，宋代官窑有旧窑（北宋汴京官窑）、内窑（南宋修内司官窑）、新窑（南宋郊坛下官窑）。

南宋官窑的制品精良，被誉为中国历史名窑，也是中国最早的御窑之一。南宋灭亡后，官窑被毁，工匠失散，技艺失传，传世珍品稀少。明清时期，景德镇大量仿制南宋官窑青瓷器。明代仿官窑有葵瓣洗、贯耳瓶、穿带瓶、琮式瓶、弦纹壶等。清代历朝仿官作品很多，以雍正时仿官水平较高，品种较多。乾隆时仿官早期仿品与雍正时同。道光时仿官造型较笨重，釉质疏松。咸丰、同治、光绪时仿官器物，造型、釉色较清前期更为逊色。

20世纪以来，人们曾多次对杭州南宋官窑遗址进行踏勘寻找和考古研究。1913～1914年，有人在杭州乌龟山拾得官窑残片，流落到古董市场，引起国内外研究古陶瓷专家、学者的关注。1930年，到郊坛官窑遗址考察的学者甚多。前中央研究院周子竟等先后三次到杭州实地调查、试掘，并编写《发掘杭州南宋官窑报告书》。1937年，新安朱鸿达，曾将其采集的瓷片和窑具，编著出版《宾鸿堂藏器修内司官窑图解》一书，书中谈及修内司官窑的胎骨、釉色、纹片、式样等，并附照片26张，这是近代介绍南宋官窑的第一本研究专集，只是他将郊坛官窑误认为了修内司官窑。日本陶瓷学者如米内山庸夫等也作踏查，著有《南宋官窑的研究》一书。

1950年以后，在政府的支持下，对南宋官窑进行了全面系统的考古发掘、普查、恢复、研究等。

1985年10月～1986年1月间，中国社会科学院考古研究所、浙江省文物考古研究所、杭州市文物考古所联合组成南宋临安城考古队，对乌龟山麓南宋郊坛官窑遗址进行了大规模科学发掘。

1988年6月，中国官窑研究会在萧山成立，翟翕武为会长、叶宏明为常务副会长。国家旅游总局和浙江省及杭州市人民政府批准，联合拨款475万元，筹建杭州南宋官窑博物馆，馆址选在杭州乌龟山麓南宋郊坛官窑古窑址。1991年月11日，南宋官窑博物馆建成对外试开放。

一、南宋官窑遗址

1.修内司官窑

文献记载修内司官窑在杭州凤凰山下,但长期以来一直未找到窑址。有人认为,南宋官窑窑址只有乌龟山郊坛窑址1处,别无修内司窑址。也有人认为,修内司官窑的存在是历史事实。

1980年后,杭州凤凰山下陆续发现少量窑具和官窑瓷片标本。1995年后,《文汇报》、《钱江晚报》分别以"修内司官窑遗址在杭发现"与"杭州凤凰山下发现南宋官窑遗址"为题,报道浙江收藏者在万松岭与凤凰山下相交的山坳里,距南宋皇宫旧址约500米处,发现南宋修内司官窑遗址,出土窑具和瓷片,釉色有月白、天青、米黄等,釉面有冰裂纹、鱼子纹等。紫口铁足特征明显,在窑具支钉上印有"六年"、"忍"等文字和图案。有两块瓷片釉下用褐彩烧印楷体"修内司"和"官窑"字样。有关专家认为基本证实这就是"修内司官窑窑址"。又据宋史专家考证,现发现的窑址正是南宋时修内司范围,与叶寘、顾文荐的记载相吻合。但有的考古工作者认为,南宋修内司官窑一说在历史上并无确切定论,现发现的瓷片是原生堆积还是再生堆积,尚待进一步挖掘和证实。1996年,杭州市考古部门对凤凰山下的修内司官窑进行考古调查。1998年,在该地发现南宋修内司官窑遗址。

2.郊坛官窑

南宋郊坛官窑遗址在杭州市江干区闸口乌龟山西麓山岙。乌龟山是凤凰山东南的小山,临钱塘江,与桃花山为邻。窑场作坊工房在乌龟山与桃花山间山岙平地。龙窑在乌龟山西坡,东北距南宋皇城约2km。官窑窑址西离郊坛颇近,坛建于1132年(南宋绍兴二年)。窑场距管理窑务的修内司官署很近。郊坛官窑窑址有辘轳成形车间、圆形练泥池、低温素烧炉、上釉工房。工房东面有出入通道,后面和东西两侧有排水沟。郊坛官窑遗址出土的"淳熙六年己亥年"、"嘉熙三年"等纪年瓷片,以及有咸淳《临安志》和《梦粱录》的"青瓷窑"记载。有人说郊坛官窑开创在南宋初,下限在南宋灭时。也有人说在1132年(南宋定都五年)后建窑。南宋灭亡后,元代在乌龟山郊坛窑还烧造过青瓷器,但时间较短。

南宋官窑有两种精美青瓷。南宋前期的青瓷受北宋官窑和汝官窑的影响,瓷器壁薄胎细,胎色有浅灰、灰、深灰和紫色,釉色粉青、青灰或米黄色,淡雅、光泽。釉面普遍开片。产品有碗、盘、碟、盆、洗、炉、瓶等陈设瓷及觚、尊等祭器。品种丰富,其中觚、尊、炉、瓶等多数是仿照古代铜器和玉器的形式,造型稳重端庄。这类瓷器从胎、釉特征,器物形状到装烧方法,都与北宋官窑和汝官窑瓷器的风格雷同。浙江是青瓷的主要产地,越窑、瓯窑、婺窑尚在烧制,龙泉窑趋于发展,官窑吸收当地瓷业的经验,烧瓷用的窑炉不用中原的圆窑,而用浙江传统的龙窑,拉坯成形用的辘轳也与龙泉窑使用的相同。南宋后期,政权渐趋稳固,皇室生活豪华奢侈,宫廷用瓷质量要求越高,因之,官窑工艺技术也越精。当时官窑青瓷已采用多次素烧、多次上釉的制瓷工艺,南宋后期官窑青瓷器的特点是薄胎厚釉,釉层厚若堆脂,宛似美玉。特别是碗、盘、洗、碟的口腹部,胎厚仅1mm,胎薄似纸,器形轻巧,而釉层增厚。碗、盘、洗、罐等的花式品种增加,如有莲花杯、八角杯、把杯,罐有六角、八角、扁圆等,器形优美。

二、南宋官窑的恢复

20世纪60年代，对南宋官窑进行了恢复和发展。60年代初，翟翕武在总结恢复和发展龙泉青瓷生产的同时，开始考虑恢复杭州南宋官窑的生产。1963年，浙江省轻工业厅和浙江美术学院共同编制了"恢复杭州南宋官窑研究项目"申请书，报请省科委立项并拨试制经费。1964年初，浙江美术学院邓白与工艺美术系师生到乌龟山实地考察郊坛下南宋官窑的遗物和实物，收集郊坛官窑遗址的胎、釉残片，借鉴恢复龙泉哥窑的工艺和制作。叶宏明负责生产工艺，邓白等负责产品设计，曹鹤鸣负责组织联系。在浙江美术学院内建造了一座 $1m^3$ 的小型试验倒焰窑，从萧山瓷厂调集瓷土和煤，从绍兴瓷厂调来烧窑技工，龙泉瓷厂技师李怀德负责制品成形，共同开展研究和仿制南宋官窑瓷器。同年9月，试制出一批仿南宋官窑青瓷样品。正在进行经验总结、准备在乌龟山另选场址，报批项目进一步扩大试制时，受到"文革"冲击而使试制被迫停止。

1971年底，浙江省一轻局继续开展"恢复南宋官窑项目"的研究。1973年，浙江省科学技术局拨款5万元作继续试制经费，试制仍在浙江美术学院进行，省一轻局协助另建 $3m^3$ 倒焰窑和工房。同年6月，省一轻局叶宏明与萧山瓷厂厂长边坤永、副厂长富顺贤和蒋介权等在萧山瓷厂继续进行恢复杭州南宋官窑青瓷的仿制。1976年，萧山瓷厂仿制成功官窑青灰釉青瓷和月白釉青瓷。1978年7月，省轻工业局在萧山瓷厂召开了仿南宋官窑青瓷鉴定会。同年，杭州市中日友好访问团出访日本，带去一批仿制的南宋官窑艺术瓷器，在日本深受赞赏，得到很高的评价。同年，浙江美术学院高建新、李松柴、陈松贤、冯罗铮等也研制成功南宋官窑青瓷，获浙江省1979年科技大会二等奖、轻工业部1980年全国陶瓷美术评比二等奖、文化部1978～1980年文化科技成果二等奖。1981年，杭州瓷厂（由萧山瓷厂改名）仿制成功粉青釉官窑青瓷。同年，上海科教电影制片厂拍摄《南宋官窑电影专集》。1987年，叶宏明和杭州瓷厂边坤永、叶国珍等研制成功金丝开片官窑青瓷，在浙江美术学院邓白和陈长庚、傅维安等教授指导下，杭州瓷厂官窑产品品种增至300余种。

1987年间，经叶宏明、边坤永、富顺贤、叶国珍、蒋介权等人6年多的发掘和研究，研制成功官窑莹青丝纹片釉瓷。同年3月29日，通过来自全国11个省市的25位陶瓷专家、考古学家的产品鉴定。同年，浙江美术学院研制成功南宋官窑青瓷，通过专家鉴定。浙江官窑青瓷的成功恢复不但得到国内各界的极大重视，也得到了国际上特别是日本各界的关注。1991年，叶宏明、叶国珍、边坤永等完成的仿制南宋官窑项目获国家发明二等奖；尖晶石发色高级翠青釉瓷获国家发明三等奖。2003年，叶宏明、叶国珍、杨辉等完成的纳米氧化铝改性官窑青瓷研究成果获浙江省科学技术一等奖。

三、南宋官窑研究会、博物馆和研究所

1. 中国官窑研究会

1988年6月20日，经省科委批准，中国官窑研究会在萧山市成立。中国官窑研究会成立后，暂挂靠在浙江省轻工业厅，待杭州南宋官窑研究所发展壮大后，再确定设在杭州南宋官

窑研究所或杭州南宋官窑博物馆。

2. 杭州南宋官窑博物馆

杭州南宋官窑博物馆由翟翕武精心策划和组织筹备，馆址的选定和设计方案由陈君辅、叶宏明和各方面专家论证。1988年初，经国家旅游总局和浙江省人民政府批准，杭州南宋官窑博物馆在杭州乌龟山麓郊坛官窑古窑址动工兴建，馆址为杭州玉皇山南侧施家山42号，1990年建成，1991年11月11日试开放，1992年正式对外开放。

南宋官窑博物馆占地10000m^2，建筑面积3758m^2，整个馆区分展览建筑和遗址保护建筑两大部分。遗址保护建筑在山坡官窑遗址上，面积为1700m^2。展览建筑分3个展厅，一厅展示浙江历代有代表性的陶瓷文物，包括从良渚黑陶、印纹硬陶、原始青瓷到青瓷、青花瓷、色釉瓷等历代精美陶瓷器；二厅是博物馆的重点，系统介绍南宋官窑史和瓷器造型风格、胎釉特点、装饰艺术和制作工艺；三厅荟萃国内陶瓷科研、生产单位精心制作的各种仿古瓷精品。

1993年10月，在博物馆开馆一周年之际，采用当年南宋官窑专用瓷土制成的，包括弦纹瓶、小花瓶、小胆瓶和花插等式样的100件仿官窑瓷器被博物馆作为旅游纪念品和艺术品收藏。这批产品釉色接近粉青色，再现了南宋官窑青瓷紫口铁足、莹润似玉的特色。

1995年3月28日，南宋官窑博物馆复制成功南宋官窑瓷并通过了专家鉴定。复制瓷器的造型以南宋官窑博物馆陈列的修复器和北京故宫、台北故宫的传世器为母体，以南宋官窑遗址出土瓷片为标本，利用杭州本地原料，采用手工拉坯成形制胎，经多次素烧、上釉烧成。

3. 杭州南宋官窑研究所

1978年，杭州南宋官窑研究所成立，叶宏明为名誉所长、边坤永为顾问、叶国珍为首任所长，设在杭州瓷厂内，相继完成了：南宋官窑莹青金丝纹片釉瓷、杭州紫金土替代乌龟山紫金土的应用、尖晶石型Fe-Cr发色高级翠青釉等课题的研究，并运用刻、画、浮雕、堆塑等多种工艺实现了产品造型和品种的突破，开发和研制新品种200多个。1992年后，又开发生产一批官窑青瓷各类纪念挂盘和人物塑像等。上述官窑产品既保持了南宋官窑的传统风格，又蕴含着丰富的文化底蕴，具有较高的收藏和欣赏价值，深受国内外群众和客户的喜爱，先后获国家、浙江省多项科技成果奖。

1995年，叶国珍调任萧山市宋代官窑研究所任所长，郦学宁任杭州瓷厂南宋官窑研究所所长。

第五节　浙江日用瓷器

日用瓷器分为粗瓷、普瓷、细瓷、成套瓷。按质地分为硬质瓷和软质釉。按装饰可分为釉上彩和釉下彩，釉上和釉下彩绘又有贴花、普通彩绘和重工彩之分。

东汉时浙江上虞、德清等地出现黑釉瓷，宋代有青花瓷，元代金华、江山有青白瓷，明清时苍南、瑞安、江山、金华、义乌、开化等地窑场生产白瓷或青花瓷。1746年（清乾隆十一年），福建省连城黄姓举家迁入江山县三卿口乡，选址建窑，世代以制瓷为业，产品以青花瓷碗为主，目前该村成为考察传统制瓷工艺、考古、旅游之地。苍南县碗窑乡的碗窑作坊几百年来持续生产日用瓷器。

辛亥革命期间，吴佐卿在瓯江南岸创办永强青山瓷窑，产品有陶瓷碗、盘和仿古花瓶、花樽、香炉等，瑞安等地陶瓷厂曾派人上门学艺。温州西山瓷器厂的不少技工来自青山窑。1917年，浙江省参议会通过了省议员蔡龄（龙泉县人）在龙泉办瓷厂的提议，省政府同意建立浙江省改良瓷业工厂，并附设传习所，经费由省拨款。省政府实业厅任命蔡龄为厂长，厂址在龙泉城西宫头村，聘请江西技师和技工，招收当地一批徒工开办传习所培训艺徒。工厂设琢器、圆器、大雕、注浆等5个工场，产品有印花、釉下青花和釉上粉彩瓷和餐具。产品在上海的先施、永安公司及杭州商品陈列馆展销，部分工艺彩瓷进入国际市场。1921年，产品在美国芝加哥、费城等国际展览会获一等奖；1927年，参加法国巴黎展览会；1929年，参加西湖博览会并在杭州国货陈列馆设临时销售处、温州朔门内大街设立门市部。1925年，蔡龄病逝后曾委派四任厂长，均无建树。1931年，工厂转为官督民办，1934年停业。

抗战时期，温州民族资本家吴百亨深受历史上瓯窑的影响，在国外考察炼乳厂期间，看到工厂环境整洁美观，墙贴面砖，地铺锦砖，回国后立志在温州创办陶瓷企业。1937年，吴百亨派人去江西景德镇学习制瓷，聘请制瓷技师筹办瓷厂。1939年，在西山古窑址建成温州西山瓷器厂，从江西、福建和温州市郊永强青山窑等地招聘一批技工，生产日用陶瓷餐具，面砖和电气、化工、医药用瓷等。此后，不断革新改良，质量良好，花色品种增至数百种，有些产品足可取代舶来品，以"西山"牌商标登记注册。抗战胜利后，西山瓷器厂增添设备，扩大生产。1945年，西山瓷器厂更名为西山窑业厂，1949年4月因负债过多宣告破产。同年，温州市人民政府调拨物资支援西山窑业厂，救济和维持生产。1951年，省工业厅电邀吴百亨到杭州商谈西山窑业厂公私合营。这年，温州市人民政府投资13万元。之后，西山窑业厂转变生产方针，生产面貌改观，温州陶瓷进入发展时期。

1949年，全省陶瓷业有窑户62家，主要产地在平阳、泰顺、永嘉、龙泉、温岭、东阳、江山等地，生产粗瓷土碗，品种少，质量低，靠廉价销往农村和海岛渔村。省内的日用瓷器主要依赖江西景德镇和福建等地调入供应。1952年以后，政府对瓷业实行扶助政策，龙泉、泰顺、平阳、奉化、诸暨、温岭、东阳、温州等地陶瓷企业相继恢复生产。1956年起，先后新建、扩建了绍兴、兰溪、余姚、宁波、萧山、上虞、衢州、永嘉、瑞安等瓷厂，龙泉、温州、绍兴、兰溪等陶瓷厂试制新产品、新品种取得成效。20世纪80年代后，浙江省陶瓷行业逐步实现粉碎球磨化、成形自动化、烘干连续化、烧成隧道化，陶瓷生产有了较大的发展。进入90年代后，浙江日用瓷业一直处于低落时期。

据第三次全国工业普查资料统计，1995年全省从事陶瓷制品业的乡及乡以上年产品销售收入在100万元以上的企业有462家，其中日用陶瓷54家、工业用陶瓷44家、建筑卫生陶瓷344家，其他陶瓷企业20家。乡及乡以上陶瓷制品企业275家，其中日用陶瓷39家（其中亏损13家）。工业总产值1.91亿元，产品销售收入1.5亿元，利税总额828万元，其中利润负388万元，年末职工8009人，其中工程技术人员190人。

一、器皿瓷

器皿瓷主要包括粗瓷、普瓷、细瓷和成套瓷等。

粗瓷。主要是粗瓷碗，俗称"土碗"或"砂圈碗"。这类碗的品种名称有大水、大匹、大斗、中斗、可大、可二、可工等。自汉代以来，浙江就有这类粗瓷碗的生产。1949年前后，产区主要集中在浙南山区和温岭、东阳、江山等地，仅限于在附近农村和山区销售。

1954年，绍兴、兰溪等地瓷厂生产日用瓷，粗瓷就此开始转变为普通瓷器（简称普瓷）。1961年11月，浙江省轻工业厅颁发《浙江省日用瓷器标准》，各生产厂开始按标准组织生产。1963年底，除浙南部分山区的集体陶瓷厂外，全省转入普瓷（以蓝边器为主）和中级瓷的生产。

1962年，根据浙江省瓷用原料的特性（铁含量高，铝含量低）和工艺技术装备落后的实际情况，制订了中级瓷质量标准，适用于在产品的规整度，特别是白度方面略低于细瓷的过渡产品。1987年，轻工业部正式颁布国家标准《日用细瓷器》、《日用细瓷器外观质量分等规定》后，浙江停止使用中级瓷质量标准。1962～1983年期间，各日用瓷厂调整原料配方，采用先进设备、工艺，逐步向细瓷和高档细瓷的方向发展。1985年，绍兴、杭州、上虞等瓷厂细瓷产量占全省总产量的三分之一。1988年，宁波瓷厂全部生产日用细瓷，其中金边正德汤碗以质轻、洁白、规整而著称全省。1995年，浙江细瓷产品等级水平，特别是碗类产品已接近全国先进水平。

1970年初，浙江开始试制成套日用细瓷。省轻工业局指定龙泉瓷厂生产杭州饭店成套青瓷餐具，绍兴瓷厂承担笕桥机场宾馆用瓷。产品有罗汤、汉盂、大小调羹、品锅、鱼盘、7～10寸平盘和汤盘等。1979年，绍兴瓷厂又如期完成了10万件中波轮船公司船用成套餐具的订购任务。同年9月，绍兴、龙泉、杭州、宁波、上虞等瓷厂的研究所相继建立，加快了新产品、特别是成套瓷的开发速度。1983年末，仅中式成套餐具就有27头、28头、30头、36头、40头、55头、62头、75头、95头、96头等10个品种，其中绍兴瓷厂"帆船"牌55头中式餐具、宁波瓷厂"大雁"牌（原为"海鸥"牌）65头细瓷餐具投入大批量专业化生产，年产分别达到1万余套，畅销省内外。上虞陶瓷厂研制的75头大团圆异形组合餐具因造型新奇、组合灵活受到消费者的欢迎，被评为浙江省轻纺工业优秀"四新"产品。为适应成套瓷的外观装潢要求，各瓷厂积极改进产品包装，淘汰草绳捆扎，改为纸箱包装，印刷注册商标，部分高档细瓷还采用了锦盒包装。

二、艺术瓷

浙江的艺术瓷主要包括青花瓷、美术瓷、黑釉瓷、莹白瓷、变色釉瓷、颜色釉瓷、骨灰瓷、高长石瓷和黄陵瓷等。

1.青花瓷

考古证实，北宋、元代时浙江就生产青花瓷。浙江、云南、江西等省均有钴土矿蕴藏，为当地窑烧造青花瓷创造了条件。1949年前，东阳等瓷业作坊采用当地钴土矿（珠明料）为基础色调，在器物上描绘兰花图案，成为浙江现代烧造青花瓷的继续。1955年，绍兴瓷厂利用东阳珠明料勾绘鬼莲花瓷器青花装饰，生产"可二"青花碗，畅销宁波、绍兴一带广大农村。1956年，青花装饰改手工描绘为"刷花"，生产效率成倍提高。1964年，绍兴瓷厂把青花瓷作为重点开发项目，姜乐文厂长把提高青花瓷档次列入主要科研项目而建立了试制组，探索绍兴青花瓷的特色。1965年，绍兴瓷厂改珠明料为工业氧化钴，并配以高温煅烧，使之发色稳定，色泽青翠、清澈明亮。1966年，青花碗停产。1971年，绍兴瓷厂又成立试制组恢复青花釉的研究，开发松鹤花瓶等青花新品种。1974年，曹鹤鸣、叶宏明建议把青花瓷作为绍兴瓷厂的重点发展项目，省科委下达了"试制釉下青花细瓷"的科研任务。同年11月，绍兴瓷厂试制成功青花瓷产品，具有幽雅宁静、艳而不俗的特点，既有明清时代的传统韵味，又有别于景德镇色泽深沉的格调，被誉为"绍兴青花"。1979年，绍兴瓷厂青花瓷试制品种达130余种。1984年4月，绍兴瓷厂完成了"釉下彩青花细瓷"的研究项目并通过省级技术鉴定。同年12月，绍兴青花细瓷荣获浙江省优质产品称号，其中青花玉兰花瓶和六头高脚青花酒具被评为浙江省优秀"四新"产品。

1980年后，青花瓷产品在杭州、宁波、兰溪等厂普遍生产。绍兴瓷厂继续开发青花瓷器，设计各种仿古系列花瓶及以绍兴风景名胜（兰亭、沈园、东湖、鉴湖、八字桥、大禹陵、三味书屋、咸亨酒店、秋瑾纪念碑等）为图案的产品，用青花纹饰，移植于各式挂盘、花瓶、文具等瓷器制品。1985年开始，青花瓷产品出口欧亚国家。1987年，绍兴瓷厂得到420万元的青花细瓷生产线技改资金，建成年产300万件青花瓷生产专线，1991年5月竣工验收并通过省级技术鉴定。

2. 美术瓷

浙江的美术瓷历史悠久。早在魏晋南北朝时期，瓯窑的堆塑瓷，唐代绍兴、上虞的越窑雕塑瓷就著称于世，自南宋以后逐渐衰落。民国初期，温州市郊永强青山窑生产仿古花瓶、花樽和香炉等。1939年后，西山瓷器厂曾进行陶瓷艺术品和装饰技术的研究。

1961年，兰溪瓷厂开始美术瓷的研制，最初的白瓷雕塑以佛像为主。1963年后，温州日用陶瓷厂生产出口陶瓷花盆，产品进入国际市场。1966年，兰溪瓷厂美术瓷的试验中断。20世纪70年代后期，在浙江美术学院的支持帮助下，兰溪瓷厂再度恢复美术瓷的研究和试制，采用化妆土进行产品装饰雕塑，分别施乌金、豆青、橘黄、浅灰、锰红等颜色釉等，改变了白瓷雕塑单调的格局，使产品造型逼真、绚丽多彩。1978年后，兰溪瓷厂设立了美术瓷生产车间，年生产能力达到20万件，品种有各式台灯、笔架、花插、烟缸和熊猫、天鹅、公鸡、卧狮、跃马瓷塑等150余种，形成陈设、日用、文具瓷三大系列产品，大批瓷塑、台灯畅销于省内外，其中黛玉葬花、乌金跃马、岳飞、观音等大批瓷塑产品选送全国工艺美术展览会和国外展出，受到国内外人士的一致好评，瓷塑文具等还出口日本等国。1979年，温州为北京首都机场研制大型壁画，并开始生产釉上彩壁画、高温陶板壁画等，之后又研制成功大型釉下壁画、釉中彩壁画、浅浮雕壁画和镶嵌陶瓷壁画。温州市陶瓷研究所制作的彩色陶瓷镶嵌壁画《持花菩萨》在全国首届陶瓷杂志杯大赛和美术作品展中获金杯奖。1980年，兰溪瓷厂柳仲华和郭春田创作的《丝路花雨》人物雕塑被评为全国陶瓷美术三等奖。1985年，兰溪瓷厂殷镜清设计的《漓江春色》壁画在香港陶瓷展销会上展示时高价出售。

20世纪80年代后，绍兴、杭州、上虞等瓷厂的美术瓷也有很大发展，先后形成人物、禽兽、鱼虫等系列70多个品种，其中绍兴瓷厂创作的瓷龟、伯乐相马、七品芝麻官等作品获得浙江陶瓷新产品优秀设计奖。郭琳山创作的瓷雕青花唐女梦、陶艺黄河魂、日出雄鸡等作品具有很强的时代感和独具鲜明的个性。温州陶瓷科学研究所创作的大型彩瓷镶嵌壁画《别州民》，取材于唐白居易诗，画面生动、线条清晰、形象逼真，得到全国陶瓷专家的很高评价。90年代后，省工艺美术研究所嵇锡贵、郭琳山为省丝绸公司制作的《春溢蚕乡》大型壁画的面积为55m^2，由1600块瓷砖组成；后又采用散点透视、传统彩绘与环境艺术结合的手法，创作了《孙子兵法》壁画，长27m、高1.68m，由1776块瓷砖拼接而成。

3. 黑釉瓷

东汉中晚期，上虞、德清烧制成功黑釉瓷器。黑釉瓷器和浙江青瓷一样，成为汉代瓷业的重要成就。龙泉在宋、元两代也生产过少量黑釉瓷器。1984年，龙泉瓷器二厂吴永江承担浙江省轻工业厅新产品试制项目"龙泉乌金釉瓷研究"，1985年10月试制成功龙泉乌金釉瓷并通过省级技术鉴定。龙泉乌金釉瓷属于以铁为主的多种呈色元素混合着色的黑釉，具有独特风格的装饰效果。1985年，产品送香港中国陶瓷展销会、美国博览会展销，受到国外用户好评。1990年后，龙泉瓷器二厂试制的特大型乌金釉瓷花瓶和宝塔等具有较好的艺术效果。

4. 莹白瓷

莹白瓷以瓷质细腻似玉、釉面滋润似脂而得名，是衢州瓷厂1981年试制成功的一种高级艺术细瓷新瓷种，注册商标为"古爵"牌。1979年夏季，严孝民（衢州瓷厂）、高建新（浙江美术学院）、钱坚强（省日用轻工业公司）开始试制莹白瓷，产品设计主要由浙江美院的高建新、李松柴和衢州瓷厂的胡锡乾承担。1981年11月试制成功并通过省级技术鉴定。1982年，莹白瓷荣获轻工业部、文化部、省科委科技成果四等奖并由轻工业部一次性投资和贷款200余万元，建成莹白瓷车间。莹白瓷以器皿和人物雕塑为主，产品有酒具、茶具、文具、案具、咖啡具、烟灰缸、台灯、花瓶和各种人物、动物塑像等共160余个品种。1983年，莹白瓷作为礼品瓷开始出口日本并通过香港出口各国。1984年，莹白瓷在美国路易斯安那州国际博览会、瑞士巴塞尔国际博览会和刚果、安哥拉、象牙海岸（今科特迪瓦）的中国经济贸易展览会以及广州交易会展出，获得好评，被誉为中国瓷器珍品。

5. 变色釉瓷

1975年，浙江省轻工业局组织温州西山日用陶瓷厂、金华古方陶器厂、绍兴瓷厂、杭州瓷厂等试制应用稀土钇、镨、钕氧化物装饰的陶瓷器。1978年，由绍兴瓷厂骆梅芳和温州日用陶瓷厂金玉英参与研制的稀土高温变色釉瓷项目获得成功，品种有酒具、茶具、文具、咖啡具和人物塑像等艺术瓷。杭州瓷厂的叶国珍、叶宏明、施关相研制成功稀土氧化钕异光变色釉，品种有变色观音、茶具、咖啡具等，通过省级技术鉴定。

变色釉瓷以高级细瓷白釉为基釉，以稀土钕、铈、铽等以及混合稀土氧化物为着色元素，经工艺处理精制而成着色剂，掺入基釉内制成釉浆，施于瓷胎表面，干燥后入窑烧成而发生物理、化学变化成为新的固溶体。这种固溶体在不同波长的光源照耀下呈现出各种不同的颜色。变色釉能变幻出紫、蓝、绿、天青、玫瑰、橘红等10余种颜色,在阳光下呈紫茄色、白炽灯下呈玫瑰色、日光灯下呈蓝色等。1980年后,杭州瓷厂又试制成功结晶釉,增强了装饰效果。1985年10月,绍兴瓷厂、杭州瓷厂和金华古方陶厂选送稀土变色釉瓷器和应用稀土艺术陶器参加全国国际稀土应用博览会展示并去香港展销,受到国际友人和港澳同胞的好评。博览会后,杭州瓷厂建立了稀土着色结晶釉生产线,绍兴瓷厂设计、论证青花和稀土变色釉瓷生产线,制订了适合稀土着色釉的工艺条件,稳定提高产品质量。

6. 颜色釉瓷

浙江用颜色釉装饰日用瓷器起源于汉代,主要用于越窑、瓯窑等青瓷装饰。宋代以豆青、粉青、梅子青装饰龙泉青瓷并出现乌金、茶叶末等色釉。这些名贵颜色釉不少随名窑衰落而失传。

20世纪80年代初,绍兴瓷厂开发出各种颜色釉装饰的文具、酒具、茶具和咖啡具等20余种,其中李敏、蔡秀君研制的滑石瓷和颜色釉开光酒具洁白细腻,类冰似玉,填补了浙江空白;结晶釉飞碟茶具、稀金提梁茶具在首届杭州国际茶文化节上评为优秀茶具。宁波瓷厂开发的成套颜色釉咖啡杯和碟出口美国、西欧。从此,浙江陶瓷颜色釉的品种增多。绍兴瓷厂研制成功硅锌结晶釉、铜红釉、镨黄釉等;杭州瓷厂先后开发成功结晶釉、星光釉(金星釉)、雪花釉;兰溪瓷厂利用钴、铜、锰、铁等矿物试制成功唐三彩;宁波瓷厂试制成功变幻多种颜色的白玉变色釉茶杯。省工艺美术研究所嵇锡贵于1986年创作的高温颜色釉综合装饰花瓶《秋艳》和嵇锡贵、郭艺于1990年创作的青花釉大罐《民间山水》同获全国陶瓷评比二等奖。

7. 骨灰瓷

1964年,河北唐山、山东淄博开始试制骨灰瓷(亦称骨质瓷)。1982年,宁波瓷厂史树雄、邵节和钱坚强(省日用轻工业公司)负责开始试制骨灰瓷。1985年5月试制成功并通过省级技术鉴定。宁波瓷厂骨灰瓷的主要原料有骨灰、高岭土、长石、石英和少量黏性原料,除极少量煅烧熟矾土外,均采用省内原料。

8. 高长石瓷

1988年,绍兴瓷厂蔡秀君研制开发成功高长石质高级细瓷,适应了外销市场的需要。高长石瓷以长石为熔剂,采用注浆成形与可塑成形、传统工艺和隧道窑高温一次烧成。瓷质细腻,釉面光润,白度好,吸水率、热稳定性均符合国家高级细瓷标准,为省内首次开发的新瓷种,适宜制作高档日用瓷和艺术装饰瓷,如咖啡具、案头文具、酒具、茶具、茶杯、中小型碗、盘和各类大小花瓶等。高长石瓷六头葫芦酒具,宛如天然葫芦,赏心悦目,被评为全国陶瓷行业优胜产品;案头文具、玉兰酒具双双获首届轻工业博览会金牌奖。高长石瓷瓷胎半透明,可制作各种装饰灯具,有其独特风格。

9. 黄陵瓷

1985年2月,衢州瓷厂严孝民等人试制成功用金华、衢州等地黄土丘陵的红砂岩土为主要原料产生的黑、蓝、青、灰、月白等颜色的陶瓷器,包括各种器形的壁挂、雕塑,也适宜制作建筑材料。这种红砂岩原料取自黄土丘陵,定名为黄陵瓷。黄陵瓷的试制成功,提高了黄土丘陵红砂岩土的利用价值,为发展新瓷种和改造黄土丘陵开辟了新途径。

第六节　浙江建筑卫生陶瓷

浙江是我国现代建筑卫生陶瓷的发祥地之一。1914年,吴佑卿先生在温州永强创建了第一座近代陶瓷窑厂——青山瓷窑。1939年,吴百亨先生在温州西山灰炉创办了西山瓷器厂,采用传统手工捣泥、搅拌、成形、搪釉方法生产建筑及卫生陶瓷,1943年生产出继上海"泰山"牌无釉毛面砖和唐山启新瓷厂的红缸砖之后的我国第一批"西山"牌陶瓷釉面砖、锦砖,从而揭开了中国现代建筑陶瓷工业的序幕。1945年,西山瓷器厂更名为西山窑业厂,成功地生产出釉面砖、陶瓷锦砖、电瓷等产品。自1949年以来,浙江的建筑卫生陶瓷产业从未中断,只有起落变迁的时候,一直是中国的一个建陶主要产区。

一、浙江建筑陶瓷砖

1983年,杭州建筑陶瓷厂引进日本年产10万平方米可塑法辊压成形大型陶瓷饰面板自动生产线。1987年12月,引进意大利年产70万平方米陶瓷地砖生产线,组建温州西山墙地砖厂,1990年投产。1988年引进年产100万平方米的釉面砖生产线,1990年在温州西山面砖厂投产。这个时期,用传统工艺生产的152mm×152mm×5mm及114mm×114mm×5mm白色釉面砖产品得到快速发展,企业最多达400多家。

进入20世纪90年代以后,温州、宁波、奉化、绍兴、萧山、余杭、海盐等地相继引进了30多条建筑陶瓷砖生产线,产量和新品种迅速增长。1990年,浙江陶瓷墙地砖的产量为531万平方米、1995年总产量为8871万平方米、1997年总产量达到11484万平方米。喷雾干燥法制粉、自动压机成形、辊道窑烧成生产工艺和装备得到广泛采用。

至2001年,全省建筑陶瓷企业约120家,温州约100家,其他主要分布在金华、杭州、萧山、绍兴、宁波等地,其中大、中型企业有20家,中外合资企业约7家,生产能力达2.7亿平方米,在全国各省、市、自治区列第五位,约占全国总产量的13%左右;而温州市2001年的建筑陶瓷产量就有2亿平方米,占全国总产量的9.5%,占浙江省产量的74%。产品品种和规格齐全,形成了产品结构多元化,生产布局区域化,高、中、低档产品并举的生产格局。

2001~2011年间,浙江省建筑陶瓷业结构大调整。2011年,温州地区釉面砖生产企业仅存10多家。

成立于1992年的杭州诺贝尔集团有限公司快速发展,成为国内知名品牌企业。诺贝尔集团以生产销售建筑陶瓷砖为主,主导产品包括玻化抛光砖、亚光砖、欧式复古砖、微晶玻璃陶瓷复合板、陶质釉面墙地砖、瓷质釉面墙地砖及其各种装饰配件,广泛应用在中南海办公区、人民大会堂、八一军委大楼、北京奥运场馆、上海世博会永久场馆、南极中山考察站等知名建筑。2003～2010年，诺贝尔产品单一品牌市场占有率、销售额、上交国家税收连续8年位居全国同行业第一，中国民营企业500强。2009年获"全国企事业知识产权试点单位"，2010年获批"浙江省创新型试点企业"、"浙江省博士后工作试点单位"和"国家认定企业技术中心"。

二、浙江卫生陶瓷

随着陶瓷砖工业的蓬勃发展，浙江省卫生陶瓷企业有上虞陶瓷厂、温州西山特陶集团、温州龙港卫生陶瓷厂、平阳卫生陶瓷厂等，其中上虞陶瓷厂、温州西山特陶集团两家较大。建厂于20世纪80年代初的上虞卫生陶瓷厂（即浙江建筑卫生陶瓷厂）是浙江省最早的卫生陶瓷国有企业，曾经在90年代从意大利TCL引进RDCM产量为40万件/年低压快排水系统，从英国引进液化气的卫生瓷烧成窑。温州西山特陶集团也曾经引进了英国技术装备。浙江的卫生陶瓷企业由于经营乏力等原因，21世纪初基本退出市场。

第七节　浙江陶瓷的海外收藏

汉代开始，浙江青瓷由明州（宁波）、温州和杭州等港口输出国外并得到收藏，促进了中国与世界各国的经济、文化交流，也给各国陶瓷业的发展以较大影响。

一、亚洲各国的收藏

日本东京国立博物馆的整个二楼5个展室均收藏和陈列中国陶器、越窑和龙泉窑青瓷器。京都、奈良、福山城等博物馆也均大量珍藏中国越窑、龙泉窑青瓷器。据日本史籍《仁和寺御室御物实录》记载，日本宇多法皇在宫廷精心收藏中国越窑青瓷茶壶、茶碗、水罐等，并说"青瓷多盛天子御食"，是"大臣朝夕之器"，是宫廷日常使用的名贵瓷器。1915年，奈良市仁和寺出土两件越窑青瓷盒，釉为暗绿色和淡灰褐色，属唐代浙江余姚上林湖越窑作品，1938年被日本政府指定为国宝，现仍藏于奈良市仁和寺。此外，奈良市法隆寺珍藏唐代越窑四耳青瓷药壶，曾为天皇所使用。明代著名龙泉青瓷匠师顾仕成主持烧造铭记"顾氏"青瓷，有一件直径约4.5寸的青瓷碗珍藏在日本东京国立博物馆。东京出光美术馆青瓷陈列室收藏有宋代以来的青瓷精品，还收藏了伊拉克阿比鲁塔遗址出土的9～10世纪的中国越窑青瓷片。箱根、根津等美术馆还收藏有唐宋越窑、婺窑和龙泉窑等青瓷器。

1989年9月12日～10月12日，韩国清州博物馆把该国出土、出海的中国瓷器收集在一起，举办了中国瓷器特别展览会。

印度迈索尔邦立考古学博物馆收藏有中国越窑和龙泉青瓷残片。在本地治里出土的完整精美的南宋龙泉最佳级青瓷碗，收藏在德里国立博物馆。可里麦都遗址出土的数件龙泉窑青瓷大平碗和灰青釉瓷碗残片，收藏于阿萨邦首府高哈蒂邦立博物馆。孟买威尔斯王子博物馆、尼扎姆故宫博物馆专门开辟了陈列室展示中国青瓷器。

菲律宾有100余处遗址发现越窑、龙泉窑青瓷。出土的青瓷收藏在菲律宾国立博物馆、人类学研究所、菲律宾大学和私人收藏的美术馆。马来西亚是目前所知出土中国瓷器最多的国家之一，吉隆坡国家博物馆珍藏有中国越窑和龙泉窑青瓷器、残片。婆罗洲沙捞越首府古晋博物馆收藏有9～11世纪越窑、龙泉窑青瓷。新加坡大学和新加坡国家博物馆收藏陈列有马来半岛出土的中国宋、元、明三代越窑、龙泉窑青瓷器和数千块残片。

斯里兰卡首都科隆坡开戈拉镇佛塔周围找到很多中国宋代瓷片，佛塔遗址陈列馆收藏很多越窑和龙泉窑青瓷碗残片。阿努拉达普拉博物馆陈列收藏有中国青瓷，其中有仰葵瓣纹龙泉青瓷碗，橄榄色青瓷小狮子，眼球点黑釉，形象逼真。

泰国境内多处遗址发现了龙泉青瓷，曼谷博物馆收藏有大量宋、元时期龙泉窑青瓷。越南西贡博物馆收藏有宋代龙泉青瓷瓶、盘、罐等。巴基斯坦卡拉奇国立博物馆和班波尔遗址博物馆收藏有晚唐越窑青瓷水注、刻花纹，宋初越窑青瓷残片，宋末元初龙泉窑青瓷片，数量和种类很多。

伊朗首都德黑兰考古博物馆收藏有南宋、元代、明初的龙泉窑青瓷碗、碟等器皿，尤以南宋仰葵纹大碗和刻花牡丹纹青瓷碗最为精美。东北部马什哈德位于古代"丝绸之路"的陆上要冲，这个城市博物馆收藏有元代和明代龙泉窑青瓷大碗。西北部的阿尔德比勒的波斯国王祭祀灵庙遗址，设立中国陶瓷收藏室，陈列波斯国王捐赠的中国瓷器1660余件，包括南宋以来的龙泉窑青瓷等。

土耳其世界著名伊斯坦布尔萨拉博物馆，建于1467年，搜集世界各国陶瓷1万件，中国瓷器占7000件，其中宋、元、明代龙泉青瓷有1350余件，这些瓷器陈列在柜里展览，还有很多按阿拉伯习惯镶嵌在墙壁上。伊拉克巴士拉港口的萨马拉遗址设专门陈列室，收藏大量唐代越窑青瓷，巴格达阿巴希德宫博物馆也收藏有南宋、元初龙泉青瓷碗残片。巴格达阿拉伯博物馆收藏有晚唐五代的越窑青瓷。

二、欧洲各国的收藏

德国卡塞尔博物馆收藏的一件青瓷茶杯的边缘由德国银匠镶以金扣和银边，茶杯上标志的日期是1453年，即明代景泰四年。意大利上层社会视中国青瓷为珍宝，1487年（明成化23年），埃及送给意大利国王几件中国青瓷，国王爱不释手。法国巴黎吉美博物馆收藏中国文物以瓷器闻名于世，约有1.2万余件，其中有晋代鸡首壶、南朝青釉莲瓣鸡首壶、唐青白釉碟、宋代龙泉青瓷盘碗、元代玉壶春瓶等。英国伦敦大英博物馆收藏南宋、元初的龙泉青瓷片；英国艺术鉴赏家戴维（David）收藏的明代大型龙泉青瓷有1372年（明洪武五年）大花瓶，1432年（明宣德七年）大花瓶、大香炉、大盘等及1454年（明景泰五年）的大花瓶。

三、美国等国的收藏

美国密执安大学曾在菲律宾考古调查和搜集中国陶瓷品，收藏在大学人类学博物馆，馆入口大厅用中国元、明时期青瓷装饰，收藏室陈列宋、元、明代青瓷、青花瓷等。纽约大都会艺术博物馆（米物罗波里坦博物馆）设有中国青瓷陈列室，专门收藏陈列龙泉青瓷。波士顿美术馆和费城的宾夕法尼亚大学联合发掘伊朗的赖伊遗址，收集精品玉璧型碗足的唐代后期越窑青瓷碗、内侧底部画花草纹的青瓷残片和元代龙泉青瓷残片。

另外，尚有英国维多利亚博物馆、德国德累斯顿博物馆、俄罗斯莫斯科国家东方民族艺术博物馆、瑞典东方博物馆和哥德堡历史博物馆、葡萄牙里斯本博物馆、比利时布鲁塞尔皇家美术历史博物馆、丹麦国家博物馆、挪威奥斯陆博物馆、摩洛哥非斯博物馆、叙利亚大马士革博物馆、巴西里约热内卢国立博物馆等均收藏有中国越窑、龙泉窑青瓷作品。

四、"雪拉同"

世界各国对中国浙江青瓷有各种称呼，印度称"乔霍"或"乔里"，阿拉伯国家称"海洋绿"瓷，法国则称为"雪拉同"（Celadon）。

"雪拉同"一词的由来颇有点戏剧性。16世纪晚期法国著名小说家杜尔夫的长篇小说《牧羊女亚司泰来》叙述了牧羊人雪拉同（Celadon）和牧羊女亚司泰来恋爱的故事。这个故事编成剧本搬到舞台上演出时，穿着一件潇洒又美丽的青色衣裳的剧中男主角雪拉同一出场，受到热烈鼓掌欢呼。雪拉同这件色如翡翠的衣裳深受法国人的喜爱和赞赏。当时，浙江龙泉青瓷首次出现在法国市场上，晶莹翠青似玉的釉色使法国人士为之倾倒，巴黎人将龙泉青瓷与雪拉同的美丽青色衣裳相媲美，把龙泉青瓷昵称为"雪拉同"。龙泉青瓷在法国流行时间较早，后流传到欧洲国家，英文的青瓷名词也沿用法文，即Celadon。

7世纪，法国社会流行中国青瓷色，甚至对服装艺术也产生影响。明万历四十年（1612年）左右，巴黎流行的服装和棉布、绸缎颜色就是"雪拉同"色，即青瓷色。

第八节　浙江近代部分著名陶瓷企业

1. 西山陶瓷厂

1937年，吴百亨在温州创办西山陶瓷厂，1939年更名为温州西山瓷器厂，利用当地原料生产日用精陶，产品为日用餐具和釉面砖，这是我国最早生产的日用精陶，登记注册商标是"西山"牌。据统计，1942～1945年间，温州西山瓷器厂月产碗1万只、菜盘6万只、茶杯和痰盂各2000只、汤匙900只，花色品种增至数百种，质量良好，有的产品足可取代舶来品。1945年，西山瓷器厂更名为西山窑业厂。1951年，西山窑业厂实行公私合营，生产国内市场需要的精陶菜盘，企业面貌改观，生产规模扩大，职工增至1512人。1959年，温州西山日用陶瓷厂建立，生产日用精陶。进入60年代后，温州西山日用陶瓷厂扩大生产规模，开发花色精陶盘子，生产平盘、汤盘、饭盘、餐具和茶具等系列产品，精陶盘有5～12英寸和14

英寸、18英寸、20英寸等10余个规格，色泽有白色和花色（金边釉上贴花、金边釉下彩、手工绘画等），生产进入黄金时期，经济效益为全省陶瓷行业之首。1992年，被温州西山特种陶瓷工业企业（集团）公司兼并。

2. 绍兴瓷厂

绍兴瓷厂的前身为私营永安瓷庄。1956年1月，永安瓷庄兼并3家企业，更名为公私合营绍兴瓷厂，1967年2月更名为国营绍兴瓷厂。地址在绍兴市石家池沿131号。1995年底，企业拥有总资产4885万元，固定资产原值3938万元，净值2992万元，日用瓷器年产量4150万件。企业以日用瓷器为主。其中，"帆船"牌系列碗类、"兰亭"牌青花瓷、"帆船"牌中式餐具等7个产品分别获轻工业部、省优质产品称号。电瓷产品"兰亭"牌FSll-10kV避雷器获省、机械工业部优质产品称号。耐火材料高炉炮泥"绢云母"获全国轻工业优秀新产品奖、冶金工业部科技进步二等奖。

3. 宁波瓷厂

宁波瓷厂的前身为四明瓷厂，1969年改名为余姚瓷厂，1984年更名为宁波瓷厂。厂区占地面积4.3万平方米，建筑面积3.8万平方米。地址在余姚市南滨江路219号。产品为各种规格的高白瓷、细白瓷品种的成套瓷、中西餐具、茶具、酒具及工业用瓷。产品内销东北及沿海各省市，外销东南亚、欧美各国和澳大利亚、日本等国及我国香港、台湾地区。

4. 杭州瓷厂

杭州瓷厂的前身为萧山市茬山陶瓷厂，生产紫泥、耐火砖和陶管、陶缸等产品，1961年开始生产日用瓷器，专业生产瓷器、精陶、炻器三大门类，日用瓷、工业瓷、艺术瓷、灯饰配件、包装容器、耐热瓷等产品，年生产能力4000万件。1964年改为地方国营萧山瓷厂，扩大生产日用瓷规模。1973年开始筹建仿南宋官窑生产车间。1976年仿南宋官窑瓷制作成功，1978年通过鉴定，当年正式建立官窑生产车间。1980年企业增挂杭州瓷厂牌子。1985年，企业更名为杭州瓷厂，产品以"航州"牌为商标。1995年，企业体制转轨，开发新产品和调整产品结构，逐渐形成多材质、多元化的产品体系。1996年底，完成股份制改组，建成杭州民生陶瓷有限公司。

5. 上虞陶瓷厂

上虞陶瓷厂，地址在上虞市百官镇百岭路22号。创办于1958年5月1日，浙江古越州越窑研究所也设在厂内。初期以生产耐火砖、粗瓷为主，20世纪60年代开始生产日用瓷器。主要产品有普瓷、细瓷、仿古瓷、陈设瓷、色釉瓷、釉下青花瓷、工业瓷和耐火砖8大系列，花色品种超百种，是浙江全省品种最多的瓷厂之一。春柳文具、古越文具、康乐多用饮具、九连盘、大团圆餐具等创新产品，多次被评为省优秀"四新"产品，陶瓷电暖锅获国家专利。

6. 龙泉瓷厂

1954年间，龙泉瓷业生产合作社建立。1956年，14家私营瓷厂并入龙泉瓷业生产合作社，建立公私合营龙泉瓷厂，厂址设在龙泉木岱村。1957年6月，公私合营龙泉瓷厂与5家瓷业生产合作社合并成为地方国营龙泉瓷器总厂，厂址迁到上垟，下设上垟、木岱口、半边月、八都等5家分厂。1985年，实行体制改革，撤销龙泉瓷器总厂，分为龙泉瓷厂和龙泉瓷器一、二、三厂。龙泉瓷厂位于龙泉市上垟镇，年生产能力11300万件，产品以生产青瓷中、西餐具，酒具，茶具等成套瓷和工艺陈设瓷、包装容器瓷等为主，产品上千种。历年来已有300多件（套）青瓷产品在部省级评比与陶瓷创作、美术设计评比中获奖。1995年停产。

7. 龙泉青瓷研究所

原属龙泉瓷器总厂，1985年体制改革后为独立核算单位，直属龙泉市工业局。承担龙泉青瓷新技术、新工艺、新产品等研究和试制任务，历年来开发新品种有900多件（套），其中18件获轻工业部优质产品奖，35件获国家经委、轻工业部美术设计评比1～3等奖，57件获省优质产品和"四新"产品奖。"薄胎青瓷加工工艺"、"青瓷玲珑"、"青瓷釉下彩"三个科研项目获浙江省科技进步三等奖。1990年来设计新颖的系列挂盘，深受各方面好评，7寸、9寸紫光阁图案和中南海纪念挂盘被列为高级馈赠礼品瓷。其中直径52厘米迎宾大挂盘、紫光瓶被选送中南海紫光阁陈设，1.32m迎春大花瓶、26寸梅瓶在北京人民大会堂陈设。现有科研、技术人员和生产工人60人，其中高级工艺美术师2人。

8. 长兴紫砂厂（中外合资长兴美亚紫砂有限公司）

前身为长兴陶器厂，地址在长兴雉城镇人民南路60号。1959年10月，浙江省轻工业厅投资40万元，帮助长兴县新建长兴陶器厂。1980年，省轻工业厅投资40余万元，改名为长兴紫砂厂。1984年间，以长兴紫砂厂为基础，建立中外合资长兴美亚紫砂有限公司。紫砂产品主要有4大类，茶壶、雕塑、花盆、壁饰等800余种，以"金鼎"牌为商标。在全国陶瓷评比中有20余次获奖。1989年获北京首届国际博览会铜奖，1990年获全国轻工业博览会银奖，1991年获中国淄博陶瓷琉璃艺术节银奖。

9. 嵊州市紫砂厂

嵊州市紫砂厂的地址在嵊州市崇仁镇下西山，前身为嵊县赵马复兴陶厂，创办于1945年3月，1972年改名嵊县陶器厂，主要生产缸、鬶、壶、钵等日用陶器。1973年起生产紫砂陶，为浙江省轻工业厅定点紫砂陶生产企业。1980年易名为嵊县紫砂厂，1995年更名为嵊州市紫砂厂，"如意"牌为商标。紫砂产品分花盆、茶具、酒具、电暖锅、艺术雕塑等12类1300余个品种。产品供应国内，还销至日本、韩国、德国、新加坡、澳大利亚等国家和我国台湾、香港等地区。

第十七章　广东产区（广西壮族自治区、海南）的陶瓷

广东因宋朝时其辖境属广南东路而得名。春秋战国为百越（粤）地，秦置南海郡，唐初属岭南道，清为广东省。广东位于中国南部，毗邻港澳，与广西、湖南、江西、福建等省接壤，南临南海，与海南岛隔海相望。居住着汉、壮、黎、瑶、畲等民族，有客家话、潮州话、广府话、黎话等方言，产生了独特的岭南文化。

广东有生产陶瓷的天时地利之势，是中国一个产地遍布全省又有岭南地方特色的陶瓷大产区。1990年之后，广东成为世界建筑卫生陶瓷和陶瓷技术装备的生产基地和研发中心，也是中国日用瓷、陈设艺术陶瓷的主要产区之一。

本章包括广东、广西、海南等地区百年的陶瓷史，以广东陶瓷发展历程为重点。

第一节　广东陶瓷概况

20世纪的广东陶瓷处在一个继承传统、发展创新、走向现代先进制造业的转变时期，体现在七个方面，一是广东陶瓷生产历史悠久，潮州、佛山等地多处考古发现距今6000年前的先民已经创作陶器了，自古到今虽有兴盛低落，然薪火相传从未停息；二是产地遍布全境，历史上形成佛山石湾、潮州枫溪、大埔高陂、饶平等四个主要产区，出现行业集群化；三是产品各有特色，佛山与潮州相距不远，但陶瓷产品的风格却不同；四是产品浸润着深厚的岭南文化；五是继承中有大发展，20世纪末的佛山和潮州成为中国和世界的传统陶瓷主要产区和研发中心；六是自古至今中国陶瓷的出口瓷生产、加工、出口的主要基地（此内容见第一篇）；七是创新与探索，广东陶瓷的发展对全国陶瓷产业的发展发挥着重要作用。

20世纪40年代初期，广东陶瓷有过一段繁荣景象。汕头镇守刘志陆在高陂创办"潮梅陶瓷工艺厂"，聘请邱渊仿制古今名瓷，开发釉上彩绘等。此时的石湾，除保持生产传统陶器外，还仿制卫生洁具、耐酸陶瓷、电工陶瓷等。日本侵华战争使陶瓷生产处于停顿状态。据张维持《广东石湾陶器》所述，"1945年抗日战争胜利时，这里的陶窑有四分之三被严重破坏，不能使用，……"。抗战胜利后，全省陶瓷业复苏，如饶平产区的九村，龙窑数从1943年的12座发展到105座。此几十年间，广东陶瓷的生产是作坊式的个体手工业，靠水力、人力、畜力和简单机械操作，手拉坯成形，靠太阳干燥，山草树枝作燃料，手工描绘，龙窑烧成，发展缓慢。1950年，广东四个主产区共有陶瓷手工业户和陶瓷商号2297个。

1950～1978年是广东陶瓷恢复、改造、整顿时期。农村、乡镇的家庭手工作坊成立手

工业联社，逐步向半机械化、机械化生产方式转变。建立陶瓷收购站，各县的陶瓷产品由县日杂公司收购，形成统购统销的购销关系。建立了包括管理、科研、教育、瓷泥、瓷釉、耐火材料、颜料、花纸、陶瓷机械、纸箱等专业机构，初步建成以产区为中心的传统陶瓷产业体系。

1954年，广东第一间国营瓷厂广东高陂机械瓷厂（后更名为大埔赤山瓷厂）在大埔开办。至1956年，大埔有三间国营瓷厂和26家瓷业生产社，从业人数11780人，成为广东日用陶瓷主要的生产基地。

1956年，"广东省地方陶瓷工业公司"成立，隶属广东省工业厅，地址在广州沙面，首任经理丁立明，开始了广东陶瓷的调查、规划。1957年，全省日用陶瓷总产量3.89亿件，其中出口7598万件；全省陶瓷工业总产值1712万元人民币，出口金额137.26万美元。1958年，广东省地方陶瓷工业公司撤销，并入省轻工业厅硅酸盐处，后为日用品处，负责全省行业管理。

1958年，佛山市成立陶瓷工业局，潮安、大埔、饶平县成立陶瓷公司（或陶瓷工业局）和陶瓷工业研究所，创办汕头花纸厂。全省共有国营陶瓷企业52间，遍布粤东、粤中，并向粤西、粤北、海南发展。

1965年，全省共有陶瓷重点企业70家，职工人数12860人，日用陶瓷总产量3.14亿件，总产值2477.76万元，出口8560.15万件，出口金额216万美元。

1966～1978年，许多陶瓷企业通过外贸贷款及自筹资金进行厂房扩建，建成投产隧道窑65座，推广滚压成形，使用链式干燥器，原料加工机械化，广东陶瓷生产开始步入工业化时期。

1974年3月，成立"广东省陶瓷工业公司"，隶属广东省轻工业厅，张文彩任经理。对全省陶瓷行业实行统一领导、统一规划、统一管理。

1975～1984年，先后成立了地市级的汕头、佛山、梅州、湛江、茂名、海南、清远陶瓷工业公司，县市级的潮州市陶瓷工业公司、潮州市瓷业公司以及大埔、丰顺、饶平、揭西、廉江陶瓷工业公司。

1978年，为了扩大陶瓷出口，开展了以提高产品质量为中心的"上档次、增配套、创名牌"的技术改革活动。潮安瓷三厂、廉江红星瓷厂、大埔赤山瓷厂、大埔人民瓷厂、电白县瓷厂等成为省生产高档瓷的骨干企业。红星瓷厂、电白瓷厂进入轻工部20个重点企业之列。潮安瓷三厂的"飞燕"牌、红星瓷厂的"红亭"牌、电白瓷厂的"胜利鼎杯"商标获广东省著名商标。广东进入高档成套陶瓷生产行列。当年，广东陶瓷总产量6.01亿件，工业总产值1.35亿元人民币，出口1.88亿件，出口金额2435万美元。

1979年，处于改革开放前沿的广东陶瓷企业，不论是国营的、集体的、农村社队的，均逐步实行民营化，开始进行体制改革。

1980年，深圳、珠海、汕头经济特区打破外贸出口统一的做法，在特区实行出口代理制，搞活了市场。由此，原港澳台地区的许多陶瓷企业开始转移到广东。

1984年6月，为加快广东陶瓷发展，工贸合一的广东省陶瓷公司成立，代经理褚志信。之后，工贸结合的体系逐步在各产区形成。

自20世纪80年代始到2010年的30年间，佛山陶瓷产区向现代化产业化发展。产品由日用、化工陶瓷类转产锦砖、陶瓷墙地砖、洁具等建筑卫生陶瓷。从意、德、日、英等国家引进先进工艺技术与装备，实行国产化开发，鼓励自主创新。支持完善行业的配套建设，短时间内便有200多家装备、色釉料、装饰、设计、原料、物流、信息、科研等企业单位落户佛山市。佛山形成世界著名的建筑卫生陶瓷与装备的产业集群，成为当代世界建筑卫生陶瓷与陶瓷技术装备的生产基地、制造中心和研发中心，中国现代陶瓷工业发展的引领者。

潮州产区从其实际条件出发，重点发展现代日用陶瓷、陈设艺术陶瓷、卫生洁具、特种陶瓷、色釉料等，成为"国家日用陶瓷特色产业基地"、"中国日用陶瓷最大出口基地"。2004年，中国轻工联合会、中国陶瓷工业协会授予潮州市"中国瓷都"称号。

2010年，全省日用陶瓷产量48.4亿件，出口金额13.39亿美元；美术陶瓷出口金额4.69亿美元；建筑陶瓷产量42.36亿平方米，总产值878.6亿元，出口金额30亿美元；卫生陶瓷产量3773万件，总产值162.8亿元，出口金额2.77亿美元，其他陶瓷出口0.8亿美元。全省陶瓷工业总产值达2000亿元人民币，从业人员百万人（含中小企业），陶瓷业成为广东的支柱产业之一。

广东陶瓷产区分布的明显特点是依附岭南的自然地理环境、江河水系并深受岭南文化的影响，就地取材、就地生产开创陶瓷业，形成地处韩江、榕江流域的粤东产区，地处雷州半岛及沿海的粤西产区，地处珠江流域的粤中产区等各有特点的三大传统陶瓷产区。

一、粤东陶瓷产区

粤东，广东东部，有韩江和榕江两大水系。按20世纪50年代的区域划分，称之为粤东，包括现在的汕头、潮州、揭阳、汕尾、梅州五市。潮州陶瓷、大埔陶瓷是粤东陶瓷的代表，企业集中，有悠久的陶瓷历史和文化。潮州陶瓷产区包括枫溪区、湘桥区、潮安县、饶平县。揭阳市的揭西河婆镇、揭东县，梅州市的丰顺、兴宁等地也曾兴办很多乡镇陶瓷企业。汕头市兴办彩瓷加工等，并一直是粤东产区的陶瓷进出口口岸和基地。粤东陶瓷文化互相影响，在经贸上同属粤东经济区。

1.潮州陶瓷

潮州地处广东东部，韩江下游，潮汕平原的北端。20世纪50年代初划归粤东行署管辖，曾是粤东行署所在地（1955年搬至汕头市），潮州文化的发祥地，又是近代著名的侨乡。

韩江两岸具有丰富的陶瓷原料资源。在六千年前的新石器时代，今天的潮州陈桥村一带曾是濒临海湾的低丘台地，当时的"陈桥人"就烧造夹砂陶器。潮州笔架山在北宋时有龙窑99座，称之为"百窑村"，产品有日用的碗、盏、茶托、盆、碟、杯以及佛道人物、老翁、仕女和西洋人物、动物等艺术瓷。韩江流经山下而过，江面宽，水又深，南可至南海，北上可通兴梅和福建，笔架山东北1.5～3km的大旗山和飞天燕山蕴藏有大量瓷土原料，是理想的窑业发展之地。

枫溪地势平坦，利于灌溉、漕运、排涝的三利溪东引韩江水，萦回枫溪境内，溪长15里，沟通揭阳榕江水系。枫溪因沿溪植枫树而得名。自明清以来，潮州陶瓷集中在枫溪。有关史料记载，"古窑址无不在溪旁"。

从民国初年至1950年的40年间，枫溪陶瓷几度兴衰。1911年，枫溪有陶瓷商户20户，工人200余人,产值3万银元。1936年,有陶瓷商户100户,工人2000人,产值300万银元。1939年6月~1945年,潮汕沦陷,窑业基本停产。抗战胜利后,陶瓷业有新的发展,至1947年,有陶瓷商户300户,工人3000人,产值403万银元。1949年,有陶瓷商户200户,工人1000人,产值36万银元,处于停顿和半停顿状态。

1950~1978年的30年是枫溪陶瓷、饶平陶瓷恢复、改造、整顿、提高,并逐步走向新兴的阶段。20世纪60年代初期,枫溪开展以提高飞天燕瓷土利用率为中心的长石质坯釉配方的研究,龙窑改革成还原焰烧成,建造倒焰窑、隧道窑。产品由普通日用陶瓷向细瓷和高级细瓷转变,美术瓷、通花瓷推陈出新,开发耐酸瓷、炻器、卫生洁具、园林陶瓷等产品,实现了产区的一次飞跃。1959年6月,成立"潮安县陶瓷工业公司"(1984年更名为潮州市陶瓷工业公司)。

1978~2010年的30年,枫溪陶瓷拓展为潮州陶瓷,形成日用陶瓷、陈设艺术陶瓷、卫生洁具、特种陶瓷的生产基地。特别是1989年开始,潮州陶瓷开展以窑炉更新、燃料改用液化石油气、天然气的大变革,实现了潮州陶瓷的又一次飞跃。

2004年4月12日,中国轻工业联合会、中国陶瓷工业协会授予广东省潮州市"中国瓷都"称号。

枫溪是潮州陶瓷的中心区域,在潮州陶瓷的发展中起着龙头的作用。1992~1994年,枫溪镇枫一村和枫二村首先设立村级工业园区,让个人在园区内租地自行建厂。至1994年,两村的工业园区有民营企业和个体企业400多家。

此后,湘桥区,潮安县古巷镇、凤塘镇、登塘镇、浮洋镇、铁铺镇、龙湖镇,饶平县新丰镇、三饶镇、钱东镇等纷纷建立陶瓷工业园区,陶瓷企业达6000多家,从业人员40多万人,经营者以当地人为主,部分是农业人口,农民"上田不离乡、上田不离厂"。

2005~2006年间,获得的国家级和省级认定的称号有:枫溪为"广东省陶瓷产业集体发展示范区"、"陶瓷专业镇";饶平县为"中国日用瓷出口之乡";潮安县古巷镇为"中国卫生洁具第一镇"。

潮州陶瓷在全国陶瓷同行中最突出的特点是生产的专业化、齐全的配套、众多的民营企业、外向型经营为主,兼顾国内市场。

陶瓷原料生产供应专业化。潮州的瓷泥专业生产企业达300多家,专门生产供应陶泥、长石质瓷泥、强化瓷瓷泥、镁质瓷瓷泥、骨质瓷瓷泥、炻瓷瓷泥、轻质瓷(白云瓷)瓷泥等。所以,潮州的大多数陶瓷生产厂不设原料车间,瓷泥专业厂送货上门,快捷方便。

陶瓷釉(含色釉)生产供应专业化。潮州已形成了专业生产陶瓷釉料(含色釉)的一个群体,特点是企业规模小、数量多、品种齐全,这个群体内的企业各有特点和专长,灵活机动,服务周到。潮州的陶瓷釉按品种可分为透明釉、乳白釉、各种颜色釉、艺术釉、贵金属釉,按烧成温度可分为高温、中温和低温釉。

陶瓷颜料和花纸专业化。潮州有陶瓷颜料生产企业50余家,主要生产日用陶瓷、艺术陶瓷的釉用颜料和彩绘颜料,以及建筑陶瓷用中温颜料、玻璃颜料,除供本地使用外,还销往全国各地,部分颜料销往国外。潮州有花纸生产企业上百家,主要生产日用陶瓷的釉上、釉下和釉中彩花纸。

产品设计和装饰设计专业化。潮州除部分企业拥有自己的设计室外,还有几十个产品设计工作室和一批受过专业教育的设计人员，为中小企业提供产品设计，包括雕塑及产品造型设计、装饰、样品制作和新产品的开发。

模具制作专业化。潮州产区有近百家模具加工厂，专门为企业进行模具设计和加工，从而提高了效率和降低了成本。

配套服务专业化。潮州产区的陶瓷机械、窑炉、燃气燃油、耐火材料、矿物原料、化工材料、石膏、纸箱、包装、物流等基本实现了专业化供应和服务。

以外向出口型经营的企业多。借助于地理位置与华侨之乡的优势，潮州陶瓷很早便走出了国门。

到2010年，潮州产区的代表企业有枫溪区的长城、四通、潮流等集团公司，顺祥、中厦、松发、伟业、金厦等瓷业公司；湘桥区的潮州庆发对外实业有限公司，兴业、宝莲、宏业、裕穗等有限公司；饶平县的三元、永丰源、德润、金鑫等有限公司和三饶日用彩瓷厂；潮安县的潮州市三环集团公司、恒洁卫浴有限公司、梦佳卫生洁具有限公司，以及潮州欧美尔陶瓷有限公司等。

2010年，潮州全市陶瓷工业年总产值为500亿元。日用陶瓷产量31亿件，占省的64%，成为国家日用陶瓷特色产业基地，中国日用陶瓷最大出口基地，国家最大陈设艺术陶瓷生产基地。卫生洁具5700万件。电子陶瓷12亿件，占全国的70%、世界的50%。

潮州的陶瓷产品包括日用陶瓷、艺术陶瓷、卫生洁具和电子陶瓷共四大类。

潮州日用陶瓷主要有中餐具、西餐具、茶具、咖啡具、酒具、文具及日用炻瓷等产品。日用陶瓷餐具中，最具有代表性的是潮州瓷三厂的92头飞燕西餐具、64头雀屏釉下装饰彩的西餐具、45头忍冬花西餐具，被称为"餐桌上的艺术珍品"。

1980年以后，产区产品主要有新骨瓷（仿骨瓷）、骨质瓷、强化瓷、镁质瓷、轻质瓷、耐热瓷、精细日用陶器等。潮州人把工艺陈设瓷的造型艺术和技法应用到日用陶瓷的制作与装饰上，异形产品多，画面明快，适应世界新时尚。

饶平县陶瓷以汤匙产品闻名全国，大小型号共有一百多种，年产汤匙14.5亿件，饶平汤匙从造型设计到装烧工艺，历经多次改革，从有脚到平底，从侧烧到平烧再到现在的吊烧，从烧后背部有支钉痕到现在的烧后全身光洁，从造型到质地都有很大提高。饶平陶瓷还发展了通花艺术瓷、西洋美术瓷、汤窝、鱼盘、圣诞瓷、装饰品、咖啡餐茶具等十大类。

潮州艺术陶瓷产品主要有枫溪瓷塑、通花瓷和瓷花、潮州彩瓷产品等。经过一百多年的发展，逐渐形成独特风格，在我国瓷林中独树一帜。

枫溪瓷塑以塑为主，彩塑结合，生动传神、线条优美、色彩清新。20世纪60年代以前，产品多为佛道、仙道、观音、戏剧人物以及马、牛、羊、狮等动物瓷塑，以写实为主，塑贴结合，满彩或施以古铜青釉等传统色釉。20世纪60年代以后，洁白的瓷质，配以高温化妆土，略加施彩，显得清新、秀丽。著名艺人有林鸿禧、郑才守、陈钟鸣、吴德立、吴维潮、丁培强、吴映钊等。一批优秀作品如《十五贯》、《天女散花》、《琴声传知音》、《清泉》、《蔡文姬》、《双鹿》等。

枫溪通花瓷是一种具有地方特色的镂空产品，自20世纪20年代以来，不断创新发展，特别在70～80年代，制作技术和艺术水平达到新的高度。其精巧玲珑、素雅清新，成为广东陶瓷的品牌产品。通花瓷产品有花瓶、花篮、屏风、挂盘、果盘、鱼、鸟、动物、台灯、挂壁等，小的十几厘米，大的有长1m高2m的通花陈设品。

潮州的卫生洁具制作始于民国时期。到1982年，潮州陶三厂生产蹲式便器、坐式便器、洗手盆等。1992年，枫溪长美湖厦村村办卫生洁具厂，注册"建厦"商标，并参加当年广交会，产品开始出口中东地区。该村占地面积200余亩，1000多人，建有30余家个体卫浴企业，其中产值超500万元的企业有20家，拥有"金厦"、"建厦"等一批知名品牌，总产值2亿元，是卫浴致富村，有"中国卫浴第一村"之称号。

此后，卫生洁具的生产逐步延伸到枫溪美光村，潮安县古巷镇、凤塘镇、登塘镇等地。古巷镇把卫生洁具作为特色产业发展，目前拥有企业330家、窑炉总容积3万立方米、年产量3500万件。2006年12月，被中国建筑卫生陶瓷协会授予"中国卫浴第一镇"称号。

到2010年，潮州全市共有卫生洁具生产企业500多家，从业人员6万多人，年产5000多万件，年产值60亿元，年出口额1亿多美元。原料加工、色釉、模具、纸箱、盖板等配件企业配套齐全，成为洁具专业化生产基地。

目前，潮州已成为我国电子陶瓷的重要生产基地和新技术开发基地。潮州市年产各类电子陶瓷基体15亿只，占世界总产量的50%，国内市场占有率达70%；年产光纤插芯5000万只，占世界产量的25%；年产氧化铝陶瓷基板2.2亿只，产量排名世界第二。代表企业为潮州市三环集团公司。

潮州陶瓷陈列馆（现称中国瓷都陈列馆）位于枫溪区的中心地带，收藏有潮州各个不同时期的陶瓷产品，特别是改革开放以来的新产品上万件，是潮州陶瓷中外文化交流中心。

2. 大埔陶瓷

大埔县位于广东省东北部，为闽粤边陲，归梅州市管辖，韩江的三大支流梅河、梅潭河、福建汀江在境内三河坝汇流。大埔县群山簇拥、依山傍水，蕴藏着丰富的陶瓷原料资源和水利资源，是发展陶瓷的理想之地。大埔的陶瓷生产历史悠久，素有"白玉城"、"陶瓷之乡"的美称。特别是釉下青花瓷，以其精湛造型和绚丽的装饰著称。

1911～1949年，大埔全县29个乡村都有陶瓷生产。1945年抗战胜利后，陶瓷产销旺盛，栈商云集高陂，高陂成为陶瓷集散中心。1949年，大埔有瓷户1236户，从业人数5849人，产量2823.7万件，产值57.75万银元。

20世纪50～70年代，大埔是广东省日用陶瓷的主要生产基地。长石质坯釉研发、辘轳旋坯、滚压成形的率先推广应用，龙窑改革和隧道窑无烟煤烧成，电热隧道窑的研发等技术进步各项都走在全省前列。

大埔陶瓷产区的专业配套如原料加工、彩绘、陶瓷机械、颜料、花纸、纸箱等齐全。

2009年有陶瓷企业200多家，其中规模企业65家，从业人数1.7万人，产值12.5亿元。"高陂"、"新马"商标获广东省著名商标，"宝丰"牌日用陶瓷获中国陶瓷行业品牌产品。

大埔陶瓷产品有日用细瓷、陈设瓷、雕塑瓷、紫砂陶、特种陶瓷、卫生陶瓷六大类。日用瓷是主要产品，具有晶莹别致、质坚耐用等特点，品种包括中西餐具、茶具、咖啡具、盘碗、杯碟等。陈设瓷有花瓶类产品，青花瓷、釉下五彩、仿古瓷、薄胎瓷尤为精湛。2010年12月，中国陶瓷工业协会授予大埔县"中国青花瓷之乡"的荣誉称号。

二、粤中陶瓷产区

粤中陶瓷包括佛山陶瓷和珠三角地区的陶瓷。

1. 佛山陶瓷

20世纪的佛山现代陶瓷起源于石湾。石湾古属南海辖地,20世纪50年代划归佛山市。石湾位于珠江水系东平河(石湾江)东北岸,东、北、西三面分布着岗丘百余座,蕴藏丰富的岗沙和陶泥。据《石湾陶业考》载,"此地依山傍水,山以大帽为著,水则西江支流,自三水而下,左折入佛山为汾江,右折入石湾为石湾江,既擅交通之利,本宜于陶业发展"。据考证,早在五六千年前,便有先民在大帽岗一带采泥制陶。

佛山陶瓷的百年发展可分为三大阶段。民国初年至1949年以前是民间作坊式个体生产经营时期;1950~1978年是国营与集体所有制主导的复兴时期;1979~2010年是传统陶瓷工业向现代工业化转变并取得成功的时期。

从民国初年至1949年,由于社会动乱、日本侵华等原因,石湾陶瓷业曾几度陷入极为萧条的境况。到1949年,石湾陶业户为300家,人口为2834人,产量为1000万件,产值为133.6万银元。

1950~1978年是石湾陶瓷恢复、改造、整顿、提高、逐步走向新兴的时期。在政府的支持下,采取了一系列措施。主要包括:1958年4月1日成立佛山市陶瓷工业局;1965年成立佛山陶瓷工业公司;对个体户作坊工厂进行所有制改造,由私有制向公有制、集体所有制转变;转变产品结构,产品品种由粗陶向精陶、细瓷、日用瓷、电瓷、化工瓷、建筑卫生陶瓷等品种转变;转变生产方式,由手工操作变为半机械化、机械化。搞技术革新,以窑炉改造为重点;办教育培训人才等。到20世纪80年代初,石湾陶瓷呈现了复兴局面,佛山成为当年中国陶瓷八大产区之一(其他产区为景德镇、唐山、淄博、宜兴、醴陵、枫溪、德化)。

2010前的30年,是石湾陶瓷走出石湾拓展成为佛山陶瓷的时代,是由古老的传统工业走向现代化制造业的时代,是从佛山走向周边地区、全中国、全世界的时代。

1980年之前,佛山的陶瓷工厂大都集中在东平河东北岸的石湾镇约2平方千米的范围内。1980年之后的10年间,产地逐步扩展到石湾附近的南庄、小塘等地,比原来的地方扩大了一倍以上,有一定规模的陶瓷厂和为之配套发展起来的工厂共约300家。从1990~2005年的15年间,由于建筑卫生陶瓷飞速发展,产区再扩展到佛山市的禅城、南海、顺德、高明、三水等五大区及其周边地区,如中山、肇庆等地,陶瓷企业总数达350家。2005年之后,由于环境污染等问题,部分中小陶瓷企业歇业改行,留下较大型陶瓷企业43家。结果是:生产基地的转移使佛山陶瓷企业几乎遍及全国各地,佛山陶瓷逐步实现总部化模式的发展方式。陶瓷经济约占当年佛山经济总产值的7%~8%,陶瓷仍然是佛山的一个支柱产业,佛山陶瓷在国内外的影响力依然很大。佛山地区的环境污染得到明显改善。

21世纪初,佛山基本建立起包括装备、色釉料、设计、原料、会展、物流、研发中心、检验检测中心、人才交流中心等配套业。佛山陶瓷由一个传统陶瓷行业逐步成为一个产业链齐全完整的陶瓷产业族群。与此同时,意大利、西班牙、美国等国家的同行也到佛山投资建厂或设立办事机构,佛山真正成为世界知名的建筑卫生陶瓷产业基地。主要的代表企业有世界最大的陶瓷工业装备制造企业——广东科达机电股份有限公司、世界最大的全自动陶瓷压砖机制造企业——广东恒力泰股份有限公司、世界最大的墙地砖生产企业——新明珠集团和新中源集团，以及我国台湾的大鸿制釉公司、全球知名的美国科勒洁具企业等等。"佛山陶瓷"成为佛山市的一张名片而享誉世界。

近现代石湾陶瓷最有名又具有岭南特色的传统工艺制作产品是沙煲、石湾公仔和园林陶瓷等三大品种。清代屈大均在《广东新语》中称"南海之石湾善陶，凡广州陶器皆出石湾"；"石湾之陶遍二广，旁及海外之国"。"石湾瓦，甲天下"就是历代人们对石湾陶瓷的美誉。石湾本地的岗丘有一种含铝量较高的陶泥，只要拌配上适量的岗砂，烧成的陶器质地不太紧密，气孔比较稀疏，伸缩性大，遇到急冷急热不容易破裂，制成的陶器"坚实耐用，水火不畏"。地处南方的广东人喜爱粥品、老汤、凉茶，所以佛山石湾产的粗陶产品饭煲、汤煲、茶煲（合称三煲）成为深受海内外华人喜爱的传统产品，远销国内外。石湾的美术瓷有形神兼备的古今人物、神仙、花瓶、动物等作品，也有浓缩田园风光的盆景、山公、微雕，在中国的陈设艺术陶瓷中独创一格，成为国内外博物馆和民间爱好人士的收藏品。

石湾产的砖雕、琉璃、花脊、花窗、庭院饰物等制品，为中外许多古今建筑所荐用。北京天安门广场上的毛泽东主席纪念堂、民族文化宫、佛山祖庙、广州陈家祠、港澳等地的许多建筑都有石湾建筑园林陶瓷。

1980年前，佛山最主要的传统陶瓷产品有耐酸埕（化工陶瓷）、电瓷、陶瓷砖、沙煲、日用瓷、精陶制品、美术陶瓷、卫生洁具、建筑园林陶瓷等。此时的生产普遍使用颚式破碎机破碎、球磨制浆、压滤脱水、练泥、干燥、轮碾打粉、或注浆或旋坯或滚压或挤压或干压成形、间歇窑或隧道窑匣钵烧成、半机械化或机械化操作，处于较低的管理和工业化水平。

1978年以后，佛山陶瓷进入现代工业化的飞速发展阶段。主要做法，一是抓住机遇，精准定位，组织利用好政策、人力和物力。二是引进先进工艺技术与装备，大力推进技术装备国产化与推广应用。三是做好配套与服务。

20世纪80年代后，佛山陶瓷现代工业化起步后带有转折性意义和具有重大影响力的大事记述如下：

1987年元月，在原佛山市陶瓷工业公司的基础上，由41个单位联合组成的佛山市陶瓷工贸集团公司（以下简称佛陶集团）正式成立，周棣华出任董事长兼总经理，范时、卢敦穆等为副总经理，刘传、刘康时、陈帆受聘顾问。这是一家工贸合一的企业集团，是独立核算、盈亏自负、直接进出口、自主经营等模式的经济实体。此举可以认为是政府对传统产业向现代化产业化转变的有力支撑。佛陶集团抓住机遇，利用体制优势，敢于突破与创新，引进先进的生产工艺技术与装备，并大力国产化和技术推广，加速产品结构调整，开展对外交流。经过20多年的努力，成为中国陶瓷由传统制造业向先进制造业转变的成功范例。

1983年，石湾耐酸陶瓷厂筹办的利华装饰砖厂从意大利引进全国第一条年产30万平方米彩釉墙地砖成套生产线，总价207万美元，1984年5月1日投产成功，这是实现中国建筑陶瓷生产使用新工艺、新装备走向现代工业化生产的开端。

1984年，石湾建华厂从联邦德国引进生产卫生洁具的隧道窑、注浆成形机、干燥器、自动喷釉机械手、链式输送机等技术装备，总价值527万美元，1989年4月投产，从此改变了我国卫生陶瓷生产长期以来的手工、半机械化的生产模式。

此后的几年间，佛陶集团下属企业先后从日本引进马赛克（锦砖）生产线、从意大利引进釉面砖生产线、从德国引进劈开砖生产线等。期间，还有多家工厂从欧洲、日本等地引进单机。至此，佛山产区几乎全部使用了当时世界最先进的陶瓷生产工艺技术与装备，并实行了现代化工业生产和管理。

1980年以后，佛陶公司、佛陶集团及属下企业投入大量的人力、物力和财力进行先进工艺技术与装备的国产化以及应用推广，并且加强配套投入建设。1984年8月石湾陶瓷机械厂研制成功8t球磨机，1985年研制成功14t球磨机。1984年10月12日，化工陶瓷厂重油辊道窑投产。1986年年产1.62亿立方米的石湾煤气站建成投产。1983年5月18日19层的陶城大厦动工兴建，1986年2月落成，投资270万元，建筑面积11000m^2，这是中国陶瓷业界带标志性的一栋建筑。1986～1987年前后，引入唐山轻机厂生产的喷雾干燥器系列产品。1987年12月15日成立陶瓷模具厂。1988年3月，工业陶瓷厂与日型株式会社签约引进年产60万平方米无釉地砖生产线（共13个项目），投资7592万元。1989年3月28日《陶城报》创刊，1991年《佛山陶瓷》创刊。1989年3月，由咸阳陶瓷研究设计院、华南理工大学、石湾陶瓷机械厂联合设计研究的YP600型全自动液压压砖机研制成功。1989年5月16日，年产40万吨原料厂投产，投资2800万元。1989年8月，佛陶集团出口陶瓷机械，价值25万美元。1990年9月，中国北京亚运村所用陶瓷砖80%来自佛陶集团产品，并获亚运村金钥匙和荣誉证书。

1990年前后，石湾"鹰"牌陶瓷企业兴起。引进5000t压砖机制作1000mm×1000mm大规格陶瓷砖，建立新型展厅，全国联网销售，在新加坡上市等，都是中国陶瓷行业前所未有的。由于体制等原因，此时的佛陶集团已走下坡路了。自此，"佛山陶瓷"从"佛陶时代"进入另一个以"鹰"牌企业为代表的全新阶段。这一阶段的标志，就是"鹰"牌陶瓷以及随后的东鹏陶瓷企业的崛起。

1990年开始，石湾陶瓷跨过东平河进入南庄镇。南庄，西江、北江环绕，面积约64.5km^2，隔着石湾河对岸就是石湾，当年隶属南海市。2000年，南庄从南海市划归佛山市禅城区。早在20世纪70～80年代，南庄有些村镇建立了小陶瓷厂，承接石湾生产的一些园林陶瓷产品。1990年前后，东村、罗南两个乡联合自筹资金，从意大利进口两台1200t级的自动压砖机，用国产装备配套，借助于石湾陶瓷产区的技术力量，在东村办起南庄第一条现代化的墙地砖生产线。之后，横跨石湾江的石南大桥通车，没有几年，上千条生产线上马，产能超过了石湾，达到20亿平方米以上，形成了一个世界知名的建筑陶瓷产业集群，仅10多年的时间，南庄由一个农渔桑田之乡转变成为当年中国最大的陶瓷墙地砖生产基地。2006年后，由于陶瓷生产工厂过于密集，环境受到严重污染，加上佛山实行产业转型等原因，大多数南庄的陶瓷工厂或停业或外迁或转移，留下一个佛山国际展览馆和一幢幢陶瓷公司的产品展示厅。

2007年，由广东蒙娜丽莎新型材料集团有限公司提供资金和生产工艺技术，广东科达机电股份有限公司提供成套装备兴建的大规格建筑陶瓷板材生产线投产成功。产品包括两大类，一是瓷质薄板，900mm×1800mm×（3～6）mm，另一是利用40%以上工业废渣生产的轻质板材，1000mm×2000mm×（12～18）mm、体积密度0.6～1.5t/m^3。这是一条具有自主知识产权的国产成套装备生产线，综合技术经济水平处于世界领先地位。2009年，两种新型板材被选定代表陶瓷行业参加中华人民共和国建国60周年成就展。

同年，由广东蒙娜丽莎新型材料集团有限公司主要参与编制的大规格建筑陶瓷板材产品国家标准《陶瓷板Ceramic board》（GB/T 23266—2009）和《建筑陶瓷薄板应用技术规程Technical specification for application of buildion ceramic sheet board》（JGJ/T 172—2009）发布实施。

1980年以来，有200多家陶瓷技术装备制造企业落户佛山市，产品包括压砖机、窑炉、干燥器、抛光机、喷墨打印机、自动包装机、原料加工装备、环保装备、能源装备、特种皮带、微型电机、陶瓷辊棒等，佛山成为世界知名的陶瓷装备制造产业群，产品销往国内外。

此间，佛山产区墙地砖的最高年产量曾达到30亿平方米，约占当年全国产量的40%以上、世界产量的30%；卫生洁具最高年产量达到1800万件，约占全国产量的10%、世界产量的7%。佛山陶瓷辊棒的年产量达500万支，远销国内外。

到2010年止，汇聚在佛山的著名相关陶瓷企事业及相关机构有新明珠、新中源、东鹏、鹰牌、蒙娜丽莎、欧神诺、金意陶、博德、嘉俊、箭牌、金舵、宏宇、兴辉、科达机电、恒力泰、科信达、中国陶瓷城、华夏陶瓷城、佛山陶瓷总部、佛山陶瓷研究所、佛山质检所、陶城报社、佛山硅酸盐学会、佛山陶瓷协会等，以及一批外资、合资陶瓷企业。

2009年7月19日，中国工程院徐德龙院士工作站在广东蒙娜丽莎集团公司建立揭牌。2010年，广东蒙娜丽莎陶瓷有限公司入选由国家科技部、财政部和工信部三部联合创建的"资源节约型、环境友好型"企业（简称"两型"企业）第一批试点企业，成为全国首批125家"两型"企业中唯一的一家建筑陶瓷企业。

现在的佛山石湾公园附近有一座"南风古灶"，是柴烧龙窑，建于明代正德年间，已有500年的历史，是国家重点文物保护单位。

2.珠三角地区陶瓷

珠三角地区泛指珠江平原及周边地方。按20世纪50年代地域划分称之为粤中，包括现在的深圳、惠州、东莞、增城、从化、番禺、三水、顺德、南海、高明、江门、恩平、新会、开平、肇庆等市县。在历史上这些县（市）都有过规模大小不等的传统陶瓷产业。

1980年以后，珠三角地区出现新兴的陶瓷产区，从投资、文化、经营的角度看，是一个泛佛山陶瓷产区，甚至延伸到广东相邻的广西、海南等地而成为一个泛珠三角陶瓷产区。这个产区由四部分企业支撑，首先是香港、澳门人在珠三角地区投资的建筑陶瓷企业，随后大批台资企业转移到这里设厂，其次是从老产区搬迁来的企业，再次是从佛山产区转移来的。据不完全统计，进入深圳和宝安区的企业约50余家。这些企业具有市场、资金和管理优势，加上优惠政策的支持，大都具有良好的业绩。

这个产区的投资项目有两个类型，一是制造业，从事高档日用陶瓷、艺术陶瓷的生产，产品直接出口。另一个是陶瓷的配套服务业，如原料加工、颜料、釉料、机械制造等。

1989年，潮州斯达高公司在深圳建新工厂，生产无毒、无铅陶瓷装饰材料，成为首个连续三次获得国际SGIA奥斯卡金奖的知名企业。2002年，饶平永丰源企业在深圳观澜投资建厂，2004年投产，生产高档日用陶瓷和艺术陈设瓷，用高新科技提升传统产业，把现代元素和历史文化、产业与民族文化相结合，创造出"永丰源"品牌，在深圳创建了"观澜瓷谷"文化创意产业园。本部设在东莞的广东唯美陶瓷有限公司创建了"中国建筑陶瓷博物馆"。

深圳是陶瓷产品经贸活动的中心区域。全国许多产区把深圳作为通关窗口，纷纷在深圳成立分公司、设立陈列厅、仓储等。

三、粤西陶瓷产区

粤西包括湛江、茂名和阳江等地，有湛江深水港和400多千米海岸线以及丰富的陶瓷原料资源等优势，在20世纪70～80年代崭露头角，成为广东的新兴陶瓷产区，在全省乃至全国占有一席之地，后因各种原因发展缓慢。

粤西多山丘，遍布丰富的陶瓷原料资源，尤以高岭土、黑黏土、长石为最，是粤中、粤西及至全国陶瓷生产原料供应基地之一。

湛江市的陶瓷主要产地在廉江电白。廉江日用瓷企业20多家，2007年陶瓷出口量33207t。代表企业是廉江红星瓷厂（后更名为廉江红星陶瓷企业有限公司），员工2000人，当年出口数量及产值位居全国同类企业的前十名，"红亭"牌陶瓷制品曾获"中国名牌产品"称号，2003年"红铃"牌产品获"广东省名牌产品"。

茂名市的陶瓷企业分布在茂名市区、电白县、高州市和化州市等，1980～1990年是广东省日用陶瓷生产和出口基地之一。1988年，陶瓷企业24家，职工人数6100人，年产彩釉砖81.65万平方米、釉面砖和锦砖660万平方米、日用陶瓷3108.5万件。

1958年成立的电白瓷厂是广东省著名陶瓷企业，20世纪80年代拥有员工2000多人，生产200多个品种、40个配套产品，年出口超过100万美元，包括日用陶瓷、美术陶瓷和建筑陶瓷。1986年，经广东省人民政府批准，电白县瓷厂为首批自营进出口企业，当年出口数量及产值位居全国同类企业的前十名，"胜利鼎杯"商标获"广东省著名商标"。同时被纳入轻工业部重点企业，生产高级成套陶瓷，产品远销英国、加拿大、澳大利亚、美国等40多个国家和地区。

1979年成立的化州县彩瓷工艺美术瓷厂，生产釉上彩和釉下彩两类中式美术陶瓷。1986年的产品包括白胎扣金、素胎免烧、青花、综合装饰4大类2000余个造型。1987年青花美术瓷荣获广东省优质产品奖，1988年综合装饰产品获广东省优质产品奖。

20世纪80年代，茂名市的建筑陶瓷业曾兴盛一时，有电白东方彩釉砖厂、茂名市陶瓷二厂、茂名市一厂、茂名市三厂、金塘砖厂、信宜陶瓷厂、电白新世界陶瓷厂、水东镇瓷厂、太平洋瓷厂等共9家建筑陶瓷生产企业，职工3600多人，产品有彩釉砖、彩面砖、防潮砖、锦砖4大系列100多个品种。

阳江市有阳江电瓷厂和阳春陶瓷厂。阳江电瓷厂是广东三大电瓷厂之一（另外两家是石湾电瓷厂、清远源谭电瓷厂），原生产低压电瓷，20世纪80年代转产陶瓷釉面砖。

四、广东陶瓷科研机构、品牌及名人

广东的科研院所及信息部门对陶瓷工业的发展起到了促进作用，其中，最著名和重要的有广东省枫溪陶瓷工业研究所、广东省大埔陶瓷工业研究所、佛山市陶瓷研究所和广东省陶瓷工业科技情报站。

20世纪60年代，广东枫溪陶瓷研究所编辑出版了《枫溪陶瓷》、石湾陶瓷研究所出版了《石湾陶瓷》、大埔陶瓷研究所出版了《大埔陶瓷》。70～80年代，广东枫溪陶瓷研究所承建广东省陶瓷科技情报站，与大埔、石湾陶研所协作编辑出版《广东陶瓷》。

广东地处南粤，相邻港澳，周边是东南亚各国，人们探亲访友往往都会带上几件石湾公仔或"三煲"、瓷佛或花瓶作手信。百年通商与华侨来往造就了陶瓷文化交流的先天优势。

广东陶瓷的对外贸易早在唐代中期，广州西村、潮州生产的日用陶瓷、美术瓷就出口东南亚诸国，以及远销印度、波斯（伊朗）埃及等国。广东大埔、饶平的青花瓷器，广州彩瓷，潮汕彩瓷，石湾公仔，潮州佛像和观音，石湾"三煲"与园林陶瓷等都是著名的出口产品。

1960年以前，陶瓷出口外销以日用陶瓷和美术陶瓷为主，日用瓷以单件瓷为多。1964～1978年，日用成套餐具逐渐增多。1979～2010年，特别是2001年加入世贸组织后，陶瓷出口每年都在以15%的速度增长。

2009年的广东陶瓷产品出口量比1978年增长了19.54倍、出口金额增长49.6倍。1978年以前，陶瓷出口贸易主要依靠每年的两季广交会，1979年以后，除广交会外，许多外商进来了，许多企业也走出去，有些企业在境外设立了销售网点。广东陶瓷走向了世界。

广东陶瓷产品出口量占全国出口量25%～30%、出口金额占20%～50%之间。广东陶瓷出口在全国有着举足轻重的地位。

许多广东陶瓷品牌成为全国知名品牌，列举如下。

2003年公布的建筑陶瓷中国名牌：鹰牌、东鹏、蒙娜丽莎、东舵、新明珠、钻石、新中源、马可波罗等共八名（全国共十名）。

2005年颁布的日用陶瓷中国名牌：红亭、长城、Sitong、Shunxiang、松发、W、朝阳CME共7名。

2006年公布的美术陶瓷中国名牌：四通、长城、斯达高、雄英、Shunxiang。

2006年公布的卫生陶瓷中国名牌：ARROW。

1979～2006年，被国家有关部门授予中国工艺美术大师称号的有：刘传、陈钟鸣、赵国垣、庄稼、刘泽棉、梅文鼎、曾良、廖洪标、吴锦华、王芝文、刘炳、李小聪、余培锡、潘柏林等。

2003年，被授予中国陶瓷艺术大师称号的有：钟汝荣、刘炳、吴为明、潘柏林、霍家荣等；2010年，被授予中国陶瓷艺术大师称号的有：吴维潮、蔡秋权、陈仰忠、封伟民、黄志伟、霍冠华、林道藩、林礼腾、潘汾林、庞文忠、司徒宁、王龙才、吴渭阳、章燕明等。

近代广东陶瓷界中除了出现一批艺术界大师外，还有一大批学术、教育、工程技术、企业经营的人才为广东乃至全国陶瓷的创新发展做出不可磨灭的贡献。其中包括张光、刘振群、刘康时、陈帆、陈衡、彭海健、周棣华、庞润流、岑银、吴道基、胡守真、边程、陈环、王迎军、谢岳荣、萧华、蔡宪昌、蔡镇城、叶德林、霍镰泉、何新明、鲍杰军、蔡廷祥、何乾、陈史民、冯斌、何锡伶、卢敦穆、刘一军等。

第二节　陈设艺术陶瓷

一、石湾的陈设艺术陶瓷

佛山石湾窑始于唐代，明清时石湾艺术陶器已发展成为具有地方特色、品种多样、规模较大的产业。李景康《石湾陶业考》记载："查石湾陶业全盛时代共有陶窑一百零七座……"，清末民初石湾陶业分三十六行，其中属艺术陶器的有花盆行、古玩行、白釉行和甑釉行等4行。

花盆行堂名"陶艺"，以生产园林建筑用的琉璃瓦、装饰构件及陈设艺术瓷为主，主要品种有各类陶塑人物脊、花脊、大花盆、鱼缸、龙鸡缸等。古玩行又称公仔行，主要产品有案头美术陶，如人物、动物、各类小型陈设器皿，文房用品，点缀盆景的微塑山公（亭台楼阁、小人物、小动物）等。白釉行主要产品为小件美术陶瓷器皿，如花瓶、水仙盆、痰盂、花壶、枕头、水洗、笔筒等。甑釉行以祭祀用礼器为主，多施以酱红釉，产品有香炉、壁炉、烛台、扑满、尾灯、瑞狮等。四个行生产艺术陶器的员工在2000人以上。

1915年成立的广州裕华公司（又称广州裕华真记公司）、1920年广州刘星桥组建的广东陶业公司、石湾冠华窑等都是当年很有实力的企业。

民国时期，石湾涌现出了一批陶塑名家。在人物雕塑方面，陈渭岩严谨优雅、题材广泛，潘玉书潇洒细腻、擅塑仕女，刘佐朝幽默谐趣、善于表现市井风情，均在中国陶瓷史占有重要位置。在动物陶塑方面，有擅塑猫和鸭子的黄炳、善塑水牛的霍津，以及廖荣、区大、区乾等，把石湾陶塑艺术推向了一个新的高峰。

艺术陶器的制作技术也有新的发展。采用了石膏制模注浆成形工艺，提高了工效；釉料配制添加了金属氧化物，改变了传统以植物灰为主的局限，使釉色更加绚丽多姿。

1950年，时任广州市军管会第一副主任的朱光到石湾访问已负盛名的民间艺人刘传，恳谈石湾陶艺的恢复和发展。1952年，广州市政府组建"南方美术服务社"，设立石湾陶塑组，聘请刘传主持，又选派尹积昌、高永坚、谭畅等参与，刘传邀请已回乡务农的区乾加盟。这一年，在恢复经济和民主改革中，组成陶器业联营社18个、花盆联营组11个、玩具联营组10个，其中花盆、玩具联营组均从事艺术陶器的制作。

1953年初，"南方美术服务社"改为"广州人民美术社"，"石湾雕塑组"改为"石湾雕塑工场"，并从广州迁到石湾，由高永坚负责，刘传任组长。1953年8月，中央人民政府文化部专门发文《关于广州市人民美术社工作方针的意见》，提出要"为发扬民族优秀美术传统，同意该社发展广东民间美术品的方针，以石湾瓷器为重点，然后逐步开展其他民间艺术改造工作"，并从资金上给予大力支持。时任广州市长的朱光深入石湾工场，提出要抓紧抢救发掘和发展石湾陶艺、培养新人。为此，选送高永坚到中央美术学院学习，从广州人民美术社抽调方英、庄稼、曾良到石湾工场。方英接替高永坚主持工作，庄稼和曾良分别拜刘传和区乾为师，双方郑重签订"师徒合同"，承担双方的责任和义务。师傅负责教授石湾陶艺制作的技艺，徒弟在虚心学习的同时，帮助师傅总结创作经验，补习文化，相互促进，共同提高。

1954年，佛山市石湾镇成立。1956年，石湾玩具一至九组组建公私合营石湾美术陶瓷厂。1957年，有关部门决定把广州人民美术社石湾工场、公私合营石湾美术陶瓷厂和手工业美术生产社合并成"石湾美术陶瓷厂",许国强任支部书记、卢广任厂长。1958年8月陶瓷厂转为国有企业。经过调整,石湾美术陶瓷厂从20世纪50年代以来,成为人才鼎盛、资金雄厚、环境优美的石湾陶艺发展和创作基地,成为外国贵宾和中央领导参观佛山首选的文化企业。

2006年,石湾美术陶瓷厂转制为股份制企业。1977年石湾美术陶瓷厂的工业总产值只有262.25万元,2010年达4400万元。2010年,佛山市美术陶瓷的总销量达2.5亿元,石湾陶艺工作室和企业超过100家。

1955年,区乾出席全国群英代表大会。1956年,刘传当选中国美术家协会理事、全国文联委员。1957年,刘传和刘泽棉参加全国工艺美术艺人代表大会。1958年,刘传为中国历史博物馆创作高2m的陶塑《屈原》,郭沫若提供了屈原生平资料,文化部副部长郑振铎提供了战国时期楚人的服饰图案,作品的成功塑造获得各方好评。1961年,刘传应邀在中央工艺美术学院讲学。20世纪50年代,石湾陶艺向世人展现了他们的新面貌,刘传和区乾的作品参加了文化部在国外举办的21个民间工艺展,可说是蜚声中外。

在良好的艺术气氛下,年轻一代健康成长。庄稼、曾良继承传统,融会时代精神,逐渐形成了自己的艺术风格。1954年,庄稼的《七仙女》参加了莫斯科世界青年作品展。1955年,曾良的《子母鹿》和《神仙鱼》参加全国青年美术展获文化部奖章。出身于陶艺世家的刘泽棉和廖洪标被选送中央工艺美术学院深造,在黄新波、黄笃维等艺术前辈的指导下脱颖而出,形成了自己独特的艺术特色而成为石湾陶艺的新秀。山公(微塑)艺人廖坚、器皿艺人梁华甫和釉料师傅吴灶生均在石湾陶瓷的恢复和发展过程中起了承前启后的关键作用。从美术院校毕业的姚志明、苏锡荣、罗景炘,以及自学成才的霍兰、霍英、霍胜、黄兰书等,也成了石湾陶艺创作的中坚。

1975年,石湾镇创办了石湾工艺美术厂,蓝永泉任厂长,是佛山鹰牌陶瓷公司的前身。

石湾陶艺的代表人物有刘传、庄稼、曾良、刘泽棉、廖洪标、黄松坚、刘炳、潘柏林、钟汝荣、梅文鼎、曾鹏等。

20世纪80年代,石湾美术陶瓷行业的经济结构发生了大变革,民营的陶艺厂、工作坊、工作室如雨后春笋,为石湾艺坛增添了生机和活力。1981年,湾江艺术陶瓷厂培养了霍家荣、封伟民等一批很有潜质的新秀。1987年,刘藕生创办"艺之谷陶艺工作室"。1988年,钟汝荣第一个在石湾以个人名字创立"钟汝荣陶艺研究室";曾力、曾鹏、梁沛星、邓巨辉等创办"瓦公窑陶艺厂"。1993年,离休后的庄稼大师创立"桃花源陶艺研究室",先后向国家、省市博物馆捐献作品200多件,实现了"把艺术回归人民"的心愿。

石湾陶艺是从岭南民间艺术的基础上发展起来的。其继承传统、不断创新,形简而仪态动人、粗犷耐看而有余韵,以形象生动传神,体态逼真,胎体浑厚,釉色斑斓,在全国工艺美术中独树一帜,被誉为亚洲浩瀚文化的明珠。

二、潮州的陈设艺术陶瓷

潮州艺术陶瓷历史悠久,是我国艺术陶瓷生产最集中,产量、出口量最大的产区。艺术陶瓷约占潮州产区陶瓷产量的10%~15%,年销售额超过20亿元人民币,除专业厂外,一般大型日用瓷企业都兼有艺术瓷的生产。

潮州艺术陶瓷包括瓷塑人物、动物，通花瓶及瓷花，各式彩绘花瓶，实用与欣赏相结合的日用器皿，文房四宝，花盆、鱼缸、鼓墩，挂壁、吊件、花插，祭祀用的香炉、烛台等，以枫溪瓷塑、通花瓷、潮彩陈设瓷而驰名。

潮州艺术陶瓷源远流长。潮州北关的唐代窑址发现的捏塑瓷猪，酱褐色釉罐，罐顶有雕刻人物；揭阳出土的谷仓罐综合了人物、动物、花卉瓷塑；笔架山窑中发现的宋代潮州艺术陶瓷更是丰富多彩，人物瓷塑有佛道、仕女、西洋人物，动物瓷塑有狮子、龙人骑马、狗、响鸟等。

明清时期，距潮州3km的枫溪窑继承了潮州的艺术陶瓷风格，延续了外向型海洋文化的特色，收藏于广东省博物馆的《观音像》、《如意观音》、《弥勒佛像》、《坐观音像》是很好的例证。

清中晚期，彩塑流行。如《釉下五彩人物壁灯》（吴如同发号）、《粉彩立观音》（金顺彩庄）、《白釉人物头像挂壁》（陶真玉）、《米黄釉寿星立像》（韩江埔仕盛）等彩绘和色釉装饰呈现出明清时期的装饰特点。

民国时期，枫溪瓷塑的产品多为佛道、仙道、西方三圣、观音、弥勒佛、麻姑，吉祥寓意福、禄、寿，童子仙桃、渔翁钓鲤，及马、牛、羊、狮等动物瓷塑，作品多以写实为主，塑贴结合，满彩或施以青釉等传统色釉，主要商号有"章和合"、"潮磁"、"吴同如发"、"陶真玉"、"和记"等，产品多供外销。

20世纪50年代，主要产品有中外人物瓷塑、各式通花瓶、瓷花、盆景、动物等近千种。50年代末，潮安县陶瓷公司和广东省枫溪陶瓷研究所相继成立，对枫溪瓷塑技艺的挖掘、继承和创新发展发挥了主导作用。代表人物有林鸿禧、陈钟鸣、郑才守、吴德立、吴为明、王龙才等。

20世纪90年代以来，随着企业经济形式的改变，枫溪瓷塑创作向多元化的方向发展，现代陶瓷艺术颇为风行，从事瓷塑创作的许多艺人办起了个人工作室。代表人物有吴为明、吴维潮、吴映钊、丁培强、陈震等。

潮州陶瓷艺术创作中，陈钟鸣、王龙才、吴为明三人不但在潮塑而且在潮彩方面都很有成就，并且获国家级非物质文化遗产枫溪瓷烧制技术传承人。

三、大埔的薄胎瓷

大埔薄胎瓷是广东的独特名瓷，被誉为"瓷坛明珠"、"广东陶瓷之花"。薄胎瓷是大埔高陂的传统产品，以轻巧雅致、装饰秀丽、质地名贵、富有浓郁的地方特色而闻名。薄胎瓷以精细瓷泥拉坯或注浆成形，坯体厚仅1～2mm，并施以釉下彩绘，上釉后，一次烧成。大埔砂坪瓷厂制作的茶具，玉洁透明、工精艺巧，6头茶具仅125g重。

20世纪80年代以后，潮州产区也发展薄胎瓷器，以精美釉上彩装饰，在市场销售中颇受欢迎。

四、彩绘陈设瓷

彩绘陈设瓷包括釉上彩瓷和釉下彩瓷两大类。釉上彩瓷包括广彩、潮彩、高陂釉上彩、和艺术瓷砖。釉下彩瓷包括青花陈设瓷和釉下五彩。

1. 釉上彩瓷

（1）广彩　广彩是广州釉上彩绘之简称，是把从外地购进的白胎瓷经彩绘加工而成的彩瓷产品，是广东乃至全国的一大名瓷，享誉世界。

广彩瓷是清康熙年间解除海禁、中西贸易繁荣时代的产品。刘子芬在《竹园陶说》中描述了广彩瓷的背景："海通之初，西商来中国者，先至澳门，后则迳趋广州。清代中叶，海舶云集，商务繁盛。欧士重华瓷，我国商人投其所好，于景德镇烧制白瓷，运至粤垣，另雇工匠仿照西洋画法，加以彩绘……"。早期的广彩是景德镇釉上粉彩与广州烧青（烧瓷珐琅）相结合的产品。到雍正、乾隆年代，已形成金碧辉煌、五彩相煊的彩瓷风格，且形成了一定的规模。18世纪时，广彩瓷最明显的时代特征为"多彩瓷"，为皇室、家庭、社团、城邦用瓷的主要产品，也有人称为宫廷贵族用瓷。圣经、古希腊、罗马神话故事，西方人的生活场景等均呈现在广彩瓷上。"式多奇巧，岁无定样"。当时，广彩瓷的造型和装饰是按照外国商人送来的订制样式制作的，都不是我国固有的风格。主题纹饰有徽章纹、船舶纹、人物纹、花卉纹、动物纹、边饰等，而最精美的是绘有徽章纹的产品。徽章瓷是一国、一市、一军或一公司的标志，多以瓷盘形式出现，边饰布满四周，中央突显标志。

清雍正、乾隆时期是广彩的辉煌时期。1778年（清乾隆戊戌年），出现了广彩业的行业协会——灵思堂。灵思堂有完善的组织机构和严厉的行规，堂内每年选举主管堂务和财务的正副堂主各一名，并对入会会员、学徒等有明确规定。加工产品有"式单部"、"花样册"，计算工值和产品有定价依据，以免互相削价造成内耗而使广彩瓷产品的质量下降。此时，生产作坊广州西关及十三行等逐步向珠江南岸的河南幢福寺四周迁移，这里的发展空间广阔。

清嘉庆、道光时期，广彩业尚属繁荣，题材以绘画传统人物纹样为主，有地方风趣、民间民俗、生活场景等而使广彩瓷更接近民众。

19世纪末至20世纪的前30年间，手工操作的广彩艺术瓷仍受到人们的青睐。20世纪初期有不少经销广彩的瓷庄，其中最大的一家为德隆兴，接揽其加工商家的就有三、四十家。五常、胜玉、义胜隆、裕成祥、宜兴源都是较大的广彩瓷庄，在靠近珠江江边的鳌洲一带开设作坊，行内有工人3000多人。1915年，在美国旧金山太平洋万国巴拿马博览会，艺师刘群兴的"唐明皇击球图箭筒"荣获博览会金奖。

抗日战争时期，艺人流落到香港、澳门等地，抗战胜利后，原先的厂家纷纷迁到香港、澳门发展，从而取代了广州的广彩地位。

1949年以后，艺人又纷纷从香港、澳门回到广州。1956年8月，重建"广州彩瓷工艺厂"，广彩瓷在广州重生，厂址在天成路103号。1958年4月，搬迁到大德路16号，更名为"广州市织金彩瓷工艺厂"，1976年再迁到广州河南芳村大道97号。1985年，广彩厂在广州举办"广彩创建三百年"纪念展览，展品500多件，主要是当时广彩厂的优秀作品和新产品，也有少量的历史作品，使人们对广彩瓷有了更新的认识。20世纪80年代，广州彩瓷业迁出市区，在番禺、增城等地落户。

广彩绚丽多彩，用色浓重，料厚色艳，对比强烈，以红、绿、黑、金为主色，多做平涂晕染。在早期的广彩中，金彩使用不多，19世纪中期以后才得到大面积使用。欧美国家在装饰艺术方面喜欢使用金色调，称之为"镀金时代"。广彩瓷投其所好，形成了广彩特有的风格而延续至今。彩金的技法可分为积金（在广州话中"积"与"织"同音）、描金、车金、熨金等。织金二字源于20世纪50年代的一首诗："彩笔为针，丹青作线，纵横交织针针见，不须锦缎绣春图，春花飞上银瓷面"。文学性的赞誉、形象的比喻将广彩内涵生动地进行了描述，1958年广州彩瓷工艺厂更名为"广州市织金彩瓷工艺厂"。

广彩主要色料是红（赤红）、黑、蓝、绿、黄，其主要组成是氧化铅、二氧化硅、硝酸钾、硼砂，着色元素为金、钴、铜、铁、砷、锡等，经高温烧炼而成，再把这五种颜色配上乳浊和透明熔剂，调出更多的色料。

广彩行业最著名的代表人物有刘群兴、赵国垣、余培锡、司徒宁、许恩福等。

（2）潮彩　潮彩是潮汕地区传统釉上彩的统称。潮彩是在古彩、粉彩的技法基础上采用新彩颜料加以创新而成，画面精细雅致，加之金的修饰，色彩富丽堂皇。潮彩在不同的时期，不断发展装饰新工艺，与广彩齐名，成为广东两大名瓷。

1878年，枫溪吴合禧从南洋带回彩料，在潮州西门开创玉顺彩馆，称之为"洋彩"。清末民初，潮州彩瓷的加工制作称彩馆或彩庄。据《潮州瓷都》记载，民国初年"彩瓷业日盛，有彩馆17间，工人300余人，全年产值13万银元。"彩馆购入白瓷（高陂、景德镇等地）进行釉上彩绘加工，彩馆（庄）聘请彩瓷师傅，吸收艺徒从事彩绘。随后吸收一批民间画师，给潮州彩瓷带来了新的特色。1910年，彩瓷著名艺人廖集秋的1.2尺《百鸟朝凤四季盘》以及许云秋、谢庭祥的潮彩人物挂盘、碗等产品在南京举办的"南洋第一次劝业会"展出，获奖。随后被选送巴拿马万国博览会展出，引起旅美人士的关注和好评。

潮彩吸收了潮州民间其他艺术的养分，博采众长，融会贯通。彩绘入画题材广泛，戏剧题材是表现的重要主题之一，自然界的山水、花鸟、龙凤、走兽、禽畜、虫鱼等为主要内容。画师善于运用对称、连轴、散点、满花、斗方等形式表现艺术效果。

潮彩用中国画的工笔与写意，吸收、融会西洋艺术技法，装饰各式花瓶、挂盘、台灯、罐、筒、花盆、鱼缸、瓷板，以及人物、动物瓷塑，形成了一种门类多、品种全、产量大的陈设艺术瓷。

20世纪50～80年代，潮州彩瓷总厂、国营潮州彩瓷厂、汕头彩瓷厂是潮州彩的基本力量，承担港澳地区茶楼、酒店用瓷及欧美国家的出口，其中刘再盛、王儒生是代表人物。省枫溪陶瓷研究所、郑才守、叶竹青、吴维松、丁宝成、吴克仁、吴淑云等开拓彩瓷新的领域，或从事教育事业，使潮彩后继有人。

潮彩另一个主要生产基地是饶平，主要集中在三饶、新丰、建饶、黄冈等地。著名艺人有沈建初、沈建成、刘建良、刘建玫等。

釉上堆彩、五彩堆料、堆金彩，具有同质性，但技法的灵活运用，收到不同的艺术效果，20世纪80～90年代，潮州产区陈设瓷生产大户如长城、四通，充分发挥其特性，深受国内外客商的欢迎，获得了较好的经济效益。

潮彩在不同时期，出现新材质、新颜料，与传统技法相结合，创造新的装饰工艺，主要有腐蚀金工艺、印花和喷花、黑地万花瓷（汕头彩瓷厂）、金地万花瓷（潮州彩瓷总厂）、青花斗彩、色釉、色土结合、布贴装饰工艺、结晶釉和瓷板画装饰工艺、集成装饰材料（树脂、铜件、铝制品、石英、玻璃等）恒色瓷板画等，既保留了传统的彩瓷技术，又增添了新的元素，形成不同的装饰效果，适合不同国家、不同消费群体的需求，从而提高了其艺术价值和产品的附加值。

（3）高陂釉上彩　高陂釉上彩是广东传统釉上彩的一枝独秀，始于1920年，是在新彩装饰技艺的基础上发展的釉上彩瓷。平彩或斗彩所用彩料为油料，粉彩所用彩料为水料，线条用油料，利用油、水不相混的特点，以油料描绘明确精细部分，水料渲染变化虚浑的部分，画面清晰，虚实相间，层次分明，彩色变幻微妙，创一家之风格。高陂釉上彩呈色艳丽，五彩缤纷，深受海内外喜爱。20世纪40年代，高陂彩瓷商号达200余家。50年代，广泛应用于餐具、茶具、咖啡具、花瓶、挂盘、工艺陈设瓷等装饰。

高陂釉上彩以郭寿民为代表，在继承传统陶瓷彩绘艺术的基础上，加以发挥，形成俏丽、清新、富有诗意的自然风格。

（4）艺术瓷砖　艺术瓷砖是瓷砖装饰的艺术品，融会了艺术陶瓷和建筑陶瓷，是市场衍生的一个陶瓷行业的新门类。艺术瓷砖的装饰技法工艺多样，彩绘、贴花、印刷、刻花、描金，还有多样的颜色釉、贵金属釉、结晶釉、窑变釉等，传达一种意念、一种精神，给人多元丰富的艺术感受。

艺术瓷砖主要包括腰线、地线、陶瓷艺术壁画（以绘画、书法、浮雕）等，广泛用于家居装饰（如电话槽、门厅、通道等）、泳池、别墅、会所、机场、火车站、地铁等公共场合。

佛山蒙娜丽莎集团公司创制的蒙娜丽莎瓷板艺术画品，通过独特的工艺对绘画、书法、摄影等作品进行加工，以实现对原作品的高保真还原复现。

2.釉下彩瓷

（1）青花陈设瓷　釉下青花瓷是我国瓷坛的瑰宝。瓷器蓝白相映，幽静美观，加之深浅色阶的变化而使虚、实相间，变化无穷。青花瓷采用工笔、写意或仿古、斗彩、花纸进行装饰，形成不同风格、不同档次的产品，加上艺术家的尽情发挥，各显艺术效果。与时俱进、创新开拓，是青花瓷千年炉火不灭的魅力所在。

元、明、清以来，大埔高陂、饶平九村、潮州枫溪就大量生产青花瓷器，历代相传，一脉相承。

青花陈设瓷器一直是潮州陶瓷产区的主要产品之一。民国时，青花瓷生产量较大的商号有荣利、陶真玉、如合、陶玉峰、吴同和等，当地把青花彩瓷称为"画蓝"。从现存实物考证，蓝颜色较为纯正。蓝色偏深，说明采用了纯度较高的钴颜料。当时已经采用了青花料的专门配方，施以蛤壳灰、谷壳灰配制的钙质釉，发色鲜艳、美丽。产品主要是花瓶类和观音类，画面多以山水、花卉、小说人物、戏剧人物为主。

大埔高陂和饶平九村、新丰是广东传统青花瓷的重要产地。20世纪50年代，青花陈设瓷有了较大发展。郭寿民、沈建初、黄伟才等是青花彩绘著名的民间艺人。

1978年以来，大埔产区有几百家民营企业生产青花瓷和仿古瓷，其中以光德、桃源青花瓷的生产居多，品种有大、中、小花瓶（高度从0.06～2m），花钵、箭筒、笔筒、坛类、罐类、碗类、盘类和壶类等，品种数百，画面成千，丰富多样。1986～1995年间，大埔产区青花瓷的品种、产量、产值和市场销售额，为大埔陶瓷史上青花瓷的新高，产品畅销欧美市场。

（2）釉下五彩　釉下五彩是一种采用多种釉下颜料彩绘成的呈多种颜色的瓷器。1840年以后，陶瓷商行从日本、德国、英国购入钴蓝、铬青、玛瑙红等彩瓷颜料而用于釉下五彩的装饰，逐步形成了潮州釉下五彩，它以黑、红、蓝、绿、赤等颜色彩绘，在1200℃的温度氧化气氛烧成。1933年以后，五彩颜料由本地生产。收藏于瓷都陈列馆的民国时期的釉下五彩花瓶、挂盘的瓷器带米黄色调，釉面呈微裂纹，有红色、蓝色、浅绿色等，产品朴实、华丽，是在氧化气氛中烧成的。1964年以前，枫溪大量生产氧化焰烧成的五彩瓷器大窑彩，包括日用瓷、陈设瓷供出口。随着还原焰烧成细瓷的成功，氧化焰烧成五彩瓷器逐步退出。

20世纪90年代以来，随着中温颜料的发展，釉下五彩的瓷器又重新发展起来，如潮州雅泰陶瓷公司把釉下五彩成功应用于日用成套餐具。坯体素烧后进行彩绘装饰、色烤处理后，再进行施釉、釉烧，确保了釉下花纹图案的清晰度，是实用与艺术完美结合的产品。

高陂的釉下五彩瓷器，白中带灰蓝色，五彩较为艳丽，产品在还原气氛中烧成。产品多为瓶类、盘类、缸类、箭筒民用产品。广东省大埔陶瓷研究所创制的釉下五彩金鱼缸，其金鱼活灵活现、游于中央四周，瓶口和瓶底配加蓝、绿、红图案，构图精巧，是不可多得的艺术珍品。

第三节　日用陶瓷

广东的日用陶瓷产品包括各类陶器、瓷器、炻器等，有特别适合两广、港澳、海外广大华人华侨喜爱的"三煲"（茶煲、饭煲、粥煲）和"三缸"（米缸、糖缸、水缸）等特色品种。

一、日用陶器

早期广东的日用陶器大体为一些盆、罐、壶等盛器，后来有碗、碟、炉、罐、烛台、花瓶、花钵、缸、餐具、茶具等不同品种。石湾产区以烧造陶器名扬四方，潮州产区的紫砂陶器颇负盛名。釉中彩陶器、陶质工夫茶具、沙煲等是其代表产品。

釉中彩陶器是在陶坯上施以白色或浅色的着色土后，经烘干、彩绘、施透明白釉经烧成而制得的陶器。由于低温颜料呈色丰富，装饰更加丰富多彩，陶质纯朴归真，装饰发挥空间更大，除了精细，更多的是豪放装饰。陶器破损后，易风化而回归自然，备受市场接受。

陶质朱泥工夫茶具是潮汕人惯用的一种茶具，明末清初枫溪开始创作。茶壶采用手工拉坯或注浆成形，俗称"冲罐"。手工拉坯茶壶制作精巧，造型独特多样。按"茶三酒四"的例俗，茶盆上放茶杯三个，人多时也不增杯，长者或客人先用。这种茶文化体现了潮州人的谦让品德。茶具有内外都同是红色的，也有外部是红色、内上乳浊白釉的，茶船（盛茶水用的茶具座体）通常是红陶的，茶船外边一般都有刻花装饰，整套茶具古色古香，别有情趣。陶质工夫茶具一般都是小作坊生产，讲究的是精致和艺术。中国陶艺大师章燕明是工夫茶具著名的代表人物。

广东人喜欢吃粥喝汤，所以，饭煲、汤煲、药煲、水煲等沙煲制品的生产历史悠久，产地遍布城乡，是广东陶瓷的一个特色，更是岭南文化的一个组成部分。

二、日用瓷器

1980年以前，广东的日用陶瓷产区，首先是粤东的潮州、大埔、揭西等地，其次是粤西的廉江、电白等地，再次是粤中粤北的清远、佛山等地。1990年以后，主要产地在潮州枫溪、饶平、大埔、深圳、东莞、廉江等地。

釉下青花成套餐具、釉中彩中西餐成套餐具、骨质瓷成套餐具和颜色釉成套餐具等四种是其特色产品。

釉下青花餐具是大埔高陂的传统产品，经数百年的发展，有着深厚的文化内涵。1959年国庆十周年时，华侨瓷厂和大埔赤山瓷厂为北京十大建筑中的华侨大厦和北京火车站提供了一批青花成套餐具。1980年，该厂20头釉下蓝鲤西餐具出口欧美市场。1995年以来，大埔昌隆陶瓷工艺厂开发成功并投产88头薄胎釉下青花中餐具，包括盘、碗、碟、酒具、瓷筷子共88件，三次烧成，器皿足部带釉，为全釉青花餐具。产品制作精细，装饰采用印彩和釉下花纸相结合，底部印有楷书"高陂"，为其产品品牌。产品在胎质、瓷釉、制作工艺、装饰等方面堪称精致，是欣赏和实用相结合的佳品。

釉下彩中西餐具是1974年由潮安瓷三厂吴为明首次设计创作成功。以色土素兰作为花边底色，经上釉、素烧后贴上釉下花纸，再喷釉高温烧成，产品素雅、朴实、大方。潮安瓷三厂生产的"飞燕牌"餐具在国内外享有盛誉，1970～1990年成为潮州日用陶瓷的品牌产品。

1997年始，潮州产区的金鹿陶瓷公司、广东长城股份有限公司、潮州市松发陶瓷有限公司等企业从北方唐山等地引进骨质瓷生产技术。自此，骨质瓷成为潮州的一个新产品。

颜色釉成套餐具，以白色、米黄色、青色为主。2004年，深圳永丰源实业公司开发出暖色调的红色和黄色装饰的骨质日用瓷餐具，以红色和黄色作底地，配以雕金作饰，里面洁白透顶，色泽纯正、亮白，显得大气，定名为"满堂红"、"帝王黄"成套日用餐具，被客商称为"红得晶莹透亮、喜气洋洋。"2007年，在莫斯科洛库斯国际展览中心举行的中国国家展上，被俄罗斯总统普京称誉为"响当当的中国货"。

广东日用陶瓷的工业总产值统计如表17-1所示。

表17-1　广东日用陶瓷工业总产值统计表　　　　　单位：万元

年份	产值	年份	产值
1949	339	1980	16214
1950	479	1990	99400
1960	6735	2000	2352000
1970	4723.36	2010	

资料来源：《广东陶瓷志》及省陶瓷协会提供。

第四节　建筑卫生陶瓷

百年前在广东的南海、潮州、肇庆等地方的民间作坊就已生产琉璃、陶塑、陶砖、中式瓦、陶管、园林陶瓷等传统建筑陶瓷，规模产量不大，却很有岭南地方特色。著名的广州陈家祠、佛山祖庙用的很多精美陶塑、砖雕便是出自石湾。那时候有些建筑用的卫生洁具、马赛克、红砖等陶瓷制品，国内没有的或达不到要求的，便从国外进口。所以广东建筑陶瓷的起步是有基础的，而且具有岭南独特的风格。

百年广东建筑卫生陶瓷业在全中国的同行中有三大特点是其他产区无可比拟的。一是使用地域之大。北京20世纪50年代十大建筑用的琉璃瓦、70年代毛主席纪念堂的花板、1983年德国慕尼黑举办的国际园林艺术展览会上建造的"中国园—芳华园"用的园林陶瓷都出自佛山。二是近30年广东成为中国和世界的建筑卫生陶瓷生产基地和研发中心。三是建筑陶瓷成为广东一个受到重视的经济产业，在许多城镇还是经济支柱产业。

广东建筑陶瓷业的百年历程，石湾建筑陶瓷厂的变迁有代表性和典型性。1957年，石湾的花盆行组建成立石湾建筑陶瓷厂。1962年开始生产陶瓷锦砖（马赛克），产品色泽鲜艳，质坚耐磨，使用于国内重点建筑工程并销往港澳地区。自20世纪60年代开始，该厂先后生产陶瓷砖、卫生洁具、园林陶瓷三大产品，成为中南地区最大的一家建陶生产企业，也是直属原国家建材局的五家重点企业之一。1979年，该厂"建设"牌锦砖获首届国家质量奖银奖，1982年获金奖。20世纪90年代，该厂从德、意等国引进陶瓷砖、洁具生产技术与装备，实行现代化工业生产，成为国内一流的建筑陶瓷厂。21世纪初，石湾建筑陶瓷厂改制成民营企业，对推动广东建陶业现代化贡献是很大的。

一、陶瓷墙地砖

1983年以前，使用机械的、半机械的、人工的方法生产墙地砖，工艺技术与设备的总体水平落后于北方。

1984年5月，由佛山陶瓷集团公司从意大利购买的全国第一条彩釉砖生产线投产，基本实现全线自动化生产。此线可以评价为中国建筑陶瓷由传统生产模式向现代工业化转变的开端，其理由和特点是：工艺技术与装备和国内原来使用的传统方法有突破性的创新和进步；产品质量大大提升；生产效率、效益、文明生产水平有很大的提高。按当时计算，一年即可回收一个工厂投资。

由于当时正值国家实行改革开放政策之初，许多政府领导到生产线现场参观，对引进项目充分肯定，所以生产线的投产成功影响很大，成为国内技术装备引进的一个成功范例。在其影响下，广东建筑陶瓷业持续十年走上了一条引进、消化吸收、国产化、自主创新之路。体现在：①开发符合国情的工艺技术；②自主开发国产化装备；③生产新产品；④极大地提高管理、市场开拓、研究水平。此后的30年间，广东一直是中国现代建筑陶瓷业的引领者、中国建筑陶瓷产业中心。从此，南方的建筑陶瓷产业总体水平大大超过北方。

广东建筑陶瓷的主要产品有锦砖（马赛克）、釉面砖、仿古砖、抛光砖、微晶砖、仿石砖、瓷质板材、轻质板材等，特别是2007年广东蒙娜丽莎集团有限公司投资建设的新型无机陶瓷板材生产线投产成功，广东的陶瓷墙地砖与陶瓷板材生产走在世界前列。

广东建筑陶瓷业的现代化发展带动了装备制造业、原料业、色釉料业、模具业、装饰业、物流业、设计业、外贸、展览业、信息业、包装业等的同步发展。

2005年后，广东建陶业受资源、环境以及广东经济转型发展的影响，以佛山南庄、石湾为生产基地的许多企业进行调整、改造、转型、转移，转移地点遍及广西、江西、湖北、四川、辽宁等地。2010年的广东建筑陶瓷业，陶瓷生产企业降至百家，但仍然是世界墙地砖生产、装备制造、产业配套的基地和研发中心。据中国建筑卫生陶瓷协会年鉴资料，2009年全国建筑陶瓷年产量64.27亿平方米，广东年产量17.9754亿平方米，居各省市自治区第一位。

二、卫生陶瓷

民国时期，广东石湾、枫溪产区已有少量卫生陶瓷生产。

1957年，石湾建筑陶瓷厂成立，主要品种有"石湾"牌蹲式和坐式便器、水箱、洗脸盆等。

1959年，大埔平原建筑卫生陶瓷厂成立。

1981年，潮州建陶厂生产卫生洁具。主要产品有蹲式和坐式大便器、洗脸盆、洗菜盆、皂盒等。此外四会陶瓷厂、台山瓷厂也生产卫生洁具。

1985年，石湾建华厂、石湾建陶厂、广州建材三厂从西德引进年产50万件（套）卫生洁具生产线。同年，清远县与外商合资，引进美国"标准"牌卫生洁具生产线，建成清远华美卫生洁具厂。

1994年8月，美国科勒洁具公司在佛山三水乐平合资办厂，后转为外商独资厂。

20世纪90年代初，广东潮州产区卫生陶瓷产业开始迅速发展，到2008年，潮州有卫生陶瓷生产企业约380家，分布在枫溪区（100家）、潮安县古巷镇（240家）和凤塘镇（40家），年产3000万件以上，还有原料加工、色釉、模具、纸箱、盖板等配件企业300多家。潮州成为我国专业化、配套齐全的卫生陶瓷生产基地。

2010年，广东约有规模以上卫生陶瓷生产企业480家，其中潮州产区380家，以佛山为中心的珠三角地区100家，珠三角地区包括中山、清远、顺德、江门等。进入21世纪后，广东陶瓷卫浴业已成为中国最主要的产区，具各省、市、自治区之首。

自1980年后的30年间，广东著名的卫生洁具企业或品牌有乐华（箭牌）、钻石、英皇、东鹏、鹰牌、新明珠、新中源、英陶、丹丽、吉事多、马可波罗、美标、科勒等。

第五节 工业陶瓷

20世纪80年代前，广东主要生产耐酸陶瓷制品和电瓷产品。1979年以来，广东在压电陶瓷、陶瓷电容器、热敏电阻、高铝陶瓷、泡沫陶瓷以及高超细氧化锆、锂钛、钛锶粉体的特种陶瓷材料等方面得到飞速发展，不少企业在国内同行中独占鳌头，经济效益和社会效益均十分显著。

1958年，石湾陶瓷产区开始生产成套耐酸和化工陶瓷，产品包括耐酸管道、耐酸埚、耐酸陶瓷泵、阀门等。1961年前后，经过调整、充实、提高，石湾耐酸陶瓷厂、化工陶瓷厂、工业陶瓷厂、建筑陶瓷厂等形成了耐酸管道、阀门、耐酸埚等产品的工业生产能力。1958年，枫溪产区建立了陶一厂和陶二厂，生产耐酸板，耐酸环、耐酸缸、瓮、罐类，耐酸埚等产品。石湾、枫溪产区生产的工业（耐酸）陶瓷，满足了广东省内制酸和化肥工业生产的需求。

1957年，石湾在陶瓷作坊基础上建成石湾电瓷厂，生产电瓷产品，如电瓷绝缘件、保险盒、绝缘瓷管、开式瓷瓶等，颇具规模。1958年前后，佛山石湾电瓷厂、揭西电瓷厂、阳江电瓷厂、源潭电瓷厂等生产中低压横担、瓷瓶、电桥等产品。

1965年，为配合发展无线电工业，佛山市陶瓷研究所试制成功"瓷介微调电容器"和"瓷基碳膜电阻"。1968年，这两个项目组从陶瓷研究所分出迁往佛山市，成立"佛山市无线电二厂"，专业生产瓷基碳膜电阻和电容器等电子元件。1974年，又从佛山市陶瓷研究所分出一部分人员，成立了"佛山火花塞厂"，专门生产工业瓷件和汽车火花塞。

1984年，大埔大通电子元件厂生产压电陶瓷蜂鸣器。1985年，石湾电瓷厂研制成功体积小、性能优良的XP-7悬式绝缘高压电瓷，10kV加强横担高压电瓷批量投产，成为生产高压电瓷的省重点企业。1985年，佛山市陶瓷研究所开发成功压电陶瓷打火器，产品性能接近进口产品水平，佛山陶瓷工贸集团组织投入生产，成立了佛山市特种陶瓷材料厂。

潮州三环集团公司从一家生产无线电瓷件的基础上，经过40多年的发展，成为国内最大的特种陶瓷产业基地之一，主要产品有多层式陶瓷电容器（MLCC），玻璃封装连接端子（GTM），表面贴装电器件（SMD），陶瓷封装基座（PKM），氮化铝（AlN），氧化铝（Al_2O_3）陶瓷基片，光通信连接器用陶瓷部件，固定电阻器用陶瓷基体，固定电阻器，金属化陶瓷部件，时尚陶瓷，陶瓷电弧管，固定氧化物燃料电池（SOFC）用电解质隔膜等，涉足电子、通讯、机械、电工、环保、新能源、时尚等应用领域。该公司的电阻陶瓷基体销量占全球的50%，国内市场占有率达70%，公司销售额超10亿元。

佛山市陶瓷研究所是我国研制和生产高铝瓷的单位之一。1987年，研制成功"陶瓷辊棒"和"微晶陶瓷"等一批新型陶瓷，特别是陶瓷辊棒对建筑陶瓷辊道窑炉的国产化发展发挥了重要作用。佛山市陶瓷研究所、大埔县特陶厂生产95瓷、99瓷及铬刚玉高铝瓷，产品用于化工、医疗、机械、电力行业。

除上述企业外，广东风华高新科技有限公司的片式独石电容器，汕头超声集团的压电陶瓷换能器，广州燕塘的高纯超细$BaTiO_3$、$SrTiO_3$粉体，中山市高科技公司的超细ZrO_2粉体，梅州大埔县的压电陶瓷蜂鸣器，佛山高明鸿安刚玉有限公司的刚玉制品，深圳恒利达、广州柏励司的陶瓷研磨介质等在国内同行业中均占有一定的地位。

第六节 陶瓷原料与辅料

一、陶瓷原料

1958年，广东省工业厅硅酸盐科对广东陶瓷原料、矿点开展普查，初步摸清了全省陶瓷原料的分布，制订了广东陶瓷发展规划。

20世纪50年代末至60年代初，枫溪、大埔、石湾三个陶瓷研究所配合当地陶瓷公司（局），对各自产区的陶瓷原料进行了调查、取样和分析，为建立各产区的陶瓷原料专业生产厂、统一产区坯釉配方提供了科学依据。

1956～1958年，广东省工业研究所对潮安、清远、大埔高陂等地的陶瓷原料进行初步研究分析。

1962年，广东省枫溪陶瓷研究所对粤东的潮安飞天燕、大旗山、大埔深窝瓷土、饶平排上背瓷土进行系统分析，包括化学全分析、示性分析、物理性能鉴定，以及玻化范围、耐火度、偏光显微镜、差热分析等，通过分析研究，对矿物类型作出了结论，为以后原料的合理开采利用提供了依据。

1976年，原广东化工学院接受了广东省陶瓷工业公司的研究任务，对广东省五种瓷土（潮安飞天燕瓷土、饶平上山土、清远浸潭土、大埔探简戈土、湛江禾寮土）进行理化性能和工艺性能的分析及矿物鉴定。

1976年，广东省地质局756地质队对潮安飞天燕瓷土矿等矿点进行勘探。广东省已勘探和查明的矿点和储量见表17-2。

表17-2　广东省已探明的瓷土储量情况表　　　　　　　　单位：万吨

矿名	储量	矿名	储量
潮安飞天燕瓷土矿	3219	高州沙田矿	4000
大埔探简戈瓷土矿	15000	清远浸潭矿	3000
惠来靖海矿	5000	电白东华矿	3000

清远、高州、从化、花都、惠阳等地的优质瓷土矿，除了满足广东省陶瓷生产发展的需要外，还供应到外省产区。1989年茂名市发现储量达5.6亿吨的大型优质高岭土矿。20世纪80年代后，瓷土资源丰富的地区相继建立陶瓷原料公司，有的供应原矿、有的供应淘洗矿，长石、石英等瘠性原料则加工成粉状原料。

粤北清远市辖区的矿产资源丰富，已发现品种62个、矿产地374处。2002年，为开发利用清远丰富的黑黏土资源，英国WBB球土公司曾在源谭镇合资建立原料公司，3年后由于经营不善而停产。

河源市已发现矿产资源56种，具有种类多、分布广、品位高的特点，已初步探明优质高岭土和黏土的储量为3000万吨。

广东陶瓷原料丰富、分布广、种类齐全、水运发达等先天条件，为陶瓷业发展打下坚实的基础。

二、陶瓷釉料

1954年以前，广东省使用石灰釉，容易引起产品烟熏。1954年首先在大埔赤山瓷厂使用长石釉。

20世纪70年代，大埔陶瓷原料厂和潮州市瓷釉厂成立，主要产品是长石釉，供应大埔陶瓷产区和潮州陶瓷产区的陶瓷生产厂。

80年代，把硅酸锆和陶瓷熔块引入陶瓷釉料，对提高釉面质量、降低烧成温度发挥了重要作用。

1990年以后，意大利和美国先后在佛山和广州经济开发区设厂生产红B和蓝B牌、ATO（阿托）牌，以及从日本、美国进口三K等品牌的硅酸锆。

2000年后，广东许多民营企业投入超细硅酸锆的生产行列，主要有汕头东方锆业公司、汕头陶源公司和佛山等企业。

1983年，佛山陶瓷产区在引进意大利陶瓷砖生产线的同时，引进了陶瓷熔块的生产设备和工艺。1987年，佛陶公司为了减少进口，降低引进资金，成立专门陶瓷熔块生产企业，在华南理工大学的帮助下，在南海县桂城镇建成投产桂城熔块厂，这是佛山第一家专业生产熔块的企业。此后，民营企业紧紧跟上，先后上马陶瓷熔块厂几十家。

陶瓷熔块分透明熔块、半透明熔块和乳浊熔块，按主要成分可分为含锌釉熔块、锆釉熔块、硼熔块、镁质熔块、钙质熔块、锂质熔块、含稀土金属熔块等；按亮度分亮光熔块和哑光熔块；按膨胀系数分低膨胀熔块和高膨胀熔块等。

潮州新达陶瓷材料厂与华南理工大学合作，在国内首创含稀土氧化物熔块釉，代替进口"闪光釉"，为瓷砖降低成本做出了贡献。

陶瓷熔块作为中温和低温陶瓷釉的重要组成部分，由于它们已进行高温化学反应，在陶瓷的烧成中减少了碳酸盐、硫酸盐的分解，使陶瓷能快速烧成，且釉面光亮度好。

除建筑陶瓷砖、卫生陶瓷大量应用陶瓷熔块外，中温日用陶瓷、艺术陶瓷也广泛应用，各种特殊熔块为陶瓷艺术装饰增添了风采。

广东陶瓷熔块的生产企业主要集中在佛山、三水、高明等地。

三、陶瓷颜料

广东陶瓷颜料的生产可上溯到清代康熙年间。1684年，开放海禁，欧洲来广州的商船带来了珐琅料。当时广州珐琅极盛，并开始研制颜料。19世纪初，广州已有多处瓷器颜料生产作坊，在城西河港一带，即今长寿路，有"广茂"、"顺全"、"成昌"等生产牙白、水青、水绿、双黄等颜料，其后在广州河南、瑶头、水松基一带，亦设有作坊，主要品种有黄、绿、蓝、白、黑和紫色等颜料。

19世纪末，英、德、日等国的颜料和液态金水输入我国，通称为洋彩，洋彩的输入和采用，出现了不同的装饰格调。

1933年，枫溪的"如合"商号自制釉下墨，"强记"生产釉下红、墨两种。1935年，吴广希"广丰"号生产釉下氧化焰圆子红、二绿、大绿、茶赤、浓青五种颜料。

1937年，日本侵华战争全面爆发后，进口断绝。为满足生产需要，大埔张玉史在高陂办"河西化工厂"，研制和生产釉上西赤、莲子红、红黄、浓青、薄黄、绀青和釉下金红、钴蓝等颜料。潮籍方桂庭、陈名超、杨石生、刘杏村等人到高陂生产和销售瓷用颜料。

1949～1978年，广东的釉上、釉下颜料已基本能自己生产。广东生产陶瓷颜料的工厂主要有潮州陶瓷颜料化工厂、大埔县彩瓷厂和广州织金彩瓷工艺厂，生产釉上手彩、印彩、贴花纸平印和丝印使用的釉上颜料，以及釉下氧化和还原焰烧成的釉下颜料，其中1166深蓝绿、539橄榄绿的产品质量达到国家优质产品要求，圆子红的质量达到世界先进水平。1972年，潮州颜料化工厂与汕头花纸厂合作研制成功薄黄、天青等8种无铅颜料。1984年，广州织金彩瓷工艺厂研制成功耐酸低铅颜料，使广东陶瓷颜料迈向国际标准的新台阶。

1979～2010年，随着广东省陶瓷的大发展，陶瓷颜料需求日益增大，一些国外企业和台资进入广东，使陶瓷颜料的品种、数量和质量得到飞跃发展。深圳、东莞、佛山和潮州是主要产地。

潮州是广东中温颜料专业化、系列化生产基地之一，产品有五、六十种。扩大产区传统的优势品种，同时利用新型陶瓷材料，研发新产品。如传统圆子红产品（铬锡红），利用当地资源优势，加强生产工艺质量控制，科学配比，提高产品发色力，采用先进的窑炉设备，节约能源，降低生产成本，立足市场竞争，国内市场占有率达70%～80%。新产品包裹系列色料的研制，市场投放，都收到了较好的效果。许多企业做到专而精，如通达化工有限公司，专制钒锆蓝、镨黄系列产品，质量领先同行同类产品；而柯丽达制釉公司则是圆子红、桃红产品质量领先。颜料制造企业一般都有专门技术研发队伍，配备先进的仪器设备，生产中采用球磨机、压滤机、连续干燥器、雷蒙机生产设备，有的采用气流粉碎等先进设备，从而提高了效率和质量，达到环保和安全生产。

潮州颜料企业生产坯用色料、釉用色料、玻璃色料、包裹色料、贵金属颜料等，除满足本地使用外，还销往全国各地，部分品种销往国外，年销售约20亿元。著名的企业有三元、丰业、利元、联成、通达、金环、金鹰、柯丽达、化工一厂等。

在外资企业中，实力较强的有大鸿制釉、万兴色料、大洋制釉等。

四、陶瓷花纸

花纸有釉下花纸和釉上花纸之分。釉下花纸首先出现的是单色釉下花纸，早期是用扫粉的方法将青花料与调合剂调和，通过凹版印刷方法，印成贴花纸。

釉下青花纸。早在1949年前，枫溪已有手工印刷的釉下花纸。1962年，大埔彩瓷厂批量生产釉下青花纸。1976年，潮安瓷三厂自制多色釉下花纸。

1954年，大埔高陂由郭寿民、柯祥等人开展釉上贴花纸的研究，生产单色贴花纸，应用于日用陶瓷的装饰。1958年，汕头兴建广东第一间瓷器贴花纸车间，后扩建为汕头花纸厂，由柯祥任厂长，生产多色釉上贴花纸，其中深蓝绿、橄榄绿、圆子红、桃红花边均是该厂的名牌产品，大量应用于对港澳茶楼酒馆用瓷的装饰。汕头花纸厂年产釉上花纸1200～1300万张，基本满足20世纪70年代广东陶瓷的需求。此外，大埔彩瓷厂也生产釉上、釉下花纸。1984年，高州、廉江花纸厂开始生产釉上花纸。

20世纪末，有潮州永隆、红太阳、饶平三元等几十家花纸厂生产花纸，其中深圳斯达高公司、永丰源公司生产的花纸质量达到较高水平。

五、陶瓷颜色釉

釉彩是我国古代陶瓷的传统装饰方法，把颜料釉施于坯体上，烧成后，成为丰富的色彩。石湾陶塑的釉彩，吸收了我国宋代五大名窑的优点，根据当地陶土资源和生产条件，进行仿制和创新，仿中有变、仿中有创，形成了自己的风格。釉彩的技艺有涂、搪、挂、泼、填、雕、刮等技法，釉色的运用则根据人物的性格、造型的不同而异，如屈原、杜甫等塑像，为表达其视功名如敝屣、高风亮节的个性，则施彩灰白色的纹片釉；而关公则施彩铜红釉；动物陶塑水牛、猫、鸭等动物，刻画毛羽，而不施釉，只在眉目、趾爪部略用黑釉，以达到刻画细致、画龙点睛、栩栩如生的艺术效果。

潮州釉彩产品的胎是瓷质的，有的坯体经素烧后，在胎上以釉作彩，艺术釉或色釉，以涂、堆、填、雕、彩的技法进行装饰，根据构图，往往远景的山、水、石施以艺术釉，近景花鸟、林木则以色釉作彩，掌握土、釉、火的"功夫"，艺术釉呈现变化万千的意境。吴为明的《春意浓》，表现春暖花开，红花、黄花怒放，小鸟在枝头唱，山石衬托，主题突出春意浓浓的景象。

20世纪80年代后期，钧釉产品在潮州产区得到很大发展。以亚洲陶艺公司为例，以氧化铜为主要着色剂的红钧，在陶质的大缸、大钵中大面积施釉，颜色稳定，美丽而华贵。蓝钧、紫钧、绿钧及其艺术釉，效果极佳，产品主要供出口外销。高温钧红釉在潮州产区也得到发展，如炫宇陶瓷公司高温钧红釉系列一品红，从釉料配制到烧成技术，达到新的高度。2004年制作的42英寸红釉大瓷缸，颜色红亮、晶莹，被国务院中南海紫光阁收藏。该公司更多的是将一品红釉应用在刻瓷上，把中国书法艺术与高贵的高温红釉结合，提高了艺术价值。

深圳永丰源实业公司生产的满堂红和帝王黄色釉纯正亮丽，加之堆金装饰，富丽堂皇，显得高贵。

1962年，佛山陶瓷研究所研制成功钛结晶釉，胡守真研究成功硅锌系结晶釉。此后佛山陶瓷研究所、石湾美术陶瓷厂研究开发有20多个品种。结晶釉含过饱和的氧化物，在冷却过程中形成晶体，有单晶体、星形晶体、有的像夜空星星、有的像寒窗冰花，装饰于花瓶、陈设艺术瓷上，当时在国内处于领先地位。20世纪90年代，饶平儒洋公司结晶釉产品，晶花多样、奇特，质量稳定，除装饰陈设瓷花瓶外，还装饰日用餐茶具等。

"曜变天目"是在新的技术和装备条件下的结晶釉的系列产品。1990年以来，枫溪全福瓷厂，在林礼腾主持下投入大量资金和技术力量，铁锈红釉、葵花天目釉、金银圈、金钱花、玫瑰红、三色环相继问世，产品高贵典雅、别具一格。生产规模和质量已达到国内外领先水平，获得国内多次金奖。20英寸铁锈红八宝瓶、金银圈花瓶收藏于中南海北区和国务院办公厅。

最新开发的窑变深宝玉花瓶，青翠欲滴，展现了勃勃生机，集古代传统技艺，打造出现代艺术精品。

吴渭阳创结晶釉和彩绘相结合，在瓷版上描绘人物或山水、盆景，兼施结晶釉，经高温烧成，变幻出纵横交错、变化的朵朵晶花为衬景，突显人物或盆景，感召观者的心灵，使人回味无穷。

纹片釉最早见于南北朝出土器皿，到宋代成为名瓷，明清大量作为陈设艺术瓷的装饰。纹片瓷利用坯体与釉的膨胀系数不同的特点，烧成时，使釉层产生裂纹，纹路有疏有密、有粗有细、有曲有直、有长有短，有的似鱼鳞，有的似织锦，有的似抽纱，釉色有白、绿、浅蓝等，产品有各种花瓶，文房四宝，茶具，人物、动物瓷塑，外观典雅、古朴。

纹片釉已成潮州陶瓷产区陈设瓷的主要产品之一，有高温、中温、低温之分。20世纪80年代以前，高温裂纹釉主要由潮安瓷六厂生产。1980年以后，潮州市炫宇陶瓷公司纹片釉成为该公司系列产品之一，产品更加多样，鱼缸、箭筒、挂壁、大花瓶、坛罐等一应俱全。陈设瓷生产企业皆有纹片釉产品。

广东省陶瓷漫长的发展中，保留了许多传统的色釉品种，如大埔高陂的铁青釉、虎皮釉、豆青釉等等，潮州产区的圆子红釉、浓青釉、古铜釉等等。自20世纪90年代以来，中温颜料的开发利用，使釉色更加丰富多彩，包裹颜料的广泛应用，红色、橙色、纯黄、紫色等丰富了颜色釉的品种，艺术釉、金属釉的开发，使陈设艺术瓷和日用瓷装饰更上一层楼，可谓是琳琅满目，绚丽多彩。

第七节　陶瓷技术装备

1970年后，广东陶瓷生产使用的机械设备大部分从唐山、湖南等省购买。省内陶瓷产区有潮安陶瓷机修厂、大埔陶机厂、石湾陶机厂等几家，担负产区陶瓷机械设备的维修，并生产一些简单的机械设备，如泥浆泵、除铁器、压滤机、旋坯机、滚压机等。窑炉是就地施工建筑的。

1980年后，广东建筑陶瓷工业飞速发展，陶瓷机械设备进入大发展、大进步、大超越时期。一靠从先进国家购买单机和成套装备，十年间引进了不少于300条生产线；二靠组织、鼓励、开展装备的消化、吸收、国产化工作，十年间基本实现生产装备国产化并开始出口国外；三靠引入各种配套工厂生产机器、配件和专业服务，如微电机厂、抛光机厂、辊道窑厂、球磨机厂、喷雾干燥器厂等。

1990～2010年，佛山地区形成了中国唯一且世界著名的建筑陶瓷技术装备制造产业集群，包括各种企业200家。此外，意大利、德国、西班牙等国的许多陶瓷装备生产公司也到这里合作办厂或设立代理机构。广东佛山成为世界建筑陶瓷技术装备生产、研发基地，供应国内绝大多数建筑陶瓷厂使用，并且出口到东南亚等许多国家。

广东佛山建筑卫生陶瓷技术装备现代化、国产化的成功还带动了日用陶瓷和其他行业的技术装备进步。

一、原料加工和坯料制备的装备

包括大型球磨机、各种型号规格的喷雾干燥器、泥浆泵等。

1980年以前，最大的国产球磨机为5吨级。1987年，国产最大球磨机14吨级在石湾陶机厂设计制造成功，主持人是李宇光、罗明照。自此之后，广东佛山地区生产的大型球磨机的规格越来越多，有14t、15t、20t、30t、40t、60t、100t级等规格。

15吨级球磨机是原国家建材局的科研项目，由咸阳陶瓷研究设计院负责设计、唐山轻机厂生产制造。第一台样机原来由佛陶公司建国厂试用，后又搬迁到清远电瓷厂投入生产使用。100吨级球磨机于2007年生产成功，主持研发的是佛山新明珠集团董事长叶德林。

佛山产区使用喷雾干燥器最多时达2800座。其成套装备由华南工学院与咸阳陶瓷研究设计院联合设计，并由轻工业部唐山轻机厂生产。该产品系列包括150、300、500、1000、1500、2000、2500、3200等型号，各项技术经济指标达到国外同类产品的先进水平，同时在全国得到广泛推广应用。主持和参加设计的人员有陈帆、杨洪儒、刘存福、张慧灵、田流芳等人。

陶瓷柱塞泥浆泵是陶瓷生产普遍使用的流体输送机械，更是压力式喷雾干燥器的关键配套装备。此前，中高压力泥浆泵要从意、德等国家进口。1990年后，中国普遍使用的无隔膜陶瓷柱塞泵由咸阳陶瓷研究院研制生产并系列化。泵的主要研发人员是杨洪儒、刘存福等。

广东日用陶瓷生产原料加工使用的真空练泥机，基本是从唐山轻机厂、湖南轻机厂等省外的陶机厂购买。

二、全自动液压压砖机

压砖机是墙地砖生产中粉料压力成形的关键装备。1984年以前，广东使用的压砖机全是手工操作的摩擦锤，不安全、粉尘大、效率低。

1984年，佛陶公司从意大利唯高公司购进的2000型液压摩擦压砖机投产，尽管还是一种液压机构控制、摩擦锤冲压的成形机，但基本实现自动化成形，效果胜过手动机械。

1986年后，广东的很多建筑陶瓷厂从意大利、日本、联邦德国等国家进口全自动液压压砖机，逐步淘汰手动摩擦机。

1986年，原国家建材局立项研究开发国产自动压砖机。由咸阳陶瓷研究设计院、华南工学院联合设计，佛山石湾陶机厂承接加工制造。1989年3月做出样机，在石湾建筑陶瓷厂上线试用。经三年的考验，宣告YP600型国产全自动液压压砖机研发成功。1995年后，广东力泰公司、广东科达机电公司自主生产、研究、开发、创新了整个系列的压砖机，完全满足国内各产区的需求并销往国外。佛山的这两家公司成为世界压砖机的最大生产企业，年产量达千台以上，规格为600～7800t。

三、卫生洁具生产装备

由于陶瓷洁具器形和生产工艺复杂等原因，直到2010年，全世界陶瓷卫生洁具生产的机械化、自动化，以及文明生产水平均远低于建筑陶瓷行业。20世纪80年代前，一般采用的生产工艺流程是地摊式手工注浆成形—石膏模—人工修坯施釉—烘房干燥—倒焰窑或隧道窑烧成。1984年，佛山建华陶瓷厂从德国全套购买年产50万标件的洁具生产线，包括制浆、台式压力注浆成形、机械手自动喷釉、隧道窑烧成、吊篮输送等。该线的引进在国内是第一次，对中国卫生洁具生产的进步起很大的影响作用。自此之后，广东的洁具生产普遍采用高中微压注浆、机械化或半机械化施釉、高效干燥器干燥、树脂模、重视环保装置等先进装备。

四、干燥及烧成装备

自20世纪50年代以来，广东陶瓷工业围绕提高产品质量、降低生产成本、节约能耗、重视环保、减轻工人劳动强度，做两件大事：一是干燥与窑炉装备的改造；二是改变燃料结构。1958年开始龙窑改革；1958～1964年发展倒焰窑；1965～2010年发展隧道窑、梭式窑、辊道窑。燃料结构从山草、树枝、煤、重油、柴油，1980年后，逐步在各产区推广使用液化石油气、天然气、净化煤气、电等。与此同时，佛山陶瓷研究所研制成功辊棒，为国产辊道窑的推广使用提供了保证。1990年以前，广东使用的先进窑炉需从意大利、德国、日本等国进口；1990年以后，广东产的干燥、窑炉装备除满足省内需要外，还销往省外、国外。

据统计，2010年仅在佛山一地就有设计生产窑炉的企业34家。主要有广东科达机电、萨克米机械、佛山中鹏机械、佛山市摩德娜机械、广东中窑窑业、亚洲陶瓷机械、佛山市高砂工业窑炉等。

五、冷加工机械

磨边机、抛光机械是砖或板产品的深度冷加工机械。1990年以前，从意大利、德国进口。但到了2010年，全世界90%以上的磨边机、抛光机都是佛山制造的。

六、装饰设备

陶瓷产品装饰除了传统的手绘、贴花、丝网印刷等手法外，2008年后，一种非接触式的数字喷墨打印在广东的陶瓷砖和陶瓷板生产中流行起来。佛山产区五年使用了国内外产品600台套以上。

其他装备还有各种布料器、包装机等。据统计，2010年佛山产区有大大小小陶瓷机械设备制造企业200家以上。在国内外负有盛名的有广东科达机电股份有限公司、广东恒力泰机械公司、广东摩德娜机械公司、广东科信达、广东一鼎科技、正大机电、希望机械等。

第八节　广西壮族自治区陶瓷

广西壮族自治区，简称"桂"，地处祖国南疆，首府南宁。南濒北部湾、面向东南亚，西南与越南毗邻，从东至西分别与广东、湖南、贵州、云南四省接壤。区内聚居着壮、汉、瑶、苗、侗等民族，汉语言有粤语、桂柳话、平话等，少数民族的语言有壮语等。1957年6月，国务院作出关于建立广西僮族自治区的决定，并在同年7月召开的第一届全国人民代表大会第四次会议上通过。1965年10月12日，经国务院批准，改名为广西壮族自治区。

春秋战国时期，岭南称百越之地，广西属百越的一部分。公元前214年，秦王朝统一百越，在岭南设置桂林、南海和象郡，其中桂林郡和象郡包括今广西大部分地区，民国初期省会是在桂林，所以广西称"桂"由此而来。广西的名称则来源于宋朝所建制的行政单位"广南西路"，后简称"广西路"，这是"广西"名称的由来。

广西境内少数民族分布广，多山地丘陵，地势自西北向东南倾斜，有丰富的陶瓷原料资源。从考古发现的汉代合浦窑址群完整展现的汉代制陶全过程实证可知，广西有悠久的陶瓷制作历史。

近百年的广西陶瓷，由于大多处于民间传统作坊式的生产经营，就地取材、就地生产、就地买卖，特别是因为佛山和粤西陶瓷很方便地可以通过西江水运进广西，致使广西陶瓷发展缓慢。

到了20世纪末21世纪初，广西陶瓷才得到转折性发展的机会。一是由于国家实行改革开放政策之后，国内外的陶瓷市场打开了，如广西北流的日用瓷业飞快发展，形成中国有名的日用陶瓷产业集群；另一是承接外地，特别是佛山产区的陶瓷产业转移，由此推生了北流、梧州藤县、贺州、桂平、容县、武鸣等地的建筑陶瓷产业的兴起。目前，广西陶瓷产业已形成了日用陶瓷、建筑卫生陶瓷、工业陶瓷、陈设艺术陶瓷等综合陶瓷产业体系，发展势头强劲。

这里重点记述北流瓷业的发展历程。

北流市位于广西东南部，毗邻粤西，总面积2457km^2，总人口136万人。设县已有1400多年，因境内圭江自南向北流而得名。1994年4月18日，北流经国务院批准撤县设市，由玉林市代管。北流市具有悠久的陶瓷生产历史。近年来，已经发展成为全国新兴的陶瓷产区和重要的出口基地，是广西最大的日用陶瓷生产出口基地，也是我国日用陶瓷行业的重要产区之一，享有"陶瓷之乡"的美名。

现已查明，北流的陶瓷原料主要有瓷石、瓷土、釉石、釉果、高岭土、耐火材料等，其中瓷土储量为1亿吨，特点是含铁量低、可塑性强、杂质少等。

北流古有"水土宜陶，邑人多以此业"之说。据考证，北流河流域在夏朝至商代出现制陶作坊，烧造印纹陶器。秦时开始烧造灰胎、黄胎陶罐。东汉初年出现制陶富民坊，制陶业成为有商业利润的产业。三国至两晋时期出现龙窑，制陶工艺长足长进。隋唐时出现色釉陶器，釉色除黄、灰色外，还有偏绿、微黑甚至褐色，釉面光亮，盛唐时烧制原始青瓷。北宋景德（1004～1007年）年间，在桂东南的北流河流域分布有瓷窑200多座，以地处北流河源头的灵垌为北流河流域制瓷之最。景德镇制瓷工艺对北流河流域制瓷业影响深远。宋末到元初时，大批中原难民涌入两广，带来先进的制瓷工艺，北流瓷器质量明显提高，烧制出大量温润如玉、品种繁多、造型各异、风格独特的影青瓷。元时北流瓷业衰落。明清时瓷业复苏，但发展缓慢。到民国末年，北流瓷业一片萧条。

1952年，成立北流合群联营社蟠龙碗厂，北流瓷业开始恢复。1955年，成立公私合营北流县蟠龙碗厂。1956年，北流有县属全民陶瓷企业5家，职工1300人，产品大多销往两广及云贵等地。1957年，北流县陶器厂生产的酒瓮质量为广西之冠，创出北流陶器的品牌。1958年，北流县蟠龙碗厂的500件釉下青花细瓷被北京人民大会堂广西厅使用。到20世纪50年末，北流的日用陶瓷开始驰名广西乃至全国。1962年，国家轻工业部投资，在北流县瓷厂建设年产500万件普通瓷生产线，北流瓷业真正步入半机械化时代。

1975年，陶瓷业已成为北流县的三大（另外是水泥、氮肥）支柱产业之一。1976～1980年，北流县瓷厂共生产日用陶瓷4000多万件，出口瓷器2000多万件，实现利润220多万元。1985年，广西唯一的陶瓷专业公司——北流县陶瓷公司成立，制定了全县陶瓷发展十年规划。1986年，北流陶器建材厂更名为北流县第二瓷厂，扩建釉面砖生产线，使年产量达到60万平方米。同年，北流县瓷厂采用补偿贸易方式，从日本引进成形滚压机和真空练泥机，日用瓷年产量增至1000万件。北流瓷业迅速扭亏为盈。1987年，北流县第三瓷厂与香港桂江公司合资，建成的北流首家合资企业——北流县炻瓷厂投产，同时引进先进管理制度，企业生产规模不断扩大，年出口超过1000万件。同年，全县陶瓷工业总产值达到1000万元，出口创汇100万美元。

1987年7月30日至8月1日，北流县人民政府主持召开了北流县陶瓷城规划论证会，来自区内外陶瓷专家和区内有关部门的领导共70多人参加会议，会议认为北流创办陶瓷城的条件已经基本具备，总体规划切实可行，建议有关部门和单位予以支持和帮助。随后，广西轻工业厅批准，在县城北郊征地240亩、投资3200万元建设北流陶瓷城。北流陶瓷城的建设在北流乃至广西陶瓷发展过程中具有里程碑的意义。1988年，第四瓷厂、第五瓷厂、煤气厂、原料厂、高档瓷厂等企业相继建成投产。至此，全县有各类瓷厂20多家，从业人员3000多人，北流陶瓷正式实现了规模化生产。与此同时，北流乡镇陶瓷业发展迅速。北流陶瓷出现产销两旺的良好局面。

1992年，北流县炻器厂创办的全部由企业内部职工出资合股的股份制企业——北流三环实业总公司拉开低成本扩张的序幕，开始了由劳动密集型向科技型的转变。同时，北流的陶瓷配套产业日趋完善，迅速成为全国日用陶瓷产区之一。

1994年，北流撤县设市，翻开了北流历史发展崭新的一页。1995年，北流市政府采取引资、租赁、托管、收购等形式，加快了陶瓷业的发展，一批企业快速壮大。

1996年，北流三环实业总公司增资扩股至1000万元，1997年转变为有限责任公司。目前，广西三环企业集团股份有限公司拥有成员企业10多家，员工8000多人，年生产日用瓷1.9亿件，年出口创汇能力7000万美元，通过了ISO 9001国际质量体系认证。产品不仅在国内畅销，而且远销东南亚、欧美等地区，是中国同行业的五强集团。产品获得"国家免检产品"、"中国知名出口品牌"、"中国名牌产品"等称号，以及中国-东盟博览会指定礼品的荣誉。在广西三环企业集团股份有限公司的带动下，北流陶瓷产业迅速崛起。

2002年11月，北流日用陶瓷工业园区经自治区批准设立，2005年经国务院核定为省级工业园区。园区规划总面积为13.39km²，由民安镇陶瓷生产区、陶瓷文化街和陶瓷配套区三大部分组成，按规划，园区可建设日用陶瓷生产线250条及30家配套企业，年生产能力达30亿标准件，销售收入100亿元，出口6.5亿美元，创税5亿元。到2008年年底，园区已开发土地450公顷，入园区企业68家，已建成投产56家，在建12家，年产值20亿多元，创税1.5亿元。其中陶瓷及其配套企业40多家，年产日用陶瓷超5亿标准件，产值15亿多元，税收近1亿元，出口创汇1亿多美元。初步形成了陶瓷产业集群，其中包括三环陶瓷、玉洁瓷业、涂工彩印、微晶陶瓷、永达陶瓷等一批大项目，专业化、集约化、外向型已成为园区三大特点。

另外，贺州陶瓷历来以"平桂陶瓷"著名，生产晶莹洁白的小瓷碗、陶瓷工艺品和典雅的园林陶瓷。黄田镇已形成新村、清面村、浩洞村等3个陶瓷专业村，产品销往南方各省、东南亚和欧洲。近年开始生产建筑陶瓷。

梧州藤县依托西江黄金水道和丰富的瓷土资源，抓住广东建筑陶瓷产业转移的机遇，力争成为南方一个新兴的建筑陶瓷生产产区。

第九节　海南陶瓷

海南省，简称琼，位于我国最南端，建立于1988年，之前属广东省。行政区域包括海南岛、三沙群岛（西沙、中沙、南沙）的岛礁及其海域。全省陆地（主要包括海南岛和三沙群岛）总面积3.54万平方千米，其中海南岛陆地面积3.39万平方千米；海域面积约300万平方千米，森林覆盖率达60.2%。有汉、黎、苗、壮、回等民族，是我国侨乡之一。

海南制陶历史悠久，新石器时代就有陶器生产。元代时，琼山龙塘已有商业性陶器生产，其他各地也有少量陶器生产，但一直发展缓慢。民国时，海南陶器的从业人员约300多人，年产量约100万件。1950年，海南的陶器生产多数分散在乡村之中，以半工半农的小作坊为主，全岛的年产量约130万件。

1950年以后，在政府的扶持下，海口、屯昌、定安、龙塘、东方、澄迈、万宁、文昌、琼海、儋县、琼中、白沙等地先后建立了陶瓷厂。1961年，全岛拥有陶瓷企业33家，其中地方国营企业11家，工厂规模很小，产量也小。

1961～1963年，是海南陶瓷工业发展的重要时期。由政府轻化部门联系，先后从江西景德镇、湖南醴陵和广东潮州、大埔、清远、安铺、合浦等产区引进技工30多人，其中瓷业技工20人，分配在屯昌、海口、龙塘3个工厂。

海南陶瓷产品通常是农村常用的八角平碗、陶瓷胶杯、壶、杯等。1973年屯昌陶瓷厂得到广东省第一批投资22万元，建设60m长的隧道窑，1974年开工建设，1979年建成投产。1975年，定安陶瓷厂扩建瓷器车间生产汤匙，填补了海南这个品种的空白。钦州生产泥兴陶器。

1981年以后，海口、屯昌、琼山龙塘、白沙等4个工厂都开始试制彩釉砖、马赛克（锦砖）、琉璃瓦等建筑陶瓷。

1983年，海口陶瓷厂转产外墙彩釉砖。屯昌陶瓷厂引进广西贺县技术，批量生产罗汉汤碗获得成功，产量达1000万件/年，职工增加到600多人，产品除供应海南市场外，还销往湛江、福建等地，改变了海南陶瓷有进无出的历史。

1985年，琼山龙塘陶瓷厂投资100多万元建成了一座25m的隔焰隧道窑，生产琉璃瓦等建筑园林产品，部分产品销往港澳地区，参加了新加坡、西德等地的展览会。白沙陶瓷厂建成72m隧道窑后，与广东恩平陶瓷厂合作生产马赛克获得成功，年产马赛克40万平方米、琉璃瓦20万件，产值达到800万元，创利70多万元，成为效益最好的陶瓷企业。到1989年时，白沙陶瓷厂又扩建一座45m辊道窑和配套砖坯生产设备，年产白条砖40万平方米，增加产值700万元，职工人数增加到785人，成为当时岛内最大的陶瓷企业。

第十八章 河北（北京、天津、内蒙古自治区）产区的陶瓷

河北省地处我国华北的太行、燕山之麓，渤海之滨，因位于黄河之北而得名。河北的陶瓷生产历史悠久，在中国陶瓷史上占有重要的地位。磁山文化的古陶，约有8000年的历史。唐代的邢窑白瓷具有划时代意义。宋代的定窑闻名天下，传至南方有了仿定和南定。磁州窑质朴的铁锈花和刻划花为各窑效仿，进而形成了我国的磁州窑系。自唐宋以来，邢窑和定窑一直是中国白瓷的代表。定窑是史称宋代五大名窑中唯一的白瓷。

一百年前的清末洋务运动，催生了以启新瓷厂为代表的近现代陶瓷工业。河北在我国陶瓷业最早使用了电力、机械、理化分析和企业管理等新兴的经营模式，是我国现代陶瓷工业的先驱。1949年以后河北陶瓷走向振兴，现已成为我国北方最重要的综合性陶瓷产区之一。

第一节 河北陶瓷概况

一百年来，河北陶瓷工业经历了从小到大，从手工作坊转变为窑厂、公司和集团公司的发展历程，形成了唐山和邯郸两大陶瓷生产基地并以唐山陶瓷为代表的北方主要产区。

1949年前的几十年，各厂依据市场需要和自身条件自主生产。启新瓷厂的产品有日用陶瓷、建筑卫生陶瓷、理化用瓷、艺术陈设瓷、电瓷等，品种较多，随时可变。德盛厂和其他厂家也大多如此。一些粗瓷厂受原料和设备条件限制，多年只做缸、盆和碗等，产品变化不大。1949年以后，产品归口管理。如建筑卫生陶瓷归建材，电瓷归机械，耐火材料划入冶金，日用陶瓷（包括美术陈设瓷）归轻工业。有的企业划归部属、省属、市属等。

1965年5月，河北省陶瓷公司在唐山成立，邯郸为分公司，辖属秦皇岛、宣化、保定、石家庄、张家口等产区的瓷厂，后来解体，各厂仍归地方管辖。之后的河北省轻工局的玻璃陶瓷公司作为管理部门是一个不管人财物、不从事生产陶瓷的非经济实体。

20世纪70～90年代，是河北陶瓷发展的鼎盛时期，尤其是唐山、邯郸两地的陶瓷业，在这一时期逐步形成了一套完善的体系和自己的特色，并在国内外占有非常重要的地位，推动了全国陶瓷工业整体水平的提高。培育了"唐陶"、"前进"、"卫陶"、"惠达"牌洁具；"三环"、"胜利"牌釉面砖、锦砖；"红玫瑰"、"白玫瑰"、"金环"、"华美"、"力力"牌日用陶瓷、"铁锚"牌工业陶瓷等国内知名品牌。唐山骨质瓷从无到有、从小到大，奠定了中国骨质瓷发展中心的历史地位。日用陶瓷"五朵金花"享誉中国、闻名世界。

河北的陶瓷主要集中在唐山、邯郸、石家庄、保定、秦皇岛、张家口、邢台、承德和衡水等地，以唐山和邯郸最为集中。唐山和邯郸的陶瓷出口在我国占有重要地位。曲阳县古定窑的新生和示范意义令世人瞩目。宣化的色釉陶瓷制品，张家口的耐热锂质陶瓷，井陉、平山、阳原和衡水的日用陶瓷，高邑的建筑陶瓷，临城的邢窑仿古陶瓷，易县的彩陶和黑陶，保定的稀土材料以及唐山的高档骨质瓷、滑石瓷、建筑卫生陶瓷、陶瓷机械、高压电瓷、耐火材料等全国著名。

唐山和邯郸具有完善的陶瓷科研机构和培养高、中、初级人才的学校。唐山设有国家级陶瓷产品质量检测站、全国日用陶瓷科技情报站（分站）和全国建筑卫生陶瓷科技情报站（分站）等机构。唐山素有"北方瓷都"之称。《河北陶瓷》专业杂志全国发行。

一百年来，河北在继承传统陶瓷工艺的基础上，不断改进和创新，取得了显著的进步。记述如下。

1. 原料加工

唐山陶瓷用的黏土原料主要是紫木节，邯郸为大青土。唐山启新瓷厂对原料较早进行了理化测试及工艺性能试验。1915年引进德国釉料配方，1928年传至唐山本地瓷厂，1930年已较普及。1963年，邯郸陶瓷研究所确定了球磨机料、球、水的合理比例。1964年，唐山建立了石粉厂，对硬质原料统一加工精制成石粉供应各厂使用。1979年，邯郸第四瓷厂、第一瓷厂和唐山第五瓷厂率先采用橡胶球磨衬里代替燧石衬里。1985年，全省改装橡胶衬球磨机50余台。

2. 产品成形

1950年，邯郸引入辘轳成形机，1955年逐步淘汰，1960年全部停用。1960年，唐山三合义瓷厂使用半自动双刀刮坯机旋压成形。1965年，唐山第三瓷厂从西德引进滚压成形机。1968年唐山研制成功300型滚压成形机，建设了滚压、链式干燥、脱模、修坯、施釉的连续化生产线，70年代各厂广泛采用。1980年，唐山二瓷厂与唐山机械厂合作开发了冷塑压成形技术和塑压成形机用于鱼盘和异形产品的生产。2010年，唐山陶瓷股份有限公司特种陶瓷分公司采用滚压成形生产工业理化瓷。

1957年，唐山用挤管机挤出成形陶瓷管工业瓷。1961年，使用德国小型齿轮传动挤管机挤制高频瓷管。1963年，挤制双孔、四孔及各种氧化铝管和高频瓷管。1968年，使用油压挤管机挤制烧管。1980年，使用塑性挤压成形工艺用于鱼盘和异形产品成形，为国内首创并向全国推广。

1920年，启新瓷厂开始使用注浆成形，1935年推广。1954年，开始使用压力注浆。20世纪60年代初，试制成功真空脱气、管道压力注浆、管道回浆。1964年，引入日本一工位注浆机。1972年，试制成功300台一工位离心自动注浆、自动旋转离心注浆、模型自动输送、机械手折浆，然后进入脱模干燥箱，手工割口脱模起坯，每小时成形竹节壶81件，比手工提高功效一倍。1973年，唐山五瓷厂试制成功全自动注浆生产线。1974年，唐山第一瓷厂试制成功三工位自动注浆生产线（1976年地震损毁）。1974年，唐山陶瓷厂在国内首创坐便器注浆一次成形新工艺。20世纪70年代末，唐山市第六瓷厂采用地摊注浆工艺成形陶瓷浴缸，最大尺寸可达1.7米，堪称中国卫生瓷的奇迹。1983年，唐山陶瓷厂在国内首创卫生瓷"注浆粘接法"新工艺，1986年6月从德国引进了具有世界先进水平的立式浇注生产线，属国内首次。1993年，唐山市第二瓷厂引进英国高压注浆成形技术装备生产鱼盘。21世纪初开始，卫生瓷高压注浆成形生产技术陆续在惠达、北方瓷都陶瓷集团、中陶实业等企业陆续大规模使用。2011年，唐山陶瓷研究院试制成功高压注浆成形技术装备成形大尺寸平盘和陶瓷大瓶，亦为国内首创。

20世纪20年代初，启新瓷厂用人力丝杠压力机压制低压电瓷；20世纪50年代初，新明瓷厂干压成形面砖；20世纪70年代，唐山市第十瓷厂开始用干粉采用等静压成形工业陶瓷；1975年，唐山市建筑陶瓷厂从联邦德国引进了两台自动压砖机，台班效率当时可达3万片，相当于原有设备的6倍。为了适应进口压砖机的需要，1978年在原料工序试验成功了喷雾干燥的新工艺。20世纪80年代中后期，唐山建筑陶瓷厂、唐山陶瓷厂、唐山市建华陶瓷厂先后从意大利引进自动压砖机用于生产墙地砖。20世纪90年代初，唐山胜利陶瓷集团、唐山陶瓷集团、邯郸陶瓷集团从意大利引进大吨位自动压砖机及整套生产线生产墙地砖。21世纪初，唐山市高压电瓷厂采用等静压成形高压电瓷绝缘子。

唐山市第十瓷厂自20世纪60年代至今一直使用热压铸成形法生产工业瓷。部分日用瓷厂也利用瓷粉采用热压铸生产复杂器形的产品。

3.烧成

传统窑炉都是旧式的馒头窑。1920年，启新瓷厂首先采用长方形倒焰窑，1927年新明瓷厂建成了3座长方形倒焰窑，20世纪40年代倒焰窑已普遍应用，容积一般为50立方米左右。1949年在彭城建第一座倒焰窑后，馒头窑开始逐步淘汰。20世纪50年代后期，唐山有100立方米圆形倒焰窑烧制大缸、陶管和瓷盆，唐山一瓷厂用108立方米大倒焰窑烧制日用瓷。

1936年，德盛瓷厂采用高温计测量窑温。1949年，德顺隆瓷厂首先用光学高温计、热电偶测窑温，20世纪60年代各厂广泛采用，并用微压计测试窑内压力。1986年，唐山第一、第五瓷厂采用微机自控油窑温度和压力，温差控制范围为±5℃，降低能耗3%～5%，产品质量提高2%～3%。

1952年，启新瓷厂在国内第一个实现了卫生瓷焙烧工艺"两次烧成改为一次烧成"，烧成时间由112小时缩短为56小时。

1965年，唐山建筑陶瓷厂建成了华北第一座电能隧道窑，第七瓷厂用76米煤烧隧道窑烧制日用瓷。1967年第三瓷厂从日本引进64米油烧隧道窑投入使用，后各厂推广。1984年，全省改造老式隧道窑14条。

1966年，德盛窑业厂建成了一条长百米的隧道窑，代替了部分倒焰窑。1970年，唐山陶瓷厂与西北建筑设计院共同设计建成我国建筑卫生陶瓷行业第一座燃油隔焰隧道窑。1972年，唐山建筑陶瓷厂与西北设计院合作，建成了一条年产18万平方米的33米釉烧隧道窑，这条窑采用隔焰、沙封、铁车运转的方式烧成，在烧成技术上比原用多孔推板窑又提高了一大步。1974年，唐山陶瓷厂对1#隧道窑进行技术改造，当时成为我国同类窑炉中横断面最宽、产量最高、微机控制的先进窑炉。

20世纪70年代末，唐山市第六瓷厂依然采用馒头直焰窑烧成大型陶瓷浴缸。

20世纪80~90年代，河北的建筑卫生陶瓷企业掀起了从意大利等国引进先进窑炉的高潮。唐山陶瓷厂、唐山市建筑陶瓷厂、唐山市卫生陶瓷厂等企业先后从澳大利亚、意大利、美国引进了宽断面轻型燃气隧道窑，用于烧制卫生瓷。在墙地砖窑炉烧成方面，河北唐山和邯郸两地的企业先后从意大利引进了多条辊道窑，采用一次或两次烧成墙地砖。

2000年，唐山市第五瓷厂建成国内第一条低温快烧两次烧成日用细瓷生产线，开创了使用燃气轻质辊道窑明焰快速裸烧日用细瓷的先河。

2010年10月，唐山金方圆骨质瓷制造有限公司自行设计建造了70立方米脉冲燃烧全自动控制梭式窑，用于生产高档骨质瓷，窑炉温差可控制在5℃之内，窑次产量可达1万件以上。

4. 陶瓷机械

1911年前后，启新瓷厂使用原来启新水泥厂弃置的可用旧设备。1919年，启新用日本造的滤泥机脱水、练泥。1927年，启新瓷厂引进德国制造的陶瓷机械。1927年后，新明铁工厂仿制轮碾机、球磨机、滤泥机供各厂使用。1933年，唐山铁路机车车辆厂为瓷厂制作了直径360毫米的滤泥机。1937年，各厂普遍使用电力取代柴油机。20世纪40年代使用磁铁对泥浆原料除铁，过120目筛。1951年已有多家制作和使用了滤泥机和练泥机。1955年，裕丰瓷厂用直流电除铁和干式除铁。至20世纪60年代，唐山已经有了多家陶瓷机械厂，设备供应本地和外地。1964年，唐山轻机厂试制湿式除铁机和震动筛，1967年向各厂推广。1980年，唐山二瓷厂和陶瓷机械厂合作开发成功冷塑压成形机，之后在全国各瓷区推广应用。1984年研制成功5吨大型球磨机。20世纪80年代以后，先进的墙地砖自动化设备、卫生洁具设备、日用瓷生产设备、窑炉、窑具得到了普遍应用和推广，耐火材料行业、保温材料行业、自动化技术等都得到迅速发展。

5. 花纸和烤花

20世纪50年代中期以前，使用德国和日本花纸贴花。1956年，出口日用陶瓷采用景德镇产花纸。1957年，唐山组建了花纸试验组，1958年花纸试验工作转入初建的陶瓷研究所，同年获得成功。1959年采用石版印刷出6种单色花纸，1960年筹建唐山花纸厂，1962年正式投产，瓷用花纸达到自给并供应全省。1964年，唐山花纸厂添置照相制版设备和胶印机，从西德引进了丝网印刷机，但仍以擦色为主。1965年开始研制调墨印刷，1973年试验成功，消除了粉尘污染。1972年研制成功塑料薄膜花纸。1975年，邯郸建立花纸厂。此时，河北花纸已经部分供应外省。1979~1985年，唐山和邯郸的两个花纸厂从平印发展到丝网印、平丝结合、丝网挂网等，开发成功釉下青花纸，金花纸，小膜花纸，玻璃花纸，搪瓷、木器、铁器用花纸。1984年两厂进行了全面技术改进，1987年一跃成为我国先进的陶瓷花纸厂。

20世纪20年代，启新瓷厂学习景德镇，用锦窑烤花。1956年，三合义瓷厂采用瓷球窑车隧道窑隔焰烤花。1970年，唐山二瓷厂用湖南建湘窑，后广泛推广使用。1973年，唐山五瓷厂建成烤花辊道窑（又称滚底窑），1980年各厂都已采用辊道窑烤花。1986年采用微机自控烤花窑窑温、压力及窑车运行速度。

6. 色料

河北陶瓷以磁州窑用色料为最早，主要有黑色绘料、钒红、黄绿蓝、铁锈花、红绿彩等，近代出现了青花、五彩。20世纪40年代，唐山已能自制西赤色料。1960年起，唐山、邯郸两个陶瓷研究所开始试制高低温色料。邯郸陶瓷研究所相继制成了柠檬黄、桃红等高温色料。唐山陶瓷研究所相继试验成功了釉下黑、黄红、蓝绿等高温色料和铁红、草青、薄黄、川色、浓黄、海碧、艳黑、硒红、赭色、灰色、白色、橄榄绿等釉上颜料并成立了色料生产组，1974年扩建成生产基地，年产色料10t，供花纸厂使用，除金红等少数品种外，基本上满足了省内企业的需要。1978年，唐山陶瓷研究所完成了釉中彩的研制，制出10种高温快烧色料。1981年，邯郸陶瓷研究所研制成功了黄、绿、蓝、红、珠光等品种的色料。

7. 瓷用金水

1958年底，唐山陶瓷研究所开始金水试验，并取得一定成绩，但实际应用中存在黏度低及线条扩大的缺点，所以在1959年8～9月进行改进，获得光亮金黄美丽的金水制品，之后由于资金紧张和黄金来源问题，停止了进一步试验。1963年重启金水中试研究，直到1968年才完成中试并实现小批量生产，1971年形成规模生产，实现了北方瓷区金水的自给。到1981年，黄、白金水产量已达3万瓶。1976年唐山地震后，1977年邯郸陶瓷研究所开始金水生产，1980年试制成功高温磨光金。1984年，邯郸陶瓷研究所研制成功钯金水。

8. 喷彩、雕金、雕塑和新彩

20世纪40年代中期，德盛瓷厂首先采用喷枪喷彩，多为吹红等，配以胶戳图案，或稍加颜色点缀。德顺隆瓷厂也有使用。20世纪50年代中期，东窑三合义瓷厂用金属套版取代刻纸喷花。初用铜版，后用铅皮敲成适用的曲面做版，装饰效果得到提升。雕金是借鉴制镜装饰工艺，用氢氟酸腐蚀瓷面的纹样处，描绘填画金水烧成，1958年试验成功。雕塑起源于20世纪40年代初的雕制神像、动物、人物等，产品还有台灯、镂空瓶盘、花插、烟具等。邯郸的动物瓷雕、唐山的披头纱女孩因栩栩如生而闻名天下。新彩是20世纪30～50年代通过学习景德镇、天津和北京画社的经验，由唐山创出的一种装饰手法，有的借鉴国画技法，或模拟西画效果。可扁笔抹花装饰，一笔可分浓淡，一笔可染多色。

9. 窑具和模型

早期的匣钵均为手工打制。20世纪30年代亦可人工压机压制，50年代中期用电力压机制匣，60年代用旋压制匣，70年代制成薄壁匣钵，1985年用滚压制匣。烧制骨瓷用仿型匣钵。早期用黏土制成黏土匣钵。20世纪50年代中期用半堇青石匣钵，1952年应用熔融石英研制成功性能优良的匣钵，20世纪80年代开始使用碳化硅窑具。

早期的石膏模型用β-半水石膏制作。1973～1975年，唐山陶瓷研究所及二厂、五厂先后制成硅灰石模型、微孔塑料模型和氧化铝素瓷模型。1979年，唐山二瓷厂使用α-石膏制模和真空搅拌工艺。从1986年开始，唐山市建筑陶瓷厂等卫生瓷企业开始在石膏模型生产中大批使用高强度α石膏粉，大大提高了模型的强度，适应了组合立式浇注机械化成形生产的要求。1998年，唐山德顺隆陶瓷厂研制成功树脂模型，应用于进口高压注浆成形线生产卫生陶瓷。2011年，唐山红玫瑰陶瓷制品有限公司陶瓷研究院使用树脂模型配套高压注浆成形大尺寸平盘和陶瓷瓶。

第二节 唐山陶瓷

一、近代陶瓷工业的摇篮

唐山烧制陶器的历史悠久，但由于地处中原与东北走廊，历史上环境不够稳定，致使陶瓷业发展十分缓慢。明永乐前后，江淮和晋鲁移民带来的技术使唐山有了粗瓷制作根基，形成了以东西缸窑为中心的规模生产。清光绪年间进而有了施化妆土的白瓷。1892年前后，田鹤群（1862～1926年）的作坊烧出唐山最早的白瓷，后在其子田子丰（1894～1946年）协助下工作，通过考察景德镇等地、购买实物标本和图书资料，进行悉心研究，作品主要有仿古瓷和孤品配对、鼻烟壶、烟具陈设瓷等，多为国内外人士收藏，后技术失传。

光绪至民国年间，唐山请来江西景德镇、山东博山、河北彭城、宽城缸窑沟等地工匠来唐山工作，当地的民间艺人也不断转入陶瓷谋业。发展了化妆土白瓷和彩瓷，手工托货品种也丰富起来。明嘉靖年间创办的陶成局于1875年在生产缸盆的基础上，为天津大沽造船工业等生产了缸砖、耐火材料，成为唐山首家资本主义陶瓷企业。1878年，开滦煤矿在唐山成立。1879年，唐山有了中国最早的铁路，1889年有了启新洋灰公司（当时叫细绵土厂），生产了中国第一袋水泥，1907年以后，启新公司即附设了小型的瓷厂、缸管厂、花砖厂，利用水泥厂老厂弃置的设备，生产了小量的杯盘、便器、面盆、瓷砖、电瓷、理化用瓷。1909年建立马家沟砖厂，生产地砖、耐火材料、琉璃瓦等。

1914年，启新洋灰公司投资兴建启新磁厂，用原有的电力和水泥厂弃置不用的原料加工机械设备和化验设备，利用煤烧倒焰窑生产出中国第一件水槽等卫生陶瓷。早期启新磁厂的陶瓷生产获利颇多，但瓷质不够好，人称"洋灰瓷"。1923年由德国引进球磨机、泥浆泵、磁选机、电瓷压机。1924年采用新法以石膏模型生产出造型复杂的洗面具等产品，同年交由德国工程师汉斯·昆德包办经营，启新瓷厂与洋灰公司脱钩。1925年制出硬质瓷，1927年兼有标注"德国制造"的地砖、墙砖和理化瓷出口。1935年，启新瓷厂由奥特·昆德独资经营，卫生陶瓷销往香港等地。1936年，职工已达450人，成为华北最大的瓷厂。1941年生产大量电瓷，企业规模进一步扩大。

1926年，德盛、新明两厂开办了新明铁工厂，仿制启新瓷厂进口的德国机器设备，造出轮碾粉碎机、成形机轮、搅泥机、滤泥机、球磨机、压砖机等，装备当地厂家。又从景德镇等地招聘彩绘技师配制色料和传授彩绘技术，以倒焰窑取代老式直焰窑。在天津专设经营销售部门，产品畅销华北、东北。1931～1934年间，先后获得河北省实业厅国货展览会、北京市各界提倡国货运动委员会和铁道部全国铁路沿线出产货品展览会颁发的特等、优等、超等奖状。

这一时期，德盛、新明两厂的生产规模和制品质量都超过了启新瓷厂，其经营经验在地方推广，促进了唐山其他陶瓷企业的发展，从而出现了多家新的陶瓷窑业公司。许多手工作坊也逐步向近代工业管理演变和过渡。至1937年，唐山窑业兴旺，已有"北方景德镇"的称誉了。

至1948年底，唐山陶瓷业只剩德盛、启新、新明、德顺隆、公聚成、三合义等少数几家靠创新产品艰难维持，全市88户陶瓷企业共有职工1190余名，失业者达70%以上。

1948年以前，唐山的陶瓷产品主要有日用陶瓷、卫生陶瓷、电瓷及理化瓷、艺术陈设瓷以及缸盆类粗瓷等。日用陶瓷主要包括：30件壶、50件壶、80件壶、100件壶（以上均为提梁筒形壶）、1号方形把壶、2号把壶、3号把壶、1号莲子壶、2号莲子壶、3号莲子壶、茶盘、缸盅、莲子杯、鸡心杯、茶叶罐、大嘴酒壶、酒盅、6～10寸平盘、8～10寸汤盘、福字三大碗、三六碗、料半碗、蓝边顶大碗、蓝边二大碗、蓝边三大碗、蓝边四大碗、碟类、150～300件瓶、150～300件罐、150件蓝花掸瓶、帽筒、花盆、口盂、皂盒、油盒、痰盂等。卫生陶瓷有大便器、小便器、存水湾、洗面器。电瓷及理化瓷主要有低压电瓷、10～100mL坩埚、50～3000mL燃烧皿、77～95mL燃烧船、烧管、大中小号乳钵、漏斗等。艺术陈设瓷有嫁妆用品及莲花缸等。缸盆类粗瓷产品主要包括：脚缸、大缸、二缸、三缸、合缸、稍缸、酒缸、钵子、中瓶、口盘、大丁头、小丁头、五件盆、三件盎、茶罐、耳罐、火罐、粗碗、油壶、油灯、双耳水壶、香炉、大车油壶等。

唐山陶瓷自明、清、民国，直至1949年以后的公私合营，分配一直以产品实物衡量计算，把劳资双方利益拴在一起，称为陶瓷的分货制。以大缸生产为例说明唐山陶瓷业的收益分配制度。大缸分货制，一看本窑生产质量，二看市场售价高低。分配依据是：窑主出资建窑、准备原料燃料、置备厂房、购买设备、销售；窑工出技术劳力，自备扁担、筐等工具。大缸出窑后按比例分成，以大缸代货币。窑主先留下收益的20%为窑扣，所余80%分为16股，窑主持10股，窑工得6股。小件陶瓷分成11股，东家和工人各得5.5股。窑工之间再以工种按比例分货。依据技术高低和劳动强度按比例分配：坐轮师傅得7.5股，供作（搅泥）、搅轮、正外（整形）、帮外（施釉）各得一股。综上所述，窑主得大件制品的70%，窑工得30%。窑工中，师傅得7.5%，其余人得2.5%，所余20%四人平分各得5%。小件不作明细记述。

陶瓷产品销售价格与农业生产密切相关。丰收年则制品售价高，销售多，收入多。旧时唐山各瓷厂以陶瓷制品实物为职工制定工资标准。工人的日工资从1.8支碗到2.1支碗不等。支为"药"的俗称，用草绳束为一捆的碗（碟）叫一药。以15个普通蓝边三大碗一捆的市场价为准，工资依此价折合成当时的现金数额。工人还有里工、外工之分。里工有长期固定工性质，有的干活计件。外工计件或包活，多劳多得。女工比男工工资低。学徒开始只管饭，没有工资，满师后初定工资。

二、陶瓷工业的恢复与发展

1.陶瓷企业的恢复与发展

1948年底，唐山陶瓷业开始恢复。当时，唐山最大的瓷厂德盛窑业公司的股东已全部离去，企业瘫痪。政府多次给德盛窑业公司资金和物资支持，使企业复产而渡过难关，职工人数由227人增加到445人。到1949年6月，出产瓷器20t、耐火砖400t，创历史最高水平。

1950年9月16日，东陶成义记与北京一家建筑公司协商成立了唐山陶瓷第一家公私合营企业。1951年，新明的四家瓷厂实行了公私合营，其后，三合义、德盛、德顺隆也于1951年和1952年相继实行了公私合营。1953年4月，东陶成义记和新明又联合组成了资金最多、规模最大的公私合营企业。实行8小时工作制和劳动保险，建立了福利设施。1953年12月，德顺局并入公私合营德顺隆窑业厂。到1955年，原有25户私营企业得到改造，原有的47个自然厂合并为29个地方国营和公私合营企业，全市陶瓷行业已有国营企业3户、公私合营企业8户，总产值占全市陶瓷行业总产值的71.08%，职工人数占全行业的72.71%，国营经济成分占据了主导地位。

1954年，唐山的釉面砖和卫生瓷开始出口，1956年日用瓷出口。

1956年4月，成立唐山陶瓷工业公司；1958年，成立陶瓷工业局；1962年改为市直属陶瓷公司；1965年改为河北省陶瓷公司，邯郸为分公司；1971年邯郸分出，又恢复为唐山陶瓷工业公司。

1958年1月1日，唐山陶瓷研究所正式揭牌成立，当时仅有12名科技人员和10多名试验工人。1966年发展成为国家重点陶瓷科技单位之一。1978～1999年，共完成科研课题65项。

1976年7月28日唐山大地震。8月5日，唐山市第三瓷厂、第六瓷厂生产出了第一批抗震瓷；8月29日，唐山陶瓷厂烧制出第一批被人誉为"抗震胜利"牌的卫生洁具。唐山陶瓷业生产一年后达震前水平，三年后创出历史最好水平。

1980年，唐山市陶瓷技校成立，1994年与唐山陶瓷职工大学合并，1995年为全省首批重点扶持的技校，1998年成为国家重点技工学校，1999年成为高级技工学校，2008年扩编成为唐山市工业职业技术学院，步入高校行列。

唐山市轻工业学校的前身为唐山市地方工业学校、陶瓷工业学校，后改为河北省轻工业学校，2000年并入河北理工大学，为轻工业分院，步入高校行列。设有本科、专科和中专3个层次，设有陶瓷艺术设计（后并入河北理工大学艺术学院）、硅酸盐工程和陶瓷机械专业，培养了万名毕业生。

1982年初，以唐山陶瓷厂、唐山市建筑陶瓷厂为主体成立唐山市建筑陶瓷工业公司，1984年底解散。

1982年，惠达陶瓷集团公司前身黄各庄瓷厂以固定资产28万元为基础起步。1995年，成立惠达陶瓷集团公司，打出"惠达"品牌。1997年跨入世界同行业"十强"。2002年，"惠达"成为中国驰名商标。2005年，卫生瓷产量名列我国建筑卫生陶瓷企业类榜首。

1990年12月，以唐陶厂和建陶厂为核心组建了唐山胜利陶瓷集团公司和胜利陶瓷企业集团，主要生产建筑卫生陶瓷及相关辅助产品。所属的唐山陶瓷厂、唐山市建筑陶瓷厂、唐山市卫生陶瓷厂、唐山市建华陶瓷厂等都是当时国内有实力的建筑卫生陶瓷企业。

1991～1997年，建筑卫生陶瓷企业实行了大规模技术引进和技术改造。原国家建材局给予了重点支持，技术装备水平达到20世纪90年代初的国际先进水平。

1996年5月18日，在唐山陶瓷工业公司的基础上成立了唐山陶瓷集团，即唐山陶瓷集团有限公司。

1996年5月28日，经河北省政府批准，唐山胜利陶瓷集团建立现代企业制度，改制为国有独资公司，取得了令人瞩目的成绩，实现利税居市属企业第三名。

1998年6月，唐山陶瓷集团有限公司和唐山胜利陶瓷集团有限责任公司实行了强强联合，组建了新的唐山陶瓷集团有限公司。建筑卫生陶瓷产量名列河北省第一位，卫生瓷产量居全国前列。唐山陶瓷股份有限公司在河北省工商局注册登记，唐山陶瓷集团有限公司为其独家发起人。

1998年8月13日，唐山陶瓷股份有限公司4500万股A股股票在深交所挂牌上市。

1999年，唐山陶瓷研究所重组为唐山陶瓷研究院，成为"北方瓷都"的日用陶瓷、工艺美术陶瓷、建筑卫生陶瓷、高新技术陶瓷等的研究开发中心、产品检测中心和信息交流中心。

2004年4月，唐山陶瓷股份有限公司与唐山陶瓷集团有限公司正式分离，组成两个市属国有（控股）大型陶瓷企业。

2009年8月5日，唐山红玫瑰陶瓷制品有限公司成立。同年9月4日，唐山北方瓷都陶瓷集团有限责任公司成立。2010年10月，唐山北方瓷都卫生陶瓷有限责任公司在丰南沿海工业区投产，年产卫生瓷100万件。

1998年9月18日，首届中国陶瓷博览会在唐山体育馆隆重召开（从第二届起更名为"唐山中国陶瓷博览会"），至2010年，已成功举办了13届。在第六届博览会上，中国轻工业联合会、中国陶瓷工业协会授予唐山为"中国北方瓷都"。第七届博览会上，国家科技部批准唐山建设"国家火炬计划陶瓷材料产业基地"。第八届博览会上，中国五矿化工进出口商会授予唐山市"中国建材（唐山建筑卫生陶瓷）出口基地"称号。

2.唐山装备制造业的发展

早期的陶瓷生产主要靠人力和畜力。民国年间，启新瓷厂最早使用机械和进口设备。1945年，唐山的同兴铁工厂已能制造球磨机。以后，德丰、义顺兴等铁工厂也能制造简单的陶瓷机械。1952年7月，9家铁工厂合营组建了私营唐山市建新机器厂。1953年，唐山11家铁工厂合营组建了唐山市私营新中机器厂，开发了双缸泥浆泵。1954年，唐山市新中机器厂试制成功了1120×300轮碾机。1955年，唐山市建新机器厂试制成功了735滤泥机。1955年9月，私营唐山市建新机器厂正式改为公私合营唐山市建新机器厂。1956年3月，公私合营唐山市建新机器厂、唐山市私营新中机器厂、北大铁工厂、运光铁工厂、中和铁工厂、天生电焊厂合并成立公私合营唐山市建新机器厂。1956年，唐山市建新机器厂试制成功了制缸机。1949～1956年期间，唐山已能制造轮碾机、搅泥机、缸轮机、滤泥机、双缸泥浆泵等，这些产品供应本市和销往华北、东北、西南、华中各地，此时唐山的陶瓷机械生产已在国内占据重要位置。经公私合营组建的唐山市建新机器厂确定以陶瓷机械制造为主要任务，1958年更名为陶瓷建筑机械厂，同年试制成功了QM1800×2100球磨机和磁选机（后改名为TS170磁选机），其产品首次出口到越南、缅甸。1960年，唐山三合义瓷厂制成半自动双刀刮坯机（刀压成形机）。1962年，唐山陶瓷建筑机械厂试制成功160真空练泥机。

1964年，唐山陶瓷建筑机械厂划归国家轻工业部领导，为中国轻工业机械总公司直属厂，更名为唐山轻工业机械厂，产品仍以陶瓷机械制造为主。国家在资金、技术和人员方面给予了大力支持,先后两次扩充改造,工艺装备水平、技术开发能力、管理水平和资产规模均位居国内同行业前列,年生产能力达到5300吨,产品品种达13种,其中,陶瓷机械8种。并成为我国设备出口单位。相继单独或与有关单位合作研发成功各类陶瓷机械,1993年主要经济指标达到历史最高水平,成为行业百强企业之一。

1998年,唐山贺祥机械厂研制成功"分体立浇线"、"联体一次成形立浇线"及各种盆类和柱类立浇线。2003年,制成坐便器弯管施釉机、坐便器漏水检验机。2006年,研制开发坐便器气动翻坯车。2007年,研发出陶瓷专用坯体干燥房及模具干燥房。2009年,研发出自动循环施釉线(在线管道施釉)、坐便器吊链提升机(带全自动注回浆系统)。2010年,与唐山惠达集团联合开发成功升降式全自动高压成形机、带有调整装置的悬挂式全自动高压成形机、带有翻转保护装置的翻转式全自动坐便高压成形机。

2005年,唐山意玛科技有限公司研究制成YMGZ-2000型卫生洁具坯体干燥室、YMGZ-2000型卫生洁具石膏模型干燥室。2009年,制成YMZJ-2000陶瓷注浆生产车间恒温恒湿自动控制系统。

3.陶瓷工业的技术进步

(1)控制火焰烧窑法在全国推广 1952年,德盛窑业厂创造的控制火焰烧窑法在大窑及倒焰窑达到32小时快速烧成的记录。1956年7月26日,轻工业部在唐山召开了"全国日用陶瓷煤窑厂学习控制火焰烧窑法会议"现场会,组织包括北京、江西、黑龙江、河南、浙江、吉林、陕西、山东、青海、江苏、河北、甘肃、湖南、新疆维吾尔自治区、内蒙古自治区等主要陶瓷厂家80多人来学习交流,会期19天。启新瓷厂烧窑工人学习并改进"控制火焰烧窑法",形成了"勤添煤、少添煤、煤层薄、通风好、添煤落灰交叉进行"的烧窑经验操作方法,当时轰动一时。

(2)三单四分质量管理责任制在全国推广 "三单"是指成形工序按单人保管坯子、按单人入窑、按单人进行质量分析。"四分"是对装出窑工序、成形工序的每个操作工人的产品进行分装、分点、分开、分选。受到轻工业部高度重视,在全国陶瓷行业推广。

(3)研制成功电动制缸机 1954年,唐山陶瓷生产合作社开始研制电动制缸机,1955年获得成功,同年经轻工业部组织鉴定定型。1964年由轻工业部考察后交唐山轻机厂设计制造,1966年试验成功,经轻工业部鉴定推广全国,实现了大缸等大件制品生产的机械化。

(4)大同土和其他原料的开发利用 大同土也称大同砂石,是煤矿的废渣。1958年,唐山陶瓷研究所成立之初,开始对大同砂石在陶瓷工业的应用进行研究,获得了成功,并在全国推广应用。

1965年,唐山陶瓷公司矿山科先后对山西大同砂石、河北章村土、徐水高岭、易县膨润土、迁西和抚宁的石英和长石、湖南衡阳土(用于滚压成形),以及海城滑石、福建建宁土、龙岩土等进行了系统调查和应用推广。

(5)喷彩 1948年以前,唐山德盛、德顺隆等瓷厂已有利用喷枪"吹缸"的喷彩装饰。1948年后借鉴了搪瓷、热水瓶的装饰工艺,使用空气压缩机、喷枪、喷笔,采用铜片、铅皮镂刻后敲成需要的曲面,分成若干层次的分色套版,依次将颜色喷于瓷面。使用刻纸法,则是揭一次纸喷一次色,层次分明,规格统一,颜色深浅变化自然,形象逼真。20世纪60～70年代，喷彩技术走向成熟。刘智泉的《唐山喷彩》一书是国内第一部陶瓷喷彩的专著。此外，釉中彩喷彩、釉下彩喷彩和用于艺术陈设瓷的喷彩装饰都有更为广阔的应用前景。唐山的日用瓷、艺术瓷喷彩作品多次在全国陶瓷美术评比中夺魁。刘振甲的喷彩艺术瓷盘《碧水鱼乐》刊登于《中国现代美术全集》。

（6）雕金　陶瓷采用金饰早已有之，但在出现金水之前，是用金粉涂画，成本昂贵，金色不亮且不能使金饰长时间固着于瓷面。1950年，孙海峰借鉴画玻璃镜子的经验，取得金饰稳固耐磨的效果。1958年，孙海峰、杨荫斋和周兴武使用进口金水的一系列研究取得成功。因腐蚀工艺具有雕刻的效果，因此称为"雕金"。20世纪60年代已有批量制品出口，进入世界高端市场。之后，唐山、湖南、山东、邯郸等地相继研制了黄金水、白金水供应国内所需。结合白金水的使用，有了金银错、明暗金等多种不同的装饰方法，作品参加了国内外许多重大展览，为古老的中国陶瓷争得了许多新的荣誉，唐山也将这项技术推向各地。20世纪70年代，唐山陶瓷研究所的程剑英绘制的雕金加彩作品和第五瓷厂赵幼提的倒挂金钟餐具在国内外得到大批订货，90年代，陈建国的绿釉雕金龙凤瓶在《中国现代美术全集》上刊登。21世纪唐山陶然瓷艺工作室的雕金作品在唐山中国陶瓷博览会上受到普遍好评。

（7）釉面砖一次低温快烧技术　1986年，唐山市建筑陶瓷厂从意大利全线引进了年产140万平方米高档釉面砖生产线。该厂利用当地原料，研制坯釉料配方适应引进线的要求，采用一次低温快烧技术，替代了釉面砖传统的二次慢烧技术。

（8）卫生瓷管道注浆、真空回浆法　1968年，唐山陶瓷厂试验成功压力管道送浆、真空回浆新工艺，替代了原有地摊人工抱大桶注浆的落后工艺，获全国科学大会成果奖，迅速在国内推广。

（9）卫生瓷组合微压立式浇注工艺　1986年，在压力管道注浆、真空回浆的基础上，唐山陶瓷厂引进了德国卫生瓷组合微压立式浇注工艺。

（10）日用陶瓷低温快烧技术　2000年，唐山陶瓷集团有限公司在五瓷厂建成国内第一条年产1000万件的低温快烧两次烧成生产示范线，2001年在二瓷厂建成第二条1000万件的低温快烧一次烧成生产线。项目研制的新型燃气低温快烧辊道窑采用明焰裸烧，取消了匣钵和窑车。

（11）无铅骨质瓷　20世纪60年代，我国骨质瓷研制成功以后一直使用含铅熔块釉。2005年，唐山陶瓷股份有限公司研制成功无铅骨质瓷，当年6月通过了国家级科技成果鉴定，实现大规模稳定生产，带动了唐山骨质瓷产业的快速发展。国外骨瓷订单增多，大批民营企业家投资骨质瓷制造业，出现了唐山美枫陶瓷有限公司、唐山隆源瓷业有限公司、唐山嘉恒骨质瓷有限公司、唐山东升骨质瓷有限公司、唐山金方圆骨质瓷制造有限公司、唐山龙盛瓷业有限公司、唐山华信成瓷业等一大批骨质瓷专业生产企业。

4.唐山陶瓷三次进京展览

1961年10月，唐山陶瓷第一次进京展览，汇报了唐山陶瓷自新中国成立以来取得的辉煌成就。1979年4月，唐山陶瓷第二次进京展览，汇报了唐山大地震后的生产恢复成就。1988年10月，唐山陶瓷第三次进京展览，汇报了改革开放十年来取得的成绩。

第一次进京展览的地点在天安门东侧的劳动人民文化宫，汇报了从1949年到1960年，唐山发展成为大型综合性陶瓷生产基地的成果。展览期间，朱德委员长亲临现场示并亲笔题词。《人民日报》、《工人日报》、《大公报》、《北京日报》、《北京晚报》、北京人民广播电视台等均刊载或播发了有关唐山陶瓷工业的新闻、特写和评论，电视台还作了2次介绍，中央新闻记录电影制片厂拍摄了纪录片，唐山人撰写的多篇文章刊发在中央和地方多家的报刊上。这次规模空前的展览作为重要的篇章载入了唐山陶瓷的史册。

第二次进京展览在北京中山公园举行，反映了唐山陶瓷在地震后从废墟中再次崛起的满园春色。期间，筹办了一次画家参观座谈会，应邀出席的有画家吴作人、李可染、李苦禅、王雪涛、黄胄、黄永玉、萧淑芳、张仃、梅健鹰、郑可、阿老、白雪石、刘继卣、范曾、边宝华、李燕、许化夷、刘薇，诗人和作家陈大远、管桦、刘大为，以及《人民日报》、《北京日报》、中央电视台、外文出版社、《河北陶瓷》、《唐山劳动日报》等单位的采访记者，许麟庐派儿子化夷带来了他的画作，此展推进了唐山陶瓷艺术的发展。

第三次进京展览在中国革命历史博物馆举行。反映了改革开放十年来，唐山陶瓷又步上了一个新的台阶。展出的产品均为唐山15个生产厂层层评比选出来的精品，有获得国家、部、省优质名牌称号的产品，有继承传统推陈出新的产品，品种新、数量多、档次高、门类全、展出规模大。期间，邀请了画家许麟庐、周怀民、陈大章、管桦和书法家黄河合作《松山梅菊图》作纪念。

三、唐山的陶瓷产品

1.建筑卫生陶瓷

1979年，唐山建筑陶瓷厂在国内首次研制成功卫生陶瓷台式洗面器，用于新建的上海宾馆，填补了国内空白。1980年，"唐陶"牌系列卫生陶瓷夺得国家银奖，1987年又荣获国家建筑卫生陶瓷行业第一块金牌和唯一的金牌。1978～1987年，唐山陶瓷厂在全国卫生陶瓷行业10次产品质量评比中7次获得第一，产品打入美国、加拿大、法国市场。同时，为咸阳陶瓷厂、北京陶瓷厂、佛山及唐山惠达瓷厂输送和培养了人才。

这一时期，唐山建筑陶瓷厂的"得胜"牌卫生瓷，"胜利"牌、"前进"牌、"泰吉特"牌产品享誉国内外市场，两次被河北省命名为名牌产品，两次荣获国家银奖，两次获全国评比优胜。北京1号色釉洗面具被北京饭店和许多重要工程采用。"三环"牌釉面砖1979年被河北省经委会命名为升级优质产品，1981年获建材部部优产品和部优新产品，1982年获国家银奖。2004年，唐山市卫生陶瓷年产量2100万件，出口量占全国30%以上。

1976年，唐山建筑陶瓷厂建成铜活配件车间，1977年正式批量生产配件2万套件，1995年又成立了卫生瓷配件有限公司，生产了塑料配件，填补了唐山卫生洁具没有配件的空白。

1986年，唐山市建筑陶瓷厂在国内首次研制成功自动冲水小便器及双水量节水便器，填补了国内空白。2009年，唐山市卫生陶瓷厂研制成功4.8升水联体坐便器。2002年，"惠达"成为中国驰名商标，2003年获中国名牌，2004年获国家免检产品称号。

（1）卫生陶瓷的"老八件"产品 直到20世纪60～70年代，我国卫生陶瓷产品还是"老八件"（详见第九章"建筑卫生陶瓷"第三节"卫生陶瓷"）一统天下，唐山也是如此。

产品结构的变化、品种增加和档次的提高开始于20世纪60年代，产品更新换代真正开始于80年代。

（2）成套卫生陶瓷和新型卫生陶瓷的开发　20世纪60年代初，北京建工学院教师李树德设计了"6201"、"6202"两个大套卫生洁具（含柱盆、分体坐箱、妇洗器共五个单件，俗称"五件套"），由唐山陶瓷厂和唐山建陶厂试制和生产，开启了唐山卫生陶瓷中国人自己设计开发的新篇章。

由于当时的生产条件等原因，"6201"的破损率太大（坐便器和大面具合格率只有20%左右），始终不能形成批量生产，"6202"则只做了几件试验品，后来作为政治任务，由唐陶厂给毛主席纪念堂生产了一批"6201"大套产品。20世纪70年代，"6201"有极小量产品上市，以后退出了历史舞台。这是一套我国卫生陶瓷产品结构发展史中具有特殊意义的产品。

20世纪70年代，唐陶厂研发成功"7201"五件成套洁具和漩涡式连体坐便器，唐建陶研发成功"7301"（张玉珍设计）五件成套洁具、"7901"（李中祥设计）五件成套洁具，形成批量生产而行销全国。

1982年，唐山建筑陶瓷厂与建设部西北设计院合作试制成功漩涡式连体坐便器。1984年，唐山陶瓷厂成功开发出"8403"五件套产品。

2. 日用陶瓷名品

（1）白玉瓷　1964年，唐山陶瓷研究所在轻工业部专家指导下开始试制"赶日瓷"，定名为"白玉瓷"。为此，唐山陶瓷研究所改变了北方常用的氧化焰烧成方式，采用还原焰，使用了唐山陶瓷公司设计组设计的新器形、新画面，制品达到了日本"则武"牌瓷器的水平，当年在广交会上受到外商的好评。1964年，成立唐山第三瓷厂生产白玉瓷。1984年，美国总统里根访华的答谢宴会上，使用了三瓷厂应急生产的冰淇淋杯，并特请该厂厂长赴宴。1989年，白玉瓷获国家质量银奖，三瓷厂更名为白玉瓷厂。1991～1993年，白玉瓷产品多次在全国日用瓷质量检测中获总分第一。

（2）骨质瓷　1959年，唐山陶瓷研究所获知英国生产高档骨质瓷的消息后，进行了利用鲸鱼骨研制骨灰瓷的探讨性试验，制作出了中国最早的一件样品。由于鲸鱼骨太少，不具备生产条件，停止了继续研制。1960年又进行了利用猪骨研制骨灰瓷的试验，并取得成功。

1963年8月～1964年10月，第一瓷厂研制生产出了中国第一套玲珑形咖啡具，填补了中国高档骨瓷产品的空白，1965年投产。1966年生产出40套橄榄形咖啡具，由天津外贸经营出口。这就是后来称为"唐山第一代骨瓷"的绿骨瓷。1974年注册品牌"绿宝石"。香港一家外贸公司曾注册了"庆典牌"商标并贴到"绿宝石"骨灰瓷上用于出口。但由于国际公认的骨质瓷均为白色，且由于绿骨瓷在存放使用过程中易变质发黄，导致绿骨瓷没有形成规模。

1974年，工程师檀振岭、李鸿凯、郝兑庭等人解决了制品烧成工艺的一系列问题，1975年通过省级鉴定，使制品再上了一个台阶。1978年，轻工业部下达了"高级成套瓷工艺技术及设备的研究——骨灰瓷中试"项目，陶瓷公司由李鸿凯、林铁良、金秀萍、王淑英、王贺勤等人开始此项工作。

河北省陶瓷工业科技情报站查阅了大量骨瓷的技术资料，组织外文资料进行翻译和加工整理分析。国内第一部有关骨瓷的文献《骨灰瓷译文选》于1981年6月由河北省陶瓷工业科技情报站《河北陶瓷》编辑出版,共选辑了23篇论文,论述了国外一百多年来的骨瓷研究、制作、改进、发展等各方面的成果。

1979年,试制成功乳白色骨质瓷。1980年,投资185万元建成100万件骨瓷生产线,产品由"绿宝石"改为"红玫瑰"。1981年9月,"红玫瑰"牌骨瓷餐具被评为河北省名牌产品。1982年7月,国家科委和轻工业部在唐山召开鉴定会,鉴定结论为"中国骨质瓷,唐山为首创"。1982年,又投资142.5万元进行扩建,形成年产200万件的骨瓷生产线。1984年8月,"红玫瑰"牌骨瓷获国家银奖。1989年,"软质骨灰瓷及其制作方法"获得中国发明专利授权。1991年8月16日,投资4200万元人民币引进英国窑炉等先进设备建设的中国第一条年产500万件高档骨质瓷生产线试产成功,成为中国陶瓷行业的样板厂。产品相继在三次全国评比中获日用瓷唯一A级产品称号,被指定为国家50周年庆典用瓷,1997年为香港回归、1999年为澳门回归都制作了特区庆典用瓷,也是2010年上海世博会指定用瓷。如今,唐山已有100余家各类企业生产骨质瓷,形成了区域产业优势,并在世界骨质瓷生产领域占有重要地位。

2007年,唐山陶瓷研究院利用骨质瓷开发出釉下、釉中和釉上艺术瓷产品,并取得良好的经济效益。尤其是釉下分水青花骨质瓷艺术大瓶,无论在色泽还是质地方面,犹如玉质般晶莹剔透,将我国传统的青花类产品推上一个新高度。

(3) 玉兰瓷 1980年,由唐山陶瓷研究所试制成功,被誉为"脂润霜凝浴芙蓉,玉肌冰肤洁无瑕"。因原料中引入较多滑石(氧化镁)而属于滑石质瓷或称镁质瓷,烧成范围窄,生产难度很大。玉兰瓷刻坯瓶灯的灯罩壁薄如纸,在灯光照明下美丽的画面立即呈现,关灯之后画面隐去,深受人们喜爱。装饰方法是利用刻坯与堆填技术造成瓷面不同厚薄,因而对灯光透过出现不同明暗而显示画面。另一种装饰方法是内外画相结合,如《听琴》的两个人物,一在外表一在里层,关灯时内画不显画面,开灯后即隐约画中了,很有情趣。游鱼的内外画结合亦有异曲同工之妙。玉兰瓷釉中引入稀土,还可做成美丽的变色釉,在不同光源照射下能发出灰、紫、红、黄、蓝等六七种不同的色光。任何白瓷施用变色釉都无法超越玉兰瓷的艳丽。玉兰瓷受到全国科学大会的表彰。

(4) 白兰瓷 白兰瓷是1984年在第五瓷厂推广玉兰瓷过程中产生的衍生瓷种。由于玉兰瓷的生产受到原料煅烧滑石来源和工艺控制难度的限制,技术人员调整了配方,研制出了近似玉兰瓷的一个新瓷种,观感柔和细腻、档次更高,被称为"白兰瓷"。白兰瓷餐饮用具玲珑雅致,很快占领了国内市场,被世人称为唐山日用细瓷的"五朵金花"之一。

(5) 铁红金圈结晶釉艺术瓷 在唐山的艺术釉品种中,铁红金圈结晶釉是最为突出的一个,属天目瓷系列。20世纪70年代,唐山陶瓷研究所开展结晶釉研究工作,1976年在工艺条件十分苛刻的条件下曾出现了铁红金圈结晶釉,后列入国家轻工部科研计划,清华大学介入工作,试验获得成功,被专家认定具有曜变特征,获国家科技金龙发明奖、国家发明四等奖、中国发明协会金奖。作品被中南海收藏,在香港展出时被誉为"可遇不可求的国宝"。如今,唐山已有多家制出铁红结晶釉作品,以玉春瓷艺的成就最著名,制品包括铁红金圈结晶在内的曜变天目和各色多种晶型的系列制品,前无古人,美不胜收。葵花黄、金星、金银圈、金钱花、铁锈花、玫瑰红、三色环等釉晶花,大者直径超过50mm,变化万千,耐人寻味。历史上虽然偶然出现过,但今天可以用科学手段和工艺数据控制,使之不断丰富。铁结晶釉艺术瓷代表了当代天目瓷的最高水平。

（6）"釉下彩"手绘日用精陶　唐山市第七瓷厂在时任厂长王树立的主持下，由技术人员崔子顺、聂树森等于1993年底研制成功"釉下彩"手绘日用精陶新产品。1994年，该厂从日本、意大利引进部分关键设备组建了生产线，1995年实现了规模生产。1997年11月，通过了河北省经贸委组织的新产品鉴定，并获得了1998年国家级新产品奖。

20世纪90年代，从事广告业务的董建国，自创了一种独特的画法，使瓷画蝉、蛙，生动鲜活、呼之欲出，不仅多次亮相于唐山陶瓷博览会，1999年还曾在美国纽约展出，作品被多国人士收藏。《中国陶瓷》曾以《神画》为题加以报道。

3.工业陶瓷

唐山的工业陶瓷主要包括理化用瓷、特种陶瓷、电瓷和耐火材料等。百年来形成了以唐山市第十瓷厂为代表的一批企业。第十瓷厂的前身是始建于1938年的公聚成瓷厂，1957年合营后，包括复生瓷厂等七家瓷厂并入公聚成瓷厂。1960年，东窑陶瓷厂五一车间成立试验组，由4人组成，研制无线电高频瓷、金红石瓷；1962年搬到西窑，成立"河北唐山试验厂"，是三级保密单位，生产军工产品，1968年与公聚成合并为第十瓷厂，对内不对外，对内为十瓷厂的一部分，对外改名为"唐山陶瓷公司试验厂"，1997年改名为"唐山陶瓷集团陶瓷试验厂有限公司"。第十瓷厂生产的"铁锚"牌理化用瓷共有8大类440个规格品种。1979年，皿类产品获省优称号，1980年获部优称号，1981年获国家质量银奖。1980年，陶瓷纤维和烧管分获国家质量银奖。特陶产品中主要包括99%氧化铝、氮化硼、氧化镁、氧化锆、氧化铍、铬铝、高硅制品、金属陶瓷及电子陶瓷等700多个规格品种，为航空航天、冶金、石油等行业提供产品。

唐山电瓷的起步产品是启新瓷厂的低压电瓷、民用电线瓷夹板和瓷灯头等。1949年前，唐山有许多家瓷厂生产电瓷，1949年重新开业的只有12人的义源瓷厂，后又与几家小厂重组，这就是高压电瓷厂的前身。1965年属唐山陶瓷总厂管辖，1978年更名为唐山高压电瓷厂，成为华北地区生产高压电瓷最大的厂家，在2000年前，进入国有大型二档企业，资产总额1.48亿元，职工1200名。经过近50年的发展，已成为机械工业部确定的国家级棒式瓷绝缘子专业生产厂，产品产量质量均名列行业之首。220kV～500kV TD棒型产品陆续进入葛洲坝、二滩等国家重点水电工程，60%的产品为沈阳、西安、平顶山三大开关厂主机配套并打入国际市场。TD牌为省级名牌产品，被20多个省、市、自治区的城市电网使用，国内市场覆盖率达35%。

在耐火材料方面，百年来形成了以唐山马家沟耐火材料厂为代表的一大批企业，产品用于冶金、水泥、陶瓷、炼焦制气等行业。马家沟耐火材料厂始建于1910年，主要生产建筑砖，1924年生产耐火材料3000t，1944年为唐山钢铁工业生产黏土质耐火砖，现归属唐山陶瓷股份公司。1953年，马家沟耐火材料厂利用本地天然矾土在国内首次试制成功一等高铝砖，Al_2O_3含量达80%以上，经多家使用证明，顶炉寿命由37炉提高到135炉以上。1955年，由严东生主持研发成功高铝砖并投入批量生产，各项指标达到部颁标准。1959年，相继研制成功了镁铬、镁铝、刚玉、莫来石、碳化硅等高级耐火材料。1967年，开发了硅质耐火材料，1969年投产。1979年系列产品获冶金部科技成果二等奖、国家经委金龙奖，碳化硅、刚玉砖

第三节　邯郸陶瓷

一、邯郸陶瓷与磁州窑

邯郸陶瓷产区主要聚集在峰峰矿区的彭城镇和义井镇一带，以传统的磁州窑产品最具代表性。

新石器时代，邯郸地区即开始制作陶瓷。北朝至隋唐时曾生产过青瓷。史上曾为磁州所辖，窑场因名磁州窑。唐至五代形成产区，北宋时已很著名，金、元时达到鼎盛，生产至今，千年窑火不熄。当地有丰富的大青土、缸土、黑釉、碱石等天然原料，采用拉坯与印坯的成形方法，制品以碗、盘等为主。传统产品以瓷枕独具特色，也做缸、盆。1917年，彭城制成的电瓷新产品曾获民国大总统嘉奖。1923年，彭城已有瓷窑235座、缸窑30余座，从业5000余人，年产碗75000万件，全国第一。产品行销东北、华北、西北等13个省市。

磁州窑在灰白色胎体上施白色化妆土，然后施透明釉烧制成白瓷，对唐山等地早期白瓷产生过影响。磁州窑著名的刻划花、剔花、白地黑花、三彩等装饰具有质朴、豪放、洒脱、明快等独具的魅力，把民间生动的审美装饰与深厚稳重的造型相结合，深受人们的喜爱，对各地民窑的影响深远。各地民窑纷纷借鉴仿效，风格相近，故对同类产品有磁州窑系之称。磁州窑历史悠久，但一直处于民窑地位，很少受到文人墨客的青睐，对历史的论述和研究远远不够。清代《磁州志》称："瓷器出彭镇，置窑烧造缸、盆、碗、炉诸种，有黄、绿、翠、白、黑等色，然质厚而粗，只可供肆店庄农之用。不惟不敢比饶之景德、常之宜兴，即闽之建窑、浙之龙泉、粤东之土瓷犹胜此万万矣。"这段话既反映了当地文人士大夫的某些偏爱，也旁证了制品质量与许多产区的差距。

磁州窑引起世人的重视始于1918年。当年，河北省巨鹿县农民打井时，在深土层发现了白地黑花瓷器和其他日用器皿。文物一出土，考古界很快就确认这是宋代湮没埋藏的，与该县县志记载相符。1920年，天津博物馆对巨鹿作了调查，1926年北京博物馆也组织了相应的发掘研究，加上被盗掘盗卖，引起了国际古陶瓷界的广泛注意。这时的宋代精品大部分流落国外，英国、日本、美国等国的国家博物馆和私人博物馆多有收藏。后来专家对照明曹明仲的《格古要论》，将其定名为磁州窑，并将河南、河北、山西等北方类似窑场引申出"磁州窑系"的概念。包括河北省的磁州窑、河南省的修武当阳峪窑、鹤壁集窑、禹县扒村窑、登封曲河窑，山西介休窑，江西吉安的吉州窑。其中生产规模最大，生产延续时间最长，装饰技艺更集中、全面和有代表性的，属观台与彭城的磁州窑。

明清以后，中国制瓷中心移向江南。磁州窑尽管窑场兴旺，工艺技术亦有重大发展，日用瓷产品激增，模仿借鉴各地也多起来，铁锈花渐被蓝花替代，蓝花漂亮了许多，更适合用毛笔勾染，用笔酣畅淋漓，渐渐失去了故时铁绣花的艺术风格，但仍然保留了民间通俗的艺术特点。蓝花的新颖也比之黑花更易被百姓接受，故称为"民间青花"。

近代以来，国内外专家、学者发表了大量的研究论述，探索了磁州窑的历史地位和艺术成就。国内外均出版了关于磁州窑的书籍图录，美国、英国、日本、意大利等国专家还分别召开了磁州窑学术研讨会，一时掀起了各国的磁州窑热。

历史上的磁州窑曾有"千里彭城"以及"日进斗金"和"南有景德、北有彭城"之誉。但是由于长期受到帝国主义、封建主义、官僚资本主义的压迫和摧残，磁州窑遭到严重的破坏。生产品种单调，产品质量低劣，生产长期处于落后状态。由于新绘料氧化钴的传入，1000余年创造的成果和技艺有不少已经失传，传世精品和出土文物大量流失国外。至20世纪40年代，窑场纷纷倒闭，窑业一蹶不振，生产处于奄奄一息的境地。1945年彭城解放，边区政府拨款20余万元，冀南市支持恢复生产。在刘雨辰的主持下，1946年，彭城西岳家窑建立了边区政府工业制造所，开始了细瓷的研制，生产出了罗汉碗和筒子壶等产品。1954年，叶麟趾、叶麟祥做出了较白的细瓷。彭城陶瓷走向振兴，并把义井、磁县、马头、曲周、衡水、大名等地的陶瓷生产带动起来。1953年5月，峰峰矿区公营企业管理局更名为地方国营工业管理局，省长杨秀峰也来彭城考察。1954年，建成了细瓷车间，后来成为邯郸第一瓷厂。1955年2月，研究所生产出70余种仿宋瓷出口。1956年，邯郸陶瓷公司成立，完成对私营企业的社会主义改造。1957年，彭城仿宋瓷在德国莱比锡参展获奖。1959年，北京故宫博物院院长陈万里和陶瓷专家梅健鹰前来调查彭城陶瓷和指导工作。1960年，细瓷大量出口，有50万件进入国际市场。

今日的邯郸陶瓷已拥有象牙瓷、青花瓷、白玫瓷等名瓷，出口到100多个国家和地区。彭城的佳美釉中彩瓷、裕行古瓷、力力强化瓷享誉国内外市场。为发挥磁州窑产品，由国家投资建成了第七瓷厂（艺术瓷厂），继而八、九、十瓷厂相继建成，几乎与唐山产区旗鼓相当。1976年唐山地震后，邯郸开始研制瓷用金水。40余家企业出口创汇百万美元以上。春蕾象牙瓷获国家银奖，销往80多个国家。1978年10月在中国历史博物馆举办了"中国磁州窑展览"。并由河北美术出版社出版了《磁州窑》陶瓷画册。美国印第安纳州那不勒斯博物馆举办了"磁州窑国际讨论会"和日本、英国、美国、加拿大四国收藏磁州窑作品展览。我国邮电部发行了一套《中国磁州窑》邮票6枚。国际友人路易·艾黎在《瓷国游历记》中介绍了磁州窑，扩大了磁州窑的影响。1984年、1985年磁州窑产值、利润大幅提升。1985年总产值7960.97万元，总产量9990.68万件，利税568万元。同年，中国磁州窑研究会成立，全国人大常委会副委员长黄华任名义院长。第八瓷厂从意大利引进我国第一条国际先进的墙地砖生产线。刘立忠、刘志国先后赴日本技术交流和宣讲磁州窑。1990年，邯郸陶瓷公司已拥有28个企事业单位，职工19210人，其中技术人员574人，固定资产155328万元，年产日用瓷1.4亿件，工业瓷1100万件，墙地砖80万平方米，卫生洁具10万件，花纸达到20世纪80年代水平。产品荣获国家银牌2个、部优6个、省优12个。细瓷出口与产品一级率跃居全国同行列第三位。2005年9月，中国轻工业联合会和中国陶瓷工业协会授予彭城镇为"中国磁州窑之乡"、中国民窑研究基地。2008年9月，彭城磁州窑陶瓷博展馆完成选址，开工兴建。

目前，彭城拥有陶瓷企业近百家，总产值达6亿元，实现利税5000多万元，经济实力曾跨入中国轻工业200强、中国建材企业100强、河北省大型支柱企业集团30强、全国出口创汇优秀企业行列。彭城陶瓷燃料实现煤改气后，窑炉进行了更新换代，实现了自动控制，产品质量和档次得到提高，生产环境得到改善，市场竞争能力进一步增强。

二、磁州窑的装饰艺术

1. 铁绣花装饰

铁绣花装饰也称铁锈花。这是磁州窑特有的传统装饰技法。它以当地所产斑花石作绘料，创造性地将中国绘画技法以图案的构成形式巧妙而生动地绘制在器物上，具有变化统一等艺术法则，成为一种有条理、有节奏、有韵律的陶瓷装饰艺术。在泥坯干燥前进行操作，所以画工必须具备熟练的技巧，胸有成竹，以较快的速度一气呵成。装饰题材多是人物故事、花鸟虫鱼、飞禽走兽等写意纹饰以及书写诗文词曲。铁绣花装饰具有生动活泼、简练豪放而潇洒自如的艺术风格，产生出一种娴静华美的艺术效果。

2. 刻划花装饰

刻划花装饰是在青坯刻划的基础上发展起来的。通过刻花、划花、剔花、刻填等技法使纹饰的局部与整体、纹饰与底色形成对比，衬出纹饰的轮廓和形象，形成饱满充实、对比强烈的装饰效果。常用珍珠地、木梳纹、席纹、及均匀的排线或密集的点饰来反衬主体纹样，使纹样局部与整体形成疏密对比、宾主分明、形象突出的典雅特色。

3. 红绿彩装饰

红绿彩是一种釉上彩。是用施白化妆土的白器做胎体，画矾红点，上绿色、黄色等釉彩，经低温烧烤而成。特点是艳而不躁、丽而不俗、艳丽夺目。

4. 窑变黑釉

黑釉的原料为当地的一种黄色釉土。由于这种釉土的含铁量高，烧后成黑褐色。施釉薄厚、烧成窑温及气氛的差异，能使釉色呈现赭褐、黑褐、黑红、黑蓝、墨绿等各种不同的、丰富多彩的变化，被称为"窑分五色"。制出的铁结晶釉有斑点釉、丝毛釉、玳瑁釉、虎皮釉、柿皮釉等。在研制酱釉过程中，通过调整配方与控制工艺条件等，意外制出了一种亚光釉，特点是光泽度不高，但釉色很美，有另一种审美趣味，被称作"蜡光釉"，形成了一个新的釉种。

5. 壁饰壁画

20世纪80年代，为中国剧院研制、创作了大型陶板壁饰，镶嵌在剧院的主体建筑外墙上方，十分协调美观。1992年，为亚运会创作了壁画《北京欢迎您》（刘珂设计），由邯郸市人民政府捐赠给亚运会组委会，放置在天安门广场，是这里唯一的陶瓷壁画。

现代科学技术的发展，为磁州窑陶瓷装饰艺术的创新发展提供了新的条件和方法，磁州窑的陶瓷工作者从原料、瓷质、釉色、造型、装饰等方面开展了一系列的新品试制，研制出了色泥划花、花釉、花釉刻划花、刻地嵌金和色地釉下彩等新品种，使磁州窑的传统装饰技艺得到了新的发展，焕发了青春。

第四节　定窑和邢窑的研究与恢复

1983年，开始对窑址早有定论的定窑进行研究。1987年，着手对号称具有"千古之谜"的邢窑进行研究，都取得了可喜的成效。

一、定窑的研究和恢复

定窑位于河北省曲阳县涧磁村和燕川村一带，始于晚唐、盛于北宋、衰于元，经历500余年，是我国历史上连续烧制瓷器时间较长、生产规模庞大的宋代五大名窑之一。定窑的产品胎质坚密，有白瓷、黑定、红定、绿定、黄绿定和三彩等，以有纹饰的白瓷见长。在制瓷工艺上，首创了覆烧法，成功运用了刻花、划花、印花和釉上点彩等装饰方法，达到工艺技术和美术装饰的高度统一，被诗人苏东坡称为"定州花瓷"，在国内外久负盛誉。

早年，陈万里、冯先铭、李国桢、郭演仪等对定窑做过大量的考察和研究。20世纪60年代，河北省文物工作者曾对定窑进行过发掘。1972年，政府有关部门把定窑的恢复提到议事日程，1972年曲阳县陶瓷厂着手研究定瓷，后因故中止。1975年，工艺美术定瓷厂成立，开始恢复定窑。1979年，河北省科委将定窑研究列入河北省科学技术发展计划。1980年、1982年和1983年相继召开四次定瓷座谈会，冯先铭、高庄、梅健鹰、李国桢和国际友人路易·艾黎等先后出席。1981年，河北省定窑研究组成立，由河北省轻工业局总工刘可栋牵头，唐山市陶瓷研究所和曲阳定窑瓷厂共同承担研究工作，先后仿制出40余种53件作品，接近古定瓷水平，张进、刘木锁、刘可栋的研究报告在《河北陶瓷》（1983年第4期）发表，刘家顺、毕南海的论文在《河北陶瓷》（1984年第2期）发表，研究成果获河北省科技进步一等奖。

1984年以后，陈文增、蔺占献、和焕等继续在定窑研究领域不断探索和实践，成效显著，1998年获中国仿古科学艺术一等奖，1999年云龙雕花瓶被人民大会堂永久收藏。1992年，河北省曲阳定窑有限公司成立，使传统定瓷与现代艺术接轨，展示了定瓷文化艺术的高品位，跻身于国宝之列。2005年，河北省曲阳定窑有限公司成为国家博物馆指定生产厂，定窑色釉艺术瓷获国家知识产权局专利金奖。2003年，陈文增编著的《定瓷研究文集》（中英文对照）出版，2006年出版定窑专著多部。2006年，中国陶瓷工业协会定窑研究院在河北省曲阳定窑有限公司正式挂牌成立。

二、邢窑的研究和恢复

唐代邢窑是白瓷最早出现时的著名代表。邢窑白瓷的出现，向青瓷的传统优势地位提出了最有力的挑战，但后来邢窑被历史湮没一千多年。邢窑窑址在何处？什么原因使邢窑衰落？这个千古之谜一直困扰着我国陶瓷史学家和关心邢窑的仁人志士。

从1950年起，在邢台工作的历史教师杨文山就在自己所能达到的范围寻找古邢窑窑址，终于在靠近内丘的临城县境捡拾了不少具有邢瓷特征的残器和瓷片。1980年，当地成立了邢窑研究组，在临城发现了丰富的瓷窑遗存，聘请专家对出土的实物和研究组提供的仿品进行了评价和鉴赏。1981年，河北省成立了邢窑研究组，1983年考察了内丘、临城两地窑址。1984~1986年取得重大发现，在内丘县找到了更多的邢瓷实物和28处古窑址，特别是发现了内丘县周围密集的窑群，证实了文献所述邢窑在内丘的事实。内丘与临城窑址是连成一片的，发现的瓷器除了白瓷之外，还有粗白瓷、三彩釉陶、青瓷、黑瓷、黄釉瓷、芝麻酱釉瓷等，地质专家程在廉对古邢窑原料的来源进行了系统考察。1986年12月，在石家庄市召开了鉴定会，会议肯定了邢窑窑址在内丘和临城，当地优质原料的枯竭是邢窑衰没的物质因素。张志中、毕南海执笔为研究组撰写的报告发表在《河北陶瓷》1987年第2期。千古之谜被揭开。

其他传统制作还有馆陶县和完县的黑陶、文安县辛庄的红陶、易县的绞胎陶等名品，有的也列入了省级非物质文化遗产。

第五节　河北陶瓷名人和部分陶瓷企业

一、部分陶瓷名人

田鹤群父子，明永乐年山西移民田时宽的后人，至田鹤群时是第11代。田鹤群做出唐山最早的白瓷，殁于1926年，其子田子丰随父做瓷至1946年殁。

昆德父子，汉斯·昆德是一位德国地质工程师，1900年来到唐山，1906年任唐山洋灰公司（启新水泥厂前身）工程师。1924年，瓷厂与洋灰公司脱钩后交由汉斯·昆德包办。1936年2月辞世。熬特·昆德是汉斯·昆德的儿子，陶瓷工程师，接替父亲把启新瓷厂办成了唐山最好的瓷厂而成为各瓷厂学习的榜样。

李少白（1912~　），生于河北丰润县，清华大学毕业后到日本学习陶瓷，回国后在保定高级工科学校教书，后被唐山德盛瓷厂聘请为技师，后去台湾。

杨荫斋（1913~　），陶瓷美术家，1951年任三合义瓷厂的车间主任、制造股股长。四幅瓷板画《红楼四美》为存世艺术珍品。是唐山陶瓷美术界的一代宗师。

宣道平（1915~　），生于河北滦县，美术教育工作者，著有《书画美论》等专著，开拓了釉下青花山水装饰新品种，作品曾赴芬兰、美国、日本展出，后人为他出版了《宣道平画集》。

程范吾（1916~1976），河北省行唐人。1945年任德顺隆瓷厂厂长，1958年任唐山市陶瓷工业公司副经理兼总工程师。1972年主持陶瓷情报站，编辑出版了《唐山陶瓷》（后为《河北陶瓷》）杂志。

严东生（1918～），见第六章。

巴士毅（1920～），生于辽宁省辽阳县。1952年到唐山工作，先后在启新瓷厂、东窑陶瓷厂、唐山市陶瓷工业公司等单位工作，曾任陶瓷工业公司副总工程师。1962～1966年，先后研制成功了氧化铝陶瓷、氧化锆陶瓷、金红石陶瓷、铬钢玉陶瓷等高技术陶瓷，军工及科研急需的特种陶瓷500多个规格品种。荣获国家科委发明创造三等奖。

刘可栋（1920～2007），见第六章。

王鲁民（1925～1994），历任唐山陶瓷学校校长、河北省陶瓷公司副经理。为邯郸瓷区的发展和提升发挥了重要作用。

叶广成（1927～2004），我国著名陶瓷专家、定窑窑址的首位发现者、叶麟趾先生之子，曾任技术员，陶校教员，研究所副所长，邯郸陶瓷公司总工、副经理等职，20世纪50年代负责磁州窑的仿古瓷，60年代负责高档瓷攻关，70年代负责高档瓷配套产品设计、开发和寻找矿源等工作。负责邯郸陶瓷科技情报站的工作。发起成立了磁州窑研究会。

魏之瑜（1935～），生于天津。邯郸著名陶瓷美术家和理论家。1960年毕业于中央工艺美术学院陶瓷艺术系，1965年到邯郸陶瓷研究所从事美术设计工作。曾任邯郸陶瓷研究所副所长、邯郸陶瓷公司美术设计室主任等职。作品"花釉虎耳尊"、"羊头尊"、"杏花瓶"等多次在全国陶瓷创新评比中获奖，并出国展出，制成邮票。著有《磁州窑的装饰艺术》。与李允忠、刘珂一起被称为"邯郸陶瓷美术三杰"。

崔金祥（1928～2000），河北沧州人。历任唐山古冶中天化工厂厂长、三合义瓷厂厂长、邯郸陶瓷分公司经理、唐山市第一瓷厂厂长、唐山陶瓷工业公司副经理。是唐山骨瓷开发的倡导者和领导者。

苏书行（1939～1983），河北省衡水人。宣化第一个美术专业技术人员。作品色釉瓷片镶嵌人物画《永不休战》再现了油画原作鲁迅形象的风采，在全国展览中受到高度评价。著有《宣化瓷器的釉彩》、《谈工业美术》。

潘玉芳（1931～），祖籍山东潍坊。高级工程师。历任唐山陶瓷厂厂长，唐山胜利陶瓷集团公司董事长、总经理，是唐山建筑卫生陶瓷工业的恢复、发展和改革历程的主要参与者和领导者之一，为"唐陶牌"卫生陶瓷、"三环牌"釉面砖获得国家级质量奖和唐山陶瓷工业的发展作出了重要贡献。

王越（1938～），男，湖北荆州人。高级工程师，享受国务院政府特殊津贴专家。1965年毕业于北京大学物理化学专业。曾任陶瓷研究所所长，为北方陶瓷质检工作作出了卓越贡献。

张玉春（1931～），辽宁宽甸县人。高级工程师。曾任唐山陶瓷研究所副所长。是我国曜变天目——"铁红金圈结晶釉"的主要创始人。主持或参与研制成功了"高温快烧色料"、"稀土紫罗兰变色釉"、"新型装饰玻璃皿"、"玉兰瓷中试"等20多项成果。著有《注浆成形操作法》、《艺术釉》。

王淑英（1934～），祖籍河北唐山。正高级工程师。1953年毕业于北京市工业学校化工专业。曾任唐山市陶瓷研究所副所长。对瓷用黄金水的研制和生产、骨灰瓷的研制做出了重要贡献。

王刚（1930～1989），河北深县人。1956年毕业于北京市工业学校化工专业。曾任唐山市陶瓷研究所副总工程师，是唐山日用瓷五朵金花之一玉兰瓷的创始人。

李中祥（1939～），见第六章。

张庆勐（1938～），见第六章。

王惠文（1943～），高级经济师。唐山惠达陶瓷（集团）股份有限公司董事长创始人、董事长。对中国建筑卫生陶瓷的现代化发展作出贡献。

刘刚（1963～），河北宣化人。教授级高工。1981年毕业于西北轻工学院硅酸盐专业。历任唐山市陶瓷研究所副总工程师、唐山中盈建筑陶瓷有限公司总工程师、唐山陶瓷集团副总工程师、陶瓷研究院院长、唐山陶瓷股份有限公司副总经理兼总工程师。主持完成了低温快烧日用细瓷产业化示范工程、无铅骨质瓷等重大项目。

刘立忠（1944～），出生于邯郸陶瓷世家。中国陶瓷美术大师、中国工艺美术大师、联合国民间工艺美术大师、中国民间文化杰出传人、中国首批非物质文化遗产代表性传人。40余年一直从事磁州窑的研究、恢复和创作工作。作品先后参加海内外多次展出，入选中国工艺美术大展并获奖，发表学术论文多篇。1980年在北京故宫举办"磁州窑陶瓷展"。荣获中国陶瓷名窑恢复与发展贡献奖。

刘希舜（1946～），生于唐山市。中国陶瓷美术大师。先后师从乔文科、刘文圃、赵文然和杨荫斋等名家。代表作品泼彩《三月藤花》被收入《当代中国陶瓷精品选》和《中国现代美术全集》中，被香港特别行政区政府收藏。

刘志国（1948～），河北邯郸市彭城镇人。磁州窑文化艺术研究会副会长。1989年冬赴日本作古陶瓷研究的学术交流和讲演。

苏玉珍（1951～），生于河北省丰润县。1970年在唐山第一瓷厂创造出"贴花三快一好操作法"，即取花纸快、放花纸快、擀花纸快、质量好，生产效率提高一倍多，优质率达到99%以上，15年多的时间干出37年的活。是全国劳动模范。

陈文增（1954～），河北省曲阳县人。中国陶瓷美术大师、中国工艺美术大师。中国陶瓷工业协会定窑研究院院长。作品《瓷诗书三联艺术》获吉尼斯记录认可，刻花瓶作品入选《中国现代美术全集》。著有《定瓷研究》（中英文对照）、《定窑研究》、《陈文增书法》等专著。

二、部分陶瓷企业

1. 启新瓷厂

1914年，启新洋灰公司投资兴建启新瓷厂。据《滦县志》（重修本）记载：启新瓷厂成立后，"所有职员均由汉斯·昆德聘任。资本除16万元与洋灰公司纳租外，汉斯·昆德又备大洋10万元，总计共26万元。瓷厂之组织甚简单，大致分为五部，即工作、收发、营业、查工及会计等部。此外于上海、北平、天津，设分销所三处，均由瓷厂派员任经理。工人数目约460人，工作时间，每日10小时，工资，每人每日平均5角以上。生产产值每月约3万元，每年产品约40万元。原料来源，中国原料百分之九十五六，有时自英、德二国购买陶土，其量甚微，化学原料完全购自德国。产品销售中国北部。瓷器种类主要是电瓷、卫生器皿及普通瓷器。开始为手工捏制成坯，分素、釉两次烧成。直到1940年，德盛窑业厂试验成功一次烧成。"

1923年，启新瓷厂从德国引进球磨机、泥浆泵、瓷选机、电瓷压机等设备，成为中国第一家使用陶瓷进口设备的工厂。1924年，使用部分国产原料，利用煤烧倒焰窑，生产出中国第一件洗面盆和马桶，为中国带来了马桶革命。1927年，开始生产彩色铺地砖和内墙瓷砖，成为国内较早生产瓷砖并承办出口业务的工厂。

1924年，启新瓷厂与洋灰公司脱钩，1925年制出硬质瓷。1927年，兼有标注"德国制造"的地砖、墙砖和理化用瓷出口。1935年，启新瓷厂由熬特·昆德独资经营，卫生洁具销售到香港等地。1936年，启新瓷厂职工已达450人，成为华北最大的瓷厂。1941年又生产大量电瓷，企业规模进一步扩大。1949年6月，人民政府接管了启新瓷厂，成为唐山第一家国营瓷厂，年底，在厂工人数已恢复到456人，总产值51万元。经过改建，1952年卫生陶瓷产品达到5.74万件。1956年6月，国家建材部成立之后将唐山启新瓷厂改名为唐山陶瓷厂，直属部领导。

2. 德盛窑业厂

是秦幼林世袭继承祖辈的产业。1930年2月，在唐山雹神庙旁原新化榨油厂的旧址上建立，最初工厂占地面积2亩多、9间厂房。第二年（1931年）收购罗原通昌瓷厂土地10亩、厂房20间和一座大炉，作为二厂。同时，购置胡家元7亩地作为三厂的场地，建筑二层楼房一幢24间，厂房若干间和新式瓷窑、砖窑，修建与安装电力设备，边筹建边生产。当时，一厂生产日用瓷，二厂生产缸管、缸砖，三厂加工原料，共有职工近百人，其中技工来自东缸窑和启新瓷厂，有的还来自江西景德镇。"得胜"商标于1932年9月在实业部注册，1933年2月又在商标局注册，资本旧币20万元。1934～1936年，德盛窑业厂规模扩大到百余亩，厂内设有铁路道岔与北宁铁路连接，一厂主要生产日用瓷，并已开始试制卫生瓷便器、脸盆等产品，二厂为火砖缸管部，三厂为原材部。1938年，德盛窑业厂在天津娘娘宫东口设立了德盛窑业厂总业务部和总批发处，在上海设立了办事处，在北京成立了批发部，在天津河北大街、天津北门、迁安建昌营、丰南河头镇和遵化设立了5个售品处，在天津陈家沟和古冶车站附近成立了两个分厂。1939年，德盛窑业厂拥有职工700多人，成为唐山陶瓷业中首屈一指的大户，产品销售华北、上海、武汉等地，在社会上已有了一定的影响和较高的信誉。1945年春停产。1946年春，秦幼林委托原工厂技师李少伯担任厂长组织恢复生产。唐山解放前，秦幼林去了台湾，工厂交由其侄女、驻厂董事秦玉荣女士经营，工厂一无原料、二无资金，连续三个月没能给工人开资，企业再次陷入关门倒闭的境地。后经公私合营，"文革"期间更名为红卫陶瓷厂，1972年更名为唐山市建筑陶瓷厂。

3. 唐山陶瓷厂

1956年6月成立，前身为始建于1914年的启新瓷厂，是新中国成立后我国第一家生产和出口卫生洁具的企业，是我国建材行业的现代化大型骨干企业。高峰期有在职职工2400人，其中工程技术人员370余人，占地23万平方米，总资产3.4亿元，主要生产"唐陶"（中档）、"ARMSTRONE"、"ARMSTEEL"（高档）卫生洁具和"TT"牌墙地砖，年产卫生瓷150万件、墙地砖110万平方米。1995年前是国内卫生洁具产量最大的企业。

1962年，唐山陶瓷厂研制成功"6201"大套高档卫生洁具，这是全国第一家自行设计生产的高档成套卫生洁具。"六五"期间（1980～1985年），从德国引进的三条立浇线先后在洗面器、水箱和水槽生产上消化吸收，实现了窑炉的微机控制。"七五"期间（1986～1990年），从国外引进一座宽断面燃气隧道窑和一座梭式窑，引进消化吸收德国卫生瓷立浇生产技术，提高劳动效率50%。自1980年"唐陶"牌系列卫生洁具夺得国家银奖后，1987年，"唐陶"牌系列卫生洁具荣获国家金奖。"八五"期间（1991～1995年），分别从英国引进先进的宽断面隧道窑，从意大利引进低压块排水和中压注浆生产线。2004年8月1日，生产全部停止，2011年破产，"唐陶"商标转让给唐山北方瓷都陶瓷集团。

4. 唐山市建筑陶瓷厂

前身为始建于1930年的德盛窑业厂。成立于1972年，下分卫生瓷、釉面砖、铜活配件、陶瓷锦砖等几个分厂，是生产卫生瓷、釉面砖、铜活配件的综合性国有企业。1973年，建筑陶瓷厂自行设计研制成功"前进一号"（7301）五件套高档配套卫生洁具，1979年自行设计研制成功"前进二号"（7901）五件套高档配套卫生洁具。1983年，在国内首次研制成功具有当时国际先进水平的高档卫生洁具"旋涡虹吸式"连体坐便器，并通过部级鉴定。1985年，研制成功具有当时国际先进水平的"前进6号"喷射虹吸式配套卫生洁具。1986年，在国内首次研制成功自动冲洗小便器及双水量节水便器，可节省用水30%～50%，填补了国内空白。1982年，生产的"前进"牌22寸洗面具获得全国唯一的国家银奖，并获国家小康住宅建设推荐使用产品证书。1998年，引进两条意大利节能型宽断面隧道窑炉。2000年，被确定为国家首批节水型卫生洁具生产管理定点企业，并荣获首批"建材产品质量服务信得过单位"称号。产品主要出口欧洲、美洲、亚洲等30多个国家和地区。1998年，唐山陶瓷股份有限公司成立时，卫生瓷分厂从唐山市建筑陶瓷厂中剥离出来，组建唐山德盛陶瓷有限公司，划归唐山陶瓷股份有限公司管理。唐山市建筑陶瓷厂于2006年5月31日宣告破产。

5.唐山轻工业机械厂

唐山轻工业机械厂的前身是1956年由24家铁工厂公私合营成立的唐山市建新机器厂，1958年更名为唐山陶瓷建筑机械厂，1964年，被收改为中国轻工业机械总公司直属厂，更名为唐山轻工业机械厂。产品仍以陶瓷机械制造为主，当时国家在资金，技术和人员方面给予了大力支持，先后两次扩充改造，工艺装备水平、技术开发能力、管理水平和资产规模均位居国内同行业前列，年生产能力达到5300吨，产品的国内市场占有率达60%。1976年的大地震使唐山轻工业机械厂的生产设施全部瘫痪，但震后不到一个月就部分恢复生产，一年后生产能力达到震前水平。迁厂到丰润后，1986年投产，1993年主要经济指标达到历史最高水平，成为行业百强企业之一。产品曾出口到阿尔及利亚、越南、缅甸等国家。从建厂至今，该厂为我国的陶瓷机械事业作出了卓越的贡献。

6.唐山市卫生陶瓷厂

前身是唐山大地震后兴建的第二构件厂。1982年经改建后生产卫生陶瓷，更名为唐山市卫生陶瓷厂。1998年，作为优良资产划入唐山陶瓷股份有限公司，成立唐山陶瓷股份有限公司卫生陶瓷分公司。2011年更名为唐山红玫瑰陶瓷制品有限公司卫生陶瓷分公司。1993年，在国内首家引进美国宽断面全自动节能隧道窑，生产的"山"牌、"WEITAO"牌V系列高档配套产品先后被省、市评为"免检产品"、"优质产品"和河北省及唐山市"名牌产品"，并因产品开发成绩显著，获"科技兴市市长特别奖"和"新产品开发先进企业"荣誉称号，企业连年被评为"重合同守信用企业"，1996年又被唐山市委、市政府命名为"振兴唐山先进单位"。

7.唐山市建华陶瓷厂

1964年，唐山市建筑陶瓷厂研制成功陶瓷锦砖，成为20世纪60～70年代的主要产品。1984年，陶瓷锦砖生产线从唐山市建筑陶瓷厂分离，成立唐山市建华陶瓷厂。80年代后期全线引进意大利生产线，系列马赛克产品畅销全国。1990年12月并入唐山胜利陶瓷（集团）公司。1998年作为优质资产划入唐山陶瓷股份有限公司，成立唐山陶瓷股份有限公司建华分公司。

8.唐山泰马洁具五金有限公司

1974年,唐山市建筑陶瓷厂开始兴建卫生洁具铜具配件车间,1977年投产,年产"前进"牌卫生洁具配件2万标件,后发展为14.5万标件,且全部用于出口。1994年11月,该车间与意大件IMR公司合资注册资本750万美元,注册成立唐山泰马洁具五金有限公司,成为唐山胜利陶瓷集团的子公司,生产和销售高档卫生洁具五金配件五大系列、100多个花色品种。采用欧洲EN200标准生产,年生产能力30万套,1997年3月正式投产。唐山泰马洁具五金有限公司的成立标志着唐山陶瓷产区的卫生陶瓷洁具配件实现了自给。

9.唐山市第一瓷厂

前身为唐山市综合陶瓷厂,位于唐山市东缸窑北唐马路南侧,是生产日用出口瓷和唯一生产高档骨灰瓷的厂家。为唐山市东缸窑陶瓷厂的下属单位,原址处于开滦采煤露头之上,迁搬到新建的唐山综合陶瓷厂。1959年12月破土动工,1960年建设完成一条日用瓷生产线,改成生产日用瓷的全能厂。1963年3月定名为唐山市综合陶瓷厂,1964年6月改名为唐山市第一瓷厂。1965年,研制成功唐山第一代绿骨瓷,1974年形成"绿宝石"品牌。1982年2月,"红玫瑰"牌高档白色骨灰瓷研制成功并批量试产。1984年,"红玫瑰"牌餐具获国家银奖。"七五"期间,国家投资4200万元人民币,引进英国窑炉等先进设备,建设中国第一条最先进的年产500万件高档骨质瓷生产线,1991年8月16日试产成功,成为中国陶瓷行业样板厂。1998年,该厂骨质瓷分厂划入上市公司唐山陶瓷股份有限公司,成立唐山陶瓷股份有限公司骨质瓷分公司。

10.河北长城陶瓷有限公司

前身为唐山市第二瓷厂,位于唐山市银河路西侧,东邻开平区贾庵子村,是以生产出口细瓷为主的重点厂家之一。品种有餐具、茶具、咖啡具及艺术瓷等70余个品种。是陶瓷公司产品配套率、出口率最高的厂家。1985年开发的新产品炻器,年产600万件,被美商全部包销。1978~1986年,该厂生产桶形大理石雕金茶具、"宇宙"牌雕金喷彩大理石咖啡具、"金鼎"牌45头餐具、20头"金环"牌餐具等产品。1989年1月1日,与中国(香港)陶艺进出口公司、河北省工艺品进出口公司三方合资成立河北长城陶瓷有限公司。1998年,河北长城陶瓷有限公司成为唐山陶瓷股份有限公司的控股子公司。2004年,第二瓷厂老厂更名为唐山龙港瓷业有限公司,归唐山陶瓷集团有限公司管辖。2011年,河北长城陶瓷有限公司成为唐山红玫瑰陶瓷制品有限公司控股子公司。

11.唐山市白玉瓷厂

前身为唐山市第三瓷厂,位于唐山市路北区缸窑路东侧。唐山市第三瓷厂是1964年5月经全国陶瓷专业会议确定,由河北省轻工业厅批准,为国内陶瓷工业技术改造树立样板而筹建的新厂,1969年初投产,主要设备由日本引进,初产普通出口细瓷,隶属唐山市陶瓷工业公司。1981年改产高档白玉瓷,并正式注册"白玉牌"商标。1984年10月,为使产品、商标与厂名统一,更名为唐山市白玉瓷厂。1984年底,陶瓷公司解体后,改由唐山市经委领导,1986年底重归陶瓷公司领导至今。2004年,更名为唐山市龙英瓷业有限公司。

12. 唐山市第五瓷厂

前身为裕丰瓷厂。始建于1948年底，位于唐山市路北区缸窑路东侧，是生产出口细瓷最早的厂家之一，为唐山第一家国营瓷厂。1950年迁到西缸窑现址。1958年，公私合营永利瓷厂划入裕丰瓷厂，曾先后隶属西缸窑陶瓷联合厂、西缸窑陶瓷厂领导。1962年，原西窑陶瓷厂的三车间（原谦益恒瓷厂）、四车间（原开德、同成瓷厂）并入裕丰瓷厂。1966年改为唐山市第五瓷厂，隶属陶瓷公司领导。1964年被轻工部定为生产高级瓷（赶日本）的定点厂。1984年，陶瓷研究所的高档滑石质"玉兰瓷"在该厂移植成功，翌年经改进原料配方和工艺，定名为"白兰瓷"。1998年，以优质资产划入上市公司唐山陶瓷股份有限公司，成立唐山陶瓷股份有限公司裕丰分公司。2000年，建成一条年产1000万件低温快烧两次烧成日用细瓷生产线，开创了我国日用陶瓷低温快烧的先河。2011年更名为唐山红玫瑰陶瓷制品有限公司裕丰分公司。

13. 唐山华美陶瓷有限公司

前身为唐山市第九瓷厂，位于唐山市东缸窑北唐马路中段南侧，以生产出口瓷为主，产品品种有中西餐具、茶具、咖啡具、酒具、旅游瓷、陈列瓷及电热锅等百余种。唐山市第九瓷厂的前身为三合义瓷厂，始建于清光绪十五年（1889年2月），由赵氏家庭独资创办。并由原来一个厂逐步发展成为三合义新、老两厂，1951年5月老厂改为公私合营三合义瓷厂。1956年相继有三成局、建兴、德盛老厂、裕发成、新明三厂、扬明瓷厂、裕成局、泰成局8个私营企业并入该厂，隶属唐山市陶瓷工业公司。1957年划归东窑陶瓷联合厂领导，1958年10月联合厂改为东窑陶瓷厂后，三合义瓷厂改为东窑陶瓷厂的第三、第四车间。1962年10月唐山市陶瓷公司成立后，复称公私合营三合义瓷厂，隶属陶瓷公司领导。1964年，部分职工划归唐山市第二瓷厂，其余部分于1966年8月改称第九瓷厂，直属陶瓷公司领导。1967～1968年百名职工调给第三瓷厂，剩余部分异地筹建新厂，于1974年建成投产迁至现址。1992年，与美国赛达胜公司合资组建唐山华美陶瓷有限公司。

14. 唐山市第十瓷厂

唐山市第十瓷厂是我国生产理化用瓷最早的厂家，也是国内研制特种陶瓷的重点企业之一。现址位于唐马路东侧。原建于1938年，名为公聚成瓷厂，位于市内乔屯，1955年6月实行公私合营。1966年9月，改称唐山市第十瓷厂。1968年末与陶瓷公司试验厂合并，同时迁至西缸窑西侧。1980年与胜利瓷厂合并，原胜利瓷厂改称第十瓷厂胜利分厂。1998年唐山陶瓷股份有限公司上市，第十瓷厂作为优质资产划入上市公司，成立唐山陶瓷股份有限公司特种陶瓷分公司。2011年变更为唐山红玫瑰陶瓷制品有限公司特种陶瓷分公司。该厂生产"铁锚牌"理化用瓷共有8大类400多个规格品种，在国内外享有较高声誉。特种陶瓷包括99%氧化铝制品，氮化硼、氧化镁、氧化铍、铬铝、高硅制品及金属陶瓷，无线电陶瓷等700多个规格品种，为发展航天、航空、国防、冶金、石油及科研事业所必需。

15.唐山陶瓷研究院

前身为1958年1月成立的唐山市陶瓷研究所，1999年更名为唐山陶瓷研究院，2011年更名为唐山红玫瑰陶瓷制品有限公司陶瓷研究院。1958年开始研制瓷用黄金水，成功完成了白玉瓷、玉兰瓷、骨质瓷、瓷用金水和色料、铁红金圈结晶釉和稀土艺术釉等标志性项目，并在陶瓷质量检测、情报、热工计量、艺术设计等方面作出了突出贡献。

16.唐山陶瓷集团有限公司

前身是唐山市陶瓷工业公司，始建于1956年，1996年5月改组成立唐山陶瓷集团即唐山陶瓷集团有限公司，1998年6月与唐山胜利陶瓷集团有限公司合并，成立新的唐山陶瓷集团有限公司，陶瓷产量居全国前列。该公司以独家发起通过公开募集方式筹建唐山陶瓷股份有限公司。1998年8月13日，唐山陶瓷股份有限公司4500万股A股股票在深交所挂牌上市。2004年4月，唐山陶瓷股份有限公司与唐山陶瓷集团有限公司正式分离，组成两个市属国有（控股）大型陶瓷企业。

17.唐山胜利陶瓷（集团）公司

1990年12月，以唐山陶瓷厂、唐山市建筑陶瓷厂、唐山卫生瓷厂、唐山建华瓷厂为核心企业组建而成，总资产10.07亿元，职工1万余人。1991年至1997年，投资6.12亿元，进行了大规模技术引进和技术改造工程。1996年5月28日，经河北省政府批准，改制为国有独资公司，经济运行质量显著提高，由亏损大户跻入唐山市属企业利税大户的先进行列，实现利税居唐山市属企业第三名，建筑卫生陶瓷产量名列河北省第一位，卫生瓷产量居全国前列。1998年与唐山陶瓷集团合并成立唐山陶瓷集团有限公司。

18.唐山陶瓷股份有限公司

1998年6月登记注册，由唐山陶瓷集团有限公司以独家发起通过公开募集方式筹建，1998年8月13日，4500万股A股股票在深交所挂牌上市。2004年4月，唐山市政府决定，唐山陶瓷股份有限公司与唐山陶瓷集团有限公司正式分离，组成两个市属国有（控股）大型陶瓷企业。2011年，与河北冀东发展集团进行重大资产重组，更名为唐山冀东装备工程股份有限公司，同时，其置换出的全部资产和债务由唐山红玫瑰陶瓷制品有限公司承接。

19.唐山北方瓷都陶瓷集团有限责任公司

成立于2009年，位于唐山市丰南沿海工业区，已建成唐山北方瓷都陶瓷集团卫生陶瓷有限责任公司和唐山北方瓷都陶瓷集团洁美卫生陶瓷有限公司两个全资子公司，年产卫生陶瓷300万件。

20.唐山红玫瑰陶瓷制品有限公司

成立于2009年，2011年承接了唐山陶瓷股份有限公司与河北冀东发展集团进行重大资产重组而置换出的全部资产和债务。

21. 唐山红玫瑰陶瓷制品有限公司骨质瓷分公司

成立于2011年。前身为唐山市第一瓷厂骨质瓷分厂。1998年，唐山陶瓷股份有限公司上市，唐山市第一瓷厂骨质瓷分厂作为优良资产划入唐山陶瓷股份有限公司，成立唐山陶瓷股份有限公司骨质瓷分公司。2011年变更为唐山红玫瑰陶瓷制品有限公司骨质瓷分公司。

22. 唐山惠达陶瓷集团股份有限公司

1982年，民营惠达陶瓷集团公司以黄各庄瓷厂为基础起步，原有倒焰窑两座、固定资产28万元。1986年，在唐山陶瓷厂的帮助下与北京新型建材公司达成30万元的补偿贸易协议，通过引进资金进行扩建。1988年，与唐山陶瓷厂横向联合，建成年产10万件卫生生产线。1992年连续建成3条隧道窑生产线，形成年产80万件卫生陶瓷的生产能力。1995年，成立惠达陶瓷集团公司，打出"惠达"品牌。1997年跨入世界同行业十强。2002年，"惠达"成为中国驰名商标，2003年获中国名牌。2005年，卫生瓷产量名列我国建筑卫生陶瓷类企业榜首。

23. 唐山隆达骨质瓷有限公司

1994年成立的民营企业。2001年，产品被选定为上海APEC首脑宴会用瓷。2002年成为"全国十强品牌"。2003年被评为省著名商标。2005年获中国陶瓷产品设计大赛金奖、第二届景德镇国际陶瓷博览会金奖。为2008年北京奥运会特许产品生产单位。2010年上海世博会、2011年"金砖五国"会议期间，隆达骨质瓷借助特许、指定等商业运作很好地提升了品牌价值。到2011年，已有员工1600多人，年产能达到1800万件骨质瓷。产品占国内高档瓷市场份额的五分之一左右，是亚洲最大的骨质瓷专业制造企业。

24. 唐山市花纸厂

由唐山陶瓷研究所的花纸研制小组发展而来，1962年发展为车间，1963年正式建厂，位于唐山市西缸窑，定名为唐山市陶瓷公司花纸厂，为陶瓷行业生产花纸的辅助生产单位，设计能力年产花纸1800万张，主导产品以陶瓷贴花纸为主，兼产玻璃花纸、塑料花纸和彩印制品。震后异地重建，1983年迁至现址。

25. 高邑建陶产业基地

高邑县早年以产缸著名。近年来，高邑的建筑陶瓷发展十分迅速，目前拥有建陶企业80多家，生产线100条，墙地砖品种一百多种，产品占全国总产量的7%。高邑已成为我国建筑陶瓷的主要产区之一。高邑力马建陶有限公司是河北省墙地砖生产的龙头企业，2009年成为我国北方最大的建筑陶瓷砖生产企业，已投产的高档微粉瓷砖抛光地板砖生产线采用三机一线，使用的窑炉长度为360m，日产600mm×600mm陶瓷砖15000m^2。

26. 邯郸陶瓷企业及产品

邯郸是河北省陶瓷主要产区之一，主要陶瓷生产厂家有邯郸陶瓷集团有限责任公司、河北华玉陶瓷股份有限公司、邯郸市马头盛火陶瓷有限公司、邯郸合益陶瓷有限公司、邯郸市天键电子陶瓷有限公司、邯郸市科成耐火材料有限公司、邯郸市华莹陶瓷有限公司、邯郸勇龙世纪高技术陶瓷有限公司、河北金龙陶瓷制品有限公司等，主要生产日用细瓷、特种陶瓷、炻瓷、锂质瓷、建筑卫生陶瓷、美术陶瓷、园林瓷、骨质瓷、陶瓷酒瓶等产品。

27.陶瓷工业科技情报站和陶瓷协会

河北省陶瓷工业科技情报工作开始于20世纪60年代，1965年河北省成立陶瓷工业公司时，省陶瓷工业科技情报站长由陶瓷工业公司总工程师兼任，受"文革"影响，这项工作中断。

1972年，唐山市陶瓷工业公司重新组建了河北省陶瓷工业科技情报站，工作由唐山和邯郸两个产区共同承担，办公地点设在唐山陶瓷研究所。当时，河北省陶瓷工业公司已不存在，主管部门为河北省轻工业局。1978年，重组了河北省陶瓷工业科技情报站，挂靠唐山陶瓷工业公司开展工作。期间，全国各专业情报工作逐渐走向正轨。河北陶瓷工业情报站多次参与全国的陶瓷活动，承担了轻工业部的情报调研课题"关于特种陶瓷的开发"，调研成果向16个省市推广介绍，获河北省科技进步二等奖。《河北陶瓷》从1973年开始作为内部科技资料，不定期出版，编辑部设在情报站，随后，在轻工业部直接管理下，正式办理了国内外公开发行的季刊刊号和手续，1991年《河北陶瓷》改成双月刊，获河北省优秀科技刊物奖和轻工业部优秀轻工业期刊奖。《河北陶瓷》相继编辑出版了国内第一部《骨灰瓷译文集》、《华北陶瓷原料文集》和《河北陶瓷美术》等特刊。

2005年6月，唐山市陶瓷协会成立，推举唐山市政府党组成员祝允林为名誉会长，唐山隆达骨质瓷有限公司副总经理张志全为会长。

第六节　北京陶瓷

一、故宫博物院和首都博物馆馆藏的陶瓷器

1.故宫博物院的陶瓷器

故宫博物院拥有35万件陶瓷器，总量居世界博物馆之首，包括一级品1100多件，二级品约5.6万件，另有从全国200多个窑口所采集的3.6万余片陶瓷标本。藏品覆盖面极广，贯穿整个中国陶瓷史，兼顾陶器与瓷器、官窑与民窑。收藏特色尤其体现在三国至唐、五代陶瓷器，元瓷，清中晚期御窑，宫廷陈设用瓷，紫砂器，多釉彩大型瓷器，清御窑生产资料，历代民窑瓷器和考古发掘资料。故宫陶瓷馆设在文华殿区。

三国两晋南北朝：东吴三国青釉堆塑谷仓罐结构复杂，制作精细，有确切年代，是研究谷仓发展演变的重要资料。青釉仰覆莲花尊是北朝青瓷的罕见杰作，存世仅四件。铅黄釉绿彩莲瓣纹罐开唐三彩工艺的先河，存世仅两件。

唐代：越窑青釉八棱瓶与西安法门寺地宫出土的秘色瓷极其相似，应同属罕见的秘色瓷器。唐青釉凤首龙柄壶吸取波斯造型风格，以青瓷为质地，极其罕见，是东西方文化交流的

珍贵实物。唐鲁山窑花瓷腰鼓造型优美，釉色斑斓，是存世唯一完整的花瓷腰鼓。

宋代：宋汝窑天青釉弦纹樽与汝窑天青釉碗各存世两件，宋定窑白釉孩儿枕存世仅三件，故宫分别收藏其一。其他珍品还有宋官窑青釉弦纹瓶、钧窑月白釉出戟尊、哥窑鱼耳炉、宋龙泉窑青釉凤耳瓶、登封窑珍珠地刻虎纹橄榄式瓶。

元代：元青花釉里红镂雕盖罐将两种不同釉彩集于一器，融镂空、雕塑、堆贴等装饰技法于一体，存世仅四件。蓝釉描金匜是罕有的元代蓝釉器，金彩未损更是罕见。元蓝釉白龙纹盘同样罕见，同类型器存世仅四件。

明代：名品有斗彩鸡缸杯、斗彩葡萄纹高足杯、五彩镂空云凤纹瓶（天府永藏展）、明德化窑白釉达摩像等。明德化白釉观音坐像是瓷塑家何朝宗的经典之作。明永乐青花压手杯是永乐朝名品，迄今已知带永乐年款的四件压手杯都收藏在北京故宫。青花蓝查体梵文出戟法轮盖罐富有宗教寓意，极为少见。黄釉金彩牺耳罐和祭蓝釉金彩牛纹双系罐属于珍贵的弘治朝祭祀用器，且金彩未褪，极其难得。

清代：豇豆红、郎窑红、珐琅彩、转心瓶、像生瓷等各种名贵奇巧的品种应有尽有。最珍贵者当属各种釉彩大瓶，集十余种高温、低温、釉上、釉下彩于一身，集历代瓷艺于大成，传世仅一件，被誉为"瓷母"。

2. 首都博物馆馆藏瓷器

首都博物馆瓷器展厅展出了北京作为都城各个历史时期出土和传世的瓷器170组件，青花釉里红海水云龙纹天球瓶在2000年就已价值1000万元。另外，宋辽金时期的定窑白釉童子诵经壶、元大都出土的青花凤首扁壶、乾隆松石绿地粉彩蕃莲纹多穆壶等名贵瓷器都是难得一见的稀世精品。展厅中还列有明成化斗彩葡萄纹杯，这对葡萄纹杯与鸡缸杯为同时期作品，都是明代官窑的代表作，而鸡缸杯只有一只，葡萄纹杯是一对，这对杯子是在清初重臣索尼7岁孙女的墓中出土的。

二、北京的建筑琉璃制品

北京的陶瓷主要包括建筑琉璃制品、卫生陶瓷、日用陶瓷和工业陶瓷等。建筑琉璃制品的生产始于元代，卫生陶瓷、日用陶瓷和工业陶瓷均始于20世纪50年代前后，均没有形成大的产业群，只有几个主要生产企业。

北京琉璃制品的生产始于元代。元以前，北京修建皇家建筑所用的琉璃瓦件大多来自山西。元至元四年（1267年），为修建元大都城，从山西征集了大批琉璃艺人在京东燕下乡海王村（今和平门外琉璃厂）设窑烧制琉璃瓦件，从此开创了北京生产琉璃制品的历史，和平门外琉璃厂也因此而得名。元大都城所用的琉璃瓦件均由琉璃厂生产。

1368年（明洪武元年），建都南京，将元大都改为北平，元大都的城垣和大多数宫殿被拆毁，琉璃厂也随之衰落，琉璃艺人所剩无几。

1403年（明永乐元年）迁都北平，并改北平为北京。永乐四年（1406年）闰七月，朱棣下诏营建北京城池和宫殿。琉璃厂仍沿用元代海王村窑厂旧址重建并扩大面积，所用琉璃艺人再次从山西强征，形成了北京生产琉璃制品的第二次兴盛时期。

1644～1911年（在清王朝入关后）的二百多年历史中，琉璃厂除供应故宫及各坛庙的修缮、扩建和改造所用的琉璃制品外，还为北京及周围地区的园林、寺庙、陵寝等的建设提供了大量的琉璃瓦件。清代琉璃瓦件的大量使用，有力地促进了琉璃生产技术的进步。

1911年，辛亥革命推翻了清王朝的统治，1912年建立中华民国，琉璃厂由官办改为民办。但由于军阀混战，时局动荡，北京地区基本上没有建设新的琉璃建筑，琉璃瓦件的生产陷于停顿状态。1924年，为南京中山陵生产了一批琉璃瓦件，此后由于没活可干而逐渐停业。

1931年，当时的琉璃窑厂主出钱出地，由艺人挑头又重建了琉璃窑厂，名为"北平赵家琉璃窑"。有工人30余人，生产分为吻、窑、釉、筒瓦、板瓦和勾滴六作，主要是供故宫维修使用。当时原料粉碎是用骡拉石碾，将碾碎的料粉过筛后加水和泥，由工人用两只脚踩泥，踩到泥发亮不粘脚为止。冬季泥中带着冰渣，脚踩时冰冷刺骨，工艺之落后可见一般。此时，石膏模的使用开始由东北传入北平，试用石膏模具扣坯。但由于石膏模的质量差，工人技术也不熟练，只能在少量产品上应用，大多数产品仍然靠艺人手工捏制，产量极低。釉中的铅丹用铅块在铁锅中用柴火炒制（氧化）而成。烤釉所用的小柴窑以木柴为燃料。坯子在直焰窑中烧成，以煤为燃料，瓦类烧成时间为7～10天，大件烧成时间为15～20天。基本上是手工作业。

1951年，由资方和劳方联合组成了"协太琉璃窑"，职工由30多人增加到60人左右，生产的产品除供古建维修外，地安门招待所、亚洲学生疗养院、友谊宾馆等现代建筑也使用琉璃瓦装修。1954年2月，北京市政府出资10万元收购了该厂全部资产，并将停产后的新西通合琉璃瓦厂技术工人并入琉璃窑厂，琉璃窑厂改为国营企业，同年，原料加工改用小钢磨，结束了骡拉碾子压料的历史。1958年，琉璃窑厂与北京市陶制面砖厂合并，划归门头沟区政府领导，改名为"门头沟区建筑材料厂"。

1959年，北京兴建"十大工程"，需要各种琉璃瓦49万件，限期10个月完成。为此，门头沟区建筑材料厂购置了两台高速粉碎机，从抚顺耐火材料厂调来一台真空挤泥机，使泥料加工实现了机械化，改善了泥料性能，生产工人一度增至500多人，形成1949年以来琉璃瓦生产的第一次高潮。建筑琉璃制品分为2～9样，有勾、滴、筒板、脊、吻、走兽、斗措及装配大屋顶所需的成套配件，还有花门、迎照、牌楼、宝塔等所需各式琉璃件。企业有一批经验丰富的琉璃技工，产品严格按照"明会典"和"清式营造则例"生产，保持了明清时期正统的宫殿式样。除建筑琉璃瓦件外，还生产琉璃工艺品，有雄狮、花合、绣墩、茶几和画筒等数百种。

1960年，产品首次出口东南亚。1962年9月1日，工厂划归故宫博物院领导，更名为"故宫琉璃瓦厂"。"文革"中，琉璃瓦被看成是"为封、资、修服务的产品"，产量大幅度压缩而使琉璃制品的生产又一次陷入低潮。

1970年6月1日，故宫琉璃瓦厂归属北京市建材局，更名为"北京市琉璃瓦厂"。1974年，原国家建材局投资97万元建成一条42.5m以重油为燃料的油烧隧道窑，使釉烧工序实现了机械化和自动化，结束琉璃瓦件的釉烧使用木柴的历史，每年节约木柴150多万千克，釉烧成本下降88%，生产效率提高3倍多。同时还建成一条半成品生产线，扩建了注浆室和锅炉房。1977年，更名为"北京市琉璃制品厂"。

1979年以后，古建筑的修复逐渐得到政府部门的重视，琉璃瓦的生产又逐渐扩大。从

1980年开始，在扩大传统琉璃瓦件生产的同时，北京市琉璃制品厂开始生产琉璃工艺品，如琉璃桌、绣墩、地灯、鱼缸、花盆、狮子和花瓶等，在国际市场上受到欢迎。1980年，为日本仿制了一套九龙壁，重75t，由7912件组成，从艺术造型、烧制技术和釉料色彩上都可与北海九龙壁相媲美，在日本广岛安装后受到高度评价。1981年，建成一条年产5万平方米的釉面砖中试线。1982年，生产的琉璃瓦被评为北京市优质产品。1982～1983年，又生产了2套九龙壁和1套龙凤壁销往港澳，成为高换汇率产品之一。1984年，为企业经济效益最好的年份，年产值达180万元，实现利润49.8万元。同年，北京市政府拨款74万元，贷款30万元，建成一条83m的素烧隧道窑，取代旧式瓶子窑，使一个长期靠手工操作的老厂的主要工序基本实现了机械化，装备水平进一步提高。产品除满足北京地区需要外，还供应辽宁、河北、山西、河南、湖北、青海和西藏等省、市、自治区，并部分出口。

1985年开始，由于产量下降、原燃料材料涨价等而使利润逐年减少，1987年出现亏损，企业处于困境。1988～1989年，企业由国家建材局建材研究院承包，生产有好转，享受免税待遇，扭亏为盈。1990年又出现亏损。1990年北京市建筑陶瓷与琉璃制品企业名录见表18-1。

表18-1　1990年北京市建筑陶瓷与琉璃制品企业名录

序号	企业名称	开工年份	经济类型	主管单位	企业地址	主要产品
1	北京市陶瓷厂	1959	全民	市建材工业总公司	海淀区西三旗	建筑陶瓷
2	北京市西三旗建筑瓷厂	1979	集体	市建材工业总公司	海淀区西三旗	陶瓷饰砖
3	房山区坨里乡陶瓷厂	1958	集体	房山区	房山区坨里乡坨里西村	陶瓷管
4	北京市大华陶瓷厂	1942	全民	市一轻总公司	宣武区广外南线阁58号	特种陶瓷
5	北京市丽华饰面砖厂	1989	联营	市建材工业总公司	朝阳区东直门外南湖渠村	劈开砖
6	房山黑谷陶艺厂		全民	房山区	房山区大紫草坞乡	黑古陶制品
7	北京市琉璃制品厂	元初	集体	市建材工业总公司	门头沟区琉璃渠6号	琉璃制品
8	西山琉璃瓦厂		集体	市乡镇企业局	门头沟区琉璃渠	琉璃瓦
9	门头沟区琉璃渠村瓦厂		集体	市乡镇企业局	门头沟区琉璃渠村	琉璃瓦
10	海淀区广厦合成琉璃制品厂		集体	海淀区	海淀区	合成琉璃制品
11	昌平县金碧琉璃瓦厂	1987		昌平区	昌平县昌平镇	琉璃瓦

三、北京的陶瓷企业

自1900年开始，北京陆续开办了一些国外建材企业和民族资本兴办的小厂。直至1958年，北京市政府投资成立北京市建筑材料总公司，开始兴建北京市陶瓷厂，填补北京市卫生陶瓷生产的空白。

1.北京市陶瓷厂

1958年，北京市陶瓷厂开始建设，位于海淀区安宁庄，为全民所有制中型企业，隶属北京市建筑材料工业总公司。主要产品有卫生陶瓷、陶瓷锦砖和工业陶瓷制品。北京市陶瓷厂的建成投产填补了北京市建筑卫生陶瓷生产的空白。

1959年，北京市陶瓷厂一期工程建成，生产陶瓷面砖、蹲便器、小便器、高水箱及返水管4种卫生陶瓷产品。国家经济三年困难时期，因卫生陶瓷产品销路不畅而转产日用陶瓷产品。1964年开始生产陶瓷锦砖，恢复卫生陶瓷生产，1966年产量为6.7万件，1968年仅产1.4万件，1969年生产回升。"文化大革命"期间，卫生陶瓷产量下降，先后投产溴素瓶、滤清器、彩粒陶瓷、陶土罩、仿古瓷等多种产品。

1976年，国家投资340万元，北京市陶瓷厂新建油烧隧道窑卫生瓷生产线，成立卫生陶瓷新车间，实现了油烧无匣钵半隔焰隧道窑烧成，取代了老式倒焰窑。卫生陶瓷产量迅速增加，1975年10万件，1980年20万件，1983年23.1万件，为历史最高产量。

1984年以后，北京市陶瓷厂开始开发新品种。1985年，研制成功805坐便器，可在原卫生间蹲便器排污口不变的条件下改为坐便器，因而深受居民欢迎，获北京市科学技术奖三等奖。1987年，研制成功残疾人用坐便器。1990年，生产卫生陶瓷10.7万件，其中801、803、805、808等各式坐便器的产量占总量的15%以上，同时，试制成功天坛5号连体组合式坐便器及蓝、粉、黄、绿等各种彩色釉高中档卫生瓷产品。

20世纪60～70年代，卫生陶瓷属一类产品，由国家统购统销，70～80年代划为二类产品。1981年以后，划为三类产品，自产自销，其中有一部分为北京市建委的指令性产品。1990年，北京市陶瓷厂在北京市及东北、西北、西南、华北地区设有34个销售网点。

20世纪80年代末，从日本引进一条年生产能力20万件高中档卫生陶瓷生产线，1989年破土动工。

1990年末，有职工1318人，主要设备有煤烧隧道窑2条、油烧隧道窑1条、倒焰窑7条、瓷砖压力机18台、液压自动砖机2台，固定资产原值1526.3万元，净值663.5万元。1990年生产卫生陶瓷10.7万件，陶瓷锦砖39.9万平方米，完成工业总产值508.2万元。

2. 北京东陶有限公司

是由北京金隅集团有限责任公司、东陶机器（中国）有限公司和三井物产株式会社三方共同投资生产中高档卫生陶瓷产品的中日合资企业。董事长为英利阿部来提，总经理为園山弘幸。注册地为北京市海淀区西三旗高新建材工业开发区，生产著名品牌TOTO卫生洁具。公司土地面积58994m²，总资产3亿元，职工总人数850人，其中技术工作者人数100人。产品100余种、年产量50万件。

企业发展沿革：1994年5月公司成立，一期工程投入生产。1996年二期工程投入生产，增大了生产能力。1997年被授予北京市优秀外商投资企业。1998年被授予北京市十佳外商投资企业。2000年通过ISO 9002：1994认证。2003年获"国家首批节水认证产品生产企业"，通过ISO 14001—1996认证。2004年开发中心建成投入使用，增强了新产品开发能力。2005年三工场建设投入生产，通过OHSAS 18001：1999职业健康安全管理体系认证。2007年通过北京市清洁生产审核验收。被中标认证中心列为节能产品政府采购清单入选企业。2009年通过中国环境标志产品（十环）认证。

企业生产采用石膏模型成形方法，具有隧道窑2条、梭式窑3座，所有窑炉使用燃料均为天然气，所用原料来自河北、广东、安徽、福建等地。

3. 东陶机器（北京）有限公司

是北京金隅集团有限责任公司、东陶机器（中国）有限公司和三井物产株式会社三方共同投资的中日合资企业，坐落于北京市海淀区西三旗建材城中路8号，法人代表是英利阿部来提，总经理是园山弘幸，职工总数为1071人，采用高压注浆成形方式和机械化自动喷釉工艺生产中高档卫生陶瓷产品。注册资本2400万美元，投资总额6965万美元，年产量140万件，占地面积7.87万平方米，建筑面积5.09万平方米。

1995年3月，作为国家项目获得国家对外经贸合作部批准成立。1996年5月开始建设，1998年2月竣工正式投产，4月取得国家建材局建筑卫生陶瓷产品质量监督检验中心的产品质量认证。1999年10月，取得ISO 9002：1994认证。2000年8月，取得ISO 14001：1996认证。2003年3月，取得中国节水产品认证。2006年8月取得JIS标志系统认证。2010年12月，取得北京市安全生产标准化企业认证。

4.北京市大华陶瓷厂

北京市大华陶瓷厂的前身为大华窑业公司。大华窑业公司建于1940年，由陈荫堂出资建设，厂址在广安门内南线阁58号，主要生产日用陶瓷和耐火材料，1956年公私合营为国营企业。20世纪60~80年代，是华北地区有名的日用陶瓷生产企业，年产日用陶瓷（餐具、茶具和酒具）1000万件以上、酒瓶和香水瓶60多万个，以及美术陶瓷（包括粉彩、青花、青花斗彩等花瓶）。到1982年，有职工1300余人，年产值400万~500万元。1984年，原有传统陶瓷全部下马，转产为工业陶瓷，主要产品有：光源系列产品——高纯氧化铝高压钠灯管（PCA管），堇青石蜂窝陶瓷和催化剂，泵用柱塞、缸套、精密球阀等耐磨耐腐蚀陶瓷，各类坩埚、容器等耐热系列产品，军用防弹陶瓷以及真空电子陶瓷等。1986年被国家轻工业部确定为PCA管定点生产厂。1992年被北京市政府批准为"高新技术企业"，同年，被国家经贸委批准参加国家级"产学研联合工程"。1995年列为北京市"九五"发展规划，确定为北京市精细陶瓷发展基地。2000年前后，由于资金等原因，企业走入困境。2004年，划归宣武区投资委管理。2005年停产，退出市场。

第七节 天津陶瓷

20世纪60年代以后，天津市陆续开办了几家建筑卫生陶瓷企业。

1.天津市陶瓷厂

位于天津东丽区大毕庄镇大毕庄工业区。始建于1949年，生产机红砖。1973年生产部分石英砂，1974年因土源枯竭转产卫生陶瓷。自1974年至1983年，国家投资了949万元。1983年，卫生陶瓷产量达12.35万件，产品有蹲便器、高水箱、坐便器、低水箱、洗面器、水槽等，还生产滤水芯、滤水器，其中滤水芯荣获国家经委颁发的金龙奖和优秀产品证书。1983年全厂有600名职工，全员劳动生产率3225元/(人·年)，有QM1800×2100球磨机15台、75m油烧隧道窑1条、59.2m煤烧隧道窑1条、69.5m³倒焰窑1座。1984年是全国首批推广洗面器立式浇注新工艺的企业之一。1984年投资125万元试产耐酸砖和墙地砖。于20世纪90年代末在天津城市改造中退出市场。

2.嘉泰陶瓷工业集团有限公司

是由天津开发区工业投资公司、天津立达集团和新加坡嘉丰集团于1985年成立的天津经济技术开发区中第一家中外合资企业。公司占地面积50000m^2，职工630人，主要生产釉面瓷质外墙砖、地面砖。1996年，年产280万～300万平方米，其中10%的产品出口。后退出市场。

3.美标（天津）陶瓷有限公司

为美国标准公司下属独资企业。1994年1月在天津经济技术开发区注册成立，1995年11月正式投产运营，主要生产卫生洁具及相关产品。年设计生产卫生洁具50万件。连续几年被评为开发区百强企业。

第八节　内蒙古自治区的陶瓷

内蒙古自治区陶瓷历史悠久，文化灿烂，有着丰厚的陶瓷文化底蕴。历史上，宋、辽、金、元是中华民族多元文化时期，各民族之间的接触与交流，推动了文化艺术与科学技术的发展，这在内蒙古陶瓷艺术中表现很突出。内蒙古自治区有众多古陶瓷窑场。

被评为2003年全国十大考古新发现的集宁路古城遗址出土了大量金元时期的瓷器，有来自景德镇窑、龙泉窑、钧窑、定窑、建窑、磁州窑和耀州窑七大窑系所生产的主要品种，涉及釉里红、青花、卵白釉、梅子青釉、结晶釉、白釉褐花、红绿彩等诸多品类。

赤峰缸瓦窑又称"赤峰窑"或"缸瓦窑"，为辽代官窑，窑址在今内蒙古昭乌达盟赤峰市西南68千米的缸瓦窑屯，开始时代大约在辽太宗年间或辽世宗时期。以烧制白瓷为主，另有白瓷黑花器、三彩及单色釉陶器、茶叶末绿釉器和黑瓷等。

林东辽上京窑为辽代晚期官窑，窑址在今内蒙古昭乌达盟巴林左旗林东镇南1千米的辽上京临潢府故城皇城内。窑的规模较小，主要烧制白釉和黑釉瓷，兼烧绿釉陶器。此窑场虽烧造时间不长，但因工艺多得益于定窑，所烧瓷器均较为精美。

到1949年前，内蒙古自治区一直就有陶瓷作坊，主要以生产普通日用陶瓷为主。1949年以后，普通日用陶瓷产业得到一定的发展。

20世纪80年代后，内蒙古自治区的建筑陶瓷产业得到快速发展。到2009年，全区陶瓷砖的年产量为1515.5万平方米。内蒙古自治区的建筑陶瓷产区分布在呼和浩特、包头、赤峰、鄂尔多斯、乌海等地。

1.呼和浩特市的陶瓷

清水河县的陶瓷生产始于明代后期。陶瓷产品主要为日用瓷，分黑瓷和白瓷两种。黑瓷产地在窑沟乡的挂罗咀，产品有缸、罐、盆、钵等。白瓷产地在窑沟乡黑矾沟，产品有碗、盘等餐具。目前，仅有为数不多的几家作坊式的小陶瓷企业，主要生产耐火砖、日用瓷、花盆等。

20世纪80年代初，清水河第一陶瓷厂试制成功工艺产品套三迎春花盆和特大彩绘花盆并批量生产。生产的出口工艺美术陶、园林陶荣获自治区优秀新产品称号，产品远销法国、韩国等国家和我国香港地区。90年代初，生产的直热式高温保健陶瓷锅获国家专利产品，出口到比利时、西班牙、日本、蒙古国等国家。1997年转制，1999年停产。

1989年5月，国家轻工部在内蒙古自治区设立定点扶贫项目，总投资964万元，筹建清水河县紫砂陶瓷厂，设计能力为年产25万平方米无釉紫砂墙地砖，1992年建成试产。后出售转产。

1992年，投资1200万元新建清水河县墙地砖厂，年产外墙砖40万平方米，煤烧辊道窑，产品规格为200mm×100mm、240mm×60mm、150mm×75mm三种，1995年正式投产。后因资金短缺及其他原因停产。

2006年9月，路易·华伦天奴（内蒙古）陶瓷有限公司在清水河工业园区奠基，项目总投资1亿美元，建设墙地砖、卫生洁具生产线，形成年产墙地砖6000万平方米的生产能力，逐步在当地建成北方最大的建筑陶瓷生产基地。

2.包头市的陶瓷

20世纪50年代末期，包头市拥有6家陶瓷厂和5个土陶瓷厂，以生产缸、盆、坛、罐等日用陶瓷为主。较大规模的陶瓷企业是包头市第一陶瓷厂和包头市耐火器材厂。到90年代，包头市拥有10多家陶瓷生产企业。其中包头市飞马陶瓷有限公司是由包头市第一陶瓷厂改组而成的企业，主要生产"飞马"牌釉面砖、化学瓷、工业瓷和瓷砖壁画等，拥有固定资产4300万元，职工1800人。是全国500家最大建材工业企业之一。

第十九章　山西产区的陶瓷

山西因居太行山之西而得名。春秋时期，大部分地区为晋国所有，所以简称"晋"。战国初期，韩、赵、魏三家分晋，因而又称"三晋"。山西地形多为山地丘陵，山区面积约占全省总面积的80%以上。东有太行山，西有吕梁山，西、南以黄河与内蒙古、陕西、河南等省区为界。

山西有五千余年的陶瓷烧造历史，分属于仰韶文化和龙山文化。新石器时代，山西芮城县西王村已有陶器产生。东汉时出现瓷器，北齐时生产白瓷，北魏时始产琉璃瓦，唐代时出现三彩陶器及黄釉、黑釉、花瓷。始于元末盛于明代的珐华瓷产于晋南。清康熙、雍正、乾隆三朝为山西陶瓷业的极盛时期，嘉庆年后始逐步衰落。

第一节　山西陶瓷百年概况

山西著名的古陶瓷窑口很多，有霍州窑、临汾窑、乡宁窑、介休洪山窑、交城窑、平定窑、盂县窑、太原孟家井窑（因宋代时孟家井属榆次管辖，更多被称为榆次窑）、阳城窑、大同窑、浑源窑、怀仁吴家窑等。其中，介休洪山窑在唐代生产的白釉瓷，宋代生产的黑白釉、青釉印花瓷以及青黑刻花瓷器等非常出名。

山西陶瓷虽然历史悠久，但继承较差，有些产品已经失传。到1949年时，全省约有75个陶瓷产品生产点，皆靠近原料和燃料产地。除太原孟家井、冶峪、介休洪山、阳城后则腰、怀仁吴家窑等五家外，多为三五人的小生产点。从业人员2481人，年产量130万件。

1949～1958年，山西的陶瓷产量增长较快，较大的陶瓷工厂和陶瓷生产较集中的地区，如怀仁、介休、阳城、阳泉、霍县等地的陶瓷企业逐步过渡到合作化工厂、国营企业或集体企业。陶瓷生产逐步走向半机械化，产品由粗瓷发展为细瓷、艺术瓷、电瓷、耐火材料、卫生瓷、釉面砖、琉璃、水管、砂器等。1964年起，日用陶瓷开始出口，工艺装备有所改进。1978～2010年，山西陶瓷得到快速发展，现代化程度、产业集中度不断提高，形成了雁北、阳城、阳泉平定等陶瓷产区。

一、陶瓷行业管理

1917年，山西省政府将通省工艺局（成立于1898年）改组为山西工业试验所，进行细瓷和玻璃的研究与试制，尤其是对矿产的化验分析，为陶瓷生产提供了很好的配方依据。1933

年，西北实业公司成立，并新建了国有性质的西北窑厂，生产的高温耐火材料和搪瓷产品均为山西首创。

1949年，西北实业公司撤销，成立山西省人民政府工业厅，1957年，成立轻工业局，1958年，成立轻工业厅，一直有专门处室分管陶瓷行业的生产运营。1949～1960年，陶瓷生产管理统一由工业厅、轻工局等负责。

1961～1978年，从所有制上分开管理，国营企业归属轻工（也就是一轻）系统管理。这时的国营企业一般规模较大，数量较少，当时有30余家，在组织技术攻关、进行人员培训、提高产品档次和花色品种等方面做了不少基础工作。出口陶瓷的生产主要集中在雁北地区瓷厂、介休洪山陶瓷厂、太原瓷厂、闻喜陶瓷厂、壶关清流瓷厂、阳城水村陶瓷厂等。

集体所有制企业归属二轻系统管理。1964年，由二轻局工艺美术处批准成立了山西省民间陶瓷研究所，陶瓷研究所具有行业管理职能，且做了大量技术推广、职工短期培训等工作。这类企业的机制较灵活，不少企业因地制宜地组织生产特色产品（这期间，二轻系统陶瓷企业多为砂瓦、土陶及琉璃产品），由各县市的土产公司包销。1974年，二轻系统成立了陶瓷公司，组织管理集体陶瓷企业的生产，生产了具有地方特色的出口产品，量不大但品种较多。主要出口企业有怀仁县吴家窑陶瓷厂、平定冠庄陶瓷厂、大同煤峪口陶瓷厂、浑源恒山陶瓷厂。集体企业有70余家，厂家多、规模小。

1979年，原二轻的陶瓷公司与原轻工的陶瓷处合并，成立山西省陶瓷工业公司，作为管理全省陶瓷工业的行政机构。时任副省长阎武宏曾担任陶瓷协会的名誉会长。1985年，山西省陶瓷工业公司与山西省玻璃陶瓷科学研究所合并，成为以生产科研为主的企业组织机构。2000年，机构改革时撤销轻工厅，成立山西省轻工业行业管理办公室。

1996年，山西省日用硅酸盐协会成立，为陶瓷玻璃行业的民间管理组织。

20世纪70～80年代，由于陶瓷生产相对集中，雁北成立陶瓷工业公司和陶瓷工业研究所，霍州成立陶瓷工业公司，负责行业管理，到90年代失去管理职能，陶瓷工业公司不再存在。

二、陶瓷产业发展

1977年，山西有国有或集体陶瓷企业470家，但管理落后、生产分散。1978年，全省陶瓷总产量为11369.83万件，其中，轻工系统5219.64万件、手工系统3553.64万件、社队系统2596.33万件。产品总量中，碗3648.41万件、缸153.47万件。轻工系统共有企业32户，隧道窑8条、倒烟窑164座、其他窑炉94座，成形机476台，职工人数6268人。

1984年，陶瓷行业开始盈利。1985年底，进入统计年报的陶瓷企业84家，其中轻工系统的国营企业28户、集体企业56户，分布在全省7市55县。全行业共有资产4686万元，倒烟窑164座、隧道窑14座、球磨机143台、成形机轮472台、滚压成形机26台、链式干燥机10台，职工8401人。年产日用瓷10485万件、艺术瓷72万件、水管5322t、耐火材料2877t、釉面砖149546m²、卫生瓷5万件、工业电瓷870t，年产值3975万元，年利税总额634万元，年出口日用瓷1063万件，出口总值548万元。

1990年前，山西的主要陶瓷生产企业有：大同云岗瓷厂、雁北地区瓷厂、应县瓷厂、平鲁县陶瓷厂、怀仁县陶瓷厂、朔县陶瓷厂、浑源县恒山瓷厂、宁武阳方口陶瓷厂、忻州陶瓷厂、五台县尧头瓷厂、保德县陶瓷厂、太原瓷厂、太原冶峪耐火材料厂、介休洪山陶瓷厂、昔阳县陶瓷厂、兴县陶瓷厂、霍县陶瓷公司、洪洞县陶瓷厂、安泽县陶瓷厂、乡宁县紫砂陶瓷厂、闻喜县陶瓷厂、垣曲县陶瓷厂、长治市陶瓷厂、壶关县清流瓷厂、阳城县陶瓷厂、阳泉市建筑陶瓷厂、阳泉市耐酸陶瓷厂、盂县乌玉耐酸陶瓷厂、平定县陶瓷厂等。

1990年以后，山西陶瓷企业转制为民营和股份制。1997年以后，国有陶瓷企业逐步退出。除山西省陶瓷工业研究所外，山西的陶瓷生产企业均为民营企业，上规模的企业有230余家，主要分布在阳城、阳泉、平定、闻喜、介休、忻州、大同、应县、怀仁、山阴、新绛等地。

2004年，山西日用陶瓷制品生产总量为73605.81万件，其中：日用瓷器具55151.53万件（包括瓷餐具52523.34万件、盥洗用瓷器1.74万件），日用陶器具4744.28万件；陈设艺术及美术装饰陶器10863件；卫生陶瓷制品2.7万件；专用技术陶瓷制品（结构陶瓷）86.09万件；运输及盛装货物用陶瓷容器169万件（实际包装用陶瓷瓶产量要高得多，约700万件）；瓷质砖15428754m^2。规模以上大中型企业2户，规模以下企业105户，其中：卫生陶瓷制造企业4户、特种陶瓷制品制造企业9户、日用陶瓷制品制造企业82户、园林陈设艺术及其他陶瓷制造企业10户。2006年，山西日用陶瓷总产量为11亿～13亿件。

1. 技术装备和产品品种

20世纪70年代以前，陶瓷的生产多用直烟窑、半侧烟窑、倒焰窑，少量用隧道窑，燃料用煤，人工操作。70年代以后，多采用链式干燥器、隧道窑等。2006年开始，使用天然气、热煤气、轻体隧道窑等。

1990年以前，主要产品是碗、盘、杯、碟等普通餐具和缸、盆、罐等低档粗瓷用具，建筑用瓷和工业用瓷的产量小、品种少。1990年后，转产细瓷和高附加值的瓷器，主要有釉中彩高档餐具、超薄型玉瓷茶具、玉珑瓷、骨瓷、手绘餐具、高档镁质瓷、高白乳浊釉、超大平盘、工艺美术瓷、黑陶制品、陶瓷砚台、浮雕瓷、不渗漏酒瓶等。建筑陶瓷有内墙砖、外墙砖、地砖、马赛克、琉璃、组画瓷片、拼花、腰线、卫生洁具、结构陶瓷等。同时，发展了配套的陶瓷原料加工、包装材料、陶瓷花纸等生产企业。

2. 陶瓷产区的发展

在日用陶瓷方面，实行企业承包制和引进人才。省内一些陶瓷企业让省外陶瓷企业承包，如唐山金仪陶瓷有限公司承包怀仁县陶瓷厂15年，组成唐山金仪陶瓷有限公司怀仁分公司；唐山华美陶瓷有限公司承包东海陶瓷有限公司3年，成立唐山固地尔陶瓷有限公司怀仁分公司。河北邯郸、山东淄博、江西景德镇、江苏高淳的大量技术和管理人员进入怀仁和忻州各个陶瓷企业。

在建筑陶瓷方面，浙江温州、广东佛山、山东淄博、湖南岳阳、福建闽清、湖北宜昌等地9家企业落户阳城建筑瓷工业园区，已建成16条生产线，形成年产5000万平方米的生产规模，实现产值5亿元、利税8000万元人民币。

为了改变所谓"村村点火，处处冒烟"的分散生产状况，山西的陶瓷生产逐步趋向集中，形成产区，主要形成了雁北产区、阳城产区、阳泉平定产区。

雁北产区包括怀仁县、应县、山阴县。怀仁县有陶瓷企业28家，年产量7亿件。原料加工企业20家，花纸生产企业3家，职工人数达到1.5万人。应县有陶瓷企业11家，生产线17条，生产能力4亿件，从业人员6000余人。山阴县陶瓷企业3户，生产线5条，生产能力100多万件。

阳城产区包括日用陶瓷和建筑陶瓷，日用陶瓷生产线24条，生产能力2亿件，从业人员过万人，2006年日用陶瓷产量1.37亿件。建筑陶瓷工业园区初步形成，生产线21条，产品有内外墙砖、地砖、马赛克等。阳城县晶岗陶瓷有限公司下属8个分厂，总资产1.5亿元，固定资产1.2亿元，从业人员达4000余名。

阳泉平定产区的主要产品有骨质瓷、锂质耐热瓷、刻花瓷、砂锅、古建筑陶瓷、普通日用瓷、艺术瓷、耐火材料、石油行业用陶粒沙支撑剂等。形成了以山西莹玉为代表的40多家陶瓷、耐火材料企业聚集区。

三、陶瓷教育和著名人士

1958年，山西省轻工业学校成立，为陶瓷行业培养了大量人才。1975年，山西省玻璃陶瓷科学研究所成立，主要从事陶瓷工业技术研究，是省级陶瓷专业科研单位，研究开发的腐植酸钠在陶瓷工业中的应用、釉上丝网颜料、防渗漏酒瓶等多项科研成果获奖，并应用于生产。

近年来，山西省建材工业学校、太原理工大学、中北科技大学等院校开始招收相关专业学生，山西大学和太原理工大学也为陶瓷行业培养了部分美术设计和造型专业学生。轻工厅和陶瓷公司在不同时期组织的培训班，为陶瓷行业培养了不少实用人才。

百年来，为山西陶瓷发展作出较大贡献的人士有水既生、王恒、王嘉兴、王泰安、王元山、王景福、乔嘉胜、庄顺南、张寅卯、张丽珍、张翼德、张聪、张文亮、张福荣、张正夫、张同寿、周录桀、刘蕴华、蔺永茂、蔺涛、陈桂茂、曹毅轩、成龙胜、毛全、应善宝、高玉文、姚文博、严利民、曹希全、李录、石喜寿、马绍武、尉强、阎振恒、高秋祥、刘璇民、乔枫、乔月亮、高秋祥、刘选民等。

第二节　山西的陶瓷资源

山西位于华北平原西部，是黄河流域中部黄土高原的一部分，全境由错综复杂的山脉构成，广泛分布着震旦系、太古界的古老地层。侏罗纪地层为灰黑色页岩，含砂岩和黏土，震旦系地层含有石英岩，寒武纪地层上部有白云石，奥陶纪地层是石膏的主要地层，铁矿的上部为黏土层。山西具有丰富的陶瓷工业原辅材料资源，品种全、质量好、储量大，在全国占有很重要的地位。这里重点介绍大同黑砂石、软质黏土，以及长石、石英、石灰石、铝土矿和石膏等。

一、大同黑砂石

大同黑砂石是全国六大优质原料之一，与煤共生，产于怀仁、山阴、大同口泉、浑源、左云、灵丘的煤夹石，属硬质高岭土，含杂质很少，化学成分稳定，氧化铝含量高，有一定的可塑性，烧后洁白。已探明储量在百亿吨以上，主要供北方中高档日用瓷选用，是20世纪60年代末开始推广应用的，80年代出口熟料的产量也很大。目前，年产量在10万吨以上，但矿区管理较乱，多为原矿出售，更没达到原料标准化要求。只要出产煤的地方就有大量的煤夹石存在，受大同黑砂石在陶瓷工业中应用的启发，原来阳泉、晋城、阳方口、太原、霍州等矿区堆积如山的煤矸石也都得到利用，化学成分以硅铝为主，但烧后白度稍差，多用于中低档日用瓷和建筑陶瓷生产。

二、软质黏土

山西软质黏土的主要产区为介休洪山、朔州峙峪、山阴、左云、右玉等地，总储量为12亿吨。其中介休洪山黏土矿有三层，第一层为紫褐色，统称紫木节，呈层状，易碎，具滑腻感，为优质黏土，杂质少，现年产万吨左右；山阴千斤土储量约5000万吨，颗粒细腻，选矿后可达一级高岭土；左云土塑性好是最大特点，含杂质较多，储量在1000万吨以上，主要用于高压电瓷生产及匣钵生产中；朔州城区峙峪有耐火黏土和陶瓷黏土两个矿区，总储量1200万吨以上。上述黏土均属于二次黏土，可塑性好、干燥强度高、成分较稳定，是生产高档陶瓷的理想原料。另外，阳城、晋城、陵川、壶关、武乡、长子、稷山、乡宁、安泽、洪洞、霍州、石楼、孝义、交城、灵石、昔阳、平定、盂县、娄烦、静乐、定襄、五台、兴县、保德、广灵、平鲁、原平等全省46个县区都有陶瓷工业利用的具一定储量的黏土矿区，探明储量达152.7亿吨。另外，紫砂陶土全省到处可见，以乡宁、霍州、宁武最多，储量均在1000万吨以上。浑源的膨润土储量为5000多万吨。

三、长石、石英和铝土矿

山西长石以钾长石和钠长石为主，钾长石储量最多。全省矿点近30处，现已探明列入储量表的控制储量为1000万吨，近年仍有新矿开采使用。分布在盂县、阳高、天镇、浑源、晋城、陵川、武乡、稷山、乡宁、洪洞、霍州、孝义、昔阳、灵石、娄烦、静乐、定襄、五台、原平、灵丘、离石、左权、代县、临县、黎城、闻喜、忻州等地，其中闻喜、忻州矿床较大，质量好。

山西全省有石英矿点30多处，已探明储量为1.2亿吨以上，分布在应县、阳高、天镇、浑源、晋城、陵川、武乡、稷山、翼城、乡宁、洪洞、霍州、孝义、昔阳、灵石、介休、中阳、娄烦、静乐、定襄、五台、原平、繁峙、灵丘、离石、柳林、左权、代县、临县、黎城、襄垣、垣曲、闻喜、河津、忻州等地。

山西的铝土矿以阳泉、孝义闻名，其他产地还有汾西、河津、平陆、盂县、朔州、怀仁、代县等，总储量为6亿吨。石膏矿主要分布在太原、阳高、晋城、陵川、长治、武乡、翼城、霍州、灵石、介休、交口、娄烦、静乐、左权、黎城、襄垣、曲沃、襄汾、侯马等地，全省已探明储量为4.66亿吨。

山西陶瓷原料丰富，存在开发少、产量低、规模小、采选技术落后、原料综合利用率不高、缺乏规划等问题。

第三节　山西的陶瓷产品

一、陶器

据考古资料统计，全国属于仰韶文化的窑址54座，其中10座在山西。早期龙山文化遗址中就有平陆的盘南村和芮城县的西王村。20世纪70～80年代，在襄汾县的陶寺等地发现一种与庙底沟二期文化和后岗二期文化不同类型的龙山文化遗存。龙山文化遗址发现的10处中有窑址21座，其中2座在万荣县的荆村、3座在襄汾县的陶寺。

商代中期创制出目前已经发现的原始瓷器。春秋前期的产品仍以日用灰陶器皿和瓦、水管等建筑用陶为主。20世纪50年代，在侯马牛村制陶作坊遗址发现了一个窑炉群，其中4号窑炉内在与火门相对的后方有一直径8厘米的烟囱，窑身后部设置烟囱是烧陶窑的重大改进。山西日用陶器产品比较单纯，战国时期仿铜礼器的陶制品风行一时，装饰艺术方面流行磨光暗花和使用少量彩绘，这一时期把陶器的制作工艺推进到一个新的阶段。1953年，在太原义井村发现了大量的"灰层"，其中有很多彩陶片，同时出土的还有灰陶产品。垣曲县与夏县亦有彩陶盆、罐、瓶等器物发现，表明这些地区都是大量生产陶器的地方。20世纪70年代发现寿阳北齐库狄回洛墓和祁县韩裔墓，出土的铅釉陶器精美，说明大同地区的制陶达到了很高的水平。唐代盛行的三彩陶器主要见于用作隋葬明器，在山西的唐墓中多有出土。宋、元、明时，山西陶器的生产相当普遍，而且多为陶器与瓷器同一作坊生产。

清代末期时，山西共有陶窑30余户，分布在芮城、永济、垣曲、翼城、晋城、潞城、壶关、孝义、原平、怀仁、大同等地。民国时代有较大发展，到1936年，全省有陶窑123户，分布在太原、孝义、昔阳、盂县、襄垣、壶关、永济、垣曲、翼城、晋城、潞城、原平、怀仁、陵川、浮山、沁水、万荣、河津、蒲县、右玉、大同、浑源、灵丘、榆次、临汾等25县，从业人员530名，年产各种器物总计264万件，其中：碗143万件、盆24万件、罐18万件、缸12万件、坛5万件、瓶13万件、其他48万件。

1949年以后，陶器生产仍以民用陶器为主，直到20世纪70年代末还有开圈碗的生产。1978年以后，艺术产品的产量增加较快，专门的陶器生产厂家很少，多是陶器、炻器、瓷器一起都生产的厂家。

二、瓷器

山西在东汉时出现了瓷器,北齐时代产生了白瓷。1936年,在太原市坝陵桥发现瓷器库一处,内藏瓷器并有"大宋河东路官窑场"的铜印,表明此时太原有官窑。1949年以来,考古发现山西的宋窑遍布11个县。

1952年,在太原市陆续发现不少烧瓷遗迹,为唐代的白釉瓷、唐三彩、黄釉瓷、赭色釉瓷。浑源窑是唐代出产黄釉瓷和黑釉瓷的集中地,有青磁窑、大磁窑、磁窑口和磁窑峡,现浑源有个地方叫古磁窑,调查证明确是一处唐代窑址。

1955年,天镇县出土的黑釉剔花罐是雁北地区剔刻装饰的代表作品。宋代民间烧制黑釉剔刻纹饰的有大同窑、怀仁窑、浑源窑、乡宁窑。

黑釉印花标本发现于平定窑、孟家井窑和洪山窑,在烧法、釉色和纹饰上具有山西地区特色。孟家井印花纹饰普遍为各种缠枝花卉,盘碗中心多一圈刮釉,在烧制上采用叠烧法,是一种粗朴而美的民间用瓷。

油滴釉是黑釉的特殊品种之一,釉面可看到许多具有银灰色金属光泽的小圆点,形似油滴,大小不一,是临汾窑独有的装饰。1977年,国家建材局对黑釉标本进行了系统研究,主要结论有:①各种黑釉中除含有5%～6%的氧化铁为主要着色剂外,还有少量的锰、钴、铜、铬等氧化物;②东晋等早期黑釉属石灰釉,唐代以后都改为石灰碱釉;③北方瓷胎硅低铝高,与南方相反;④烧成温度:1270～1370℃,FeO与Fe_2O_3之比为23%～42%(还原气氛较重),其中油滴釉的烧成温度范围较窄,为(1280±20)℃,FeO与Fe_2O_3之比为22%。

1957年,发现介休窑。介休窑创烧于宋初,历金元、明、清,达千年之久,在我国北方瓷窑中比较少见。介休窑在宋代的烧瓷品种有白釉、黑釉和白釉下褐彩;装饰有印花、釉下彩绘、划花和镂雕等;盏心及圈足各有三个小支钉痕,是介休窑的独特支烧方法;盘、洗器等四面饰以婴戏荡船纹,这种纹饰布局仅见于介休窑;釉下彩绘的色调变化多,纹饰部分凸起(彩绘时用料多),纹饰外罩以透明玻璃釉,胎上敷有洁白的化妆土,把咖啡色、橘红色的简练纹饰烘托出来,这种色调只见于介休、交城二窑,其他诸窑至今未见。截至目前发现的有关陶瓷烧制的三通碑记中,介休洪山镇源神庙碑为最早。

20世纪70年代,在交城发现了唐宋两代花瓷生产古窑址,交城窑出产的腰鼓形体较小,胎较薄,斑点有明显的笔痕。

1977年,发现平定窑窑址两处。由柏井窑瓷片初步判明,平定窑始于唐,经五代,兴于宋而终于金,属定窑系,旧有西窑之称,以烧制白瓷为主,兼烧黑釉器物,有印花、剔花盘以及北方习见的五角、六角纹盘、碗。同年,在盂县磁窑坡发现了窑址,盂县窑以烧白瓷为主,有印花、刻花装饰,始于宋,止于金。

同期,在阳城县窑畔间发现一处窑址,阳城窑在宋代以烧白瓷为主,也有白釉黑彩小俑,瓷器胎较灰,为了增加白度,都敷一层白化妆土,这是与定窑的区别。

山西从北到南都有金代的陶瓷窑场,大小古窑址60多处。元代有浑源窑、介休洪山窑、霍窑。20世纪70年代,在霍州陈村发现与元大都出土的白瓷相同的瓷片,并在当地征集到部分完整器皿,揭开了长期以来只见著录不明真相的霍窑与彭窑的真面目(彭均宝烧瓷于霍州,彭窑即霍窑)。霍窑主要产品是胎细釉洁的白瓷和一部分白地黑花瓷器。明代除了宋元时的大窑场仍在烧造外，不同程度的粗、细瓷器生产遍及山西全省。清代，山西陶瓷业有了很大发展，仅怀仁一县就有窑户50多家。以瓷器为土贡者有四窑，即潞安、平定两处的杂色瓷，平阳（今临汾）、霍州两处的黑色瓷。到清末，因社会动乱，全省大小窑户仅剩67家。

民国时期，山西陶瓷分官窑和民窑。官窑有工业专门学校附属厂、保晋公司阳泉铁厂附属瓷厂、西北窑厂三家。1918年，由山西工业试验所窑业部建设细瓷窑。1923年，试制成日用细瓷，当年在京沪展览会上被评为特色产品。1932年，烧制成功中餐西吃餐具7种，其中带盖堆碗内分两格，内格分定格、活格两种，是较早用于分餐的成套餐具，这些瓷器专供太原绥靖公署和山西省政府使用，非商品瓷器。1933年，窑业部转为山西工业专门学校管理，为山西烧制新式瓷器之首户，厂址设在太原西羊市街，有倒焰窑一座，工师及工徒百余名。保晋公司瓷厂以生产电瓷为主，兼做日用细瓷，生产的碗、盘、茶具于1929年在上海举办的"中华国货展览会"上获得优等奖。1933年，西北实业公司在太原大北门外建西北窑厂，以烧制耐火材料为主，兼做日用细瓷，主要制瓷设备为倒焰窑，有员工400人，月产日用瓷3万件。民窑多做粗瓷和玩具瓷器。这一时期全省有瓷窑214个，分设于48个县，规模小，多者有30多人，品种规格有盆、坛、瓶、碗、盘、碟、壶等13类。1936年，全省生产日用瓷310余万件，其中细瓷20余万件。

民国时期，山西有代表的民窑——榆次窑在孟家井村发现，因前属榆次县管辖，在宋代称为榆次窑。1912年，在该村新建了晋元昌瓷厂，用堆形横焰窑（基本同倒焰窑）一次烧成，烧成温度1260℃，烧成时间三昼夜。1928年，在当地发掘出花纹瓷片，相传谓之葛瓷。

1937年，日军入侵山西，官窑停办，民窑大多歇业。国统区只有个体粗瓷窑13户，60多名工人，年产量7万余件。共产党领导地区的陶瓷业有了很大发展。到1949年，23个县设有瓷厂381家，工人近2000人，年产量268万件。超过了全省战前最高水平的3%。

1949年以后，生产资料逐步转化为集体所有和全民所有，生产方法逐渐走向半机械化和机械化生产。1958年，介休洪山陶瓷厂成功试制恢复了山西中断了20余年的日用细瓷。1964年始，山西陶瓷产品出口到美国、英国、法国、德国、日本、朝鲜、印度、伊拉克、巴基斯坦等30多个国家和地区。到1985年，进入全省日用陶瓷统计年报的厂家有54户，其中细瓷27户，产量为5200万件，粗瓷27户，产量为900万件。加上没有统计的，全省日用陶器的实际产量应在1亿件以上，但以单件为主，配套产品和出口产品开始增多。到2009年，山西日用陶瓷产能达14亿件，陶器、炻器、瓷器各具特色，生产工艺、装备水平大大提高，出现了怀仁、应县、阳城、平定等陶瓷生产较集中的产区。山西生产陶瓷酒瓶有50多年的历史。1958年，雁北瓷厂建成后就为汾酒厂试制生产各种规格的陶瓷酒瓶。现全省有8户包装用瓷生产厂家，在全国有一定影响。

20世纪80年代至2000年，太原印刷厂生产陶瓷、玻璃用花纸，品种少、档次较低，主要供应山西省陶瓷和玻璃企业使用。

三、琉璃器与珐华器

山西琉璃瓦的生产始于北魏时期，经隋、唐、宋、元、明传至清初，产品遍及全省，出现了不少琉璃世家。北京、沈阳故宫琉璃建筑皆为晋匠所作，北京故宫的琉璃狮子和十三陵殿堂的部分顶冠都有阳城的琉璃器。三彩陶瓷初现于唐代。珐华瓷始于元末，盛行于明，产于山西南部，是闻名于全国的独特产品。

琉璃与珐华分别是用来装饰陶器的两种低温色釉。琉璃于战国时代已经出现，元代开始出现珐华器的制作，盛行于明代。珐华是在琉璃的基础上发展起来的，无论在配方还是制造工艺上，琉璃与珐华都有共同之处，但又不完全相同。琉璃是以铅粉（黄丹）为助熔剂，按其900℃左右釉烧温度属低温色釉，而法华则以硝酸钾（火硝、牙硝）为主要助熔剂，釉烧温度比琉璃高100~200℃，属中温色釉；从烧成工艺上，琉璃不需先制熔块釉，直接施生料釉即可，而珐华必须先将配好的釉料烧成熔块釉才能使用；从呈色机理看，两者都是以铁、锰、铜等金属氧化物为着色剂，铁锰显色大致相同，而铜在琉璃中呈鲜亮的绿色，在珐华中因釉里含钾呈美丽的孔雀蓝（也称孔雀绿）色；在装饰上，多数珐华要用沥粉勾勒花纹轮廓（也称起线珐华）。

早在北魏时期，山西就有了琉璃瓦的生产。在大同北魏故遗址中，曾发现过一些琉璃瓦碎片。到了唐代，太原马庄村烧造的琉璃瓦远近闻名。宋代，山西烧造琉璃制品有蒲州窑（今永济）、平阳窑（今临汾）、河津窑和潞安窑（今长治）。元代建筑大都（今北京）宫殿的琉璃是山西赵姓琉璃匠制作，明清两代修建北京及沈阳故宫也是从太原、介休、阳城、河津调去的琉璃匠，大同九龙壁（明藩王府前照壁，高8m、长45.5m、厚2.02m，是我国现存最早最大的九龙壁，比北京北海九龙壁还高大、雄伟）是怀仁吴家窑赵氏作坊烧制的。到明代，琉璃制作以山西为最盛，清咸丰年间山西仍有琉璃制品生产。民国25年，河津有琉璃烧制窑4座，抗战爆发后停产。1949年以后，琉璃烧造逐渐恢复，1979年后发展较快，河津、阳城、怀仁、太原、忻州、万荣等，尤其是河津、阳城、太原，一直为大家认可的琉璃生产基地。河津较为集中，有30余家，相邻的万荣县有近20家，其中河津市三彩琉璃研究所所长史宏艺等人把原来只在建筑装饰上使用的琉璃产品延伸到工艺品，创制出琉璃画。琉璃釉彩经窑变自然流动，顺势成就，肌理鲜明，展示给人们独特的艺术视觉享受，达到了较高水平。

珐华又称法花，是明代中期山西南部盛行而具有特殊装饰与民族风格的日用器皿，蒲州（今永济）、绛州（今新绛）、平阳（今临汾）、霍州、潞安（今长治）、高平、阳城、晋城等地都有生产。珐华釉色有黄、紫、蓝、绿、白等数种，釉面多有纹裂现象。珐华除用于器皿装饰外，也大量用于古代建筑，往往和琉璃一起使用。山西珐华均以陶胎作载体，这是与后来仿制并流传至今的景德镇珐华三彩最根本的区别。1986年，山西省玻璃陶瓷研究所将失传多年的山西珐华釉恢复研制成功，但至今仍没有批量生产。

四、砂器

山西砂器首创于潞安（今长治），唐初平定便生产砂货。明清时期，砂货盛名于世，是北京、天津、河北、内蒙古、山东等地红极一时的抢手货。民国时期，平定、榆次、大同、长治、翼城、阳城、沁水、武乡、壶关、和顺、昔阳、广灵等县市均有砂器窑，1936年，砂器产量近200万件。砂器是把黏土、砂糁和煤渣配制后经制坯、烧坯、熏釉等工序而成的一种陶瓷产品，具有"烧饭不变色，煎药不变性，炖肉不变味"三大特点，内外光洁，质地均匀，耐酸耐碱，轻巧耐用，价格低廉，用作火锅、壶、砂锅等，颜色黑亮，极轻易碎。

1949年后，平定砂器品种扩展到近百个，产品逐步艺术化，已经由单纯的生活用具发展成为以砂器为载体的工艺制品砂器。平定张氏砂器陶艺坊的砂器，在传统砂器的基础上，结合陶瓷制作工艺，改进了砂器技艺，通过改进配方使产品更耐用，外观更加细腻、整洁。采用注浆、机制成形工艺，降低了成本，提高了产品的规整度。同时，把刻花技术引入砂器制作，把民间剪纸艺术嫁接到砂器上，使砂器突出了地方性、文化性和艺术性等。

五、平定刻花瓷

平定刻花瓷史称千年古窑，旧有"西窑"之称。在地理上与河北邢窑、定窑相邻，造型和工艺相互影响，多有共同之处，故属定窑系。

平定刻花陶瓷是山西独具地方特色的传统工艺美术陶瓷。制作工艺采用的是湿作法，在坯体未干之前装饰，讲究刀刀见泥，一气呵成。在原料上讲究就地取材、因材施艺，造型质朴大方，釉如堆脂，丰润厚重，装饰简练概括，讲究肥花大叶，计白当黑，给人以舒朗之美感，纹饰上下反卷，穿插互让，给人以流动的韵律美。

20世纪60年代，山西省古陶瓷专家水既生和省工艺美术工业公司杨伯珠在冠庄瓷厂与张聪等人共同恢复了仿宋黑釉刻花梅瓶、嘟噜等品种。

20世纪80年代，刻花瓷传人张聪通过继承与创新使平定刻花瓷得以传承并享誉国内。1995年，张聪带领其子文亮、宏亮、伟亮，在平定冠庄村自家的老院子内创办"平定窑张氏陶艺坊"，继续传承和发展平定刻花陶瓷，并创出木叶陶艺、剪纸漏花、开片、窑变结晶等技艺。

2003年9月，平定县被中国民间文艺家协会、中国艺术之乡评审委员会授予"中国刻花瓷之乡"，12月以张聪父子为传人和主体申报的"平定黑釉刻花陶瓷制作工艺"被评定为首批山西省非物质文化遗产保护项目。

目前，平定文亮刻花瓷砂器研究所相继研制出窑变刻花瓷、亚光刻花瓷、开片、窑变结晶等新品种。

六、陶瓷砚台

山西用陶瓷工艺生产砚台的历史久远，新绛、定襄都有不少生产工厂和作坊。其中"绛州澄泥砚"为中国四大名砚中唯一的陶瓷砚台。澄泥砚制作技艺被国务院公布为国家级非物质文化遗产。

陶瓷砚台的主要生产工艺有采泥、澄泥、过滤、练泥陈腐、制坯成形、阴干、雕刻、修坯、烧成、修饰等。产品质地介于精陶和精炻器之间。

1986年，蔺永茂、蔺涛父子成立"山西省新绛县绛州澄泥砚研制所"，开始研制和恢复绛州澄泥砚，使断代几百年的"绛州澄泥砚"重放异彩。作品连获国家级、省级大奖，并被多家博物馆收藏。2009年，蔺永茂、蔺涛父子被中国文房四宝协会授予"中国制砚大师"称号。

七、黑陶工艺品

制作黑陶选用的红黏土富含硅、铝、铁、镁、钙、钾等，黏土矿物有高岭石、蒙脱石、伊利石、水铝英石、石英、长石、铁质矿物和含钙、镁的碳酸盐矿物。黑陶成形方法有拉坯、注浆、印坯、盘筑、雕塑等。主要的装饰手法有砑光，印稿，画线，刻线，镂空，平面挑点，扎点，深层挑点，扎点，平雕，浮雕，雕塑，黏结，印章，擦光。山西现有黑陶生产工厂5家，其中规模较大、产品质量上乘的当数山西翔龙黑陶工艺品有限公司，创办人张福荣现为中国陶瓷工艺美术大师、中国陶瓷工业协会黑陶艺术专业委员会副会长。

八、耐火材料

1933年，西北实业公司在太原建设的西北窑厂是山西生产耐火材料最早的企业，也是全国烧制高温耐火砖较早的企业之一。

山西高铝黏土遍及全省，专门生产耐火材料制品的厂家有近百户。其中阳泉是我国著名的耐火材料制品生产基地。铝矾土储量大、质量优，生产企业80余家。近年来，也生产部分九五瓷、工程陶瓷、陶瓷棉等。除阳泉地区较集中外，孝义、交城、河津、平鲁、阳城等县市的厂家较多，有一定规模的还有太钢耐火材料公司、太原冶峪耐火材料厂等。

九、其他陶瓷产品

1.建筑卫生陶瓷

20世纪70年代以前，山西仅有少量红地砖、陶管、小规格马赛克等产品。80年代，建筑卫生陶瓷生产企业增多，产量增大，有一定规模的有16家。后因市场下滑，质量和档次不能满足用户要求，大多停产转产。1991年，卫生瓷产量60万件、釉面砖80万平方米、墙地砖170万平方米、耐酸陶瓷制品8000t。主要企业有霍州市彩釉砖厂（山西第一家引进意大利生产线的建筑陶瓷生产企业）、大同云冈瓷厂、阳泉市耐酸陶瓷厂、阳泉市建筑陶瓷厂、盂县乌玉耐酸陶瓷厂等。1990年后，广东、山东、浙江等省到山西投资建设墙地砖企业，对山西陶瓷作出了较大贡献。到2009年为止，墙地砖产量达到5000万平方米。

2.工业陶瓷

高低压电瓷生产厂家最多时有10家，主要企业有太原瓷厂、阳泉陶瓷厂、长治陶瓷厂、左云陶瓷厂（是西安电瓷厂的分厂）。现都已停产或转产。其他工业用瓷，在某些军工企业有所生产。现除山西省玻璃陶瓷科学研究所生产新型锂离子电池及配套的磷酸铁锂正极材料外，还有部分民营企业生产堇青石材料及制品，另有4家生产环保除尘用陶瓷构件。耐酸陶瓷的生产集中在阳泉及周边的县区，在全国有一定影响。

第四节　怀仁、阳城、平定陶瓷产区

一、怀仁陶瓷产区

盛唐时期，怀仁一带就有瓷器的烧制。"惟陶埴一枝，独擅北方"的历史记载和被列为省级文物保护对象的碗窑古窑、小峪制陶遗址在中外陶瓷史上都有记述。而县境内吴家窑、峙峰山一带储量丰富、品位极高的"大同土"，更是以高品位、高白度、高储量被业界公认为我国著名的优质陶瓷原料，在国内各大瓷区得到广泛应用。

20世纪80年代以来，特别是世纪之交，怀仁县陶瓷产业得到了迅猛发展。以嘉明、佳美乐、中瑞等为代表的一批民营企业快速崛起，一个新兴陶瓷产区的格局基本形成。目前，全县已有各类陶瓷生产企业28家，陶瓷原料加工企业20多家，陶瓷花纸生产企业3家，职工1.5万人，年产日用陶瓷7亿多件、陶瓷酒瓶1300万个、琉璃瓷550万件、墙地砖40万平方米。

而产品对外也称怀仁陶瓷的应县陶瓷同样发展迅速，现有企业11家，生产能力4亿件，其中，规模以上的陶瓷企业有7家，年产日用陶瓷近2亿件。山阴县有陶瓷生产企业3家，年产日用陶瓷100多万件。

怀仁产区已经成为涵盖怀仁、应县、山阴等地厂家的一个陶瓷生产基地。怀仁陶瓷以品质好、价格低、数量足为经销商所青睐。怀仁陶瓷产区在我国陶瓷业界的影响力日渐显现。

30年来，怀仁陶瓷产业的发展可分为三个阶段，即前15年（1978年至20世纪末期）的平稳发展期、中间10年（20世纪末期至21世纪初期）的民营企业迅猛发展期和后5年（2005～2010年）的产业和产品结构调整期。

1978年后，国民经济逐步转向社会主义市场经济的模式，怀仁的陶瓷产业在这个阶段虽然在数量上没有变化，但却孕育成熟了一场历史性的变革。这期间，怀仁陶瓷企业基本都是国有、集体企业。这里介绍几个企业。

（1）雁北瓷厂　1958年由山西省轻工厅投资建设，原直属雁北地区管理，当时是山西省最大的日用瓷生产企业。1993年，随行政区划变更划归怀仁县。主要产品有出口餐具、茶具、釉面砖、卫生瓷、酒瓶等，企业职工2200多人。

（2）怀仁县陶瓷厂　1974年从国营县砖瓦厂分离出来。1980年改造为专业生产陶瓷马赛克地砖的企业，年产量为60万平方米。1992年后，转产卫生瓷。后出租给唐山金仪陶瓷有限公司15年。

（3）城关镇街道瓷厂　成立于20世纪70年代中期。是为留城知识青年自主创业而设立的一个集体性质的街道小厂，产品为单一的琉璃瓦。

（4）怀仁县陶瓷研究所　前身为雁北瓷厂的工艺研究室，1978年分离自立，挂怀仁县工艺美术瓷厂牌子，主要产品为工艺瓷（台灯、酒具、花瓶、挂盘等）。2000年，改制后更名为怀仁美裕陶瓷有限责任公司。

20世纪末前后，在短短的十年时间里，怀仁县新建陶瓷生产企业25家，形成年生产能力日用瓷6亿件、包装瓷1300万件、琉璃陶瓷550万件、墙地砖40万平方米的规模，同时带动起以陶瓷大世界为代表的一批陶瓷经营公司和陶瓷市场的形成和发展。

（1）怀仁县嘉明陶瓷有限责任公司　始建于1992年8月。目前拥有固定资产2.2亿元，员工2500多人，日用瓷生产线20条，年产高中档日用瓷2亿件，产品包括鱼盘、新骨瓷、高白瓷、精陶等四大系列、上千个花色品种，为目前国内规模最大的日用瓷生产企业之一。2004年，被认定为"山西省著名品牌"、"中国家庭用品名牌产品"。

（2）怀仁县佳美乐陶瓷有限责任公司　2001年建厂，员工1200多人，主要产品有高白瓷、骨瓷、强化瓷等，尤以高白瓷著称，年生产能力上亿件。2004年，企业通过ISO质量体系认证。

（3）华缶瓷业有限责任公司　2003年成立，主要产品为高档釉中彩餐具和宾馆用白瓷。

（4）山西中瑞陶瓷有限公司　2007年4月投产，主要产品为包装瓷，生产能力为450万件/年。产品已进入杏花村汾酒厂等大型酒厂。2008年4月改造为天然气烧成。

从2006年开始，怀仁陶瓷企业开始了从燃料品种到窑炉转型以及产品结构的全面更新，从初始阶段的加煤机，到焦煤煤气和热煤气，继而升级为冷煤气，一直到现在开始使用天然气烧成。节能型窑炉得到推广应用。高附加值细瓷产量不断增大，如华缶、佳美乐的釉中彩高档餐具、祥和的超薄玉瓷茶具、嘉明的玉珑瓷、东海的骨瓷、东盛的手绘餐具、龙欣的超大平盘、华玉的工艺瓷等。怀仁陶瓷步入了向超细超白、注重装饰、造型独特、追求品位的现代陶瓷发展之路。期间，值得记载的事件如下：

（1）国有、集体陶瓷企业改制　从1996年开始，怀仁县政府出台对经营困难的国有、集体陶瓷企业试行以改制促改造、以改造促发展的政策，催生了民营陶瓷企业群的形成。在这个过程中，雁北瓷厂分别改制为华恒、恒盛、盛达三个分厂，怀仁县陶瓷厂改制为金仪和东方两个分厂，怀仁县陶研所改制为怀仁县美裕陶瓷有限责任公司。产权变更带来社会资金迅速进入陶瓷产业，怀仁陶瓷业得到快速发展。同时，进行内引外联，引进了管理、技术、资金和销售体系。

（2）怀仁县陶瓷企业协会成立　2002年4月，根据怀仁县陶瓷产业的发展形势以及对外交流合作的要求，经各陶瓷企业主要负责人民主协商，成立怀仁县陶瓷企业协会。

（3）举办陶瓷文化节　2000年，改变原来一年一度单纯的物资交流大会为"陶瓷博览会、群众文化节"，即"一年一节"。2001年，正式确定每年的9月5日举办"中国·怀仁陶瓷文化节"，到2007年已经成功举办了八届。连续举办八届陶瓷文化节，展现了怀仁陶瓷产区的风采。

（4）获得山西省日用陶瓷生产出口基地称号　2005年，山西省轻工行业管理办公室和山西省日用硅酸盐协会命名怀仁县为"山西省日用陶瓷生产出口基地"，同年9月5日，在"第六届中国·怀仁陶瓷文化节"上由省轻工行业管理办公室和省日用硅酸盐协会负责人正式授匾，确立了怀仁陶瓷产区的地位。

（5）推进环保产业　近年来，怀仁陶瓷产区大力落实环保政策、推进环保产业，燃煤窑炉改造完成80%。在奥运会和"蓝天碧水"工程的强大推动下，热煤气开始退出，天然气烧成逐步成为主流。在中瑞公司的带动下，华艺、华缶、美裕等企业实行天然气改造。环保政策成为加速陶瓷产业升级的催化剂。

二、阳城陶瓷产区

阳城县有悠久的陶瓷生产历史，西汉时期开始萌芽。县文博馆收藏有西汉时期的罐、瓮、盘、碟、杯等出土陶器。据《阳城县志》记载，唐宋时期，黑白瓷器生产已很普遍。宋人所著《扁鹊新书》、《苏沈良方》等医书多次提及的"阳城罐"，经专家考证，为本地陶瓷特产。至明清时期，陶瓷制作已相当精细，陶瓷产品已成为贡品。清同治年间，有"全兴号"、"日升号"、"顺和号"陶瓷厂先后在后则腰等地出现。明嘉靖四年（1525年）修建的阳城海会寺舍利塔第十层周围墙壁上177块浮雕和1625年寿圣寺塔壁镶嵌的佛教人物均为本地所产。北京故宫的琉璃狮子和十三陵殿堂的部分琉璃制品，发现有"阳城琉璃匠乔"的字样，翻修北京故宫时，也发现很多琉璃件后面有"山西泽州"字样，经鉴定亦为阳城制品。

1. 日用陶瓷

20世纪70年代，阳城陶瓷厂所产的玉柱茶具（又名北京茶具），仿天安门前华表柱形加金边设计而成，在1978年的全省茶具评比会上获"状元产品"称号，在北京展出后，受到中外人士的赞美，被人民大会堂宴会厅选用。同时展示的青松咖啡茶具，获得国家对外经济贸易部颁发的荣誉证书，畅销10多个国家和地区。

目前，侨枫瓷业有限公司是晋城市规模最大、技术水平和产品档次最高、工艺水平最先进的日用陶瓷民营企业，年生产能力2600万件，产值达2200万元，职工600余人。

侨枫瓷业有限公司创建于1999年，投资经营者乔嘉盛出身于乔氏陶瓷世家，曾任原阳城陶瓷厂厂长，是当地土生土长的陶瓷专家和管理者。2002年，公司研发成功高档镁质强化瓷，瓷质细腻、洁白如玉、玲珑剔透，具有玉质般的光润美感，经山西省陶瓷研究机构鉴定，各项指标都创造了山西历史上最好水平，改写了阳城无高档瓷的历史。2004年，公司采用煤气化烧成技术，先后完成了高白乳浊釉、釉下彩绘、高档镁质瓷等新工艺、新产品的开发，打破了阳城瓷区多年来单一普通炻瓷一统天下、一成不变的局面。2007年11月，公司新建一条高档日用瓷生产线，采用轻体隧道窑热煤气还原焰烧制产品，节能、环保效果显著，在山西省尚属首例。

经过30多年的发展，阳城县日用陶瓷逐渐从单一低档次品种发展为目前的细炻瓷、精品瓷等多品种高档日用瓷，生产线也由几条发展达到24条，生产能力由不足1千万件发展达到近2亿件，从业人员已超过万人，产值超过8000万元。全县日用陶瓷实际产量由1985年的853.25万件、1995年的4868万件，增至2005年的10624万件、2006年的13700万件、2007年的12190万件。

2. 建筑卫生陶瓷

1996年，阳城县陶瓷厂曾经试产成功外墙砖。1996年，所产"白玉牌"瓷质外墙砖荣获山西省优质产品称号，但由于生产工艺落后、生产规模偏小等原因，于1997年底停产。

1996年，晶岗陶瓷有限公司引进先进建筑陶瓷生产线，揭开了阳城县发展建筑陶瓷产业的新篇章。该公司依托丰富的陶土、煤炭等资源优势，不断加大产业产品结构调整的力度，先后投资1亿余元，引进国内外先进建筑陶瓷砖生产工艺和设备，新建10条年产2000万平方米的全自动燃煤气墙地砖生产线。目前，公司生产的"晶岗牌"、"京都牌"、"神鸟牌"内外墙砖不仅占领了临汾、长治、晋城等地市场，还远销河南、湖北、陕西、甘肃、青海、新疆，并出口中亚等国家，深受用户好评。

2003年，阳城县政府为改变支柱产业单一的局面，决定依托本县丰富的陶土资源，重点发展建筑陶瓷产业，组建阳城县建筑陶瓷工业园区。

阳城县建筑陶瓷工业园区位于县城东4千米获泽河畔的凤城镇北安阳村东，规划用地3000亩，计划投资30亿元，建设50～80条全自动墙地砖生产线，形成年产3亿平方米的生产规模，实现收入50亿元、利税5亿元。

一期工程规划用地500亩，实际用地564.3亩。2003年4月5日，"三通一平"和基础设施建设正式破土动工。2003年7月26日，大自然陶瓷有限公司首家入园建设，2004年3月21日，第一条内墙砖生产线建成投产。2004年12月28日，煤气集中供应站一期工程建成投产。2005年12月8日，第一条地砖生产线在新天地陶瓷有限公司建成投产。目前，浙江温州、广东佛山、湖南岳阳、福建闽清、湖北宜昌等地9家企业落户园区，建成投产16条线，形成年产5000万平方米的生产规模，实现产值5亿元、利税8000万元，直接安排就业3000余人。

二期工程规划用地1000亩，计划投资10亿元，用5～8年时间建成30条中高档建筑陶瓷和卫生洁具生产线，形成年产1亿平方米的生产规模，新增就业6000人。广东佛山等3家投资商入园开工建设。2008年，建成投产6条生产线，生产能力达到3000万平方米，新增就业岗位1800个。

三期工程规划用地1500亩，首期征地475亩，正在积极开展招商引资工作。

经过这10多年的发展，阳城建筑陶瓷工业从无到有、从简单低档次的外墙砖发展成为目前的外墙砖、内墙砖、地砖、马赛克、组画瓷片、拼花、腰线等多品种、多规格建筑陶瓷，建设生产线21条，年产墙地砖5000多万平方米，安排就业近4000人，年增加就业收入近4000万元，同时有力拉动了运输业、服务业和相关产业的快速发展，社会和经济效益十分明显。

3. 阳城琉璃

从现有实物资料考证，阳城琉璃的生产可追溯至宋代。境内有一个乔氏琉璃世家，到明代，其琉璃工艺达到了鼎盛阶段，产品远销全国各地。1483年（明成化十九年）修建阳城县城内汤帝庙、1525年（嘉靖四年）修建阳城润城海会寺舍利塔、1567年（隆庆元年）修建润城东岳庙等都有乔氏的琉璃制品。1573年（明万历元年）东关关帝庙的琉璃照壁、1602年（万历三十年）建造的阳陵村寿圣寺琉璃塔均是乔氏的琉璃制品。明末清初，乔氏琉璃趋于衰落，清康熙年后才又复兴。山西临汾一铁佛寺内六层宝塔上特别标有"清康熙五十七年岁次五月仲造宝塔琉璃佛像永镇山门吉祥如意。泽州阳城琉璃匠乔鹭、乔享、乔金祥"。这是阳城琉璃制品的精湛工艺和美学文化登峰造极的见证。1902年（清光绪二十八年），河南长葛县的常北方等琉璃工匠在后则腰联合卫氏家族开办了琉璃窑，两家竞相媲美。到民国年间，由于军阀混战，加之日寇入侵，琉璃业逐渐萧条以至停办。

1950年后，随着后则腰村陶瓷生产的日益复兴，年逾花甲的琉璃匠人乔承先（1889～1965年）带徒学艺，重振旧业，琉璃制品于20世纪60年代进军国际市场，先后出口马来西亚和新加坡等国。"文革"期间，琉璃生产全部停业，琉璃工艺也因之而消迹与失传。

1982年，曾经向乔承先拜师学艺的崔书林受命于阳城县文化馆的嘱托，开始恢复阳城琉璃工艺，于1985年建起了阳城县后则腰琉璃工艺厂，带工艺学徒8人，并改革传统的烧制工艺，改老式直焰窑为新式半倒窑烧制素坯，釉烧则改为小型直焰窑为推进式小型直筒隧道窑，把传统用木材为燃料改为煤炭进行釉烧，先后为长治城隍庙，晋城青莲寺、白马寺，陵川崇安寺、二仙庙，以及河南、河北、东北等地的庙宇修复制作了大量的琉璃构件。

1997年，乔月亮为做强做大琉璃产业，先后投资300余万元修建琉璃工艺厂，改革烧造工艺，把砖瓦类的坯体制作改进为机械化和半机械化生产，素烧和釉烧窑炉全部改进为多孔式推板窑，拓展产品品种，使琉璃制件多达10大类近200余种，釉色也由原来的黄、绿、蓝、白、紫发展到十余种色釉，产品远销黑龙江、陕西、河南、河北等地。

2008年，阳城琉璃工艺被国家文化部确定为"国家级非物质文化遗产"，月亮琉璃工艺厂被确定为"国家级非物质文化遗产保护单位"，乔月亮也先后被认定为省级和国家级"非物质文化遗产传承人"。

三、平定产区

平定陶瓷业历史源远流长。据出土文物考证和《平定县志》记载，早在新石器时期，境内先民即有陶器制作。到清代，平定砂器已闻名遐迩。

2006年，平定"中国刻花瓷"被列为山西省首批非物质文化遗产保护项目。

2009年10月，"平定县陶瓷协会"成立。目前，平定县陶瓷协会所属陶瓷产业成员单位共有12家。陶瓷主要产品有骨质瓷、锂质耐热陶瓷、刻花瓷、砂锅、古建筑陶瓷、普通日用瓷6个门类上千个品种。

1.平定莹玉陶瓷有限公司

1986年7月成立，主要产品为高档骨质瓷、日用普瓷、锂质瓷砂锅、工艺瓷4大类1000余个品种，年产高档骨质瓷1500万件、日用普瓷2000万件，是山西省规模较大的外向型陶瓷生产企业。2009年，"莹玉"牌商标被认定为山西省著名商标，2012年"莹玉牌骨质瓷"被中国陶瓷工业协会授予中国陶瓷行业名牌产品。

2.平定古窑陶艺有限公司

2006年成立，致力于"中国刻花瓷"的传承、保护、开发、推广。2008年为北京奥组委特制的《龙腾奥运》刻花瓷瓶，被国家体育博物馆收藏。2009年，建国六十周年献礼国瓷《盛世昇平》被中华民族艺术珍品馆、中国民族博物馆、北京闽龙陶瓷艺术馆、民族文化宫、晋商博物馆等收藏。2010年《祥和世博》刻花瓷瓶成为上海世博会指定专属礼品。公司旗下的中国刻花瓷文化园，集研究、设计、生产、旅游、餐饮、文化休闲为一体，已建成投入运行的包括陶行楼、陶知楼、陶韵楼、陶瓷艺术空间以及陶瓷研发创新设计中心和具有旅游观光体验功能的陶瓷生产车间等。

3.山西省平定县峥嵘立璧琉璃瓦有限公司

始建于1982年，主要生产古建琉璃瓦件，年产120万件，是山西省阳泉地区唯一生产古建陶瓷的传统文化特色企业。

第二十章　山东产区的陶瓷

山东，金代以前为地理概念，泛指崤山、华山或太行山以东的黄河流域广大地区。金代大定八年（1168年）置山东东、西路统军司，山东遂成为正式行政区划名称。明代山东布政司（又称行省）管辖6府、104县，大致奠定了今山东省行政区域范围。清代山东基本沿袭明代山东的版图，称山东省。因西周封邦建国时，今山东境内曾存有齐、鲁、曹、滕、卫诸国，周公旦封于鲁，故山东又简称"鲁"。山东是我国陶瓷的主要产区之一，山东陶瓷以其产品特色、釉色丰富、文化品位、坚持创新著称业界。

早在一万年前的新石器时代早期，生活在淄博沂源"扁扁洞"的先民们就"抟土制器，焚柴而陶"，从此，山东烧制陶器的窑火就没有停止过。北桃花坪遗址、后李文化、北辛文化、大汶口文化、龙山文化、岳石文化等一系列浓重而深厚的历史文化遗存无不印证着山东陶器走过的深深足迹。距今1400年前的寨里窑址印证了山东开始生产瓷器的历史。淄博出土的北朝青瓷莲花尊是我国北方青瓷的代表，唐代的茶叶末釉和雨点釉都是历史名瓷。明清时山东淄博地区成为我国北方陶瓷的生产与销售中心。

1949年以后，山东陶瓷的深厚底蕴与潜质喷薄并发。1963年，国内第一条日用陶瓷煤烧隧道窑在山东博山陶瓷厂成功投产，国内第一台链式烘干机、大缸成形机相继在山东问世。滑石瓷、高石英质瓷、高长石瓷（鲁玉瓷）、鲁光瓷、精炻器、合成骨瓷、贝壳瓷、华青瓷等高档日用细瓷新瓷种成功自主研发，在国内陶瓷界引起震撼。合成骨瓷、滨州无棣研制生产的贝壳瓷荣获国家发明二等奖；淄博研制生产的滑石瓷（镁质强化瓷）、高长石瓷（鲁玉瓷）、高石英质瓷荣获国家发明三等奖；系列精炻器获全国科学大会奖；鲁光瓷获山东省科技进步一等奖。特别是高石英质瓷，在第15届国际发明博览会上荣获金奖，这是我国日用陶瓷首次获得国际创造发明金奖。

20世纪60年代，山东陶瓷进入北京人民大会堂，成为国家用瓷和国家礼品瓷。70年代进入北京饭店，在国宴中崭露头角。80年代至今，高石英质瓷成为中南海紫光阁、钓鱼台国宾馆专用瓷器。特别是为建国50周年国庆特别设计的"中华龙"系列国宴瓷器和为建国60周年国庆设计的《紫光神韵·凤舞和鸣》国宴餐具，使"淄博陶瓷·当代国窑"名副其实。

山东已经形成了包括日用陶瓷、陈设艺术瓷、园林陶瓷、建筑陶瓷、高技术陶瓷、高级耐火材料、陶瓷装饰材料、包装制品、科研开发、人才培养等门类齐全的陶瓷产业发展体系。高技术陶瓷领域拥有200余项专利或获奖成果，是全国陶瓷新材料产业链最为完整的基地之一。

至2010年，山东陶瓷产业具有中国名牌产品4个、中国驰名商标3个、中国陶瓷行业名牌产品12个、山东名牌产品36个、山东省著名商标28个、国家质量免检产品18个，已形成具有先进陶瓷产业特征的集群式发展模式。

2004年9月，中国轻工联合会、中国陶瓷工业协会授予山东淄博"中国陶瓷名城"称号。2009年9月，中国陶瓷工业协会向淄博市授牌"淄博陶瓷·当代国窑"。2009年10月，山东陶瓷工业协会注册的"淄博陶瓷"地理标志证明商标获国家工商总局商标局批准。2009年8月，淄博陶瓷行业协会围绕打造"淄博陶瓷·当代国窑"品牌制定的《镁质强化瓷器》、《高石英质瓷器》、《合成骨瓷》、《炻器》和《雕塑》五项山东省地方标准由山东省质量技术监督局批准并颁发实施；2010年8月5日，《镁质强化瓷器》《高石英质瓷器》和《抗菌骨质瓷器》三项国家标准通过了全国日用陶瓷标准化技术委员会的审查。"淄博陶瓷·当代国窑"作为地域品牌使用，成为山东陶瓷产业发展史上的里程碑。

第一节　1911～1948年的山东陶瓷

清末民初，山东的陶瓷生产主要集中在淄博的博山和淄川，临沂、枣庄、烟台也有零星窑业作坊生产，全省有馒头窑200座，窑业工人2000人，年产日用陶瓷1000万件。

1912～1948年，山东陶瓷产业仍沿用原始生产方式，处于手工业作坊状态，且受到战争与灾荒的影响而使生产经营举步维艰，但窑业员工在烧造产品维持生计的同时也创造了独特的陶瓷文化。1949年，全省日用陶瓷产量为1849.2万件，工业陶瓷为1057t。淄博是黄河中下游地区陶瓷的生产和销售中心。

一、动荡中的陶瓷业

1.创立博山陶瓷工艺传习所

1905年（清光绪三十一年），山东工艺局局长黄华（曾任淄川县长）在博山主持创办全省第一个官办窑厂"博山陶瓷工艺传习所"，宗旨是用新技术改造博山陶瓷业。兴建之初，先在博山北岭租窑试产，后由山东巡抚衙门拨库银2万两用作开办费，在博山下河建立窑厂，委任济南古董商王子久为总办，每年公费出资3000两，通过招聘本地能工巧匠和从江西景德镇聘请多名制瓷工人到博山，使陶瓷原料、生产设备、制作工具等有所改进。如把烧窑习用的匣钵改为帽垫式笼盆，采用手摇转轮成形产品，改进陶瓷原料和配方；把产品分为圆器、琢器、雕塑三大类；除白瓷而外，开发出蓝、绿、黑、文片等釉色。1914年，博山商会会长石冠英继任总办，把博山陶瓷工艺传习所更名为瓷业公司，但因经营不善，连年亏累，景况大不如前。而后，石冠英引举前淄川知县陈尔延主办瓷业公司，由官办转变为商办，1924年因亏损被迫停办。谭景文著《博山县乡土教本》说："吾博山的瓷业，得到这一番的熏陶濡染，出品的提高，大有一日千里之势，实近来瓷业改良的一新纪元。"

2. 试制国产细瓷

1914年以后，日本加紧对山东陶瓷业进行经济渗透与扩张。1916年，日本人渡部逸次郎在博山建立日华窑业工厂，烧制陶管及耐火砖。1918年12月，日本人大隈信常、中村康之功、林十次郎等约同华人林长民、王光敏出资收买该厂，以中日合办的名义成立日华山东窑业株式会社，生产陶管、耐火砖及高低压电瓷。当时，日商还建有三益公司，生产陶管、耐火砖等。日商陶瓷工厂以先进的机械设备进行生产，使当地大批窑业作坊破产，但也刺激了山东民族陶瓷工业的发展。

1919年，山东省工业试验所成立，两次派员到淄博进行窑业调查后提出改良瓷器生产的报告。1930年，山东省农矿厅工商促进委员会第五次常务会议通过《博山县政府拟呈提倡陶瓷器、琉璃、土洋瓦等工业计划书》，同意请省政府酌量免税并筹设官场，以资振兴博山陶瓷。这一年，博山陶瓷业进入最盛时期，有窑190座，窑工6000余人，产值近100万元，产品远销东三省。1931年4月，山东省农矿厅筹款3.4万元在博山柳杭原玻璃公司旧址建立山东省模范窑业厂（1934年7月改名山东省立窑业试验厂），采用机械设备和新式倒焰窑试产细瓷（时称"透明瓷"），产品有日用瓷、电瓷、卫生瓷等约40余种，月产量6万余件，开创了山东生产日用细瓷的先河。

3. 战乱和水灾对陶瓷业的破坏

日本侵华战争使山东陶瓷工业受到沉重打击。日本占领淄博地区后，垄断了陶瓷原料，控制了煤矿生产。日伪当局采取收买、强占等手段，直接开办窑场，以伪币（联银券）100万元强行收买山东省立窑业试验厂，成立名古屋碍子株式会社，后又改为博山窑业股份有限公司。1944年，淄博生产陶瓷的窑户有600家，窑炉260座，主要生产黑、白釉碗及套五盆、坛、盆、缸等。

1923～1945年，陶瓷业集中的淄博博山地区发生了3次大水灾，最大的一次是1945年7月25日的水灾，造成百余家窑厂的设备及房屋被冲毁，300人遇难。

1948年，淄博淄川区渭头河一带有顺和、德圣、三亩园、新生、福兴、西信、大成等20多家窑场，有缸窑、盆窑、碗窑44座。博山山头有套五盆、荷花碗、缸工碗、红泥壶及瓶、坛、罐窑约有140余座，产品销往全国。

二、原始的生产方式

1949年前，山东陶瓷生产仍沿用着千年来的原始生产方式。坯釉料制备主要靠人工和畜力，成形靠手工，烧成用馒头窑，产品装饰用手绘、雕刻、颜色釉等传统工艺。虽然日本人在博山开办的窑业工厂采用部分机械设备和较先进的生产工艺、山东省立模范窑业厂生产细瓷采用机械生产、个别资本雄厚的民办窑厂也效仿机械生产，但整个山东陶瓷业的主体仍然沿用"牛拉碾、脚踩泥、成形手拉坯、干燥靠太阳、烧成用圆窑、草屋作厂房"的原始生产方式。

牛拉碾是我国古代北方陶瓷生产中典型的原料粉碎方式，延续了上千年，20世纪50年代后期消逝。用牛作动力减轻了窑工的体力劳动，为后来机械轮碾制粉设备提供了技术借鉴。

制备泥料时，先将原料晒干、捣碎，然后用地碾碾细到适宜程度，将地碾泥槽内上部所浮极细泥浆漂移至蓄泥池内，经沉淀、去除清水、陈腐后移入泥房，经脚踩和铁铲翻拍、以手搓揉，最后拍成用来制坯的泥墩。

手拉坯是一种原始的成形方法，也是当时主要的成形方法。除异形器物及大件产品（如缸）仍以泥条盘筑法外，圆形制品普遍采取手拉坯成形，一个熟练的匠人每天能拉1000个碗。1931年，博山山头裕业公司曾将手摇石轮改为以蒸汽机为动力的机械传动方式，用一长轴带动数台石轮，时称"飞轮"。手拉坯成形一直延续到20世纪60年代初，由机械刀板成形代替。

淄博馒头窑是我国北方古代陶瓷窑炉的代表，为间歇式圆窑，因外形似馒头而得名。馒头窑经历了由烧柴到烧煤的转变，根据燃料和产品的特点，逐渐形成了后来窑口的定制。这种烧成方式一直沿用到20世纪70年代初，为后来的隧道窑所取代。1948年，淄博有馒头窑200多座。馒头窑的烧成凭经验操作，烧成时间因窑内容量和煤质而定，大窑一般烧5～7天、中窑3～4天、小窑2天。窑温最高可达1300℃。

三、恢复与发展陈设艺术陶瓷

在此期间，恢复了元代失传的一些陶瓷技艺，研制成功了一些新的陶瓷技艺。陶瓷艺人陈希龄研制成功元代失传的茶叶末釉。博山窑匠侯兆良研制成功茶色、燎绿、燎蓝颜色釉。1911年，博山工艺传习所研制成功白瓷烤花。1912年，博山窑匠薛希正研制成功元代失传的燎红釉。1936年，博山窑匠侯相会研制成功元代失传的雨点釉。淄博青花瓷和红绿彩艺术得到了完善与提高。

山东陶瓷产品多为碗、盘、盆、壶、罐、瓶、枕、瓮、坛等日用之物。分两大类，一类是以黑、酱、青、老鸹翎釉为代表的单色釉产品，产品造型粗笨，以罐、盆等大件为主。另一类是以淄博青花、红绿彩等为代表的彩绘产品，集中展示了山东的民间绘画风格及民间艺人的画技与创作水平。

1. 淄博青花瓷

俗称土青花，起始于清代中晚期。以当地钴矿原料制成土蓝色"青花"颜料，用来创作出各种釉下彩青花瓷器。淄博大鱼盘是淄博青花瓷艺术的代表，最早由博山区福山一带民间画工所绘制，之后，山头等地区窑场纷纷仿制生产，且产量极大，至清末民初时达到鼎盛，于20世纪50年代末终止，形成了淄博陶瓷业一种独特的文化现象。

2. 淄博红绿彩

是以大火红绿为主调的釉中彩绘产品。起始于民国，是随着白釉产品质量的提高和国外颜料的传入而产生和发展起来的。改变了山东陶瓷长期灰暗、无彩的历史，"洋蓝加红绿"成为这一时期典型的"民国色彩"。淄博红绿彩受景德镇粉彩、五彩的影响，属于一次性烧成的高温釉中彩绘。画面多为人物、山水、花鸟，色彩单纯明快，红色艳丽，绿色鲜嫩青翠。代表产品为茶盘、花瓶、套五盆。

茶盘集中展示了淄博地区的民间民俗绘画。花瓶属观赏陈设类陶瓷，清代中晚期进入寻常百姓家，民初，成为陪嫁品。图案常以双喜、麒麟送子和花鸟纹饰居多。套五盆的试制始于1936年，1938年开始生产，至1987年停产，经历了半个世纪。淄博生产的各种盆类多为黑釉盆。1936年，杨瑞符在山头经营"双合窑"，受福山套二蓝盆的启发，仿搪瓷盆样式，试制白釉彩瓷套二盆。1948年，套五盆的产量为3万套。1949年后改为机械生产，最高年产量为122万套。

第二节　1949～1978年的山东陶瓷

这个时期是山东陶瓷业的恢复、调整、发展和创新发展阶段。1978年，全省日用陶瓷和工业陶瓷的总产量分别为25821万件和94569t，比1949年增长12.96倍和88.47倍。实现工业总产值（不变价）14000万元，比1949年增长69倍。

一、恢复建设生产基地

1948年3月，接管国民党山东工矿管理委员会经营的山东省模范窑业厂，建立了第一个国营陶瓷企业，恢复细瓷、电瓷及耐火材料的生产。1948年，北海银行发放贷款1.45亿元（北海币）、煤444吨，扶持淄博地区404户窑厂、作坊恢复了生产。

从1949年开始，淄博专署和各县机关团体在淄川渭头河、博山北岭、山头、五龙、福山等地租典窑业主的窑炉设备组织生产。成立了淄川县益民窑厂、博山建华、市府建博、工新、大建、泰华、华成、大生等10处公营窑厂，1952年陆续改组为地方国营淄川窑厂和博山窑业总厂。1950年，烟台新生合记瓷厂实行公私合营，后改为地方国营，更名山东烟台瓷厂。1952年，博山鼎丰窑厂实行公私合营。

1957年10月，山东省手工业管理局投资组建了临沂泉庄陶瓷厂（临沂瓷厂）。淄博逐步建立起博山陶瓷厂、淄川陶瓷厂、淄博工业陶瓷厂、福山陶瓷厂，以及烟台瓷厂。至此，山东陶瓷工业由分散的、作坊式生产走向集中的工业化生产。

20世纪50年代，投资兴建了一批专业厂和科研教育机构。1954年，建成淄博第一个日用细瓷专厂淄博瓷厂，随后陆续建成淄博市硅酸盐研究所、淄博电瓷厂、威海瓷厂、淄博卫生瓷厂、淄博美术陶瓷厂、淄博陶土矿、淄博陶瓷工业学校和博山陶瓷厂细瓷车间等。

1957年，山东日用陶瓷年产量15576万件，比1952年增长2.4倍，其中，淄博12065万件，占77.46%；烟台473万件，占3.04%；济宁560万件，占3.6%；临沂2100万件，占13.48%。工业陶瓷年产量26000t，增长215.64%。产品包括日用陶瓷、低压电瓷和陶管外，还有各种细瓷、高压电瓷、耐酸陶瓷、卫生陶瓷等250余种产品。日用细瓷和美术陶瓷出口欧洲和亚洲的国家和地区。

20世纪60～70年代，枣庄市新建枣庄陶瓷一厂、二厂、四厂、陶瓷研究所。淄博市新建张店陶瓷厂、淄博陶瓷机械厂、淄博洪山陶瓷厂、淄博无线电瓷件厂等市属企业，并发展了60多处乡镇企业。潍坊、德州、惠民、泰安、济宁等地也新建陶瓷企业。1970年，北京建材研究院陶瓷一室从北京迁到淄博，建立山东工业陶瓷研究所，后更名为国家建材局山东工业陶瓷研究设计院。1976年，博山煤灰砖厂转产特种陶瓷，成为省内第一个特种陶瓷专业生产厂，1982年更名为淄博特种陶瓷厂。

1949年10月，在淄博市的淄博工矿特区专员公署设实业科，管理陶瓷行业。1956年1月，成立淄博市窑业公司。1958年8月，建立淄博市陶瓷工业局。1972年10月，成立淄博市陶瓷工业公司，成为市属国营陶瓷企业事业单位的管理部门。

二、创新工艺技术与装备

1963年，博山陶瓷厂用3年多的时间，研制并建成国内第一条日用陶瓷煤烧隧道窑（长60米），实现了产品烧成连续化。到20世纪70年代末，全国共建成隧道窑400多条。

1964年，博山陶瓷厂研制成功国内第一台日用陶瓷链式烘干机。干燥周期由地炕干燥所需48小时缩短到1小时36分钟，提高厂房利用率3倍以上。1965年，改进设计，由卧式为立式，提高了热利用率。1972年，试验成功热气流定位喷射快速干燥，使坯体干燥时间缩短到30min。1976年后陆续推广使用。

同年，淄川陶瓷厂研制成功国内第一台大缸成形机，可以对直径730～960mm、高790～930mm之间各种缸等陶瓷制品一次成形，由原来手工成形一只缸需要3～4d缩短到3min，成为我国陶瓷工艺史上的一大创举。该成形机于1965年2月获国家发明三等奖。在此基础上，于70年代又研制成功大缸自动滚压成形生产线，再次获得国家发明三等奖。

1966年，建立济南瓷用花纸厂，花纸供应全省及省外陶瓷企业。

1974年，由淄博市硅酸盐研究所、淄博瓷厂、博山陶瓷厂共同设计的山东省第一座快速自动烧成6m^3梭式窑在淄博市硅酸盐研究所建成。

至1978年，原料处理工序采用了颚式破碎机、轮碾机、雷蒙机、球磨机、滤泥机、真空练泥机，成形和干燥工序采用了滚压成形机、离心注浆机、压力注浆机、立式链式烘干机。首次采用聚四氟乙烯作为滚压成形机的滚头材料。采用蒸压石膏制作模型为国内首创。烟台瓷厂、淄博瓷厂还将成形、干燥、修坯、施釉各道工序组成一条生产联动线，研制出一些联动设备，如自动投泥、自动吸坯脱模等，形成了自动生产线。

三、产品升级换代

山东日用陶瓷产品原是以陶器、粗瓷器和普通瓷器为主。为了改变低档次的现状，形成山东陶瓷的风格和特色，一方面扩大日用细瓷生产规模，另一方面积极开发研制新材质、新产品。

1.扩大日用细瓷生产

1957年，淄博瓷厂率先生产细瓷。之后，博山陶瓷厂、张店陶瓷厂、福山陶瓷厂、临沂瓷厂、烟台瓷厂、威瓷厂等也相继生产细瓷。细瓷分白瓷和高温颜色釉两大类。白瓷装饰以花纸为主，也有釉下青花。1959年，淄博瓷厂釉下青花《明湖》餐具成为山东省为北京人民大会堂提供的首批国家用瓷。1975年，颜色釉产品达到20多种，成为国内色釉品种最多的产区。产品主要有博山陶瓷厂92头锦青釉开光《大虾》图案餐具、《迎春》盖杯、《八楞》茶具；淄博瓷厂的《友谊》餐具、《山青》茶具、《玉兰》酒具等。

2. 研制精炻器

1975年，淄博瓷厂以当地储量丰富的焦宝石为主要原料研制精细炻器，1976年获得成功并批量生产。因产品坯体呈奶油黄色，性能与瓷器基本一致，故又称奶油黄色瓷，商标为"昆仑"牌。产品有15～45头成套餐具、咖啡具、茶具、牛奶杯及挂、座盘等，尤以宽红色边和咖啡色边花图案著名。1977年后，年产量2000万件，80%出口。1980年、1984年两次荣获国家优质产品银奖。

1977年，博山陶瓷厂研制成功"宝石"牌色瓷。产品为《新谊》、《新丽》、《新塔》、《新征》、《新佳》茶具，咖啡具，餐具等80多个花色品种。1977～1983年，炻器195头国宴用瓷供应北京国际饭店、国务院招待所、北京饭店、香山饭店国家宴会使用，年供应量600万件。1984年获国家优质产品银奖。

20世纪80～90年代，精炻器的年产量为3亿～5亿件。21世纪初，年产量达6亿件以上，占山年陶瓷产区日用陶瓷产量60%以上。

3. 研制滑石瓷

1972年，淄博市陶瓷工业公司组织淄博市硅酸盐研究所、淄博瓷厂、博山陶瓷厂，经过近六年的技术攻关会战，于1977年研制成功滑石瓷，这是一种精细瓷器新品种，为山东发展高档日用细瓷开辟了先河。这种滑石瓷呈色洁白，取名"乳白瓷"（后又称"镁质强化瓷"）。在白瓷坯料中加入少量的稀土元素（镨、铈等）可制得釉面光亮、色调淡雅的象牙黄瓷。在釉料中加适量的氧化铁，用重还原烧成可制得色调明快、淡青色的青瓷，称为鲁青瓷。这3种瓷均达到高级日用细瓷部颁标准。1983年获国家发明三等奖、1987年获比利时布鲁塞尔第36届世界发明博览会金奖。

1979年10月，博山陶瓷厂生产的滑石瓷《丰收》盖杯被中央办公厅、国务院办公厅和北京人大会堂选为国家用瓷。1993年，北京人大会堂选用的滑石瓷《中华》盖杯，至今仍在全国人民代表大会上使用。

1981年，淄博瓷厂生产的滑石质鲁青瓷被北京饭店定购为国宴用瓷，累计供货300余万件。1990年2月，滑石质象牙黄瓷系列、鲁青瓷系列、乳白瓷系列餐茶具被北京国际饭店定为国家涉外旅游饭店产品并颁发证书。

20世纪90年代末，滑石瓷在全国几个主要产区推广应用。2006年后，市场上称这种瓷为镁质强化瓷。

四、推陈出新艺术陶瓷

山东的艺术陶瓷主要有艺术釉、立粉彩陶、壁饰、壁画、彩绘等艺术形式。

1. 艺术釉

20世纪50年代，恢复和扩大了黑、黄、绿等单色釉及茶叶末釉、雨点釉等结晶釉产品的生产。在单色釉方面，1959年恢复、研制了深黄、蓝绿、豆青、棕色、铜绿、乌金釉等。70年代后，又研制出了鸡血红、樱桃红、柠檬黄、孔雀绿、天青、锦青、粉红、灰色等。在花釉方面，1959年，山头老艺人周洪田研制成功虎皮釉、云霞釉。1974年，淄博市硅酸盐研究所研制成功天目釉，主要品种有兔毫、蓝钧、鹧鸪斑、虎皮、玳瑁、礼花等，并开发出中国历史上从未有过的白兔毫釉。在结晶釉方面，恢复了茶叶末釉、雨点釉、金星釉和红金晶釉等结晶釉品种。首创了硅锌矿巨晶结晶釉。

1972年，淄博市硅酸盐研究所刘凯民研制成功鸡血红釉和孔雀蓝釉。鸡血红釉以深红色的铬锡红为着色剂，氧化焰烧成，具有高温铜红釉的艺术效果。孔雀蓝釉是在碱性釉中以氧化铜着色的蓝釉，色泽鲜艳如孔雀蓝羽毛而故名，因釉层内同时透出规则的鱼卵纹又称鱼子蓝釉。1973年，刘凯民又研制成功金星釉。许多闪闪发光的片状晶体，埋藏在釉面之下，悬浮于透明的玻璃基体之中。晶体反射入射光，似金星或火花一样光辉闪耀，酷似自然界的金星石，故名。用于装饰美术陈设瓷。

茶叶末釉起源于唐代中期，成熟于唐末，是中国古代名釉之一。因釉中布满似茶叶细末的片状结晶而得名。品种有鳝鱼青、鳝鱼黄之分，以介于青黄之间者为上品。元末失传。清末民初，博山工艺传习所陶瓷艺人陈希龄恢复。陈希龄又传于儿子陈怀慈。1949年后，经研究改进使之面貌一新。产品于1957年开始出口。作品多次出国展览。

雨点釉又名油滴釉，起源于宋代博山大街窑。因釉中布满具有银色金属光泽的放射状圆形结晶，形似雨点坠入水中溅出的水圈花斑而故名。多制作茶具及瓶、尊、钵、盏等艺术器皿，情趣高雅，被视为名贵瓷器。元末失传。1936年，黑陶艺人侯相会研制恢复。1949年后，经过进一步研究，产品质量超过宋代，被选为国家礼品瓷。

硅锌矿结晶釉于1972年由博山陶瓷厂、淄博瓷厂研制成功。主要用以制作美术陈设瓷和部分日用瓷。博山陶瓷厂生产的22英寸大花瓶，结晶面70%以上，为国内罕见艺术珍品。1974年，博山陶瓷厂生产的结晶釉产品被国务院作为礼品瓷送给国外友人。

2. 立粉彩陶

立粉彩陶是一种彩釉装饰艺术。1976年，淄博市陶瓷工业公司组织博山陶瓷厂、淄博瓷厂、福山陶瓷厂、淄博美术陶瓷厂、淄博市硅酸盐研究所进行陶瓷造型设计、画面装饰会战而研制成功。因多用陶质坯体，又多制作座盘或挂盘，故称"彩陶挂盘"。1976年底，淄博美术陶瓷厂投入生产。1977年，朱一圭试制成功"立粉彩陶"，1979年邓小平出访美国，将20英寸立粉彩陶"竹鸡"盘作为礼品赠送给美国参、众两院。

3. 壁饰、壁画

壁饰与壁画是通过雕刻、绘画或其他艺术手法而使陶瓷材料作为墙壁装饰的一种艺术形式。与建筑直接相连的为壁画，作为饰件附于墙壁上的为壁饰。

1962年，博山陶瓷厂就生产陶瓷壁饰。多为30cm×20cm的瓷板画，题材为人物肖像、山水、花鸟等。1975年，试制成功长1.2m、宽0.7m的瓷板后，创作釉上新彩《周恩来》、《风竹》、《雄狮》、《四季山水》，釉下彩《泰山黑龙潭瀑布》等。用1300块152mm釉面方砖制成长2m、宽1.5m釉上新彩《泰山迎客松》壁画。为济南南郊宾馆制作了长9m、宽3m的大型新彩壁画《大明湖全景》。

4.彩绘

山东的彩绘艺术主要是新彩、粉彩。新彩是在红绿彩的基础上发展而来。1952年，淄博开始生产新彩颜料，推动了新彩装饰工艺的发展。贴花、喷花、印花成为日用细瓷、美术陈设瓷的主要装饰方法。但一些高档日用瓷、美术瓷仍采用手绘。

粉彩艺术于20世纪50年代由江西景德镇传入。在彩绘画面的某些部分用玻璃白填底，在颜料中掺入铝粉，用中国画中的没骨法渲染，色彩柔和秀丽。李兴源、李庆章是山东彩绘艺术家的代表。

五、发展工业陶瓷

20世纪60~70年代，山东发展了电瓷、化工陶瓷和特种陶瓷。

20世纪50年代，山东以生产普通低压电瓷为主，主要厂家有博山陶瓷厂、烟台瓷厂等。1958年后开始生产高压电瓷。1959年，成立淄博电瓷厂。至1978年，淄博电瓷厂年产高压电瓷5000t，避雷器5万支，低压电瓷500t，120个品种，是山东最大的高压电瓷、避雷器生产企业，被机械电子工业部定为生产高压电瓷和避雷器的专业厂，国家18个电瓷重点生产厂家之一。

山东化工陶瓷的生产厂家有淄博工业陶瓷厂、福山陶瓷厂和淄博的乡镇企业。主要产品有耐酸陶瓷管、耐酸瓷砖、耐酸陶瓷容器和反应塔、耐酸陶瓷泵及阀门等。1962年，淄博工业陶瓷厂生产的鱼牌陶管并被外贸部门认定为出口免检产品，1972年最高年出口量达49万条。1971年，福山陶瓷厂试制成功1号耐酸陶瓷泵，填补省内空白；1973年试制成功1.5号和2.0泵，形成3种规格；最高年产量500台。1974年，山东工业陶瓷研究设计院与博山水泵厂进行高扬程多级陶瓷耐酸泵的研究取得成果，在兰州合成橡胶厂试运转成功。

1965年，博山陶瓷厂试制成功电容器陶瓷。1967年开始批量生产，产品有CCX小型瓷介电容器、CCZ支柱式瓷介电容、CCCY圆片铁瓷介电容器、CCDD低压迭片瓷介电容器和CCWX-1小型微细电容器等9个品种。1970年最高产量达256.25万只。

1966年，淄博瓷厂生产压电陶瓷，1968年接受"09"工程任务试制声呐换能器。在中科院上海硅酸盐研究所、海军第七研究院及船舶工程学院的配合下，完成工程任务，当年压电陶瓷产品达30万件。1969年，山东省国防工办与淄博市国防工办共同投资在该厂成立压电陶瓷车间，1970年生产能力300万件，主要产品是以材质$BaTiO_3$固溶体为基础的$BaTiO_3$-$CaTiO_3$，$BaTiO_3$-$PbTiO_3$和锆钛酸铅等五大系列。

1969年底，福山陶瓷厂与中科院上海硅酸所、上海技术物理研究所合作试制成功MgF_2透红外陶瓷。1971年开始大批量生产并制成CaF_2、ZnS两种透红外陶瓷材料，生产出响尾蛇导弹、整流罩器件所需的透红外陶瓷材料。1976年，国家确定福山陶瓷厂承担红外仪器整流罩器件窗口材料所需的透红外陶瓷的生产任务，先后热压多晶硫化锌、氟化钙、氟化锶、氟化钡、二氧化钛、二氧化锆及气相沉积多晶硒化锌、硫化锌等10余种透明红外光学材料。

1971年，山东工业陶瓷研究设计院开展多孔陶瓷的研究。1975年生产出大规格多孔陶瓷管产品。1978年获全国科学大会奖。产品由淄博特种陶瓷厂批量生产。

1976年起，山东工陶院进行了"土壤分析用多孔陶瓷滤管"（巴氏滤管）的研制、"陶瓷干式乙炔回火止火管"、"多孔陶瓷细菌过滤器"、"蛇纹石质多孔陶瓷制品"、"刚性耐碱陶瓷隔膜片"、"高温烟尘采样用陶瓷滤管"、"石英质电解隔膜"等多种多孔陶瓷制品的研究。同时还开展了多孔陶瓷性能检测方法的研究，为制订多孔陶瓷产品的标准打下基础。

第三节 1979～2000年的山东陶瓷

这个时期是山东陶瓷业的国窑迅猛崛起阶段。2000年，全省日用陶瓷产量11.5亿件，比1978年增长3.46倍。建筑陶瓷4.54亿平方米。全省陶瓷行业工业总产值（现价）100亿元。

一、管理体制转型

1981年12月，山东省政府决定上收淄博市陶瓷工业公司及其所属企事业单位，成立山东省陶瓷公司，隶属山东省一轻厅。1982年5月1日，山东省陶瓷公司正式成立，直属单位有博山陶瓷厂、淄博瓷厂、福山陶瓷厂、张店陶瓷厂、淄川陶瓷厂、洪山陶瓷厂、淄博工业陶瓷厂、淄博美术陶瓷厂、淄博陶土矿、淄博陶瓷机械厂、博山纸箱厂、淄博市硅酸盐研究所、山东省轻工美术学校。1984年4月20日，山东省政府授权行使行政管理职能，并担负全行业企业和管理机构的归口管理。1986年11月，山东省政府把省陶瓷公司及所属单位划归淄博市领导。1998年4月，把山东省陶瓷公司所属企业移交给市淄博经委、博山区、淄川区，职能由行政管理改变为行业管理。

1986年6月，山东省陶瓷公司与深圳远东机械有限公司、香港明宝陶瓷公司创办东宝彩瓷有限公司，这是山东省日用陶瓷行业的第一个合资企业。之后，创办的合资企业有：张店陶瓷厂与香港鑫南国际有限公司合资成立的山东华光陶瓷有限公司；淄博瓷厂与香港港澳国际投资有限公司、香港鑫南国际有限公司合资成立的山东淄博瓷器有限公司；山东省陶瓷公司与香港粤北贸易公司合资创办的鲁粤瓷用花纸有限公司；山东省硅酸盐研究院与德国赛德克公司合资创办的淄博赛德克陶瓷颜料有限公司；淄博工业陶瓷厂与日本旭硝子株式会社合资创办的淄博旭硝子电熔材料有限公司等。

1987年10月，山东省陶瓷公司联合省内32个企事业单位成立了山东陶瓷联合总公司，经省外贸局批准开展企业自营进出口业务，出口创汇大幅度增长。1991年，联合总公司自营出口创汇突破2000万美元。2000年，全省日用陶瓷行业生产出口瓷4.3亿件，创汇1亿美元，比1978年增长5.2倍、5.6倍。出口创汇骨干企业有博山陶瓷厂、淄博瓷厂、张店陶瓷厂、临沂瓷厂等。

1995年9月8日，山东省陶瓷工业协会在淄博市成立。首批会员单位由省内8地市的60家陶瓷企事业单位组成。王尔孝被推选为首届理事长。

1995年，淄川陶瓷厂破产被华光集团收购。之后，淄博美术陶瓷厂，淄博陶土矿，博山陶瓷厂，淄博瓷厂，福山陶瓷厂，枣庄陶瓷一厂、二厂、三厂、四厂，烟台瓷厂等企业先后进入破产程序，进行企业重组。

从1990年开始，淄博市连续举办了6届国际陶瓷琉璃艺术节，对淄博陶瓷工业发展发挥了巨大的促进和鼓舞作用。

二、开发日用陶瓷新产品

1.高长石瓷（鲁玉瓷）

由山东省硅酸盐研究设计院研制成功。产品具有瓷质细腻、半透明度好、釉面光润、变形小等特点，填补了国内空白。1980年6月通过省级技术鉴定。1981年2月获轻工业部重大科技成果三等奖。1983年4月获国家发明三等奖。1984年，国务院办公厅首次选定淄博工业陶瓷厂生产的高长石瓷（鲁玉瓷）为中南海紫光阁接待用瓷，直至1994年停产，作为国家用瓷10余年，供应总量达20余万件。

2.高石英瓷

由山东省硅酸盐研究设计院研制成功。1983年荣获轻工业部科技成果二等奖。1987年获国家发明三等奖。同年，在南斯拉夫萨格勒布第十五届国际发明博览会上获金奖。1984年7月，国务院办公厅首次选定高石英质瓷餐具为中南海紫光阁接待用瓷。到2010年，高石英质瓷已进入中央办公厅、国务院办公厅、全国政协、最高人民检察院、劳动保障部、文化部、中组部等国家机关。

3.鲁光瓷

又称钠长石质高级日用细瓷。由山东省硅酸盐研究设计院于1991年研究成功并在淄博工业陶瓷厂进行工业试验。1992年5月通过山东省科委技术鉴定。1993年获山东省科技进步一等奖。1994年获第八届全国发明博览会金奖。1995年，进入中南海。1998年8月，国务院机关事务局从淄博工业陶瓷厂为毛主席纪念堂一次性选购鲁光瓷7500件，鲁光瓷累计生产2000余万件。

4.合成骨瓷

1995年起，山东省硅酸盐研究设计院经过3年多的研究，在国内首次研制成功人工合成骨粉—羟基磷酸钙和制瓷工艺。1998年6月通过部级鉴定，1998年10月获山东省科技进步一等奖，1999年10月获国家发明专利，1999年11月获国家发明二等奖。2000年在山东、江西、河北等地10多家企业推广应用。2000年获杜邦技术创新奖，并获得到山东省和淄博市科技成果重奖。

1998年12月，国务院办公厅从淄博工业陶瓷厂为钓鱼台国宾馆一次性选购1万件新型合成骨瓷。之后，淄博华光陶瓷、淄博金马陶瓷、淄博工陶等企业生产的合成骨瓷先后进入中央办公厅、国务院办公厅、北京人大会堂、中南海、钓鱼台、外交部、全国妇联、驻港部队等重要国家机关和接待场所，产品供应量达300余万件。

5.贝壳瓷

由山东珍贝瓷业有限公司研制成功。1997年获中国轻工业技术发明奖，1999年获国家发明专利，2000年获国家技术发明二等奖。

三、改进陶瓷生产工艺

在原料加工方面，重点改进原料加工机械。淄博陶瓷机械厂先后研制成功三螺旋不锈钢真空练泥机，新型注塞泥浆泵，5t、15t、30t球磨机。博山士普陶瓷装备有限公司首创工程塑料内衬练泥机。

成形采用了双头滚压、塑压成形、高压注浆等新技术、新工艺。1990年，淄博瓷厂研究成功阳模成形技术和阳模浮雕成形技术。淄博陶瓷机械厂、博山陶瓷厂、福山陶瓷厂、博山宝丰陶瓷机械厂生产的滚压成形机供应国内各大产区。博山宝丰陶瓷机械厂还研制成功异型产品滚压成形机、鱼盘滚压成形机，获国家发明专利。将异型产品、椭圆产品由注浆改为滚压，生产效率和产品质量大幅度提高。

20世纪70年代后期，大部分企业改用重油为燃料。80年代，技术革新的重点是节能、窑炉余热、排烟热的利用等。90年代，重点是推广洁净环保的天然气、石油液化气、煤气作为燃料，采用先进的微机自控技术等。

山东省硅酸盐研究设计院先后研制成功陶瓷丝网套色金花纸、丝网釉上白色颜料、低膨胀陶瓷丝网颜料、低含金量金红颜料、四色印刷用陶瓷颜料、降铑陶瓷金水、无苯陶瓷金水、无铅无镉陶瓷釉上颜料等。淄博陶瓷机械厂先后研制成功陶瓷画线机、陶瓷双色画线机等，将画线由手工改为机械。

四、发展艺术陶瓷

山东艺术陶瓷主要以刻瓷、彩绘、雕塑、釉色、现代陶艺、黑陶艺术、园林陶瓷为主。

1.刻瓷艺术

刻瓷艺术是淄博发展起来的一门独立的瓷器装饰艺术，兴起于20世纪70年代。领军人物为张明文、李梓源、冯乃江等。1975年夏天，淄博瓷厂派张明文和青工刘瑞云一起向青岛工艺美术研究所石可教授求教，学习刻瓷历时七天，从此，拉开了淄博刻瓷的序幕。

1977年初，淄博瓷厂张明文刻制作品《咏梅》等被外交部选中，一次订货300件。1978年，淄博瓷厂成立了刻瓷班组，张明文任组长，刘瑞云、李梓源、谢建华、吕泉、王春英、马立杰为成员。

20世纪70年代，邓颖超将金日成肖像刻瓷盘作为国礼赠送给金日成，之后，淄博刻瓷艺术品成为贵重礼品。罗晓东、沈松龄、孙兆宝、王一君、李秋峰经常接受作为国家礼品的肖像刻瓷任务，为许多国家的元首和名人制作了肖像刻瓷。刘永强的瓷板刻瓷作品《清明上河图》将原长达3m的宋代名作刻制在同样尺寸的瓷板上，作品被故宫博物院收藏。

刻瓷起初大都是平面刻瓷，冯乃江的平面刻瓷伟人像惟妙惟肖，成为绝活。后来研究成功宝石瓷堆雕刻瓷、喷堆刻瓷新工艺。王长永研制成功乌金釉刻瓷、刻釉与刻瓷结合新工艺。纪荣福研制成功刻瓷与新彩结合新工艺。1980年，冯乃江、纪荣福分别赴日本、墨西哥作刻瓷表演。

1980年，张明文在美国、联邦德国、新加坡等国家和中国香港地区进行刻瓷艺术表演。20世纪80年代起，刻瓷作品"鲁翠瓷餐具画面"获全国陶瓷创新一等奖，微雕刻瓷"论语"、"兰花颂"获中国首届轻工博览会金奖、北京第二届国际博览会银奖，"山川牌"刻瓷作品连续三次获国家银奖，"石宝寨"、"畅想曲"刻瓷作品获全国荣誉金奖、特别奖，引起国内外收藏家和收藏机构的关注。

1982年，李梓源的鲁青瓷刻瓷文具在德国慕尼黑第三十四届国际博览会上获金奖，这是自1949年以来中国陶瓷艺术品在国际评比中获得的第一枚金牌。李梓源在淄川建立了"李梓源艺术中心"，为培养刻瓷人才创造了条件。

2. 现代陶艺

现代陶艺热兴起于1978年之后。陈贻谟在多年雕塑创作实践的基础上，致力于黑陶艺术研究，他的许多作品表现了对人生的关怀和壮美气质歌颂。作品后来赴日本参加第三届国际陶瓷作品展，并在日本长期展出。在陶艺创作中，国芹轩、程福贵、方益鸣、樊萍、尹宝亭、郑玉奎、李波、曲冰、陈志刚、曲镛、李宝恩、田茂国等一大批专业艺术工作者，作品表现出多样化的艺术风格。

3. 雕塑

山东陶瓷雕塑代表了北方粗犷豪放的风格。冯乃藻的代表作品有《钟馗》、《孔子》、《负荆请罪》等。杨玉芳的作品有《游园》、《踢毽子》、《宝琴》台灯等，《踢毽子》在第七届全国陶瓷创新评比中获得一等奖。《宝琴》台灯由博山陶瓷厂生产，邓小平出访美国时作为国礼赠送美国政要。蒋延山的大型雕塑《颜文姜》丛立在淄博博山颜文姜广场，成为博山一景。黄海根是一位陶艺多产作家，在2001年山东陶瓷精品大奖赛上，他参赛的7件作品有《母亲的家》、《农具》、《世纪阳光》等5件获大奖。

4. 浮雕彩绘

1996年，李昌莲开创了彩绘与浮雕结合艺术手法，推出了浮雕彩绘作品《湘云醉眠》。冯乃庄、周祖功、王荣英、常素芳、高良奇、吕则泉、李昌莲、吕泉、周玉明、邵玉珍等是这方面的优秀人物。

5. 颜色釉

淄博的颜色釉青如翠峰，红如夕阳，黑如乌金，绿如青水的单色系列釉，豹斑、金星、玳瑁、兔毫、虎纹等窑变花釉及鱼子蓝、红钧、银星、硒铬红等名贵釉色相继问世。获1994年全省陶瓷创新评比一等奖的硒铬红釉瓶，将一梅瓶上部镂空并饰以圆球，这奇特的造型以名贵釉种硒铬红作外衣，透亮的玻璃体下血红的颜色十分艳丽，使作品显得高贵典雅。2000年，山东硅苑新材料科技股份有限公司成功恢复断档近30年的名贵艺术釉鸡血红和鱼子蓝。鱼子蓝艺术釉由刘凯民研制成功。鱼子蓝艺术釉瓶在2004年3月被中南海紫光阁收藏，中共中央办公厅颁发收藏证书。

6. 黑陶

黑陶是龙山文化中最著名最典型的陶器，被世界考古学界誉为"4000年前世界文明最精致的杰作"，代表了中国新石器时代继彩陶之后的又一高峰。黑陶艺术在汉代基本消失无迹。1928年，黑陶被首次发现于山东省龙山镇。20世纪70年代末，山东日照东海峪发现薄如纸的蛋壳陶杯。山东专门研究黑陶艺术的陶瓷艺术家有陈贻谟、仇志海、丁忠海、刘浩、王宪利、卜广云等。1990年，仇志海的超薄黑陶烧制技术在比利时布鲁塞尔尤里卡第28届世界发明博览会上获得金奖，获国家艺术科技进步奖一等奖，山东省科技进步特等奖，多件作品为国内外博物馆收藏。卜广云师从仇志海，担任中国陶瓷协会黑陶艺术专业委员会常务副会长兼秘书长，2007年建成日照市最大的陶艺馆。丁忠海把研究重点放在仿青铜器黑陶艺术上，代表作《中华九鼎》被中国陶瓷馆收藏。

德州工艺美陶研究所对黑陶进行了一系列的研制和开发，目前已达600多个品种。《龙凤瓶》呈云型镂空图案，构思奇特，漆黑发亮，是龙山文化中最富有特征的珍品。1989年，德州黑陶在巴黎第80届国际技术博览会上荣获银奖。1989年月10月，为纪念孔子诞辰2540周年，与石可、陶天恩联袂研制成功长50m、高1.7m的大型黑陶壁画——《孔子世迹图》，镶嵌在孔府院内，为中华壁画艺苑增添了一朵奇葩。

7. 园林陶瓷

山东园林陶瓷多用"龙"做装饰物，在瓶、尊、钵、缸、桌、墩等产品上，都可以看到龙的各种形态。远看气势磅礴，近看生动细腻，大方庄重，这就是山东园林陶瓷的北方气派。

1991年，华光集团成功制作了花釉盘龙戏水壶，壶高1.8m，直径1.35m，重400kg，壶面上有0.15m高的浮雕双龙盘绕，一龙张口吐须为壶嘴，一龙昂首喷水水柱成提梁，以卧龟造型作壶盖，被誉为国内罕见的艺术珍品。1997年6月，在香港回归前夕，华光集团把一对高3.6m的陶瓷大瓶"香港回归瓶"赠送给人民大会堂香港厅。2001年4月，高5m、直径1.83m、重5.2t的世界最大的陶瓷瓶"中华龙世纪瓶"问世，堪称世界陶瓷花瓶之最。

五、发展建筑陶瓷

1975年，博山缸瓦厂试产釉面砖成功，后更名博山建筑陶瓷厂，成为山东省第一个建筑陶瓷企业，1978年釉面砖产量为4.2万平方米。

1979年，淄博建筑陶瓷厂开始生产釉面砖，1985年产量达到100万平方米。当年，与山东外贸总公司、香港维斌有限公司合资成立了淄博建筑陶瓷有限公司，成为山东建筑陶瓷行业的第一个合资企业。

1985年，淄博建材工业公司筹建齐鲁建筑陶瓷厂。同时，淄博市乡镇村办建材企业也竞相生产釉面砖、外墙砖和地砖。至1990年，山东建陶企业以国有、乡镇企业为主，博山建陶厂、淄博建筑陶瓷厂、淄川建陶厂、临沂华罗利建陶厂、诸城市鲁钟陶瓷厂、五莲县陶瓷厂及潍坊建筑陶瓷厂等为骨干企业。20世纪90年代后，通过转变企业机制、引进新技术和新装备等使山东建陶工业迅猛发展，至2000年，先后引进国外先进生产线300条，建筑陶瓷砖产量为4.54亿平方米。

六、开发高技术陶瓷

1978年以来，一批高技术陶瓷科研成果应运而生，熔融石英陶瓷制品、辊道窑用陶瓷辊棒、碳化硅制品、造纸机用氧化铝瓷件是其中的代表。

1.熔融石英陶瓷制品

1988年，山东工陶院立项开展"玻璃水平钢化窑用石英陶瓷辊"的研究，1994年通过部级鉴定，1997年获国家科技进步三等奖、国家级新产品，并建成年产1000条石英瓷辊的生产线。1998年，成立中博石英陶瓷技术有限公司，2000年形成年产140吨石英陶瓷制品的生产能力，生产直径96mm、长3500mm以下的瓷辊，成为国内唯一生产石英瓷辊的企业。之后，制成空心石英辊再与金属复合用于冶金行业，制成玻璃池窑用闸板砖及石英陶瓷天线罩等多种新产品。

2.辊道窑用陶瓷辊棒

1985～1986年山东工陶院和山东淄博华岩工业陶瓷集团公司相继研制和生产适用煤烧辊道窑所需求的陶瓷辊棒。规格为$\phi 35mm \times 1600mm$，主要材质为堇青石——莫来石质。山东工陶院的技术通过淄博市鉴定后，1987年推广至淄博特种陶瓷厂和金乡陶瓷厂进行批量生产。从1989年起，淄博特种陶瓷厂形成年产10万支辊道窑陶瓷辊棒生产能力，产品规格为$\phi(30～40)mm \times (2300～2500)mm$。

1995年淄博华岩工业陶瓷集团公司和淄博三利高温材料有限公司生产莫来石——刚玉质陶瓷辊棒。潍坊奥科罗拉精细陶瓷有限公司生产棍棒，年产量达到100万支，成为山东省最大的辊棒生产企业。

3.碳化硅制品

1995年，潍坊华美实业总公司与德国FCT精细陶瓷技术公司共同建成潍坊华美精细技术陶瓷有限公司，年产碳化硅制品600t，主要材质为重结晶碳化硅和反应烧结碳化硅，产品品种有横梁系列、辊棒系列和各种燃烧喷嘴、脱硫喷嘴、喷砂嘴、热电偶保护管、辐射管、冷风管、密封件、坩埚和板材等异形制品，产品45%出口。同时，济南华龙特种制品有限公司、潍坊北泰工程陶瓷有限公司、致达特种陶瓷有限公司、华瑞高技术陶瓷有限公司等企业也相继生产重结晶碳化硅和反应结合碳化硅等制品。

4.造纸机用氧化铝瓷件

山东硅苑新材料科技股份有限公司研制生产氧化铝瓷件已有近40年的历史，主要产品有陶瓷成形板、全陶瓷三片刮水板、外嵌陶瓷刮水板、全陶瓷五片刮水板、单片脱水板、水腿湿吸箱面板、低真空湿吸箱面板、真空吸水箱面板、毛布及方型毛布吸水箱、成形器、加压靴、高浓陶瓷除砂器、除砂嘴及各种陶瓷耐磨部件等。材质为氧化铝质和氧化锆增韧氧化铝质。其中，氧化锆增韧技术研究项目获山东省科技进步一等奖。1995年，大尺寸耐磨陶瓷脱水部件部分产品出口。

七、发展陶瓷装饰材料

陶瓷装饰材料主要品种为陶瓷颜料、贵金属制剂和瓷用花纸。

1.陶瓷颜料和贵金属制剂

1986年，山东省硅酸盐研究设计院生产陶瓷颜料71.3t（淄博市5家企业共生产93.3t）、陶瓷金水1.78万瓶（889.1kg）。

期间，山东省硅酸盐研究设计院在陶瓷装饰材料研究方面取得科研成果11项。1985年研制成功24个低膨胀高抗蚀丝网颜料新品种而荣获国家科技进步二等奖。1987年研制平印颜料23种。1989年研制成功二次烧成硒红釉。1990年研制成功低温高抗蚀陶瓷釉上系列颜料24个新产品。1992年研制成功陶瓷釉上四色印刷颜料填补国内空白。1993年，研制成功B型高抗蚀低膨胀陶瓷釉上颜料和陶瓷釉上颜料耐酸罩层。在贵金属制剂方面，研制成功的陶瓷无苯金水获1978年获全国科学大会奖。随后，先后研制成功无苯稀土无金铂水、稀土钯金水等，1991年3月通过技术鉴定，1992列入国家"八五"火炬计划。

1995年4月，山东省硅酸盐研究设计院与德国迪高沙公司合资建设的淄博赛德克陶瓷颜料有限公司投产，使淄博陶瓷玻璃装饰材料迅速增长，且消化吸收全套色料生产的硬件和软件，引进玻璃系列生产技术和金水配方，研制出低温高抗蚀陶瓷釉上颜料、花纸用金膏等70多个新品种。至2000年，形成颜料、色料、金水8个系列、100多个品种，陶瓷颜料（包括色料）853t、金水2600kg，销售收入过亿元，成为全国陶瓷行业人均创销售收入、人均创利税、人均创利润最多的企业，其中占销售收入40%的主导产品陶瓷色料替代了进口。

2000年，山东全省生产陶瓷颜料（包括色料）2400t，比1986年增长26.8倍；生产陶瓷金水2600kg，比1985年增长1.93倍。

2.瓷用花纸

1978年前，山东瓷用花纸由济南花纸厂生产。1979年后，淄博开始生产陶瓷釉上贴花纸，生产厂家有博山印刷厂、淄博瓷厂、博山陶瓷厂，产品为丝网薄膜花纸。20世纪80年代后期，国有、集体、个体企业竞相生产陶瓷贴花纸。淄博鲁粤瓷用花纸公司年产花纸1200万张。至2000年，全省有陶瓷贴花纸厂36家，年生产能力5000万张，1200多个花色品种，供应国内16个省市300个陶瓷企业。其中，济南瓷用花纸厂具有国内唯一的小膜花纸生产线，年产量占全省70%、全国25%，为国内产量最大的生产企业。

八、扩大国际陶瓷艺术交流

1. 出国考察培训

1978年后，山东省陶瓷公司及所属科研、生产单位分别到多个国家进行专业技术考察，多次与有关陶瓷生产、专用设备制造、装饰材料、原料、耐火材料、匣钵、窑具厂家进行技术交流，为山东陶瓷生产技术改造和新产品的开发提供了有益的借鉴。

1992年，淄博市先后派出14人次、分7批赴美国、日本、意大利等国接受陶瓷生产技术、企业管理、国际贸易专业培训。博山陶瓷厂、山东省硅酸盐研究设计院、张店陶瓷厂、淄博瓷厂派出8名科技人员和技术工人，到意大利接受为期一年的陶瓷专业技术培训。

1993年，淄博工业陶瓷厂派员赴日本考察现代企业管理并接受短期培训；山东省陶瓷公司派员赴美国参加省委组织部在美国举办的经济管理培训班，参加省人事厅在香港地区举行的国际贸易与市场营销培训班；福山陶瓷厂派员参加省企业家协会在美国举办的企业管理培训班。山东工陶院委派10余位专家赴美国、意大利、英国、加拿大做访问学者。

2. 技艺表演及学术交流

20世纪80年代开始，山东多次组织陶瓷艺术工作者出国参加国际博览会和技艺表演。1980年8月，淄博美术陶瓷厂朱一圭与博山陶瓷厂冯乃江参加"鲁砚、陶瓷赴日展览团"，在东京、大阪作刻瓷绘画表演。1981年6月，淄博瓷厂张明文赴联邦德国科隆作刻瓷表演，为马克思故居博物馆制作"马克思"刻瓷盘，为贝多芬广场制作"贝多芬"刻瓷盘。1982年3月，淄博瓷厂李梓源在联邦德国慕尼黑第34届手工艺品国际博览会上作刻瓷表演，刻制的5头文具获金牌。1982年4月，博山陶瓷厂纪荣福在墨西哥举办的"中国出口商品展销会"上作绘画表演。1982年5月至10月，淄博瓷厂张明文在美国田纳西州诺克斯维尔市第14届世界博览会上作为期6个月的刻瓷表演，得到了美国总统卡特和夫人及菲律宾总统夫人伊梅尔达等人的称赞。1986年，博山陶瓷厂杨延祥赴美国达拉斯市参加"中国古代传统科学技术展览会"作为期半年的陶瓷彩绘表演。1986年11月，博山陶瓷厂冯乃江赴丹麦参加"中国陶瓷器展览会"作刻瓷表演。1987年9月，淄博瓷厂张明文赴新加坡莱弗士城参加"山东孔子故乡旅游展"作刻瓷表演。1987年10月，淄博瓷厂崔思烈赴香港地区作刻瓷表演。1988年5月，淄博瓷厂董善习参加澳大利亚南澳洲第21届国际博览会作刻瓷表演。1988年8月，淄博瓷厂吕则泉赴加拿大温哥华参加"太平洋全国展览会"作刻瓷表演。1990年8月，淄博瓷厂孙兆宝随淄博市政府经济贸易展览团赴美国伊利市作刻瓷表演，为伊利市市长萨沃奇奥制作刻瓷盘。1991年2月，博山陶瓷厂沈松龄赴德国法兰克福国际博览会作刻瓷表演。1991年11月，淄博瓷厂张明文随山东省"孔子文化展"代表团赴香港地区作"孔子及72圣贤"刻瓷表演，得到国画大师刘海粟的高度评价。1992年8月，淄博瓷厂董善习赴韩国参加"汉城中国山东省经济贸易展览会"作刻瓷表演。1992年10月，山东省硅酸盐研究设计院陈贻谟赴日本参加"第三届国际陶艺展"，作陶艺表演。1993年12月，淄博瓷厂刘永强赴韩国作刻瓷表演。

1985年5月，山东省硅酸盐研究所刘凯民、张方训应美国陶瓷学会邀请，赴美国辛辛那提市出席美国陶瓷学会87届年会与博览会，提交论文《高石英瓷的研究》。

第四节　2001～2010年的山东陶瓷

一、优化产业结构

2000～2010年间，山东陶瓷行业形成了以骨干企业为龙头，民营企业生机蓬勃的新格局。硅苑科技、华光瓷业、淄博工陶、临沂银凤、无棣贝瓷、爱威瓷业以及东鹏建陶、皇冠建陶、耿家建陶、统一建陶、城东建陶在全省的龙头带动地位逐渐形成。民营经济长足发展。日用陶瓷中的泰山瓷业、国华瓷器、华洋陶瓷、福泰陶瓷、宏大陶瓷、金马瓷器、中强瓷器，建筑陶瓷中的柯伊诺、强赛特、娜塞提、中北、凯越、泽沣、新博、米开朗、江泉、佳贝特、万强、宇达等民营企业显示出强劲的发展势头。山东工陶院、山东硅苑科技、中材高新、博航电子等高技术陶瓷企业在新格局的调整中发挥了重要作用。

2009年，全省共有陶瓷企业970个，从业人员20万人；年产日用陶瓷20亿件，比2000年增长90.95%；年产建筑陶瓷18亿平方米，比2000年增长2.96倍。产区主要集中在淄博和临沂，其中，淄博市生产日用陶瓷9.5亿件，建筑陶瓷10.11亿平方米。临沂市日用陶瓷产量8亿件，建筑陶瓷6亿平方米。全年实现工业总产值500亿元，比2000年增长4.03倍。济南、青岛、威海、德州、菏泽、滨州、枣庄、济宁、潍坊等地市都有陶瓷生产。

2000年，提出变陶瓷大省为陶瓷强省的目标。镁质强化瓷、骨质瓷、高石英瓷、华青瓷、颜色釉精炻器等高档日用细瓷和出口瓷器成为主导产品。工艺美术陶瓷产品成为文化产业的重要组成部分。建筑陶瓷中的仿古砖等产品的比重大幅度提高。功能陶瓷和结构陶瓷的研发生产步伐加快。

2005年9月11日，山东"硅苑"牌日用陶瓷、"华光"牌日用陶瓷、"银凤"牌日用陶瓷荣获首批中国名牌称号。至2010年，山东省陶瓷行业拥有中国名牌4个、中国驰名商标3个、国家免检产品18个、中国陶瓷行业名牌12个、山东名牌36个、山东省著名商标28个。

2001～2010年，淄博市连续举办了10届中国淄博国际陶瓷博览会。2002年9月，淄博中国陶瓷馆挂牌。2008年，中国陶瓷工业协会授予淄博"中国陶瓷名城"称号。同年，淄博市组建的国家级陶瓷和耐火材料质检中心揭牌。2009年，淄博市组建的陶瓷产品欧盟标准检测认证中心揭牌。

2006年8月，山东陶瓷工业协会召开第二次代表大会，阎百平当选理事长；2009年3月召开第三次代表大会，韩克新当选理事长。

2009年9月，淄博市陶瓷行业协会成立，把山东省陶瓷公司管理淄博陶瓷的行业管理职能移交淄博市陶瓷行业协会。

山东拥有陶瓷建材交易市场62处，规模较大的有：淄博的淄川建材城、博山陶琉大观园、中国财富陶瓷城、中国陶瓷科技城，临沂的华强陶瓷洁具市场、鲁南陶瓷市场、万众建材超市等。淄川建材城占地3km²，入驻经营业户1600多家，从业2万多人，年交易额达70亿元。中国财富陶瓷城占地600亩，总投资5亿元，400余家国内外品牌商家入驻。中国陶瓷科技城占地1300亩，总建筑面积26万平方米，成为国际陶瓷商贸中心和国际会展中心。

二、实施国窑品牌战略

2009年，由淄博市陶瓷行业协会申请注册的"淄博陶瓷·当代国窑"地理标志获得国家工商总局的批准，成为全国陶瓷唯一注册的地理标志陶瓷工业产品。

2009年8月20日，国内陶瓷界知名人士张守智、李菊生、李昌鸿、徐朝兴、潘柏林、孟树锋、陈文增、黄小玲、张志朴、许雅柯、陈贻谟、张明文、李梓源、王孝诚、方益鸣、王一君联袂合作《淄博陶瓷·当代国窑》书法长卷。

2009年9月，中国陶瓷工业协会批准淄博陶瓷为"当代国窑"，并向淄博市颁发"淄博陶瓷·当代国窑"的牌匾。9月7日，淄博市"淄博陶瓷·当代国窑"地域品牌管理领导小组举行仪式，对山东硅苑科技、淄博华光陶瓷首批授权使用"淄博陶瓷·当代国窑"地域品牌。随后，2010年4月授权淄博华洋陶瓷有限公司、9月授权淄博泰山瓷业有限公司、山东福泰瓷业有限公司、淄博国华陶瓷有限公司使用"淄博陶瓷·当代国窑"地域品牌。"淄博陶瓷·当代国窑"地域品牌纳入了依法管理使用的轨道，对于推动全省陶瓷的发展发挥了重要作用。

山东的日用陶瓷不负国窑国瓷盛名，相继研制开发出高白欣玉瓷、华青瓷、无铅釉和抗菌陶瓷等。产品相继进入人民大会堂、中南海、钓鱼台国宾馆等，成为国家领导人用瓷、国家机关用瓷、国宴用瓷、国家礼品瓷。

国窑名品"中华龙"系列国宴用瓷。1999年国庆50周年前夕，山东硅苑新材料科技股份有限公司专门为钓鱼台国宾馆建馆40周年研制开发出国宴用瓷——"中华龙"。采用高石英材质、高温快烧釉中彩，至今仍在中南海、钓鱼台国宾馆使用。

高石英瓷专用盖杯。2007年10月，山东硅苑科技承接了为新当选的十七届政治局领导人制作高石英瓷专用盖杯的任务，这是继1984年以来连续为三届中央领导人制作盖杯。2008年山东硅苑科技向北京奥组委提供了4000套高档礼品瓷，淄博泰山瓷业有限公司为奥运场馆制作了13万件高档日用细瓷。2009年，山东硅苑科技研发生产的全陶瓷刀具被选为国庆60周年庆典仪式天安门城楼观礼用瓷。

《紫光神韵·凤舞和鸣》餐具。2009年，华光瓷业生产的华青瓷《紫光神韵·凤舞和鸣》餐具被国务院办公厅选为国庆60周年用瓷和国宴专用瓷器并颁发收藏证书。

《和鸣》茶咖具。由山东硅苑科技研制生产，画面由清华大学教授陈若菊设计创作，器型由清华大学美术学院陶瓷艺术设计系教授杨永善设计创作，"和鸣"二字由中央美术学院教授周令钊先生题写。产品采用高石英瓷，形成了独特的山东陶瓷艺术风格。

高白欣玉瓷。2006年，由山东硅苑科技开发。2008年12月通过技术鉴定，达到国际先进水平，自内而外透出绿色健康的卓然品质。

华青瓷。2006年，由淄博华光瓷器有限公司研制成功。第一批华青瓷《冰心玉洁》茶具被淄博市政府定为陶博会的专用高档礼品。

无铅釉。由山东硅苑科技研制。在骨质瓷、高石英瓷、镁质强化瓷上使用。2003年通过省级技术鉴定。之后，华光瓷业、无棣珍贝瓷业、临沂银凤、泰山瓷业、国华瓷业也都研制或推广应用无铅釉。

抗菌陶瓷。2003年春季，华光瓷业率先在国内日用陶瓷行业研制成功抗菌陶瓷。中国疾病预防控制中心技术检测，对大肠杆菌、黄色葡萄球菌的杀抑率达95%以上。之后，淄博博纳科技公司研发出具有安全环保的无机抗菌材料技术、陶瓷膜过滤技术和能量球活水技术并生产出陶瓷能量水机。

设计创新。2006年，华光瓷业建立了大作坊并注册了"华光陶瓷之子"品牌，连续创作出《和谐2007》、《和谐五洲壶》、《激情2008》等，体现了"四名"、"四新"即名师设计、名窑制作、名家鉴评、名馆收藏，新材质、新装饰、新工艺、新技术的特点。

亮相上海世博会。2010年上海世博会，山东馆展示了山东硅苑科技研制生产的30多件高新技术陶瓷部件。华光瓷业的《激情2008》啤酒具和抗菌陶瓷在山东馆展示。国华瓷器有限公司的1万套《一轴四馆》马克杯成为世博会中国馆礼品瓷和接待用瓷。福泰陶瓷有限公司的产品成为"美食广场"展示中国八大菜系之一的鲁菜馆"孔府宴"的全部瓷器。

三、发展建筑陶瓷产业

近10年来，上海亚细亚陶瓷有限公司、广东东鹏陶瓷股份有限公司、台湾成霖企业股份有限公司、上海佳欣陶瓷有限公司，信益陶瓷（中国）有限公司等企业先后来山东投资建厂。初步统计，到2005年，全省共有建陶生产厂500家，分布在淄博（300多家）、临沂（100多家），潍坊、烟台（50多家）等地，以及陶瓷机械、熔块色釉料、耐火保温材料、煤气发生炉制造企业等相关配套企业100多家。年产陶瓷砖14亿平方米、卫生洁具300万件。

四、发展高技术陶瓷产业

2002年11月，科技部批准淄博市为国家新材料成果转化及产业化基地。2005年12月，山东省工业陶瓷研究设计院、山东硅苑新材料科技股份有限公司、山东理工大学联合申报组建的国家级工业陶瓷材料工程技术研究中心被科技部批准成立。

淄博高技术陶瓷及新材料成果转化基地在全国43个国家级新材料基地综合实力评审中列第6位、在18个综合性基地中列第3位。涌现出硅苑科技、中材高新、华创、鲲鹏等一大批以高新技术陶瓷为主要研发方向的明星企业。

2008年，淄博市科技局上报的23种陶瓷类产品中，国内市场占有率居全国前三位的有

14种，其中10种产品居全国第一位。

山东硅苑新材料科技股份公司研制开发的氧化锆增韧氧化铝陶瓷彻底解决了国内高速造纸机用耐磨陶瓷脱水部件长期依赖进口的局面，获2008年山东省重大节能成果奖。华创精细陶瓷有限公司承担的"863"陶瓷柱塞和缸套项目正在实现产业化，由此成为《陶瓷缸套》和《氧化锆日用陶瓷刀》国家标准的起草单位。中材高新材料股份有限公司研制的微晶氧化铝耐磨球衬、熔融石英陶瓷辊的质量达到国际先进水平。淄博博航电子有限公司在国内首创水基凝胶工艺生产技术，形成年产30万平方米氧化铝陶瓷基片的能力。山东鲁阳股份公司的耐火纤维生产基地，年产六大类含锆陶瓷纤维产品4万吨。

山东大学、山东轻工业学院、青岛大学、青岛科技大学、中国海洋大学、山东理工大学等院校对山东高技术陶瓷的发展在技术及人才方面给予了大力支持。

2009年，山东省高技术陶瓷产业产值100亿元，为全省陶瓷工业总产值的20%。

五、国窑名企介绍

1. 山东硅苑新材料科技股份有限公司

前身是成立于1958年的淄博市硅酸盐研究所，1984年更名为山东省硅酸盐研究所，1989年更名为山东省硅酸研究设计院，2001年改制为股份制公司。国家高新技术企业。拥有科技成果200余项、专利技术50多项，其中，国家发明奖5项，国家科技进步奖2项。合资企业淄博福禄新材料有限责任公司生产的陶瓷颜料、高档陶瓷色料、涂刷金制剂市场占有率居全国首位。2005年"硅苑"牌日用陶瓷获中国名牌称号，自1984年以来，"硅苑"陶瓷进入中南海，一直是党政军机构用瓷。

2. 淄博华光瓷业有限公司

前身是张店陶瓷厂。2006年改制为有限公司。华光陶瓷为中国日用陶瓷企业第一个驰名商标、中国陶瓷行业首批中国名牌，生产的高档骨质瓷、华青瓷为我国高档日用陶瓷领军品牌。中国陶瓷工业协会副理事长单位、中国陶瓷工业协会日用陶瓷专业委员会主任委员单位。

3. 中材高新材料股份有限公司

山东工业陶瓷研究设计院和北京中材人工晶体研究院改制后的股份制企业，隶属于中国中材集团，致力于先进陶瓷、人工晶体、新能源材料等产业的技术开发，国家高新技术企业、国家创新型试点企业、国家新材料产业化基地骨干企业、国家新材料产业化基地技术支持单位。

4. 淄博工陶耐火材料有限公司

2000年8月，由淄博工业陶瓷厂改制成。山东省高新技术企业、淄博市重点企业集团。

5. 山东银凤股份有限公司

由临沂瓷厂改制而成。国内日用陶瓷生产骨干企业。中国陶瓷工业协会和中国轻工进出口商会陶瓷分会副理事长单位，商标为"银凤"牌。

6. 淄博华洋陶瓷有限责任公司

创建于1997年，产品为镁质强化瓷、骨质瓷、镁玉瓷。2003年9月成为"中国三山一镇陶瓷峰会理事单位"。

7. 淄博华创精细陶瓷有限公司

产品有陶瓷缸套、陶瓷柱塞、陶瓷磨球（磨介）、陶瓷阀门、轴承、轴套、密封环、球磨机衬板、各种陶瓷餐刀等。

8. 淄博泰山瓷业有限公司

2004年建厂，山东日用陶瓷骨干企业。获中国陶瓷行业杰出企业称号。"泰山"牌日用瓷为中国陶瓷行业名牌产品。年产4500万件高档日用细瓷，产品有镁质强化瓷、合成骨瓷、鲁青瓷3大系列、200多个品种。

9. 淄博金马瓷器有限公司

生产高档骨质瓷、高级工艺美术瓷。2009年生产合成骨瓷1000万件，研制骨质瓷配套餐具2000余个品种、高档艺术瓷1000多个品种。"劲马"牌骨质瓷被中国饭店协会评为中国饭店业最受欢迎用品。

10. 山东国华瓷器有限公司

专业高档骨质瓷生产企业，拥有1000多个花色品种、山东陶瓷行业名牌、中国饭店业最受欢迎设备用品。

11. 山东福泰陶瓷有限公司

1999年，由原山东福山陶瓷厂改制而来。以出口日用陶瓷和星级宾馆瓷、高级礼品瓷为主，远销欧美日等数十个国家和地区。

12. 山东珍贝瓷业有限公司

中韩合资企业，国家重点高新技术企业、国家火炬计划项目承担单位。有宾馆瓷、出口瓷、礼品瓷、保健办公瓷、美术瓷等5个系列2000个品种。

13. 淄博统一陶瓷有限公司

2003年建厂，2008年销售收入过亿元。山东省建陶行业仿古墙地砖产品的专业生产企业。全国唯一防静电瓷砖生产厂家，防静电瓷砖在国家重点"921工程"神舟七号控制装备中心、中国空间技术研究所等多家高科技单位得到应用。

14. 山东美林卫浴有限公司

位于山东潍坊市，卫生洁具配套产品专业制造企业，国家高新技术企业。年销售收入2.38亿元。"美林"商标2001年被评为山东省著名商标、2002年获全国节水型卫生洁具知名品牌称号。建有目前亚洲唯一的CAS实验室。先后通过中国建筑装饰协会6升水标准认证，ISO 9002质量体系认证，澳大利亚QAS认证以及韩国KS标准认证。

15. 淄博鲲鹏精细陶瓷有限公司

主要生产中铝球、高纯化工填料球、蓄热球、耐磨衬砖和衬板及氧化锆陶瓷、锆铝复合陶瓷等精细陶瓷研磨介质，年产30000t。2008年，与山东理工大学合作成立山东理工大学鲲鹏精细陶瓷研究所，研究开发高纯超细陶瓷新材料。研制开发的锆铝复合（ZTA）磨介是继淄博市氧化锆陶瓷和氧化铝陶瓷两大主导产品之后的又一新成员。

16. 山东鲁阳股份有限公司

始建于1984年，坐落在淄博沂源，是耐火、保温、防火领域集产品研发、生产、销售、应用服务于一体的专业公司。

第五节　陶瓷名人、科技队伍及重大考古发现

一、陶瓷名人

陈希龄（1878～1962），淄博市博山区人。1936年恢复失传的宋代名釉茶叶末釉。代表作有《螃蟹》等，山东省工艺局曾授予"技师"称号。

李兴源（1888～1968），字左泉，著名陶瓷艺人，擅长国画，又以雪景见长，曾为北京人民大会堂山东厅制作雪景瓷板画。

冯升谱（1898～1948），淄博市博山区人，著名陶塑雕塑艺人，作品有《吕祖》、《观音》、《罗汉》等，首创雕塑石膏模型。

侯相会（1890～1976），淄博市博山区福山镇人，1936年恢复失传的研制成功雨点釉。作品有雨点釉浮雕赤虎瓶、五龙樽、独龙山水盘、二龙戏珠瓶、提梁壶茶具、器皿等。

李庆章（1907～1984），字雪如，著名陶瓷艺人，代表作有《深山送货》、《泰山黑龙潭》、《天女散花》等。

陈怀慈（1911～1966），淄博市博山区人，山东陶瓷行业中第一个被授予工艺美术师

称号的著名陶瓷艺人，作品有《鸳鸯》、《卧马》、《和平鸽》等。

沈惠基（1921~1987），见第六章。

崔永顺（1931~），山东潍坊市寿光县人。组织建成我国第一条煤烧日用陶瓷隧道窑。2007年获中国陶瓷工业协会授予终身成就奖。

冯乃藻（1933~），淄博市博山区人，中国工艺美术大师，2003年获中国陶瓷艺术大师称号。代表作品有《钟馗》、《三顾茅庐》等。

陈贻谟（1933~），淄博市博山区人，中国工艺美术大师，2006年获中国工艺美术终身成就奖，出版《陈贻谟陶瓷造型艺术作品集》。1999年制作的"中华龙"系列餐茶具成为国庆50周年国宴专用瓷。有12件套作品选为国家礼品瓷。

杜祥荣（1936~），见第六章。

刘凯民（1938~），淄博市淄川区人，陶瓷釉料专家，享受国务院政府特殊津贴专家。主持完成"高热稳定性匣钵料的研究"、CC-145等深红色铬—锡红色料、鸡血红釉、鱼子蓝釉、金星釉、蓝钧、兔毫、虎皮等名贵艺术釉。

张儒岭（1939~），见第六章。

尹干（1940~），江西省赣州人，中国陶瓷艺术大师。作品涉及日用瓷造型、雕塑、花釉、黑陶、彩陶、刻瓷等。

张明文（1941~），淄博市淄川区人，中国陶瓷艺术大师、中国工艺美术大师，山东刻瓷艺术的领军人物。代表作品有鲁青瓷文具微刻《论语》、鲁青瓷刻瓷瓶《敦煌归真》、《纪泰山铭》、薄胎刻瓷瓶《再现红楼》等。

李梓源（1944~），淄博市淄川区人，中国陶瓷艺术大师，山东刻瓷艺术的代表人物之一。1982年，鲁青瓷刻瓷文具在德国慕尼黑第34届手工艺品国际博览会上获金奖章。

王尔孝（1946~），淄博市博山区人，高级经济师。2003年被中国陶瓷工业协会授予中国陶瓷工业突出贡献荣誉称号。著有《陶瓷工艺学》、《鲁瓷之光》、《鲁瓷大观》，主编《淄博陶瓷志》、《淄博陶瓷》多媒体光盘等。

曹在堂（1952~），淄博市淄川区人，高级经济师，著有《混合经济论》、《吉庆有鱼——在堂爱玲鱼盘收藏研究集》等专著。

陈德明（1935~），淄博市博山区人，高级政工师，历任福山陶瓷厂厂长、山东省陶瓷公司党委书记、顾问等职，为山东陶瓷发展做出重要贡献。

韩其诰（1941~），淄博市博山区人，曾任山东省陶瓷公司党委书记，为山东陶瓷发展

做出重要贡献。

任嗣薛（1937～），淄博市博山区人，高级经济师。历任淄博瓷厂副厂长、山东省陶瓷公司经理、党委书记，为山东陶瓷发展做出重要贡献。

夏侯聘卿（1917～2013），山东淄博人，陶瓷颜料专家。曾任山东省硅酸盐研究设计院颜料研究室主任，为山东陶瓷颜料、特别是丝网印刷陶瓷颜料的发展做出重要贡献。

张道学（1943～），山东省青岛市人，陶瓷颜料专家，享受国务院政府特殊津贴专家。曾任山东省硅酸盐研究设计院颜料研究室主任、院副总工程师，为山东陶瓷颜料发展做出重要贡献。

二、科技队伍与专业期刊

据统计，山东陶瓷行业拥有高级专业技术人才5000名，取得科技成果260多项。其中国家发明奖8项、国家科技进步奖9项、省部级科技进步奖71项。

张儒岭为国家级有突出贡献的专家、刘凯民为轻工部有突出贡献的专家、樊震坤为山东省有突出贡献的专家。

具有正高级专业技术职称人员38名：张儒岭、殷书建、杨庆伟、樊震坤、王义宽、任允鹏、刘云利、王磊、陈达谦、沈君权、吴屏芳、郑曼云、杨仲青、李文善、李文宏、陈锦如、阎法强、张伟儒、王耀明、袁向东、李勇、吴翠珍、程之强、陈学江、薛友祥、李宪景、石新城、崔文亮、何子臣、魏美玲、张铭霞、杨增玲、张秀彩、盖树松、侯立红、付伟峰、田玉梅、杨实。

中国陶瓷艺术大师14名：陈贻谟、冯乃藻、张明文、李梓源、杨玉芳、尹干、何岩、吕泉、孙兆宝、阎先公、董善习、罗晓东、乔希儒、王一君。

中国工艺美术大师3名：陈贻谟、冯乃藻、张明文。

山东省陶瓷艺术大师92名。

山东陶瓷行业有《山东陶瓷》和《现代技术陶瓷》2家专业期刊。《山东陶瓷》1978年创刊，由山东硅苑新材料科技股份有限公司和山东省陶瓷工业科技情报站主办。全国统一刊号CN37-1221/TQ，国际连续出版物号ISSN1005-0639，公开发行。创刊初期为季刊，2003年改为双月刊。至2010年8月已出版119期。《现代技术陶瓷》由山东工业陶瓷研究设计院和中国硅酸盐学会特种陶瓷分会主办，国内外公开发行，季刊，刊号：CN37-1226/TQ，已出版124期。

1996年李梓源艺术中心建成，1999年创办李梓源艺术学校。2007年7月陈贻谟陶瓷艺术馆揭牌，9月，杨玉芳艺术馆落成。张明文、尹干及尹宝亭、刘永强、李秋峰、王一君、黄海根、张新忠等均建起自己的工作室。

三、重大考古发现

1. 北桃花坪遗址

位于沂源县张家坡镇北桃花坪村东的山洞内,因当地人称"扁扁洞",又名"扁扁洞遗址"。2006年11月,中国科学院古脊椎动物与古人类研究所、山东省文物考古研究所等单位对北桃花坪遗址进行发掘。发现夹沙红陶器物,制作粗糙,火候很低,符合新石器时代早期的基本特征,是一处新石器时代早期人类活动遗址,距今约1万多年。把山东烧制陶器的历史向前推进了2000年,为淄博乃至我国北方的新石器文化类型找到了源头,与后李文化(距今8000年)在文化内涵上具有前后相继的联系。

2. 后李遗址

位于淄博市临淄区后李官村西北。1965年发现。1988～1990年,山东省文物考古研究所连续4次大规模考古发掘,发掘出器类简单、造型古朴单调的陶制品,认为是一组特点鲜明、组合稳定的陶器群,且有固定的分布范围,具备考古学文化命名的条件。1991年提出"后李文化"的考古学文化命名。这表明山东的先民们在8000年前就已经大量制作和使用陶器。

3. 北辛遗址

1978年,中国社会科学院考古研究所与滕州市博物馆对滕州市官桥镇北辛村北薛河故道边的北辛遗址进行发掘而得名。出土陶器均为手制,有夹砂陶和泥质陶两种。距今约7300～6300年。北辛文化的重要遗址还有淄博浮山驿遗址和黄家遗址。

4. 大汶口遗址

1959年,考古工作者对山东宁阳堡头村考古挖掘,因遗址位于泰安大汶口一带而得名,是我国新石器时代中期的一种文化。约为公元前4200年～前2600年。陶器以灰陶为最多,红陶次之,黑陶和白陶各占一定比例,也有少数彩陶。大汶口文化与龙山文化是两个具有先后继承关系的新石器时代原始文化。在陶器制作和发展上有着明显的承袭迹象。

5. 城子崖遗址

1928年,考古工作者对章丘龙山镇的城子崖挖掘考古而得名,属龙山文化,约为公元前2600～前2000年,是我国新石器时代晚期的一种文化。陶器生产开始使用轮制,以灰陶为主,黑陶次之。龙山文化中常有一种薄而有光泽的黑陶,所以也被称作黑陶文化。大汶口文化、龙山文化重要遗址还有淄博临淄桐林田旺遗址、淄川北沈遗址等。

6. 东岳石遗址

1960年，由于最早发现于平度大泽山西麓的东岳石村东而得名，距今约3900～3600年。20世纪70～80年代，山东陆续发现了多处同类型遗址。出土陶器以褐色夹砂陶为主，黑灰陶、红陶较少。相对于龙山文化，陶器种类明显减少，器物造型简单，平底器最多，三足器和圈足器较少，流行凸棱和子母口。

7. 寨里窑

目前唯一已知的北方早期青瓷产地。位于淄川区城东约10km，为北朝时期遗址。1976年，山东大学考古系、淄博市博物馆进行试掘。出土的青瓷，胎骨一般较薄，带灰白色，火候较高，没有黑斑现象，釉色深浅不一，有青褐色的，也有青黄色的。早期釉层很薄，釉面烧成后斑驳不匀；晚期改进了施釉工序，采用二次上釉，釉层加厚，明亮润泽。器型多为碗、盘、缸。碗的造型与南方青瓷略同，深腹、直口，有些碗壁饰莲瓣划纹，粗壮质朴。盘的底部有些划同心圆纹或莲瓣纹。缸多有四系，或作弧形、桥形。还有高足盘，玉壶春式瓶，带子口的青瓷盒。这类器物都施满釉，由轮制成形，修整不甚细致，底足多挖成内凹形，带有早期瓷器的特征。

值得注意的是寨里窑出土的莲花尊，具有相当高的艺术水平，是寨里窑代表性产品。该莲花尊于1982年6月在淄博市淄川区龙泉镇和庄村出土，表现了北朝时期我国北方瓷器烧制工艺水平，展示了青瓷莲花尊的艺术魅力，堪称中国北方青瓷之王。1987年，国家文物局鉴定为国家一级文物，是目前我国所发现此品中能确认所出窑口的唯此一件，具有极高的学术研究价值。

8. 磁村窑

位于淄博市淄川区南10km的磁村。1976年，山东大学考古系、淄博市博物馆进行试掘，出土了大量瓷器和标本。磁村窑始于唐终于元，唐代盛烧黑釉瓷。产品除具有平底特点外，釉质晶莹滋润、色黑如漆。金代以白瓷为主，也有白釉黑花、黑釉、白釉黑边、酱色釉等。器形多为碗盘，也有碟、盏托、盆、俑、小型玩具。黑釉凸白线双耳罐是金代淄博窑的典型器物。产品直口、鼓腹、平底、在黑色的釉面上，装饰成瓜棱样的白线纹饰，线条匀称，别具风格。与河南汤阴窑、密县窑、登封窑同类产品相比，釉色更加光亮，白线纹色白而粗，器内满釉，是同时期同类产品的佼佼者。特别值得一提的是，在磁村窑址还发现了唐代的油滴釉瓷器，这是目前所知我国最早的油滴黑瓷标本。唐末五代时烧造白瓷。白瓷是各种彩瓷的基础，此窑盛行在白瓷上画点红绿彩，开创了山东彩瓷生产的先河。

9. 大街窑

位于淄博市博山城内。1978年6月，淄博市博物馆对窑址进行发掘。清理发掘出窑炉2座，出土了各类陶瓷标本440件。包括生活用具和工艺品。有白釉、青釉、黑釉、酱釉瓷和三彩釉陶等。胎多为灰白色，釉下均施化妆土。制法以轮制为主，兼有模制和手制。装饰手法多样，有印花、刻花、划花、剔花和堆塑等。纹饰有缠枝牡丹、菊花及鱼、龟、龙等。发掘表明，大街窑始于北宋晚期，废于元代末期。

第二十一章　湖南（湖北）产区的陶瓷

湖南位于长江中游江南地区，大部分地处洞庭湖之南而成为湖南，因境内湘江贯穿南北，简称为湘。湖南东临江西，西接渝贵，南毗两广，北连湖北。湖南是多民族省份，共有汉族、土家族、苗族、瑶族、侗族等51个民族。

湖南的陶瓷资源极为丰富，制陶历史悠久。高岭土、长石、石英、滑石矿遍布全省。在辽阔的钟明灵秀的湖湘大地上，繁衍生息的先民们利用上天赋予的条件，在五千多年的历史中，创造了各个时期风格各异的陶瓷文化，为中国陶瓷的发展做出了重要贡献。

近100多年来，湖南陶瓷业得到了迅速的发展和非凡的提高。湖南的高温硬质瓷不仅为国内之首，而且堪比世界名厂德国罗森塔尔（ROSENTHAL）的产品；湖南生产的中温色釉瓷从品种和装饰方法也在全国称雄；红官窑的釉下五彩也挟湖湘之山川浩瀚和人文灵秀之气将湖南的瓷艺发展到了极致；"中国红"命名的大红釉器物则是显示国运亨通的标志性艺术瓷器；炻器创新发展到一个新境界。

第一节　湖南陶瓷百年概况

早在五千年前的新石器时代晚期，湖南就有了黑陶，三千年前的商代已有了印纹硬陶，春秋时期开始有了釉陶，战国和西汉时期又出现了用金属锡做装饰的陶器，这是人类很早使用金属装饰陶瓷的例证。至魏晋时代，产品在质地和外观方面均有显著提高，不仅胎质更为细密坚硬，而且釉层丰厚，显得晶莹剔透。在湘阴县城和铁官嘴、乌龙咀一代发现的晋朝、南朝以及隋、唐时代的青瓷窑中，出土了大量的饰有模印莲花、几何纹、菱形纹和连珠纹等花纹的青瓷器，证明当时的生产技术已达到了相当的水平。

唐代时的岳州窑是当时的六大青瓷窑（越州窑、鼎州窑、婺州窑、岳州窑、寿州窑、洪州窑）之一。盛唐开元、天宝年间，社会经济文化发展达到鼎盛。中国陶瓷在唐代选择了铜官古窑来完成一次历史性的飞跃，釉下彩诞生了。这划时代的发明彻底打破了当时陶瓷生产"南青北白"的单色调的格局，中国陶瓷从此真正开始了色彩斑斓的时代。唐代中后期的陶瓷制造业尤以长沙窑规模最大，品种最多，工艺最细，流传最广。长沙窑位于现长沙市北五十里的瓦渣坪，北距铜官约十里，"长沙窑"也被称为"铜官窑"。

釉下彩发展到中唐时期，在多色釉烧成功的基础上，长沙窑烧制的釉下彩瓷制品，多以格言警句与五言、六言句为内容的书法题字装饰，为中国瓷器烧制开启了一个新的形式。在2006年9月的中国嘉德瓷器工艺品拍卖会专场中就有一件受人瞩目的唐长沙窑褐彩题"相思"诗注壶。壶身有行楷书五言诗,可见长沙窑题风盛行:"一别行千里,来时未有期。月中三十日,无夜不相思。"

长沙铜官窑的产品销售甚广,除了湖南的长沙、益阳、常德等地古墓和衡阳水井中有不少长沙铜官窑瓷器出土之外,在陕西、山东、辽宁、湖北、广西、广东及长江下游、淮河流域的一些遗址和墓葬中均有出土,特别是唐代的商业都会扬州和对外贸易港口明州(今浙江宁波)出土尤多,且多精品。宁波出土的长沙铜官窑瓷器应是准备出口的外销商品。在朝鲜、日本、东南亚、西亚等地都出土有长沙铜官窑瓷器,证明它是中国唐代对外贸易的重要商品之一。

现代国家级的产瓷基地醴陵有东汉宋元以来的文字记载的制瓷历史,其窑址在醴陵西郊的新阳乡楠竹山、王坪、荷塘等地。

在漫长的历史长河中,湖南的陶瓷工业生产逐渐遍及各地。耒阳的"遥田窑"和永兴的"南亭窑"始创于五代,湘西的"龙山窑"和衡山的"石湾窑"始于明朝。清朝康熙、乾隆年间,长沙的铜官更是窑厂林立、陶工麇集、遐迩闻名,产品行销于长江中下游各大商埠,成为长江流域的陶瓷的主要产地之一。

湖南陶瓷原料的品种基本齐全,矿点星罗棋布,各种矿物贮存量大,便于开采。主要分布在湘中、湘东南、湘东北地区,为湖南陶瓷业的发展奠定了深厚的物质基础。

黏土在湖南分布很广,主要分布在衡山、雪峰山、幕阜山、九嶷山、醴陵板杉等地的花岗岩脉中。主要的瓷土矿有衡阳界牌大牌岭瓷土矿、衡山东湖平田丘瓷土矿、溆浦黄茅圆瓷土矿、醴陵马颈坳瓷石矿、醴陵干冲瓷土矿、新宁大石板瓷土矿、新化竹鸡瓷土矿等。

耐火黏土主要分布在雪峰山以东的宁乡、涟源、邵阳以及湘潭一带的二叠系煤盆地中。

湖南陶瓷在蛮荒中诞生,从远古中走来。知古鉴今,展现在我们面前现代的百年湖南陶瓷广阔的水面之上是深邃绵长的历史源流。

一、清末至1948年的湖南陶瓷

1729年(清雍正七年),广东兴宁移民廖仲威在醴陵沩山开窑设厂,开拓了醴陵近代制瓷的先河。沩山制瓷用手工作坊,松柴为燃料,龙窑烧制。产品有碗、碟、壶、杯、坛罐等。后以沩山为中心,在周边的赤竹岭、王仙、老鸭山、大林桥、小林桥、瓦子坪、漆家坳、寨下、严家冲青泥湾、茶子山、塘山口等制瓷业地迅速发展。到1892～1893年间(清光绪十八至十九年),粗瓷生产最盛,有瓷厂480余家,烧瓷龙窑200余座,年产量达800余万件。

1904年(清光绪三十年),在洋务运动的推动下,清末名臣湖广总督张之洞力推汉冶萍(武汉、大冶、萍乡)冶金矿业突破性发展的大背景下,清政府官员沈从文、黄永玉的湖南凤凰籍老乡熊希龄考查紧邻萍乡的醴陵瓷业,又赴日本、欧洲考察后深有感触,认定发展醴陵瓷业大有可为,决心振兴国家,实业救国。熊希龄和清大学士醴陵人文俊铎拟就万言书呈请清政府在醴陵创办瓷业公司和瓷业学堂,改良醴陵瓷业,并提出"立学堂、设公司、择地、均利"的四项主张。1906年(清光绪三十二年),清政府批准呈文,拨库银一万八千两创办湖南瓷业学堂和湖南瓷业公司,醴陵瓷业采取广聘景德镇和日本的名师、引进外来科技成果、"改革改良"、"锐意创造"等措施,在短短的几年(1906～1914年)间,办学堂培训人才,生产由乡村转入城镇,很快由细瓷发展成为高级细瓷,并创造了驰名中外的釉下五彩瓷。这是中国最早的制瓷企业经营管理体制的改革,也是保守的制瓷行业组织架构的第一次对外开放,是最系统的技术革新,也是醴陵乃至湖南百年陶瓷史交响乐的华彩开篇。

釉下五彩工艺成功地用于瓷画的绘制,色彩缤纷,晶莹润泽,清雅明快,风貌别具一格,引起中外人士关注。1909～1915年,先后四次参加国内外赛会,在武汉劝业会、南洋劝业会、意大利都郎博览会和巴拿马太平洋万国博览会上均获得金奖的"扁豆双禽瓶"被国外舆论誉为"东方陶瓷艺术的高峰"。1915年2月在美国西海岸旧金山市举办的"巴拿马太平洋万国博览会"是我国历史上第一次规模空前的向世界展示经济水平的历史性盛会,我国赴美展品达10余万种,重1500余吨,展品出自全国各地4172个出品人和单位,共获奖章1218枚,为参展各国之首。

在近代历史发展过程中,湖南境内其他地方的陶瓷,如岳州窑址的湘阴、长沙窑址的铜官镇、湖南青白瓷的衡阳界牌和湘中地区的新化、湘西的洪江,由于原材料的丰富和交通便利、发展陶瓷具有"人杰地灵"的优势,到清初也发展成为到规模很大的陶瓷产区。

据传,熊希龄曾亲自携醴陵细瓷入京贡呈慈禧太后,慈禧太后以金牌赏之。但1918年湖南瓷业公司毁于兵火,后虽稍恢复,但由于国乱或国民贫穷,精细釉下彩瓷质优价高难被人接受,已属惨淡经营。1930年前后,釉下五彩瓷基本停止了生产。

二、湖南陶瓷业的恢复与发展

1949年以后,特别是1956年以后,湖南通过公私合营或国家投资迅速建立起了一批国字号的省级队。20世纪80年代到90年代中期,达到兴旺时期,在出口瓷上甚至达到了直逼龙头老大景德镇的地步。这时上规模(年产1000万件以上)的企业主要是:长沙建湘瓷厂、洪江瓷厂、洪江新湘瓷厂、新化瓷厂、新化建新瓷厂、衡阳界牌总厂、衡阳精陶厂、株洲株潭瓷厂、株洲雷打石瓷厂、湘潭瓷厂、益阳七一瓷厂、益阳大众瓷厂、岳阳瓷厂、铜官陶瓷总公司、衡山县石湾瓷厂、郴州瓷厂、醴陵国光瓷厂、醴陵群力瓷厂、醴陵永胜瓷厂、醴陵星火瓷厂、醴陵力生瓷厂、醴陵新民瓷厂、醴陵全胜瓷厂等。

20世纪80年代以前,出口瓷均以碗、壶、杯、碟等中餐具为主,产品仅20多个品种,销往东南亚和中近东一带,去欧美的产品多为转口,以华人为销售对象,这时期湖南的出口基本上是由广东省陶瓷进出口公司所垄断。

20世纪80年代初,由长沙建湘瓷厂、醴陵永胜瓷厂、醴陵国光瓷厂以产品革新和升级换代为突破口,试制并生产了高质量的高温硬质瓷、家用西餐具和宾馆用瓷,并开发了适合微波炉、烤炉、强化瓷等产品,得到西方消费者的欢迎,立即打开了欧美市场。这是我国西方风格产品首先进入美国和欧洲市场,产品效益提高,产品平均创汇率从十几美分迅速上升到三十美分以上。如国光瓷厂的45件配套西餐具单价为23～27美元。这三个企业在出口创汇、经济效益连续数年拿到了全国陶瓷企业的前三名。湖南的其他企业,如洪江瓷厂、新化瓷厂、醴陵星火瓷厂、铜官陶瓷总公司、衡阳界牌总厂、醴陵力生瓷厂的出口情况也相当喜人、表现不俗。其余瓷厂依然以生产内销瓷为主。这些企业经营的渠道也从广东转移到湖南，大部分由湖南工艺品公司收购后出口，企业依然没有外贸出口自主权。

1985年12月，由醴陵国光瓷厂在出口上率先实行外贸代理制——企业自主成交，外贸公司负责结汇。延续了30多年的外贸公司负责经营，工厂只管生产的不完整的企业模式得到了改革。1989年和1990年，国光瓷厂和长沙建湘瓷厂进一步建立了由企业自行出口的体制，在当时无论在湖南省内还是在国内的企业界这都是一个很大的突破。

自1978年起，湖南陶瓷企业开始引进西方的现代化的企业管理理念，特别是全面质量管理（TQC）制度。由于企业经营体制的改革、管理体制的改革、工艺和技术的革新、产品的升级换代，湖南国有陶瓷企业辉煌了20多年，在经济效益和创汇上，醴陵国光瓷厂曾十几年领跑国内陶瓷行业，于1980年、1983年两次获得国家级的"企业管理优秀奖"。

20世纪末及本世纪初，湖南的乡镇陶瓷企业和民营陶瓷企业崛起，大部分国有和集体所有制陶瓷企业相继停产或转产等，但这些企业为中国陶瓷业的恢复和发展做出的贡献值得记入史册。下面重点介绍与醴陵釉下五彩和红瓷器相关企业。

1. 醴陵群力瓷厂

1956年，国务院批准成立醴陵瓷业总公司，政府拨款800万元。1958年，成立醴陵瓷器公司和艺术瓷厂（1964年更名为群力瓷厂），恢复并扩大釉下五彩瓷的生产，成为全国最具规模的釉下五彩瓷的生产厂家。数十年来，群力瓷厂承担了大量为国家领导人、中央机关和外交部烧制瓷器的任务，后又扩展到省市级政府的用瓷和礼品。釉下五彩瓷因其浓厚的官府背景与渊源，被人们誉为"官窑"、"国瓷"，历来"官瓷"亨通，醴陵也不例外，这也是湖南釉下五彩几十年来昌盛不衰的原因。

1958年，群力瓷厂开始为毛泽东主席生产胜利杯等生活用具，先后达1500余件。1959年，在国庆十周年时为首都军事博物馆、民族文化宫和工人体育馆生产专用瓷。1964年，在国庆十五周年时为人民大会堂生产国宴用瓷。1974年，为毛泽东主席设计制作专用瓷即"毛瓷"，为20世纪最荣耀的中国名瓷。1978年，为邓小平制作赠送日本裕仁天皇的文具。1986年，为邓小平制作赠送英国首相撒切尔夫人的彩盘。1998年，为江泽民制作赠送美国总统克林顿的红山茶咖啡具。2001年，再制"毛瓷"成功。2004年，为政治局常委制作"常委杯"。

1996年，群力瓷厂由于经营不善而破产，1998年由国光集团收购而得到重生。2001年，复制定量生产的2000套"毛瓷"，以每套春夏秋冬四个4.5英寸小碗的售价达8888元且很快销售一空。由于国光集团的衰落，群力瓷厂又转由华联瓷业股份有限公司收购。群力瓷厂在兴盛、衰败中几经产权易手，继续制造着盛世收藏、陈设鉴赏、馈赠送礼的艺术珍品。

2. 湖南省陶瓷研究所

湖南省陶瓷研究所的前身是醴陵县陶瓷研究所，成立于1955年9月17日。1956年10月更名为湖南省轻工业厅瓷器工业公司陶瓷研究所。1985年6月更名为湖南省陶瓷研究所，隶属湖南省科委和湖南省轻工厅领导。1987年7月，经湖南省轻工业厅和标准局批准建立湖南省陶瓷产品质量监督检验站，承担湖南省陶瓷产品质量监督检验任务。国家轻工业部陶瓷产品质量监督检测醴陵站、《湖南陶瓷》编辑部均设在该所。2001年1月1日，改制为湘瓷科艺股份有限公司，实行企业化管理。

湖南省陶瓷研究所主要从事日用陶瓷的应用研究和技术开发，设陶瓷原料、工艺研究、美术设计、陶瓷颜料、瓷用金水、情报资料共六个研究室，以及金水颜料生产车间。陶瓷用金水和高温釉下颜料被列为全国重点开发和生产基地。

建所以来，共取得科研成果200多项。特别是1976年研制成功钯金水，实现了以钯代铂，结束了我国一直依赖铂金水进口的局面，该成果荣获全国科学大会二等奖。研制成功的SHF陶瓷基片在"东方红一号"卫星上得到应用。获国家轻工部和湖南省人民政府科技成果奖150余项。开发新产品1080件（套），其中80%转化为商品，经济社会效益显著。

20世纪70～80年代，派出陶瓷工艺、美术设计和窑炉方面的技术人员赴越南、阿尔及利亚、突尼斯等国进行技术支持与援助。

在金水研究与生产方面，已形成15%、12%、10%、8%、7%、6%黄金水系列产品，CP18、CP17、CP14白金水系列产品，产品除供应国内市场外，还出口越南、巴基斯坦等东南亚国家。在研发和生产这些金水的过程中，肖建昆、谭海鳌、程增美等团队做出了很大的贡献。

研制成功四个系列、100多种陶瓷颜料。其中：高温釉下颜料有用黄金制成的玫瑰红色、用含锰氧化物制成的粉红色等26种；用含铁氧化物制成的粉棕色、用含钒氧化物制成的黑色或灰色釉上颜料共计30种。用于丝网颜料系列有2531#橘红、123#黑色等26种；用于建陶系列颜料有2921#蓝色、481#黄色等22种。沈明阳、李建升、陶梅春等人为研制这些颜料做出重要贡献。

据《醴陵陶瓷志》记载，1958年到1976年，湖南省陶瓷研究所为毛泽东制作了生活用瓷1500余件。20世纪60～80年代多次为周恩来、邓小平、王震等国家领导人和国家机关制作高级礼品瓷，有松树盖杯、罗汉茶具、腰鼓茶具、"观沧海"挂盘、高1.6m的蓝釉荷花大瓶等。李维善、梁六奎、邓文科、陈杨龙、熊声贵、唐喜怀等为此做出重要贡献。

1984年邓文科编著的《醴陵釉下彩瓷》由中国轻工业出版社出版。1986年黄建明等人的《瓷雕宫灯》入选"国家珍宝"。1993年，邓文科被评为中国工艺美术大师，是釉下五彩瓷获此称号的第一人，2009年，邓文科被评定为国家非物质文化遗产——醴陵釉下五彩瓷烧制技艺代表性继承人。1995年，杨子初、陈海波、唐锡怀等人研发的自释釉陶瓷生产技术荣获德国纽伦堡科技大会银质发明奖。1997年，11件釉下艺术瓷入选中南海紫光阁陈列。1999年，5件艺术瓷作品被国家工艺美术馆珍藏。2006年，"中国红牡丹天球瓶"被选为中非合作论坛北京峰会的礼品由胡锦涛主席赠送给参会元首及贵宾。

3.汉光陶瓷

这里特别要提出的是上海的"汉光陶瓷"。在瓷艺大师、学者李游宇的领导和运营下，在醴陵高白釉下五彩的基础上，在技术和美术设计理念有所突破，在上海搭起振兴国瓷艺术的一个平台。

起初，上海的汉光陶瓷延请了湖南工艺师进行绘画和创作，这些工艺师经过了游学式的工作后，设计、绘画风格大变，清新和写实的风格代替了湖南传统的拘谨风格和工匠气息，清雅、潇洒的色调代替了呆滞生硬的色块。上海汉光的设计理念和风格反哺了醴陵的瓷业，汉光风格在醴陵全面开花,带来了作为"国瓷"的醴陵釉下五彩近十几年来新的辉煌。上海的汉光陶瓷成为湖南釉下五彩发展的又一里程碑。

近来,汉光陶瓷又一次在艺术设计上实行了一系列的变革。一是在造型上突破中国传统农耕(如类果实造型)文化的影响,明显吸收欧洲古代锡器、银器和建筑风格,甚至有概念化的设计。二是在装饰上继以回归自然的写生标本画风,突破呆板的折枝画风后又吸收了类似英国、法国的玫瑰圣经(Roses of bible)的宫廷画风的标本画法。三是用复色、灰色替代湖南惯用的原色单色,再加上大量的有光和亚光黄金的装饰,将法国宫廷落日余晖似地炫目的华丽和淡淡的哀怨渲染得恰如其分。汉光陶瓷成为21世纪中国陶瓷中的贵族。

4.中国红瓷器

历经近20年的潜心研究和艰苦创业,长沙人尹彦征先生终于攻克了陶瓷大红色颜料不耐高温的国际难题,研制成功并批量生产出1200℃以上的大红色瓷器,居国际领先水平,于2002通过专家鉴定。"中国红瓷器"在中国瓷业史上是创新品种,它拓宽了现代制瓷业和中国传统文化相结合的道路。因此,把"中国红瓷器"定位为文化产业也是恰如其分的。

以生产"中国红瓷器"为主的长沙大红陶瓷有限公司落户于湖南省长沙市隆平高科技园内,占地50亩,总投资2亿元人民币,为集中国红瓷器生产、研究、展览、文化休闲、艺术创作和学术交流于一体的文化艺术园地。

1200℃的"中国红瓷器"出现之后,800℃的大红瓷也在醴陵、潮州、德化、深圳也陆续制作出来了,低温红瓷瓷质更光亮,色彩更鲜艳。这些企业有:醴陵华联、大唐源红瓷、瓷艺堂、深圳永丰源等,其中,深圳永丰源的产品好、价格高。

三、乡镇和民营陶瓷企业的崛起

20世纪末及21世纪初,湖南的乡镇陶瓷企业和民营陶瓷企业迅速崛起。并且,湖南陶瓷一改高温硬质瓷的一统天下,除洪江、界牌、和醴陵的少部分企业仍然生产外,中温颜色釉炻瓷占据了主导地位。

导致中温颜色釉炻瓷迅速发展的主要原因主要是:①当地主要原料瓷土的价格大大低于高温瓷原料的成本,配方成本仅为250~500元。②烧成温度低(为1230~1280℃),使陶瓷生产三大缺陷(斑点、落沙、变形)之一的斑点不能形成,产品合格率提高3%~7%。③仅用价值几万元的多孔推板窑就可烧成,具有投入产出比大的优势。④产品能耗低,烧成能耗为8360~16720kJ/kg瓷,而高温硬质瓷的,烧成能耗为18810~41800kJ/kg瓷。⑤产品主要销往欧美等地,美国是按瓷器的吸水率分类征收进口关税的,吸水率在3%左右的炻瓷比吸水率在0.5以下的细瓷的关税低约10%。

中温颜色釉炻瓷的生产厂主要集中在醴陵、铜官等地。醴陵嘉树瓷厂在20世纪80年代就开始生产中温颜色釉炻瓷,并且很快蔓延。先后有华联、港鹏、楚华、流星潭、雨润、泉兴、泰丰、天博、新世纪、仙凤、国华、国兴、国荣、惠通等几十家企业开始生产中温颜色釉炻瓷。龙头企业是以嘉树瓷厂为基础发展起来的湖南华联瓷业有限公司。湖南华联瓷业有限公司是1994年与马来西亚新华联集团合资组建的中外合资企业。目前,湖南华联瓷业有限公司拥有员工7500余名，其中科技研发人员260余名，年生产能力1亿件，年出口创汇5000余万美元，是省内规模最大、经济实力最强的日用陶瓷生产企业。

四、电瓷的创立与发展

湖南电瓷发端于1941年，当时的任大张、虞仕祥带领徒弟八人，生产首批300～660V的针式瓷瓶，在荣庆祥经营的日用瓷窑中烧制成功，醴陵从此开始生产电瓷。1945年，醴陵开始生产高压电瓷。

1946年12月，中共地下党员李文彩、任中衍以个人名义与任大张、施龙、郁约瑟在上海签订开办"中国电瓷厂"的合约，厂址选在醴陵姜湾，由任大张出任经理。中共上海地下组织的机构——中国原料有限公司委派戴凌翔到厂参与管理。次年，该厂更名为"中华窑业厂"并迁址渌口雷打石。中华窑业还用黄金200两在上海"设中原公司"和"中华窑业厂上海办事处"。

1949年，中华窑业厂被军管，成为瓷业的第一家国营企业。1951年，中华窑业厂与上年建立的湖南电瓷厂合并，取名为"醴陵电瓷厂"，1953年生产电瓷425t。1958年，醴陵电瓷厂改属第一机械工业部主管，当年，醴陵电瓷厂生产的电瓷首次进入国际市场，9个品种销往苏联、朝鲜、越南等国家。经过几十年的发展，醴陵电瓷厂与西安电瓷厂、抚顺电瓷厂、南京电瓷厂、大连电瓷厂并列为全国五大电瓷厂。醴陵电瓷厂的产品是30t及以下悬式绝缘子、50万伏及以下六氟化硫高强瓷套以及互感器、避雷器、绝缘子等产品，可按国标、英标、美标、德标、澳标等生产和检验。20世纪末，醴陵电瓷厂被迫停产。后由国光集团收购，更名为火炬电瓷电器有限公司，注入资金4000余万重新启动，资产与债务剥离后，有效资产注入到新公司，醴陵电瓷厂进入破产程序。火炬电瓷电器有限公司后又转由湖南华联集团收购。

湖南电力电瓷电器厂是醴陵的另一个有规模的电瓷电器企业，是国家电网系统制造高压互感器和高压电瓷的重点企业，也是全国制造高压电瓷、电器的主要厂家之一，现在直属于湖南省电力公司。湖南电力电瓷电器厂的前身是湖南省醴陵渌江瓷厂。1959年3月，由三个小厂合并成立"湖南醴陵瓷器公司工业瓷厂"。1964年12月，湖南醴陵瓷器公司工业瓷厂更名为"湖南省醴陵渌江瓷厂"。1965年11月，由于提交了《电瓷生产历史情况的调查报告和有关建议》而得到省政府和第一机械工业部的重视，将该厂转为生产高压电瓷的专业厂家。以后分别由省轻工业厅、湘潭市地区和水力电力局各领导了一段时间。企业主要生产互感器、电瓷穿墙套管、避雷器及绝缘子等，具备年产高压电器五千台组、高压电瓷两千吨、年产值四亿元的生产能力，成为湖南电瓷行业的龙头老大。

近年来，醴陵中小电瓷企业如雨后春笋般迅速发展。距醴陵30多公里的江西省萍乡市的电瓷制造业也飞速地发展起来，大有后来居上之势。

五、建筑卫生陶瓷和工业陶瓷的发展

湖南省建筑陶瓷厂始建于1956年，1957年投产，位于湖南湘潭市蒿塘铺。该厂原系湖南省机瓦厂，生产机瓦、红砖。由于原料枯竭，从1974年起逐步转产卫生陶瓷、水磨石、大理石和砖瓦机械。1981年生产卫生陶瓷1.59万件。1982年生产卫生陶瓷4.54万件，并改名为湖南省建筑陶瓷厂，下设陶瓷车间、大理石车间、机械维修车间和制砖车间。1983年，企业占地总面积37.34万平方米，其中生产建筑面积3.5万平方米，卫生陶瓷原料车间368m^2，成形车间1927m^2，烧成车间1265m^2。有轮碾机2台，1.5t球磨机4台，泥浆泵4台，年产5万件隧道窑1条，职工137人，年产卫生瓷5.92万件，其中大便器4.9万件，洗面器0.28万件，返水管0.7万件。1985年建设一条年产36万件的卫生陶瓷生产线。1986年12月，引进的1条联邦德国瑞德哈姆公司的燃煤气隧道窑（65m×2.1m×0.75m）投产，开全国卫生陶瓷设备引进之先河。20世纪80年代末至90年代，成为我国卫生陶瓷行业的骨干企业，年产卫生陶瓷80万件左右。20世纪末期，兼并重组进入重庆四维控股（集团）股份有限公司。

20世纪80年代，湖南醴陵长城釉面砖厂在国内首先从联邦德国西提公司引进全自动陶瓷地砖生产线，由于管理和经营不善，于1994年宣布破产。

近些年，新化县异军突起，在电子陶瓷等新材料、新功能陶瓷方面有所突破，渐成规模，令人刮目相看。新化县是闻名全国的电子陶瓷工业基地。95氧化铝陶瓷系列产品曾一度占有全国市场的80%。1995年以后，先后开发了温控系列、冰箱系列及美容美发系列电子陶瓷产品。到2006年，全县上规模的企业已达50余家，从业人员5000多人，主要生产金属化放电管瓷管、阀片、温控器装置件、结构件等电子陶瓷产品，市场占有份额达到全国总量的60%以上，产品销往法国、日本、韩国及我国台湾、香港、澳门地区，是全国最大的电子陶瓷工业基地之一，年产值达3亿余元。主要骨干企业是鑫星电陶公司鑫星电子陶瓷有限责任公司。

六、陶瓷装备的进步

1.陶瓷机械设备

（1）原料加工装备　20世纪50～60年代以前，湖南陶瓷原料加工设备是用石轮碾压和机碓冲击，机碓的动力有用人力、水力和电力三种。这种原始方式加工的原料可塑性比较好，现在一些地方仍然保留。

原料经过加水淘去部分砂粒，装入布口袋，加压滤去多余水分，用手工揉制，将水分揉匀并揉出泥内的空气，使之达到较好的可塑性，这个过程湖南叫"熟泥"。这种原始的原料加工方式在中国延续了千百年，湖南在20世纪70～80年代才基本消失。

近几十年来，陶瓷原料加工设备实行了彻底的更新换代。粉碎设备的轮碾机由雷蒙破碎机所代替，细磨的机碓由球磨机代替，滤压的布口袋由榨滤机代替，手工柔制由真空练泥机代替，也有除铁过筛机、搅拌机和抽浆泵等机械的配套使用。

（2）成形机　首先使用的成形设备是单刀成形机，用铁制的模型刀将随石膏模型旋转的泥料压制出器皿形状。这种方法使制品规格一致、厚薄均匀，而且产量很高。根据制品大小，一个工人每班可生产3000～5000件，比手工拉坯提高效率几十倍。单刀旋坯机后来发展成双刀机。刀压机的产品致密度不够，产品容易变形。60年代中期，推广使用滚压成形。滚压成形模具头和石膏模都旋转，利用速度差和滚压头角度产生适当压力，大大改变了产品的内在结构和外部质量。湖南现在的可塑法成形的全面实现应自那时开始。

湖南瓷业的另一种可塑法成形是塑压成形。塑压成形是上下两部分内埋气管（用于吹出模具吸附的水分）的石膏模型挤压成产品。其优势是可使用于非圆形产品。在国外虽有制造，但价格昂贵。

20世纪80年代末，醴陵国光瓷厂从德国道尔斯特公司购进两台等静压成形，由于要制造粉料和模具的制造成本很高，又不符合多品种的经营策略，购进后一直闲置。

注浆成形是陶瓷行业生产异型瓷器的主要方法。最早使用注浆成形的产品就是缸和桶。为了提高制品的致密度和制造大型的产品，近几十年推广了高压真空脱泡技术。

2000年以前，湖南的主要陶瓷装备制造厂家仅有湘潭湖南轻工机械厂、醴陵陶瓷机械厂、醴陵五里牌机械厂几家。进入21世纪，已发展到10多家。几十年来，湖南的相关陶瓷产业也得到了较大的发展。主要企业有，机械设备制造方面的湖南轻工机械厂、醴陵陶瓷机械厂；陶瓷贴花纸方面的长沙瓷用花纸厂、醴陵华光印务有限公司；湖南省轻工学校、醴陵陶瓷技工学校以及几十处矿山。

2.陶瓷窑炉

近百年是陶瓷窑炉紧锣密鼓大换代的100年，是烧造技术突飞猛进的100年。

（1）龙窑、阶级窑和倒焰窑　龙窑依山倾斜构筑，形状似龙，因而得名。相传龙窑始于唐代，传承1000多年，常以茅草、树枝、芦苇为燃料。烧成周期在100h以上，最高温度可达1250℃左右。20世纪70年代，龙窑在醴陵、湘阴、铜官等地还多有使用，80年代后逐渐淘汰绝迹。

阶级窑是在龙窑的基础上演化而来，宋代时由福建德化首创，又称德化窑。由单独5～7间的烧成室串成一个整体，依山倾斜（一般在18°～23°）而建。小间约为20m³、大间为30～40m³。以薪柴为燃料，也可以煤为燃料。这种窑虽然比龙窑有进步，但由于陶瓷进入现代工业和燃料结构调整等原因，阶级窑也继龙窑之后退出了历史舞台。

倒焰窑是由升烟窑和馒头窑发展而来的。有方窑和圆窑两种。大多用煤作燃料，也有烧油和烧煤气的，间歇式操作。由于温度较高和均匀，20世纪50～80年代，倒焰窑是湖南大型陶瓷企业的主要窑型。

（2）隧道窑和辊道窑　隧道窑是连续式窑炉。湖南省从20世纪60年代末开始逐渐推广使用隧道窑，到80年代初，全省已有30多条隧道窑。前期的隧道窑以煤、重油为燃料，后期以煤气、天然气为燃料，实现了陶瓷制品的裸烧，为提高产品质量和节能降耗上起到了巨大的作用，促进了湖南20世纪80年代后陶瓷业的迅速发展。隧道窑的烧成周期在20h以上。到20世纪末，湖南瓷业基本实现了烧成"隧道化"。

辊道窑是20世纪70年代发展起来的一代新式日用陶瓷窑炉，首先用于低温烤花用。随着新型耐火材料的使用，辊棒由刚玉质发展到碳化硅质、重结晶碳化硅质，辊道窑已经担负了本烧窑的重任，实现了高温快烧，烧成温度可达1400℃，周期3h左右，温差在10℃。

20世纪80年代初期，醴陵建筑工程公司在消化吸收再创新的基础上，组建湖南醴陵市科发窑炉热工设备有限公司。该公司开发出各类节能型隧道窑、辊道窑和梭式窑，采用设计、制造、施工和调试一体化的方式，先后在国内日用陶瓷、工业陶瓷、卫生陶瓷、耐火材料等企业承建新型窑炉数百座,并出口到越南、印度、保加利亚、韩国等多个国家。开发的节能环保装置获得两项国家发明专利,节能效果显著。与同类装备比较,电瓷梭式窑节能15.4%,隧道窑节能16%以上,辊道窑节能23%以上。

七、配套产业的发展

1.陶瓷颜料

1907年,湖南开始制造陶瓷颜料。当时的湖南瓷业公司为装饰上等细瓷,组织力量研制釉下(1350℃以上)颜料。1908年,先后研制出海碧、草青、赭色、艳黑、玛瑙红五种基色,并成批生产。民国初期,又先后研制出西赤、洋红、草绿、甘青、薄黄、艳黑、金茶电光水等釉上色料(800℃以下)。

1937~1945年,国外颜料不能进口,醴陵瓷用颜料生产日益兴盛。当时,醴陵有颜料生产专业户4家,除供应本地70多家彩绘店外,还销往景德镇、萍乡、潮安、佛山等地。

1951年,醴陵成立陶瓷颜料生产合作社,年产陶瓷颜料4~5t。1957年,陶瓷颜料生产合作社并入陶瓷研究所。由于逐渐实现了机械化生产,到20世纪80年代末,陶瓷颜料的年产量达到60~80t、70多个品种。

到21世纪初,湖南省生产陶瓷颜料的厂家有40多家,年总产量达300t以上。

2.瓷用金水

我国用黄金装饰陶瓷历史悠久。唐代用漆将金箔粘贴在瓷上。宋代则用大蒜汁调兑金粉描绘,然后烤烧。明清时期用黄金粉末加入少量铅粉,用胶水调兑绘于瓷上,经800℃左右烤烧。

1879年,德国人发明瓷用金水,英国、美国相继仿制,大量输入中国。1947年,湖南平江金矿局曾试制瓷用黄金水,摸索了一些经验。

1951年,湖南湘江工矿公司、醴陵瓷业公司聘请醴陵第一中学的教师喻科盈与从事陶瓷彩绘的欧阳涤藩研制成功黄金水,投入小批量生产。1953年,由湖南省工业厅实验所大量生产,供应全国各地。制造方法通过多种渠道传至景德镇、唐山、邯郸和淄博等地。1972年,金水车间由长沙迁至醴陵陶瓷研究所。

1976~1980年,先后有薄膜金水、钯金水、磨光金水、无光金水和印刷金膏研制成功并投产。直至现在,湖南仍然是国内瓷用黄金水的主要供应地,湖南瓷用黄金水的质量仍属上乘。

3.陶瓷贴花纸

清朝末年,湖南瓷业公司曾参照国外资料,以铜版(凹版)印花方法,研制出釉下青花贴花纸,因效果不及手绘,没有大量生产。

民国初期,醴陵釉上彩绘逐渐发展,所需花纸从日本采购。1925~1926年,曾留学日本的原商务印书馆绘图部主任顾德润与他人合资创办了上海锦华贴花印刷公司,专印贴花纸,用之于陶瓷、搪瓷、玻璃、五金、木器上的贴花。醴陵所用花纸改由上海供应。1932年,锦华贴花印刷厂毁于日本帝国主义在上海发动发动的"一·二八"淞沪战争的战火之中。

20世纪50年代初，随着我国陶瓷工业的恢复与发展，陶瓷贴花纸印刷业开始发展。上海的贴花纸印刷厂迁往瓷都景德镇。一些陶瓷产地相继建设陶瓷贴花纸印刷厂。20世纪50年代，我国也只有三家陶瓷贴花纸厂，年产量不过亿张。60年代以后，陶瓷贴花印刷进一步有所发展，我国主要的陶瓷贴花纸厂有江西景德镇、山东济南、江苏无锡、福建厦门、广东汕头、河北邯郸、河北唐山和辽宁辽阳等。

20世纪50年代之前，贴花纸印刷用石印。50年代以后，随着平印的普及，逐渐用平印取代石印。不管是石印还是平印，那时贴花纸印刷是先在纸上印刷油墨的连接料，俗称凡立水，就是不加色料的油性连接料。然后再趁连接料未干在上面揩上彩釉色粉，俗称揩粉。直到70年代，国内开发出了用于陶瓷贴花纸平印油墨的合成树脂连接料以后，才改变了连接料与彩釉粉分别施印的办法。山东济南陶瓷贴花纸厂研究所研制的"陶瓷贴花树脂油墨及应用技术研究"获轻工业部1988年科学技术进步二等奖。尽管平印墨连接料有了改进，可以省掉揩粉的麻烦，但平印墨层薄，彩釉颜色不够鲜艳厚实，还不能令人满意。70年代以后，随着网版印刷技术的推广，贴花纸印刷又由平印逐渐转向网版印刷。80年代以来，网版印刷广泛用于陶瓷贴花。

1958年，醴陵陶瓷研究所开始进行石版印刷釉下花纸实验；1962年，研制成功的墨彩松树贴花纸用于装饰北京人民大会堂用瓷。1971年，醴陵群力瓷厂采用丝网印刷釉下花纸获得成功，产品色彩鲜艳，呈色稳定。釉下贴花纸制造技术很快传至省内外。

20世纪60年代起，长沙印刷厂设立了一个专门印制陶瓷花纸的车间，以此为基础，于80年代在长沙河西银盆岭成立了瓷用花纸厂。

1993年，醴陵印刷厂改制为醴陵华光印务有限公司，从日本购进九条陶瓷花纸生产线，结束了湖南主产区无釉上花纸生产的历史。现在湖南花纸厂有数十家，多集中在醴陵。

4.陶瓷教育

1905年，熊希龄在醴陵开办湖南官立瓷业学堂，为百年湖南陶瓷的兴旺奠定了基础。20世纪50年代起，在长沙设立的湖南省轻工业学校和在醴陵设立的陶瓷技工学校，为陶瓷事业培养了大批人才。后来，湖南又接受了来自景德镇陶瓷学院、中央工艺美术学院、华南工学院等大专院校的毕业生和委培生，这些都为湖南陶瓷的发展起到了关键的作用。

第二节 湖南陶瓷产区

一、醴陵产区

醴陵位于湖南东部，罗霄山脉北段西沿，湘江支流渌水流域。东界江西省萍乡市，北连浏阳市，南接攸县，东邻长株潭金三角经济区，总面积2157.2km²，地貌以丘陵山地为主。

醴陵古属扬越之地。夏禹时分中国为九州，醴陵属荆州。春秋战国时属楚黔中郡，秦属长沙郡临湘县，西汉时属长沙国临湘县，东汉初置县，隋朝时废县，唐朝初期恢复县置。明朝《名胜志》称："县北有陵（姜岭），陵下有井，涌泉如醴（甜酒），因以名县"。1949年7月，醴陵和平解放，属湖南省长沙署。1985年5月24日，国务院批准撤销醴陵县，设立醴陵市（县级），以原醴陵县的行政区域为醴陵市的行政区域，8月15日挂牌成立。

东汉时期，醴陵西部的新阳楠竹山、王坪、荷塘等村就有较大规模的陶器作坊。最近出土的釜、壶、鉢、罐等十余个品种，纹饰多样。

醴陵陶瓷原料丰富。城南石门口至道姑岭、龙华山一带，盛产陶土。渌江上游两侧及大障乡马恋一带，盛产耐火黏土。东北两乡的沩山、炉佛岭、大林、马颈坳、老鸦山、黄獭咀、七里山青泥湾、板杉铺、长坡、仙霞等地盛产瓷土。另外，栗山坝、潘家冲、东堡、八步桥、枫林市等地还出产脉石英、硅土、石英砂岩、方解石和萤石等陶瓷原料。这些都为陶瓷生产提供了有利的条件。再加上湖南历史上林木茂密，河运通达，使湖南在近代得到飞速发展。但醴陵所产瓷土的氧化铝含量较低，而作为染色杂质的氧化铁、氧化钛的含量较高，不能制造目前高档瓷器。但是，由于成本只及国内优质瓷泥的25%～30%，使可以使用这些原料的生产中温色釉瓷的（炻瓷）企业大为受益。醴陵色釉炻瓷能居国内外之冠，这是很重要的原因。

1. 清末到1948年的醴陵陶瓷

1729年（清雍正七年），广东兴宁移民廖仲威在醴陵沩山开窑设厂，开拓了醴陵近代制瓷的先河。后以沩山为中心，在周边的赤竹岭、王仙、老鸦山、大林桥、小林桥、瓦子坪、漆家坳、寨下、严家冲青泥湾、茶子山、塘山口等地迅速发展。

1862年（清同治元年），醴陵瓷业生产开始了较细的分工，将工匠分为做坯、画坯、制泥"三帮"，各厂技工少则20人，多则30人。1863年（清同治二年），当地人刘近兴在城南道姑岭设厂，开展大规模的陶器生产。产品有饭钵、蒸钵、油壶、盐罐等。光绪中叶，发展生产绍坛、汾坛、汉坛、料坛、元坛等产品，产品行销至长沙、湘潭等周边各埠。到1892～1893年（清光绪十八～十九年），粗瓷生产最盛，有瓷厂480余家，烧瓷龙窑200余座，年产量达800余万件。

1904年，湖南凤凰人熊希龄与曾参与"公车上书"的醴陵举人文俊铎，本着实业救国的思想赴日本考察。在日本期间，他们发现日本瓷业技术先进，产品精良。第二年回国后，熊希龄在文俊铎陪同下，前往醴陵的主要粗瓷产地进行调查，找出了醴陵瓷业生产落后的主要原因，同时又看到了醴陵进一步发展瓷业生产的有利条件：消费市场广阔、瓷土资源丰富和劳动力价格低廉。随即提出了"立学堂、设公司"等主张，得到了湖南官府的大力支持。当年，湖南官立瓷业学堂在醴陵正式开办，次年，湖南瓷业制造公司在醴陵成立，熊希龄任公司总经理，文俊铎任学堂监督。公司聘请日本技师和景德镇技术工人，引进了当时日本最先进的生产工艺和设备，在生产制作中，实行细致的分工，如产品就有圆器、琢器、辘轳器之分。烧成上，改裸烧为用匣钵装烧，用阶级柴窑烧成。1906年（清光绪三十二年），湖南瓷业公司所辖瓷厂生产细瓷，开启了醴陵由粗瓷生产到细瓷开发的新纪元。独具特色的醴陵釉下五彩瓷就是在这样的背景下研制出来的。

此前，醴陵瓷器用单一的氧化钴（俗称土墨）作彩饰原料，手工描绘粗犷花草图案后，施釉覆盖，烧成釉下青花瓷。1907～1908年，湖南瓷业学堂研制出草青、海碧、艳黑、赭色和玛瑙红等多种釉下颜料。湖南瓷业制造公司的绘画名师和瓷业学堂陶画班的毕业生，采用自制釉下色料，运用国画双勾分水填色和"三烧制"法，生产出令人耳目一新的釉下五彩瓷器。釉下五彩瓷器瓷质细腻，画工精美，清新雅丽，别具一格，釉层下五彩缤纷，呈现出栩栩如生的画面，具有较高的艺术价值和使用价值，一问世立即就得到业内人士和国内外的极大关注和好评。1909～1911年，醴陵釉下五彩瓷分别参展武汉劝业会、南洋劝业会和意大利都朗国际赛会，连续获得金奖，醴陵瓷器开始名扬华夏，走向世界。值得一提的是醴陵釉下五彩瓷在1915年的世博会的表现。1915年的世界博览会是为纪念巴拿马运河开通和美国获得巴拿马运河100年的经营权而在美国旧金山举办的，占地264公顷，共有31个国家参加，参展品20多万件，参展人数达到1900万，会展从1915年2月20日开始，历时9个半月，于12月4日闭幕，醴陵釉下五彩瓷荣获得金奖。

在湖南瓷业公司的带动下，细瓷厂不断出现，如私营的普利、改良、德昌、裕华、舜业等制瓷公司，县城的姜湾、中和（后为星火瓷厂所在地）一带遂成为细瓷制作中心。1913年，仅湖南瓷业公司就有职工1300余人，在长沙、湘潭、衡阳、益阳、常德等地设立了销售处。

1918年，北洋军阀张宗昌的军队蹂躏和破坏了湖南瓷业公司和湖南窑业实验场，使机具被毁，生产停顿。虽然在1920年重新启动，但由于用人不当、决策失误，湖南瓷业公司这个19个世纪的第一个龙头企业终于在1930年倒闭，釉下五彩瓷的生产也自此中断了。

1928年，醴陵为长沙第一纺纱厂成功制造了三连保险盒，这是湖南制造工业陶瓷的开始。

1937年抗日战争爆发，景德镇瓷器销路被阻，醴陵瓷业一时兴旺。1940年，醴陵有土瓷厂130余家，技工3300多人，年生产粗瓷2400万件，最盛年达4800万件。1942年，有细瓷厂112家，技工4190余人，年生产细瓷2300余万件，产品销于湘、鄂、川、豫、陕、黔、粤、桂等市场，并推销到香港和南洋。

1940年，醴陵开始生产医用理化瓷和电瓷，并于1946年开办"中国电瓷厂"，逐步形成日用瓷和电瓷两大生产体系。

1944年6月，日本侵略军占领了醴陵，厂房被烧，机具被毁。后又战乱频仍，到1949年前夕，细瓷厂倒闭和停工达百余家，数千工人失业，仅有七家勉强维持生产，也是势微力薄。

2.1949年以后的醴陵陶瓷

1949年以后，醴陵的日用瓷厂得到恢复和新建，当年年底，日用瓷产量为1799万件。1951年日用瓷产量3712万件。1953年日用瓷产量4664万件。到1953年底，醴陵有瓷厂360余家，职工6130余人。

1951年10月，在醴陵试制成功瓷用黄金水，结束了由长期依赖从国外进口的局面，改由自己生产。

1952年，石门口的20多名制陶工人与私营陶厂组成陶器生产合作社。1956年，改名为"石门口陶器供销生产合作社"。1958年，改名为"醴陵县陶器厂"，转产日用陶和工业陶。1955年，在道姑岭的张、钟、许、凌四家自救联营组的基础上合并为"陶器生产合作社"。

1956年更名为"道姑岭陶器生产合作社"。1965年,更名为"醴陵县红旗耐火耐酸陶器厂",生产日用陶、工业陶和耐火材料等产品。这两厂在兴旺时有职工1040人,年生产工业用陶800～1000t、日用陶50～100万件。

1954年,县财政投资43万元,成立"地方国营醴陵瓷厂",率先用部分机械生产日用陶瓷,使用了用煤为燃料的窑炉,这对千多年以烧柴为主的陶瓷制造业是一个突破。同年,为恢复中断20多年的釉下彩瓷生产,经过有关部门多次寻访,找到了原湖南瓷业学堂陶画班首届毕业生、釉下彩艺人吴寿祺。此时吴老已年近古稀,正在农村安享晚年。春天,由林家湖等人去八步桥乡,请吴寿祺出山,来工厂传徒授意。吴老一面培养釉下彩绘人员,一面改革传统工艺,将"三烧制"改为两次烧成,釉下五彩瓷生产在短时间内得到恢复。此后,醴陵瓷业很快实现了由手工到机械、由柴窑到煤窑的历史性转变,新材料、新技术、新工艺、新产品层出不穷,釉下五彩瓷重放异彩,以至获得"国瓷"美誉。

釉下五彩瓷的制作工艺流程繁琐、复杂,且难度较高。彩绘所用色颜料来自于釉原料、稀土和有色金属矿物质,其中一些颜料中还含有黄金等贵重金属,十分珍贵。由于釉下五彩瓷是直接在毛坯上作画,让色料饰于胎釉之上,这对画师技艺要求就非常之高。由于绘制好的瓷体要经过1370℃左右的高温烧制而成,在高温下一次烧成,技术上很难把握,仿佛火中取宝。制作成功的釉下五彩瓷花纹透过釉导溢于瓷表,晶莹润泽,具有很高的洁白度、透明度和釉面硬度。釉下彩瓷使器上的花纹有着看得见、摸不着、永不褪色,给人一种尘嚣涤尽、心旷神怡之感,而且还具有瓷化强度高,釉面玻璃化程度强,无铅镉之毒,耐酸碱,耐磨损,花面永不褪色,经久耐用等特点,能同时满足人们对于审美和环保健康的双重要求,收藏和使用价值更高。20世纪60年代以来,醴陵生产的工艺美术瓷和高档日用瓷等釉下五彩瓷成为国内外市场的畅销产品,随着生产规模不断扩大,醴陵逐步发展成为全国出口陶瓷主要生产基地之一。

醴陵釉下五彩瓷是新生的陶瓷品种,清末民初醴陵釉下五彩瓷的烧造前后不过20余年,生逢乱世,作品覆盖面不宽,精品罕见,传世作品不过400余件。故宫博物馆的醴陵釉下五彩瓷仅7件,湖南省博物馆收藏的精品也不过17件。

1955年,醴陵陶瓷研究所成立。1958年,醴陵艺术瓷厂(现在的群力艺术陶瓷有限公司)成立。几十年间,这两家单位成为国家用瓷、国礼用瓷、艺术收藏品的主要生产者。

1956年1月25日开始,醴陵全面展开了对资本主义工商业的社会主义改造。全县59家细瓷厂、44家粗瓷厂、5家电瓷厂、8家陶画加工厂、31家生产合作社和185家个体手工业户合营改造成24家公私合营瓷厂、28家手工业社。同年6月,根据国务院的批复,醴陵成立了"湖南工业厅瓷器工业公司",后来,该公司又将上述单位全部转并为国营的31个企事业单位,共有职工9390人。很多城区细瓷厂转产出口陶瓷,醴陵后来发展成为全国陶瓷出口基地就是从这时开始的。当年,全县陶瓷产量突破1亿件,电瓷4777t,出口日用陶瓷216万件。

1957年,全县将120座阶级柴窑改为以烟煤为燃料的阶级窑。1958年,国家投入800万元,对陶瓷行业进行了机械化和半机械化的改造。

1958～1960年,瓷器工业公司将其所属31个单位通过撤、并、改、建为10个单位,初步形成专业化分工和专业化配套的格局。

1962年,陶瓷研究所试制成功石版印刷釉下贴花纸。1971年,群力瓷厂试制成功了丝网印刷釉下贴花纸,为陶瓷装饰开辟了新的途径。

1963～1965年,瓷器工业公司平均每年生产日用陶瓷6188万件,其中出口3216万件;生产电瓷3287t;生产工业陶瓷422t;三年上缴利税2112万元。

1965年初,瓷器工业公司被撤销。各厂向"大而全、小而全"的方向发展。

1967年,全县共生产日用瓷6419万件,比上年减少1360万件;生产电瓷6838t,比上年减少2356t;1968年,日用瓷又比上年减少2082万件,电瓷减少2348t。

1979年1月,湖南省醴陵瓷器工业公司恢复,所属企业有国光、星火、永胜、群力、力生五个出口瓷厂和生产国内用瓷的新民瓷厂,实施了产品结构从单件瓷向成套瓷的转变,产品质量由低档向中、高档的转变,国外市场由向发展中国家出口到向欧美等发达国家出口为主的三个转变。1984年,公司系统日用瓷产量8988万件,出口4047万件。其中,对美国出口数量占全国美国出口数量的45.2%,创汇总额占45.6%,在全国各大产区中名列第一。

到20世纪80年代中后期,全市共有陶瓷企业503家,固定资产17956万元,职工35000余人。其中,国营企事业单位23家、乡镇和个体生产户480家;日用瓷厂131家、工艺美术瓷厂22家、电瓷厂28家、建筑卫生瓷厂16家、特种陶瓷厂3家、其他工业瓷厂98家、陶器厂30家。专业配套企事业单位179家,其中,制泥厂47家、石膏粉厂2家、匣钵厂34家、耐火材料厂58家、颜料花纸厂13家、包装材料厂8家、陶瓷机械厂10家、研究所2家、技工学校1所、供销公司4家。全市年生产日用陶瓷约2亿件,其中出口5千万~6千万件;工艺美术瓷130万件左右,其中出口35万件;电瓷约3万吨,出口约1300t;建筑瓷44万平方米。

到20世纪90年代初期以后,醴陵陶瓷行业进行了一系列的政策调整和改革。90年代中后期,先后有长城彩釉砖厂、星火瓷厂、力生瓷厂、永胜瓷厂、群力瓷厂、醴陵电瓷厂等大中型国有企业相继破产或停产,民营企业蓬勃发展。民进国退是20世纪90年代后期和21世纪初期的主体趋势,醴陵陶瓷由高温硬质瓷为主转为以中温炻瓷为主,华联、泰鑫、陶润、港鹏、金煌、浦口电瓷等一批民营陶瓷企业应运而生,主导醴陵地区陶瓷的发展。

目前,醴陵有陶瓷企业503家,产业工人12.8万人,从业人员20元万人左右,年产日用瓷总15亿~18亿件,其中,出口8亿~10亿件;工业陶瓷20万~25万吨;电瓷产量占全省的98%,占全国的43%;工艺美术瓷产量约10万件。实现陶瓷总产值约400亿元。县域经济综合实力位居全国百强、中部十强、全省四强。

醴陵培养和造就了一大批陶瓷艺术大师,他们是吴寿祺、林家湖、唐汉初、王德和、郭玢、罗景忻、汤清海、肖禾、苗国青、王润文、孙根生、邓文科、李小年、丁华汉、邓景渊、陈扬龙、熊声贵、易春宣、易炳宣、李仁中、李日铭、杨效基、瞿深泉、张云泉、佘华、唐锡怀、熊德政、邓丽丹、王留仙等。这些人一部分人离开或故去,都留下了精彩的作品。

二、铜官产区

铜官镇位于望城县北境的湘江东岸,镇域面积29.44km^2,距省会长沙25km。三国时期,铜官为吴蜀分界处,相传吴将程普与蜀将关羽约定互不侵犯,共铸铜棺,故名铜官。自唐代起铜官即以出产陶瓷著名。

铜官是三国吴楚的交界处，是一座商贸陶瓷古都。长沙铜官窑与铜官古镇有着不可分割的"血缘"关系，号称"十里陶城"。《水经注》记载："铜官山，亦名云母山，土性宜陶，有陶家千余户，沿河而居……"，指的是铜官镇至石渚河一带的制陶产业。早在千余年前的唐代，铜官镇及其东南瓦渣坪就形成了上千人生产的窑场，长沙铜官窑的瓷壶上，冠有"天下第一"、"天下有名"等字样。

历史悠久的铜官陶器，以工艺细致、品种繁多、釉色丰富、造型别具一格而闻名遐迩。距湖南省会长沙30km的望城县铜官镇，素称"十里陶城"，是我国古代五大陶都之一。长沙马王堆西汉古墓中出土的陶器证明，早在2100多年前的西汉，长沙一带就有陶器生产。此外，韩国的煤龙岛、日本的冲绳岛也都出土有铜官陶器。由此可见，铜官陶器很早以前就是外贸出口商品。

随着生产技术和设备的不断发展完善，铜官陶器已创制了五大类、近千个品种和数十种不同的釉色，传统器型和釉色被色彩缤纷、多种多样的新产品取代，广泛应用于社会生活，深受人们的喜爱。铜官的美术陶瓷题材广泛，粗犷豪放，富有传统特色。

1. 唐五代铜官瓷窑址

唐五代铜官瓷窑址位于长沙市望城县从铜官镇至石渚湖约5km的范围之内。主要窑区在兰岸嘴、瓦渣坪、兰家坡一带，现尚存窑包13处。长沙铜官窑首创釉下彩绘，并把绘画题材和诗文用于瓷器装饰，为瓷器装饰工艺的发展开辟了新途径。长沙铜官窑未见于文献记载，但考古发现证明了其对中国陶瓷史的重要价值。

长沙铜官窑是在岳州窑的基础上发展起来的，以青釉为主，还有褐黑、酱、绿、白釉。其中青、褐、黑釉是铁呈色，绿釉是铜呈色。青釉瓷器中用还原焰烧成的带浅绿色，用氧化焰烧成的带浅黄色。该窑的特点之一是用陶模压出的鱼、鸟、狮子、葡萄、花瓣和人物图案泥块粘贴在器物表面作为装饰。

古长沙铜官窑的产品销售甚广，除了湖南的长沙、益阳、常德等地古墓和衡阳水井中有不少长沙铜官窑瓷器出土之外，在陕西、山东、辽宁、湖北、广西、广东及长江下游、淮河流域的一些遗址和墓葬中均有出土，特别是唐代的商业都会扬州和对外贸易港口明州（今浙江宁波）出土尤多，且多精品。宁波出土的长沙铜官窑瓷器应是准备出口的外销商品。在朝鲜、日本、东南亚、西亚等地都出土有长沙铜官窑瓷器，证明它是中国唐代对外贸易的重要商品之一。

铜官老街在唐代已基本形成，街上建筑多为砖木结构，街面铺麻石，有各种老字号商铺和手工作坊一百多家，现老街仍在，街市更繁荣。1674年（清康熙十三年），在铜官老街南端建彤关寺。1904年（清光绪三十年），改建为东山寺，建有石木结构戏楼，规模宏伟，工艺精致。誓港泗洲寺是世代陶工祭祀陶始祖舜帝的地方，每年农历六月初六，各窑代表齐来祭拜，并游行、唱戏，热闹非常。杜甫守风亭是铜官镇最有名的建筑，为双层砖木结构亭阁，采用木雕和陶瓷浮雕技术装饰，有人物山水，龙凤鸟兽，给人以艺术享受。刘家大屋坐落在袁家湖，1923年，毛泽东来铜官考察工人运动时，曾在该屋住过两晚。

长沙铜官窑辉煌一时，对世界陶瓷事业做出了重要贡献。近年来，经过上百次研讨和实验，已经仿制出了1000多年前生产长沙窑的产品。当地政府将积极配合长沙正在启动的铜官窑遗址保护开发工程,制定长期的保护规划方案,整合已有的景点资源,投入资金和人力保护和开发铜官镇现有资源,使铜官窑再现"十里陶城"的盛世风采。

2.铜官的陶瓷业和陶瓷企业

1949年以后,铜官陶瓷业经过手工业合作化,由个体走向集体。1987年,湖南省铜官陶瓷总公司成立,有职工6200余人。主要产品有日用陶瓷、建筑陶瓷、工业陶瓷、艺术陶瓷和炻瓷五大类1700多个品种,产品畅销全国,远销美国、日本、荷兰、澳大利亚等27个国家和中国香港等地区。2005年,铜官陶瓷产值过亿元。铜官的个体陶瓷生产经营户仅有10余家,以生产低档的陶缸、罐、钵、盆和流琉璃制品为主。

湖南铜官星光炻瓷厂坐落在风景秀丽的湘江河畔,距湖南省会长沙36km,与长沙电厂相邻,水陆交通便利,水源、电力和陶土资源十分充足。湖南铜官星光炻瓷厂的前身是铜官陶瓷总公司二工区,始建于1956年,最早是一个以秉承传统陶瓷文化,生产铜官窑特色日用陶瓷产品的企业。1978年,该厂在国内最早转产出口炻瓷。1993年,彻底转换经营机制,与铜官陶瓷总公司分离,成为独立法人单位,更名为"湖南省铜官陶瓷总公司星光炻瓷厂"。2003年。再次更名为"湖南铜官星光炻瓷厂"。工厂占地面积57737m^2,现有在职员工600余人,各类专业技术人员100余人。经过两轮大规模的技术改造,企业规模宏大,生产设备先进,技术力量雄厚,产品远销欧、美、亚、非的40多个国家和地区,是湖南省重要的炻瓷出口基地。星光炻瓷厂继承传统,开拓创新,于20世纪70年代试制成功介于陶与瓷之间的炻瓷产品,并首家进入美国市场,该产品质地坚硬、抗冲击力强、热稳定性好、不含铅镉等有毒物质,适应于高温蒸煮和机械洗涤,是餐厅、酒店、家庭用瓷。现已成批生产的有餐具、酒具、茶具、咖啡具等多个系列品种。2004年生产能力达3000万件,是铜官陶瓷行业的"龙头"企业。

近年来,临澧的陶瓷产业发展较快。临澧位于洞庭水域沅、澧水之间,具有千年陶瓷生产历史,煤系高岭土储量丰富,水陆交通便利。现有陶瓷生产企业15家,生产人员3000人,以生产建筑卫生陶瓷、电子陶瓷、食品包装陶瓷为主,年产值6亿元,创利税约1亿元,是县域经济的支柱产业。卫生洁具畅销全国及东南亚国家和港澳地区。

三、洪江产区

洪江位于湖南省怀化市西南部、雪峰山脉中段、境内溪河纵横,沅水纵贯全境,渠水、舞水分别于托口、黔城注入沅水,沅水干流上游位于武陵山与雪峰山分界处,三千年前就有先民在此繁衍生息,因其背山临水,水陆两便,日渐成为由大湘西交通西南的商埠、客栈。洪江历史悠久,夏为古荆之地,周末隶属于楚,秦为黔中郡地,汉为武陵郡镡成县,唐朝隶属龙标县。洪江古城则位于黔城镇沅江的下游20km的地方,承接源于贵州、四川、云南的水上交通。

洪江的陶瓷历史可追溯到5000年以前的高庙遗址文化。高庙遗址位于洪江市岔头乡岩里村,是沅水一级台地上保存完好的新石器时代贝丘遗址,分布面积约1.5万平方米。文化堆积较厚,最厚处距地表可达5米多。遗址可分为下部遗存和上部遗存。下部遗存与皂市下层中晚期年代相当（距今约7400年），出土有相当数量的白陶器、釜、罐、钵等，器物造型奇特，很少带有附耳。纹饰以戳印笔点凤鸟纹、兽面纹最具特色。上部遗存与大溪文化的年代相当（距今约6500～5300年），与大溪文化有一定的联系，但泥质陶很少，平底器和三足器几乎不见；纹饰以戳印纹和凸点纹为主；釜、罐类陶器仍保留着曲颈的传统作风，因此被有关学者分别命名"高庙下层文化"和"高庙上层文化"。高庙遗址所提示的文化遗物不仅证实了"舞水文化类群"划分的合理性，而且进一步表时进入新石器时代以后，这里的石文化不仅保留了自己鲜明的地域特色，而且对洞庭湖地区文化甚至岭南的文化交流产生过重要影响。尤其是高庙下层文化流行的戳印凤鸟纹和獠牙兽面纹图案其神秘性和艺术性可与良渚玉器和商周青铜器上的图案比美，这将为省乃至全国古代文明的研究开辟一个新的途径。高庙遗址是湖南省古代文明史上的一处具有代表性的文化遗产，具有较高的历史、科学和特殊的艺术价值。

在盛唐时，边塞诗人王昌龄贬龙标尉。李白曾有"杨花落尽子规啼，闻道龙标过五溪。我寄愁心与明月，随风直到夜郎西。"的诗相寄。王昌龄也有"沅溪夏晚足凉风，春酒相携就竹丛。莫道弦歌愁远谪，青山明月不曾空。"诗句道说古洪江的荒凉。

清康熙年间，江西、福建、安徽、江苏、浙江、贵州及湖南省内的湘乡、宝庆、衡阳等地商贾纷纷来洪经商、定居使洪江人口大增。行帮纷纷大兴土木建会馆、宫观。清朝文学家王迥形容此时的洪江为"商贾骈集，财货辐辏，万屋鳞次，帆樯云聚"，"烟火万家，称为巨镇"。

洪江的工业发端于清代，主要是手工作坊。1796～1850年（清嘉庆、道光年间），设有榨坊炼制桐油，产品远销汉口、镇江、南京、上海一带。手工业作坊大多数纺织业，主要是家庭妇女手工纺土纱、织土布，自产自用，并供应市场。

抗日战争期间，长沙、衡阳、湘潭等地工厂转迁洪江，陶瓷、机械及针织、造纸、卷烟、日用化工等工业应时而生，使手工业和民族工业进一步得到发展。1931年，洪江镇的课税营业额达328万元，居全省第六位。1933年，市内市场货币流通量为58万元之多，仅次于长沙，居全省第二位。抗日战争后期，洪江已发展为湘西的政治、军事和文化中心，作为西南地区经济中心地位得到进一步巩固和加强，有"小上海"、"小南京"之誉。

洪江盛产瓷土，山林茂密，为陶瓷生产提供了充足的原料和燃料。

1. 民国时期的洪江陶瓷

1915年，洪江滩头与带子街手工制造陶器，产品质量精美，畅销各地，获工商部奖励。民国中期，洪江开始生产日用瓷器。1934年，洪江有瓷业12家，全由醴陵等地进货转销，年营业总额14.5万银元。

1939年，旅居洪江的醴陵人刘谷珊、贺益元和洪江滩头税卡主任李岫云等人，在距市郊约6华里的滩头茅洲建立湘西瓷业公司，建一座五间窑炉，共39人，年产菜碗16万余件，饭碗11万余件，其他瓷器共百万余件，总值12.2万银元，后又设立"云记"、"宋记"、"江记"、"合记"4家分厂。

抗战胜利后，部分油商投资湘西瓷业（新湘瓷厂、洪江瓷厂前身）、洪江玻璃厂、黔阳大旅社等。

1948年，湖南省第十区行政督察专员公署会计宋炳泉及部队副官江蔚文等人又在洪江带子街创办新厂。

2.1949年后的洪江陶瓷

1952年，"宋记"、"江记"、"合记"3户合并为新洪企业公司瓷厂；1953年开始试制细瓷。1954年7月，由人民政府投资，新洪企业公司瓷厂改名为公私合营洪江瓷厂，工厂占地面积为25万平方米，技术力量雄厚，年生产能力为4500万件。滩头"云记"瓷厂则于1955年由绸布业集股，改组为新湘瓷厂，迁往带子街原新洪瓷厂老厂址进行扩建。

1958年，隶属高坡街街道办事处的红旗瓷厂在洪江洲建厂，生产碗、盘、饭钵等。

1979年，桂花园乡在带子街办制模厂，专为洪江瓷厂、新湘瓷厂配套生产石膏瓷器坯模，后又办起桂花瓷厂。常青乡也在渔梁湾洪江瓷厂附近兴办常青瓷厂。

至20世纪80年代，洪江共有新湘瓷厂、洪江瓷厂、常青瓷厂、桂花瓷厂。

洪江附近原有优质的陶瓷原料出产，如洪江的大球土、部分小球土，为生产优质陶瓷提供了得天独厚的条件。但在20世纪50年代到90年代的掠夺性开采，用优质瓷土生产中低档瓷器，使我国应属上乘的洪江大球瓷土已经枯竭。

20世纪90年代后期，洪江陶瓷工业面临着原料供应的困难。1996年，桂花园乡的桂瓷厂停产。1998年，常青乡的常青瓷厂以整体出售变为民营企业，改名为洪江市新洪瓷厂。现有，洪江共有新湘瓷业有限责任公司、洪江利多陶瓷有限公司、新洪瓷厂3家企业。

3.几个洪江陶瓷企业

（1）洪江新湘瓷业有限公司　前身是新湘瓷厂。新湘瓷厂是一个老牌国有陶瓷企业，总资产1700万元，职工700人，年产瓷器1500万件，计划经济时期为省13家日用瓷生产的重点骨干企业之一，生产的手工描绘湘彩"正德三头"餐具享誉海内外。20世纪90年代，经营方式从内销及艺术瓷生产大力转向出口配套生产，由单一出口瓷转入"20头"至"56头"出口茶具餐具配套瓷生产，出口产量占总产量的60%以上，远销欧洲等国家和地区，但由于出口产品质量低，造成生产性亏损。1994年起，全部转为日用内销瓷生产。1996年，洪灾造成企业亏损170多万元。1997年，内销瓷市场发生疲软，产品大量积压，企业亏损严重。1999年12月，因流动资金短缺企业被迫停工停产。2000年3月，企业实行租赁承包。2000年12月20日宣告破产。

2001年9月26日，新湘瓷厂改组股份制，成立洪江新湘瓷业有限公司。体制为"国有控股，职工参股"，工商注册资本249.8万元，其中自然人出8%。公司总资产1460万元，员工400人。2005年，有两条隧道窑生产线，两条加工烤花窑生产线，自供配电320kW·h，年生产能力2000万件日用瓷，年产值1200万元，销售收入1000万元左右，主要生产碗系列产品，产品主要销售云、贵、川、粤等省市地，并通过边贸销往俄罗斯及东南亚等国家和地区。2005～2006年，产值分别为1167.6万元、1949.0万元，2006年完成税金29.1616万元。

（2）洪江利多陶瓷有限公司　前身是洪江瓷厂。洪江瓷厂始建于1954年7月，厂区占地面积25万平方米，为国家大二型企业。1975年扩大试制车间，1983年建立陶瓷研究所，配备了球磨机、榨泥机、练泥机、高磁场除铁器等制泥坯设备，以及供烧成试验用的小型窑炉和电炉，研制项目由单一产品试制，扩为从原料配方到成浆加工全套工艺的研究，能完成各种化验、物检、铅检工作。后改制后更名为湖南洪江陶瓷有限责任公司。

2005年5月，香港凌志集团通过全盘收购湖南洪江陶瓷有限责任公司，成立洪江利多陶瓷有限公司。洪江利多陶瓷有限公司拥有固定资产7000多万元，员工1500余人，科研人员60余人，微机自控辊道窑1座，隧道窑4座，推板窑7座，抽屉窑1座，烤花锦窑6座，设备、技术实力达到国家先进水平，年生产力达5000余万件。产品具有白度高、釉面柔和、造型新颖别致、装饰精美之特点及品种多、花面全、配套能力强（从单杯碟至127头均可配套）、特大型异型件生产能力强等优势。主要产品有艺洪、珑娜、新洪利、洪波、洪峰、牡丹、洪昌、蓓蕾、微波炉用瓷、各种牛奶杯及高白酒店用瓷等25大系列、320多个品种，其中，95%出口到欧洲、美国等36个国家和地区，销售收入可达7000万元。2005~2006年，现价产值分别为6328.8万元、8607.3万元，2006年完成税金160.44万元。

四、新化产区

新化在湖南中部，资江中游，湘黔铁路穿境而过。三国吴置高平县，宋代隶属邵阳郡，元明清属宝庆府。宋代命名"新化"，取"王化之新地"之意。梅山文化古老而神奇。中华始祖黄帝曾登临境内的大熊山，《史记》及《方舆揽胜》中都有"黄帝南至于江，登湘熊"的记载。大熊山也是"九黎之君"蚩尤的故里，至今仍留有"蚩尤屋场"、"春姬（蚩尤妻）坳"等遗址。乾隆皇帝南巡御涉此地之时，留有亲笔书写的匾额和对联。这里还是全球苗、瑶民族的发祥地。

20世纪90年代以前的几十年间，新化陶瓷生产均以日用陶瓷为主体。20世纪70年代末期，国有的新化瓷厂、建新瓷厂达到了相当的规模。新化附近出产优质瓷土，新化瓷器具有白度好、硬度高的特点，日用瓷大量出口和内销。新化瓷厂曾被列为全省11大出口企业之一，年产量在2000万件以上。

1. 新化的电子陶瓷

进入20世纪90年代，新化的陶瓷行业大规模转型，电子陶瓷工业飞速发展。新化曾是闻名全国的电子陶瓷工业基地，生产的95陶瓷系列产品曾一度达到全国80%的市场占有量，产品广泛应用于电子、电信、航空等领域。后来开始滑坡，产业陷入困境。

为再铸辉煌，新化加大招商引资力度，大力优化经济发展环境，使一度流失外地的电子陶瓷技术人才纷纷返乡置业。从1995年开始，先后开发了市场前景广阔的温控系列、冰箱系列及美容美发系列电陶产品。到2006年，全县上规模的企业已达50余家，电陶产品的市场占有份额达到全国总量的60%以上，产品销往法国、日本、韩国及我国台湾、香港、澳门地区，成为全国最大的电子陶瓷工业基地之一，年产值达3亿余元，从事特种陶瓷生产加工的人员在5000人以上。大部分企业生产金属化放电管瓷管、阀片、温控器装置件、结构件等，存在产业人均劳动生产率不高、人均利税水平均低、许多企业产品结构趋同、企业抗风险能力降低等问题。

新化被列为全国"星火技术开发密集区和电子陶瓷、艺术瓷出口基地"后，相关产业都得到了发展。

鑫星电陶公司鑫星电子陶瓷有限责任公司，成立于1997年，是湖南省私营企业五百强之一，位于湖南省新化县上梅镇。公司现有资产总额5000余万元，员工600余人，科研技术人员80余人。目前，公司拥有白瓷生产线、陶瓷金属化生产线、温控器系列生产线、干压生产线、有色瓷生产线、蜂窝陶瓷生产线六条生产线，主要产品有陶瓷金属化放电管陶瓷、温控器系列陶瓷、耐磨陶瓷、有色陶瓷等，其中金属化放电管陶瓷和温控器陶瓷是我国出口量最大的生产厂家。

2.新化的特种陶瓷

新化的特种陶瓷无疑开创了湖南陶瓷业的先河，更新了陶瓷业的传统理念，拓展了陶瓷业发展的空间。特种陶瓷是新化县的拳头产品，具有较好的生产基础。

新化县以鑫星电陶公司、欧迪公司、中瓷电子公司、长盛公司、建平精细陶瓷制品厂、通用精瓷公司、湘誉电陶公司、恒光电陶公司等10多家企业为骨干，发展氧化铝、氧化锆、骨石瓷、长石瓷等系列产品。精细特种陶瓷、零膨胀系数陶瓷、高新黑晶陶瓷、陶瓷蜂窝体氧化铝陶瓷等高科技产品都在开发之中。

3.新化的其他陶瓷

以新化建新瓷厂无铅毒釉上彩瓷产业化示范工程为重点，建成了无铅毒釉上彩瓷生产企业，年产达到2000万件釉上彩瓷生产规模。新化瓷厂主要从事艺术瓷、象牙瓷、白玉瓷的生产。嘉亿瓷业有限公司从事耐热瓷慢炖锅的开发和生产，实现规模效益。

在建筑陶瓷方面，新化以金达雅陶瓷有限公司为重点，加强技术改造，提高产品质量，扩大生产规模，已经达到了200万平方米以上的外墙砖生产能力。

另外，衡阳陶瓷产区曾在历史上发挥过重要作用。湖南衡阳地区以生产"界牌泥"著称。据记载和考证，湖南衡阳、衡东、衡山、耒阳以及常宁一代在元、宋时期就有大量烧造陶器和粗瓷的窑炉遗址，主要有衡东的湘江窑、风优窑、朱家桥窑，衡南的怡谷窑，常宁的瓦子坪窑、白马窑，耒阳的江家园窑等。

在20世纪60～80年代，衡阳地区的陶瓷生产较为发达，主要的生产企业有界牌、衡东、衡山、常宁、耒阳瓷厂，高峰时陶瓷总产量约占湖南陶瓷总产量的30%，产品以出口为主，内销为辅。80年代以后，衡阳地区的国有和集体陶瓷企业相继改制和民营化，陶瓷产业面临严峻挑战。

第三节　湖北陶瓷

湖北地处我国中部、长江中游、洞庭湖以北，北接河南省，东连安徽省，东南和南邻江西、湖南两省，西靠重庆市，西北与陕西省为邻。湖北以在洞庭湖之北而得名。

考古发掘，位于湖北京山屈家岭文化遗址，陶器遗存丰富。夏商周春秋战国时期，湖北出现建筑用陶。商代中期的黄陂盘龙古城文化遗址，宫殿建筑台基四周铺有陶片。公元前七世纪，楚国雄踞长江中下游地区，其在江陵的纪南故城，建设恢弘，出土的建筑材料蔚为大观，陶制建材有筒瓦、板瓦、排水管、井圈等品种。秦汉以来，制陶手工业作坊在鄂地趋于普遍。三国时期，荆楚一带已少量产出原始瓷和青瓷。宋代遗存的130个县的陶瓷窑址中包括武昌、鄂城两处。元明以后，陶器生产继续发展。明洪武年间，蕲春管家湖一带由村民合资兴建的陶器作坊颇具规模，采用龙窑烧制，品种多达300余种，销往鄂、皖、赣、湘等地，还外销日本、越南。明万历年间，汉川马口陶作业者多达两三千人。清中叶时，湖北依然以生产日用陶器为主，龙窑烧制工艺普遍成熟。20世纪末21世纪初，湖北的现代建陶工业在全国占有一席之地。

1914年后至抗战全面爆发，其间虽有战事，但各地陶器的产销基本保持增长态势。汉川马口、蕲春管家湖、麻城宋埠、通山白沙、南漳巡检逐渐成为集中产地，孝感、黄冈、英山、新洲、谷城、江陵、枝江、松滋、当阳、远安、利川、恩施等地陶器业者数量稳定增加。

1938年，汉川马口拥有大小龙窑125座。蕲春管家湖有龙窑6座，每年可开窑1000多次，每窑产值约60元，产品达200余种，釉色以黑色为主，还有红白黄绿等色。南漳有商人在巡检乡集资创设"民生瓷器厂"，雇工60余人，年产各类陶瓷器具1.29万件。

抗战期间，省政府西迁恩施。1942～1945年间，为满足民生与战时需要，在鄂西鼓励并投资创办企业。在宣恩县投资创办"湖北陶瓷厂"，五峰、兴山、远安等县也兴办了民营陶器厂。抗战结束后，省内制陶业陷于萧条。至1949年，全省制陶业户231户，产值69万元。制陶业较为兴旺的蕲春县仅数百人从业，襄阳地区所属9个县制陶业仅余30多户。

1949年后，湖北陶瓷业发展，大体可分为日用陶瓷的工业化阶段（1950～1973年）、建筑卫生陶瓷工业的起步与发展阶段（1974～2005年）和陶瓷工业的现代化阶段（2006～2010年）三个阶段。

1.日用陶瓷的工业化阶段（1950～1973年）

1955年前后，蕲春、汉川、通山等地的窑户组成生产合作社，生产规模明显扩大。在工商业改造运动中，汉川、宜昌等地的陶器生产合作社经公私合营改为国营或公营工厂。

1958～1960年，各地政府在促成各地窑业合作社合并、扩大企业生产规模的同时，大量兴办小厂，全省日用陶瓷产品年产量一度高达2000万件以上。

1962年，为满足市场需求，在省政府的安排下，扶持日用陶瓷企业发展，生产碗、盘等日用瓷器。到1965年，全省日用陶瓷企业47家，其中，黄石、蕲春、武汉、宜昌（三峡厂）、通城、松滋等规模较大的瓷厂实现了半机械化生产。

1971～1975年间，为解决省内瓷碗供应再度短缺的矛盾，在布局兴建筑陶瓷企业的同时，重点日用瓷厂纷纷实施技术改造而逐步实现了机械化生产，使产品质量明显提高，数量迅速增加，满足了试产需求。

2.建筑卫生陶瓷工业的起步与发展阶段（1974～2005年）

1957年，武汉市第一砖瓦厂应武钢建设之需，试制地砖、屋面砖。

1958年，武汉建筑陶瓷厂被列为武汉市重点项目，由市建材局在汉阳十里铺筹建，设计能力为年产10万件卫生陶瓷。

1974～2005年，是湖北陶瓷工业发展史上十分重要的20年。在此期间，日用陶瓷工业逐渐衰落；建筑卫生陶瓷工业由起步到规模扩大、又经历挫折起落，陶瓷瓦业异军突起，成为中部地区最大的产地。

1974～1985年建筑卫生陶瓷工业的起步是在国有、乡镇集体企业转产的推动下完成的。

1974年，汉阳县（今武汉市蔡甸区）耐火材料厂根据湖北建设单位需要蹲便器的现状，自行筹资转产陶瓷蹲便器、洗面盆，成为湖北省第一家卫生陶瓷生产企业。

1978年后，由于建筑陶瓷供不应求，襄樊、宜昌两地的国营砖瓦企业纷纷率先转产建筑陶瓷，黄石、丹江口、嘉鱼、通城等地的国有日用陶瓷企业或乡镇企业继而随之。

到1985年，全省建筑卫生陶瓷企业数增至28家（卫生陶瓷企业仍只汉阳1家），总产量达263万平方米。

1986～1996年由于市场需求促使企业调整产品结构和加快技术进步。纷纷引进国外装备以调整产品结构，湖北共有11家企业引进境外生产线或主机装备。到1995年，全省建筑陶瓷总产量首次突破3000万平方米，较1985年提高10倍多。与此同时，湖北的卫生陶瓷企业经过初次"洗牌"后在宜都市站稳了脚跟，为日后发展奠定了基础。

1987～1990年期间，湖北非金属地质公司对孝感绢云母石英片岩开展了普查和详查工作，并与宜昌市三峡瓷厂、枝城市建筑卫生陶瓷厂联合试验，制成了釉面砖和卫生陶瓷，获两项专利。

1997～2005年时期，市场竞争导致本土建筑陶瓷企业纷陷困境，卫生陶瓷"扎堆"于宜都、陶瓷瓦业兴起于安陆，成效渐显。

到2005年，湖北正常经营的建筑卫生陶瓷企业有10家，其中，建陶企业6家，分布于襄樊、谷城、枝江、荆门、鄂州和黄梅六地；卫生陶瓷企业4家，集中于宜都。是年，全省建筑陶瓷总产量为2642万平方米，尚不及1995年水平，仅比2003年净增377万平方米；全省卫生陶瓷总产量为378万件，是1980年的百倍，居全国各省区产量第六位。

湖北的现代陶瓷瓦兴起于安陆。2001年，地方政府引入浙商民营资本的一条陶瓷瓦生产线，后经改进原料采选工艺取得成功，带动当地陶瓷瓦业迅速发展，在短短五六年间使安陆成为中部地区最大的陶瓷瓦生产基地。

3.陶瓷工业的现代化发展阶段（2006～2010年）

以当阳引进广东佛山陶瓷企业、设立陶瓷工业园为率先，掀起了创办陶瓷工业园、引进东部地区陶瓷产业的热潮。到2010年，全省共引进东部地区陶瓷企业30余家，引进投资近百亿元。

2010年，湖北省规模以上陶瓷企业54家，建筑卫生陶瓷工业总产值54.02亿元；建筑陶瓷总产量17,464万平方米，占全国总产量的1.93%，居广东、福建、山东、四川、江西、辽宁之后全国排名第7位；卫生陶瓷总产量993.11万件，占全国总产量的5.58%，居广东、河南、河北之后全国排名第4位。

4.陶瓷行业组织

2011年4月当阳市陶瓷产业协会成立。2006年6月安陆市琉璃瓦行业协会成立。2010年11月蕲春县陶瓷产业协会成立。2011年6月8日湖北省陶瓷工业协会第一届会员大会暨成立大会于在武汉召开。参会人员97人，代表申请会员的102家企业。湖北鑫来利陶瓷发展有限公司董事长吴全发为首任会长。

一、日用陶瓷

1865年（清同治三年），大冶县邹孝林携徒到洒阳小孝院，烧制炊子、茶壶、火钵、油灯盏等陶制品，因其技术秘不外传，一直独家经营。

1900年（清光绪二十六年），蕲春县李姓8家在管窑区合建小龙窑1座，生产青釉陶百余种。通城县的白沙瑕、郝家瑕、白沙咀等处在清末民初均有制陶作坊。

民国初年，蕲春县管家镇窑户把湖泥与山泥混作原料，以缩短烧窑时间。

1920年，孝感县、黄冈县的3家陶器厂有工人50～60人，生产各种陶器，但为时不长，先后停业。麻城、新洲、枝江、松滋、江陵、宣恩等县的陶器生产相继发展，其中，麻城县宋埠蔡家山陶器颇有名气，其产品以奇异的"七型土"为原料，以灵活多变的手法拉坯成形，配以"黑釉"雕刻而成，具有浓郁的乡土气息和民族风格。

1921年，日本、德国商人曾向汉川县马口喻仁记窑户订购一批250斤药水包装坛。1922年，蕲春县王云高等13家农户集资27块银元，在北垸山坡兴建一座小龙窑。

1937年，窑户李云梯的妻子龚淑青将麻城的刮花工艺传入蕲春管家镇。

1938年，汉川县的马口有大小龙窑125座，业户125家。蕲春县管家镇窑户就有6条龙窑，车盘200余副，每年可烧1000余窑（每窑产值约60块银元），产品有200余种，釉色由单一的黑色发展为红绿黄百等多色。

1939年，新洲县由孙、梅、陶三姓合办，增设龙窑2座。从红安、麻城请来师傅32人，当地雇工60余人，产出缸、坛、钵、壶、瓦、水刳等百余品种，釉色光亮，花纹细腻，坚实耐用。特别是礼食品坛、礼水坛，用"双喜"、"喜鹊闹梅"、"金鱼闹莲"等图案衬托，造型古朴典雅，颇受欢迎。在此期间，恩施、远安、英山、当阳、利川等县均有独家或联户作业的陶器业者，联户业者一般3～10户不等。同年，南漳县巡检乡商人集资创办"民生瓷器厂"，雇工60人，年产各类瓷器1.19万件。

1942年，湖北省政府在宣恩县创办湖北陶瓷厂，有职工188人，年产各种碗68.6万件，茶具1.5万件、电器用瓷4万件。抗战结束，财产移交宣恩县政府，后歇业。五峰县清水湾盛产陶土，1942年兴建陶品厂五六家，成批生产缸、坛、瓶、杯、罐、壶、灯、碗等器皿。兴山县伍家碗厂亦因陶瓷器皿俏销而不断扩大生产规模，通过改建5门梯窑，扩大泥料车间，增招技师、技工，装窑焙烧一次可达千筒。与上述各厂相比，远安县陶器工厂的数量较多但规模一般。

抗战结束后的几年间，由于外省陶器大量入鄂，致省内产业趋于萧条。

1950年后，新洲、蕲春、汉川等县窑户尝试自由组合，合股经营。汉川县窑户113户、

246人按居住远近分为10个联户，经营12条龙窑。

1952～1953年，郧西县成立陶器厂，宜昌市成立立新砖瓦陶器厂，英山县成立白马石陶器厂，通城县白沙墩组建陶器生产合作社。

1954年后，农村纷纷成立陶瓷生产合作社。后则又由"社"转为厂。郧西县重新组成县瓷厂试产瓷器。蕲春县把窑户组成16个生产自救组，恢复被洪水淹没的窑业生产，1956年3月，组成4个陶器生产合作社，次年合并转厂。汉川县制陶联户合并成立公私合营建新陶器厂，1957年易名为国营汉川县陶瓷厂。通城白沙墩的陶器合作社与县城郊区的合作社跨区合并，成立通城县新华陶器生产合作社。宜昌市新砖瓦陶器厂（宜昌彩陶厂的前身）转为公私合营，1957年试制耐酸坛等陶器。襄阳、南漳、谷城、利川、枝江、秭归、新洲、京山等县也先后建立陶瓷生产合作社或厂（场），生产规模均有扩大。

到1965年，湖北共兴建瓷厂47家，其中，黄石、蕲春、武汉、宜昌（三峡厂）、通城、松滋等规模较大的瓷厂采用球磨机、单刀旋坯机等机械和煤烧倒焰窑、方（圆）窑，其他厂仍为手工操作。

1972年，通城县瓷厂改用釉上贴花和黄金水、白金水装饰日用瓷，同时以粉彩绘画装饰，还发展了雕塑工艺瓷。

1973年，黄石市瓷厂首建隧道窑，实现机械化生产。此后，宜昌（三峡厂）、松滋、武汉、蕲春、汉川、应山等瓷厂都先后建成隧道窑，逐步配备专用机械设备，建成了从原料到烧成的机械化生产线，改变了手工操作的传统工艺。期间，通城县瓷厂试制成功日用细瓷和工业电瓷并投产，产品品种达48个。黄石市瓷厂成功试制三色釉瓷瓶，被比利时皇家天文台台长梅尔基·奥基教授所收藏。宜昌市彩陶厂研制成功新釉水和工艺陶瓷，全部淘汰了灰釉，普遍推广了玻璃铜绿釉和石灰釉，产品外观色彩大为改观，"奔马"、"提梁壶"等工艺陶瓷产品深受消费者喜爱。到1978年，湖北的日用陶瓷产量达到7943万件，比1965年增长6.38倍。

1983年，武汉瓷厂、嘉鱼簰洲瓷厂转产釉面砖和马赛克。随后，宜昌市三峡瓷厂、黄石市瓷厂、通城县瓷厂、应山县瓷厂、蕲春县管窑陶器厂、京山县陶器厂等相继转产建筑陶瓷或工业电瓷、工艺美术瓷。

到1985年，湖北共有日用陶瓷企业108家，职工9367人，固定资产原值3781万元，净值2871万元，生产各类日用陶瓷6799万件。其中，省一轻工业系统陶瓷企业完成工业总产值3197万元。

1949～1985年，湖北省陶瓷企业固定资产投资累计4775万元。其中，15家全民所有制企业固定资产累计3150万元，同期实现利润、税金总额累计1570万元。日用陶瓷产量统计见表21-1。

表21-1　1957～1985年湖北省日用陶瓷产量统计　　　单位：万件

年份	产量	年份	产量
1957	1178	1970	1852
1962	819	1971	1641
1965	1864	1972	3507

续表

年份	产量	年份	产量
1973	3947	1980	7912
1974	3360	1981	7868
1975	4717	1982	8167
1976	5609	1983	7782
1977	7962	1984	7811
1978	7943	1985	6977
1979	6656		

资料来源：《湖北省志·工业》（湖北人民出版社1995年版）。

二、建筑卫生陶瓷

20世纪的前半叶，湖北的陶瓷业以传统日用瓷生产为主；后半叶，虽然许多厂转产建筑陶瓷，有的引进国外生产装备，有的引进外资合作经营，但大都在产品品质和价格方面无法与广东佛山产品竞争，陷于困境，没有兴旺起来。1999年，襄樊市建陶集团公司宣告破产。2000年，当阳建陶公司与香港意宝公司合资的当阳常鑫公司停产。2003年5月武汉瓷厂依法破产。至2006年，湖北省保持生产经营状态的墙地砖企业仅剩6家，即东方（黄梅）、金龙（襄樊）、常鑫（鄂州）、经和（原荆门常鑫）、亚泰（枝江）和意兴（谷城），2005年总产量为2642万平方米。

当湖北的建陶企业多陷困境之际，湖北的建陶业产生两大转机。

1. 安陆陶瓷瓦制造业却悄然兴起

2001年起步，到2006年，安陆南城已建有12家陶瓷瓦企业共28条生产线，另有石料开采企业4家、耐火材料厂1家、模具、机械、物流运输配套企业26家。陶瓷瓦总产量达8079万片，销售收入7200万元，从业1100余人，一举成为中部地区最大的陶瓷瓦的生产集中地。

2. 承接东部与南方产业转移

2005年以后，国家鼓励一些地区产业向中西部地区转移。当阳市政府以此为契机，着眼于未来陶瓷产业集群的发展，于2007年开始筹建建筑陶瓷工业园。园区规划面积12km^2，第一期（2007～2010年）政府投入达1.6亿元，开发近4km^2。2007年11月，新中原陶瓷集团公司与中国澳门东乐投资贸易有限公司合资设立湖北宝加利陶瓷有限公司投资7亿元，占地1500亩的建筑陶瓷系列建设工程在园区内破土动工。2009年8月，2条陶瓷生产线首先点火试产。

到2010年，湖北省建筑陶瓷工业发展的新格局初见端倪，东西南北中五个产区各呈特点。鄂西产区当阳为强，当阳市的陶瓷企业增至46家。鄂东产区——蕲春、黄梅、浠水初见成效。到2010年，蕲春引进中瓷万达、新万兴、中陶、恒新、华顺、奥龙、新天地、新明珠、金尚骏等11家陶瓷企业落户园区（其中，2家系配套服务企业）。鄂西北产区南漳起步，佛山唐颂陶瓷公司创办的襄阳市陶盛陶瓷公司成立。鄂南产区通城再兴，2010年6月，香港柏豪银丰瓷土公司建成2条生产线，佛山市谊生陶瓷科技有限公司创办的杭瑞陶瓷公司建设4条中高档通体仿古砖生产线。鄂中产区——安陆争当中部"瓦都"。

20世纪70年代之前，湖北从未生产卫生陶瓷，所需久赖省外供应。1973年，汉阳县（今武汉市蔡甸区）耐火材料厂转产陶瓷蹲便器、洗面盆，易厂名为汉阳县陶瓷厂，这是为湖北第一家生产现代卫生陶瓷的企业。至1979年，年产量徘徊于2万件左右。1980年，扩改窑炉，添置设备，产能扩大为5万件。1985年投资85万元再度技改，年产能逾10万件。1996年产量达13.44万件，为历史最高。1983年前后，省内新增两厂生产卫生陶瓷。一个是宜都县陆城镇砖瓦厂因土源枯竭于1982年转产建筑陶瓷，改称建筑陶瓷厂。该厂卫生陶瓷产量仅0.26万件。至1985年产量增至2.5万件。1988年筹资180万元扩建。第二个是钟祥县建委筹资100余万元开办的县瓷厂，年产陶瓷蹲便器2万件，后增建窑炉，产能扩至4万件。到1985年，全省卫生陶瓷总产量为10.67万件。其中，汉阳厂产量占50%，钟祥厂占27%，宜都厂占23%。进入21世纪以来，宜都卫生陶瓷企业生产规模扩大，2010年的产量为941万件。1979～2010年湖北省卫生陶瓷产量见表21-2。

表21-2　1979～2010年湖北省卫生陶瓷产量　　　　　　　　　单位：万件

年份	产量	备注	年份	产量	备注
1979	2.73		1993	67.42	
1980	3.75		1994	88.86	
1981	4.74		1995	128.46	
1982	5.4		1996	147.08	居全国8位
1983	5.92		1997	127.84	
1984	6.35		1998	111.24	居全国6位
1985	16.65	居全国11位	1999	103.95	
1986	14.7		2000	—	
1987	24.1		2001	194.63	
1988	25.95		2002	176.83	
1989	31.97		2003	255.63	
1990	31.51		2008	463	
1991	30.81		2009	662	
1992	38.6		2010	993	居全国第4位

注：本表数据源于国家建材信息中心和湖北省建材行业投资促进中心。

三、黄冈陶瓷窑炉产业

黄冈陶瓷窑炉制造业始于20世纪80年代初期，经过近30年的发展历程，已形成集科研设计、加工制造、施工安装与调试一体化服务体系。全市窑炉行业从业员工近5万人，其中从事企业管理工作的1000余人，高级工程师120多人。

2009年，黄冈市有窑炉企业60余家，具有国家一级窑炉资质的1家，国家二级窑炉资质的30多家，并设有科研设计中心、窑炉工程技术中心，在开发拥有自主知识产权并实现产业化方面走在全国同行业的前列。黄冈窑炉企业先后共承建日用陶瓷、建筑卫生陶瓷、电瓷及玻璃、冶金、新型建材、化工、环保等行业10000多项窑炉工程，共出口窑炉500余座，业务遍及全国33个省（市、自治区），产品出口亚洲、非洲、美洲、大洋洲等二十多个国家，同美国、德国、英国、日本、波兰、意大利、澳大利亚等国家和地区有着长期技术合作和业务往来。经中国建筑卫生陶瓷工业协会调查论证，黄冈窑炉企业在国内陶瓷窑炉界所占市场份额达50%以上，市场占有率居国内同行业首位。

黄冈窑炉制造业已形成以湖北华夏窑炉工业（集团）公司为龙头的一批在国内外具有较强竞争能力的骨干企业，生产的窑炉产品各具特色。其中，以中洲窑炉公司生产的冶金工业窑炉，中瓷窑炉公司生产的陶瓷辊道窑，中亚窑炉公司生产的卫生洁具隧道窑，中扬窑炉公司、华窑科研、华窑机电生产的砖瓦隧道窑炉，中远窑炉公司生产的玻璃窑炉，中浩窑炉公司生产的稀土窑炉，中赢窑炉公司生产的高压电瓷梭式窑炉，中兴窑炉公司生产的石灰窑炉，中盛窑炉公司生产的微晶玻璃窑炉，中宏窑炉公司生产的炭素窑炉，神工窑炉公司生产的炼焦窑炉，中瑞窑炉公司生产的化工窑炉，骏马陶瓷机械公司生产的窑炉传动、进出窑机等产品各具特色，在国内外享有盛誉。

2008年3月28日，黄冈市窑炉工业协会成立，湖北华夏窑炉工业公司董事长王旺林任会长。湖北华夏窑炉工业（集团）公司创建于1981年，经营范围集工业窑炉科研设计、加工制造、施工安装与服务为一体，拥有国家一级窑炉资质、国家乙级设计资质单位。

浠水县陶瓷窑炉设备制造与陶瓷产业。浠水县关口镇周坳村，千余人口竟有窑炉工600多人，注册建造师20多人。全县类似周坳村这样的"专业村"有40多个。到2010年，浠水窑炉产业的从业者已多达3万余人，约占黄冈市窑炉产业从业者的九成。

第二十二章　河南产区的陶瓷

河南位于我国中东部、黄河中下游，因大部分地区位于黄河以南，故称河南。远古时期，黄河中下游地区河流纵横，森林茂密，野象众多，河南又被形象地描述为人牵象之地，这就是象形字"豫"的根源，也是河南简称"豫"的由来。《尚书·禹贡》将天下分为"九州"，豫州位居天下九州之中，现今河南大部分地区属九州中的豫州，故有"中原"、"中州"之称。河南是中华民族的发祥地之一，是我国文化的摇篮。河南陶瓷是中国陶瓷一枝艳丽的奇葩。

中原最早的陶器出现在河南新郑裴李岗文化时期，距今已有8000多年的历史。1921年，闻名中外的彩陶首先在河南渑池仰韶村发现，距今已有6400余年的历史，考古学称之为"仰韶文化"。大约在3500年前的商代中期，郑州一带即产生了原始青瓷。在安阳殷墟、辉县玻璃阁等地都有原始瓷器的出土，时间比郑州遗址较晚，大约在公元前12世纪左右。商周时，河南省白陶和印纹硬陶也有了进一步的发展。河南在商代开始用瓷土和高岭土作为制陶原料，使我国成为世界上最早使用高岭土烧制陶瓷的国家。在洛阳庞家沟出土的西周墓中有大批原始瓷器。汉代时河南的瓷胎骨更加坚硬，施绿釉的青瓷更加普遍。汉代青瓷的出现是我国陶瓷工艺的一大飞跃。

隋唐时期白瓷的出现为后来青花、釉里红、五彩、斗彩等各种美丽的彩瓷开了先河。五代时后周世宗柴荣在郑州一带建立的御窑被称之为"柴窑"，为诸窑之冠。

北宋时期是河南陶瓷发展的最高峰，全国的五大名窑"汝、钧、官、哥、定"中有三个在河南境内，即汝窑、钧窑和官窑。这一时期各地官窑四起、民窑林立。主要有登封的曲河窑，密县的皇沟窑、西关窑，郏县的黄道窑、野猎沟窑，内乡的邓州窑，鲁山的段店窑，宝丰的临汝窑，宜阳的锦屏山窑，禹县的钧台窑、扒村窑、神后刘家门窑，修武当阳峪窑，鹤壁集窑，焦作李村窑，新安成关窑等。产品以造型秀美、工艺精湛、胎质坚硬、釉色美丽而著称，反映出极高的艺术品位和独特的时代风韵，表现了河南陶瓷的独特地位，为我国陶瓷的发展谱写了辉煌的篇章。

第一节　河南陶瓷百年概况

1894年（光绪二十年），神垕人卢天恩、卢天富、卢天曾三兄弟恢复钧瓷生产。1904年（清光绪三十年），禹州知事曹广权和当地绅士胡翔林创办官商合办的"钧兴公司"。之后，河南其他地方也先后建立了瓷业公司或钧瓷厂（见表22-1）。"八国联军"入侵后，这几个瓷厂先后垮台。1914年，河南禹县的钧瓷参加旧金山万国商品赛会受到欢迎。

表22-1 河南清末到民国初年的陶瓷企业简况

厂名	厂址	成立时间	资本总额/元	职工人数/人	年产量/万件
民生瓷业公司	陕县	清宣统元年	8000	50	144粗瓷
乾豪缸窑厂	陕县	清宣统元年	3000	40	7粗瓷
瓷业沟瓷业公司	陕县	清宣统二年	15000	120	366粗瓷
新安瓷业厂	新安		20000	120	540粗瓷
新安缸窑厂	新安		5000	60	2.8瓷缸
汤阴瓷业厂	汤阴		2000	22	36粗瓷
登封瓷业厂	登封		3000	30	72粗瓷
裕中瓷业公司	巩县	民国元年	5000	40	36粗瓷
青华瓷业厂	博爱		5000	40	108粗瓷
青华缸窑厂	博爱		6000	80	3.6瓷缸

1930年，国民党禹县县长王恒武举办"钧瓷职业学校"，李志尹任校长，但成效不大于1943年停办。1937年后，各地瓷厂遭到日军摧残，陶瓷业一蹶不振。抗战胜利后的国内战争使陶瓷业一直没有得到恢复。1948年时，神垕、郏县、新安、渑池、临汝、博爱等瓷窑仅生产一些民用粗瓷，其他地区生产一些缸、绿陶盆、陶罐等供农民生活所需，历史名瓷早已失传。

1948年底以后，豫西行署对国民党官僚办的企业实行接管。1949年4月，五分署专员李庆伟派任坚（神垕人、中原大学毕业生）到神垕接收和恢复陶瓷生产并拨小麦5000斤和3匹骡子作为陶瓷生产之用。

这时，禹县神垕镇几家陶瓷厂的情况是：焦道生（临汝人、国民党保安队队长）的瓷场，雇工40余人，有窑炉一座，手轮、坯板和一些烧火工具，场主带一部队人员逃跑留一人看守。吴天兴（神垕张庄人、国民党保安旅旅长）的瓷场，雇工30余人，窑炉一座，生产日用瓷器，场主逃跑。王少亭（国民党神垕镇镇长）的瓷场，雇工40余人，窑炉一座，生产碗、盘等日用品，场主逃跑留一人看门。禹县天主堂慈幼院（美国人支持）的一座瓷窑，1948年春即停工，留下五个水碾和一些简单工具。另外，还有民间私人办的十多家小瓷窑，时干时停。

政府把焦道生、吴天兴、王少亭和禹县天主堂慈幼院的瓷窑收归国有，于1949年5月15日成立了"神垕人民工厂"，有职工80余人，开始恢复生产，生产日用瓷器。这就是禹县地方国营瓷厂的前身。到年底，职工增加到100余人。1952年，改名为"豫兴瓷厂"，有职工153人，主要生产日用粗瓷、碗、盘等，仍采用手拉坯成形和老式窑炉烧成。

1951年，成立钧瓷厂，任坚任技术厂长，建设一座100m³倒焰窑烧制大火蓝钧瓷、一座6m³小窑烧制红釉钧瓷，年产钧瓷十几万件，主要产品有瓶、尊、壶、洗等。1958年4月，钧瓷厂与公私合营的豫西瓷厂合并改名为"地方国营禹县神垕瓷厂"。同年9月，神垕瓷厂和第一、二、三、五陶瓷合作社合并，钧瓷厂成为该厂的钧瓷车间。1962年，神垕瓷厂更名为"地方国营禹县瓷厂"，1964年4月，由日用瓷转向生产出口精陶，商标为"地球"牌。

1950～1954年，神垕镇先后有：义和、福太、聚丰、民生、益茂等12家私人小瓷窑恢复生产，职工270余人。1955年以后，这些小作坊合作，先后建立了"福民联营陶瓷生产组"和"正生祥瓷窑社"。1956年，这两个机构合并，成立"公私合营豫西瓷厂"。到1955年底，全镇办起了9个瓷窑社（组），职工400余人。1957年又办起了钧瓷厂，开始试制历史名瓷。

同时，焦作恢复生产66户，职工约310人。新安、渑池、鲁山、博爱等产区也都先后陆续恢复生产。到1952年，河南省共接管、恢复和新建大小陶瓷生产单位216个，总产值由1950年的88.2万元增加到177.8万元。基本完成陶瓷工业的恢复任务。

随后，禹县神垕镇先后把20个互助组变成了四个生产合作社，后又进一步变成了两个合作工厂，即禹县第一、第二陶瓷厂（即后来的禹县钧美一厂、钧美二厂）。焦作把分散的个体手工业组成八个生产合作社，并于1956年转为一个地方国营工厂（焦作陶瓷一厂的前身）。新安、临汝、渑池、登封等地陶瓷企业也先后组成了合作工厂和地方国营工厂，基本实现合作化。

到1957年，河南省的陶瓷企业由200多个小单位合并和新建成县以企业14个、县以下企业80多个，产量达5860万件。

1958年，郑州、平顶山、鹤壁、新安、洛阳、焦作等地相继建立了15个陶瓷厂。1958年，郑州瓷厂由轻工业部投资兴建，铺设了铁路专用线，1959年第四季度投产，开创了河南省机械化生产日用细瓷的历史。

1959～1965年，全省又建设罗山、伊川、方城、焦作二厂等8个县以上陶瓷厂。"文革"期间，又建立了商城、驻马店、长葛、临汝、淅川、宝丰、永城等15个县以上陶瓷厂，原来不产陶瓷的商丘、南阳地区也相继建立了陶瓷厂。

到1975年，全省陶瓷产量达1190万件，总产值1009万元，出口瓷1.53万件，创历史最高水平。

1978年，全省共有陶瓷厂26个，其中全民所有制24个、集体所有制2个；职工12096人，其中全民11918人，集体178人，固定资产原值6577万元。1985年，完成工业总产值4957.5万元。1987年，陶瓷总产量1.87亿件、总产值1.02亿元。到1985年，河南基本形成了禹县和焦作两个陶瓷工业基地。

禹县的神垕镇是北宋钧窑的所在地，已有一千多年的陶瓷生产历史。1948年后，禹县的陶瓷生产迅速发展，到1985年，禹县的陶瓷生产企业有：地方国营禹县瓷厂、禹县工艺美术一厂、二厂；乡镇办的东风工艺美术厂，陶瓷一、二、四厂；街道办的50多个大、中、小瓷厂；个体办的30余个小瓷厂，从业人员5400余人。除生产钧瓷外，还生产粗瓷、普瓷、精陶、炻瓷、彩瓷等产品，品种达500余种，年产量达5000万件。

1949年以前，焦作主要以生产大缸和日用普瓷为主。到1990年，焦作建起了焦作市陶瓷一厂、二厂、三厂，形成了出口炻瓷的陶瓷基地，职工人数达7000多人。1978年焦作陶瓷三厂建成全省第一条电辊道烤花窑、1989年又改造成计算机控制。1990年焦作陶瓷一厂、三厂先后由煤烧隧道窑改造成用烧发生炉煤气的隧道窑。焦作市陶瓷二厂原以生产民用大缸为主，1969年后经过几次改造形成了生产民用大缸、卫生洁具、建筑陶瓷等的省陶瓷骨干企业；1984年，与日本中州新产株式会社合作，设立新美陶瓷工业有限公司，引进意大利彩色地砖生产线，年产地砖80万平方米，1991年正式投产。1995年，焦作市组建焦作市陶瓷总厂，下属焦作陶瓷一、二、三厂，实行对外统一核算，仍以生产出口炻器为主。

省内其他地区的陶瓷工业也得到较大发展。平顶山瓷厂1958年建厂，以生产日用细瓷为主，1984年转产以粉煤灰为主要原料的新型高强度轻质保温砖。焦作市耐火材料三厂1985年后更名为焦作市新型耐火材料，引进美国窑炉生产玻璃池炉专用的优质硅砖。1986年，洛阳陶瓷厂引进意大利地砖生产线，年生产能力80万平方米，1991年投产。宜阳县陶瓷厂投入800万元技术改造，出口炻瓷800万件。巩县陶瓷厂原来生产粗瓷，1979年轻工部拨款55万元建成3座直径1.5m的冷煤气发生炉，是河南省第一家把煤烧隧道窑改成烧煤气的陶瓷企业，到1985年生产出口精陶的中型企业。巩县陶瓷厂扩建的电瓷车间发展成为巩县电瓷厂，成为省骨干电瓷厂家之一。1987年，巩县陶瓷厂研制成功氮化硅陶瓷。1990年济源市新建年产1000万件炻瓷的新厂。原来生产粗瓷碗、罐、坛等用品的修武陶瓷厂于1985年改名为焦作市陶瓷四厂，通过改造后主要生产出口炻瓷。

一、陶瓷生产工艺、设备及投资

1952年，禹县国营瓷厂安装了省内第一台球磨机。1960年，郑州瓷厂省内首先使用榨泥机、1963年使用第一台真空练泥机。到1986年，全省陶瓷企业基本实现了轮碾（雷蒙粉碎机）粉碎—球磨—电磁除铁—过筛振动—机械榨泥—多次真空练泥的原料加工机械化。

20世纪50年代以来，河南陶瓷用窑炉基本经历了土窑—倒焰窑—隧道窑—多种形式窑炉并存的发展过程。1957年禹县国营瓷厂建成省内第一座倒焰窑。1964年新乡陶瓷厂建设的省内第一座80m隧道窑投产。到1970年，轻工部投资又先后在郑州、禹县、巩县、洛阳、焦作建立五条隧道窑。1959年郑州瓷厂第一座烤花窑投产。1977年淅川县陶瓷厂全省第一座多孔推板窑投产。随后，河南陶瓷企业相继建设了抽屉窑、梭式窑等。燃料由燃煤发展成煤气、液化石油气、天然气等。

截至1987年底，全省共有轮碾机85台、雷蒙机8台、球磨机150台、榨泥机95台、真空练泥机18台、振动筛32台、电磁除铁器38台、单双旋刀坯机118台、滚压成形成85台、链式干燥器80条、倒焰窑110座、隧道窑38条、推板窑28座、各种烤花窑22条。

1949年，政府给禹县新办陶瓷厂投资小麦2000斤作为流动资金，这是政府对陶瓷企业的第一次投资。1954年，国家又拨款4万元，作为禹县国营瓷厂的流动资金。1976～1990年河南陶瓷企业各类投资统计见表22-2。

表22-2 1976～1990年河南陶瓷企业各类投资统计

年代	投资额/万元	年代	投资额/万元	年代	投资额/万元
1976	80	1981	316	1986	1980
1977	131	1982	253	1987	1300
1978	145	1983	217	1988	1700
1979	201	1984	315	1989	2100
1980	232	1985	480	1990	1500

注：投资额中含各级政府拨款、贷款和企业自筹资金，以省主管部门当年结算为依据。

二、科技队伍建设与科技成果

1954年以前，河南省没有专门从事陶瓷研究的科研机构。1950年，省工业厅成立化验室，1954年改名为省工业厅工矿实验所，开始承担陶瓷原料、坯釉和成分分析工作。1959年，工矿试验所成立硅酸盐研究室，开展陶瓷研究。

1974年，河南省轻化厅轻纺研究所设立陶瓷研究室。后来，轻工纺织分家，纺织厅成立纺织研究所，轻工业厅成立轻工业研究所，设立陶瓷研究室。

1982年，河南省陶瓷质量检测中心站成立，挂靠河南省轻工业科学研究所，负责全省陶瓷产品质量的检测、监督，定期或不定期进行抽样检查，负责全省陶瓷企业的原料、辅料分析化验等工作。

1959年，郑州瓷厂与中国科学院上海硅酸盐研究所合作，进行以河南本地原料为主生产细瓷的研究获得成功并投产；1964年完成了出口细瓷的研究试验并投入批量生产。1965年禹县国营瓷厂和巩县陶瓷厂先后完成原中南局下达的精陶研究并开始产品出口。1965年，郑州瓷厂配合洛阳东方红拖拉机厂完成国家科委下达的"连继式可控气体渗碳炉"科研项目，制成抗渗碳耐火材料，1966年元月洛阳东方红拖拉机厂使用此材料生产的"单排连续式可控制渗碳炉"一台就节约镍铬耐热合金钢40t（约1万元/吨），这是我省陶瓷工业取得的一项重要科研成果。1970年，郑州瓷厂试验成功陶瓷烧成用的堇青石-莫来石质匣钵。1974年，禹县钧美一厂利用本地原料试制成功炻瓷产品，开创河南炻器大量出口之先河。1982年，河南省轻工研究所的"古钧瓷与多红釉"等三篇论文在第一届古陶瓷研讨会（上海）上发表。1983年，禹县钧瓷一厂研究试验成功钧瓷生产新工艺及多种颜色釉，使"十窑九不成"之说的钧瓷生产有了明显改进。1984年开封官窑恢复试制成功并通过鉴定。1985年，焦作市陶瓷三厂试制成功炻瓷高白釉，釉面白度由56度提高到86度。河南省陶瓷产品随中国陶瓷在香港展出并在香港电视台专题介绍了河南陶瓷的生产情况。

三、企业重组改制、产区与管理机构

1.陶瓷企业的重组改制

1990年禹县钧美一厂、1994年郑州瓷厂、1995年禹州国营瓷厂钧瓷车间、2005年焦作市陶瓷一厂、2006年焦作陶瓷三厂、2000年禹县钧美二厂相继停产。2000年前后，临汝、洛阳等地的陶瓷厂也相继停产。宜阳、罗山、淅川的陶瓷厂先后改制为股份有限公司进入新的运营模式。至此，全省县以上全民、集体陶瓷企业绝大部分停产或转产，一部分闲置，小部分被个人买断。

在此期间，一批私营陶瓷企业崛起。玉华陶瓷有限公司生产的"玉华"牌日用餐具很受市场欢迎。禹州市的钧瓷、汝州的汝瓷和洛阳的唐三彩出现了崭新的面貌。河南的钧瓷、汝瓷、官瓷、绞胎瓷被列入全国中小学九年义务教育的美术教材。

2.新的陶瓷产区

长葛产区是我国三大（潮州、唐山、长葛）卫生陶瓷生产基地之一。2010年，拥有卫生陶瓷企业74家，年产量4500万件。

禹州产区的生产陶瓷历史悠久，被誉为"中国钧瓷之都"。2010年，拥有陶瓷相关企业746家，其中：炻瓷32家、钧瓷69家、用高白瓷310家、建筑卫生瓷26家、电瓷10家、园林瓷86家，耐火材料171家等。

焦作产区是河南陶瓷的老产区，以日用陶瓷为主，是我国外销炻瓷的主要产地。

鹤壁、内黄陶瓷产区是21世纪初兴起的建筑陶瓷产区。计划建成130条以上的生产线，成为我国中部地区承接沿海地区陶瓷产业转移的集聚区。

3.管理机构与重要活动

1949年以前，河南没有陶瓷工业的管理机构。1949年5月，河南省陶瓷行业由省工业厅统一领导和管理。1958年，成立河南省轻工业局，由轻工业局轻工处管理陶瓷行业。

1964年，成立河南省陶瓷玻璃工业公司，"文革"期间被撤销。

1978年，恢复河南省陶瓷玻璃工业公司，企业编制30人，经理为杨鹿。1983年，河南省陶瓷玻璃工业公司改为企业性公司，独立核算，自负盈亏，同年12月，任命刘金炳为经理。2003年，划归河南省国有资产管理委员会管理。

1989年8月，成立河南省陶瓷玻璃行业管理协会，对陶瓷、日用玻璃、搪瓷、保温器皿、电光源实行行业管理。刘金炳被选举为第一届理事长、任玉庆为第二届理事长（1994年）、王爱纯为第三届理事长（2002年），连任至今。

2000年以来，河南陶瓷玻璃行业管理协会为推动河南陶瓷名瓷文化的发展，使钧窑、汝窑、官窑、绞胎瓷、三彩艺术等的快速发展发挥了重要作用。

2008年，中国陶瓷工业协会授予平顶山市"中国汝窑陶瓷文化之乡"。2009年8月，中国陶瓷工业协会主办的"闽龙杯"全国陶艺大赛中部赛区设在汝州。2010年中国陶瓷工业协会在汝州举办了"中国（国际）汝瓷文化节"。

第二节　河南的陈设艺术陶瓷

河南省的陈设艺术陶瓷主要包括：钧瓷、汝瓷、官瓷、唐三彩、彩瓷、当阳峪瓷、黑釉瓷、澄泥砚、珍珠地（登封窑）、瓷珠系列、鲁山花、牡丹瓷、交趾陶、园林古建瓷、各种仿古瓷等15种。

一、钧瓷

钧瓷为北宋时的五大名窑（汝、钧、官、哥、定）之一。始于唐而盛于宋。因在禹州城内"古钧台"附近烧制而得名。四大名窑均为单色釉，唯独钧窑为釉彩。北宋时钧瓷被钦封为御用贡品。名品有玫瑰紫、海棠红、火焰红、茄皮紫、胭脂红、朱砂红、鸡血红，而呈有珍珠点鱼子纹、兔丝纹、蟹爪纹及蚯蚓走泥纹等则被视为"珍品"，更是名贵。

1126年（北宋靖康元年），金兵入侵，宋室南迁，钧瓷艺人逃亡异乡，瓷窑被毁，由宫廷御用向民间。公元1232年，神垕镇成为金兵与蒙古兵的战场，战后百窑尽废，瓷业更加衰落。元朝钧瓷质量继续下降。明时钧瓷生产逐渐恢复，产品质量超过"元钧"。明神宗朱翊钧在位时，因"钧"字犯圣讳，钧州遂于1576年（明万历三年）4月改为禹州，并下令停产钧瓷，技术由此失传。清末，钧瓷生产得以恢复。1894年（清光绪二十年），神垕人卢天恩、卢天富、卢天曾三兄弟恢复钧瓷生产。1904年（清光绪三十年），禹县知府曹广权创办官商合办的"钧兴公司"，雇用卢天富兄弟等人负责生产钧瓷，与宋元时期相比显得色泽单调，但实验中所得的"炉（卢）钧"倒是独树一帜。

民国以来，禹县钧瓷日趋衰落。河南省省长田文烈、禹县县长韩邦孚等都曾开办过钧瓷工厂或支持钧瓷恢复，但最终事与愿违，一事无成。1914年，美国为庆祝巴拿马运河开航，在旧金山举办万国商品赛会，河南禹县的钧瓷大鼎、中鼎、小鼎、大花盆、八卦方瓶、花鼓式大瓶、花瓶、花尊、大盘、螭头香炉等产品参加展出，受到欢迎。

1930年，国民党禹县县长王恒武创办"钧瓷职业学校"，成效不大。抗战时期，钧瓷艺人卢广东、卢广文逃亡异乡。从此，神垕再无人烧制钧瓷。

1949年以后，钧瓷得到恢复和发展。1955年9月，在北京召开的第一次全国陶瓷工作会议提出要恢复历史名窑。禹县神垕第一陶瓷合作社主任刘保平参加了会议。会后，他立即回到神垕，派人到陕县请回钧瓷艺人卢广东、卢广文，加入神垕第一陶瓷合作社，配备助手和徒弟，成立钧瓷试验小组，从事钧瓷的恢复和研究。在省工业厅李志伊等人的帮助下，于1956年10月试制出仿宋兰钧，有桃尊、观音瓶、穿带瓶等产品，经上海、广东、青岛口岸订货2000件，销往苏联、日本、印度、法国、德国等38个国家和地区。

1957年，禹县神垕第一陶瓷合作社钧瓷生产进一步扩大，产量达1.4万件。1958年，禹县陶瓷一社、二社并入地方国营禹县瓷厂，钧瓷生产进一步加强。1961年，禹县神垕陶瓷一社、二社又从国营瓷厂退出来各归原单位，不久，成立了禹县钧瓷一厂和禹县钧瓷二厂。

1963年，中华全国手工业总社和河南省手工业管理局派人到神垕指导恢复宋朝风格钧瓷的工作，首先试验成功钧红釉，并投入小批量生产。1964年，河南省手工业联社拨款三万元，帮助禹县钧瓷一厂发展钧瓷生产。

1964年，周总理参加日内瓦国际会议，把钧瓷作为礼品赠送有关国家领导人。8月中旬至10月上旬，禹州市档案馆、手工业管理局和有关陶瓷厂等单位联合调查发现，钧瓷窑址以神垕为中心，分布在周围10km，还在禹州市城东北"八卦洞"周围发现了与"传世钧瓷"极为相似的瓷片。1973～1974年，省文物部门配合禹州市制药厂和土产公司等单位的基本建设，把遗址范围扩大到城内"古钧台"周围，故定名为"钧台瓷窑遗址"。

1966年，"文革"开始后，钧瓷生产被迫停止。1972年，禹县钧瓷一厂、二厂恢复生产。

1973年6月，各钧瓷生产企业根据外贸部门的要求，纷纷扩大钧瓷生产。禹县钧瓷二厂出口钧瓷9500件。

1974年，禹县钧瓷一厂更名为禹县钧瓷工艺美术一厂。禹县钧瓷二厂成功生产出1米多高的钧瓷大花瓶，打破了"钧不过尺"的传统说法。

20世纪70年代，钧瓷制作工艺进一步提高，开发出玉白、宝石红、钧花釉等新品种、新造型300种。1972～1974年，钧瓷年产量达40万件。1977年，苗锡锦、楚国亮在下白峪首次发现唐钧瓷窑遗址。禹县钧瓷二厂更名为禹县钧瓷工艺美术二厂。

1978年，韩美林、刘开渠、高庄、梅建鹰等相继到神垕讲课，钧瓷造型达到了350多种，以雕塑类造型为主的现代艺术造型融入传统的钧瓷行列中。邓小平访问日本，选用钧瓷"狩耳尊"作为国礼赠送日本首相大平正芳。

1984年，禹县国营瓷厂、禹县钧瓷工艺美术一厂、禹县钧瓷工艺美术二厂的钧瓷分别在国家工商局注册为"宝光"、"宇宙"、"瑰宝"牌。同年3月，"宝光"牌钧瓷被评为轻工业部优质产品。9月，"宇宙"牌钧瓷和"瑰宝"牌钧瓷双双荣获中国工艺美术百花奖金杯奖。1988年，刘富安被评为第一届中国工艺美术大师。

20世纪90年代，禹州市钧瓷研究所和禹州市钧官窑遗址博物馆成立，成为集钧瓷科研、生产、销售、博物、旅游为一体的综合开发机构。1994年，禹州市钧瓷研究所建成液化气梭式钧瓷窑炉、烧制试验成功，烧成时间由20h缩短到10h，成品率由35%提高到70%左右，很快得到推广。液化气钧瓷窑炉的试烧成功改写了千年来用木柴、煤烧制钧瓷的历史。

1996年11月19日，禹州神垕镇人民政府在香港举办"中国钧瓷珍品展暨香港国际研讨会"，44位国内外知名陶瓷专家应邀参加研讨会。1997年6月，"中国钧瓷珍品展"在日本举行。同年，由禹州市钧瓷研究所烧制的特大钧瓷珍品《豫象送宝》作为河南省人民政府迎香港回归的贺礼被安放在香港会展中心。1999年4月8日，中国陶瓷钧瓷窑瓷器特种邮票发行。

2004年后，以孔家钧窑、荣昌钧瓷坊、金堂钧窑、苗家钧窑、星航钧窑等为代表的一大批私营企业窑厂规模进一步扩大，制作钧瓷的厂家和作坊达80多家，年产钧瓷数百万件。钧瓷器形、釉色和品种均达到历史最繁荣的时期。装饰手法更加多样，镂空、贴塑、印花、镶嵌、镀金等层出不穷。釉料配方，出现了更多具有现代风格的新釉种，拓宽了高温颜色釉的发展空间。

2004年10月，中国工艺美术大师刘富安受韩国总统金泳三邀请，赴韩国进行陶艺交流并举办展览，把钧瓷《益兽瓶》赠与金泳三。

2001年9月，北京大学考古文学院和河南省文物考古研究所联合对神垕古钧窑遗址进行考古挖掘，出土10万余老钧瓷残片和窑具，被评为2001年十大考古新发现之一。同月，禹州市金阳钧窑《华夏钧鼎》烧制成功，制品高230cm、直径150cm、重150kg，成为当时最大的钧瓷作品。

2002年2月，河南省质量技术监督局发布《钧瓷河南省地方标准》，并于2002年8月1日起执行。

2003年，晋佩章被评为中国陶瓷艺术大师、河南省钧瓷艺术特级大师。7月"钧瓷原产地域产品保护"获国家质量监督总局批准。

2004年2月，禹州市钧瓷原产地域保护管理委员会成立，禹州市人民政府出台了《禹州市钧瓷行业管理办法》。禹州市政府举办了首届河南省"中国钧瓷"精品展，评选出钧瓷珍品90件，精品636件，实现由权威机构首次钧瓷级别评定。

2005年11月18至23日，禹州市人民政府举办首次"中国钧瓷文化周"活动国内外100多位专家学者进行多方位、深层次探讨和交流。2006年11月，更名为"钧瓷文化节"。

2007年元月，孔相卿、杨志被授予中国工艺美术大师称号。同年，禹州市政府批准成立钧瓷发展委员会；在西工业园区成立"钧瓷产业园"、在东工业园区成立"钧瓷文化园"。禹州御钧斋文化有限公司创制的钧瓷《九龙宝鼎》被收入大世界基尼斯纪录（鼎高1.36m，口径1.03m）。

2008年6月，禹州市钧瓷行业协会成立。2009年，钧官窑遗址博物馆落成。

目前，禹州市拥有国家级工艺美术大师4人、省级工艺美术大师86人。

出版钧瓷方面的书籍。苗锡锦主编《钧瓷志》，1999年出版；赵青云、赵文斌著《钧窑瓷鉴定与鉴赏》，2000年由江西美术出版社出版；赵青云著《钧窑》，2003年由文汇出版社出版；李争鸣著《追根求源话钧钧瓷》，2003年由河南人民出版社出版；晋佩章著《中国钧瓷艺术》，2003年由中州古籍出版社出版；晋佩章著《话说钧瓷》，2004年由中国文联出版社出版；闫决、闫飞、王双华著《中国钧瓷》，2004年由河南科学技术出版社出版；苗峰伟著《钧瓷乾坤》，2004年由中州古籍出版社出版；梅国建、熊云新编《二十世纪中国传统钧瓷》，2005年由文物出版社出版；张金伟、李少颖著《钧台窑发现与探索》，2006年由中州古籍出版社出版；杨国政、杨永超著《中国钧瓷工艺》，2006年由黄河水利出版社出版；梅国建、熊云新、刘国安编著《中国工艺美术大师刘富安钧瓷作品集》，2006年由文物出版社出版；李争鸣编著《中国当代钧瓷名家》，2006年由中州古籍出版社出版；王根发、张天惠、周占林编著《中国钧瓷文艺》，2006年由中国文联出版社出版；李争鸣编著《中国钧瓷十年》，2007年由中州古籍出版社出版；晋佩章、晋晓瞳编著《中国钧窑探源》，2007年由中州古籍出版社出版；河南考古研究所编著《禹州钧台窑》，2008年由大象出版社出版；程伟编著《钧彩釉瓷》，2009年由大象出版社出版。

二、汝瓷

在我国北宋时期五大名窑"汝、钧、官、哥、定"中，汝瓷为魁。在河南临汝县。汝瓷的艺术特色是"青如天、明如镜、面如玉、鳝血纹、星辰稀、芝麻支钉釉满足"。汝瓷的代表釉色为豆绿釉、天蓝釉、天青和月白釉，其中"天青釉"为魁。

605年（隋炀帝大业初年），置临汝为汝州，故临汝瓷窑简称为汝窑，所产瓷器为汝瓷。汝官窑产品传世极少，据说全世界只有69件（现存于美国、英国、日本等国及我国北京故宫博物院和台北故宫博物院）。北京故宫博物院收藏的汝窑三足弦纹炉为汝官瓷的杰出代表。

汝窑向来以产青瓷著称。汝瓷的主要特征是以釉中所含氧化铁为着色剂，经高温还原焰呈现青、绿色，同时，汝瓷又承继了定窑的印花技术，创造了印花青瓷的特殊风格。北宋时期，汝瓷成为御用品取代定州白瓷。

汝窑的分布集中在原汝州所辖各县，包括临汝、郏县、鲁山、宝丰等县，以及和临近的宜阳、新安、禹县等地。汝瓷主要由两部分组成。一部分是专为宫廷贵族烧制的御用瓷器，碗、盘、洗类器皿，多采用外裹足满釉支烧，最为标准的釉色是粉青。且多为素面，色泽光亮莹润，开片也多呈鱼鳞状，极少有花纹装饰。烧制时间短，产量有限，质量精美，传世品极少。另一部分是民间烧制瓷器，器表注重装饰，多为印花或刻花青瓷，烧制时间长，生产量较大，产量丰富，充分满足了当时人民的日常生活需求。前者为官窑"汝窑"又称"汝官窑"，后者为民窑，为便于区分，也称为"临汝窑"。

北宋末年，金兵攻陷汴京（今开封），宋室迁到临安（今杭州），汝窑被毁，工匠南逃，汝窑就"窑空烟冷"，遂之失传。南宋时的修内司官窑、元代的哥窑、明代的龙泉窑、清代的景德镇窑都曾仿制汝瓷，虽也有成功之作，但终不及汝瓷。

1949年以来，人民政府非常重视发掘和恢复汝瓷这一珍贵的文化遗产。1952年，周恩来总理指示发展祖国文化遗产，恢复汝瓷发展。1953年，汝州市在严和店村建起瓷场。1955年，临汝县瓷厂开始汝瓷恢复工作。1956年恢复汝瓷的生产。1958年，临汝县瓷厂圆满完成了北京人民大会堂下达的生产汝瓷陈设品的生产任务。据统计，临汝县瓷厂1958年生产汝瓷5200件，1959年生产汝瓷13830件。

1955年，临汝县瓷厂恢复汝瓷是从仿制豆绿釉开始的，主要靠老工人郭遂及子女孟玉松到各古窑址收集古瓷片，采集各种石头和原料进行摸索试验，1956年试制出了汝瓷绿豆釉样品。1965年汝瓷豆绿釉由试验转入批量生产。在烧制豆绿釉产品时，曾多次出现天蓝釉色，当时并未找到原因，但由此知道豆绿原料可以烧出天蓝釉的产品。

1974年，轻工业部工艺美术总公司投资，在临汝县城北2km处征地筹建临汝县工艺美术汝瓷厂，12月建成投产，全部生产豆绿釉产品，其艺术水平达宋代汝瓷的水平。

1978年，临汝工艺美术汝瓷厂开始对汝瓷天蓝釉进行研究试验。1980年，接受省科委下达试验天蓝釉的科研项目。1983年，试验成功汝瓷天蓝釉的泥料、釉料配方；厂方多次派员去北京故宫博物馆参照出土文物和图片资料进行仿制，使汝瓷天蓝釉的样品从釉色到造型基本达到了古代天蓝釉的外观标准。1983年8月，轻工业部、故宫博物院、省文物研究所等部门组成专家对汝瓷天蓝釉项目进行技术鉴定，对仿制宋代造型的11种汝瓷天蓝釉进行实物评定，充分肯定了试验结果。

1978年以后，临汝县工艺美术汝瓷厂进行了一系列技术改造，但一直亏损。直到1983年，实行经济承包制，首次转亏为盈，当年获利3.8万元。1986年，产品荣获中国工艺美术百花奖金杯奖。

1988年，根据宝丰提供的清凉寺窑实物标本，经上海博物馆和河南省文物研究所复查与考古试掘，证实宝丰清凉寺窑为汝官窑的窑口。该窑口位于宝丰县城西大营镇清凉寺村南河旁台地上，南北长2.5km，东西宽1km，窑址地势平坦，制瓷原料极丰富，煤炭、木料、高岭土、釉药就地可取。尤其是窑址附近盛产玛瑙，为汝瓷的特殊色泽提供了丰盛的原料——玛瑙末。所烧青瓷色泽莹润，视如碧玉，有美丽的开片纹。在试掘中出土的20多件宫廷御用汝瓷的造型主要有鹅颈瓶、折肩壶、细颈小口瓶、碗、盘、洗、莲花式碗、盂、茶盏托盖器等。这一考古新发现是我国陶瓷工艺考古史上一项重要突破，解决了中国陶瓷史上的一大悬案，找到了北宋五大名窑之魁的汝瓷窑口，为迄今传世的近70件北宋宫廷御用汝瓷的鉴定提供了可靠的依据。

宝丰县清凉寺宋汝官窑口还挖掘了大量的民用汝瓷器，品种繁多，更富于装饰。更为可贵的是，该窑口是一处宋、金、元以来烧造历史延续数百年之久的重要制瓷场地，规模非常宏大，窑具、瓷片堆积如丘，可以窥见当时窑业的繁荣昌盛。除清凉寺窑被确认为汝官窑窑口外，属于民窑系统的分布在临汝、宜阳、鲁山、禹州、内乡、新安等地。

2008年12月29日，中国陶瓷工业协会授予平顶山市"中国汝窑陶瓷艺术之乡"。同时，平顶山人大陶瓷艺术研究会宣布成立。

2010年9月23～26日，中国（国际）汝瓷文化节在汝州隆重举办，参加人数400余人，来自汝窑、钧窑、北宋官窑、南宋官窑、龙泉窑、定窑、耀州窑、磁州窑、邢窑、当阳峪窑、越窑、德化窑、建窑、吉州窑、鹫州窑、景德镇等地以及宜兴钧陶、唐三彩、黄河古陶、澄泥砚、彩陶、刻瓷、结晶釉、刻花、绞胎、绞釉、油滴、金星天目、兔毫、木叶天目、皇家秘色等名贵釉瓷等参赛作品1150余件。

三、北宋官窑

北宋官瓷是宋代五大名瓷之一。1107年（北宋大观元年），宋徽宗赵佶在汴京（今开封）设立"官窑"烧制御用瓷器。北宋汴京是否存有"官窑"，一些陶瓷界的学者尚有争议，但大多学者认为，北宋汴京确有官窑。至今，北宋官窑的遗址尚未被发现。一是因为金人入侵，窑工南逃，制瓷工艺失传；二是因黄河泛滥，金兵南侵后，汴京先后遭遇黄河泛滥之灾。

北宋官瓷是我国历史上唯一没有在市场上流通的瓷品。不仅是我国陶瓷历史上第一个由朝廷独资投建的"国有"窑口，也是第一个被皇帝个人垄断的瓷种，出生皇家，也只供朝廷专用。

北宋官窑最典型的艺术特征是"紫口铁足"。独特的风韵和神采突破并改变了中国青瓷单一青釉瓷面的简陋状况，以精美典范的艺术变化，提升和丰富了中国传统的青瓷艺术。北宋官窑宜选用含铁量极高的瓷土制胎，经高温还原焰烧制的胎骨泛黑紫，而作品器物的口沿处因所施的釉在烧成的过程中微有下垂，致使内胎微露，便产生了"紫口"的特征，而足底无釉之处则成为黑红色称为"铁足"。

据传世文物可知，官瓷产品胎骨有白、灰、红等色。白胎瓷器中往往以铁质的黑釉护胎足，也有用铁骨坯者，釉色以月白为上，粉青次之，又有天青、翠青、大绿等。釉色薄如纸，釉内呈现冰裂、蟹爪、梅花等纹样，也有作鳝血状的釉斑者。造型多为炉、瓶、壶、尊、碗、盘、洗、碟及文房用品。既无精美的雕饰，也无艳丽的图绘，唯有简单的造型之美，用釉色纹片开裂之俏来追求至高无上的艺术境界。这种清水出芙蓉的自然美，使北宋官瓷艺术上的审美观与中国文人机智静穆的神往终于不谋而合，创造了一代美学。北宋官瓷如冰似玉的纯净和莹润，乃至其纯正、稳定和深厚的釉色把中国青瓷艺术和陶瓷艺术推到高峰。

北宋官瓷的器型主要分为两大类，一类是礼器，主要为朝廷行使礼仪所用，代表作品有瓶、尊、鼎、炉、斛、盘等器型；二是文房用具，此与宋徽宗个人喜爱有密切相关，也主要供徽宗个人使用，代表作要有"文房四宝"，其中笔法的造型千变万化，计有直口、荷口、葵口、寿桃、弦纹、兽头、兽耳等多种形式，器型可谓琳琅满目，应有尽有。

1980年，国家划拨130万元，委托中国科学院上海硅酸盐研究所及开封工艺美术厂在北宋官瓷的原产地开封共同研究和恢复北宋官窑烧制工艺。1984年，恢复成功，6月17日，通过国家技术鉴定。

2009年2月24日，开封市北宋官瓷行业协会成立。由开封北宋官瓷研究所、开封市北宋官瓷研究开发有限公司、开封市北宋官瓷研究恢复基地、开封市高化志北宋官瓷研究所、开封市振宇北宋官瓷艺术工作室、开封市汴京官瓷等单位共同发起成立。

四、唐三彩

唐三彩是我国唐代著名的陶器。所谓"三彩"是指在陶器上施以黄、绿、蓝三种不同的釉色做基调，经过入窑烧制，呈现复杂窑变形成的产品。因创制于唐代，故称唐三彩。

唐三彩不仅种类繁多、造型丰满，而且釉色艳丽，各具特色，并形成了不同的窑变。安史之乱后，唐朝国力衰退，唐三彩逐渐衰落。

1899年（清光绪二十五年），在修建陇海铁路时，在洛阳附近挖出了一些古墓，从中出土了数量众多的彩釉陶器，器物的颜色为黄、绿、蓝或黄、绿、朱等色。这些古物运往北京，经专家鉴定为唐代陶器。据此，把这类陶瓷通称"唐三彩"。

1949年以后，唐三彩得到恢复和发展。1957年和1979年，在巩县的大黄冶、小黄冶、铁匠炉村一带发现了唐开元、天宝年间烧制唐三彩的窑址，出土有大批唐三彩器物。

唐三彩的器物主要有两种，一种是各种雕塑类艺术品，如动物禽鸟及各类人物俑。另一种是生活器皿或建筑家具模型等，如碗、洗、盘、房屋的装饰物等。

马是唐三彩的主要品种。造型筋腱，骨肉匀称，形态逼真，生动传神，有的静马待命，机警神骏；有的硬颈向天，昂首嘶鸣；有的腾空跃起，奔向前方；有的勾头啼蹄，自由自在；有的双马直立，相互撕咬；有的颈鬃漂浮，快速飞奔。根据体态的大小，把这些马分为小马、中马、大马、特大马，还有仿秦始皇陵中玉珍马一样大的马。根据釉色的不同，又分为棕马、黄马、白马、红马、黑马等。

骆驼是唐三彩的又一个主要品种。强劲稳健，昂首张鼻，神气十足，有单峰驼、双峰驼、引走驼、卧驼、胡人牵驼、胡人骑驼等。还有载货驼，背负沉重的货物；骆驼载乐俑，背乘一组一组各族人组成的乐队，骆驼昂首向前，其中有一人佐牵辔势，围坐的人手执各种乐器吹奏。在仿古的基础上，唐三彩艺人不断创新，创作了大型组塑"丝绸之路"，以中国人、波斯商人和骆驼组成一支长长的队伍，有的牵驼，有的骑驼，前呼后应，骆驼上载满了沉重的货物在沙漠中行走，再现了举世闻名的丝绸之路。

唐三彩的人物造型十分丰富。文官仪表俊秀，武官怒目圆瞪；天王脚下踩的魔鬼鼓目咧嘴，挣扎欲起；胡人俑高鼻深目，满腮络须；侍女俑广绣高髻，丰腴端正；舞俑者，翩翩起舞，裙带生风；乐俑演奏各种乐器，栩栩如生；杂技用俑表演古代杂技，惟妙惟肖；弈棋俑神情专注，貌似深思等。

唐三彩用于建筑装饰也取得了良好效果。仿制了九龙壁，各种造型的脊兽、玻璃砖、琉璃瓦等，富丽堂宫，光彩夺目、为我国恢复古代建筑做出了贡献。

唐三彩是我国传统的美术出口工艺品。1980年以来，多次组织出国展览，产品已出口世界各个国家和地区。

洛阳美术陶瓷厂在继承唐代优秀艺术遗产的基础上，保留了传统的华夏艺术风格和中原文化的地方特色，生产的唐三彩产品无论是在造型上还是在釉色运用上都有独到之处。

五、彩瓷

彩瓷俗称彩色瓷、彩釉瓷。即在瓷体表面施以各种色釉，经烧成后而成五彩缤纷的色泽的产品。考古发现，唐代时，河南内乡、禹县、鲁山、密县等地发现彩色奇妙、光泽明快的彩色瓷，而以内乡的花釉瓷为最。花釉瓷器是唐代的又一创新，又名唐钧。唐钧为宋代钧瓷的出现奠定了良好基础，钧瓷在北宋成为我国五大名窑之一与唐钧的先导作用密不可分。

禹县神垕镇也是河南彩瓷的主要产地之一。当地把此类瓷种广泛地称之为"彩瓷"或"彩釉瓷"。主要有釉下彩瓷和釉上彩瓷，大致分为红绿彩、三彩、五彩、色地彩等四类。现介绍几种具有代表性的彩瓷品种。

（1）翠玉釉瓷 1984年，由中国工艺美术大师刘富贵、杨志研制成功。苍翠青绿、绿中见青、青中泛白、青翠欲滴、温润如玉，釉色厚若凝脂、状如蜡泪，"似玉非玉胜似玉"，釉面还可看到纵横交错的开片纹。1985年，在全省美术陶瓷评比中，刘富安设计的翠玉釉龙凤瓶和杨志设计的翠玉釉象鼻尊双双荣获"金牛奖"。1990年，刘富安的"翠玉釉秀玉瓶"荣获全国工艺美术百花奖银奖。

（2）唐代花瓷 是在黑釉、黄釉、黄褐釉、天蓝釉上饰以天蓝或月白斑点。由于大多装饰在深色釉上，故衬托出深浅不一的彩色浅斑，洋洋洒洒，雄浑庄严，与大唐文化一脉相承，被称之为"唐代花瓷"。突破了"南青北白"瓷器的单调格局。

（3）花釉瓷 细指复色釉瓷，种类较多，器物上釉彩的排列有的呈现规则状，有的随意泼洒，有的像波浪，有的呈斑点，深浅不一，色泽不同，主要有蓝花釉、黄花釉、绿花釉、红花釉等，有些花釉呈现出图案，或如羽毛、或如兔毫、或如蛇纹等。

据不完全统计，仅1980～1988年间，彩瓷品种就不少于300种，既有传统的器型，也有现代生活气息的器型，还有各种栩栩如生的动物器型。

进入21世纪后，因钧瓷的兴盛而使彩瓷而走入低谷，过去生产的彩瓷已进入收藏市场。

六、当阳峪窑

当阳峪是河南修武县的一个小村落，距修武县城西北22km，在焦作市东北3.5km处。

因不见县志和其他记载，当阳峪窑一度被人们忽视。20世纪20～30年代，国外有人在当阳峪收购残存瓷片运往北京，北京方面才知道了当阳峪窑。

1951年，我国著名陶瓷专家陈万里先生一行来到当阳峪考察。他首先看到的是当地一座破败不堪的窑神庙，有一块崇宁四年的碑记，名称为"怀州修武县当阳村土山德应侯百灵庙记"，碑文后附了一篇"江南提举程公（程筠号葆光子）作歌并序"。经研究了碑文后推断，当阳峪瓷器的烧造至晚是在1068～1077年（北宋熙宁年间），而瓷业之盛是在元符崇宁之间。这也是此方瓷业的最盛时期。靖康之变以后，中原大战硝烟四起，窑厂受到极大摧残，结束了当阳峪窑的黄金时代。

当阳峪瓷的作品有极细洁的白胎，有极坚硬的灰胎，也有较为粗松的沙胎及缸瓦胎。1985年，有人在碑亭附近路边的田埂上捡到一只小白瓷碗，碗口直径约5cm、高约5cm，胎质十分细腻，无斑点，可惜碗边缺少一块瓷，（大约1cm^2），就釉色来说，光润显亮，小巧玲珑，十分可爱。由此也可推想，在碑亭周围的田地里仍存在有古代当阳峪瓷的残片或器物。

陈万里先生对当阳峪窑考察后指出，观台窑的花纹不如当阳峪窑的流韵、色泽亦远不如当阳峪窑的光润。当阳峪窑在剔划方法的制作上达到了一个最成功的阶段，那是不必再有什么怀疑的。陈万里先生还表示，"我以为，在黄河以北的宋瓷，除了曲阳之定、临汝之汝外，没有一处足与当阳峪窑相媲美。磁州的冶子窑以及安阳的观台窑终逊当阳一筹。也就是说，磁州窑的荣誉应该有一部分归于当阳峪窑。"

当阳峪窑中的绞胎瓷也可以算是独树一帜。使用两种以上色调的瓷泥相间，经特殊工艺糅和在一起，然后拉坯成形，胎上即具有不同色调的类似木纹的纹理，然后上玻璃质透明釉，经1300℃以上焙烧后即成绞胎瓷件。绞胎瓷的特点是表里如一，内外相通，一胎一面，不可复制，纹理与瓷质浑然一体，自然和谐。绞胎瓷最早现于唐代的巩县窑，后来登封窑也相继生产，此时的绞胎瓷因施以铅彩，烧成温度低，基本上属于陶质。绞胎由唐代的陶发展到宋代的瓷，在陶瓷史上是一个质的飞跃。绞胎瓷器是修武当阳峪窑继唐代之后独树一帜的杰出作品。有一个模仿漆器犀皮工艺制作的绞胎瓷枕现藏于上海博物院。

宋代当阳峪绞胎瓷的体量一般较小，典雅拙朴，只宜近视，1m之外难睹绞胎装饰之美。

焦作市修武县圆融寺坐落在当阳峪窑址之上。圆融寺为佛家禅寺，在这座古刹附近，绞胎瓷片、绞胎整器，乃至绞胎瓷窖藏时有发现。所见绞胎瓷可能是当阳峪陶工制作，也有可能是圆融寺和尚自己制作的。在圆融寺还发现了极为少见的绞胎瓷玉壶春瓶和梅瓶。

1984年，修武县陶瓷厂恢复成功褐、白相间的仿古当阳峪绞胎瓷小平底碗、绿白相间的绞胎孔雀等陈设品。

2009年，焦作市金谷轩绞胎瓷艺术有限公司成立，河南省陶瓷艺术大师柴战柱任总经理。至此，杨峡、柴战柱不仅恢复了当阳峪窑的传统技术，还开发了胶胎陶艺、胶胎美术瓷、胶胎瓷韵画、胶胎瓷雕、胶胎绞釉瓷、胶胎剔花瓷、胶胎雕塑瓷、胶胎壶艺八大作品。同年，许小平创办元昊绞胎瓷艺术有限公司，生产既有传统元素又能符合现代审美需求的绞胎艺术瓷。

七、黑釉瓷

河南黑釉瓷一般是指一种黑色带有青紫及酱色釉彩的瓷器。大体可分为两类，一类是光素无纹，一类是带有各种彩斑的花卉纹样。属民间窑口。主要有安阳窑、鹤壁窑、修武窑、禹州钧台窑等，大量烧制黑釉瓷器，自成体系。因为这种瓷器最早产自福建建阳的天同山，故有人称其为"天目瓷"，称黑釉为"天目釉"。

20世纪40年代末，日本人小山富士夫曾在焦作李村一带收集了一批黑釉瓷。除纯黑釉外，尚有油滴、兔毫花等。器型有碗、瓶、罐、壶等。小山富士夫把这种黑釉瓷器称之为"河南天目"。

20世纪50年代初以来，河南省考古研究所曾对河南省黑釉瓷的产地进行了系统考察认为，河南黑釉瓷的产地主要在豫北的安阳、鹤壁、焦作、修武，豫西的新安、宜阳，豫中的巩县、荥阳、密县、登封、禹县、鲁山等地。

河南黑釉瓷最早始于汉代。北宋时黑釉瓷也渐趋成熟，在原有基础上烧造出了造型优美、窑变奇特、釉色晶莹、颇受群众喜爱的日用瓷器，焦作李村窑是当时"河南天目"的主要代表。

河南禹县钧台窑也兼烧黑釉瓷并存有烧制黑釉瓷的排窑。除素黑瓷外，还有兔毫花、玳珸斑、油滴及星光密布的结晶纹样。

1980年前后，郑州瓷厂、禹县国营瓷厂等在黑釉瓷光亮的黑釉表面上绘以白色花卉或贴上白色、浅绿贴花，形成十分明亮的色彩对比，很受国外客商的喜欢而出口欧美。1985年，神垕的陶瓷匠师们充分利用黑釉瓷的特点，创作了许多黑釉艺术瓷，如瓶、鼎、罐、动物雕塑等。

八、黄河澄泥砚

澄泥砚是我国历史上的四大名砚之一，与端砚、歙砚、洮砚齐名，唐宋时曾为贡品。

黄河澄泥砚的发展经历了漫长的岁月。魏晋南北朝时，书法艺术发展很快，对砚的需求量大增，澄泥砚有了一个千载难逢的发展空间。三国时曹操建造铜雀台的瓦就是用澄泥做的。唐代是澄泥砚发展的成熟期。唐宋后，澄泥砚被皇家列为贡品，武则天、朱元璋、乾隆帝等对澄泥砚都情有独钟，倍加颂扬。

澄泥砚产于黄河沿岸的河南虢州、山西绛州、山东青州等地，以制作工艺独特称著于世。工序繁杂，难以烧制，成砚率极低，一窑100多立方米砚坯，成砚不过三五立方米。

澄泥砚的特点，既有石的坚硬，又以工艺见长，故历代皆视为珍品。但唐宋以后石砚兴起，陶砚逐步失传。清乾隆年间，曾有不少人力图恢复，终未成功。

1988年，原籍安徽界首的民间艺人张存生和王玲夫妇，研制成功澄泥砚，使失传数百年的澄泥砚重现于世，并获国家专利。

上乘澄泥砚的特点，一是质地坚硬，耐磨持久；二是发墨快，且不渗水；三是色彩奇，澄泥砚的颜色纯正、大方，特有的"五光十色"是其他名砚所没有的；四是雕刻绝美，澄泥砚造型生动、雕工讲究，飞禽走兽、花鸟鱼虫无一不是澄泥砚的创作对象，圆雕、浮雕、透雕、线刻技法融汇于一方澄泥砚中，"其形小则柔美玲珑，大则敦厚气派，摹人则清秀俊雅，状物则灵动华丽。"

当代黄河澄泥砚吸取了古代制作之绝技，质地细腻、光彩柔润，加之窑变之因，使黄河澄泥砚一胎十案，一砚百变。砚呈绿豆青、鳝鱼黄、蟹壳灰、玫瑰红等各种艳丽的色彩。同一砚上，有时也会呈现出自然的黑白交融，黄灰争艳的窑变图案。不仅备受文人墨客的钟爱，而且成为收藏家的珍品，堪称华夏文化的瑰宝，具有极高的观赏、使用和收藏价值。经有关部门专家鉴定，硬度高，研墨快，研出的墨汁细腻均匀。

澄泥砚系采黄河之沉泥烧造，故近代又称"黄河澄泥砚"，属中国传统民间工艺知名品牌。郑州惠济区、焦作市孟州、洛阳新安县、三门峡陕县等四地烧造的澄泥砚工艺均已达到较高水平。从形制论，以陕县澄泥砚秉承古虢州之传统，造型较为古朴。

九、登封窑

登封位于河南省北中部，嵩山南麓。登封窑为隋、唐、宋、金、元时期的名窑之一，不仅包括唐、宋时期的曲河窑，隋、唐、宋、金、元时期的神前窑，宋、金元时期的白坪窑，而且包括大冶、徐庄、君召等地的古瓷窑。以前，登封窑在陶瓷史上并没有特别重要的地位，只是被列入磁州窑系的一个窑址而加以介绍，但随着考古发掘和标本分析研究，登封窑和钧瓷、汝瓷的关系密切，并被誉为"瓷之源头"。

登封窑是北方民窑系最典型、最具代表性的窑口，被专家誉为"中原民间第一窑"。20世纪60年代，冯先铭先生、耿宝昌先生、叶喆民先生调查登封窑遗址后，充分肯定了登封窑的历史地位和价值，《中国陶瓷史》曾把登封窑放在磁州窑系的第一位。

登封窑主要分布在登封市的南半部颍河两岸及颍河两岸的支流上，涉及颍阳、君召、石道、大金店、东华、白坪、告成、徐庄、宣化、大冶等10个乡镇。但相对集中在三个区域，一是以白坪为中心的宋、金、元时期古瓷窑遗址群；二是以宣化前庄为中心的隋、唐、宋、金、元时期的古瓷窑遗址群，即民间传说的神前窑；三是位于告成曲河的晚唐、五代、宋、金、元时期的古瓷窑遗址区。

2007年春节刚过，在各方人士的支持下，在曲河遗址附近的登封陶瓷厂院内开始恢复登封窑的工作。后迁址到登封园艺场附近的一个废弃养殖场，下半年开始实验工作。2007年9月18日，拿出第一窑产品。到2007年底，基本完成了对嵩山早期钧瓷的恢复。2008年4月29日，拿出珍珠地第一窑产品。2008年8月，完成登封窑三大系列：登封窑珍珠地、白釉剔刻划花、嵩山钧瓷20多个品种的复仿制，同时，进行了釉色、器型、纹饰方面的创新尝试，取得初步成果。

2008年9月27日，中国登封窑复仿制品论证会召开，专家认为复仿制基本达到了宋代标本的水平。会后，河南省文物局颁发了"河南省文物复仿制基地"的牌子，郑州大学历史学院也把复仿制基地确定为"郑州大学历史学院教学实习基地"。郑州大学陶瓷研究中心阎夫立教授、钧瓷六代传人任新航、神垕的张自军、候建、张大强、栗俊峰等大师、文国正、焦宏业大师直接参与了复仿制过程，还得到白坪占兴煤矿、少峰矿、宏涛矿、磴槽矿、新登矿、阳城矿、发祥电厂、嵩山磨料公司、天宇煤业集团、金岭矿等一批企业的支持。

登封窑作品现为国内外各大博物馆所珍藏。故宫博物院收藏的登封窑珍珠地划花双虎纹瓶，曾在北京奥组委组织的100件文物精品展中展出。登封窑褐地剔划花仿执壶现藏于日本出光博物馆，珍珠地划花人物瓶现藏于美国波士顿博物馆，珍珠地划花缠枝花纹枕、珍珠地划花人物纹瓶、刻剔花牡丹纹枕现藏于上海博物院，登封窑珍珠地划花鹿纹"福"字枕现藏于广东博物院等。

十、其他艺术陶瓷

1. 瓷珠系列

河南瓷珠主要集中在淅川县。从20世纪60年代开始，主要生产出口首饰瓷珠，产品分为金彩、粉彩、青花、陶珠四个系列，共计3000多个品种，包括各色瓷珠；由各种由瓷珠组成的项链、手链、胸针、纽扣等饰物；各种抽象的动物造型等，还可根据客户要求，由设计室设计制作各种陶瓷制品。除继承了传世的青花瓷工艺技术外，并集木刻、玉雕、彩陶工艺为一体，工艺独特，使产品图案浓淡、粗细密疏、大小技法处理得当完备。

始建于1967年的淅川县华富陶瓷有限公司是一个生产和销售瓷珠系列产品的专业化企业和龙头企业，为淅川县经济贸易委员会的直属企业，注册商标为"华富"牌。1986年生产的青花瓷珠项链获河南省优质产品奖。1989年荣获国家轻工业"金龙腾飞"铜质奖和"出口创汇"先进企业称号。

2.鲁山花瓷

花釉瓷器是河南地区唐代瓷器中的一个品种，古玩界称为"唐钧"。在黑釉、茶叶末釉、酱褐釉或灰白釉等地釉上点缀出蓝色、天蓝色、黄褐色、灰紫色或乳白色彩斑，给人以天然造化、变化莫测之感。文博界把河南鲁山段店窑、郏县黄道窑、禹县下白峪窑、内乡邓窑及山西交城窑、陕西黄堡窑等处发现的花瓷产品通称为"鲁山花瓷"。

鲁山花瓷创造了二液分相釉的新技巧，为黑釉瓷系的美化装饰开辟了新境界，使黑釉系瓷器出现了绚丽斑斓的窑变效果，开创了驰名中外的钧窑瓷窑变的先河。鲁山花瓷奇妙无比地大片彩斑，有的任意点抹，有的纵情泼洒，天机超逸，没有陈格，表现出大唐盛世的豪迈气魄，在"南青北白"瓷器格局中独树一帜，成为藏家的宠儿。

2009年，平顶山科委立项恢复鲁山花瓷，现已有批量生产。

3.牡丹瓷

牡丹瓷是21世纪初期洛阳人采用豫西地区富含多种矿物元素的高岭土为主要原料研制出的一种陈设艺术瓷。以牡丹花朵根茎等自然状物为题材，汲取雕塑造型、镂空刻花、装饰印坯、颜料釉色等工艺精华，采用中国陶瓷传统技艺烧制而成的纯手工瓷艺制品，既体现牡丹的雍容华贵，又兼备瓷器的典雅古朴，丰富了洛阳特色旅游市场。

目前，牡丹瓷的种类主要有牡丹花盘、牡丹屏风、牡丹板壁、牡丹盆景和人物形象雕塑五大系列。

4.交趾陶

交趾陶起源于清道光年间，是中原传入广东的三彩及琉璃工艺的延伸与创新。因发源于广东五岭以南（古名"交趾"），故称"交趾陶"。

交趾陶是一种低温多彩釉陶，融合了软陶与广窑的陶艺，制作全凭陶匠用双手及竹篾将陶土片片贴合、修饰，以多彩釉细工着色，再经过多次烧制而成，集雕塑、色彩、烧陶之美于一身。特点在于晶亮艳丽的宝石彩釉呈现出多元丰富的民俗风格，且包含了捏塑、绘画、烧陶等技艺及宗教文化的民俗工艺。

20世纪80年代末，河南洛阳开始制作交趾陶，产品销往日本、中国台湾地区等。

5.园林古建瓷

主要有琉璃瓦、青灰瓦、防古面砖等古典建筑构件。河南古建瓷产品达三百多种，为北京、太原、天津、南京、西安、河南等地的名胜古迹和仿古建筑提供产品构件和修缮服务。产品的生产主要集中在禹州市鸿畅镇、神垕镇及附近地域。

第三节 河南的日用陶瓷

河南省的日用陶瓷产品大致可分为粗瓷、普瓷、细瓷精瓷、炻瓷、紫砂等几种。粗瓷产品主要有大缸、砂圈碗等，烧成温度在1080～1100℃，大多在农村销售，1965年以后逐渐退出了市场。

1.普瓷

又名"二细瓷"。釉面施以白釉，往往在碗边打上一圈或二圈蓝釉色条边，老百姓称之为"蓝边器物"。主要产品为碗、盘、盆等，尤以碗居多。主要在农村和城镇及中小城市销售。河南省的普瓷生产是与细瓷、精陶产品同时开始的。1963年，焦作陶瓷一厂开始生产普瓷。后来淅川、方城县陶瓷厂（1969年）、驻马店陶瓷厂（1974年）、修武陶瓷厂（1975年）、罗山县陶瓷厂（1976年）、汝阳县、宜阳县陶瓷厂（1978年）陆续开始生产普瓷。到1987年，全省有修武、宜阳、罗山、汝阳县陶瓷厂为主要普瓷生产企业，年生产能力为3000万件，主要产品是碗、盘。1981～1987年，罗山县陶瓷厂的普瓷碗连续7年为全省同行业评比第一名，1985被评为省优质产品。

2.细瓷

细瓷的产品主要为白色，吸水率为零。常常用"薄如纸、白如玉、明如镜，声如磬"来赞美细瓷。1959年，郑州瓷厂与上海硅酸盐研究所合作成功利用河南原料生产细瓷，开创了河南生产细瓷的历史；1961年细瓷出口，成为全省最早出口陶瓷产品的企业，每年出口300万～500万件，主要产品为咖啡具、餐具、饮具，还有少量的工艺美术瓷。1961年，禹县国营瓷厂、洛阳市陶瓷厂、焦作市陶瓷一厂及新乡市陶瓷厂、焦作市新生陶瓷厂先后生产细瓷。1964年，省轻工业厅确定郑州、禹县、巩县、焦作陶瓷一厂、洛阳市陶瓷厂五个陶瓷企业转为细瓷生产厂。1980年，平顶山市陶瓷厂的《金瓜碗》获得省优秀产品奖。1999年，禹州市神垕镇白玉瓷厂年产高档日用瓷（白玉瓷）4200万件，产值8900万元利，税2000万元。

3.精陶

1966年，巩县陶瓷厂、禹县国营瓷厂生产出口精陶。1970年，巩县、禹县国营瓷厂的"飞鸽"牌和"地球"牌精陶成为全国精陶产品出口知名品牌。1980年，巩县陶瓷厂的"飞鸽牌"商标精陶饭盆获省优质产品称号。1981年，巩县陶瓷厂成为全国生产出口精陶产品的三个厂家之一，年生产力300万件，大部分是单件出口，少部分为16头餐具。

4.炻瓷

炻瓷又称炻器。1974年，禹县钧瓷一厂在省内首家开始生产炻瓷。到1987年，禹县钧瓷一厂、禹县国营瓷厂、焦作陶瓷一厂、焦作陶瓷三厂、宜阳陶瓷先后投入炻瓷生产，并发展成为河南陶瓷出口的拳头产品，生产能力已达3500万件，其中出口2300万件，年创汇500多万美金，主要出口成套炻瓷餐具、茶具等。焦作陶瓷三厂的42头"蝴蝶"牌餐具和焦作陶瓷一厂的24头"三阳"牌餐具在欧美市场很受欢迎。1990年，河南的炻瓷发展到顶峰，1991年开始衰落。2005年以后，焦作陶瓷一厂、陶瓷三厂、禹县钧瓷一厂、禹县国营瓷厂先后停产。2010年，修武瓷厂继续维持炻瓷生产。

5.紫砂

1979年，宝丰县瓷厂从江苏省宜兴市聘请师傅，利用当地紫砂的原料，试制成功紫砂产品，为全省陶瓷产品增加了一个新品种。宝丰县瓷厂更名为宝丰紫砂工艺美术厂，产品有茶具、花盆、花瓶、笔筒、餐具、人物雕塑等127个品种，其中茶具、花盆、餐具被评为省优秀产品，并有批量出口。1986年，宝丰紫砂工艺美术厂生产的磁化茶具和紫砂火锅在国内外畅销。同年，宝丰紫砂工艺美术二厂成立，主要产品有磁化杯、茶具等。1987年，宝丰紫砂工艺美术厂试制成功紫砂电火锅、紫砂工艺美术二厂的"红雷"牌紫砂陶被评为省优质产品。

第四节 河南的建筑卫生陶瓷

一、卫生陶瓷

1972年，新安县建筑陶瓷厂正式生产卫生陶瓷以后，禹州、长葛、新郑、信阳、驻马店及南阳等地先后有一批卫生陶瓷企业陆续投产，形成了在国内有一定影响力的生产基地。纵观河南省卫生陶瓷的发展，大致可以分为起步阶段（1973～1980年）、发展阶段（1981～2000年）、提高发展时期（2001～2010年），共三个阶段。

新安县建筑陶瓷厂前身是1958年建立的日用陶瓷厂。1968年，该厂试制成功福州3$^#$坐便器后，由于当地原料、燃料（煤炭）的优势及市场需求的推动，遂于1973年正式生产卫生陶瓷。1979年，全部转产卫生陶瓷，成为河南省第一家专业生产卫生陶瓷的全民所有制企业。随后，长葛县陶瓷一厂、禹州国营瓷厂、禹州方山陶瓷厂等三家企业又先后投产卫生陶瓷，年总产量为约50万件。这个时期，河南卫生陶瓷的生产特点表现为：一是生产规模较小，最大企业年生产能力仅10万件。二是产品种少，仅有福州3$^#$坐便器、蹲便器、洗面盆及洗槽等几个品种。三是生产工艺落后，原料加工多为1～1.5t球磨机，成形主要是人工抱大桶浇注成形，烧成采用煤烧倒焰窑或煤烧隧道窑带匣钵烧成工艺，釉料采用白色乳浊生料釉，产品多为白色。四是产品质量低。

1981年后，河南的卫生陶瓷工业在技术上取得了很大的突破，推动了卫生陶瓷工业进入快速发展阶段。概括起来，主要的技术突破有以下几项。

（1）烧成技术的革命。1982年，新安县建筑陶瓷厂自行设计建成了我国第一条0.9m×30m裸装煤烧隔焰隧道窑，甩掉了匣钵，率先突破了我国长期以原煤为燃料的卫生陶瓷生产的烧成瓶颈，保证了窑内温差（≤20℃）及气氛的稳定性，实现了彩色制品的稳定生产和生产成本的降低。随后，在中国西北建筑设计院等单位的支持下，这项技术在河南乃至全国迅速得到推广，窑内宽由900mm增加至1200mm、窑炉长度由55m增大到98m，达到单窑年产量30万件的当时最好水平。

（2）实现了低温快烧。1989年，在煤烧隔焰窑烧成技术的基础上，长葛陶瓷一厂又利用河南本地原料实现了低温（1160～1180℃）快烧（烧成周期由原来的30h以上缩短为20h以下），节约了能源，降低了生产成本。

（3）采用磷锆生料乳浊釉替代了锡釉。1984年，新安县建筑陶瓷厂首先采用了磷锆生料釉，长葛地区还使用过熔块釉。随后，超细（平均粒度≤2μm）硅酸锆的采用，真正保证了釉面平滑、光润的外观质量。

（4）采用模架化管道注浆成形工艺和微压组合浇注工艺。1982年起，新安县建筑陶瓷厂在中国建筑材料科学研究院的帮助下，先后建成了洗面器立式微压注浆成形线，摆脱了传统的人工抱大桶浇注工艺，为工业化生产奠定了可靠基础。1987年，长葛县陶瓷一厂又研制成功了福利3#虹吸坐便器的一次粘接成形工艺，为坐便器类产品立式组合浇注工艺的推广提供了有力的保证。

（5）采用发生炉煤气为燃料。1987年，为了采用纯净煤气以提高产品的烧成质量和解决环境污染的问题，新安县建筑陶瓷厂与清华大学等单位合作，进行流化循环床双器煤气化工艺的研究试验取得成功，建成了河南省卫生陶瓷行业第一座两段式煤气发生炉，实现了烧成窑炉宽断面化（大于2000mm）、降低了窑炉温差（≤10℃）、缩短了烧成周期（≤18h），提高了产品质量。

由于以上五项技术的改革，促进了河南省卫生陶瓷生产进入了快速发展阶段，先后在洛阳建筑陶瓷厂、洛阳卫生陶瓷厂、洛阳闻洲瓷业、信阳瓷厂、驻马店瓷厂、南阳陶瓷厂、襄县陶瓷厂、舞阳冠军陶瓷厂、禹州国营瓷厂、禹州城关瓷厂、禹州洁丽瓷厂、禹州梁北瓷厂、长葛一瓷厂、长葛二瓷厂、长葛后河瓷厂、长葛辛庄瓷厂、长葛陶瓷总厂、新送新兴陶瓷厂、新乡陶瓷厂、焦作陶瓷二厂等25家企业得到推广应用，年生产能力达1600万件左右。这个时期，河南卫生陶瓷的生产有四个特点。一是生产规模增大，最大企业年生产能力超过70万件。二是品种齐全，产品涵盖连体坐便器、分体坐便器、蹲便器、洗面器、洗涤槽、水箱七大类数十款系列产品，除白色产品外也能生产玫瑰红等彩色产品。三是生产工艺改进较大，所有企业基本上采用了立式组合浇注成形工艺和明焰或隔焰隧道窑裸烧工艺。四是产品质量明显提高，新安县建筑陶瓷厂于1980年后连续参加全国行检，"中原"牌多次获得第五名，1986年和1990年还获得全国行检第三名的好成绩。

2001年，西气东输工程在河南境内通气后，促使了河南省卫生陶瓷行业进入飞速发展期。2001年，新郑市大根陶瓷有限公司率先建成国内第一条1.5m×78m燃气卫生陶瓷辊道窑。洛阳卫生陶瓷厂也相继建成3.06m燃气宽段面隧道窑。之后短短几年间，长葛、禹州、新郑等地新建企业数量骤增至90余家，生产能力为4000万件，使河南成为我国卫生陶瓷生产大省之一。

生产技术的快速发展，使得河南卫生陶瓷行业取得一些喜人的进步和成效。主要表现为以下几点：

（1）生产规模扩大。一批骨干企业迅速成长，年产量100万件以上的企业达11家，洛阳闻州和舞阳冠军陶瓷公司的年产量都在200万件以上，长葛远东陶瓷公司年产量已突破350万件。

（2）烧成技术取得重大突破。在煤烧辊隧道窑的基础上，新郑欧普和禹州欧亚公司又先后建成2.10m×90m气烧辊道窑，烧成能耗达到1100kcal/kg瓷。

（3）生产工艺取得重大改进。立式组合浇注工艺已在行业得到普及；部分连体坐便器采用立式组合浇注一次成形工艺；河南峰景陶瓷科技有限公司的脸盆、水箱等产品还采用了低压快排水注浆工艺。

（4）产品配套化、产品质量显著提高。洛阳美迪亚、洛阳诺金、洛阳闻州、河南峰景、舞阳冠军、长葛远东等企业的产品成套化和质量显著提高并部分出口。

二、建筑陶瓷

1972年鹤壁瓷件厂第一片152mm×152mm白色陶质釉面砖的诞生，开创了河南省现代建筑陶瓷工业的新时代。几十年来，河南建筑陶瓷工业的发展大致可分为起步阶段（1972～1980年）、发展阶段（1981～2000年）和大调整、大转移阶段（2001～2010年）共三个阶段。

鹤壁瓷件厂始建于1965年，生产高、低压电瓷，1972年部分转产建筑卫生陶瓷，1979年全部转产为以152mm×152mm白色陶质釉面砖为主的建筑陶瓷。之后，禹县钧美二厂、禹县方山陶瓷厂、水城县瓷厂、洛阳市陶瓷厂以及新乡陶瓷厂等企业相继投产152mm×152mm白色陶质釉面砖。这时，河南陶质釉面砖的年总产量为100万平方米左右。这个阶段生产发展的主要特点表现为一是生产规模小，一般企业年产量10万平方米左右。二是生产技术落后，基本采用1～1.5t球磨机、30～60t手动摩擦压力机、煤烧匣钵倒焰窑为主体的生产工艺技术和装备。三是品种单一，只生产152mm×152mm白色陶质釉面砖。四是产品质量较差，主要是由生产工艺、技术和装备的落后导致。

1981年后，由于煤烧隔焰窑裸装烧成工艺的出现，使河南建筑陶瓷工业进入发展阶段，生产企业规模扩大，产品质量提升。1995年，河南年产白色釉面砖250万平方米。期间，鹤壁瓷件厂的"劲松"牌152mm×152mm白色陶质釉面砖在全国行检中获得第五名。与此同时，沁阳劈开砖厂开始生产耐酸和外墙装饰砖，产品品种不断增加。

1985年，洛阳陶瓷厂和焦作二厂先后引进意大利年产70万平方米玻化砖生产线，带动了河南墙地砖行业的引进热潮。新郑轩辕公司、焦作新美公司和林县大方公司引进了玻化砖生产线，登封兆峰公司引进了瓷质釉面砖生产线、长葛兆峰公司引进了釉面马赛克生产线、新乡陶瓷厂和南阳华澳和洛阳卫陶厂引进了抛光砖生产线，加上平顶山宝丰建材公司、安阳装饰砖厂、林州沃德陶瓷公司等国产设备的企业，河南共有陶瓷砖生产企业15家，年生产能力约1500万平方米。与此同时，在引进国外设备的高潮中，河南还从山东引进以煤烧辊道窑和100～200t自动压砖机为主要设备、以干法制粉工艺生产60mm×240mm炻质彩釉外墙砖生产线30多条，满足了当时建筑业发展的需求。这段时间中，河南墙地砖的生产达到了高峰。各类陶瓷砖的总产量达到2910万平方米，其中白色釉面砖达250万平方米、彩釉砖1130万平方米、玻化砖1370万平方米、瓷质外墙砖130万平方米、劈开砖30万平方米。

1995年后，由于宏观调控及市场影响，加之部分企业管理落后，使得河南建筑陶瓷行业经历了一次长期的停产、萎缩过程，洛阳陶瓷厂、新美陶瓷公司、登封兆峰公司等一批引进企业和中、小型煤烧窑炉企业先后破产、倒闭。

进入21世纪后，河南的建筑陶瓷企业继续处于调整过程。宝丰洁石建材公司、禹州洁丽公司和新郑丰达陶瓷公司等一批企业不断提高壮大，长葛兆峰公司和新乡王牌陶瓷有限公司等企业在转换经营方式的重组中前进。与此同时，由于河南地处中原的地理、资源优势，成为粤、闽、浙等地建陶企业南北东西转移的理想地。

2001年后，首先温州企业在禹州、登封两地建起了内墙砖生产线，年生产能力600万平方米以上。接着，福建的外墙砖生产企业在鹤壁、内黄等地建设的福源陶瓷公司和中福陶瓷公司等先后投产，产销两旺。

2009年3月，广东新中源公司在鹤壁征地建厂，设计能力年产抛光砖3000万平方米，一期工程2010年6月投产。目前，御盛陶瓷公司、惠德邦陶瓷公司等一批广东企业也相继在鹤壁开工建设，预期建成后鹤壁地区的陶瓷墙地砖年生产能力可达1.5亿平方米以上，将成为河南产量最大、质量最好、品牌企业最集中的陶瓷生产地区。

1986年，河南省建筑陶瓷工业协会成立。

第二十三章　福建产区的陶瓷

福建省简称"闽",省会福州,位于我国东南沿海,东隔台湾海峡与台湾省相望。公元前221年,秦朝置闽中郡,治东冶(今福州),从此福建作为一个行政区划出现在祖国的版图上。全省大部分属中亚热带,闽东南部分地区属南亚热带,气候温和,雨量充沛,森林覆盖率居全国首位,拥有较丰富的陶瓷生产资源,龙岩土全国闻名,是我国陶瓷的发源地和陶瓷主要产区与出口地之一。由于特殊的地理位置和历史渊源,近几十年来成为台资进入最早、台资陶瓷企业最多的省份。

第一节　福建陶瓷概况

清康熙开放海禁后,福建瓷器在民间的贸易数量倍增,德化青花瓷不仅供民间及朝廷官府使用,还大量销往南洋群岛乃至东非海岸。嘉庆、道光以后福建青花瓷走向衰落。鸦片战争后,"洋瓷"进入,使福建陶瓷因销路不佳、运输困难而陷入困境。

1937~1948年,福建陶瓷业每况愈下,民窑纷纷倒闭。当时福建省建设厅与教育厅在德化、福州、闽清等地先后创办了瓷业改良场和指导所,并在德化创办了陶瓷职业学校等,但德化改良场虽然勉强维持开办,但几度关闭,几经更名。到1949年时,瓷厂实际上接近停产。闽清、晋江、安溪、宁德等地的情况都基本类似。

1951~1958年,福建日用陶瓷的年产量由不足10万件上升到5700万件,地方国有陶瓷企业由最初的3家增加到36家,农村社队创办的陶瓷企业发展到416家。此后,先后建立起了一批骨干陶瓷企业。

20世纪80年代后期至20世纪末,福建陶瓷业基本实现机械化或半机械化。早期的龙窑、阶级窑被隧道窑所替代。日用陶瓷产品从单件转向成套,低档转向中、高档,粗瓷的比重逐年减少,陈设艺术陶瓷和建筑陶瓷产量猛增。先后恢复了失传的高白、建白、建黑等传统名瓷,开发了许多新品种,其中包括德化的紫砂陶、宝石黄、开片釉、银丝釉、建红瓷、白玉瓷、莹白瓷、白炻器等,闽清的建玉瓷、高石英瓷,龙海、漳州的花釉陶、炻器、无光釉、仿唐三彩、白云陶、红陶等。在建筑陶瓷方面,除早期的釉面砖、马赛克外,开发了劈开砖、陶质、炻质、瓷质彩釉墙地砖以及玻化抛光砖等。还研制开发出了包括电子、工业用热敏陶瓷和造纸机用脱水元件等的一些高技术陶瓷产品。建设了瓷土开采加工和辅助材料生产基地。

德化、晋江、闽清、泉州、南安等市(县)的乡镇及私营陶瓷企业发展迅速。德化以小工艺瓷为主，生产厂家发展到300多家，年出口创汇1000多万美元。晋江磁灶镇以建筑陶瓷为主，各类企业达500多家，开设陶瓷产品贸易、销售公司（商店）数百家。至20世纪80年代末，闽清县有各类建筑陶瓷厂448家。闽清与晋江形成了面向全国的建筑陶瓷专业市场。此间，福建已成为产品门类齐全、品种繁多的陶瓷重点产区，成为国内第二大建筑陶瓷与美术瓷产区。

1990年，全省县属以上各类陶瓷企业72家、乡镇集体及私营企业发展到近1000家，陶瓷工业年总产值16亿元以上，年产日用陶瓷2.27亿件，出口金额2238万美元，居全国第5位。到2010年，闽清县陶瓷产值达50.6亿元，其中建筑陶瓷、电瓷、功能陶瓷占80%。

1948年以前，福建的陶瓷工业没有设置专门的管理机构。民国时期由福建省建设厅兼管。1949年以后，先后由省实业厅、省工业厅轻工处（局）、省轻工业局生产组、省轻工业厅轻工业公司等管理。1984年8月，设立福建省陶瓷工业公司。1985年，福建省陶瓷工业公司经营部分旅游艺术陶瓷产品出口业务。1988年，福建省陶瓷工业公司成为直接经营陶瓷产品出口业务的工贸公司。

自20世纪50年代中期以来，福建的日用陶瓷出口量逐年增多，福建陶瓷产品遍布全世界。

进入21世纪，福建陶瓷业开始提升转型。陶瓷卫生洁具与五金配套水暖件、小规格外墙装饰砖、陶板、专用装备、陶瓷销售业、环境保护等成为福建陶瓷的主要产业。

福建是全国四大陶瓷产区之一，已建成具有一定技术水平，产业结构基本配套，科工贸结合较为完整的工业体系。2005年全省陶瓷行业产值达200多亿元，但由于缺乏省级行业协会，各地陶瓷企业之间在知识产权、市场行为规范、价格、人才等方面存在矛盾，阻碍了行业健康有序发展。2006年6月6日福建省陶瓷行业协会的成立，为加强产业资源的管理，加强行业服务引导，实现陶瓷行业持续、健康有序的发展，协会认真履行政府赋予的职能，更好地为福建省陶瓷企业进行服务和指导，加强与政府及企业的沟通关系，倾听企业家的心声，帮助企业解决难点、热点问题，反映会员的愿望与要求；促进国内外行业间的相互交流，实现信息共享，资源共享，架起政府与行业协会、企业之间的桥梁，发挥桥梁纽带作用，为企业提供交流沟通的平台和互动空间，帮助企业做强做大，推动福建陶瓷行业的持续健康发展。

一、陶瓷产品

陶瓷是福建的传统产业。百年来的前70年主要生产日用陶瓷与陈设艺术瓷，后30年转型并增加了建筑卫生陶瓷及配套的五金水暖件、陶板、专用装备、陶瓷贸易销售业等。

1.日用陶瓷

（1）日用陶器　福建日用陶器的生产可远溯至新石器时期。1974年，在昙石山遗址发掘出5处无窑篦的升焰式横穴窑，为已发现的福建最早的陶窑。商周时期，几何印纹硬陶遍布福建全省，大体是以闽江流域为中心。秦汉时期，崇安、浦城等地出现少量釉陶，类似早期瓷器。西晋时晋江是福建日用陶器的主要产地。宋元时泉州港海运兴盛，闽清青瓷产品与晋江磁灶陶瓷远销国外。明末清初，因清兵清剿，磁灶的陶瓷业受到严重破坏，后又逐渐恢复。

鸦片战争后至民国初期，晋江磁灶的陶窑大多倒闭歇业。民国时期，闽清许显时引进景德镇制瓷技术，在池园、城关保留10多家小碗厂。

1949年以后，福建各地的制陶业开始恢复与发展。20世纪50年代，闽清、惠安、晋江、漳州、云霄、平和、长乐、同安、漳浦、宁德、东山等市、县先后建立了地方国营陶器生产厂。

1977年8月，泉州陶瓷厂试制成功紫砂陶器。同年，德化上涌开始烧制紫砂陶。1982年，泉州陶瓷厂在国内首家成功以白煤为燃料，用隧道窑烧制紫砂陶。到20世纪80年代末，德化县紫砂陶生产企业已发展到67家。

1983年，龙海瓷厂成功烧制出具有宜兴风格的花釉陶产品。1983年11月，漳州陶瓷厂派人到江苏宜兴学习花釉陶的生产工艺和雕塑技艺，1984年6月试制成功花釉陶产品并批量生产。1985年，龙海瓷厂和漳州陶瓷厂的花釉陶产品先后通过省新产品技术鉴定。到20世纪80年代末，全省共有5家生产花釉陶企业。1986年同安陶器厂出口日本500件浮雕龙缸。1987年长乐陶瓷厂出口日本花缸3万件。

从20世纪80年代初开始，粗陶生活用具逐渐被瓷器、塑料、搪瓷、金属制品等所替代，原有的日用陶器厂相继缩小生产规模或转产建筑陶瓷或其他产品。到1990年，全省轻工系统仅有日用陶生产企业13家，年产量440万件，产值630万元。

（2）日用瓷器　福建生产日用瓷器的历史最早可追溯到商周时期。西周后烧制原始青瓷器的地方增多。闽侯关口后山出土的汉末青瓷器为福建早期的瓷器。南北朝时制瓷技术深受中原和江浙生产技术的影响水平明显提高。隋唐五代时制作技艺更为成熟。宋代时青瓷一直占有重要地位。1956年，在同安汀溪窑遗址中发现一种内壁刻划卷草、篦点，外壁刻划直道纹的青黄或淡黄褐色瓷器，称为"刻划篦点纹青瓷"或"青黄釉刻划纹青瓷"，学术界曾把其统称为"同安窑系"青瓷。福建白瓷多产于南宋时期，其中德化碗坪仑、屈斗宫两窑址的产品最为典型。宋元时期，福建瓷器大量出口且内销需求量增长，促进了日用瓷业的发展，黑釉茶盏流行。元末战乱使窑场纷纷倒闭。明代时各地窑场先后恢复和发展，以德化、安溪两个窑场为最重要。此时，德化白瓷以纯净无瑕、莹润如脂名冠当世，安溪则以生产青花瓷器而著名。

清代时期，福建最著名的仍数德化窑。清初时具有独特风格的乳白釉瓷被青花瓷代之。最盛时，德化具有大小窑60余座，从业者达2.5万余人。同时，德化窑还烧制五彩和粉彩瓷器，传世作品有云龙纹五彩茶盘、粉彩花鸟盘等。永春和安溪地的瓷业也颇为发达。鸦片战争以后的100多年间，德化瓷窑大多倒闭，从业人员减至5000余人。

民国时期，外销瓷器近于中断，仅有少量产品由我国香港、台湾出口，产品也不及昔日精细，釉下青花渐被釉上新彩所取代。到1949年，全省仅存500多户农民兼营的瓷窑，从业人数仅2000多人。

1949年后福建瓷业得到恢复和发展。到1990年，全省共有大小日用陶瓷生产厂100多家，年产1.5亿件以上、产值1亿多元。主产区在德化、闽清、厦门，产量占全省一半以上，产品主要供出口。

2. 陈设艺术陶瓷

（1）雕塑陶瓷　早在新石器时期，福建陶瓷的雕塑艺术就已初见端倪。东晋南北朝时各种人物、动物、植物（主要为莲花）雕塑大量出现。隋唐五代时陶瓷艺术以各种随葬品最为典型。宋代时开始出现作为陈设品的雕塑陶瓷。元代时瓷塑人物在闽清地区已很盛行。明代时德化成为福建最重要的陶瓷产区，陈设艺术陶瓷闻名于世，产生了何朝宗、张寿山、林朝景等民间陶艺家。清代时德化陶瓷雕塑增加了寿星、王母和古代仕女、渔翁等题材。嘉庆后烧制了不少反映欧洲人在中国生活的瓷塑品。

清末至民国初期，福建陈设艺术陶瓷的生产时断时续，主产区德化也仅数家窑场生产，每家年产量千余件。1926年，闽清池园设立碗业研究所和凤济改良瓷业服务公司，先后聘请景德镇的德化艺人生产动物玩具类艺术瓷。1930年，德化瓷塑艺人许友义创制五百罗汉组雕，现存仙游龙纪寺。这个时期，福建瓷塑题材包括三尊佛、三大士、四大王、罗汉、观音、仕女、神话传说人物、禽兽形象及瓷梅花等手工捏塑花卉产品。雕塑名手主要有德化的苏学金、许友义等人。苏学金善于捏塑、擅做瓷花、工雕仕女。许友义擅塑观音、关公、罗汉等人物，作品造型匀称，装饰华丽，雕工精细。1935年，开始采用石膏模注浆成形后，陶模印坯成形逐渐被淘汰。石膏模注浆成形被广泛应用至今。

1953年，德化瓷厂开始生产雕塑瓷。清等也陆续开始少量生产就地销售。1965年后，福建省轻工研究所陶瓷研究室迁往德化，成功恢复建白瓷、并生产少量雕塑品及礼品瓷。此后，德化开始小批量生产建白瓷塑品。

1970年，德化瓷厂恢复少量传统题材雕塑瓷生产；1975年又恢复用建白瓷质生产瓷塑品；1977年7月成立省内首家艺术瓷车间。同年，闽清、安溪、也开始艺术瓷的生产。1978年，厦门瓷厂雕塑组扩改为工艺瓷车间、德化二轻系统建设工艺美术陶瓷厂。1979年，福建省陈设艺术陶瓷产量为3.29万件、产值40.46万元，约占全省陶瓷总产值的1.1%。70年代末，德化瓷厂王则坚创制《渔女》、《秋瑾》、《山鬼》、《新疆舞》、《蔡文姬》等一批雕塑品，对福建现代陶瓷雕塑产生了一定影响。

20世纪80年代初，福建陶瓷雕塑仍以传统题材为主，其中以观音为最多，造型千姿百态，品种达200多种。1982～1984年，龙海瓷厂、漳州陶瓷厂先后开始生产花釉陶产品。1984年，德化陶瓷研究所陈其泰制成高度为1.23m的千手千眼观音、德化工艺美术陶瓷厂许兴泽等烧制成高度达1.7m的大型观音。1985年，德化瓷厂许兴泰等烧制成功高度1.85m的立莲渡海观音、德化县技术开发中心烧制出1.92m的自动回水滴水观音。1985年，龙海县对原县陶器厂进行技术改造，建成年产150万件花釉陶生产线，这是福建省轻工系统第一家生产艺术陶瓷的专业厂。1989年，建阳瓷厂、南平美术陶瓷厂开发出绀黑、凝重的无釉铁胎瓷。建阳铁胎呈银灰色，表面较粗，适宜于塑造比较粗犷、豪放、简洁的造型。南平铁胎呈纯黑色、胎质细腻，比较适宜于深入地表达细节。同年，福建省陶瓷工业公司与台商合资在厦门创办大建茂美术陶瓷有限公司，年产量白云轻质美术陶180万件，产品全部出口。80年代末，全省乡镇及私营艺术陶瓷企业应运而生。到1990年，全省艺术陶瓷企业由1986年的105家增至500家以上，主要分布在德化、泉州两地，产品主要有小动物、捏塑小花篮、小人物、小摆设等，厂家以销定产，产品全部外销。

（2）彩饰陶瓷　福建在新石器时期已开始生产彩饰陶器。唐代时已使用釉装饰。宋元时开始有釉下彩和露胎刻花陶瓷。明清时发展了青花彩饰瓷。

民国初期以后，釉上新彩逐渐替代釉下彩绘，成为瓷器装饰的主要手段。20世纪50年代中期，开始使用釉上贴花装饰，到60年代以后，釉上贴花装饰已很普遍。德化瓷厂等主要厂家还保留有釉上或釉下手工彩绘装饰，现在手工彩绘也被大量应用于陶瓷雕塑品的装饰。

1984年，厦门瓷厂黄文明研制成功高温堆釉艺术挂盘，被厦门市有关部门选为礼品瓷。1985年，龙海花釉陶厂利用花釉在陶制品生坯表面进行手工绘制，龙海瓷厂、漳州陶瓷厂也有少量生产。

3. 建筑卫生陶瓷

福建现代建筑卫生陶瓷产业的快速发展起步于20世纪80年代初期，经历了三个发展阶段。第一阶段为1980～1990年初的粗放型发展阶段，多采用土窑、多孔窑、倒焰窑，生产条件差、企业规模小、产品粗放单一，烟囱林立，环境污染严重。第二阶段为1991～2000年初的快速发展阶段，由于1988年引进第一条辊道窑设备，1990年福建豪盛的投产，引进先进的技术装备，全面淘汰落后的生产工艺，建陶生产由小地砖转向外墙砖和琉璃瓦等产品。第三阶段为2000～2010年的企业转型升级发展阶段，闽清、晋江大部分企业引进当代先进的液压压砖机设备和辊道窑，多半企业建立了煤气站，球磨机与喷雾干燥塔等都相应得到改造；注重产品结构调整和技术创新，开发出许多陶瓷时装化的新品，花色品种外观造型都有创新与复古，闽清豪业公司精艺瓷仿古砖获国家免检产品，产品规格加大，产出抛光砖、亚光砖等，生产实现多样化。

（1）建筑陶瓷　秦汉时期，崇安兴田乡城村的制陶作坊就已掌握了建筑陶器的烧制技术，生产板瓦、瓦当、陶鸱尾、陶水管等。宋元时期，晋江磁灶的土尾庵窑、蜘蛛山窑、童子山一号窑都曾生产过花砖等建筑陶瓷。

20世纪50年代初期，福建的建筑陶瓷生产仍以晋江为主产地，此时磁灶的陶质琉璃制品的质量已有很大提高。1952年，该地的琉璃瓦筒、栏杆等用于集美学村的建设，受到爱国华侨领袖陈嘉庚的赞扬。

1956年后，晋江磁灶镇、闽清池园镇、白樟镇等地的陶瓷厂还生产陶瓷水管、耐酸砖，用以缓解当时水泥和钢材制品紧缺状况，主要品种有工厂污水管、生活用下水管、农业用排灌管和直径5～10mm的双头、弯头、三通、四通自来水管和上海硫酸厂等需要的耐酸瓷质砖等。但因产品易破损、不易维修，1970年后因销路不佳而停产。

1964年，隶属建材系统的漳州建筑瓷厂建成福建第一条釉面砖生产线，采用手动压机、打粉机、喷釉机和素烧、釉烧倒焰窑生产。1965年，釉面砖的产量为7.52万平方米，一级品率为38.9%。1974年，闽清白樟建筑陶瓷厂（社办企业）与上海市建筑工程局以补偿贸易形式建成福建第二条釉面砖生产线，首次在省内采用隧道窑（长95m煤窑）烧成釉面砖，当年产值400多万元，产品销往全国各地。

1978年，惠安陶瓷厂成为福建轻工系统第一家生产建筑陶瓷的企业，产品为铺地马赛克。1979年产量3万平方米，部分产品出口。

20世纪80年代初，福建各地乡镇企业开始创办建筑陶瓷工厂。到1990年，闽清县有乡镇建筑陶瓷厂50多家，从业人员4000余人，年产值3000多万元。以晋江磁灶为中心约有建筑陶瓷厂500余家，各种窑炉250（条）座，烟囱林立，从业人员近3万多人，年产值3亿元以上，成为国内建筑陶瓷市场强大的竞争对手。

1979～1984年间，因日用陶瓷和粗陶市场不景气，先后有南平第一瓷厂、柘荣紫砂工艺厂、闽侯瓷厂、南靖瓷厂、晋江陶瓷厂、龙海瓷厂等企业全部转产建筑陶瓷。连城瓷厂分出一部分建立连城陶瓷建材厂专产墙地砖。部分原生产日用陶瓷或兼产部分工业瓷的企业，如泉州瓷厂、石狮瓷器厂、安溪瓷厂、云霄陶瓷厂、平和陶瓷厂、南靖陶瓷厂、闽清第一瓷厂、长乐陶瓷厂、宁德瓷厂、同安瓷厂、闽清第二瓷厂11家企业，都先后开始兼产建筑陶瓷，主要品种有马赛克、釉面砖或彩釉墙地砖。

1982年，闽清县耐火材料厂和长乐陶瓷厂在福建省建材科研所的协助下，在省内首先研制成功彩色釉面墙地砖，长乐由于当时设备未配套而没有形成批量生产，闽清县在白中联合瓷厂和县耐火厂瓷砖生产线同时投产黄色釉面砖，销往香港和上海、江苏等地。龙海瓷厂后来居上，于1984年建成彩釉墙地砖生产线，成为省内首家大规模生产彩釉砖的工厂。早期，仅生产中、小规格产品，到1990年引进的成形生产线投产，开始部分生产大规格产品。同年，新加坡印华企业有限公司在厦门独资创办印华地砖有限公司，引进西德雷特林格等公司自动喂料、练泥、挤压成形、自动切割、连续烘干、煅烧等全套先进设备与自动控制系统，年产劈开砖3万平方米，到1990年时年产量达60万平方米。

1989年，泉州市经济开发公司、泉州市经济发展公司与豪盛石琳（香港）有限公司合资，在泉州市城东仕公岭创办豪盛（福建）有限公司，引进具有当时国际先进水平的意大利程控自动化和机械化生产线，选用优质进口釉料和炻质原材料，采用石油液化气为燃料生产高档墙地砖。1990年11月投产，年产能100万平方米，产品主销国内。

到1990年，轻工系统内有建筑陶瓷企业13家，年产量272万平方米，产值3286万元，其中，专业生产建筑陶瓷企业有龙海瓷厂、南平第一瓷厂、柘荣紫砂工艺厂、闽侯瓷厂、南靖瓷厂、晋江瓷厂、连城陶瓷建材厂等。

到2004年，晋江、南安已形成比较完善的建筑陶瓷产业集群，汇聚了全省70%以上的建陶企业，以及机械、模具、色釉料、辊棒、坯料、网版、贸易、市场、信息、科研等企业。意大利、德国、西班牙等近10家设备供应商、原料供应商、技术服务商在泉州设有办事处，国内主要是广东、浙江、山东等地的配套企业（包括机电、燃料、网版、釉料、零配件等），也在磁灶前埔、官桥设有分公司或办事处，加上本地的配套企业，形成了一个较为齐全的配套产业链。

（2）卫生陶瓷　1959～1960年，厦门瓷厂开始试产陶瓷便器，这是福建最早生产卫生陶瓷的企业。后因技术装备水平低、产品质量及使用性能差，加之厦门地区日用陶瓷市场较好等原因，1963年开始改产日用陶瓷。

1982年初，南平第一瓷厂派了5人到江苏宜兴卫生陶瓷厂学习卫生陶瓷的生产技术。同年底，南平第一瓷厂试制成功坐式、蹲式便器。由于后出水结构的坐便器市场销路不畅而基本不生产，而主要生产市场畅销的蹲便器。1983～1985年，累计产量1万余件，主要销往上海等地。1986年，由于燃油供应紧张和价格上涨，主产品釉面砖又严重压库，致使全厂停产几个月，卫生陶瓷也因此停产。

1985年，福州市闽侯县中华瓷器有限公司全套引进英国卫生洁具生产设备，建设22条人工注浆生产线，配以美国恩特肯公司58m煤气隧道窑两条，形成具有当时国际先进水平的年产28.5万件卫生洁具生产线。1988年投产，主要生产后出水的英国制式坐便器、支架式和台式洗脸盆以及相配套的肥皂盒、手纸盆等。造型主要仿英国雪瑞士洁具公司产品，共12个品种、4种颜色，按英国标准生产和检验。1989～1990年，累计产量24.4万件，产值657.75万元，产品主要销往英国、东南亚及非洲地区，也有少量内销。1990年底，公司准备将厂房设备租赁给港商而使卫生洁具生产线停产。

1993年6月，漳州建筑瓷厂与澳门宝盛集团公司合资正式运作，实现建立年产360万平方釉面砖生产线、年产100万抛光地板砖生产线、年产40万件高档卫生洁具生产线的企业发展目标。1994年和1995年，投资1.68亿元，从全套引进意大利西蒂公司两条20世纪90年代世界先进水平的年产100万平方米高级釉面砖生产线和一条年产60万件高档卫生洁具生产线。1994年11月23日，福建省漳州建筑瓷厂、漳州自来水公司等单位发起组建成立股份有限公司。1994年12月8日，福建双菱集团股份有限公司成为全省首家按《公司法》创立的规范化股份有限公司。1997年6月26日在深圳证券交易所挂牌上市。2001年9月，福建双菱重组后更名为福建漳州发展股份有限公司，退出原有陶瓷制造业。2002年，肖智勇租赁了福建双菱集团股份有限公司的卫生洁具生产线，创立了漳州万佳陶瓷工业有限公司，注册商标为"航标"。2006年5月，肖智勇又成立漳州万晖洁具有限公司。到2010年，漳州万佳和万晖的总产能达到年产390万件。

4.工业陶瓷

（1）电瓷　1935年，闽清县池园丽山村清利厝黄声凤瓷厂试产电瓷，主要品种有夹板、电灯头等低压瓷件。次年，黄声凤等人合资创办了闽清梅溪瓷厂，生产低压电瓷，1949年停产。

1955年，闽清县在原丽光瓷厂的基础上成立了公私合营池园瓷厂（闽清第二瓷厂的前身），主要生产低压电瓷、日用瓷等。次年，闽清县在原梅溪瓷厂旧址创办闽清电瓷厂，这是福建首家专业化电瓷生产大型企业。1958年以后，先后有龙海瓷厂、厦门瓷厂、泉州瓷厂、三明瓷厂、南平瓷厂、晋江陶瓷厂、建阳瓷厂等到闽清池园学习低压电瓷生产技术，试产或小批量生产低压电瓷。1962年2月，上海丽明电瓷厂内迁与闽清电瓷厂合并。1965年，闽清电瓷厂成为全国骨干电瓷生产企业，直到2005年仍是福州市属大型企业。闽清县一直是国内生产高低压电瓷的重要产区之一。2010年，闽清有低压电瓷厂226家、高压电瓷厂6家。

（2）化工陶瓷　1958年，地方国营晋江磁灶陶瓷厂开始生产化工陶瓷，品种有硫酸坛、盐酸坛等，供蓄电的电解槽产品的质量居全国第一。同年，地方国营闽清池园瓷厂也小批量生产硫酸坛。1959年，厦门瓷厂试产期间也试制过硫酸坛等化工瓷。1969年，闽清池园瓷厂生产口径36cm、长1m的大型瓷质耐酸水管。到1990年，仅有宁德电瓷厂（年产化工瓷管578t、下半年合资后停产）、德融陶瓷有限公司（年产化工瓷管1200t）、平和陶瓷厂（年产化工瓷砖18万件）共3家化工陶瓷生产企业。同年，宁德电瓷厂与唐山第四瓷厂、福州市建材公司、香港融峰制衣有限公司合资兴建的德融陶瓷有限公司，建成年产4000t化工陶瓷的生产线。

（3）特种陶瓷　1986年，福建省轻工业研究所陶瓷研究室与南平造纸厂合作，研究开发造纸机用氧化铝耐磨陶瓷脱水元件，产品包括成形板、脱水板、吸水箱面板、压布吸水箱面板四种类型。1990年，系列陶瓷脱水元件在福建星光新技术开发中心试产，同年底荣获全国轻工业优秀新产品三等奖。

1979年10月，晋江粉末冶金厂开始研制压电陶瓷——蜂鸣片。1980年，接受香港天龙表坯厂来料加工生产20万片销往香港。1981年5月，在晋江粉末冶金厂内设立晋江电子元件厂专业生产蜂鸣片。1984年9月，闽清铁合金厂试产成功压电陶瓷点火元件，1985年与中国科学院上海硅酸盐研究所联营创办闽清电子陶瓷企业。1990年，闽清、晋江两地的压电陶瓷年生产能力达到5000万片。

1983年，福州大学与闽清陶瓷科学研究所合作试验成功PT-190热敏陶瓷发热元件。同年，闽清陶瓷科学研究所成立特种陶瓷试验厂，继续开发PT-220、PT-250、PT-270系列产品，形成了日产1kg（230片）的小批量生产线，并与闽清县新技术开发中心、丽山联合瓷厂联合成立PTC技术开发中心，研制成功PCT半导体远红外线理疗器及电子驱蚊器等。

5. 特色陶瓷

（1）建黑瓷　把宋代建阳水吉窑（建窑）烧制的黑釉瓷统称建黑瓷，产品以碗、盏类为主，故又有建盏之称。建窑黑釉瓷又称建瓷天目。天目名称的由来有很多说法。一般认为，在日本镰仓时代，到浙江天目山佛寺留学的日本佛僧们，曾带回所用茶碗（建盏），后便以天目闻名。建窑上品大多是兔毫盏，此外是鹧鸪斑、油滴盏，而最稀少、最珍贵的则是曜变天目盏。建窑始于唐，盛于宋，而衰于元末，失传达700多年之久。

1979年10月，在中央工艺美术学院倡导和协助下，福建省轻工业研究所与建阳瓷厂合作对建窑兔毫釉产品进行恢复，成功地烧出兔毫釉产品，1981年5月通过福建省科委的技术鉴定。先后获省科技进步二等奖和轻工业部科技进步四等奖。1981～1983年，南平第二瓷厂承担的油滴釉研究项目获得成功，通过技术鉴定。1988年，南平美术陶瓷厂（此时南平第二瓷厂已并入该厂）陈大鹏烧制出釉面呈均匀金黄色晶点的建窑风格系列产品。

三十多年来，南平星辰天目陶瓷研究所艺术总监、国家级非物质文化遗产项目省级代表性传承人孙建兴先后开发出黑釉，金（银、黄、红、蓝、虹彩）兔毫，金（银、红、蓝、虹彩）油滴，国宝油滴（星）建盏，白点（蓝点、黑点、银点、虹彩）鹧鸪斑，曜变，异毫，毫变，窑变，黄天目，蓼冷汁，灰被，金（银）彩文字天目，铁锈斑，木叶，玳瑁，柿红釉等30多种系列建盏。作品多次在国内外参展和获奖。

（2）建白瓷　福建独特名瓷之一，古称"猪油白"，因瓷色宛如象牙，故又有"象牙白"之称。根据不同瓷质和釉色，分别赋予猪油白、奶油白、鹅绒白、孩儿红等雅称，其中以白里透红、宛如婴儿红嫩肌肤的孩儿红最为名贵。产于德化县，明嘉靖、万历年间最为鼎盛。烧制技术于清代中期失传。

据考证，德化建白瓷萌芽于宋元时期，明代已臻成熟，畅销国外。国内外许多重要的博物馆，如北京故宫博物院、上海博物馆、南京博物院、福建省博物馆等，国外的大英博物馆、巴黎博物馆、纽约大都会博物馆、芝加哥艺术博物馆、克利夫兰博物馆、加拿大安大安省博物馆等都有收藏。国外一些陶瓷鉴赏家推崇其为中国白瓷的代表，称之为"中国白"。

1960年以后，建白瓷由福建省轻工业厅研究所进行成功恢复。1964～1965年，结合国家礼品用瓷开始小规模生产，后在德化瓷厂推广，参加研制的主要人员有陈瑞忠、林文启、陈其泰、郭天正等。

1965年，恢复生产的建白瓷塑《青春》、《和平万岁》、《羊头花瓶》、《芭蕉花瓶》，以及《牡丹大笔筒》等分别被选为国家礼品瓷和国家用瓷。1978年，建白瓷恢复研制项目获福建省科学大会科技成果奖。1979年，建白刻花盖杯、茶具、烟灰缸等一批几百件套产品被选入人民大会堂使用。

20世纪80年代后，德化瓷厂经过配方及成形、烧成等工艺技术的改进，把建白瓷用于烧制高级成套中、西餐具、茶具、咖啡具、酒具等，产品大多出口。

（3）高白瓷　福建独特名瓷之一，产于德化县。因胎质坚实致密、釉色莹润明亮、洁白胜于霜雪而负有盛名。早在南宋时期，德化就生产白度极高的瓷器，通过泉州港销往海外。

1958年，德化瓷厂吴维金等研制成功高白瓷，白度高达88.1，成为当时国际上白度最高的瓷器。高白瓷质日用瓷和陈设艺术瓷具有胎质细薄、釉层柔和、造型端巧等的特点。1959年以后，德化新建瓷厂及后来的德化第二瓷厂的高白瓷多次被选做人民大会堂用瓷，其中有1959年的《建兰高白浮雕餐具》、《建兰高白浮雕茶具》、《建兰高白浮雕咖啡具》，1979年的《武夷风光高白清风茶具》、《武夷风光高白新中杯》等，1983年又补充一批高白瓷茶具和新中杯。

（4）建玉瓷　1983年，福建省轻工业研究所和闽清第一瓷厂、闽清县陶瓷研究所、福建师范大学美术系共同承担福建省科委、经委下达的高档成套瓷科技攻关项目，研制出白中泛微黄、釉面滋润、透光度好，具有地方特色的新瓷种，取名为建玉瓷。

1984年底，完成建玉瓷小试，1985年初开始扩大试验并投入小批量生产。1986年初形成年产7000套45头西餐具生产线。同年11月，转入大批量生产。1987年4月通过成果鉴定，获得1988年省科技进步二等奖。

1989年以后，提供建玉瓷生产使用的当地原料矿点渐已枯竭，从外地调进优质原料代用，工厂限量使用，建玉瓷质量不及以前。1990年，建玉瓷的年产量已超过1000万件，出口值达100万美元以上。

二、陶瓷原料、窑炉及机械

1.陶瓷原料

福建的陶瓷原料资源丰富，品质优良，矿点遍布全省各地，已开采的主要品种有高岭土、瓷土、陶土、叶蜡石、长石、石英、膨润土、硅灰石、透辉石、伊利石、紫砂土、白云石等。

福建历代陶瓷业主多是自行开采或由农户采挖后收购使用。直到民国以前均没有专业的开采机构。民国初期，全省仅泰宁县的泰宁滑石矿有限公司和丰南公司为专业开采机构。

1965年，闽清县在白中乡宝林村建立第一家县属瓷土、叶蜡石国营矿山开采机构。此后，分别建立滑石、膨润土、高岭土、瓷土等专业开采机构的有泰宁、连城、建宁、龙岩、同安、仙游等县市。这个时期，对主要矿点进行了一系列科学勘查，实行统一管理和有计划开采，采矿方法也有所改进，传统的洞采多改为露采，采矿手段也由人工采剥改为机械剥离土石方、人工采矿或机械化露采，提高了原料开采效率和资源利用率。到1990年止，全省各地先后建立高岭土、瓷土矿山33处，年开采原矿18万吨，产值650万元，龙岩、同安、建宁、泰宁、仙游等主要原料产区还建立了高岭土精选厂。

2.陶瓷窑炉

新石器时期，福建的陶器烧成用穴窑或横穴窑。商代时的印文硬陶器的烧成大多也是用横穴窑。唐代时用龙窑烧成。发掘的建阳将口仙奶岗窑和水吉池墩庵尾山窑的长度分别达52m和70m以上，每次装烧的产品可达万件之多，属较大型龙窑。宋代时龙窑规模更趋大型，建阳水吉大路后门山发掘的两座龙窑长度都达到百米以上，在国内已知的宋代窑炉中也是很罕见的。宋末元初，出现较易控制的鸡笼窑。闽清南宋古窑群尚遗留残存龙窑200多条，全部因山势而建造，成梯形阶层式，亦称阶级窑。元代时德化屈斗宫的分室龙窑可算是早期形式的阶级窑。明代德化在国内最先建成半倒焰式的阶级窑。

1936年，德化瓷业改良场建造1座2m³柴烧倒焰窑，为福建最早的倒焰窑。1940年，闽清丽山瓷业研究所建设小型德国式倒焰窑，用于烧制小型产品。

1958年8月，福建省工业厅拨专款在德化瓷厂建成用无烟煤配合木柴烧成的龙窑。同年，厦门瓷厂也建成以烟煤为燃料的倒焰圆窑。1960年，德化瓷厂用自然通风空气煤气炉发生煤气试烧龙窑基本获得成功。

1966年，连城瓷厂、龙海瓷厂先后建成无烟煤隧道窑各1条。德化新建瓷厂（德化第二瓷厂的前身）开始筹建56m油烧隧道窑。德化瓷厂动工建设热煤气站和配套70m长热煤气隧道窑。1970年12月，闽清第一瓷厂建造的50m烟煤烧隧道窑投产，为福建的第一条成功的隧道窑。1972年，德化瓷厂热煤气隧道窑成功投产，在国内同行业尚属首家。1974年，德化红旗瓷厂（现德化第二瓷厂）、厦门瓷厂的油烧隧道窑相继投产，连城瓷厂、龙海瓷厂、闽清第二瓷厂的隧道窑也由烧煤改为烧油。1977年，德化瓷厂建成1条22m长的电隧道窑，用于专门烧造建白瓷。

20世纪70年代末至80年代初，闽侯瓷厂、长乐陶厂、晋江陶厂及闽清、晋江等地的乡镇陶瓷厂先后建造以烟煤为燃料的隧道窑、多孔窑和推板窑。

1980年，白樟建筑陶瓷在全省首家建造多孔推板窑，用于烧制釉面内墙砖，一年多时间里全县40多家瓷砖厂全部建造使用多孔推板窑。后来普及全省。

1982年，漳州陶瓷厂建造1条72m无烟煤（蜂窝煤）隧道窑，成功烧制紫砂陶，为国内首创。大田瓷厂、德化瓷厂、闽清第一瓷厂分别开始兴建冷煤气站及隧道窑；厦门中华瓷器有限公司从联邦德国引进了发生炉煤气成套设备。

1985年，闽清第一瓷厂建成福建省第一座梭式窑，用于烧制建玉瓷。同年，龙海瓷厂詹延美设计建造福建省第一条低能耗油烧辊道窑，用于烧制彩釉墙地砖，1986年又建成节能效果更佳的双层辊道窑。1989年，泉州豪盛（福建）有限公司引进意大利产以液化石油气为燃料的大型辊道窑生产墙地砖。

20世纪80年代初至1990年，德化县许多中、小陶瓷厂建造许多不同形式的电窑，包括隧道式电窑、箱式电窑、梭式电窑、蒸笼式电窑等。

1990年，福建省轻工系统的陶瓷企业拥有煤气隧道窑12条、煤烧隧道窑11条、油烧隧道窑15条、电隧道窑4条、多孔窑124条、梭式窑5条、倒焰窑11座、龙窑与阶级窑50条、煤气站4座。

早期，彩烤皆用砖瓦结构木炭为燃料的小烤炉。1955年，德化瓷厂改建柴烧烤花炉，次年7月，改以煤块为燃料的烤花炉。1960年5月，建成以无烟煤为燃料的烤花隧道窑2座。20世纪70年代后，福建各地还使用坑式、隧道式电烤花窑。1979年，德化红旗瓷厂建成燃油辊道烤花窑。1981年，闽清第一瓷厂建成煤烧辊道烤花窑。20世纪80年代以后，福建各主要日用瓷厂多采用辊道烤花窑。

3.陶瓷机械

福建海源企业地处福州市，虽远离陶瓷产区，但其创新研发的系列化自动压砖机产品销售应用遍及国内外，是福建陶瓷业一枝独秀，中国三大压砖机生产企业之一。

第二节　德化陶瓷

德化地处闽中屋脊戴云山麓，制瓷历史悠久，是中国三大古瓷都之一，是中国白瓷的故里，在中国乃至世界陶瓷史上拥有相当的地位和影响。德化窑始烧于商周，发展于唐五代，兴于宋元，盛于明清，民国时期曾一度试图重振。1949年后，德化人重振"海上丝绸之路"雄风，陶瓷业支撑起德化经济的半壁江山。

一、百年历程

1911～1949年，德化县的陶瓷工业由县建设科兼管。这一时期，德化窑青花瓷产量减少，白瓷产品增多，釉下青花逐渐被釉上彩所代替，釉上彩装饰手法有所创新，主要有五彩、墨彩，还出现了金彩、黑花、电光、贴花等工艺。1934年，福建省建设厅在德化设改良瓷场，引进球磨、练泥、辘轳车等机械设备，研制釉上彩绘颜料、电用瓷、瓷砖和坩埚、漏斗等化工用瓷。改用石膏模型注浆和机压成形新工艺。瓷的胎质、釉色、装饰工艺独具特色。德化瓷雕品种得到翻新和扩大，造就了一批瓷艺大家，如瓷塑大家苏学金、许友义、苏家善、游长子、陈其泰，彩瓷大家林捷升、苏长青、孙锦春、徐曼亚、许光月等。苏学金首创捏塑瓷梅花荣获巴拿马万国博览会金奖。许友义的观音、达摩、花木兰等作品，先后四次在南京、我国台湾地区、日本、英国博物会上获得特等奖和金奖。1930年，许友义为仙游龙纪寺特制的瓷塑《五百罗汉》为中国瓷坛首创的珍品。

1949年底，政府即接管了改良瓷厂。1951年9月，晋江专署派出干部，在改良瓷厂旧址办起国营利民瓷厂，又在宝美土楼办起了国营德化劳改工厂，两个厂共有工人56人，产量19600件，当年全县陶瓷产量32.48万件。1952年全县陶瓷产量833.83万件。1953年全县总产量达到133.545万件。1956年2月，成立公私合营的集联瓷厂（后改名"人民瓷厂"）。1957年，全县瓷业总产达到1231.4万件。

1958年，隆泰、三东、三班、高蔡、浔中、宏祠、丁溪、奎斗、上涌、葛坑、瑞坂、岭坑、蔡径相继办起了13个社办瓷厂，有职工1144人，生产瓷窑30条。1959年，全县拥有瓷窑55条，日用瓷产量达300.68万件，占全县工业总产值41.5%。1965年，全县瓷业总产量达到1154.15万件。明代被誉为"国际瓷坛的明珠"的象牙白瓷得到恢复发展，以88.1度的高白度被全国陶瓷界评为白瓷之冠，易名为"建白瓷"，荣获国家优质产品证书。

1966～1976年，一批从6～14寸的釉上彩绘花瓶，从造型到彩画技艺，从构图到纹样装饰，做到浑然一体。传统的观音瓷雕有了新的发展，品种和造型日益丰富，有建白、高白、普通白、加彩、镀金等品种。1971年，全县瓷业总产量下降到586.72万件。1973年恢复到1965年的总产水平。

1979年，陶瓷总产值达到1420万余元，超过历史最高水平。1987年，国营、集体、个体等多种经济成分的陶瓷企业并存，全县陶瓷企业职工9414人，总产值为3027万元。至1990年，全县有陶瓷企业职工15425人，年产值9431万元。1995年，从业人数达4.62万人，产值7.5亿元。1998年，德化县提出科技兴瓷，调整产品结构，引导陶瓷企业向集团化发展，全县陶瓷业不断壮大，一批企业技改扩建项目相继投产。

20世纪80年代以来，形成了传统瓷雕、西洋工艺瓷、日用瓷等1万多个出口品种的陶瓷产业格局。全县推动能源结构调整，推进陶瓷窑炉改造，先后建成了电窑、油窑、液化气窑、天然气窑，采用电能、柴油、液化气、天然气等清洁能源。德化已发展成为全国第一个无黑烟污染的陶瓷产区。

进入21世纪后，德化陶瓷坚持"传统瓷雕精品化、工艺陶瓷日用化、日用陶瓷艺术化"的发展思路。加快技术创新，建立陶瓷技术开发中心，引进消化吸收先进技术与装备，相继开发出红壤陶、釉下彩精陶、轻质陶瓷、稀土生态陶瓷、纳米陶瓷、灭菌陶瓷、夜光陶瓷、自清洁陶瓷等新瓷种。

2003年，全县陶瓷企业达1100多家，陶瓷产值53.1亿元，占全县工业总产值的67.4%，被中国陶瓷工业协会授以"中国瓷都·德化"荣誉称号。

2008年10月，德化县日用工艺陶瓷产业集群被授予"2008年中国百佳产业集群"称号。

至2010年，全县陶瓷总产值82.38亿元，占全县工业总产值64.23%，陶瓷从业人员10万多人，出口日用陶瓷1.23亿美元，产品远销190多个国家和地区。

二、陶瓷产品

民国时期，德化瓷产品有日用瓷的壶、瓶、碟、杯、碗、盘、罐、匙、盒、地砖，雕塑品有《瓷观音》、《麻姑》、《寿星》、《精忠报国》、《关云长》、《花木兰》、《孙中山》、《三仙大士》，还有《独木舟之八仙过海》、《动舌道佛立体浮雕》。电用瓷和化学瓷用有瓷灯头、瓷夹板、酒精灯、蒸发皿、隔电子、漏斗；文化用品的象棋子、笔筒等等。彩绘品种有釉下青花、釉上五彩、彩金、黑花、电光，还有贴花。

1958年，象牙白瓷得到恢复发展，易名为"建白瓷"。1977年以来，开发出宝石黄、白玉瓷、珍珠瓷、紫砂陶、白炽器。主要产品有各种成套中、西餐具，咖啡具，茶具，酒具，文具等日用瓷和各种传统与现代人物、动物、植物瓷雕、花瓶、花插、花篮、花盆、灯具、挂盘、香炉、烛台等艺术瓷数千种。进入21世纪以来，德化形成传统瓷雕、西洋工艺瓷、日用瓷等齐头并进的陶瓷产业结构。

1. 高白瓷

高白瓷亦称高级白度瓷。与建白瓷、艺术瓷雕合称德化瓷中的三朵金花。高白瓷采选本地优质高岭土等原材料，经精加工配制，以高温还原烧成。1958年由德化瓷厂研制成功，白度高达88.1度，超过当时国内白度最高纪录82度的湖南建湘和国际上白度最高纪录84度的西德瓷。1960年4月，全国出口瓷参观团留笔有"薄如纸，白如玉，万里无云"，"瓷质冠居全国"之赞。1965年，全国陶瓷会议评为"白度冠居全国第一"。

2. 建白瓷

古称白建、象牙白。萌芽于宋元，驰誉于明代，延制至清初。国内外根据其不同瓷质釉色，分别赋予猪油白、乳油白、奶油白、珍珠白、天鹅绒白、虾须白等雅称。建白瓷享有"国际瓷坛明珠"的殊誉，并被推为中国白瓷的代表，称为"中国白"。清代中期烧制技术失传。1965年，福建省陶瓷研究所在德化瓷厂试制的基础上恢复成功，由德化瓷厂正式投产，改为"建白瓷"。建白历来大多应用于瓷观音等瓷雕艺术瓷和花瓶、香炉等陈设瓷。现已成功应用于烧制高级成套中、西餐具、茶具、酒具、咖啡具。先后被选为国家礼品瓷，人民大会堂、钓鱼台国宾馆用瓷。

3. 宝石黄

瓷色嫩黄明丽，格调清新高雅，胎质细腻坚结，釉面莹润晶亮，胎釉结合致密，浑然一体，白中泛黄、黄中闪白，呈脂黄色半透明，质如纯净淡黄的玉石，故名宝石黄。1982年10月，由德化瓷厂研制成功。应用宝石黄瓷质生产的玉兰、玉竹8头小茶具既是实用品又是艺术品，深获中外好评。

4. 建红瓷

1982年，由德化陶瓷研究所研制成功。质似建白，色呈淡红，胎釉一致。所制的各种人物瓷雕等工艺美术瓷，别具风姿，颇为独特。

5. 朱玉瓷

德化县科委技术开发中心于1986年研究试制成功的新瓷种。系利用紫砂陶质为主体，以洁白的瓷土为装饰，达到陶瓷结合，浑然一体。所制茶具、咖啡具等产品，既保持砂陶质的特色，又具雪白瓷色的雅稚韵味，装饰简朴，紫白相映，富有特色。

6. 玉白瓷

德化爱德华陶瓷研究室所研制成功。瓷质高洁无瑕，细腻纯净，釉色洁白晶莹，润泽明亮，胎釉密贴，浑然一体，在光线透视下，白中呈嫩黄色半透明，整体温润似脂如玉，用其雕塑的观音、弥勒，脂凝玉琢，美妙传神，为瓷中高级珍品。

7. 钛金瓷

系县劳动服务公司陶瓷工艺厂钛金厂引进安装"超金"加工设备生产的产品。采用"真空等离子磁性溅射"技术,在陶瓷表面沉积氮化钛膜层构成而呈现黄金色谱,还可变性构成紫色、天蓝色的华丽色相,为传统"金水"所不及,并具有无毒和耐磨、耐酸、耐碱,不易沾染油污,不怕洗涤剂侵蚀,不采用黄金等特点。

8. 珍珠瓷

系利用钛金真空镀膜技术的原理,在白瓷表面装饰上红金石型氧化钛光干涉膜构成的一种名瓷。这种瓷器晶莹光泽,又赋有彩虹般变幻色感,清新淡雅,高贵瑰丽,畅销国内外市场。

9. 红壤陶

20世纪90年代初,利用紫砂陶的烧制方法试制的红壤陶产品,一跃成为目前全国最大的红壤陶生产基地。目前,德化县已有红壤陶企业300多家,并涌现出多家以生产红壤陶产品为主的企业,产品已畅销100多个国家和地区。

10. 白云陶

白云陶又称轻质陶瓷。使用低温陶瓷原料——白云土制作的陶瓷产品,是国际市场上公认的环保型陶瓷制品,短暂时间内会经过风化自然降解成为泥土,不会产生废瓷、废渣等,既能清洁环境又能实现资源再利用。

11. 紫砂陶

1979年,德化县科学技术委员会下达紫砂器开发项目,当年由上涌紫砂厂研制成功。该产品选用上涌、三班等地紫砂土为主要原料,经研磨后,采用手工捏制或注浆成形,不施釉,于1100~1190℃氧化焰烧成。该产品气孔率介于陶器与瓷器之间,有良好的透气性,吸水率2%。产品呈紫红色。胎质坚实细腻。主要产品为配套的茶具、各式花盆、盆景、香炉等系列产品、传统宗教人物雕塑等。2000年以来,德化县泗滨、城后工业区的陶瓷企业,开发生产大批量紫砂陶白酒酒瓶。

12. 耐热陶瓷

1996年,德化冠峰耐热瓷有限公司开发研制。该项目采用高岭土为主要原料,引入碱金属氧化物中的强熔剂——锂辉石,以调节热膨胀系数,提高制品耐热性能,烧成热膨胀系数微小的陶瓷产品。制品白度75度左右,热稳定性为20~400℃热交换不裂,适应于明火及微波炉使用。主要产品有双耳汤煲、日式汤煲、中深煲、深式煲、浅式煲、炖盅等。

13. 半瓷

2001年,德化第五瓷厂以温克仁、温伟智、温伟鹏为主研制出釉中彩半瓷新产品。当年试产240万件销往欧美市场。该产品采用高岭土、绢云母、瓷石等为主要原料。产品胎质比精陶致密,白度75度以上,光泽度75度以上。热稳定性为20~160℃热交换不裂穿、不炸釉。铅、镉溶出量低于GB/T 3532—95标准。

14.瓷花系列

以苏学金、苏玉峰、郑燕婷为代表的陶瓷雕塑大师传承创新传统瓷花创作方法,利用捏塑手法将不同色泥按照牡丹花、芍药花、玫瑰花、茶花、菊花、梅花、兰花、水仙花等花卉特色制作成形态各异的瓷花,或单朵成品,或粘连在花篮、花瓶、挂盘、壁挂上烧制成为千姿百态的瓷花系列工艺美术瓷。

三、陶瓷资源

德化之所以能延续千年的窑火不曾熄灭,得益于境内丰富的资源,加之境内森林密布、溪流纵横,为瓷业提供了足够的燃料和水力资源。德化的陶瓷原料主要有高岭土、瓷石矿、石英矿、钾长石矿、石灰石矿、叶蜡石矿、红壤土、白埴土、紫砂石等。

1.瓷器用色釉料

德化窑瓷器的釉色有青釉、青白釉(即影青釉)、白釉、青花釉和红釉等。

青釉的釉汁较薄,釉色深浅不一,泛灰或泛黄。施釉颇均匀,亦属淡雅。釉面呈冰裂纹。

青白釉器物的釉汁薄,有光泽感,有的微带水青色。具有这类釉色的器物,在不少窑址中均有发现,如屈斗宫窑、碗坪仑窑、碗洋窑、大坂窑乙址郐家春岭窑等。

白釉瓷器是德化窑独具的特色称,称为"乳白"或"象牙白",俗称"猪油白"或"葱根白",也有称其为"鹅绒白",法国人则称之为"中国白"(Blanc de China)。德化白釉器,施釉均匀,釉质细腻,光泽如绢,凝脂似玉,浑然一体,莹润可爱,有的白釉器,在灯光或日光下映照,闪出肉红包。

白地青花瓷器的釉地虽然也是白的,但它的白色中带有大量的青灰色,显得暗淡些。青花有两种:一种淡描,青色较浅;一种染色,微浓,显出黑色。这可能是由于处理图案的方法不同而形成的。处理器物上纤细的花纹,往往是一笔画成,青色就显得淡些,对于构造比较复杂的图案,从残片上可以看出操作的过程;先用单线条钩出轮廓,然后再染色,结果构成部分显得是黑青色,染色部分是淡。另外还有不用先加笔钩,而是在器物上以"写意"的笔调直接画上的。这种画的主题大都是枝叶茂盛的花卉。着笔重的地方,釉子多,颜色黑,轻处就淡些。这是德化窑青花器的一个特点。

红釉创于元代而成熟于明朝,永乐时红釉即有"鲜红为宝"之誉,宣德红釉更负盛名,列为皇室祭器品种。正德后红釉烧制技术失传,嘉靖朝祭祀大典无奈以低温矾红釉代之。中断100多年后,至清康熙才再度烧成,遂成名品,故康、雍二朝多有仿宣红釉精品。

在现代工业化制瓷的条件下,窑内温度高低和均匀度的控制已经仪表化、自动化,烧制铜呈色剂的技术对许多技术人员来说已经驾轻就熟,祭红器、郎红器、钧红器、釉里红器等多个品种层出不穷。20世纪90年代以后,德化相继出现了莹玉红、玉红、富贵红、中国红、中华红、鼎晟红、九九红等红釉瓷。

进入21世纪,各种各样的色釉被广泛应用,有玫瑰紫、海棠红、茄子紫、天蓝、胭脂、朱砂、火红等由于釉色的相互交融而产生的无数颜色不一、形状各异的窑变,有釉面有细小的纹片的"淡天青"色釉,有如"金丝铁线"的裂变釉,有网状开片釉,这些色釉被应用于包括居家摆设品中的瓶罐器形物品和茶具等制作，丰富了德化陶瓷制作工艺和产品领域。

2. 原辅材料

主要包括陶料、陶釉料、瓷土料和瓷釉配料等。

（1）陶料　德化制陶的原料，有优质白埴（俗称白黏土）和黑埴（俗称乌坩土），均可单独配制。明、清以来，浔中乐陶村生产酒瓮、水缸等大容量陶器，为增强可塑性，采用白埴与黑埴配制，或用不同地方的白埴配制。20世纪80年代，德化县科委与上涌紫砂厂成功研制紫砂，其原料为紫砂土矿。春美部分紫砂矿可单独配制，杨梅、霞碧、三班等的紫砂矿需与其他地方的矿土配制才能生产紫砂。90年代，三班、城关等地大批量生产红陶，其原料均以当地红壤土配制而成。

（2）陶釉料　德化自古以来用草灰、杉叶灰、松叶灰、山芒灰，加卜红土石后进行配制。1949年后，粗陶器的生产量较少，釉料配制沿用旧方法。红陶的釉料，各有关厂家均有自己研制的釉料配方，以精选红壤土矿与化工原料进行配制。

（3）瓷土料　历史上德化用单方瓷土生产瓷器。唐代，泗滨瓷民取白泥岐（观音岐）瓷土制瓷。美湖上田墓林窑取金竹坑瓷土制瓷。宋、元时期，泗滨、瑶台（宝美）、后所、乐陶等窑场仍使用白泥岐的瓷土、瓷石矿生产高白度瓷器。明清和民国时期，使用观音岐的瓷土和兔仔山（又名坂仔）的瓷土和瓷石，以土箕计量进行配制。葛坑、杨梅、上涌、盖德、赤水、水口等窑场就近取瓷土、采瓷石配制瓷土料。

1949年后，瓷器原料配制沿用旧方法。1958年，德化瓷厂成立化验室，根据各矿点瓷土、瓷石的化学成分进行配制。60年代后，德化陶瓷原料配制更科学、更规范。

（4）瓷釉配料　1949年以前，德化窑的瓷釉采用低温瓷石、石灰、谷壳灰配制。1956年，开始用长石代替石灰，石英代替谷壳灰。20世纪80年代后，以长石、滑石、白云石、石英、高岭土等为原料，与硼酸盐、碳酸盐等化工原料进行配制，个别厂家利用少量的破瓷片，加上化工原料配制。

四、陶瓷装备

1. 窑炉

改革开放前，德化烧瓷的传统窑炉主要有两种：一为自宋及今采用最广、沿用时间最长的龙窑。1949年以后，德化窑还是以龙窑为主，20世纪60年代，全县有龙窑近百座。二为明代改革成功的阶级窑。20世纪50年代，德化许多瓷厂均建有阶级窑。1958年8月无烟煤配合木柴烧龙窑试验取得成功，从此开始以煤代柴烧瓷。1959年又进行煤柴合烧蛋式窑的试验。1960年4月，用自然通风空气煤气炉发生煤气试烧龙窑基本成功。混合煤气炉改用永春天湖山白煤块发生煤气烧瓷也取得基本成功。1965年，建成两座以煤为燃料的95立方米倒焰窑试验成功，至此，从煤柴合烧过渡到全部以煤代柴，结束了用柴烧瓷的历史。1966年，省工业厅投资157万元在德化瓷厂投建热煤气站和70m热煤气隧道窑，1968年投产。

1982年，中共中央总书记胡耀邦到德化视察工作，提出"以电代柴烧制陶瓷"的发展思路，而后，在陶瓷窑炉能源方面德化不断探索并取得成果。随着"低温氧化烧成"项目的研究成功，用电烧瓷得到普遍应用，结束了单纯的以柴还原烧成的历史。"简易小油窑"的研究成功并推广，柴油作为德化陶瓷烧成的主要能源，在90年代广泛应用于立式窑、隧道窑等陶瓷烧成中，为德化陶瓷产业的发展解决了林瓷之争及用电烧成的季节性能源瓶颈。2004年，当时全国乃至亚洲最大的LNG气化站——德化广安天然气有限公司开始对佳美、富东、协发、永成、祥晖等首批陶瓷厂家运营供气，从以电代柴到液化天然气烧瓷，德化县的陶瓷能源结构实现了历史性的二次变革，德化实现了电、油、液化气、天然气等多种能源的普遍应用，使陶瓷产量及质量成倍增长。在窑炉结构方面，20世纪80年代罩式窑、电热隧道烤花窑、简易小油窑、小截面节能隧道窑的研究成功并推广应用，使德化陶瓷产业的发展走上快车道，特别是90年代引进湖北中洲公司研制的大截面隧道窑，提高企业的生产能力。在新材料、新技术的应用方面，随着莫来石多晶纤维、莫来石质轻质砖等耐热保温材料的引进应用，极大地提高窑炉烧成的节能效果。"计算机自动控制技术和新材料在陶瓷窑炉的应用"项目的实施，将陶瓷窑炉烧成引入了智能化，减少人工操作的失误，提高烧成质量。面对油、汽价格不断上涨，燃料价格瓶颈越来越突出的实际，2007年在油窑、汽窑推广使用节能燃烧器、空燃比例阀、窑炉自动控制系统等节能材料及设备的同时，又研发了电热高温隧道窑，即在低温、中温、高温段分别采用电炉丝、硅碳棒和硅钼棒，解决了电力烧瓷发热体难耐高温的问题。通过能源改革、窑炉创新、新材料技术的应用研究，烧成上下温差由原来的50℃缩小到5℃以内，极大地提高陶瓷质量和产量。

2.机械

1937年，德化瓷业改良场引进辘轳机5台、柴油机和手动压坯机各1台等成形机械设备。1951年9月，利民瓷厂接收原改良瓷厂辘轳机和动力压坯机。

1955年以后，经过不断改革和引进，德化瓷厂设置大型水力双轮动力机带动40台加工碓、石轮碾粉碎机、自动筛土机、活水淘洗机等设备的改进，到现在已采用破碎机、粉碎机、球磨机、压滤机、搅拌机、调浆机、磁选机等一系列瓷土加工机械设备，以电力代替人力。德化瓷厂、第二瓷厂的瓷土泥釉料加工已基本走上了机械化先进行列，并配备了精加工的过筛和除铁设备。此外，第五瓷厂、新亭瓷厂、三班瓷厂、霞碧瓷厂、东漈瓷厂、宝美瓷厂、龙城工艺陶瓷厂、上涌紫砂陶厂、德化陶瓷研究所、莹玉美术陶瓷研究所等主要厂家的泥釉加工都装备了球磨机等机械设备，逐步向机械化发展。

1973年，德化瓷厂开始引进8时盘滚压机成形。70年代，该厂普遍使用滚压成形机，其品种有单头滚压机、转盘滚压机、双头滚压机等。1997年，福建省德化协发光洋陶瓷有限公司又从日本购置5台自动滚压成形机。1988年、1990年，德化瓷厂从日本引进液压成形生产线和全自动强力磁除铁机、真空炼泥机、泥浆泵、振动筛、高压隔膜泵、压力过滤器、全自动成形机、施釉擦脚线1条。1992年，德化第二瓷厂从德国引进喷雾干燥等静压成形生产线。1993年，德化中京瓷厂引进台湾液化气窑炉。1996年，第五瓷厂从湖北中洲引进具有国际先进水平的块烧明焰烧辊道窑。1998年德化陶瓷机械生产了许多大型陶瓷机械设备。有10t、12t、15t球磨机和时产1～5t四种三辊不锈钢真空炼泥机，TCGY3-

500型大盘深怀滚压成形机、不锈钢高压注浆机、高速研磨机、液压压滤机、拉坯机等系列产品。

3. 包装

1956年前，德化瓷器都是采用稻草、竹笼包装，破损率一般达20%～30%。1956年，出口瓷改用松木板箱垫稻草包装。后改用纸箱包装，内包装仍用稻草捆扎装填。1968年后，内包装才改用纸片或加纸盒包装。艺术瓷的内包装则采用纸盘加碎纸包装。实现出口瓷以纸代草代竹笼的包装改革，破损率降低至1%～5%。1979年，建成包装纸箱厂，生产各种包装外箱、内盒和垫片。1980年以来，又先后设计生产瓷雕艺术瓷等专用的悬空式包装盒、开窗式包装盘和各种不同规格、件头的成套茶具、咖啡具、餐具的专用配套包装箱盒和礼品瓷单件、套提式包装盒，盒外配以精印封面和产品透视开窗多手观音悬空式包装盒、18手观音精装盒、茶具、咖啡具包装盒等，曾先后分获华东包装大奖、优秀奖，部分高精瓷品还采用泡沫软型和丝绸锦盒包装，2005～2007年，佳美集团彩印包装厂引进"海德堡速霸电脑五色胶印机"、"电脑控制高速五层瓦楞纸板生产线"等先进设备，提高了产品质量，并增加产量近1倍，开始向包装装潢现代化的方向发展。

五、陶瓷贸易

德化古瓷的对外贸易，曾在中国制瓷史和中西方的文化交流史上写下了光辉的一页，对中外人民的友好往来做出重要的贡献。古代德化瓷销到欧洲后，对当地人民生活影响很大。如茶与瓷的传入，使欧洲人接受一种新饮料，方便和改变了原来的生活习俗。德化瓷欧式神塑像，是基督教徒的偶像，对基督教起到促进的作用，在欧洲人信教方面做出了极大的贡献。

民国时期，德化陶瓷外销受阻。抗战期间，沿海港口相继沦陷，陶瓷出口更难。宝美苏由甲、乐陶孙长有、泗滨颜孝洙等，曾先后在泉州、福州、厦门、汕头等地开设瓷行，但外销量甚微。

1955年，德化陶瓷恢复出口，主要产品为日用瓷。1959年，出口的江中杯、茶杯、汤盆、各种碟类、4.5英寸汤碗等被称为"五大名牌"，畅销日本及东南亚地区。此外，还有成套餐具、茶具、酒具、各种壶、杯、瓶等，共100多个品种，以及观音、弥勒、达摩等各种瓷雕工艺品，远销前苏联等27个国家。1963年，德化瓷器销往的国家和地区增至78个。1978年，德化陶瓷出口额达1019.33万元，占全省瓷器出口总数的1/3，品种的50%。20世纪80年代后，德化陶瓷出口再现辉煌时期。主要产品有日用瓷、艺术瓷、西洋工艺瓷，包括成套餐具、神仙佛像、人物雕像、动物果蔬、盆景花篮等，品种繁多，题材广泛，畅销欧美市场。1980年，德化陶瓷出口额为1481万元，1990年达6541万元，2000年上升到15.97亿元，2010年达67.38亿元，产品销往亚洲、欧洲、北美洲、南美洲、非洲、澳洲等180多个国家和地区。

1. 收购出口

1955年，厦门外贸公司派出商品采购小组进驻德化收购瓷器出口，省外贸公司也派员常驻德化收购德化瓷雕出口，全县年出口额9.9万元，1958年增至103.1万元。1959年，县商业局设立外贸股，负责管理、经营德化陶瓷出口业务。1963年，县成立外贸公司，专门负责德化陶瓷及土特产的出口业务。县外贸公司根据厦门工艺品进出口公司、省外贸公司等提供的订货单，安排陶瓷企业组织生产，然后负责联系商检人员到企业检验产品质量，再把合格产品收购，通过厦门进出口公司、省外贸公司出口。1978年，德化瓷器销售量1017.17万件，金额1019.33万元。至1990年，县外贸公司出口瓷器6541万件，金额6500万元。1991年以后，生产厂家可直接与各地外贸公司签订出口业务，县外贸公司不再包购包销。

2. 自营进出口

1978年以后，三资企业可以自行出口产品，可以自行向国外购进企业生产的原料或生产工具。20世纪90年代，具有相当生产规模，年出口商品达300万美元以上的企业可以自行出口产品和购进本企业所需原料和设备。1988年，县二轻工艺美术陶瓷厂与香港晖泰有限公司合资，成立福建省德化晖龙陶瓷有限公司，取得自营进出口经营权。1993年5月，福建省德化县工贸集团公司成立，并取得自营进出口权。1993年7月，福建省佳美集团公司成立，并于同年12月获得自营进出口经营权。至2001年，又有创意集团公司、龙鹏集团公司、协发光洋陶瓷有限公司、必德陶瓷有限公司、必达陶瓷有限公司、得盛集团公司、顺德盛集团有限公司、德化第五瓷厂等30多家陶瓷企业获得自营进出口经营权。2010年，德化县自营出口创汇前十名企业是：佳美集团公司、顺美集团有限责任公司、协发光洋陶瓷有限公司、龙鹏集团公司、臻峰陶瓷有限公司、得盛集团有限公司、必德陶瓷有限公司、宏顺陶瓷有限公司、俊野工艺品有限公司、腾艺陶瓷有限公司。

3. 参加交易会

每年春、秋两次的广州商品交易会，是中国对外贸易的最大窗口。1990年以前，德化陶瓷企业依托县外贸公司，统一送样参加广州春、秋商品交易会。1990年，企业自找对外贸易公司，开展多渠道出口，各陶瓷生产企业与国内各省（市、区）的外贸企业、三资企业联系，依托外贸企业、三资企业的出口权在广州商品交易会会馆、广州友谊宾馆的摊位，展示企业样品，与外商洽谈生意。1993年广州秋季商品交易会期间，佳美集团公司率先在交易馆购买展位，与外商洽谈贸易。此后，各陶瓷企业纷纷在广州交易会开馆期间，在广州交易馆、中国大酒店、东方宾馆、友谊宾馆购买展位，展示样品。1994年起，德化陶瓷企业在每届交易会购买标准展位达200多个，参加人数达1500多人。2000年4月第87届广州中国出口商品交易会期间，德化在广州东方宾馆红顶设德化陶瓷工艺馆（占地900m^2，设82个展位），全县200家陶瓷企业、20多万件陶瓷样品参展交易。2000年后，德化陶瓷企业在每届广交会上获取的订单均在2亿元以上。除广州交易会外，德化陶瓷企业还参加上海华东商品交易会，泉州商品交易会，并赴美国、英国、法国、德国、意大利、南非等国家参加当地的商品交易会。

4. 参加展销会和展览会

1940年，德化实验瓷场、美美、艺一、陶成玉、华美、春玉、顺镒、拓玉、美星、裕光、步玉、捷升、蕴玉、后井、东头等瓷业社及彩瓷社、省立德化简师组织778件瓷器参加在永安举办的"福建省工商展览会"。

1949年以后，德化把举办展销会、展览会作为开拓市场的手段之一。1972年8月，德化瓷厂选送戴冠观音等51件作品参加全国工艺美术展览会。1979年5月，在德化举办瓷器展销会，全国18个省（市）97个地区的日杂公司、土产公司参加展销会。1979年8月，德化选送130套餐具，700件有代表性的瓷器，赴北京参加全国轻工新产品展览。1986年以后，先后组织陶瓷企业参加省、市组织的福建乡镇企业北京展销会、福建名优特新产品展销会、泉州侨乡商品展销会。1990年4月，县政府委托陶瓷同业公会组织企业参加香港国际礼品及家庭用品展览会。1993年，举办第一届德化国际陶瓷节。1994年开始组织企业往新加坡、马来西亚举办德化县陶瓷展销洽谈会，订货1亿元人民币以上，引进外资500万美元。1997年，德化首次在北京中国革命历史博物馆举办北京德化名瓷展览会，而后又在上海、杭州、福州、南京、深圳、武汉、重庆、昆明、唐山等地举办德化名瓷展览。

5. 网上贸易

1995年，福建省佳美集团公司厦门办事处开始应用计算机网络与外商洽谈贸易。1998年11月，德化佳信网站建立，先后有200多家陶瓷企业在该网站上网，开展网上交易。1999年7月，德化乡镇企业局（陶瓷管理局与其合署办公）在全省县级率先开通"中国德化企业信息网"，有150多家陶瓷企业开展网上贸易。至2010年，上网的陶瓷企业达1000多家。

6. 国外办分公司及来样加工

1989年，德化第五瓷厂到美国旧金山创办龙氏公司，经营西洋工艺瓷。2001年，德化顺德盛陶瓷有限公司在德国哈根申请注册顺美集团（德国）有限公司，并在德国建立专卖店和贸易中转站，形成辐射欧洲市场的商贸网；同年，在法兰克福设立顺美（欧洲）总公司。

20世纪80年代，德化部分厂家根据外商提供的样品生产西洋工艺瓷。

六、陶瓷文化

1. 科研机构和技术进步

民国初年，福建省调查委员会委员郑焜倡导"改造德化瓷成形与彩画工艺"，集资于兴南街创办瓷器收购加工公司，开设彩画装饰工场，进行瓷彩改革。该工场改釉下青花为五彩、镀金或涂电光水的釉下彩，画面为之一新，一时使德化瓷订货大增。

1935年，福建省建设厅在德化城关西校场创办改良瓷场（1938年改良瓷场更名为实验瓷场，1940年改为示范瓷），主要从事瓷土原料配方和陶瓷生产工艺等陶瓷新技术研究，引进石膏模型注浆制坯工艺，建起倒焰实验室进行烧成实验，改变了德化落后的传统手拉制坯与土模制坯技法，并成功研制黑、蓝、赤等多种色釉及釉上彩、釉下彩颜料，大大提高了工效与工艺质量。

1915年，苏学金所作捏塑"瓷梅花"入选参加巴拿马万国博览会展出，获得金奖。许友义潜心钻研瓷雕艺术，熔泥塑、木雕、瓷雕技法于一炉，创造出活动瓷链、捏塑珠串等新技法，并形成造型匀称、装饰华丽、雕工精细、形象生动等独特风格，成为德化瓷雕艺术新流派，推动德化瓷雕生产新发展。1944年，吴维金被福建省德化县示范瓷业公司聘为技术工，首创热水瓶等新产品，及专销台湾的台湾壶、台湾杯的独特产品。

1957年，德化瓷厂首家建立化验室，对制瓷原料进行化学分析，使产品坯釉配方科学化，改变了以往单一配方或凭经验、土办法配料的坯釉配方办法。1960年，德化县科学技术委员会（以下简称科委）成立，负责科技创新体系建设，建设企业孵化基地，推进科技成果转化，强化高新技术产业化等工作，同时对全县民营科技工作、科普、科技队伍建设等工作进行管理。1965年6月，福建省轻工研究所陶瓷研究室搬迁到德化县城关西校场，创办福建省德化瓷器研究所。

1970年，德化瓷厂试制成功高频电容器、压电陶瓷喇叭、火花塞。1972年，德化瓷厂第一座油烧隧道窑投产。这一时期，德化瓷厂还意外地引进了8寸盘滚压机，开始用滚压成形，大大提高了成形工艺及工效。1973年，德化县红旗瓷厂也建成了用柴油作燃料的隧道窑并实现投产。

1977年后，"中低温瓷土"配方和色釉调配试验的成功，使德化大规模生产西洋工艺瓷器成为现实。以油、气代柴，特别是以电代柴烧制陶瓷获得成功。20世纪90年代后，德化大力实施"科技兴瓷、艺术兴瓷"战略，全县共有160多项产品在全国或国际上获奖，4个项目被列入国家火炬计划推广项目。

1979年，德化县科协成立，德化县陶瓷学会成立。1988～2007年，先后成立陶瓷研究会、县民营科技实业家协会、县老科技工作者协会、县再生石膏行业科协等。

1986年，全省第一家民营科技企业——德化莹玉陶瓷研究所在德化县创办。1998年，德化弘大陶瓷有限公司联合金珠陶瓷有限公司、华达陶瓷有限公司等13家科技企业，组建福建泉州弘大科技集团公司，成为福建省首家科技集团公司。在短短的十几年时间里，德化县就创办了220多家民营科技企业，并建成福建省第一个省级民营科技（陶瓷）园区。其中，被省科委认定的省级科技企业24家，高新技术企业4家。这些民营科技企业先后承担国家、省、市、县级科技计划项目，68项产品获得国家专利，30多项产品获得国际、国家和省级博览会金奖。

1992年，德化县设立陶瓷产品新技术开发基金，支持企业技术引进和技术改造。1996年德化创建德化民营科技（陶瓷）园区，1997年列为省级民营科技陶瓷园区。至2005年，德化民营科技陶瓷工业区地域面积扩大到$7.8km^2$，聚集全县70%的陶瓷生产企业，陶瓷经济总量30亿元，一个以科技创新为动力的陶瓷产业集群区初具雏形。2005年6月，被中国民营科技促进会批准为"中国民营促进会德化陶瓷园区"，同年12月，被科技部批准为"国家火炬计划德化陶瓷产业基地"。

1997年，开设国际互联网（德化瓷都佳信网络），20家陶瓷企业进入互联网，成为全国陶瓷行业首家开办国际域名的站点。

进入21世纪，佳美集团公司、冠福集团公司、顺美集团公司等一批高新技术企业成长壮大；高科技产品层出不穷，耐热陶瓷煲、釉下多彩轻质陶瓷、无铅镉水转移花纸、陶瓷刀具、天目釉产品开发等项目先后研制成功，《世博和鼎》作为高科技与高艺术融合的代表作被上海世博会福建馆选为镇馆之宝；陶瓷科技队伍的高、中级职称人员不断增多，陶瓷技术不断向更高层次发展。

2006年创建"网兴网络文化传播中心"的《中华陶瓷网》、《德化陶瓷商城》与《中国瓷都德化》三大平台为德化企业、德化旅游、德化陶瓷提供对外宣传及网上商务等活动。2007年底，《中华陶瓷网》收入全国2114家陶瓷企业（其中：德化陶瓷企业500多家），陶瓷名人名家600多位，成为德化陶瓷乃至全国陶瓷行业对外交流与合作的门户网站。2000～2005年，发布科技信息科技成果，科技政策法规等1.5万条。2007年每周发布科技信息120篇（条），日访问2000多人次，2008年7月日访问量突破20万。2008年10月，中华陶瓷网和县生产力促进中心联合发行刊《陶瓷之路》，在全国相关陶瓷展会发行，为买家和卖家搭建一个新的交易平台。

2008年8月，德化县组建中国瓷都·德化陶瓷品牌联盟，首批32家生产企业加入品牌联盟，2010年第二批25家企业加入品牌联盟。

2. 陶瓷教育与学校

民国时期，德化陶瓷教育以家传、师承为主，学校教育为辅。父艺子承、代代相袭，拜师学艺、师徒传承，两者往往相辅相成，互为联系。

家传方面以苏氏、许氏、颜氏等家族为代表。苏学金（1869～1919年）自幼随父苏万春学艺，广取博采，继承何朝宗等大师艺术风格，1915年，其作品瓷梅花首次入选"巴拿马万国博览会"，荣获金奖。苏勤明（苏学金养子，1910～1969年），继承父志，博采众长，成为当时瓷坛新秀，曾应邀参加北京十大建筑设计研讨会，为全国第一次工艺美术艺人代表会议代表。瓷塑名师许友义（1887～1939年）随父学艺，潜心钻研，集泥塑、木雕、瓷雕技法于一身，创造出风格独特的观音、达摩、花木兰等塑像，先后在国际博览会荣获四次金奖，获特等雕塑师称号。许世华（1907～1989年）师从其父许友义，1930年与父为仙游龙纪寺塑造五百尊神态各异罗汉瓷雕，声名远播；颜清着（1911年生），陶瓷窑炉建筑师。其祖父于梅岭窑场业瓷，精于窑炉砌筑。他少年时随父颜地林学习祖传建窑技艺，擅长拱建龙窑。他不断总结经验，革新技术，形成了一套独特的龙窑建造技术，并把工艺诀窍传授给六个儿子，后又传至孙辈。民国期间，其技术传遍本县各乡村。

师承方面以许友义、苏勤明等为代表。许友义除了随父学艺外，还从师瓷塑名家苏学金，潜心钻研，博采众长，集泥塑、木雕、瓷塑于一身，创造出活动瓷链，捏塑珠串等新技法，他创作的观音、达摩、花木兰等瓷雕作品，造型匀称、装饰华丽，雕工精细，形象生动。苏勤明（1910～1969年），从师许友义。艺成后，返回苏家，继承父志，重振瓷业。1953年后在德化瓷厂（利民瓷厂）致力于瓷雕创新设计，并把技艺传授给徒弟。有徒弟80多人，后来多数人成为德化瓷坛新秀。

学校教育方面，乐陶、泗滨、宝美等陶瓷业发展重要基地倡导"学艺先学文"，重视文化基础教育。一部分有识之士向福建省政府申请创办陶瓷学校。1935年，福建省教育厅批准创办省立德化陶瓷职业学校，同时设立省立德化瓷业改良场。1937年因经费困难而停办。1948年春，德化县立初级中学（德化一中前身）附设初级实用陶瓷班。

1958年5月，德化瓷厂创办德化瓷业技术学校。1960年，更名为德化瓷业学校。设陶瓷美术和陶瓷工艺专业，面向德化、南安、晋江、泉州、安溪、永春等县招生，分设初级和中级3个教学班，学制3年，实行半工半读。是年，随着陶瓷工业的调整和压缩，学校随之停办。学员全部在德化瓷厂和新建瓷厂就业。许多学员成为瓷厂技术员、车间主任和厂部管理人员。1965年学校复办，面向德化、永春和泉州招生50名。学制3年，实行半工半读。学习期满，分配在德化地方国营瓷厂当技工。1967年停办。

1977年以后，德化专业陶瓷学校迅速发展起来。1980年秋，创办福建省晋江地区技工学校德化分校，设陶瓷专业科。1981年秋，创办福建省德化城关职业中学。1994年，创办德化成人中等专业学校。

1981年始，每年从高考中选拔一批学子到江西景德镇陶瓷学院深造。1984年，县二轻联社选送十多位技工分别到福建省工艺美术学校、景德镇陶瓷学院、中央美术学院深造。1992年，县政府拨专款委托集美轻工业学校举办"国际金融贸易培训班"和陶瓷工艺美术培训班。1996～2001年，德化职业中专学校分别与香港西南艺术公司、中央工艺美术学院（后更名为清华大学美术学院）、景德镇陶瓷学院联合办学，聘请大专院校教授到德化任教。

2005年，福建省人民政府批准创办德化陶瓷职业技术学院。2006年获国家教育部备案，是一所由泉州市人民政府主办、德化县人民政府财政拨款的副厅级公办全日制高等艺术类职业院校。设立陶瓷艺术系、设计艺术系、陶瓷工程系、工商管理系、公共教学部等5个教学机构。2007年起面向全国招生。

2003年秋季，德化实验小学把陶瓷教育引进课堂，编写校本教材《陶瓷》，安排专职老师授课，每周两节。2010年，德化六中编写《瓷韵》，把陶瓷教育引进课堂。

七、陶瓷古迹与收藏

德化陶瓷业从唐末至今一直没有中断过，这在中国陶瓷史上堪称是一大奇迹。德化窑址于1961年5月由福建省人民委员会公布列为第一批省级重点文物保护单位。据1954～2010年普查，全县已发现商周、唐、宋、元、明、清至民国时期的古窑址共239处，遍布全县18个乡镇，按年代分：商周时期1处，唐代1处，宋元时代42处，明代30处，清代177处，民国时期55处。其中"屈斗宫德化窑址"（包括浔中、三班、盖德3个乡宋至明代的窑址）于1988年1月13日由国务院公布为第三批全国重点文物保护单位。

中国瓷都•德化位于古代海上丝绸（瓷）之路的重要起点城市——泉州港北部，成为中西方文明和文化的交汇点，是世界陶瓷文化的重要发祥地之一。德化瓷作为"海上丝绸之路"最主要的贸易品，是中国陶瓷走向世界的一面旗帜，是连接东西方之贸易，传载东西方之文明的桥梁纽带和历史见证。

德化瓷艺术在各个历史时期的独特气质，使之成为王室贵族、文人雅士争相收藏的珍品。据不完全统计，我国的故宫博物院和上海、南京、广东、重庆、福建等省级博物馆，以及泉州海交馆、德化县陶瓷博物馆均有大量国家级文物珍品，其中北京故宫博物院700多件，广东省博物馆有1000多件；在国外，如英国的大英博物馆有2000多件，英国维多利亚和阿尔伯特博物馆60多件，牛津阿斯摩林博物馆24件；德国德累斯顿国立美术馆1255件，德国博物馆500多件；美国芝加哥艺术博物馆58件，波士顿精美艺术馆30多件，纽约大都会博物馆29件；加拿大多伦多皇家安大略博物馆22件，丹麦国家博物馆26件，法国巴黎吉美博物馆20多件。

德化县陶瓷博物馆是福建省第一家资料齐全的陶瓷专业馆，也是全国最大的县级陶瓷博物馆，于1993年8月建成对外开放，是德化县弘扬陶瓷文化、展现精湛的陶瓷工艺和悠久的陶瓷历史的一个重要窗口。收藏有新石器时代、唐、宋、元、明、清、民国、近现代的德化陶瓷文物标本数千件，其中一级文物10件，二级文物5件，三级408件。现馆中展出的德化有代表性的古今瓷器2867件。

德化的古沉船陶瓷主要有：

（1）泰兴号沉船陶瓷　1999年5月，由迈克·哈彻率领的澳大利亚水下打捞公司，在南中海的贝尔威得暗礁附近打捞出水，"泰兴号"沉船为道光二年沉没，船长50m、宽10m，重1000多吨，出水了35.6万件的青花瓷器，经专家考证，这35.6万件青花瓷大多是18世纪末至19世纪初德化窑生产的青花瓷器。2001年11月，这些瓷器在德国斯图加特公开拍卖，总成交额高达2240万德国马克。这些瓷器主要是碗、碟、盘、杯、汤匙等之类的日用生活饮食器皿，其装饰图案多以树石、兰石、菊石、花篮、书生晨读等图案，布局疏朗，笔法流畅，充满了雅致清爽的民俗生活气息。

（2）南海一号沉船陶瓷　1987年，中国水下考古队在广东省阳江市海域发现一艘宋代沉船，定名为"南海一号"，2007年12月27日，"南海一号"正式出水。考古发掘出水的大批陶瓷器，经专家鉴定，大部分为德化窑和闽清义窑、青窑的青白瓷，器物以碗坪仑的碗、洗、瓶、罐为主。

（3）华光礁一号沉船陶瓷　华光礁一号，是一艘南宋古沉船，船体残长约19m，是中国在远洋海域发现的第一艘古代船体，于1996年被中国渔民在潜水捕鱼时发现。1998年中国博物馆和海南文物部门初步试掘，出水文物约1800件。2007年，中国博物馆和海南省文体厅组成西沙考古工作队，正式对"华光礁1号"古沉船遗址进行考古发掘，共发掘万件出水古瓷器。其中有不少是福建德化窑的青白瓷、青釉瓷等，器型主要为碗、盘、碟、盒、壶、盏、瓶、罐等。

百年来，德化陶瓷界的重要人物主要有：郑发运、温元填、林福椿、苏尧棠、温克仁、林子辉、陆镇源、苏学金、许友义、苏勤明、许兴泰、苏清河、徐本章等。

第三节　闽清陶瓷

闽清县有800多年的制瓷历史。几经创业、复苏、巩固、提高等阶段的发展，陶瓷业已成为闽清县最具特色和优势的产业。目前，全县拥有788家陶瓷及耐火材料等企业，其中：建陶瓷87家，高低压电瓷335家，电瓷电器装配厂95家，瓷模具及瓷配件加工企业35家，瓷土开采企业113家，瓷土与釉水加工企业50家，功能陶瓷厂16家，碳化硅棚板15家，陶瓷机械制造1家，磁性陶瓷材料1家，陶瓷产品包装物厂40家。从业人员达6.8万人。建筑陶瓷、电瓷、日用瓷、功能瓷、艺术装饰瓷五大类上千个品种。出口销往50多个国家和地区。

建陶瓷和电瓷产值30多亿元，成为我国瓷砖重要生产基地之一和全省最大的电瓷出口基地。2004年被中国建筑卫生陶瓷协会授予"中国陶瓷生产基地县"称号，成为蜚声海内外的"东南新瓷都"。

清初康熙年间，广东潮汕人陈应雄和1736年德化窑户吴氏先后到池园经营瓷业达数十年之久。德化四班郑章国叔侄五人，于1796年（清嘉庆年间）来池园，承接了德化吴氏在池元的瓷业，建窑厂百余间，使之得以新的发展。德化四班后划永春县，故有永春郑姓来闽清制瓷一说。

1912～1937年，邑人黄乃裳、许显时、黄树萱、黄镜人，黄声凤兄弟先后创办瓷科所和碗厂。黄声凤往景德镇学习瓷艺。黄乃裳、许显时请来德化艺人，帮助和促进闽清瓷器发展。池园的山头一带窑厂林立，瓷业大兴，厂房300多间，碗窑20多条。坤财凤济厂、清利厂都建造了德化式大型阶级窑。产品有大、中、小碗，各式缸、盆、碟、盘、瓮、钵，以及杯、盏、台灯、茶具等近百种。1934年，池园110多家瓷厂业主联合成立"瓷东同业公会"。1935年，瓷东业主先后在福州开办六家碗厂。闽清瓷器自宋元起，至民国间，均有销往海外、省外。

1949年后，闽清陶瓷不断获得长足发展。20世纪70年代起，闽清一瓷、二瓷生产的日用细瓷的质量、品种和出口量均能与德化县相伯仲，闽清成为国家轻工部重点技术改造的福建省瓷器生产出口基地。

1962年，上海丽明电瓷厂迁来闽清，与地方电瓷厂合并建设闽清电瓷总厂，下辖电瓷一厂、二厂、三厂和进出部，占地12万平方米，产品销往全国各地及海外多地，带动了闽清高低压电瓷的蓬勃发展。

1974年，在上海建工局帮助下，闽清白樟瓷厂成为全省第二家、全国第五家批量生产釉面砖的企业。20世纪70～80年代，闽清的艺术陶瓷、功能陶瓷、压电陶瓷和软磁材料曾兴盛一时，目前还保留着点火元件和软磁的生产，年产值3500多万。

1987年，全县有瓷厂220多家，一批实力雄厚的陶瓷企业走出福建省，在国内10个省兴办35家大规模陶瓷企业。至2010年，建筑陶瓷、电瓷产品普遍上档次。闽清县陶瓷及其相关产业产值50亿元，70%陶瓷产品销往国外世界各地。2001年3月，县陶研所与福晶公司合作成功研制的磁性陶瓷材料（俗称"软磁"），填补了省内空白，产品与国外同类产品质量相媲美，已形成规模生产。

一、陶瓷产品

1.日用细瓷（含艺术瓷）

闽清日用细瓷的生产始于12世纪的南宋末期，后又消失于元代。明清代民国期间数起数落，艰难发展。1949年以后，池园碗厂开始恢复日用细瓷生产。1956年，公私合营闽清池园瓷厂（后改名县第二瓷厂）的日用细瓷生产开始从手工操作向半机械化方向发展。次年，该厂日用细瓷"梅花"牌商标注册，生产列入国家计划。1965年，闽清第一瓷厂建成并设立一个专门生产细瓷车间，当年生产细瓷碗有5个品种，并出口新加坡、马来西亚、香港等国家和地区。70年代后，县一瓷、二瓷生产的日用细瓷成品率和出口率逐年提高。

1981年，在广州春季交易会上，县第二瓷厂同外商成交西餐具及杯碟成套细瓷近100万件。是年，县一瓷日用细瓷出口率突破80%，一级品率突破70%，在全省陶瓷行业中首创"双突"纪录。1985年，县第一瓷厂研制出高档"建玉瓷"，次年，该厂全面转轨生产"建玉"瓷系列茶具、中餐具、西餐具、咖啡具等产品。1987年，闽清日用细瓷系列产品有高档建玉瓷，精细日用瓷、中档成套瓷、功夫茶具、梅花茶具等。1988年，"建玉瓷"系列20头、45头西餐具荣获国家轻工部优质产品称号。随后，企业改革引进市场机制。1990～1996年，台资福陶公司租赁闽清一瓷一条生产线生产马克杯出口欧美国家。1992年至1999年，台资福州（日信）陶瓷公司租赁闽清一瓷一条生产线生产日用瓷、礼品瓷销往日本、欧美等地。1996年，闽清一瓷留守人员组成三如陶瓷公司生产内墙釉面砖。

20世纪90年代初，闽清日用细瓷产量和出口量成倍增长，产品畅销全国各地并远销香港、中东、东南亚、美国、加拿大、澳大利亚、西欧等20多个国家和地区。1992年，全县日用细瓷产量达2230万件，产值3900万元，出口1117万件，出口交货值1800万元。90年代中期后，因国内外日用瓷市场疲软以及建陶业蓬勃兴起，闽清日用细瓷生产逐渐萎靡。目前，尚有几家民营企业生产日用瓷器。

工艺美术瓷是闽清县又一传统瓷种，其历史与日用瓷同样悠久。从东桥镇义窑、青窑挖掘出土的古陶瓷中，就有宋元时期生产的瓷狗，瓷猪等陈设瓷。县内生产艺术瓷的厂家主要是县一瓷、县二瓷。其工艺引自德化和景德镇。20世纪80年代，共有4大类137个品种，100多万件艺术瓷品销往美国、日本、新加坡等国家和国内香港、澳门等地区。近年来有4家民营企业专业生产工艺美术瓷，包括结晶釉花瓶等产品，销往国内外。

2. 电瓷

（1）低压电瓷　1949年前，十一都池园清利瓷厂、丽山瓷厂开始生产低压电瓷。1956年，县内第一家专门生产电瓷企业——闽清电瓷厂创办。1962年2月，上海丽明电瓷厂内迁并与闽清电瓷厂合并。1965年，闽清电瓷厂设计RTO瓷管钢模干压成形新工艺。1977年，试制成功负荷开关熔断器，主要技术标准达到英国同类产品先进水平。20世纪80年代后，闽清低压电瓷业迅速发展壮大。1982年，闽清电瓷厂获国家机械部颁发的生产许可证。是年，该厂低压电瓷出口量位居全国同行业前茅。与此同时，以池园为中心的个体、私营低压电瓷生产企业如雨后春笋般地茁壮成长。至1998年，全县生产低压电瓷企业达200多家，年底低压电瓷由1978年1164吨提高到2万多吨，出口交货值由1978年380万元提高到5100万元。

进入21世纪后，闽清低压电瓷产业实现由龙窑到隧道窑、分散到集中、单一到多样、半成品到组装成品转变，引进资金扩大企业规模，加大产品认证力度，并快步走向规范化和系列化，有开关板、保险盒、熔断器、闸刀开关四大系列300多个品种，大大提高闽清低压电瓷产品的品味和价值，产品畅销全国各地区及东南亚、韩国、日本、非洲、欧美等30多个国家和地区。

2010年，全县低压电瓷电器企业226家，其中规模以上企业（年产值500万元以上）33家，从业人员8000多人，年产值12.2亿元；年上交税金（含高压电瓷）5300万元；年出口交货值3.85亿元，分别比1978年和1998年增长100倍和6.6倍。池园镇有电瓷企业202家，电瓷产品80%出口世界各地。闽清县池园镇成为"中国电瓷第一镇"。闽清已发展成为中国最大的低压电瓷电器生产基地。

（2）高压电瓷　1960年，闽清电瓷厂首次试制少量高压针式电瓷。20世纪70年代，该厂可生产绝缘子、避雷器等5大类58个规格、200多个分规格高压电瓷产品。1980年，采用国际标准生产，产品质量达到出口要求。1984年以来，闽清电瓷厂先后为漳州、福州、厦门3座大电站和沙溪口、闽江水口水电站生产提供高压电瓷电器产品，并成为国家电力部认可的全省高压电瓷唯一生产厂家。1986年，瓷绝缘子、高压隔离开关、高压熔断器、3GKV以下金属氧化物避雷器等产品，经中国电瓷检测中心检测，各项指标全部合格。此后，该厂有20多种高压电瓷产品先后获得国际电工委员会、加拿大、英国、美国、意大利、德国、荷兰、日本等国际组织和国家质量认证。进入90年代，闽清电瓷厂高压电瓷产品70%以上出口，并位列全国同行业前3名。1993年，闽清高压电瓷产量达2625.14t，比1987年翻一番以上；产值4723万元，出口交货值614万美元。1999年，闽清电瓷厂获得ISO 9002国际质量管理体系认证证书。是年，该厂高压电瓷产值达6109万元，出口交货值662万美元。同时，还大量生产高频瓷。

2002年后，虽然闽清电瓷厂因体制原因而退出历史舞台，但其的管理人才、熟练员工、技术、经验、市场及设备等很快被闽清企业家所吸收，三泰、和盛、鸿电、亿力、捷唯等5家以生产高压电瓷为主的民营企业先后兴办，并很快获得ISO 9001国际质量管理体系认证，其产品畅销省内外以及南美洲、非洲、中东、澳大利亚等海外许多国家。

3.建筑陶瓷

1957年，闽清县有少量瓷质水管、挂衣钩等建陶产品生产。1974年，闽侯台屿人陈克远任上海建工局供销处长时，组织上海建材统配站与白樟公社瓷厂，以补偿贸易形式大规模生产釉面砖。此后，他还帮助白中联合瓷厂等企业发展瓷砖生产，促进闽清建筑陶瓷企业迅速发展。1975年，白樟瓷厂与上海建工局合作生产白色釉面砖2.58万平方米。

进入20世纪80年代后，以生产白色釉面砖为重点的闽清乡镇企业异军突起。1987年，全县生产白色釉面砖企业43家，年产量120万平方米。1992年邓小平南巡讲话后，以个体私营为主体的闽清建陶业迅速发展壮大，并一跃而成为闽清最重要的支柱产业。1996年，全县建陶企业有267家，年产白色釉面砖5600万平方米，约占全国同类产品1/10，产品销往全国20多个省、市、自治区。

1996年，闽清建陶业开始进行重大技术改造，引进喷雾干燥塔、大吨位压力机、辊道窑、自动淋釉线等新设备、新工艺，采用流水线、自动化作业，生产多种规格彩色内墙砖、外墙砖、地板砖、玻化砖、水晶砖、钢砖等中高端建陶产品。

进入21世纪，闽清建陶业全面加强质量管理，实施品牌战略重视科研攻关，加大产品创新力度，建立现代企业制度，先后有豪业、旭日、腾龙、红叶、大世界、三得利、飞天、自力等20多家建陶生产企业获得国际质量管理体系（ISO 9001）认证证书，并有豪业陶瓷等建陶企业产品获得"国家免检产品"、"福建名牌产品"等称号，产品畅销全国各地并出口东南亚、中东、非洲以及美国等许多国家和地区。

2010年，全县大型建陶企业57家（其中规模以上企业44家），年产彩色釉面砖3.4亿平方米,产值36.2亿元,上交税金1.47亿元,出口交货值5.3亿元。闽清已成为我国建陶业重要的生产和出口基地之一。

4. 陶器

清乾隆年间(1740～1750年),闽清县珠中村印有烧制缸、坊、瓮、砵三类陶器作坊数家。经数代整合,小作坊联合为统一经营的陶器厂。20世纪50年代中期,坂尾黄庆建等人合资在塔庄梅寮隆源堂办陶器厂,60年代中期停产。珠中村的陶器厂历经265年,是县内唯一长期从事陶器生产厂家,该厂1956年前为私人独资经营,农业合作化时期,以私人投资入股形式走互助合作道路,成为县手工业局直接管理的集体所有制企业。70年代,县手工业局改为二轻局,该厂仍由二轻局管理。90年代末期,县集体企业体制改革,该厂由民营资本赎买,还原为个体企业,至今仍然生产陶器。2010年,产品有30多种,例如:缸、坛、瓮、面盒、一钵、二钵、饭钵仔、中饭钵、大饭钵、釉仔、瓮市仔、大瓮市、六釉、小酒婴、大酒器、金瓮、六缸、水管、尿古、尿壶、汤锅、米缸、大中小花钵、茶壶、茶窖、硫酸缸、火笼钵等。

二、陶瓷文化

(1)行业禁忌 陶瓷行业有句俗谚,叫做"一烧、二土、三成形"。意为陶瓷生产所有工序中,烧成是最关键的一道工序;其他工序出差错只会造成局部损失,而烧成失败则前功尽弃。旧时闽清池园丽山头一带碗厂烧成技术落后,窑烧师傅和窑工们对自己的实践经验信心不足,每逢点火烧窑时总是一靠神灵保佑,二靠防止不祥前兆发生。从封窑点火起至烧成停火,必须忌讳一切不吉利的言行。因此,窑烧过程窑工们要保持高度严肃,不允许嘻嘻哈哈,闲拉乱扯,以防"祸从口出"。此外,在行为方面要注意"三忌":忌喝红酒和吃红糟肉,怕碗坯不熟变红色;二忌吃黄豆和花生,怕烧窑时碗柱滑动发生倒窑;三忌吃糍粑,怕碗坯烧成黏结瓷。这些忌讳很不科学,但也可反映烧成技术难度大和陶瓷业者对这一工序的慎重态度。

(2)民间传说 闽清陶瓷业的传说天真烂漫、富有想象力,可作为口头文学来欣赏,成为闽清瓷乡的文化特色之一。

① 东桥义窑的传说 东桥义窑、青窑、安仁溪等村的山头上有古龙窑200余条,其中保存较完好的10多条。1958年,考古专家对发掘出来的古窑器物进行测定分析,认定义窑当初烧制的瓷器属青白瓷类,具有宋元时代的特征。还认定,此古窑应是形成于公元12世纪末的南宋时期,当时是福建数一数二的窑场。可惜这一史事从未见于任何资料,连古省志、府志、县志也无片言只字的记载,惟有民间留下许多无文字证实的传说。

一说是唐朝末年,黄巢起义军入闽时路过此地,把部分人马留下来,他们中的湖南人懂制瓷,于是就在此建窑制瓷为生。由于他们是起义军,因此就把自己的瓷窑称"义窑",后来被朝廷侦知,疑其乃聚众谋反,遂发兵将他们剿灭,以致窑场荒废,这段往事也随之被埋没。

再一说是南宋时期,闽清举子郑性之前往都城杭州应试,路过二都(今云龙乡)时被山寨头领扣押。郑在被扣期间与看管他的喽啰交谈得知他们来自湖南醴陵，怀有制瓷技艺。于是便求见山寨首领，告诉他自己陪同老师朱熹游学闽江北岸时（今东桥义窑一带）曾看到当地有许多白土，老师说这是白黏土，可以用来制造瓷器，还把朱熹在芝溪村（今朱山村）一石壁题刻"观云岫"三个大字的事一并告知。还说："那里森林茂密，紧邻闽江，有着得天独厚的制瓷条件和便利的水路运输，你们既有制瓷技艺，何不发挥一技之长而创一代之实业，这难道不比打家劫舍强得多吗？"郑性之一席话让山寨首领茅塞顿开，决定移师东桥开办窑场。该山寨首领金盆洗手后尚不忘当初绿林聚义之豪举，因此把自己开创的窑场定名为义窑。

以上传说，2007年被中央电视台国际频道《走遍中国》栏目采用，录制"义窑之谜"专题播放。

② 池园制瓷始祖的传说　在池园丽山联合瓷厂厂区内，有一座始建于清乾隆年间用以供奉三山国王的庙宇，人们皆称之为"王公宫"。相传清康熙五年（1666年），有一个先前来自广东大埔县的制碗师傅阮思潮，回家乡带来其家乡民众信仰的"三山国王"香位来到闽清池园丽山扩大建窑烧瓷，在那里广收徒弟，传授陶瓷制作技艺，成为当地制瓷始祖。到了清嘉庆年间，池园陶瓷业得到迅速发展，当地陶瓷业者均认为这是"三山国王"的恩赐，把其尊为陶瓷业的保护神，并在丽山建"王公宫"以祀之。

关于"三山国王"，也有两种不同传说。一说是有一次宋朝某皇帝微服私访，路遇贼寇追赶，正当危急之际，忽然天上降下3座大山挡住贼寇去路。这时在附近烧瓷的阮思潮把张皇失措的皇帝救下，扮成窑工保护起来。皇帝脱险回朝后，敕封阮思潮为三山国王。阮后来到丽山传授制瓷技艺，丽山瓷业从此大兴，窑厂发展到百余间，连绵四五里。乡人为报答三山国王鸿恩，集资建造"王公宫"于丽山碗垱里地方，让其享受四时香火，保佑当地窑业兴旺发达。

另一传说是阮思潮带着广东潮州民众信奉的三山国王香位来到池园丽山建窑烧瓷，传授制瓷技艺，成为池园地区陶瓷始祖。清嘉庆时，随着池园陶瓷业的发展壮大，阮思潮享有的威望越来越高，他带来的三山国王信仰也为丽山民众所继承，人们均尊三山国王为陶瓷业的保护神，并集资建造"王公宫"于丽山头。

③ 暗语　民国及以前，在闽清丽山头做碗的人都会说外人听不懂的暗语，当地民众称之为"碗厂话"。经考证，碗厂话就是闽北的"八音哨"。八音哨最早流行于闽北木材、船运等行业，是一种行业暗语，目的是为了保守行业机密和个人隐私。清初，十一都丽山头瓷业复兴，生产的瓷器主要靠外销。在瓷器外运和商业交往中，外地船工就把自己使用的暗语——八音哨传播到十一都各瓷厂。

八音哨分为双声和三声两种，它的声母、韵母与福州方言相同，发音以十邑韵书《戚林八音》为准。双声拼音的规则是：把一个字的头声改为原声母与l（勒）相拼，第二音保留原声母与顺韵改的韵母拼。譬如"闽"（min）字，头声改原声母m为l，与原韵母拼成"林"（lin），次声保留原声母，与顺韵改韵母in为ing拼成"名"，"闽"字就讲成"林名"。

丽山头最盛时有大小瓷厂百余家，厂房彼此相连，工人相对集中，这就为男女青工相互接触交流创造了有利条件。由于八音哨外人听不懂，因而传入碗厂后很快就成为制碗工人尤其是青年工人的第二语言，1949以后，随着文化水平的提高和普通话的推广，"碗厂话"逐渐被淘汰，八音哨作为民间特种语言和行业暗语的历史从此结束。

④ 歇后语　在长期的生产、生活中，池园地区碗厂工人创造了大量形象、生动、诙谐、幽默的歇后语，来反映他们对职业、社会、人生的看法，也反映出劳动人民的朴素感情和智慧。举以下3则为例。

一是：白脖子老鸦——碗厂人。旧社会池园地区碗厂都坐落在向阳的山坡和山腰上，而古老的水车碓都分布在山涧两岸。制碗备料流程是把开采的瓷土从高山用辘驴拉到涧车碓都，经过舂细、淘洗、沉淀和放水晾干后，再从土池里把土坯起出，然后沿着崎岖小路挑到厂房晾干用于制坯。这些工种的工人劳动强度非常大，工薪又低，生活十分艰辛。夏天，他们头戴斗笠，赤膊挑担，在高温烈日下劳动，晒得浑身如黑炭。为了随时用于擦汗，他们挑担时每人肩上都围一条长宽各二尺二的龙头护肩。因此，人们称这些工人为"白脖子老鸦"，而他们自己也编出这则歇后语自嘲自乐。

二是：平底、直墙、美人肩——正正好。旧时池园地区碗厂都是靠手工拉制碗坯。瓷碗口径虽有尺寸规格，但无成文的产品外观和内在质量标准，加上每个人的手法和用力度不同，造成产品造型和吃出不统一。为解决这一问题，工人们把自己的实践经验归纳为上述这一生动、形象、直观、易记的歇后语。意思是说，汉碗的质量标准是碗底要平、碗边要直、碗肩要像美女双肩一样适度下垂，这样的碗坯才算为合格的产品。

三是：十六橺鸟囝——勿会（不）过隔。十六橺是碗厂厂名，隔指池园观音隔，是这一地区通向外界的要道之一。这则歇后语有两层意思，一层意思是碗厂工人们以土生土长的小鸟自比，说自己只会在十六橺这个小天地里谋生，没有胆量和能耐远走高飞，更不知道外面世界有多大；另一层意思是说，做碗人一辈子和瓷土打交道没出息。

⑤ 歌谣　旧时池园碗厂的工人在劳动中创作过许多口传歌谣，有歌唱爱情的，也有诉说做碗人艰辛劳作和苦难生活的，这些歌谣生活气息浓厚，歌词通俗，易懂易记易唱，用闽清话唱起来抑扬顿挫，音韵优美，别有感人处。以下选录4首。

《拔辘仔歌谣》

半夜起床送郎君，天光送饭山头梨（来）；
郎拔辘车千金重，妻推辘尾苦无力；
嫁夫莫嫁拔辘仔，三更醒来目汁（泪）流。

《担碗小调》

半暝（夜）起身洗饭甑，今旦天光（亮）郎出门；
先煮红蛋再炊饭，早饭吃饱送碗郎；
目送郎君担碗去，妹靠门扇心慌徨；
郎担碗篓体保重，早换钱米回家门。

《碗厂人，没谷砻》

碗厂人，碗厂人，没田没地没谷砻；

日日顿顿番薯饭，豆仔做配（菜）咬半；

午餐芋蛋蘸土苗，晚餐粥配橄榄咸；

天热身穿粗衫布，天冷衣单烘火笼；

一日拈（弄）土拈到暗，没吃没穿下等人。

《十一都诸娘会画花》

十五都诸娘（妇女）会捞虾；

六都诸娘松毛扒；

十四都诸娘会洗沙；

十一都诸娘会画花（碗花）。

注：十五都系今白中镇，有村名"霞溪"谐音"虾溪"，故被暗喻"会捞虾"。六都系坂东镇，有地名"松柏"林下，所以有"松毛（叶）扒"。十四都系金沙镇，有铁矿沙，历史上曾有洗沙炼铁。十一都指池园镇，制碗有手工画花工序，多由灵巧的女工操作。

第四节 建筑卫生陶瓷

一、发展概况

20世纪50年代初期，福建的建筑陶瓷生产以晋江为主产地，磁灶的陶质琉璃制品等曾用于集美学村的建设。1956年以后，晋江磁灶镇、闽清池园镇等地曾生产陶瓷水管，1970年后因销路不佳而停产。1964年，漳州建筑瓷厂建成福建第一条釉面砖生产线。1975年，闽清白樟建筑陶瓷厂与上海市建筑工程局以补偿贸易形式建成福建第二条釉面砖生产线，首次在省内采用隧道窑（长95m煤窑）烧成釉面砖。1978年，惠安陶瓷厂成为福建轻工系统第一家生产建筑陶瓷的企业，产品为铺地马赛克，1979年产量3万平方米，部分产品出口。

福建现代建筑卫生陶瓷产业的快速发展起步于20世纪80年代初期，经历了三个发展阶段。第一阶段为1980～1990年初的粗放型发展阶段，多采用土窑、多孔窑、倒焰窑，生产条件差、企业规模小、产品粗放单一，烟囱林立，环境污染严重。第二阶段为1991～2000年初的快速发展阶段，由于1988年引进第一条辊道窑设备，1990年福建豪盛的投产，引进最先进的技术装备，全面淘汰落后的生产工艺，建陶生产由小地砖转向外墙砖和琉璃瓦等产品。第三阶段为2000～2010年的企业转型升级发展阶段，闽清、晋江大部分企业引进当代最先进的液压压砖机设备和辊道窑,多半企业建立了煤气站,球磨机与喷雾干燥塔等都相应得到改造;注重产品结构调整和技术创新,开发出许多陶瓷时装化的新品,花色品种外观造型都有创新与复古,闽清豪业公司精艺瓷仿古砖获国家免检产品,产品规格加大,产出抛光砖、亚光砖等,生产实现多样化。

经过30年的超常规、跨越式的发展,福建已成为我国建筑卫生陶瓷四大产区之一。2003年,东龙(厦门)陶瓷公司的建筑陶瓷、福建中宇集团公司和厦门松霖卫生洁具公司的出口额均居全国建陶、卫生洁具出口额前30名。欧盟成为福建陶瓷出口的最大输出地。欧盟于2006年1月1日起取消了对我国陶瓷进口的配额管制,给国内陶瓷扩大出口带来了新的机遇,出口的陶瓷制品以装饰用陶瓷制品为主。

1992年,福建省把建筑陶瓷产品编入建材质量规划,使企业步入质量效益型的发展轨道。"九五"期间,福建加大科技成果产业化培育和扶持力度,共开发新产品20项,其中1项达国际水平,2项处于国内领先,2项达国内先进。建陶工业通过技术改造、技术更新、企业规模不断扩大。企业平均规模已达到国家"十五"规划年生产能力100万平方米以上的要求,与世界先进国家的差距在逐渐缩小。窑炉基本上已达到辊道化、煤气化、自动化、大型化,并逐步向低消耗、低污染、低成本、高效益的方向发展。有100多家企业取得ISO 9001质量管理体系认证,闽清豪业陶瓷等5家企业获国家免检产品,豪业公司精艺瓷被评为国家著名商标称号。双菱、协进、协盛、恒达、汇丰、华尔顿等多家陶瓷企业品牌产品获福建省名牌产品,商标被评为福建省著名商标称号。

1996年12月14～15日,福建省建材工业总公司和省硅酸盐学会在福州联合召开的建材工业产业技术政策研讨会提出:建筑卫生陶瓷工业要以配套、节水为中心,形成以卫生间等配套产品为主体的"制品业"。"十五"期间,福建建材工业坚持"等量淘汰"或"超量淘汰"的发展战略。对严重污染环境,破坏资源的小陶瓷要严格限制和整顿,把淘汰、改造和发展有机结合起来,推行清洁生产,培育大型骨干企业。建筑卫生陶瓷工业要加大结构调整力度,发展高档产品,增加中档产品、压缩低档产品,淘汰落后生产工艺,培育大型骨干企业,引导中小型企业技术创新,提高产品质量和档次,增强国际市场竞争实力,由生产大省发展为技术创新与出口强省。

陶瓷行业是福建省重要的支柱产业,福建也是全国陶瓷产区的主要集散地之一。福建建筑卫生陶瓷的主要品种有外墙砖、内墙砖、墙地砖、地砖、釉面砖、园林陶瓷、陶瓷马赛克、琉璃瓦和卫生洁具等。陶瓷地砖产品升级换代迅速,各种花饰的印花瓷片和彩釉地砖、耐磨地砖等被广泛采用于建筑物室内装饰。2005年,外墙砖占建筑卫生陶瓷比重达80%,占全国市场份额的70%,琉璃瓦几乎垄断全国市场;建筑陶瓷产销量居全国第一,产品花色、品种能适应市场需求,全省节水陶瓷密封水嘴为国内首创。

1996年,台资企业东龙陶瓷有限公司在国内首先生产仿古砖。随着国内水晶砖市场的逐渐饱和及替代产品的出现,晋江华泰、南安茂兴、闽清豪业等一批企业主动调整生产,成为全国最先进入仿古砖领域的企业,后来有腾达、国星、豪业及闽清的精艺瓷等仿古砖企业品牌。2005年,福建茂兴建材发展有限公司是国内唯一采用"生料釉"与干压技术专业生产复古砖的厂家,经专家鉴定技术达国际先进水平,其原土、矿天然原色用于釉面,使表观呈三维质感,系国内首创。据统计,2010年福建省仿古砖生产线总数达78条。

1998年，福建敏捷机械有限公司、1999年闽清白樟建筑陶瓷厂、闽清丽山联合瓷厂被福建省人民政府授予省级先进乡镇企业。宁德市俊杰瓷业有限公司化工部化工机械研究院及美国LANTEC PRODUTS INC公司联合开发了新一代化工陶瓷填料——组合蜂窝陶瓷填料产品，综合性能比普通化工填料性能提高1.6倍以上，属国际国内首创产品，被五部委联合列入2003年国家重点新产品，并获得国家石油和化学工业局科技进步三等奖，在中国及美国分别申请专利均获得批准。

2008年，全省拥有规模以上建筑卫生陶瓷企业222家，主要集中在福州闽清县和泉州市，其企业数占全省总数的91.9%。全省建陶行业不失时机组织结构调整、联合兼并、资产重组、推行股份制，实现生产要素优化配置，形成一批以东龙（厦门）陶瓷有限公司、厦门三荣陶瓷开发有限公司为全省建筑陶瓷业排头兵，以福建省晋江市华泰集团公司、福建省晋江恒达陶瓷有限公司、福建省晋江腾达陶瓷有限公司、晋江万利瓷业有限公司、福建省豪山建材有限公司、福建省晋江市前兴陶瓷有限公司、福建省晋江市内坑裕兴陶瓷厂、南安协进建材有限公司、南安澳盛陶瓷有限公司、厦门印华地砖厂、中华瓷器公司、福建双菱公司、福建茂兴建材公司、闽清豪业、新东方、三得利、金陶等一批集团公司和产值超亿元的骨干企业。

2010年6月26～27日，由中国陶瓷工业协会、《陶瓷资讯》周刊联合主办的第九届中国仿古砖高峰论坛会在泉州市举行，中国陶瓷工业协会理事长何天雄以及来自广东、山东、四川、江西等地产区的陶瓷企业代表共400多人出席论坛会并参观协进、敏捷、华泰、腾达和海源企业。这是对福建仿古砖生产与发展的一种提升和推进。

二、建设产业集群

经过多年的发展，福建已形成晋江市磁灶、内坑和南安市水头、官桥的以民营企业为主，以外墙砖、琉璃瓦为主导产品的建陶产业集聚区，20世纪闽清县以内墙砖为主导产品的中低档墙砖的产业集聚区，厦门以东龙、三荣台资企业为主的高档釉面砖、仿古砖产业集聚区，漳州莱威尔陶瓷及漳浦县以釉面砖为主的产业集聚区，南安市仓苍镇以生产五金配件（水龙头）为主导产品的产业集聚区。

到2004年，闽清、晋江、南安已形成比较完善的建筑陶瓷产业集群，汇聚了全省70%以上的建陶企业，以及机械、模具、色釉料、辊棒、坯料、网版、贸易、市场、信息、科研等企业。意大利、德国、西班牙等近10家设备供应商、原料供应商、技术服务商在泉州设有办事处，国内主要是广东、浙江、山东等地的配套企业（包括机电、燃料、网版、釉料、零配件等）也在磁灶前埔、官桥设有分公司或办事处，加上本地的配套企业，形成了一个较为齐全的配套产业链。

1.晋江和南安建陶集聚区

晋江市的陶瓷制造业已有1700多年历史，是我国著名的陶瓷产区之一。福建（晋江）磁灶与广东佛山、山东淄博、河北唐山并列为我国四大建筑卫生陶瓷生产基地。晋江已形成了以磁灶镇为核心，辐射内坑、安海、池店、永和、英林等镇，以及南安市的水头、官桥、紫帽等周边镇的建陶产业集群。2000年6月18日，磁灶镇被中国建筑卫生陶瓷协会授予"中国陶瓷重镇"称号。拥有国家级星火区域性陶瓷建材支柱产业区、国家级技术创新陶瓷工业示范基地等城市"名片"。

1985年,茵柄建材厂是第一家被承包经营的陶瓷企业。由于当时国家经济还没有完全开放,晋江人在果园里办陶瓷厂。其时生产技术落后,采用多孔窑生产小规格瓷砖。

建筑陶瓷业的发展,带动了晋江市区域陶瓷建材市场的兴起,已形成了由天工陶瓷城、世华陶瓷城、下官路建陶市场、钱坡建陶市场和东山二级砖市场组成的区域市场体系,吸引了大量国内知名建陶企业入市设点。其中天工陶瓷城是福建省最大的专业建陶市场,总投资3亿元,占地500亩,建筑面积22万平方米。

20世纪80年代后期,南安市官桥镇的陶瓷工业开始起步,经历了从无到有的发展阶段。1990～1994年达到旺盛发展时期。

晋江在外陶瓷建材营销人员1.5万多人,掌握了全国陶瓷行业三分之一的销售网络,年销售陶瓷占全国总销量的40%以上。全国各地均设有销售部或展示厅,在北京、上海、天津、重庆、成都、西安、昆明、南通、营口等国内重要城市还投资建设陶瓷市场,全镇还有20家陶瓷生产企业在全国20多个城市建立营销机构和办事处。

1995年6月,为了保护环境开始大规模改造窑炉和进行烟尘治理,并且把烟尘治理与陶瓷产业升级结合起来。对磁灶镇700多家陶瓷企业的多孔窑和倒焰窑全部按照GB 9078—88工业窑炉烟尘排放标准进行技术改造,拆除铁皮烟囱706支、窑炉80座,关停并转窑炉190座。南安协进等14家企业以股份合作形式投资,兴建10条现代化辊道窑,规模进一步扩大。全镇辊道窑生产线已达28条。

晋江市先后引进、建设先进辊道窑290多条,高吨位喷雾干燥塔140多座,自动化施釉线150多条,高吨位压砖机480多台。

2000年,福建陶瓷企业经过一次全面的大调整,仅晋江一地就有万通陶瓷、汇源陶瓷、德美陶瓷和丽晶陶瓷等企业被淘汰,占晋讧全部陶瓷企业的20%。保留的泉州市源隆建材有限公司和晋江市中荣陶瓷建材有限公司各上20条新生产线。

2003年,晋江市的豪源、华泰、豪山、前兴和南安市的协进等陶瓷企业建筑陶瓷产量进入全国前30名。晋江市实施了80多项陶瓷建材科技项目,培育了16家科技先导型企业,创办了6家民办科研所和检测中心,设立了部级陶瓷检测站。生产出一大批如防静电抛光砖、通体砖、环保陶瓷杀菌面砖、大规格渗花增白抛光砖、仿古六角地砖、布纹锻光釉面砖、浮雕腰线条、大规格连锁琉璃瓦等技术含量高、适销对路的产品。陶瓷生产技术和产品质量居全国前列,如推广窑温自动控制技术,实施油改煤技术改造等;全市有100多家企业通过了ISO质量体系认证;有65家企业的新产品荣获国际金奖,20多项陶瓷产品被用于荣获全国建筑行业最高奖"鲁班奖"的重点工程。

2008年上半年,因房地产业的需求严重下滑,房地产行业的集体跳水,陶瓷企业的瓷砖销售受到明显冲击,福建晋江磁灶、南安内坑、官桥等地的外墙砖生产企业大量停产。

2008年,华泰集团关掉了两条外墙砖生产线,与咸阳陶瓷设计研究院合作"环保型保温陶板"(TOB陶板)项目并取得成功。2009年8月。TOB陶板首次通过由国家住房与城乡建设部组织的国家级科技成果鉴定,华泰集团也因此成为《建筑幕墙用陶板》行业标准的主要起草单位,华泰集团又与山东科学院新材料研究所合作开发研究的陶瓷太阳能集热系统,该产品已顺利完成中试进入产业化生产阶段。

2009年开始，福建漳州、江西高安、湖北当阳、浠水等新兴陶瓷产区成为晋江陶瓷转移、扩张之地。如恒达陶瓷2008年在高安签约投资6亿元，圈地590亩，计划建12条陶瓷生产线。晋成陶瓷除磁灶镇、福建永春、佛山南庄建有三个生产基地外，还到湖北当阳投资建8条生产线。

由于人文相近，与晋江相隔不远的漳州成为晋江陶瓷企业投资的一片热土。2009年漳州规划了一个面积达2万亩新型建材产业园，主要用于承接晋江的陶瓷产业转移。到2009年底，半年多时间内已签约12家陶瓷企业，加上相关的陶瓷配套项目，如纸箱厂、硅酸锆等原料厂等共计20家左右，用地面积5000亩，总投资达到25个亿。

2.闽清陶瓷集聚区

闽清县位于福建省东部，居闽江中下游，是福州市下辖的一个县。闽清有一千多年的陶瓷制造历史，宋朝时期已是福建省烧制青白瓷规模最大的产地。20世纪80年代以来，闽清的陶瓷业得到快速发展，现在，闽清已成为我国重要的电瓷生产出口和建筑陶瓷生产基地。2004年被中国建筑卫生陶瓷协会授予"中国陶瓷生产基地县"。

全县拥有陶瓷生产企业503家，其中高低压电瓷企业408家、建筑陶瓷企业100多家，集中分布在白樟、白中、池园、坂东、上莲、梅城、云龙、金沙8个乡镇，从业人员5000多人。产品包括建筑陶瓷、电瓷、日用瓷、功能瓷、艺术瓷等五大类上千个品种，产品销往世界各地。

电瓷是闽清陶瓷产业的一大特色。闽清是全国最大的电瓷生产基地，产值已达到10亿元，产量约占全国总量的1/6，出口量占全国的1/3。池园镇为"全省电瓷第一镇"。创办于1958年的闽清电瓷厂是国务院机电办指定的出口基地企业，全国电瓷行业"五大瓷"的后起之秀。

闽清县的建筑陶瓷产品包括各种规格的釉面内墙砖、仿古地板砖、外墙砖。闽清建陶年产量有2亿平方米，瓷砖年产量约占全国总量的1/10。闽清建陶主要分布在白樟、白中两个镇，少量陶企分散在坂东、金沙等地。现在上规模的建陶企业有44家。2009年，豪业、新东方、三得利、金陶等9家企业产值超亿元。

2008年，闽清县人民政府于修订出台了《关于加快实施品牌战略工作的若干意见》，加强品牌保护和宣传推动力度，在行业内促进企业由价格竞争向品牌、科技竞争转变，推进"贴牌生产"向"闽清制造"转变，打响闽清区域品牌。

2009年5月，闽清县陶瓷生产总值48.9亿元。豪业、新东方、三得利、金陶等9家企业产值超过亿元。豪业陶瓷获得国家免检产品资格。闽清豪业的"精艺瓷"仿古砖是国家名牌产品，三得利的"华尔顿"内墙砖是省名牌产品，"富美斯"、"华尔顿"、"飞天"等被评为省著名商标。豪业陶瓷、腾龙陶瓷、自力陶瓷、旭日陶瓷、红叶陶瓷、前程陶瓷、大世界陶瓷、飞天陶瓷、金德利陶瓷、欧美陶瓷10家公司被福州市人民政府评为"福州市十大陶瓷品牌"。

闽清陶瓷60%～70%为外销型企业，产品大多数销往中东地区，少数出口欧美等地，近年来出口市场平稳增长，波动不大。2008年金融危机后，闽清陶瓷一方面是企业对价格进行了调整，通过适当提价来保证利润空间；二是在结算方式上多采用人民币结算，避免汇率波动带来的影响。有自营出口的企业则采用了相对汇率的结算方式。此外，在出口方向上也进行了一些策略性的调整。比如，为适应中东地区对中低档陶瓷的需求，相关企业调整生产，以量取胜。而欧美等国则对高档产品需求较旺，出口欧美地区的企业则大力提升品质，以质取胜。

三、技术引进和改造

福建省通过对原料制作设备的自动化、喷雾干燥塔节能降耗等关键工艺的改造，购置辊道窑、压砖机、球磨机、变频电机、明焰烧成、煤气发生炉等先进工艺装备，有效地提高了产品的质量和档次、降低了成本、增强了企业的竞争力。

2002～2003年，福建的陶瓷企业通过提高技术与装备水平，扩大企业规模和提高产品质量。采用辊道窑部分引进、压砖机基本上从意大利、西班牙等先进国家引进，使机械装备总体上处于20世纪90年代的国际水平。引进的全自动快速辊道窑可生产世界上先进的玻化砖。鼓励建设高档卫生洁具及配套五金件生产线，开发高强、多功能、配套的环保、抗污、抗菌的建筑陶瓷产品和卫生陶瓷产品节水技术。2005年，拥有采用先进辊道窑的生产线480多条、琉璃瓦生产线150条、高吨位全自动压砖机近1000台（最大的压机为7200t），装备水平居于全国前列，建筑陶瓷的高中档比重由2000年的15%提升到25%。

1982年元月，印度尼西亚华侨陈应登先生投资442万美元成立的厦门印华地砖厂有限公司是厦门经济特区的第一家外商独资企业，也是我国首家从国外引进生产劈开砖的厂家。引进联邦德国林格、雷特公司的技术和全套自动化生产设备，年产劈开砖60万平方米，产品填补了国内高档无釉劈开砖的空白，1984年7月正式投产。随后，印华的产品由单一的劈开砖扩展到玻化砖、釉面砖、岩面广场砖、仿石外墙砖、墨石砖以及卵石砖等七大系列，劈开砖的产品质量达德国工业标准DIN，产品远销新加坡、日本、澳大利亚、加拿大、新西兰以及中东、北美等国家和中国香港地区，在陶瓷市场上一直处于领先主导地位。

东龙（厦门）陶瓷有限公司是由中国台湾东南兴贸易股份有限公司独资创办的，总投资为1亿美元，从意大利引进20世纪90年代的新型全自动控制瓷砖生产线，专业生产建筑陶瓷，卫生陶瓷、工艺装饰陶瓷。东龙瓷砖具有强度高、耐酸碱、耐磨损、抗温差剧变等性能，经有关部门鉴定，各项产品技术指标均达到国际先进水平。

2005年，闽清三得利陶瓷有限公司新建窑炉长度为280m和260m的辊道窑各一条（省内最长），引进意大利滚筒印花机组，配套3台国产1800t全自动压砖机、进口5台合计1630kW发电机组等，对企业进行技术改造和扩大规模，年新增高档大规格内墙砖和高档地板砖850万平方米，形成年产1450万平方米的总能力。

2005年，晋江前兴陶瓷有限公司在晋江磁灶三吴工业区实施高性能微粉精细玉石砖技改项目，引进意大利3200t压砖机、自动化窑炉及微粉布料器系统，年新增高性能微粉精细玉石砖300万平方米。

2005年，晋江都荣有限公司实施高档通体玉石砖生产线扩建项目，引进意大利管理软件和生产工艺技术和4台意大利萨克米3000t压砖机，购置国产印花机、施釉机、烘干窑等配套设备，扩建2条宽体辊道窑，年新增高档通体玉石砖300万平方米，使企业各种陶瓷砖的总生产能力达到1200万平方米。

第五节　部分企业选介

1. 德化瓷厂

始建于1935年，早期是福建省建设厅德化瓷业改良场。1954年，定名为地方国营德化瓷厂。1955年，产品开始出口。主要产品有建白瓷、高白瓷、普白瓷等，主要品种包括成套日用餐、茶具以及各种陈设艺术瓷。

2. 德化第二瓷厂

创建于1951年7月。1981年11月，定名为德化第二瓷厂。主要产品有各式成套中西餐具、酒具、茶具、咖啡具和碗、盘、杯、碟等日用瓷品，以及各种花瓶、台灯、人物、动物、花卉、儿童玩具等陈设艺术瓷品。20世纪50年代末至1983年间，高白度瓷器先后三次被选为人民大会堂福建厅用瓷。

3. 闽清第二瓷厂

始建于1955年9月。1970年5月，定名为闽清县第二瓷厂。1990年，年生产能力达1500万件，主要产品有各类型的碗、盘、杯、碟、汤匙、茶具、餐具和陈设艺术瓷等。

4. 闽清第一瓷厂

始建于1965年。1970年，更名为闽清县第一瓷厂。1986年，生产建玉瓷，品种主要有46头中餐具，20头、45头、92头西餐具和各式茶具、咖啡具，产品大多数出口。

5. 闽清电瓷厂

1956年由县工业局创办。1990年扩展为福建省闽清电瓷总厂。1996年在原址改制成立恒通电瓷有限公司，下辖闽清电瓷一厂、闽清电瓷二厂、闽清电瓷三厂、闽清电瓷总厂进出口部。2004年，公司资产整体出让，业务全部转移到闽清县民营电瓷企业。

6. 福建省闽清豪业陶瓷有限公司

创建于1998年5月。引进意大利生产设备，建立全自动瓷砖生产线，生产各种规格的地板砖和外墙砖及微晶玻璃产品，年产量达560万平方米，获中国著名品牌、中国免检产品等荣誉。

7. 福建省闽清腾龙陶瓷有限公司

创建于1997年，年产各种艺术壁砖、艺术地砖200万平方米。"花开富贵"商标为福州市著名商标和"福建省名优产品"。

8. 福建海源自动化机械股份有限公司

前身是创建于2003年7月的福建海源自动化机械设备有限公司。2007年12月10日，更名为福建海源自动化机械股份有限公司。2010年12月24日，首次公开发行A股并在深圳证券交易所中小板挂牌上市，是福建省墙体材料机械设备的首家上市企业，也是2010年福州市第七家登陆A股的福州企业。证券简称为"海源机械"，证券代码为"002529"。

9. 福建华泰集团有限公司

成立于1994年，是专业生产陶瓷地砖、墙砖、通体外墙砖和进出口贸易于一体的综合性企业集团。设有国家级企业技术中心。2008年，承担国家"十一五"重点科技支撑计划课题，开发成功年产300万平方米"陶瓷空心板"生产技术，属国内首创。

10. 晋江腾达陶瓷有限公司

始创于1985年，率先在国内开发釉面砖及通体砖，较早开发文化石和地板砖。"腾达"牌商标荣获"中国驰名商标"。

11. 南安协进建材有限公司

创办于1993年，港资企业。主导产品有欧式仿石、仿古、干拌、正劈、仿劈、超薄、轻质节能环保等系列外墙装饰瓷砖。"协进"牌商标被评为"中国驰名商标"。

12. 豪盛（福建）股份有限公司

创建于1989年8月。1993年12月6日，在上海证券交易所挂牌上市，是国内首家发行A股股票并上市的台资企业和建筑陶瓷生产企业。年产高档瓷砖1000万平方米。2001年11月，公司名称变更为"利嘉（福建）股份有限公司"。

13. 福建双菱集团股份有限公司

前身是创建于1958年的漳州建筑瓷厂。主要产品"双菱"牌瓷砖和卫生洁具。1993年6月，漳州建筑瓷厂与澳门宝盛集团公司合资，建立年产360万平方釉面砖生产线、年产100万抛光地板砖生产线、年产40万件高档卫生洁具生产线。1995年12月，变更为福建双菱集团股份有限公司。1997年6月26日在深圳证券交易所挂牌上市，是漳州市第一家国有控股上市公司。2001年9月退出陶瓷制造业。

14. 漳州万佳陶瓷工业有限公司

2002年，肖智勇租赁了福建双菱集团股份有限公司年产40万件高档卫生洁具生产线并创立漳州万佳陶瓷工业有限公司，注册商标为"航标"。2006年5月又成立漳州万晖洁具有限公司。2010年，漳州万佳和万晖的总产能达到年产390万件。产品包括陶瓷卫生洁具、五金龙头挂件、浴缸、淋浴房、浴室柜五大系列。

15. 九牧集团有限公司

创建于1989年，坐落泉州市，是以设计开发、制造、销售卫浴洁具的集团性企业，主要生产水龙头、花洒、淋浴屏、淋浴房、五金挂件、卫生陶瓷、阀门、钢盆、软管、感应洁具等水暖产品。年生产700万套卫浴洁具产品。

16. 福建冠福现代家用股份有限公司

创建于1996年，2006年在深圳证券交易所A股上市（股票简称：冠福家用，股票代码：002102），主营日用陶瓷、竹木、玻璃等家用品，集研究、生产、销售、服务为一体。是国内产销规模排名前列的日用陶瓷制造企业，也是中国现有规模最大的高耐热陶瓷生产企业、国家重点高新技术企业，拥有"中国名牌产品"、"中国驰名商标"称号。

17. 万利（中国）太阳能科技有限公司

2010年8月正式开工建设，注册资金5789万美金，占地1111亩，项目总投资28亿元人民币。倾力打造全球最大的陶板生产基地。母公司为香港万利国际控股有限公司。

18. 晋江恒达陶瓷有限公司

始创于1989年8月，中外合资企业，福建省高新技术企业，中国建材产品推荐企业，专业从事建筑陶瓷墙地砖生产，福建省最大陶瓷生产基地之一。

19. 晋江市美胜建材实业有限公司

始创于20世纪70年代末，生产"美胜"牌建筑装饰陶瓷。是全国最大的屋面瓦（烧结瓦）和外墙通体砖的生产企业之一。

20. 福建省晋江豪山建材有限公司

成立于1994年，占地360亩，拥有7条生产线，主要生产节能超轻质陶瓷砖、贴纸彩码砖、劈岩砖、拉毛砖、盲道砖、仿古砖、无缝砖、开山砖、风古砖、竹陶砖、石立方砖和各种异型砖等外墙砖。

第二十四章　西南地区（四川、重庆、云南、贵州、西藏自治区）的陶瓷

按照我国行政区划，西南地区又被称作西南五省（区、直辖市），即四川省、重庆市、云南省、贵州省、西藏自治区，总面积达250万平方公里。高山大川、大江大河、丘陵盆地、连绵国境、少数民族，特别的风貌必然影响着西南五省的陶瓷百年发展历程。

第一节　四川陶瓷

四川简称川或蜀。在商周时期，四川地区建立了两个国家，一个是在今川西地区，由古蜀族为中心建立的蜀国；另一个是在今川东地区（包括今重庆市），由古巴族为中心建立的巴国。故四川地区古称"巴蜀"。公元前316年，秦灭巴蜀，置巴蜀二郡，汉属益州，唐属剑南道及山南东、西等道，宋置川陕路，后分置益、梓、利、夔四路，总称四川路，至此始有四川之名。元设四川行中书省，简称"四川行省"，明置四川布政使司，辖区内还包括今贵州省遵义和云南东北部及贵州西北部。清为四川省，并对川、滇、黔3省省界进行较大调整，基本确定了现在四川的南部省界。民国时，今四川西部分治为西康省，1955年西康省划归四川。1997年把四川分为今重庆直辖市和四川省，川渝分治。

四川具有悠久的陶瓷生产历史。四川的邛崃窑、大邑窑、广元磁窑铺窑、华阳窑、彭州磁峰窑、成都青羊宫窑，重庆的荣昌窑、涂山窑、沙坪窑等均为巴蜀人民从事陶瓷制作的见证。

1948年以前，四川省内基本没有上规模的陶瓷企业，只有分布于民间的手工作坊，就地取材，制造粗瓷或陶器。产品有碗、泡菜坛、水缸、杯子、砂锅、炖锅、盖碗茶具（由茶碗、茶盖和茶船组成，在巴蜀各个茶馆里面十分普遍），以及少量盘子和茶杯等。另外，还有农耕浇灌用具粪瓢、酿酒用大陶坛（最大的可以装2t酒）、建筑房屋使用的火砖和瓦（有红砖、青砖和红瓦、青瓦之分）和照明用的灯盏等。

1949年以后，重点组建了几个稍具规模的日用陶瓷厂，即重庆陶瓷厂（现在的重庆锦晖陶瓷）、成都东方瓷厂、乐山清华瓷厂和泸州瓷厂等，但在1980年后，除重庆瓷厂外，这些厂都逐步退出。自1978年后，四川曾经形成以威远为代表的川南、以合川为代表的川北、以夹江为代的川西三个建筑陶瓷产区。21世纪初，夹江、丹棱、威远（白塔）成为四川的建筑陶瓷主产区。2004年9月23日，中国建筑材料工业协会、中国建筑卫生陶瓷协会授予夹江"中国西部瓷都"称号。

一、成都东方瓷厂

1951年成立，注册资本金409万元，位于成都北郊的彭州市九陇镇南路子140号，主要经营普通陶瓷制品制造、其他陶瓷制品生产制造等。1989年8月，部分改制为成都东方电瓷厂，占地134亩，在册职工1100多人。主要产品有高压线路针式绝缘子、高压线路瓷横担绝缘子、高压线路盘形绝缘子、低压架空电力线路绝缘子、户外棒式支柱绝缘子、35kV变压器瓷套绝缘子，产值2000多万元。产品销往西南地区，出口东南亚国家。2009年1月12日又变更回成都东方瓷厂，所有资产和债务归属于长城资产管理公司。

二、乐山清华瓷厂

乐山清华瓷厂的前身是1943年由云南腾冲人赵子藩出资合并了城区附近的云华瓷厂和乐华瓷厂后创建的，位于乐山市市中区泊水街道斑竹湾。一是因为厂址位于青衣江畔，近水建厂；二是因为所产是青花瓷，而花、华两字意韵相通，故名"清华"。"抗战"胜利后，生产规模扩大，除继续生产深受欢迎的青花瓷外，还增添了彩瓷、细彩瓷产品远销雅安、成都等地并出口缅甸。

1949年以后，清华瓷厂快速发展。1955年的日用瓷产量是1949年的2.5倍，同年8月，生产的釉下青花3号酱缸等21件产品被北京故宫博物院陶瓷馆收藏。1968年3月，派人到湖南建湘瓷厂学习，研制瓷质毛主席像章，成立30多人的像章排，后来发展到500多人，生产像章10多万枚。当年国庆前夕，厂长郭志全作为观礼代表带着工厂生产的毛主席像章去北京中南海献礼，受到毛主席的接见。该厂1998年破产。

三、泸州瓷厂

泸州瓷厂成立于1958年10月1日，位于四川省泸州市江阳区沙湾乡长征村，属国有企业，占地面积57087m^2，职工893人，主要生产销售日用陶瓷，注册资本887万元，拥有日用细瓷生产专业设备500余台（套），年生产日用细瓷1500多万件，形成了釉下青花、彩花、釉上彩花、青花玲珑四大系列100多个品种的生产能力。后被租赁生产粗瓷。

四、四川吕艺彩陶有限公司

1998年成立，位于成都温江区万春镇，注册资金612万元，注册商标"吕艺"彩陶、"吕陶"。主要产品为土陶花盆和土陶居家装饰工艺品。"十大元帅陶瓶"被中国革命军事博物馆收藏，部分艺术作品被马来西亚、美国、日本、法国元首收藏。

五、威远县建筑陶瓷厂

威远县建筑陶瓷厂成立于1979年，生产和销售陶瓷釉面砖。前身为1958年组建的地方交通建材机械厂，曾生产红砖、耐火材料。1992年引进意大利生产线，年产达到500万平方米。1994年更名为四川省威远白塔集团公司。2002年10月更名为四川威远白塔新联兴陶瓷有限责任公司。2003年更名为四川威远白塔新联兴陶瓷集团有限责任公司。2008年3月更名为四川白塔新联兴陶瓷集团有限责任公司。目前，公司占地面积1400亩，拥有资产6亿元，员工3000余人，年产建筑陶瓷三砖（地板砖、内墙砖、外墙砖）4500万平方米，有18大系列上千个品种，是中国西部最大的建陶生产企业。公司的"白塔牌"商标为中国驰名商标、四川省著名商标。通过ISO 9001国际质量体系认证和3C双认证，是四川省100强企业。

六、夹江建陶产区

夹江是乐山市管辖的一个县，古有"蜀之良邑"之称，因青衣江流经城北形成"两山对峙，一水中流"得名。夹江本无建陶业，1978年本地人办起第一间小制砖厂。之后，当地政府大力支持当地业主利用当地丰富的红页岩和天然气资源发展建筑陶瓷，同时到外地招商引资，到了1999年，夹江成为西南地区建筑陶瓷的主要产区。到2010年，夹江建陶产能可达年产量7亿平方米以上，同时生产西瓦、洁具、美术瓷等产品。著名品牌有新万兴、四川新中源、建辉、米兰诺等。2004年9月23日，中国建筑材料工业协会、中国建筑卫生陶瓷协会授予夹江"中国西部瓷都"称号。

七、丹棱建陶产区

丹棱县地处成都平原西南边缘，建筑陶瓷产业起步于1999年。沿丹棱至夹江的丹夹公路两旁建立了"丹夹陶瓷工业走廊"，经近十年的经营建设，有建陶企业20家，产能8000万平方米。

第二节　重庆陶瓷

明末清初，由于四川连年战乱，人口急剧减少，当时政府积极鼓励湖广等外地人迁入，史称"湖广填四川"。有福建江家三兄弟辗转来到龙隐场。江家兄弟祖传烧瓷，其中排行老二的江生鲜便到龙隐场青草坡（即今远祖桥一带）取陶土烧瓷制碗。他的两个弟兄分别去璧山和北碚烧瓷制碗。江生鲜的碗厂产品质量甚好，很快便有了好名声，销路很好，规模很快扩大。由于销售看好，名声在外，其他瓷厂也来此推销。加之江生鲜的儿孙都子承父业，其烧瓷制碗的规模也就越来越大，名声越传越远，销售量也越来越大，龙隐场便成为重庆较大的瓷器生产、销售集散地，龙隐场的名称也渐渐被"瓷器口"所代替。

一、荣昌陶瓷

重庆荣昌陶瓷历史悠久，县境安富地区的群众曾在山坡拾得具有宋代特征的陶片。县内明朝就有"瓷窑里""瓷窑铺""瓷铺山"等地名、山名，说明这一地区不仅产陶，更以产瓷得名。根据安富陶厂老窑出土的《尧王庙碑》记载，有"乾隆四年"（1739年）字迹，说明当年荣昌陶业已有相当规模。又根据安富陶厂肖德生称"我家祖先于1663年（清康熙二年）自湖北麻城迁居永川黄瓜山从事制陶，1665年（清康熙四年）又迁荣昌鸦屿，发现有甑子窑、通烧窑的旧窑各一座，就利用通烧窑开始生产缸、盆、钵等粗陶产品"，康熙初期荣昌陶瓷已开始恢复生产，康熙以后，铜鼓乡也先后产陶器，后因缺乏燃料，逐渐集中于安富鸦屿地区生产粗陶。咸丰时期开始生产细陶，称为"泥精货"，产品多为小件，尤以鸦片烟具为多。咸丰、光绪时期，荣昌已先后建成中兴窑、磨子窑等几座较为有名的窑，成批生产日用细陶。光绪年间开始采用色釉和刻花装饰。19世纪末，四川省商务局于荣昌、隆昌两县设川瓷公司。1908年由荣、隆两县绅士黄光藻、郭文襄、余兴奎集资8万元开办瓷业，1911年建成投产。

民国初年，制陶使用阶梯窑。安富镇罗德三、唐澄宇等创办华蜀陶瓷厂，制造鉴赏品及梳毛动物，在釉上绘以彩色。1934年，在安富三圣宫设立荣昌陶业实验场，改进和开展了陶业技艺。这一时期的陶业生产开展迅速，仅安富地区就有业户378家，工人2000余人，虽多属家庭手工业作坊，但仍具有一定规模。较大陶厂有7家，最高年产量400万件，总值41万银元。其中鉴赏品、应用品、日用品、鸦片烟具已远销成、渝及邻近各县，烟具则远销云南、贵州、西康、陕西、甘肃等地区。民谚有"烧酒房五里长，泥精壶壶排成行"，反映了荣昌陶器产销的盛况。抗战期间，荣昌陶器仍很兴盛，仅安富镇就有陶厂34家、大小窑子22座，其中较大的陶厂有中兴窑、磨子窑、荣鸦陶业工厂、乐天陶厂等。这一时间还创办有荣昌陶瓷工业合作社、檬子桥瓷厂、怡和瓷厂及武坡土地圳的永利、永华两家陶瓷厂、双河镇清水河碗厂。抗战胜利后，物价飞涨，货币贬值，荣昌陶瓷业日益萧条，厂家纷纷倒闭。

1950年以后，国家给予贷款，收购包销，陶瓷行业获得复苏。1955年，陶瓷失业工人及个体手工业者32人在鸦屿组成两个合伙陶瓷厂，后合并组成鸦屿土陶供销生产合作社。其余29户私营陶瓷厂于1956年3月实行公私合营，成立地方合营安富陶瓷厂，职工144人。1958年7月，安富陶器手工业合作社与安富陶器厂合并成立地方国营安富陶器厂，年产粗陶290.57万件，试制新产品80余种。武城的永利、永华两家粗陶厂于1956年初合营为永合土陶厂，随即实行公私合营，1958年转为地方国营武城陶器厂。私营的永丰瓷厂在1953年转为公私合营荣昌陶瓷厂，1954年迁江津和珞璜陶瓷合并。双河清水河碗厂在1953年作为股份制合伙经营，成立人民劳工碗厂，1954年更名为合记碗厂。1955年8月成立双河土碗手工业生产合作社，1958年转为地方国营，1961年工业体制调整时恢复为合作社，1976年划归社队企业局领导管理。1977年年产土碗228万件。1975年创办荣昌工艺陶厂，在省、市工艺美术学院、公司、科研所及安富陶器厂的指导帮助下，1976年正式投产美术陶，1985年产陶器337.75万件。荣昌安富、江苏宜兴、云南建水和广西钦州被称为中国的四大陶都，但从20世纪80年代开始，荣昌的经济重点转向生猪养殖业，陶瓷基本没有发展，建国初期建立的几个陶器厂均不景气，逐渐凋落倒闭。

荣昌陶器既有实用价值，又有欣赏价值。素烧的"泥精货"具有天然的优美色泽，古朴典雅。"釉子货"则以各种色釉装饰，晶莹光泽，造型美观，朴实稳重，轮廓优美，大方朴素，具有民族风格。它以本地红泥、白泥、混合泥的陶土烧制，资源丰富，分布面广。安富的鸦屿、武城的高池铺以及双河等地区，均有优质的有色陶土，开采简便，是县内陶业发展的一个重要条件。

荣昌陶器的装饰方法有刻花、点花、贴花、雕填、粑花、镂空、喷釉、素烧、色釉等11种。其中的釉下装饰，富有写意的国画手法，具有浓厚的民族特色。

清光绪时期荣昌陶器的釉有朱砂、西绿、黄丹、红丹、白玉各色。1950年以后有不同程度的提高，并研制成功黑釉、沙金釉、条纹釉及蓝、绿、紫金酱、赭红、鳝黄、茄紫、虎纹等各色钧釉，在陶器的制釉技术上又很大进步。

二、重庆锦晖陶瓷有限公司

重庆锦晖陶瓷有限公司的前身是1951年建厂的重庆瓷厂（重庆窑业公司下属工厂之一），当时有员工1000多人，主要生产机制红砖、红瓦；1958年转产生产日用陶瓷。1988年更名为重庆陶瓷工业公司，产品主要有碗、盘名和杯类产品。1991年10月12日合资成立兆峰陶瓷（重庆兆瓷）有限公司，从德国引进成套日用陶瓷装备生产日用陶瓷。1998年更名为重庆华陶瓷业有限公司。2003年改组更名为重庆锦晖陶瓷有限公司。

1994年建设的"高温无匣明焰快烧辊道窑"成为日用陶瓷行业"八五技改样板企业"；"年产600万件高档日用细瓷项目及系列产品开发"项目获1997年重庆市科技进步一等奖，1998年荣获国家科技进步二等奖。1995年6月产品被钓鱼台国宾馆正式确定为专用"国宴瓷"；1997年6月产品"东方明珠"88头中餐具作为国礼赠送给法国总统希拉克；1997年10月产品被选为国礼赠送克林顿总统，赢得"国礼瓷"称号；1999年3月29日，产品作为人民大会堂宴会用瓷，并作为"国宴瓷"向国庆50周年献礼。

2003年获得陶瓷瓶口精确制造专利、陶瓷酒瓶分体制造专利、陶瓷酒瓶低温红釉及低温金装饰专利、陶瓷酒瓶复合釉面制作专利及浮雕金和釉中金技术。生产郎酒的"红花郎"、"青花郎"，五粮液的"金碧盛宴"，茅台的"1680"、"世纪经典"、"汉酱"，剑南春的"东方红"，沱牌的"舍得"等酒瓶。

现有员工2000多人，主要产品为高档酒瓶，生产能力为6000万件，成为我国生产高档成套日用陶瓷的主要企业之一。

三、重庆四维控股（集团）股份有限公司

重庆四维控股（集团）股份有限公司的前身为重庆四维瓷业（集团）股份有限公司，位于重庆市江津区油溪镇，是国家"七五"期间在西南布局建设的唯一大型卫生陶瓷基地。1992年投产，发展成为集研制、开发、生产和销售为一体的大型民营企业集团。主要产品有浴缸、坐便器、龙头和浴室柜配套等，是国内专业卫浴的第一家上市公司，现拥有重庆江

津、万盛，湖南湘潭三大生产基地，年产400万件高中档卫生陶瓷、3万只浴缸、33万套五金龙头，规模居西部第一。荣获中国名牌与国家质量免检产品。

四、科技与教育

1.生产技术

直到20世纪90年代初期，川渝地区陶瓷生产的设备和工艺技术基本上采用轱辘车、手工拉坯、注浆等传统工艺，部分瓷厂引进了唐山和湖南的滚压机，就算是很先进的了。值得一提的是，荣昌地区的大酒缸生产是独一无二的，目前还在使用。其工艺为先将坯料制成长条，然后一圈一圈地盘旋重叠起来，再用木槌里外敲打平整，将泥条粘接起来形成大缸，这需要非常熟练的手艺和可塑性非常好的泥料，所以这种大缸也只多见于荣昌地区，产品多为酒缸和腌菜坛，最大的可盛2000kg白酒。

2.科技与教育

1909年，四川按察使周善培组织"各属之劝工局共计七十余处，各就土产分科制作"，"前由官筹集资本特设专厂则如制革、肥皂、火柴、印刷等项，现皆一一筹款扩充"，"而劝业公所试造之川瓷又为最近之发明品，近因试验有成，招令商人仿办，中等工业学堂已将染织、陶瓷列为专科"，并"派员选购器械"，筹办"卫生化学试验所"。

重庆的陶瓷科教机构主要有重庆市硅酸盐研究所、四川美术学院和四川工商职业技术学院。

（1）重庆市硅酸盐研究所　1966年成立。设有理化、玻璃、搪瓷、陶瓷、新材料五个研究室和中国轻工总会搪瓷行业人才培训中心、国家劳动和社会保障部特有工种技能鉴定站、国家轻工业玻璃搪瓷产品质量检测重庆站、国家轻工业陶瓷产品质量检测重庆站、重庆市玻璃陶瓷搪瓷产品质量监督检验站。

（2）四川美术学院　西南地区的高等美术专业院校，有70年的办学历史。前身为1940年李有行、沈福文等艺术家在成都创办的四川省立艺术专科学校。1950年底，更名为成都艺术专科学校。1950年，在重庆九龙坡黄桷坪组建成立西南人民艺术学院。1953年，两校合并成立西南美术专科学校。1959年，西南美术专科学校更名为四川美术学院。

（3）四川工商职业技术学院　前身为1959年创建的四川省轻工业学校，设有陶瓷专业。2001年4月16日，升格为专科层次的普通高等学校并更名为四川工商职业技术学院。

第三节　云南陶瓷

云南省简称滇，地处我国西南边陲，西南与缅甸、老挝、越南等为邻，属云贵高原，境内山陵起伏，河流纵横交错，三江（金沙江、澜沧江、怒江）会聚于滇西北，是红河、珠江的发源地。战国楚时为滇国地，唐、宋时为南诏、大理国地，是我国多民族省份。云南陶瓷生产历史悠久，资源遍布，著名的云南珠明料（钴土矿）产在这里，中原的内地的制陶技艺不断传入和交融，促进了云南陶瓷业的特色发展。

1949年以来，云南各地发现以纹陶为特征的新石器遗址100多处。东川、玉溪、楚雄、建水等地区均发现古陶窑。东川出土文物考证，在西汉时期，今中厂河即有古陶窑生产杯、盘、碗、罐等陶器。1957～1980年间，中央工艺美术学院、重庆美术学院、北京故宫博物院等曾多次对云南建水陶瓷进行广泛考察，认为"宋有青瓷、元有青花、明有粗陶、清有紫陶"。云南墓葬出土的陶器，在唐宋以前主要是灰陶红陶和黑陶，宋时出现釉陶。元朝的入侵、明朝的军屯带来先进的陶瓷生产技艺，生产绿釉陶、压模印花陶和青花瓷，一直延续至今，有些少数民族的原始生活残余一直延续到1949年，更是保留了最原始的制陶工艺。

元末明初出现大量的青花瓷生产，到明中、后期受江西景德镇瓷器的冲击而使生产减少，但还是延续至清初直至建国以后。由于云南的交通不便，陶瓷特别是日用陶器不便长途贩运，因此，云南几乎每县都有陶瓷生产和销售，各地多有碗窑村、瓦窑村、碗厂村出现，生产的陶瓷器供本地及周边地区使用，以土、陶器为多。如祥云的砂锅、西双版纳的黑陶、丽江的金砂陶；釉陶以玉溪、建水、曲靖潦浒的日用陶、华宁的绿釉陶等盛销滇中；永北（今永胜）曲靖、腾冲等地的粗瓷器等。

抗战时期，沿海一些工业内迁云南，市场上外省瓷器来源中断，促进了云南瓷业的发展。1938年前后，陆续有江西九江光大瓷业公司在曲靖南门建立分厂。中央赈济委员会驻滇难民总站与滇省实业界在原曲靖潦浒永昌瓷厂基础上合组云南瓷业公司，共120余人，聘有江西瓷业学校校长及景德镇技工15人，生产花瓶、茶杯、碗类产品。滇胜兴业社筹资与云南永北瓷厂合作建立永胜瓷业公司，聘江西技师，开采瓷土扩大产量，生产的改良瓷"品质堪与景德镇产品比美，价格仅及赣瓷一半"。建水县洪永富父子集资办永兴瓷厂，生产瓷器销路颇畅。1945年后市场变化，产品滞销，瓷厂相继倒闭，到1949年省内生产多为粗瓷（撩圈碗）。

1949年以后，云南的日用陶瓷逐步得到恢复和发展。1950年，全省有陶器生产户1364户，从业人员2542人，产值103.51万元。到1954年，生产户增加到1540户，从业人员5950人，产值192.3万元。社会主义改造基本完成后，全省除部分农户生产沙瓦土陶外，多数组成陶器生产合作社，并相继建立一批国营陶瓷生产企业，至50年代末，日用陶瓷产量比50年代初增加2.3倍。

1958年，一些陶瓷厂配合炼钢铁、建化工厂等需要，试生产高低压电瓷、化工用瓷环、耐火材料、陶管等。

1960年4月，个旧市高压电瓷厂成立，最初以牛踩泥、石膏模成形工艺生产低压电瓷产品，但均不合格。同年，引进湖南醴陵电瓷厂技术，后不断改进工艺技术，生产各种高低压电瓷。

为满足少数民族需要，从1974年起，每年从省外拨入云南细瓷器100万件，其中专供民族龙碗5万～10万件，后由省内组织永胜县瓷厂生产。为调剂花色、品种，1980年来，每年从省外调入细瓷杂件1800万件左右，向省外调出200万～300万件。

1970～1983年，为发展边远民族地区的陶瓷工业，拨款959万元（其中国家拨款744万元），通过引进技术、更新设备，扩建新建了一批小型陶瓷企业。新建了易门、瑞丽、富源、弥勒等瓷厂，改扩建原有的永胜、个旧、曲靖、金马等瓷厂，使云南的日用陶生产由手工转向半机械化生产，日用瓷生产走向机械化生产。至1977年，全省共有日用陶瓷厂（社）123个，职工7000余人，一批重点日用陶瓷企业经过技术改造，生产规模扩大，成为骨干。主要的日用瓷产地有易门、永胜、个旧、昆明、曲靖、龙陵、鹤庆（邓川）等市县，其中以易门、永胜、个旧、昆明金马、曲靖等瓷厂的产品产量大，质量较好。永胜、易门、个旧的产品已销售到北京、天津、黑龙江、吉林、四川、贵州、新疆维吾尔自治区、甘肃等十多个省市和自治区。

据1977年调查，全省日用瓷器中粗瓷占70%、细瓷占30%，盘碟壶口杯等杂件的生产量很少，规格品种由1976年的141个减少到49个。陶器中土碗占80%，缸盆坛罐壶等仅占20%。

1985年以后，云南日用陶瓷的销售由各地供销社包销改为企业自产自销，新产品增加，产品质量提高，生产能力扩大，生产成本降低等。在此期间，日用陶瓷由普瓷（粗瓷）向细瓷转化，出现成套瓷生产，日用陶瓷（主要为日用瓷）年产量猛增到2亿件，在剧烈的市场竞争中，有的企业减产停窑，加之企业改制，到2000年，日用陶瓷的年产量约为1.5亿件。

云南省建筑卫生陶瓷生产开始于20世纪90年代，这个时期建立的建筑卫生陶瓷企业多数市场竞争力不强，在竞争中停产、转让或破产。进入21世纪，由于云南丰富的陶瓷资源，相对东部廉价的劳动力和地方政府招商引资的政策优惠，以福建为主的墙地砖经销商纷纷在昆明附近的易门、安宁及师宗等地投资建厂，贴牌生产中低档陶瓷砖、西式瓦、陶瓷栏杆等产品。这些企业的起步较高，工艺设备较为先进。

随着城乡古建筑及旅游文化的发展，云南的琉璃瓦和青（灰）瓦已经大量销往沿海各省。

2000年以来，许多陶瓷小企业开始生产纪念品、茶叶及其他特产包装等工艺美术陶瓷和礼品陶瓷，主要产品有建水紫陶、华宁绿釉陶等；在黑陶的基础上，以云南重彩画装饰手法创出的彩画黑陶产品，深受群众喜爱。

一、陶瓷产品

1.云南艺术陶器

云南的陶文化源远流长，在漫漫历史长河中形成了以紫陶、绿白釉陶、黑陶、金砂陶、彩陶为代表的云南陶，其中建水紫陶、尼西黑陶、傣族制陶被列为国家级非物质文化遗产，镇沅县黑陶制作工艺被评为省级第一批非物质文化遗产名录扩展项目和省级第二批非物质文化遗产名录。现在流行的艺术陶器在传承古云陶艺术和技艺的基础上，融入了许多现代元素，展现出浓郁的地方特色和民族风情。

（1）建水紫陶　建水紫陶历史悠久，其存在与发展得益于优越的自然条件和历史条件。建水有丰富的陶瓷原料。建水紫陶就是采用当地得天独厚且蕴藏量丰富的红、黄、紫、青、白五色土配制，并采用独特工艺制成。色调为红底白花和黑底白花或白底红、黄、蓝花等。装饰上采用刻划雕填，既有粗犷豪放、大笔、大块的书法，又有写意国画和民族图案。画面用笔潇洒，刀法流畅，无论刻划飞禽走兽，还是花草鱼虫，均栩栩如生，给人以古色古香、高雅而不俗之感。生产工艺上采用无釉磨光，即坯体不上釉，烧成后只需打磨、抛光，产品就可清新光洁。一旦敲击铿锵有声，真可谓"体如铁、色如铜、音如磬、亮如镜、光照鉴人"，形成了有别于其他陶器的独特之处，誉为"陶坛一秀"。

建水紫陶代表器型有烟斗、汽锅、文房用品、花瓶等。建水紫陶烟斗始于清道光年间，创意来自金属烟斗，碗窑村窑坊开始制作的为粗陶烟斗，后又改制成白泥烟斗和紫陶烟斗，当时号称"八家斗"的八家名斗窑坊（八家为叶子香、丁吉三、朱南岳、武省三、韩显庭、梁柱奇、梁之福、张玉堂）把紫陶工艺做到了极致，创造了紫陶工艺的巅峰之作。这些烟斗现在已作为艺术品和文物收藏。

1914年碗窑村制陶艺人张好（1869～1928年）受铜火锅的启发发明了粗陶汽锅，后紫陶大师向逢春（1895～1964年）改进为紫陶汽锅，取名"洋淋"，"洋"表示新产品之意，"淋"表示用法是采用蒸汽来淋蒸食物。由此而发明的"三七汽锅鸡"成为云南的一道名菜。

1914年，窑工潘福兴制作的香炉、墨盒、乌铜瓶被云南选中参赛国际赛会，获云南劝业协会一等奖奖牌两枚。

书画家王定一（1853～1923年）发明了陶印和紫陶"断简残篇"装饰方法，紫陶大师向逢春继承了这种装饰技法，在开发的紫陶茶具、文具、花瓶、花盆、花缸上画入山水花鸟、竹菊梅兰等画面，促进了紫陶的传承和发展。

新中国成立以后，建水紫陶工艺品先后送加拿大、美国、菲律宾、科威特、法国、德国等国家参展。1963年，周总理出国访问时，曾以建水紫陶工艺品作为国礼。在人民大会堂云南厅里，陈列着四只造型优美、线条流畅的紫陶花缸，上面刻有云南的杜鹃、山茶、玉兰、报春四大名花。

（2）华宁绿白釉陶　华宁陶器有600年的生产历史。1939年，中央研究院历史语言研究所青年考古学家石璋如通过对华宁进行调查研究后写下了《云南华宁碗窑村的窑业》一文，开启了华宁陶器的考古调查研究工作。华宁陶文化正逐步向世人证明不仅具有悠久的历史、独特的生产工艺和丰富的文化内涵，同时具有延绵不断、持续发展的历史脉络。

华宁陶是一种高温釉陶，它最突出的成就便是五彩斑斓、五光十色的颜色釉，普遍采用窑变和开片装饰手段。颜色釉以月白釉、绿釉、酱釉、蓝釉、黑釉，红釉（紫金釉）、粉青釉、青白釉、豆青釉、黄釉等为主。彩釉主要是以酱釉、绿釉、白釉三种釉水施在一件器物，当地称为"三彩"。窑变为高温釉，主要是仿宋代钧窑的效果。开片是仿制哥窑、官窑开片的效果。白釉开片玉壶春瓶、青釉大口瓶、"寿"字瓶、蓝釉螭耳扁六方瓶、白釉绿彩观音、三彩武财神等都属于明末清初华宁陶的精品。

20世纪80年代初，华宁陶重新绽放异彩，传统手工生产工艺得到继续挖掘和继承，新的工艺和新的产品不断涌现，形成以青砖青瓦、琉璃瓦为代表的建筑陶系列产品，以普洱茶具等为主的生活日用陶系列产品，以花盆、陈设花瓶为代表的工艺美术陶系列产品，包括日用陶瓷、古建筑陶瓷、建筑卫生陶瓷、工艺美术陶瓷、陶瓷装修材料等五大类700余种产品。创建了一批知名的品牌，"宁州"牌彩釉陶荣获云南名牌产品称号，《宁州牌建筑琉璃制品标准》（Q/HMT 01—2000）已达国内先进水平，年产300万件彩釉陶被列为国家级星火计划项目，"仿古餐具"、"半坡式陶餐具"、"梅花胆瓶"被指定为亚运会指定产品，工业陶、彩釉陶、仿古刻绘陶被评为云南首届旅游商品展销会优秀旅游产品；"盖山牌"陶瓷产品获首届中国消费者信得过产品博览会金榜畅销产品奖、首届国际爱因斯坦新发明新技术博览会金奖、中国昆明出口交易会和国际旅游节旅游商品开发设计大赛三等奖，被中国建材工程建设协会列为中国建材工程建设推荐产品。华宁县创作的土陶作品《原始人·背箩》在2006年中国西部国际工艺品礼品博览会评选活动中获得金奖。

（3）尼西黑陶　尼西黑陶是云南藏区黑陶的代表，有2000多年历史，风格奔放豪爽，现在的器型多为生活用具和旅游产品。

尼西汤堆村位于香格里拉县西北部，地处干热河谷地带，海拔2960m，距县城33km。汤堆村全村总人口140余户，700多人，均为藏族，其中有22户家庭制作黑陶，生产陶器时间大多是在农闲时进行。

尼西黑陶是香格里拉尼西汤堆村的一种红土而制成的。黑陶的制作主要分三个步骤来完成，即选料、加工、烧结。黑陶的选料是保证质量的主要环节，加工的质量好坏取决制作者的艺术修养，采用独特的烧结工艺使陶变黑是黑陶的最大特点。

黑古陶这一古老的文明在普洱市镇沅县已有400多年的历史。多年以来黑古陶在镇沅县一直都以民间零星加工生产为主，直到20世纪90年代初，才建起了第一个黑古陶加工厂，生产的黑古陶一度声名远扬，最盛时曾远销和美国、德国、泰国等国家和中国香港、台湾、澳门等地区。镇沅黑古陶生产工艺作为镇沅县较少遗留的民族文化产品，于2009年7月，成功晋级普洱市非物质文化遗产，同年11月晋级为云南省第二批非物质文化遗产。

黑古陶最初的原料是红色胶泥，镇沅县里威乡盛产品质优良、纯净细腻的红胶泥。红胶泥在制坯之前要经过两至三天的浸泡，然后调浆、过滤、晾晒、醒土，再把泥土透彻地揉、搓，才可以开始制坯。拉坯之后的半成品，需要晾晒，期间不能接触阳光和风。晾晒完成后，黑古陶制品基本成形，坯体有了一定硬度，工艺师便可对半成品进行修形、雕刻、压光、抛光等工艺修复。之后的烧制工序是整个制作过程中最为关键的环节，火候稍有偏差，就有可能前功尽弃，每一只泥坯都要在土窑里经过4天的历练才能出窑，当窑内温度到一定高度后，就要撤火，让密闭的窑内空间自然冷却，同时炭黑就会附着在陶罐上，纯天然的黑古陶色彩就这样形成了。出窑之后，每个黑古陶还要花上一个多月的时间晾晒、绘色等工序才最终完成。

现在众多企业生产的黑陶，在器型、工艺和艺术风格上都有很多创新。

（4）金砂陶、版纳彩陶等　云南是一个多民族居住地区，各种文化在这里相互交融，形成了各个民族的陶文化。云南25个民族基本上都有制陶，如傣族慢轮陶有4000多年历史，多为生活用品，制陶者为妇女，世代传承；再如临沧民族黑陶、思茅镇沅黑陶、昭通泥质磨光黑陶、广南壮陶、新平土陶、丽江东巴陶等。

金砂陶是丽江地区流行的陶种，1983年，丽江县民族陶瓷厂推出的玉龙牌玉龙金砂陶——二龙腾空酥油壶，荣获云南省优质产品奖。目前丽江地区流行的金沙红陶多为旅游纪念品。

版纳彩陶为无光彩釉陶，色彩丰富、鲜艳，富有现代感，装饰性强。代表器型为面具装饰。

2. 日用陶瓷

（1）日用陶器　1957年云南的陶器产量达到3332万件。60年代末比60年代初全省陶器产量减少近一半。70年代时，云南出现陶瓷产品供不应求，一些地区排队抢购，为此，各地先后扶持发展了一批陶瓷厂社，但维持时间不长。楚雄地区60年代初年产330万件，到80年代年产仅约50万件。

建水县工艺美术陶厂生产的紫陶汽锅久负盛名。1979年，该厂生产的紫陶汽锅荣获轻工部优质产品奖；1984年，紫陶高脚汽锅在全国紫砂陶器行业评比中被评为优胜产品。

（2）日用瓷器　云南瓷器在清朝就能批量生产。抗战期间，云南日用瓷生产一度颇为兴盛。20世纪50年代，先后成立了国营永胜、建水、曲靖、龙陵、鹤庆（邓川）、个旧等瓷厂。60年代，国家扶持发展日用瓷生产，对主要日用陶瓷企业投资，改造窑炉和设备，扩大生产。到60年代末，云南省日用瓷产量比50年代增加2倍，并超过陶器产量。70年代日用瓷企业的生产能力成倍提高，1978年年产达到3602万件，是70年代初的2倍。1980年以后，日用瓷的产量以年平均11.8%的速度递增。产品结构除"三大碗"外，开发了成套餐具、茶具、云南青花瓷等产品，并形成批量生产。日用细瓷逐渐取代了粗瓷。产品质量、造型、装饰、白度等有明显提高并开始销往省外。到1990年，日用陶瓷总产量达到0.997亿件，其中日用瓷为0.779亿件，日用瓷占比由1980年的60.6%上升为78.1%。2010年日用陶瓷总产量达到1.85亿件。

1960年9月，为庆祝中缅边界条约签订，周恩来总理代表我国赠送缅甸边民瓷盘60万件，指示云南省生产一部分。以此为契机，国家轻工业部进行技术、设备支援，派江西景德镇陶瓷技师指导，在永胜、鹤庆、龙陵三厂试生产，最后由永胜瓷厂生产完成20万件加工任务（实际交8万件），为云南大批量生产细瓷之开端。此后，为解决瓷厂用电专门修建了灵源水电站，并拨款40万元，首次对永胜瓷厂进行技术改造。

1967年2月，轻工业部批准并拨款新建易门瓷厂，1972年建成部分投产。2002年，易门瓷厂与云南大学合作，研制成功抗菌日用瓷产品并批量生产。

曲靖市石林瓷业有限责任公司生产日用细瓷，是云南日用瓷行业的龙头企业，品种主要有罗汉汤、金菊、斗碗、民族碗、韩式、日式、水纹、瑛碗、春菊等十多个系列，100多个品种，兼以生产杯、盘、碟、成套餐具及来样生产。产品以洁白透明、釉面滋润为特点、质量稳定而著称，畅销国内云南、贵州、四川、重庆、广东、山东等十九个省市，产品通过边贸和自营出口到越南、俄罗斯、中东等十五个国家和地区。"石林"牌产品被评为云南省"名牌产品"，"STONES"商标被评为云南省著名商标，企业通过ISO 9001—2008认证。曲靖瓷厂的釉下五彩餐具、云南青花瓷具以及用云南青花原料制作的青花茶具陈设于北京人民大会堂云南厅。

永胜瓷器，早在同治八年（1869）年就能批量生产。《新纂云南通志》载："永北所产瓷土较皖、赣优良。近来永北瓷器与江西争胜，迤西各属皆有之。"永胜瓷器有瓷质晶莹明澈、绘图明丽古雅等特色，装饰方法有青花、粉彩、釉下五彩、喷花、印花、浅浮雕、颜色釉等多种。除餐具、茶具、酒具外，艺术陈设瓷器有瓷花瓶、台灯、古代乐女、红楼人物、唐女、阿诗玛、傣女及各种动物，文具瓷器有镂空花瓶、笔筒、笔架等。产品获云南省优秀轻工产品金象奖，全国首届"瓷都景德镇杯"创作设计奖。北京人民大会堂云南厅陈列的青花茶具为永胜瓷器。

3.建筑卫生陶瓷

1990年前后，个旧瓷器厂、高压电瓷厂、昆明市瓷器厂仅生产少量马赛克和釉面砖，邱北陶瓷厂在唐山的帮助下生产一些卫生洁具，后宣威县瓷厂建成釉面砖和墙砖简易生产线。1992年后，建成投产的有曲靖市宏盛建材厂、陆良大东瓷砖厂、昭通市陶瓷厂、玉溪陶瓷有限公司等，基本上生产外墙砖。随后，昆明市陶瓷厂合资建成昆意高级陶瓷有限公司。省建材局、省进出口公司和台商合作在昆明建材厂建立新亚陶瓷公司。1995年，易门瓷厂与方屯乡政府联营，异地新建佳璜瓷业有限公司，引进设备生产墙地砖。之后约有十多家新建墙地砖建成投产。

2000年之后，以福建为代表的沿海建筑卫生瓷企业人士依托自己的营销优势、技术优势和管理优势，在云南投资办厂，其规模、工艺装备和产品都远高于90年代云南所建企业。安宁的一家墙地砖企业有7条生产线；师宗县墙地砖厂有两条生产线；易门县有12家墙地砖生产企业18条生产线、1条陶瓷栏杆生产线、1条卫生洁具生产线。墙地砖品牌30多个，年生产能力达7000万平方米，产值近4亿元。2008年8月，易门陶瓷产区经中国建材工业协会核准，荣获"中国西南建筑陶瓷生产基地"称号。

云南园林陶发展较快，主流产品为琉璃瓦和青（灰）瓦。由于城乡古建筑的建设和旅游业的发展，园林陶在省内省外均热销。

4.工业陶瓷

云南陶瓷制品用于建筑、装饰、陈设及铅锌矿冶炼用铅锌罐等其他陶瓷古已有之，然用于工业工程则始于近代。

1938年，一平浪盐矿引卤工程采用东川密陀僧（黄丹）上釉陶瓷砌建，长为21.5km，特点是耐腐蚀，已沿用半个世纪，为云南陶瓷用于工业工程之开端。

1960年个旧市瓷厂试生产高压电瓷。1972年，昆明市瓷厂改名电子元件厂生产电子陶瓷元件，1975年改名低压电瓷厂生产低压电瓷、闸刀开关、瓷插保险、碳化硅远红外发热板等产品。龙陵、曲靖、易门、东川、昭通、建水、昆明市等日用陶瓷厂先后兼产瓷瓶、瓷夹、陶管等工业用陶瓷。

石林剑峰碳硅制品有限公司生产碳化硅制品，产品有冶炼行业用高温容器、冶金矿山行业用输送管道、窑体材料及其他高温材料，年总产量1800t。

1970年后，75瓷、压电陶瓷、敏感陶瓷和电容器瓷在云南都有批量生产。敏感瓷、电容器瓷等电子材料及元器件的生产一直延续至今。

云南菲尔特环保科技有限公司是一家国内专业从事柴油车及柴油发电机组尾气微粒捕集器研究、开发、生产、销售为一体的环保企业，位于昆明安宁工业园区内。成立以来，专业从事柴油车及柴油发电机组尾气微粒捕集器研究、开发、生产和销售，围绕陶瓷和高分子新材料研究，进行尾气治理用蜂窝陶瓷载体、微粒捕集器、柴油机内燃机尾气净化装置和净化系统生产。拥有目前国内先进的挤压成形生产线、完整的质量保证体系和先进的计量检测设备,是国内最大的既生产碳化硅又生产堇青石材料的柴油车微粒捕集器的龙头企业之一。年设计生产能力100万升以上。公司研制生产的碳化硅基蜂窝陶瓷微粒捕集器具有自主知识产权,并在2008年度由中国发明协会主办的国际发明展览会上荣获金奖。参与起草了HJ 451—2008国家环境保护标准,柴油机颗粒捕集器用壁流式蜂窝(堇青石)陶瓷标准,QC/T 829—2010国家汽车行业标准。公司通过与国内外公司合作,充分发挥各方优势,实现净化装置在载体、催化、总成方面的国际性优势和竞争力。

二、陶瓷原料及产品供销

云南的日用陶瓷生产遍及全省,1950～1980年,全省县以上日用陶瓷企业(不包括农副业)固定资产投资共计4159万元。建筑陶瓷主要有内外墙砖地砖及西式瓦。

云南陶瓷生产一般沿袭传统方法,但产品装饰和烤花有其特点,彩花瓷较少,多以当地的氧化钴矿(俗称碗花)作色剂,以手工描绘刷花,采用间歇式红炉烤花,生产普通青花粗瓷制品。

1.原材料供应

云南境内的火成岩地带分布广,一般都有陶瓷原料矿,已开采的有高岭土、瓷土、长石、铝土、黏土等。全省已探明高岭土储量453万吨,以宣威多水高岭土及个旧、临沧高岭土质地尤佳。各地所需陶瓷原料多为就地取材。主要日用瓷厂附设有矿山车间,主要瓷土原料自给。个旧市建有长石矿专业供给原料,其余配合料均由省内解决。

氧化钴(碗花)的开发利用。云南钴土矿分布几乎遍布全省。元代时就有开采,清末时江西人在宣威设碗花行,就地收购,运往江西作青花色料,称云南珠明料,为青料中之上乘。20世纪50年代,富源县前进炼焦厂向农民收购钴矿进行提炼,年产量曾达5000余千克。60年代后,碗花多改用工业氧化钴,青花用量少,所需之青花色料一般由企业自行配制。

2.产品销售及价格

20世纪50年代,云南的日用陶瓷产销两旺,1956年开始实行包销。1980年后,日用陶瓷改为商业选购和企业自销。省外产品大量进入云南市场,由70年代每年约500万件增至1500余万件,1981年增达2638万件。全国陶瓷产大于销,而云南市场仍显活跃,产销基本平衡。1985年后,云南的日用瓷由主要面向省内转而销往省外。1987年,全省日用瓷仅经商业销向省外1639万件。1980年,个旧市瓷厂销北京、上海、广东、重庆等地区细瓷产品(碗类)共608万件,占总产量的50.7%。

20世纪50年代,日用陶瓷生产发展,职工收入增加,产品价格低廉,经济效益尚好。1957年,以陶瓷产区建水县为例,陶瓷综合出厂价:水缸(35cm×38cm)每只0.75元、瓦盆0.15元、土锅0.25元、一等白大碗6.6分、小碗5分。细瓷产品以永胜瓷厂为例:金边大碗每个0.171元、小碗0.10元、白边大碗0.15元、金边口杯0.32元、白边口杯0.275元。

60年代,国家对生活日用必需品采取了降价措施。1965年,云南主要日用陶瓷企业陶瓷产品价格调低幅度一般在10%以上。永胜瓷厂金边贴花大碗零售价由每只0.51元降为0.43元，小碗由0.37元降为0.32元。曲靖、鹤庆（邓川）等瓷厂粗细瓷产品零售价平均调低8%～14%。调价后，一些企业通过改善经营管理保持适当效益，而一些小陶瓷厂社和新建厂由于规模、技术水平等出现亏损。

70年代，原材料几度调高，而产品价格基本未动使亏损增加，小陶瓷厂社生产萎缩，有些难以维持而停产。1979年统计，全省69个县以上陶瓷企业中亏损企业30个，亏损占43.5%，亏损金额72.6万元，盈亏相抵，全行业亏损52万元。

1980年以后，国家根据陶瓷行业的实际困难，把土陶和日用瓷产品税率先后由12%调减为5%，并将日用陶瓷作为小商品而价格放开，陶瓷企业通过发展生产使经济效益逐年提高，1982年以后开始扭转全行业亏损局面。1985年，据全省49个县以上日用陶瓷企业普查资料，共实现税利367.8万元，比1980年增加1.1倍。

三、陶瓷援外工程

1965～1970年，云南省曾代表我国政府援建了老挝两座年产50万件日用陶器厂和越南1座年产300万件日用瓷厂。

1965年初，云南省接受了援建老挝丰沙里陶厂、砖瓦厂的任务。3月，省手工业管理局派出5人考察组实地考察后提出援建项目报告。10月，丰万明、有开兴等人率领技术组20人，开始援建年产50万件日用陶器的龙窑1座，年产30万～35万件砖瓦倒焰窑1座，成形设备由我国供给。援建期间，技术组直接参加生产，现场指导，共生产陶器产品70多种、150余万件，并帮助培训陶器、砖瓦技工32人。1969年1月，我国驻丰沙里总领事馆和老挝丰沙里省政府完成项目验收和移交。这是当地建设的第一个陶器厂，影响较大，深受欢迎。

1968年，老挝丰沙里省政府要求再建日用陶器厂，经国务院批准交由云南省负责援建，由省军事管制委员会组织实施。1969年1月，省手工业管理局有开兴率领技术组9人，按协议内容，开始援建1座年产50万件日用陶器的龙窑1座，建设周期为1年。1969年8月，在老方配合下提前建成，一次试烧成功并移交投产，当地政府和群众反映良好。

1967年3月，云南省接受援建越南老街省年产300万件日用瓷厂的任务，由云南省军事管制委员会援越办公室负责组织实施。1967年4～7月，先后派永胜瓷厂赵治国、李明吉，省轻工业厅阎绍明、李显文等人现场考察，选择厂址并提出报告。同年9月，以阎绍明、赵治国为正副组长的援建瓷厂组，前后共4批14人赴越南老街省执行援建瓷厂的任务。1967年11月，工程全面开工。整个建设工程包括：2座93m³倒焰窑、球磨车间、炼泥房、成形车间、模型车间、仓库等，总建筑面积7000m²。除土建施工外，还有主要设备和物资器材共43种、500t，均由我国无偿提供，价值超过50万元人民币。1969年4月，倒焰窑试烧成功并试生产，产品有碗、壶、杯、盘、碟及低压电瓷夹板等，产品质量达到要求。投产前，曲靖瓷厂为越方培训人员共20余人。1970年11月，中越双方正式验收移交。

四、主要陶瓷产区和企业

1. 易门陶瓷产区

易门陶瓷的历史可以追溯到明末清初，至今已有350多年的历史，其中以李忠瓦窑最为有名。明末清初，闯王李自成的一名叫李忠的部下流落易门，路过浦贝外大坡时，发现这里有质地优良的陶土，就在此建窑烧陶。随之，当地人十二户人家也先后建窑烧陶。1840年前后，陶户增至二十六七户，产品生产开始有了分工，主要品种有碗类、盆、罐等大杂件，小盖子缸、烟膏缸、泡壶、大小酒罐等小杂件，香炉、花瓶、庙宇建筑物用件及金鸡、海马、兽头、宝鼎等工艺美术陶瓷。

至民国初年，易门的陶瓷生产技术和工具得到改进和提高。烧成窑由九仓增至十二仓，创建"半倒焰窑"。再者，昆明松花坝的范寿昌、范本荣父子流落到浦贝碗窑村后，带来了陶器生产的新技术和新工艺，生产琉璃瓦、兽头、宝鼎、条龙、金鸡、海马、金鱼、仙人、花栏、正吻等建筑上用的工艺品，盛销安宁、八街、双柏、峨山等地。

1938年后，江苏宜兴的陶瓷绘画艺人张师傅逃荒流落到浦贝碗窑村，利用赵普红石岩的瓷泥、老人山的水晶石磨粉成浆后与老吾的泥浆配制成石釉，所生产的白釉、白鹤单扣碗、双扣碗、白菜状花瓶等产品，白洁光滑，晶莹反光，再画上山水楼亭、竹、篮、花卉、飞禽走兽等图画衬托，别具一格，深受群众喜爱。抗战胜利后，陶器生产户已发展到50余户，年产量近100万件。生产、销售开始有分工，有六七户及众多的流动商贩收购窑户制品，采用人挑、马驮的形式运往昆明、昆阳、玉溪、通海、河西、双柏、楚雄、黑井等地销售。

1949年以后，碗窑村组建"陶瓷生产互助组"，1956年4月又发展成"陶器生产合作社"。产品有碗、盆、缸及电瓷夹、电瓷瓶盒等工业用瓷共80余个品种，年产量100多万件。

1970年，中央投资新建的地方国营易门瓷厂投产，开始了易门生产瓷器的历史。当时的易门瓷厂使用国内先进的隧道窑淘汰了传统的倒焰窑、辊道烤花窑取替了老式烤花窑并将窑炉余热用于半成品干燥等，生产的主要品种有碗类、少量茶具、餐具和工艺美术瓷等，产品畅销云南及东南亚等国家和地区。2000年后，已形成年产2400万件日用瓷器的能力，产品品种达200多个。

1995年，易门瓷厂与方屯乡政府联营，投资4800多万元，新建了易门佳璜瓷业有限公司，开始了易门生产建筑陶瓷砖的历史。同年，意达陶瓷有限公司建立了一条墙地砖生产线。2003年，易门亚欧瓷业有限公司落户工业聚集区，这是易门第一家外来投资的墙地砖企业。

目前，易门县的陶瓷产业已经形成了以建筑卫生陶瓷和日用陶瓷为主的两大产品体系，共有来自福建、浙江等地的陶瓷生产企业15户，其中建筑陶瓷生产企业12户，日用及工艺陶瓷生产企业3户，年生产建筑陶瓷规模6600万平方米、日用及工艺陶瓷4900万件。生产的建筑陶瓷砖占全省中低档墙地砖市场的80%以上。2007年，易门县被中国建筑卫生陶瓷协会命名为"西南建筑陶瓷生产基地"；被省政府列为云南省40个重点培育的工业强县之一。2008年，陶瓷产业实现工业总产值6.7亿元，占全县工业总产值的15%，实现工业增加值1.5亿元，占全县工业增加值的12%，带动农村劳动力就业近8000余人。2009年，被省科技厅认定为"云南易门陶瓷高新技术特色产业基地"。

2009年10月28日，易门县陶瓷商会正式成立。目前，商会已发展从事陶瓷生产、销售、纸箱加工、模具制作等行业的个人会员127名，其中90%以上都是外来会员，以建筑陶瓷生产销售经营为主，在云南、四川、贵州及东南亚地区逐步形成了产、供、销一条龙的产业链。

2010年，易门有陶瓷企业14家，其中建陶11家，日用瓷2家，卫生瓷1家。

2. 曲靖产区

潦浒的制陶历史自明初汉军进驻以来，发现潦浒有优质的窑泥，由于汉文化饮食习惯的影响，便逐步有了陶器和陶瓷的制作、烧制及贸易。繁盛时期，有近三十多条龙窑，每到夜晚，火光冲天，人声鼎沸，车水马龙，实颇为壮观。较有名的有沙沟窑、许家窑、王家窑。时代变迁，如今仍有八条龙窑在烧制，仍可看到较为古老陶瓷的烧制工艺，全村有三分之一人口仍与陶瓷有关。20世纪较为更早时期，由于陶瓷的兴盛，加之当时交通条件，潦浒形成了一个水、陆码头交通要道，街市贸易繁荣，人来人往，夜不闭市，素有"小昆明"之称，成为远近闻名的陶瓷集镇，享誉滇东。

20世纪50年代，在潦浒建成的原曲靖县陶瓷厂（现曲靖市石林瓷业有限责任公司），通过近60年的努力和发展，现已发展成为较现代化的陶瓷生产企业，成为云南省乃至西南三省日用陶瓷生产的排头兵。20世纪90年代，石林瓷业出去一部分技术管理人员与原曲靖市乡镇企业局组建翠峰瓷厂，初期生产经营正常，1997年因种种原因倒闭，现又在越州镇组建万承瓷业公司，2013年中期投入生产。1982年潦浒村组建潦浒陶瓷厂，期间经历一些波折，现改制变更到原曲靖市瓷厂老厂长郭建林名下，更名为珠源瓷业。2008年曲靖市石林瓷业有限责任公司煤气化改造过程中引进外资组建石林锦达瓷业，原计划生产电瓷产品，现转型日用陶瓷，又组建石林金曲瓷业，生产建筑陶瓷，因土地等原因尚在规划建设中；2010年由曲靖市石林瓷业有限责任公司出技术、管理及品牌在东山镇恩洪组建品源瓷业生产日用陶瓷；同时石林瓷业内部进行多种经济模式及资本的运作探索，组成石林三和陶瓷、七彩瓷业等，均已取得较好效果。

曲靖瓷厂位于云南省传统产陶区的潦浒镇。潦浒镇及其附近瓷土资源丰富，明、清以来即盛产陶瓷。1911年，当地人用白果青泥制碗，产品青白发光，用手敲击，声如银铃，销量颇广。

曲靖瓷厂的前身可追溯到抗战前。1929年，国民党旅长高乃勋在潦浒开办永兴瓷厂，有员工40余人。1933年，国民党师长欧永昌购买永兴瓷厂改名永昌瓷厂。1939年，欧永昌与国民党赈济会何姓合资经营永昌瓷厂，有员工120余人，聘江西技工生产花瓶，茶杯，大、小碗等类产品。抗战胜利后维持一年左右即倒闭。1955年，在原曲靖潦浒陶瓷手工业合作社基础上，地方拨款改建，1956年成立国营曲靖瓷厂，有职工48人，沿用手拉坯、脚踏盘生产方式。

20世纪60年代，曲靖瓷厂的原料制备和成形逐步实现机械化，柴窑改为煤烧倒焰窑，生产传统的白鹤青花粗瓷碗，以价格低廉、瓷质细腻、造型古朴为广大农村所喜用，畅销滇东北及邻省。70年代，国家投资改造窑炉，1977年建成小截面煤烧隧道窑并实现了滚压成形、链式干燥、皮带输送流水作业以及隧道窑余热利用，生产效率提高，煤耗下降。

1980年后，在云南省首先推行山东淄博薄壁匣钵新工艺，获1983年省科技进步二等奖。产品由普通瓷转向日用细瓷，效益提高。1985年，投资342万元建成的第二条隧道窑及其配套工程投产，细瓷产品与比重逐年扩大。1986年6月，投资109.4万元建成第三条隧道窑及其配套工程。至此，全厂生产能力达年产2500万件以上，成为全省日用陶瓷行业规模最大的企业。

曲靖瓷厂改制成曲靖市石林瓷业有限责任公司后，无论技术、设备、管理水平、产品的研发能力、产品销售范围均居云南省首位，带动云南省陶瓷工业的发展，并且利用本地煤化工产业的优势，引进外资向建筑瓷、电瓷等行业发展，推动当地成为曲靖市的一个新型陶瓷工业园区。

综观石林瓷业60年的历程，可以理出以下脉络：

（1）主要产品的发展

① 1956～1958年，土陶；

② 1958～1960年，精陶；

③ 1960～1964年，引进辘辘机（旋坯机）生产精陶，期间试制批量细瓷；

④ 1962～1976年，引进倒焰窑生产粗瓷；

⑤ 1976年，引进云南省第一条煤烧隧道窑（54m×1.1m×0.9m）生产清华粗瓷（普瓷）；

⑥ 1984～1992年，1984年试制成功$12^{\#}$细瓷配方并投入生产，期间细瓷、粗瓷共同生产，至1992年粗瓷停产；

⑦ 1992年后，全部生产日用细瓷（100多种规格）碗类、成套餐具、盘碟。

（2）主要技术线路

① 1963年前，全部手工，牛踏泥，手工捣釉，脚踩盘，龙窑烧；

② 1962年引进倒焰窑炉；

③ 1962年引进单刀旋坯机生产半成品，1963年引进0.5t球磨机制釉；

④ 1976年引进第一条煤烧隧道窑及配套的链式干燥机，余热利用；

⑤ 1980～1986年，建设第2条、第3条煤烧隧道窑，1991年兴建第4条煤烧隧道窑；

⑥ 1972年首先引进大吨位球磨机及油压榨泥机，并投资100余万元兴建第5条隧道窑；

⑦ 2008年后，投资4500万余元，进行全面的煤气化节能减排技术改造，实现技术、设备的全面更新换代，期间在麒麟区东山镇以技术入股，新建品源瓷厂。

3.建水产区

从20世纪初以来，建水陶瓷百年随着国家政治、经济、文化的改变而变迁。

1911～1953年，建水陶瓷生产是一家一户的家庭作坊生产方式，窑炉为龙窑，以松柴为燃料，窑身顺山坡而建，长40～60m，一窑可烧大、中件2000件左右，小件可达上万件。品种有黄釉货、白釉货，大件产品如缸、盆、瓮、罐，小件产品有碗、碟、盅、盘等，紫陶产品有烟斗、汽锅、花瓶、文具、茶具等。大件产品、紫陶在上窑、中窑烧造，窑号有潘家窑、徐家窑、陈家窑、张家窑等。小件在下窑烧造，窑号有高家窑、沈家窑、洪家窑等。

1938年私营永兴瓷厂在县城东门外杜家坡开办，职工30余人，年烧制青花瓷碗3万件；

1951年由人民政府接管，投入部分资产改为地方国营瓷厂，1952年生产日用瓷16万件；1962年由地方国营改为集体所有制，1987年有职工129人，用倒焰圆窑烧成，年产瓷器278万件。后迁至城北砖瓦窑旧址，建煤烧隧道窑生产，与碗窑的下窑土陶厂合并，成立建水陶瓷总厂。

1954年10月，碗窑村上窑、中窑37户陶器手工业者组织成立陶器生产合作社，随后下窑的手工业者也成立了瓦货生产合作社，生产方式是人踩泥巴、脚踢盘（木制转轮）、手拉坯。1956年社员达到110户236人。产品以粗陶为主，后成立一个美术陶瓷小组，专制紫陶。1958年更名为陶器厂。1965年在城北厂村另成立美术陶瓷合作工厂，专制紫陶，"文革"时因视紫陶为"四旧"，生产停止，工厂关闭。1972年美国总统尼克松访华，国宴中有道用建水紫陶汽锅烹制的"汽锅鸡"名菜，建水紫陶汽锅遂在国内外名噪一时。为满足外商的订货需求，省轻工局拨款30万元，银行贷款98万元，于1974年9月建成一座98.8m长、年产200万件的隧道窑，职工增至630人。1977年厂名更名为建水县工艺美术陶厂。1979年生产汽锅24908件，出口7893件。通过技术改造，生产方式和规模焕然一新，1984年厂房面积达到26686m²，有年生产能力400万件的隧道窑、30万件的龙窑、18万件的推板窑各一座，配备了制泥、成形、磨光等机械化、半机械化的设备。

在国家经济体制改革大潮的推动下，建水紫陶生产发展到200多家个体经济作坊，从业人员近千人，品种多样，艺术水平大大提高，出现了百花齐放、推陈出新的大好形势，建水紫陶研发、生产步进了一个新的发展期。

4.华宁产区

华宁陶的产地是华盖山下的碗窑村。碗窑村仍保留着大量陶的印迹，到处都是陶器碎片的堆积，老屋的土墙上也到处夹着陶片，废弃的装烧陶器的匣钵被砌成矮墙，许多匣钵上还模印着车、杨记、彭记、汪、高记、向、公记、范等印迹。最早到碗窑村烧陶的窑工是明洪武年间的车朋，他的神位一直被供奉在制陶公所慈云寺里，牌位上写着"创始本镇陶业车公讳朋之神位"。清末民初华宁陶是云南著名的特产，民国初年的《黎县地志资料》记载："瓦窑村之瓦器为黎县（华宁）工具的特大宗工艺品，产额约为千余担，价值约合银万余元，销路甚广。"抗战以来华宁陶器生产逐渐走向衰落。1949年以后，碗窑村成立手工业小组，有窑户23户，40位窑工参加，从事窑业生产的窑工数量已较民国时期有所减少。1956年，窑户和窑工由个体转入集体，成立了陶瓷生产合作社。60年代，华宁窑工到广东石湾学习交流，到邻国传授陶艺，赴四川、河北学习推板窑烧造技术和注浆工艺等。1980年后华宁陶再度欣荣，目前华宁拥有五个主要的制陶企业以及多个小的制陶作坊，从业人员有500余人，产品主要销往云南各地，部分产品远销美国、日本、新加坡、泰国等国家。2006年全县销售陶产品1299万件，实现销售收入1760万元。

2009年，华宁县人民政府公布了《华宁县人民政府关于振兴华宁制陶产业促进产业升级的实施意见》，确立了振兴陶业的指导思想以及以建筑陶为发展重点，争取形成以陶为核心的产、供、销、中介服务、物流运输等一条龙的产业链。

5. 其他产区

（1）丽江产区　丽江地区曾经为云南的一个重要陶瓷产区，有丽江永胜瓷业有限责任公司、丽江县民族工艺美术陶瓷厂等知名度较高企业。代表产品有永胜瓷器、金沙红陶。

丽江永胜瓷业有限责任公司前身为永胜瓷厂。1949年前为永北镇李余阶开办的私人瓷器厂，是永胜的多家私人瓷器厂中规模较大的厂，故名大瓷厂。至1957年，年产瓷器约50万件。

1960年6月改制为国营丽江专区永胜瓷厂，因圆满完成赠缅礼品瓷盘200件，及人民大会堂云南厅青花茶具、云南艺术剧院艺术杯的生产任务，永胜瓷声誉空前提高，被称为云南的瓷乡"景德镇"。1964年4月省委主管工业的书记周赤萍来厂视察，当现场看到瓷器生产及陈列室产品时异常兴奋，欣然赋诗一首："甚喜瓷乡气象新，珠圆玉润洁无尘，百尺竿头应谦谨，巧夺天工莫让人"。在此期间，实现了混料加工脱水工艺机械化，成形设备改水冲为电动，工序形成小流水线作业，建倒焰窑八座，彻底淘汰了柴窑。1965年年产瓷器357万件。

1978～1987年先后进行了二次技术改造。第一次技改在1978～1980年期间，轻工业部先后三次投资113万元，重点进行以节能降耗，提高经济效益为中心的技术改造，建成长67.2m煤烧隧道窑进行连续化烧成，应用腐殖酸钠于原料湿法球磨一次磨成，利用隧道窑的余热带动成形链式干燥机，实现产品成形流水化生产，从而达到原料加工、成形、烧成、彩烤同步配套进行，达到年产1000万件的生产规模。第二次技改在1986～1987年期间，企业向银行贷款250万元，建长70m隧道窑一座、长35m辊道式烤花窑一座，以及相配套的成形练干设备，泥料加工设备等。至改造后企业生产能力达2000万件，为永胜瓷的发展、企业的兴旺奠定了坚实基础。

1988～1997年，是永胜瓷厂最辉煌的十年。企业经两次技改后，彻底淘汰了倒焰窑烧成，新建成67.2m、70m烧煤隧道窑，实现烧成连续化，提高了产量，降低了劳动强度，产品质量也有较大提高。35m辊道式烧花窑的建成，3t、1.5t球磨机的购进使企业从泥料加工、成形、干燥到烧成烤花实现了一条龙流水作业。职工人数990余人，1995年年产量达到2335万件。

2003年12月，永胜瓷厂实现了改制，成立了民营性质的丽江永胜瓷业有限责任公司。经恢复、调整、改造，至2005年实现产品产量1150万件，产值770万元，税利45万元。经广采博集，制订了企业未来10年的发展规划。企业设计创作的新产品纳西脸谱、风景挂盘，在丽江市第一届旅游节获优秀作品奖。

（2）园林艺术陶瓷产区　云南园林艺术陶瓷产品包括新型仿古砖、浮雕砖、青砖青瓦、琉璃制品等，东川、曲靖、华宁为主要生产区，共有生产企业12家。随着云南旅游资源的开发和古城镇建设的发展，云南园林艺术陶瓷突飞猛进，总年产量已达8500万件。为了满足市场需求，各厂家均采用了先进的陶瓷原料加工工艺和新型成形工艺，质量大幅度提高，产品升级换代加快。

昆明市东川大飞龙陶瓷有限公司是云南园林艺术陶瓷行业的骨干企业，生产的琉璃制品色彩丰富，品种齐全，80年代即大批出口到新加坡等东南亚国家。

五、陶瓷教育和陶瓷科研

1.陶瓷教育

1966年秋，云南省轻工业学校（又称三工校）开设硅酸盐工艺班，招学生40人，两年共招学生80人，学制为三年。毕业后分配在省内陶瓷、水泥等行业。

1996年昆明理工大学大学无机非金属材料工程专业开始招收本科生，1998年昆明理工大学无机非金属材料工程系成立，云南陶瓷专业正规的系统的本科以上教育也以此为开端。1999年10月，原昆明理工大学与云南工业大学合并成立新的昆明理工大学。两校合并时，原昆明理工大学冶金系、材料系与原云南工业大学数理材料学院材料系合并成立材料与冶金工程学院，设立了无机非金属材料系。2009年9月由昆明理工大学材料与冶金工程学院的金属材料系、无机材料系和宝石材料与工艺系，机电工程学院的材料成形专业以及云南省新材料制备与加工重点实验室组建了新的昆明理工大学材料科学与工程学院。昆明理工大学材料学院的材料物理与化学系教师的主要研究方向为功能陶瓷材料与器件。为进一步推进功能材料的教育、科研与产业的发展，2009年昆明理工大学材料学院获得了云南省唯一的战略性新兴专业-功能材料专业的本科招生资格，为培养系统高端的功能陶瓷专业人才提供了教育基础条件。

昆明理工大学陶瓷材料方向主要依托昆明理工大学材料科学与工程学院材料科学与工程一级学科，开展本科、硕士、博士、博士后等多层次的人才培养及教学科研工作，现阶段，主要由材料物理与化学及材料学两个二级学科承担无机陶瓷材料方向硕士及博士人才培养工作，由材料物理与化学系功能材料专业和材料学系材料科学与工程专业无机非金属材料方向开展本科层次人才培养工作。

昆明理工大学材料物理与化学学科依托材料科学与工程学院材料物理与化学系及云南省新材料制备与加工重点实验室，主要从事功能材料及粉体材料两个方向的科学研究和教学。材料物理与化学学科共有教师30人，其中教授8人，副教授9人，博士生导师5人，学科以中青年教师为主，45岁以下教师占80%以上。正在承担和已经完成了包括国家863计划、国家科技攻关项目、国家自然科学基金项目、国家教育部重点项目、省院省校合作项目、云南省国际合作、云南省自然科学基金重点项目、云南省自然科学基金项目等众多科研项目。本学科拥有广泛的国际国内合作交流基础，与美国、日本、德国、英国、澳大利亚等国外众多国际知名大学，及国内清华大学、中国科技大学、北京大学、中国科学院物理所、国家超导实验室、中南大学、昆明物理研究所、云南非金属矿产研究所、云南半导体器件厂等单位建立了教学、科研合作，聘请了多名国内外知名人士为本学科客座教授。学科已建成价值近3000万元的设备条件，为学科的发展提供了坚实的物质基础，也为高层次人才的培养、高水平学科的建设创造了有利条件。

云南艺术学院、昆明学院等大专院校中设有陶瓷艺术类的课程。

陶瓷职业教育和培训一般由企业或行业组织进行。1964年，陶瓷行业学唐山，云南由永胜瓷厂派人到唐山学习管理和技术。此后，工厂几乎每隔2年都要派人到景德镇、唐山、湖南醴陵等地学习，提高了陶瓷生产的水平。

1986年，原曲靖市瓷厂与原曲靖市第三中学校联合创办了曲靖市陶瓷技术学校，面向全省陶瓷企业招生，开展陶瓷职业教育，培养技术人员。文化课由曲靖市第三中学校负责，曲靖市瓷厂共派出7人教授专业课。1986年9月招生，至1992年9月，共招收5个班，每个班30～40人，共计近200人，其中专为文山州丘北县专门培养了一个班。

2.陶瓷科研

20世纪60年代后，云南部分陶瓷企业推行煤烧倒焰窑，平均吨瓷耗用标准煤4t以上，有的高达6t。70年代，推行隧道窑连续烧成，消耗成倍下降。之后，经过以节能为中心的技术改造、余热综合利用以及推行薄壁匣钵新工艺等，主要陶瓷企业煤耗达到全国平均先进水平。1985年，云南省主要日用陶瓷企业吨瓷耗用标准煤平均1.07t（全国平均1.17t），比1980年下降约一半；万元产值平均耗用标准煤13.09t（全国平均19.91t），比1980年下降4.94t。永胜瓷厂获轻工业部节能优秀企业奖，曲靖瓷厂的日用陶瓷薄壁匣钵获省推广成果二等奖。

1979年，丽江永胜瓷厂关于腐殖酸钠在陶瓷工业中的应用获省科技成果二等奖。

1982年，云南省科委拨款4万元，由省工艺美术研究所开展"云南珠明料生产青花色料"课题的研究，1985年通过省级鉴定，1986年获轻工业部科技进步三等奖。

2000年1月，曲靖市石林瓷业有限责任公司成立陶瓷研究所，有技术人员7人。自成立以来，主要从事坯、釉料配方研究，器型设计与开发。先后完成了以临沧高岭土、景洪高岭土等云南省本土原料为主的坯、釉料配方，提高了产品的白度及透明度，降低了生产成本；开发了春菊碗、韩式碗、日式碗、水纹碗、彩釉杯等系列产品；对生产工艺、设备等进行改进，提高了质量和生产效率。公司取得春菊碗等专利11项，其中：4项外观专利，7项实用新型专利。

易门产区陶瓷企业近年取得约20项陶瓷方面的专利。

云南现代新型陶瓷材料与器件的研究与开发以昆明理工大学为主。昆明理工大学陶瓷材料科研研究主要以先进功能电子陶瓷材料、磁性材料、热电陶瓷材料、强关联氧化物薄膜及陶瓷材料、高温超导材料、半导体材料、纳米材料及相关器件、光电能量转换材料、能源材料以及先进材料计算与设计等为方向。多年来，承担了国家、省部级以及企业委托产业化项目50多项，具体包括以易健宏教授为代表的特种磁性材料，以张鹏翔为代表的强关联氧化物陶瓷材料和光电子材料，以甘国友教授为代表的精细功能陶瓷材料，以邱建备为代表的光电能量转换材料，以陈庆华为代表的多孔陶瓷与生物陶瓷支架材料，以赵昆渝教授为代表的热电材料，以张正富教授为代表的能源材料，以陈敬超教授为代表的结构陶瓷及材料设计与计算。发表文章400余篇，SCI、EI和ISTP收录200多篇，申请发明专利100多项，授权发明专利50余项。

六、陶瓷行业管理

1958年以前，云南的日用陶瓷器主要由贸易公司经营，1960年划归供销社日用杂品公司经营。而县以上企业的生产由各工业部门管理。

1959年以后，陶瓷主要由轻工局管理，机械厅只管个旧高压电瓷厂，手管局管理城镇集体企业。

20个世纪80年代后期，我国市场经济的发展推动了竞争性工商企业民营化的步伐，以民间化的行业协会来管理行业也提上了日程。1989年11月14日，云南省轻工厅批准筹建云南省陶瓷工业协会，郭建林（原曲靖市瓷厂厂长）任筹备组组长。1990年12月6日，成立云南省陶瓷工业协会，选举产生第一届陶协理事会，理事长郭建林、秘书长马华芬，1991年4月21日第一届云南省陶瓷工业协会正式挂牌成立。1992年云南省陶瓷工业协会成为中国陶瓷工业协会团体会员。1995年5月在昆明举行会员大会，换届成立第二届云南省陶瓷工业协会，理事长卢进宏（个旧市瓷厂厂长），秘书长马华芬；后因卢进宏工作调动，选举张进来（玉溪陶瓷公司董事长、总经理）任理事长。1995年8月在玉溪举办厂长、经理座谈会期间组建了省陶协建筑陶瓷专委会，张进来任主任委员。2000年第三届云南省陶瓷工业协会换届成立，理事长陈外生（曲靖市石林瓷业有限责任公司董事长、总经理），秘书长马华芬。2007年3月30日，第四届会员大会在易门举行，选举理事长为黄海坪（昆明市劲华陶瓷有限公司董事长）秘书长江启龙（原省轻纺厅行管处陶瓷工程师），后由主管单位省工信委建议，改姜福生（昆明东川大飞龙陶瓷有限公司董事长）任秘书长，江启龙任副秘书长并主持秘书处日常工作。

第四节　贵州陶瓷

贵州省简称黔，位于我国西南部，与云南、四川、湖南、广西壮族自治区接壤，自古以来居住着汉、仡佬、布依、侗、土家、苗、彝、水族等民族，是一个多民族聚居的省份。贵州的风光秀丽、气候宜人，民族文化丰厚，资源富集，自然形成了独特的多民族文化。

贵州陶器出现于新石器时期。赫章可乐区马家湾新石器时期遗址、平坝飞虎山新石器时期洞穴等处出土的文物有陶器残片数百件及大量四耳、圆底、底柱、黑色陶、陶轮纺、陶杯等，饰有弦纹、绳纹、波浪纹，说明这时的贵州先民已掌握了原始制陶技术和纺织技术。

汉代时贵州的陶器制造除品种多样、美观的日用陶器外，还出现了一些陶雕工艺品。黔西汉墓出土的陶器有舞蹈俑、托案俑、镇墓兽、陶羊、陶猪、陶鸡等随葬品，这些陶雕的造型生动，制作技艺水平已接近中原地区。赫章汉墓出土陶器的制作已采用轮制，并有全釉与半釉制品。

近年来，贵州省博物馆考古队在普安青山区及沿河塘坝区大坝田村均发现了古代陶窑遗址。普安青山区的窑长2.7m。沿河塘坝区大坝田村的窑长3.5m（包括窑门、火膛、窑室及窑壁）窑宽2.7m，并残存有变形陶器和各种文饰的长方砖等。经考证确认，普安青山区窑为战国陶窑遗址，沿河塘坝区大坝田村窑为汉代陶窑遗址。

天柱县白市电站湾头窑址和瓦罐滩窑址的发现，填补了贵州省宋元时制瓷业的空白。2010年1月12日，新华网贵阳电称，2009年9月至今，贵州省文物考古所和四川大学合作，日前在清水江流域天柱白市电站淹没区的考古发掘中，出土了大量瓷器。先后在远口镇近八处遗址中（包括埂头窑址和瓦罐滩窑址）出土完整或可复原青花瓷器3600多件。其中瓦罐滩窑址是贵州经济科学考古发掘的第一座瓷窑，出土瓷器标本之丰富在贵州省境内首屈一指。为解决黔东南及周边地区，宋、元墓葬出土瓷器的窑口问题、为研究中国古陶瓷史提供了新的资料。

1382年（明洪武十五年），朱元璋在平定云贵高原的叛乱后，把"调北征南"的30万大军屯兵安顺一带驻守，不久又把数十万移民从江南"调北填南"来贵州（即贵州第二次大移民）。迁徙来贵州的移民剧增，其中多擅长陶工生产，使陶工遍及全省，以贵阳中曹司、平塘牙舟、贞丰、织金、矛坝等地区居多，使这些地区的陶业日渐发展起来。另据史载，制陶技术亦由江西传入，黔南的贵定高平、盘江等地有陶窑生产，所产土陶产品式样美观，质量好，而畅销龙里、开阳、福泉、瓮安等邻县，有"江边窑"之称。在此期间，湘人李芸肇弟兄三人到摆楠乡烧制坛罐出售，现摆楠乡地名"瓦罐窑"者即当年窑址所在地。

1796～1820年（清嘉庆年间），贵阳黔陶镇已形成一个新的制陶集中地。此后，黔北遵义班水用杂土烧成色暗的瓦、瓮、钵，绥阳石碓窑则能制成浑雅可爱、色白质坚价廉的盘、碗、灯、壶。同期，思南枫香园、纳雍居仁、金沙、开阳、平塘均有制陶业出现。道光年间，四川赵姓人到都匀杨柳街白岩脚垦荒度日，见有煤及可制砂器泥土，返乡邀约同乡前来烧制砂锅、砂罐，一直延续至今仍有生产。现杨柳街砂锅厂地名即当年生产砂锅、砂罐的旧址。

民国初年，贵州省的陶器作坊最多达1100户、陶工2000余人。抗日战争爆发后，沿海工业内迁，贵州人口剧增，使陶器生产有较大发展。平塘牙舟有陶窑48座。贞丰花碗窑工数百人，月产陶器2500千克。贵定各乡建窑达60余座。

贵阳黔陶镇制陶业发展尤为显著。1937年，制陶作坊由民国初期的18户增至51户，1940年更激增至70余户，从业工人900余人，其中资本4000元的有魏春林、赵恒礼、廖云洲等3户，资本3000元的有蒋玉昌、龚庆云、赵培芝3户，资本2000元的有蒋云昌、赵德饮、赵海山等10户，资本2000元以下的有钟海饮、平树清、赵云谱等。该镇年产陶器最高时达400万件，产值10余万元。魏春林产的凹盘，赵恒礼恒升厂产的碗类，龚庆方永丰厂产的彩花、红花碗，钟海饮大同厂产的窑货更是享誉全省，销售地域东达镇远、黄平、南及都匀、独山，西抵安顺，北至遵义、桐梓。省内陶器产区已遍及贵阳、平塘、贞丰、开阳、织金等26县区。

1939年，民族工商业家伍效高，鉴于贵阳黔陶具有优质陶瓷原料、300余年陶器生产基础和有生产经验丰富的技术工人而在黔陶组建新生陶瓷厂。拦河筑坝，建造与安装铁质水车以作生产动力，安装石轮碾及球磨机以提高坯料与釉料质量，安装大压机与辘轳机以改进匣钵与制坯工艺，耗资40万元，历时1年。自建厂就绪后，从江西景德镇聘请了有多年实践经验与技术管理知识的吴炳坚、张星琦出任工务主管与技师，用当地原料设计、试制配方，改明焰裸烧为装匣钵隔焰烧成，生产粗瓷（亦称改良瓷）成功，这是贵州陶瓷生产由家庭手工作坊向专业工厂生产、全手工操作向简易机械生产、陶制品向瓷器生产的转折点。新生陶瓷厂有职工110人，年产各种日用瓷232.65万件，产值51297.6元。1942年，抗日战争之势迫近衡阳，中央电瓷厂匆匆撤退到贵阳，借口"保障军需供应"，强行征租新生陶瓷厂的全部设备及资产改产电瓷，使新生陶瓷厂日用陶瓷停产。1944年，日军进犯独山，中央电瓷厂迁往重庆，而新生陶瓷厂的日用陶瓷生产设备已损毁殆尽。经两年修复，1946年2月，新生陶瓷厂恢复生产，仅有职工50余人，产品质量亦有下降。此后，由于时局动荡，物价飞涨，技术力量不足，至1949年，终于停产。

1940年，贵州企业公司陆续投资100万元，在黔陶镇兴建贵州第二个瓷厂即贵州企业公司陶瓷厂，次年建成投产，生产粗瓷器皿、卫生瓷、电火花塞、耐酸缸、瓷酒瓶及耐火材料等，年产值5万余元，产量42万件，产品质量稍逊于新生陶瓷厂。由于管理不善，亏损累累，到1944年转卖给贵州省政府合作代营局而宣告结束。

1949年时，贵州全省尚有陶器生产者803户，陶工2499人。

1952年，贵定江边窑制陶工与陶器商贩60余人率先组成陶器生产工商合作社。同年，平塘牙舟亦组成陶器生产联营社。1953年，贵阳黔陶制陶户组成黔陶陶瓷生产合作社。1955年，贵定陶器生产工商合作社、平塘牙舟陶器生产联营社亦分别改组成陶瓷生产合作社。1954年，思南组成新民陶瓷生产合作社。至1956年，赤水、开阳、贞丰、兴义、毕节等地陶瓷手工业生产合作社相继成立，陶器生产开始由个体手工作坊转为集体手工业合作企业。

1957年，贵阳市人民政府决定把贵阳黔陶陶瓷生产合作社由集体经济率先转为国营经济而成立贵阳陶瓷厂，并另选址于孟关改建成立机械化生产程度较高的普瓷生产企业。截至1963年，先后投资122万元，兴建厂房、采购设备、培训技术人员、修建倒焰窑，并在省轻工科研所的协同下进行普瓷生产的研究与试验。

1963年，贵州省劳改局王武砖瓦厂陶瓷车间和兴义陶瓷厂着手对普瓷生产进行探索。通过两年的努力，均取得了一定成绩。1964年，贵州省经委确定，以王武砖瓦厂的陶瓷车间为基础，把贵阳陶瓷厂与兴义陶瓷厂并入该厂，组成贵阳瓷厂以加快普瓷的试制进程。1965年，生产出普瓷日用器皿与细瓷茶具，1966年通过鉴定，质量达到部颁标准。

据统计，1957年，贵州省共有陶瓷生产合作社与陶瓷厂149个，职工5375人，年产日用陶瓷4038万件。1965年，经过调整后，仅保留了贵阳瓷厂、毕节陶瓷厂、贵定陶瓷厂等全民所有制企业，全省陶瓷企业职工减为3337人，产量2270万件。

1966年以后，陶瓷厂纷纷进行扩建与改建。1966年，思南陶瓷厂迁建于迎恩寺。1968年，雷山陶瓷厂扩建。1970年，毕节陶瓷厂迁建于大桥乡。1971年，贵定陶瓷厂迁建于城郊辣子冲。1972年，新建镇远陶瓷厂、金砂城关陶瓷厂、瓮安县碗厂、关岭县花江陶瓷厂等。1973年，新建遵义陶瓷厂、福泉碗厂。1974年，新建湄潭陶瓷厂。陶瓷企业的扩建与增加，提高了生产能力与生产的机械化程度，但由于"文革"的干扰而使生产迅速下降。1969年，全省日用陶瓷的产量仅为1000万件。

1974年，为进一步扩大普瓷生产，动工兴建普定瓷厂，计划投资230万元，年产普瓷500万件。这是贵州省的重点日用陶瓷建设项目，也是投资最大的瓷厂。历时8年，实际耗资538万元，于1982年5月建成试生产，试产7个月后出现较大亏损而转产白酒，设备被拆除、隧道窑被炸掉，除厂房得到利用外，500余万元的投资化为乌有，这是贵州陶瓷行业发展中的一个教训。

1976年后，陶瓷生产得以稳定发展。1977年，日用陶瓷的产量达4391万件，超过了1957年年产4038万件的最好水平。

1978年以后，贵州省的陶瓷生产能力逐年增加。由于电瓷的需要量急剧增长，省内主要陶瓷企业如贵阳陶瓷厂、毕节陶瓷厂、镇远陶瓷厂、茅台陶瓷厂等先后部分或全部转产电瓷，致使日用陶瓷的产量徘徊于2000万～2500万件之间。

截至1986年，贵州共有陶瓷生产企业56家，其中：国有企业14家（贵阳瓷厂、毕节瓷厂、镇远瓷厂、仁怀二合陶瓷厂、茅台电瓷厂、石阡陶瓷厂、贵定陶瓷厂、德江陶瓷厂、雷山瓷厂、天柱陶瓷厂、兴义陶瓷厂、居仁碗厂、瓮安碗厂、三都陶瓷厂），其余为集体或乡镇企业。生产规模较大的有：贵阳陶瓷厂、平塘牙舟陶瓷厂、平塘工艺美术陶瓷厂、兴义白碗窑陶瓷厂、贞丰窑上村的陶瓷厂、赫章雪窝陶瓷厂、思南陶瓷厂、遵义花茂陶瓷厂、遵义三合陶瓷厂、威宁南屯陶瓷厂、余庆松烟陶瓷厂、剑河工艺红陶厂、安龙陶瓷厂、仁怀茅坝陶瓷厂、习水美术陶瓷厂、贵阳中曹红陶厂、从江民族陶瓷厂、剑河美术红陶厂、惠水宁旺陶瓷厂、惠水上马陶瓷厂、遵义陶瓷厂等。职工总人数约4500人，其中专业技术人员约40人。

据统计，1950～1986年的36年间，贵州全省陶瓷工业投资总额约1700万元，拥有各类陶瓷专业设备400台（座），其中原料加工设备200台、成形设备90余台、烧成炉窑100余座（隧道窑5条、推板窑6条、倒焰窑25座、爬坡窑60余条）。从技术装备来看，贵阳瓷厂实现了机械化连续化生产，毕节瓷厂、镇远电瓷厂、茅台电瓷厂、兴义陶瓷厂等均为间歇式生产。

1978～1986年，贵州的日用陶瓷产量徘徊于2000万～2500万件之间。此后，通过实行工业承包，产量有较大增长，1987年和1988年的日用陶瓷产量分别增长到3586万件和4259万件。

贵州省轻纺工业厅科研所硅酸盐组与贵阳瓷厂陶瓷研究所（1986年前为贵阳瓷厂试制组），在普瓷与细瓷的试制、坯泥与釉料的提高、新产品的开发以及对省内陶瓷企业的技术咨询、信息交流等方面都做出了重要贡献。

一、贵州的陶瓷产品

1. 美术陶器

贵州的美术陶器的生产主要集中在平塘县之牙舟镇。据记载，牙舟陶器的生产已有600多年的历史。1368～1398年（明洪武年间），江西人杨正真入黔至掌平州六硐长官司，之后，朱元璋从江南移民数十万到贵州，称"调北填南"。其移民中善陶者到牙舟、中曹王宽、织金等地发展陶器生产。清嘉庆年间，又有湖南及四川一批老艺人来到牙舟从事制陶生产，使牙舟陶器生产日盛。至清末民初，经过漫长的岁月，陶工们在实践中摸索总结了一套陶器制造工艺技术，生产得到了很快发展，到抗日战争前，陶窑（爬坡窑）曾发展到48条，遍及牙舟平冗寨以及附近的高寨、小寨、新寨、衣楼等处，产品除销售到省内各地外，还远销到云、桂、川、湘等地。

1949年后，人民政府采取了一系列扶持政策，支持牙舟陶器的生产销售经营。1955年，成立牙舟陶器供销社，同年十月更名为牙舟陶器手工业生产合作社，后又改为牙舟陶瓷厂。1960年，牙舟陶瓷厂的总产量为195万件，其中：工艺陶1.3万件，日用陶（坛罐）为47万件，烟斗为135万件。

20世纪90年代前后，迁入平塘县的新厂由于各种原因纷纷倒闭。牙舟仅有个体陶器户10余家继续生产牙舟陶器日用品及烟斗。

进入21世纪后，牙舟陶器第七代传人张禄麒自筹10多万元，于2006年9月恢复了牙舟工艺美术陶瓷厂（最近更名为平塘县禄麒牙舟陶文化有限公司）。2008年，贵州省中小企业局投入40万元技改资金，新建一座（烧液化气）$2m^3$棱式窑、一条8洞爬坡窑以及原料、成形设备20多台。2010年，有工人23名，生产各类美术陶20余万件，实现利润18万元。

牙舟陶器历年参展情况统计：

（1）1941年10月10日，中华民国"双十节"贵州省物产陈列馆开幕，展出牙舟陶狮子、茶杯、痰盂各一对。

（2）1959年庆祝中华人民共和国成立10周年，牙舟陶器作为礼品赠送北京十大建筑花瓶茶碗10件。

（3）20世纪60年代以后，牙舟陶器多次被选送到北京、上海、广州等地展出，有的还选送到日本、法国、德国、朝鲜、丹麦、芬兰等国家展览。

（4）1981年，牙舟美术陶器在广州展出28个品种，开展后展品被抢购一空，外商纷纷提出订购。

（5）近年来，牙舟陶器被贵州省人民政府、黔南州政府作为礼品赠送新西兰等国家元首和来访国际友人。

牙舟陶器历年获奖情况统计：

（1）1983年，在北京召开的中国国际旅游展销会上，牙舟陶器《鸡纹双耳罐》被评为旅游纪念品优秀作品，获轻工部颁发的优秀作品证书和金奖章一枚，单位：平塘县牙舟美陶厂。

（2）1984年，牙舟陶器《云纹牛奶罐》获轻工部主办的中国工艺美术百花奖优秀创作设计二等奖，单位：平塘美陶厂。

（3）1986年，《美陶"三足鼎"》获轻工部中国工艺美术百花奖优秀创作设计二等奖，单位：贵州省工艺美术研究所，作者：岳振。

（4）1986年《牙舟美术陶》获省轻工厅旅游局、民委主办的"黄果树杯"优秀旅游产品奖，单位：平塘牙舟美陶厂。

（5）在2006～2010年贵州省"多彩贵州"评比中，牙舟陶分别获二等、三等奖，单位：牙舟美术陶厂，作者：张禄麒。

（6）2008年6月，牙舟陶申报"非遗"成功，被列为国家级非物质文化遗产名录。

贵阳民营美术陶瓷企业的发展简述如下：

1998年，程建华自筹资金70多万元（首期）在贵阳市花溪区党武乡付家桥购地16亩，建工艺美术陶瓷作坊，今改名为贵阳市花溪山之陶艺有限公司，前后十余年共投资480万元。

2005年3月，付培贵自筹资金前后共投入10余万元，在贵阳小河区毛寨村建付氏陶艺研究室。2009年，迁王宽罐罐窑。研究室配有$0.5m^3$汽化窑1座、拉坯机1台、制模机1台、制釉机2台。

2006年，周志远自筹资金80万元，在贵阳市郊小关，建美术陶瓷厂，后更名为贵州省异炼坊现代艺术陶瓷有限公司。于2011年11月迁到贵阳小碧乡，又投入资金39万元建新厂房

1000m²。公司现有设备2m³棱式汽化窑1座、1m³棱式汽化窑1座、0.3m³汽化窑1座,制釉设备、拉坯机、制模机等10余台。

2008年,贵州省中小企业局共投入技改资金80万元于山之陶有限公司,现该公司有厂房1000多平方米,制泥、制釉、成形设施20余台,20m³倒焰窑2座、5洞爬坡窑一条、1.0m³棱式汽化窑1座、0.5m³及0.2m³汽化窑各1座。

2008年,湖南人刘宏华投资250万元,在贵阳市郊孟关乡租地13亩(租用20年)建日用坛罐厂,建22m三孔推板窑一条,购2t球磨机3台、成形设备22台,现有生产工人25人,年产坛罐10多万件,总产值260万元,实现利润50万元。

2. 日用陶器

贵州的日用陶器集中在黔陶、贞丰地区。贵阳黔陶镇在清嘉庆年间就有制陶作坊,1937年前后至为鼎盛时期,当时的手工作坊达70余家、技工900余人。

1953年,组建成立贵阳黔陶陶瓷生产合作社,1957年转为国营,易名贵阳陶瓷厂。1959年,贵阳陶瓷厂迁至孟关乡,而原址作为分厂继续生产。1961年,黔陶镇分厂恢复为集体所有制。1964年,孟关乡的贵阳陶瓷厂并入贵阳瓷厂后,黔陶镇分厂仍沿用贵阳陶瓷厂厂名。

当时,贵阳陶瓷厂年产日用普瓷200万件、职工300余人,虽为集体所有制,但省、市主管部门仍非常支持该厂的技术改造,陆续投入改造资金400余万元,形成固定资产原值470万元,专业设备有42台(座),其中原料制备设备14台、成形设备20台、烘房3座、烧成设备5座(120m²倒焰窑一座、100m²的2座、80m²的2座、爬坡窑1条)。1975年后,该厂已大转产主要生产电瓷,日用陶瓷产量仅保留20万件左右。

贞丰地区也是贵州陶瓷的一个产区,历史悠久,主要生产民用粗陶,以陶、罐类居多,以个体作坊为主,一直沿继至今。贵州生产粗陶产品的地区主要还有普定的窑上村、安顺的旧州、贵阳的罐罐窑(中曹、王宽等地)等,且都具有600多年的历史,大部分陶工的祖先都是在明代时移民来贵州的。

20世纪90年代时,贵州生产日用陶器的工厂主要有仁怀二合陶瓷厂、石阡陶瓷厂、贵定陶瓷厂、德江陶瓷厂、雷山陶瓷厂、天柱陶瓷厂、兴义陶瓷厂、瓮安陶瓷厂、三都陶瓷厂、思南陶瓷厂、遵义三合陶瓷厂等。陶瓷产品的年产量为2000万~2500万件之间。1987年、1988年的年产量分别为3586万件和4259万件,为最好年份。

3. 日用瓷器

贵州日用瓷器的生产主要集中在贵阳地区。日用瓷器包括普瓷和细瓷两类,贵州以普瓷生产为主,贵阳瓷厂生产部分细瓷制品。生产普瓷的厂家有贵阳瓷厂、毕节瓷厂、镇远电瓷厂、贵阳陶瓷厂、茅台电瓷厂、贵定陶瓷厂、思南陶瓷厂、绥阳陶瓷厂、茅坝陶瓷厂、黔西南陶瓷厂、白碗窑陶瓷厂、遵义三合陶瓷厂、天柱陶瓷厂、石仟陶瓷厂等。普瓷年产约1500万件、细瓷为100万件。

贵阳瓷厂成立于1964年,厂址在贵阳市王武五寨,由原贵阳王武五砖瓦厂陶瓷车间、贵阳陶瓷厂与兴义陶瓷厂合并组成。年生产普瓷130万件,细瓷100万件。职工810人,其中专业技术人员14人。固定资产原值189万元,各种专业设备93台,其中原料加工设备22

台、成形设备60台、烘干设备2条链式干燥机（均为隧道窑余热利用）、烧成窑炉：50.8m隧道窑一条（1997年省劳改局投入技改资金170万元改建成80m隧道窑）、100m² 倒焰窑4座、烤花隧道式窑2条，是当时贵州陶瓷行业机械化生产水平最好的企业。1972～1976年，贵阳瓷厂生产的气球壶、企身杯碟、15头大理石釉贵玉咖啡具等细瓷出口到伊朗、伊拉克和南非等国，年出口细瓷近100万件。2004年，全部改产石油支撑剂（即75刚玉材料），2007年停产。

4.建筑卫生陶瓷

1941年，官办的贵州机制陶瓷厂除生产日用陶瓷外，还生产洗盆、男女便溺器，这是贵州最早的卫生陶瓷生产厂家。

1953年，贵州省城市建设局接收贵定冒沙井陶瓷厂。

1958年，在贵定坪堡建新的贵定陶瓷厂（在原冒沙井老厂作为新厂试验车间）除生产日用瓷外还生产琉璃瓦，并计划生产卫生陶瓷，到1965年初，新厂还未全部建成时，厂址即划归贵定电厂使用。1979年，省政府安排投资20万元，在镇远建年产5000件卫生陶瓷生产线，但未建成投产，只试制了几件样品。

1982年4月，贵州省建材科研设计院承担省"六五"攻关"低温快烧磷渣釉面砖"项目，1984年8月完成，1987年通过省级鉴定，同年获省科技进步三等奖。

1987年1月，兴义市陶瓷厂年产14万平方米釉面砖投入生产，这是贵州第一家生产建筑陶瓷砖的企业，随后还生产陶瓷琉璃瓦。1988年，贵阳建筑陶瓷厂建成年生产15万平方米釉面砖生产线投产。1989年，赤水县制砖厂年产10万平方米釉面砖生产线投产。同年，丹寨县瓷厂建成年产15万平方米釉面砖生产线。1993年，省政府以扶贫方式投资100万元，对丹寨县瓷厂由进行技改，技改后釉面砖年产可增加到30万平方米。

1994年5月，贵阳建筑材料总厂年产70万平方米彩釉砖生产线投入生产，固定资产投资2546万元，主要设备由意大利引进。同月，绥阳县贵州永盛陶瓷总公司年产70万平方米墙地砖生产线建成投产，工艺技术与成套关键设备从广东佛山中浩陶瓷设备窑炉技术开发中心引进。同年11月，遵义东安建筑陶瓷有限公司（原遵义市东方红砖厂）建成年产70万平方米抛光砖生产线投产，总投资2500万元，与香港新明公司合资筹资，主机由意大利引进。从此，贵州结束了墙地砖依赖省外进口的历史。

1994年，贵州省建筑材料科研设计院建成陶瓷色料生产线，品种达20余种。

进入21世纪后，贵州的建筑陶瓷行业得到迅猛发展。贵州的建筑陶瓷主要集中在遵义地区的绥阳县和贵阳地区的清镇市。

绥阳县的建筑陶瓷企业除1994年5月建成的贵州永盛陶瓷有限公司外，陆续相继建成的有绥阳凤华陶瓷有限公司、绥阳县陶瓷公司、绥阳县陶瓷厂、绥阳成功陶瓷有限公司、绥阳县华夏陶瓷有限公司、绥阳县陶瓷马赛克厂、遵义县九屏乡砂岗陶瓷厂等近十家大中型企业。同时，也相继建成了绥阳县陶瓷机械厂、绥阳县陶瓷棍棒生产厂、耐磨陶瓷件厂等其他附属企业。绥阳县几乎变成了一座陶瓷城。初步统计，绥阳建筑陶瓷年产量达2000万平方米以上，其中绥阳县华夏陶瓷有限公司年产为500万平方米。

清镇市的建筑陶瓷业从无到有，特别是2000～2010年发展迅猛，主要集中在清镇市工业园区西区，南靠平坝，西连织金，北邻黔西、修文县，涉及7个乡镇。建陶企业有清镇市绿洲陶瓷有限公司、清镇吉利陶瓷公司（中八）、清镇市英迈尔陶瓷公司、清镇市奥利康陶瓷公司等五家。有报道，清镇市建陶的总产量为7597.89万平方米，其中墙地砖752.89万平方米、釉面砖6265万平方米、陶质砖580万平方米。

5.贵州工业陶瓷

贵州的工业陶瓷主要有电瓷、石油支撑剂、高铝球等，生产厂家有毕节电瓷厂、镇远电瓷厂和扎佐无机新材料厂及黔陶陶瓷厂等。

（1）毕节电瓷厂　1953年，毕节金银滩个体陶器作坊联合组成了毕节金银滩陶瓷生产合作社；1956年改组为毕节县陶瓷厂；1958年转为国有；1967年收归地区轻工局领导，改名为贵州省毕节瓷厂；1970年迁建于大桥乡。历经多次扩建与技术改造，机械化程度迅速提高，是贵州省内技术装备仅次于贵阳瓷厂的企业。有职工295人，固定资源值495万元，拥有球磨机12台、制泥设备19台、70.4m隧道窑一条、94m³倒焰窑4座。原有日用普瓷年产量200万件，1978年后改产高低压电瓷，仅保留日用普瓷年产量20万件左右。

2000～2010年，总体投入技改资金1000余万元，用于清洁能源技术改造工程（冷煤气站）和建设50m³自动化控制抽屉窑2座。清洁能源的使用提高了瓷绝缘子产能、产品档次和技术水平。

2003年，贵州省毕节电瓷厂更名为贵州毕节高原电瓷有限公司，主要产品有500kV、220kV、110kV以及以下各电压等级的线路、电站产品100余种，年产量达2000余吨，年产值2000余万元。2002～2004年连续被贵州省经贸委确认为"西部大开发国家鼓励类产业企业"，属全国32个重点电瓷企业之一。

2011年11月，贵州毕节高原电瓷有限公司被浙江豪盛集团旗下九天科技有限公司整体收购，更名注册为贵州毕节九天高原电瓷有限公司，并在毕节高新技术产业园区征地250亩，投资5亿元异地技改，实现产能5个亿。

（2）镇远电瓷厂　国营镇远电瓷厂的前身是镇远陶瓷厂。镇远陶瓷厂是1972年由镇远青溪供油厂改建而成，厂址位于青溪。改建时得到湖南洪江瓷厂、新湘瓷厂的支援，以青溪供油厂自筹6万元资金，自制石轮碾、球磨机、旋坯机、精坯机等设备，奋战4个月，制出青花碗，1973年投产。以后，在县和地区的支持下，陆续投资102.5万元，用于更新设备、改造工艺，企业规模不断扩大，拥有职工133人，固定资产原值162.5万元，专业设备51台（套），其中，原料制备设备17台，成形设备30台，倒焰窑3座，电瓷测试设备一套，年产普瓷100万件。1981年，转产高、低压电瓷。1986年底，开始恢复部分日用普瓷生产，年产量20万件。

另外，20世纪90年末，位于贵阳修文县扎佐镇的扎佐无机新材料厂新建80m长煤烧隧道窑1条，生产工业瓷-石油支撑剂（75刚玉瓷），年产2000余吨，产值5000多万元。21世纪初期，黔陶陶瓷厂改产生产高铝球，年产1000余吨。

二、陶瓷教育与科技

20世纪60年代初,中央工艺美术学院为贵州省培养了第一批陶瓷设计人员,其中包括翟思正、张永发等。随后,从华南理工大学、景德镇陶瓷学院、武汉工业大学、四川美术学院、厦门工艺美术学校、齐齐哈尔化工学校等陆续分配到贵州许多科技、教育和设计人员,其中包括郭瑞伦、魏淑珊、陈尚德、傲志福、刘邦一、范新林、董万里、张肃、唐根山、韩亚明、张成翅、王伟、唐凤芝、高春芬、洪文礼、刘德宝等,加强了贵州陶瓷的科研、设计以及师资队伍。

1.陶瓷教育

1958年,贵州省筹建成立贵州省轻工业学校。1962年,省轻工业学校与省交通学校和化工学校合并成立贵州省第二工业学校。1977年,轻工业学校恢复为第一轻工业学校。20世纪60年代,轻工业学校开办了三期"硅酸盐专业"的培训,培养了近百名陶瓷、玻璃、搪瓷专业人员,这批毕业生在20世纪大都成为贵州陶瓷工业和玻璃工业的技术骨干。

1983年,贵州省第二轻工学校开设工艺美术专业,培养300余名设计人员,加强了贵州陶瓷的设计队伍。

2003年,贵州民族学院开设民族民间美术专业,专门开设陶瓷美术设计课,培养近百名设计人员。

2007年,贵州省交通职业技术学院开设旅游工艺品设计与制作专业,并开设陶艺课,培养毕业生80余名,为陶瓷设计增添了新生力量。

2.陶瓷科研与成果

1958年,贵州省轻纺工业厅组建成立贵州省轻工业科学研究所,所址在省厅办公楼,20世纪70年代迁至贵阳沙冲路,设有硅酸盐研究室,90年代末改为陶瓷研究室。

1980年,贵州省政府批准成立贵州省工艺美术研究所,编制20人,所址在贵阳市遵义路,后迁延安东路。

1986年,贵阳瓷厂设立陶瓷研究所(1986年前为贵阳瓷厂试制组)。

以上研究机构的成立,对贵州陶瓷工业的科研及新产品开发做出了贡献。据贵州省志·轻纺工业志载:"省轻纺工业厅科研所硅酸盐组与贵阳瓷厂陶瓷科研所在普瓷与细瓷的试制、坯泥与釉料的提高、新产品的开发,对省内陶瓷企业的技术咨询、信息交流等方面都做出了重要贡献。"

1979～1980年,贵州省科委下达"精细瓷研制"项目的科研任务,由贵州省轻工科研所张成翅、金湘庭完成。产品白度达81度、光泽度达115.5。

1989年,贵州省科委下达"旅游工艺陶开发研究"项目之"夜郎陶",由贵州省轻工科研所张成翅、金湘庭、程建华、洪文理等完成。通过省级鉴定并获省科技进步三等奖。1988年,在全国第七届工艺品百花奖评审中获国家轻工部颁发的二等奖。

1990～1996年,贵州省轻工科研所张成翅、程建华、金湘庭、洪文理等人利用贵州省原料研制成功红色炻器质艺术酒瓶。

1997～1999年，贵州省科委下达"高压真空开关'95特种瓷'研制"项目的科研任务，由贵州省轻工科研所张成翅、陈尚德、张国春、张金学等完成，经过省级鉴定。

贵州省在陶瓷领域取得的科研成果主要有：

（1）1940年，平塘牙舟钟姓老艺人研究成功翡翠绿釉，领先国内多年。

（2）1962～1963年，贵州省轻工科研所方子修、陈尚德、张成翅等人研制成功灭弧罩并投产。

（3）1971年，贵州省轻工科研所工程师陈尚德、张成翅与贵阳瓷厂王伟共同设计完成贵州第一条长50.8m的煤烧隧道窑并建成投产。

（4）1972年，贵阳瓷厂试制组傅培贵、孙迎新、廖昌荣等用贵州高岭土、金沙粉石英、界牌桃红泥及湖南长石等原料研制出白度为76度的细瓷产品气球壶、企身杯碟、咖啡具等，被广东口岸公司选为出口瓷。

（5）1973年，贵阳瓷厂试制组傅培贵、洪桂琴等研究出"大理石釉工艺"作为出口咖啡具釉；傅培贵设计的贵玉咖啡具出口伊朗、伊拉克、南非等国，年出口近100万套件。

（6）1976年，贵阳瓷厂试制组傅培贵、廖昌荣等研制成功的十多种彩色结晶釉、龙坤岳等研制成功的双层保温陶瓷杯被贵州省科委列为1976年的重大科技成果。

（7）1982年4月，贵州省建材科研设计院承担省"六五"攻关"低温快烧磷渣釉面砖"项目，1984年8月完成，1987年通过省级鉴定，同年获省科技进步三等奖。

（8）1983年，茅台陶瓷厂工程师刘远树研制成功直升刀架与多刀具组合无模车削茅台酒瓷瓶（改注浆为车削）并投入大生产，提高了生产效率及产品质量。

（9）1984～1985年，贵州省轻工科研所张成翅等人研制成功的精细胎瓷通过省级鉴定。

（10）1986年，贵州省工艺美术研究所岳振为牙舟设计的美陶"三足鼎"获轻工部中国工艺美术百花奖优秀制作设计二等奖；年贵阳瓷厂傅培贵、廖远强等完成贵州省经委下达的"稀土在陶瓷工业中的应用"项目，研制出锗黄、变色釉等高温稀土色釉。

（11）1987年，贵阳瓷厂傅培贵、廖远强等用85%以上贵州原料思南、石阡海泡石、高岭土等研制出高白度精细瓷（顽辉质瓷）。

（12）1988～1989年，中科院贵阳地化所田元江等研制出刚玉磨头并实现批量生产；贵阳瓷厂傅培贵、廖远强等完成贵州省科委下达的"贵州矿石：磷矿石、白云石制瓷"项目，研制出白云瓷（环保降解）。

（13）1990年，贵州省轻工科研所陶瓷室张成翅、程建华、洪文礼等研制成功"夜郎陶"并通过省科委鉴定。

（14）1992～1993年，贵阳瓷厂傅培贵、任洪、吴心舟等利用棕刚玉微粉（刚玉厂落地灰），研制成功薄壁匣钵装烧瓷，获省科技进步四等奖。

（15）2000年，贵阳瓷厂傅培贵为茅台酒瓶厂设计16.8m单孔推板窑一条并建成投产。

（16）2009年，贵州毕节高原电瓷有限公司谢玉敏、尹宗举等研制成功XP300、XWP-300高压电瓷新产品并达到国内先进水平。

3. 陶瓷获奖产品

（1）1992年，贵州省工艺美梦术研究所候兴元作品"陶器贵酒酒瓶"在比利时举行的布鲁塞尔国际博览会上获银爵奖。

（2）1993年，贵州省工艺美术研究所候兴元作品"土陶龟形平安酒酒瓶包装"在美国洛杉矶举行的国际博览会上获金奖及国家外观设计专利。

（3）1997年，贵州省工艺美术研究所候兴元作品"陶器灵芝酒酒瓶包装"在澳门首届国际爱因斯坦新发明新技术博览会上获金奖。

（4）2007年，在"火性人·湖南陶瓷艺术作品展"上，贵州民族学院王建山作品"塬"上获金奖；贵州山之陶有限公司程建华作品"农家乐"、贵州民族学院韩亚明作品"心印"、贵州民族学院刘邦一作品"神兽"、贵州师范学院郭达平作品"焱"分别获得铜奖。

（5）2008年9月，在"第43届世界陶艺大会"上，贵州民族学院王建山、贵州工艺美术研究所岳振、贵州异炼坊陶瓷有限公司周志远、贵州异炼坊陶瓷有限公司狐建勇、贵州民族学院刘邦一、贵州民族学院韩亚明等的作品分别获得优秀作品奖。（6）在"大山之音·贵州美术陶艺作品展"上，王建山、周志远的作品"漫漫长路"等被中国陶瓷馆收藏。

（6）在"2008中国当代陶艺展"上，贵州民族学院王建山作品"高山流水系列"获银奖、贵州民族学院韩亚明作品"空翠系列"获铜奖、贵州民族学院王莹莹作品"花语系列"获特别提名奖。

（7）2009年，在西湖博览会"中国当代陶艺展"上，贵州民族学院王莹莹作品"烟语系列"获银奖并被中国陶瓷馆收藏、贵州民族学院王建山作品获铜奖、贵州"山之陶"程建华作品获优秀奖。

（8）2009年，在"博山杯"陶瓷琉璃大奖赛上，贵州民族学院王莹莹作品"花语系列之黛色"获优秀奖并被收藏。

三、贵州陶瓷名人与"贵州现象"

1981年，尹光中"华夏诸神一百例砂陶作品展"在贵阳黔灵山举办，随后，尹光中在北京人民艺术剧院举行的个人展在国内外引起强烈反映，贵州电视台、中央电视台拍了《尹光中的砂陶艺术》专题片。1989年，受中德文化艺术合作会德方邀请，尹光中砂陶及油画作品在德国巡回展览。

1984年，翟思正的作品在"波兰世界博览会"上，有3件砂陶作品被华沙美术学院收藏。

1989年，刘雍、田世信、刘万棋个人展同时在北京中国美术馆展出。华君武以《一个夜郎人的故事》为提撰文对刘雍作品给予肯定。刘开对田世信、刘万琪作品也撰文给予肯定。

1990年前后，"王平土陶及铸铜作品展"在北京中国美术馆举办。

近十年间，刘雍在法国、中国台湾地区等地多次举办个人陶瓷、木雕作品展，范新林在美国举办个人陶艺作品展。一时间，贵州陶艺在国内外引起关注，产生了强烈的轰动效应，国内艺术界把贵州陶艺等艺术称为"贵州现象"。刘雍被授予"中国工艺美术大师"荣誉称号，岳振、张肃、周志远、傅培贵、程建华被授予"中国陶瓷设计艺术大师"荣誉称号。

第五节　西藏自治区陶瓷

西藏自治区位于我国西南边陲，青藏高原西南部，是我国的五个民族自治区之一，是以藏族为主体的民族自治区，成立于1965年9月1日。西藏北临新疆维吾尔自治区，东北连接青海省，东连四川省，东南与云南省相连，南边和西部与缅甸、印度、不丹和克什米尔等国家和地区接壤。

西藏以清正式定名得名。唐宋为吐蕃；元属宣政院；明称乌思藏，设都司等；清初称卫藏，卫即前藏，藏即后藏；后正式定名为西藏，为西藏得名的开始；清设西藏办事大臣；民国初设西藏地方；建国后仍用之，后改为西藏自治区。

一、卡若文化的陶器

卡若遗址位于西藏昌都地区昌都县东南约12km的加卡若村（"卡若"在藏语里的意思是"城堡"，说明此地地势险要），是一处新石器时代晚期文化遗址，距今约4000～5000年，是考古界公认的西藏三大原始文化遗址之一。卡若遗址，是青藏高原新石器时代聚落遗址的首次挖掘，对研究西藏地区的原始文化及其与相邻地区的关系等方面，具有十分重要的意义。属全国重点文物保护单位。

1978～1979年发掘的卡若遗址出土文物达数万件。其中陶片200多块（其中可复原者46件）。从出土的陶片看，卡若陶器陶质疏松，颜色也不均匀，呈红、黄、灰、黑等色，主要是罐、盆、碗三种，都是小平底。器形简单，纹饰非常丰富。陶片按制作方法可分为刻划纹、绳纹、抹刺纹、附加堆纹、剔刺纹、印压纹、篦纹、篮纹、彩绘9大类。以图案可分为平行纹、方格纹、三角折线纹、菱形纹、涡纹、叶脉纹、贝纹、绳纹、剔刺纹、压印纹、指甲纹等。

现存于西藏博物馆的卡若遗址出土的一件双体兽形罐，是一件内涵深刻，造型绝妙的艺术品，代表了卡若文化的制陶水平和卡若先民高超的器物造型能力，是新石器时代西藏陶器的代表之作。通高19cm，形体似雄、雌两兽对卧，其中一体以双勾三角折线纹为主，另一体以双勾菱形纹为主。纹饰采用刻划手法，还施以黑色彩绘。从这件器物可以看出卡若人高超的艺术水准，还可以看出卡若人对世间阴阳两性的理解，是西藏博物馆的镇馆之宝。

二、西藏自治区的建筑陶瓷

在2000年以前，西藏自治区的建陶产业处于空白状态。2004年5月，西藏自治区首家建陶企业——总投资4亿元的西藏圣兰迪建陶有限公司在拉萨市堆龙德庆县羊达工业园区内正式投入生产，改写了西藏建陶产品完全依赖从内地运进的历史。

西藏圣兰迪建陶有限公司是一家专业生产抛光砖的现代化陶瓷企业，年产500万平方米，主要以金花米黄、渗花砖、蓝宝石、大颗粒、纯色砖系列等五大系列瓷质玻化石为龙头产品系列，商标为"圣兰迪"牌。2006年，公司被转让给拉萨青达建筑工程有限公司，更名为拉萨青达陶瓷有限公司。

第二十五章　西北地区（陕西、甘肃、宁夏回族自治区、青海、新疆维吾尔自治区）的陶瓷

我国行政区划下的"西北地区"常被称为"西北五省（区）"或"西北三省二区"，包括：陕西省（陕、秦）、甘肃省（甘、陇）、青海省（青）、宁夏回族自治区（宁）和新疆维吾尔自治区（新）。西北五省一说源自1949～1953年国家设立的六大行政区之一的西北行政区，一直沿用至今。

本章记述陕西、甘肃、青海、宁夏和新疆百年陶瓷发展历程，以陕西陶瓷为重点。陕西省位于我国内陆腹地，东邻山西、河南，西连宁夏、甘肃，南抵四川、重庆、湖北，北接内蒙古。西安是全国六大古都之一。

第一节　陕西陶瓷概况

陕西是中华民族及华夏文化的重要发祥地，是我国较早制作、使用陶器、瓷器、琉璃制品的地区，陕西陶瓷的发展历程也深受古都文化的影响。

西安城东半坡村遗址（公元前4900～前4000年）的陶器、西周的陶制水管、秦都咸阳和临潼秦始皇陵区周围的秦俑坑与秦代墓葬内的陶质兵马俑、汉阳陵（汉景帝陵）的彩绘陶俑、唐宋元代耀州窑的耀州青瓷等闻名于世。

一、百年陶瓷概述

从民国初年起到1948年前，陕西烧制陶瓷制品的地方有铜川建新实业公司陶瓷厂、延安新华陶瓷厂和陈炉、上店各地及澄城县的尧头镇，这些瓷厂主要生产日用陶瓷制品。

20世纪50年代初期，耀州窑引进了红绿彩瓷，同时还烧制成功颜色釉瓷。1976年，铜川陈炉陶瓷厂的匠师们对耀州青瓷进行了成功复制，恢复了耀州窑烧造青瓷的历史。

1949年以后，陕西省的陶瓷工业得到了快速发展。中央政府在第二个五年计划中决定在西安建设电瓷厂，在咸阳建设工业瓷厂，这两个企业后来一度成为全国最大的电瓷生产厂和西北地区建筑卫生陶瓷的龙头企业。1958年，陕西省政府决定在陈炉、庄里建设日用陶瓷厂，满足了快速发展的人民生活的基本用瓷需求。1970年，铜川陶瓷厂（前身为铜川建新实业公

司陶瓷厂）一分为二，一部分独立为电瓷厂，其余部分更名为建筑陶瓷厂。陕西省的工业陶瓷（电子陶瓷）主要是1970年前后建设的一批军工企业，分布在宝鸡、商洛、安康、汉中、咸阳各地。一批科研设计院所也相继成立，主要有1958年成立的西安电瓷研究所、1965年成立的西安砖瓦研究所（西安墙体材料研究设计院的前身）、1970年由北京迁址到咸阳的咸阳陶瓷研究所（咸阳陶瓷研究设计院的前身）、西北建筑设计院陶瓷热工所、西北工业大学的超高温复合材料实验室等。这些科研设计单位在国内创造了多个领先的成果，如第一条卫生瓷烧成用隧道窑的设计及制造、墙地砖制造用第一座喷雾干燥塔、第一台陶瓷砖全自动压机、第一台陶瓷泥浆泵、第一条建筑卫生陶瓷用硅酸锆超细粉加工生产线、第一台±500kV直流工程用D型金属氧化物避雷器、第一个获国家技术发明奖一等奖的"耐高温长寿命抗氧化陶瓷基复合材料应用技术"等。

1952～1990年，陕西省考古发现的陶瓷器成绩斐然。西安半坡遗址、秦兵马俑坑、法门寺秘色瓷、汉阳陵、耀州窑遗址等都出土了世界级的古陶瓷器。1976年成功恢复耀州古瓷并得到发扬光大，现有规模不等的耀州瓷生产企业二三十家。

1986～2000年，陕西的建筑陶瓷得到了发展。富平、西安、商洛、高陵、乾县和南郑等地相继建设了一批建筑陶瓷制造企业。2000～2010年，陕西的建筑陶瓷得到快速发展。2005年9月，温州客商在咸阳市秦都区正阳镇建设内墙砖生产企业，拉开了陕西省建筑陶瓷工业制造能力快速增长的序幕，随后，宝鸡市千阳县、富平县庄里镇、三原县、咸阳市北郊等地形成了建筑陶瓷制造园区。截至2010年末，陕西规模以上的建筑陶瓷制造企业为34家、生产线52条，年产各类建筑陶瓷砖约2亿平方米，主要品种有内外墙地砖、抛光砖、劈开砖、仿古砖等。

陕西省工业陶瓷的科技水平也走在全国前列。西北工业大学陶瓷基复合材料工程中心驰名全国。陕西的现代陶艺创作团队、陶艺馆群、展出作品数量、陶艺家的广泛程度在世界范围内首屈一指。

二、陶瓷原料

陕西陶瓷原料的种类较多、分布广阔，主要有高岭土、伊利石、各种坩子土、紫砂土、不同晶型和纯度的石英、长石、瓷石、釉石、透辉石、透闪石、方解石等。黏土类原料主要分布在陕北、铜川、商州、渭南、咸阳、宝鸡等地，如府谷的高岭土、洛南的坩子土、铜川的各类坩土、富平的白庙土、咸阳的泾阳土和淳化土、宝鸡的各类黏土等。石英原料主要分布在汉中、户县、周子等地。长石原料主要分布在商州的商南、商洛、蓝田、凤县，主要品种是钾长石和钠长石。釉石分布在富平和铜川。瓷石在商洛。透辉石、透闪石、方解石主要分布于宝鸡、商州、户县等地。

榆林府谷的大型高岭土矿的矿藏量超过10亿吨。宝鸡已探明的主要矿产资源储量为透辉石12亿吨、长石类8亿吨、石英3亿吨、陶土13亿吨等。

铜川陶瓷原料的特点，一是种类多、储量大，黏土和高岭土储量达11.34亿吨、优质紫砂土2.65亿吨；二是品位高、质地优，含铁、钛等杂质少、纯度高，化学成分和矿物成分稳定；三是性能好、工艺良，白度、成色、黏性、干燥收缩、干燥强度均较好，工艺性能良好；四是便于开采，矿藏覆盖层薄，呈层状分布、风化程度好，极易开采。

咸阳的优质高岭土和伊利石储藏丰富。陶瓷黏土矿产地7处，分布为南北两个带，北带主要产于侏罗纪煤系地层中，南带产于二叠纪地层中，其中二叠纪山西组、太原组以伊利石、伊利石-高岭石黏土为特征。伊利石矿产3处，即淳化西庄子伊利石矿点（两处）、淳化阎家沟伊利石矿点和泾阳三王沟伊利石矿点。初步普查评价，在淳化西庄子圈出两个伊利石矿体，长度分别均不小于260m，厚度均不小于8m，宽度均不小于100m，在阎家沟圈出两个伊利石矿体，矿体分别长32m和67m，厚1.89m和2.36m，在三王沟也圈出两个矿体，分别长60m和72m，厚4.4m和4.03m，估算地质储量不小于120万吨。淳化西庄子伊利石矿体的地质垂直断面构造为：表层是沉积黄土，厚度2m左右，沉积黄土的下面是石英层，厚度3～4m，石英的下面是伊利石黏土层，厚度在8m之多，伊利石黏土层的下面是铁矿石，但储量不大，多为鸡窝矿状。

目前，陕西建陶企业使用的原料大体为富平白庙土、白矸、青矸或黄矸（产地富平、铜川）、铜川土、蓝田砂、商洛坩土、泾阳土、宝鸡透辉石、宝鸡钙质黏土、安口陶土等。坯体配方中，蓝田砂用量30%～40%，透辉石用量20%左右，铜川土、泾阳土也是常用原料。原料价格大概为富平白庙土、商洛坩土到西安（含周边）90元/吨左右，蓝田砂40元/吨左右，宝鸡原料的入磨价大体为75元/吨，其他产区原料的入磨价格差距不大。陕西部分陶瓷原料的储量及物性数据见表25-1。

表25-1　陕西部分陶瓷原料的储量及物性数据

原料名称	储量	可塑性指数	烧成性能/℃	吸水率
府谷高岭土矿	10亿吨	7.05	1280	11.92%
韩城老窑沟高岭石	1410万吨	14.58	1300	12.35%
铜川上店黏土		7.28	1300	9.85%
富平白庙土		14.03	1280	1.62%
洛南兑山硬坩	158.8万吨	7.64	1280	9.67%
洛南兑山木节土	319.4万吨	22.22	1280	1.37%
延安紫砂土	700万吨			
凤县钾长石	600万吨			

三、陶瓷科技与教育

陕西是我国高等学府和科研设计单位最为集中的省份之一，也是人才辈出和科研成果不断涌现的地方。西安交通大学主要研究氧化铝陶瓷、碳化硅、压敏及气敏特陶。西北工业大学主要研究碳化硅、氮化硅、碳纤维材料。西安科技大学主要研究碳化硅、氮化硅类材料。陕西科技大学在复合材料、超导材料、磁电材料、日用陶瓷等方面研究投入较多。咸阳陶瓷研究设计院主要从事建筑卫生陶瓷及特种陶瓷的研发。西安电瓷研究所主要从事电瓷的研究。西安墙体材料研究设计院从事墙体材料的研发。陕西省轻工业研究所主要从事传统日用陶瓷的研究。陶瓷工厂的设计主要由咸阳陶瓷研究设计院和中国西北建筑设计院承担。

1949年以来，陕西的高等学府和科研院所在特种陶瓷、建筑卫生陶瓷、电瓷、墙体材料研发、产品质量检测和标准制订等领域取得重要成果，部分成果达到国内外领先水平。

中国工程院院士、西北工业大学张立同教授是我国著名的材料专家。1976年，成功地攻克了困扰航空熔模铸造生产十几年的刚玉型壳高温变形问题，研究发展了保温壳型工艺和低热应力熔铸工艺，制造出了我国第一个无余量叶片。1985年，接连突克了"铝合金石膏型熔模铸造"和"高温合金泡沫陶瓷过滤技术"等航空重大课题的技术关键，先后获得国家科技进步一、二、三等奖共4项。2004年，主持完成的"耐高温长寿命抗氧化陶瓷基复合材料应用技术"荣获国家科技发明一等奖。

西安电瓷研究所在电瓷行业新技术和新产品的研发工作中取得了多项第一。主要包括中国第一台±500kV直流工程用D型金属氧化物避雷器；中国第一台750kV交流系统用高原型线路悬挂式复合外套无间隙金属氧化物避雷器；中国第一台500kV交流系统用电站型复合外套金属氧化物避雷器；中国第一支110kV支柱全复合绝缘子，在汕头运行；中国第一支500kV直流空心复合绝缘子在西安高压电器研究所直流分压器使用，并在三峡上线运行；中国第一支阀厅用直流棒形支柱和悬挂复合绝缘子研制成功，并在灵宝工程运行；研制成功中国第一支交流750kV棒形悬式复合绝缘子等。

咸阳陶瓷研究设计院先后开发成功的压力式喷雾干燥器、洗面器立式浇注成形工艺、陶瓷柱塞油变量泥浆泵、大型球磨机、自动压砖机、锆英砂超细粉等在行业中处于领先和示范地位。近年来，开发成功的少空气快速干燥器、干挂陶瓷板、超薄陶瓷砖等技术含量高，市场前景良好。

西安墙体材料研究院的主要技术成果有：煤矸石生产烧结墙体材料成套技术与装备，高掺量粉煤灰生产烧结墙体材料成套技术与装备，烧结保温空心砌块成套技术与装备，固体废弃物资源化再生利用成套技术与装备，烧结装饰砖与装饰砌块成套技术与装备，粉煤灰蒸压砖与粉煤灰加气混凝土砌块成套技术，烧结瓦、装饰瓦成套生产技术，节能干燥室设计技术，节能窑炉设计技术，隧道窑自动化控制技术，陶粒成套生产技术与设计等。

第二节　陕西陶瓷产品

一、耀州窑及耀州青瓷

从广义上讲，耀州窑是包括陕西、河南、广东、广西诸多窑场在内最大的一个窑系，包含面积很大，称为"耀州窑系"。从狭义上讲，耀州窑是指铜川市境内的主要陶场和卫星陶场，中心窑址在铜川市王益区黄堡镇，周围有20～200华里不等的塔坡、立地坡、上店村、陈炉镇、玉华村和旬邑县的安仁村等窑址。铜川属于古雍州，旧称同官，隶耀州辖治，故称耀州窑。

唐代在陕西关中北部创烧了耀州窑。耀州窑在今铜川市的黄堡镇，北距铜川市约20km，南距耀县城约15km，窑址位于镇的西南头，从小清河石桥起至新村沟止，遗址、遗物散布在沿咸（阳）榆（林）公路两旁与漆河南北两岸陇地的断面上。遗址范围之广，遗物之丰富为北方古瓷窑遗址中所罕见。耀州青瓷烧成使用的是馒头状半倒焰式的窑，用柴作燃料，装烧用桶形匣钵。烧制器类有生活用具、文房用具、乐器及净瓶一类的宗教用具、唐三彩、琉璃建材制品等。

唐人陆羽在《茶经》中曾说："碗，越州上，鼎州次，婺州次，岳州次，寿州、洪州次。"在陆羽看来，唐代的青瓷碗除越窑青瓷外，以鼎州青瓷居第二位。目前，陆羽提到的这些青瓷窑，除鼎州窑窑址难以查清外，其他窑址均已找到。今人叶麟趾在《古今中外陶瓷汇编》一书中说："鼎州窑在今陕西省泾阳县，胎似越窑而闪黄，并有绿釉内闪黄者，《茶经》以为次于越窑。"叶麟趾的论点是根据《旧唐书》中曾提到的"泾阳、醴县，690年（天授元年）隶鼎州"和《新唐书》"地理志"上记载"天授二年以云阳、泾阳、礼泉、三原置鼎州。701年（唐大足元年）州废"提出的。清人蓝浦在《景德镇陶录》中也曾说："唐代鼎州烧造，即今西安府之泾阳县也"。但是，到目前为止在云阳、泾阳、礼泉、三原一带尚未发现唐代鼎州窑遗址。从地理区域上看，铜川黄堡窑距富平、三原和泾阳较近，唐人是否把这一带窑统称为鼎州窑，有待进一步研讨。

五代时耀州窑器物已经没有唐代那种浑圆饱满的气势，更多的是趋于瘦削俏丽，以青瓷为主要品种，其他一些黑瓷、白瓷、茶叶末釉、白釉绿彩、白釉褐彩等产量明显减少。五代耀州窑的工匠们已经能够非常熟练地掌握各种装饰技巧，其刻划、模印、雕塑、绘画较之唐代有很大提高。

宋金时，耀州窑成为北方著名瓷窑之一，以铜川市黄堡镇为代表，包括陈炉镇、立地坡、上店、玉华宫及耀县等窑在内。由于附近生产煤和坩子土而具备了烧瓷的条件。当时的另一个窑址是栒邑窑，因距离黄堡镇较近，亦烧刻花、印花青瓷，出土物以厚胎姜黄釉大碗稍多，碗心一圈刮釉，具有金代烧制工艺特点。

宋代早期的耀州窑以烧造青瓷为主，是耀州刻花青瓷的形成期。到宋代中期时，耀州窑的制瓷技术已臻成熟，达到鼎盛期，这时仍以青瓷为主。窑址附近1084年（北宋元丰七年）的德应侯碑记，恰如其分地记载了当时耀州窑的生产过程以及瓷器的质量形象。宋晚期时，虽然耀州窑仍以烧造青瓷为主，未发现龙凤纹瓷片，基本生产民间用瓷，说明耀瓷的例贡已经停止。耀州窑青瓷为北方民窑中的佼佼者，宋代中期兴起到晚期趋于成熟的印花装饰，对邻近地区的陕西栒邑窑、河南临汝窑、禹县均台窑、广西的西村窑等产生了影响，形成了一个以耀州窑为中心的耀州窑系。宋耀州窑制瓷的成就之一就是使刻花装饰工艺达到高度发展，不仅纹饰题材多种多样，而且刻峰犀利，线条流畅，美映瓷上，爱不释手。耀州窑刻花装饰不仅雄冠北方，在宋代刻花装饰技艺上也是首屈一指的。

金末元代以后，耀州窑走向衰退。所烧造的瓷器都是以白瓷、黑瓷和白底黑花为主的品种，供应对象为广大老百姓，到后期的烧造主要是为降低成本，增加数量，用于大众，这种生产情况一直延续到清代。

20世纪50年代初期，耀州窑又引进了红绿彩瓷，同时还烧制成功颜色釉瓷。古代烧制红绿彩瓷的窑场全部分布在陕西以外。1976年，铜川陈炉陶瓷厂的匠师们对耀州青瓷进行了成功复制，直到今天又恢复了耀州窑烧造青瓷的历史。

耀州青瓷一名，最早见载于陶谷约在960～967年所著的《清异录》书中，其文云："雍都酒海也。梁奉常和泉病於甘；刘伶遗玉露春病於辛，皇甫别驾庆云病於酬。光禄大夫致韦炳取三家酒搅合澄窨饮之，遂为雍州第一，名瓷宫集大成。瓷宫谓耀州青瓷槛"。而耀州则见于《宋史》卷八十七地理志："耀州……崇宁户一十万……贡瓷器，县六：华原、富平、三原、云阳、同官、美原"。陶谷百年以后，耀州的父母官阎充国因感于山上陶土所制的耀瓷，为本州的民众家国带来丰厚利益的恩典，亲自撰书奏报朝廷，将黄堡镇的土神和山神封为德应侯。神宗皇帝下诏赐封，于1084年（大宋元丰七年）立"德应侯碑"在镇紫极宫中，是唯一钦定的陶家窑神。该碑共588个字，说耀瓷是"巧如范金，精比琢玉。始合土为坯，转轮就制，方圆大小，皆中规矩。然后纳诸窑，灼以火，烈焰中发，青烟外飞。锻炼累日，赫然乃成。击其声铿铿如也，视其色温温如也。"如此恰当真切地描述陶瓷工艺序程，比1637年（明崇祯十年）宋应星著《天工开物》、1743年（清乾隆八年）唐英和孙祜、周鲲、丁观鹏等绘撰《陶冶图说》记述的制瓷顺序，分别早出553年和659年。而碑中记载为耀瓷技艺发展做出重大贡献的"专家"——柏林，与"德应侯碑"一起传向了河南修武的当阳峪窑、宜阳窑、神垕窑、扒村窑和鹤壁集窑，被陶工们奉若神明。南宋绍兴年间寓居杭州青波门的周辉著12卷的《青波杂志》说："又尝见北客言：耀州黄浦镇烧瓷名耀器，白者为上，河朔用以分茶。出窑一有破碎，即弃于河，一夕化为泥"。陆游的《老学庵笔记》，云"耀州出青瓷器，谓之越器，似以其类余姚县秘色也，然极粗朴不佳；惟食肆以其耐久多用之"。元代陶宗仪的《辍耕录》、明朝曹昭的《格古要论》、清代朱琰的《陶说》、蓝浦的《景德镇陶录》、寂圆叟的《陶雅》、许之衡的《饮流斋说瓷》、民叶麟趾的《古今中外陶瓷汇编》等，都沿袭这种评价或云"仿汝"而"色质俱不逮汝窑"。唯有1944年出的《同官县志》称耀瓷"精巧绝伦……虽欧瓷之艳丽，景瓷之细致，亦弗能相匹也。"同时，许多外籍人士特别是日本专家的掺入，使得因长久淹埋而莫衷一是的耀瓷更为扑朔迷离，常以秦窑、东窑、董窑、北丽水、北龙泉而冠之，记在汝窑帐下者尤多。

1951年，陈万里先生考察河南修武当阳峪窑时，在村头破败不堪的窑神庙前发现了立于"1105年（宋崇宁四年）"的"德应侯百灵翁之庙记"碑。1953年，北京广安门外基建工地出土一批刻花青瓷，故宫博物院做了现场调查处理。1954年8月19日，陕西彬县的拾柴孩子张留留和村民强夏季在山洪过后的洪龙河岸上，发现了54件十分完整的青瓷窖藏。此前，陈先生两度调查黄堡镇耀瓷窑址时，发现并及时保护了"德应侯碑"。

1959年3月，陕西省考古研究所所长王家广先生针对当时耀瓷的三大发现，派该所泾水队队长唐金裕率队赴铜川，在黄堡镇、立地坡、上店村下了探方，在陈炉镇作了重点调查，收获瓷器和标本八万余件片，于1965年出版了《陕西铜川耀州窑》专著，对耀瓷创于唐、盛于宋、衰于元的历史、艺术、技术作了全面科学的结论。该书是陕西省和考古所的第一部学术专著，也是我国第一部古陶瓷窑址考古发掘研究报告集。

1974年，时任陕西省轻工业研究所任总工程师的李国桢带领技术人员下到铜川市陈炉陶瓷厂，历时三载，经30多个物料配方和炉次，至1977年终于使失传800年之久的耀州青瓷重放异彩。此成果获1978年陕西省科学技术奖，《耀州青瓷的研究》论文也宣读于是年的上海古陶瓷学术会上。1978年，日本的佐藤雅彦先生撰就《中国陶瓷史》，称耀瓷为"北方青瓷的代表"。

1982年，中国硅酸盐学会主编著的《中国陶瓷史》把宋代陶瓷定为"六大窑系"，耀州窑是包括陕西、河南、广东、广西诸多窑场在内最大的一个窑系，其刻花为"中国青瓷之冠"。1985年，陕西省考古研究所的杜葆仁先生等又在黄堡镇挖掘数年，形成了唐、五代、宋三册报告集，成绩斐然。1994年后，铜川市在黄堡镇建起了宏伟的耀州窑博物馆和多个遗址保护大厅，其规模在国内亦是不多。1988年初，国务院把耀州窑址为全国文物重点保护单位。

2004年，《耀州窑传统工艺》被文化部确定为"中国民族民间文化保护工程"全国首批18个项目中唯一的陶瓷类国家试点项目。2006年，国务院第18号文件颁布《耀州窑陶瓷烧制技艺》为第一批国家级非物质文化遗产，中国工艺美术大师孟树锋为该项目的主持人、主要研究者和"最具有代表性、权威性、影响力的传承人"。

耀州窑的历史地位与特点主要表现为，一是唐代时中国陶瓷的集大成者。因为此间长安一直是国都，中心的职能荟萃了各种精英，产出包容了当时流行的"南青北白"及黑瓷、花瓷、黑釉彩瓷、绞胎瓷、唐三彩等所有瓷种。二是开创了五代北方青瓷皇家用瓷专制的先河。首创满釉裹足的支钉烧法，以素胎、签押、小贴塑和划花装饰居多，是耀瓷的关键时期，有"官"字款作证。三是宋代中国青瓷技艺的高峰。率先掌握了燃煤马蹄窑烧还原焰技术而进入青瓷的全盛时期，装饰由雕花到刻花再印花，并把北方民族浑厚奔放的品质意识融入半干坯施刀的刻花工艺中，刀锋犀利，线条流畅，纹样题材繁多而活泼，与器型、釉色配合得相得益彰，走出了自己窑口的风格并创造了中国青瓷的高峰。四是元代低谷的"月白釉"更追前朝遗韵，是制瓷技术与铁木真游牧民族生活环境里存在决定意识、钟情于蓝天上的白云和绿色草原上的白色羊群的审美观念的结合，当然也是燃煤马蹄窑烧还原气氛技术的大倒退，但变革的铁锈花瓷雄风再起。五是明代的最后一抹秋色和卫星陶场的兴起。黄堡镇那炉火熊熊的"十里陶场"在1488～1505年（明弘治中）寂声熄灭。在此之前，同官的立地坡、陈炉镇、上店村、玉华宫和耀州的塔坡等卫生窑场也产耀瓷，塔坡和玉华宫的水平几近黄堡镇。明代立地坡的黑釉大器和陈炉镇的铁锈花瓷曾称雄一时，然最后只留下陈炉一地，以黑瓷、铁锈花瓷和向景德镇窑学习而来的釉上钴蓝绘瓷延续到今天，其间也不乏激动人心的产物。

耀瓷的风格与鉴赏主要为，最大看点是青釉下的刻花，有单刀、两刀法，两刀法饰重器，纹样疏密得当，结构合理，活泼流畅，刀锋犀利，青瓷刻花之冠，进刀宽深，线条成面，富于类比色变化，印花好的有其遗韵。造型立件胴体方肩，雄浑峭拔。平件2:1、4:1、5:1，构成科学、富金银器象源，与装饰配合默契。釉色橄榄绿中闪黄，冷暖调子结合，温润明净若玉，高温下高钙镁釉的特性，是特别的烧成技术和马蹄窑长时间铸炼、窑变的结果。

黄堡耀州窑自唐代初创以来，在其影响和带动下，金元时代制瓷业延续到附近的立地坡窑、上店窑、陈炉窑，炉火一直不断，为当地的经济发展和民众生活产生了重要作用。

二、澄城尧头窑

澄城尧头窑是陕西渭北历史上著名的民间瓷窑，有着千余年的烧造历史。据明朝县志记载，澄城"瓷砂始于唐"。这是所见的尧头窑最早的文字记载。明嘉靖年间县志曾记述征收窑税，每年"窑课钞二百八十九贯五百文……。物产：器用资黑磁、石炭。黑磁尧头镇特产"。明代天启五年刻印的《同州府志》记载："澄城尧头……产陶磁器"。

晚清和民国时期，尧头镇的烧瓷业发展到兴盛阶段。1926年的《澄城县志》记述，"境内工艺不兴。无他特产。著名者惟长润镇（尧头）之瓷器砂器，余皆寻常日用之物……。旧有40余家，1926年时有20余家，每年共出30余窑。当时的出产数为每窑约值钱30余串，每年约售钱万余串"。

长期以来，澄城尧头的粗瓷民间窑场不为古陶瓷研究界所知，未列入中国陶瓷史。尧头窑场无人考证。据当地人称，在古窑址废墟中挖掘的陶瓷碎片上发现刻有汉代的年号和人名，由此推断，尧头陶瓷最早可能始于汉代，发展于隋唐，兴于宋元，盛于明清。时至今日，在一个旧窑址中还可看到刻有"道光年"（1821～1850年）的字迹，又一个旧窑址处也有"咸丰元年"（1851年）的字号，足见尧头窑的历史是相当古老的，它的考古学和民间艺术的价值是显而易见的。据民间流传，在鼎盛时期，有窑百余处，年产陶瓷220多万件，不仅占据了渭北各县市场，而且远销山西、甘肃、内蒙古、陕北等地。1989年，陶瓷专家马小鹏、马养志等人曾去澄城尧头镇考察，看到当地仍烧造粗瓷碗、水杯，记忆深刻的是被当地人称为碾药的旧时用具依然使用，类似石磨盘上有一个石碾子，碾槽深度近乎6～10cm，历史痕迹异常明显，富平的釉石或瓷石类硬质熔剂原料就是通过这种石质设备磨细后使用。

三、日用陶瓷

一百多年来，陕西日用陶瓷的烧造从未停止，延安、铜川的陈炉镇、上店以及澄城的尧头得到很好的发扬和传承。1942年，延安新华陶瓷厂诞生，为中共中央机关烧造日用瓷器。1949年前，关中人使用的日用瓷为粗瓷碗、缸、盆、罐等，碗内底不施釉，叠烧入钵装窑烧成，盘等则多数采用支钉装烧，窑炉采用马蹄窑，产地主要在陈炉、上店、尧头。大缸、大盆、罐烧制地较多，也主要集中在渭北一带，里外施含铁量较高的黄土釉。

1949年以后，陕西省的日用陶瓷得到较快发展。20世纪60年代前后，陕西省人民政府和地方政府大力支持日用陶瓷的恢复和发展，通过改造原有的陈炉镇私有陶瓷作坊成立了陈炉陶瓷厂，建设了庄里陶瓷厂、地方国营白水县八一陶瓷厂，恢复了延安新华陶瓷厂。1958年前，陕西日用陶瓷的生产仍保持传统的手工工艺。1960年起，开始使用球磨机制釉和制泥浆，并使用注浆技术。1965年，庄里陶瓷厂开始使用倒焰窑。1975年，陈炉陶瓷厂建设了隧道窑。1991年铜川耀州瓷厂建成投产，主要产品为碗、盘类。

1.延安新华陶瓷厂

1942年创建，由中共中央管理局投资和管理，位于延安城东十里铺的山腰上，主要产品有缸、盆、罐、碗、碟、瓶、茶具、酒具、油灯、调料盒、痰盂、笔筒等生活用品和瓷地雷、军用纽扣、硫酸瓶、电磁等军用品，釉色主要为黑釉、酱釉、茶叶末釉、褐釉和白釉青花等品种，产品配发中央机关。建有三座窑炉，两座烧黑釉粗瓷，一座烧白釉青花瓷。第一任厂长为刘亚秋，四川人，长征时随中央红军到达延安，1942～1943年任厂长，1943年因公伤在窑址土窑去世。第二任厂长为杜佰阶，1905年生人，四川省广元县人，1933年参加红军，长征时随中央红军到达延安，历任红31军机枪连排长、陕甘宁边区政府总务科长、新华陶瓷厂厂长。第三任厂长为董风玉。生产技术工人有石青山、石青玉、高长恩、张德富（时称张大师）、赵永吉、杨健全、张从善、李生亮、薛长跃、李小甫等，这些技工大部分来自山西招贤镇，也有些来自中央苏区的江西、湖南、福建等地区。陶瓷厂生产军工用品是这座"红色官窑"的一大创造。烧造时间七年左右（1942～1948年），党中央撤离延安和1949年新中国成立后，延安新华陶瓷厂交由延安地方管理。20世纪80年代中期，主要生产各种紫砂类产品，品种达40多种。近10多年一直处于停产状态。

2.陈炉陶瓷总厂

陈炉陶瓷总厂创建于1958年8月，隶属铜川市，位于铜川市郊区东部30里的陈炉镇。1956年，在原个体陶瓷户的基础上，以自然村为单位，成立了7个瓷业合作社，其生产工艺、技术、设备和产品品种维持原有状态。1958年，地方政府将这7家合作社合并成立了陈炉陶瓷总厂，地点选在了现在的水泉头。1960年以前，陶瓷的生产延续以往的传统工艺，制泥为水耙泥，即将经过半年以上风化的陶土粉末与适量的水同时加入水耙搅拌混合、闷料（均化），成形用手工轮，产品在马蹄窑中烧成。1960年开始使用电力作为动力，1962年使用球磨机，开始仅用于釉料加工，1966年开始细瓷制作，全部改为注浆成形，生产日用陶瓷，主要产品有缸、盆、碗、罐和少量工艺瓷，产品主要销往西北市场。1973年起，与陕西省轻工业研究所共同研究开发恢复耀州青瓷，1974年建成两座$10m^3$倒焰窑，1975年在双毕塬建成隧道窑，1977年研制成功耀州青瓷。1978年达到兴盛时期，全厂职工人数达1300多人，年产瓷1500万件。1980年后开始生产日用紫砂瓷，1998～2008年主要生产陶瓷酒瓶，年产量300万件，生产职工300多人。

目前，陈炉陶瓷总厂是西北地区最大的日用瓷生产厂家。总厂下设9个企业，形成了生产日用陶瓷器、美术瓷、民间工艺瓷、各种规格的炉材炉具，陶瓷泥料、釉料、水泥、煤炭为一体的经营体系。现有职工1100名，其中各类专业技术人员50名，技术工人200名，传统、手拉坯艺人40名。厂区面积14万平方米，建筑面积3.4万平方米。固定资产1500万元，年产各类陶瓷1000万件，采用燃气梭式窑烧成产品，产品品种200多个，是耀州瓷最大的生产基地。产品远销美国、英国、法国、德国、日本、意大利、澳大利亚、比利时等国家，多次赴国内外展出，并获国际精品大奖、轻工部银奖、百花一等奖，省、市优质产品奖，轻工部出口创汇先进企业称号。

3.庄里陶瓷厂

1958年建厂，位于富平县庄里镇，初期时隶属省轻工业厅管理，设计生产能力1500万件/年，职工800多人，为当时西北地区最大的日用瓷生产企业。1975～1985年，达到鼎盛时期，年产各种日用陶瓷、炻器瓷产品2000万件，产值2200万元，九个产品荣获省、市优质产品奖，产品行销全国16个省市115个县（区）。1990前后停产。

1995年，庄里陶瓷厂与美国UTE餐具公司合资组建成立了铜川秦美陶瓷有限公司，主要生产炻器瓷，产品有18头、20头、44头西餐具共4大系列88个品种，产品符合欧美卫生标准，畅销美国、日本、非洲、俄罗斯等国家和地区。1992年，出口创汇30万美元。1993年出口创汇50万美元。现占地面积14.85万平方米，建筑面积5.34万平方米，其中生产用建筑面积3.06万平方米，固定资产原值4062.8万元，拥有60m、80m煤烧隧道窑各1条，70m^3倒焰窑6座，38m^3倒焰窑2座，40m辊道烤花窑3条，推板窑1条，1m^3、3m^3、5m^3梭式窑各1座，各种专业陶瓷机械设备700余台（套）。

4. 地方国营白水县八一陶瓷厂

1959年建厂，位于渭南市白水县西沟，占地100余亩，是组合当时分布在西沟一带许多陶瓷作坊的基础上成立的。1978年，建成一条长60m的煤烧明焰隧道窑。1986年，建成一条14m长的双孔推板窑。1986年，建成辊道窑一条。1989～1991年，与新疆一企业联合经营部分产品，鼎盛时期职工人数达300余人。

5. 耀州陶瓷厂

1989年开始筹建，1991年建成，地址在耀州区，设计能力为年产300万件日用陶瓷。建有一条50m长隧道窑，还原焰烧成。2004年，因坯体配方中近一半原料需要用江西原料而推高生产成本等原因停产。

四、卫生陶瓷与建筑陶瓷砖

1939年以前，陕西的现代建筑卫生陶瓷生产几乎为空白。1951年，铜川市建筑陶瓷厂通过学习河北省唐山制作卫生陶瓷的技术，经两年试产，于1954年小批量生产蹲便器、小便器、洗面器及其配件，1960年终止生产。1940年铜川黄堡镇开始生产陶管，1958年咸阳陶瓷厂规模化生产建筑卫生陶瓷，这是陕西早期的两个建筑卫生陶瓷生产企业。到1995年前后，陕西的建筑卫生陶瓷生产企业均基本停产，直到2000年前，陕西的建筑卫生陶瓷企业并不多。2005年开始，陕西的建筑卫生陶瓷得到快速发展，现在的企业基本都是近十年成长起来的。

1978年以后，陕西的卫生陶瓷工业得到快速发展。花色品种较齐全并能生产中高档成套卫生洁具，基本满足省内需求。蹲便器有5种型号：1号、28号、29号、H832、H873，规格为610mm×（260～280）mm×（210～400）mm，配件有高水箱（420～440）mm×（240～260）mm×280mm、返水管215mm×110mm×100mm。坐便器先后有3种型号：H831、直管、6201，规格为460mm×350mm×467mm和650mm×310mm×375mm，配件低水箱450mm×300mm×100mm。小便器有2种型号：460mm×380mm×270mm和340mm×270mm×490mm。洗涤器（妇洗器）的规格为585mm×370mm×360mm。洗面器有4种型号：3号、42号（半圆形）、H831（直角形）、6201的规格为（510～700）mm×410mm×（210～300）mm。洗槽主要有2种型号：2号和3号，规格为560mm×410mm×237mm。

陕西的建筑陶瓷企业主要分布在关中地带。2009年起,陕南、陕北分别开始筹建陶瓷产业园。截至2010年底,陕西拥有建筑陶瓷企业约34户,分别为宝鸡市12户、咸阳市7户、西安市2户、渭南市10户、铜川市2户、榆林神木1户。2000年前建成投产的有6户,2005～2010年建成的有29户。温州客商投资的有8户,福建客商投资的有8户,陕西企业家7户,外地与本省合资的有7户,另外有山东、江西、湖北、佛山投资商各1户。投资额度大部分在2000万～6000万元不等,仅有2户过亿元的企业。陕西的建筑陶瓷产能仅占全国2%左右。

陕西建筑陶瓷企业的产品以中低档墙地砖为主,另有抛光砖、仿古砖、劈开砖和琉璃制品,墙地砖年产量大约2亿平方米、劈开砖约300万平方米、琉璃制品约50万平方米、西式瓦日产量约4万平方米。有2户企业的窑炉和喷塔使用天然气,其余均使用企业自产的煤气。墙地砖产品主要销往陕西、甘肃、宁夏、内蒙古自治区、山西等邻近地区,劈开砖则销往全国大中城市较多。

近几年,陕西的建陶工业取得了突飞猛进的发展。宝鸡市、铜川市、渭南、榆林的神木县、安康的汉阴县政府纷纷聘请建材规划和陶瓷研究专业单位对其陶瓷产业的发展进行全面筹划。可以预见,陕西的建筑陶瓷将会快速增长。

1958年,国家决定在陕西建一座建筑卫生陶瓷厂。成立"咸阳陶瓷厂筹建处",由中国西北建筑设计院设计,投资731万元,年产量13.2万标准件。筹建工作采取"边基建、边生产"、基建与生产准备齐头并进的方针。招114名工人送到沈阳陶瓷厂培训。1959年12月,用1m³倒焰窑烧制出200余件合格卫生瓷产品,初步完成产品试制。同年,取消"筹建处",定名为"咸阳陶瓷厂",后划归陕西省管理,更名为"陕西省咸阳陶瓷厂"。1960年,建成5座12m³倒焰窑,批量生产蹲便器、坐便器、小便器、洗面器等卫生洁具。1961年,建成隧道窑并投入试生产。1962年,职工人数达775人。1960～1962年,咸阳陶瓷厂生产卫生瓷56126件、日用瓷267118件。1962年,缓建咸阳陶瓷厂,裁减人员。1965年2月,咸阳陶瓷厂开始复建,投资340万元,西北建筑设计一院工程设计,年产卫生瓷33.05万标准件。1968年8月,生产成功各种型号的耐酸砖、耐酸环,质量、性能达到部颁标准,填补了陕西生产耐酸陶瓷的空白。1980年,陕西省咸阳陶瓷厂利用原有厂房、设备,投资92万元,新建一条四孔窑,建成釉面砖生产线,年生产能力30万平方米,当年投产,当年收益。1981年,再投资110万元,使釉面砖生产能力达50万平方米。1986年5月,国家经委、财政部联合发文,把陕西省咸阳陶瓷厂列为"七五"期间国家支持的第一批重点技术改造的大中型骨干企业,采用国际、国内先进技术对卫生瓷和釉面砖生产线实施技术改造,设计新增年卫生瓷生产能力42万标准件(总能力达60万标准件)、生产能力釉面砖50万平方米(总能力达100万平方米),概算投资3762万元,1987年工程动工,到1990年底,除卫生瓷原料车间和釉面砖素烧窑工程外,完成建设工程15项。

1982年,陕西省咸阳陶瓷厂与中国国际信托投资公司签订"关于合营陶瓷饰面板分厂的协议",投资500万元,引进日本设备,建设年产5.4万平方米饰面板生产线。1985年,引进的陶瓷饰面板生产线投产,年生产能力5.4万平方米。产品规格为长×宽:295mm×295mm、445mm×445mm、445mm×595mm,厚14～8mm,分为有光和无光釉两种,板面分平面、波纹和其他凹凸形花纹,釉色有红、棕、蓝、黄、绿、黑、白、孔雀蓝、铵紫、铬铝红、咖啡……，以及仿花岗石、大理石等多种装饰彩釉。原料处理工艺是配料、湿磨、过筛除铁、搅拌（双轴搅拌机）、练泥（螺旋练泥），成形采用自动控制系统，经抽真空、自动切割、辊压成形，胎坯由远红外线干燥后辊道窑素烧，由施釉输送机喷釉，最后由温度自控辊道窑烧成。1985～1990年，总产陶瓷饰面板7.03万平方米。

1985年，陕西省建材工业局立项，由咸阳陶瓷厂负责、原国家建材工业局咸阳陶瓷研究所协作研制中高档成套卫生洁具。1989年，研制成功并生产出H851和H861两个系列9个品种的中高档成套卫生洁具，经省级鉴定认为：产品性能、外观、尺寸偏差及变形等各项质量指标，均达到JC—75卫生瓷部颁标准，达到了国内中、高档成套卫生洁具的水平，填补了西北地区中高档卫生洁具的空白。共生产166万标准件，产品适用于三星级宾馆。

1982年，铜川市建筑陶瓷厂投资347万元扩建墙地砖生产线，年产能力为10万平方米，1985年，建成一条84m的隧道窑生产墙地砖。1985年，铜川市建筑陶瓷厂引进联邦德国柔性接头制管机和整型机，1987年投入试生产。

1986年，商洛建筑陶瓷厂立项建设，翌年，由原国家建材局咸阳陶瓷研究设计院设计，年产彩釉墙地砖50万平方米，商洛地区投资1417万元，在洛南县兴建，1990年建成投产，成为陕西第三家国有建筑陶瓷厂。

1986年，凤翔县陶瓷厂投资380万元，与咸阳陶瓷厂签订技术服务合同，翌年建成年产24万平方米外墙砖生产线。1986年，延安市新华陶瓷厂投资137万元，建设年产10万平方米彩色釉面外墙砖生产线。1986年，陕西省乔山建材琉璃有限公司在富平县建成投产，总投资1100万元，设计年产建筑琉璃制品200万件，产品出口泰国、加拿大等地。

1987年，西安雁塔区建筑陶瓷厂投产，到1990年共投资200余万元，年产外墙砖15万平方米。

1988年，淳化县陶瓷厂投资280万元，建成年产10万平方米彩色釉面外墙砖生产线。1988年，在咸阳陶瓷厂的技术支援指导下，米脂县李家站陶瓷厂建成投产，年产墙地砖5万平方米。1988年，乾县彩色墙地砖陶瓷厂（乡办）建成投产，投资145万元，原产墙地砖，1990年改产锦砖。

1989年，洛南县陶瓷厂投资157万，利用县境内的透闪石原料，开发低温节能锦砖，列入陕西省"星火项目"，建成年产157万平方米锦砖生产线。1989年，咸阳市古建筑艺术公司投资70万元建设琉璃建材厂，年产建筑琉璃制品160万件。

到1990年，全省共有建筑卫生陶瓷企业26家，从业职工5301人，其中，国有企业职工4107人；工业总产值2202万元，利税300万元，其中，10家国有企业总产值1620万元，利税92万元（见表25-2、表25-3）。

表25-2　1990年陕西省建筑陶瓷企业基本情况统计

企业名称	性质	职工数/人	产品	投产年份	固定资产/万元	设备/台、套	窑炉/座
省咸阳陶瓷厂	全民	1648	建筑陶瓷、卫生陶瓷、耐酸砖	1959年	1741	43	10
铜川市建筑陶瓷厂	全民	801	建筑陶瓷	1952年	798	19	4

续表

企业名称	性质	职工数/人	产品	投产年份	固定资产/万元	设备/台、套	窑炉/座
商洛建筑陶瓷厂	全民	393	墙地砖	1990年试产	1700	34	2
洛南县陶瓷厂	全民	157	锦砖	1989年	328	17	2
延安市新华陶瓷厂	全民	127	墙地砖	1989年	137	17	2
凤翔县陶瓷厂	全民	301	墙地砖	1989年	380	34	4
淳化县陶瓷厂	全民	172	墙地砖	1988年试产			
澄城装饰建筑瓷厂	全民	75	墙地砖	1987年试产	184	11	3
西安市新型墙材厂	全民	80	墙地砖	1986年试产	60	12	3
乾县工艺美术厂	全民	175	墙地砖	1988年试产	68	1	1
富平乔山建材琉璃厂	集体	190	琉璃制品	1986年	700	7	12
西安雁塔建筑陶瓷厂	集体	180	外墙砖	1988年	300	26	4
米脂县李家站陶瓷厂	集体	80	墙地砖	1988年	79	14	2
咸阳古建筑琉璃厂	集体	53	琉璃制品	1989年	61	7	5
乾县墙地砖陶瓷厂	集体	147	墙地砖		145	26	1
泾阳县扫宋陶瓷厂	集体	70	墙地砖	1988年试产	42	11	2
长安县白鹿古瓦陶瓷厂	集体	45	琉璃瓦		28	3	2
高陵县火箭琉璃工艺厂	集体	50	琉璃瓦		38		1
泾阳县太平陶瓷厂	集体	186	墙地砖	1986年试产	120	12	1
宝鸡金台建材陶瓷厂	集体	130	外墙砖	1990年试产	80	10	3

注：1.窑炉包括隧道窑、四孔窑、池窑、辊道窑、倒焰窑、多孔推板窑、熔块窑。集体陶瓷企业隧道窑较少。

2.尚有生产建筑陶瓷的白水县八一陶瓷厂、咸阳陶瓷厂劳动服务公司等未列入表内。

表25-3　陕西省1981～1990部分年份釉面砖产量　　单位：万平方米

年份	产量	年份	产量	年份	产量
1981年	11.68	1985年	28.33	1989年	43
1982年	24.82	1986年	48.84	1990年	49.36
1983年	25.42	1987年	51.77		
1984年	20.62	1988年	48.52	总计	351.82

五、陶瓷管

1940年，陕西省企业公司计划复兴"十里窑场"，在其所辖水泥厂内附设了陶瓷部，投入资金5万元，招聘人员试制了少量陶瓷下水管。1941年，水泥厂给陕西省建设厅的报告中称："本厂各厂房所需下水管，本应用铁管，刻因铁管为价过昂，遂自制陶瓷水管二十五丈，通风管五丈，以济需用，以省公。"事后再未生产。

1951年，中国建筑西北区公司与63名职工将生产日用陶瓷而濒临破产的"铜川建新实业股份有限公司瓷器厂"实行了公私合营，更名"中建西北公司陶瓷厂（西安市八府庄）黄堡镇分厂"，投资3亿元进行技术改造，专业生产建筑陶瓷。工厂派出14人到河北唐山学习建筑卫生陶瓷生产技术，当年试制成功陶瓷管。1952年，批量生产长600mm、$\phi 100\sim 300$mm的5种型号陶瓷管。1952年，该厂退还全部私人股金（近32亿元），成为国营企业，更名为西北器材公司陶瓷厂，后又改名为陕西铜川陶瓷厂，由省工业厅管辖，后又划归铜川市管理。1953年，为满足西安火车站翻修工程的需要，该厂生产出失传多年的建筑琉璃制品。1956年，生产出长1m的陶瓷管。1970年，改名为铜川市建筑陶瓷厂。

1940年铜川黄堡镇开始生产陶管。亦称陶土管、耐酸管。1952年，由铜川市建筑陶瓷厂开发成功，为省内独家产品，是建筑、化工、农电、水利部门重要的建筑材料。规格按内径尺寸分为六种：100mm、150mm、200mm、225mm、250mm、300mm，长均为1000mm，配有整套弯头、三通等异型管件，接头为承插式，两面施釉，耐酸度大于96%，吸水率小于6%，耐内压$3kg/m^2$、耐外压大于$2000kg/m^2$。自1988年开始，专门为香港生产了一批$100mm\times 1000mm$、$150mm\times 1000mm$无釉穿孔渗水管，用于道路、地下排水、平整土地、运动场等工程。陶瓷管的生产初期基本属于手工业作坊形式。1960年以后，铜川市建筑陶瓷厂引入了一些陶瓷管专用设备（包括制管机），逐步实现了机械化生产。1966年，产量达到10073t。由于制管机只能压制管筒，管帽要用手工或机轮刮制，后再用手工把管帽加泥条黏结在管筒的一端，即所谓的管坯制作"两次成形"，仍存在工序多、效率低、费用高、劳动强度大、产品质量不易保证等弊端。1966年，铜川市建筑陶瓷厂决定组织技术攻关解决这些缺点，1968年，特别成立以高德民为组长的4人技术革新小组，专事"一次成形"革新试验。1972年，终于在制管机口内增添中心三角圆心轴，在制管机跑道中心增添活动托板，托板上设置管帽内模，托板下面安装一根顶杠，在其下部挖深2m、宽0.6m、长1.5m的坑，用偏心卡具控制顶杠，使之上下活动自如，将制管机改造成为结构简单、操作方便的"一次成形"制管机。为使"一次成形"制管设备科学化、规范化，特聘请西北建筑设计院进行技术鉴定，绘制出定型图纸，先后有9个省的兄弟单位来厂购置"一次成形"制管机和图纸。1974年，铜川市建筑陶瓷厂陶瓷管生产全部实现"一次成形化"，在全国同行业中产量、质量均名列第一。与两次成形相比，生产周期由6天缩短为4天，产品的内、外压、吸水率、耐酸度均超过部颁标准，彻底解决了承插部位结合密度差的浸水问题，荣膺1978年全国建材科技大会嘉奖和荣誉证书。1980年，铜川市建筑陶瓷厂的"川"字牌$\phi 150$mm耐酸陶瓷管被评为陕西省优质产品且"省优"称号保留至今。1952～1990年，生产各种型号陶瓷管340699t（见表25-4）。1984年，引进联邦德国380真空柔性制管机和整型机，但由于原料等问题，多次试制均未成功。1989年，经科研单位多次研究和反复试验，开始正式生产少量柔性接头陶瓷管。

表25-4　1952~1990年陕西省陶瓷管产量统计表　　　　单位：t

年份	产量	年份	产量	年份	产量
1952年	861	1965年	8316	1978年	11230
1953年	1378	1966年	10073	1979年	10548
1954年	3421	1967年	5381	1980年	11525
1955年	6065	1968年	1960	1981年	11298
1956年	6902	1969年	6482	1982年	11294
1957年	6970	1970年	7451	1983年	9635
1958年	8438	1971年	8855	1984年	10001
1959年	11200	1972年	10894	1985年	12198
1960年	17007	1973年	11846	1986年	12010
1961年	9753	1974年	11511	1987年	12308
1962年	1049	1975年	10510	1988年	11552
1963年	2094	1976年	10285	1989年	10300
1964年	6374	1977年	10638	1990年	11068

六、建筑琉璃制品

陕西生产建筑琉璃制品的历史久远。唐初开始生产三彩建筑琉璃制品。明时为重建秦王宫设立立地坡琉璃瓦厂，直到清嘉庆年间停废。1953年，时隔200余年后，铜川市建筑陶瓷厂恢复建筑琉璃的生产，为西安火车站的翻修，生产琉璃瓦（筒瓦和板瓦）、屋脊、六兽，产品施绿色釉，二次焙烧。屋脊为雕有花纹图案的空心砖砖，两端以龙头造型。六兽（狮、象、虎、狻猊、麒麟、飞马）造型美观，形象逼真，使西安火车站显得古朴典雅，庄严雄伟。西安火车站翻修工程完工后停产，总计生产建筑琉璃制品6458件。

1978年以后，古建筑翻修和仿古建筑增多，建筑琉璃制品市场迅速扩大，1983年后，相继建成咸阳古建筑公司琉璃陶瓷厂、富平乔山建材琉璃工艺厂、乾县工艺美术陶瓷厂、扶风县琉璃陶瓷厂，长安县陶瓷厂、长安县炮里古建筑陶瓷厂、高陵县火箭琉璃工艺厂、西安三爻琉璃陶瓷厂和长安县白鹿古瓦陶瓷厂等10余家生产建筑琉璃制品的工厂。铜川市建筑陶瓷厂和庄里陶瓷厂根据订货也批量生产建筑琉璃制品。

这些专门从事建筑琉璃制品的生产厂家多系乡镇或集体企业，生产能力最大的是富平乔山建材琉璃工艺厂，年生产能力为200万件，其他企业的年生产能力为50万~100万件，自产自销。产品仍延续过去的品种，以黄、绿釉为主，也有土红、棕色和按用户需要而定的其他颜色。生产工艺以手工操作为主，模压而成，二次焙烧（素烧和釉烧）。长安县白鹿古瓦陶瓷厂所产的建筑琉璃制品，经原国家建材工业局咸阳陶瓷研究所测试，吸水率、耐急冷急热、抗冻、干湿循环、弯曲强度、色泽等指标优于日本和国内同类产品。1989年，咸阳古建筑公司琉璃陶瓷厂生产的S形琉璃瓦荣获全国同行业评比第一名。

1978～1990年，陕西全省总产建筑琉璃制品312.8万件，除满足省内需求外，还销往西北各省（区），并出口日本和泰国。这里介绍几家重点生产企业。

1. 铜川建筑陶瓷厂

1941年，山西芮城人的薛鸿林与杜玉六、李存斋、张剑青等25人联股投资创办了建新实业公司瓷器厂，是陕西省最早的现代化陶瓷工厂，是铜川建筑陶瓷厂的前身。起初，主要产品为日用瓷、电瓷、瓷质医药卫生用具和耐火砖。所用原料除当地瓷土外，还选用外地的长石、石英。原料加工有除铁、石碾、球磨等工序，坯房、干燥房等设施齐全，单钵装坯，倒焰窑烧成，耐火锥测温。生产工艺当时在全国处于先进水平。1956年，公私合营成为铜川市黄堡建新陶瓷厂，开始生产陶管，成为以生产陶管为主要产品的陶瓷企业。1958年，工厂下放为铜川市管理，改名为铜川市陶瓷厂。1970年，铜川市把陶瓷厂一分为二，一部分独立为电瓷厂，其余部分更名为建筑陶瓷厂。

2. 富陶产业集团

前身为1986年6月创立的陕西乔山琉璃建材有限责任公司，当时注册地在富平县底店镇，生产琉璃制品。1987年9月，搬迁到富平县流曲镇。1993年，搬迁至富平县乔山路1号，即现在的富陶产业集团所在地，占地1000余亩。1985年，创始人徐都锋先生自购一台手扶拖拉机，把自己家乡的黏土矿产原料——白庙土（高岭石类）送往高陵县的一个琉璃瓦生产工厂，了解到用这种黏土生产建材琉璃制品的过程而开始了创业。经过不懈的努力，现已发展成为产业集团公司，拥有陕西乔山琉璃建材工艺有限责任公司、富平艺博建材有限责任公司、富平陶艺村有限公司以及宾馆、房产、园林等企业，产品有劈开砖系列、墙地砖系列、西式瓦、琉璃制品、各种现代陶艺作品，年产劈开砖200万平方米、琉璃制品30万平方米、墙地砖300万平方米和各种现代陶艺作品。劈开砖产品的生产线全部采用德国凯乐公司设备，产品特性十足，深受市场青睐。

七、工业陶瓷

陕西的电瓷制造和特种陶瓷的研发在国内占有重要地位。西安高压电瓷厂拥有一流的设备和先进的生产技术，西北工业大学的特种陶瓷材料荣获国家科学技术最高奖，西京电器集团公司、陕西华星电子集团有限公司、咸阳陶瓷研究设计院等生产制造的氧化铝基板、氧化铝陶瓷制品、氮化硅结合碳化硅脱硫喷嘴等产品在国内外均具有很高的知名度。近几年，西安鑫垚陶瓷复材有限公司、西安康本材料有限公司、陕西帝邦高温材料科技有限公司、陕西硅宇新材料有限公司等新建的特种陶瓷生产制造线均占有很强的技术优势。

1959年，西安高压电瓷厂投产，这是陕西最早生产电瓷的企业。国家绝缘子、避雷器质量监督检验中心和国际电工标准化委员会（IEC）TC36、TC37技术委员会及其五个分技术委员会的国内技术归口单位就设立在西电公司下属的电瓷研究所内。1970年，铜川市电瓷厂开始生产电瓷产品。另外，陕西的电瓷制造企业还有陕西山远电瓷有限公司和陕西西城高压电瓷电器制造有限公司。全省具有5户规模以上的电瓷生产企业。

陕西最早生产特种陶瓷的企业是陕西华星电子工业公司（即原国营第七九五厂、六〇七厂），于1958年建厂，生产石英晶体等电子陶瓷材料。陕西宝光集团有限公司（氧化铝陶瓷制品）、原西安无线电二厂（滑石瓷、75氧化铝瓷）、原西安微波设备厂（滑石瓷、压敏陶瓷）、陕西金山电器有限公司、咸阳陶瓷厂、秦岭公司等都是陕西生产电子陶瓷材料的企业。这里介绍几家重点生产企业。

1. 西安西电高压电瓷有限责任公司

前身为西安高压电瓷厂，是"一五"期间由原苏联援建我国156项重点建设项目中的两项（高压电瓷和避雷器）合并而建的，1953年筹建，1959年投产。2001年9月，以"债转股"的方式改制并更名为西安西电高压电瓷有限责任公司，隶属于中国西电集团公司，注册资金31865万元，占地面积295143m^2。2008年产值4.8亿元。主要产品有126～1100kV各类棒形支柱绝缘子产品、126～1100kV各类电器瓷套产品以及各种耐污型、高原型、耐震型等特殊地区用产品。产品全部采用国家标准和IEC标准，是我国超（特）高压输配电设备配套用电瓷绝缘子产品生产、研制的主要基地，是国内有影响力的电瓷绝缘子专业生产公司，是一家拥有50年研发、生产、制造经验的大型国有企业，在电瓷绝缘子产品方面积累了优良的资源优势、技术优势和产业优势。1997年10月，通过ISO 9001：1994质量体系认证。2003年，通过ISO 9001质量保证体系2000版换版认证。

西安西电高压电瓷有限责任公司拥有国内一流的电瓷生产工艺和装备。自1978年以来，先后引进美国贝克莱窑炉公司的等温高速喷嘴抽屉窑、瑞典IFÖ公司的等静压成形制造技术及关键制造设备、德国ϕ750立式练泥机，棒形、瓷套成形全面采用数控修坯机，所有窑炉均为全自动天然气窑炉。拥有全国最大的等静压瓷套生产线，可一次成形高2.5m、直径0.8m的整体瓷套，可生产百万伏的棒形绝缘子和各类电器瓷套，拥有技术先进的高压试验站。

"十一五"期间，西安西电高压电瓷有限责任公司加快了超（特）高压等高新技术电瓷绝缘子产品的开发力度，重点开发了一批交流1100kV、直流±500～±800kV等高端产品，并使交流500kV产品技术水平达到国际先进水平，使±500～±800kV高压直流产品及交流1100kV产品达到国内领先水平。

多年来，西安西电高压电瓷有限责任公司国家重点工程的建设做出了重大贡献。先后荣获中华全国总工会"全国先进集体"称号、"五一"劳动奖状；20余种产品获国家、省、市优质产品称号，棒形支柱绝缘子被陕西省、西安市认定为省、市名牌产品。先后为二滩、小浪底、秦山核电站、三峡送出工程以及国家重点示范工程青海官厅——兰州东750kV变电站、国内第一条1100kV交流输变电工程——晋东南—南阳—靳门特高压交流试验示范工程等多项国家重点输变电工程提供了大量产品，并为国内秦山、岭奥、连云港核电工程及出口巴基斯坦核电工程提供了高性能电瓷绝缘子产品。产品出口包括北美、欧洲在内的五大洲20多个国家和地区。

2. 陕西省铜川市电瓷厂

前身为铜川建陶厂的一个车间，1970年分设成厂，位于古耀州窑遗址区，环境优美，交通便利。建厂后按照独立经营，产品升级的需要，专产低压电瓷，并新建了成品库、产品电检试验室、供水系统、供暖锅炉和职工家属宿舍等，先后派出多批人员到西安电瓷研究所、西安高压电瓷厂、重庆电瓷厂、南京电瓷厂学习，并得到西北电业管理局和市工业交通局的支持和资金资助，首先购置真空练泥机，调整改进了原料配方，建设了64m简易隧道窑，试制成功了10kV以上的普通电器配陶瓷管（绝缘子），实行了产品逐个电检合格出厂，使产品从单一低压线路绝缘子扩展到10kV以上普通电器——变压器、各种开关配套绝缘子，满足了迅速发展的电器化市场的需要，为以后的发展打下了良好基础。

20世纪末期，铜川市电瓷厂自主研制成功了除尘器用瓷质绝缘子，填补了国内空白，成为我国西北地区生产静电除尘器专用绝缘子的唯一厂家，是陕西省高新技术企业，是《电除尘器用绝缘子行业标准》的主要起草单位、全国电瓷行业唯一获准环保登记企业、中国环保协会电除尘器委员会委员单位、中国电除尘器配套件专业协作组副组长单位。

目前，铜川市电瓷厂已形成电除尘器专用瓷套筒、瓷转轴、支柱和穿墙套管四大类系列主导产品及电站电器电瓷、高低压线路电瓷、电气化铁路牵引线路用瓷等四百多种电瓷绝缘子、上百个规格品种，产品畅销全国20多个省、市、自治区。

3.陕西华星电子工业公司

前身是国营第七九五厂、六０七厂，始建于1958年，位于陕西省咸阳市，是我国三大电子元器件生产基地之一。主要生产以压电技术为基础的石英晶体材料及器件，以陶瓷技术为基础的电子陶瓷材料、阻容元件、敏感元器件、陶瓷零件以及工业窑炉、无线电专用设备、仪表等。拥有5条引进生产线、2条军标生产线，具备完善的产品检测系统及计量系统。下设15个专业制造厂，全部通过了ISO 9002质量体系认证和ISO 14000环境管理体系认证。

"九五"期间，共有35项军用和民用新品通过部（省）级鉴定，获25项部（省）级科技成果奖，7种规格主导产品通过UL、长城安全认证，石英晶体荣获陕西省名牌产品称号，晶体器件、交流电容器、玻璃釉电阻器、压敏电阻器、线绕电阻器和钛酸锶系列电子陶瓷材料荣获部优质产品及国家级重点新产品。

公司的销售网络遍布各地，产品畅销美国、印度、加拿大、巴西、北美、西欧、东南亚等国家和地区，并与长虹、海信、康佳、华为等生产厂家具有长期合作协议。

4.西安康本材料有限公司

2007年12月，由中国航天科技集团公司航天动力技术研究院和中国进出口银行共同投资创立，位于国家西安阎良航空高技术产业基地，占地229亩，是一家专业生产和销售碳纤维和碳材料制品的高新技术企业，具备50t碳纤维原丝、20t碳纤维生产能力。建有陕西省碳纤维制造及应用工程研究中心。现有技术人员38人，其中高级技术人员8人，具有博士和硕士学位的19人。主要产品有：碳纤维（3K、12K丝束）、预浸料（束丝预浸料、单双向预浸料）、碳纤维织物、碳纤维复合材料等。

5.陕西硅宇新材料有限公司

位于咸阳市，主导产品为微孔类碳化硅、氮化硅结合碳化硅和氧化铝制品，是一个集特种陶瓷材料及相关设备的研发、应用、设计和生产为一体的高新技术企业。产品质量已达到欧洲标准。

6.陕西帝邦高温材料科技有限公司

2005年8月成立，是由西北工业大学法人股、陶瓷基超常性能结构复合材料及制品项目技术主要研发人员入股并引入民营资本而合资创办的现代股份制高科技企业，是与西北工业大学超高温结构复合材料国防科技重点实验室和西北工业大学超高温结构复合材料工程化基地民品转化配套的产业公司。位于西安阎良国家航空高技术产业基地，占地31.92亩，总建筑面积近2万平方米，注册资本1000万元。拥有一支高级研发团队和富有大型国企和海外工作经验的经营管理团队，现有员工60余人，其中高级工程师以上的技术骨干30余人，中级技术职称人员12人，大专以上文化程度人员占90%以上。公司主要经营范围为特种高温材料及相关产品、陶瓷基及超高温复合材料及制品、轻质耐磨、耐蚀、耐高温类航天航空材料、冶金及机动车辆用零部件的结构设计、研制、生产、销售及相关技术开发、咨询、服务等业务。

八、现代陶艺

陕西在拥有现代陶艺博物馆数量、馆藏作品数量，作品反映不同国家、民族的艺术表达形式，作品透视出的制作工艺和技术的多样性等方面在国内外首屈一指。

陕西的现代陶艺主要集中在富平县陶艺村，其代表地为"富乐国际陶艺博物馆群"。现已建成开放的包括主馆（中国）、斯堪的纳维亚馆（北欧馆）、法国馆、澳新馆、美国馆、加拿大馆、意大利馆、德国馆、荷兰馆、英国馆等14个国家的陶艺馆，以及一座国际陶艺文献中心在内的庞大国际陶艺博物馆群。展出50多个国家和地区的500余位陶艺家的作品6000余件，作品的90%是陶艺家在富平利用当地材料现场构思创作的。收藏陶艺文献、杂志47种1500余册，是反映世界现代陶艺界最新创作及研究成果的前沿阵地和陶艺家们创作的"天堂"。见图25-1。

图25-1　富乐国际陶艺博物馆群

1.主馆

始建于2004年初，当年8月20日建成开馆，建筑面积2100m²。由西安建筑科技大学设计

（图25-2），远远看去像一个巨大的古式陶瓷窑炉和两个倒在地上的陶瓷瓶，寓意深刻，造型别致。主馆分为四个展区，陈列了300多件国内外著名陶艺家的作品，有抽象派、浪漫抒情派、怪怖极限派、写实派、轻松自由派等。陶艺村的陕西人物风情系列和关中民间面花系列作品备受青睐。

图25-2　主馆

2.法国馆

2005年是中法文化年，建设法国陶艺馆也成为中法交流文化的一项重要内容。2004年12月12日，法国大使馆派遣法国大使馆文化官员、文化参赞艾丽女士专程赶到陶艺村参加了法国馆的奠基仪式。2005年6月，法国馆建设工程启动，7月26日完工，31日在新落成的法国馆前举行了隆重的开馆仪式。建筑面积700m^2，由西安建筑科技大学设计（图25-3）。目前，馆内展出了25位陶艺家的作品523件（组），这些作品是艺术家前后耗时三年多才创作完成的，是目前能够代表法国陶艺界最高水准的作品。

图25-3　法国馆

3. 北欧馆

2005年11月13日，北欧（斯堪的纳维亚）馆正式开馆。2008年4月1日，举行了芬兰陶艺展。馆内收藏展出了瑞典、丹麦、挪威、芬兰等北欧各国近30位陶艺家、雕塑家和画家不同风格的470多件（组）艺术创作，体现了北欧各国陶艺家利用我国当地材料，感受北欧文化与中国文化碰撞融合的新风格的艺术作品。见图25-4。

图25-4　北欧馆

4. 澳新馆

2007年5月27日，澳新馆建成并开馆。这是澳大利亚和新西兰的联合馆，建筑面积600余平方米，馆内展出包括现任国际陶协主席珍妮特·曼斯菲尔德女士在内的21位陶艺家的不同风格的304件（组）作品。澳新馆为拱圈结构，建筑设计风格独特、新颖，为国内外游客和业内同行提供一个了解和欣赏南太平洋岛国文化艺术的窗口。见图25-5。

图25-5　澳新馆

5. 美国馆

美国馆建筑面积800m², 设计秉承美国陶教年会一贯的"大气、恢宏、别致"的风格, 2007年7月4日举行了隆重的开馆仪式, 美国馆的开馆使美国精美的陶艺作品走进中国百姓的视线, 为中美文化的交流和研究中西文化的差异提供了一个有利的平台。见图25-6。

图25-6　美国馆

6. 加拿大馆

2007年10月底建成, 建筑面积800m²。同年11月6日, 加拿大馆的开幕式与第二届国际陶艺杂志主编论坛会同日举行。目前, 展出加拿大国内有影响的10位陶艺家的160余件陶艺作品。加拿大政府为前来创作的陶艺家给予了全力资助。见图25-7。

图25-7　加拿大馆

7. 西欧馆

2007年8月筹建, 总面积1650m², 共有34位陶艺家的788件（组）作品。由荷兰馆、德国馆和意大利馆三个馆组成。进门左边为荷兰馆, 占地550m², 2008年6月29日开馆, 展出8位陶艺家的197件（组）作品。进门右边为德国馆, 占地面积550m², 2008年6月1日开馆,展出15位陶艺家的394件（组）作品。中间为意大利馆，占地面积550m²，2008年5月17日开馆，展出11位陶艺家的197件（组）作品。见图25-8。

图25-8　西欧馆

8. 英国馆、比利时馆、西班牙馆

2008年7月27日，比利时陶艺博物馆开馆，100多件精美的陶艺作品揣着"富平芯"（利用当地原料）、含着异国情、散发着中比文化交融的气息，盛着"陶艺家的心血和汗水"，在富乐国际陶艺博物馆群比利时馆展出。2008年8月3日，英国馆开馆，展出12位陶艺家的300件（组）陶艺作品。2009年9月14日，西班牙馆在第43届陶艺大会闭幕式期间盛大开幕，展出18位陶艺家的230件（组）作品。见图25-9。

图25-9　英国馆、比利时馆、西班牙馆

9. 南美馆

2008年9月10日建成、14日开馆。主要展出阿根廷、智利、秘鲁、巴西、哥伦比亚、玻利维亚六个国家的陶艺家作品。现展出19位陶艺家的陶艺作品526件（组），从作品整体反映了南美各民族的热情、奔放、粗犷的民族文化底蕴和丰富的自然资源。见图25-10。

图25-10　南美馆

10. 国际陶艺杂志文献中心

国际陶艺杂志文献中心是富乐国际陶艺博物馆群为收藏、保存世界各国出刊的陶艺杂志设立的专馆，建筑面积200多平方米，2007年11月6日开馆，收藏了来自37个国家的47种陶艺杂志1600余册，涵盖了当今世界陶艺50年来的发展史，是研究陶艺发展史的珍贵史料，还有相当数量的期刊正在陆续收集中。作为陶艺杂志专用、永久性的收藏展馆，其主要工作是对各种刊物进行翻译、整理，建立网站、推广普及交流，搭建平台，促进发展。

第三节　甘肃陶瓷

甘肃，古属雍州，地处黄河上游，东接陕西，南控巴蜀、青海，西倚新疆维吾尔自治区，北扼内蒙古自治区、宁夏回族自治区，是古丝绸之路的锁匙之地和黄金路段。甘肃，是取甘州（今张掖）、肃州（今酒泉）两地的首字而成。由于西夏曾置甘肃军司，元代设甘肃省，简称甘；又因省境大部分在陇山（六盘山）以西，而唐代曾在此设置过陇右道，故又简称为陇。

甘肃的陶瓷文化历史悠久，源远流长。据平川县共和镇黄茅沟发现的古先民陶窑遗迹推断，早在公元前3000多年以前，就开始烧制陶器，属马家窑文化范畴。

甘肃的陈设艺术陶瓷和日用陶瓷主要包括天水陶艺制品、临夏仿古陶罐、临洮仿古陶罐、红古仿古陶罐、秦安仿古陶罐、兰州黑陶、安口陶瓷、两当陶瓷、靖远陶瓷等品种，独树一帜，享誉国内外。

近年来，甘肃的建筑卫生陶瓷产业发展迅速，成为国内的热点发展地区之一。本节以平川陶瓷、华亭陶瓷为代表简述甘肃陶瓷。

一、平川陶瓷

平川区是白银市管辖的县级区。平川的陶瓷文化历史悠久，早在公元前3000多年以前，就开始烧制陶瓷，区境属马家窑文化范畴。明代以后，随着移民屯边政策的实施，区境人口大增，在红土洼地区开始兴建大批陶窑，初步形成了声闻西北的较大的陶瓷产业。时称磁窑。清代以后，磁窑逐步形成以陶瓷为中心，兼营煤炭、白灰、石灰等日用品及建筑材料的综合集镇。

从20世纪50年到90年代，由于靖远陶瓷厂发展成为西北地区最大的陶瓷生产企业，奠定了平川西北陶瓷重镇的地位。90年代末，平川陶瓷业跌入萧条期。近年来，平川区把陶瓷产业作为支柱产业之一，平川的陶瓷产业不断发展壮大。

1. 靖远陶瓷厂

1952年，磁窑成立互助组。1956年，靖远磁窑陶瓷生产合作社成立。1958年，磁窑陶瓷合作社改名为靖远磁窑陶瓷厂。1962年，试制出茶具、酒具、蓝边碗等细瓷产品。次年，厂里开始通电，为陶瓷生产机械化创造了条件。1972年，更名为靖远陶瓷厂。

到20世纪90年代，靖远陶瓷厂发展成为西北地区最大的陶瓷生产企业，鼎盛时期有8个分厂，3000多职工，总资产达1.5亿元，生产日用陶瓷、卫生瓷和墙地砖。1995年6月甘肃省内第一条引进的意大利现代化彩釉墙地砖生产线建成投产。1998年生产的格威牌304系列卫生陶瓷是甘肃省首批中高档卫生陶瓷。"格威"牌产品畅销西北五省区。生产的汉马镂金酒具、茶具、文具荣获全国旅游纪念品、内销工艺品优秀设计奖，"反弹琵琶"茶具荣获甘肃轻工产品百花奖设计二等奖，并作为礼品馈赠国际友人。民间艺术大师阮文辉先生在企业体验生活时设计出艺术价值极高的铁锈红陶瓷葫芦。2005年8月，靖远陶瓷厂改制，成立白银陇烨陶瓷有限公司。

2. 平川的陶瓷产业

20世纪90年代，由于靖远陶瓷厂发展成为西北地区最大的陶瓷生产企业，奠定了平川西北陶瓷重镇的地位。加之，平川区装饰陶瓷厂和一批传统的陶瓷作坊，区内的陶瓷产业得到了长足发展，陶瓷市场空前活跃，享有"西北陶瓷工业城"的美誉。90年代末，区内陶瓷企业相继停产，平川陶瓷业跌入了萧条期。

近年来，平川区发挥陶土资源富集的优势，把发展建筑陶瓷产业作为平川的支柱产业之一，陶瓷产业不断发展壮大。2009年，全区中小型陶瓷生产企业达到13家，从业人员1685人，拥有建筑陶瓷生产线6条，建筑陶瓷的墙地砖年生产能力为1000万平方米，总产值超过2亿元。

2009年8月，由中国陶瓷工业协会和白银市人民政府主办、平川区人民政府承办的首届中国西部（白银·平川）陶瓷峰会暨平川陶瓷文化节在平川举行，并确定两年举办一次陶瓷峰会。

2010年，平川区的"十二五"规划把建设中国西部陶都确立为三大战略定位之一，规划建设陶瓷工业园，把平川打造成"西部陶都"和"西部陶瓷物流基地"的规划。2011年，

$7km^2$的专业陶瓷工业园筹备开工建设。

由靖远陶瓷厂改制的陇烨陶瓷有限责任公司主要产品有日用陶瓷、卫生陶瓷、建筑陶瓷、艺术瓷、园林瓷和仿古彩陶等60多个品种，形成了以"格乐威"为品牌的系列产品，年产日用陶瓷18万件。成功开发出三足罐、底盆、细颈壶、瓶、碗、瓮、杯、罐等系列艺术品。开发的仿古彩陶、艺术陶瓷在东南沿海城市受到消费者的青睐，并有部分产品出口到东南亚地区。

新乐雅陶瓷有限公司是在收购原靖远陶瓷厂分厂的基础上建立的，年产地板转、内墙砖500万平方米。

盈胜陶瓷有限公司和盈耀陶瓷有限公司以生产日用粗瓷为主，年产日用陶瓷30万件以上。

二、华亭陶瓷

华亭陶瓷是甘肃省华亭县所产陶瓷。因主产于安口镇"安口窑"，史称"安口陶瓷"。华亭陶瓷以生活用的缸、碗、碟、罐、盆、勺为主，以其牢、厚、经久耐用而闻名周边省区，后来发展到茶具、酒具、枕头工艺品，如猫、狗、鸡、老虎、狮子等动物，还有"滴水观音"、"反弹琵琶"等陶瓷工艺品。

1. 华亭陶瓷业的历史沿革

华亭制陶业自原始社会末期产生，经过夏、商、周三代的演变，在战国末期以至秦、汉，迎来了第一次难得的发展机遇——帝王祭祀活动的促进和带动。

从西周初到西汉平帝年间，华亭的陶器烧制主要以生产生活用具和墓葬品为主。后来秦人在陇山一带崛起，官方把民间的制陶工匠组织起来，创立了华亭陶业。后汉末年到魏晋北朝，华亭陶瓷业陷入徘徊不前的境地。

隋唐时期，中西方文化交流迅速兴起并日趋活跃，瓷器一跃而成为仅次于丝绸的第二大外销产品，为丝绸之路沿线华亭的陶瓷业提供了难得的发展机遇，促成了华亭陶瓷工艺的第二次飞跃。宋元时期，华亭陶瓷已初具影响。

明代是华亭陶瓷业较为兴盛的时期。特别是成化年以后，使华亭自宋代以后逐渐衰落的陶瓷又得到了复兴，成为西北能生产细瓷为数不多的基地之一。华亭不仅成为全国六大陶土产地之一，而且也成了名闻全国的"陇上窑"。

清代时，华亭的陶瓷业发展缓慢，由细瓷生产衰退为一些民用粗瓷的生产。史料记载："清道光白莲教乱后，始移杨家沟瓷场于窑头镇。"光绪初年，外地瓷工张正元在长沟岭采黄釉时发现了白釉，开始烧制穿衣白瓷。20世纪初的光绪中叶，陕西耀州瓷工路有才、崔大汉二人来华亭在安口创烧成功了红石浆彩绘白瓷产品，使华亭的陶瓷品种又上了一个新台阶。

2. 民国时期的华亭陶瓷业

民国时期是华亭的陶瓷业和其他产业发展的重要时期。许多河南、山西等地的饥民流落到华亭，带来了新技术，加快了陶瓷业发展步伐。1913年，河南安阳瓷工范治昌、陈群阳，山西阳城瓷工汪如海等人在安口精制陶土白釉。第二年，涨川瓷工张德福来安口利用当地原料烧制成功了坩泥瓷。1915年，汪如海兄弟二人研制成功琉璃制品。1918年，安口人刘瑞到江苏宜兴学习紫砂陶工艺后试烧成功了紫砂陶器。1919年，山西阳城瓷工王延太成功创烧穿衣二细瓷。1936，当地人朱志明、赵尔英、幸帮荣三人去江西九江学习，回来后办起了陶瓷研究所，附设陶瓷专业学校，研制成功了普通白瓷。1939年，国民党资源委员会派留德工学博士温步颐先生来华亭，在安口创办了低压电瓷厂。同年，安口陶瓷专业学校请来了江西景德镇陶瓷学校教师李弃疾推广制模技术和雕塑技术。是年，甘肃省政府投资30万元，创办了甘肃省安口窑光华瓷厂。1947年，山西宁武技师李友恒随山西永城瓷厂技师李长庆、瓷工李茂生来华亭，在安口创烧注浆产品和瓷红、瓷绿等有色瓷品。至此，形成了具有华亭地方特色的粗瓷、普瓷、琉琉瓷、紫陶瓷、电瓷产品。釉料有了白釉、瓷红、瓷绿。相应出现了彩绘色瓷和注浆工艺，把华亭的陶瓷业又推进了一大步，也为后来的发展奠定了基础。

3.1949年后的华亭陶瓷业

1949年，人民政府接收了光华瓷厂资产，1950年2月，更名为华亭县新华瓷厂，继续生产日用陶瓷。1951年12月后因管理不善停业。

1952年3月1日，人民政府在华亭县新华瓷厂的基础上接收改造了李树周、张瑶林、王元伯三家私营瓷业瓷产，成立了地方国营华亭新华瓷厂。当年生产日用陶瓷52.24万件。1955年，新华瓷厂由安口正街王元伯厂址内迁往朱志明的明兴陶瓷厂，同时明兴瓷厂并入新华瓷厂，主要生产碗、盘等细瓷产品。

1962年，平凉市安口陶瓷厂更名为华亭县安口瓷一厂，继续生产碗、盘等细瓷产品。平凉市耐火材料厂更名为华亭县安口陶瓷二厂，转产日用陶瓷，主要生产缸、盆、罐、坛等粗瓷产品，并将砂器、砖瓦分出，成立了华亭县安口砂器社及华亭县安口砖瓦厂。

1964年，华亭县安口陶瓷一厂和华亭县安口陶瓷二厂合并为地方国营企业华亭县安口陶瓷厂。1965年，用优质原料研制成生产细瓷，产品质量迅速提高，花色品种不断增加，产品开始由国家安排供销系统包销。三年共完成产量1280.51万件。

1971年，陶瓷生产逐步发展，企业管理步入正轨，用先进技术装备改造落后的工艺设备有了明显的进步。

2001年，安口陶瓷厂通过建立现代化企业制度改革改制试点，更名为甘肃省安口飞天陶瓷有限责任公司，全年完成产值1106.9万元，销售753.11万元，减亏59.93万元。2003年，进行民营化改革体制，新组建甘肃安口华煜陶瓷有限责任公司。2004年全面实行了民营化管理。

1956年，安口陶瓷厂生产的"野鸡红罐"产品被北京故宫陶瓷博物馆收藏，1982年，工艺品"反弹琵琶"获甘肃省工艺美术百花大奖。

第四节　宁夏回族自治区陶瓷

宁夏回族自治区，简称宁，是我国五大自治区之一，首府是银川市。宁夏地处我国西部的黄河上游地区，东邻陕西省，西部、北部接内蒙古自治区，南部与甘肃省相连。自古以来就是内接中原，西通西域，北连大漠，各民族南来北往频繁的地区。

宁夏以西夏安宁得名。唐属关内道；宋时属西夏；元灭西夏后以旧地设西夏行省，后改宁夏行省，治所为宁夏路，为宁夏得名的开始，后改行省为甘肃行省，迁甘州路。明属陕西省，改宁夏路为宁夏卫；清改宁夏府，属甘肃省，并设宁夏将军；民国初设甘边宁夏护军使，后置宁夏省；建国后撤消并入甘肃省。1957年，成立宁夏回族自治区。

宁夏陶瓷黏土资源丰富，主要分布在石嘴山市惠农区简泉、大武口区清水沟、中宁县平滩湖和碱沟山、中卫下河沿、同心小红沟、海源县油井山等地，仅惠农地区软、硬质黏土储量就达7000万吨。贺兰山北段的紫色陶瓷黏土（又名紫砂），储量19.3亿吨。石英砂主要分布在石嘴山市惠农区贺兰山东麓的柳条沟、红果子沟和正义关一带，现已累计探明储量为1577万吨。

宁夏的陶瓷文化历史悠久，源远流长。特别是20世纪80年代发现的西夏瓷器被证实为中国陶瓷史中的瑰宝。近年来，宁夏的建筑卫生陶瓷产业发展迅速，成为国内的热点发展地区之一。

一、西夏瓷器

1982年以来，甘肃省武威市城南35km的古城乡上河村塔儿湾农民在山坡上取土时陆续发现了一批瓷器，部分瓷器（包括残片）上写有汉、西夏文纪年、姓氏名字，后被专家考定为西夏瓷器。西夏瓷器的发现对研究我国制瓷业，特别是西夏制瓷业的发展具有重要的意义。

西夏瓷器有粗细之分。粗瓷即胎土未经洗练，胎土中含一定量的砂，胎色泛红，器壁较厚，主要器形有瓮、缸、釜等器。细瓷胎土经洗练，胎质细密，胎色浅黄或灰白，器壁略薄。主要器形为碗、盘、罐、壶、瓶、钩等生活用具及板瓦、滴水等建筑用材。瓷器釉色主要以黑（褐）、白釉为主，也有少量青、紫、茶叶末及姜黄釉色，其中白瓷质量普遍较高，精品明显多于其他釉色瓷器。

西夏瓷的窑址主要集中在宁夏银川西郊贺兰山下及灵武市一带。甘肃省武威发现的西夏古瓷窑址是目前发现中国西北边陲最远的一处古瓷窑址。

西夏瓷器品种繁多，其中剔刻釉扁壶、四系瓶、帐钩、纺轮、牛头埙独具特色。扁壶从早期到晚期一直生产，是西夏以外其他烧瓷窑口所不见的，是西夏瓷器中最具代表性的典型器。扁壶有两种，较大者为圈足扁壶，壶口小、颈短、腹扁圆；另有一种小型扁壶，其器形与大型扁壶相似，不置圈足。四系瓶（多系瓶），小口圆唇微外侈，束颈斜肩，长圆腹，圈足平底，肩腹交接处置对称四耳（或多耳），其腹大口小，是盛水、盛奶的理想用具。瓷铃、帐钩是西夏瓷中的特殊产品，也是游牧民族生活中的必需品。牛头埙形似牛首，正面有两孔，顶部有一孔，为一种乐器。西夏瓷器中有大量建筑用瓷，如瓦当、筒瓦、滴水和各种脊饰瓦件等，其中大部分建筑构件为素烧，有些板瓦、滴水挂黄釉，脊饰多施黑釉。

西夏瓷的装饰技法有刻釉、刻花、刻化妆土、剔釉、剔刻化妆土及少量印花及白釉黄褐彩等。其中刻釉多用于黑（褐）色釉器，以刻花部分露出胎色与釉色间的色差，起到装饰作用。刻花即在施釉前在阴干的胎体上用刀刻出花纹，然后施透明釉。西夏瓷器中以剔刻釉、剔刻化妆土为多见。

西夏瓷器纹饰题材有植物纹、动物纹、图案纹及反映民间生活习俗的纹饰。植物花纹以牡丹为最多，动物纹有鱼、鸭、蜜蜂和鹿纹。反映民间生活习俗的题材虽然发现不多，但颇具民族韵味。

西夏灵武窑早期受北宋磁州窑制瓷工艺影响较深，有一定的渊源关系。但西夏灵武窑中最具代表性典型器扁壶、四系或多系瓶、帐钩、板瓦等是当时其他窑口所不见。灵武窑的制瓷工匠在学习模仿名窑产品的同时，把制瓷工艺与本民族文化相结合。西夏瓷器是中国陶瓷百花园中最具地域特色和鲜明民族风格的一枝奇葩。灵武窑的烧年代及制瓷技术分析应是在金初得到河北磁州窑系工匠们的支持。

西夏文化是在吸收借鉴汉文化的基础上发展起来的一种民族文化。西夏瓷器作为西夏文化的重要组成部分，受中原磁州窑系影响，结合本民族的文化习俗创建发展出粗犷质朴、极具党项民族特色的瓷器。近些年，在内蒙古、甘肃、青海等地都出土有西夏瓷器。西夏瓷与较之稍早的辽瓷一样，在中国陶瓷百花园中占有一席之地。

二、石嘴山陶瓷

这里重点介绍几个陶瓷企业的情况。

1.宁夏石嘴山瓷器厂

始建于1943年，由原国民党宁夏省主席马鸿逵四姨太筹资兴建。厂址位于贺兰山一山沟中（当时可能考虑此地离黏土矿和小煤窑较近等因素而选址），建两座20m³左右馒头土窑和部分土厂房，工人有约30多人，多为从民间招来和抓来的民间陶艺人。生产日用粗瓷，无电力、机械，工艺生产很原始。新中国成立后由人民政府派解放军代表接管生产。1956年搬迁到石嘴山市石嘴山区（现惠农区）北大街建厂，同时扩大了规模，取名"光华瓷厂"。1957年宁夏回族自治区成立更名为宁夏石嘴山瓷器厂，隶属自治区轻纺厅管理，级别定为县处级，职工约400多人，产量为年产300多万件日用细瓷，原料多用于本地原料。如贺兰山的简泉黏土、道乐沟石英、河东老石旦黏土等原料。设备主要是单刀机轮、注浆、倒焰窑等。

1958年，该厂继续扩大规模，使50～60m³倒焰窑增至8座，产量增至600万件。同时在石嘴山市石嘴山区安乐桥以南200m处选址建一分厂，主要为总厂生产匣钵及耐火砖、耐火材料，同时对外生产陶瓷下水管、冶金用耐火材料等工业品（称工陶分厂）。1965年引进建设第一座65m隧道窑，1969年开始研制生产出口瓷产品，于70年代开始生产出口瓷，年出口量约为100万件，成为当时西北最大瓷器生产厂。1972年开始从唐山引进滚压成形机及链式干燥机，加速生产技术改造。由于原65m隧道窑窑体短，不适应生产日用细瓷，故于1982年进行技改新建84m隧道窑及烤花辊道窑，提高了生产技术能力。当时年产量已达1000万件左右。1983年后由于出口瓷国际市场滞销，生产全部改为生产内销细瓷和粗中碗，同时研制生产不同规格的成套餐具、茶具。研制生产的回族用3件盖碗，由于其造型和花色独特，被国家民委评选为"优秀少数民族用品"并获奖励。到90年代末为适应国家对于民族产品生产的税收优惠政策《石嘴山瓷器厂》更名为《石嘴山民族瓷器厂》。

2000年初，由于工厂生产烟尘对城市环境影响较大，加之工厂生产经营不佳，市政府决定搬迁，经筹划、选厂址，于石嘴山市大武口区工业园区内。后因资金不足，且该产品利润微薄，加之技术工人缺失，工厂无新产品开发研制能力等因素，没有在新厂址再建，原厂址用于房地产开发，设备进行处理，筹措资金安置原有工人，工厂就此终结。

2.石嘴山市陶瓷厂

前身系由多个民间生产砂锅、陶缸、陶盆、陶罐等手工作坊联营而成，后成立了石嘴山市陶瓷厂，隶属石嘴山市二轻局管理。多年来一直生产民用陶瓷制品，兼生产工业用下水陶管等。有职工200多人，90年代前后，由于陶器制品市场销路不畅故进行技改，建隧道窑、上球磨机、滚压等设备，生产日用细瓷。为适应国家对民族用品市场税收优惠政策，将原石嘴山市陶瓷厂更名为石嘴山市民族陶瓷厂，1997年，由于市场销售不畅，经营状况不佳，经市政府协调，工厂由原石嘴山市民族化工集团有限责任公司兼并，厂址用于开发房地产，设备转让，工厂停产。

3.石嘴山市高压电瓷厂

建于1969～1971年，主要生产中低压电瓷，厂址建于原石嘴山瓷器厂工陶分厂厂区。产品销往西北各省及新疆等地，建有90m隧道窑，30m³梭式窑，1998年由于市场变化，生产经营状况不佳，加之领导变更等因素，致使生产经营困难，经市政府协调，由原石嘴山民族化工集团有限责任公司兼并。厂址用于房地产开发，设备转让，职工由"民化"安置，工厂终结。

4.石嘴山市建筑卫生瓷厂

始建于1971～1973年间，主要生产中档卫生洁具，建成后年产量3万件，建有80m隔焰窑一座，产品供应本自治区及周边地区，厂址建于石嘴山市大武口区。90年代末，由于工厂生产烟尘对城市环境影响较重，且加之生产经营不佳，市场销路不畅，企业进行股份改制，于1998年由宁夏石嘴山荣达房地产公司控股，并进行搬迁，新厂址选在石嘴山市大武口区工业园区内，原厂址用于荣达公司房地产开发。新厂建成后，多年来一直由外地经营承包商生产经营至今。

5.石嘴山市工艺美术瓷厂

由原石嘴山瓷器厂在20世纪70年代末为解决工厂职工子弟、家属、农转非问题而批一块地，用于亦工亦农，并建一工艺美术车间，生产一些紫砂产品及工艺美术产品，后改为工艺美术分厂，有职工100多人。80年代从石嘴山瓷器厂分离成为石嘴山市工艺美术瓷厂。90年代进行技术改造开始生产日用细瓷，2000年后由于销售及生产经营不佳停产，厂址转作他用。

6.宁夏石嘴山陶瓷工业（集团）公司

宁夏石嘴山陶瓷工业（集团）公司组建于1991年，由石嘴山瓷器厂、石嘴山市陶瓷厂、石嘴山市高压电瓷厂、石嘴山市建筑卫生瓷厂、石嘴山市工艺美术瓷厂多方协商组建，属于松散机构，人员由各厂抽调而来，办公设在原石嘴山市陶瓷厂办公楼内。当时正值经济体制改革、企业改革，政府基本不过问企业生产经营活动，因此，无任何政府的机构审批及级别认定和领导任职。因此公司协调能力有限，运行困难，没有指挥能力，生产经营全由各厂自行决策运行，1996年自动解散。

三、建筑卫生陶瓷

21世纪初期，宁夏仅有4家较大规模的建筑卫生陶瓷生产企业，其中3家建筑陶瓷砖企业，形成近500万平方米的内外墙砖和地砖的生产能力，都在中卫市。石嘴山市大卫陶瓷有限公司是区内唯一的卫生陶瓷生产企业，年产卫生洁具40万件。

近年来，福建泉州企业纷纷到宁夏发展陶瓷产业。宁夏福晋陶瓷有限公司、宁夏万维实业有限公司、宁夏涌源和商贸有限公司以及溪石集团、华泰集团等企业入驻宁夏，产品占领了当地市场70%以上。宁夏建筑陶瓷产业正在实现新的跨越。

宁夏陶瓷的主要产区为中卫陶瓷产区。中卫市境内陶瓷矿产资源种类多，储量丰富，探明陶土储量为1.5亿吨，石膏储量达70亿吨，居全国第二位。中卫市的陶瓷产业起步于上世纪90年代后期，目前已经形成年产建筑陶瓷砖2600万平方米的生产能力。

中卫市政府已在常乐镇西南地区规划5000亩土地，计划把中卫打造成为西北地区陶瓷基地，成为拥有建筑卫生陶瓷、日用陶瓷、艺术陶瓷等陶瓷产品的西北陶瓷经济物流中心。规划在10年内建成80条建陶生产线，瓷砖产量达到5亿平方米以上，预计总产值达到90亿元。宁夏回族自治区陶瓷产业正在步入一个发展的黄金期。

第五节　青海陶瓷

青海省为我国青藏高原上的重要省份之一，简称青，因境内有全国最大的内陆咸水湖——青海湖而得省名。与甘肃、四川、西藏自治区、新疆维吾尔自治区接壤，有汉、藏、回、土、撒拉、维吾尔、蒙古、塔吉克等民族，是长江、黄河、澜沧江的发源地。

青海生产陶瓷的历史悠久，距今有四五千年的历史。青海彩陶举世闻名。日用陶瓷及建筑陶瓷得到发展。

一、青海彩陶

青海是彩陶的王国。公元前3800～公元前2000年前的马家窑文化时期，境内先民制造了大量的彩陶。全省现已调查、登记的这类文物点有800余处，共出土彩陶3万件。青海彩陶的出土数量和质量在我国占有非常重要地位。

马家窑文化包括石岭下、马家窑、半山和马厂四个类型，其分布范围东起陕、甘交界的

675

汪、渭水上游，西到青海境内的黄河河曲西部，西至宁夏清水河流域，南达四川北部岷江上游，是黄河上游新石器时代分布最广泛的一种古代文化类型。马家窑文化中最引人注目的是彩陶，其比例在中国所有彩陶文化中为最高。

青海乐都县柳湾墓地为国家级文物保护单位。柳湾墓地发现于1974年。经过4年多的发掘，共发现原始社会不同文化类型的墓葬1500座，出土文物约30000多件。柳湾，在乐都县城东15km高庙镇东面的湟水河北岸，是原始社会晚期的公共墓地葬群，也是新石器时代马家窑文化的代表。发掘包括马家窑文化半山类型、马厂类型、齐家文化、辛店文化等新石器时代和青铜器时代的墓葬1370座，出土彩陶文物多达2万件，故有"远古彩陶故乡"之美誉。其中出土的彩塑裸体人像彩陶壶被誉为"稀世艺术珍品"，现珍藏于中国历史博物馆。是目前我国已知的规模最大保存较为完整的原始社会晚期氏族公共墓地，距今3500～4500年，总面积约11万平方米。为研究原始社会晚期青海地区文化历史的发展及其与中原文化的联系提供了大量实物研究资料。

1973年，在青海省大通县上孙家寨发现了一件距今5000年的新石器时代马家窑文化的彩陶盆。这是首次发现的直接描绘原始先民生活场景的图画，具有极高的历史价值和艺术价值，这个彩陶盆作为举世无双的国宝而被国家博物馆珍藏。这个舞蹈纹彩陶盆高14.1cm、口径28cm，用细泥红陶制成，施黑彩。内壁饰三组舞蹈图，图案上下均饰弦纹，组与组之间以平行竖线和叶纹作间隔。舞蹈图每组均为5人，舞者手拉着手，面均朝向右前方，步调一致，似踩着节拍在翩翩起舞。人物的头上都有发辫状饰物，身下也有飘动的斜向饰物，头饰与下部饰物分别向左右两边飘起，增添了舞蹈的动感。每一组中最外侧两人的外侧手臂均画出两根线条，好像是为了表现臂膀在不断频繁地摆动的样子。一般认为，舞蹈图真实生动地再现了先民们在重大活动时群舞的热烈场面。

二、日用陶瓷与建筑陶瓷

明清时期，大通桥尔沟的农民利用当地的沙坩土，俗称青泥，手工造型、地窑烧制的沙罐、沙锅、沙火锅等产品，物美价廉，销往东部农业区各县，深受人民群众的欢迎。

1930年，甘肃的陶瓷工匠来到西宁小峡建土窑，烧制沙器和黑瓷，产品有缸、碗、盆、瓶等，后命名为小峡缸厂，1953年停产。

1943年，马步芳派人从甘肃窑街聘请陶瓷技工20多人，在大通小煤洞口建成容积31.5m³的倒烟窑4座，职工四百余人，采用当地的沙坩土、石英石和煤就地生产白瓷和黑瓷。白瓷产品有茶壶、茶杯、碗、盘子等，黑瓷产品有缸、盆、坛子等。年产量八万多件，当时该厂被命名为大通缸厂。20世纪50年代初期以来，大通缸厂经过改建，实现了机械化生产。1962年，被为西宁市第一陶瓷厂和西宁第二陶瓷厂。一厂以生产黑瓷、水缸为主，二厂以生产白瓷为主，兼产电瓷瓶和耐火砖等产品，后来实现了原料处理球磨化、泥料输送管道化、烧制隧道化等现代化生产。1975年生产白瓷279.6万件、黑瓷27.4万件，创历史最高水平，还增加了少数民族的日用品——龙碗，并试制成功高档酒具及美术瓷器，成为全国同行业中的佼佼者。1985年生产电瓷瓶830t，远销省内外。

青海省的建陶业十分薄弱。2007年8月，青海鸿洲陶瓷有限公司投资1.2亿元，在大通回族土族自治县长宁镇大通工业陶瓷城建成省内第一条高中档墙地砖生产线，主要产品为水晶砖、亚光砖、耐磨仿古砖等，目前拥有2条生产线，年生产能力540万平方米左右。

第六节　新疆维吾尔自治区陶瓷

新疆位于西部边陲，面积160万平方公里，与蒙古、俄罗斯、哈萨克斯坦、吉尔吉斯、阿富汗、巴基斯坦等国家接壤，又是古代我国与这些国家通商的古丝绸之路，自古以来居住着汉族、维吾尔、回族、哈萨克、乌孜别克、塔塔尔、锡伯等十三个民族。新疆地大物博，资源丰富，享誉世界。

2010年8月发现的吉木萨尔县水西沟陶窑遗址证实，吉木萨尔县自汉唐时期就烧制陶器，清光绪年间曾较为兴盛。

1949年前，新疆有多处陶瓷作坊，都以生产日用陶瓷为主。当时迪化（今乌鲁木齐）有家瓷窑，主要以生产陶缸、泡菜缸等。1947年，当时的迪化政府成立了南梁陶瓷厂，生产日用陶瓷，1949年，收归国有，经过多次改造，年产量达到800万件，很多产品都具有浓郁的民族色彩，深受当地农牧民的欢迎。

新疆维吾尔自治区的现代建筑卫生陶瓷、工业陶瓷和日用陶瓷起步于1957年成立的新疆生产建设兵团工一师材料总厂。20世纪70年代末，从兵团工一师分离出的新疆建材陶瓷厂为新疆建筑卫生陶瓷工业的发展做出了重要贡献。

一、吉木萨尔县水西沟陶窑遗址

2010年8月27日，吉木萨尔县在历史文化名城普查中，在距县城西南约10km的水西沟找到了4处清代烧陶遗址，有的遗址上有一两座窑址，有的则是有三四座，窑址都是圆形。共有窑址10多座，现保存尚好的有7座。在窑址周围发现了许多清代烧制的黑色及褐色的陶器残片等遗留物。

据考证，吉木萨尔县自汉唐时期，就烧制陶砖、陶瓦、陶罐以及其他陶制器皿等。到清乾隆年间，烧陶地点移至北庭故城东南。到清光绪年间，迁址到水西沟，产品畅销迪化（现乌鲁木齐）、滋泥泉子（现阜康滋泥泉子镇）、古城子（现奇台）等地。吉木萨尔县的陶瓷业一直延续到清末至今。

20世纪70～80年代，吉木萨尔县的烧陶工业逐渐转移到了城区。在原遗址上，目前还有个别遗址被用于烧制耐火砖。

二、新疆生产建设兵团工一师陶瓷厂

1957年，新疆生产建设兵团工一师设立材料总厂，下设陶瓷车间，生产陶瓷管和耐火材料（为配合1958年的大炼钢铁）。建设兵团职工保留了部队的作风，组织纪律性强，白手起

家，在新疆现代陶瓷工业的发展过程中创造了多个第一。

自1958年建厂到1984年，新疆建设兵团工一师陶瓷厂按照需要啥做啥，缺啥生产啥的原则，产品涉及卫生陶瓷、日用陶瓷、电瓷、工业陶瓷等多个陶瓷领域。共生产卫生陶瓷46万件，日用瓷40万件，低压电瓷16万件，工业陶瓷8万件，10kV电瓷横担3万根以及毛主席半身像和毛主席像章等产品。

1958年10月，建设兵团工一师陶瓷厂成立，下设耐火车间、陶瓷车间、玻璃车间，生产陶管，耐火材料和玻璃器皿，当年生产陶管85000m、耐火砖1000t。

1958年11月，工一师陶瓷厂为填补新疆没有卫生陶瓷生产的空白，派一名副厂长带领五名排长到沈阳陶瓷厂用时三个月学习和培训卫生陶瓷的生产工艺，1959年2月又在全师范围内寻找制瓷工，随后成立了卫生陶瓷试验组，建造一座3m³的倒烟窑，经过半年的试验，成功制作出新疆第一件现代卫生陶瓷产品。当年7月15日，正式成立卫生陶瓷车间，购置3台球磨机、建造2座30m³倒烟窑，开始了卫生陶瓷的正式生产。

1961年，新疆市场缺少日用陶瓷，兵团工一师陶瓷厂转产日用陶瓷，当年生产85000件；1962年，产量达到18.9万件。1963年，从江西华电瓷厂请来一名技术员和一名师傅，传授电瓷的生产技能，当年生产10万件低压电瓷。1964年，为新疆铁门关建电厂提供3万多根电瓷横担，产品经西安电瓷研究所测试符合要求。

1964年下半年，恢复生产卫生瓷，产量为1万件。1965年，年产量达到2万件。1966～1968年，基本上每年维持在3万件左右。1970年，卫生陶瓷全线停产，设备全部拆除。

1974年，新疆卫生陶瓷奇缺。兵团工一师陶瓷厂恢复卫生瓷的生产。此次恢复卫生陶瓷，一是采用高位槽压力注浆，改变了传统的抱大桶注浆方法，减轻了劳动强度，提高了功效。二是采用格式装窑，减化了装窑工艺。1975年7月1日，正式出产品，当年产量达到8000件。1976～1984年，年产量保持在4万件左右。

三、新疆建材陶瓷厂

1983年，国家建材部批准对新疆建材陶瓷厂投资860万元，进行技术改造，后因建筑期物价因素追加到1080万元，扩建年产8万件卫生陶瓷、4万平方米釉面砖生产线。1985年12月，建成并竣工验收，1986年开始全面设备调试联动试车。

卫生陶瓷的烧成系统采用大断面煤烧隔烟隧道窑，窑宽1.2m、长64m，当时在国内是一大创举。技改后卫生陶瓷的产量为：1986年5.5件、1987年6.7万件、1988年7.8万件，1989～1994年，每年产量达到8万件。用两年的时间达到了设计要求。

技改后釉面砖的产量为：1986年3.5万平方米、合格率70%，其中釉烧合格率80%。1978年3.8万平方米、合格率72%，其中釉烧合格率81%。

1988年，对釉面砖生产线进行了第二次改造。引进日本黑豹压机和立式干燥器，施釉线，国内自配原料加工系统，烧成采用自制涡轮蜗杆传动的电热辊道窑，素烧窑长42平方米、釉烧窑长36平方米。设计产量20万平方米。1989年实现产量9万平方米。

1991年，开始外墙砖、地砖和面砖交叉生产。试制成功100mm×200mm×8mm带釉外墙砖一次烧成。1992年，生产一次烧成带釉多色、组合色300mm×300mm×8mm地砖。同年，研制成功的用锂渣生产釉面砖产品被评为自治区科技成果三等奖。年底停止了釉面砖、外墙砖、地砖的生产。

1993年，国家建材局批准，投资4385万元，分两期扩建年产40万件卫生陶瓷生产线，第一期24万件中档瓷，第二期16万件高档瓷。1995年，24万件中档线建成投产，当年产量9万件，第二期因故停建。

本次改造在原料制备方面投入了大吨位磨机，泥浆输送全部用柱塞泵，回浆用真空泵，压力注浆。产品结构发生了根本变化，老三件彻底下线，新产品有平面蹲便器、分体坐便器、立柱洗面器、台盆、洗涤槽、节水型连体坐便器。产品烧成除保留原有的64m×1.2m煤烧隔隧道窑外，又新建一条宽1.4m、长74m的煤烧隔烟隧道窑。花色品种除原来单纯浊白釉外增加了玫瑰红、苹果绿、米黄、象牙黄、浅咖啡，宝石蓝，艳黑等彩色釉。低温快烧卫生陶瓷泥料、低温快烧卫生陶瓷釉料分别荣获自治区科技成果三等奖，低温快烧卫生陶瓷荣获自治区新产品一等奖。

1993年，在维修喀什地区古代著名诗人玉素普墓的过程中，国家和自治区把生产维修用砖的任务交给了新疆建陶瓷厂。该仿古砖主要是几何图拼到一起的，规格多，型号多，每个规格型号的生产量都不大，只能用手工制作，要求高加工难度大。并项目用砖量不大，但是品种规格多，底色是钴兰字是用立线画好，再用手工将白色釉把字填满，文字都是古老维吾尔文字，没有一块砖的字是相同的。特别是前顶端的一个圆形上尖下平，是用多块组成，每块都有裁口，高度不足1m，拼到一起线要直，缝要平，弧度要一致，颜色不能有色差。该批仿古砖的试制成功受到自治区和国家有关部门的好评。1994年，又为阿克苏生产了一批仿古砖，基本上和喀什的仿古砖大同小异。

由于对市场的估计不足，新疆建材陶瓷厂的两次"技改"起点都比较低，只是成了短暂的辉煌，没有形成可持续发展的局面，造成新疆建材陶瓷厂举步维艰。

1998年12月31日，由新疆天山建材集团有限责任公司对新疆建材陶瓷厂进行了兼并重组，成立新疆天山帝派瓷业有限责任公司。1999年，新疆天山建材集团限责任公司和国家共投资4200万元，对卫生陶瓷生产线进行新一轮改造。2000年6月正式投入使用，当年产量6万件。2001年产量达到24万件。2002年产量为260180件。2004产量214580件，产品出口哈萨克斯坦近2万件，产品第一次走出国门。2005年卫生陶瓷191138件，出口陶瓷2万件。2006年生产卫生陶瓷224023件。2008年产量压缩到90441件，当年生产耐火砖6713.85吨，不定形耐火材料1419吨。2009年停止卫生陶瓷的生产而全面转产。

四、建筑陶瓷砖的生产

1984年，现名为锦汇帮实业有限公司的一条引进意大利唯高公司墙地砖生产线新疆乌鲁木齐市东山区工业园建成，开创了新疆现代化建筑陶瓷砖生产的先河。经过20多年的发展，新疆现有建筑陶瓷砖生产企业近20家，主要分布在昌吉州、塔城地区、乌鲁木齐市、阿克苏地区和喀什地区等地，年生产能力约5500万平方米。1985～1999年，墙地砖年产量一直在30万平方米以下。2002～2003年，米泉市共引进11家墙地砖及相关企业，共17条生产线，主要集中在长山子镇、三道坝镇和铁厂沟镇。2005年设计生产能力达4300万平方米，其产量占到全区的85%。产品以中低端墙砖、地板砖为主。

进入新世纪以来,新疆维吾尔自治区建筑卫生陶瓷工业快速发展,陶瓷地砖占有较大的市场份额,具有一定的市场竞争优势。加之随着新疆维吾尔自治区城镇化率的不断提高,房地产开发及城市公共建筑设施投资逐年增加,增加了墙地砖的需求量。

近年来,乌鲁木齐已形成了华凌建材市场、中信建材市场和广汇美居物流园三家建材市场,汇集了200多家陶瓷批发零销商,经营来自全国各地的知名陶瓷品牌100多个,成为陶瓷产品及其他建材产品的大型集散地和"桥头堡"。

2007年5月,喀什远东陶瓷有限公司首条生产线正式投产,规划建设5条陶瓷生产线,产品以内墙砖、外墙砖、地板砖和其他特殊用砖为主。2007年底,新疆华建陶瓷有限公司在新疆昌吉回族自治州闽昌工业园开工建设,规划建设5条陶瓷生产线,首条生产线于2008年投产。

2007年11月,伊宁县伊东工业园内的新汶矿业集团(伊犁)泰山阳光新型建材有限公司陶瓷生产线全线正式投入试产运营。项目计划总投资4.8亿元,共建成6条陶瓷砖生产线。

2008年8月,由高安瑞鹏陶瓷有限责任公司及江西瑞州陶瓷有限公司组建而成的新疆伊犁恒辉陶瓷制造有限公司正式动工建设,总投资2.5亿人民币,规划建设6条陶瓷生产线,首条生产线已于2010年成功投产。

2009年9月,由伊宁市政府投资建设、伊犁新欧中亚商贸有限公司(佛山欧陶科技下属企业)负责运营管理、建筑面积9000m^2的中亚国际陶瓷城盛大开业,这是一座集建筑陶瓷、卫生陶瓷、休闲卫浴及日用陶瓷、艺术陶瓷,并提供国际商贸服务、信息交流活动的综合性高级场馆,国内高端品牌均在陶瓷城设有经营展厅。

2010年10月,由伊犁新欧房地产开发有限公司(佛山欧陶科技下属企业)投资建设、建筑面积1.6万平方米的新欧·国际城陶瓷卫浴馆也盛大开业,这是陶瓷卫浴行业在伊犁最大的专卖场馆。

第二十六章　东北地区（辽宁、吉林、黑龙江）的陶瓷

东北地区的辽宁（简称辽）、吉林（简称吉）和黑龙江（简称黑）三省，常称东三省。20世纪前，东北地区的陶瓷作坊和工厂主要生产砖瓦、缸、盆等陶瓷，这与东北地区寒冷气候环境和人们的生活习惯有关。缸用于冬天渍酸菜，瓦盆（不上釉气孔率高）用于饭菜的保温，后来才逐渐生产普通陶瓷（即粗瓷蓝边碗）。20世纪初叶，东北地区的现代陶瓷业开始起步，主要集中在辽宁的沈阳、大连、抚顺、海城、锦州等地。20世纪下半叶，辽宁成为我国工业陶瓷、建筑卫生陶瓷、电瓷的生产与研发重要基地。

本章重点记述辽宁百年陶瓷发展历程，简要介绍吉林省和黑龙江省近代陶瓷产业概况。

第一节　辽宁陶瓷

一、辽宁陶瓷百年概况

辽宁近代陶瓷工业起步于20世纪初期。1909年，"满铁"成立中央试验所，内设陶瓷试验场。1918年，陶瓷试验场改名为"大华窑业公司"（现在大连电瓷厂前身）。1922年，建设石河宏达窑业公司、东升窑、惠东窑。1923年，杜重远在奉天（沈阳）建立肇新窑业公司。1925年，海城人李泽普开创"东华窑业公司"（海城三厂前身），因技术不过关而亏本倒闭，1935年兑给"天合隆"，改为大新窑业公司。1936年3月，伪"满洲窑业株式会社"和日本京都市"松风工业株式会社"共同投资在辽宁抚顺兴建"松风工厂"（现在抚顺电瓷厂前身）。1931年，日本发动"九一八事变"，东北沦亡，交通阻断，南方瓷器运输受阻，辽宁各地的瓷厂得到发展。1942年，建成瓦房店陶瓷厂和辽西地区的锦州陶瓷厂。这些陶瓷企业全是私营，个别有外资侵入。到1949年前后，辽宁的陶瓷业发展十分缓慢（见表26-1）。

表26-1　辽宁近代陶瓷企业建设情况统计

厂名	建厂年份	生产品种	经理	地址	后期企业名称
东升窑、宏达窑、惠东窑	1922年	粗瓷大缸	马子玉	石河	石河陶瓷厂
肇新窑业公司	1923年	粗瓷、红砖	杜重远	奉天小二台子	沈阳市日用陶瓷厂
东华窑业公司	1925年	粗瓷	李泽普	海城	海城县陶瓷三厂
海城窑业公司东河盛缸厂	1925～1934年	粗瓷1931年改为东河盛窑业工厂	李林溪	海城 1957年并入四厂	海城县陶瓷四厂
辽东瓷窑	1937年	粗瓷	五佐臣	海城	海城县陶瓷二厂
	1937年	粗瓷、大缸	马子玉	瓦房店	复县陶瓷一厂
新新窑业工厂	1936年	粗瓷	马子玉	盖平县	盖县陶瓷厂
德昌厚窑业工厂	1941年	粗瓷、大缸	王云普	海城	海城县陶瓷五厂
信昌窑业	1942年	粗瓷	辛亥兰	海城	海城县陶瓷五厂
锦州陶瓷厂	1942年	粗瓷		锦州	锦州陶瓷厂

辽宁省近代建立的陶瓷企业的工艺设备受到日本近代工业的影响，采用了一些生产机械。在原料处理方面采用了球磨机、压滤机、挤泥机；在成形方面采用了辘轳成形机和石膏翻型。上述设备是由大连恒大铁工厂仿大华机械制造的，惠东窑的泥浆泵、压滤机是由大连日本经营的长坂铁工厂制造的。肇新窑业公司从原料到成形全套设备是在日本名古屋中央铁工厂订购的。在烧成方面均采用煤烧倒焰窑，一般在80～100m³，后来有120m³的，形式有方形和圆形的。肇新窑业初期建有4座方形倒焰窑，1931年又建成4座共8座方形倒焰窑。各厂的设备大致相同，每厂有轮碾机1台、球磨机6台、压滤机1台、辘轳成形机20台、倒焰窑4座，周转期为每周一次，人员多为150人左右，全厂每月烧制15～16窑产品，前后生产工序基本平衡。产品是4寸蓝边碗、4寸碟和4寸蓝花芦公碗（釉下钴蓝花面、如意与茶花）。

1939年，肇新窑业采用印花、手绘等釉上装饰方法，为烤花修建滚球式锦窑一条。各厂使用的原料就地取材，没有理化数据，仅以地名标记。当时，陶瓷工人的生活十分悲惨，反映这一情况的顺口溜为：喝的是白菜汤，吃的是橡子面；住的是牛马棚，披的是麻袋片；鞋子前边裂开口，后面露出干姜瓣。

1947～1948年，人民政府先后将石河镇东升窑、宏达窑、惠东窑、瓦房店陶瓷厂、盖县新新陶瓷厂、海城大新窑业、得昌厚窑业、辽东瓷窑、海城窑业工厂、信昌窑业、锦州陶瓷厂11个陶瓷工厂收归国家所有。

1949年，辽宁省的陶瓷工业产值320万元，产量1453万件，职工约2000人。主要产品是缸和碗。

1954年，肇新陶瓷厂和海城东河盛窑业工厂实行公司合营。1957年，海城东河盛窑业工厂并入海城四厂，"文革"后取消资方定息；沈阳肇新陶瓷厂改名为沈阳市日用陶瓷厂。

20世纪50～60年代，辽宁省的陶瓷工业得到快速发展。以锦州陶瓷厂为例，以前仅有两座40m³倒焰窑，1953年建成100m³倒焰窑18座，1958年年建成120m³倒焰窑8座。初期，有职工238人，年产值18万元，产品为粗瓷。到20世纪60年代，职工人数为1500人，年产值700万元，产品为细瓷和粗瓷。1957年，海城陶瓷厂生产的盘类产品达到出口标准，沈阳市日用陶瓷厂生产出口杯类产品,辽宁省形成了海城、锦州、沈阳三地产品出口中心。1976年,喀左陶瓷厂生产紫砂花盆、文房四宝、茶具等陶器。在产品装饰方面,由蓝边发展到银、金边,贴花纸由釉上到釉下,还有笔绘、喷彩、粉彩、开片、结晶釉等,多种花釉不断增加,出口几十个国家和地区。

据统计,1949年,辽宁省日用陶瓷,产量为1453万件。到1976年,产量超过1亿件。1949～1985年辽宁省日用陶瓷的产量、产值和出口量统计情况见表26-2、图26-1。

表26-2 辽宁省1949～1985年日用陶瓷产量产值统计表

年份	产量/万件	主要品种产量/万件				产值/万元	
		碗	砂瓦粗陶	大缸	出口瓷	总产值	其中:出口产值
1949年	1453	1328				320	
1950年	3327	3010				329	
1951年	2857	2096				431	
1952年	3892	2882				593	
1953年	3874	3872				604	
1954年	4638	4527				634	
1955年	4631	4611				633	
1956年	3632	2396				912	
1957年	4884	3621			69.4	999	24.984
1958年	3792	2046	40	10	720.7	1818	259.452
1959年	5714	3887	42	8	487.5	4547	175.5
1960年	6193	2930	357	33	620.9	5267	223.524
1961年	3552	2168	596	86	280.2	818	100.87
1962年	7189	5364	657	25	694.4	1863	249.84
1963年	6819	5009	173	41	669.9	2322	241.16
1964年	5712	3491	153	70	1258		452.88
1965年	5973	3055	347	159	1520	2603	547.2
1966年	5355	2970	455	192	1933.5	2964	696.06
1967年	2526		287	92	1502		540.72
1968年	2737				778.5		280.26
1969年	5526	3549	328	143	1797.2	2164	646.99
1970年	6239	3457	399	150	1913.3	7366	688.78
1971年	7229	3615	420	139	2406.4	4255	865.5
1972年	8278	4005	478	154	2902.8	7475	1045
1973年	8748	3986	525	164	3546	7016	1276.56
1974年	9344	4022	374	146	3666	7470	1345

续表

年份	产量/万件	主要品种产量/万件				产值/万元	
		碗	砂瓦粗陶	大缸	出口瓷	总产值	其中：出口产值
1975年	9911.48	5896.4	354.49	127.97	3299	7781	1142
1976年	10013.02	3992.17	406.12	127.43	3732.4	8004	1312.27
1977年	9683.45	4133.89	357.94	97.37	3414	7987	1199.4
1978年	9941.47	4279.58	356.75	127.75	2940.7	7758	1029.26
1979年	10661	4835	437.89	153	3796.52	6965	1328.28
1980年	10888.65	4142.35	441.77	148.73	4271.9	6691	1922.34
1981年	9888	2236	416	127.41	2559	6500	1152
1982年	9773	3274	505	151	3443	6876	1549
1983年	8041	2998	508	161	2559	6332	1152
1984年	8825	3868	588	178	2397	6781	1078
1985年	5291	2212	427	123	1469	5128	661
1986年	5207						
1987年	6301						
1988年	7363						

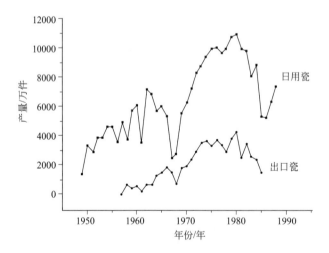

图26-1　辽宁省1949～1988年日用瓷和出口瓷产量示意图

1958年，全省各地纷纷建设陶瓷厂。据统计，当时全省共有陶瓷企业51个，职工总数15214人（其中：瓷器厂8000人、陶器厂7214人），总产值7228万元（其中：瓷器3930万元、陶器3298万元），隧道窑39条，倒焰窑83座，年耗煤25万吨，年耗油5.3万吨，年耗电2300万千瓦时。同年，成立辽宁省陶瓷研究所。辽宁省日用陶瓷厂分布情况见表26-3。

表26-3 辽宁省日用陶瓷厂分布情况

工厂名称	建厂时间	职工人数/人	主要产品	备注
沈阳市日用品陶瓷厂	1923年	940	出口瓷、内销瓷	1957年出口
石河陶瓷厂	1922年	379	内销瓷、出口瓷	1974年出口
复县陶瓷一厂	1937年	559	内销瓷、电瓷	
海城县陶瓷一厂	1942年	1092	出口瓷	1957年出口
海城县陶瓷二厂	1937年	621	出口瓷	1959年出口
海城县陶瓷四厂	1934年	719	出口瓷	1964年出口
海城县陶瓷五厂	1941年	713	出口瓷、内销瓷	1966年精陶出口
锦州陶瓷厂	1942年	1493	出口瓷、内销瓷	
盖县陶瓷厂	1938年	193	内销瓷、高频瓷	
北票陶瓷厂	1958年	328	大缸、内销瓷	
新民陶瓷厂	1958年	222	大缸	
金县陶瓷厂	1951年	190	大缸	
庄河陶瓷厂	1971年	165	大缸	
复县陶瓷二厂	1909年	272	大缸	
复县陶瓷三厂	1949年	342	大缸	
新金陶瓷厂	1950年	353	大缸	
鞍山市陶瓷厂	1958年	302	大缸	
海城县日用陶瓷厂	1942年	219	大缸、陶管	海城南台镇
清源县陶瓷厂	1952年	279	大缸	
本溪市陶瓷厂	1955年	61	大缸、陶管	
本溪县陶瓷厂	1958年	173	大缸	
丹东市陶瓷厂	1943年	295		
宽甸县陶瓷厂	1963年	55		
东沟县前阳陶瓷厂	1959年	38		
凤城县砖瓦厂	1952年	62		
东沟县汤池陶瓷厂	1956年	101		
南票陶瓷厂	1954年	215		
锦县陶瓷厂	1956年	137		
锦西县陶瓷厂	1955年	192		
北票县陶瓷厂	1964年	149		
营口市陶瓷厂	1958年	152		
营口县陶瓷厂	1951年	236		
阜新市陶瓷厂	1955年	130		
阜新县陶瓷厂	1958年	152		
彰武县陶瓷厂	1958年	139		

续表

工厂名称	建厂时间	职工人数/人	主要产品	备注
辽阳铧子窑业厂	1956年	419		
辽阳铧子综合厂	1954年	262	陶器、药壶	集体
昌图县陶瓷厂	1951年	156		
铁岭县陶瓷厂	1958年	155		
开原县陶瓷厂	1956年	189		
康平县陶瓷厂	1956年	39		
法库县陶瓷厂	1970年	100		
建平县陶瓷厂	1958年	127		
建昌县陶瓷厂	1966年	81		
喀左县南哨陶瓷厂	1939年	253		
喀左县公营子陶瓷厂	1966年	118		
凌源县陶瓷厂	1966年	78		
盘锦新立陶瓷厂	1972年	137		
沈阳清水街陶瓷厂	1970年	111		
沈阳市耐酸材料厂	1949年	273	耐酸砖、耐酸泵	苏家屯区
辽阳陶瓷花纸厂	1957年	334		
营口陶瓷机械厂	1965年	201		
海城硅石矿	1965年	88		
绥中长石矿	1965年			绥中前卫镇

20世纪60年代以后，辽宁省陶瓷工业得到迅速发展。陶瓷生产由陶到瓷，由普通陶瓷到出口细瓷、精陶、细陶，由单件产品到配套产品。装饰由简单蓝边到贴花、彩绘，花色品种不断增多，日益满足省内外人民水平逐渐提高的需要，出口几十个国家和地区，成为我国陶瓷第八大产区。

1963年，辽宁省轻工厅组建成立了辽宁省硅酸盐公司，其组成单位情况见表26-4。

表26-4　辽宁省硅酸盐公司组成单位及其产品情况

企业名称	主要产品及销售情况	厂址
辽宁陶瓷一厂	细瓷以盘类为主，出口、内销	海城县
辽宁陶瓷二厂	—	
辽宁陶瓷三厂	建筑瓷、马赛克锦砖、耐酸砖	—
辽宁陶瓷四厂	细瓷以盘类为主，出口、内销	—
辽宁陶瓷五厂	精陶、蓝边碗	—
辽宁陶瓷六厂	细瓷、普通瓷	盖县
辽宁陶瓷七厂	细瓷以碗类为主，出口、内销	锦州
陶瓷研究所	全省陶瓷研发，检测中心	沈阳

续表

企业名称	主要产品及销售情况	厂址
陶瓷机械厂	生产通用和专用陶瓷机械	营口
陶瓷花纸厂	生产釉上、釉下花纸	辽阳
绥中长石矿	供应省内外优质原料	绥中
岫岩硅石矿	—	岫岩
南票黏土矿	供应省内注浆紫木节	南票
硅酸盐学校	中专	海城县
硅酸盐公司本部	—	沈阳市

由于省硅酸盐公司的成立，建立了组织系统和配套管理体系，大大促进了全省陶瓷工业的发展，陶瓷工厂遍布各市县。从成批、配套工矿企业到各级领导机关和科研、教学等单位，形成了配套齐全的陶瓷工业体系，初步形成了现代工业发展的良好基础，在当时的氛围下，取得了可贵的发展机遇，发展生产的同时，开展系列文艺会演、球类比赛、活跃生活、全省陶瓷系统干劲十足，带来了全省陶瓷行业发展的新高潮。"文革"时硅酸盐公司人员下放而解散，全省陶瓷与其他行业一样发展受到严重影响。

20世纪70年代，辽宁省共有陶瓷企业48个，其中全民企业29个、集体企业19个、职工16600多人，其中全民企业近12000人。1974年，辽宁省日用陶瓷产量名列全国第十位、其中缸产量名列第四。1975年，全民企业全员劳动生产率5672元，其中工人劳动生产率6830元。1976年，陶瓷产量1亿多件，其中日用瓷器9679万件、普通陶器418万件，出口3664万件；陶瓷产值8227万元，其中全民企业6430万元，集体企业1793万元。1981～1994年陶瓷产品出口情况统计见表26-5。

表26-5　1981～1994年陶瓷产品出口情况统计

年份	出口量/万件	金额/万美元	年份	出口量/万件	金额/万美元
1981年	4089		1989年	1042	235
1982年	2139		1990年	1988	314
1983年	2505		1991年	114	1213
1984年	1598		1994年	22650	513
1985年	1217				

20世纪70年代以前，辽宁省陶瓷烧成基本是倒焰窑，首批出口瓷是在120m³的倒焰窑中采用还原焰烧成的，使用本省抚顺的优质煤。当时各出口陶瓷厂获得特批使用抚顺优质煤。抚顺胜利煤矿的块状洗煤的价格为20元/吨、热值25916kJ/kg，且长火焰。烧成的具体操作方法是：在高温阶段时，通过控制加煤量使存烟时间大于净烟时间，实现还原焰烧成，产品质量达到国内先进水平。产品特点为：（1）白里透青，通过还原焰烧成把原料中的Fe_2O_3转化为FeO，使呈色由黑褐色变为青色，达到"白里透青"的效果。（2）釉面平滑，还原烧成使釉面强度提高20%且更易于平滑。（3）产品变形小，通过加长烧成周期，缓慢升温，减少

了产品变形。由于采取还原焰烧成,全省各大陶瓷厂的产品质量优良,保持稳定出口,为国家换取了外汇。

随着技术的进步,20世纪70年代以后,辽宁省迅速淘汰倒焰窑推广隧道窑,同时也由还原焰改为氧化焰烧成,缩短了烧成周期,节约了能源,但使产品质量也同时下降,瓷质由青白色变成黄白色,即人们俗称的"寡妇白",消费者难以接受而失去了竞争力。

20世纪80年代以后,尤其1982年以后,由于原、燃料涨价,加之外贸实行政策性压缩,造成辽宁出口瓷的生产企业严重亏损,致使企业转产工业瓷,日用瓷的产量大幅下降。到1985年末,全省日用瓷的总产量仅5291万件,其中细瓷产量为3500万件,比1979年的8000万件下降56.25%,其中出口瓷产量为1469万件,比1979年的2946万件下降50.14%。到1988年,辽宁日用陶瓷行业全面亏损,1990年,日用陶瓷企业陆续停产而被市场逐步淘汰。

二、辽宁的陶瓷资源

辽宁省陶瓷原料资源比较齐全、丰富,但缺乏优质高岭土,所需的高品位高岭土长期依靠从湖南、山西等外地供应。辽宁省陶瓷原料的基本性能见表26-6。

表26-6 辽宁省陶瓷原料的基本性能　　　　　　　　　　　　　　　单位:%

原料名称	SiO_2	Al_3O_2	Fe_2O_3	CaO	MgO	K_2O	Na_2O	烧失量	烧后外观
绥中前卫长石	65.62	19.42	0.71	0.20		8.97	4.85	0.41	1250℃白色熔融
海城牧牛长石	68.56	18.38	0.28	0.59	0.23	9.11	(合量)	0.31	
海城范家滑石	62.48	0.59	0.10	0.53	32.13	0.34	0.24	0.49	白色
凌源石灰石	0.12	1.20	0.47	55.85	2.75			40.23	

1974年5月,辽宁省轻工业厅为转变这种被动局面,以实现陶瓷原料就地取材,组织了由辽宁省硅酸盐研究所牵头、省内各大瓷厂参加的陶瓷原料调查小组,以锦州陶瓷厂为试验基地,在省内各市县开展原料调查工作,搜集到多种有价值的矿样,其中,高岭土类23种、瓷土类53种、瓷石类12种、黏土页岩类8种、膨润土类8种、长石类12种。编写出《省内陶瓷原料调查研究报告》。其中,对多小平房土、巴林右旗的大板花石、喀左土、巴林左旗的叶蜡石、宝国老土、更刻瓷石、东青卜土、砂海膨润土等进行了开采、应用于生产。对东沟土进行了地质勘探、选矿、制瓷等工作。少数矿石虽然质量尚可,矿体成扁豆体和鸡窝状,储量不大。巴林右旗(当时内蒙古的昭盟归辽宁省管辖)的大板花石和巴林左旗的叶蜡石储量很大,但当时距发货的赤峰火车站有240km和340km,全靠汽车运输,运费过于昂贵。大多数土矿因氧化铁含量较高,不能适合当时生产需求。

法库土产于法库县包家乡刘邦屯,1955年就开始开采,曾供应过9省30多个企业。该矿原矿为灰白色硬块土,无滑腻感,氧化铝含量在20%以下,氧化铁含量在1%以上,并含有二氧化钛。经水选后,氧化铝含量有所提高,但氧化铁与氧化钛含量也随之升高。煅烧后呈灰白色(由于当时的业务仅限于日用瓷,因透明度不好,没有大量应用),但干燥抗折强度较高,原矿可达96kg/cm²。多用于卫生陶瓷、建筑陶瓷等。该矿为透镜状,矿体露头面广,储量相当可观,现在为法库产区的原料供应基地。

1974年，省第七地质大队和东沟矿业公司对位于丹东市东沟县东沟高岭土进行了详探，认为储量丰富，是一个大型矿床，仅万宝矿区探明储量1200万吨。东沟高岭土是二云母花岗岩中长石风化而成的原生高岭土矿，其主要黏土是由高岭石类的水合多水高岭石、多水高岭石及高岭石、伊利石组成，原矿中含有大量石英、微斜长石、云母等。用于日用陶瓷必须进行选矿。1976年，省硅酸盐研究所开始进行机械水力分级、强磁除铁和浮选等系统选矿方法的小型试验。1978～1984年，省硅酸盐研究所与东沟矿业公司和锦州陶瓷厂联合进行了选矿和制瓷试验（中间试验）。经陶瓷厂试验，用还原焰烧成经选矿后的东沟高岭土，白度为66～68度，成品达到白里泛青的日用细瓷水平，与大同土和界牌土效果相近。但选矿使东沟高岭土得成本提高，且铁含量高而必须用还原焰烧成，限制了工厂的大量应用。

三、辽宁古陶瓷的研究和特色产品

1. 古陶瓷的研究和复仿制

辽宁陶瓷是我国古代北方契丹族在吸收中原文化和汉族传统制瓷技艺的基础上，结合本民族固有文化传统和生活习俗，充分利用当地黏土资源而生产和发展起来的，在艺术上具有浓郁的地方特色和鲜明的民族风格，素以纯朴、饱满、奔放著称。如鸡冠壶（又称皮囊壶、马蹬壶）、鸡腿坛、长颈瓶、三彩海棠印花长盘、印花方碟等比较典型的器物，都显示出造型别致和构思精巧的特色。这些散发着草原芳香、富有形式美的作品反映了古代契丹民族的社会经济、手工业生产和艺术发展状况。从这些作品既能看到古代辽瓷艺术的独特风格，又能看出契丹族同其他民族文化艺术交流的渊源。

为了繁荣和发展传统的辽瓷艺术，设计和研制具有时代感、民族风格和地方特色的新辽瓷，辽宁省硅酸盐研究所承担了"辽瓷新品种"研究项目，进行了辽瓷文史、传统造型与装饰技艺的研究。系统整理和编绘了《辽代陶瓷的器型与纹饰图录》、《辽瓷艺术》等文献资料。坚持"古为今用"和"推陈出新"的方针，在继承传统基础上，努力探索符合新时代要求的新工艺。在辽瓷新品种的设计上以实用陈设艺术瓷为主，如花插、花钵、花瓶、台灯座、文具以及茶具和酒具等。在架上陈设小型陶瓷雕塑的设计上，考虑到了北方游牧民族所喜爱的动物题材装饰技艺，吸取了五代、北宋时代的陶瓷造型、纹饰的表现手法，侧重于器物造型和釉彩装饰的表现，力求反映辽瓷传统艺术中的统一、单纯、生动、饱满的特点，开创了辽瓷艺术发展的新局面。

锦州华龙古艺公司是辽宁古陶瓷的复仿制的代表企业，在中国石窟寺造像和古陶工艺品的仿制方面做了大量工作。

石窟寺造像凝聚着数千年中华民族对真善美的追求，雕刻家们运用极夸张的手法雕刻，或宏伟雄壮、气宇不凡，或神秘含蓄、丰腴华丽，给人一种强烈的艺术感染力。锦州华龙古艺公司仿制的石窟寺艺术造像艺术品，以云冈石窟、龙门石窟、大足石窟等造像为原型，保持窟寺造像形神风韵，融汇现代人的审美情趣，仿制出一个个新的艺术产品。

古陶是在人类社会发展的远古时代，原始人为满足生活和精神上的需要，用泥土作质地堆烧大量的"泥器"制品，包括生活器皿、葬皿和礼皿等。古陶是中华民族史前艺术的起点，为人类留下极其丰富文化遗产。锦州华龙古艺公司严格按照古陶的造型和纹样，结合现代生产工艺，开展了古陶的制造，再现了我国原始社会的历史文化艺术，给人以美的享受。

辽南地区还有一批陶瓷艺人制作出大量的古代和现代陶瓷艺术作品。

2.海城荷口盘和锦州碗

（1）海城荷口盘　海城的各陶瓷厂以生产荷口和圆口6～9英寸、汤盘为主，供应出口和内销市场，后发展配套餐具。海城荷口盘的工艺特点是：荷口凸凹大、波浪起伏；盘体折边处线条明显、棱角分明；石膏模型设计带假边，坯体干燥收缩时假边与盘体自行脱开；产品美观。荷口汤盘结构对比见图26-2。

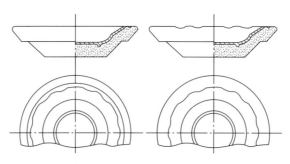

图26-2　荷口汤盘结构对比图

（2）锦州碗　锦州陶瓷厂以生产4～12英寸各种碗类产品为主，供应出口和内销市场。锦州碗的工艺技术特点是：英碗——高足刻底，装饰贴花，金边，隔热好拿，立体感强。锦荣碗——底直径大高度低，刻底浅，稳定性好，装饰用模型凹刻图案，外面挂粉红釉，低碳节能。碗体与底足有一线条连接，加之长石含量高透明度好，整体美感度高。锦荣碗和英碗的足底剖面结构对比见图26-3。

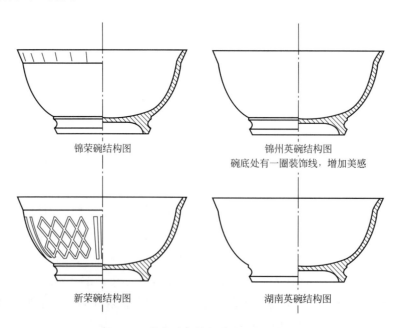

图26-3　锦荣碗和锦州英碗足底剖面图

四、辽宁主要陶瓷生产企业及科研机构

1. 肇新窑业公司

肇新窑业公司是我国东北地区第一家近代陶瓷厂，是当时我国实业救国的一面旗帜。20世纪初，在日本生产的瓷器占领中国市场时，肇新窑业公司异军突起，以实力御外，叙写了一段可歌可泣的传奇故事。

肇新窑业公司创办于1923年，创始人是留日陶瓷制造学者杜重远。肇新窑业公司是以提倡国货、抵制日货而兴办起来的。在奉天储蓄会长张志良（字惠霖）的帮助下，杜重远共募集股金10万多元，开办肇新窑业公司，建造青砖窑一座，每年能够生产青砖7万多块，小青瓦5万多块。虽然销路还算通畅，但因雨水冲毁一部分坯架而遭受损失，获利甚微，好在博得社会好评，初步产生了一定的社会影响。

三年辛苦经营，肇新窑业公司共获利7万多元分配给股东，股东们十分满意，因此追加投资。经过努力，杜重远把肇新窑业公司办成了东北第一座机制窑厂，打破了日本人独占辽宁省所用新式砖瓦的局面，市场份额不下20万元。杜重远说："砖瓦虽小道，但我要替国家争回权利，至此略觉自慰。"

1927年3月，杜重远开始扩建瓷厂。此时的杜重远已被选为沈阳市商务会副会长，对工厂募股方面有所借重。他拟定出招股现大洋48万元的计划，规定认股时先交一半，以便扩建瓷厂，其余款项待建厂时交齐。1928年春，基本完成厂房建设，安装完毕全套机器设备，工人也先后到齐，准备正式开工。但由于各股东交款迟缓，资金被建厂所占用，又因战事屡起，时局多变，募股不易进行，工厂面临停工危险。各界人士纷纷帮助大力宣传，鼓动政府积极支持。杜重远曾面见张学良叙述建设瓷厂缺少资金的状况。1929年8月，张学良到北大营校阅，顺便同莫德惠省长到厂参观。张学良看见建筑工程停止，当即表示予以援助，并委托莫德惠调查需要多少资金。不久，张学良从边业银行拨现洋12万元作为他的个人股本，解决了肇新建瓷厂资金不足的困难。

机制瓷器需要几百名技术工人。我国瓷业工人以江西为多，但那时的工人只会手工作业，不会使用机器。肇新只从江西请来手工成形工、绘釉工各一名。杜重远又去大连访问日本技术人员安田乙吉。安田和杜重远曾经是同学，清末时在湖南醴陵创办瓷厂，颇有声誉，后在日本人开设的大连大华瓷厂担任技术指导，因派别分歧辞职。杜重远三下大连请安田乙吉来沈帮助建设瓷厂。安田来厂后设立小型试验场，领导试验仿制大华瓷厂的各种产品。随后，又从大连大华瓷厂招聘技术工人28名，答应工厂开工时来厂工作。另又招募徒工80余名经过训练而作为基本生产工人。

正式开工伊始，肇新发生了与大华瓷厂的纠纷。由于开工时，大华瓷厂早有预约的技术工人来肇新厂工作，不料大华瓷厂其他中国工人也纷纷辞职要来肇新而使大华瓷厂几乎停工。大华瓷厂经理人向日本领事馆控告，称杜重远用高薪诱惑大华瓷厂工人，使大华瓷厂蒙受损失。日本领事馆派员带领大华瓷厂人员，偕同奉天交涉署人员来到肇新，要求肇新交回

大华瓷厂的工人。杜重远义正词严地说："我厂所用的工人是中国人，不是日本人，都是自己来的，不是我们从你厂找来的，为什么要交回大华瓷厂呢？"日本人无理纠缠，交涉达两个月之久，最后由交涉署从中调解，肇新不再采用大华瓷厂工人了事。

开工之初，肇新产品质量优良，博得各界称赞，但正式大批生产后，由于工人工艺不熟，烧出的瓷器颜色灰黑、光泽暗淡而不受欢迎。此时，负责技术指导的安田乙吉竟以生病为由回了大连，数月不归，肇新的同事也大为颓丧，生产陷入困境。为此，杜重远亲自动手、细心研究、反复试验，经半年时间，终于在1929年8月16日获得成功，产品色泽优美，花纹新颖，足可与日本瓷厂的产品一比高低。1929年，共生产品300余万件瓷器。1930年，生产产品600余万件。1931年，生产产品1000万件。杜重远的经营手法也十分灵活，据说他曾经拿出大量实用瓷器，挨家免费送给市民使用，使广大市民逐渐了解肇新窑业而开始使用国产的肇新产品，最终取代了市场上的日货。

由于日本瓷器日益滞销，日商为与肇新争夺市场，采取降价倾销方法。杜重远为保持肇新的市场的地位，也不得不以降价相抗衡。到1929年9～10月，由于瓷价降低，肇新已出现亏本使继续生产难以支撑。1929年10月，杜重远将肇新窑业公司改为肇新股份有限公司，得到奉天省政府批准免纳营业税5年，解决了亏本问题，增强了与日商竞争的实力，生产蒸蒸日上，而日本瓷厂不得不改为生产耐火砖。

杜重远经营的肇新窑业公司把日本陶瓷从东北市场上赶了出去，日本人对他恨之入骨，日本关东军便派人到肇新搜捕他，恰好在事变前他去了日本而幸免遇难。以后，关东军又以了解生产情况为由，多次到厂搜捕杜重远。杜重远惦念自己辛苦经营起来的企业及500名员工，曾冒险回省城，恰遇中国银行总经理张公权。张公权告知关东军正在到处抓捕他，劝其迅速逃离。杜重远便装到达天津，后转去北京。之后，关东军曾多次借机详细了解生产和销售情况到厂里搜寻。无奈之下，日本人竟然声称有人告密说厂里藏有大量枪支弹药，进而进行搜查，终因没有搜出栽赃证据，只能进行一番恐吓，而不敢公开迫害和染指肇新窑业公司。

但日本人始终没有放弃占有肇新窑业公司的野心，没有抓到杜重远，他们就以检查"敌股"为名，几次派人来厂调查，最后认定张学良、周濂和金哲忱的投资（共2260股）是"敌股"，应该完全没收归于"国有"。厂方以便于经营管理为由，主张由厂里出资接受所谓的"敌股"。日本人坚决不予应允，并提出了几个日本人选。在日伪统治的高压之下，厂方最后推举日本人樋本贤三和本厂技术员安田乙吉出面承继"敌股"。这两人虽然是日本人，但还不至于被敌伪所控制。于是，厂方向伪满财政部提出：樋本贤三办理工厂素有经验，安田乙吉掌握陶瓷技术，由他们接受"敌股"，对肇新窑业的事业发展大有好处。这个理由非常充足，伪满财政部不好反驳，但提出折中方案，即把没收的股份分给樋本贤三、安田乙吉、石光宪一、吉田阳太郎、松井常三郎五人。这场风波就以这样的结局收场，后来改选董事会，收买到股份的日本人提出要出任董事，终因占有股份太少而没有成功。

日寇为了缩减物资消耗，以满足扩大侵略战争的需要，1941年颁布了所谓"七·二五"物价停止令，规定所有工商企业的生产和销售都必须按照规定的办法进行配给、采购和出售。物价停止令的实施使得所有工厂和商店随时都有因触犯"法令"而关闭的可能。尤其各工厂库存产品，如果按照"法令"规定的价格亏本销售后，再生产时需要的原料无法以便宜的价格买进来，只能越亏越多，最后逃不掉倒闭的命运。

肇新窑业公司在物价停止令的打击下，不到一年时间已经到了破产的边缘。经过研究而仿造价较高的细瓷以求生存。经过一段时间的研制，终于烧出了瓷色洁白、美观大方的细瓷，产品质量不在日本人烧制的瓷器之下。从此，肇新窑业公司大量烧制细瓷，营业日渐好转，不但避免了破产的命运，而且还略有获利。

1945年8月15日日寇投降，人们以为可以重见天日，但国民党政府进驻沈阳之后，便千方百计接收各大工厂，肇新窑业公司虽然没有被劫去，但被国民党的一支部队强行占据作为部队驻地，几经交涉也不退出，只好一起共住，各走各门，避免发生冲突。

1946年2月25日，解放军经过激战消灭了国民党的这支部队，但解放军退出后，附近的一伙歹人将库存成品和重要材料抢劫一空，肇新窑业公司难以继续营业，只好宣告停业。后来，一度恢复生产，但很快因为电力供应完全停止，生产用煤也买不到，不得不再次宣布停业一直到沈阳解放。

在人民政府的关心下，沈阳解放后一个多月，肇新窑业便恢复了生产。因社会稳定，工人们热情高涨，生产的瓷器特别畅销，很多商家来厂缴款订货。时任沈阳市陶瓷公司的祁靖经理进驻肇新窑业，工厂组织了管理委员会，选举杨振禹为工人代表，主持工厂的日常工作。

1949年3月1日，肇新窑业实行了公私合营，业务逐渐走上正轨，进入了最稳定的历史时期。肇新窑业生产日用陶瓷，沈阳陶瓷厂则生产建筑陶瓷，两家工厂分工明确，都获得了很好的经济效益。20世纪70年代末，肇新窑业的效益不佳，1982年被划归高压开关厂，终于完成了其历史使命。肇新窑业生存的60年，是一个民族传统工业奋斗的60年。

2.沈阳陶瓷厂

沈阳陶瓷厂是新中国自行设计和建设的第一个现代建筑卫生陶瓷厂，是中国现代建筑卫生陶瓷的摇篮，对中国建筑卫生陶瓷的发展产生过重要影响。1950年，沈阳陶瓷厂开始建设，1952年年正式建成投产，迅速发展成为以生产釉面砖、地砖、卫生陶瓷、工业陶瓷和陶瓷机械为主要产品的综合型大型骨干企业。

沈阳陶瓷厂厂区占地面积29万平方米，其中建筑面积11.1万平方米。职工3400人，其中工程技术员133人。固定资产原值6280万元，各种运行设备1278台，其中各种烧制窑炉20座，大型喷雾干燥塔2座。"六五"期间，先后从日本、西德、意大利引进11台不同吨位的自动压砖机及施釉线等关键设备。"七五"期间，对卫生陶瓷及工业陶瓷生产线进行技术改造，引进日本、联邦德国的梭式窑、挤出成形机等关键设备及辊道窑瓷辊生产线，提高了卫生陶瓷的档次，增加了新的品种。

1992年，沈阳陶瓷厂实现工业总产值5452万元、利税611万元。生产釉面砖229万平方米、卫生陶瓷23.9万件、墙地砖6万平方米、瓷辊6.6万延长米、高温管31万延长米、陶瓷机械352t。

沈阳陶瓷厂是我国东北地区首家生产釉面砖的企业。20世纪60年代中期，随着我国国民经济的恢复、发展以及创汇的需求，1963年试验成功釉面砖，1964年正式投产，1966年产量达到70万平方米，商标为"长城牌"，质量达到国内先进水平，产品畅销我国香港及东南亚地区。20世纪70年代，为新的发展时期，引进新设备，实施技术改造。1972年，开始生产各种彩色图案面砖，研制成功锻光釉、虹彩釉、毛毯釉、金砂釉、银砂釉、釉中彩、大型瓷砖壁画等绚丽多彩的釉面砖新品种；1973年，产品大量在北京饭店、首都机场，14号国宾馆等建筑的装饰上得到应用，并出口釉面砖64万平方米，成为国内产量最大、出口量最多的厂家。1964～1983年，共出口釉面砖912万平方米，创汇2300万美元。

沈阳陶瓷厂是建设国内第一条釉面砖快速烧成辊道窑的企业。国际上的先进国家从20世纪70年代开始研究快速烧成技术。1974年，沈阳陶瓷厂开始在烧成车间试验顶烧6m辊道窑，此后试验成功9m底烧辊道窑。1976年，沈阳陶瓷厂建成我国第一条快速烧成辊道窑生产釉面砖。1978年，釉面砖快速烧成辊道窑获全国科技大会奖；低温一次烧成新工艺坯釉配方获辽宁省科技进步三等奖。釉面砖快速烧成辊道窑很快被日用陶瓷烤花窑所采用，首先在海城四厂举行轻工部现场推广会，随后在日用细瓷厂大量应用，广州地区普遍用于墙地砖一次烧成。这项科技成果对于我国1984年大量引进国外辊道窑快速生产线起到了很大的示范推动作用。

沈阳陶瓷厂是建设国内陶瓷工业用喷雾干燥塔最早的企业之一。在引进国外自动压砖机后，原有的泥浆压滤—地炕泥饼干燥—石碾机打粉的粉料制备工艺已不能适应要求。为此，1976年，建成国内第二座离心喷雾干燥塔，替代传统制粉工艺。进入20世纪80年代后，喷雾干燥塔制粉得到普遍采用。

沈阳陶瓷厂是我国较早研制和生产工业陶瓷的企业。1958～1964年，为替代国内热电偶保护管的进口，研制高铝瓷及刚玉瓷管，对配方、工艺、模型、高温窑及烧油技术进行了系统研究，完成了从小试到工业化生产。由西北建筑设计院设计新建工业陶瓷生产线，其中新建国内首创的吊顶倒焰窑（约6m³）12座，主要产品为85瓷高铝管（氧化铝含量85%、使用温度1600℃）、95瓷高铝管（氧化铝含量95%、使用温度1800℃，以及各种工业瓷件、喷砂嘴、陶瓷阀、氧化锡砖、氧化锆管等。20世纪60～80年代，这些产品的产量和性能一直占据国内首位。

1988年，为适应国内辊道窑发展对瓷辊的需求，沈阳陶瓷厂与山东工业陶瓷研究设计院合作试制瓷辊生产线，通过引进国外高温梭式窑、真空塑性挤出成形机等主要设备，1992年6月投入试产，解决了注浆成形壁厚不均等问题，产品质量有了很大提高，年生产能力为20万延长米。1993年，实现产值395.8万元、销售收入207.27万元、利税124.71、纯利润82.11万元。

沈阳陶瓷厂原本归建材部管，后来体制改革，产权逐渐下放，归省局，市局，直到大东区局管辖。由于各种原因，20世纪末，沈阳陶瓷厂退出市场。

3.海城陶瓷三厂

海城陶瓷三厂的前身是1925年建成的"东华窑业公司"，开始生产五六寸粗瓷蓝边碗。1928年改名"德和窑业公司"。1931年，因受"九·一八"事变影响而停业。1936年重新开工命名为"海城大新窑业股份有限公司"，主要生产4寸蓝边碗，产品销往吉林、哈尔滨一带。1947年9月海城解放后，由辽南专署接收。1949年2月归辽宁省工业厅领导，"大新窑业"被定为"辽宁省工业厅第三陶瓷厂"。1964年开始生产"长城"牌陶瓷锦砖，当年生产陶瓷锦砖5.38万平方米，完成工业产值107万元，实现利润总额30万元。海城陶瓷三厂是我国最早生产陶瓷锦砖的厂家之一，曾为国庆周年北京十大建筑的建设做出了重要贡献，受到原国家建材部的赞誉。

1979年生产"长城"牌陶瓷锦砖。1981年开始试生产"长城"牌釉面陶瓷锦砖，被辽宁省人民政府评为"优秀产品"。1985年，"长城"牌陶瓷锦砖或全国同行业产品质量评比第一名。1986年获"国家二级计量合格证书"。1987年获辽宁省人民政府授予的"省级能源管理先进单位"称号。1987年，"长城"牌无釉陶瓷锦砖获国家优质产品"银牌"奖、辽宁省人民政府授予"省级先进企业"。1989年，辽宁省人民政府批准该厂与意大利客商签订"引进年产70万平方米彩花陶瓷陶瓷生产合同"。1990年4月，辽宁省人民政府授予该厂"推行全面质量管理验收合格证书"。1990年12月，引进年产70万平方米彩花陶瓷砖生产线改造项目列入辽宁省人民政府1990年省第二批重点技术改造项目，征地面积78.94m^2，土建面积14956m^2。1990年，为北京第十一届亚运会赶制生产5000m^2 "长城"牌陶瓷锦砖，同时，第十一届亚运会工程指挥部赠"魂系亚运"锦旗一面。

截止1990年末，拥有职工1375人，固定资产11.473万元，年生产陶瓷锦砖100万平方米，完成工业产值1041万元，实现利税总额142.8万元。产品质量合格率95.79%，一级率82.88%。产品销往全国27个省、市、自治区和国外20多个国家和地区。

后来陶瓷锦砖逐渐被外墙砖替代后，海城陶瓷三厂转产耐火砖等产品。20世纪90年代停产。

4.建平县陶瓷产业园

建平县位于辽宁、河北、内蒙古自治区三省区交汇处。2003年6月，开始规划筹建平陶瓷工业园，后在建平陶瓷工业园的基础上形成建平陶瓷产业集群。2007年，被辽宁省科技厅确立为"辽宁省建平陶瓷科技产业园"，同年9月，被国家人事部、国家建材工业协会授予全国建材行业先进集体。截至2009年末，建平陶瓷科技产业园拥有陶瓷生产及配套企业18家。2010年，产业园将建生产线100条，年产能2亿平方米。

建平县是大凌河流域红山文化的发源地。据从这里出土的红山文化玫瑰图案彩陶筒座与彩陶盆考证，5000年前先民已烧制了精美的彩陶。20世纪的五六十年代这里生产的锦砖、红坯外墙砖小有名气。

5. 法库经济开发区

法库市位于辽宁沈阳市正北，隶属沈阳市管辖。全县面积2320km²，耕地面积198万亩，下辖19个乡镇、1个省级开发区，225个行政村、15个社区。主要有汉、满、蒙古、回、朝鲜、锡伯等8个民族，总人口47万。境内地势北高南低，丘陵平原起伏交错，构成了"三山一水六分田"的自然格局。

法库陶瓷产业开发区成立于2002年。借助国家振兴东北老工业基地和辽西北大开发的契机，利用当地丰富的资源，以高新技术为先导，陶瓷产业实现从无到有，由小到大，法库陶瓷产业基地已成为集建筑陶瓷、卫生陶瓷、日用陶瓷、工业陶瓷、特种陶瓷、艺术陶瓷为一体的"东北瓷都"，国内第五大陶瓷产区。截至2010年末，落户企业142家，建设各类生产线352条，其中已竣工投产192条，建筑陶瓷年产量5亿平方米，居全国第五，东北第一。2010年被中国陶瓷工业协会命名为"东北瓷都"。

6. 大连电瓷厂

大连电瓷厂的前身起源于1915年，1949年由大连大华窑业改为远东电业砖碣工厂，1953年更名为一机部电器工业管理局大连电瓷厂，1958年下放地方管理。是国家机电工业重点骨干企业。2003年改制。

1983年，大连电瓷厂的三箭牌XP-7、XP-7C高压悬式瓷绝缘子获得国家金奖，为行业内第一家也是唯一一家获此殊荣的企业。1988年，国家质量奖审定委员会继续授予该产品国家金奖。自主研发的11512（210kN）、XP-300及11751（400kN）等型号盘形悬式瓷绝缘子分别被中华人民共和国国家经济贸易委员会认定为1996年度、1997年度、1999年度国家级新产品。2007年，公司技术研发中心被认定为辽宁省省级企业技术中心。公司参与制定3项国家标准、4项行业标准。研制的420～550kN产品在同行业中首先通过了国家级鉴定，产品各项性能指标达到国际领先水平，填补了国内空白，均直接服务于我国超（特）高压电网工程。2008年12月30日，公司参与的"高压直流输电重大技术装备研制"项目获得中国机械工业科学技术特等奖。2009年12月23日，公司作为唯一的绝缘子生产厂家参加的"超高压直流输电重大成套技术装备开发及产业化"项目荣获国家科学技术进步一等奖。2009年12月，公司被评为国家级高新技术企业。2009年12月30日，公司参与的"1000kV交流输变电关键技术研究、设备研制及工程应用"项目获得中国机械工业科学技术特等奖。公司生产的"三箭牌"高压输电线路用交、直流盘形悬式瓷绝缘子连续6年被授予辽宁省名牌证书。2007年开始，公司"三箭牌"商标已连续3年被辽宁省工商行政管理局认定为辽宁省著名商标。2009年3月公司的"三箭"品牌入选中国电器工业协会主办的"中国电器工业最具影响力品牌"名单。

2003年刘桂雪先生等出资设立大连电瓷有限公司，由大连电瓷有限公司的全体股东购买了原大连电瓷厂改制资产，并承担相应的负债，接收了原大连电瓷厂全部人员，承继了原大连电瓷厂的业务。大连电瓷有限公司的经营范围为高压电瓷、合成绝缘子、高压线性电阻片、工业陶瓷、铸锻件制造、销售；经营自产产品、技术设备、原材料的进出口业务。2009年2月，大连电瓷有限公司变更为大连电瓷集团有限公司，注册地址大连经济技术开发区双D港辽河东路88号，经营范围为高压电瓷、避雷器、互感器、开关、合成绝缘子、高压线性电阻片、工业陶瓷、铸造件制造（待取得生产许可证后方可生产），货物进出口、技术进出口。

目前，大连电瓷集团股份有限公司拥有3家全资子公司、1家控股子公司（大连拉普电瓷有限公司）。

大连拉普电瓷有限公司为中外合资公司，大连电瓷持股比例为75%、美国拉普持股比例为25%，公司主要利用等静压技术生产、销售电站电瓷。主要从事高压输变电线路用瓷、复合绝缘子系列产品、电站电瓷用空心瓷套和支柱瓷绝缘子系列产品，以及线路金具等产品的生产与销售。经中国电器工业协会绝缘子避雷器分会确认，是我国最大的线路瓷绝缘子生产企业。2007～2009年，盘形悬式瓷绝缘子的产量、销量、出口量在行业内排名第一。为国内独家生产直流400kN及550kN等高强度等级盘形悬式瓷绝缘子产品的内资企业（国际上目前只有日本NGK公司及其在中国投资公司（NGK唐山电瓷有限公司）具有该产品的生产能力）。综合技术实力在国内排名第一。

2005～2009年，陆续为国家三峡工程±500kV超高压直流线路"三峡——上海"、国内第一条750kV交流"兰州东—官亭"线路、世界第一条±800kV特高压直流"云南—广东"线路、±800kV特高压直流试验示范工程"向家坝—上海"线路（公司供货量占同类产品50%以上）和国内第一条特高压1000kV交流试验示范线路"晋东南—南阳—荆门"提供大量产品。公司为国家直流输电工程提供高吨位瓷绝缘子即已超过100万只，为交流工程提供300kN以上高吨位产品即达120万只，总数在行业中排名第一。

现在，公司已经拥有包括国家电网、南方电网及其下属公司在内的众多核心客户；公司及大连电瓷厂出口历史至今已达50年，产品出口到美国、印度、韩国、印度尼西亚、缅甸、苏丹、尼日利亚等近40个国家和地区，出口量长期居全行业第一。在国内外享有较高的知名度。

7.抚顺电瓷厂

抚顺电瓷厂的前身是1936年3月在抚顺成立的松风工厂，当时生产低压电瓷和少量3500V高压电瓷产品以及保险丝具。1946年，改名为中央绝缘电器公司抚顺厂，生产绝缘子、高低压特殊瓷件、保险丝具等。1948年11月更名为东北电力管理总局抚顺电瓷工厂。1951年更名为东北工业部电器工业局电工第十厂。1953年更名为一机部电器工业管理局抚顺电瓷厂；1958年下放地方管理，主要生产电站电器瓷绝缘子。是国家机械行业大型骨干企业，位居我国电瓷、避雷器行业的五大企业之首。鼎盛时年产值2.5亿元，出口7000万元、盈利6000万元，职工人数2800人。1993年，转制为地方企业、后再转制为民营企业。目前，企业占地面积75万平方米，建筑面积24万平方米，资产总额36249万元。

经近几年的技术改造和迁建一、二期工程的竣工，使工厂的生产能力和产品开发、试验测试能力大大提高，成为国内高电压、高强度电瓷类产品和具有国际当代水平的氧化锌避雷器、复合外套氧化锌避雷器、高压隔离开关产品的制造基地和科研中心。主要产品有10～800kV电力系统用氧化锌避雷器、10～800kV棒形支柱绝缘子和电器瓷套、6～550kV户内外高压隔离开关。主导产品均采用国际标准生产。目前已具有高电压、高强度、大爬距的电器和电站用高压电瓷和氧化锌避雷器等名牌拳头产品，为发电、输变电设备主机厂配套，同时直接供给电力部门和国外用户，出口到俄罗斯、美国、日本、意大利、东南亚等20多个国家和地区。引进了日本日立公司的氧化锌避雷器制造技术和具有现代先进水平的自动化生产线，并进行了氧化锌电阻片，绝缘结构件及密封件的国产化工作，全部国产化生产的110～550kV系统用氧化锌避雷器先后5次通过国家级鉴定，产品性能达到当代国际先进水平，被定为国家级新产品和替代进口产品，并成为国内率先大批量生产高质量氧化锌避雷器的生产厂家。生产的Y10W1-200型氧化锌避雷器，Y10W1-444型氧化锌避雷器和Y10W1-120型氧化锌避雷器分别在荷兰KEMA和意大利CESI试验站按最新国际IEC 99-4标准通过全部形式试验，Y20W1-444型氧化锌避雷器又在荷兰KEMA通过了大电流63kA、80kA压力释放试验，是国内避雷器行业最早通过国际权威机构试验的厂家。

8. 辽宁省的陶瓷科研机构——辽宁省硅酸盐研究所

1957～1958年，辽宁省硅酸盐研究所建成，所长杨冀轩，内设有陶瓷、玻璃、搪瓷三个专业研究室和理化检测室，办公楼1100m^2，试验厂1100m^2，机修厂房300m^2和一批理化仪器，投资53万元。

建所初期，在陶瓷方面提出的科研项目是开发地方原料代替外省来料制陶瓷产品，主要任务有利用海城镁质原料制作陶产品等；研制新色釉、新花面、新品种；改进和推广用还原焰气氛烧成，提高产品质量，稳定出口一级率。在玻璃方面提出的科研任务主要为开发新品种，如高硅氧玻璃、不透明石英玻璃、结晶玻璃等。聘中科院金属研究所研究员张授庆为顾问，来所讲学并提出"抓住氧化铝终身有饭吃"，明确了无机材料——氧化铝陶瓷的长远、重要地位。

1961～1663年，轻工厅各专业所合并组建轻工业科学技术研究所。

1964～1966年，为适应经济发展，加强专业科研管理，决定建立陶瓷专业研究所，人员编制98人，所长杨冀轩，下设：工艺研究室、窑炉设备研究室、美术装饰研究室、理化检测站。理化检测站除承担本所分析任务外，还承担全省各厂送来样品的检测任务。科研项目有：镁质陶盘试制（在海城五厂）；煤烧隧道窑设计和推广（在锦州厂、海城三厂）；美术雕塑新品种、新装饰等；理化分析和检测新标准方法的制定等。

1970年以后停产，大批人员下乡插队，只留12人搬到海城留守。1972年，原陶瓷专业研究所改名辽宁省硅酸盐研究所异地重建，原有下乡插队科技人员和调外厂技术工人陆续回所，在皇姑区原轻工学院的建院位置建设。试验场面积2100m^2，机修部500m^2，研究室、理化检测和办公楼面积4000m²。下设工艺研究室、窑炉设备研究室、美术装饰研究室、理化检测站。通过明确任务、建立程序和各种规章制度，获得新的生机，在结晶釉、利用地方原料制炻器、煤烧隧道窑的设计和完善、滑石质日用瓷等研究方面取得一批成果。

1974～1977年，轻工厅各专业所合并成立轻工业科学技术研究所，因各专业从原料到工艺、甚至到图书资料各不相同，1978年再次分开，组建各专业研究所。

1978～1981年，与沈阳市日用陶瓷厂合作开展滑石质日用瓷的中间试验。通过高温煅烧滑石、水球磨压榨等工艺处理，解决了产品成形的技术难题，掌握了地产滑石瓷生产关键技术，进行了批量生产，获得省科技三等奖。

1979年，辽宁省硅酸盐研究所在国内率先解决了硅锌矿结晶釉定位结晶的难题。其后，通过异相形核、结晶定位、形态控制、氧化铝含量的提高和釉料制备工艺的简化，解决了长期困扰结晶釉工业化生产的结晶釉烧成温度范围窄、晶花生长控制难和流釉黏底严重的问题，于1983年获得中间试验的成功，1986年建成了结晶釉产品工业化生产线，使硅锌矿结晶釉产品进入千家万户。1981年，结晶釉定位结晶的研究技术获轻工业部重大科技成果四等奖；1986年，陶瓷结晶釉新产品开发项目获辽宁省科技进步二等奖；结晶釉产品获1988年莱比锡春季国际博览会金奖；1988年，结晶釉的定位定形技术获发明专利［CN 86104269-4（1988）］。

国家科技体制改革以后，任务放开，研究所业务上不再限制在轻工业行业内部。研究所及时抓住军工配套和地处沈阳军工基地的有利条件，积极争取扩宽了研究范围。开展的主要科研项目有：陶瓷粉末的研究、电器连接器密封玻璃的研究、飞机涡轮叶片注模型芯的研究、东沟土制瓷、喀左紫砂制陶工艺和装饰的研究等。

1998年，制定了以军工配套为中心，带动多领域科研开发的工作路线。截至2010年，完成国防军工重点配套任务30余项、军工基础建设项目两项，在精密铸造用陶瓷型芯、热喷涂用陶瓷材料、高性能隔热材料、烧蚀涂层材料、特种电绝缘材料、薄膜材料、陶瓷过滤材料等领域相关技术达到国际先进或国内领先水平，满足了军工用户急需，部分产品已经长期为军工用户供货，由传统陶瓷转变为用现代冶金技术研发高性能的陶瓷粉末，实现了跨越式发展。2007年获省国防科工办授予的"国防科技工业协作配套先进单位"荣誉称号，2009年获"60周年国庆阅兵装备配套产品科研生产先进单位"荣誉称号。

2001年5月，省硅酸盐所、造纸所、轻工机械所合并成立组建辽宁省轻工科学研究院。

辽宁省轻工科学研究院以军工配套科研为中心，带动了多领域的研究开发工作，在陶瓷型芯材料、隔热材料、镁质材料开发、多项领域取得了显著的技术成就。2007年，被省科技厅和省财政厅评为辽宁省"高性能陶瓷材料及制品"工程技术研究中心。2008年，被认定为"高新技术企业"。

第二节 吉林陶瓷

吉林省简称"吉",位于我国东北地区的中部。省会长春市是著名的"汽车城"、"电影城"、"文化城"、"森林城"和"雕塑城"。从先秦开始,吉林就被历代中央政权划入行政区域管辖之下。汉时设置郡县,唐朝的渤海及后来的辽、金、元各代也都设立府、州、县。明朝设立都司、卫所。1653年,清设置宁古塔昂邦章京,是吉林省建置之始。1673年吉林建城,史称"吉林乌拉",吉林由此得名。1757年,宁古塔将军改称吉林将军。1907年正式建制称吉林行省。1932年3月,长春曾被伪满洲国改为"新京",定为"首都"。

一、辽金陶瓷

辽金时期的遗迹、遗物遍及吉林全省。中部平原和西部草原的上百座城址,几乎全部兴建于辽代。城址中出土的大量陶瓷器,既有中原传入的,亦有当地烧造的。从出土的辽代陶瓷器看,无论在造型或制作技术上都明显地接受了中原文化的影响,同时又保持着本民族的特有风貌。鸡冠壶、鸡腿坛、长颈瓶、凤首瓶等均为辽瓷中的典型器物。还有仿唐三彩工艺传统的三彩釉陶器等,工艺精湛,造型别致,绚丽多彩,艳而不俗。

在吉林省的怀德、农安、吉林、集安、靖宇等地,不断发现金代遗迹、遗物。金代制瓷业发展显著。金代瓷器的发展史以海陵王完颜亮迁都燕京为界,分为前后两期。建国初,大批汉族手工业匠人从中原迁至"金源内地",为陶瓷生产创造了条件。这时期的产品多系日用粗瓷,釉色单调,胎质较粗,烧造火候不高,器物多施釉不及底,纹饰除少数白釉黑花瓷器外多为素面,器型有碗、盘、碟、瓶、壶、罐等。后来,北宋时的一些北方名窑得到了恢复和发展,女真族居住地也开始建窑烧瓷。在吉林省金代遗址、墓葬和窖藏中出土不少精美的定瓷和仿定瓷器,奈曼、农安两处窖藏最为典型。

这里介绍收藏于吉林省博物院的具代表性的两件辽金陶瓷——辽三彩海棠式盘和辽白釉瓜棱形提梁壶。

辽三彩海棠式盘:高2cm、长26 cm。由东北博物馆调拨。粉红色胎,胎质粗松。平面为八曲海棠花冠式,宽沿,平底,口沿饰唐草纹。施黄、绿、白三色釉。盘内印有三朵盛开的葵花,四周衬以绿叶。白地、黄花、绿叶相互映衬,显得淡雅美观。契丹族的饮食器皿多受大唐文化的影响,无论是金银器还是陶瓷都有明显的大唐遗风。其中最华丽的部分当属辽三彩,它起源于唐三彩,又与唐三彩采用黄、蓝、褐色不同,多用黄、绿、白三色釉,胎质粗而较硬,器形富有契丹民族风格。在辽代陶瓷中,三彩釉陶是一种低温釉陶器物。此盘的造型与唐代流行的用捶揲技术制造的金属长盘相似,可能有某种渊源关系。

辽白釉瓜棱形提梁壶:1975年,吉林省哲里木盟扎鲁特旗征集。胎质洁白细润,壶身呈六瓣瓜棱形,短流。通体施白釉,釉色均匀,晶莹如玉。提梁作藤蔓和瓜叶形,造型别致,构思巧妙,是件难得的陶瓷艺术珍品。

二、现代陶瓷生产

吉林省的陶瓷工业在20世纪80年代以前生产日用陶瓷、低压电瓷、耐酸陶瓷等，80年代后许多企业转产陶瓷砖和卫生瓷。辽源市建筑陶瓷厂20世纪70～80年代曾为全国13家重点建筑卫生陶瓷企业之一。

辽源市建筑陶瓷厂前身是建于1950年的"西安窑业工厂"，当时仅生产少量民用缸盆。1952～1953年，划归东北轻工业局领导，改名为"一新窑业公司西安分厂"。1954～1953年，生产耐酸缸、耐火砖、耐酸管等产品。1956年扩建移至辽源市现厂址，改名为"辽源市陶瓷厂"，用倒焰窑生产耐酸缸、生产缸、管、陶瓷砖。1957年改名为"辽源市耐酸器材厂"，1962年转产耐酸砖、环。1964年投产锦砖，1978年扩大锦砖生产，把倒焰窑改成隧道窑，烧煤改为烧油。1979年更新6台压砖机。1980年，DL-110锦砖被评为省优质产品。1982年釉面砖生产线投产、划归辽源市建材公司领导，改名为"辽源市建筑陶瓷厂"。1984年，建成1条71m隔焰窑。

1983年时，全厂占地8.94万平方米（其中工业建筑面积1.68万平方米），职工954人，拥有3t球磨机5台、1.5t球磨机6台、0.7t球磨机12台、30～60t摩擦压力机26台、84m油烧隧道窑1条、71m油烧隧道窑1条、16.2m油烧隧道窑1条、倒焰窑5座，年产耐酸砖1766t、锦砖21.64万平方米、釉面砖24.13万平方米。锦砖油耗22.03kg/m^2、电耗2.60kW·h/m^2、实物劳动生产率534平方米/（人·年）。釉面砖油耗22.60 kg/m^2、电耗7.9 kW·h/m^2、实物劳动生产率495平方米/（人·年）。产品销售收入518万元、利润6万元、税金62万元。固定资产原值599万元，净值341万元。为我国陶瓷砖厂进入与国际接轨现代化生产前夕的工业水平。其他主要中小建筑卫生陶瓷厂的情况见表26-7。

表26-7 其他主要中小建卫瓷厂（1983年数据）

厂名	建厂日期	产品	产量/（万件/年）
延吉市建筑陶瓷厂	1957	低档日用瓷，1980年试制釉面砖，1982年投产	21.6
双阳县陶瓷厂	1958年建厂、1962年下马、1970年重建	低压电瓷改卫生瓷	3.49
辽源市陶瓷厂	1958年	民用缸、耐火砖、1975年改釉面砖、卫生瓷	1981年：卫生瓷：1 釉面砖：7万平方米

第三节 黑龙江陶瓷

黑龙江省是中国最东北的省份，北部、东部以黑龙江、乌苏里江为界，与俄罗斯相望；西部与内蒙古自治区毗邻；南部与吉林省接壤。西部属松嫩平原，东北部为三江平原，北部、东南部为山地。省会哈尔滨。现在的黑龙江省是1954年形成的。黑龙江省第一个老省会是黑河市（黑龙江城、瑷珲城），第二个省会是嫩江（墨尔根），第三个省会是齐齐哈尔，第四个省会是哈尔滨。

一、绥棱黑陶

绥棱县位于黑龙江省中部，隶属绥化市，1917年建县。距绥化市70km，距哈尔滨市180km。

清末民初，山东省莱州府人寇化林，承继祖传瓦盆、瓦罐等土陶制作技艺，来到绥棱上集镇，建立了绥棱第一家民间土陶作坊。民国时期，绥棱县手工业生产中即已出现土陶。1956年后，境内出现了工艺美术制陶、制镜等手工业企业。

1957年，绥棱的寇氏私人窑厂改为瓦盆厂，厂址由上集镇迁到绥棱县城，主要生产大小泥盆和农村用的水罐。

1960年初期，黑龙江省工艺美术研究所刘家第先生在一次民间艺术考察中，偶然发现了绥棱黑陶，并向黑龙江省工艺美术研究所和省外贸公司做了汇报，同时开始了绥棱黑陶的整理和挖掘工作。

1961年春，瓦盆厂首次送展4个双层镂空花盆参加黑龙江省手工业管理局在哈尔滨市举办的首届"黑龙江省工艺美术展览"。

1965年始，绥棱陶器花盆以其淡雅、俊秀的风姿博得了中外顾客的青睐，行销北京、上海和香港以及英国伦敦等地。自此，绥棱黑陶每年以1万～10万件的产量，走出国门走向世界。1966年停产。1972年，绥棱县土陶厂恢复生产。

1973年，绥棱土陶厂改厂名为绥棱县美陶厂。

20世纪70年代，绥棱黑陶主要由第二代传人寇维军负责设计创作。1977年，绥棱美陶厂由大集体企业转制成为国营企业并扩建，工人由几十人发展到最多时的四百多人，绥棱黑陶进入了鼎盛时期。

1977年10月，毛主席纪念堂筹备小组指定黑龙江绥棱黑陶做饰品，绥棱县烧制高80cm、口径60cm的双层通雕镂空大型黑陶花盆，送至毛主席纪念堂管理局。8个黑陶花盆被摆放在毛主席纪念堂瞻仰厅，两个黑陶花瓶被摆放在人民大会堂入口大厅，绥棱黑陶"进京"。

1979年，绥棱黑陶在上海第二届中国陶瓷博览会上被评为"中国陶瓷十大品牌"之一。后绥棱黑陶的制作技艺传遍了辽宁、河北、山东等省。

70年代末，黑陶品种已达三十几种，质量与品位不断提升，年产量达40万件。

1982年10，绥棱美陶厂生产的6602型双层镂空通雕花盆被评为黑龙江省优质产品。

1983年，绥棱县被国家对外经济贸易部确定为工艺品出口生产基地。同年，尹伊君设计的黑陶通雕花缸荣获国家轻工业部颁发的"中国工艺美术品百花奖"优秀创作设计奖。双层通雕花盆被评为"黑龙江省工艺美术百花奖"。90年代，绥棱黑陶走入低谷。

2005年初，组建民营的绥棱黑陶文化科学研究所和绥棱黑陶文化艺术有限公司，重新恢复了绥棱黑陶的生产。

2006年,绥棱县政府重点扶持绥棱黑陶。尹伊军设计的黑陶艺术品荣获东北三省第三届国际旅游产品博览会"最具特色奖"和"最受群众喜爱作品奖",并被省旅游局授予旅游商品称号。绥棱经济局组建绥棱黑陶展览馆。

2007年,"绥棱黑陶制作技艺"入选第一批黑龙江省非物质文化遗产名录。绥棱县政府招回老艺人寇维军,组建政府性的绥棱黑陶研究所,寇维军任常务所长。刘兴印创办绥棱现代黑陶文化艺术有限公司。绥棱县政府制定《绥棱县黑陶产业五年发展规划》。尹伊君作品《双龙戏珠》,李梅作品《大菊花罐》,裴龙作品《双龙护宝》分别获在第八届中国工艺美术大师作品暨工艺美术品精品博览会上摘得"百花杯"中国工艺美术精品银奖,铜奖和优秀奖。

2007年12月19日,由黑龙江日报集团,绥化市人民政府、绥棱县人民政府共同主办的绥棱黑陶眩目展,在黑龙江日报美术馆开幕。

2008年8月,绥棱现代黑陶文化艺术有限公司制定黑陶企业生产标准(黑陶标准号:Q/SXHT 001—2008),有效地规范了黑陶生产市场,为绥棱黑陶健康发展奠定了基础。

2008年8月20日,绥棱现代黑陶文化艺术有限公司研制出金色陶,受到广大收藏爱好者的青睐,并申报了国家专利。

在《二十一世纪中小学生素质教育文库》工艺杂谈篇中,把绥棱黑陶同景德镇瓷器、宜兴陶器、铜官陶器等23个著名瓷器并列,通雕镂空花盆更是世界上独一无二,被誉为祖国陶器中的瑰宝。

二、建筑卫生陶瓷

20世纪60年代以前,省内牡丹江等许多地方有就地取材生产日用陶瓷的作坊,生产工艺瓷、蓝边碗、缸等产品。60年代后的几十年间,许多日用瓷厂停产或改产建筑卫生陶瓷,有的原地改产,有的引进国外技术装备生产线,有的从南方招商引资,带动了黑龙江省现代陶瓷业(以建筑陶瓷为主)的开发。

1.牡丹江陶瓷厂

建于1949年6月,主要生产日用陶瓷。1982年转产陶瓷锦砖,1983年产量27.8万平方米,产值463万元,全厂职工1562人,固定资产原值748万元,净值511万元,企业占地面积4.2万平方米(其中建筑面积1.76万平方米)。1993年停产。

2.东宁县建筑陶瓷一厂

建于1958年的国营企业,初期生产日用瓷,1964年转产陶瓷锦砖。1979年扩建,用隧道窑代替倒焰窑,年产量增到20万平方米。1981年,新产品"宝丽光"彩釉砖投产。1979年,陶瓷锦砖获省优质名牌产品、1983年获省优质产品、1984年获部级优质产品称号,进入全国重点建筑卫生陶瓷行列。1984年产陶瓷锦砖34.6万平方米。

3. 东宁县建筑陶瓷二厂

原是建筑陶瓷一厂的一个车间，主要生产大缸、碗。1978年，从一厂独立出来成立陶瓷二厂，仍以生产日用瓷为主。1980年转产锦砖。1981年试产彩釉砖，1983年产量8万平方米。同年，彩釉砖获省科技进步二等奖，1984年获省优质产品。

4. 其他中小建筑卫生陶瓷厂

桦南县陶瓷厂，1963年建厂，粗瓷蓝边碗转地砖，1981年年产10万平方米。

林口县建筑陶瓷厂，1973建厂，生产卫生瓷，1983年年产9.3万件。

玉泉陶瓷厂，1962建厂，生产民用缸改地砖。

宁安县第二陶瓷厂，1975年建厂，出口工艺瓷，后改上釉锦砖。

第二十七章　香港陶瓷与澳门陶瓷

陶瓷器作为中西贸易中一项重要的商品从港澳港口扬帆出海走向欧洲和世界各地已经有很悠久的历史了。

20世纪初，港澳两地建有很多的彩瓷生产厂和个人陶艺工作室。20世纪末，港澳两地以高度的国际化、市场化和规范化，成为著名的国际贸易平台，成为中国陶瓷产品流向世界各地的中转站。这是港澳百年陶瓷史上辉煌的一页。

第一节　香港陶瓷

香港全称为中华人民共和国香港特别行政区，地处珠江口以东，与广东省深圳市隔深圳河相望，濒临南中国海，由香港、九龙和新界组成。作为高度繁荣的国际大都会和世界级的自由港，香港是仅次于纽约和伦敦的全球第三大金融中心。1842年清政府因鸦片战争战败将其割让与英国。第二次世界大战中被日本攻陷，战争结束后，香港经济和社会迅速发展，20世纪80年代成为"亚洲四小龙"、"纽伦港"之一。1997年7月1日，中国对香港恢复行使主权。香港是中西方文化交融的中心，是全球最安全、富裕、繁荣、生活水平最高及人均寿命最长的地区之一，也是世界上重要的经济、金融中心和航运枢纽，有"东方之珠"的美誉。

考古发现证实，新石器时代晚期，大屿山、港岛坎角、南丫岛及各离岛等地已有实用性陶器的制作，但发现的早期窑址并不多。迄今为止，在香港地区发现的窑址中，以大埔墟附近碗窑村的碗窑为可辨别年代和类型的最早者。从现存于香港博物馆及散布于窑址周围的陶瓷器及残片观察，碗窑初期所生产的瓷器及半陶瓷器可能是由从潮州来的陶工所制造的。碗窑的历史可上溯至明代。在全盛时期，碗窑所出产的青花碗、碟等除供应本地市场外，还外销至华南各地。清中叶以后，碗窑生产骤然衰落，约在第二次世界大战时停业再也没有恢复。

一、陶瓷产业

20世纪初期，新界出现了多个制瓷工厂及龙窑，所制作的多为实用瓷器，亦涉及观赏瓷、石湾陶塑及德化白瓷等。可以说，这些陶瓷厂是香港陶瓷发展的滥觞。在这些陶瓷厂中，曹侣松于1928年所创的粤东瓷厂（Yuet Tung China Works）曾是香港最大的手绘广彩瓷器厂，

705

全盛时期彩绘师傅多达300人。

1930年前后，永利威酒厂在大埔墟半春园附近建筑了一座石湾式的龙窑，命名为真光瓷厂，专门生产该酒厂用的盛酒器。从美国学瓷归来的黄汝颐被任命为真光瓷厂的主理。1933年，真光瓷厂停业，黄汝颐转往建生砖厂任工程师，后又被聘为1933年开业的青山陶业公司当主持。1949年，黄汝颐与何秉衡合作主持光华陶厂于荃湾盛大开业，并聘福建德化名工许世华、许世南兄弟生产福窑器，聘江西名师曹明鸾制唐三彩器。

1939年间，包括梁世培及黎樵等在内的数位石湾名工从石湾移居香港，受聘于建生砖厂，在青山兴筑了一个龙窑，生产石湾公仔，远销海外。

20世纪中期，香港陶业巨匠武作哲于青山主理青山陶业公司，使该公司发展成为香港主要的陶瓷制作中心，专门大量烧制瓷瓦、瓷砖及其他建筑用陶瓷器具。其后，他又在荃湾设立陶瓷厂，利用在茶果岭发现的瓷土制造福窑器。武作哲还邀请许世华等在其负责主理的第三间陶瓷厂（即联谊轩）生产福建德化白瓷人像及器具。联谊轩所产陶器品质很高，时有创意。这一时期中，"同发荣记"是当时诸多陶瓷厂的代表。

1950年，何秉衡在荃湾建立竟成瓷厂，生产福建白瓷。1952年，陶星瓷厂在青山开设，生产福建白瓷，还聘用石湾名工何秉聪、黎潮、黎培、霍照等从事石湾公仔制作。与此同时，石湾人梁森在屯门青山道旁开设工合窑，工合窑是当时香港最大的龙窑，一直到1985年才停产，迄今保持原貌。香港政府现已购得该窑并有意保留，作为香港烧制陶瓷艺术品及研究传统陶瓷制作方法之用。

上述的这些陶瓷工厂是香港现代陶瓷生产的先驱，培养出不少杰出的陶工，大部分只维持了一个较短的生产时期便宣告停业。

可把香港这个时期的陶瓷器分为福建系、江西系和广东系。福建系以制造德化佛道人像为主，代表人物是曾在联谊轩工作的许氏兄弟。江西系擅长烧造青花器、彩瓷及唐三彩器，以曹鸣鸾最负盛名。曹鸣鸾是香港可以制造大型青花人像的少数陶瓷工艺大师之一，他的部分作品现存于香港艺术馆。广东系以石湾陶瓷为主，主要烧制古代及现代人物造像，尤擅于捕捉人物的表情和形态，喜于追求器物型制和釉色的变化，代表陶工包括刘垣、何秉聪、黎樵、霍六及彭自荣等。在此三系中，以广东系在本地艺术界及教育界影响较大。在何秉聪的领导下，石湾陶艺制作在香港至今仍然非常活跃。

广彩在香港亦有其独特的历史地位。20世纪初，广州彩瓷行业繁荣兴旺，广州西关一带开设有多家作坊、瓷庄，行内工人有3000多人。抗战期间，广彩生产遭到严重破坏。抗战胜利后为谋出路，广州原先的厂家纷纷迁到香港，不久便取代了广州的生产地位。1956年，香港地区部分广彩艺人又回到广州与原来一些艺人恢复广彩的生产。

1960～1980年间，香港的陶瓷业较为兴盛后，随着大量内地陶瓷产品进入香港，加上香港经济起飞和工业转型，陶瓷制造业渐次消失。

二、陶瓷贸易

20世纪后期，香港陶瓷以贸易为主，而产品是在内陆设厂生产。

香港的建材市场只有两条街道，一条在九龙的旺角道，另一条在港岛。多年来高速发展的房地产带动了建筑卫生陶瓷的消费。建筑陶瓷和卫浴洁具等建材产品已经成为香港人装饰装修不可或缺的产品。

据1984年香港陶瓷市场基本资料显示,从1月至10月,香港进口陶瓷42938万港元,比1983年1月至10月的36978万港元增加了1612多万港元。其中从大陆流往的陶瓷有33403万港元,比1983年同期29193万港元增加1442万港元。此调查显示了每年香港的建材市场都有10%的增长,直至2010年达到了1047亿港元,而进入香港市场的建筑卫生陶瓷约有832亿港元是转销外地的,本土销售为235亿港元,其中,瓷砖、卫浴、橱柜又占了大部分的量。

1969年,香港陶瓷商会成立。香港陶瓷商会是从事陶瓷行业生产商和贸易商组成的一家非营利机构,以维护会员权益为宗旨,为会员提供行业信息,并组织会员参加各种行业活动,展览会和相关研讨会,协助会员建立联系网络,拓展商机。

1998年,香港美莉莱陶瓷实业有限公司成立。采取香港设计大陆生产的模式,在广东省潮安县里牙工业区建成生产基地,是集信息、科研、开发、生产、销售、服务一体化的大型企业。设计的产品款式新颖、质量稳定,创造了很多中国乃至世界的著名立产品。

2001年,香港业丰隆公司成立。公司重视产品研发,已形成了时尚和古典两大风格的产品,生产产品达1000余款,是一家专业生产、销售各类高、中档日用陶瓷的进出口企业。所生产的陶瓷产品每一款产品都有它不同的艺术特色,试图做到个性与艺术完美结合,向人们传达流行时尚的审美观念。

三、陶瓷艺术

战后香港陶瓷艺术开始蓬勃发展,多所教育学院引入陶瓷课程。如前香港理工学院设计系开办的高级陶艺证书课程、香港罗富国教育学院引入陶瓷课程,使之成为学生进修的科目之一。1950年,罗富国教育学院劳作科李授华先生获学院支持,设立了电窑,以供学生烧造陶器。1960年前后,翁垣女士在何东女子工业学校开设陶瓷课。在葛量洪教育学院的首席讲师陈炳添先生、柏立基教育学院的首席讲师萧始武先生及罗富国教育学院的首席讲师吴稚冰小姐等的合力推动下的陶瓷科师资培训使陶瓷专业的教师人数大量增加。同时,由于陶瓷科在中学会考中被承认为一独立的科目,又得到教育司署郭樵亮先生所领导的美工中心的大力支持及鼓励,不少中小学纷纷开设陶瓷课程及建造陶窑和陶瓷工作室,供中小学生陶瓷课之用。目前香港学校设有的陶窑不少于300座,促进了陶瓷艺术的发展。

20世纪70～80年代,随着香港经济的高速发展,更多文化艺术机构的支持,展览场地的增加,陶瓷艺术工作者拥有了更多的创作空间,普通大众有了更多的机会接触陶艺并对研究陶艺产生兴趣,其间亦有不少艺术家在外国学成归来,引进新的艺术意念和技巧,使香港陶瓷艺术发展更为成熟,一些从外地移居香港的陶艺家亦对香港陶瓷艺术发展做出了重要贡献。

80年代后期,香港设立的陶艺家工作室日益增多。其中,以位于中环艺穗会内由麦绮芬于1985年创立的"乐天陶社"最具规模,其他尚有陈松江成立的"缘艺陶室"、李梓良及梁冠明一起创办的"J&K陶艺室",还有余德华、杨玉勤及许静璇、黄美莉等创立的工作室。在坊间涌现不少陶艺教室,如何秉聪、刘伟基、周立业、吕蔚等开始各种课程,成为推动陶艺发展的重要渠道。

90年代，越来越多的人士从事陶瓷创作，创作形式越趋多样，除一般圆器、琢器外，亦有作雕塑式立体陶瓷，甚至以装置形式和当代前卫派的形式出现，反映着时代气息和社会触觉。

1992年9月，李慧娴、黄炳光、马素梅、李梓良、梁冠明、珍·比露（Jane Burrell）及嘉芙莲·马可尼（Katherine Mathoney）七位著名艺术家创立了香港当代陶艺协会。协会主要透过筹办活动和展览，为会员提供互动平台，交流创作心得，并向公众展示会员的创作成果，以推动香港陶艺的发展。这是香港首个陶艺家组织，更是本地最具资历的陶艺组织。

2000年，由附属香港艺术中心的香港艺术学院和墨尔本皇家理工大学合办陶艺专修课程，开始香港正规陶艺人才的培训，多年来培训了不少陶艺专业人才。香港浸会大学开办的视觉艺术学院也设立陶艺专科，也成为香港培训陶艺专业人才的重要学府。

四、陶瓷文化

在香港艺术馆、香港大学冯平山博物馆（现香港大学美术博物馆）及香港中文大学文物博物馆等艺术机构的大力支持下，在香港举办的许多不同题材的陶瓷展览对提升陶艺家的欣赏及创作水平、普及陶瓷文化功不可没。这些活动主要有：香港艺术馆主办的中国陶艺展览包括宜兴陶艺（1981年）、历史、神话与传说——胡锦超先生捐赠石湾陶塑展览（1986年）、石湾陶塑故事选——郭安夫人捐赠（1988年）、香港云峰画苑主办的钟汝荣陶塑欣赏展（1991年）、钟汝荣冼艳芬陶塑艺术展（1994年）和紫砂春华：当代宜兴陶塑（1988年）等；香港中文大学文物馆主办的东南亚陶塑（1981）、晚清官窑瓷器展（1989年）、中国瓷枕（1989年）等展览。此外，一些国际性的展览将西方当代作陶技巧及观念介绍到香港，展览包括当代日本陶艺（1982年）、现代美国瓷艺展（1984年）、当代欧洲陶瓷（1985年）、日本新工艺（1985年）等。由冯平山博物馆主办的五国陶展（1988年）等大型陶展让港人能有接触到外界陶瓷的机会开阔眼界。

1984年，香港艺术馆主办的今日香港陶艺，参展者包括老、中、青三代陶人。1985年，香港艺术馆主办的"当代香港艺术双年展"开始将陶艺列为独立参赛媒介之一，可视为香港政府对陶艺发展的支持，也反映了当时陶艺发展的面貌。而由香港市政局主办的香港陶瓷1985—1995（1996年）大展则更系统地展示了香港陶瓷在这十年来的发展和艺术家的风格面目与最新趋势。

近年来，传播及运输事业一日千里，新的陶瓷制作技术及各种新设备与材料亦较从前容易获得。一些陶艺家利用传统方法和原料与新技法相结合，创作出新的艺术语言。另一些陶艺家则试图从现代艺术运动中，如立体主义、抽象表现主义、未来主义、印象主义等找寻现代陶瓷艺术的新方向。无论在东方或西方，一个陶艺的新纪元现正开始。

五、部分陶瓷艺术家

何秉聪（1918～1999年），有"南海陶人"之称。曾任香港艺术荣誉顾问。荣获香港艺术发展局特别追赠的"终身成就奖"。

李慧娴，香港著名资深陶艺家及美术设计教育家。2005年获香港特别行政区政府颁发"民政事务局局长嘉许状"以表扬其推动文化艺术发展的贡献。

曾章成，1960年生于香港。获香港特别行政区政府颁发"民政事务局局长嘉许状"（2009年）、"陶瓷茶具创作比赛"杰出造诣奖（2007年）等。

尹丽娟，生于香港，香港中文大学艺术系硕士。作品为香港文化博物馆、香港艺术馆及海外艺术机构收藏。

张炜诗，主修陶艺。作品为香港艺术馆及香港文化博物馆收藏。

严惠蕙，生于香港，毕业于香港中文大学艺术系。作品为香港艺术馆、香港文化博物馆、日本信乐陶艺之森收藏。

黄丽贞，从事陶瓷艺术创作，现为香港艺术学院讲师。

罗士廉，主修绘画，作品为香港艺术馆、香港文化博物馆、中国历史博物馆、美国John Micheal Kohler艺术中心等收藏。

谢淑婷，作品多次于美国、日本、澳洲、西班牙等国家和我国香港、上海、台湾地区展出，为香港艺术馆、香港文化博物馆、澳洲昆士兰艺术馆、梁洁华艺术基金会等收藏。

黄美莉，作品为香港美术馆，中央美术学院，中国美术学院，中国国家博物馆及海内外人士收藏。

第二节　澳门陶瓷

澳门全称为中华人民共和国澳门特别行政区，北邻珠海，西与珠海市的湾仔和横琴对望，东与香港相距60km，中间以珠江口相隔。1553年，葡萄牙人取得澳门居住权，经过400多年欧洲文明的洗礼，东西文化的融合共存使澳门成为一个风貌独特的城市，留下了大量的历史文化遗迹。1999年12月20日中国政府恢复对澳门行使主权，回归中国之后，经济迅速增长，比往日更繁荣，是一国两制的成功典范。澳门是亚洲最发达、最富裕的地区之一，亦是世界上人口密度最高的地区之一。

1977年6月，在黑沙南部新石器时代遗址出土的"圈足彩陶盘"，其器型特征显然属于"南海彩陶文化圈"。到1985年1月，澳门政府再次邀请香港考古学会到黑沙发掘，再次确认了遗址上、下两个文化的存在，并在下文化层出土不少泥质红陶，有红绘、刻画纹饰及镂孔，也见绳纹夹砂陶和白陶片。

下文化层的年代较早，属于新石器时代中期的前阶段，距今约为6000多年前，陶器为泥质或半泥质，陶色呈红或橙黄，上施红彩，部分陶器先上白陶衣再上红彩，圈足部通常伴有波浪形的刻画纹或镂孔。在出土的陶片中，最为完整的"圈足彩陶盘"，已成为澳门远古文化的一个象征，有学者称其为"大湾式彩陶盘"。

澳门有文字记载的历史并不长，南宋时方有零星文字见诸文献，且仅涉及邻近地区。明之《香山县志》（1547年），谈到路环岛上的九澳山。"濠镜"之称最早出现在16世纪初葡萄牙人皮莱斯东的《远方概览》，即指广州港口之外的澳门港。因此，澳门的陶瓷亦不见史载，不过，近年来对澳门的考古发现，却为我们揭示了以往漫长岁月中澳门陶文化的点点踪迹。

自20世纪初开始，以自己独特的历史地位和自然地理条件，成为中国瓷器的一个重要集散地及出口、加工港口。

一、澳门与石湾陶塑的情结

澳门与南粤的文化联系千丝万缕。自清朝以来，南粤文化以最媚俗也最夸张的色彩覆盖着整个岭南地区，其中以"石湾彩陶"著称，而澳门亦为之所系，为之所感，为之所动，为之所用。因此在建筑的装饰上大量运用了石湾陶塑的"瓦脊公仔"，开启了澳门陶瓷文化的大门。

澳门嘉庆至光绪年间建造或重修的寺庙建筑的墙头和屋脊装饰多见石湾造的"瓦脊公仔"，塑造十分精彩。如建于清嘉庆十年（1805年）署名"奇华造"的普济禅院大雄宝殿、天后殿上的人物、动物、鸟兽、鱼虫、花卉琉璃"瓦脊"，道光八年（1828年）的妈阁庙山门的"龙鲤""花脊"，同治四年（1865年）建的沙梨头的"永福古社"的戏曲人物造型"花脊公仔"和清光绪二年（1876年）署名"新怡璋造"的石湾"瓦脊公仔"和"瓦脊"等装饰，使澳门的传统建筑装饰趋于丰富，蔚为壮观。

近代石湾陶塑大师陈渭岩、潘玉书、刘佐朝等在广州、香港和澳门一带颇有名气。20世纪初，澳门的葡萄牙籍律师文第士（1876～1931年）曾向石湾陶艺家陈渭岩和潘玉书订制了不少人物陶塑，澳门的美国医生施钦仁亦收藏了多件石湾陶器。这批三百多件的石湾陶塑后藏于澳门贾梅士博物馆，现归澳门艺术博物馆所有。1995年，澳门市政厅曾举办"石湾粹珍：澳门贾梅士博物馆藏品展"，共展出明清两代的石湾陶瓷藏品90件，其中有陈渭岩的《自塑像》、潘玉书的《老子》、《杨贵妃》等陶塑展览。1985年7月8日，澳门市政厅及贾梅士博物院联合主办"刘传陶艺作品展"，体现了南粤文化与澳门的联系。

二、陶瓷出口与彩瓷业

明代后期，江西景德镇、广东石湾、福建德化、浙江龙泉的陶瓷产品大量通过澳门销往国外，澳门逐渐成为国际贸易中心。

1551年，葡萄牙人占领了澳门。因澳门为当时进入广州的必经之路，所以与内地的交往使澳门的贸易一度甚为繁荣。清康熙二十三年（1684年），清政府开放海岸，各国开始东来开拓市场，继葡萄牙人之后的是荷兰人。当时，荷兰人自聘设计师来中国提供图纸（样）并监管商品生产过程，其中最著名的是荷兰东印度公司于1734年邀请荷兰艺术家科尼利厄斯·普（1691～1759年）设计图样，绘制了一幅手持阳伞的仕女图（称为"普龙克瓷"），图案手工精细，深受欢迎，中国、日本及欧洲都有制作其变化的品种及仿品。1753年，在澳门停驻与广州贸易的外商商船计有27艘，其中英国10艘。仅1780年，经澳门出口的中国瓷器就有80万件之多。

澳门对外贸易的繁荣时期，正是我国封建社会经济孕育着资本主义萌芽的时候。从长崎、果亚、马尼拉输入澳门并转到内地的货物主要是白银，用于购买丝织、陶瓷等，这极大地促进了这些手工业的发展。《广东新语》记载："澳人多富，……诸舶输珍异而至……每岁载白银巨万，闽人之为揽头者领之，散于百工，作为服食品用诸淫巧，以易瑰货。"特别是珠三角地区因受澳门对外贸易发展的影响和刺激，商品经济进入一个新时期，手工业生产得到空前发展，形成了陶瓷加工基地，把从景德镇运来的大量陶瓷，根据外国人的要求，设计加工成不同的花饰纹样。因此，陶瓷手工业成为澳门早期的最重要产业之一。

20世纪初，澳门主要是出口陶瓷原料，从中山、珠海经澳门到香港出口到台湾。20世纪40年代，广州彩瓷主要由广州织金彩瓷工艺厂生产，香港、澳门等地也有中小型的工厂生产同类产品。

20世纪初，广彩行业兴旺繁荣，在靠近珠江边的鳌洲一带开设有作坊、瓷庄，雇用三四百工人的厂家有好几家，行内工人有三千多。抗战期间，广彩生产遭到严重破坏。抗战胜利后为谋出路，原先的厂家纷纷迁到香港，不久便取代了广州的地位。后来澳门的广彩业也发展起来了，广彩在广州反倒消失了。1956年，港澳地区部分广彩艺人响应人民政府的号召，回到广州与原来一些艺人筹办建厂恢复广彩生产。

20世纪60年代中期，澳门的黑沙湾、关闸等地方建立起一批彩瓷厂。当时，澳门商人利用大陆"文革"的机会，在澳门发展传统彩瓷业，加工出口彩瓷，彩瓷风格以"广彩"为主，称为"画花碗"。其中，最大规模的是"恒晖彩瓷厂"和"永亨彩瓷厂"，到70年代中期至80年代中期最为兴盛，从业人有2000多人。同时，成立了"澳门南先工艺品公司"等公司。当时的白胎瓷器均是从江西景德镇、汕头、潮州、我国台湾地区、日本等地订制，运回澳门进行彩绘加工。后来，澳门彩瓷曾参加中国出口商品交易会，盛极一时。到80年代末，由于大陆陶瓷业的快速发展，澳门的所有彩瓷厂全部搬回广东潮汕一带设厂，澳门的彩瓷业消失。

三、陶艺教育和陶瓷文化

1979年，澳门教育局重视陶艺教育，开办陶瓷班。其中有公务员陶艺班、本澳葡人陶艺班、智障儿童陶艺班，甚至还在路环监狱开设陶艺课程，尝试以艺术净化失足者的心灵，以提高本土的素质教育。同年，石湾陶艺家刘桂炳定居澳门，创办了"刘桂炳陶艺工作室"，并一直任职于澳门教育局陶瓷班至今，教艺育才三十余载，为澳门陶塑艺术的发展培养了大批人才。澳门《华侨报》曾有文章赞誉他，让"石湾陶艺在澳门生根萌发"。《中国陶瓷》则以"刘桂炳把石湾陶艺带进了澳门"专题报道。1981～1988年，刘桂炳在葡萄牙、新加坡等国和香港、台湾地区多次举办个人陶艺展，且以石湾公仔赠送葡萄牙总理，为石湾与澳门的陶艺交流以及在澳门宣传石湾的陶瓷文化作出了重大贡献。

1993年9月，澳门理工学院艺术高等学校开设陶艺工作坊，介绍基本的拉坯、修底、上釉、素烧或釉烧等技巧，为澳门培养陶艺人才。之后，一批在国外受教育的学者回澳门，以不同形式开设了陶艺培训中心、工作室和专卖店等，如"牛房"、"原作坊"、"天地陶艺学会"、"澳门陶艺协会"等。

澳门"婆仔屋艺术空间"是这期间成立的一个正式注册的非盈利艺术团体，其宗旨是"务求使婆仔屋成为本地一个多元艺术创作空间，鼓励及培养个人创意和实验精神"，并在社区范围内发起"婆仔屋之友"等活动。2002年举办了"陶艺工作坊"，扩大公众的参与面，不分专业、不分国籍、不分年龄、不论资历，吸引更多的"居民"投入，自愿展开"文化自救"，融通艺术与生活的关系，提升大众的生活品质。

澳门的陶艺气氛更为显著。于2004年成立的澳门天地陶艺学会是一个非盈利的艺术团体，成员主要来自2001年成立的澳门天地陶艺社，以积极推动澳门的现代陶艺为主要目标。学会通过举办专业的陶艺展览及工作坊，以来提高陶艺爱好者的创作水平。开展的主要活动有：邀请世界著名陶艺教授作幻灯讲座、与海外艺术学院合办陶艺交流展，免费让市民参加；举办全澳学生陶艺创作展、举办专业陶艺展览、协办粤澳当代陶艺展（塔石艺文馆2008年）、港澳现代陶艺展（塔石艺文馆2006年）、现代陶艺五人展（龙环葡韵2004年）、澳门现代陶艺展（千禧画廊2002年）；举办多种学生陶艺展览，如儿童陶艺展（文化广场2003年）、"陶真"儿童陶艺展（教育活动中心2004年）、"创意·启思"陶艺展（教育活动中心2005年）、学生作品展（创意产业中心2005年）等；到佛山参加亚洲艺术节之陶艺活动（2005年）；为一些学校和慈善团体提供免费的艺术课程，先后到庇道中学、东南学校、培正中学、中葡小学、菜农子弟、海星中学等学校做陶艺讲座及示范；组团到外地进行陶艺交流活动，2003年到日本的信乐陶艺村参观，2004年到上海美术学院及景德镇陶瓷学院交流及参观，2005年到南韩利川市参观京畿道世界陶艺双年展，2006年到日本古老的陶艺村备前窑市考察；2003年出版《现代陶艺创作》（何兆聪著）等。

四、部分陶瓷艺术家

刘桂炳，澳门著名陶艺家、教育家，选入《澳门百科全书》。

何兆聪，作品先后多次参加国内外陶艺创作展，获"台湾金陶奖"。

苏沛权，澳门现代陶艺学会理事长。2000年获北京中国历史博物馆"20世纪陶瓷艺术品收藏工程"收藏木叶天目茶碗一件。

毕子融，1949年生于澳门，香港理工学院设计系高级讲师。作品由香港艺术馆及澳门赛车博物馆等收藏。

第二十八章　台湾地区的陶瓷

台湾省，简称"台"，位于我国东南沿海，省会台北，人口约2300万人，经济富庶、文教发达、风光秀丽、物产丰饶，有"宝岛"的美誉，面积约3.6万平方公里，其中台湾岛面积为35873km^2，占全省总面积的90%以上，是我国第一大岛，是我国与太平洋地区各国海上联系的重要经贸和交通枢纽。台湾居民中，汉族占总人口的98%，台湾少数民族分为阿美、泰雅、排湾、布农、卑南、鲁凯、邹、雅美、邵族、葛玛兰和赛夏等11族，分居全省各地。

台湾名称的由来说法甚多，但几乎可以肯定最早是专指今台南市附近，而后才扩张为全岛的名称。在明代以后的文献记载中，台湾亦被称为鸡笼山、鸡笼、北港、鲲岛、东蕃、台员或大员等。荷兰人统治台湾时，称台湾为"Taioan"，即"大员"之闽南语发音的转写。明郑时期舍弃荷治时期使用的"大员"名称，将台湾全岛称为"东都"，后改称"东宁"。纳入清朝版图后，改为设置台湾府，"台湾"遂成为对于整座岛屿的称呼。台湾在我国行政区划上曾隶属福建省，1885年清政府设置台湾省。但10年后，清政府在甲午战败后被迫签订《马关条约》，把台湾割让给日本。1945年，日本投降后，台湾回归我国。

台湾陶瓷业的发展随着时间和地理环境的变迁呈现出不同的面貌。遗址考古发现，史前时已经发现先人使用陶器的踪影，一直到清代，汉人大量移入台湾，带来我国大陆制陶的技术和产品，奠定了台湾陶业发展的基础。随着日本技术的引进和近代化科技的发展，开始有了机械化的生产模式，一直到二次大战后，产业电动化和釉药技术的运用，开启了陶瓷业发展新的生命与契机，奠定了台湾陶瓷业多元而精致发展的基础。

台湾的制陶技术主要以福建的福州、泉州、漳州等地移民带入，地点以台南为最早，以制作传统民生用陶为主，窑炉以包子窑、蛇窑为主，成形技法以手挤坯和脚踢辘轳拉坯为特色。日本陶瓷技术的引进地点以北投和苗栗为主，以登窑、四角窑的传入以及机械化设备、工业陶瓷的制造为主。

第一节　台湾陶瓷发展概况

依学者陈新上的研究，台湾陶瓷工业的发展大约可分为四期。公元前4500～3500年到公元1624年（明天启四年）为第一期，属于早期陶瓷文化时期；1624年欧洲人东来到1895年日本统治台湾之前为第二期，是以汉人传统陶器发展为主；1895～1970年为第三期，以炻器发展为主，从此台湾陶瓷工业开始走向机械化；1970年以后为第四期，以瓷器发展为主，引进自动生产与快速烧成设备，同时陶艺创作也开始蓬勃发展。

一、史前陶瓷时期

台湾新石器时代的最早陶器是以"大坌坑文化"为代表,其主要活动时间约为公元前4500～公元前3500年。这个时代的陶器为粗绳文陶,表面布满以绳压制的花纹,花纹只分布于器物颈部以下的区域,相当具有特色。另外,这时手制的陶器几乎都是钵和罐两种形式,制造条件并不严苛,烧制温度约400～500℃之间,因而颜色大致呈现暗红色和褐色。晚一点的卑南文化、台北圆山文化、十三行文化等也都出现陶器的踪影,其中,卑南文化中出现了以陶器作为陪葬品、十三行文化则捏制了陶偶作为装饰物。此外,从北部到南部、从西部到东部,先后都挖掘到许多史前陶器,而且还继续有新的发现。新石器时代出土的陶器大多是夹砂红陶、灰陶、彩陶和黑陶等,器形有罐、钵、壶、碗和土偶等,器表多有印花,纹饰则有绳纹、刻纹、贝纹、捺点纹、圈纹、网纹、几何纹等。

二、传统陶器发展时期

台湾最早发展陶业的地区是在南投和莺歌。1796年(清嘉庆元年),南投开始制造带釉瓷器。1804年(清嘉庆九年),莺歌也开始发展陶业。然而,1624年(明天启四年),荷兰人由澎湖入据台湾本岛,便在台南筑城建堡。为了兴建城堡、教堂等建筑所用砖瓦,曾经自我国大陆雇用工匠来台制造石灰砖瓦。郑成功父子时代,陶瓷制作未兴,一般日用的盘与杯碗等大多来自福建漳泉,较佳的用品则由江西景德镇进口,但砖壁方面则为自给而已。

大约到了约1821～1850年(清道光年间),台湾的制陶业才比较普遍。这个时期,汉人成为支配台湾生产和市场的主力,产品多样化,陶瓷种类明显增加,生产技术明显进步,虽然也有手工生产、简单手拉坯等,也有相当进步的窑炉使用。此外,在此期间交趾陶的制作技术也由大陆引进台湾,使台湾庙宇的装饰更加多元而丰富。

三、石陶器发展时期

台湾的石陶器开始于1895年的日本统治时期。1897年,日本人岩本东作在苗栗街西山筑窑,开始制作土管和粗陶器,这是苗栗陶瓷业的开端,也是日本在台湾从事陶瓷生产的开始。这个时期的产品以陶器为主,但北投、苗栗和南投等地已生产出较成熟的石陶器产品,例如碗盘、瓷砖、花器和酒瓮等,这些地方有质地相当好的黏土原料。

1901年,日人龟冈安太郎在南投设立了"陶艺技术者养成所",指导陶业技术的发展和质量的改进,提升了台湾陶业的技术发展。1922年,日本师傅贺本在北投设立了北投窑业社,引进了日式双辘轳烧制花瓶和以旋压制碗和釉药、窑炉的技术烧制饭碗。

这时的台湾本地技术也得到了发展。1927年,莺歌地区的陈龙渊与尖山埔的陶师技术合作成功开发出琉璃瓦,这是台湾最早的琉璃瓦工厂。

由于对于卫生设备的需求开始增加,传统的陶业已不仅限于生产陶罐、碗盘、花器等,而增加了日式非水洗式便器等卫生设备的生产,开启了新的生产契机。

第二次世界大战后,台湾的陶瓷业接续日治时期的技术及规模并研发出自制技术。1948

年11月，许自然宣布成功研制出台湾地区第一片8英寸工业砂轮，1949年定名为"锚牌Anchor砂轮"，并将砂轮送到"第一届台湾出口商品展"参展，一举荣获象征商展最高荣誉的"优质奖"。

四、瓷器发展时期

20世纪70年代以后，台湾陶瓷制作技术得到快速发展。有了更新式的电窑、瓦斯窑和自动隧道窑等窑炉，传统陶器的生产日渐没落，陶瓷业向着瓷器方面发展，陶瓷厂大量增加，制品以日用陶瓷、碗盘、仿古陶瓷和西洋玩偶为新的趋势。此时，建筑和卫生陶瓷也开始发展。80年代时，量产化和自动化的生产设备日新月异，产品从仿古陶瓷、卫浴瓷、瓷砖、装饰陶瓷及陶器的制作都有很大的进步，产量均大幅提升，工业陶瓷也因对教育和科技的积极发展开始有良好的成长。

1978年，台湾引进第一套意大利制作的滚轮式快速瓦斯烧成窑，打破了传统的窑炉设备形式，为台湾陶瓷工业写下了崭新的一页。到1994年时，台湾建筑陶瓷业共有256条快速滚轮窑，日产各种陶瓷面砖62万平方米（鼎盛时期年产近1.5亿平方米），瓷砖产量跃居世界瓷砖生产第五位（排在我国大陆、意大利、西班牙和巴西之后），年产卫生陶瓷513万件。

第二节　台湾的陶瓷产品

从20世纪90年代至今，可以说台湾的陶瓷工业的发展已相当成熟。产品种类包括日用瓷、卫生瓷、建筑瓷、艺术瓷、工业瓷和陶瓷用原料及设备六大类，日用瓷有碗盘、杯匙、锅罐等，建筑瓷有壁砖、地砖、马赛克面砖、挤出面砖、窑烧花岗石砖、琉璃砖等，卫生瓷则有各式的马桶、便斗、浴盆、面盆和水箱等，艺术瓷则包括花瓶、佛像、挂式等，工业陶瓷则包括各类电阻、电容器、陶瓷基板和结构陶瓷等。

这个时期，台湾内外的经济贸易环境相当景气，台湾也累积和拥有相当的技术和资金，内外销市场曾盛极一时，为历年最好的时期。但由于国际区域性的经济逐渐形成，贸易往来日增，加上岛内工资上涨、同业竞相削价、建筑市场由盛转衰等因素，到90年代后期，许多从业者已呈现经营艰难的情况，在市场、技术管理等方面有待突破，期间有部分从业者，包括多数上市和上柜公司则转向东南亚或我国大陆等地投资设厂。

一、建筑陶瓷类

1993～1994年，为台湾建筑陶瓷的鼎盛时期。1994年，陶瓷面砖的产量为1.4648亿平方米，创下历史高峰，此后因建筑业由盛转衰而转走下坡。自2003年以来，又大量进口大陆瓷砖到台湾，使台湾陶瓷砖的生产厂家和产销量逐年减少。2010年时，台湾建筑陶瓷工厂不到60家，直接从业人员约一万人，窑数约在百余条内，但真正在生产的约仅半数而已，总产值约在120亿～135亿元（台币）之间（见表28-1）。

表28-1　1996～2000年台湾建筑陶瓷砖的总产值统计表　　单位：百万元台币

年度	1996	1997	1998	1999	2000（估计）
总产值	16994	15683	15595	13571	11500

在建筑陶瓷的进口方面，最近5～10年来总金额呈现不稳定的起伏变化，台湾前三个的主要进口国一直是西班牙、日本和意大利，三国的进口值合计占台湾总进口值的80%以上（见表28-2）。位于亚太地区的马来西亚、印度尼西亚有快速的成长，分别占第四、第五位。

表28-2　近年台湾建筑陶瓷进口值统计　　单位：千美元

国家	1998年	1999年	2000年
意大利	4714.8	4912.31	17321.9
日本	10674.56	9292.08	6018.6
马来西亚	725.72	2642.29	2841.6
印度尼西亚	395.45	1572.73	2133.9
西班牙	680.32	1147.96	13487.9
阿联酋	0.03	0	2110.2
澳洲	1034.54	1496.87	860.7
美国	1017.03	983.23	396.48
合计	21391.09	23865.39	47369.1

在建筑陶瓷的出口方面，近年出口量成长不少，主要是国内市场已饱和，各家厂商纷纷开发高单价产品外销（见表28-3）。但大陆的崛起，逐渐取代了台湾的外销市场。

表28-3　近年台湾建筑陶瓷出口值统计　　单位：千美元

国家	1998年	1999年	2000年
中国大陆（含香港）	3910.09	6473.41	6053.56
美国	2010.2	2947.47	3006.99
菲律宾	1183.66	1793.51	2519.24
日本	645.96	534.13	2021.26
澳洲	1535.51	1745.38	1171.36
新加坡	6256.23	2423.98	571.8
委内瑞拉	20.0	—	554.15
合计	21302.57	21218.28	36560.7

二、卫生陶瓷类

台湾卫生陶瓷的厂商约有15家，其中和成、电光、隆昌和三友等4家占有约八成以上的市场。这4家的生产线已完全自动化、产品质量与设计水平达到国际水平，但由于台湾建筑市场的衰退，近年来销售值则有渐渐减少的趋势（见表28-4）。

表28-4 近年台湾卫生陶瓷销售值统计

年度	1996	1997	1998	1999	2000（估计）
产值/百万元	3795	3490	3149	3113	2900

台湾卫生陶瓷的进口受到建筑市场萎缩和1999年"九二一"地震的影响，1998年至今总进口值一直下降，尤其欧美日货逐年减少，但菲律宾、泰国制品则逐年增加。在出口方面，1997年为鼎盛期，1998年和1999年逐年减少，2000年又增加。多年来，台湾卫生陶瓷的出口一直以日本为最大宗，出口到大陆和香港的量则逐年下降，对韩国和沙特阿拉伯则有大幅成长（见表28-5、表28-6）。

表28-5 近年台湾卫生陶瓷进口值统计　　　　　　　　　　单位：千美元

国家	1998年	1999年	2000年
菲律宾	893.09	4637.31	6448.7
泰国	8184.8	4411.96	4835.2
美国	2631.98	2778.58	2074.5
德国	3095.47	2871.1	1785.5
法国	2665.01	2393.42	1397.2
合计	24406	23260.64	22126.7

表28-6 近年台湾卫生陶瓷出口值统计　　　　　　　　　　单位：千美元

国家	1998年	1999年	2000年
日本	4066.89	2177.99	4963.8
韩国	476.68	447.54	1489.9
中国大陆（含香港）	2251.03	1986.5	1227.7
菲律宾	286.51	188.46	426.2
沙特阿拉伯	97.15	137.54	160.11
荷兰	3.92	21.36	139.92
合计	9566.4	6580.07	9428.9

三、艺术陶瓷类

台湾艺术陶瓷类工厂已有40多年的发展历史。目前，生产厂商约有40家，大都利用传统的陶艺技术，逐渐加上国外的设备和造型。也有少数厂商发展出台湾自有的特色，在输出品中一直占有相当的地位,这类厂商大部分分布在莺歌、新竹、苗栗等地。由于厂商多属中小型企业,员工以20～30人居多,在研发、设计、制程方面和销售能力等均有待加强。

台湾艺术陶瓷的进口受大陆的影响较大,出口方面因受大陆的低价竞争,使1997～1999年的出口值有连续下降的趋势。1999年比1998年减少8.5%、1998年又比前年大幅减少约40%。在进口方面,多年来来自中国内地的进口一直高居第一位,西班牙、日本的产品则有逐渐增加的趋势,表明中、高产品的需求仍有发展空间(见表28-7、表28-8)。

表28-7　近年台湾艺术陶瓷进口值统计　　　　　单位:千美元

国家	1998年	1999年	2000年
中国大陆(含香港)	1809.42	1661.43	2121.6
西班牙	347.25	461.4	700.3
日本	394.58	458.7	643.8
德国	538.56	535	561.2
意大利	603.07	351.42	275.3
泰国	147.34	118.68	190.4
合计	4965.7	4556.82	5283.2

表28-8　近年台湾艺术陶瓷出口值统计　　　　　单位:千美元

国家	1998年	1999年	2000年
美国	4247.54	4377.51	3317.7
日本	699.68	788.66	538.9
英国	825.08	542.56	335.3
中国大陆(含香港)	428.83	606.05	272.1
德国	723.42	364.62	183.3
合计	9269.05	8539.38	5918.7

四、台湾陶瓷工业展望

台湾陶瓷公会将陶瓷产业分为陶瓷建材、卫生瓷、日用陶瓷、艺术陶瓷、工业陶瓷等五大类。在陶瓷建材部分,台湾的瓷砖业者出口金额有年年下滑的趋势,而越南、印度尼西亚和中国大陆的产品具有价格上的优势,因此,业者在产销策略上势必进行调整、面对挑战。此外,台湾瓷砖出口质量口碑良好,因此继续维持质量的稳定、开发第一流水平市场,例如欧洲、日本、新西兰、澳大利亚等国,对于台湾瓷砖业的发展一定会有很好的帮助。卫生瓷的出口金额也呈现了下滑趋势,但因台湾产品的质量仍具有相当好的口碑,应采取策略联盟的方式来维持竞争力。

日用陶瓷的出口金额也是处于下滑的趋势。虽然台湾的产品在价格和质量上都具有竞争力，但在营销手法不讲究、厂商没有长期策略下，未来的形势将越来越险峻。在艺术或装饰陶瓷的发展上，一般来说，台湾陶艺家和工厂对外部市场并不积极深入去了解或开发，这类商品有萎缩的趋势，因此，政府更应加强辅导这块文化产业，例如工作室、陶艺家、贸易商和研发中心等，甚至成立专门学校或陶瓷（艺）培训中心培养艺术陶瓷的人才。此外，通过举办各项艺术陶瓷活动进行整体营销，推广艺术陶瓷作品。

工业和精密陶瓷是台湾陶瓷产业中多年来一直都成长的品类，也是政府和产业界可以继续努力发展的产品，透过产学研共同努力提升技术及产品的发展。虽然工业陶瓷在进口金额上比出口大，但大部分都来自日本、德国、美国、法国等先进国家，对台湾产业升级是有帮助的。

总之，台湾陶瓷业的生产技术已升高、质量仍然不错，因此，要做产业升级和产品创新，以提高市场的竞争能力。

第三节　著名陶瓷厂商和人物

台湾的陶瓷产业至少有二百年以上的历史，但真正工业化的时间大约只有百年，其中目前尚在经营的著名厂商不到十家。这里仅介绍创业30年以上，且愿意提供有关材料的7家厂商。

一、著名厂商

1.和成欣业公司

创立于1931年，将近80载，历经和成人胼手胝足，同心协力，创新开发，俨然成为台湾陶瓷卫浴界的龙头。近年来全球环保意识逐渐形成，国际化市场全面开放，消费者健康安全意识增强，更刺激着和成公司不断地突破发展新产品、新技术，全天候提供客房服务等经营方向，以满足广大市场及消费者需求。

新产品包括：配合政令、节约用水、创造三赢（政府、业者、消费者）的冲厕、沐浴省水器材。保障消费者，且具有强化效果的安全脸盆。外观造型与创意，且具有中华文化特色之龙头精品竹系列、壶系列，以及顶客、新禅等新系列卫浴产品。

新技术包括：具有防污抗菌功能，可彻底杜绝污垢、细菌及霉菌，抗菌度99%以上的纳米技术；安装简易，免除架设电线困扰的无线遥控操作面板；可延长产品（马桶）使用寿命，避免碰撞引起噪声或损坏的缓降装置；涵养水源、保固土壤的环保水砖。

全天候提供客房服务包括：如何选购产品、找寻可靠厂商施工、避免意外发生等之浴室安全咨询。免付费咨询和卫浴炉具上门安检活动。防污抗菌卫浴空间、世大薄卫浴改修、炉具全套服务一次完成之改修专业服务。

和成欣业从生产餐具、花钵粗陶的工厂发展到为台湾卫浴设备执牛耳地位的事业体,产品与形象受到消费者的广泛肯定。近年来,投资触角已经到达菲律宾与大陆,在各个地区都有极佳的商誉与稳定的市场。

自1992年起,举办第一届陶艺金陶奖,鼓励艺术创作,至今举办六届。金陶奖已成为台湾最负盛名、规模最大的全民陶艺竞赛,对造就优秀的陶艺创作者、社会教育与文化提升,富有积极意义,受到陶艺界人士与媒体的热烈反应。

2. 白马窑业公司

1945年,廖发德先生在台北县创立义益窑业,开始生产建筑用红砖及红瓦。1972年,廖荣助先生再创立大欣窑业公司,增加生产碗、盘、艺术盆类及马赛克瓷砖,1975年扩厂至桃园,成为全系列瓷砖制造厂。1978年,成立白马窑业公司,廖荣助先生担任董事长、廖永顺先生为总经理。

1991年,在海外投资成立白马-马来西亚一厂。台湾厂于1996年荣获ISO 9002认证、1999年荣获ISO 9001认证。1999年,成立白马-越南厂,2000年,成立白马-马来西亚二厂。

2001年,台湾白马母厂引进全套意大利LB布料及SACMI大型成形系统。2004年,全系列瓷砖荣获台湾国家环保标章认证通过。2008年,台湾白马母厂新世纪瓷砖厂启用,拥有意大利原厂7500t精密瓷砖成形设备、长达168m的意大利精密计算机控制窑炉和意大利LB高塔多元多层布料系统等。

3. 隆昌窑业公司

1961年,周贤宽先生创立隆昌一厂,专门产销全套卫浴设备。1976年,瓷器荣获正字标记认证。1983年,给水铜器荣获正字标记。

1991年,以崭新的企业精神、永续经营的理念,迈向更卓越的质量要求而致力全面国际化,9月,成立台中分公司及展示中心。1993年6月,再度扩建厂房,使用面积达5000m^2;7月,正式推出精心研发的德瑞克(Derek)精密陶瓷芯轴水龙头;9月,推出第三代单体马桶,冲洗一次完成,同年又引进日本自动施釉设备。

1996年,作为台湾第一家卫浴厂商通过ISO 9001国际质量验证,同时被指定为观摩厂商。1999年3月,与日本合作开发完成抗菌马桶盖;6月,给水铜器通过ISO 9001国际验证;8月,成立台南分公司及展示中心。

2000年7月,研发推展I、Q烤花系列产品;8月,给水铜器取得CNAB认证委员会认证范围;同年,关系企业宏国公司顺利转型为专业壁砖生产厂。2002年7月,德瑞克系列、爱蜜丽系列、孟斐斯系列、标准系列产品荣获省水标章。2003年1月,铜器类产品,一般水龙头、自闭式水龙头、两段式冲水器、感应式水头、小便斗自动冲水器等系列荣获省水标章,同时成为台湾第一家通过经济部标准检验局"壁挂式瓷制脸盆(膨胀螺栓)载重试验合格;登录识别编码为R31457"。

隆昌窑业专门产制全套卫浴设备,年产量70万件,为目前台湾第二大卫浴厂,采用最现代化的全计算机化自动瓦斯梭子窑,是台湾第一家与澳洲GFC通用公司技术合作,采用全自动生产马桶、面盆及水箱的企业。

隆昌系列产品多样化的空间艺术与生活紧密结合，从满足人的基本需求到塑造多样化的空间艺术，确实体贴入微。隆昌公司真正达成人本经营的目标，让大家更能享受高级化、精致化、整体化的产品。

4.电光企业公司

1965年，李昭亭先生创立电光企业股份有限公司，从事卫生陶瓷器的生产制造，并与日本陶业株式会社技术合作。1973年，取得正字标记认证。

1983年，以商品国际化为目标，与日本株式会社INAX技术合作，提高质量、降低成本。单元卫厕设备（UT）与日本制陶株式会社技术合作，于1988年获日本工业规格标准JIS使用工厂认证，并设立卫浴工程部从事整体卫厕之设计制造与施工。与日本INAX制陶株式会社签定整体卫厕（SYSTEM TOILET）之技术合作，同时取得日本工业规格标准（JIS）使用认可工厂，完成建立检验体系、标准化体系、抱怨处理体系、新产品开发体系（设置CAD/CAM，NC Machine）及各种管理体系。

1993年和1994年，整体卫厕、亚历山大彩绘系列及S-5560省水马桶系列化产品荣获台湾精品奖；1994年，又荣获台湾精品奖。1997年，整体卫浴荣获内政部组件式建材优良奖。2006年，"纯真系列"获陶瓷博物馆举办之陶瓷新品评鉴展"技艺优秀奖"等。

目前，主要产品为卫生陶瓷器、给（排）水铜器、浴缸、单元卫厕设备（简称UT）、电能热水器、马桶盖、人造台面等。

电光企业本着求变、真诚、善意的理念，为提升生活质量尽力、为维护环保资源尽心。坚持不断以创新改革、提升人们生活环境水平，成为亚洲卫浴产品最佳供应者。电光企业是台湾扎实经营的老字号公司，是业界少数具备自行开发、设计卫生陶瓷能力的一线厂商，亦是目前唯一仍将生产基地完全留在台湾的领导品牌与卫浴业者。

5.三洋窑业公司

1971年，陈清吉和陈福吉两兄弟在台北县莺歌镇莺桃路创设环球窑业公司，开始生产三洋牌瓷砖。1977年9月，陈福吉先生于公司现址（八德路）改组成立"三洋窑业股份有限公司"，采用"三洋圆满世界心"的企业标志，传达积极追求圆满，满意和永不止歇的精神，以三洋瓷砖品牌营销海内外市场。

陈福吉董事长为陶瓷世家。1914年的日治时代，陈福吉的祖母在当时的桃园竹北二堡咸菜瓮（今之新竹县关西镇）开始经营窑厂。父亲陈泉兴师承贺本庄三郎，为北投"大屯烧"的嫡传。代代坚守祖业全心投入制陶事业，提升陶瓷新领域。

1997年，公司另创"圣玛莉诺"高级品牌，推出当时最大尺寸的壁砖，改变了用小片砖上墙的习惯，成为流行的精品瓷砖迄今，开拓了空间新美学，更满足消费者品位至上的主流价值趋势。

三洋瓷砖是台湾少数具备全产品生产能力的专业工厂之一，透过三洋瓷砖与圣玛莉诺两大品牌，提供海内外市场最齐全的规格产品，满足不同层面顾客多元化的需求。三洋瓷砖奉行"技术的突破"、"传承的执着"、"宏观的发展"的经营之本，坚持质量管理，落实全面提升的服务系统，展现出用心、合作、创新和专业的团队，引领台湾的空间建材建构居家精致质感，开创机能与美感交融的新文化价值。

6.冠军建材公司

1972年11月，林田村先生于功栗县竹南镇创办冠军建材集团，自创"冠军"品牌，生产高级瓷砖，营销海内外市场，以"诚信务实"的精神，创新求进，精益求精，提供海内外客户最优良的产品与服务。2009年，率先在台湾业界，首创推出"家庭使用十年保固"的服务，对消费大众提出完善质量保证的企业承诺，以创造永续的建筑产业与优质的生活。

1990年，林荣德先生接任董事长，创造无数个台湾第一，使冠军建材成为台湾瓷砖业的领导者。1992年，冠军以第一类股票成功上市，业绩一路遥遥领先同业；同年，成功研发出亚洲第一片抛光石英砖；1996年，首家通过ISO 9001质量认证；2007年，获颁瓷砖业界唯一"绿建材绿色标章"；台湾唯一连续多年精品奖，深受市场肯定，产品市场占有率达30%以上。自1994年起连续18年，在台湾雄居行业的第一品牌，也是跨足台海两岸的瓷砖业龙头。

冠军建材集团成立以来，一直秉持着创办人林田村先生重视环境保育、节约能源经营理念，为保护地球贡献心力。为落实绿色环保珍爱资源，在台湾及大陆建立公园化、自动化、节能环保"绿色瓷砖"生产基地，积极致力于研发生产各种绿色环保、高科技的精品瓷砖。推出具有自洁功能的"纳米自洁智能砖"、"健康有氧砖"等划时代的革命性产品，是台湾唯一荣获"绿建材标章"与"资源回收砖环保标章"的瓷砖厂，做到比同业平均节能20%，获得"节约能源绩优奖"。2009年，斥资亿元兴建全台瓷砖产业首座绿色瓷砖观光工厂"冠军绿概念馆"，教育下一代关心"历史的智慧"及"绿色的文化"，将与自然共生及永续经营的理念表现在生活态度中，并开创绿活美学新时代。

冠军建材追求第一的决心，也展现在品牌"与世界时尚同步风行，技术领先同业的决心"上，目前，集团除拥有台湾第一的"冠军瓷砖"品牌之外，更在1994年引进意大利风格"马可贝里瓷砖"，为广大的消费者提供更多样化选择与服务。

2006年，成立了"安心居"新通路，大规模引进或代理意大利、西班牙世界顶级领导品牌瓷砖，引领欧洲时尚流行风格，成为企业转型升级的典范。安心居以垂直整合的通路架构，让建材专卖店更具便利性，首创全台连锁大型展示中心，以宽敞明亮的空间、精致多样化的瓷砖，及完善的咨询、规划、设计及施工的全方位服务，让消费者"买得安心、用得放心、住得贴心"。

1997年，冠军在江苏昆山设立信益陶瓷（中国）有限公司，作为冠军建材的大陆总部，建立大陆唯一的公园化、自动化、节能环保的"绿色瓷砖"生产基地。2002年，在山东蓬莱市设立信益陶瓷（蓬莱）有限公司。2010年，在安徽宿州市设立第三厂。

"冠军建材"构建了完善的营销服务网络，成功建立高价位品牌，在全球三大洋五大洲建立了完善的销售网，包括美国、英国、法国、意大利等对瓷砖质量要求最严苛的国家。

冠军建材坚持"取之社会，用之社会"的理念，相继成立"林木、林田村先生基金会"及"冠军建材爱心急难救助基金"，以实际行动回馈社会，积极从事各项慈善公益活动。多年来，持续以每销一箱瓷砖产品捐一元的方式，举办"大一元爱心砖"活动。捐赠金额高达数千万元新台币。此外，基于爱心不分疆界、回馈不分两岸，"爱心砖"的活动更扩展到台海对岸，在大陆捐建十多所希望小学，2005年起推动助贫奖学金，帮助2500多名大学生就学。2005年，荣获"内政部"颁发的"国家公益奖"最高殊荣，为冠军建材集团赢得"慈善冠军"的美誉。

7. 中国制釉公司

1973年，蔡家堆先生创办中国制釉股份有限公司（中釉），是台湾第一家专业制釉公司。当时，台湾没有釉料生产技术，所有釉料都自日本与欧洲进口。中釉的成立使得产业不再受制于国外供货商，成本降低，协助产业蓬勃发展。

1981年左右，中釉着手开发东南亚市场，陆续在泰国、菲律宾、印度尼西亚、马来西亚、越南等国家设立服务点，就近服务客户。

1992年，在广东设立广东三水大鸿制釉有限公司，并先后成立上海大鸿制釉有限公司、山东大鸿制釉有限公司等生产基地，销售据点普及华中、华南等地区，完成大陆市场的布局。2005年，在印度尼西亚设立中釉印度尼西亚厂，满足印度尼西亚市场日益成长的需求。

目前，中釉是亚洲最大的釉药材料专业生产集团，生产熔块釉、色料、成釉、干粒、印油、印刷釉、硅酸锆等产品。

公司在台湾成立研发中心总部，下设特殊功能陶瓷、纳米产品、太阳能产品、荧光粉等相关研究部门，进行创新的研究发展。中釉公司将更深化科技导向，除了持续研究发展新领域外，并将以创新技术应用于传统陶瓷制造方法，以协助客户提升产品附加价值、提高质量、节省成本、提升国际水平。

二、人物介绍

1. **陈斐然**（1877～1942），出身莺歌望族。1920年，接任刚改制的"莺歌信用组合"（前身为"莺歌石信用组合"）的组合长。1921年，联合当地制陶业者成立"尖山陶器生产贩卖组合"，以陶瓷为主要营业项目，任组合长，成绩卓著，使莺歌陶业进入全新时期。1924年，成立"益成记陶器制造所"，生产水缸、陶管、花钵等日用陶瓷，通过引进新技术、新机器及各式原料、聘请福州用手挤坯工艺制作大型陶器，开发出大量新产品，而成为莺歌首屈一指的窑场。后传给儿子陈义方。陈家长期执莺歌陶瓷业牛耳，对提升莺歌整体陶业水平做出了不可磨灭的贡献。

2. **邱和成**（1892～1979），原名邱成，曾在警界工作多年，妻子出生在莺歌陶业兴旺百年的吴氏家族。40岁时，成立"和成制陶部"，制作粗陶与花钵，并改名为"和成"。在他的努力下，十几个人的小工厂的业务蒸蒸日上。1939年前后，他抓住台湾提倡家家户户必须有厕所的机会，投入日式非水洗式便器的制作，产量不断扩大，成为台湾卫生陶瓷的先驱之一。1949年，把"和成制陶部"改为"和成制陶厂"，业务转由儿子邱弘文与邱弘毅管理，继续开发卫生陶瓷。历经数年，开发成功台湾第一代坐便器。1955年，烧制白釉取得成功，使台湾卫浴业的发展进入了一个新阶段。随后，把"和成制陶厂"改为"和成窑业公司"，放弃传统窑，改建隧道窑。1962年，建造的首条70m隧道窑投产。1981年，再度更名为"和成欣业公司"，业务范围扩大到整个建筑业。

3.陈泉兴（1909～1973），新竹关西范姓人，三岁时被陈姓养母收养。后到北投，师从日本陶师贺本庄三学习制陶技术，成为日式制陶手艺在台的重要传人。先后协助北投新成立的"七星窑业"筹建窑场、担任关西"新禾兴窑业"的陶师。1947年，在莺歌租窑生产碗盘，生意极佳，两年后买下窑场，自立事业，成立"泉兴窑业工厂"。由于奔波积劳，拖垮了身体，由年仅13岁的儿子陈清吉接手，他成为幕后最佳指导，并成为原料供应商。他的另一个儿子陈富吉也协助他的陶瓷事业。在他父子的努力下，过去仅制作粗陶的莺歌开始制造细致的碗盘等日用器具。20世纪70年代，莺歌碗窑蓬勃发展，泉兴窑业面临激烈竞争，更加注重技术开发，陈清吉发展彩绘花瓶，陈富吉转向建筑陶瓷。而后，两兄弟再度联手创立"环球窑业"、"三洋窑业"，并在新竹湖口买下"三扬"公司，转向马赛克和瓷砖的制作。

4.许自然（1910～1978），1948年，试制成功台湾第一片砂轮，并在莺歌成立"谊利科学工厂"生产砂轮及其他日用陶瓷。随后，受莺歌金敏窑林老板之邀合作，合作十年间，协助金敏窑成立了日后台湾最重要的砂轮制造厂——"中国砂轮股份有限公司"。后来离开"中国砂轮"，自立门户，另外成立"自然化工厂股份有限公司"，继续砂轮及工业陶瓷的开发。1968年，被推选为第一届台湾陶瓷公会理事长，带领会员赴日本考察，引进长石、高岭土等日本原料，提升了台湾的陶瓷水平。与此同时，他积极奔走，多方争取，说服政府于1971年把天然瓦斯管线铺设至莺歌，延续和提升了莺歌的陶瓷业，使莺歌迈向精致的瓷器时代。此时，成立"大光高级耐火厂股份有限公司"，生产耐火砖、断热转等高级耐火材料，迎接建筑陶瓷时代的到来。1972年，创办"市拿陶艺有限公司"，以古代"官窑"的精神，制作精致的仿古陶瓷，获得成功，也使莺歌掀起制作古陶瓷的风气。

第四节　台湾陶瓷发展年表

（1624～1662年初）：聘请大陆陶匠来台，制造砖瓦及民居。

（1662～1683年末）：陈永华教民烧瓦。

（1683～1894年）：

1796年　汉人在南投开始建窑生产陶器。

1804年　福建泉州磁灶人吴鞍开始在莺歌制陶。

1840年　此年代年末，叶王于嘉义、台南一带的寺庙烧制交趾陶。

1897年　日本人岩本东作在苗栗设陶瓷场，为苗栗陶业的开端。

1901年　南投成立"技术者养成所"聘请日本人龟冈安太郎来台指导。

1902年　福建人林景洞在大甲东设立"内窑"（丰荣陶器工厂），为大甲东陶瓷之始。

1911年　日本人松本龟太郎在北投设立"北投陶器所"为北投烧的始祖。"金富兴商会陶器工厂"在沙鹿成立，成为台湾中南部陶瓷的发源地。

1913年　日本人后宫信太郎在台北成立"台湾炼瓦株式会社"。

1917年　在殖民政府的主导下，莺歌成立"莺歌石信用组合"，三年后改为"莺歌信用组合"。

1918年　日本人石山丹吾整合苗栗陶瓷资源，成立"苗栗窑业株式会社"。

1919年　日本人后宫信太郎接手"北投陶器所"，改名"北投窑业株式会社"，后改为"台湾窑业株式会社"，国民政府接收后，改隶"台湾工矿公司北投陶瓷耐火器材厂"。

1921年　莺歌成立"尖山陶器生产贩卖组合"，陈斐然任组合长。

1922年　日本人石山丹吾在苗栗大坑组织"苗栗窑业社"。

1923年　日本人贺本庄三郎在北投设立"大屯制陶所"，烧制日用陶瓷。

1926年　刘案章就读日本爱知县常滑陶瓷学校，为台湾第一位留日习陶者。

1927年　南投设"技术员养成讲习会"，聘请日本人贺本庄三郎到南投。苗栗开始利用天然瓦斯烧陶。

1928年　日本人河原谦次郎在花莲设立"东台湾陶器制造株式会社"。

1930年　吴开兴在苗栗枫仔坑成立"福兴陶器工厂"，开创了本地人设窑的风气。

1940年　台湾现代陶艺先驱林葆家由日本习艺回台，创立"明治制陶所"。

1949年　台湾与大陆交通中断，大陆陶瓷无法入台，给予了台湾陶瓷业充分发展的机会。

1950年　吴让农在工矿公司北投陶瓷耐火器材厂带领四人研究小组，成功烧制出西式冲水马桶。

1954年　吴让农与许占山成立"永生工艺社"，开创台湾艺术陶瓷的风气。

1957年　"国立台湾师范大学"工业教育系开设陶瓷课程，由吴讓农授课，为台湾陶瓷教育之始。

1960年　此年代工矿公司开发石陶器西洋餐具，开启台湾陶瓷外销之契机。

1962年　吴让农设立个人陶瓷工作室，为全台首创。

1965年　历史博物馆举办第五届全台美展，增加陶瓷类，为首次以"陶瓷"组类证件的综合性比赛，但仅此一届，后改为以工艺及美术设计组征收陶瓷作品。

1968年　禁燃生煤，北投窑业因而没落，许多人转往莺歌发展。

1970年　此年代乡土运动兴起传统制陶技术再度获得重视。

1971年　莺歌开始铺设天然气管线，烧窑燃料逐渐由生煤改为天然气。

1972年　许自然创办"市拿陶艺有限公司"，制作仿古陶瓷。

1976年　"薇拉"台风来袭，北投采土场废石造成土石流，政府下令禁采北投土。

1978年　台湾引进第一套意大利制作的滚轮式快速瓦斯烧成窑，打破了传统的窑炉设备形式，为台湾陶瓷工业写下了崭新的一页。

1980年　此年代陶瓷产业走向资本与技术密集的经营路线，许多小窑场因无法面对竞争而关闭。

1986年　第一届陶艺双年展在"历史博物馆"举行，为台湾第一个常态性陶瓷竞赛展。

1989年　台北县立文化中心"现代陶艺馆"成立。

1993年　《陶瓷》杂志季刊创刊，为台湾第一本专业陶艺杂志。

2000年　台北县立莺歌陶瓷博物馆成立。

参考文献

[1] 中国硅酸盐学会.中国陶瓷史.北京：文物出版社，1982.

[2] 中国硅酸盐学会.中国古陶瓷论文集.北京：文物出版社，1982.

[3] 中国硅酸盐学会.硅酸盐辞典.北京：中国建筑工业出版社，1983.

[4] 江西省轻工业厅景德镇陶瓷研究所.中国的瓷器.北京：中国财政经济出版社，1963.

[5] 《当代中国》丛书编辑委员会.当代中国的建筑材料工业.北京：中国社会科学出版社，1990.

[6] 中国硅酸盐学会陶瓷分会建筑卫生陶瓷专业委员会.现代建筑卫生陶瓷工程师手册.北京：中国建材工业出版社，1998.

[7] 吕祖良.中国建材教育50年.武汉：武汉工业大学出版社，2000.

[8] 鲍杰军.中国智式.北京：中国建材工业出版社，2008.

[9] 罗杰，中国建陶地理，陶城报社，2010.

[10] 中国建筑卫生陶瓷协会.中国建筑卫生陶瓷年鉴（建筑陶瓷·卫生洁具2010）.北京：中国建筑工业出版社，2011.

[11] 江文远.漫谈夹江陶瓷的历史渊源.中国西部瓷都网，2009.

[12] 严东生.无机材料研究与材料科学.硅酸盐学报.1978，2：85-98.

[13] 干福熹.无机材料的发展.硅酸盐通报，1995，4：13-17.

[14] 郭景坤.中国结构陶瓷研究的发展及其应用前景.硅酸盐通报，1995，4：18-28.

[15] 范福康，丘泰.功能陶瓷现状与发展动向.硅酸盐通报.1995，4：29-36.

[16] 国家高技术新材料领域专家委员会等.中国高技术新材料研究发展计划概要，1966.

[17] 山东省陶瓷公司.淄博工业陶瓷大事记，1993.

[18] 王尔孝.司书长.淄博陶瓷志，2003.

[19] 杜祥荣.半世瓷缘梦与真——我的陶瓷生涯.北京：山东友谊出版社，2009.

[20] 殷之文.电介质物理学.北京：科学出版社，2006.

[21] 王永龄.功能陶瓷性能与应用.北京：科学出版社，2003.

[22] 钟维烈.铁电体物理学.北京：科学出版社，1998.

[23] 张福学，王丽坤.现代压电学.北京：科学出版社，2001.

[24] 干福熹.信息材料.天津：天津大学出版社，2000.

[25] 王零森，黄培云.特种陶瓷.长沙：中南大学出版社，2005.

[26] 曲远方.功能陶瓷及应用.北京：化学工业出版社，2003.

[27] 国家发展和改革委员会高技术产业司，中国材料研究学会.中国新材料产业发展报告.北京：化学工业出版社，2004.

[28] 陈祖熊，王坚.精细陶瓷：理论与实践.北京：化学工业出版社，2005.

[29] 都有为.铁氧体.南京：江苏科学技术出版社，1995.

[30] 钟代英.磁性陶瓷.西安邮电学院学报，1998，1.

[31] 胡伯平.低碳生活中磁性材料，稀土永磁材料在低碳产业中应用.新材料产业，2010.

[32] 苗赫濯等.透明氧化铝陶瓷.电光源杂志，1975.

[33] 苗赫濯，刘元鹤.透明Al_2O_3陶瓷的研制.清华大学学报，1978.

[34] Rhodes W. H. Development of Translucent Al_2O_3, Silicon Nitride, Silicon Carbide, and Sialon in China. American Ceramic Society Bulletin, 1980, 5919: 927-929.

[35] 曾绍先，符锡仁.半透明氧化铝陶瓷电弧管.应用科学学报，1983.

[36] 李悦安.透明陶瓷.建材技术——陶瓷，1979，3：10-13.

[37] 黄存新，李建保，雷牧云等.中波红外光学材料的研究现状和发展趋势.人工晶体学报，2002.

[38] 雷牧云，黄存新，闻芳等.透明尖晶石陶瓷的研究进展.人工晶体学报，2007.

[39] 黄存新，李建保，雷牧云等.光学透明多晶铝镁尖晶石的研究进展.稀有金属材料与工程，2003.

[40] 雷牧云，黄存新，宋庆海等.透明多晶尖晶石的制备及应用研究.真空电子技术，2005.

[41] 江东亮.透明陶瓷——无机材料研究与发展重要方向之一.无机材料学报，2009.

[42] 杨秋红.激光透明陶瓷的研究历史与最新进展.硅酸盐学报，2009.

[43] 潘裕柏，徐军，吴玉松等.Nd：YAG透明陶瓷的制备与激光输出.无机材料学报，2006.

[44] 潘裕柏，郭景坤等.透明激光陶瓷的发展与应用.中国空间科学学会空间材料专业委员会2009年学术交流会，2009.

[45] 李悦安.高温红外辐射涂料的研究与应用.山东陶瓷，1988，2：20-39.

[46] 李世普，陈晓明.生物陶瓷.武汉：武汉工业大学出版社，1999.

[47] 张锡秋.从古至今——回眸近代中国日用陶瓷六十年.江苏陶瓷.2009（增刊）：23.

[48] 王程广，栾鹤年，刘桐荣.刚玉瓷多孔陶瓷的生产和应用.建材技术——陶瓷，1974，3：1-15.

[49] 陈学江.大型泡沫陶瓷过滤板的研制.现代技术陶瓷，1998，3：17-20.

[50] 赵红军等.泡沫陶瓷的研制.现代技术陶瓷，2005，2：13-15.

[51] 唐竹兴，田贵山，杨晴晴.ZrB_2-Al_2O_3泡沫陶瓷的研制.硅酸盐通报，2007，12（6）.

[52] 肖诗纲.刀具材料及其合理选择.北京：机械工业出版社，1990.

[53] 艾兴，肖虹.陶瓷刀具切削加工.北京：机械工业出版社，1988.

[54] 潘敏元等.高强韧性复合陶瓷刀具材料的研究.陕西机械学院学报，1992.

[55] 赵高扬，潘敏元.陶瓷刀具新材料切削性能探讨.机械工程材料.1994.

[56] 周家宝，苗赫濯等.氮化硅陶瓷刀具切削性能的实验研究.清华大学科学报告，1978.

[57] 苗赫濯等.热压氮化硅陶瓷刀具.兵器工艺技术，1979.

[58] Tsienkuang Wu, Hezhuo Miao, et. al.. Studies on silicon nitride and silicon carbide. Proceedings of International Symposium on Factors in Densification and Sintering of Oxide and Non-oxide Ceramics, Japan, 1978.

[59] Miao HZ, Zhou CB, et al.. Studies on the application of hot-pressed Si_3N_4 ceramics as cutting tools. Ceramurgia International, 1980, 1:36-39.

[60] Katz R. N.. High-temperature stuctural ceramics. Science, 1980.

[61] Katz R. H. An assessment of the present status and future prospects of advanced ceramics in high temperature structural applications. Proceedings of the World Congress on High Tech Ceramics, Italy, 1986

[62] Rhodes W. H.. Development of Translucent Al_2O_3, Silicon Nitride, Silicon Carbide, and Sialon in China. American Ceramic Society Bulletin, 1980, 59（9）: 927-929.

[63] 苗赫濯.刀具材料的革新促进机械加工技术的进步.科技中国，2004.

[64] 苗赫濯.陶瓷与节能.中国科学技术前沿（中国工程院版），2006（9）.

[65] 中国绝热隔音材料协会 保温与节能技术编辑室.山东鲁阳股份有限公司专辑保温材料与节能技术，1999（1）.

[66] 唐山第十瓷厂.陶瓷纤维，建材技术—陶瓷，1976，1：17-18.

[67] 张培德.调整结构提高质量 为节能减排服务.中国建材报，2010.

[68] 袁缨.鲁阳：在新起点上展翅翱翔.中国建材报，2009，11（10）.

[69] 郭姜宁.我国首个火电厂脱硝催化剂产品推向市场.科技日报，2010，10（31）.

[70] 李家治，陈显求，张福康等.中国古代陶瓷科学技术成就.上海：上海科学技术出版社，1984.

[71] 李密芳，湛轩业.国外空心砖生产工艺及技术装备的新发展㈠.砖瓦，2002（6）.

[72] 湛轩业，付善忠.盛世兴堧填 江山更窈窕——中国民族砖瓦工业60年纪事.砖瓦，2009（9）：65-74.

[73] 湛轩业，付善忠，傅力澜.现代砖瓦——烧结砖瓦产品与可持续发展建筑的对话.北京：中国建材工业出版社，2009：146-162.

[74] 湛轩业，付善忠，许淑玲.现代烧结砖瓦产品的发展及种类（一）.砖瓦，2009（5）：45-54.

[75] 湛轩业，付善忠，许淑玲.现代烧结砖瓦产品的发展及种类（二）.砖瓦，2009（6）：63-67.

[76] 湛轩业，付善忠，许淑玲.现代烧结砖瓦产品的发展及种类（五）.砖瓦，2009（10）：45-49.

[77] 湛轩业，付善忠，许淑玲.现代烧结砖瓦产品的发展及种类（九）.砖瓦，2010（2）：57-61.

[78] 权宗刚.论因地制宜发展墙体材料工业.砖瓦，2007（7）.

[79] 轻工业部一轻局.日用陶瓷工业手册.北京：轻工业出版社，1980.

[80] 轻工业部赴英高岭土考察团.英国高岭土矿考察报告，1979.

[81] 轻工业部.首届全国陶瓷原料学术讨论会文集,1982.

[82] 刘康时,陶瓷工艺学.北京:中国建筑工业出版社,1981.

[83] 张儒岭等.人工合成骨粉及其制瓷技术的研究.中国陶瓷工业,1998.

[84] 张儒岭,徐景维.山东陶瓷工业科技进步与成果.青岛:中国海洋大学出版社,1993.

[85] 俞康泰.现代陶瓷釉料与装饰技术手册.武汉:武汉工业大学出版社,1999.

[86] 中国硅酸盐学会陶瓷分会建筑卫生陶瓷专业委员会.现代建筑卫生陶瓷工程师手册.北京:中国建材工业出版社,1998.

[87] 俞康泰.国内外陶瓷添加剂的发展现状、趋势及展望.佛山陶瓷,2004.

[88] 张锡秋等.高岭土.北京:中国轻工业出版社,1988.

[89] 杨红霞,刘卫东.我国建筑卫生陶瓷工业技术装备概述.中国陶瓷,2004,40(3).

[90] 陈帆.陶瓷工业机械设备.北京:中国建筑工业出版社,1982.

[91] 陈帆.现代陶瓷工业装备.北京:中国建材工业出版社,1998.

[92] 陈帆.中国陶瓷机械设备年鉴(1980—1984),(1985—1988).广州:华南工学院出版社.

[93] 陈帆.中国陶瓷工业发展的实践与探索.中国陶瓷工业,1999(3).

[94] 陈帆.中国陶瓷生产技术装备概况与发展.山东陶瓷,2002(3).

[95] 陈帆.中国陶瓷技术装备工业的开发与前景.中国硅酸盐学会陶瓷分会年会论文集,1992(6).

[96] 张柏清.中国陶瓷机械的现状和发展趋势.佛山陶瓷,2011,5(6-8).

[97] 张柏清.中国日用陶瓷、建筑陶瓷机械的现状和发展趋势.陶城报,第1006期T06-07.

[98] 方博林等.江西省轻工业志.北京:方志出版社,1999.

[99] 徐希祉等.江西省陶瓷工业志.北京:方志出版社,2005.

[100] 周銮书.景德镇史话.南昌:江西人民出版社,2004.

[101] 尹世洪等.江西省陶瓷工业公司.北京:当代中国出版社,1998.

[102] 杨永峰.景德镇陶瓷古今谈.北京:中国文物出版社,1991.

[103] 江华等.景德镇十大瓷厂.景德镇陶瓷杂志,2010.

[104] 冯奇星,汤青卿.浅谈景德镇日用瓷的发展思路.景德镇陶瓷,2010,6.

[105] 张莹,王康健.当代景德镇日用瓷发展之研究.江苏陶瓷,2009,2.

[106] 徐平华.十六年来景瓷发展的回顾与思考.景德镇陶瓷,5(3).

[107] 宋晓.景德镇日用陶瓷市场考察报告.陶瓷纵横,2005,1.

[108] 朱顺龙.激情燃烧铸就红色瓷业.南方文物,2006,3.

[109] 涂重阳.景德镇陶瓷科技大事记(三).景德镇陶瓷,4(4).

[110] 胡海泉,吴大选,鄢春根,铜红釉工艺.厦门:厦门大学出版社,1994.

[111] 江苏省地方志编撰委员会.江苏省志·陶瓷工业志.江苏人民出版社,1994.

[112] 轻工业陶瓷工业科学研究所.中国的瓷器.北京:中国轻工业出版社,1963.

[113] 浙江省轻工业厅,浙江省文物管理委员会,故宫博物院.龙泉青瓷.北京:文物出版社,1966.

[114] 朱琰撰.傅振伦译注.陶说译注.北京：中国轻工业出版社，1984.

[115] 朱培初.明清陶瓷与世界文化的交流.北京：中国轻工业出版社，1984.

[116] 三上次男.陶瓷之路.北京：文物出版社，1984.

[117] 路易·艾黎.瓷国游历记.北京：中国轻工业出版社，1985.

[118] 浙江省工业厅.龙泉青瓷研究.北京：中国文物出版社，1988.

[119] 桑行之等.说陶.上海：上海科技教育出版社，1993.

[120] 叶茂林.陶器鉴赏.漓江：漓江出版社，1995.

[121] 李辉柄.宋代官窑瓷器.北京：紫禁城出版社，1996.

[122] 汪庆正.越窑·秘色瓷.上海：上海古籍出版社，1996.

[123] 冯先铭.古陶瓷鉴真.北京：北京燕山出版社，1996.

[124] 浙江省文物局.中国龙泉青瓷.杭州：浙江摄影出版社，1998.

[125] 李炳炎.宋代潮州笔架山窑.汕头：汕头大学出版社，2004.

[126] 邱陶亮.林鸿禧瓷塑人物论.潮州，2006.

[127] 郑振强，郑鹏.广东彩瓷·潮彩.广东：岭南美术出版社，2008.

[128] 陈玲玲.广彩·远去的美丽.九洲出版社，2007.

[129] 陈文增.定窑研究.华文出版社 2003 年.

[130] 马永平.唐山陶瓷：风雨历程60年.陶瓷资讯，2009.

[131] 谭瑞沅.新一轮产业蜕变的突破口将是文化.兴邦陶瓷报，2010，5（31）.

[132] 马永平，赵志远.唐山卫生陶瓷的发展与变革.中国建筑卫生陶瓷协会成立二十周年资料汇编.

[133] 赵栋，以松.唐山说古.北京：当代中国出版社.

[134] 李焱.新唐山三十而立.石家庄：河北人民出版社，2006.

[135] 山东省地方史志编纂委员会.山东省志—陶瓷工业志.山东人民出版社，1995.

[136] 赵青云.河南陶瓷史.郑州：河南中州古籍出版社，1986.

[137] 苗锡锦.钧瓷志.郑州：河南中州古籍出版社，1999.

[138] 程伟.钧彩釉瓷.郑州：河南大象出版社，2003.

[139] 毛松涛.河南省轻工志.北京：中国轻工出版社，1987。

[140] 刘金炳.河南省陶瓷工业发展的技术政策.郑州：河南科技出版社，1989.

[141] 中国硅酸盐学会.硅酸盐辞典.北京：中国建筑工业出版社，1984.

[142] 晋佩章.中国钧瓷艺术.郑州：河南中州古籍出版社，2003.

[143] 刘合心.河南省建筑卫生陶瓷工业十二五发展方向.中国硅酸盐学会建筑卫生陶瓷专业委员会2011年学术年会论文集，2011.

[144] 藏文莹.钧瓷志.北京：中国文史出版社，2008.

[145] 德化县志编纂委员会.德化县志.北京：新华出版社，1992.

[146] 德化县地方志编纂委员会.德化县陶瓷志.北京：方志出版社，2005.

[147] 重庆市轻工业志编委会.重庆轻工志1840—1985.成都：四川科学技术出版社，1995.

[148] 伍秋鹏.重庆巴县清溪窑鉴赏.收藏界，2008，8.

[149] 陈泰敏，朱奇琦，王国辉.云南玉溪窑.广东：岭南美术出版社，2003.

[150] 中共华宁县委宣传部.中国泉乡华宁.昆明：云南美术出版社，2008.

[151] 冯先铭.中国陶瓷.上海：上海古籍出版社，2001.

[152] 叶喆民.中国陶瓷史.北京.生活•读书•三联书店，2006.

[153] 陕西省考古研究所，耀州窑博物馆.宋代耀州窑址，北京，文物出版社，1998.

[154] 陕西省地方志编纂委员会.陕西省志（第二十三卷）建材工业志，西安：陕西科学技术出版社，2009.

[155] 马小鹏，亓丰源.淳化伊利石黏土的特性及其应用研究.中国非金属矿工业导刊，2010.4.

[156] 杭天.西夏瓷器.北京：文物出版社，2010.

[157] 赵信.青海彩陶.考古，1982，1.

[158] 司徒嫣然.市影匠心——香港传统行业及工艺.香港：香港市政局，1996.

[159] 曾柱昭.香港陶艺1985—1995.香港：香港市政局出版，1996.

[160] 谭志成.今日香港陶艺.香港：香港市政局出版，1984.

[161] 何秉聪.陶艺杂谈之香港陶瓷业沧桑史.香港：广角镜出版社，1978.

[162] 李慧娴.鸳鸯—咖啡与茶具展之香港陶艺发展之闲话家常.香港艺术馆，2003.

[163] 郑工.澳门艺术丛书——边缘上的行走 澳门美术.北京：九州出版社，2003.

[164] 何兆聪.现代陶艺创作.澳门：澳门天地陶艺社，2003.

[165] 陈玲玲.广彩—远去的美丽.北京：文化艺术出版社，2007.

[166] 詹嘉.陶瓷研究之对澳门海外贸易的历史考察——兼析陶瓷世界贸易.江西省陶瓷研究所，2001，16（1）.

[167] 周世荣.海滨瓷都——香港大埔碗窑青花瓷的初步研究.香港：香港区域市政局，1997.

后记

1982年，由中国硅酸盐学会主编的《中国陶瓷史》系统梳理和总结了从新石器时代到清代，大约1万年间我国浩如烟海的陶瓷历史。该书后记记述："由于我国陶瓷历史源远流长，本书只是写到清代中期以前，因为此后就属于近代范畴，涉及的问题更多，它应当另有一本书来进行详尽的讨论，本书就不再涉及了"。

从清末到现在的100年，是中国陶瓷实现伟大转变的时期。为了记录这段百年陶瓷发展历史，2002年，一些陶瓷界人士提出了编写百年史的意向，2004年2月3日，由陈帆、刘振群、张守智、叶宏明、高力明、同继锋、杨洪儒、吴晓东、张民、史哲民、程朱海等人共同签名发起倡议，组织编写《中国陶瓷百年史（志）》，很快得到中国硅酸盐学会、中国轻工业联合会、中国建筑材料工业协会、中国陶瓷工业协会、中国硅酸盐学会陶瓷分会、国家建筑材料科技教育委员会等单位及一批学者、企业家和热爱陶瓷事业的人士的积极响应和大力支持，特别是得到了时任中国建筑材料工业协会会长、中国硅酸盐学会理事长张人为，时任中国轻工业联合会副会长、中国陶瓷工业协会理事长杨志鹏和时任国家建筑材料科技教育委员会主任黄书谋等领导和专家的支持，为编写工作的顺利进行起到了十分重要的作用。

经过5年筹划，2009年5月17日和6月3日，分别在北京的凯旋大厦和广东佛山的华厦陶瓷技术中心召开了两次规模较大的《中国陶瓷百年（志）史》的编写协商会议（简称北方、南方会议）。2009年10月30在陕西省咸阳召开了第1次筹委会会议，会议讨论通过了编写大纲、编写出版工作计划、组织机构及编写分工等，编写工作全面启动。

自2009～2013年的4年间，编委会先后在广东、北京、西安、山东等地多次召开各种会议，奔赴西南、西北、东北、华东等多个陶瓷产区了解情况、组织稿件、征求意见等，于2013年9月完成终稿并通过审定后付之出版。定名为《中国陶瓷百年史（1911—2010）》。

诚如前言所述，本书共3篇28章。本书根据产区篇、产品篇的内容及整个陶瓷工业的有关资料，整理编写出综合篇，即本书的第一～六章。按照顺序为中国陶瓷百年概论，陶瓷工业的技术进步，陶瓷教育、科研、学术、行业管理机构及媒体，陶瓷的对外贸易和国际合作与交流，古陶瓷研究及古代名窑的恢复与发展，陶瓷界知名人士等。

为使读者全面了解我国主要陶瓷产品的发展过程，按照常用的产品分类方法整理为产品篇，即本书的第七～十三章，为陈设艺术陶瓷、日用陶瓷、建筑卫生陶瓷、工业陶瓷、砖瓦五大类陶瓷产品和陶瓷原料与辅料、陶瓷工业装备两大配套产品。

为了便于读者全面了解我国各个产区的陶瓷发展历史，我们按照各个产区在我国陶瓷业中的历史地位、发展现状、区域特点及其他特殊原因等整理编写的产区篇，即本书的第十四~二十八章，按照顺序具体分为江西（安徽）产区、江苏（上海）产区、浙江产区、广东产区（广西壮族自治区、海南）、河北产区（北京、天津、内蒙古自治区）、山西产区、山东产区、湖南（湖北）产区、河南产区、福建产区、西南地区（四川、重庆、云南、贵州、西藏自治区）、西北地区（陕西、甘肃、宁夏回族自治区、青海、新疆维吾尔自治区）、东北地区（辽宁、吉林、黑龙江）、香港与澳门陶瓷、台湾地区的陶瓷共15章。此外，本书记载了香港特别行政区、澳门特别行政区和台湾地区陶瓷的陶瓷百年史，由于众所周知的特殊原因，本书采用如实记载、尊重历史的原则，一是没有统一要求断代；二是产量、技术等数据单独表述，没有与大陆的统计合并；三是尽量地保持当地的记述方式和名词术语等。本书还采用了几十幅彩色图片，大部分是20世纪的作品，从一个方面展示新时代的继承与成果。

本书把百年中国陶瓷发展历程划分为三个时段，即1911~1948年为民国时期，1949~1978年为复兴（恢复）发展时期，1979~2010年为现代化建设时期。

1911~1948年间，我国经历了第二次世界大战、抗日战争、国内革命战争，作为一个源自民间的陶瓷传统业很难有良好稳定的发展环境，但又借其顽强的生命力苟且偷生并创作了很多精品，为社会民生提供很多方便，本书称之为民国时期的史况。

1949~1978年的30年间，是新中国的成立和经济恢复建设时期，中国陶瓷工业得到复兴，所有制以国营为主，产品以日用、艺术、电瓷为重，重点产区分布在景德镇、淄博、唐山、醴陵、宜兴、广东、福建等地方，生产工艺技术、装备、经销模式处于传统和工业化时代。本书称之为复兴发展时期的史况。

1979~2010年的又一个30年，改革开放并取得辉煌成就，中国陶瓷工业全面创新，实现现代化，所有制以民营为主，产品以建筑卫生瓷为主全面发展，产区分布遍及全国，生产工艺技术、装备、产品等达到或接近世界先进水平，中国成为世界陶瓷生产基地和研究开发中心，陶瓷业成为国内许多的经济部门中一个不可忽略的产业，在许多地方成为支柱产业。本书称之为现代化发展时期的史况。

由于选择了现有的编写大纲，撰稿人众多，一些地方的内容出现重复和文风之差异是难以避免的。同时由于陶瓷生产工艺及产品的特殊性，本书在记述史实时带有较浓的科技的、经济的、文化的、工业史的味道。也正因为要减少重复与篇幅，行文简洁，本书将撰稿人集中于书的后部。有些文献资料已成为公共资源或出现遗漏没有注入的，请读者见谅。

真诚感谢许多单位、组织、企业、个人对本书编辑出版的大力支持。首先，感谢全国各省（市、区）陶瓷协会的会长、秘书长等人和中国硅酸盐学会、中国陶瓷工业协会等及有关领导，他们提供了大量的原始稿件或资料以及完成了大部分审稿的工作，奠定了本书的权威性。其次，感谢一大批专家和热爱中国陶瓷事业的人士，他们提供了许多资料、建议及完成审稿，他们的名字大多在编写人中出现。再次，感谢一批企业和个人无私的赞助，其中有（排名不分先后，不按金额排序）广东蒙娜丽莎新型材料集团有限公司萧华董事长、新明珠集团公司叶德林董事长、欧神诺企业鲍杰军董事长、新中源集团公司霍镰泉总经理、恒力泰公司罗明照董事长、福建海源集团公司李良光董事长、广东科达机电股份有限公司边程董事长、东鹏集团公司何新明董事长、鹰牌集团公司林伟董事长、乐华集团公司谢岳荣董事长、佛山金意陶公司何乾董事长、佛山陶瓷研究所冯斌董事长、重庆锦辉集团公司张民主席、辽宁轻工研究院韩秀娟董事长、上海泰威公司胡御霜董事长、山东硅苑公司殷书建董事长、华南理工大学陈帆教授等。特别感谢中国工程院院士徐德龙教授为本书题写书名。

盛世修典是中国的传统。编者深知，历史常是汪洋恣肆之势，编史乃工程浩繁之为，若非学养深厚者、无冥冥之志者、无持之以恒者切不可为也。所以本书的组织编写出版，只能算作望山之作，祈待后来高人修正。

陈帆

2013年10月

1984年佛山利华装饰砖厂从意大利全线引进的中国第一条年产30万平方米彩釉砖生产线投产图

建筑外景图

广东蒙娜丽莎新型材料集团有限公司于2008年生产的大规格（900mm×1800mm×5.5mm）瓷质陶瓷薄板在高130m的杭州生物医药科技创业基地作为幕墙应用。

河北唐山启新瓷厂早期生产的卫生瓷

河北唐山启新瓷厂 1927 年生产的地砖

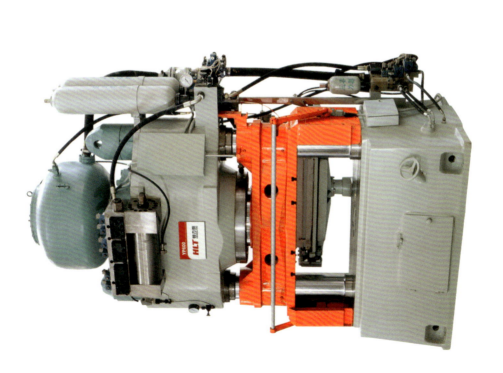

福建华泰公司生产的陶板用作幕墙

1988年广东佛山陶机厂生产的 YP600 全自动液压压砖机

玻璃陶瓷瓦

珠江三角洲、港、澳、东南亚华侨居民喜欢用"三煲"——饭煲、汤煲、药煲

辽三彩海棠式盘

高 2cm，长 26cm。东北博物馆调拨。粉红色胎，胎质粗松。平面为八曲海棠花冠式，宽沿，平底，口沿饰唐草纹。施黄、绿、白三色釉。盘内印有三朵盛开的葵花，四周衬以绿叶。白地、黄花、绿叶相互映衬，显得淡雅美观。契丹组的饮食器皿多受大唐文化多影响，无论是金银器还是陶瓷都有明显多大唐遗风。其中最华丽的部分当属辽三彩，它起源于唐三彩，又与唐三彩采用黄、蓝、褐色不同，多用黄、绿、白三色釉，胎质粗而较硬，器形富有契丹民族风格。在辽代陶瓷中，三彩釉陶是一种低温釉陶器物。此盘的造型与唐代流行的用捶揲技术制造的金属长盘相似，可能有某种渊源关系。

原始陶罐（西周早期）

图是陕西历史博物馆展出的原始瓷罐（公元前 11 世纪~公元前 10 世纪中叶），表面施釉，出土于宝鸡。

双体陶罐

出土于昌都卡若遗址,造型洗练优美、饱满丰盈、构思巧妙,制作工艺纯熟,代表了卡若文化的制陶水平和卡若先民高超的器物造型能力,是新石器时代西藏陶瓷器的代表和点睛之作,也是西藏博物馆的镇馆之宝(西藏陶瓷)。

唐三彩(静立大马,洛阳美术陶瓷厂)

唐明皇击球，广彩（刘群兴作品）

中国国家博物馆舞蹈纹彩陶瓷藏品图片

陕西现代耀州窑刻花操作实景

陕西茶叶沫二系罐

陕西延安新华碗（白釉青花瓷）

邓文科、陈杨龙、宋定国、王坚义四位中国工艺美术大师联袂设计创作的釉下五彩《万花赏》瓶馈赠联合国永久收藏

湖南省醴陵生产的"毛瓷"

湖南省醴陵生产的"毛瓷"

裂纹釉西餐具（起航，湖南华联公司产品）

青花餐具

建国瓷（1953年建国瓷中餐具，张守智）

邢窑白瓷（河北陶瓷）

辽白釉瓜棱形提梁壶

1975年吉林省哲里木盟扎鲁特旗征集。胎质洁白细润。壶身呈六瓣瓜棱形，短流。通体施白釉，釉色均匀，晶莹如玉。提梁作藤蔓和瓜叶形。造型别致，构思巧妙，是一件难得的陶瓷艺术珍品。

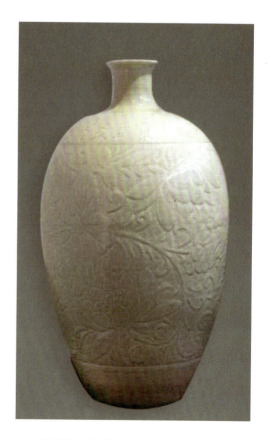

白开片釉兽耳瓶（山西）

山西省张聪、张文亮创作建国六十周年60件限量作品——盛世和瓶

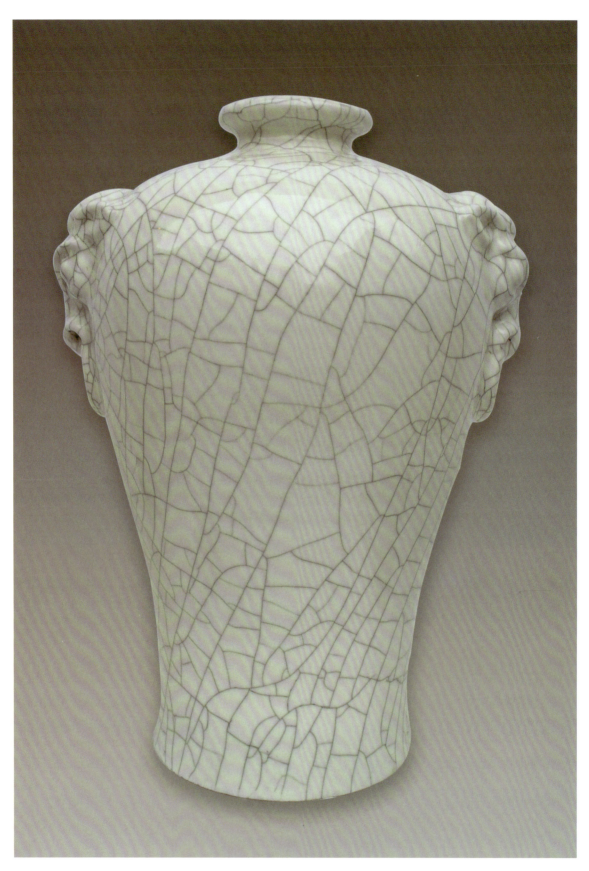

白开片釉兽耳瓶（山西）

汝瓷(三牺尊朱立文)

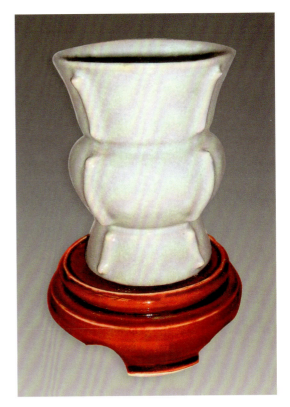

汝瓷(出戟尊朱立文)

云南华宁陶(清泉盆,陈爱明)

景德镇建国厂生产的新三阳开泰

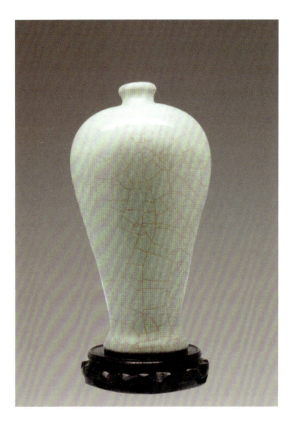

官瓷（开封官瓷研究所）

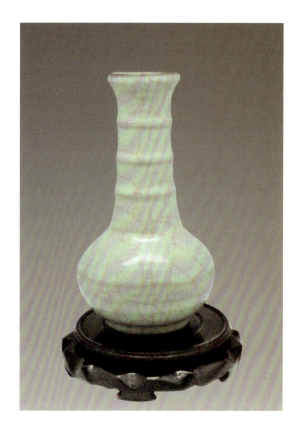

官瓷（开封官瓷研究所）

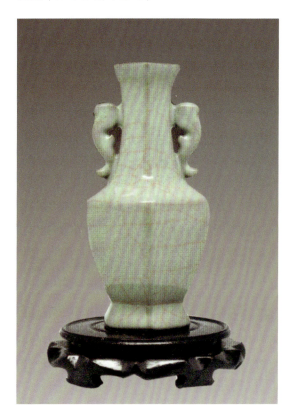

官瓷（开封官瓷研究所）

钧瓷（长城鼎，第29届奥运会和残奥会国礼待客，苗长强）

八棱瓶（仿制法门寺出土瓷器，叶宏明秘色瓷作品）

贯耳瓶（叶宏明作品）

仿元青三顾茅庐纹罐（景德镇产）

福绿罐（华宁汪大为）

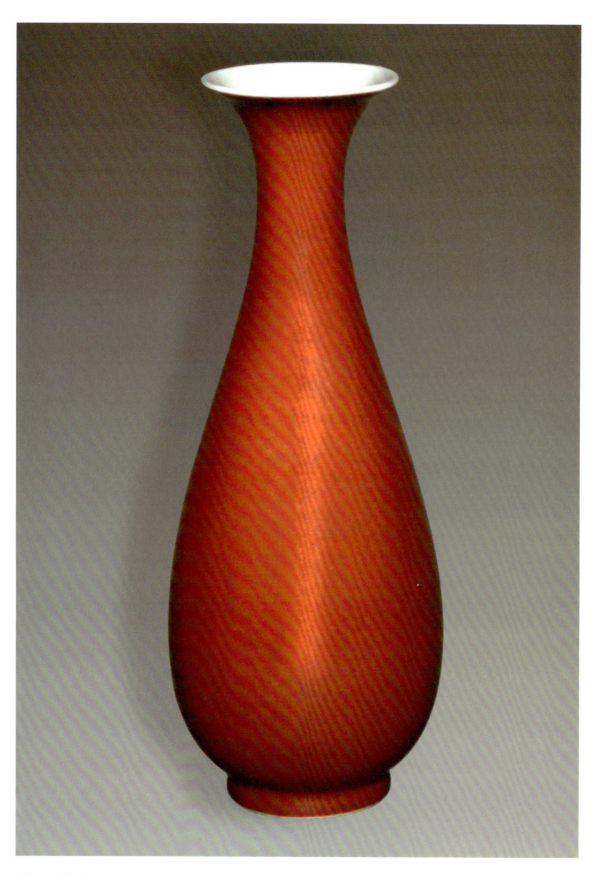

祭红（景德镇产）

春晖图（广东枫溪陶瓷研究所吴淑云作品）

十五贯（广东枫溪林鸿禧作，1958年）

舞（瓷塑，陈响）

传统艺术瓷雕产品观音

德化白瓷之高白瓷

无铅珐琅彩－白家大院宫廷用瓷 "深圳斯达高"公司制

无铅珐琅彩轧道扒花纹——中国龙 "深圳斯达高"公司制

宜兴紫砂石瓢壶

宜兴紫砂提梁壶

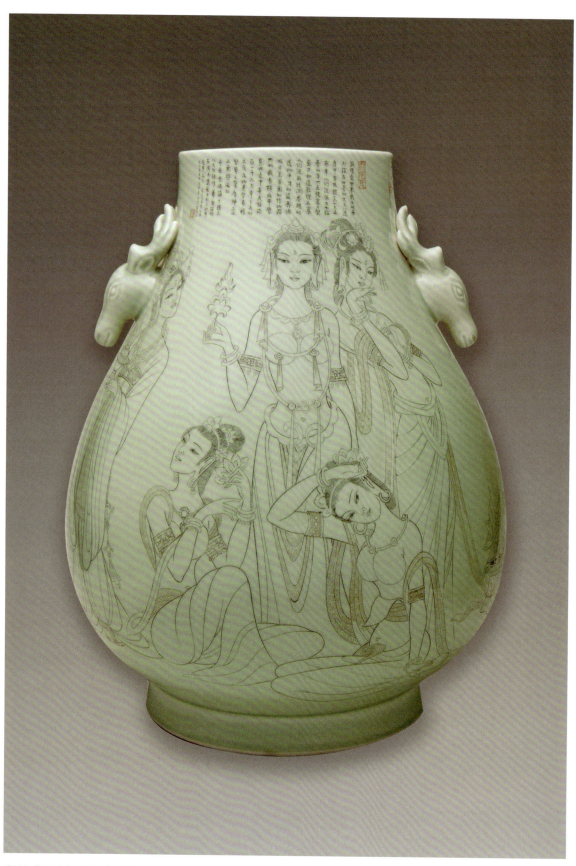

瓷刻"敦煌归真"（作者：中国工艺美术师张明文）

鱼子蓝艺术釉瓶于 2004 年 3 月被中南海紫光阁收藏（发明者：刘凯民）

广彩

驿道拾阶资源寻踪

山东省淄博出品的鸡血红釉胆瓶

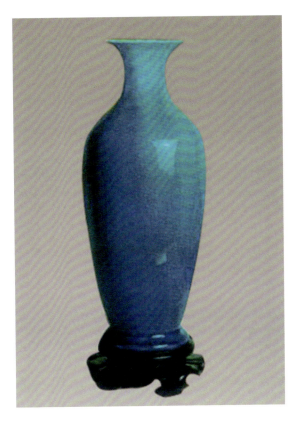

山东省淄博出品的孔雀蓝釉瓶

山东省淄博出品的硅锌矿结晶釉大瓶

刘传大师作品

1973年设计的1.3m三层《友谊》通花瓶，被选为国礼瓷，由邓小平赠与朝鲜金日成主席，同年荣获广东省科学技术成果奖

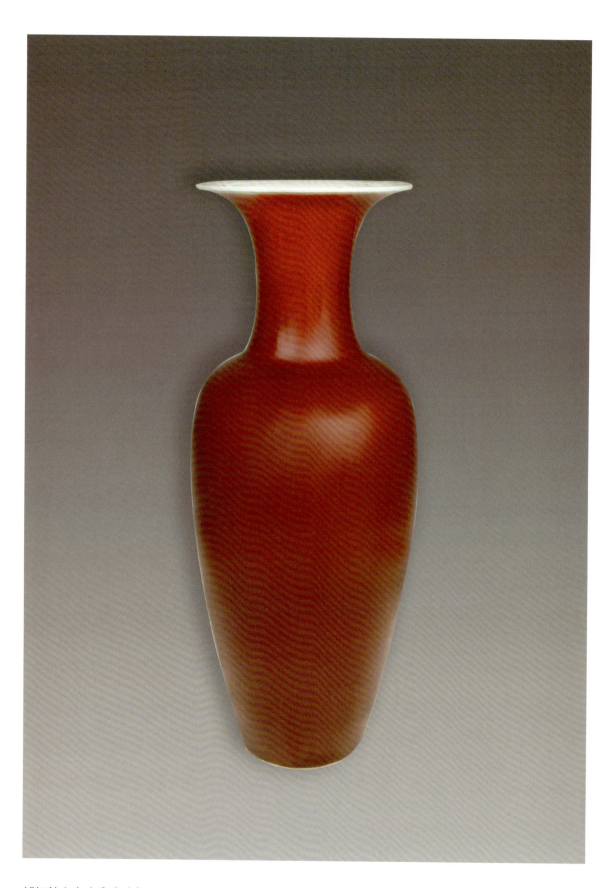

郎红美人肩（景德镇）

云南华宁瓶

建国六十周年成就展代表陶瓷业展出的陶瓷薄板